中国传统智慧与企业社会责任

曾向东　钟海连　主编

东南大学出版社
SOUTHEAST UNIVERSITY PRESS
·南京·

内 容 提 要

企业是经济属性和社会属性的统一体。企业承担社会责任,既是自身社会属性的要求,也是企业自身伦理道德的要求。本书通过对中国企业社会责任以及企业履行社会责任面临的问题与实施路径等方面的深度研究,重点探讨了如何在新时代从传统文化中寻找新的伦理道德资源,构建适合国情的企业社会责任。

本书适用对象为高校中国哲学研究人员、管理学研究人员、国有企业、民营企业和事业单位管理者,国家机关工作人员等。

图书在版编目(CIP)数据

中国传统智慧与企业社会责任 / 曾向东,钟海连主编.—南京:东南大学出版社,2021.12
 ISBN 978-7-5641-9968-5

Ⅰ.①中… Ⅱ.①曾… ②钟… Ⅲ.①企业责任-社会责任-研究-中国 Ⅳ.①F279.23

中国版本图书馆 CIP 数据核字(2021)第 273587 号

责任编辑:翟宇　责任校对:李成思　封面设计:毕真　责任印制:周荣虎

中国传统智慧与企业社会责任

主　　编	曾向东　钟海连
出版发行	东南大学出版社
社　　址	南京四牌楼 2 号　邮编:210096　电话:025-83793330
网　　址	http://www.seupress.com
电子邮件	press@seupress.com
经　　销	全国各地新华书店
印　　刷	江苏凤凰数码印务有限公司
开　　本	787mm×1 092mm　1/16
印　　张	34.75
字　　数	868 千字
版　　次	2021 年 12 月第 1 版
印　　次	2021 年 12 月第 1 次印刷
书　　号	ISBN 978-7-5641-9968-5
定　　价	150.00 元

本社图书若有印装质量问题,请直接与营销部调换。电话(传真):025-83791830

编辑委员会

主　任：杨　忠　王跃堂

副主任：府建明　管国兴　郑称德

委　员：（按姓名拼音排序，* 为执行编委）

晁　罡　陈宏辉　陈志军　戴　黍　冯　兵　管国兴
黄　诚　贾利军　刘　波*　刘善仕　罗家德　罗绍丹
孙怀平*　田　广　王兴元　王益民　王跃堂　谢永珍
颜爱民　曾向东*　郑称德　钟海连*　朱光磊*

目　录

第一篇　现代管理与企业社会责任

从中国传统文化视角看企业社会责任 ……………………………… 吴照云　姜浩天（2）

整分合认识论下的企业家管理思想解构的反管理方法论和"五线谱写法"
……………… 孙新波　赵东辉　张金隆　郭　恺　周建波　钱　雨　张明超（11）

传统文化践履型企业的管理模式——文化管理与制度管理的"体用论"
……………………………………………………………………… 贾旭东　杨　荣（24）

中国企业成长理论：无中生有，有中生无
……………………… 贾良定　卢芳妹　李儒丁　程冰洁　魏良玉　张熠婕（35）

更好还是更强：制度距离与跨国公司在华非伦理行为研究 ……………… 刘海建（53）

从欲利市场到义利市场——谈双循环背景下营销理论创新 …… 贾利军　胡静怡（83）

地缘关系、家乡情结与上市公司精确扶贫偏好 ………………… 苏文兵　王卓群（91）

佛道易视角下的企业理论：基本假设、价值生成与生命周期 …………… 黄志忠（108）

不同视野下女性企业家的科学精神探究 ………………………… 陈　玲　胡　蝶（123）

纵横家管理思想研究 ……………………………………………………… 余全介（132）

中国企业社会责任制度研究分析——基于2000—2019年CSSCI来源文献的计量统计
……………………………………………………………………… 李方芳　晁　罡（147）

管理思想史研究：领域、主题、对象与意义 ……………………………… 吕　力（166）

晋商和合管理智慧及其现代应用——兼议晋商和合兼爱的社会责任担当
……………………………………………………………………………… 张卫东（171）

企业社会责任的三螺旋理论——基于整体观的儒家社会责任思想
……………………………………………………………………… 孙怀平　张　丹（182）

水式管理的价值原理与企业经营伦理层面因果观察 ………………… 程少川（193）

儒家管理思想中的灵性人假设研究——内涵、价值以及范式影响

………………………………………………… 巩见刚　王海龙（202）

王阳明"万物一体"视域下的企业社会责任研究 ……………… 黄金枝（218）

企业社会责任理念创新与新型企业智库有序发展——基于政府、企业、社会关系
　　变迁视角 ………………………………………………………… 刘西忠（230）

第二篇　中国传统智慧与企业社会责任

道德资本与企业道德管理 …………………………………………… 王小锡（242）

建构当代儒家责任伦理学 …………………………………………… 涂可国（258）

儒家责任观与当代新儒商的责任担当 ……………………………… 黎红雷（273）

儒家义利观新诠——兼谈企业的社会责任 ………………………… 孔令宏（281）

中国哲学的认知与悟道——以朱子格物致知为中心 ……………… 朱人求（290）

"内圣外王"与"哲人王"：中西政治传播观念差异的发生学考察　谢清果　王皓然（303）

"儒贾同道"的儒商文化和近代儒商企业文化叙论 ………………… 徐国利（317）

原始儒家义利之辨的历史内涵与现代企业责任 …………………… 吴先伍（327）

企业的社会伦理责任及其边界 ……………………… 黄明理　耿立芹（337）

"荀子入秦"：法家治理效果与管理方式的批判 …………………… 余治平（341）

王阳明良知学的善治思想与实践 …………………………………… 钟海连（356）

论王阳明"谪"而"不谪"与"龙场悟道"及其思想史意义 ………… 黄　诚（367）

儒家的义利观与现代企业的社会责任 ……………………………… 耿加进（385）

企业社会责任义利和合模型：一个中国传统哲学视域中的框架

……………………………………………… 王　磊　晁　罡　张咏莲（393）

《弟子规》、商业伦理与资本主义精神：一项批判性的研究 ……… 王　格（405）

《管子》尊贤思想实践分疏——兼从管理哲学角度解读和反思 … 胡士颍（412）

儒家义利观的历史影响与对当代企业管理的借鉴意义 …………… 陆元祥（421）

宋代的"义利之辨"及其历史投影——以朱子、陈亮为中心 ············· 和 溪(430)

第三篇　管理案例与企业社会责任

中国养老产业新模式探索——以九如城集团为例 ················· 苏 勇(440)

任正非的企业家素质：基于孙子兵法将之"五德"的研究 ·········· 陈德智(451)

顾炎武的社会管理思想 ··· 周可真(467)

企业捐赠：伪善还是慈善？ ····································· 曹剑波(483)

儒商社会责任意识探究——基于徽州楹联的考察 ·········· 戴 黍　李 粤(493)

晚清洋务派企业家的社会责任——以郑观应为例 ················· 邵 建(505)

唐文治《蓄艾编》中的早期政治思想 ····························· 朱光磊(511)

ESG信息披露对企业可持续发展的影响研究——以高新技术企业"海康威视"
　为例 ··· 谢佩洪　邹佳吟(517)

"尚贤管理"蕴含的企业责任意识探究 ··························· 林鎏生(531)

新时代背景下中国杰出企业家社会责任担当——以"好孩子"集团及其创始人
　宋郑还为例 ··· 赵海龙(540)

后记 ··· 编者(547)

第一篇

现代管理与企业社会责任

从中国传统文化视角看企业社会责任

吴照云　姜浩天*

摘要：近几年，诸多研究表明以儒家思想为代表的传统文化能够提高企业践行社会责任的意愿与质量。本文通过重新审视企业社会责任的概念内涵与践行方式，发现社会责任与"平天下"、利益相关者与"天人合一"系统论、生态伦理与"仁爱万物"等古今释义具有相似范畴，因此本文从中国传统文化视角出发，尝试用国学典籍建构以代际可持续、代内交相利为目标，以节用贵义为手段，以伦理法制为约束的企业社会责任框架，实现传统文化的创造性转化与创新性发展。

关键词：企业社会责任；传统文化；利益相关；代际公平

新冠肺炎疫情余威犹在，在战"疫"过程中，习近平总书记强调，中华民族之所以能够历经磨难而不衰、久经考验而不倒，至今仍然屹立于世界的东方，就是依靠中华优秀传统文化所培养和孕育的以智、仁、勇"三达德"为代表的中国精神。精准施策、舆论辟谣、命运与共，这种中国精神是疫情防控攻坚克难、取得胜利的文化密码，在潜移默化中彰显着"中国速度""中国规模"与"中国效率"的制度优势。

与此同时，习近平总书记在企业家座谈会上的讲话指出：在防控新冠肺炎疫情斗争中，广大企业家积极捐款捐物，提供志愿服务，作出了重要贡献，企业既有经济责任、法律责任，也有社会责任、道德责任。任何企业都是社会的企业，只有真诚回报社会、切实履行社会责任的企业家，才能真正得到社会认可，才是符合时代要求的企业家。

传统文化与社会责任是中国抗击疫情卓有成效的关键，研究亦表明传统文化环境对企业自愿性社会责任的承担与履行有着良好的促进作用[①]。因为企业社会责任活动来自组织内嵌的认知和释意过程，而非直接源自外部需求[②]，而中国传统与西方宗教类似，能够从心理上影响信仰者所愿意遵循的规则，促使企业在经营过程中减轻利己心态、化解趋利避害从而产生道德行为并为利益相关者让步、自主履行公共贡献。中国传统文化为何能改变企业家心智？其中又有哪些与企业社会责任不谋而合的管理思想？如何运用这些管理思想

---

*　**作者简介**：吴照云（1956—），男，汉族，江西九江彭泽县人，江西财经大学工商管理学院教授、博士生导师、博士。研究方向：管理理论与方法、中国管理思想研究、战略管理等。姜浩天（1996—），男，汉族，江西九江都昌县人，江西财经大学硕士研究生，研究方向：中国管理思想。

基金项目：本文系国家社会科学基金重大招标项目"中国古代管理思想通史"（13&ZD081）。

①　李筱筱. 传统文化环境、产权性质与企业社会责任承担：基于中国上市公司的经验证据[D]. 杭州：浙江财经大学，2017：14.

②　齐丽云，汪瀛，吕正纲. 基于组织意义建构和制度理论的企业社会责任演进研究[J]. 管理评论，2021，33(1)：215-228.

讲好企业社会责任的"中国故事"？本文在此作出尝试性整合与探索。

一、文献回顾

"企业社会责任"一词最早来源于哈佛大学法学院多德教授，其针对美国大萧条时期的种种社会问题指出："公司对雇员、消费者和公众负有社会责任，虽不是法定义务，但应当成为企业管理人遵守的职业道德。"[1]随着管理实践的发展，一方面，管理从工业文明关心效率步入生态文明关心人与人、人与社会、人与自然的协同等方面，环保部门、资源管理部门等政府组织不但设置制度法令，要求企业对外以尊重、保护生态为前提从事生产管理活动，而且将社会责任纳入企业年报的公示内容中，形成"社会约束"；另一方面，人权组织、劳工组织、环保组织、道德投资机构以及各类非政府组织应运而生[2]，强调工作与生活的幸福感，促使企业对内设置专职专人制定执行内部生产守则，监督职业健康、落实劳动保障，形成"自我约束"。

关于企业社会责任的概念与分类维度众说纷纭，大体可分为三类：一是将企业社会责任等价于企业责任，聚焦生产有形产品与无形服务之行为，认为企业责任/社会责任包括经济、法律、伦理及资源责任[3]。企业须在伦理、法律允许之范围内，承担资源消耗代价并实现相应的经济产出。二是认为企业社会责任与经济责任、法律责任并立，是企业责任的一部分。经济责任是企业的根本责任，企业在法律允许的范围内，追求经营利益最大化，为社会创造财富，既是利益约束也是强制责任，是企业存在的前提和目的；法律责任是企业的基本责任，企业作为权利义务统一的法人组织，必须遵守国家强制力所规定之法定义务；社会责任则处于经济责任与法律责任之间，是一种自律责任，是企业作为社会基本成员对自身行为基于经济伦理的自我约束[4]。三是将企业社会责任置于经济责任之上，认为企业社会责任是企业在经济责任之外所承担的责任，是在经济法明文规定外与内外部利益相关者在"道义"上的一种"约定"[5]。

不论企业社会责任与其他责任是从属、并列抑或是等价关系，其均涉及"分内""分外"两个维度：一是企业对社会造成影响的责任，二是企业对社会问题的责任[6]，既有法律上必尽的，也有道德上应尽的[7]。从制度经济看，企业是创造财富的工具[8]，其存在是为减少供求方之间因信息检索、谈判博弈等活动所产生的交易费用，在产业链上它担负着投入产出、互通有无的桥梁，一举一动都双向影响着生产者与消费者的社会资源，因此对内企业要确保持续经营、促进员工发展、挖掘竞争优势，对外要生产合格产品、创造经济财富、降低负外部性。从社会伦理看，企业是社会发展的产物且置身于社会中，面对失业、教育、疾病、环保等休戚相关的社会问题，需要以补助、捐赠、慈善、志愿等形式躬身入局的同时树立起"穷则独

---

[1] 吴照云. 理性看企业社会责任[J]. 当代财经, 2006(5): 57-62.
[2] Campbell J L. Why would corporations behave in socially responsible ways? An institutional theory of corporate social responsibility[J]. Academy of Management Review, 2007, 32(3): 946-967.
[3] 徐尚昆, 杨汝岱. 企业社会责任概念范畴的归纳性分析[J]. 中国工业经济, 2007(5): 71-79.
[4] 崔新健. 企业社会责任概念的辨析[J]. 社会科学, 2007(12): 28-33.
[5] 刘诚. 企业社会责任概念的界定[J]. 上海师范大学学报(哲学社会科学版), 2006, 35(5): 57-63.
[6] 吴照云, 等. 管理学[M]. 6版. 北京: 中国社会科学出版社, 2011: 144-149.
[7] 张兆国, 梁志钢, 尹开国. 利益相关者视角下企业社会责任问题研究[J]. 中国软科学, 2012(2): 139-146.
[8] Garriga E, Melé D. Corporate social responsibility theories: Mapping the territory[J]. Journal of Business Ethics, 2004, 53(1/2): 51-71.

善其身,达则兼济天下"的企业形象,将社会问题转化为发展机会。

而在两个维度的基础上,企业履行社会责任的终端都离不开以公司员工和股东为核心逐步外延的"利益相关者"群落[①],强调对人的价值的关注,如图 1 所示:核心层是股东与员工,企业需要善待劳工,保障职业健康、创造利润,对股东利益负责;外延层是政府、消费者、社区与环境,企业应遵守法律法规与商业道德,为消费者生产安全合格产品,维护社区秩序,并节约资源、减少损耗,在经营全过程避免破坏环境生态;最后再从事支持慈善事业、捐助社会公益、保护弱势群体等自愿性服务工作[②]。

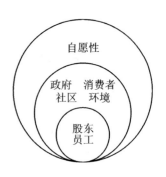

图 1 企业社会责任利益相关者群落

虽然企业践行社会责任并披露相关信息必然产生额外成本[③],但是其并不意味着企业经济责任的牺牲,而是最终实现公司绩效与顾客满意、企业声誉、生态伦理等多项指标的可持续共生共赢。从本质来说,企业社会责任是一种制度化与非制度化混合的道德约束、一种反应式与主动式混合的道义担当[④],既是企业的经营宗旨理念,又是评估生产经营行为的管理和体系。企业在践行社会责任的过程中,会形成可持续竞争优势与企业声誉,以二者为中介能够间接提升公司绩效与顾客满意度[⑤],待到企业并购时,高社会责任收购者合并时间少、失败可能小,且合并后业绩大幅增长、投资回报率高[⑥]。弗拉默尔(Flammer)则发现在环境压力面前,企业环境社会责任成为类似保险的边际收益递减资源,但由于政府与消费者对生态有害行为的惩戒与排斥,报告环境负责行为最终会令股票上涨[⑦]。

企业社会责任的归宿在利益相关者之间的和谐与平衡,基于其对经济、社会双重绩效的正向作用,探索提升企业社会责任意愿与质量的路径成为重中之重;而中国传统文化中对人与人、人与社会、人与自然和谐共生的论述数不胜数且被耳濡目染植根于国民心中日用而不觉,作为非正式制度的补充,潜移默化地影响着员工与企业家面临社会责任时的价值选择[⑧]。因而,可以通过"使命感加组织学习"的方式将传统文化中的责任意识学习、吸收与转化,从而影响企业社会责任行为,虽然较之于明文规定,此类"赞化育"投入高、成效慢[⑨],但

---

① 陈迅,韩亚琴. 企业社会责任分级模型及其应用[J]. 中国工业经济,2005(9):99-105.
② Dahlsrud A. How corporate social responsibility is defined: an analysis of 37 definitions[J]. Corporate Social Responsibility and Environmental Management,2008,15(1):1-13.
③ 李正,向锐. 中国企业社会责任信息披露的内容界定、计量方法和现状研究[J]. 会计研究,2007(7):3-11.
④ Aguinis H, Glavas A. What we know and don't know about corporate social responsibility[J]. Journal of Management,2012,38(4):932-968.
⑤ Saeidi S P, Sofian S, Saeidi P, et al. How does corporate social responsibility contribute to firm financial performance? The mediating role of competitive advantage, reputation, and customer satisfaction[J]. Journal of Business Research,2015,68(2):341-350.
⑥ Deng X, Kang J K, Low B S. Corporate social responsibility and stakeholder value maximization: evidence from mergers[J]. Journal of Financial Economics,2013,110(1):87-109.
⑦ Flammer C. Corporate social responsibility and shareholder reaction: the environmental awareness of investors[J]. Academy of Management Journal,2013,56(3):758-781.
⑧ 辛杰. 非正式制度、文化传统与企业社会责任困境的隐性消解[J]. 商业经济与管理,2014(9):25-33.
⑨ 石杜丽. 知行合一:传统文化嵌入型企业社会责任形成与模式研究:基于组织学习视角的分析[D]. 广州:华南理工大学,2016:36-40.

面对价值观冲突时,信仰传统文化的企业家能够行使暴力权力设置制度、行使长老权力改变员工责任取向、通过双向机制获得趋同成员,有助于社会责任意识在组织内形成共同愿景[①]。

而中国传统文化的主流——儒学中义以生利的价值取向、诚者兴商的经营操守、仁者爱人的经营宗旨与和气生财的经营之道能与产权性质、社会规范、资源冗余等理论对话形成中西文化叠加效应影响价值关联行为[②],儒家文化强度越大,企业慈善捐赠越多,环境治理力度更强[③],虽然当行业竞争度高时,该促进作用降低,但仍可任用人文社科教育背景高管进行调节,完善社会规范支持与文化政策适配两条担责路径[④]。徐耀强则反其道而行之,以《墨子》原书为参考,提取墨家交利、尚贤、尚同、贵义、节用五大主范畴构建了"社会公利:视人之国若视其国""知人善任:员工参与激励机制""共同愿景:核心价值内化行动""义可利人:社会效益道德感染""生态资源:社会财富代际公平"的企业社会责任五大维度[⑤]。

目前关于传统文化与企业社会责任的研究以实证研究居多,以较高的信度效度检验了传统文化对约束自利行为、培养大局意识的显著作用。但一是定量研究法倾向于检验变量关系研究,对于挖掘传统文化中与企业社会责任相契合之思想的广度与深度方面存在不足;二是在西学范式下,中国传统文化作为某个测量变量嵌入理论模型中,是具有中国特点的研究要素而非构念与理论,因此本质上仍属于西学范畴[⑥],在成果的适用性上易产生"水土不服"的情况。因此,欲用中国理论讲好"中国故事",既要从传统文化中挖掘与企业社会责任、利益相关者、社会经济效益相对应的概念范畴,也要系统梳理其背后的内在逻辑与理论体系。

二、中国传统文化中的社会责任概念

根据前文论述,企业社会责任的概念构成有五大要素:经济性,社会责任的担当需要企业支付人财物力等相关代价,相当于生产资料的让渡性二次分配;双元性,既包括法内法外要求,又涉及分内分外需要,强制性与自主性交错;外延性,企业既是生产要素获得者,又是生产资料产出人,且多在承担好企业内部责任的基础上逐步外延,在完成生产任务后累加创造幸福感;多样性,包括环境、政府、社区、消费者、股东在内的利益相关者遍布产业链全过程;持续性,让投入产出在各对象间保持相对动态平衡,形成稳中求进的秩序,将代价控制在合理的范围内,既要充分利用企业生产资源,也要维护保障社会代际资源,实现可持续。

在《说文解字》中:"责,从贝,朿声,侧革切",即"责"上部是荆棘,下部是金钱,引申为"带刺的钱",即获得资源与财富必须支付相应代价。"工承辛,象人胫,胫任体也。"即"任"左边是人,右边"壬"则继承"辛",像人的小腿,要承受身体的重量,合并则有让人肩负起某

---

① 晁罡,林冬萍,刘子成,等.信仰传统文化的企业家对企业社会责任行为影响过程研究:以 TW 公司为例[J].管理案例研究与评论,2016,9(1):1-13.
② 朱红艳.儒家文化与企业社会责任:基于中国上市公司的实证研究[D].重庆:重庆大学,2018:51.
③ 淦未宇.儒家文化对企业社会责任的影响:基于第十次全国私营企业抽样调查的实证检验[J].暨南学报(哲学社会科学版),2021,43(1):115-132.
④ 邹萍.儒家文化能促进企业社会责任信息披露吗?[J].经济管理,2020,42(12):76-93.
⑤ 徐耀强.墨家思想与企业社会责任:企业社会责任管理的中国传统智慧[J].当代电力文化,2018(5):54-56.
⑥ 刘文瑞.管理学在中国[M].北京:中国书籍出版社,2018:28.

种重量之意。那么"责任"一词的古汉语内涵本身便有"欲戴王冠,必承其重"的经济性特点。从生产产品到社会责任与儒家的"修己安人"相似,是一个从"人为"到"为人"的过程①,这个过程被《大学》"修齐治平"思想完美呈现,"平天下"则恰好与"社会责任"相衔接②。根据《说文解字》,"平,从亏,从八。八,分也",即"平"亦具有将所有物"分散"开来的经济性。

"平天下"常常被译作"平均天下"或"均平天下",这与今天数量上的绝对平均,并非同义③:一是等级次序,姚舜牧在《重订诗经疑问》中指出:"平天下先平其心,心不均平,则视民之好恶与己不相关,而任用匪人。"此处的"平"有按等均平之意,"斟酌贫富,差次先后",但亦要"品物定法",按照一定的法则去平定事物而不失公正与法度,"以均平为事,而不使有一夫之不获"。二是公平公正,傅尧俞在上书中说道:"平均之德固已亏损,况众人之不可隔乎。"用人不公,自难服众。三是中庸合理,平即中正,"君子有阳德、有阴德,得其中正者,皆君子也"。四是万物和合,在稳定秩序中推动新生和发展,"事事物物,皆得其宜","天下太平"④。

对比来看:"平"字本身"分"的含义对应经济性,即从经济学视角看,企业从自由市场经济获得利益的同时,应该承担相应社会责任,并减少企业生产的负外部性所产生的环境问题。"修齐治平"的梯级累进体外延性,是层层嵌套渐变的职能拓展,即从哲学视角看,企业发展总是螺旋式上升的过程,但需要多个从量变到质变的阶段跃迁,企业承担社会责任时也遵循着从生产责任到利益责任到自主责任的嵌套式叠加过程。公平公正,即从社会学视角分析,企业是经济社会的基本成员,所有企业组织通过它们的互动经济行为构成了多层次、多形式的经济社会。企业组织内部、企业组织之间无不直接或间接地存在不同程度的联系,并且相互影响、相互制约,这就要求企业在从事经济活动时兼顾他人的利益。中庸合理是"执两端以用其民"的双元性,即从法学视角分析,企业是权利与义务的统一体,企业的社会责任包括从市场获取利益的权利,也包括承担社会责任的义务,两者都具有同等的法律效力。万物和合、天下太平、长治久安是持续性,即从伦理学视角分析,企业行为应该遵循基本市场秩序和公序良俗,节约不可再生资源、开发可再生资源,维持代内代际平衡,创造幸福感。

三、 中国传统文化中的社会责任践行

结合企业社会责任五要素与"平天下"的五释义,践行企业社会责任要围绕代内协同与代际传承两条路径展开,共同服务于"推动可持续"与"创造幸福感"两大目标,中国人"静心诚意格物致知"的思维方式虽逊于概念思辨与认知理性,却长于直觉体悟与实践理性,将"二分"看作"三分"的"阴阳观"更善于统筹全局与持续达权⑤,这种时空组合意识正是分析践行企业社会责任所需,同时兼论"五元五义"归纳践行举措。

---

① 苏东水. 东方管理学[M]. 上海:复旦大学出版社,2005:66-80.
② 吴照云,钟尉,姜浩天.管理理论的研究对象、理论构架、研究方法:中国文化视角[J].中国文化与管理,2019(2):23-35,191-192.
③ 李振宏. 儒家"平天下"思想研究[J]. 中国史研究,2006(2):37-49.
④ 黄如金. 和合管理的价值观体系[J]. 经济管理,2006,28(12):11-22.
⑤ 张彦杰,胡海波. 中华文明的文化基因[J]. 吉林大学社会科学学报,2021,61(3):173-179.

(一)"元亨利贞"与"利乐和安"的时空意识

《易经》"乾卦"彖辞用"元亨利贞"四个字代表着全书中所有的价值判断:"元"代表整全性,代表某个时点或时段上的关系空间,企业与利益相关者之间均靠"关系"维护[1];如与员工股东间的雇佣关系、与采购者消费者间的供销关系、供应链上下游企业的生产关系、与政府部门的互补关系及与环境的互惠关系;"亨"代表可行性,即条件关系,企业社会责任的担当与其自身条件成正比,企业愿意担责的前提是能够担责,采办务实、修制务精、良性竞争才能保障生产与消费责任;"利"代表合理性,企业承担社会责任并不意味着要全然牺牲利润增长与经济效益,如《大学》说"学而优则仕",学有余力才能为民服务,企业在不同的发展阶段从事相适宜的社会责任活动即可;"贞"代表可持续性,社会责任活动短期内会增加成本支出,但由其所获得的政策扶持、行业口碑与企业声誉无一不在长期内获得反哺,同时结合"元亨利"三个范畴跨越时间,为后代留下自然文化资源,推动代际公平。

曾仕强[2]则类比马斯洛需要层次论,提出"利乐和安"的"中国式管理"四层次:一是"利","天下熙熙,皆为利来;天下攘攘,皆为利往",人与企业都会追求物质精神财富。二是"乐","富与贵,是人之所欲也;不以其道得之,不处也。贫与贱,是人之所恶也;不以其道得之,不去也",即所获之"利"是能够令自己泰然处之并心情愉悦的,即企业履行法律责任。三是"和","不患寡而患不均,不患贫而患不安",中国人并不仇富,只是担心"为富不仁",因此资金充裕、物资盈余时慈善捐赠,社会危机、紧急事件前动员担当,分担福利与就业等社会压力,化危机为转机赢得声誉与口碑。四是"安",达到"安"这一相对静止、舒适、怡然的状态。例如有"江南药王"之称的胡庆余堂,其创始人是清末著名"红顶商人"胡雪岩。胡雪岩以"真不二价"与"戒欺"为堂训,开药铺旨在治病救人、童叟无欺,并在左宗棠收复杭州城时为死难将士义葬、为城中百姓施粥,故被尊称为"胡大善人"。即使胡雪岩后来失意破产清算,胡庆余堂却仍然留存至今药香不断,在非典、新冠肺炎疫情期间免费发放中药超40万元,医者仁心与企业责任交相辉映,历久弥新。

(二)"五行功能"与"五元五义"的策略匹配

成中英[3]在《C理论:中国管理哲学》中提出"五行功能论":"土"具有统合一切的功能,因而在管理中代表决策、思考、计划、统合的作用;"金"代表刚健主动的功能,因而在管理中代表控制、主宰、裁决、推动的作用;"水"具有变动不居的功能,因而在管理中代表应变、竞争、开拓、生成的作用;"木"具有生长发展功能,因而在管理中代表生产、制作、成长、创新的作用;"火"具有融合凝聚的功能,因而在管理中代表人事、协调、沟通、和谐的作用。将其对应"五元五义"如图2所示:

1. "土"的决策功能与双元性。"天人合一""双元兼顾"代表着中国人整体主义的世界观,与西方"天人相分"的人类中心主义不同,中国人把自己视作自然界的一部分,强调人与自然的平等与有机统一,"天地与我并生,而万物与我为一"[4],"域有四大,而人居其一焉",都秉持着弱人类中心的系统观。一方面企业践行社会责任"心存敬畏,方能行有所止","贵

---

[1] 程少川. 中国哲学的实践理性基因与管理学未来[J]. 中国文化与管理, 2020(2):57-65.
[2] 曾仕强. 中国式管理:十周年纪念珍藏版[M]. 北京:北京联合出版公司, 2015:30.
[3] 成中英. C理论:中国管理哲学[M]. 北京:中国人民大学出版社, 2017:28.
[4] 张祎娜. 挖掘中华传统文化资源促进生态文明建设[J]. 湖南社会科学, 2018(3):13-19.

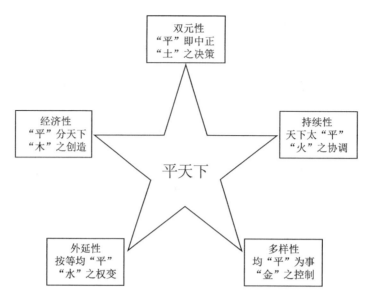

图 2 "五行功能"与"五元五义"的策略匹配

人而不唯人""尽物而亦爱物""亲亲而仁民,仁民而爱物"[①];另一方面也应避免分工造成的"谷仓效应",从而顾此失彼,"配神明、醇天地、育万物、和天下"的对立统一观念是"中正所需"。

2. "金"的控制功能与多样性。企业社会责任由于涉及强制性的法律约束、非强制性的道德约束以及非约束性的自主行为,从利益相关者凝聚共识的角度看:一是源于法律的强制性规定,如中华人民共和国公司法已经明确将强化公司社会责任的理念纳入总则;二是以软法形式出现,例如示范性公司治理准则、行业标准与自律规范等,该类软法介于法律规范与道德规范之间,虽不为法律所直接规定,但在社会实践中形成了较为完备的规范体系和监督机制,具有实际拘束力,如 SA8000、ISO2600 都是有关企业社会责任的国际标准;三是自发承担如慈善责任等公益性质的更高层社会责任。

3. "水"的权变功能与外延性。《论语》有言:"君子之于天下也,无适也,无莫也,义之与比。"孔子一生提倡"克己复礼"以成"仁"。"礼"即非法律规定的、民众约定俗成的行为规范,人要"由己"在践行礼的过程中,体会内涵、认识责任、主动承担。这是一个由他律到自律、由形式到实质、由化规范到责任的过程。但根据既有的社会生活制定的礼是有限的,责任则是无限的;礼是普遍的、原则的,责任是特殊的、具体的。因此,君子没有什么事是绝对可做或不可做的,一切都应以义为标准,而义就是责任。当礼义发生冲突还固执地坚守礼的规范,就可能背离仁的原则,因而要适当地做些变通,持经达权。中国人可以有原则地随机应变,却不能无原则地投机取巧。

4. "木"的创造功能与经济性。《道德经》说"道法自然",企业生产也应尊重与效法自然规律,如《高明县志》记载着"埂种桑、桑养蚕、沙喂鱼、粪作泥、泥肥庄"的农业生态循环系统[②],至今仍是有机农业的样本,其本质是"有无相生",即环境资源转化的动态平衡,以少人

---

① 李超.论儒家的生态伦理自然观:"时中"生态智慧与同心圆生态模型[J].北京理工大学学报(社会科学版),2014,16(2):142-146.

② 张秉福.中国传统生态智慧及其现代价值[J].北京行政学院学报,2011(2):120-125.

为干预的最低成本带来最高收益,规划好产品生命周期及时回收。质量管理不等于做质量最好的产品,对于快捷式消费品来说,生命周期过长本质上是一种资源浪费。但无法降解产品亦可通过人的主观能动性赋予它新的功能。如《庄子》记载,梁惠王赠予惠子葫芦种子,待成熟后发现因其容量过大,盛水浆不能自举,置实物落无所容,最终惠子无奈将其砸碎。庄子则认为不宜将葫芦的作用局限在盛放物品的刻板印象里,可将大葫芦挂在腰间当浮舟用以渡水。可见生产生活实践过程中,总有物质工具作为人与自然、人与人之间的媒介,其形态通常是固定的,但功能却往往是多样的,如果能与时俱进实现管理工具的功能创新,就能为行业带来颠覆性影响与意想不到的管理范式变革。好比手机最初的功能只是通话,现在却已经是最常见的网上办公、移动支付和休闲娱乐的工具。

5."火"的协调功能与持续性。改革开放以来,为追求经济增长,黄河淤积、河西走廊荒漠化、贵州石漠化等生态环境被破坏情况不可逆转,儒家"钓而不纲,弋不射宿""斧斤以时入山林",管仲"敬山泽林薮积666草夫财之所出,以时禁发焉"等思想都体现着取之有度、永续利用的生态资源保护思想,如此方有"生物之性不遂""大地之力常新"。

四、结束语

本文回顾企业社会责任的概念定义、测量维度与践行结果,并梳理中国传统文化在其中所扮演的角色,找到"平天下"与"企业社会责任"在概念上的相似性,围绕代内协同与代际传承两条路径,归纳出"推动可持续"与"创造幸福感"两大企业社会责任归宿,并用"五元五义"尝试中西互释,为兼顾民族特质与人类共性的企业社会责任研究成果产出进行初探。但因中国古代"述而不作"的传统,史书典籍留下的笔墨丹青往往"言约意丰",这种弹性虽然为后世的新语解读提供了空间,却难免受限于作者古汉语水平而词不达意。

回看历史:塑料袋问世后未找到合适的降解手法,资本却因其便利疯狂追捧,造成今日之白色污染,发明者舒施尼也因此自杀谢罪;爱因斯坦晚年因自己建议制造原子弹追悔莫及;在第一次世界大战期间,因机枪赚得盆满钵满的马克沁,晚年用这笔"灾难财"投资建造了世界上第一座游乐场为自己赎罪;炸药之父诺贝尔眼见自己的发明成为杀人武器,临终前捐出遗产设立世界最高荣誉——诺贝尔奖……如此种种都说明生产资料与科学成果都是没有情感属性的,其使用结果均由使用者的意志与行为决定。企业社会责任亦然,关乎企业生产代价与产出靶向,中国传统文化中"虚以控实""以义制利"等思想能够丰富企业社会责任内涵,为企业生产经营朝着为当代谋福利、为后代谋幸福的可持续发展保驾护航。

参考文献

[1] 齐丽云,汪瀛,吕正纲. 基于组织意义建构和制度理论的企业社会责任演进研究[J]. 管理评论, 2021,33(1):215-228.

[2] 吴照云. 理性看企业社会责任[J]. 当代财经,2006(5):57-62.

[3] Campbell J L. Why would corporations behave in socially responsible ways? an institutional theory of corporate social responsibility[J]. Academy of Management Review,2007,32(3):946-967.

[4] 徐尚昆,杨汝岱. 企业社会责任概念范畴的归纳性分析[J]. 中国工业经济,2007(5):71-79.

[5] 崔新健. 企业社会责任概念的辨析[J]. 社会科学,2007(12):28-33.

[6] 吴照云,等. 管理学[M]. 6版. 北京:中国社会科学出版社,2011.

[7] 张兆国，梁志钢，尹开国. 利益相关者视角下企业社会责任问题研究[J]. 中国软科学，2012(2)：139-146.

[8] 刘诚. 企业社会责任概念的界定[J]. 上海师范大学学报(哲学社会科学版)，2006，35(5)：57-63.

[9] 陈迅，韩亚琴. 企业社会责任分级模型及其应用[J]. 中国工业经济，2005(9)：99-105.

[10] 李正，向锐. 中国企业社会责任信息披露的内容界定、计量方法和现状研究[J]. 会计研究，2007(7)：3-11.

[11] Dahlsrud A. How corporate social responsibility is defined: an analysis of 37 definitions[J]. Corporate Social Responsibility and Environmental Management，2008，15(1)：1-13.

[12] Saeidi S P, Sofian S, Saeidi P, et al. How does corporate social responsibility contribute to firm financial performance? The mediating role of competitive advantage, reputation, and customer satisfaction[J]. Journal of Business Research，2015，68(2)：341-350.

[13] Deng X, Kang J K, Low B S. Corporate social responsibility and stakeholder value maximization: evidence from mergers[J]. Journal of Financial Economics，2013，110(1)：87-109.

[14] 淦未宇. 儒家文化对企业社会责任的影响：基于第十次全国私营企业抽样调查的实证检验[J]. 暨南学报(哲学社会科学版)，2021，43(1)：115-132.

[15] 徐耀强. 墨家思想与企业社会责任：企业社会责任管理的中国传统智慧[J]. 当代电力文化，2018(5)：54-56.

[16] 苏东水. 东方管理学[M]. 上海：复旦大学出版社，2005.

[17] 程少川. 中国哲学的实践理性基因与管理学未来[J]. 中国文化与管理，2020(2)：57-65.

[18] 曾仕强. 中国式管理：十周年纪念珍藏版[M]. 北京：北京联合出版公司，2015.

[19] 成中英. C理论：中国管理哲学[M]. 北京：中国人民大学出版社，2017.

整分合认识论下的企业家管理思想解构的反管理方法论和"五线谱写法"

孙新波　赵东辉　张金隆　郭　恺　周建波　钱　雨　张明超*

摘要：本文从德鲁克的一种预言出发，指出《管理学报》开设"中国企业家管理思想"专栏的价值理性和重要性。围绕如何研究"中国企业家管理思想"的核心问题，提出必须从情境中心主义背后的认识论修正和方法论探索两个方面才可能得出原创的中国企业家管理思想。在国内外文献研究趋势分析的基础上，本文基于"正反合"规律提出"整分合"的认识论，并比较了解读和解构的区别，然后在"整分合"认识论下提出"反发现"方法论，最后给出了一种"中国企业家管理思想"研究的"五线谱写法"。本文提出的认识论和方法为研究中国企业家管理思想提供了方法论指导。

关键词：情境中心主义；整分合认识论；企业家管理思想解构；反发现方法论；五线谱写法

一、引言

德鲁克1994年曾经预言①：中国人正在设计一套与众不同的独特管理风格和管理结构，中国管理的秘密很可能在于它能将一家家族企业变成一家现代企业。罗家德在《中国治理》②中呼应道：德鲁克预言中国人一定会有治理智慧与世界分享，但是苦等了二十多年，我们却没有看到中国管理学者系统地提出一套本土管理学体系。罗家德进一步强调，西方管理理论近年来关注的弹性、易变、快速反应和韧性，其实在中国企业家身上已经有了很好的体现。那么，为什么这种体现没有大量变现成为德鲁克所预言的"10年之内，我们会看到

---

* 作者简介：孙新波(1971—)，男，汉族，山东招远人，东北大学工商管理学院副院长、教授、博士生导师，研究方向：战略与管理、数据赋能和管理哲学；赵东辉(1972—)，男，汉族，吉林舒兰人，东北大学工商管理学院博士研究生，研究方向：企业家精神与领导力；张金隆(1952—)，男，汉族，江西九江人，华中科技大学管理学院教授、博士生导师，研究方向：现代管理理论与方法、信息管理与电子商务、物流管理、管理创新与决策模式；郭恺，男，华中科技大学管理学院《管理学报》编辑部主任；周建波(1962—)，男，汉族，辽宁营口人，广东金融学院教授、硕士生导师，研究方向：中国文化深层结构与组织文化、中国情境管理、组织管理等；钱雨(1994—)，男，汉族，黑龙江哈尔滨人，东北大学工商管理学院博士生，研究方向：战略管理、商业模式创新；张明超(1993—)，男，汉族，山东泰安人，东北大学工商管理学院博士生，研究方向：数字化转型战略、数据赋能、产业互联网平台。

① （美）彼得·德鲁克，（日）中内功(Isao Nakauchi). 德鲁克看中国与日本：德鲁克对话"日本商业圣手"中内功[M]. 闾佳，译.北京：机械工业出版社，2018：7.
② 罗家德. 中国治理：中国人复杂思维的9大原则[M]. 北京：中信出版集团，2020：213.

美国和欧洲出现许多以'中国管理秘密'为主题的商业图书"[1]，原因之一是研究者一般仍然遵循W.理查德·斯科特[2]等研究组织的第一个视角：以规划和控制为主的理性管理系统，而这套管理系统的管理思想是从韦伯的层级制和泰勒的科学管理运动开始的。与此同时，近年来的西方管理理论的关注点却越来越走向W.理查德·斯科特等人研究组织的第二和第三个视角：自然和开放系统的视角[3]。而这后两个视角实际上与中国的企业管理现实和法则不谋而合，中国的企业管理一开始就是从人出发，以自然系统为主，以官僚系统为辅，这就是原因之二。当大多数没有受过西方管理科学"规范"教育的中国企业家们在管理和经营企业的时候，其管理思想天然地来自主要由传统文化积淀而成的"道法自然"的管理情境，这与西方管理的基因是不同的，其结果理应不同。这就是近些年来管理理论界和研究者一再强调的管理研究的情境性，中国企业家管理思想研究自然与企业所处的情境高度交互。

2018年10月20日以来，《管理学报》主编张金隆在第九届"中国·实践·管理"论坛上发布了"中国企业家管理思想解读"征稿启事以来，到2019年11月28日"中国企业家管理思想"解读工作坊在华中科技大学顺利召开，由《管理学报》倡导的"中国企业家管理思想"专栏得到众多学界同仁的认可和跟进。《管理学报》再次发起一场具有洞察力的引领性的学术和实践活动，这个栏目的开设是从企业之外的研究者视角督促企业和企业家承担责任的开始，这是倡导一种负责任的管理研究[4]，凸显了当下研究"中国企业家管理思想"的价值理性和重要性。

那么，如何研究"中国企业家管理思想"？或者说提出一套"中国企业家管理思想"体系是不是仅仅满足于"基于情境差异的诠释"，也就是说基于情境差异对美国式、日本式和中国式管理或者中国企业家管理思想进行解释或者解读，答案显然是否定的。如果不能对"中国企业家管理思想"体系背后的哲学假设进行认识论的修正和方法论的探索，要想提出原创的德鲁克讲的"中国管理的秘密"或者说"中国企业家管理思想"基本是不可能的。因此，从认识论和方法论角度回答如何写"中国企业家管理思想"的方法尤其重要，本文在"企业家管理思想/中国企业家管理思想"研究文献梳理的基础上尝试回答之。

二、"企业家管理思想"研究演进趋势分析

首先对"企业家管理思想/中国企业家管理思想"相关文献的国内外研究演进趋势进行分析。

（一）国外"企业家管理思想"研究演进趋势分析

本文以"entrepreneurial mindset""entrepreneur thought""CEO ideas""entrepreneurial thinking""entrepreneurial management thought""entrepreneurship management idea"

---

[1] （美）彼得·德鲁克，（日）中内功(Isao Nakauchi).德鲁克看中国与日本：德鲁克对话"日本商业圣手"中内功[M]. 闫佳，译. 北京：机械工业出版社，2018：7.

[2] （美）W. 理查德·斯科特(W. Richard Scott)，（美）杰拉尔德·F. 戴维斯(Gerald F. Davis).组织理论：理性、自然与开放系统的视角[M]. 高俊山，译. 北京：中国人民大学出版社，2011：31.

[3] （美）W. 理查德·斯科特(W. Richard Scott)，（美）杰拉尔德·F. 戴维斯(Gerald F. Davis).组织理论：理性、自然与开放系统的视角[M]. 高俊山，译. 北京：中国人民大学出版社，2011：33-34.

[4] （美）曾荣光(Eric W.K. Tsang).管理研究哲学[M]. 任兵，袁庆宏，译. 北京：北京大学出版社，2020：1.

"management thought""entrepreneurial thought/ideology""thought/ideology of entrepreneurs""entrepreneur management thought""entrepreneurial thinking"等作为检索关键词,对 Web of Science(WOS)核心合集数据库近 30 年相关文献进行检索,去除书评和会议记录后,得到 700 多篇有效文献,然后从关键词共现网络、研究领域高频词、聚类分析和前沿趋势四方面分析发现如下。国外企业家(管理)思想研究领域高频词主要是:企业家精神/身份、绩效、管理、企业家、模式、公司、创新、知识、行为、组织、认知和态度等(如图 1)。通过聚类分析发现:国外在组织与管理、心理学、公共卫生和其他应用科学等多学科、多领域均展开了较深入的相关研究,研究方法不断丰富,研究深度不断加强,可以肯定国外研究处于发展和较成熟阶段(如图 2)。

图 1　国外"企业家管理思想"研究关键词知识图谱

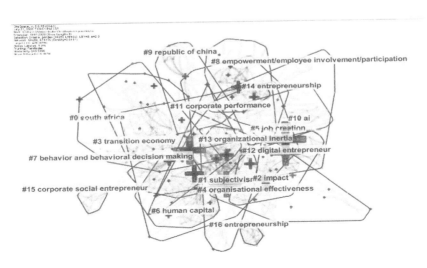

图 2　国外"企业家管理思想"研究研究热点聚类图

（二）国内"企业家管理思想"研究演进趋势分析

本文以"企业家思想"和"企业家管理思想"作为主关键词，以国家自然基金委管理学部30本重要期刊、北大和南大核心期刊为检索范围，分别检索出12篇和106篇文献，除去重复文献共得到110篇有效文献。同样从关键词共现网络、研究领域高频词、聚类分析和前沿趋势四方面分析发现如下。国内企业家（管理）思想研究领域的高频词主要是企业家、现代企业管理、市场经济、企业体制等（如图3），由此可见，国内研究者们主要基于本土化的情景展开相关研究。通过聚类分析发现，国内企业家（管理）思想研究主要聚类在企业家队伍、思想政治工作、企业领导、精神层和企业家等领域。就研究趋势而言，近年来国内企业家管理思想研究开始受到关注，越来越注重企业家思想的本土化情景及其与传统文化的融合，以质性研究和思辨研究为主，应该说国内研究仍处于初步探索阶段。

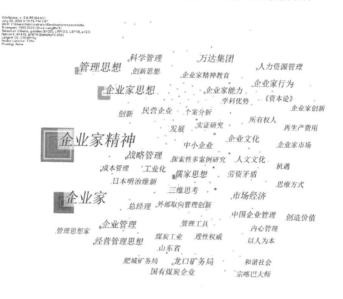

图3 国内"企业家管理思想"研究关键词知识图谱

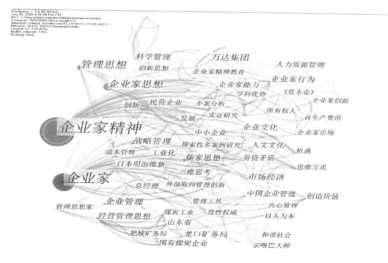

图4 国内"企业家管理思想"研究热点聚类图

从当前文献总体来看，国外研究以定量为主，成果比国内丰富，已形成体系；国内研究以定性为主，虽然开始时间早，但是研究不聚焦，尚处于初步探索阶段，尤其是在互联网和数字经济的新情境下，企业家管理思想方面的研究比较薄弱，尚待进一步深化。应该说这为企业家管理思想研究奠定了"合法"的文献基础。接下来从认识论角度探讨如何研究"中国企业家管理思想"。

三、从"整分合"认识论视域看解读与解构的比较

（一）企业家管理思想的解读

关于如何解读中国企业家管理思想，田志龙给出了四项基本原则，分别是，具备时空观、第三方分析视角、与现有的学术理论和观点对话以及提炼与总结[①]，这是非常好的建设性意见。这里重述《管理学报》开设"中国企业家管理思想"专栏的稿件要求：基于现有的学术理论与观点，通过现场访谈和有关数据资料，阐释、提炼中国企业（企业家）的独到管理思想或管理模式，以及对中国企业管理实践和本土管理理论构建的启示等（2018"中国企业家管理思想"征文通知）。也就是说，《管理学报》一如往常，再次开设一个新的栏目，通过开立新的栏目引领学人创新，这应该是《管理学报》的思想和使命。如何开新呢？先看看"新"这个字，"新"由立、木、斤三个偏旁组成。本文认为，"立"指的就是《左传·襄公二十四年》"太上有立德，其次有立功，其次有立言，虽久不废，此之谓不朽"中的立德、立功、立言；孔颖达将此注释为"立德，谓创制垂法，博施济众；立功，谓拯厄除难，功济于时；立言，谓言得其要，理足可传"。从传统五行文化的角度来看，"木"是东方的泛指，代表事物生发和条达的特性；斤（金）为西方的泛指，代表事物肃杀和清静的特性。依据五行生克的辩证原理，金（斤）克木，但是"斤与木"却和谐地共存于"新"字中。上述关于"立、木、斤"三字主要含义及其组合的现象说明了什么呢？本文认为这与《管理学报》开设"中国企业家管理思想"专栏的设想不谋而合,中国企业（企业家）管理思想天然地扎根于中国的传统文化，这是中国企业家管理思想的自性，不需证明。与此同时，中国企业（企业家）管理思想必然囊括全球化、共同体和"一带一路"等新的理念和行动，因此，仅仅立足传统文化显然不够，企业家要学会将原本相克（木和金）的关系转化为相生（矛盾转化）的关系才可能突破性创新，这是中国企业家管理思想的理性。进一步讲，"中国企业家管理思想"专栏绝不仅仅限于解读，更是基于东方情境中心基础上的创造，在《管理学报》专栏这一主题上，则是研究者与企业家的共创，本文甚至认为：企业家管理思想中的"管理"需要重新定义，所谓企业家管理思想的管理是基于想象和判断的设计与选择，设计源自价值理性，选择造就管理模式，最终成果是集体人性。这一定义中的"想象和判断"可以和康德的"位我上者，灿烂星空；道德律令，在我心中"比较以理解：若从价值理性进行设计，则与西方管理科学对接；若从管理模式做出选择，则与未来管理相互呼应。不过，这时候需要辩证法登场了。

（二）企业家管理思想的解构

本文认为，企业家管理思想专栏开新难在一个比较宏观的场域设计。目前所谓严谨的管理类学术期刊，往往囿于实证研究、案例研究和实验研究等来源于西方管理科学研究方

[①] 田志龙. 如何解读中国企业家管理思想：几点思考与建议[J]. 管理学报，2018，15(8)：1107-1109.

法的局限,赵汀阳认为:"今日之学术,人们追求许多无用有害的套路和规定动作,这同样禁锢了思想的创造性和对思维的深刻理解。"①进一步讲,"追问、辩证、诡辩、唯美、变通、怀疑、先验、剃刀、还原、分析、解释与解构、博弈、无立场"等思辨性方法只能躺在哲学家的怀抱中,很难用于所谓严谨的管理类学术期刊?如果不用这些方法,仅仅应用实证、案例和实验方法,如何能见到思想的功夫呢?这可能是"中国企业家管理思想"解读面临的最大问题。"中国企业家管理思想"解读能否给企业家提出可操作性的管理启示,这个问题可能也是"仁者见仁,智者见智"。本文认为企业家必须自己找到答案,因为在企业家层面,根本没有标准和现成的答案可以直接拿来,他们不应该奉行拿来主义,研究者也不应该鼓励他们奉行拿来主义,他们应该坚守长期创造主义。如果一定要给企业家答案,本文认为提出合适的问题对他们而言是最好的答案。不妨试试解构。"解构"一词是解构主义者雅克·德里达的一个术语,源自《存在与时间》中的"deconstruction"一词。雅克·德里达认为人类的思想文化是不断"写"成的,"写"才是文化的根本性质,这形成了所谓的"解构"。赵汀阳认为解构是一个不断产生新意的动态思想过程,解构会导致任何试图把意义、思想和知识固定化的结构发生消散,从而产生新意②。本文认为,用"解构"一词更接近"中国企业家管理思想"专栏设置的目的,在保留"解构"一词原意的基础上,可以将它理解为解释/解读和建构。借用怀让禅师的话来说就是"说是一物即不中",研究者很难"看、听、说"出企业家的自性管理思想,研究者需要"写"出中国企业家管理思想。

以个人访谈酷特智能有限公司董事长张代理的经验而言,访谈之前做了细致的准备,包括设计访谈提纲、团队多次讨论修改、公司高管预访谈以及其他准备等。但是在真正访谈的时候,张代理完全抛开访谈提纲,侃侃而谈几个小时,研究人员不得不根据访谈记录重新梳理和写作其管理思想。这一现象恰恰说明了管理思想的动态不确定性,这是否也说明研究者在"写"中国企业家管理思想的时候,若仅仅用确定性的研究方法的不可行性。进一步讲,研究者除了解读中国企业家管理思想之外,还应该建构中国企业家管理思想。本文认为这是"理论与实践"深度融合的典型案例,这也是"中国企业家管理思想"专栏设置的主要目的和其引领意义。若果真如此,本文认为首先要从认识论上下功夫。

(三)从"正反合"到"整分合"

作为德国古典哲学的集大成者,一般把黑格尔的过程哲学简化为"正反合"的辩证法,虽然黑格尔自己从来没有这样描述他哲学的任何部分。黑格尔扬弃了康德的"三一"式原则与费希特"正反合"的发展规律,把世界看作一个过程性的存在,在此基础上发展出"正反合"的逻辑定律,一般将其对应解释为"肯定—否定—否定之否定","正反合"对应辩证法的对立统一和否定之否定规律,加上质量互变规律,就是马克思主义哲学辩证法的三大规律,马克思主义哲学对中国企业和企业家的影响如中国传统文化的影响一样根深蒂固,往往体现在"把世界看成一个过程"(马克思、恩格斯评价黑格尔的话语)的过程中。实际上黑格尔和怀特海的过程思想都反对机械论、反对二元对立,只是前者重视思辨内容,后者走科学之路。那么,从中国企业实践来看,是不是真正做到了反对机械论和二元对立呢?众所周知的事实是,中国企业实践的时候往往只做到了肯定的方面或者只做到了否定的方面,忽视

---

① 赵汀阳.思维迷宫[M].北京:中国人民大学出版社,2017:2.
② 赵汀阳.思维迷宫[M].北京:中国人民大学出版社,2017:104.

了质量互变和否定之否定的方面。为什么会出现这样的现象呢？

原因就在于中国企业管理实践的运行情境，尤其是文化土壤情境与西方不同。实际上"过程哲学思想"在中国的易学"在天成象，在地成形，变化见矣"中早已现出端倪。本文认为，中国传统的过程思想与黑格尔的过程哲学本质不同在于一个"整"字，中国传统过程思想是整体观的，即使认识之初的混沌世界也是一个整体的世界；黑格尔过程哲学虽然也强调思维与存在的同一性，但是黑格尔哲学是延续康德的"二律背反"的，这样人们遵照实践的时候往往会落入绝对的肯定或者绝对的否定，而忘记了否定之否定这一升华。所以研究"中国企业家管理思想"需要"整分合"的认识论。

一般认为，管理学的整分合原理是指在管理中"整体把握、科学分解、组织综合"。在整分合原理的运用中，整体是前提，分工是关键，综合是保证[①]。这种认识无疑是具有指导意义的，但是仍然没有上升到认识论层面。本文用表1来概括整分合的认识论机制。本文将"整分合"的性质高度抽象和归纳为认识的周期性实践循环，其周期用数字可以表示为 $1-2-3$，其循环用数字表示为 $(1'=3)-2'-3'$；"整"中至少内涵了"正、中、反"，"分"中至少内涵了"正、反"，"合"姑且仍然用"合"表示；其动力机制是组合和组分，在此基础上有四种管理力量交互，分别是正力、反力、合力和中力。整分合认识论的整体价值体现在以下几个方面：它对应中国传统文化《庄子》中的齐物论，齐物才可以不同；它对应宇宙学的均质而各向同性；它对应时空的反演；它也对应物理学的量子涨落。从认识到实践如何过渡呢？见图5。

表1　整分合认识论的内在机制

认识	性质	周期数字表述	循环数字表述	文字表述	形状及图像描述	动力机制	四种管理力量交互	整体价值
整	周期性实践循环	1	$1'=3$	正中反	点状	组合和组分的聚散机制：组合就是动态向内收敛，组分就是动态向外发散	四种力量：正力、反力、合力和中力（向心力）	对应中国文化的齐物论，齐物才可以不同；对应宇宙学的均质而各向同性；对应时空的反演；对应物理学的量子涨落
分		2	$2'$	正反	平面			
合		3	$3'$	合	立体			

图5是基于"整分合"认识论的认识到实践过渡示意图。此图启示研究者写"企业家管理思想"的时候，应该是研究与实践的深度交互。通常，基于"正反合"的认识论，往往将研究和实践区别为优质和劣质，但是若基于"整分合"的认识论，优质和劣质共存于一体之中，不能厚此薄彼，因此在知行合一的基础上，需要重视思的作用，这样"知行合一"就升维为"思知行一"，这是整分合认识论的价值。

---

① 孙颖茹. 运用整分合原理优化医院教学[J]. 基层医学论坛，2020，24(4)：571-573.

为便于理解,通俗地讲,正-反-合可以用1-1-2的结构对应理解,整-分-合可以用1-2-3的结构对应理解。具体而言,可以将"正"和"反"各理解为1,"合"就是1+1=2;可以将"整"理解为1,"分"理解为2(因为分可以分出"正"和"反"这两个极端,除此之外就是无限分),"合"就是1+2=3,这样来解释是为了便于理解。实质上,"整分合"与东方道家哲学"一生二,二生三,三生万物"相一致,"正反合"与西方哲学"物质与精神绝对分"的认识相一致,但是,本文认为前者包含后者。

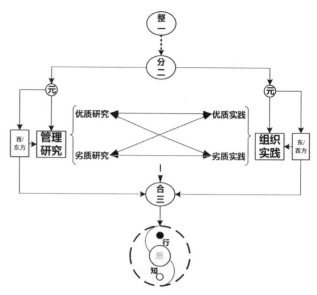

图 5 基于"整分合"的认识到实践的过渡示意图

四、一种"企业家管理思想"解构的"反发现"方法论

梅洛·庞蒂断言科学中的"哲理性"的发现和科学的基本概念的转变,经常是"反发现"的结果。王介南认为这种"反发现"[①]为改变观点提供了机会和起始点。这种"反发现"在《道德经》就是"玄鉴"的方法,所谓"玄鉴",简单来说就是把自己嵌入其中,充分发挥想象力[②]。由此而论,当研究者研究企业家管理思想的时候,也应该把自身嵌入企业和企业家管理实践和管理思想中,因为当且仅当研究者从旁观者转变为参与者的时候,企业才是共享的企业,企业家管理思想才可能是共享的企业家管理思想,这就是《道德经》讲到的观复之道,因此本文将"反发现"界定为研究"企业家管理思想"的方法论,而下文提出的"五线谱"法则是研究"企业家管理思想"的一种方法,是为区别。

实际上,钱学森在带领设计人员设计 P-2 导弹的时候,也曾经创造性地提出了"反设计"的思想,而众所周知的大爆炸理论的提出者乔治·伽莫夫的思维方式也是这样的。进一步讲,从海德格尔在《存在与时间》中提出的"显题化的(thematic)/未显题化的(unthematic)"对比概念到当代诠释学都认为:所有显题化的讨论都另外隐含了某些未显题化的思维,而案例研究的一个重要目的不就是对未显题化的思想进行显题化的诠释吗?这样看来,研究者要写"企业家管理思想"的时候,不这样做至少是不够的。因此,雅克·德里达才强调除了"看、听、说",更重要的是"写",写出企业家的管理思想。对研究者而言,就是从现实的存在出发,把企业时光倒回去,写出企业家管理思想,这与《易传·系辞上》"原始反终,故知死生之说"如出一辙。因此,用什么方法如何写出企业家管理思想是本文要探讨的主要问题。

在"整分合"的认识论视域下回答这个问题就是"反发现"法,在此有必要对"反"这个字进行界定。实际上,W.理查德·斯科特等人在《组织理论:理性、自然与开放系统的视角》

---

① 王介南. 洛书·宇宙模式图论[M]. 杭州:浙江科学技术出版社,2000:13.
② 王介南. 洛书·宇宙模式图论[M]. 杭州:浙江科学技术出版社,2000:13.

一书中已经总结了"反管理、反管理范式和反管理理论"等概念,本文第一作者也在《管理学报》发表过《自发性对称破缺下的"反管理"研究》一文,但是这两者有本质区别。斯科特等人总结的"反管理、反管理范式和反管理理论"中的"反"用的是"anti-",而《自发性对称破缺下的"反管理"研究》一文用的"反"则是"fan-"。这一微小区别就在于"anti-"指的是反对的、是对立面这一层意思;而"fan-"除了含有逆向之义外,还有整体和回归两层含义,这集中体现在其定义中,"反管理必然指向和针对管理,反管理不是对管理求反,反管理是涵盖管理的一种新的范式。反管理即是自身自发现,也是自身反发现;反管理还是反身自发现,也是反身反发现。反管理是我和你的统一"①。本文认为,这一反管理定义本然与"整分合"的认识论呼应,而且是在"整分合"认识论下的反发现全息场域的具象化(如图6所示)。图6所示的象限在认识论上没有方向,因此四个发现的位置可以互相替换;图6所示的象限在实践论上才是矢量,为了方便行动而加上方向。由此来看,目前《管理学报》倡导和发表的与"中国企业家管理思想"有关的文章的研究方法更值得研究。

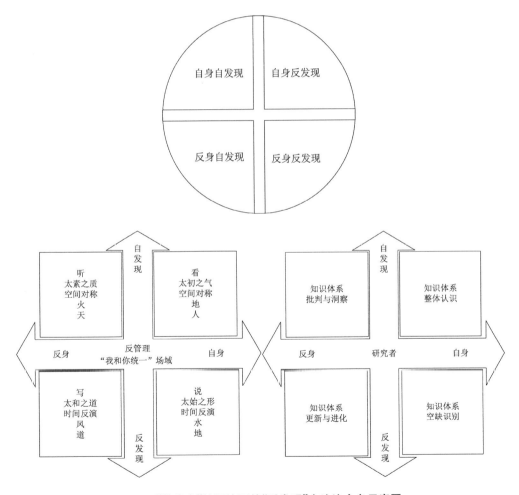

图6 "整分合"认识论下的"反发现"方法论全息示意图

---

① 孙新波,张大鹏,张浩,等.自发性对称破缺下的"反管理"研究[J].管理学报,2017,14(7):973-981.

科学往往在于增加知识,思想往往在于增强思考能力,"中国企业家管理思想"专栏的目的即是前者,更关注后者! 只有这样,研究者才能够站在全球视角为人类贡献学识和智慧,才能通过"中国企业家管理思想"文章和问题的深刻性引领读者想见思想的功夫。为此,本文提出一种五线谱法。

五、一种"企业家管理思想"解构的"五线谱"法

基于"反发现"方法论和"整分合"认识论,本文提出解构"中国企业家管理思想"的"五线谱"写法。这种方法受到发源于古希腊的五线谱和发源于中国的五行理论的共同启发,是二者交互的产物。提出这种方法并没有什么独特的秘诀,实在是写到这里自然产生的。如果一定要找到交互点,可能是这样的,企业家应用其管理思想治理企业,正如音乐家用精湛技巧和人格魅力将音乐的旋律呈现给听众。二者都在谱写各自的乐章,前者用思想牵引企业整体发展,后者用乐谱记录并用旋律整体呈现,除了都有难以被精准定义的特质之外,二者在起点、过程和结果层面有方向、范围和持续性的共通,企业家和音乐家一样,除了追求效果还要营造感情,在这一点上,全世界都是共通的。乐谱对速度、力度、节奏等的指示都并非绝对精确,这恰恰为表演者留下了许多诠释的空间,而企业家的管理思想也绝非十全十美,这同样为企业人营运企业留下了诸多创新的空间。

在解析"五线谱"写法之前,有必要对当前"中国企业家管理思想"所用的主流案例研究方法进行总结,见表2。

表2 案例研究流派比较

流派	本体论	认识论	方法论	代表人物	数据处理	理论建构
例据派（QCA）	实在论	感性上升为理性	科学程序性(客观性)	Eisenhart	可复制性;三角验证;编码程序和数据结构;多案例;强调数据产生概念或理论的严谨性	理论抽象性;线性因果性;还原性
诠释派（启发性故事）	建构论	感性与理性融合	人文意义性(主观性)	Weich	现象描述;数据多元;整体情境;动态过程;单案例;强调数据启发概念或理论的适用性	具体故事性;非线性复杂涌现性;整体性和动态性
阴阳派	非对称、可转化、非线性			李平	兼顾	兼顾

"企业家管理思想"案例研究法:如何行动(HOW)? 为何行动(WHY)? 什么行动(WHAT)?

(笔者整理自《再论案例研究方法:理论与范例》①)

从表2比较来看,如果"中国企业家管理思想"专栏一定用案例研究方法的话,本文的建议是选择诠释派案例研究法,而且要在"如何行动(HOW)和为何行动(WHY)"的基础上回答"什么行动(WHAT)",这样的案例才是"整分合"认识论域下的案例研究,也才可能向世界讲好中国企业家管理思想和管理故事,因为这种顺序至少与企业家管理思想在企业中的实践比较一致。而且这三个问题对于企业家的实践而言,都是必须回答的,因此"中国企业家管理思想"案例研究要回答的不单单是"HOW 和 WHY",还必须加上"WHAT"。那么,

---

① 李平,杨政银,曹仰锋.再论案例研究方法:理论与范例[M].北京:北京大学出版社,2019:7.

如何加"WHAT"以呼应德里达的"写"出"中国企业家管理思想"呢？

本文提出"五线谱写法"以研究"中国企业家管理思想"，用"五线谱写法"写出中国企业家管理思想，因为企业家如音乐家一样，处理的是人类最隐形的表达。这种表达就是企业家管理思想，企业家管理思想很可能产生于企业家停止思考的那一刻，是思想创造了企业家，然后通过企业家的管理行为将思想显性化，将隐形的意义呈现出去，这种呈现是需要形式的，这种形式在本文就是借用五线谱将企业家管理思想显现。众所周知，五线谱是世界上公认的所有乐器都能用的一种记谱方法，因为它在视觉和旋律等方面足够标准化和直观，很容易与国际接轨。五线谱是通过在五根等距离的平行横线上标以不同时值的音符及其他记号来记载音乐。五线谱由五条平行的横线和四条平行的"间"组成的，它们的顺序是由下往上数的，这一点又与中国易学之卦画从下往上数的顺序一致，从这一点就可以判定二者存在本源相通性，进一步讲是符合"反发现"方法论的；如果再考虑五线谱谱出的协奏曲的整体效果与企业家运用管理思想治理企业的整体效果有共通之处，也是符合"整分合"认识论要求的，因此将之命名为"五线谱写法"。五线指的是情境（S：Situation）、事件（E：Event）、印记（I：Imprint）、数据（D：Data）和理论（T：Theory），基于此，加上时间（T：Time）和思想（T：Thought），本文建议从以下七个方面写出企业家管理思想，简称TSEIDTT。"五线谱写法"思想流变示意图如图7a和图7b所示（图中字母从下到上依次为S：情境，E：事件，I：印记；D：数据，T：理论）。

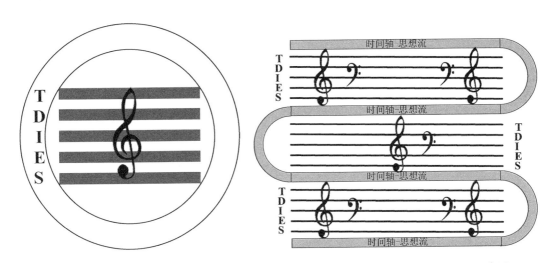

图7(a) "五线谱写法"思想流变横截面示意图　　图7(b) "五线谱写法"思想流变纵向示意图

（一）时间轴（Timeline）

相对而言，时间轴就是将企业从创立到当下到未来按时间展开的轴线，时间轴的存在回答了历史对现实的作用，同时将企业家管理思想落实到企业演化过程中，呼应了黑格尔和怀特海的过程哲学，体现了企业家管理思想的整体性。

（二）情境谱线（Situation Notation）

情境谱线是"五线谱写法"的第一条平行线，对应图7中的S,它用来对企业和企业家所处的时空情境进行分析。具体分析内容包括：可以参照战略管理的分析方法从时代背景及其发展变迁视角分析外部环境(政治、经济、社会、技术、生态、制度环境等)[①],从企业自身具备的条件视角分析本企业与国内外其他企业的比较等。

(三) 事件谱线(Event Notation)

事件谱线是"五线谱写法"的第二条平行线,对应图 7 中的 E,它用来记录企业家管理思想发展过程中的关键事件,这种记录只要按照关键事件发生的顺序用事件系统理论的原理和方法即可。具体而言,在"五线谱写法"给出的时间轴的基础上,依据事件系统理论给出的事件强度和事件空间共七个要素[②](新颖性、颠覆性、关键性;传播方向、起源、扩散、距离)遴选关键事件,以关键事件作为中国企业家管理思想分析的事件载体。

(四) 烙印谱线(Imprint Notation)

烙印谱线是"五线谱写法"的第三条平行线,对应图 7 中的 I,可以利用组织印记理论找到时间轴上关键事件前后的关键烙印,为后续研究提供印记准备。本文建议的烙印谱线与斯汀康比(Stinchcombe)称为印记力(imprinting power)和固化力(traditionalizing force)[③]的组织印记有所不同,在 Stinchcombe 的基础上,本文将印记力定义为企业情境对公司结构的动态影响,也就是说情境不同、关键事件不同、组织结构不同,而 Stinchcombe 的组织印记仅仅关注组织起始阶段的印记力;将固化力定义为硬固化力和软固化力,前者是 Stinchcombe 所定义的组织印记保持稳定的部分,后者是在新情境下生成的与路径依赖相结合的对未来有影响的印记。一般而言,在访谈的时候可以通过两个问题发现组织印记:什么促使企业家和企业做这件事?这件事给企业家和企业留下了什么印记?

(五) 数据谱线(Data Notation)

数据谱线是"五线谱写法"的第四条平行线,对应图 7 中的 D,数据谱线的目的是对烙印谱线的烙印以及形成烙印的事件和对应情境进行显性化编码以打开印记过程黑箱,可以运用组织识别与考古学的理论和方法。具体而言,鉴于结构主义考古学研究方法强调对组织共时性和整体性的把握[④],这与本文强调的"整分合"认识论一致。因此,可以运用结构主义方法论研究数据谱线,探索情境、事件和烙印之间的关系,用分类的手段,揭示企业家管理思想的认知结构体系,这个认知结构体系应该满足皮亚杰所谓的"结构就是由具有整体性的若干转换规律组成的一个有自身调整性质的图式体系"[⑤]。当然也可以利用扎根理论给出三级编码。

(六) 理论谱线(Theory Notation)

理论谱线是"五线谱写法"的第五条平行线,对应图 7 中的 T,在前三条谱线的基础上,从田志龙主张的第一维度(经营哲学、管理体系、管理机制、管理方法)和第二维度(企业管理工作的职能领域)管理理论话语体系出发,尽可能与现有管理理论进行对话和比较,在此基础上发现理论创新点。实际上上述两个维度的分析几乎涵盖了企业管理的所有领域,这固然与思想的渗透性息息相关,但是真正的原创通常都是颠覆性和非连续性的,非如此,则

---

① 田志龙. 如何解读中国企业家管理思想:几点思考与建议[J]. 管理学报,2018,15(8):1107-1109.
② 刘东,刘军.事件系统理论原理及其在管理科研与实践中的应用分析[J].管理学季刊,2017(2):64-80.
③ 王砚羽,谢伟. 历史的延续:组织印记研究述评与展望[J]. 外国经济与管理,2016,38(12):91-102.
④ 陈畅. 结构主义重构社会组织的考古学探索[J]. 江汉考古,2019(1):55-61.
⑤ (瑞士)皮亚杰. 结构主义[M].倪连生,等译.北京:商务印书馆,1984.

不能实现查尔斯·汉迪所谓的第二曲线创新。因为,本文既提倡按部就班,更鼓励标新立异和迭代试错。

(七) 思想流(Thought Flowing)

思想流是"五线谱写法"的最终结果,对应 TSEIDTT 中的最后一个 T。通过对"五线谱写法"的归纳和总结,提炼出具有整体观、动态性和系统论的原创中国企业家管理思想。在此基础上,凝练中国企业家管理思想背后的形成机制或产生机理,为培养未来的管理者提供具有理论和实践指导意义的思想资源,为其他企业提供思想启发和行动借鉴,向世界讲好中国企业家管理故事,进一步实现"中国企业家管理思想"的丰富性。其整体示意图见图8。

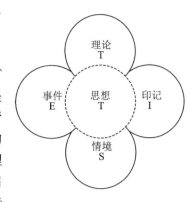

图8 "五线谱写法"企业家管理思想之花整体示意图

六、"中国企业家管理思想"专栏的展望

科学表达真实,哲学创造梦想,专栏要的是梦想引领下的未来。企业家管理思想在于超越性,读了文章之后能够超越,也是一种实践,至少是思想的实践。

思想是想象而非知识,它是知识的必备基础和基本假设。企业家管理思想应该保留合理的缺点,这是这个专栏的未来。写企业家管理思想的方法和维特根斯坦的思想的语法一样迷人,案例研究方法只能是形式逻辑,内容却是脱缰野马。思想的语法就是思想的疗法,第一是问题的能够回答性,第二是可理解答案的事实性。

专栏的目的不在于原子还原,而在于整体生成。这就是思想的价值。它在于建立价值、意义和历时性。本文将此称为无思想的方法,"中国企业家管理思想"栏目不是为了表达真实,而是为了创造一些有可能让企业变得更好、让员工更幸福的观念,这也是中国企业高质量发展的解读。无思想分析不是拒绝思想,而是从问题去看观点,是基于问题的实践性追问[1],这注定了是创新的根本。彼得·布鲁克[2]讲"我可以把任何一个空的空间,当作空的舞台"。中国企业家管理思想的研究者们如何定义中国企业家管理思想呢?本文给出的建议是"学会定义,善于反义,追求正义"[3]。

发现中国企业家管理思想,就是发现无限可能性,有了无限可能性,创新还是问题吗?

(感谢田志龙、田也壮、杜义飞、郭毅、任兵、齐善鸿、吕力、贾旭东、苏勇、苏宗伟等多位教授的点评和指导。)

---

[1] 这是张玉利的学术报告中的内容。
[2] (英)彼得·布鲁克.空的空间[M].王翀,译.北京:中国友谊出版公司,2019:3.
[3] 孙新波.管理哲学[M].北京:机械工业出版社,2018:51.

传统文化践履型企业的管理模式

——文化管理与制度管理的"体用论"

贾旭东　杨　荣*

摘要：传统文化践履型企业作为近年来出现的一种具有中国本土化特色的企业形式，在中国东南部等发达地区已取得了一定的实践成果，这些企业将以传统文化为内核的企业文化建设与以西方先进管理方法、理念为内核的现代企业制度管理有机融合，正在焕发出勃勃生机。本文采用中国管理扎根研究范式并选取五家典型企业作为研究案例对传统文化践履型企业的文化管理与制度管理相互补充、相互融合的运作机制及其管理特征进行探索，最终构建出基于管理"三元"模型的传统文化践履型企业管理智慧模式。

关键词：传统文化践履型企业；中体西用；文化管理；制度管理

一、引言

改革开放和市场经济政策实行以来，中国企业如雨后春笋般快速成长。在竞争导向的市场经济环境下，大量基于国外现代企业管理经验的探索和实践活动也在进行，无论国有企业还是民营企业都大量学习和引入西方现代化企业管理理论以提升其运营和管理效率，并取得了不错的成绩。不过近年来，在基于西方现代企业管理理论的企业管理方式过度关注企业利润、员工绩效等经济因素的情况下，中国东南部等经济较发达地区涌现出了一些企业，他们以弘扬和践行中华传统文化和服务社会大众为使命，重视企业家对中华优秀传统文化的信仰与对员工德性发展的促进，已有研究称之为传统文化践履型企业①。这些企业在运营和管理实践中，将以传统文化为内核的企业文化建设与以西方先进管理方法、理念为内核的现代企业制度管理有机融合，正在焕发出勃勃生机。

研究者在实地调研中发现了很多这样的企业，其通过将文化与制度管理相结合进行管理并取得了不错的成绩。企业引入《弟子规》《了凡四训》、"四书五经"等众多中国传统

---

* 作者简介：贾旭东（1972—），男，汉族，河北邢台人，兰州大学管理学院教授、博士生导师，管理学博士，研究方向：虚拟企业构建与管理、企业组织与战略、传统文化与企业管理；杨荣（1996—），女，汉族，甘肃天水人，兰州大学管理学院硕士研究生，研究方向：企业组织与战略。通讯作者：杨荣。
基金项目：国家自然科学基金项目"基于扎根理论的企业组织与虚拟演化机理及测度研究"（71072069）；国家自然科学基金项目"基于经典扎根理论的虚拟企业供应链可靠性及其测度研究"（71672078）。

① 晁罡，钱晨，陈宏辉，等. 传统文化践履型企业的多边交换行为研究[J]. 中国工业经济，2019(6)：173-192.

国学经典作为文化学习的内容,并提倡不断学习、相互信任、相互成就、乐于奉献等个人品质;同时,积极学习日本、德国等地区较为先进的精益管理、智能制造等生产技术理念,最终达到企业绩效提高、员工幸福感提升、企业和员工双方富有社会价值感等目标。这一现象,就目前来讲在中国企业近几十年的发展过程中属于较为有突破性、有特色的企业管理创新。不过,理论界关于传统文化践履型企业的学术性研究及成果还很少,对于其文化管理与制度管理有机融合这类现象的研究便更少了。所以本研究立足于这一现象,选取典型案例并收集大量数据,探究传统文化践履型企业管理中文化管理与制度管理相互补充、相互融合的运作机制及其管理特征,同时构建基于管理"三元"模型的相应理论模型。

二、文献回顾与理论背景

(一) 传统文化践履型企业

管理学的科学性和艺术性决定了管理现象的研究要在基于经验和实证研究的同时,还要从文化、哲学等层面把握;同样,管理实践中除了依靠科学知识和技术控制之外,还需要关注人性管理[①]。已有关于传统文化践履型企业的研究主要集中在三个视角:第一,研究传统文化对于企业实际运营管理事项的影响机制,多采用实证研究方法,如探究传统文化对于企业绩效、社会互信[②]、信息披露[③]、企业社会责任[④]及市场战略分析[⑤]等方面的影响和运用机制,这为本研究提供了一定的理论基础,阐明了传统文化在现代中国本土企业管理中是有其影响价值的;第二,席酉民、齐善鸿等学者基于传统文化、系统理论等建构的和谐管理理论[⑥]和道本管理理论[⑦]这种基于系统理论的模型构建方式,为本研究中探索文化管理与制度管理有机融合提供了一定的理论和方法基础;第三,探讨以传统文化为基础的企业文化建设及其传播[⑧][⑨][⑩],此类研究多从中西方管理思想辩证统一的视角出发进行其主题的探索,这也为本研究提供了一定的参考。

(二) 中国企业文化管理与制度管理

20世纪80年代,以"泰罗制"为主要特点的科学管理理论在企业中的运用方式不再适应经济、社会、思想观念等变化,企业界和学术界开始意识到人是既有理性又有感性的,也是需要被尊重、认可和自我实现的。就中国本土企业文化实践的研究来看,主要集中在员

[①] 成中英,晁罡,姜胜林,等. C理论、C原则与中国管理哲学[J]. 管理学报,2014,11(1):22-36.
[②] 王金波. 传统文化、非正式制度与社会契约. 基于宗族观念、民族伦理与企业债务期限结构的微观证据[J]. 经济管理,2013,35(12):150-161.
[③] 毕茜,顾立盟,张济建. 传统文化、环境制度与企业环境信息披露[J]. 会计研究,2015(3):12-19.
[④] 辛杰. 非正式制度、文化传统与企业社会责任困境的隐性消解[J]. 商业经济与管理,2014(9):25-33.
[⑤] 董雅丽,刘嘉华. 传统文化在企业市场战略分析中的运用[J]. 华东经济管理,2011,25(10):97-100.
[⑥] 席酉民,刘鹏,孔芳,等. 和谐管理理论:起源、启示与前景[J]. 管理工程学报,2013,27(2):1-8.
[⑦] 齐善鸿,曹振杰. 道本管理论:中西方管理哲学融合的视角[J]. 管理学报,2009,6(10):1279-1284.
[⑧] 黎永泰. 论中国企业文化再造[J]. 四川大学学报(哲学社会科学版),1999(1):3-15.
[⑨] 何金露,王利平. 儒家文化与西方管理思想的融合:"君子"企业的构建[J]. 当代经济管理,2019,41(2):38-43.
[⑩] 苏敬勤,张雁鸣,林菁菁. 文化双融视角下中国本土企业管理创新机制:华立集团的案例研究[J]. 经济管理,2018,40(1):56-70.

工心智管理①②、中国本土企业文化模式③④⑤、中外企业文化对比⑥⑦、企业文化对组织绩效的影响⑧、文化于企业战略的地位⑨等方面，以上研究多为基于西方相关理论基础进行的实证研究或是提出观点性的文章。

一些学者开始关注企业文化管理与制度管理有效结合。作为影响中国企业的三种主要因素，企业制度、外部环境和文化在企业发展中均扮演着重要角色⑩，而在改革开放以来中国企业发展过程中处在工业化、市场化、信息化环境下，其管理主要是基于西方管理理论框架进行的制度建设⑪，在一定程度上忽略了以"人"为本的企业文化建设，不关注人的全面发展，只讲求企业效益的增加⑫。也有学者提出，中国管理者的管理决策和管理行为长期以来虽然受到西方管理影响，但从本质上来说，其东方管理哲学特征价值观依然稳定⑬。所以理论界也在呼吁对中国本土管理实践多一些关注，对中国特定文化和思想引入管理界多一些探索，对中西方管理理论的有机融合多一些包容⑭⑮。

（三）理论解释的不足及本研究要解决的问题

可见，已有研究或多或少能够对本研究提供理论或方法上的参考，但其研究视角均与本文不同，鲜有研究将企业文化管理与制度管理的结合进行分析，并且传统文化践履型企业作为一种采用新的管理思想的企业模式，从文化管理与制度管理相结合的整体视角对其文化管理与制度管理相互补充、相互融合的运作机制及其管理特征的研究是有必要的，以期对已有研究不足之处有所补充。

三、研究方法论

对传统文化践履型企业相关研究的缺少使本次研究的理论基础不足，再加上是对企业管理实践的研究，故本次研究的方法论采用中国管理扎根研究范式（以下简称"扎根范式"）深入情境去研究，这种研究方法论源于20世纪60年代提出的扎根理论。

---

① 曹振杰，何红光. 中国企业员工和谐心智模式的概念模型与问卷开发[J]. 管理学报，2013，10(2)：171-178.
② 曹振杰. 基于扎根理论的员工和谐心智模式构念开发[J]. 管理学报，2013，10(8)：1110-1115.
③ 黎永泰. 企业文化管理初探[J]. 管理世界，2001(4)：163-172.
④ 黎永泰，蒋庆. 民营企业文化管理的重构[J]. 四川大学学报（哲学社会科学版），2001(5)：5-11.
⑤ 胡军，王霄，钟永平. 华人企业管理模式及其文化基础：以港、台及大陆为例实证研究的初步结果[J]. 管理世界，2002(12)：104-113.
⑥ 黄越，王硕，张长征. 组织文化对企业知识管理成功影响的概念模型研究：基于多维度的视角[J]. 科技管理研究，2015，35(8)：191-198.
⑦ 林娜. 中日美三国企业管理差异的社会文化渊源[J]. 管理世界，1986(6)：102-110.
⑧ 彭红霞，达庆利. 企业文化、组织学习、创新管理对组织创新能力影响的实证研究[J]. 管理学报，2008，5(1)：144-149.
⑨ 李相银. 企业战略管理模型：战略-文化-结构[J]. 中国工业经济，2002(7)：79-83.
⑩ 李垣，杨知评，王龙伟. 从中国管理实践的情境中发展理论：基于整合的观点[J]. 管理学报，2008，5(4)：469-472.
⑪ 黄群慧. 改革开放四十年中国企业管理学的发展：情境、历程、经验与使命[J]. 管理世界，2018，34(10)：86-94.
⑫ 文良玉. 何为现代企业制度：兼论马克思管理思想的当代价值[J]. 管理学刊，2015，28(6)：24-29.
⑬ 黄晓野. 西方管理思想对中国企业管理制度的影响：一个博弈论视角[J]. 当代经济，2011(23)：70-71.
⑭ 陆亚东. 中国管理学理论研究的窘境与未来[J]. 外国经济与管理，2015，37(3)：3-15.
⑮ 林海芬，苏敬勤. 中国企业管理情境的形成根源、构成及内化机理[J]. 管理学报，2017，14(2)：159-167.

扎根理论是由格拉塞尔(Glaser)和斯特劳斯(Strauss)两位学者基于社会学研究提出的一种质性研究方法,其整个研究流程结束之后的结果是要构建一种理论模型,以开拓并应用于已有理论研究不足的领域。在具体研究过程中,研究者须依据一定原则选择典型案例并深入调研和访谈,获取大量一手和二手数据,并按照一定程序对数据进行分析,最终构建出理论模型。扎根理论坚持研究者要牢牢扎根于经验数据,进而通过严谨规范的研究过程产生而构建理论[①]。这一理论目前在国外主要有三大流派:经典扎根理论、程序化扎根理论和建构型扎根理论。本研究所采用的扎根范式正是以这三者的理论思想、数据处理方法、研究辅助工具为基础提出来的、适用于中国本土管理情境的一种方法论[②]。

(一) 问题涌现

本研究严格按照经典扎根理论中研究问题"自然涌现"的原则,前后在多家企业中发现了其具备传统文化践履型企业的典型特征,本文选取了其中最有代表性的五家企业作为研究案例:宁波华尔、中盐金坛、华安立高、泰威电子、东莞添世。这一案例选取基于以下两点思考:(1) 这五家企业性质均不相同,分别为美资企业、国有企业、港资企业、民营企业、法资企业,在性质迥异的五家企业中均发现了其利用中华传统文化进行文化建设的现象,这说明传统文化践履型企业在我国经济体系中存在的广泛性和多样性,也为本研究的进行打下了现实基础;(2) 这五家企业在进行企业文化管理的同时,也积极引入、学习西方先进的管理技术如精益管理、智能制造等,并且将中国传统文化理念与西方管理技术完美结合,而并未出现二者"不兼容"的现象。

表1 案例企业简介

企业名称	企业简介
宁波华尔 (美资)	华尔推剪(宁波)有限公司(简称"宁波华尔")是美国华全集团在华全资子公司,主要从事各类电推剪、修发器、按摩器的研发、生产和销售;制度管理上,引入精益管理等西方先进的生产制造技术、管理理念,优化生产管理机制;文化管理上,以传统文化为核心,全员学习和领悟《弟子规》、《四书五经》、《了凡四训》等国学经典,并在企业范围内传播和践行,进行文化培训和交流,企业关注员工成长和幸福,提出了"创新、合作、尊重、信任、关注家庭"的五大企业行为准则
中盐金坛 (国企)	中盐金坛盐化有限责任公司(简称"中盐金坛")是国家食盐生产的重点企业之一,拥有世界先进水平的制盐工艺和生产装置,销售渠道遍及全世界。制度管理上,按照标准化管理理念设置严格供应商选择机制、考核淘汰机制,对员工制定培训、绩效考核机制;文化管理上,中盐金坛倡导以"敬天尊道,尚贤慧物"为核心理念的贤文化价值观,为企业长久生存、和谐发展提供精神力量,推进企业人文发展
华安立高 (港资)	华安立高文具制品(深圳)有限公司是一家港资公司,主要从事包括文具、玩具、塑胶制品、电子配件等产品的生产活动;制度管理上,学习并引入精益改善等西方制度改善方式,如生产计划优化、JIT理念、生产自动化、质量检查评分机制等;文化管理上,引入传统文化的学习,参加传统文化相关论坛,全员学习《弟子规》,秉承以人为本的理念,关注员工"心"的管理
泰威电子 (民企)	深圳市泰威电子有限公司是一家主要从事电子产品制造的民营企业。制度管理上,实行精益管理,日常管理事项有着严格明确的制度体系,如福利分配制度、奖惩制度、激励政策、绩效考核制度等,文化管理上,引入传统文化,学习《弟子规》《了凡四训》等国学经典,关注员工"心理"管理,提倡全员健康理念、推行孝道,并通过传统文化学习改变员工思维方式和观念,提升其幸福感
东莞添世 (法资)	东莞添世贸易有限公司(简称"东莞添世")是法国ERAM公司在亚洲的采购中心,主要负责为法国总部选择生产供应商,主营产品为服饰、鞋类等,此外,它还有自己的生产、制造、零售等业务;在制度管理上,添世致力于建立完善的供应商、产品评价体系,引入信息化管理平台,提高运营管理效率;文化管理上,进行传统文化的学习,管理者秉承和谐与平衡发展之道,以实现共赢为合作理念,人文关怀为途径,致力于企业内部"家文化"的建设,强调整体性、互帮互助、沟通并实现企业与员工共同的可持续发展

资料来源:本文整理

---

① Glaser B G, Strauss A L. The discovery of grounded theory: strategies for qualitative research [M]. New Brunswick: Aldine Transaction, 1967.

② 贾旭东,衡量. 基于"扎根精神"的中国本土管理理论构建范式初探[J]. 管理学报,2016,13(3):336-346.

(二)数据收集

本研究选择了宁波华尔、中盐金坛、华安立高、泰威电子、东莞添世等五家企业为案例进行扎根研究。数据主要来自对企业高管、员工访谈所获得的一手数据,同时从网络、媒体、数据库等渠道获得了案例企业相关的二手数据以进行三角检验,提高数据质量和可信度。

表2 数据详情表

样本企业 \ 数据类型	一手数据 访谈(万字)	二手数据 文献、新闻等(篇)	杂志(本)	视频(分钟)	图片(张)
宁波华尔	4.4	4		65	123
中盐金坛	7.8	578	2	1	58
华安立高	4.4				
泰威电子	2.1	3			4
东莞添世	5.4				

资料来源:本文整理

(三)数据处理

扎根范式有一套严谨的数据处理程序,包括开放性编码、选择性编码和理论性编码。以一手数据为主,二手数据为补充,将所收集到的看起来杂乱无章的数据概念化、抽象化,之后涌现出核心范畴,研究者判断其饱和之后便成为解释本文主题的关键理论因素,与已有文献互动贯穿全程。另外,为更清晰展示各要素之间的逻辑关系并提高数据处理效率,研究者借助思维导图软件进行数据的归纳概括。

(四)理论构建

扎根范式适用于既有理论不足且理论的现象解释力不够的研究领域,故其对于理论的归纳和构建是很有效的一种分析方法。核心范畴涌现并达到饱和后进行理论构建,研究者归纳、分析这些理论因素之间的逻辑关系并进行理论模型构建。已有学者提出管理"三元"模型,对不同管理对象或要素的管理行为的合理性和适用性进行全面深刻分析,揭示"人""物""事"三种管理要素之间的互动关系及其研究方法和产生的知识基础[①]。本研究以已有的管理"三元"模型为基础,最终构建出能够展示传统文化践履型企业中文化管理和制度管理相互补充、相互融合的作用机制,进而构建出理论模型。

四、研究结论

研究者对所收集的数据进行开放性编码之后,共得到五个核心范畴,其中能够解释核心主题的分别是"传统文化践履型企业的制度管理""传统文化践履型企业的文化管理""中体西用"等三个核心范畴。这三个核心范畴初步满足了研究者在研究之初所提出的探究传

---

① 贾旭东,何光远,陈佳莉,等.基于"扎根精神"的管理创新与国际化路径研究[J].管理学报,2018,15(1):11-19.

统文化践履型企业相互融合、相互补充的作用方式及其所表现管理特征的核心要件,之后进入选择性编码阶段。在选择性编码阶段对支持核心范畴各自的编码进行进一步抽象和归纳,并与已有文献反复对比、补充数据并确认其达到饱和,最终提取和概括出文化管理和制度管理在实践中所表现出的特征。

(一) 传统文化践履型企业制度管理

制度管理由于具有科学性的特点,其主要作用方式为对管理对象规范化的硬性管理。企业管理制度的确立、成熟往往都是自上而下的方式,在一个组织结构内部高层管理者作为制度管理理念提出的主体,基层则是制度实践的主体。两个层面各自体现出企业制度管理的特点,相互补充、相互并列的关系。

表3 部分数据及开放性编码

数据	编码
A:按照我的体系,按照我的规章制度,尤其是现在这个"营改增"放开之后,国内外的体系的话我们知道就是贯穿了其他体系,包括质量、安全、能源、环保、食品安全这些体系,那员工肯定要按照这些体系来做……招工的及时率的话我们也会纳入考评……然后表格后面还要注明需要哪些配件,然后他们提前把这些预支好了,然后把材料领出来,没有这些材料的要提前申报……这个就是用临时保养单、计划单,反正我们这边他们做每一项都是有记录的,至于考核也是刚才这个样子。 C:我们喜欢创新一些管理的方式,我们现在已经做到了16个"S"……我们用它的牌子来生产,收它的开发费用,开发完之后做好了就卖给他们,他们每年都有日本人过来检查我们的ISO9000、ISO14000啊……我们是他们公司第二个拿到满分的……	员工考核按照既有管理体系、标准;根据考核数据决定员工薪酬; 严格的工作流程制度规定; 材料申报、审核、审批制度; 引入并发展"6S"等创新管理方式; 严格的质量监督管理体系

资料来源:本文整理

在选择性编码阶段,涌现出了流程化管理、制度化管理、指标化考核、标准化管理、清晰的发展规划、高效的资源整合、引入国外先进管理工具、高度自主创新意识等八个子范畴,而这八个核心范畴也就是传统文化践履型企业在制度管理中所表现出来的具体特征,研究者根据其主体不同,将这八个特点分为制度管理中基层管理实践表现出的特点和高层管理理念两个方面的特征。该阶段,"传统文化践履型企业的制度管理"这一核心范畴得到309个编码的支持而达到饱和。

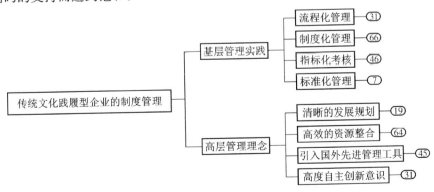

图1 核心范畴"传统文化践履型企业的制度管理"选择性编码

资料来源:本文整理

1. 基层管理实践

表4 基层管理实践层面特征及内涵

特征	内涵
流程化管理	以一定战略目标和规划为导向;有严格的工作流程化运营模式(如材料申报与审批流程、成本费用核算流程、严格安排生产计划等);改善企业运营机制并提高效率、减少浪费;引入互联网思维实现整体化发展
制度化管理	设置统一制度,以提高日常运营管理效率(如薪酬机制、激励机制、奖惩机制、合同制度、生产监督机制和行为规范制度等)
指标化考核	对生产的日常监督有着一套完善、详细的记录与监督体系;采用较先进的量化考核方式进行绩效等环节的考核与评价(如数学评估模型以及测评量表等)
标准化管理	对各方面的经营活动及产品质量检验设定相应的考核标准以保证产品质量并使内部管理向科学化转变(如参照国际验货标准等)

资料来源:本文整理

2. 高层管理理念

表5 高层管理理念层面特征及内涵

特征	内涵
清晰的发展规划	管理者秉承长远发展理念,找准目标,为未来发展制定了包括长期目标和短期目标在内的清晰规划;重视企业成员的未来发展和培养方式;管理者站在团队的角度进行企业目标的设定
高效的资源整合	充分利用资源并增强其流动性以提高企业效率;善于利用社会专业化分工的原理将业务取舍之后提高企业专业水平;拥有优势互补、合作稳定的伙伴企业进行相互合作与促进
引入国外先进管理工具	向欧美、日本等发达国家学习其企业管理理念并引入相应管理工具,如精益管理、"丰田模式"、阿米巴管理模式、德国"智能制造"、JIT管理理念、信息化、自动化等先进制造理念与技术等,以其提高产品品质与运营管理效率
高度自主创新意识	向创新、研发方面关注和投入的倾斜力度越来越大;设立相应的管理与激励制度;注重内部人才梯队培养及其研发能力提升;企业定位从加工厂转变为创新制造,自主创新意识日渐增强

资料来源:本文整理

(二)传统文化践履型企业文化管理

文化的表达其实是自下而上的方式,作为一种企业氛围的表达,文化终究是通过个体的行为举止最初对内表现出来,最终对外总体上表现为一个企业的文化,所以文化管理的特征在组织层和个体层有不同的表现,两个层面各自体现出一个企业文化管理的特点,也是相互补充、相互并列的关系。所以这里数据结果中也通过组织层和个体层两个层面来表达传统文化践履型企业的文化管理特征。

表6 部分数据及开放性编码

数据	编码
C:是啊,你不学传统文化你这个心不在,怎么能搞得好?前年那个日本人跟我们说,他们去过中国大陆、东南亚很多地方检查,他就觉得我们华安立高是第一位的,最重要的是人,一个企业机器什么的可以买,但是人你买不了,如果你的人做得好了,其他问题根本就不存在的。 H:(学习传统文化后)我们也在反思以前的工作为什么会这样子,我们想要把这个事情做好但是不知道为什么会受到这么多阻力,可能除了动了有些人的奶酪以外,可能还有一些不对的地方,那我们回来就开始探讨这些,我们怎么能让公司、自己多一些改变,因为改变别人首先得改变自己,想让下面的人受教育,为什么老祖宗的东西我们现在还有感觉,有的没感觉……他们可能不太理解,但是要让他们改变,首先得改变我们管理层,管理层先受教育,我们怎么去践行老祖宗的一些东西,《弟子规》当然对于小孩子来说可以学习,但是对于我们来说主要是怎么实现,我又想到我们经理层每天在钱总办公室,每天都把《弟子规》去读一读,我们也是不知道怎么做,先从念经开始……	传统文化管理员工的"心";企业生产全过程高质量;人是一个企业管理的根本; 反思企业发展困境的原因;改变企业现状,让企业全体员工都受教育;学习传统文化感受到了古代先贤的智慧;管理层先受教育;践行传统文化首先从管理层开始;管理层思考将传统文化智慧转化为实践;从学习最基础的传统经典读物开始;学习、自省、分享相结合;管理层带头

资料来源:本文整理

在选择性编码阶段,涌现出了传统文化、和谐企业、社会责任意识、文化契合、学习导向、沟通畅达、上行下效和关注员工等八个子范畴,而这八个子范畴也就是传统文化践履型企业在文化管理中所表现出来的具体特征,研究者根据其表现主体所在层次不同,将这八个特点分为文化管理中组织层面表现出的特点和个体层面所表现出的特点。该阶段,"传统文化践履型企业的文化管理"这一核心范畴得到440个编码支持而达到饱和。

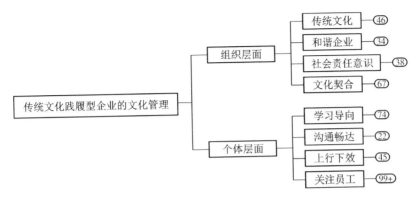

图 2　核心范畴"传统文化践履型企业的文化管理"选择性编码

1. 组织层面

表 7　组织层面特征及内涵

特征	内　涵
传统文化	学习中华传统文化并将其作为企业文化内核(包括儒家、道家、佛家的相关著作,如《弟子规》《了凡四训》《六祖坛经》《大学》《中庸》《孟子》《论语》等);成立专门机构、开设国学课堂等形式向员工及其家属讲述传授传统文化相关知识;以举办读书会、企业文化培训班的形式进行文化交流
和谐企业	企业内部成员之间的相互信任和志同道合的发展理念;企业内部像"大家庭"一样的良好工作环境和团队关系;员工之间不论身份都信仰同一种企业文化
社会责任意识	员工主动、积极承担和践行社会责任,以身作则影响周围环境;企业及其成员向着造福一方的方向在努力;企业关注员工的人权保障、支持科学研究、消费者安全、公益活动、产品的健康环保等事项
文化契合	与合作伙伴在文化上高度契合;文化认同成为双方合作长久稳定的前提;和谐相处和相互信任、尊重是其合作理念

资料来源:本文整理

2. 个体层面

表 8　个体层面特征及内涵

特征	内　涵
学习导向	以全员学习为导向,通过文化培训、学习交流、学习引导等建设一个充满学习氛围的组织;学习的内容以企业文化所倡导的传统文化经典读物为主,同时包括员工具体工作中的专业知识;为员工打造一个学习平台,引导员工学习、反思与相互交流相结合
沟通畅达	成员之间、团队之间积极沟通协调,坦诚交流;管理层广开言路,收集采纳员工的合理化建议并认真聆听员工心声,拉近与员工之间的距离;管理层通过深入现场、融入员工生产生活等方式使得企业内部沟通畅达,整体运营管理效率提高

续　表

特征	内　涵
上行下效	管理者作为企业文化探索者,首先接触到传统文化并将其引入企业塑造企业价值观;管理者作为企业文化方向引导者,故企业高层具备的洞察力和学习能力促其对国学智慧的理解,其行为方式、价值观是指示企业文化发展方向的航标;管理者作为企业文化带头实践者,通过以身作则、亲自带头实践使文化在企业内部成为一种"时尚"和标杆
关注员工	管理层关注员工未来成长和个人价值;关注员工家庭生活;关注思想建设和价值观引导、关注员工"心"的管理;管理者认识到企业管理中"人"的重要性并确认员工作为企业发展第一主体地位

资料来源:本文整理

(三)"道""术"相合的管理模式

管理学是探索人类管理规律的科学,所以文化在其中扮演着至关重要的角色。新中国发展至今,全国各行各业已经基于西方管理研究理论基础有了大量且丰富的管理实践探索,在新的时代背景下,管理学的研究应当转向有意识地向中国传统文化中攫取养分,建立基于中国本土情境的管理学理论框架研究,在理论与实践的引领下,推动中国管理文化的融合和学科发展以及实践的进步①。

本研究数据编码过程中涌现出的"中体西用"这一核心范畴阐释了传统文化践履型企业中制度管理与文化管理之间的关系,由于这一概念在已有文献中研究较少,故在后期编码阶段较容易达到了饱和,根据数据编码结果,"中体西用"这一核心范畴有两个子范畴——"相互补充""文化为本",可知在传统文化践履型企业的管理实践中,制度管理与文化管理是相互共存和相互补充的,但是在二者相互补充的基础上,文化是主要的,而制度是次要的,又因企业以中华传统文化作为企业文化内核,这是企业管理的"本体",而制度管理多引自西方管理理论,为方法、措施,所以研究者将这种主次关系概括为"中体西用"。另外,访谈过程中,对于"体"和"用"的说法不一,如"体"又被称为"法""道","用"又被称为"术",虽表达不同,但其意义相同。

表9　部分数据及开放性编码

数据	编码
W:其实这个也是我们原来一直在想的,我们叫"道"和"术"是吧,"道"为体,"术"为用嘛,其实像"6S",包括精益管理,其实它更多的是在"术"的层面,基本的话就是"道"的方面,"道"就是我们的文化嘛,讲的是运行规律,讲的一定是以"道"为主,以"术"为辅的,有"道"和"术"的这样一个意思。再一个从管理来讲,管理的话无外乎管人和事嘛,事的话就是用我们的这些"术",比如说精益管理,怎么样、用什么体系能让整个产品更好地出来,但是任何管理离不开人嘛,就是人力资源管理层面,人是最主要的,但是从我的角度来讲,人要"管"那是管不好的,你靠皮鞭、胡萝卜,这些都是过去的方式,这个是没有太多用的,在物质贫乏的时候或者是强权的时候可能会有一些效果,带来的都是很多抵抗或者浪费。但是人更多要观察的是人心嘛…… Q:讲《弟子规》大家容易接受一些,你讲别的东西太深奥大家听不懂,这个我把它总结成"四化一归",《弟子规》是管理的根本,就像树一样的,我根基有了,在这个基础上我们再来强调"四化",那"四化"就是人家唱主角,我们唱配角,人家自动化好我们跟我们学啊,智能化好我可以学,这个学是可以学,但是主角是我们唱……	引入精益管理等现代企业管理方式为"术"; 企业文化讲运行规律; 以"道"为主,"术"为辅; 精益管理用来管企业的事务; 企业文化管理"人"; 管理人主要在于"人心"; 以优秀传统文化为企业管理根基; 向西方学习更加先进的生产管理理念; 文化为本

资料来源:本文整理

---

① 杨百寅.管理学科的发展与研究的使命[J].中国文化与管理,2019(1):26-28.

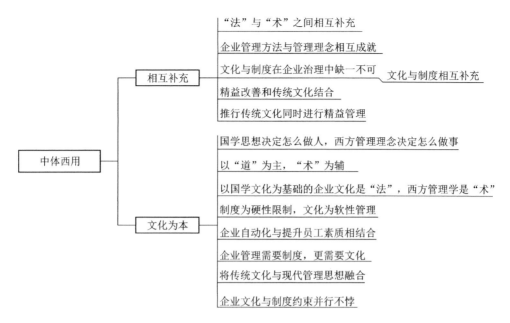

图3 核心范畴"中体西用"选择性编码

资料来源：本文整理

(四) 基于管理"三元"模型的传统文化践履型企业管理智慧模式构建

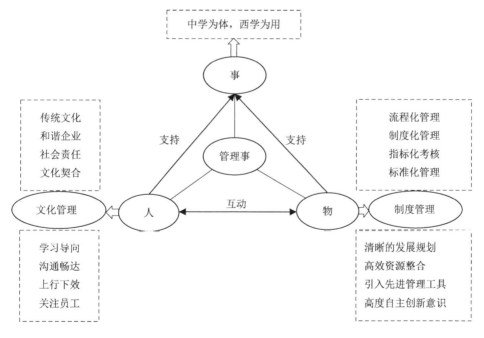

图4 基于管理"三元"模型的传统文化践履型企业管理特征

资料来源：本文整理

本研究关于传统文化践履型企业管理智慧模式的探索是基于已有的管理"三元"模型的。在企业的管理中，管理对象可以分为人、物、事三类，即管理的"三元"，基于此，管理活动亦有管人、管物和管事三类。在企业管理对象中,"物"包括设备、厂房、资金、技术等有形或无形的物,客观、不带有任何感情色彩是这些物的特点,管理过程中注重科学性可提高其管理效率,企业往往有一套科学化的管理模式和系统,传统文化践履型企业对物管理的表现即制度管理,具体的管理实践具有流程化、制度化、指标化、标准化等特点,管理者的制度管理理念则具有清晰的发展规划、高效资源整合、引入先进管理工具、高度自主创新意识等特点;企业管理对象中"人"则是指纳入企业管理范围内的所有个人、群体和组织,主观性、富有感情色彩是"人"的特点,在管理过程中并不能仅仅考虑管理的科学性,更要注重艺术性,这也是传统文化践履型企业最大的特点,他们用引入传统文化的方式进行"人"的管理,教化和感悟员工,这类企业整体特点则表现为以传统文化为文化内核、充满和谐氛围、注重社会责任、高度文化契合,企业中个体表现为高度的学习导向、相互沟通畅达、内部上行下效、员工得到高度关注。

五、研究意义与启示

以五家传统文化践履型企业为研究对象,采用扎根范式探究其管理过程中文化管理与制度管理相互补充、相互融合的运作机制及其"中学为体,西学为用"的总体管理特征,构建了基于管理"三元"模型的相应理论模型,从"管人""管物""管事"三个方面展示了传统文化践履型企业的智慧管理模式。本文从内容和方法上对已有研究不足进行补充:在研究内容上,将传统文化践履型企业的制度管理与文化管理结合起来,从整体着眼探索其融合和作用机制;研究方法上采用扎根范式这一科学的质性研究方法,基于实地调研所得数据并按照严格数据处理分析程序最终得出相关结论。

本研究通过质性研究得出相关结论并构建了模型,整个过程严格按照数据处理分析程序进行,不过由于方法论本身的局限性,由几个案例探究出的结论还需要在更多企业中得到适应性的验证,这也为后期研究提供了方向和契机。

中国企业成长理论：无中生有，有中生无

贾良定　卢芳妹　李儒丁　程冰洁　魏良玉　张熠婕*

摘要：本文选取6家在改革开放中成长起来的典型企业为研究对象，对它们从创业至今的成长历程进行剖析，旨在建立中国企业成长理论。企业成长是"无中生有→有中生无→无中生有"的交替过程，即企业发展有若干次"无中生有"的过程，"有中生无"连接着若干次"无中生有"。研究发现，推动企业"无"与"有"不断转化发展的基础是：（1）组织行动能力，包含五个要素，由家长式领导、纪律性、网络能力、能征敢战和拥抱变化组成；（2）系统思维，由互利共赢和长短期利益平衡两维度构成；（3）企业家心智，包括目标定力、成长动力和兴国理想三个维度。发挥"管理学的想象力"，本研究在中国社会、制度和文化背景中探索企业成长理论，试图为"企业如何做强做长"这一重要问题贡献中国智慧。

关键词：成长理论；无中生有；有中生无；案例研究

一、引言

企，跂起脚；业，一生要做的事，即事业。虽然"企业"一词是舶来品，但汉语"企业"和"企业家"的内涵比英文"enterprise"和"entrepreneur"更加丰富，不仅敢于冒险，创新地做事，获取利润，而且怀着憧憬和渴望，跂起脚去完成一生的事业[①]。不仅敢于冒险，大胆创新，强而建立竞争优势，获取利润，而且跂起脚，对未来充满憧憬和渴望，长而建立丰功伟业，服务社会。因此，汉语"企业"一词还天生地蕴含着时间概念。"做强"和"做长"是文化所赋予"企业"一词的基本内涵，也是赋予"企业家"群体的基本使命。那么，企业如何做强、做长呢？

可以说这一话题是管理学文献探究的重点。很早前，切斯特·巴纳德就指出，组织是

---

* **作者简介**：贾良定（1968—），男，汉族，安徽合肥人，南京大学管理学院副院长、教授、博士生导师，教育部"长江学者奖励计划"特聘教授（2019—2023年），博士，研究方向：企业战略管理、人力资源管理。卢芳妹（1990—），女，汉族，福建宁德人，南京大学管理学院博士研究生，研究方向：组织变革、企业社会责任、高管团队。李儒丁（1998—），女，汉族，江苏徐州人，南京大学管理学院硕士研究生，研究方向：组织行为学。程冰洁（1998—），女，汉族，安徽合肥人，南京大学管理学院硕士研究生，研究方向：企业家与高层领导行为、组织行为学。魏良玉（1995—），女，汉族，四川南充人，南京大学管理学院硕士研究生，研究方向：组织行为学。张熠婕（1998—），女，汉族，湖南岳阳人，南京大学管理学院博士生，研究方向：组织行为学。

基金项目：本文得到国家自然科学基金资助重点项目"中国企业专业化管理研究"（批准号：71632005）、重点项目"领军企业创新链的组织架构与协同管理"（批准号：71732002），以及"中国特色社会主义经济建设协同创新中心"的支持。

① 贾良定，周三多. 论企业家精神及其五项修炼[J]. 南京社会科学，2006(9)：29-35.

一协作系统,这一协作系统的生存依赖于两类相互关联的过程:一是同组织与外部环境间关系有关的过程;二是同组织内个体需要的成果的创造和分配有关的过程①。战略管理和组织理论主要探究前一过程。明茨伯格总结出 10 个战略管理学派,设计、计划、定位、企业家、认知、学习、权力、文化、环境和组态。这些学派从不同视角来看企业,理解其生存和发展,但它们的主要议题是企业与环境间的互动关系,比如以波特为代表的定位学派,强调根据产业结构的分析选择独特的定位,并根据产业结构中各股力量的变化,制定或调整企业战略的具体内涵②。组织理论的学派众多,如行为、权变、生态、制度、资源依赖理论等③。这些学派从不同角度来看企业,有的把企业看成理性的开放系统,有的看成自然的开放系统,也有的看成理性的或自然的相对封闭系统。但他们主要是从企业与环境间的关系来探究企业的生存和发展。如资源依赖理论从依赖定义权力,如果 A 依赖 B,那么 B 对 A 就有权力,企业的生存和发展就是处理组织与环境、其他组织间的依赖和权力关系④。

组织行为和人力资源管理理论主要探究后一过程。如领导、激励、沟通、团队管理、人力资源管理系统等理论,主要是研究组织成员的成果创造、测量和分配等一系列问题。比如领导理论探讨什么样的领导行为能够有效地让下属产生所期望的行为和成果。学者们探索许许多多的领导行为,变革型、交易型、服务型、真诚型等等。

"企业做强做长"这一问题像头大象,我们都是盲人,摸到的只是大象的某一部分。比如波特从产业结构分析来定位,确定行动内涵,但是创业者往往面对着还未形成结构的产业,这时的机会识别和行动不能依据结构分析。要回答"企业如何做强做长",或再聚焦点"改革开放以来中国企业如何做强做长"这一问题,我们需要整合许多理论,还需要增加一些新的要素。首先,如何整合?整合框架需要创造。其次,增加什么新的元素?新的元素需要发现。这都需要"管理学的想象力"⑤。借用米尔斯的思想,我们将管理学的想象力也定义为"一种心智品质"。这种心智品质将管理现象与所处的时代、社会、制度和文化建立联系,要求研究者超越管理现象本身,从联系中构建我们的管理学知识。

中国企业做强做长,不只是若干企业成长的现象,而是时代现象。比如,自 20 世纪 90 年代我国引入 MBA 教育,已近三十年,前十多年课堂上的案例讨论,几乎全部是欧美日等先进国家企业,最近十年来,情况近乎翻转,大量的中国企业案例进入课堂。再如,《财富》杂志 1995 年首次发布"世界 500 强"榜单;1996 年榜单上中国大陆只有 3 家企业;

---

① Barnard C I. The functions of the executive[M]. Cambridge, MA: Harvard University Press, 1938.
② Porter M E. Competitive strategy[M]. New York: The Free Press, 1980; Porter M E. Competitive advantage [M]. New York: The Free Press, 1985.
③ (美)W. 理查德·斯科特(W. Richard Scott),(美)杰拉尔德·F. 戴维斯(Gerald F. Davis). 组织理论:理性、自然与开放系统的视角[M].高俊山,译.北京:中国人民大学出版社,2011.
④ Emerson R M. Power-dependence relations[J]. American Sociological Review, 1962, 27(1): 31-41. Pfeffer J, Salancik G R. The external control of organizations: a resource dependence perspective [M]. Stanford: Stanford University Press, 2003.
⑤ 社会学家赖特·米尔斯所提出的"社会学的想象力"应该叫"社会科学的想象力"。社会学的想象力"是一种心智的品质","这种品质可帮助他们[我们]利用信息增进理性,从而使他们能看清世事,以及或许就发生在他们之间的事情的清晰全貌";"可以让我们理解历史与个人的生活历程,以及在社会中二者间的联系";"在应用社会学想象力的背后,总是有这样的冲动:探究个人在社会中,在他存在并具有自身特质的一定时代,他的社会与历史意义何在。"[(美)赖特·米尔斯.社会学的想象力[M].北京:生活·读书·新知三联书店,2001: 6]

2009年中国大陆37家上榜,超过英国(26.5家);2010年中国大陆42家上榜,超过德国(37家)和法国(39家);2020年中国大陆(含中国香港)上榜企业数达124家,第一次超过美国(121家),加上台湾地区,中国上榜企业数133家,超过日(53家)法(31家)德(27家)英(21家)的上榜总数。因此,我们必须把中国企业成长现象置于时代之中,在个体性企业现象与时代、社会、制度和文化的联系中,回答"中国企业如何做强做长"这一问题。

为此,本文基于文献和案例间不断迭代,建立了中国企业成长理论——"无中生有→有中生无→无中生有"。企业从"无"中而来,"无"是能够解决市场痛点的想法。对创业者来说,市场痛点是外在机会,解决痛点的想法是内在思想。当机会和思想撞击时,独特的产品或服务便诞生了,创业者不断精耕和扩展,市场地位不断发展,企业渐渐做强,"无"便生成了"有"。任何"无中生有"都不是一劳永逸的,在无中生有的过程中企业家需要探寻新的无中生有。新旧"无中生有"间需要有内在联系,后一个"无中生有"的"无"是在前面"无"中"有"过程中诞生的,即"有中生无"。如果没有"有中生无"的连接,企业发展便成为随机游走的过程,便很难把做强的做长,或者既做强又做长。

我们选取在改革开放中成长起来的6家来自竞争性行业的企业——福耀玻璃、美的集团、格力电器、海尔集团、吉利控股、TCL集团——研究他们创业到现在的从无到有的过程,案例数据丰富了"无中生有→有中生无→无中生有"理论。该理论主要阐释"无中生有"和"有中生无"的过程及其机制。

一方面,企业发展都有若干次的"无中生有"的过程,正是企业家及其企业的组织行动能力、系统思维和企业家心智,推动从无到有的发展。组织行动能力由家长式领导、纪律性、网络能力、能征敢战、拥抱变化五个要素组成;系统思维由互利共赢和长短期利益平衡两维度构成;企业家心智由成长动力、目标定力和兴国理想三方面构成。

另一方面,若干次"无中生有"过程是由"有中生无"所连接着,表面上看,敢于拥抱变化和对长短期利益的平衡,促使企业在发展"有"的过程生成新的"无",从而在"无中生有"的过程中启动新的"无中生有"。本质上看,企业家心智(动力、定力和理想)决定了前后"无中生有"之间的逻辑联系。

二、理论基础

(一) 中国文化中"有无"范畴与万物成长规律

"有无"是中国文化中重要的一对范畴。关于这对范畴的关系,有两种理解:一是水平式的"有无相生";一是垂直式的"有生于无"[1]。本文综合两种观点,既强调"无中生有",又强调"有中生无"。无并非虚无,什么也没有,而是"无形无名",呈现"混成"状态。一旦"有形有名"便是有,呈现有物存在状态。老子说,"天下万物生于有,有生于无"[2],天下万物源自有形有名的"有",有形有名的"有"再源自无形无名的"无"[3]。老子给我们展示了"无中生有"的过程:无(无形无名,混成状态)→有(有形有名,有物状态)→天下万物(具体的各种

---

[1] 张祥龙. 有无之辨和对老子道的偏斜:从郭店楚简《老子》甲本"天下之物生于有/无"章谈起[J]. 中国哲学史,2010(3):63-70.
[2] 《道德经》第四十章
[3] 傅佩荣.傅佩荣译解老子[M].北京:东方出版社,2012.

物)。从认识论来说,"无"代表"可能性"领域,"有"代表"实现性"领域,"万物"则是现实域①。首先,万物都来自有名、无名;其次,无名无形一旦有名有形,也就是可能性的无一旦转为实现性的有,就会生老病死,成住坏空,兴盛衰亡。所以现实界的万物必须不停地"无中生有",以延续下去。

不停的"无中生有"之间由"有中生无"联系着。老子说,"反者,道之动"②。有形有名的天下万物之运行,从兴盛走向衰亡,回归到无形无名的混成状态。这是"道"的规律。"夫物芸芸,各复归其根。"③正是万物各复归其根的"有中生无",才有不停的"无中生有"过程。所以,"无中生有→有中生无→无中生有",这是万物成长的规律。

(二) 管理学文献中的 S 曲线理论与企业成长规律

管理学文献中通常用 S 曲线来描述企业成长规律,把企业的成长比作不断寻找曲线的过程。早在1986年,理查德·福斯特在其《创新:进攻者的优势》一书中,就从技术发展的角度提出了 S 曲线、极限等概念,并认为如果不懂极限和 S 曲线,企业就不能变革,也不能向第二条 S 曲线转换。这也是市场领先者企业失败的原因。福斯特还把从第一条向第二条 S 曲线转换称为"断层管理"。

1987年,伊查克·爱迪思在其《企业生命周期》一书中,用拟人手法形象地描述了企业生命周期,从成长阶段的"孕育期→婴儿期→学步期→青春期→盛年期",经过"稳定期",进入老化阶段的"贵族期→官僚化早期→官僚期→死亡期"。爱迪思的生命周期理论较详细地探究了 S 曲线的发展过程及其文化特征和权力结构。

把企业生命周期和各种战略类型或理论结合在一起的是亨利·明茨伯格④。他把企业成长划分为五个阶段:第一阶段确定核心事业(locating the core business),决定做什么;第二阶段区分核心事业(distinguishing the core business),把决定要做的在"顾客和价值"两维度上做得与众不同,顾客决定了服务范围的独特性,价值决定了优势来源的独特性⑤;第三阶段精耕核心事业(elaborating the core business),把独特的核心事业沿"产品-市场"两维度进行市场渗透、市场开发和产品开发等,不断精耕细作⑥;第四阶段延伸核心事业(extending the core business),精耕细作到一定程度,核心事业的收益率及其潜力会下降,企业将通过一体化、多元化、区域化、国际化等方式进入新的事业;新事业越来越多,企业进入第五阶段,重构核心事业(reconceiving the core business),对自己的核心事业再思考,并根据新的认识对企业的各种业务进行调整和重组。

如果说爱迪思和明茨伯格着重讨论企业成长 S 曲线的阶段及其内涵的话,那么克莱顿·克里斯坦森探讨了企业成长过程中 S 曲线之间的关系以及如何管理。1997年,克里斯坦森在其《创新者的窘境》创造性区分"持续性(sustaining)"和"破坏性(disruptive)"两类创

---

① 傅佩荣.傅佩荣译解老子[M].北京:东方出版社,2012.
② 《道德经》第四十章
③ 《道德经》第十六章
④ Mintzberg H. Generic strategies: toward acomprehensive framework[J]. Advances in Strategic Management, 1988, 5(1): 1-67.
⑤ Porter M E. Competitive strategy[M]. New York: The Free Press, 1980; Porter M E. Competitive advantage[M]. New York: The Free Press, 1985.
⑥ Ansoff H I. Corporate strategy[M]. New York: McGraw-Hill, 1988.

新,解释当面临破坏性创新时,企业必须先动,如果行动晚了,无论在位公司多么强大都将被淘汰出局;当面临持续性创新时,先发不一定有优势,在位的后发者也能够战胜先动的挑战者。克里斯坦森发展了福斯特的理论,明确了"断层"的实质是破坏性创新,并给出了"断层管理"的一些原则。

2015年,查尔斯·汉迪正式提出"第二曲线",即跨越S曲线的二次增长。汉迪的理论并不局限于技术发展或企业成长,而是普适到人、组织和社会的方方面面。当第一曲线还在继续的时候,我们就必须开始改变,有时是彻底的改变。

近年来,在爱迪思的企业生命周期理论基础上,路江涌从战略管理角度发展出共演战略理论[①]。在《共演战略:重新定义企业生命周期》一书中,把企业成长划分为创业、成长、扩张、转型四阶段,企业战略分别为精益战略、专益战略、增益战略、升益战略。企业成长阶段与企业战略之间是共同演化的。

汉迪说,"似乎一切事物都逃不开S曲线,唯一的变数仅仅是曲线的长度"[②]。企业要想持续生存和发展,便需要寻找"第二曲线"。正如张瑞敏所说的,"企业最大的战略就是寻找'第二曲线',即企业'新的生路'"。因此,"S曲线→S曲线→……",这是企业成长的规律。

三、研究方法

(一) 研究设计和案例选择

本文研究采用纵向(longitudinal)多案例研究方法。遵循艾森哈特(Eisenhardt)和格雷布纳(Graebner)2007年的理论抽样方法(theoretical sampling),本文选取了6家不同行业、不同年代成立、不同所有权性质的"做大做强"的企业作为研究对象。这些企业在基本属性上的差异为探索和重复验证本文的理论模型提供了基础。具体而言,本文案例企业,包含1个工业企业、1个汽车企业和4个家电企业。这6个案例企业中,有3个企业为国有企业,其余3个均为私有企业(案例企业基本情况可见表1)。截至本研究节点2020年末,这6家企业中有2家企业进入中国500强,4家企业均入选《财富》世界500强。

表1 案例企业基本情况

企业简称	初创期			当前发展		研究时段
	创立时间	主营业务	所有权	主营业务	企业地位	
海尔	1956	冰箱	国有	家电、生物制药等	世界500强	1984—2020
美的	1968	塑料瓶盖	私有	白色家电	世界500强	1968—2020
福耀	1976	水表玻璃	私有	汽车玻璃	中国500强	1976—2020
TCL	1981	磁带	国有	家电、半导体	中国500强	1981—2020
格力	1985	塑料件	国有	白色家电	世界500强	1988—2020
吉利	1986	冰箱	私有	汽车	世界500强	1986—2020

---

① 路江涌. 共演战略:重新定义企业生命周期[M]. 北京:机械工业出版社,2018.
② (英)查尔斯·汉迪(Charles Handy). 第二曲线:跨越"S型曲线"的二次增长[M].苗青,译.北京:机械工业出版社,2017:4-5.

海尔集团前身为青岛电冰箱总厂（成立于1956年），主业为电冰箱生产，1991年合并青岛电冰柜厂和青岛洗衣机厂并更名为海尔，开始多元化发展。1993年，海尔在上交所上市，当年总资产达7.43亿元人民币，员工1568人。秉行多元化发展理念，海尔主营业务已经从白色家电拓展到黑色家电、生物制药等多个领域。2018年，海尔智家以499位首进《财富》世界500强；2020年，以435位连续上榜，营业收入2097.26亿元人民币。

美的集团股份有限公司（简称"美的"），前身为"北滘街办塑料生产组"（成立于1968年），主业为塑料件，1980年正式进入白色家电领域，次年更名为美的。1993年，美的电器在深交所上市。2013年，美的电器退市，美的集团整体在深交所上市，当年总资产达969.5亿元人民币。2016年，美的以481位首次进入《财富》世界500强。2020年，美的以307位连续5年上榜世界500强，营业收入2794亿元人民币，员工超15万人。

福耀玻璃工业集团股份有限公司（简称"福耀"），前身为"高山异型玻璃厂"（成立于1976年），主业为水表玻璃生产。1987年成立福建耀华玻璃工业有限公司，主营汽车玻璃生产。1993年，福耀在上海证券交易所主板上市，当年总资产达1.17亿元人民币，员工680人。上市后的近30年里，福耀专注汽车安全玻璃生产，成为全球第二大汽车玻璃供应商，全球市场占有率约达25%。目前，福耀已在全球11个国家和地区建立现代化生产基地和商务机构，拥有员工超2.7万人，上榜中国企业500强。

TCL科技集团股份有限公司（简称"TCL"），前身为"TTK家庭电器有限公司"（成立于1981年），主要生产磁带，1985年投资成立TCL通信设备有限公司，开始生产电话机。1993年，TCL通讯在深交所上市（2004年退市），后逐渐发展彩电、国际电工等多元化业务。2002年，重组成立TCL集团股份有限公司，于2004年在深交所上市，当年总资产达307.3亿元人民币。2020年，TCL以135名进入《财富》中国五百强，营业收入达750.8亿元人民币，员工超3.5万名。

珠海格力电器股份有限公司（简称"格力"），前身为"冠雄塑胶厂"（成立于1985年），主要生产塑料件。1991年冠雄塑胶与海利空调厂合并，更名为格力，并专注空调生产。1996年格力在深交所上市，当年总资产达18.43亿元人民币。经过三十多年的发展，格力的产品已经从空调延伸到各类家用消费品和工业装备领域，在全球160多个国家和地区销售产品，员工超9万人。2019年，格力以1981.53亿元人民币营收进入《财富》世界500强，列榜单414位。

浙江吉利控股集团（简称"吉利"），前身为"黄岩县北极花电冰箱厂"（成立于1986年），主业为电冰箱生产。1997年吉利汽车在浙江台州正式成立，吉利进入汽车制造行业。2005年，吉利汽车在香港证券交易所上市，当年总资产达8.28亿元人民币（101 411 000元港币），员工7714人。2012年，吉利以475排名首次进入《财富》世界500强。2020年，吉利以243位连续9年进入世界500强，营业收入478亿美元（约3308亿元人民币），员工超12万人。

（二）数据收集与分析

本文研究数据来源于二手资料。围绕案例企业从多个渠道进行数据搜集，主要分为三大类。这三类资料相互补充，共333份，见表2、表3。

数据分析主要分为四个步骤进行：第一步，对每个案例企业进行描述性分析；第二步，识别关键节点，划分企业成长"有"与"无"（图1示意了6家案例企业的成长过程，图中的每一条曲线代表着案例企业实现一个"无中生有");第三步,完成了对每一个案例企业的"无中生有"划分及其过程特征;第四步,发展企业成长过程模型。

表 2 数据基本情况

案例	代码	数据类型	数量	案例	代码	数据类型	数量
海尔	H	A	28	TCL	T	A	38
		B	5			B	9
		C	25			C	10
美的	M	A	30	格力	G	A	25
		B	5			B	20
		C	10			C	9
福耀	F	A	36	吉利	J	A	24
		B	6			B	8
		C	15			C	30

注:A 为企业公开资料,如年报、官网、高管致辞及演讲等;B 为高管出版的传记类图书及接受采访音视频等;C 为第三方发表的与企业发展相关的文本资料。

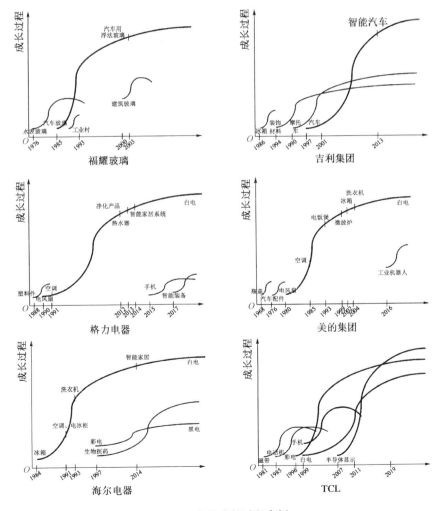

图 1 企业成长过程案例

表3 理论概念编码

一阶概念	二阶概念	案例企业证据示例
组织行动能力	家长式领导	福耀每年春节都会举办欢乐祥和的尾牙宴，"大家长"曹德旺恩威并施，以德服人，"像父亲对待儿女一样对待员工(FB01：162)"。朱江洪执掌格力期间，主张"培养、教育、约束员工树立一种'从严要求，没有借口'的工作作风(GB01：94)"，董明珠也严格要求"格力女员工头发要么盘起来要么剪掉，走路姿势也要规定(GB02)"。此外，朱江洪认为企业应该为员工的"工作、学习、锻炼提供力所能及的支持和帮助，在企业效益增长的前提下，要不断提高他们的工资待遇和福利水平，使他们也同步享受企业发展所带来的成果，形成企业爱员工，员工视企业为家的氛围(GB01：166)"，董明珠也十分关怀员工，"曾经有一名格力底层员工得了重病……董明珠知道这件事后，请北京知名专家来救助……员工病故后按照国家法律的规定应赔偿30万，但董明珠却一口气赔偿了120万(GC02)"。海尔总裁张瑞敏"把14套房子全部分给一线工人，干部不要一套！接着，又决定建成职工食堂，但因食堂一次坐不下1 000多人，于是把就餐时间分为三批，还是让员工先吃，干部最后吃(HB04：171)"。美的重视关心和保障员工，具有浓厚的大家庭氛围。吉利在攻克镁铝曲板生产技术难关时，董事长李书福并没有因为技术人员的接连失败而发出任何责难(JB01：43)"，而是描绘美好前景以激励员工
	纪律性	格力"为了强化员工严格遵守工艺规程，不找借口，(朱江洪)主持制定了'总经理十二条禁令'(GB01：95)"，后来"又在全公司制定并推行'八严方针'(GB01：99)"，董明珠更是对员工实行"军事化管理(GB19)"。吉利发展中期通过"调整加盟老板，外派管理人员、财务人员和质量监督人员等方式进行规范化管理(JB01：103)"。海尔坚持质量为王，不搞关系，"从未有集团的任何一位领导为了哪个分供方的利益向我们'打招呼'，供应商网络优化的时候，也没有任何集团领导给谁说情(HB04：122)"，"在当时国内其他所有冰箱厂，对入厂部件只简单地抽查一下，而海尔却对每一个部件，直到小小的螺丝钉也要逐个检验、挑选(HB04：42)"。美的通过完善的制度和高度的执行力逐步践行了"集权有道，分权有序，授权有章，用权有度(MB01：129)"的管理原则，发现制度执行不力的情况也会立即进行整顿，保障企业的健康、稳定、持续发展。TCL在成立初期"就引进了香港式管理(TB01：16)"，建立了严格的管理规范，在企业内部"诸侯文化"问题突出时刻，进行了"鹰的重生"系列改革以"构建最有效的组织和流程(TA24)"。福耀强调制度纪律，1983年就"在工厂推广会计管理制度，树立会计的权威性，并对工资结构实施改革(FB01：81)"
	网络能力	美的在最开始生产电风扇时只是一家乡镇小厂，缺少技术能力，主要依靠关系从广州的国有厂中请"星期天工程师(MB02)"来提供技术指导。福耀在初创期为生产出质量合格的水表玻璃，曹德旺通过上海建材局的陈克远穿线结识福华玻璃厂的韩长才获得工程师李维维的帮助指导玻璃生产。TCL收购蛇口陆氏的彩电业务得益于"老朋友"金山实业的罗氏兄弟的鼎力相助，"不但帮助他联系约见陆老板，还召集几位行家为李东生并购陆氏蛇口工厂出谋划策(TB01：100)"。格力早期在开发空调模具时，遭遇来自集团的阻力，幸得华裔泰籍商人古煌秀先生的援助才得以顺利开展，"(古煌秀)问(朱江洪)格力产品)款式如何……而且还建议(格力)做了一些改动……订购一些……(古煌秀)二话没说，立刻拉开手提袋，拿出一叠厚厚的美金，一数足有一万元(GB01：59)"。吉利在研制冰箱蒸发器时，前往上海请教技术专家，并找的是李书福在化工厂工作的同学共同研制。海尔始终"与政府搭建良好关系。张瑞敏选择性地接受了一些政府的'要求'。在中国，企业与当地政府维持良好的关系是非常重要的，尤其像海尔，它的前身是市属的集体企业(HB05：67)"
	能征敢战	海尔在"大部分中国公司(在国际化时)先进入难度较小的亚洲市场再进入难度更大的市场，却决定先渗透进更更难的美国和欧洲市场(HC20)"。美的在拓展海外业务时收购了德国工业机器人巨头库卡公司，"正式进入机器人与自动化行业(MA01)"。福耀在面对美国和加拿大玻璃巨头联合起诉中国玻璃倾销时，选择积极应诉，历时数年，"花费一亿多元，相继打赢了加拿大、美国两个反倾销案，震惊世界(FC07)"。吉利在面对汽车巨头丰田以商标侵权与不正当竞争为名的诉讼时，坚决反击，最终"丰田株式会社的诉讼请求被依法驳回(JC24)"。格力在面对家电销售行业巨头国美电器实行的"低价倾销"策略时，"当时(董明珠)马上就做出决定撤出(国美电器)(GB15)"。TCL在收购谈判中常常可以在业内其他厂商大多抱着"趁火打劫"心态时就快速完成谈判
	拥抱变化	海尔很早就主动将互联网与家电结合，"互联网时代，很多家电产品发生很大变化，就算白色家电暂时还没有破坏性创新，物联网也会让它产生变化。传统冰箱必须与互联网相联(HC16)"。美的始终坚持产品的创新和制度的变革，"在美的，唯一不变的就是变(MB01：32)"。格力非常重视创新，为了平衡销售与研发的关系，1994年"大幅度调低销售人员的提成比例……从那时起，(朱江洪)更加重视科技创新工作，从人力、物力、财力上向科技领域倾斜，以科技创新引领企业的发展(GB01：137)"，董明珠也表示"研发投入需要多少就多少，没有限额"，截至2019年，"格力电器具有全球最大的空调研发中心，拥有4个国家级研发中心，15个研究院，900多个实验室，1.4万名研发人员(GA25)"。"求变求新、务实进取、敢为天下先(TB01：19)"是TCL的基因，在发展中多次进行管理变革，"从企业长远发展战略着眼，从具体的经营管理问题着手，推动企业经营变革，管理创新活动(TA21)"。吉利在由家族企业向现代化管理企业转变时，也激发员工智慧，鼓励员工创新

续　表

一阶概念	二阶概念	案例企业证据示例
系统思维	互利共赢	海尔重视员工发展，让员工做自己的CEO。张瑞敏"认为未来每个企业的CEO的成功，并不在于你的企业为社会制造了多少产品，而在于你制造了多少CEO；在于是否打造了一个让每位员工实现自身价值的平台，让企业实现永续经营(HB01：54)"。美的在处理与经销商的关系上，总会"给予经销商一定规模的返利"，还会"选送优秀的经销商出国深造(MB01：62)"等，以保障经销商利益，建立长期稳定的战略合作经销商队伍。在TCL"'以诚待人，诚信共赢'一直是李东生与外商合作的不二法门(TB01：104)"，不论是合资成立新企业还是进行收购时，TCL都注重保障合作方利益，达成双赢的结果。格力的经营方针是"'三个代表'……这三个代表就是：代表消费者的利益，代表广大经销商的利益，代表格力企业的利益(GB01：122)"。吉利非常重视与合作方的共同发展，为供应商、经销商提供信息化、管理、人员等全方位的支持，"带动、培养了大量的上、下游产业价值链企业的发展，提高了中国本土汽车零部件企业的同步研发能力(JC20)"。福耀曾在东南亚经济危机时，向印尼供应商ASAHI施以援手，以中国市场的时价向其进货，帮助其渡过难关
	长短期平衡	美的重视短期利益与长期发展的平衡，会根据市场形势进行汽车、房地产等多元化投资，也注重研发创新，"以数倍于业内同行的投入加大自主研发力度(MB01：39)"培养核心技术能力。吉利拒绝丰田收购其发动机生产线提议，选择追求长期利益，注重开发自主核心技术。TCL在选择销售模式时，选择在各地建立起自己的销售机构形成庞大的销售网络，没有盲目跟从行业内普遍的大户代理制，TCL认为"长期来看(大户代理制)风险很大(TB01：142)"。格力非常重视企业长期的品牌价值，把钱"用在品牌的打造上，用在产品核心技术的研发上，用在产品质量的不断改进与提高上，就一定钱能生钱。须知，品牌是企业核心价值的体现，品牌是质量和信誉的保证，品牌是企业的'摇钱树'，品牌可以给你带来一本万利(GB01：195)"。海尔坚信"企业必须是长'三只眼'。一只眼睛盯住内部管理；一只眼睛盯住市场变化；第三只眼睛用来盯住国家宏观调控政策，以便抓住机遇超前发展(HB02：97)"。福耀在投资汽车级浮法玻璃期间，为了环境效益和企业长期发展，关停已经盈利的自营砂矿
企业家心智	目标定力	在格力，朱江洪坚信长寿企业的长寿秘诀是"他们都专注于某一种产品，并且以'工匠精神'把产品做到极致(GB01：192)"。福耀在曹德旺的掌控下，将"制造汽车玻璃作为主业，并为之奋斗终身"，即使时兴"IT"也不为所动，"专注汽车玻璃"(FB01：205-206)。吉利创始人李书福在回顾创业历程后总结道，"做事情必须认准一个方向，坚定一个信念，提炼一种精神，凝聚一股力量，完成一个使命(JC20)"。美的主营业务始终坚持在白电领域，不轻易进行多元化，明确"要抓住自己的优势，赚自己能赚的钱(MB01：100)"。TCL坚定朝多元化方向发展，因其董事长李东生坚信"在电子和家电产业，不可能靠单一产品成功(TB01：170)"，TCL走向国际舞台也是因为他相信"国际化是中国企业参与全球化竞争的必由之路(TB01：158)"。海尔在工业园项目中面临现金短缺时，始终坚持，"冰箱项目刚开始上马的时候我们什么都没有……因为我们自己坚信这个方向是对的，就坚定不移、义无反顾地做下去(HB01：69)"
	成长动力	吉利生产汽车源于李书福一直以来的理想，"让中国人坐上自己的汽车"。福耀的诞生也是其董事长曹德旺"要为中国做一片自己的汽车玻璃，让所有的中国人都能用得上，用得开心、用得安心(FB01：94-95)"。在美的，"做企业就是要赚钱(MB01：210)"，提高企业收益就要根据市场形势的变化和企业发展的需要进行多元化投资，即使投资失败也要能够及时退出。格力始终认为"企业要生存、要发展、要为社会创造财富，没有品牌，企业只能被动挨打(GB01：184)"，也因此从创业初期，格力就开始奉行"精品战略，就是要狠抓产品质量，瞄准国际上最好的空调，把它作为赶超目标，开展科技创新和一系列行之有效的质量活动，把空调'做精、做强、做大'(GB01：89)"。TCL董事长李东生在最初进入TCL时只是怀着职业理想，但与企业共成长的过程中他决定带领TCL沿着实业道路发展，他是"一个狂热的实业主义者，认定只有实业的振兴才是国家兴盛的正道(TB01：255)"。海尔的发展动力则是其坚定的"战略目标——持久、健康的发展，创世界名牌(HB02：93)"
	兴国理想	福耀认为"企业家的责任有三条：国家因为有你而强大，社会因为有你而进步，人民因为有你而富足(FA01)"。"海尔一直坚定不移地向着创名牌的目标迅跑，已经大大缩短了与世界名牌之间的距离，正在创造一个让中国人自豪的国际品牌！(HB01：121)"吉利的使命是"为老百姓造买得起的好车，让吉利汽车走遍全世界(JB01：110)"。"实业强国，实现民族复兴是国家和人民的期待(TA28)"，是TCL的理想和追求。怀揣强烈的爱国情怀和责任意识，不断突破，面对外国企业技术优势，朱江洪的态度是"外国能做到的，我们也必定能做到(GB01：140)"，董明珠更是表示要摘掉中国制"低质低价"(GB09)的帽子，"让世界爱上中国"(GA01)

四、"无中生有→有中生无→无中生有"过程及其机制

图2是对图1中所示的6家企业成长过程的提炼和概念化。图2展示了中国企业成长理论,包括两大方面:(1)成长过程,即"无中生有→有中生无→无中生有";(2)成长机制,即组织行动能力、系统思维、企业家心智。

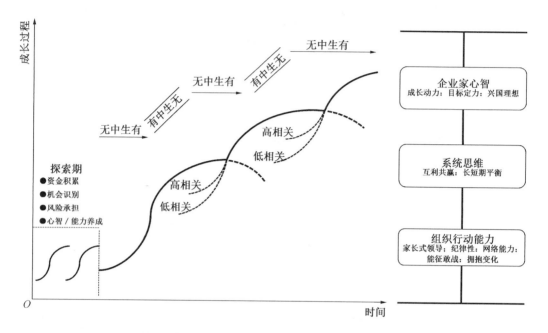

图2 中国企业成长理论:过程与机制

(一)"无""有"以及"无中生有"过程

"无"有内外两方面的内涵,内是思想,外是商机。当思想与商机相撞时,解决市场痛点的产品或服务便可能诞生了。"有",在本文中,指在市场中具有一定地位或占有率的产品或服务。刚刚从可能性的"无"实现的"有"是弱小的,经过持续的耕耘,在市场中的地位越来越大,如同万物生长,"有"愈发彰显。在案例中,我们看到每家企业都有若干次的"无中生有"的过程。

福耀有两次明显的"无中生有"过程。第一次做水表玻璃,"无"是曹德旺"在家乡办工厂"的念头和"做水表玻璃有利可图且技术门槛低"的商机;经过几年努力,到1983年成为"占中国总量的90%"的"有"。第二次做汽车玻璃,"无"是"要为中国做一片自己的汽车玻璃"的想法和"汽车玻璃基本依赖进口,价格奇高"的商机;经过几十年努力,到现在成为"全球市场占有率约为25%,全球第二大汽车玻璃供应商"的"有"。

在朱江洪时期,格力也有两次明显的"无中生有"过程。第一次做塑料件,"无"是"为生存而找米下锅"的想法和"塑料电风扇很畅销"的商机,生产风扇塑料件,很快便成为"供不应求"的"有"。第二次做白色家电,起源于"发展的野心"和"电风扇的生产门槛并不高且市场空间巨大"的商机,进入电风扇生产,后来这样的"野心"又和"空调行业快速发展"的商机碰撞,进入空调生产,到1996年成为"空调业的新霸主",和现在位列世界500强的白色家电

企业。

美的专注于白色家电。在之前为了生产自救,尝试过生产瓶盖和汽车配件等。由于"代工不如自己生产"的想法和"电风扇的工艺并不复杂"的机遇相撞,美的开始生产电风扇,短短几年内便成为"风扇行业龙头地位"的"有"。后来,"不甘落后,不断发展"的想法与家电诸多领域的商机碰撞,美的在白电领域开疆拓土,到目前连续6年位列世界500强。最近,通过收购进入工业机器人领域,开始新的"无中生有"过程。

海尔有明显的三个"无中生有"的过程。第一个是做白电(白色家电,下同),接手"处于严重亏空状态的青岛电冰箱总厂"可以说是从"无"开始,当与"要么不干,要干就要争第一"的想法相撞时,高品质的"有"慢慢诞生,几年后便摘得"我国冰箱行业的第一块国家质量金奖"。后来,海尔把自己能力与政府需求相匹配,先后接手青岛空调器厂、红星电器厂等,进入白电其他领域,到现在海尔智能家电位列世界500强。第二、三个分别是彩电和生物制药领域,和进入白电的"无"基本相似,政府需求与海尔成长需求相撞,目前生物制药领域海尔有两家上市公司。

TCL走多元化道路,"无中生有"过程主要有三个。第一个是做磁带和电话机,TCL从当时中国家庭"三大件"之一的录音机配套产品的磁带做起,几年后就成为市场的宠儿。港方投资人退出合作给公司带来了很大危机,继而进入市场巨大的电话机生产,不到五年,成长为"中国电话大王"。第二个是做彩电、手机、白电等。中国家庭时兴"四大件",TCL以当时较为稀缺的大屏幕彩电切入,在"电子和家电产业不可能靠单一产品成功"的思想指导下,进入手机、电脑、互联网、白电等各种领域,并把白电发展成为继彩电、手机以后的又一百亿产业。第三个是做半导体显示,努力"成为全球领先的智能科技公司"。目前,TCL位列中国财富500强第135位。

在进入汽车业之前,吉利曾有几次"无中生有"过程。第一个是做冰箱,从给台州冰箱厂代加工一种异型零件而萌生了办冰箱厂的想法,生产出的北极花冰箱产销两旺。第二个是做一种叫镁铝曲板的装饰材料。在建材市场挑选装修材料时发现镁铝曲板利润丰厚,通过工艺突破,该材料市场销售火爆。第三个是做摩托车,发现摩托车的构造并不复杂,决定生产市场需求日益增大的摩托车,先后生产出广受欢迎的摩托车。第四个是做汽车。造汽车是李书福的梦想,艰难地获得汽车生产许可后(2001年),2004年吉利轿车销量突破10万辆(市场份额的4%),2012年以来连续9年位列世界500强。

(二)"无中生有"机制

从我们的6个案例分析可得,正是企业家及其企业的组织行动能力、系统思维和企业家心智,推动企业从无到有的发展。

1. 组织行动能力

组织行动能力由家长式领导、纪律性、网络能力、能征敢战、拥抱变化五个要素组成。

家长式领导包含三个维度:威权、仁慈和德行[①]。威权强调了领导者对下属绝对的、不容挑战的控制;仁慈是指领导者对员工个人表现出个性化、全面而长久的关怀;德行是指领导者必须表现出更高的个人操守或修养,树立榜样作用来赢得员工的景仰和效法。在6个

---

① 樊景立,郑伯埙.华人组织的家长式领导:一项文化观点的分析[J].本土心理学研究,2000(13):127-180.

案例中，都有充分的体现。比如，福耀的"大家长"曹德旺恩威并施，以德服人，带领福耀发展壮大，一步一步成长为行业领军。在威权方面，曹德旺认定了正确的决策哪怕遭遇众人反对，也不会轻易改变。1987年为了在宏路镇正式开办福耀而举行招工考试时，哪怕知道会和不少人结下梁子，曹德旺还是打定主意不招关系户，只看个人能力。这也为福耀后来的规范化管理奠定了良好的基础。福耀在建厂之后就形成了"以仁义为本"的管理文化，每年春节期间，都举办欢乐祥和的尾牙宴，还为新婚的年轻人举办了集体婚礼，由曹德旺证婚。爱兵如子，像父亲对待儿女一样全方位地关心员工，是曹德旺的信条。除了恩威并施，曹德旺还以身作则，每天工作16个小时；热心公益事业，实践"达则兼济天下"的理想。

纪律性强调完善企业的管理制度，并严格执行制度。6个案例都有充足证据说明公司强调纪律性管理。比如，格力电器的管理中体现出了强大的纪律性，从朱江洪制定的"总经理十二条禁令"和"八严方针"，到董明珠对员工的严格管理。这样强大的纪律性，一方面保证了产品的质量，另一方面也形成了严谨的工作作风。再如，海尔从创立之初就设定了十分严格的规章制度，将原先松散的企业氛围整肃得焕然一新，管理制度和工作积极性的转变带来产品质量的突飞猛进，帮助海尔突破一个又一个质量和技术难关。最令海尔的员工们自豪的还有企业透明的人际关系和晋升制度。

网络能力，指在企业的成长过程中，离不开企业家的网络关系，不仅要广交天下士，而且在关键时候更要知道该向谁去寻求帮助。比如，李书福在研制冰箱蒸发器时，他前往上海请教技术专家，找到自己在化工厂工作的同学，并与他们共同研制。在李书福一心想造自己的汽车，但苦于没有生产许可证的时候，他通过朋友认识四川德阳监狱监狱长，并与他取得了联系。李书福需要汽车生产许可证，而这家监狱的汽车厂也想恢复生产，双方合资成立了"四川吉利波音汽车有限公司"。

能征敢战，指具有很好的谈判能力和执行能力，敢于挑战不可能的事，面对强敌难事，敢于迎难而上，攻坚克强。比如，美国和加拿大玻璃巨头们联合起诉中国玻璃倾销，剑指福耀玻璃，福耀选择积极应诉，历时数年，相继打赢了加拿大、美国两个反倾销案，震惊世界。比如，1994年TCL电子集团回购惠州彩虹股份时，在一天内与对方签订了回购协议，顺利取得了彩电项目的完全经营自主权。1997年TCL并购美乐电视机厂，在对方处于生死存亡的危险境地、行业内其他厂商大多抱有"趁火打劫"心态的情况下，TCL秉承合作共赢的原则，通过短暂谈判顺利签约。

拥抱变化，指对外部环境和内部因素的态势和变化保持敏锐性，先知先觉，主动变革，以适应并引领可能的变化。6个案例都体现拥抱变化的特征，美的是典型代表。拥抱变革是美的所奉行的宗旨。美的秉承"要么第一，要么唯一"，持续加强研发投入，产生了丰硕的创新成果，迄今为止已获得授权专利5.7万件。美的在内部制度上也坚持不断变革，每年有两次变革。20世纪90年代，面对日益饱和的中国市场，美的提出"不与国内同行争市场，走出国门闯天下"的策略。美的在并购战略上，也是主动拥抱变化，通过并购无锡小天鹅进军洗衣机领域，并购日本东芝进入国际市场的高端家用电器领域，并购德国库卡布局工业机器人和智能制造解决方案。

2. 系统思维

系统思维，既要求企业平衡长期与短期的利益，也要求从全局着眼，从整体把控，不汲汲于一己私利,而要兼顾行业、市场整体的良性发展,主要是互利共赢和长短期平衡两个维度。

互利共赢是这 6 个案例的突出共性。企业家们能够从共同体角度思考与利益相关者之间的关系。比如,福耀建立东北玻璃市场秩序(2004 年);依旧以中国市场的现价向印尼供应商 ASAHI 进货,帮助其渡过难关(1997 年);为了保护环境关掉自营砂矿(2009 年)等。比如,格力的"三个代表"方针,即格力经销商要代表消费者的利益,代表广大经销商的利益,代表格力企业的利益;对员工采取发展培养的方式,关心员工的成长,让企业像个大家庭;对待外部合作伙伴,格力树立共赢意识,知恩图报。比如,美的在与经销商的关系处理上,通过给予经销商高水平返利、降低经销商经营风险、选送优秀经销商出国深造等措施建立与经销商的良好关系,通过统一定价、分区域供货等方式建设长期稳定的战略合作经销商队伍。

长短期平衡在这 6 个案例中证据也很突出。比如,TCL 选择自己在各地建立销售机构;在进行惠州生产基地建设时(1996 年),TCL 强调不能单纯从节省成本的角度考虑,更要从未来彩电产业的发展、技术升级等角度来综合考虑。比如,海尔张瑞敏的"三只眼"理论:在计划经济向市场经济转轨时期,企业必须是长"三只眼",一只眼睛盯住内部管理,一只眼睛盯住市场变化,第三只眼睛用来盯住国家宏观调控政策,以便抓住机遇超前发展。比如,吉利拒绝丰田收购自己的发动机生产线,放弃眼前利益而建立自己的发动机生产线,努力掌握核心技术。

3. 企业家心智

心智是隐藏在人们内心的信念,是知识、经验、情感、规范、文化、宗教等逐渐积淀的结果,是人们思考、表达和行动背后的基本假设[①]。心智指挥着人们的思考、表达和行动。企业家心智是企业家在生活、学习和工作过程中,由知识、经验、情感、规范、文化、宗教等逐渐积淀的内心信念,对企业的经营和决策等产生影响。

本研究的 6 个案例揭示了企业家心智的三个维度:①目标定力;②成长动力;③兴国理想。企业家心智的三个维度影响企业从无到有的发展过程。

目标定力指对目标的坚持程度,尤其体现在当遇到诱惑时不会偏离。比如,在早期创业的过程中李书福也短暂地尝试了赚快钱的房地产,然而随着房地产泡沫的破灭和炒楼的巨额亏损,李书福更加清醒地认识到"只有做实业才是唯一的出路"。2018 年,回首过来的路,李书福感叹道,"做事情必须认准一个方向,坚定一个信念,提炼一种精神,凝聚一股力量,完成一个使命"。再如,李东生一直坚定地认为电子和家电企业的成功势必要依赖于多元化,因此在主政 TCL 集团之后开始系统地落实多元化战略,探索白电、电脑、手机等不同产品。实施国际化战略也是源于李东生坚定地认为国际化是中国企业发展的必由之路。

成长动力是一种深层次的目标,始终引导企业向目标前进,即使有时偏离方向,但由于深层次目标存在,也会把偏离拉回正轨上。比如,海尔的目标是创造世界一流的品牌,重塑商业世界,这些信念激励海尔走出困顿,即便是在繁荣的日子里也始终鞭策着它虚怀若谷,

---

① 骆志豪,胡金星. 高层管理者的心智模式研究[J]. 学海,2010(6):56-59;姚凯,陈曼. 企业家心智模式对企业多元化战略决策的影响[J]. 经济理论与经济管理,2009(12):60-65;张含,唐艳. 重建"心智-世界"之边界[J]. 哲学动态,2014(5):95-100.

超越现状。张瑞敏说:"这个目标不是一般意义上的数量的目标,而是要真正达到一个非常高的境界。"再如,美的具有求真务实、拥抱变化的企业文化,根据市场形势的变化和企业发展的需要进行多元化投资,在投资失败后能够及时退出。

兴国理想指超越企业家及其企业个体利益的追求。中国企业的成长最可贵的是深厚的爱国情怀。有国才有家,家国同构的思维帮助中国企业在中国大地上生根发芽、茁壮成长、走向世界,这也是中国企业成长的人本逻辑。比如,格力在与外国企业打交道过程中,朱江洪认清一个道理:真正核心的技术是很难用钱买到的,做企业必须拥有自己的核心技术,凭借着这份信念,格力突破了技术道路上一个个难关。格力的第二任总裁董明珠认为中国的品牌在世界上不能给人留下"低质低价"的印象,"让世界爱上中国造",这是中国制造的追求。再如,福耀最开始选择进入汽车玻璃行业,除了市场的吸引力之外,还因为当时汽车玻璃市场主要依赖进口,曹德旺于是萌发了做中国人自己的玻璃这个愿望。在福耀官网,清晰地写着创始人曹德旺人生价值观的灯塔:"企业家的责任有三条:国家因为有你而强大;社会因为有你而进步;人民因为有你而富足。"

(三)"有中生无"机制

"无"的产生要处理好两大关键问题:一是时机;二是相关性。"无"包括思想和商机内外两方面。时机决定什么时间点进入市场中出现的商机,相关性决定前后所进入商机之间的关联性。本研究的6个案例表明,时机主要由组织行动能力中的"拥抱变化"和系统思维中的"长短期平衡"两个要素影响;相关性主要为企业家心智的"目标定力""成长动力"和"兴国理想"所影响。

曹德旺从水表玻璃进入汽车玻璃,进入时机主要由商机决定。他发现了巨大商机,便当机立断。后来福耀做工业村,进入建筑玻璃,但持续时间不长,福耀剥离这些业务,而专心致志做汽车玻璃及其升级的汽车用浮法玻璃,主要由企业家心智影响。曹德旺认为,"企业经营跟聚焦是一样的道理,多元化是经济落后的产物,而专业化是现代化的特征"(FB01:205-206)。

朱江洪从塑料件到风扇,从风扇到空调,进入时机也主要由商机决定。进入空调行业后,格力在朱江洪时期专心致志做空调,是由企业家心智决定的。朱江洪认为,"目前我只会做空调,其他产品并不熟悉,况且,就算做空调还有很多技术问题尚待解决,还有很多做不完的事情","[百年企业长寿的秘诀是什么?]答案就是他们都专注于某一种产品,并且以'工匠精神'把产品做到极致"(GB01:192)。格力换帅后多元化之路,也是由企业家心智决定的。

李书福虽然梦想是做汽车,但许可证不易获得。前期所做的冰箱、装饰材料、摩托车都是寻寻觅觅,时机是商机决定的。一旦进入汽车领域,便专心致志。李书福的信念是:"为老百姓造买得起的好车,让吉利汽车走遍全世界";"做事情必须认准一个方向,坚定一个信念,提炼一种精神,凝聚一股力量,完成一个使命"。

海尔在白电领域中从冰箱到空调、冰柜和洗衣机等,以及又进入彩电和生物医药领域,商机和政府需求决定了进入的时机。进入的领域既有白电、黑电,又有生物制药,这很大程度上是企业家心智影响的,如张瑞敏的"吃休克鱼理论",以及"走资产经营多元化、产品开发多元化之路"的信念。

TCL从做磁带起家,到进入多个领域,进入时机是由商机驱动的。这些产品间的联系,主要由企业家心智影响的。李东生的观念是:"在电子和家电产业,不可能靠单一产品成功。"(TB01:170)早期有从磁带到电话机再到音响和彩电的围绕传统黑电产品的相关多元化。1996年李东生主政TCL集团,希望将TCL建成综合性的电子电器产业集团,将目光投向电工、照明、白电产业、电脑及信息产品等。

相对来说,福耀、格力(朱江洪时代)和吉利(汽车时代)的成长非常专注,海尔和TCL的成长较为多元,美的介于两者之间,既专注又多元。美的认为:"做企业就是要赚钱","一旦感觉到某项业务不能赚钱且前途无望的时候,美的就会果断出手,终止投资"(MB01:210),这一务实文化使美的敢于迎接商机,拥抱变化。同时,何享健的信念是"要抓住自己的优势,赚自己能赚的钱"。所以美的一直在白电领域不断拓展。

五、讨论

通过对6家在改革开放进程中成长起来的企业的案例研究,我们初步形成了"中国企业成长理论"。企业成长是"无中生有→有中生无→无中生有"的过程,驱动企业成长的机制是组织行动能力、系统思维和企业家心智。

(一)与巴纳德的协作系统理论、帕森斯AGIL模型和爱迪思PAEI模型之间的联系

企业为什么能够从"无"生长成具有一定市场地位的"有"呢?巴纳德认为组织"是一种人与人之间有意识、经过协商和有目的的协作系统"[①],它与环境互动并与环境中的其他组织相互竞争,通过协作意愿来不断获取各种资源,以实现组织目标和保证组织生存和发展。因此,组织工作中核心是"协调(coordination)",制定共同的目标,不断增强协作意愿,以及建设沟通结构和网络。

帕森斯的社会系统理论更加宏大。他认为所有的社会系统,为了生存和发展必须要完成四个基本功能(即AGIL模型,见图3):(1)适应,变化适应,获取充足资源;(2)目标达成,确定和实施目标;(3)整合,维持系统要素间协调;(4)模式维持,创造、保持、传播和传承独特的文化和价值观。

爱迪思认为企业的生产和营利能力取决于PAEI这四大角色的管理[②](见图3)。P代表实现企业目标;A即行政,代表系统化、常规化,在适当的时机以适当的强度完成适当的工作;E即企业家精神,包含创造力与承担风险两个必不可少的因素,主动地而不是被动地为环境变化做好准备;I即整合,通过文化、价值观和信念体系建设,使企业意识有机化。爱迪思的模型是建立在帕森斯理论的基础上,PAEI四人角色有所冲突,功能也不同。P和A指向短期的,P功能是效果,A功能是效率;E和I都是长期指向的,E注重长期的效果,I注重长期的效率。

巴纳德、帕森斯和爱迪思三者的理论虽然不完全对应,但有一定联系(见图3)。我们建立的理论与巴纳德、帕森斯和爱迪思的理论有相关性。如图3所示,我们理论中的"组织行动能力"能够实现帕森斯AGIL功能。"网络能力"和"能征敢战"以实现组织的目标,"纪律性"以系统化、常规化来实现组织要素间的协调和整合,"拥抱变化"以主动性、创新和风险

---

① Barnard C I. The functions of the executive[M]. Cambridge, MA: Harvard University Press, 1938:4.
② (美)伊查克. 企业生命周期[M]. 赵睿,译. 北京:中国社会科学出版社,1997.

承担不断适应组织内外的变化,甚至引领变化,"家长式领导"以威权、仁慈、德行来创造、保持、传播和传承企业文化和价值观。

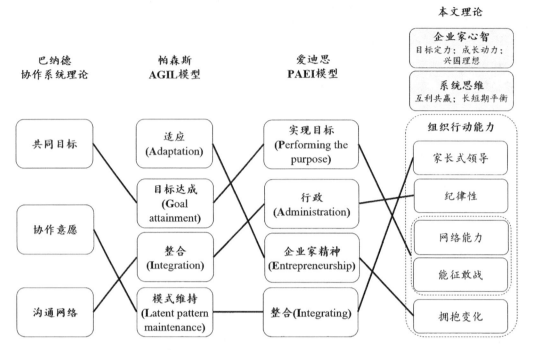

注:图中线条"—"表示之间存在一定关系。虽然帕森斯和爱迪思都用了相同的词"整合(integration)",但是含义不同。帕森斯的整合与爱迪思的行政更相近,爱迪思的整合与帕森斯的模式维持更相关。

图3 本文理论与前人理论之比较

(二)与巴纳德的协作系统理论、帕森斯AGIL模型和爱迪思PAEI模型的区别

但是,正如图3所示,本文所发展的中国企业成长理论对企业成长机制的解释,与现有理论既有联系,又有区别。主要区别有三点:一是本文所发展的理论增加了两个新维度,即"企业家心智"和"系统思维";二是在与现有表达相似功能的"组织行动能力"维度里,本文的案例研究赋予了中国情境新的内涵,如"家长式领导""网络能力"和"能征敢战";三是用"有""无"之相生相克表达了企业成长过程。

首先,增加了"企业家心智"和"系统思维"两个新维度。现有的理论,无论是巴纳德的协作系统理论,还是帕森斯的AGIL模型和爱迪思的PAEI模型,都是从企业角度出发,考虑生存和发展的问题。为了解决这些问题,企业需要关注短期的效率和效果,以及长期的效率和效果。本文案例研究发现,驱动企业"无中生有→有中生无→无中生有"的成长,受到企业家和企业从社会空间角度来考虑的"互利共赢"的系统思考的影响,而且受到企业家在生活、学习和工作过程中所沉淀的"目标定力""成长动力"和"兴国理想"的企业家心智的影响。"互利共赢"是中华文化"万物并育而不相害,道并行而不相悖"的"和合"思想在企业实践中的体现,"兴国理想"是中华文化"治国平天下""达则兼济天下"思想的行动表达。

其次,赋予了"组织行动能力"维度以中国情境的新内涵。我们的案例分析发现,"家长

式领导"能够实现帕森斯的"模式维持"功能和爱迪思的"整合"功能。家长式领导包含威权、仁慈和德行主要三维度[①]。中华文化的根子在"家"。家是天赋的,任何人不可以选择的。父子兄弟是天伦,父慈子孝、兄友弟恭是处理天伦的理。从家出发,人们通过社会活动形成各种组织及其关系,这是后天的、人为的。君臣朋友是人伦,君仁臣忠、朋友有信是处理人伦的理。中华文化是通过天伦的理来建立人伦的理。"家"的天伦感深藏在中国人的心里。所以我们看到曹德旺、朱江洪、张瑞敏、何享健、李东生、李书福等以威权、仁慈和德行,把企业建设得像家一样,来满足员工心中"家"的需求。

我们研究的案例企业是在改革开放过程中成长起来的,在这过程中中国物质还不丰富,前面较长时期是短缺经济,同时市场体制还不完善,制度还不健全,企业家需要很强的"网络能力",以在物质贫乏、制度不全的环境中获得资源,以抓住机遇来实现自己的想法。可能也正是在此环境中,我们看到,企业家及其企业特别"能征敢战",不畏困难,不惧强敌,摆脱依赖,掌握主动。网络能力和能征敢战,使得企业建立起拥有主导地位的商业生态。

最后,与爱迪思的企业成长理论最大的不同是,我们用"有""无"之相生相克来刻画企业成长过程。"无中生有""有中生无"反映了"有""无"相生相克的过程。实现性的"有"都来源于可能性的"无",在我们的案例中,"无"是外在的机遇和内在的思想之间相撞的混沌状态。当机遇与思想相撞时,可能性就可能成为实现性,在组织行动能力、系统思维和企业家心智的驱动下,实现性的"有"便不断成长起来。商机不断变化,思想在"无中生有"过程中不断发展,所以商机与思想就会不断碰撞,产生新的"无"。何时产生新的"无",以及什么样的"无"能够成为现实,这是由组织行动能力的"拥抱变化"、系统思维的"长短期平衡",以及企业家心智所驱动的。

(三) 对"无中生有→有中生无→无中生有"企业成长理论的进一步思考

本研究所建立的企业成长理论,使用了"有""无"这一中华文化中的核心范畴,用"有""无"间相生相克关系来刻画企业成长过程,置身中国改革开放进程并吸收现有研究成果来解释成长过程的驱动机制。至少有三点需要进一步讨论。

一是对"无"概念的刻画问题。本研究把"无"刻画为外部机遇和内部思想之间相撞的混沌状态。案例资料表明,改革开放进程也是制度、资源、技术、人才等不断建设和不断丰富的过程。在改革开放早期,制度、资源、技术、人才等匮乏,特别是民营企业。所以企业家们需要网络能力,并且能征敢战,"想着法子或变着法子"寻求支持,获得资源。这样说来,似乎可以把"环境的匮乏"刻画为"无"。但是,如果把环境的"匮乏"也纳入"无"的内涵之中,就使得"无"的刻画有不一致性。比如,随着企业的不断成长,改革开放不断深入,早期"无中生有"的"无"和后来的"无中生有"的"无"内涵可能发生变化。所以,本研究采取有限方式来刻画"无"。

二是"有中生无"中"无"的时机问题。本研究发现,时机主要由组织行动能力中的"拥抱变化"和系统思维中的"长短期平衡"两个要素影响。但是没有讨论新的"无"是在成长过程中的什么点产生的。理论分析可以认为,新的"无"应该在成长的拐点附近发生。拐点是成长速度从正向负的转换点。拐点之前,企业增长率为正;拐点之后,企业增长率为负。在

---

① 樊景立,郑伯埙.华人组织的家长式领导:一项文化观点的分析[J].本土心理学研究,2000(13):127-180.

拐点前还是后,企业产生新的"无"而进入新的"无中生有"过程,这反映了企业发展的主动性或被动性。在前体现出战略主动性,在后体现出战略被动性。但是由于案例资料的颗粒度不够细,没有充分证据来探讨拐点前后产生"无"的问题。未来研究可以针对拐点附近,通过访谈,来探讨这一问题。

三是理论普适性问题。通过 6 家企业的案例分析,形成了本文的中国企业成长理论。这 6 家企业是在改革开放过程中成长起来的,如果研究最近发展起来的中国企业,我们能否得到相同或相似的理论? 我们认为,本理论所刻画的"无中生有→有中生无→无中生有"的过程,以及驱动该过程的"企业家心智""系统思维""组织行动能力"三大机制,具有普适性,所差异的可能是具体表现。但是,不管如何,选择最近发展起来的企业进行重复性案例研究,都是需要的。

六、结论

管理学研究需要想象力,管理学想象力是管理学研究者应该具备的心智品质。本文选择在改革开放过程中成长起来的 6 家企业为案例,联系 6 家企业成长的时代、社会、制度和文化特征,建立了中国企业成长理论。中国企业成长理论不仅刻画了企业成长的阶段,而且解释了成长机制。我们相信,该理论对理解和指导中国企业做强做长以及其他情境中的企业做强做长,增加了新的知识,贡献了中国智慧。

更好还是更强：制度距离与跨国公司在华非伦理行为研究

刘海建*

摘要：跨国公司进入转型经济国家经营，往往把其作为实施非伦理行为（CSIR）的"温床"。作为最大的转型经济国家，中国与跨国公司母国的制度距离是否会影响跨国公司在中国的社会责任表现？本文聚焦于非伦理行为的视角，以《财富》500强2000—2015年的跨国公司为研究对象，研究跨国公司母国与中国的制度距离如何影响了跨国公司在中国的CSIR。本文认为，跨国公司在华子公司面临母国总部的内部合法性压力与东道国利益相关者所施加的外部合法性压力，因此面临"更好还是更强"的抉择问题。面临正式制度压力这一跨国公司在华经营的"底线"时，这种底线反而更促成跨国公司母公司来集中资源应对这一挑战。正式制度距离越大，跨国公司在华的非伦理行为就越少。而非正式制度压力不仅存在制度认知的难题，而且由于内外部合法性压力的同时叠加导致跨国公司不得不屈从外部合法性压力。所以，非正式制度距离越大，跨国公司在华的非伦理行为就越多。与此同时，跨国公司在华战略承诺以及企业脆弱性强化了正式制度距离与跨国公司在华CSIR的负向关系，并削弱了非正式制度距离对跨国公司在华CSIR的正向作用。本文对跨国公司平衡在华制度环境下内外部合法性之间冲突的论述增强了人们的理解。

关键词：跨国公司；制度距离；社会责任缺失；经济可见性；经济脆弱性

一、引言

中国随着经济的不断发展与国际地位的不断提升，吸引了大量跨国公司来华投资与经营。跨国公司能为东道国带来先进技术和管理经验，然而也常常会利用其经济优势，钻正式制度的漏洞，在东道国做出一些不伦理甚至违法的行为（corporate social irresponsibility, CSIR），如大量重工业公司在中国开设会造成严重污染的"夕阳企业"或"烟囱工厂"，三星非法雇佣童工压榨劳动力，麦当劳、肯德基的苏丹红事件威胁国民身体健康等。

基于以上背景，对跨国公司在华CSIR行为进行研究无疑意义重大。但目前国内外关于制度距离与跨国公司东道国社会责任关系的研究还相对薄弱。由于跨国公司东道国经

---

* **作者简介**：刘海建（1975—），男，南京大学商学院管理学院工商管理系教授、博士生导师，研究方向：企业社会责任与伦理、创业与创新、企业非市场战略等。

营的相关资料获取难度较大,学术界对于跨国公司东道国社会责任的研究大多采取定性研究的方法,实证分析相对较少。尽管坎贝尔(Campbell et al,2012)通过研究制度距离与跨国公司东道国社会责任之间的关系,提出正式制度距离与行政距离会影响跨国公司东道国社会责任行为,但他们的研究存在样本行业单一、社会责任维度测量单一问题,并且他们的实证研究以美国为东道国,当东道国为发展中国家时结论不一定适用。鉴于此,本文以《财富》500强中的跨国公司为研究对象,以实证分析的方式,从制度理论视角出发,具体探讨法制监管等正式制度距离、文化认知等非正式制度距离如何影响跨国公司在华CSIR行为的机理,以及跨国公司的哪些特征能够影响制度距离与在华CSIR行为之间的关系。

从理论意义上来说,本研究首先丰富了跨国公司东道国CSIR的相关理论。跨国公司在东道国的子公司承担双重角色:一是作为母公司实施全球整合战略的载体,必然要对母公司负责;二是在东道国经营必然要承担东道国利益相关者的压力。这种双重压力的平衡是跨国公司面临的一种战略决策。而企业社会责任(corporate social responsibility,简称CSR)行为可以从正反两方面来进行研究:多做好事与少做坏事。在转型经济中由于众多CSR行为的不透明与动机不纯,研究CSIR行为更具有意义。当面临内外部合法性诉求点不一致时,跨国公司需要进行有效的CSR行为决策来平衡这一点:更好还是更强?"更好"指跨国公司更着眼于外部诉求,而"更强"指跨国公司更着眼于内部诉求。其次本研究丰富了转型经济背景下CSIR行为的研究。在中国,不仅正式制度远未完善,非正式制度由于传统文化与现代商业竞争伦理的冲突显得更为滞后。跨国公司与东道国的制度距离可以分为正式与非正式制度距离两个方面,这两个方面对跨国公司在华CSIR行为产生了不同影响。最后从本研究设计来说,以往关于跨国公司东道国社会责任活动的研究由于数据收集难度大,大多为定性研究,仅存的少量关于制度因素与企业东道国社会责任的实证研究(Campbell et al,2012)存在样本行业单一、社会责任测量维度单一的问题,并且东道并非发展中国家,因此研究得出的结论不一定适用于类似中国、印度这样的发展中国家。此外,自选择偏差问题一直是研究CSIR行为最难以消除的问题:好的企业也许不在乎发布CSR报告,而坏的企业因为在乎争先恐后发布CSR报告。单纯依赖CSR年报难以摆脱这类问题。但对于跨国公司CSR信息披露——特别是负面信息,则不存在此类信息偏差。即使跨国公司试图掩盖,但由于国内民族主义与消费者中心主义的兴起,国内无论是当地政府还是媒体都没有动机对这类负面行为进行掩盖,使得任何负面的跨国公司CSIR行为都无所遁形,从而样本偏差问题减小到了最小限度。

二、文献回顾

(一) 概念界定

1. 制度距离

诺思(North,1990)认为制度是一种社会游戏规则,提出制度可以划分为正式制度与非正式制度两个维度,正式制度是指个体或群体必须遵循的规则,非正式制度是指个体或群体在自然交往过程中逐渐形成的行为规范。斯科特(Scott,1995)将制度距离划分为规则距离、规范距离和认知距离三个维度。规则是国家或地区中正式的规则规定;规范是一个国家或地区的价值观、信仰;认知是一种社会知识和文化认知。科斯托娃(Kostova,

1999)首次将国家间的差异定义为"制度距离"。科斯托娃等(Kostova et al,1999)通过国家制度特征量表对国家间的制度差异进行测量,首次将国家间的制度差异具体为数值。而就制度距离的构成维度来说,埃斯特林等(Estrin et al,2009)将制度距离分为正式与非正式两个方面,认为正式制度距离是国家间在强制性、成文性规制方面的差异,如正式制度法规或规章制度的差异,它可以通过快速的学习予以理解掌握;而非正式制度距离表现的是国家、地区在社会规范、价值观、信仰等方面的差异,具有默会性和隐秘性的特征,需要较长时间的学习、适应和理解。

2. CSR 与 CSIR

企业社会责任(corporate social responsibility,CSR)这一概念最早由谢尔顿(Sheldon)于 1924 年提出,在随后的几十年中,社会责任日益受到学者和企业家的关注。作为衍生概念,社会责任缺失的相关研究较少。阿姆斯特朗(Armstrong,1977)首先对 CSIR 进行了定义,认为 CSIR 是指没有考虑对不同相关全体影响的次优行为决策。在 Armstrong 研究的基础上,蒂莫西(Timothy)、克里斯汀(Kristen)以及兰格和沃什伯恩(Lange & Washburn,2012)对 CSIR 的定义进行了进一步拓展,认为 CSIR 包括一切非法活动,也包括利用外部负效应获取利益。Lange & Washburn(2012)将 CSIR 定义为 CSR 的对立面,指那些会给社会带来危害或损失的企业行为。姜丽群(2014)根据对 CSIR 的定义以及其造成的危害程度,将 CSIR 分为两类:第一类属于行业层面,如有些特定的行业所提供的产品或服务会对社会造成危害,如烟酒、军火、赌博行业。林道夫等(Lindorff et al,2012)指出只要通过合理监控便可将这些特殊行业对社会造成的危险限制在一定程度内。第二种 CSIR 行为属于企业层面,泛指由于本身存在损人利己的动机而实施 CSIR 的行为。这里对目前学术界 CSIR 的代表性观点进行归纳,具体如表 1 所示。

表 1 CSIR 部分代表性观点归纳

年份	学者	观点
1997	Armstrong	CSIR 是通过牺牲社会总体利益获取企业个体利益的行为
2012	Timothy & Kristen	CSIR 包括一切非法活动,同时也包括利用外部负效应获取利益,从而使得整个系统不能持续发展的所有企业活动
2012	Lange & Washburn	CSIR 就是 CSR 的对立面,是那些会给社会带来危害或损失的企业行为,即企业"以不负责任的方式行事"
2014	姜丽群	CSIR 是企业为了利己或其他原因没有按社会期望那样承担社会责任,并且其行为对社会造成负面影响

关于社会责任的构成维度,国外有 KLD 指数法、RepuTex 企业社会责任框架、SA8000 社会责任体系探讨了这一问题。KLD 指数法由 KLD 公司于 20 世纪 90 年代提出,从利益相关者角度出发,将社会责任划分为环境保护、雇员关系、多样化、社区关系、人权、产品特征、公司治理 7 个维度。RepuTex 社会责任体系通过咨询 150 多家中国企业的利益相关者,把中国情境下的社会责任分为公司治理、环境影响、社会影响、工作场所实践 4 个角度。第三种 CSR 划分体系是 SA8000 标准。这是由社会责任国际(SAI)发起建立,将社会责任划分为 9 个维度,分别是童工、强迫劳动、健康与安全、结社自由与集体谈判、歧视、惩戒性措施、工作时间、最低工资、管理体系。第四种 CSR 体系是由中国社科院工业经济研究所

提出的以责任管理为中心,以社会、环境、市场三维度所构成的"四位一体"理论模型。其中社会维度的责任包括政府责任、员工责任、社区责任;环境维度的责任包括环境管理、节约能源资源、降污减排等;市场责任包括客户责任、伙伴责任、股东责任。

(二)母国与东道国的制度距离与跨国公司社会责任

目前学术界关于跨国公司社会责任的理论主要包括利益相关者理论、综合社会契约理论、战略社会责任理论以及制度理论等。利益相关者理论指出跨国公司在东道国与股东、员工、消费者、竞争对手、政府及其他利益相关者的契约关系有别于其在母国与利益相关者的关系,因此,跨国公司面临着广泛的、多样化的利益相关者诉求,不能为了追求短期经济利益从而在东道国与母国采取"双重标准"乃至"多重标准"。综合社会契约理论认为,跨国公司是全球性企业,在充分利用全球资源优势的同时,必须在更大程度上承担相应社会责任。战略社会责任理论认为企业在面对社会责任问题时不能仅仅将社会责任看作外在约束,而应把社会责任看作战略中的一环:企业与社会可以在相互作用过程中共同创造价值,跨国公司必须将社会责任融入公司日常经营实践中来。而制度理论关注的是组织如何做到与特定环境异形同构,获得环境合法性,即从社会合法性角度研究制度环境对组织经营活动的影响(DiMaggio & Powell,1983)。制度理论表明组织及其战略在很大程度上会受到外界制度环境的影响。不管在东道国还是母国,跨国公司都面临法律以及规则方面正式制度和伦理、规范、文化认知等方面非正式制度的双重制约。

目前已经有很多学者注意到制度因素能够影响跨国公司在东道国的社会责任表现。如汉柯(Honke)等2008年以南非为背景,发现东道国的政府立法情况、全球与当地环境标准的支持者将会对跨国公司南非社会责任行为产生影响。冯鹏程、夏占友(2009)从制度视角对跨国公司在华社会责任进行研究,他们指出跨国公司在东道国实施本土化战略本身就是对东道国制度环境的适应和顺从,如果制度环境不完善,跨国公司则会从事一些违反母国却符合东道国规则的行为。威格(Wiig)和科斯达德(Kolstad)2010年从经济制度出发,通过研究发现跨国公司在安哥拉实施社会责任行为的主要驱动力就是从安哥拉当局取得合同和营业执照。谢名一(2010)在他的研究中指出制约在华跨国公司社会责任的主要因素包括母国与东道国社会经济发展水平、制度差异、文化差异。而Campbell et al(2012)通过实证研究发现东道国的行政距离与正式制度距离越大,跨国公司越不可能在东道国履行社会责任。而肖红军(2014)则以中国大陆跨国公司为研究对象,通过实证研究发现当母国正式制度质量优于东道国时,正式制度距离越大,其在东道国的社会责任表现越好,经济制度距离与文化制度距离越大,其东道国社会责任表现越差,同时进入模式和东道国运营经验能够调节制度距离与东道国社会责任表现之间的关系。

三、假设提出

本文主要从制度理论出发,探讨母国与东道国中国的制度距离对跨国公司在华CSIR行为的影响。一般而言,在东道国经营的跨国公司将面临制度差异导致的两种合法性压力:一是内部合法性压力,即组织内部应对外部压力过程中形成的内在制度惯性,如母公司对海外子公司全球布局及整合的压力。为应对该压力,子公司需要保持跨国公司母公司与子公司CSR行为的战略一致性。Kostova(1999)认为跨国公司东道国子公司或分支机构只有被母公司接纳认可才能获得内部合法性,从而从母公司得到资源上的支持。二是外部合法性压力。萨奇曼(Suchman,1995)指出只有当东道国环境中的利益相关方感知到跨国公司的结构、人员、行为方式与他们本身期望、社会规范、价值观保持一致时,跨国公司的行为才能为利益相关方所认可。在东道国环境中,一旦外来者进入,众多利益相关者便会对它们的进入产生反应,跨国公司在东道国的任何经营活动都将受到东道国利益相关者的影响(Kostova & Zaheer,1999;Rosenzweig & Singh,1991)。

当跨国公司来到东道国面临以上两种合法性压力时,如何平衡这两种压力将是摆在跨国公司子公司CEO面前的难题,而这两个难题在不同的情境下对于公司造成的影响不同,进而会影响跨国公司不同的CSIR行为决策。若内部合法性诉求居于主导地位,跨国公司对于外部利益相关者的诉求就更多是应景式的;若外部合法性诉求居于主导地位,跨国公司对于外部利益相关者的诉求就更多是实质性的。

(一)制度距离如何影响跨国公司在中国的CSIR

本文借鉴Estrin et al(2009)对制度距离的划分方法,把制度距离分为正式和非正式两类。其中,文化距离属于非正式制度距离的范畴,法律距离属于正式制度距离范畴。沿用Lin-Hi和Müller(2013)CSIR行为的分类,跨国公司CSIR行为决策一般基于两个原因:一是无意的原因,是指非企业主观意愿导致但仍对其他利益相关者造成危害的企业行为。如生产事故、运输中的泄露问题等,这些事件虽然看上去是意外造成,此时跨国公司并未意识到这种冲突给当地利益相关者带来了负面影响,究其根本是由于企业内部运行机制不够完善。当跨国公司对于东道国的制度环境理解不透彻而导致文化与行为冲突时,这种无意所导致的CSIR行为将更多。二是有意的原因。例如利用当地监管不善而有意从事在其他国家禁止的行为,如虐待员工、污染产业转移、利用其市场垄断优势对低劣的产品质量不负责等(Surroca et al.,2013)。

跨国公司来到正式制度距离比较大的国家,必须实施CSR决策,来对内外部利益相关者的诉求进行回应。首先是跨国公司对正式制度距离进行回应的动机与激励问题。一般来说跨国公司不愿意但不得不进行回应。很多跨国公司都把发展中国家看作转移环境污染材料的天堂(Bu and Wagner,2016;Surroca et al,2013),但面临严格制度环境时,跨国公司如果不回应就会受到惩罚。其次是跨国公司对正式制度距离进行回应的方式问题。当面临严厉的正式制度监控,因为这一标注是恒定、可操作的,此时,跨国公司CSIR决策难题主要是以满足内部合法性为导向的。追求外部合法性的动机将让位于内部合法性的动机。跨国公司更多是寻求一个"最低"的标准来满足这一要求,子公司就会在母公司的战略全球整合框架内,来寻求满足这一最低标准的手段。

在这一框架下,一是这一标准的强制性,决定了跨国公司在东道国经营的前提,任何跨国公司在东道国的行为必须满足这一标准。二是这一标准的"最低门槛"。任何正式的、强制的规范都有可操作性规范。由于其强制性,在执行的过程中,出于内部合法性的成本效率压力,跨国公司更多满足"最低门槛"来满足这一标准。三是内外部合法性冲突被降到了最小。对于跨国公司来说,必须基于这一正式的、强制性的标准,这一标准是恒定的、明确的,内外部合法性冲突被降到了最小限度,无论是内部的母公司总部还是外部的东道国利益相关者,对于跨国公司在东道国应该遵纪守法无任何异议。四是可以有效发挥跨国公司全球资源整合的特长。此时,跨国公司内部合法性的诉求是主导性的,因为外部合法性的诉求并无可操作的空间。为满足这一外部合法性的最低标准,跨国公司更具有全球整合的优势。相比当地企业来说,跨国公司更善于处理由正式制度距离所带来的外部合法性诉求,来平衡内外部合法性诉求所带来的冲突。此时,解决外部合法性将更容易。据此提出假设:

H1:跨国公司母国与中国的正式制度距离越大,在华 CSIR 行为越少。

非正式距离主要是指东道国与母国在文化与认知方面的距离。在正式制度距离较大的东道国,子公司经营的目标比较单一,也不存在内外部合法性需求的冲突。任何内部合法性冲突问题的解决,必须在满足外部合法性需求的最低标准这一前提条件下进行。但是当面临非正式制度距离时,跨国公司平衡内外部合法性需求将更为艰难,因为这两种合法性诉求常常存在冲突。例如满足了当地消费者文化距离的难题,则使子公司在全球战略的整合框架中居于不利地位;若满足了母公司全球战略整合的需求,则子公司将难以应对本地文化与认知方面的冲突。在这种情况下,跨国公司必须进行取舍。如果面对东道国的外部合法性诉求难以解决,内部合法性诉求的解决只是无源之水。此时,内部合法性的诉求只能让位于对东道国外部合法性的诉求,对外部合法性诉求的解决占据了主导地位。

首先,非正式制度距离所导致的合法性诉求缺乏可操作性的标准。随着中国转型经济进入深入期,各种利益相关者对于合法性的诉求日益多样化,并且不断处于动态变化之中,甚至各种利益相关者之间合法性诉求存在冲突。例如股东的需求与政府监管对环保性的冲突。其次,移情效应的难题。就文化制度距离而言,文化制度距离将增加管理者的移情难度。西奥迪尼(Cialdini,1997)指出利他行为建立在共性的基础之上。人们之间的移情作用能够刺激彼此间的利他行为,而这种移情作用源于施惠方与受惠方之间相似性的感知。非正式制度距离越大,管理者对东道国相似性的感知将会下降,从而减少其在东道国的利他行为。最后,非正式距离的存在还会增加跨国界 CSR 标准与认知体系转移的难度,母公司与子公司处于不同的制度环境中,在知识利用和积累过程中势必会带上环境的烙印(Kostova,1999),从而增加跨国界 CSR 标准转移的难度。文化制度距离越大,跨国公司面临的子公司对母公司的内部合法性诉求与面临东道国利益相关者的外部合法性诉求之间的冲突越严重。此时,从激励动机上来说,跨国公司的选择可能使其做出有意识的 CSIR 行为;同时,由于认知冲突,无意识的 CSIR 行为也会增多。而据此提出假设 H2。

H2:跨国公司母国与中国的非正式制度距离越大,在华 CSIR 行为越多。

(二)调节作用假设

1. 母公司对东道国战略承诺的调节作用

若跨国公司对东道国的战略承诺不同,当面临由于制度距离所导致的内外部合法性冲突时,跨国公司采取 CSIR 行为也会有所不同。跨国公司在东道国投资规模越大,就越反映出跨国公司对东道国市场的战略承诺,企业行为越容易被社会公众感知。规模大的跨国公司拥有更多的资源,如拥有更多的员工,与当地利益相关者有更多的互动,意味着公众的可见性更高(Suchman,1995)。这些公司会更在意它们在社会各群体中的形象,如媒体、非政府组织、消费者群体、机构投资者等,这些群体能够监督和传递公众对公司行为的看法与观点。如果跨国公司想获得更多更好的资源、维持它们在市场上的领先地位,它们就会渴望在公众眼中留下一个好印象以获得外部合法性,对于规模较大的跨国公司而言,则轻易不做出CSIR行为。

在这种情况下,跨国公司在华投资规模越大,则战略承诺越高。此时,正式制度的约束对跨国公司在华CSIR行为影响就会很强。跨国公司就会对正式制度的"红线"更为谨慎。跨国公司母公司对东道国子公司或分支机构越重视,各利益相关者对东道国子公司或分支机构的期望越大,约束则越强,而非正式制度距离,如文化所构成的感知障碍将减小。此时制度距离对跨国公司在华CSIR行为的正向影响就会加强,非正式距离的负向影响则会被削弱。

相反,规模小的跨国公司员工相对较少,与外部相关利益群体的交流也较少,这意味着他们被社会公众感知的程度较轻。Young & Makhija(2014)指出规模小的公司更愿意选择低调行事(fly under the radar),避免外部群体的关注。较低的经济可见性能够减少公众对跨国公司内部活动的关注,它们获得外部合法性的能力会被削弱。

考虑到本文研究的是跨国公司在东道国中国的CSIR行为,跨国公司的CSIR行为需要被中国民众感知,这里采用在华投资规模或者在华员工数量来刻画其在华的战略承诺。跨国公司在华投资总额越多,公司的一举一动更容易受到中国公众的监督。同时在华投资总额越多代表母国利益相关者对其的期望越大,约束也就越大。同样,跨国公司在华员工数量也可以用来衡量跨国公司在华的经济可见性,在华员工数量越多,东道国相关利益群体也就越多,其经济可见性越高,一旦公司发生CSIR行为,这种行为能够迅速被外界感知,将影响其外部合法性的获取。因此跨国公司在华员工数量越多,越有利于增强跨国公司管理者对东道国环境相似性的感知,从而增强移情效应,减少在中国的CSIR行为。同时跨国公司在华员工数量多也表明母公司对中国市场的重视程度,在这种情况下,母国对东道国子公司或分支机构的正式制度约束更强,而非正式制度距离所构成的障碍也将被削弱。据此提出假设:

H3a:跨国公司在华战略承诺能够加强正式制度距离对在华CSIR行为的负向作用。

H3b:跨国公司在华战略承诺能够削弱非正式制度距离对在华CSIR行为的正向作用。

2. 经济脆弱性的调节作用

Young & Makhija(2014)用消费者规模(customer size)来衡量经济脆弱性,认为经济脆弱性会影响制度环境与企业社会责任绩效之间的关系。对于CSIR行为而言,消费者规模大的公司受之影响更大。

经济脆弱性(economic vulnerability)是指公司对市场变化的敏感程度(Campbell et al, 2012)。同一种类型的CSIR行为对不同公司造成的影响不一样,呈现出高经济脆弱性的公司受到CSIR行为的负面影响会更大。脆弱性越高的公司,一旦出现社会责任缺失行为并且被公众所感知,它们就更容易受到市场的冲击,并且难以从CSIR行为对公司造成的负面影响中恢复,如著名的安然事件,由于其财务欺诈行为被曝光,曾经世界500强的能源巨头直接倒闭退出历史舞台。本文中经济脆弱性可以利用公司提供产品是否直接与消费者接触以及跨国公司的消费者规模进行描述。

科茨格等1984年的研究发现:如果企业提供的产品与消费者密切相关或是消费者经常接触的物品时,一旦公司发生负面事件,消费者或其他利益相关者就会根据发生时间及获得的有限信息主观上谴责公司,极大地影响到企业的可持续发展。山立威等(2008)曾明确界定了产品与消费者直接接触的概念,他们研究发现公司可以通过 CSR 行为获得广告效应,而这种广告效应对产品直接接触消费者的公司而言更明显。对于产品与消费者直接接触的公司而言,如果做出 CSR 行为,公众对企业 CSR 行为的感知将被放大。同理,公司一旦做出对社会、对公众有害的行为,对于产品与消费者直接接触的公司而言,社会公众对企业 CSIR 的感知也将被放大,企业更容易受到市场的冲击。因此,产品与消费者直接接触的公司会表现出更多的经济脆弱性,也就是说,如果这种类型的公司出现不伦理乃至违法的行为,一旦曝光,对公司的形象、财务绩效都将会产生极大的负面影响。以毒奶粉事件为例,毒奶粉事件曝光前,三鹿堪称国内数一数二的奶粉巨头,然而其为获利在奶粉中添加三聚氰胺的事件一经曝光,短短几个月,三鹿就宣布破产。在这种情况下,为了避免不伦理行为对公司造成的不利影响,在制度距离一定的情况下,产品与消费者直接接触的公司不会轻易做出 CSIR 行为。与此同时,跨国公司经济脆弱性越强,母公司及母国相关利益群体对海外子公司或分支机构的感知能力也会越强,也会使跨国公司更能控制 CSIR 行为的产生。据此提出 H4a、H4b。

H4a:经济脆弱性能够加强正式制度距离对跨国公司在华 CSIR 行为的负向作用。

H4b:经济脆弱性能够削弱非正式制度距离对跨国公司在华 CSIR 行为的正向作用。

四、研究设计

(一)样本选取与数据来源

本文的研究样本选取的是《财富》500 强中的跨国公司,样本时间跨度为 2000—2015 年。选择《财富》500 强中跨国公司的主要原因是:①行业跨度较广,得出的研究结论适用性更广;②公司较有名,更容易查到关于它们 CSIR 行为的负面新闻;③公司的相关财务信息可以在《财富》官网查阅,收集起来较为方便。在 2000—2015 各年的《财富》500 强榜单中,剔除中国大陆的公司及本文研究所需数据严重缺失的跨国公司,最终确定了 443 家跨国公司作为本文的研究对象。

在使用网络爬虫技术(简称"爬虫")搜索跨国公司负面新闻时,我们限定关键词为"五百强公司名称"+"CSIR 关键词",如"沃尔玛"+"食品安全""三星"+"童工"等。经过一系列的对公司名与丑闻名称进行标准化成为百度新闻可以搜索的关键词,我们规范了 443 个公司的名称以及 55 个负面新闻代码(例如价格歧视、质量门、过度加班、行贿受贿、腐败等)。根据 443 个公司名称以及 55 个负面新闻代码的关键词组合,我们在百度新闻中 2017 年每个季度搜索了一次新闻数量。虽然每次搜索的新闻数量不等,但搜索数量差距仅仅在 5%左右。将由于转载而导致重复的新闻去掉,最终我们得到了 7 346 个负面新闻。特别地,考虑到 CSR 的研究往往存在自选择的偏差,基于 CSR 的二手数据研究一直饱受非议。但跨国公司在中国的负面伦理事件则不同,各地政府、各新闻媒体既无动力也无压力,甚至有激励对这些跨国公司在中国的负面伦理事件进行揭露,从而使跨国公司在中国的负面新闻无所遁形。因此很大程度上去除了样本自选择的问题。就这一点来说,针对非伦理行为的研究网络爬虫技术是一种新颖的、有效的数据搜索技术。

在收集跨国公司 7 346 个负面新闻事件的基础上,我们对 443 个公司 2000—2015 年的其他变量数据与负面新闻数据进行合并。最后得到443*16=7 088个观察值的面板数据。其他具体数据来源如下：第一，制度层面的数据。自变量正式制度距离数据来源于世界银行(World Bank)公布的2015年全球治理指标。非正式制度距离(CID)数据来源于霍夫斯泰德(Hofstede)文化维度官网，控制变量地理距离(geo distance)来自法国前景研究与国际中心CEPII数据库，跨国公司东道国与中国大陆经济差距(GDP distance)数据来源于国际货币基金组织(IMF)官网。第二，公司层面的数据。调节变量在华投资总额(invest size)、在华员工数量(employees in China)与控制变量在华子公司数量(sub nums)、大中华区CEO国籍(CEO's nationality)数据根据国家商务部网站外商投资公示信息整理所得。调节变量产品直接接触消费者(consumer related)、消费者规模(sales)与控制变量资产收益率(ROA)、总资产(asset)根据Fortune(财富)官网历年Fortune 500强榜单资料整理所得。

(二) 变量测量

1. 因变量

CSIR行为(CSIR quantity)。我们根据美国KLD公司数据库中对CSR各维度的类型与划分，同时结合跨国公司在中国的实际CSIR情况，将CSIR划分为6个维度，分别是产品特征、妇女及其他弱势群体、环境保护、社区关系、员工关系、治理与伦理，每个CSIR维度分别可以用若干个CSIR关键词进行刻画，具体如表2所示。我们限定时间为2000年1月1日—2015年12月30日。在爬虫得到的新闻中，我们通过STATA 12.0编程结合人工排查去除重复新闻及无关新闻，如"家乐福启动食品安全进超市宣传活动"等，最后共得到6 941条CSIR新闻事件。本文的因变量便是各跨国公司2000—2015各年在CSIR六个维度上的CSIR新闻量的总和，即CSIR quantity，具体计算见公式(1)。其中，i代表年份，c代表跨国公司，d代表CSIR各维度，取值为1,2,3,4,5,6。

$$\text{CSIR quantity}_{ic} = \sum_{d=1}^{6} \text{CSIR news numbers}_{icd} \quad (1)$$

表2 CSIR维度划分及对应新闻搜索CSIR关键词

CSIR维度	含义	对应CSIR关键词
1. 产品特征	包括产品安全、产品垄断、市场营销/合同争议等	二噁英；假冒伪劣产品；价格操纵；价格歧视；健康威胁；欺诈；倾销；食品安全；苏丹红；误导消费者；限制竞争；销售歧视；消费欺诈；消费者歧视；质量门；质量问题；差别待遇
2. 妇女及其他弱势群体	包括公司对性别、种族的歧视情况、残疾人工的雇佣情况等	歧视女员工；性别歧视；种族歧视
3. 环境保护	包括废弃物管理、污染控制等	环境污染；污染转移
4. 社区关系	包括投资争议、负面经济、税务争议等	利润转移；侵犯人权；涉嫌逃税；偷税漏税；转移定价
5. 员工关系	包括对员工安全的保护情况、工会关系、员工参与、利益分享等	过度加班；劳工问题；虐待；侵犯员工权益；童工；拖欠工资；违反劳动法；压榨员工
6. 治理与伦理	包括商业不道德行为、补偿机制、所有权体制、政治问责、信息披露透明度、会计信息问题等	恶意并购；腐败；合谋；贿赂；垄断；涉嫌犯罪；违反证监会；行贿

2. 自变量

首先是正式制度距离(LID)：采用2015年世界银行公布的全球治理指标，包含话语权和责任、政治稳定性和不存在暴力/恐怖主义、政府效率、规管质量、法治、腐败控制六大衡量指标,每个国家或地区在每项指标上的得分值在-2.5~2.5,得分越大代表正式制度质量越好。本文选取了2000—2015年间各指标值。测算跨国公司母国与东道国正式制度距离时借鉴Kogut & Singh(1988)的距离计算公式,见公式(2),其中$n=6$。

$$D_{hc} = \sum_{d=1}^{n} \frac{(I_{dh} - I_{dc})^2}{V_d}/n \tag{2}$$

非正式制度距离的测量主要是文化制度距离。采用Hofstede文化维度官网上公布的六维度文化指标,即权力距离、个人主义、男性主义、不确定性规避、长期导向、放纵与克制六个指标值进行衡量。测算非正式制度距离时同样借鉴Kogut & Singh(1988)提出的距离计算公式,其中,d代表各测量维度,h代表跨国公司母国,c代表各跨国公司东道国即中国大陆,n代表维度的数量,I_{dh}代表跨国公司母国h在d维度上的制度得分,I_{dc}代表跨国公司东道国即中国大陆在d维度上的制度得分,V_d代表d维度上各国制度得分的方差。其中,测量文化制度距离时$n=6$。

3. 调节变量

(1)在华战略承诺。这里跨国公司在华战略承诺用两个指标来衡量:一是用在华投资总额(invest size)来衡量。跨国公司在华投资总额越大,则它在中国的一举一动更容易被中国公众感知。二是用在华员工数量(employees in China)衡量。在华员工数量越多,跨国公司在中国的规模越大,其行为越容易被外界感知。具体数据根据国家商务部网站外商投资公示信息整理所得,同时取对数。

(2)企业脆弱性。首先,产品是否与消费者直接接触(consumer related)可以用来衡量跨国公司经济脆弱性。如果产品与消费者直接接触,一旦公司或所在行业的CSIR行为被曝光,将对该企业及行业内其他企业造成极大冲击,因此,产品与消费者直接接触的企业表现出更高的脆弱性。判断公司产品是否与消费者直接接触的具体过程如下:①根据《财富》官网中提供的各公司主营业务对公司进行行业编码(编码依据:国家统计局行业分类标准)。②山立威等(2008)按照证监会公布的行业代码,指出产品直接与消费者接触的具体行业。对应到国家统计局行业分类标准,产品直接与消费者接触的具体行业包括:C13农副食品加工业,C14食品制造业,C15酒、饮料和精制茶制造业,C16烟草制品业,C18纺织服装、服饰业,C268日用化学产品制造,C2915日用及医用橡胶制品制造,C2927日用塑料制品制造,C36汽车制造业,C375摩托车制造,C376自行车制造,C385家用电力器具制造,C39计算机制造,C4030钟表与计时仪器制造,G56航空运输业,F52零售业,J金融业,K房地产业,L租赁和商务服务业,N77生态保护和环境治理业,N78公共设施管理业,O居民服务、修理和其他服务业,P教育,Q卫生和社会工作,R文化、体育和娱乐业。③对应上述行业代码的跨国公司即为产品直接接触消费者的公司,记为1,反之为0。

其次,按照Young & Makhija(2014)的做法,我们也用消费者规模(consumers size)来测量企业脆弱性。消费者规模也可以用来衡量跨国公司面对CSIR事件时的脆弱性。消费者对于产品的注意力是呈指数增长的,消费者规模越大,CSIR新闻给公司带来的冲击越大,相较于消费者规模小的公司,消费者规模大的公司在面对CSIR新闻时会呈现出更高的脆弱性。消费者规模可以根据跨国公司全球总营收(sales)进行衡量。具体数据根据《财富》官网信息整理,同时取对数。

4. 控制变量

为了控制其他变量,本文将跨国公司母国与中国大陆经济差距、资产收益率、总资产、在华子公司数量、大中华区 CEO 国籍作为控制变量。上述控制变量选取的原因和具体测量方法如下:

(1) 跨国公司母国与中国大陆地理距离(geo distance):地理距离越大,跨国公司海外子公司与东道国当地民众之间的了解就会越小,这种情况下,跨国公司在东道国就很有可能出现 CSIR 行为。本文采用母国与东道国首都(北京)间的直线距离衡量地理距离,具体数据来源于法国前景研究与国际中心 CEPII 数据库,同时取对数。

(2) 跨国公司母国与中国大陆经济距离(GDP distance):国家经济发展程度的高低会对企业的社会责任活动产生影响,而国家经济发展水平可以用国家人均 GDP 衡量(Young & Makhija,2014)。具体数据来源于国际货币基金组织(IMF)2015 年公布的各国 GDP 数据,选取 2000—2015 年各国 GDP 数据,并采用 Kogut & Singh(1988)的距离测算公式进行计算,见公式(1),其中 $n=1$。

(3) 资产收益率(ROA)。一般而言,公司的营利能力也会对公司社会责任活动产生影响,因此选取跨国公司全球业务 ROA 作为控制变量之一,具体数据根据《财富》官网信息整理。

(4) 总资产(asset)。Deephouse(1996)在研究中指出规模大的公司会拥有更多的资源,从而获得更大的事前合法性。因此,在面对制度距离引起的合法性冲突时,规模越大的跨国公司优势更明显。本文采用跨国公司总资产规模取对数来衡量跨国公司规模,具体数据根据《财富》官网信息整理。

(5) 在华子公司数量(sub nums)。跨国公司在华的子公司数量越多,管理和控制难度越大,越可能对跨国公司在华的社会责任活动产生影响。具体数据根据国家商务部网站外商投资公示信息整理。

(6) 大中华区 CEO 国籍(CEO's nationality)。跨国公司子公司 CEO 的国籍能够表示其对中国大陆环境的熟悉程度。若跨国公司子公司 CEO 的国籍为中国大陆,则其对中国大陆的制度环境很熟悉;若国籍为中国港澳台地区,则其对中国大陆的制度环境较为熟悉;若国籍为其他国家,则其对中国大陆的制度环境较不熟悉。因此有必要对跨国公司大中华区 CEO 国籍进行控制,跨国公司大中华区 CEO 国籍为中国大陆的记为 1,为中国港澳台地区的记为 2,其他国家记为 3。

综上所述,本文各变量定义及计算如表 3 所示:

表 3 变量定义及计算表

变量类型	变量名称	变量代码	定义及计算方式
因变量	CSIR 新闻量	CSIR quantity	跨国公司每年 6 个 CSIR 维度上的负面新闻数量的加总
自变量	正式制度距离	LID	采用世界银行公布的 2015 年全球治理指标(WGI),选取 2000—2015 年间全球治理指标各指标值,距离计算见公式(2)
	非正式制度距离	CID	采用 Hofstede 文化维度官网上公布的六维度文化指标,距离计算见公式(2)

续 表

变量类型	变量名称	变量代码	定义及计算方式
调节变量	在华投资总额	invest size	跨国公司在华投资总额取对数
	在华员工数量	employees in China	跨国公司在华员工数量取对数
	产品直接接触消费者	consumer related	跨国公司生产的产品与消费者直接接触记为1,反之为0
	消费者规模	consumers size	跨国公司全球总营收取对数
控制变量	母国与中国大陆地理距离	geo distance	首都间直线距离取对数
	母国与中国大陆经济距离	GDP distance	采用IMF公布的2015年各国GDP数据,选取2000—2015年各国GDP数据,与中国大陆的距离计算见公式(2)
	在华子公司数量	sub nums	跨国公司在中国的子公司或分支机构数量
	资产收益率	ROA	净利润/平均资产总额
	总资产	asset	跨国公司总资产取对数
	大中华区CEO国籍	CEO's nationality	中国大陆记为1,中国港澳台地区记为2,其他国家记为3

(三) 实证模型

本文研究的问题主要可以分为三个部分:①制度距离对跨国公司东道国CSIR行为的影响;②经济可见性对制度距离与跨国公司东道国CSIR行为之间关系的调节作用;③经济脆弱性对制度距离与跨国公司东道国CSIR行为之间关系的调节作用。具体回归模型如下。考虑到因变量是具体的点数值,适合采用泊松回归或负二项式回归来进行分析。这里方差是因变量负面新闻数量的方差(约等于38.12)远远超过10倍的均值(约等于9)。所以适合采用面板数据负二项式回归分析(命令:xtnbreg)来分析我们的模型。

主效应模型:

$$CSIR\ quantity = \beta_0 + \beta_1(CID) + \beta_2(LID) + \beta_3(geo\ distance) + \beta_4(GDP\ distance) + \beta_5(ROA) + \beta_6(asset) + \beta_7(sub\ nums) + \beta_8(CEO's\ nationality) + \varepsilon \quad (3)$$

战略承诺调节效应模型:

$$CSIR\ quantity = \beta_0 + \beta_1\sum(ID_i) + \beta_2(economic\ visibility) + \beta_3\sum(ID_i \times economic\ visibility) + \beta_4(geo\ distance) + \beta_5(GDP\ distance) + \beta_6(ROA) + \beta_7(asset) + \beta_8(sub\ nums) + \beta_9(CEO's\ nationality) + \varepsilon \quad (4)$$

经济脆弱性调节效应模型:

$$CSIR\ quantity = \beta_0 + \beta_1(ID_i) + \beta_2\sum(economic\ vulnerability) + \beta_3\sum(ID_i \times economic\ vulnerability) + \beta_4(geo\ distance) + \beta_5(GDP\ distance) + \beta_6(ROA) + \beta_7(asset) + \beta_8(sub\ nums) + \beta_9(CEO's\ nationality) + \varepsilon \quad (5)$$

其中公式(4)、(5)中 i 下标代表制度距离类型,式中 ID_1 为正式制度距离,ID_2 代表非正式制度距离。

五、回归分析结果

(一) 描述性统计

1. 全部变量的描述性统计

表 4a 为所有变量的描述性统计。不同跨国公司在华 CSIR 行为差异较大,平均每个跨国公司在中国每年有 0.979 条 CSIR 新闻。总体看来,各跨国公司母国与中国之间的正式制度距离(均值为 3.577)略大于非正式制度距离(均值为 3.037)。各跨国公司母国与中国的经济发展水平差异较大,最大值为 16.188,最小值接近 0。各跨国公司的营利能力和规模极值较大,同时平均每个跨国公司在中国有 2.366 个子公司。大部分跨国公司在华主要负责人仍为外籍人士。各跨国公司在华规模差异较大,行业分布较为均匀;同时,各跨国公司的消费者规模差异也较为明显。

表 4a 全部变量描述性统计分析

变量	均值	标准差	最大值	最小值	N
CSIR 行为	0.979	6.174	181	0	7 088
正式制度距离	3.577	1.072	6.547	0.084	7 088
非正式制度距离	3.037	1.124	4.906	0.329	7 088
地理距离	8.832	0.670	9.738	6.863	7 088
经济差距	4.038	2.344	16.188	0.001	7 088
资产收益率	0.040	0.260	16.026	−1.655	7 088
总资产	10.970	1.374	15.146	5.961	7 088
在华子公司数量	2.366	3.744	23	0	7 088
大中华区 CEO 国籍	2.765	0.626	3	1	7 088
在华投资规模	0.145	0.337	3.724	0	7 088
在华员工数量	2.483	2.836	10.739	0	7 088
产品直接接触消费者	0.510	0.500	1	0	7 088
消费者规模	10.410	0.671	13.09	8.960	7 088

2. 变量分组的描述性统计

表 4b 为按不同母国分类的描述性统计分析。从表 4b 可以看出,2000—2015 年平均每个公司在华有 15.668 条 CSIR 新闻。在华 CSIR 新闻较多的主要是韩国(平均 67.000 条,主要公司为三星、LG 等)、瑞典(平均 26.200 条,主要公司为爱立信、沃尔沃等)、美国(平均 23.622 条,主要公司为沃尔玛、英特尔、麦当劳等)、芬兰(平均 23.000 条,主要公司有诺基亚、斯道拉恩索等)、法国(平均 16.270 条,主要公司有家乐福、欧尚、标致等)、英国(平均 15.324 条,主要公司有葛兰素史克、乐购等)、瑞士(平均 15.182 条,主要公司有雀巢、罗氏等)的跨国公司,而这些国家与中国至少有一种制度距离相差较大;而在中国零 CSIR 新闻

的跨国公司主要来源于奥地利、波兰、马来西亚、泰国、土耳其、新加坡、印度,在这些国家中,除了奥地利和新加坡,其他国家与中国的两种制度距离相差都不大。这与本文提出的假设相一致。

表4b 按不同母国(地区)分类的描述性统计分析

母国(地区)	正式制度距离	非正式制度距离	CSIR新闻量均值	CSIR新闻量总和	公司数量	平均每个公司CSIR新闻量
爱尔兰	4.322	3.667	0.031	1	2	0.500
奥地利	4.681	3.308	0	0	1	0.000
澳大利亚	4.762	4.619	0.830	93	7	13.286
巴西	0.775	2.032	0.625	40	4	10.000
比利时	3.703	2.670	0.094	9	6	1.500
波兰	1.901	2.417	0	0	1	0.000
丹麦	5.832	4.906	0.469	15	2	7.500
德国	4.308	1.728	0.608	350	36	9.722
俄罗斯	0.269	1.711	0.229	11	3	3.667
法国	3.317	2.338	1.017	602	37	16.270
芬兰	5.982	3.377	1.438	46	2	23.000
韩国	1.738	1.325	4.188	804	12	67.000
荷兰	5.197	3.829	0.174	39	14	2.786
加拿大	4.843	3.496	0.029	7	15	0.467
马来西亚	0.837	1.516	0	0	1	0.000
美国	3.593	4.160	1.476	3496	148	23.622
墨西哥	0.586	4.658	0.013	1	5	0.200
挪威	5.298	4.191	0.031	1	2	0.500
日本	3.165	1.964	0.436	391	56	6.982
瑞典	5.498	4.707	1.638	131	5	26.200
瑞士	5.395	2.441	0.949	167	11	15.182
沙特阿拉伯	0.134	2.024	0.125	2	1	2.000
泰国	0.456	2.005	0	0	1	0.000
土耳其	0.495	2.016	0	0	1	0.000
西班牙	2.653	2.233	0.031	4	8	0.500
新加坡	4.276	0.579	0	0	3	0.000
意大利	1.755	1.986	0.188	30	10	3.000
印度	0.774	0.720	0	0	2	0.000
英国	4.277	3.388	0.958	521	34	15.324
中国台湾	2.256	1.063	0.892	157	11	14.273
中国香港	3.804	0.329	0.719	23	2	11.500

表4c列出了2000—2015年CSIR新闻量最多的20家跨国公司。其中CSIR新闻量最多的是三星,共计747条,其次是美国的沃尔玛(597条)、法国的家乐福(342条)、美国的英特尔(331条)、美国的麦当劳(249条)。CSIR新闻量排名前20的跨国公司母国(地区)主要为韩国、美国、法国、英国、日本、德国、荷兰以及中国台湾地区,与表4b中CSIR新闻量较多的国家描述基本相似。

表4c 2000—2015年CSIR新闻量最多的20家跨国公司

公司	国家(地区)	CSIR新闻量	公司	国家(地区)	CSIR新闻量
1. 三星	韩国	747	11. 宝马	德国	175
2. 沃尔玛	美国	597	12. 戴尔	美国	156
3. 家乐福	法国	342	13. 雀巢	瑞士	155
4. 英特尔	美国	331	14. 耐克	美国	133
5. 麦当劳	美国	249	15. IBM	美国	118
6. 惠普	美国	220	16. 飞利浦	荷兰	116
7. 可口可乐	美国	191	17. 雅培	美国	112
8. 高通	美国	188	18. 宝洁	美国	111
9. 索尼	日本	186	19. 苹果	美国	95
10. 葛兰素史克	英国	180	20. 鸿海精密	中国台湾	93

与此同时,我们还根据2000—2015年每年发生的CSIR新闻量画出CSIR新闻量折线图,具体如图1所示。从图1可知,2000—2012年期间,跨国公司在华的CSIR新闻量总体呈现上升趋势,从2012—2015年跨国公司在华CSIR数量每年稳定在700条左右。

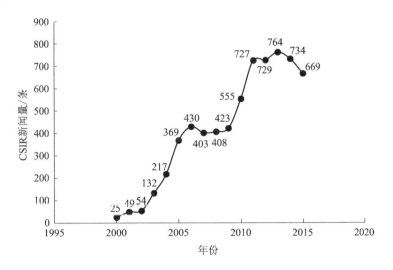

图1 2000—2015年各年份CSIR新闻量散点图

表4d按不同CSIR维度分类的描述性统计分析。从表4d中可以看出跨国公司在华的CSIR行为主要集中在产品特征(共计5352件)和治理与伦理(共计934件)方面,其中产品特征主要包括产品安全、产品垄断等,治理与伦理主要包括商业不道德行为、机构治理和管理、风险和财务管理、审计与遵纪守法、股东关系等。而在环境保护方面出现的CSIR行为

相对较少,仅有120件,表明跨国公司在这一维度方面的数量最少。

表4d 按不同CSIR维度分类的CSIR新闻量统计分析

CSIR维度	均值	标准差	最大值	最小值	总和
产品特征	0.758	5.008	153	0	5 352
妇女及其他弱势群体	0.025	0.399	18	0	280
环境保护	0.010	0.225	15	0	120
社区关系	0.022	0.629	50	0	254
员工关系	0.035	0.987	73	0	406
治理与伦理	0.140	1.683	78	0	934

(二) 相关性检验

为了解释变量选取的合理性,避免变量之间存在线性关系导致数据回归结果不准确,需要对变量之间的相关性进行检验。具体检验结果如表5示,可以看出文化制度距离与CSIR新闻量显著正相关(相关系数$=0.027$,$p<0.05$),与本文假设H2一致;正式制度制度距离与CSIR新闻量呈现出显著的负相关(相关系数$=-0.027$,$p<0.05$),与本文假设H1一致。此外,绝大多数控制变量与因变量之间呈现出较显著的依存关系,这说明就制度距离与跨国公司在华CSIR行为而言,本文选择的控制变量是合适的。而地理距离与非正式制度距离,母国、东道国经济差距与正式制度距离,在华员工数量与在华子公司数量,在华员工数量与在华投资规模之间的系数大于0.5,并且很多变量间存在显著关系,因此存在多重共线性的可能。本文利用STATA 12.0进行变量间的共线性诊断,检验结果如表4e所示。发现各变量的方差膨胀因子(VIF)均小于10,均值为1.600;容忍度均大于0.1,均值为0.625,说明不存在多重共线性问题,可以进行下一步回归分析。

表4e 解释变量共线性诊断

变量	方差膨胀因子	容忍度
正式制度距离	2.120	0.473
非正式制度距离	2.280	0.439
地理距离	2.080	0.480
经济差距	1.680	0.595
资产收益率	1.630	0.612
总资产	1.530	0.654
在华子公司数量	1.530	0.654
大中华区CEO国籍	1.530	0.655
在华投资规模	1.500	0.667
在华员工数量	1.160	0.862
产品直接接触消费者	1.120	0.890
消费者规模	1.020	0.981
平均	1.600	0.664

表5 主要变量的 Pearson 相关系数表

变量	1	2	3	4	5	6	7	8	9	10	11	12	13
1. CSIR 新闻量	1												
2. 非正式制度距离	0.027**	1											
3. 正式制度距离	−0.027**	0.338***	1										
4. 地理距离	−0.009	0.705***	0.301***	1									
5. 经济差距	−0.035***	0.462***	0.548***	0.340***	1								
6. 资产收益率	0.022*	0.050	0.005	0.037***	0.032***	1							
7. 总资产	0.040***	−0.055***	−0.004	0.054***	−0.080***	−0.099***	1						
8. 在华子公司数量	0.206***	−0.167***	0.018	−0.234***	−0.086***	0.018	−0.105***	1					
9. 大中华区 CEO 国籍	0.007	0.077***	−0.042***	0.067***	−0.036***	−0.018	−0.048***	0.001	1				
10. 在华投资规模	0.123***	−0.139***	−0.002	−0.182***	−0.039***	0.012	−0.062***	0.305***	−0.113***	1			
11. 在华员工数量	0.159***	−0.137***	0.045***	−0.191***	0.043***	0.035***	−0.166***	0.515***	−0.248***	0.578***	1		
12. 产品直接接触消费者	0.061***	0.038***	0.150***	0.106***	0.058***	−0.014	0.288***	−0.145***	−0.101***	−0.047***	−0.071***	1	
13. 消费者规模	0.169***	−0.073***	−0.097***	−0.020*	−0.118***	0.011	0.516***	0.149***	−0.078***	0.065***	0.044***	0.040***	1

注：* $p<0.1$，** $p<0.05$，*** $p<0.01$（双尾检验）

(三) 假设检验

1. 主效应检验

本文中的数据为443×16个观察值的面板数据,利用STATA 12.0进行回归分析。一般而言,面板数据处理方法主要有固定效应模型和随机效应模型。本文进行Hausman检验时发现主效应、调节效应检验结果都拒绝原假设,即单从技术上看,本文使用固定效应模型似乎更为合理。然而,非正式制度距离、变量产品是否直接接触消费者都不随时间变化而变化,在这种情况下使用固定效应模型就会导致非时变变量的丢失。而Wooldridge(2001)指出当回归模型包含不随时间变化的重要解释变量时,使用随机效应模型较为合适。因此,在主要解释变量为时变变量的模型0、模型1、模型4、模型6、模型11中,通过Hausman检验判断选择何种模型;在主要解释变量包含非时变变量的模型2、模型3、模型5、模型7、模型8、模型9、模型10、模型12、模型13中,直接采用随机效应模型。具体见表6a、表6b、表6c。

根据Hausman检验结果,模型0与模型1中p值均为0.0000,应选取固定效应模型。模型0中为因变量与控制变量的回归,从表中可以看到ROA、公司总资产、在华子公司数量均与跨国公司在华CSIR新闻量呈现出显著的正相关关系。从模型1中可以看出正式制度距离系数为-0.4228,$p<0.05$,即正式制度距离越大,跨国公司在华的CSIR行为越小,与本文假设H1一致,模型3同样支持假设H1($\beta=-0.3738$,$p<0.01$)。而模型2中非正式制度制度距离系数为0.6132,$p<0.01$,即非正式制度距离与在华CSIR显著正相关,支持假设H2,模型3同样支持假设H2($\beta=0.6652$,$p<0.01$)。

2. 调节作用检验

(1) 战略承诺的调节作用检验。模型4至模型8验证战略承诺对制度距离与CSIR行为关系的调节作用,其中模型4、模型5用跨国公司在华投资总额衡量战略承诺,模型6、模型7用跨国公司在华员工数量衡量战略承诺,对应假设中的H3a、H3b。模型4与模型6经Hausman检验后p值均为0.0000,即应该采用固定效应模型进行回归分析。模型5、模型7、模型8中自变量为非正式制度距离,该变量不随时间变化而变化,若采取固定效应模型,回归结果中重要解释变量将会丢失,为避免该情况,采用随机效应模型进行回归分析。

模型4中正式制度距离与在华CSIR行为之间显著的负相关关系,可以推断在华投资规模能够强化二者之间的关系,即正式制度距离一定时,在华投资总额大的跨国公司在华CSIR行为更少,与本文假设H3a一致。从模型8中同样看出假设H3a得到支持($\beta=-0.8325$,$p<0.01$)。模型5中非正式制度距离与在华投资总额交互项系数为-0.6184,$p<0.01$,支持假设H3b。

模型6与模型7验证的是跨国公司在华员工数量分别对不同制度距离与在华CSIR行为关系的调节作用。模型6中正式制度距离与跨国公司在华员工数量的交互项系数为-0.1566,且在0.01的水平上显著,结合前面模型正式制度距离与跨国公司在华CSIR行为之间显著的负相关关系,可以推断在华员工数量能够强化二者之间的关系,即正式制度距离一定时,在华员工数量越多,跨国公司在华CSIR行为越少,与本文假设H3a一致。从模型7中非正式制度距离与跨国公司在华员工数量的交互项系数为正,且不显著,即跨国公司在华员工数量对非正式制度距离与在华CSIR行为的关系并没有调节作用,H3b未得到支持。在模型 8 中相应假设也未获得支持。

表 6a　制度距离对跨国公司 CSIR 行为的直接作用检验

变量	模型 0	模型 1	模型 2	模型 3
正式制度距离		−0.422 8**		−0.373 8***
		(0.211 6)		(0.142 6)
非正式制度距离			0.613 2***	0.665 2***
			(0.219 1)	(0.219 9)
地理距离			−0.175 1	−0.088 0
			(0.365 6)	(0.366 9)
经济差距	−0.070 9	−0.045 9	−0.122 6***	−0.083 0*
	(0.046 4)	(0.048 1)	(0.041 3)	(0.043 9)
资产收益率	0.568 8**	0.553 9**	0.350 5	0.349 2
	(0.251 3)	(0.251 4)	(0.242 4)	(0.242 3)
总资产	1.155 0***	1.108 7***	0.627 5***	0.620 7***
	(0.161 7)	(0.163 3)	(0.101 6)	(0.101 6)
在华子公司数量	0.453 1***	0.459 1***	0.430 5***	0.440 0***
	(0.044 1)	(0.044 1)	(0.032 6)	(0.032 8)
大中华区 CEO 国籍			0.044 4	0.008 6
			(0.275 4)	(0.275 6)
常数	−12.498 4***	−10.592 3***	−6.880 0**	−6.479 2**
	(1.810 0)	(2.045 7)	(3.013 7)	(3.015 9)
模型选择	固定效应	固定效应	随机效应	随机效应
R^2 组内	0.038 2	0.038 8	0.036 9	0.037 7
R^2 组间	0.050 0	0.052 7	0.081 6	0.085 4
R^2 总体	0.036 0	0.037 4	0.050 8	0.052 6
F 值/卡方值	65.93***	53.57***	282.14***	289.25***
观测值	7 088	7 088	7 088	7 088

注：1. * $p<0.1$，** $p<0.05$，*** $p<0.01$（双尾检验）；2. 括号中为回归系数的标准误差；3. 控制变量地理距离与大中华区 CEO 国籍不随时间变化而变化，固定效应模型中丢失；4. 自变量或调节变量不随时间变化时采用随机效应模型。

表 6b　战略承诺的调节作用检验

变量	模型 4	模型 5	模型 6	模型 7	模型 8
正式制度距离	−0.385 4*		−0.350 9*		−0.404 2***
	(0.211 0)		(0.212 3)		(0.140 9)
非正式制度距离		0.615 3***		0.634 0***	0.635 6***
		(0.217 9)		(0.215 3)	(0.214 5)
在华投资总额	0.974 7***	0.792 2***			0.849 5***
	(0.253 9)	(0.261 8)			(0.297 4)

续表

变量	模型4	模型5	模型6	模型7	模型8
在华员工数量			0.089 0*	0.108 3**	0.047 4
			(0.052 7)	(0.042 5)	(0.047 9)
正式制度距离*在华投资总额在华投资总额	−1.073 7***				−0.832 5***
	(0.202 7)				(0.260 3)
非正式制度距离*在华投资总额		−0.618 4***			−0.405 7
		(0.197 5)			(0.254 4)
正式制度距离*在华员工数量在华员工数量			−0.156 6***		−0.100 8**
			(0.043 0)		(0.044 9)
非正式制度距离*在华员工数量				0.025 0	0.147 0
				(0.033 6)	(0.440 2)
地理距离		−0.060 1		−0.143 1	0.119 7
		(0.364 1)		(0.361 1)	(0.361 3)
经济差距	−0.058 6	−0.128 4***	−0.065 5	−0.137 8***	−0.108 8**
	(0.047 9)	(0.041 2)	(0.048 3)	(0.041 5)	(0.044 1)
资产收益率	0.571 9**	0.358 4	0.572 4**	0.356 6	0.347 3
	(0.250 6)	(0.241 9)	(0.251 1)	(0.242 5)	(0.241 5)
总资产	1.150 7***	0.650 2***	1.146 0***	0.647 3***	0.626 2***
	(0.162 9)	(0.101 3)	(0.163 5)	(0.101 4)	(0.100 7)
在华子公司数量	0.447 1***	0.418 1***	0.454 2***	0.416 6***	0.410 0***
	(0.044 1)	(0.032 7)	(0.045 1)	(0.032 8)	(0.032 9)
大中华区CEO国籍		0.118 3		0.155 0	0.092 7
		(0.274 2)		(0.274 1)	(0.271 8)
常数	−12.479 9***	−6.451 3*	−12.395 1***	−5.701 1*	−7.667 0**
	(1.815 7)	(3.400 1)	(1.820 9)	(3.395 6)	(3.389 6)
模型选择	固定效应	随机效应	固定效应	随机效应	随机效应
	0.045 4	0.041 4	0.041 1	0.037 1	0.044 7
R^2	0.063 9	0.086 8	0.065 4	0.097 1	0.120 4
	0.045 2	0.055 0	0.043 6	0.056 4	0.070 8
F值/卡方值	45.10***	314.56***	40.60***	289.61***	362.65***
观测值	7 088	7 088	7 088	7 088	7 088

注：1. * $p<0.1$，** $p<0.05$，*** $p<0.01$（双尾检验）；2. 括号中为回归系数的标准误差；3. 控制变量地理距离与大中华区CEO国籍不随时间变化而变化，固定效应模型中丢失；4. 变量或调节变量不随时间变化时采用随机效应模型。

为了进一步检验战略承诺对不同制度距离与跨国公司CSIR行为之间的调节作用，本文同时作出交互作用图。图2中(a)、(b)分别对应跨国公司在华投资总额对不同制度距离与在华CSIR关系的调节作用。从图2(a)中可以看出在华投资总额可以增强正式制度距离与在华CSIR行为的正向关系，从图2(b)可以看出在华投资总额能够减弱非正式制度距离与跨国公司在华 CSIR 行为的负向关系。图 2(c)对应跨国公司在华员工数量对正式制度距离与在华 CSIR 关系的调节作用,同样可以看出在华员工数量能够加强正式制度距离与跨国公司在华 CSIR 行为的负向关系。

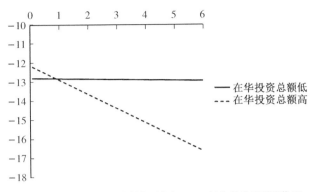

(a) 在华投资总额对正式制度距离与 CSIR 行为关系的调节作用

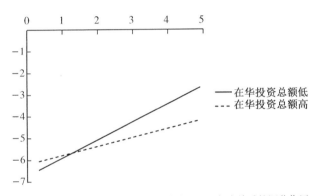

(b) 在华投资总额对非正式制度距离与 CSIR 行为关系的调节作用

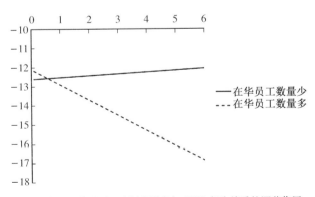

(c) 在华员工数量对正式制度距离与 CSIR 行为关系的调节作用

图 2　战略承诺的交互作用图

(2) 经济脆弱性的调节作用检验。模型 9 到模型 13 验证的是经济脆弱性对制度距离与 CSIR 行为关系的调节作用。其中模型 9、模型 10 检验的是产品是否与消费者直接接触对不同制度距离与在华 CSIR 关系的调节作用,对应假设 H4a、H4b。模型 11、模型 12 检验的是跨国公司消费者规模对两个制度距离与在华 CSIR 关系的调节作用,也验证 H4a、

H4b。自变量非正式制度距离与调节变量产品是否与消费者直接接触均不随时间变化而变化,除了模型 11 外,其他模型均采用随机效应模型,而模型 11 的 Hausman 检验 $p=0.0001$,应该选择固定效应模型。

模型 9 检验的是产品是否直接接触消费者对正式制度距离与跨国公司在华 CSIR 行为的调节作用,交互项系数为 -0.2693,但不显著,也就是说产品是否直接接触消费者对正式制度制度距离与跨国公司在华 CSIR 行为的调节作用并没有得到验证,假设 H4a 未得到支持,这可能也是因为无论跨国公司其产品是否与消费者直接接触,正式制度责任是企业需强制履行的责任,因此这种行业特征并不能对正式制度制度距离与跨国公司在华 CSIR 行为的关系起到调节作用。模型 10 检验是产品是否直接接触消费者对非正式制度距离与跨国公司在华 CSIR 行为的调节作用,其中交互项系数为 -0.5667,且显著,即产品与消费者直接接触能够削弱文化制度距离对 CSIR 行为的作用,在非正式制度距离一定时,所提供产品与消费者直接接触的跨国公司 CSIR 行为更少,与本文假设 H4a 一致,模型 13 中同样支持假设 H4b($\beta=-0.5664$,$p<0.1$)。

模型 11 验证的是消费者规模对正式制度距离与跨国公司在华 CSIR 行为的调节作用,其中正式制度制度距离与消费者规模的交互项系数为 -0.6978,在 1% 的水平上显著,也就是说消费者规模能够强化正式制度距离与跨国公司在华 CSIR 行为之间的负向关系,正式制度距离一定时,消费者规模越大的跨国公司 CSIR 行为越少,与本文假设 H4a 一致,同样,模型 13 中也可以看出假设 H4a 得到支持($\beta=-0.5994$,$p<0.01$)。模型 12 检验是消费者规模对非正式制度距离与跨国公司在华 CSIR 行为的调节作用,根据回归结果,文化制度距离与消费者规模的交互项系数为 -0.2728,且在 5% 的水平上显著,即产品与消费者直接相关能够负向调节非正式制度距离与跨国公司在华 CSIR 行为的正向关系,假设 H4b 得到验证。

表 6c 经济脆弱性的调节作用检验

变量	模型 9	模型 10	模型 11	模型 12	模型 13
正式制度距离	-0.2598		-0.5438^{**}		-0.3557^{*}
	(0.1804)		(0.2135)		(0.1822)
非正式制度距离		0.9617^{***}		0.5854^{***}	0.9856^{***}
		(0.2815)		(0.2155)	(0.2807)
产品直接接触消费者	1.8558^{*}	2.5393^{**}			3.3984^{***}
	(0.9975)	(0.9964)			(1.1994)
消费者规模			-0.0119	0.9684^{***}	0.9124^{***}
			(0.2964)	(0.2045)	(0.2065)
正式制度距离*产品直接接触消费者	-0.2693				-0.1361
	(0.2594)				(0.2657)
非正式制度距离*产品直接接触消费者		-0.5667^{*}			-0.5664^{*}
		(0.3054)			(0.3100)
正式制度距离*消费者规模			-0.6978^{***}		-0.5994^{***}
			(0.1406)		(0.1359)

续　表

变量		模型9	模型10	模型11	模型12	模型13
非正式制度距离*消费者规模					−0.272 8**	−0.069 3
					(0.135 9)	(0.147 2)
地理距离		0.622 8**	−0.339 1		−0.155 3	−0.264 7
		(0.267 3)	(0.366 3)		(0.359 1)	(0.358 6)
经济差距		−0.065 8	−0.126 8***	−0.045 5	−0.107 3**	−0.062 3
		(0.043 6)	(0.041 2)	(0.048 2)	(0.041 7)	(0.043 9)
资产收益率		0.320 8	0.329 5	0.516 1*	0.175 3	0.161 7
		(0.242 7)	(0.242 6)	(0.264 1)	(0.244 6)	(0.244 5)
总资产		0.534 8***	0.573 8***	0.995 6***	0.240 8*	0.156 7
		(0.103 8)	(0.103 8)	(0.245 0)	(0.127 7)	(0.130 7)
在华子公司数量		0.450 1***	0.437 1***	0.464 9***	0.389 3***	0.417 9***
		(0.032 9)	(0.032 6)	(0.044 4)	(0.033 3)	(0.033 5)
大中华区CEO国籍		0.115 9	0.121 0		0.092 6	0.131 1
		(0.273 8)	(0.273 7)		(0.270 6)	(0.267 6)
常数		−11.024 4***	−6.516 5**	−10.916 1***	−1.047 4	−1.865 0
模型选择		(2.589 8)	(2.993 3)	(2.704 0)	(3.437 9)	(3.061 6)
R^2	组内	随机效应	随机效应	固定效应	随机效应	随机效应
	组间	0.037 0	0.036 6	0.042 4	0.037 6	0.040 4
	总体	0.091 9	0.100 1	0.056 6	0.111 5	0.147 7
F值/卡方值		0.054 6	0.058 0	0.041 3	0.064 0	0.079 6
观测值		287.42***	291.43***	41.94***	310.38***	353.01***
		7 088	7 088	7 088	7 088	7 088

注：1. * $p<0.1$，** $p<0.05$，*** $p<0.01$（双尾检验）；2. 括号中为回归系数的标准误差；3. 控制变量地理距离与大中华区CEO国籍不随时间变化而变化，固定效应模型中丢失；4. 自变量或调节变量不随时间变化时采用随机效应模型。

为了进一步检验经济脆弱性对不同制度距离与跨国公司CSIR行为之间的调节作用，我们做出交互作用图，如图3所示。其中图3(a)对应跨国公司提供的产品是否直接接触消费者对非正式制度距离与在华CSIR关系的调节作用。从图3(a)可以看出当产品与消费者直接接触时，非正式制度距离与在华CSIR行为之间的正向促进关系被减弱。图3(b)、(c)分别对应跨国公司消费者规模对不同制度距离与在华CSIR行为关系的调节作用。从图3(b)可以看出当消费者规模越大，正式制度距离与在华CSIR行为之间的负向关系得到进一步强化。从图3(c)可以看出消费者规模能够减弱非正式制度距离与在华CSIR行为之间的正向关系。

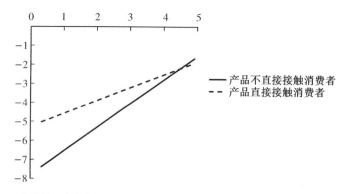

(a) 产品是否直接接触消费者对非正式制度距离与CSIR行为关系的调节作用

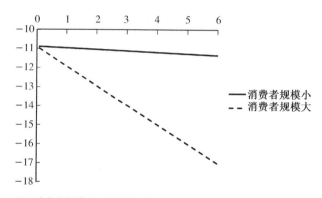

(b) 消费者规模对正式制度制度距离与CSIR行为关系的调节作用

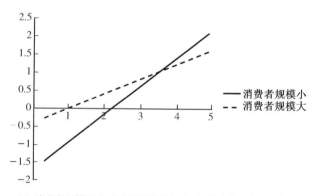

(c) 消费者规模对非正式制度距离与CSIR行为关系的调节作用

图3 经济脆弱性的交互作用图

(四)稳健性检验

为了验证本文研究结果的可靠性,我们需要进行稳健性检验。一般而言,稳健性检验有三种方法:一是变量替换法,用其他变量代替部分原有变量;二是分类法,如按时间、行业进行分类,根据分类情况看分类数据的回归结果与原假设是否一致;三是改变原先的计量方法,看在新的计量方法下回归结果与原假设是否一致。此处采用第二种和第三种方法进行稳健性检验。本文中CSIR新闻共包含六个维度,现选取产品特征维度的CSIR新闻量作为因变量,其他变量不变,进行稳健性检验。在新的稳健性检验中,模型1、模型3、模型

4、模型 6、模型 8、模型 9、模型 10、模型 11、模型 13 中含有不随时间变化的自变量或调节变量，因此采用随机效应模型进行回归，而模型 0、模型 2、模型 5、模型 7、模型 12 经 Hausman 检验 p 值均小于 0.01，因此采用固定效应模型进行回归分析。稳健性检验的结果见新表（为篇幅考虑，这部分省略），由此可知稳健性检验结果与前文完全一致，这就证明本文的研究结果是稳健的。同时本文还采用混合 OLS 对各个模型进行回归分析，回归结果与前文基本一致。

(五) 实证结果总结

通过上述实证分析，本文所提的 6 个假设中有大多数得到强烈支持，具体见表 7。其中，正式制度距离对跨国公司在华 CSIR 行为有显著的负向影响，在华投资总额、在华员工数量、消费者规模能够强化这种负向作用，而产品与消费者直接接触未能调节二者关系，这可能是因为正式制度责任是企业需强制履行的责任，是其在东道国经营时必须履行的责任底线，因此这种行业特征未能调节正式制度距离与 CSIR 行为之间的关系。非正式制度距离对跨国公司在华 CSIR 行为也有显著的正向影响，在华投资总额、产品与消费者直接接触与消费者规模能够减弱这种正向作用，而在华员工数量调节作用并不显著，这可能是因为跨国公司东道国员工数量越多，文化冲突越严重，在这种情况下，跨国公司可能需要将更多的资源与精力放在处理文化冲突问题上，从而影响其社会责任绩效。

表 7 回归结果汇总

假设	假设内容	支持
H1	正式制度距离越大，跨国公司在华 CSIR 行为越少	yes
H2	非正式制度距离越大，跨国公司在华 CSIR 行为越多	yes
H3a	在华战略承诺(在华投资总额)加强正式制度距离对在华 CSIR 行为的负向作用	yes
H3b	在华战略承诺(在华投资总额)削弱非正式制度距离对在华 CSIR 行为的正向作用	yes
H3a_alt	在华战略承诺(在华员工数量)加强正式制度距离对在华 CSIR 行为的负向作用	yes
H3b_alt	在华战略承诺(在华员工数量)削弱非正式制度距离对在华 CSIR 行为的正向作用	no
H4a	企业脆弱性(产品与消费者直接接触)加强正式制度距离对在华 CSIR 行为的负向作用	no
H4b	企业脆弱性(产品与消费者直接接触)削弱非正式制度距离对在华 CSIR 行为的正向作用	yes
H4a_alt	企业脆弱性(消费者规模)加强正式制度距离对在华 CSIR 行为的负向作用	yes
H4b_alt	企业脆弱性(消费者规模)削弱非正式制度距离对在华 CSIR 行为的正向作用	yes

注：本文提出了 H1、H2、H3a、H3b、H4a、H4b 共 6 个假设，H1、H2 是主效应，H3a、H3b 是在华战略承诺对两个主效应的调节作用。出于稳健性考虑，这个调节效应用不同测量变量(第二个测量加后缀_alt)进行了验证。验证 H4a、H4b 时也进行了相似处理。最后基本验证了原来假设。

六、结论与讨论

(一) 研究结论

本文聚焦于跨国公司母国与东道国中国的制度距离与跨国公司在华 CSIR 行为的关系以及跨国公司在华战略承诺和经济脆弱性对二者关系的影响。通过 2000—2015 年《财富》500 强榜单中的跨国公司数据，剔除中国大陆的公司及本文研究所需数据严重缺失的，最终确定了443家跨国公司2000—2015年共16年数据为研究样本,得到7 088组观测值。相较于以前的研究,我们的样本行业跨度更广、时间跨度更长,因此研究结论具有一定的普遍意义。本文主要研究结论如下:

1. 制度距离与在华CSIR行为的关系

本文主要研究的是不同制度距离对跨国公司在华CSIR行为的影响。就正式制度距离而言,《财富》500强跨国公司的母国多为正式制度质量较高的发达国家,根据卡罗尔1979年所提的社会责任金字塔模型,正式制度的遵从是公司必须履行的强制性的责任。当面临合法性冲突时,正式制度距离会减弱CSIR行为,此时内外部合法性不存在冲突。当外部合法性失去"谈判"余地时,内部合法性的追求占据主导地位。相比本土企业来说,跨国公司更擅长处理由于正式制度距离所导致的合法性压力。因此,正式制度距离越大,在华CSIR行为就越少。而非正式制度距离导致不仅外部合法性的认知尺度产生变化,而且由于内部CSR知识与信息转移的困难,导致内外部合法性产生了强烈冲突。此时,外部合法性追求占据了主导地位。非正式制度距离越大,在华CSIR行为就越多。

2. 战略承诺对制度距离与CSIR行为关系的影响

跨国公司在华战略承诺会削弱两种制度距离对CSIR行为的影响。当跨国公司在华具有更高的战略承诺时,跨国公司对东道国公众的可见性越高,这些公司会更在意它们在社会各群体中的形象,轻易不做出CSIR行为。本文采用在华投资总额与在华员工数量衡量跨国公司在华战略承诺。实证分析结果显示,跨国公司在华投资规模越大越能加强正式制度距离与在华CISR行为之间的负向关系,并减弱非正式制度距离与在华CISR行为之间的正向关系。而在华员工数量能加强正式制度距离与在华CISR行为之间的负向关系,但是对非正式制度距离与在华CISR行为之间关系并没有调节作用,这可能是因为跨国公司在华员工数量越多,文化冲突越严重,文化整合的难度就越大,在这种情况下,跨国公司可能需要将更多的资源与精力放在处理文化冲突问题上,因此未能起到明显的调节作用。

3. 经济脆弱性对制度距离与跨国公司在华CSIR行为关系的影响

经济脆弱性是指一般公司对市场变化的敏感程度,一旦公司的CSIR行为被揭露,经济脆弱性越高的公司就越容易受到市场的冲击。为了维持自己的市场份额,经济脆弱性越高的公司越不敢轻易做出CSIR行为。本文用产品是否直接接触消费者、消费者规模来衡量跨国公司的经济脆弱性。根据实证结果,公司产品直接接触消费者能够负向调节非正式制度距离与在华CSIR行为之间的关系,而对正式制度距离与CSIR行为之间的关系未能起到调节作用,这可能因为正式制度责任是跨国公司必须承担的强制性责任,与行业特征没有明显关系。消费者规模的调节作用显著,消费者规模越大,越能减弱非正式制度距离与在华CISR行为之间的正向关系,并能强化正式制度距离与CISR行为之间的负向关系。

(二)研究建议

根据本文研究结论,本文从跨国公司和东道国两个角度提出以下建议,希望能有助于跨国公司在发展中国家的东道国进行经营,改善其在东道国的社会责任表现,促进跨国公司海外可持续经营与发展。

1. 跨国公司:根据对外投资动机选择不同制度距离的东道国

对跨国公司而言,它们面临的一个重要决策就是选择合适的东道国进行投资。跨国公司在选择东道国时需要考虑一系列因素,如东道国的市场情况、人才供应、技术水平等,同时还必须考虑这些资源的可获得性。如果跨国公司在东道国经营是发挥利用自身原先母国竞争优势时,东道国制度距离显得不那么重要。但是若想得到东道国当地的优势资源,就必须被当地环境接纳,获得外部合法性,制度距离就会显得相当重要。制度距离是跨国公司获得外部合法性的重要壁垒,能够影响到跨国公司母公司与子公司间跨国界 CSR 知识转移,因此制度距离在很大程度上能够影响跨国公司的海外竞争优势。因此,跨国公司应该根据不同的投资动机选择不同制度距离的东道国。如果跨国公司希望实现子公司统一管理,那么在选择投资国时可以侧重于与母国非正式制度距离较小,尤其是文化制度距离较小的国家。

2. 东道国:完善制度环境以减少跨国公司 CSIR 行为

完善东道国的制度环境有利于减少跨国公司 CSIR 行为。首先,必须进一步完善相关正式制度法规,以强制性的手段减少跨国公司东道国 CSIR 行为。其次,必须加强对跨国公司经营活动的舆论监督,具体包括消费者群体的监督与新闻媒体的监督。消费者与跨国公司的关系对其社会责任情况有着很大的影响,如果消费者认为公司的违法行为如拖欠薪酬等不会影响他们对公司产品的选择,那么公司基于营利目的则不会改变这种违法行为;反之,公司的 CSIR 行为影响到消费者对公司产品的选择,那么公司便会不轻易做出 CSIR 行为。同时必须加强新闻媒体的监督力度,如果公司的 CSIR 行为未被媒体曝光,那会助长它们在东道国的 CSIR 行为。最后,东道国必须完善跨国公司社会责任评价与管理体系。目前国内还没有十分完善的关于 CSIR 的评价体系,而要想减少跨国公司 CSIR 行为,就必须有健全的社会责任评价与管理体系。

(三) 局限及未来展望

本文从制度理论视角研究了制度距离与跨国公司在华 CSIR 行为之间的关系,以及在华战略承诺和经济脆弱性对二者的调节作用,对跨国公司在华实现可持续经营有着一定的借鉴作用,但本文尚有许多不足之处有待完善。

第一,本文探讨制度距离影响时主要考虑的是正式与非正式制度距离,这两种距离是制度距离重要但绝不是仅有的两个维度,贝里等(Berry et al, 2010)更是将制度距离划分为 9 个维度之多,那么其他类型的制度距离与跨国公司在东道国的 CSIR 行为之间是否存在关系,存在什么样的关系,还有待进一步研究。

第二,本文跨国公司母国多为发达国家,正式制度质量基本高于中国,通过实证检验得出的结果也是正式制度距离与在华 CSIR 行为呈现出显著的负相关关系。但是也存在很多跨国公司进入正式制度质量高于母国的国家进行投资经营,例如中国全球化的历程。在这种情况下,跨国公司在东道国的 CSIR 行为将是否有所变化?是继续按母国的正式制度标准行事还是按东道国的正式制度标准行事?这还需要进一步深入研究。

第三,本文仅仅关注了跨国公司在华战略承诺与经济脆弱性带来的调节效应,但之前很多研究发现其他因素也影响了制度距离与社会责任绩效之间的关系,如进入模式、东道国运营经验等。因此,在未来的研究中,可以进一步对调节制度距离与跨国公司东道国 CSIR 行为的情景因素进行研究,为减少跨国公司在东道国的 CSIR 行为提供新的建议与方法。

参考文献

Armstrong J S, 1977. Social irresponsibility in management[J]. Journal of Business Research, 5(3): 185-213.

Berry H, Guillén M F, Zhou N, 2010. An institutional approach to cross-national distance[J]. Journal of International Business Studies, 41(9): 1460-1480.

Bu M L, Wagner M, 2016. Racing to the bottom and racing to the top: the crucial role of firm characteristics in foreign direct investment choices[J]. Journal of International Business Studies, 47(9): 1032-1057.

Campbell J T, Eden L, Miller S R, 2012. Multinationals and corporate social responsibility in host countries: does distance matter? [J]. Journal of International Business Studies, 43(1): 84-106.

Cialdini R B, 1997. Professionally responsible communication with the public: giving psychology a way[J]. Personality and Social Psychology Bulletin, 23(7): 675-683.

Deephouse D L, 1996. Does isomorphism legitimate? [J]. Academy of Management Journal, 39(4): 1024-1039.

DiMaggio P J, Powell W W, 1983. The iron cage revisited: institutional isomorphism and collective rationality in organizational fields[J]. American Sociological Review, 48(2): 147.

Eden L, Miller S R, 2004. Distance matters: liability of foreignness, institutional distance and ownership strategy[J]. Advances in International Management, 16: 187-221.

Estrin S, Baghdasaryan D, Meyer K E, 2009. The impact of institutional and human resource distance on international entry strategies[J]. Journal of Management Studies, 46(7): 1171-1196.

Rose M, 1986. Culture's consequences: international difference in work related values[J]. Journal of Economic Psychology, 7(2): 249-256.

Van Hoorn A, Maseland R, 2016. How institutions matter for international business: institutional distance effects vs institutional profile effects[J]. Journal of International Business Studies, 47(3): 374-381.

Kogut B, Singh H, 1988. The effect of national culture on the choice of entry mode[J]. Journal of International Business Studies, 19(3): 411-432.

Kostova T, 1999. Transnational transfer of strategic organizational practices: a contextual perspective[J]. Academy of Management Review, 24(2): 308-324.

Kostova T, Zaheer S, 1999. Organizational legitimacy under conditions of complexity: the case of the multinational enterprise[J]. Academy of Management Review, 24(1): 64-81.

Lange D, Washburn N T, 2012. Understanding attributions of corporate social irresponsibility[J]. Academy of Management Review, 37(2): 300-326.

Lin-Hi N, Müller K, 2013. The CSR bottom line: preventing corporate social irresponsibility[J]. Journal of Business Research, 66(10): 1928-1936.

Lindorff M, Prior J E, McGuire L, 2012. Strategic corporate social responsibility in controversial industry sectors: the social value of harm minimisation[J]. Journal of Business Ethics, 110(4): 457-467.

North D, 1990. Institutions, institutional change and economic performance[M]. London: Cambridge University Press.

Pearce C L, Manz C C, 2011. Leadership centrality and corporate social irresponsibility (CSIR): the potential ameliorating effects of self and shared leadership on CSIR[J]. Journal of Business Ethics, 102(4): 563-579.

Phillips N, Tracey P, Karra N, 2009. Rethinking institutional distance: strengthening the Tie between new institutional theory and international management[J]. Strategic Organization, 7(3): 339-348.

Rosenzweig P M, Singh J V, 1991. Organizational environments and the multinational enterprise[J]. The Academy of Management Review, 16(2): 340-361.

Salomon R, Wu Z Y, 2012. Institutional distance and local isomorphism strategy[J]. Journal of International Business Studies, 43(4): 343-367.

Scott W R, 1995. Institutions and organizations [M].Thousand Oaks, CA: Sage Publications.

Staw B M, Szwajkowski E, 1975. The scarcity-munificence component of organizational environments and the commission of illegal acts[J]. Administrative Science Quarterly, 20(3): 345-354.

Suchman M C, 1995. Managing legitimacy: strategic and institutional approaches[J]. The Academy of Management Review, 20(3): 571.

Surroca J, Tribó J A, Zahra S A, 2013. Stakeholder pressure on MNEs and the transfer of socially irresponsible practices to subsidiaries[J]. Academy of Management Journal, 56(2): 549-572.

Tan J, 2009. Institutional structure and firm social performance in transitional economies: evidence of multinational corporations in China[J]. Journal of Business Ethics, 86(2): 171-189.

Waddock S A, Graves S B, 1997. The corporate social performance-financial performance link[J]. Strategic Management Journal, 18(4): 303-319.

Wooldridge J M, 2001. Econometric analysis of cross section and panel data[M]. New York: MIT Press.

Xu D A, Shenkar O, 2002. Note: institutional distance and the multinational enterprise[J]. Academy of Management Review, 27(4): 608-618.

Young S L, Makhija M V, 2014. Firms' corporate social responsibility behavior: an integration of institutional and profit maximization approaches[J]. Journal of International Business Studies, 45(6): 670-698.

Zhang J J, Luo X R, 2013. Dared to care: organizational vulnerability, institutional logics, and MNCs' social responsiveness in emerging markets[J]. Organization Science, 24(6): 1742-1764.

Zona F, Minoja M, Coda V, 2013. Antecedents of corporate scandals: CEOs' personal traits, stakeholders' cohesion, managerial fraud, and imbalanced corporate strategy[J]. Journal of Business Ethics, 113(2): 265-283.

蔡长昆, 2016. 制度环境、制度绩效与公共服务市场化: 一个分析框架[J]. 管理世界, (4): 52-69.

陈强, 2010. 高级计量经济学及Stata应用[M]. 北京: 高等教育出版社.

刁宇凡, 2013. 企业社会责任标准的形成机理研究: 基于综合社会契约视阈[J]. 管理世界, (7): 180-181.

董晶晶, 2011. 我国企业社会责任评分体系及其对投资组合的影响[D]. 天津: 南开大学.

冯鹏程, 夏占友, 2009. 跨国公司在华社会责任研究: 基于制度视角[J]. 国际经济合作, (10): 48-51.

高勇强, 陈亚静, 张云均, 2018. "红领巾"还是"绿领巾": 民营企业慈善捐赠动机研究[J]. 管理世界, (8): 106-114.

何杰, 曾朝夕, 2010. 企业利益相关者理论与传统企业理论的冲突与整合: 一个企业社会责任基本分析框架的建立[J]. 管理世界, (12): 176-177.

黄敏学, 李小玲, 朱华伟, 2008. 企业被"逼捐"现象的剖析: 是大众"无理"还是企业"无良"?[J]. 管理世界, (10): 115-126.

姜丽群, 2014. 国外企业社会责任缺失研究述评[J]. 外国经济与管理, 36(2): 13-23.

李雪灵, 万妮娜, 2016. 跨国企业的合法性门槛: 制度距离的视角[J]. 管理世界, (5): 184-185.

潘镇, 殷华方, 鲁明泓, 2008. 制度距离对于外资企业绩效的影响: 一项基于生存分析的实证研究[J]. 管理世界,(7):103-115.

山立威,甘犁,郑涛,2008.公司捐款与经济动机:汶川地震后中国上市公司捐款的实证研究[J].经济研究,43(11):51-61.

肖红军,2014.相关制度距离会影响跨国公司在东道国的社会责任表现吗?[J].数量经济技术经济研究,31(4):50-67.

谢名一,2010.在华跨国公司企业社会责任标准体系研究[D].沈阳:辽宁大学.

徐莉萍,辛宇,祝继高,2011.媒体关注与上市公司社会责任之履行:基于汶川地震捐款的实证研究[J].管理世界,(3):135-143.

从欲利市场到义利市场

——谈双循环背景下营销理论创新

贾利军　胡静怡[*]

摘要：近期国家提出了"双循环"发展战略，意在形成以国内大循环为主体、国内国际双循环相互促进的发展新格局。从儒家角度来看，"双循环"发展格局蕴含着"修己达人"的理念，旨在形成国内良好循环的同时高质量参与国际循环。内治国家、兼济天下的"双循环"发展是我国作为世界大国应有的大气度。从传统文化的角度看，从欲利市场走向义利市场，以正确的义利观指导我国市场发展是实现"双循环"发展的有效路径。"利者，义之和也"，站在义利相连的角度上我们在"双循环"背景下分析义利市场基础上的营销理论创新与应用。

关键词：双循环；义利；营销理论创新

一、"双循环"发展新格局

2020年5月14日，中共中央政治局常委会会议首次正式提出"双循环"发展格局。2020年7月，习近平总书记在企业家座谈会上进一步阐述了"双循环"的基本内涵，强调要逐步形成以国内大循环为主体、国内国际双循环相互促进的新发展格局。2021年3月，全国两会在《"十四五"规划和2035年远景目标纲要》中专门提出"形成强大国内市场，构建新发展格局"。"双循环"提出以来受到人们的广泛关注，它作为一个新提出的概念，其内涵却并不让我们陌生，这是建立在新中国成立以来长达70余年的社会实践中不断探索而提出的最适合当下环境的发展战略。

新中国成立以来，我国经济发展格局进行了多次调整。在成立之初的1949—1978年，我国基础设施薄弱，贫困和温饱是急需解决的大问题。在这个时期，我国以推动国内生产为主，优先发展自主生产，以第一个五年计划奠定了我国工业化基础，提升我国工业化制造水平的同时为改革开放积累了原始资本。计划经济模式30年间，我国重工业产值在工农业总产值中占比由7.9%提升至42.6%，并建立起完整的工业体系。改革开放初期（1978—1988年），为了拉动经济发展，我国发展模式重点转为向外出口，与国际贸易接轨，经济模式也开始由计划经济向市场经济过渡。以家庭联产承包责任制为典型代表，改革开放初期生

---

[*] 作者简介：贾利军（1973—），男，汉族，江苏徐州人，华东师范大学经济与管理学部教授、博士生导师，研究方向：东方营销学、文化融合性人力资源理论。胡静怡（2000—），女，汉族，江西南昌人，华东师范大学经济与管理学部硕士研究生，研究方向：东方营销学。

产自主性大幅提升,农村改革为经济发展提供了大量劳动力。1988—2006年是对外开放的主要时期,以建立国际大循环为主题,党中央要求组织实施沿海地区经济发展战略,让沿海地带(如深圳等)在国际市场上参与贸易,带动内陆地区经济发展,并加速经济体制改革、金融体制改革等。在国际大循环中我国经济飞速发展,逐渐成为全球最大的出口国和外商直接投资国。在以国际循环为主的模式中,我国经济得到发展的同时也带来过度依赖、国内经济失衡等诸多问题,加上人口红利减弱、关键技术的壁垒以及世界金融环境变动等影响,我国开始调整原有对外开放战略,并推出供给侧改革,将发展重心逐渐向国内转移[1]。

从我国1949年至2020年的经济发展格局的发展历程中不难发现,每一次经济模式改革都是基于现实国情的。在我国经历了从国内循环到国际循环的格局发展后,当下提出的"双循环"发展格局看似偶然,实则必然,是契合我国发展目标和符合大国担当的战略选择。"双循环"的提出看似是新冠疫情影响导致世界经济增速放缓而将发展重心从国际循环转向国内循环的一种偶然性调整,透过现象看本质,"双循环"发展的提出则是必然的。"双循环"发展格局蕴含着"修己达人"的理念,国内循环——内治国家,国际循环——兼济天下。

站在"兼济天下"的角度,我国从国际社会中的一个组成国家向一个相对独立的参与国际循环的国家的转变能够为世界经济体系提供一个新的发动机,从而"双核"保证国际社会的稳定发展。相较以往的国际分工格局,"双循环"发展格局是更加具有现实意义的可持续发展战略。西方经济学家李嘉图提出过比较优势贸易理论,认为两个国家按比较优势参与国际贸易,实施分工专业化生产和出口具有比较优势的产品能够提升两国福利水平。在比较优势理论发展演变中,费希尔(Fisher)和卡卡尔(Kakkar)2002年提出世界演化的唯一稳态是比较优势的专业化。比较优势理论在理想化条件下强调了国际分工合作的优势却忽略了国家力量差距等因素的影响。在现实条件下,合作是相对的,优势也是相对的。比较优势理论可能会导致行业结构的扭曲和对国际环境的过度依赖,一旦国际供应链出现严重问题便会接连造成国内外巨大损害。而"双循环"发展格局以国内循环为主,在保证国内循环的同时参与国际循环,起到了一加一大于二的效果;"双循环"可以让中国这样一个体量的大国在保证自身稳定的基础上促进世界的稳定。它是在国内发展中高质量参与国际循环,既参与国际循环贡献力量又成为国际社会上"双保险",当国际社会出现问题的时候及时施以援手,稳定国际社会发展。

站在"内治国家"的角度,习近平总书记在党的十九大报告中指出我国社会主要矛盾已经转化成人民日益增长的美好生活需要和不平衡不充分的发展之间的矛盾[2]。随着生产力的提升,人民需求不平衡不充分发展更多地体现在经济、社会、政治和文化等方面。对于人类社会而言第一位需求是物质需求,当物质相对于人类需求来说是相对滞后时,人们总是试图占有更多数量和更多种类的物质产品;这种占有关系将会发展成"人与自然、人与人之间真正的永久的紧张关系"。工业化技术革命的爆发,物质发展走向充实,现代意义的消费模式得以确立。人们在第一位物质需求的满足下走向对精神的追求,从"占有式生存"走向

---

[1] 董志勇,李成明. 国内国际双循环新发展格局:历史溯源、逻辑阐释与政策导向[J]. 中共中央党校(国家行政学院)学报,2020,24(5):47-55.
[2] 佚名.准确理解"不平衡不充分的发展"[J].公安研究,2018(1):2.

"体验式生存"①。同样地,随着物质和文明的积累,市场正在从"欲利"转向"义利"。"欲利"是指以欲望为驱动的市场经济,商家以满足顾客欲望为目的交换利益。在传统的西方的营销理论就其本质而言,就是"欲利"经济。而"义利"则是以义生财,以众人之利为义,获得财富是建立在大多数人利益之上。共同富裕就是"义利"社会的一种表现,先富带后富,富人帮助穷人,整个社会实现均衡发展的同时走向对真善美的精神追求。

"内治国家,兼济天下。"从国内循环到国际循环的角度,"双循环"发展格局是大国担当。我国从国内发展转向国际发展,体量迅速增长;作为世界人口第一大国、世界第二大经济体,我国在世界上需要承担的责任不仅仅是作为世界版图的稳定因子,更是要为稳定国际社会做出贡献。这就是儒家所谓"修己达人"的理念。我国作为世界大国,人口14亿之多,一旦国家动荡社会失衡,大量人口的流动必然会对国际社会产生影响,维持我国的稳定安康本身对国际社会就是一种贡献。在达到"治国"的境界之后,有余力有能力实现"兼济天下"则是在安定之外为国际社会增添力量,去帮助维护国际社会的稳定。例如,在此次疫情中,我国率先用最快的速度控制住国内疫情并研发疫苗,在我国疫情基本控制住后向国际社会19个国家(包括东盟、中亚、东欧及非洲等)派遣了21支医疗队。这就是"治国、平天下"的典型,也是大国应有的担当。

综上所述,无论从国内发展还是从国际发展的角度出发,"双循环"发展格局都是与当下国情、国际形势相匹配的。以国内大循环为主体、国内国际双循环相互促进的发展格局是大国经济的稳定长远发展之道。"双循环"新格局怎么实现,从"欲利"市场走向"义利"市场的角度或许能够带来一种新思路。

二、欲利市场

欲和利本质上是一体两面,从供给与需求的角度来说,人类本源的欲望会产生需求,满足需求的同时就是满足欲望。欲利模式广泛活跃于市场导向的商业环境中,西方主导的市场营销理论以及传入我国的西方营销理论几乎都是基于欲利的,通过激发消费者的消费欲望来发展、扩大市场。建立在欲利基础上的市场营销理论认为充分挖掘消费者需求,为消费者提供产品就会得到利益。西方市场以欲利为主是由其工业化的起源决定的,西方第一本市场营销学(marketing)教材于1912年诞生,标志着营销学从经济学中分离走向独立。营销学的萌芽阶段正处于第一次工业革命时期,生产导向使营销更加关注生产流程和效率;1929—1933年美国资本主义经济危机再一次对商业造成冲击,"二战"后美国经济的腾飞和生产力的提升使商业从职能转变为推动社会发展的动力,消费者成为中心。英国营销学会提出,"一个企业如果要生存、发展和营利,就必须有意识地根据用户和消费者的需要来安排生产"。从西方的发展史中不难看出,商业最初就是作为职能为生产和消费服务的。美国学者菲利普·科特勒和加里·阿姆斯特朗在其合著的《市场营销导论》(*Marketing An Introduction*)中指出:"市场营销是这样一种企业职能:它识别消费者的需要和欲望,确定企业所能提供最佳服务的目标市场,并且设计适当的产品、服务和项目,以满足这些市场的

---

① 贾利军,李晏墅. 从占有式生存到体验式生存:心理营销范式解读[J]. 经济管理,2011,33(9):114-121.

需求。然而,市场营销远非只是一项孤立的企业职能——它是指导整个组织的一种理念。"[1]而后经济的发展进一步加剧了这种倾向,资本主义社会结构决定了对利益最大化的追求,而其商业文明起源决定了其基于欲望的利益模式。西方营销学也就一直在"欲利"的道路上发展。当"欲利"市场发展到极致无外乎向上发展和向下发展两种情形:一种是无下限地挖掘欲望谋取利益;另一种就是上升到"义利"。现在部分西方营销学学者试图为"欲利"市场寻找出路,提出了关系营销和绿色营销等观点。

"欲利"本质上是物欲化生存、资源短缺型的市场。所谓物欲化生存指的是,相对于人类的生存发展,生物性满足还是一个瓶颈;短缺型市场指的是相对于市场需求,生产供给相对乏力的状态。相对于整个人类而言,资源短缺和物质化生存是相辅相成的两个概念。"饥寒生盗贼",资源短缺就容易让人们在物质化生存附近徘徊;而"欲壑难填",过分地追求物欲化生存即人的生物性满足又会加剧资源的相对短缺。所以,"欲利"在一定的历史时期,可以促使人类在物质文明层面上快马加鞭。但是"欲利"市场本身并不能将人类从生物性满足、物质化生存的层级解放出来。如果我们完全用欲望配置资源,而欲望的边际效用是递减的,想要不断产生高利益只能换着花样满足消费者需求。一句话,"人心不足蛇吞象"。所以,利润最大化必然是这种市场的终极追求。而利润最大化方式无非两种:以次充好或发明毫无意义但售价昂贵的奢侈品。此时,整个社会将会失去真善美的风气,而整个社会也会向两极分化。市场配置的走向就违背其初衷同时极大降低资源配置效率,严重阻碍社会发展。如果在人类的物质消费文明达到一个上限之后,继续坚持这样一种"欲利"市场导向则会让人类陷入物欲的泥沼而无法自拔。近年来,欧美国家毒品合法化有扩大化的迹象,葡萄牙、荷兰、西班牙等国家已经实现吸毒合法化。而法国也在2016年开放了合法吸毒室。不仅如此,大麻视频在澳大利亚和新西兰等国家正式合法化,大麻麦片、雪糕、松饼等成为澳大利亚的超级食品。毒品,正在成为部分国家的利益增长点。"毒品合法化"潮流就是这样一种状态的征兆。

当一个社会,物质产出足以应对人们的生物性消费之后,为了促使人类社会更上一层楼,也为了规避欲望的反社会性一面,都应该引导"欲利"市场向"义利"市场转型。

三、义利市场

自孔子提出义利观后,义利的关系一直被各代贤人探讨。圣人侧重义而轻利,主张唯仁义足矣,何必曰利;后来出现了义利并举的观点。实际上义利是相互关联、相辅相成的。什么是"义"? 孟子说得很清楚:"君子之于天下也,无适也,无莫也,义之与比。"在这里我们不难看出"义"正确、正义的意思。所以君子的核心不在于形式主义,而在于践行正义、道义。为了正义可以"言不必信,行不必果,惟义所在"。他又进一步指出君子和小人的区别:"君子喻于义,小人喻于利。"[2]"君子"是指责任感更强、更大的人群。"以欲生利"的营销学是将消费者置于"小人"(这里的小人是相对于君子而言的分类,并无感情色彩)视角的营销学。而"以义生利"的营销学则是将消费者视作君子的营销学。

---

[1] (美)菲利普·科特勒(Philip Kotler),(美)加里·阿姆斯特朗(Gary Armstrong).市场营销[M].俞利军,译.北京:华夏出版社,2003.
[2] 《孟子·离娄下》

我国自古以来就是"义利"市场,商业起源于物物交换。在华夏民族早期获取物资的方式就是交换,这是因为我们很早就明白了"二生三,三生万物"的道理,人与人之间互动有无(交换)就能产生更大的意义。也就是《易传·系辞》中说的"……日中为市,致天下之民,聚天下之货,交易而退,各得其所,盖取诸'噬嗑'"[1]。在华夏文明千百年来的跌宕起伏中,中国传统的市场模式为中华文明的生生不息立下了汗马功劳。这种市场的模式就是我们所熟知的义利市场模式。和平年代,社会各种秩序稳定,市场主要依靠利益驱动来实现它的社会功能,道义在市场中发挥着划分底线、维持稳定的作用;而当动荡年代,社会秩序紊乱,则需要依靠道义为主、利益为辅的驱动模式,来保证市场实现通货的社会功能,从而保证社会动荡时期的基本物资供应,渡过难关。道义为主、利益为辅的市场驱动模式指的就是在市场经济的外部制约条件消失,整个社会的物质供应面临着囤积居奇、以次充好等诸多可能性时,坚持以人民的利益为主,以社会的存续为核心目标的市场。以这次疫情为例。一开始就有人鼓吹要发"国难财"。他们的理由似乎很合理:价格提高了,才有更多的供给。这其实是典型的"欲利"市场,即认为人只有基于发财的贪欲,才会进行市场供给,这也是人性中的一面。而实际上疫情所需要的医疗物资是爆发式的需求,短时间内无法实现这种大规模的生产。如果采取需求决定价格的"欲利"驱动模式,那必然是只有一部分人能够得到防护物资,这也是为什么疫情伊始口罩价格飞涨十几倍。如果更多的人得不到防护物资而遭到感染,那么最终这一小部分人也无法幸免。此时我们需要的就是以道义驱动的市场,将最重要的医疗物资向医护人员等高危群体倾斜,保证抗疫的核心力量,同时均衡分配防护物资,最大限度保障民众生命安全。面对危难,应该考虑的并不是利益最大化而是社会效益最大化,是公众利益最大化,就是"义"。我们之所以坚持义利市场,是因为我们知道市场的存在价值就在于它"通货"的社会功能,也就是《易传·系辞》里所说的市场意义——"服牛乘马,引重致远,以利天下!"

不能谋万世者,不足以谋一时。义利市场经济的双核驱动,不光能保证我们在和平时代发家致富奔小康,而且可以保证我们在社会危难时期爆发出最旺盛的生命力。《易》上说"利者义之和也",众人之利即为义,在谋求众人福祉的过程中产生的利是更大的利。因此,义利市场不仅仅是摒弃利益,舍小家为大家,而是在更高层面上将自身利益与大家的利益放在一起达到共同利益!"双循环"背景下走"义利"市场的道路能够在我国国内循环中发挥平衡引领的"道义"价值观,在国际循环中展现大国担当。"义利"市场看似模糊理想,实际上已经渗透在发展的点滴举措之中,在方方面面发挥着作用。

四、义利营销实践

我国当下生产力和物质基础已经达到了相对充裕,但是仍然存在发展不充分不平衡的问题,国家也在科技、文化等多方面推进国内发展,"双循环"新发展格局的提出意味着我国将发展重心转移至国内。总体而言,从欲利市场走向义利市场已经是大势所趋。相较于欲利市场,我们可以从个体、局部和整体三个层面上探讨义利市场的营销实践。

在个体层面上,消费者市场已经从"纵欲"型转为"克制"型。比如,近年来,健康饮食习

---

[1] 贾利军,李晏墅. 噬嗑:易经营销本质观的阐释与当代反思[J]. 江苏社会科学,2015(2):18-24.

惯的兴起就是从"欲利"转向"义利"的一种显象。人们不再以吃多买多为潮流,而是更加注重于质量和健康,也就是所说的"从吃饱吃好到吃出健康"。当今社会,我们的问题不是食物不足,而是食物太多。特别是在商业社会,各种促进饮食消费的广告排山倒海而来。我们不仅吃了我们应该吃的食物,在交通日益发达的今天,我们吃了不少并不适合自己的食物。《大戴礼记·易本命》说:"食肉者勇敢而悍,食谷者智慧而巧。"其实也可以反过来理解,即不同的人,适合不同食物。如今,很多年轻人都偏爱轻食、沙拉等,这跟运动健康的潮流是相匹配的。当代年轻人生活在物质相对充裕的年代,口腹之欲已经不再是主要需求。从吃饭满足温饱到吃饭满足健康,人们吃得更少却吃得更精致、更健康。饮食往往讲究营养均衡搭配,在各种营养搭配下餐饮的价格不降反增。食物总量的减少降低了浪费的可能性,健康饮食对消费者身体有好处,餐饮价格上升对商家来说也是有利的。这就是符合义又符合利的一种表现方式。根据不同人的体质需求提供不同的餐饮,更加健康的个性化服务或将成为餐饮的未来营销模式。

在局部层面上,先富带后富,带领贫困地区人民实现共同富裕便是"义利"营销实践的典型例子。我国成立以来一直都在致力于解决人民贫困问题,先富带后富,由大到小逐步解决城市贫困、乡村贫困等,不放弃任何一个角落。解决贫困问题是为了大多数人民的利益,是国家之义。2013年习近平总书记在湖南湘西十八洞村考察并首次提出了"精准扶贫"的理念。湖南湘西十八洞村从2013年人均收入1 668元到2016年人均收入8 313元,533名贫困人口全部脱贫并被评为"全国乡村旅游示范村""全省脱贫攻坚示范村",其间脱贫过程重点突出思想、产业、设施三大建设并因地制宜发展特色养殖、特色种植和苗绣加工、特色乡村游以及劳务输出等[①]。湖南湘西十八洞村脱贫的同时也带动了当地经济发展。帮助乡村脱贫是义,帮助当地百姓走向自强自立是义;实现脱贫经济发展提升是利,带动乡村旅游业发展提供劳务输出是利。在湖南湘西十八洞村精准脱贫的过程中贯穿的是义与利的互换,这就是义利经济的核心——实现众人之利。

在整体层面上,营销中"义利"的核心体现在生态的和谐。人自身的生态在营销中体现在消费对于人作为生物体的生存与发展的适度性。作为一个鲜活的生命体,人必须从外界输入物质和能量来保证自身生命的延续,从这个意义上来说消费存在着天然的合理性。不过这种合理性也天然存在着限度。自然的生态性在营销中的体现强调的是自然作为一个生长、发展、变化的活生生的有机系统,其既定时间内产出的、不危及自身运转的、可供人类消费的物质与能源是一个确定的量。当人类的消费总量超出这个既定的量时,就会引发整个自然系统的危机。1972年,由罗马俱乐部提出的研究报告——《增长的极限》,强调的就是这样一个事实。而人与自然的生态性本质上是一种关系属性。它在营销中的体现是一种人类消费与自然产出的博弈关系。在营销实践中,生态和谐的主旋律主要体现为一种消费的理性——一种量入为出的消费模式。在这种模式中,营销的诉求在于物质内涵的健康、环保、低碳等理念。而符合了这些理念的商品会获得良好的市场态势。例如,在日本东京的市场上,采用环保技术生产的矿泉水即使是比使用传统技术生产出来的矿泉水贵了一倍,仍然获得了越来越多的拥趸者[②]。这就可以看作生态主旋律的一种显现和阶段性胜利。

---

① 唐湘岳.吹响精准扶贫的号角:湖南湘西十八洞村脱贫攻坚纪实[N].光明日报,2017-09-28(01).
② 旅日学生见闻。

它预示着：未来，会有越来越多的消费者会为了生态的理念放弃价格上的优势。它在本质上反映了人类消费从自我中心向天人合一的转变，是一种去人类中心化的倾向。在生态关系的视角下，消费者的消费哲学发生改变，在此前的消费哲学本质上是一种消费主义中心倾向的消费哲学。即消费具有压倒一切的正义性、合理性。生存意义的主要构成部分在于消费。消费是幸福的源泉。在这种消费哲学的影响下，消费一直呈现出一种量和质的增长趋势，更多地占有物质产品和体验精神产品。而新的消费哲学将以道义为中心，以维护和践行道义为责任和义务，以履行"义"作为幸福的源泉，这就是将消费者视为君子的营销模式。这种倾向是符合道义，符合国家发展方向的。《"十四五"规划和2035年远景目标纲要》提出，坚持绿水青山就是金山银山的理念，坚持尊重自然、顺应自然、保护自然，坚持节约优先、保护优先、自然恢复为主，实施可持续发展战略，完善生态文明领域统筹协调机制，构建生态文明体系，推动经济社会发展全面绿色转型，建设美丽中国①。绿色发展的营销理念是"义利"发展的宏观层面，从人与自然的角度反映了"义"与"利"的关系。顺应自然、保护生态是最大的"义"，是功在当代、利在千秋的事业，是天人合一的可持续发展。习近平总书记曾指出："要清醒认识保护生态环境、治理环境污染的紧迫性和艰巨性，清醒认识加强生态文明建设的重要性和必要性，以对人民群众、对子孙后代高度负责的态度和责任，真正下决心把环境污染治理好、把生态环境建设好，努力走向社会主义生态文明新时代，为人民创造良好生产生活环境。"②

五、结语

在以上"欲利"与"义利"的分析中，我们并不是在对两者进行批判和选择。欲利与义利在市场发展的任一阶段都是共同存在的，像阴、阳一样相互依存，此消彼长。商业行为从最初的物物交换发展到现在的市场经济，在不断的发展中商业从一种社会功能变成了推动社会发展的中坚力量。在物质发展日益充足而精神文明发展却日显滞后的今天，经济利益最大化、消费至上主义甚至一度成为社会风尚。不可否认，欲利经济曾经在推动商业和经济发展方面的作用重大，但是"双循环"新发展格局的背景下单纯"欲利"市场理论发展到今天已经无法有效指导起我国作为大国的发展道路，我们应该重新思考"义利"市场的当世意义。在未来的发展中，我国需要更加有气度、有格局的中国特色市场营销理念来引领我国消费者价值、市场风气乃至整个社会经济的发展。

从本质上讲，"欲利"与"义利"这两种营销模式流行取决于一个社会中"君子观"和"小人观"哪一种观念更流行。在传统中国社会，从神农创设市场，"服牛乘马，引重致远，以利天下"，到明代"粉骨碎身浑不怕，要留清白在人间"，整个社会，"君子观"一直是主流。所以，即使市场繁盛如唐宋，我们依然是"以义生利"的市场学。但是清入关以后施行的文化灭绝政策，让华夏文明遭到重创。清朝灭亡军阀混战的年代，整个社会的文盲率居然超过了90%，"君子观"的社会基础不复存在。此后的列强肆虐进一步加剧了这种现实。1949年新中国成立之初，我们首先确立了"义以生利"的市场观。中国共产党将人民凝聚起来，一同为了国家的发展努力，将国家的发展模式带入了"谋众人之利"的义利模式，为此后经济

---

① 坚持绿色发展之路 共筑生态文明之基[N].人民日报,2021-03-18(03).
② 唐莉.保持"两个清醒认识"加强生态文明建设[N].安徽日报,2013-12-16(7).

发展打下坚实的物质基础。在此后的数十年里，改革开放时期我们辅以"以欲生利"的市场观，在改革开放中参与国际贸易，形成了"以义生利"为本，欲、利并重的市场模式，这是符合这一历史阶段人性发展的客观规律的。经过了几十年的积累，如今我们走到了市场发展模式的"百年未有之大变局"，这个大变局就是"以欲生利"的社会基础日渐薄弱。这是因为人类的物质欲望在高度发展的经济背景下日渐满足。由个体欲望满足而催生的社会进步力量日益萎靡，以至于欧美发达国家某些地区陆续出现了毒品堂而皇之合法化的奇怪现象。人类的市场发展站在一个"仓廪实而知礼节"还是"饱暖思淫欲"的十字路口。人类社会从"欲利市场营销学"转向"义利市场营销学"将是一个必然。但是从"欲利市场营销学"过渡到"义利市场营销学"将是一次革命。这需要世界观、方法论、商业价值观和具体方法的彻底改变。

地缘关系、家乡情结与上市公司精确扶贫偏好

苏文兵　王卓群*

摘要：本文使用沪深 A 股上市公司 2017—2019 年年报中精准扶贫的相关信息，实证研究企业地缘关系、高管故乡认同对上市公司精准扶贫资金流向的影响，发现：(1) 地缘关系促使企业对邻近地区投入更多的扶贫资金，呈由近及远的差序格局，其中非国有企业的扶贫资金流向表现出明显的"市内优于市外、省内优于省外"的特点，"内圈效应"明显；而国有企业的扶贫资金则仅优先省内，"中圈效应"明显。(2) 以董事长为代表的企业高管在决定企业的扶贫资金流向时明显受到故乡情结的影响，在企业地缘关系上进一步促进企业的扶贫资金流向企业所在省域，不过不能为企业所在市域带来额外的扶贫资源。(3) 企业地缘关系和高管故乡情结对企业扶贫资金流向的影响受到各地国家级贫困县数量、当地是否开通高铁和企业政治关联等因素的调节影响，其中国家级贫困县数量和企业政治关联度能显著增强企业在省域范围内的扶贫资金投入，但不增强市域范围内的投入；开通高铁则显著抑制地缘关系和故乡情结对扶贫资金在市内聚集的影响，让更多扶贫资金流向省内其他城市，但对省际扶贫资金流向的抑制作用不明显。这些发现为我们全面、准确理解过去八年以及未来五年过渡期企业精准扶贫等社会责任行为提供了独特视角和经验证据。

关键词：地缘关系；故乡认同；差序格局；精准扶贫

一、引言

2013 年 11 月 3 日，习近平总书记到湖南湘西考察时首次提出"精准扶贫"的号召。2014 年 5 月，国务院发布《建立精准扶贫工作机制实施方案》，精准扶贫由此在全国范围展开。2015 年 6 月，习近平总书记进一步将精准扶贫界定为"扶贫对象精准、项目安排精准、资金使用精准、措施到户精准、因村派人精准、脱贫成效精准"。中共中央、国务院先后发布了《关于创新机制扎实推进农村扶贫开发工作的意见》《关于打赢脱贫攻坚战的决定》等文件，全面动员、部署和引导全社会的力量投入脱贫攻坚大业，在全国范围内掀起了轰轰烈烈的脱贫攻坚战。至 2020 年年底，全国 832 个贫困县全部摘帽，我国脱贫攻坚战取得全面胜利①，我国历代仁人志士的共同愿望终于实现。在未来五年过渡期内，国家在脱贫地区将继

---

* 作者简介：苏文兵(1965—)，男，汉族，安徽含山人，南京大学管理学院会计学系教授、博士生导师、博士，研究方向：管理会计；王卓群(1995—)，男，汉族，浙江绍兴人，南京大学管理学院会计学系研究生。

① 习近平.在全国脱贫攻坚总结表彰大会上的讲话[N].新华网，2021-02-26(2).

续实行"摘帽不摘责任,摘帽不摘政策,摘帽不摘帮扶,摘帽不摘监管"政策,以巩固脱贫攻坚成果。

在过去8年脱贫攻坚期间,精准扶贫从单一政府行为转变为全社会的共同行为,其中上市公司无疑是一支重要力量。2016年9月,中国证监会发布《中国证监会关于发挥资本市场作用服务国家脱贫攻坚战略的意见》,明确"支持和鼓励上市公司履行社会责任服务国家脱贫攻坚战略",此后众多上市公司加入精准扶贫行列。然而对于上市公司的扶贫行为,现有文献都集中于研究企业投入扶贫资金多少的影响因素以及扶贫对企业业绩、融资等的影响[1],而缺少关于企业扶贫中资金流向的研究。造成这一局面的主要原因:上海证券交易所和深圳证券交易所于2016年年底发布的《关于进一步完善上市公司扶贫工作信息披露的通知》和《关于做好上市公司扶贫工作信息披露的通知》中只要求上市公司披露精准扶贫中投入的资金数量、用途和取得的成果,而未要求披露扶贫资金的地域流向,国泰安等数据库也未搜集这一信息。而资金流向是扶贫工作中不可回避的重要问题,是扶贫决策中的重要组成要素,它直接决定了将扶贫资源投到哪里。

那么,企业扶贫资金的流向受到哪些因素的影响呢?社会学嵌入性理论认为,任何个人与组织的经济活动都嵌入于具体的社会网络、政治构架、文化传统和制度基础中。企业在参与精准扶贫这一同时蕴含经济性与社会性的活动时,除了追求经济性外,必然受到中国独特的社会性因素的影响。在中国传统文化中,素有"帮亲不帮理"之说;反之,若"帮理不帮亲",则会受到乡人的负面评价。因为在中国,每个人都生活在一定的人际关系网中,在这个网中人们之间因血缘、地缘、学缘等关系而亲疏不同,形成以自己为中心的远近不同的关系圈(即"差序格局")[2],并对人们的行为产生影响。中国传统的社会稀缺资源分配是通过差序格局来实现的,血缘和地缘从中起着很大作用[3],其中地缘关系对于企业、故乡认同对于企业高管来说在时空秩序上具有先天性和持久性的特点[4]。有文献探讨了地缘关系中的高管故乡认同对企业行为的影响,发现高管的家乡认同对企业的环境治理行为具有积极作用[5],企业投资中存在CEO的"家乡偏好",高管在籍贯地或成长地的企业任职时企业向该地的慈善捐赠更多[6]。但尚无文献探讨地缘关系、故乡认同等社会关系对企业精准扶贫资金流向的影响。

本文手工搜集了2017—2019年沪深上市公司年报中有关精准扶贫的资金流向信息,实

---

[1] 原东良,周建.高管团队认知多样性与上市公司精准扶贫行为[J].华东经济管理,2020,34(11):107-115;邓博夫,陶存杰,吉利.企业参与精准扶贫与缓解融资约束[J].财经研究,2020,46(12):138-151;杜世风,石恒贵,张依群.中国上市公司精准扶贫行为的影响因素研究:基于社会责任的视角[J].财政研究,2019(2):104-115;胡浩志,张秀萍.参与精准扶贫对企业绩效的影响[J].改革,2020(8):117-131;贾558佳.精准扶贫水平与利润相关性研究:基于A股上市公司的经验证据[J].行政事业资产与财务,2018(15):36-38;刘春,孙亮,黎泳康,等.精准扶贫与企业创新[J].会计与经济研究,2020,34(5):68-88;易玄,吴蓉,谢志明.产权性质、企业精准扶贫行为与资本市场反应[J].贵州财经大学学报,2020(2):98-104;张曾莲,董志愿.参与精准扶贫对企业绩效的溢出效应[J].山西财经大学学报,2020,42(5):86-98.

[2] 费孝通.乡土中国 生育制度[M].北京:北京大学出版社,1998.

[3] 孙立平."关系"、社会关系与社会结构[J].社会学研究,1996,11(5):22-32.

[4] 翟学伟.中国人的关系原理:时空秩序、生活欲念及其流变[M].北京:北京大学出版社,2011.

[5] 胡珺,宋献中,王红建.非正式制度、家乡认同与企业环境治理[J].管理世界,2017(3):76-94.

[6] 范英杰,赵春琳.传统文化、高管故园情怀与企业慈善捐赠[J].财会月刊,2020(10):102-109.

证研究了企业地缘关系和高管故乡情结对企业精准扶贫中资金流向的影响,发现地缘关系促使企业向邻近地区投入更多的扶贫资金;高管故乡认同进一步促进扶贫资金流向企业主要经营地所在的省域;国企倾向于省内扶贫,而非国企扶贫资金则由市内向市外、省外逐渐减少;企业地缘关系和高管故乡情结对企业精准扶贫中资金流向的影响还受到域内国家级贫困县数量、当地是否开通高铁和企业政治关联程度的调节影响。

本文贡献如下:第一,从资金流向角度,研究了社会关系对企业精准扶贫行为的影响;第二,将"地域认同"和"故乡认同"非正式制度因素引入精准扶贫研究中,考察其对企业精准扶贫行为的影响,并发现企业扶贫时存在亲疏远近的"差序格局";第三,发现国有企业与非国有企业在履行社会责任时因其社会关系呈现不同的"差序格局";第四,发现企业扶贫资金的流向还受到当地贫困县数量、高铁开通与否、企业政治关联等因素的调节效应。

二、理论分析与研究假设

(一)地缘关系与企业精准扶贫

中国社会的人际关系是以个体为中心逐渐向外推出的同心波纹,随着波纹与中心的远近,而形成各种亲疏不同、贵贱不一的差序格局[1];中国传统的社会稀缺资源分配通过差序格局来实现,在差序格局形成过程中血缘和地缘起着很大作用[2]。其中,地缘是从商业里发展出来的社会关系,是血缘关系在空间的投影,地域上的靠近可以说是血缘上亲疏的一种反映[3]。以地缘为基础的互助见诸一切民族的历史和现实[4]。在我国的商业组织中地域认同自古就有,如曾经的山西晋商、安徽徽商、两淮盐商、福建闽商、浙江潮商、广东粤商等,它们都是基于宗族关系、血缘关系或地缘关系而形成的商业同盟,成员之间相互支持、团结对外。吕作燮[5]研究了明清时期的会馆。据他统计,清代苏州有48个会馆,其中95%与工商业有关,并且这48个会馆皆是地域性会馆,其中14个以省命名,22个以府命名,10个以县命名。同样,在当代中国精准扶贫政策背景下,源于地缘认同的社会关系也会影响到企业管理层的扶贫偏好。当某个贫困地与上市公司属于同一地时,获得该企业扶贫的概率或扶贫金额相较其他扶贫地会更大,并且这种地域认同因两者的距离由近及远而降低,导致企业的扶贫偏向和扶贫力度也会因此而减弱。

当然,企业在履行扶贫社会责任时也存在"利己"主义动机。哈博(Harbaugh)[6]分析发现捐款人有向公众公开自己捐款信息的偏好,旨在提高自己的社会声誉。山立威等[7]研究发现,产品直接与消费者接触的企业比其他企业的捐款额平均多出50%,他们认为企业有动机,通过捐赠来提高声誉进而获得广告效应。戴亦一等[8]发现,地方政府换届后,企业慈善

---

[1] 费孝通. 乡土中国 生育制度[M]. 北京:北京大学出版社,1998.
[2] 孙立平. "关系"、社会关系与社会结构[J]. 社会学研究,1996,11(5):22-32.
[3] 费孝通. 乡土中国 生育制度[M]. 北京:北京大学出版社,1998.
[4] 郑也夫. 信任论[M]. 北京:中国广播电视出版社,2001.
[5] 吕作燮. 明清时期苏州的会馆和公所[J]. 中国社会经济史研究,1984(2):10-24.
[6] Harbaugh W T. What do donations buy?[J]. Journal of Public Economics,1998,67(2):269-284.
[7] 山立威,甘犁,郑涛. 公司捐款与经济动机:汶川地震后中国上市公司捐款的实证研究[J]. 经济研究,2008,43(11):51-61.
[8] 戴亦一,潘越,冯舒. 中国企业的慈善捐赠是一种"政治献金"吗?:来自市委书记更替的证据[J]. 经济研究,2014,49(2):74-86.

捐赠的倾向和规模都会显著增加,以建立良好的企地关系①。可见,企业履行社会责任的"利己"动机至少在提高企业在地声誉、实现就近营销、寻求当地政治资源三方面得到体现。

另外,科沃尔和默斯科唯茨还认为,地理临近有助于识别信息②,即在周边地区,企业会拥有更密集的社会网络,从而具有信息优势,能够帮助企业更好地识别贫困人口,制定效率更高的帮扶方式和扶贫模式,更有效地配置扶贫资源。这样,企业在履行社会责任时就会形成一种"级差",即履行社会责任的地点离企业越近,其对企业履行社会责任的成本相对越低,效率与回报相对越大,加上中国社会关系里强烈的"地缘认同"属性,导致企业更愿意在其邻近地区进行扶贫、投入更多扶贫资源。因此,本文提出以下假设:

假设1:其他条件不变时,上市公司的地缘关系会增强其在当地的扶贫力度,形成以企业为中心由近及远的"差序格局"。也就是说,上市公司扶贫地与公司主要经营活动地距离越近,公司对该地的扶贫投入越多。

2010年以后,中国的贫困人口具有分散化与碎片化的特点,大多分布在生存条件恶劣、基础设施薄弱、教育和医疗卫生条件落后的中西部地区,特别是大石山区、革命老区、少数民族聚居区、边疆地区和水库移民区,这些地区贫困程度深、内生发展能力弱、扶贫开发成本高且难度大③,不仅缺少发达的民营企业,而且即使有民营企业,它们也会选择效率较高的捐赠方式,而不会选择成本更高的为贫困人口量身定制适合其脱贫的整合性良策④。那些民企不情愿帮扶的偏远地区往往只能由国企来对口支援。这是因为民企与国企的性质不同。西方经济学认为,企业(主要指"民企")的存在是为了追求资本增值、降低交易成本,目标是追求利润最大化,民企的一切行为都是围绕这个目标而展开。民企的性质决定了其所担负的社会责任并非与生俱来,而更多来自外部压力⑤。但与民营不同,国企虽然也是一种企业组织形式,但是由于它为国家所有,是政府参与和干预经济的重要工具与手段,因此国企在履行精准扶贫社会责任时往往同时存在两股力量:一股是经济的、基于实用主义考虑的力量;一股是非经济的、基于政治考虑的力量。因此在扶贫工作中,国企虽然也会倾向于就近履行社会责任,但相对于民企而言,国企的精准扶贫行为更可能受到政府的影响,政府端社会关系倡导的"精准"将减弱其他社会关系对国企扶贫"精准"性的影响。故本文提出以下假设:

假设2:其他条件不变时,非国有企业比国有企业更倾向于就近扶贫,即在扶贫资金的分配上,非国有企业比国有企业的差序格局更为明显。

(二)故乡认同与企业精准扶贫

"差序格局"这个概念揭示了中国社会的人际关系是以己为中心,逐渐向外推移,关系由亲到疏,形成一圈又一圈疏密不一、范围不同的波纹⑥。在人际关系中,相对于旁系血亲

---

① 王建,黄煦,胡克,等. 企业社区关系与企业社区参与研究:以"汉营模式"为例[J]. 管理案例研究与评论,2017,10(3):247-261.
② Coval J D, Moskowitz T J. The geography of investment: informed trading and asset prices[J]. Journal of Political Economy,2001,109(4):811-841.
③ 汪三贵. 当代中国扶贫[M]. 北京:中国人民大学出版社,2019.
④ 易玄,吴蓉,谢志明. 产权性质、企业精准扶贫行为与资本市场反应[J]. 贵州财经大学学报,2020(2):98-104.
⑤ 张春敏,刘文纪. 从国有企业的性质看国有企业的社会责任[J]. 前沿,2007(12):80-84.
⑥ 费孝通. 乡土中国 生育制度[M]. 北京:北京大学出版社,1998.

群体,直系血亲群体便是圈内的"己";相对于姻亲关系,血亲关系便是圈内的"己";相对于陌生人,熟人便是圈内的"己";而相对于外乡人,同乡便是圈内的"己"[①]。"衣锦还乡"是中国人功成名就后回到原有社会关系网络中获得称赞的自古情怀。《战国策·秦策一》中苏秦之嫂用"前倨后恭"展示了古人对待落魄还乡与富贵还乡者的天壤之别[②]。《史记·项羽本纪》中也写到项羽曾曰:"富贵不归故乡,如衣绣夜行,谁知之者!"同时,荣归故里的人往往会做些诸如修桥铺路、捐助学堂、帮扶老人等功德之事,造福乡里。这种基于家乡的身份认同在中国的乡土观念中根深蒂固。梁漱溟[③]认为,中国文化的基本伦理特征是关系本位,而籍贯本身就构成了社会关系的一个重要维度。曹春芳等人2018年的研究发现,企业投资中存在CEO的"家乡偏好",并且其更适合以代理问题来解释,即高管对家乡的投资并非效率导向,而是用企业资源为家乡父老谋福利。

依据高层梯队理论[④],上市公司高管的主观偏好在一定程度上会影响企业扶贫资源的流向,我国传统文化中"富贵不归故乡,如衣绣夜行"是影响高管主观偏好的重要因素,而高管个人的社会关系与企业的社会关系并非泾渭分明,因此当高管故乡与企业地址相同时,两者"差序格局"的社会关系波纹将引起共振,企业的扶贫资源进一步向附近企业聚集,因此本文提出以下假设:

假设3:其他条件不变时,高管的故乡认同将增强地缘关系对企业扶贫的影响,促进企业的扶贫资源进一步向公司主要经济活动地为中心流动、聚集,产生内聚效应,形成更为明显的"差序格局"。

基于假设2的推导,国企精准扶贫行为将更多受到政府影响,政府对扶贫倡导的"精准"将减弱国企扶贫的"精准"性,从而降低国企高管故乡认同与企业地域认同引起的共振。故本文提出以下假设:

假设4:其他条件不变,非国有企业的高管故乡认同导致的扶贫资源内聚效应大于国有企业。

三、研究设计

(一) 样本选择与数据来源

由于证监会于2016年9月发布《中国证监会关于发挥资本市场作用服务国家脱贫攻坚战略的意见》,沪深交易所于2016年年底先后发布《关于进一步完善上市公司扶贫工作信息披露的通知》和《关于做好上市公司扶贫工作信息披露的通知》,因此本文以2017—2019年沪深A股上市公司为对象,在财务报告重要事项中手工搜索关于精准扶贫的信息,并剔除金融业和扶贫资金流向信息不明的企业;再剔除属于投资性质(如建厂投资)且金额在1 000万元以上的非纯粹性扶贫样本(共68家企业,年度扶贫最多的达32.13亿元,最少超过1 000万元,均值约1.66亿元),得到2 576个观察值,并对这一样本(下文称"样本A"),

---

[①] 卜长莉."差序格局"的理论诠释及现代内涵[J]. 社会学研究,2003,18(1):21-29.
[②] (汉)刘向.战国策[M]. 明洁,辑评. 上海:上海古籍出版社,2008.
[③] 梁漱溟. 梁漱溟全集[M]. 济南:山东人民出版社,1989.
[④] Hambrick D C, Mason P A. Upper echelons: the organization as a reflection of its top managers[J]. The Academy of Management Review, 1984, 9(2): 193.

参照普尔(Pool)等2012年的做法,按扶贫资金流向区分为流向上市公司主要经营活动地的省内和省外两种情形,再将在省内扶贫的1 700个观察点(下文称"样本B"),根据资金流向区分为流向上市公司主要经营活动地的市内和市外两种情形。本文以注册地址或上市公司办公地作为上市公司主要经营地的衡量标准。对于注册地址与办公地不同的公司,在稳健性检验中做了更严格的验证,稳健性检验中我们还将68家投资性扶贫纳入其中进行了检验。

在上述样本中,关于董事长的籍贯或出生地的省籍信息,仅有884家披露了董事长的省籍信息,765家企业披露了市籍信息;关于CEO的籍贯或出生地,只有443家披露其省籍信息,325家披露了市籍信息。除扶贫数据外,其他数据皆来自国泰安数据库。为保证结论的可靠,本文未对连续变量作缩尾处理。

(二) 变量选择与测量

1. 扶贫投入(Help)。扶贫资金的自然对数。借鉴Pool等[1]的做法,将每家企业在年度的扶贫资金按照流向分别按照省内/省外、市内/市外的方式加以区分,即构建"公司—年份—地区—该地区内扶贫资金数量"的数据结构。

2. 地缘关系(Local)。考察上市公司的扶贫地与企业的经营活动地(以注册地址或办公地址衡量)是否位于同一区域来衡量,具体包括两个指标:(1) 是否同省(Local_p):若扶贫地与公司经营活动地位于同一省内(包括同一直辖市内,下同),则Local_p赋值1,否则为0;(2) 是否同市(Local_c):若扶贫地与公司经营活动地位于同一地级市内,则Local_c为1,否则为0。

3. 高管故乡认同(Home)。由于高管籍贯与出生地为自愿披露信息,仅有少数企业披露了董事长或CEO的籍贯或出生地信息,加之在企业的各项重大决策(包括扶贫支出)中董事长的权力明显高于CEO,因此本文将董事长作为企业高管的代表,考察董事长的故乡认同对企业扶贫的影响,并在稳健性检验中用CEO替换董事长进行检验。本文没有将董事长和CEO的故乡指标同时纳入模型:一是因为存在二职合一的样本干扰;二是同时披露董事长和CEO故乡信息的样本很少。

我们通过董事长的故乡(籍贯或出生地)与上市公司主要经营活动地是否位于同一区域来衡量故乡认同,具体包括:(1) 是否同省(Home_p):若董事长的故乡与公司经营活动地同省,则Home_p赋值1,否则为0;(2) 是否同市(Home_c):若董事长的故乡与公司经营活动地为同市,则Home_c为1,否则为0。

4. 控制变量。参照以往关于企业履行社会责任(包括慈善捐赠)和企业扶贫相关文献,本文选取如下变量为控制变量:

政治关联(Politics)。易玄等[2]发现国企和政治关联民企精准扶贫更积极。参考贾明等[3]、王兵等[4]的做法,根据企业董事长或CEO是否担任以及担任(包括现任或前任)政府官员、人大代表、政协委员或党代表的级别来划分,国家级记为4,省级为3,地市级或厅局级为

---

[1] Pool V K, Stoffman N, Yonker S E. No place like home: familiarity in mutual fund manager portfolio choice[J]. The Review of Financial Studies, 2012, 25(8): 2563-2599.
[2] 易玄,吴蓉,谢志明. 产权性质、企业精准扶贫行为与资本市场反应[J]. 贵州财经大学学报,2020(2): 98-104.
[3] 贾明,张喆. 高管的政治关联影响公司慈善行为吗?[J]. 管理世界,2010(4): 99-113.
[4] 王兵,吕梦,苏文兵. 弃政从商:企业家从政经历与企业资源获取[J]. 中国经济问题,2018(6): 86-98.

2,县区级或县处级为 1,未担任的为 0。

公司业绩(ROA)。贾雨佳[①]、杜世风等[②]发现上市公司精准扶贫水平与其盈利状况正相关。

公司规模(Size)。企业规模越大,意味着企业有更多资源参与精准扶贫;同时规模大的企业受到社会关注更多,舆论压力更大,促使其更多履行社会责任[③]。

产权性质(State)。杜世风等[④]发现,国有企业参与精准扶贫的积极性更高,投入的力度更大;但也有学者发现,在地方政府换届时非国有企业会加大对外捐赠[⑤]。若上市公司为国有企业,则记为 1,否则为 0。

股权集中度(First)。冯丽丽等[⑥]发现股权集中度越高,企业越倾向于履行社会责任;但在欧洲企业里却正好相反(见 Dam 和 Scholtens 2013 年的研究)。

经营现金净流入(Cash)。周兵[⑦]、Cheung[⑧]等发现企业社会责任履行与现金持有正相关。

企业成长性(Growth)。采用营业收入增长率来衡量。

财务风险(Lev)。Mishra & Modi[⑨],Benlemlih 与 Potin 发现企业财务风险与企业履行社会责任正相关。

两职合一(Dual)。若董事长与总经理二职合一,则记为 1,否则为 0。

独董占比(Director)。为董事会中独董人数的比重。

董事会规模(Board)。Zhang 等[⑩]发现董事会构成等会影响到企业的社会责任的履行与披露。

董事长是否经历过饥荒(Hungry)。许年行等[⑪]发现高管早年经历过"大饥荒"的企业的慈善捐赠水平更高。

[①] 贾雨佳. 精准扶贫水平与利润相关性研究:基于 A 股上市公司的经验证据[J]. 行政事业资产与财务,2018(15):36-38.

[②] 杜世风,石恒贵,张依群. 中国上市公司精准扶贫行为的影响因素研究:基于社会责任的视角[J]. 财政研究,2019(2):104-115.

[③] 贾兴平,刘益. 外部环境、内部资源与企业社会责任[J]. 南开管理评论,2014,17(6):13-18.

[④] 杜世风,石恒贵,张依群. 中国上市公司精准扶贫行为的影响因素研究:基于社会责任的视角[J]. 财政研究,2019(2):104-115.

[⑤] 戴亦一,潘越,冯舒. 中国企业的慈善捐赠是一种"政治献金"吗?:来自市委书记更替的证据[J]. 经济研究,2014,49(2):74-80.

[⑥] 冯丽丽,林芳,许家林. 产权性质、股权集中度与企业社会责任履行[J]. 山西财经大学学报,2011,33(9):100-107.

[⑦] 周兵,徐辉,任政亮. 企业社会责任、自由现金流与企业价值:基于中介效应的实证研究[J]. 华东经济管理,2016,30(2):129-135.

[⑧] Cheung A K. Corporate social responsibility and corporate cash holdings[J]. Journal of Corporate Finance,2016,37:412-430.

[⑨] Mishra S,Modi S B. Positive and negative corporate social responsibility,financial leverage,and idiosyncratic risk[J]. Journal of Business Ethics,2013,117(2):431-448.

[⑩] Zhang J Q,Zhu H,Ding H B. Board composition and corporate social responsibility:an empirical investigation in the post sarbanes-oxley era[J]. Journal of Business Ethics,2013,114(3):381-392.

[⑪] 许年行,李哲. 高管贫困经历与企业慈善捐赠[J]. 经济研究,2016,51(12):133-146.

消费者敏感行业(Sense)。山立威等[①]发现企业捐赠行为具有提高声誉以获取广告效应的动机。田志龙等发现消费者的购买意向与企业履行社会责任态度之间存在明显的行业差异,在消费者敏感行业两者的关系更显著。本文将水电气供应、服饰、食品(含酒、餐饮)、房地产、汽车、教育、金融等七类与消费者衣食住行相关的行业设为消费者敏感行业,记为1,否则为0。

重污染行业(Pollution)。任长秋等[②]发现重污染行业因会受到更多社会关注而更积极参与精准扶贫。根据环保部2008年公布的《上市企业环保核查行业分类管理名录》,高污染行业主要包括采掘业、金属非金属业、食品饮料业、纺织服装皮毛业、石化塑胶业、生物医药业、水电煤气业和造纸印刷业八大类,本文中属于此列的企业记为1,否则为0。

各变量的具体衡量方法见表1。

表1 变量一览表

	变量	指标	衡量方法
因变量	Help	扶贫投入	扶贫资金加物资折款的自然对数
解释变量	Local_p	地缘关系-是否同省	扶贫地与上市公司主要经营活动地是否同省
	Local_c	地缘关系-是否同市	扶贫地与上市公司主要经营活动地是否同市
	Home_p	故乡认同-是否同省	董事长故乡与上市公司主要经营活动地是否同省
	Home_c	故乡认同-是否同市	董事长故乡与上市公司主要经营活动地是否同市
控制变量	Politics	政治关联	根据董事长或CEO是否担任及担任政府官员、人大代表或政协委员、党代表的级别确定
	Cash	经营现金净流入	经营性现金净流入量的自然对数
	ROA	经营业绩	前一年的净利润/总资产
	Size	企业规模	总资产的自然对数
	State	国有产权	国企为1,否则为0
	Growth	企业成长性	营业收入增长率
	Lev	负债水平	负债总数/资产总数
	Dual	两职合一	董事长与总经理两职合一为1,否则为0
	First	股权集中度	第一大股东持股比例
	Director	独董人数占比	董事会中独立董事人数占比
	Board	董事会规模	董事会人数的自然对数
	Hungry	董事长是否经历饥荒	董事长在1961年前出生的记为1,否则为0
	Sense	消费者敏感行业	消费者敏感企业记为1,否则为0
	Pollution	重污染行业	重污染行业设为1,否则为0
	Year	年度固定效应	3个会计年度,设置2个虚拟变量
	Industy	行业固定效应	行业数减去1设置虚拟变量

---

① 山立威,甘犁,郑涛.公司捐款与经济动机:汶川地震后中国上市公司捐款的实证研究[J].经济研究,2008,43(11):51-61.
② 任长秋,王钊.企业介入精准扶贫的影响因素研究:基于注意力视角的实证分析[J].软科学,2020,34(6):72-78.

四、实证结果

(一) 描述统计

限于篇幅,文中只对样本 A 作描述统计(见表 2),其中 Local_c 的统计值来自样本 B。

表 2 描述性统计

变量	均值	标准差	最小值	中位数	最大值
Help	12.95	1.750	6.910	12.90	20.06
Local_p	0.700	0.460	0	1	1
Local_c	0.600	0.490	0	1	1
Politics	0.750	1.250	0	0	4
Cash	21.96	1.520	17.04	21.81	27.69
Lev	0.440	0.220	0.0100	0.430	4.540
ROA	0.040 0	0.100	−2.160	0.040 0	0.430
First	35.69	15.30	4.760	33.34	89.09
Dual	0.230	0.420	0	0	1
Director	0.380	0.060 0	0.250	0.360	0.800
Board	2.140	0.200	1.390	2.200	2.830
State	0.490	0.500	0	0	1
Size	22.66	1.390	19	22.51	28.07
Growth	0.270	2.490	−0.910	0.100	82.79
Hungry	0.240	0.430	0	0	1
Sense	0.190	0.390	0	0	1
Pollution	0.320	0.470	0	0	1

由表 2 可见,2017—2019 年全国扶贫样本中,定向扶贫支出最多的在 2019 年,约 5.16 亿元,最少的只有 1 000 元,平均 232.19 万元,中位数是 40 万元;在省内扶贫样本中,定向扶贫最多的也是 5.16 亿元,平均 181.7 万元,中位数为 37.80 万元。

相关分析以及共线性检验发现,各自变量之间不存在多重共线性(因篇幅所限,相关系数矩阵略)。

(二) 实证结果

1. 地缘关系对扶贫资源流向的影响

表 3 是分别根据样本 A 和样本 B 回归得到的结果,其中样本 A 是根据扶贫资源按照"公司—年度—省内/省外—该地区资金数量流向"得到的样本,样本 B 是对省内扶贫资源按照"公司—年度—市内/市外——该地区资金数量流向"得到的样本。

表3　企业地缘关系对扶贫资源流向的影响

变量	省际扶贫(样本A) Local=Local_p			省内扶贫(样本B) Local=Local_c		
	模型1	模型2	模型3	模型4	模型5	模型6
Local		0.344***	0.402***		0.146*	0.413***
State			−0.238*			0.092
Local * State			−0.083			−0.520***
Controls	控制	控制	控制	控制	控制	控制
Constant	−1.467*	−1.858**	−2.560***	0.178	−0.0960	−0.843
N	2 576	2 576	2 576	1 700	1 700	1 700
$Ad-R^2$	0.228	0.235	0.239	0.205	0.206	0.214
F	24.73***	24.98***	24.15***	15.63***	15.26***	15.03***

注：*** 表示在1%水平上显著，** 表示在5%水平上显著，* 表示在10%水平上显著，下同。

从模型1的回归结果看，上市公司的扶贫支出与企业规模大小(Size)、政治关联程度(Politics)、经营现金流量(Cash)、两职合一(Dual)、独董占比(Director)、董事会规模(Board)、董事长是否经历过"大饥荒"(Hungry)、是否处于消费者敏感行业(Sens)等因素显著正相关，企业规模越大、政治关联程度越高、经营现金流入越多、独董占比越高、董事会规模越大的企业，扶贫积极性越高，扶贫投入越多；且两职合一、董事长经历过"大饥荒"、位于消费敏感行业的企业，比两职分离、董事长在"大饥荒"后出生、位于消费者不敏感行业的企业，扶贫投入更多。但从实证结果看，企业的扶贫投入与企业的负债水平(Lev)、经营业绩(ROA)、股权集中度(First)、成长速度(Growth)以及是否处于重污染行业没有显著关系。不过，在对省内扶贫样本B回归的模型4中，股权集中度(First)在10%的水平上显著，表明该因素对企业扶贫支出的影响不够稳定，影响力不够大。

表3中模型2中的Local_p系数显著大于零(0.344)、模型5中的Local_c也显著大于零(0.146)，前者表明在全国范围内扶贫时上市公司将更多资源投向企业所在的省份而非省外，后者表明在省内扶贫时企业又将更多资源投向企业所在的市内而非市外。也就是说，企业的扶贫投向多是按照"市内—省内—省外"的次序有序展开，市内投入多于市外，省内投入多于省外，表现出明显的地域认同倾向，从而验证了假设1的预期。

从表3模型3的回归结果来看，State显著小于零(−0.238)，表示在全国范围内扶贫时，国有企业投入的资源少于非国有企业；但Local * State的回归系数不显著，表明国企与非国企在对省内扶贫还是省外扶贫上的资源投入没有显著差异。但模型6的回归结果与模型3正好相反，模型6中的State虽然大于零(0.092)但不显著，表明在省内扶贫时，国企与非国企没有明显差异；模型6的Local * State系数显著小于零(−0.520)，则意味着在省内扶贫时，国有企业多投向市外，而非国有企业更愿意投向市内。

进一步分组检验(见表4)后发现，在全国范围内扶贫时，国企与非国企都更倾向省内扶贫，且省内投入的力度没有显著差异；但在省内扶贫时，国企与非国企却表现出明显不同的倾向，非国有企业更愿意投向市内，市内投入明显多于市外，而国有企业却无此倾向，对市内和市外一视同仁。这可能是因为国有企业一般规模相对较大，分支机构较多，经营地较广，从而扶贫资源的投向往往会兼顾多地；同时国有企业的扶贫投向更容易受到政府政策的引导,更愿意将资源投向国家重点支持的贫困地区,而不过多关注扶贫地与企业经营地是否一致;相反,与国有企业相比,非国有企业的规模相对较小,经营地多在本地,因而更愿意将扶贫资源留在当地,扶持当地经济发展,这样既有利于在当地消费者心中建立良好形象,也有助于维护与当地政府的良好关系。部分验证了假设2的预期。

表 4 国企与非国企的地缘认同对扶贫资源流向的影响

变量	省际扶贫(样本 A) Local=Local_p		省内扶贫(样本 B) Local=Local_c	
	模型1 国企样本	模型2 非国企样本	模型3 国企样本	模型4 非国企样本
Local	0.375***	0.353***	−0.091	0.412***
Controls	控制	控制	控制	控制
Constant	−3.645***	−1.097	−0.737	−0.137
N	1 263	1 313	891	809
$Ad-R^2$	0.277	0.225	0.222	0.210
F	16.57***	12.93***	9.475***	8.392***

由上可见,企业扶贫时存在远近亲疏现象,呈现一种基于地缘的差序格局,形成"内圈效应":它以企业经营地为中心,以市界和省界形成差序格局圈的两道波纹,构成了内圈(市内)、中圈(省内)、外圈(省外)三个环状部分(见图1),在扶贫资源的投向上总体上呈现出市内优于市外、省内优于省外的倾向,其中非国有企业这一倾向更为明显,非国有企业扶贫资源流向是由内圈向外圈逐渐减少,"内圈效应"明显,表明非国有企业更偏向"扶近";而国有企业的扶贫资源流向则是中圈(省内)高于内圈(市内)和外圈(国内),呈现出明显的"中圈效应",即国有企业更倾向在省内扶贫。

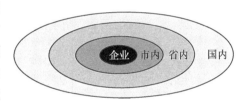

图 1 企业扶贫的地缘差序格局

2. 高管故乡认同对扶贫资源流向的影响

表5、表6(限于篇幅,下文各表中均未列示控制变量的回归结果)探讨了以董事长为代表的企业高管的社会关系对企业扶贫地缘关系差序格局的影响,其中表5研究了董事长故乡(籍贯或出生地)对公司扶贫地与经营活动地是否同省的调节效应,表6分析了董事长故乡对公司扶贫地与经营活动地是否同市的调节影响。

从表5的交互项 Home * Local_p 的回归结果来看,该系数在全样本和国企样本中都显著大于零,表明在企业扶贫地与公司经营地位于同一省份时,董事长无论是省籍还是市籍的故乡认同,都能促进企业省域认同对扶贫投入的影响,有利于促进企业向经营所在省投入更多的扶贫资源,这一规律在国有企业中同样存在,假设3在省一级得到验证。不过比较模型2与模型3、模型5与模型6的交互项系数大小,发现国企样本的交互项系数都大于非国企,表明与非国有企业相比,国企高管的故乡认同更能促进企业省域认同对扶贫投入的影响,促进企业向经营所在省投入更多的扶贫资源,这与假设4的预期正好相反。这可能是因为国企规模一般更大,在政府号召下参与地方扶贫的积极性更好,在企业高管故乡情结的加持下,更愿意将更多资源投入到家乡的扶贫事业中。

表5　高管故乡认同对扶贫资源流向的影响:基于企业的省域认同

变量	省际扶贫(样本 A) Home=Home_p			省内扶贫(样本 B) Home=Home_c		
	模型1 全样本	模型2 国企样本	模型3 非国企样本	模型4 全样本	模型5 国企样本	模型6 非国企样本
Home	−0.813***	−1.408***	−0.566**	−0.657**	−1.102*	−0.322
Local_p	−0.191	−0.527**	−0.020	0.115	−0.129	0.311
Home*Local_p	1.113***	1.750***	0.883**	0.867***	1.312**	0.550
Controls	控制	控制	控制	控制	控制	控制
Constant	−2.345	−1.355	−0.988	−3.173**	−2.242	−2.483
N	884	468	416	765	424	341
$Ad-R^2$	0.250	0.330	0.193	0.257	0.314	0.203
F	9.419***	8.204***	4.017***	8.765***	7.064***	3.705***

表6　高管故乡认同对扶贫资源省内流向的影响:基于企业的市域认同

变量	省际扶贫(样本 A) Home=Home_p			省内扶贫(样本 B) Home=Home_c		
	模型1 全样本	模型2 国企样本	模型3 非国企样本	模型4 全样本	模型5 国企样本	模型6 非国企样本
Home	0.390**	0.544***	0.296	0.375	0.508*	0.210
Local_c	0.055	0.189	0.172	0.010	0.115	0.050
Home*Local_c	−0.187	−0.510	−0.0211	−0.144	−0.477	0.052
Controls	控制	控制	控制	控制	控制	控制
Constant	0.632	0.080	2.742	−0.543	0.562	−3.241
N	661	370	291	562	332	230
$Ad-R^2$	0.213	0.291	0.158	0.224	0.284	0.201
F	6.426***	5.877***	2.819***	6.061***	5.231***	3.059***

从表6的交互项 Home*Local_c 的回归结果来看,该系数在各样本都不显著,表明在企业扶贫地与公司经营地位于同一城市时,无论是董事长的省籍还是市籍的故乡认同,都对企业地缘认同与扶贫投入之间的关系没有显著影响。可见,假设3和假设4在市一级没有得到验证。

由表5、表6的实证结果可以看出,企业高管的故乡认同能够显著增强企业省域认同对扶贫投入的影响,有利于促进企业向经营所在省份投入更多的扶贫资源,且这一现象在国有企业中表现得更为明显,让"中圈效应"更为明显;但高管的故乡认同却对企业的市域认同与扶贫投入的关系没有明显影响,对企业向经营所在城市的扶贫投入没有调节效应,没有增强"内圈效应"。

综上所述,企业高管的故乡认同能在省一级范围内为省内带来更多扶贫资源,假设3在省一级得到验证,但市一级未得到验证。可能是因为上市公司董事长的家乡不一定有国家级贫困县,企业难以在本市找到适合的扶贫对象;而在省域范围内,几乎每个省份都有或多或少的贫困县,选择余地大,所以企业将更多扶贫资源投向省内而非市内。后文关于省域及市域贫困县数量与扶贫资金流向的研究验证了我们的这一猜测。

(三) 进一步研究

1. 贫困县数量的调节效应

企业扶贫的差序分布不仅受到企业地缘关系和高管故乡情结等主观条件的影响,也会受到当地经济状况特别是当地扶贫需要等客观条件的影响。因此,我们将各省市的贫困县数量作为调节变量纳入模型,以企业注册地所在地2016年国家级贫困县数加1后的自然对数,用Poor_p、Poor_c来分别作为省内和市内贫困县数量的衡量指标,以控制各省、市的扶贫需求,回归结果见表7。

表7 省市内的贫困县数的调节作用

变量	省际扶贫 Local=Local_p Poor=Poor_p Home=Home_p				省内扶贫 Local=Local_c Poor=Poor_c Home=Home_c	
	(1)	(2)	(3)	(4)	(5)	(6)
	全样本	非国有样本	全样本	国企样本	全样本	全样本
Local	0.445***	0.468***	−0.146	−0.679***	0.096	−0.032
Poor	−0.100**	−0.130**	−0.040	0.154	0.051	0.202
Local*Poor	0.114**	0.130**	0.026	−0.129	0.156	−0.153
Home			−1.018***	−2.188***		0.297
Local*Home			1.306***	2.531***		−0.057
Home*Poor			−0.252*	−0.826***		−0.789*
Local*Home*Poor			0.293*	0.824***		0.735
Controls	控制	控制	控制	控制	控制	控制
Constant	−2.492***	−1.121	−2.558*	−1.709	−0.372	−0.364
N	2 576	1 313	884	468	1 700	562
Ad−R²	0.241	0.227	0.253	0.344	0.213	0.222
F	23.69***	12.35***	8.675***	7.817***	14.53***	5.455***

表7中模型(1)(2)中的交互项Local*Poor显著大于零,表明省域贫困县数量具有增强企业扶贫资源投向的省域认同效应,即企业所在省份的贫困县越多,企业基于省域认同而在本省投入的扶贫资源越多,并且这一现象在非国有企业表现得更为明显,即在贫困县多的省份,非国有企业的地域认同效应更强。

表7中模型(3)的交互项Local*Home*Poor显著大于零,表明企业高管的省籍情结进一步提升上述的增强效应,即若上市公司董事长出生该省,则该省的贫困县越多,在企业的省域认同和公司董事长的省籍情结共同作用下,企业向该省投入的扶贫资源越多,并且这一现象在国企样本中表现得更为强烈。

不过,上述两交互项的回归系数在省内的市际样本中均不显著,其原因可能是企业所在的市域范围内没有贫困县或贫困县数量少,选择余地不大所致。

可见,省域贫困县数量对省级扶贫资金流向具有内聚调节作用,但市域贫困县数量对市级扶贫资金流向无显著调节影响。

2. 高铁开通的调节效应

交通基础设施建设会促进区域经济增长,同时也会引发经济要素在空间上的转移,改变区域经济空间分布格局①。高速铁路作为一种快速的交通工具,对区域经济的影响可以归结为"三大效应":同城效应、虹吸效应和节点效应。有研究表明,中国高铁对区域经济的影响主要体现在虹吸效应②。在扶贫层面,高铁产生时空压缩效应,缩短了时空距离,带来了地理的易达性,降低了扶贫工作者的出行成本,包括经济成本、时间成本和沟通效率等,进而可能影响到企业扶贫资金的流向,因此我们将企业注册地所在城市当年或以前年度是否开通高铁(Traffic)作为调节变量纳入模型,探索其对扶贫资金流向是否存在影响,结果见表8。

表8 企业所在地是否开通高铁的调节作用

变量	省际 Local_p Home_p	省际 Local_p Home_c	省内 Local_c Home_p	省内 Local_c Home_p	省内 Local_c Home_c	省内 Local_c Home_c
	(1)	(2)	(3)	(4)	(5)	(6)
	全样本	全样本	全样本	非国企样本	全样本	国企样本
Local	1.401**	1.283*	−0.621	−0.882	−0.722	−0.638
Home	−0.014 6	−0.662	−0.485	−0.811	−0.654	−0.531
Traffic	1.128*	0.727	−0.845**	−1.187	−0.850**	−0.800
Local * Home	0.070	0.759	0.995	1.766*	1.338*	0.913
Local * Traffic	−1.746**	−1.266*	0.775	1.290	0.787	0.816
Home * Traffic	−0.829	0.066	0.996*	1.357	1.158*	1.154
Local * Home * Traffic	1.124	0.044	−1.369*	−2.151*	−1.719**	−1.660*
Controls	控制	控制	控制	控制	控制	控制
Constant	−3.531**	−4.195***	1.265	2.812	−0.096	1.669
N	884	765	661	291	562	332
$Ad-R^2$	0.257	0.264	0.219	0.167	0.233	0.286
F	8.822***	8.217***	5.999***	2.705***	5.736***	4.783***

从表8模型(1)、(2)的 Local * Home * Traffic 系数大于零,但不显著,表明高铁开通能够在一定程度上增进企业地缘关系和高管故乡认同对扶贫资源在省内聚集的影响,但作用不明显,可能是由于省际的交通方式除了高铁外还有航空这一更便捷的方式;而每省都有机场,省与省之间差异性小,因而对扶贫的增量影响小。

表8中模型(3)至模型(6)的 Local * Home * Traffic 系数显著小于零,表明高铁开通

---

① 董艳梅,朱英明. 高铁建设能否重塑中国的经济空间布局:基于就业、工资和经济增长的区域异质性视角[J]. 中国工业经济,2016(10):92-108.

② 张克中,陶东杰. 交通基础设施的经济分布效应:来自高铁开通的证据[J]. 经济学动态,2016(6):62-73.

能够明显缓和企业地缘关系和高管故乡认同对扶贫资源在市内聚集的影响,且这一影响在国有企业和非国有企业中都存在。也就是说,高铁开通反而优化了扶贫资源在省内的配置,约束了传统社会关系(地缘、家乡情结)对扶贫资金的内聚流向。

3. 政治关联的调节效应

有研究表明政治关联的民营企业在精准扶贫时更为积极。那么,企业的政治关联是否影响企业扶贫资金的流向呢?为此,控制变量政治关联(Politics)作为调节变量纳入模型进行进一步研究,结果见表9。

表9 政治关联的调节作用

变量	省际扶贫				省内扶贫	
	(1) 全样本 Local_p Home_p	(2) 全样本 Local_p Home_c	(3) 非国企 Local_p Home_p	(4) 非国企 Local_p Home_c	(5) 全样本 Local_c Home_p	(6) 全样本 Local_c Home_c
Politics	0.164*	0.131	0.141	0.140	−0.033	0.065
Local	−0.213	0.095	−0.055	0.287	0.054	−0.006
Home	−0.811***	−0.632**	−0.544**	−0.286	0.402**	0.366
Local*Home	1.124***	0.832***	0.866**	0.477	−0.189	−0.145
Local*Politics	−0.133	−0.096	−0.150	−0.074	0.084	0.016
Home*Politics	−0.221	−0.136	−0.221	−0.242	0.120	0.177
Local*Home*Politics	0.309*	0.364*	0.456*	0.570**	−0.011	0.006
Contral	控制	控制	控制	控制	控制	控制
Constant	−1.971	−2.856*	−0.046	−1.829	0.871	−0.313
N	884	765	416	341	661	562
$Ad-R^2$	0.250	0.260	0.199	0.219	0.212	0.226
F	8.764***	8.265***	3.865***	3.731***	5.947***	5.668***

表9中模型(1)、(2)的交互项 Local*Home*Politics 显著大于零,表明政治关联结合高管的故乡认同在省际发生内聚效应,即企业的政治关联能显著增强企业的省域认同将扶贫资源向省内倾斜的影响,这一增强效应无论是在高管的省籍情结下还是在市籍情结下都很明显。表9中模型(3)、(4)的三变量交互项也显著为正,说明这一增强效应在非国有企业中表现明显,而在国有企业中不明显,这是因为国企的扶贫可能多由政府或集团公司统一确定,企业自主选择的余地相对较小;而非国有企业的自主权更大,它们更加在意当地政府的政策导向,特别是在 2015 年之后,四川、湖南、广东等地出台了对贫困县政绩考核由过去主要考核 GDP 改为考核扶贫成效的政策,在这一政策的影响下,政治敏感的企业特别是非国有企业会将更多扶贫资源投向本地。

不过,表9中模型(5)、(6)中的三变量交互项的系数在统计上不显著,表明企业政治关联带来的扶贫资源增量在省内的市际之间不受企业高管故乡认同的内聚调节,这可能是因为有政治关联的企业往往规模较大,发展不局限于一个城市,而在市内外都有强度相当的扶贫活动。

（四）稳健性检验

1. 剔除地理信息不明的样本

由于中国地域辽阔,不少上市公司往往拥有异地子公司。一些企业的异地扶贫就是由于其子公司受当地社会关系的影响。部分样本公司在扶贫信息字段里明示是某子公司在某地的扶贫,但也有部分样本公司未说明子公司的扶贫情况,而是以整个公司为列报单位。因此本文以注册地或办公地来确定上市公司的主要经营活动地,存在一定偏差,未能确定反映扶贫资金的去向。为确保研究结论的准确性,在上述基础上对样本进行了如下剔除:(1)注册地与办公地市级不一致的公司,保留注册地与办公地在市级一致的公司;(2)高管籍贯与出生地在省级不同的公司;(3)高管籍贯与出生地在省级相同但市级不同,或省级相同但缺少市级信息的样本。使用剔除后的样本进行回归,仍证实了上市公司扶贫资金投向在地缘和乡情的社会关系影响下呈现出远近亲疏的"差序格局"。

2. 用CEO替代董事长

前文我们以董事长为代表,考察了高管的故乡认同对企业扶贫资金去向的影响。但在企业的有关决策中CEO的重要性不言而喻,CEO的社会关系也可能会影响企业的资金流向。虽然披露CEO故乡信息的企业较少,本文还是进行了这方面的稳健性检验,发现CEO故乡认同同样对扶贫资金存在一定的内聚效应,但其效应相比董事长的故乡认同弱;CEO省级故乡认同的调节作用比市级故乡认同更显著,CEO故乡认同进一步促进扶贫资源流向企业所在省份,即CEO故乡认同的社会关系也能在省级范围内为省内贫困地区带来社会资本。

3. 加入投资性扶贫样本

前文将建厂投资等属于投资性质且金额在1 000万元以上的非纯粹性扶贫样本剔除在外,这里将这些样本不予剔除,对包括这些观察值的样本进行回归,结果与正文基本一致。

五、小结

本文实证研究了企业地缘关系、高管故乡认同对上市公司履行精准扶贫社会责任的影响,研究发现:

1. 企业扶贫资金的流向存在远近亲疏,呈现出基于地缘关系的差序格局。具体表现为:在全国范围扶贫时,上市公司会将更多资源投向企业经营地所在的省份,在省内扶贫时又将更多资源投向企业所在的城市,呈现出明显的"市内优于市外、省内优于省外"的特点,表现出明显的地域认同倾向。其中非国有企业这一倾向更为明显,扶贫资源由内圈向外圈逐渐减少,"内圈效应"明显;而国有企业的扶贫资源则仅优先省内,但不优先市内,"中圈效应"明显。

2. 以董事长为代表的企业高管的故乡情结能为企业经营地所在省份带来更多的扶贫资源,但不能为企业所在城市带来更多的扶贫资源。进一步研究还发现:(1)国家级贫困县越多的省份,企业高管的故乡情结对企业扶贫资源投向的影响越大,企业在该省投入的扶贫资源更多,但市域贫困县数量对企业扶贫资源向市域的流向没有显著的调节作用。(2)高铁开通能够明显抑制企业地缘关系和高管故乡情结对扶贫资源在市内聚集的影响,让更多扶贫资源流向省内其他城市,从而优化扶贫资源在省内的配置,弱化地缘和家乡情结等传统社会关系对扶贫资金流向内聚效应的影响,这一影响在国有企业和非国有企业中都很明显。但是这一影响仅在省内市际的作用明显,而在全国省际的作用不明显。(3)高管的政治关联能够增强企业扶贫资源向省内聚集的倾向,即政治关联能显著增强企业的省域认同和高管故乡情结将扶贫资源向省内倾斜的影响,这一增强效应无论是在高管的省籍情结下还是在市籍情结下都很明显,但这一效应仅在非国有企业中明显,而在国有企业中不明显,同时在向省内各城市分配扶贫资源时,企业政治关联的这一调节影响也不明显。

本文的贡献在于:一是将"社会关系"这一非正式制度纳入精准扶贫的研究视野,并发现企业扶贫资源投向存在基于企业地缘关系"由近及远"的差序格局;二是综合考虑企业的地缘关系和高管的故乡情结对精准扶贫的交互影响,发现两者并非总是相互增强对方对扶贫投入的影响;三是全面考察了地区贫困县数量、高铁开通与否、政治关联程度对扶贫资金流向的调节效应,发现它们的调节效应都是有条件的。这些研究既扩大了精准扶贫影响因素的研究视角,也为我们更好理解企业的精准扶贫行为提供了更多的观察角度。

本文的不足:(1)上市公司精准扶贫只要求披露扶贫资金数量,而不要求披露资金流向,使本文在信息搜集时受到限制,只能将扶贫资金流向粗略划分到地级市一级,而无法将本研究深入到县、乡、村等更低层级、更具体扶贫对象;(2)有些上市公司的扶贫是由其异地分(子)公司受自身社会关系影响而进行的,但因缺少分(子)公司的相关信息,导致本文以上市公司注册地和办公地来确认其主要经营活动地存在一定偏差。

佛道易视角下的企业理论：
基本假设、价值生成与生命周期

黄志忠[*]

摘要：现代企业理论建立于经济人假设基础之上，但还有一些问题没有得到很好的解释。比如，为什么经济人假设是成立的？企业是如何诞生的？初创企业的价值受什么因素影响？是什么因素决定企业的生命周期？本文借用佛家和道家的理论对这些问题加以圆满的解答。本文旨在说明，起源于西方的企业理论并未超出东方的佛教、《老子》和《易经》的理论。

关键词：佛教；老子；易经；企业理论；代理理论

佛教是外来文化，但佛教已经完全融入中国的文化，成为中国文化不可分割的一部分，而且与道教文化交织在一起，在《西游记》中不分你我。但佛教和道教因其理论深奥难测而被学者们束之高阁，普罗大众也将它们视为神论，这都是因为国人重知识轻思考。佛教部分经典和道教的典籍《老子》都是解释宇宙形成的基本原理的，因而它们也能解释企业的理论。本文借用它们来解释企业理论，旨在阐明佛教理论和《老子》的逻辑，同时也有助于我们更加深刻地理解企业的产生、成长与灭亡的原因。

一、企业理论的基本假设

现代的微观经济学、管理学和财务学的基石是詹森（Jensen）和梅克林（Meckling）于1976年提出的代理理论。表面上看，社会科学与自然科学的本质不同在于人的作用。离开人的作用，社会科学也就失去了意义。实际上，企业的产生和生存都离不开人的"心"。但人的心是否有规律可循？现代的经济学家们并不在意人心是否有规律可循，他们或者通过建模，或者通过实证，希望找出经济发展的规律。然而，现实有时候还是挺让人沮丧的，人们至今仍然无法避免也无法准确预测全国性的或者世界性的经济危机。即便如此，经济学家们仍然不愿意承认人心的难以捉摸。实际上，经济学家确实能够预测到很多的现象和规律。比如，薪酬制度与盈余管理的关系，大股东掏空的现象，盈余管理更可能导致股价崩盘等统计学意义上的所谓"规律"。所谓统计学意义上的"规律"，指的是事物的发生是一种概率事件。某件事很可能会发生，但并不必然会发生。因此，老子说："道可道，非常道！"[①]为

---

[*] 作者简介：黄志忠（1967—），男，汉族，福建仙游县人，南京大学商学院教授、博士生导师、博士，研究方向：公司财务与公司治理。

① 《道德经》第一章

什么？因为人心是有共同特征的，因而是"可道"的。但人心又是易变的，因而不会老是遵循所谓的规律，不应该把很可能会发生的当作一定会发生的来认知，也不应该拿个别例外事件来否定"道"的存在。因而，老子讲道，希望后人不要误解他的"道"，认为"道"是一成不变的。为了防止后人拿个案来诽谤他，他强调"道"的"非常"。就像释迦牟尼，为了防止后人误解，他讲"空"的时候，又得强调"非空""非非空"，原因大概是一样的。

（一）经济人假设

经济学与心理学息息相关，詹森和梅克林把握住了人心的共同特征，成就了他们的不朽经典——代理理论。人心有何共同特征？詹森和梅克林1976年提出了第一个假说——经济人假设：人都是贪的，都在追求个人的利益最大化[①]。因此，一旦所有权与控制权分离，代理问题也就产生了——管理者与股东之间的利益冲突。管理者在追求个人利益最大化时，有时是有道德问题的，是明着损害股东利益的，比如向自己或朋友转移公司的资产、另外开办一家公司同他任职的公司竞争、用公司的资金购买豪华游艇供个人享受等，这种可能性被称为道德风险；有时做出不利于公司的决策但可以原谅的，比如为了规避风险而选择对股东来讲不是最优的方案，这种行为被称为逆向选择。他们认为做这样的假设是多数人能够接受的。老子说："不现可欲，使民心不乱。"[②]为什么？意思是"民心"是追求利益的。释迦牟尼说："乐不净处如飞蝇，不知厌足如猛火。"[③]因此，理性经济人假设是针对民众（普通大众）的，不针对圣人。

（二）人的行为受契约影响假设

詹森和梅克林1976年提出的第二个假设是人的行为受契约影响假设。他们提出，组织中个人的行为，包括管理者的行为依赖于契约的性质[④]。这个假设，对应佛教中的因果论，或因缘论，或唯识论。释迦牟尼在《楞伽经》中提出"因缘眼识转"，指出识的本性具有"乐见种种诸色相""不觉自心现而执取"和"取著于色虚妄习气"三种特性[⑤]。因为人心具有"现色"的本性以及后面的三种特性，如后浪推前浪，一波一波地"如瀑流水，生转识浪"[⑥]。当公司给员工订立薪酬契约后，员工就会想象他的努力能够获得多少的回报，而且"吾日三省吾身"，每天都在检讨自己哪里做对了，哪里没做对，以求最大化自己的收益。结果往往出现，如果发现自己做得不够，就会痛苦；如果自己做对了，但没有得到应有的回报，也会痛苦[⑦]。作为减少痛苦的一种办法，握有控制权的管理者会选择盈余管理行为。如此"因缘"相生、"相续不绝"[⑧]，使得自己的努力、痛苦和盈余管理行为与薪酬契约的关系"业与生相，相系深

---

① Jensen M C, Meckling W H. Theory of the firm: Managerial behavior, agency costs and ownership structure [J]. Journal of Financial Economics, 1976, 3(4): 305-360.
② 《道德经》第三章
③ 《楞伽经·第二卷·集一切法品第二之二》
④ Jensen M C, Meckling W H. Theory of the firm: Managerial behavior, agency costs and ownership structure [J]. Journal of Financial Economics, 1976, 3(4): 305-360.
⑤ 《楞伽经·第二卷·集一切法品第二之二》
⑥ 《楞伽经·第二卷·集一切法品第二之二》
⑦ 因此，《老子》说："夫唯不争，故无尤。"
⑧ 《楞伽经·第二卷·集一切法品第二之二》

缚"①,"譬如海中木,常随波浪转;声闻心亦然,相风所漂激。虽灭起烦恼,犹被习气缚"②。也就是说,管理者的行为受契约的影响,是人类心识本有的特性③。公司为了更好地激励员工努力工作,会对员工进行"安利",使其认为通过努力促使公司更好地发展而使自己财富增加是件美好的事。因此,老子说:"天下皆知美之为美,斯恶已;皆知善之为善,斯不善已。"④因为"驰骋畋猎令人心发狂"⑤。如果人们的行为不受契约的影响,那就是圣人了。"是以圣人处无为之事,行不言之教。"⑥

二、企业的诞生

世间的事物都是从无到有的,企业也不例外。在每一个"风口",企业诞生的数量都会大幅度增加。比如许多互联网企业诞生于20世纪90年代的互联网"风口"。1990年英国计算机科学家、南安普顿大学和麻省理工学院教授蒂姆·伯纳斯-李(Tim Berners-Lee)发明了WWW万维网,并于1990年12月25日与罗伯特·卡里奥一起成功通过Internet实现了HTTP代理与服务器的第一次通信。1991年伯纳斯-李创建了世界上第一个网站并于1991年8月6日上网。1992年1月国际互联网协会(ISOC)成立。1993年美国伊利诺伊大学国家超级计算机应用中心推出世界上首款图形web浏览器Mosaic,它被认为是点燃后来因特网热潮的火种之一。1994年4月4日网景通信公司(Netscape Communications Corporation)成立。1995年3月1日作为20世纪末互联网奇迹的创造者之一的雅虎公司(Yahoo.com)成立。仅仅四个月之后当今世界上最大的网络电子商务公司亚马逊成立。再过两个月,购物网站eBay成立。同年Hotmail诞生,并于1997年末被微软公司以4亿美元收购。1996年5月23日美国第一家电子银行在华尔街上市。1996年11月三个以色列人维斯格(Sefi Vigiser)、瓦迪(Arik Vardi)和高德芬格(Yair Goldfinger)开发的即时通信软件ICQ问世,其运营公司Mirabilis于1998年被美国在线(America Online)收购。1997年互联网之风刮到中国,当年1月张朝阳创办了爱特信ITC网站,次年2月推出搜狐网站。1997年6月网易公司在中国广州成立。1998年成立的著名公司有谷歌(Google)、新浪网、腾讯等。1999年成立的著名公司有在线音乐服务商Napster、当当网、阿里巴巴、携程等。2000年百度成立,当年3月美国互联网泡沫破灭,纳斯达克股市暴跌,互联网风暴结束。

企业家为什么要创办企业?毫无疑问,不管企业家们的想法有多么的不同,创办企业之前,他们一定会有想法。企业家在注册企业时想法可能只有一个,也可能有好多个,甚至可能已经从很多个想法中筛选出一个他觉得是最好的或最可行的,并且可能已经在他的头脑中形成了一个类似于组织的虚构物,这个虚构物被称为"预组织"(preorgnizations)(Katz & Gartner, 1988; Van de Ven et al, 1984),它是真实组织的前身,以"无"的状态存在于创业者的大脑中。据说奥米迪亚为了帮女朋友寻找皮礼士(PEZ)糖果盒的共同爱好者而建立

---

① 《楞伽经·第二卷·集一切法品第二之二》
② 《楞伽经·第二卷·集一切法品第二之三》
③ 《楞伽经》称之为"习气种",它是不灭的。佛讲识灭,是指"不灭习气故,但不取诸境,名为识灭"。
④ 《道德经》第二章
⑤ 《道德经》第十二章
⑥ 《道德经》第二章

拍卖网站 eBay。结果，无心插柳柳成荫，eBay 非常受欢迎。如今 eBay 有接近 1.5 亿注册用户、来自全球 29 个国家的卖家，每天都有涉及几千个分类的几百万件商品销售，成为世界上最大的电子集市。

不管如何，任何企业都是产生于创业者的一个念头或一系列念头。世间每天都有大量的新企业注册，又有大量的企业注销或破产。企业被注册以后能存续下去的毕竟是少数。贾跃亭创办乐视网之前，开办了好几个企业，哪里有钱赚他就往哪里钻。他做过电脑销售和组装的业务，创办过私立学校，卖过钢材，开过快餐公司——麦肯基。在一个饭局上偶然听到有人说给运营商装基站很赚钱，就跑去太原成立了一家通信科技公司，给电信运营商提供信号放大业务。

所有企业都产生于创业者的一个念头，但不同的念头所遇到的阻力各不相同。孔子说："有天地然后万物生焉，盈天地之间者唯万物，故受之以屯。屯者，盈也；屯者，物之始生也。"[①]古代的"屯"，指的是植物刚刚在土里发芽，上面一横表示地面。地面可能是松软的，也可能是人类经常走的坚硬的路面。如果地面是松软的，植物的生长就会比较顺利。如果地面是坚硬的，芽还没发出来就死在里面。企业也一样，它所赖以成长的"土壤"是资本，资本看好，企业生长的"土壤"营养就丰富，企业诞生后成长得也快；资本不看好，企业生长的"土壤"就贫瘠，企业的生长就会缓慢。

企业就是从无到有的过程，也就是从 0 到 1 的过程。在这个过程中，投资者能获得的收益为 $R_t(t=0)$，则预期投资收益 $E(R_t)$ 可以用下式表示：

$$E(R_t) = \frac{E(P_{t+1}) - P_t + x_t}{P_t} \tag{1}$$

式中，如果 $t=0$，则 $P_t = P_0 = 0$，$x_t = x_0$ 为创业前公司发放的股利，包括现金股利和股票股利。当然，因为公司还没创立，股利为零甚至为负。为负，则是投入，即 $x_0 = -I_0$。公司注册时预期会有市场价值 $P_{t+1} = P_1$。由（1）得

$$E(P_1) = [1 + E(R_0)] P_0 - x_0 \tag{2}$$

真实的新创企业的市场价值可能与预期的市场价值不同，假设二者相差 $C_1 + \varepsilon_1$，即

$$P_1 = E(P_1) + C_1 + \varepsilon_1 = C_1 + \varepsilon_1 - x_0 = C_1 + \varepsilon_1 + I_0 \tag{3}$$

式中，$E(\varepsilon_1) = 0$，即 $\{\varepsilon_1\}$ 为白噪音系列，$C_1 + \varepsilon_1$ 可能为正，也可能为负。当 $C_1 + \varepsilon_1$ 为正时，创业者一注册公司就创造了价值。当 $C_1 + \varepsilon_1$ 为负时，创业者在注册时就毁灭了价值。假定创业者注册公司时其市场价值超过了他们前期的投入 I_0，即创业者在注册时创造了价值。他们所创造的价值来源于何处呢？我们不妨来观察一番。如果创业者所创造的价值来源于前期投入的 I_0，那么任何人投入 I_0 都应该会产生 $C_1 + \varepsilon_1 > 0$ 的增值。显然，前面说过，$C_1 + \varepsilon_1$ 可能为正，也可能为负。也就是说，有人投入 I_0 后会创造价值，有人投入 I_0 后会毁灭价值。既然如此，注册公司时是否创造价值因人而异，不是投入 I_0 自然产生的。也就是说，老子说的"道生一，一生二，二生三，三生万物"[②]并不必然成立。

---

① 《易经·序卦传》
② 《道德经》第四十二章

如果进一步地,就比如三个年轻的以色列程序员维斯格、瓦迪和高德芬格加上风险投资家瓦迪(Yossi Vardi)注册的Mirabilis,在1996年11月注册时四位创始人投入320万美元[1],仅过一年半,在1998年6月8日,Mirabilis就被美国在线以2.87亿美元加上1.2亿美元的或有期权(视增长绩效水平而定)收购。忽略1.2亿美元的或有期权,如果创业者和风险投资者要求的投资回报率是100%,那么Mirabilis的收购价折现到注册时其值为1.015亿美元,这个值是四位创始人投入资本320万美元的31.7倍。难道这四位创始人的320万美元在注册时就升值,而别人在注册时同样是320万美元就是320万美元?可见,瓦迪和三位以色列年轻人在注册Mirabilis公司时的价值与他们投入的320万美元一点儿关系都没有,因为如果他们在注册时投入200万或400万美元,结果是一样的。也就是说,Mirabilis注册时的升值是凭空产生的。

更贴切地说,在注册Mirabilis时,是四位创始人凭空创造了价值,是四位创始人让0一瞬间变成了1或者2或者1.015亿。这就是《心经》所说的"色即是空,空即是色",《楞严经》所说的"一是无量,无量是一"。也如华为Harmony OS的广告词所说的——"One as All, All as One"。从"空"变成"色"是创业,从"色"变成"空"是破产。

三、如何创业

从0到1看起来简单,但越是简单的就越难搞清楚,就如同哥德巴赫猜想,至今数学家仍然无法完全解开。其实,以物质世界观是无法解开这个谜的。有形的物质都来自无形,无形是有形之母,如同三位以色列年轻人的思想是ICQ之母一样,又如同空气是水的根源一样。如果单纯用眼睛来"观",是观不出空气如何生成水的。但空气中的氢与氧的结合确实能够产生出水来。化学家是如何知道水来源于氢和氧的?是因为水通过电解能够分解成氢和氧。在古代缺乏现代科技的情况下,圣哲们是用思想实验法来探知宇宙规律的,这种方法在佛教里称为"观"[2]。

释迦牟尼佛在《楞严经》中教弟子阿难如何"观"无中生有。他拿大地(本文为了方便理解,换成石头)作为例子。石头可以敲碎成小石子,小石子可以研磨成粉尘,粉尘可以再磨成分子、原子、中子、质子乃至"夸克"。假如最小的粒子给它一个名称叫"邻虚尘"。如果有一种粒子比邻虚尘更小,那么前面定义的"邻虚尘"就不是最小的粒子了。因此,把邻虚尘再磨下去就是空了,因为比邻虚尘小的粒子是不存在的,不存在就是空。因此,佛陀得出结论:石头是由空变来的[3],也就是"本无而生有,生已而复灭"[4]。但是,如果设空为0,设邻虚尘为1,那么几个0合而成为1呢?假设是 n 个0合起来等于1,即

$$\underbrace{0+0+\cdots+0}_{n}=1 \tag{4}$$

上式两边同减去一个0,得

---

[1] 在被美国在线收购之前,四位创始人各持有Mirabilis公司21%的股份。
[2] 《心经》的"观自在菩萨"不是指某个具体菩萨的名号,而是指"观""自""在"的"菩萨"。在古代,"自在"是两个字,不是一个词,指的是"自然在哪儿"的意思。"菩萨"是泛指修行的人,不是特指某个菩萨。
[3] 《楞严经》中原文:"若此邻虚,析成虚空,当知虚空,出生色相。"
[4] 《楞严经·第三卷·楞伽阿跋多罗宝经注解》

$$\underbrace{0+0+\cdots+0}_{n-1}=1 \tag{5}$$

如此重复这个过程,可得 $0=1$。如果 $0=1$ 成立,那么 $1=2$ 也成立。如果 $1=2$ 成立, $1=\infty$ 也就成立。

释迦牟尼告诉阿难,假如 0 是真空,在没有任何外力的作用下,真空是不会合成石头的[1]。因此,真空的 0 是不会变成 1 的。而会变成 1 的 0 不是真空,它里面有"物"、有"相"、有"精"。这个"空"非空[2],它叫"恍惚"[3],它就是心。因此,这个"非空"的空能生出万物[4]。企业属于"万物",自然也是由"非空"的心所生。但是,如何生起呢?即从 0 到 1 的过程是怎样的呢?

老子和释迦牟尼对 0 到 1 的过程都有描述。

老子说:"道之为物,惟恍惟惚。"[5]道是空,是无。要从无中"为"物,需要在"恍惚"的状态下,关注其中的"象""物""精"。因为"惚兮恍兮,其中有象;恍兮惚兮,其中有物;窈兮冥兮,其中有精"[6]。什么是"恍惚"呢?"无状之状,无物之象,是谓'恍惚'。"[7]总之,如何从 0 生成 1,《老子》第一段就说明了——"故常无,欲以观其妙;常有,欲以观其徼"[8]。所谓"妙",指的是无中生有。如何无中生有?就是要处于"常无"的状态,就是"恍惚"的状态。这种"恍惚"的状态,现代心理学称之为"冥想"[9]。

释迦牟尼讲述由零如何成一乃至成无量的理论主要集中在《金光明经》和《楞严经》两部经里。《金光明经》是部重要的经典,是东南亚许多国家的治国之典。在这部经中,释迦牟尼除了讲治国(或公司治理)之外,还谈到了身体疾病的成因和对瘟疫的治理。这部经也讲空,但讲的是中乘的空,即由空生有的次序,以及如何脱离生老病死的原理。这个原理称为十二因缘:无明缘行,行缘识,识缘名色,名色缘六入,六入缘触,触缘受,受缘爱,爱缘取,取缘有,有缘生,生缘老死忧悲苦恼。"名色"之前是无的状态,"名色"开始进入有的状态。所谓的"名色",即名和色。可见的为色,不可见的为名。虽然"名"不可见,但它也是一种存在,也是一种"有"。它属于无形资产,比如知识产权、商标权、商誉、人力资本等。而"色"指的是可见之物,比如办公室、办公设备、机器设备、原材料、低值易耗品等。释迦牟尼认为,"名色"之前是识,是人的思想、思维活动。而识之前是无意识的活动,称之为"行"。如动物,虽然它们没有思想,但它们有行动。由于动物的"行"也能引起比较简单的"识",它们也

---

① 《楞严经》中原文:"又邻虚尘,析入空者,用几色相,合成虚空?若色合时,合色非空。若空合时,合空非色,色犹可析,空云何合?"

② 《楞严经》

③ 《道德经》第二十一章

④ 《老子》说:"道生一,一生二,二生三,三生万物。"释迦牟尼佛在《楞严经》中说:"一切世间诸所有物,皆即菩提妙明元心。"在《楞伽经》中说:"自心所见身器世间,皆是藏心之所显现,刹那相续,变坏不停,如河流,如种子,如灯焰,如迅风,如浮云。""菩萨摩诃萨当善了知大种造色。""菩萨摩诃萨应如是观,彼大种真实不生,以诸三界,但是分别,惟心所现,无有外物。"

⑤ 《道德经》第二十一章

⑥ 《道德经》第二十一章

⑦ 《道德经》第十四章

⑧ 《道德经》第一章

⑨ 钱学森认为,只有进入冥想状态,才能产生灵感。

能够有"名色",也能识别家人与陌生人。当主人给它撸毛时,它会感到很舒服,因而也有六入。有了六入,就有了后面的受乃至生老病死。因此,《心经》说,为了脱离生老病死,要从根拔掉,即"无无明亦无无明尽,乃至无老死亦无老死尽"①。但是,众生都有行,有行就必有无明。什么是无明?无明是明的反面。只要你注意到某一方面,就会造成你对其他方面的情况不那么明了。比如当你全身心在听老师讲课时,你就不闻窗外事,这时候你就处于"无明"状态了。但现代的科学理论却颠倒过来,把人的辨别能力称之为明。人的辨别能力越强,思维能力越强,就被认为越聪明。但在佛经里,当你集中精力于思维时,你对周围的感知是最为迟钝的,此时你是处于极端无明的状态中。而恰恰就是这个无明能引起行,然后由行引起识,由识引起名色。因此,《楞严经》说,由于人们颠倒,把他们认为的"明"取代了本来人心能洞彻一切的"妙明",于是有了分别异同不异不同等,湛明的心性就被扰乱,相摩而成法尘(思想),产生了烦恼,世界就开始生成②。

现代的经济学研究从无到有的创业(business start-up),靠的是从对可见可闻的现象中归纳出一个理论来,这种理论的建立是通过对现象的直"观",然后从脑子里艰难地搜索或编造出一套理论来,这样的"观"多有臆造的成分。不同的"经济学家"可能会创立不同的理论用于解释这个现象世界,而且不同的理论还可能相互冲突。因此,现代的创业理论并不彻底。下面展示的是我们所能收集到的现代创业理论,以供参考。

现代的学者将组织形成之前的那个看不见的"空"称为"预组织"(preorgnizations)(Katz & Gartner, 1988; Van de Ven et al, 1984)。最初它们只是作为一个人的思想、想法或梦想而存在。在创业过程中,创始人的想法有时(但不总是)会转化为一个预组织(试图发现),然后有时(但不总是)转化为一个组织。这个过程的核心是创业者——企业家在他们的头脑中,所有的可能性都汇集在一起,他们相信创新是可能的,他们有动力坚持到工作完成。

基于依赖理论,该方法提出新企业需要一些外部资源和信息才能出现。环境被视为一个资源库;资源丰富度被称为环境包容度(environmental munificence)(Dess & Beard, 1984; Castrogiovanni, 1991),并将对创业过程产生重大影响。在她的文献回顾中,施佩希特(Specht, 1993)区分了影响组织形成的五个主要环境因素:社会、经济、政治、基础设施建设、市场涌现。

在社会环境中,社会网络的影响(Marrett, 1980; Gartner, 1985; Aldrich & Zimmer, 1986; Johannisson, 1988)和社会政治精英的支持与文化接受(Gartner, 1985; Bull & Winter, 1991)是特别重要的。

经济环境研究侧重于资本可获得性(Gartner, 1985),经济总量指标(Walton, 1977),经济衰退(Gould & Keeble, 1984; Shutt & Whittington, 1987)和失业(Pennings, 1982;

---

① 《心经·参悟·十》
② 原文如下:无明又非觉湛明性,性觉必明,妄为明觉。觉非所明,因明立所。所既妄立,生汝妄能。无同异中,炽然成异。异彼所异,因异立同。同异发明,因此复立无同无异。如是扰乱,相待生劳。劳久发尘,自相浑浊。由是引起尘劳烦恼,起为世界。静成虚空,虚空为同,世界为异。彼无同异,真有为法。觉明空昧,相待成摇,故有风轮执持世界。因空生摇,坚明立碍,彼金宝者明觉立坚,故有金轮保持国土。坚觉宝成,摇明风出,风金相摩,故有火光为变化性。宝明生润,火光上蒸,故有水轮含十方界。火腾水降,交发立坚,湿为巨海,乾为洲潬。以是义故,彼大海中火光常起,彼洲潬中江河常注。水势劣火,结为高山,是故山石,击则成焰,融则成水。土势劣水,抽为草木,是故林薮遇烧成土,因绞成水。交妄发生,递相为种。以是因缘,世界相续。

Gould & Keeble,1984)。政治环境主要涉及公共或半公共机构的支持(Gartner,1985; Young & Francis,1989; Walker & Greenstreet,1990)。

基础设施发展包括许多变量,如教育系统(Gartner,1985; Romanelli,1989; Bull & Winter,1991),当地劳动力市场的性质(Pennings,1982; Gartner,1985; Mason,1989),孵化器组织(Gartner,1985,Young & Francis,1989),信息可访问性(Romanelli,1989)和经营场所可获得性(Gould & Keeble,1984; Mason,1989)。

最后,市场涌现理论整合了利基涌现和技术创新(Gould & Keeble,1984; Mason,1989)的概念。

格林伯格和塞克斯顿(Greenberger & Sexton,1988)将新企业的创建描述为一个交互过程,在这个过程中,包括个性在内的个人特征与对环境中突出事件的解释相互作用,从而影响有关新企业创建的决策。

伯德(Bird,1988)也注意到个人特征和环境因素都决定了创业意向。她将"发愿"(intention)描述为一种精神状态,它将一个人的注意力、经验和行为集中在一个特定的对象或行为方法上。

马扎罗等(Mazzarol et al,1999)提出了图1的企业创立过程。

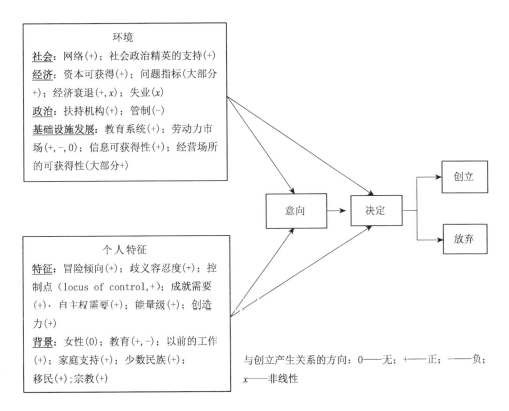

图1 Mazzarol, Volery, Doss & Thein 组织形成过程模型

沃森等(Watson et al,1998)则根据对小企业和企业家文献的回顾,提出创业成功的要素框架(见图2)。他们认为,成功无疑是一个复杂的现象,内外部因素都会对企业绩效产生影响。与大型企业一样,企业的特征、业务基础设施和所服务的特定客户是影响企业绩效

的重要变量。然而,对于小企业,尤其是新创企业,创始人对企业概念和经营模式方面的界定至关重要。小企业调查委员会(The Committee of Inquiry on Small Firms)的著名报告《博尔顿报告》(*Bolton Report*)(1971)强调了创始人(的特征、背景经历、动机以及内外部环境中的其他影响因素)对于小企业尤其重要。

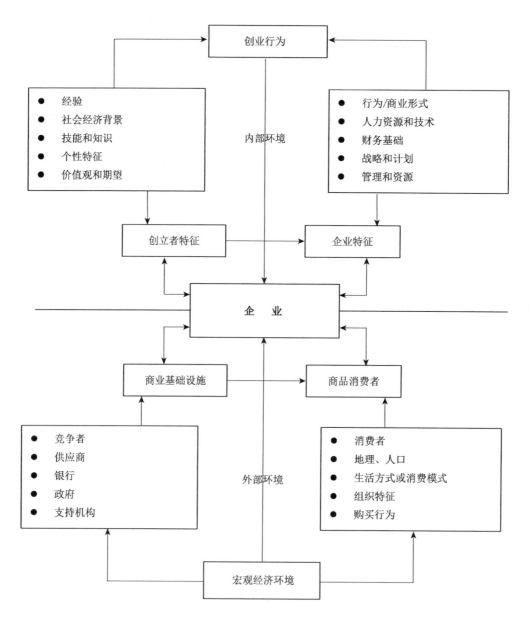

图2 影响创业的因素(Watson et al, 1998)

一些西方学者指出(Katz & Gartner, 1988; Van de Ven et al, 1984),在注册一个实体之前,它就有一个无形的组织,不妨称它为"预组织"(preorgnizations),因为它是无形的,除了创业者,其他人并不知道它的真实存在,它们只是作为一个人的思想、想法或梦想而存在。在创业过程中,创始人的想法有时(但不总是)会转化为一个预组织,然后有时(但不总是)转化为一个组织。这个过程的核心是创始者——企业家在他们的头脑中,所有的可能性都汇集在一起,他们相信创新是可能的,他们有动力坚持到工作完成(Mazzarol et al,1999)。

东方的圣人对"预组织"也有描述。比如,老子用了好几种名称来描述物质形成之前的状态,有"渊兮""似或存""无""夷""希""微""恍惚""窈冥"等称呼。为什么呢?老子说:"渊兮,似万物之宗。"①"湛兮,似或存。"②"视之不见,名曰'夷';听之不闻,名曰'希';搏之不得,名曰'微'。"③这些都是万物之宗,物的前身,或可称之为"预物"。释迦牟尼称之为"意""非空""无明"等。

四、企业的生命周期

企业是不断演化的实体,其演化路径由内部因素(如战略选择、财务资源、管理能力)和外部因素(如竞争环境、宏观经济因素)共同决定。企业生命周期是由于这些因素的变化而产生的不同阶段,其中许多是由企业进行的战略活动引起的(Dickinson,2011)。实际上,企业的生命周期受产品或产业生命周期的影响。迪安(Dean)1950 年描述了产品的生命周期:"一个新的适销对路的特定产品的发明通常伴随着一段时间的专利保护期,此时市场仍处于犹豫和未开拓状态,产品设计也处于不稳定状态。随着市场接受度的提高,接下来是一个销售快速扩张的时期。下一步,产品成为竞争对手的目标。新的竞争者进入这个领域,创新缩小了产品与其替代品之间的差异……"尽管迪安只探讨了产品生命周期的开拓阶段和成熟阶段的定价政策,但他对生命周期的解释非常明确,足以被视为新兴产品生命周期理论的起源。考克斯(Cox)1967 年提出了产品周期的四阶段理论,他用一条简单的抛物线来表示(见图3),其方程式是 $Y = a + bX + cX^2$。他将四个阶段(不一定在时间上等距)命名为:(1)市场发展,(2)增长,(3)成熟,(4)衰退。这种划分得到所有早期评论家的赞同(后来的评论家在这四个产品生命周期的阶段里随意添加,例如,林克等人 1999 年在新产品的引进之前添加了一个称为"开拓"的生命周期前阶段)。产业也有生命周期。克莱珀(Klepper)和格

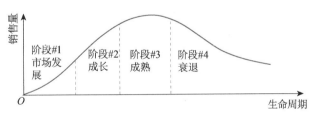

图 3　市场-产品生命周期理论(李维特《开发产品生命周期》)

雷迪(Graddy)1990 年提出产业演化的程式:一个年轻的产业由几个小公司组成,产品定价很高。进入之后,企业的数量增加,每个企业的产量都增加,综合效应是大幅提高产量和降低价格。产出持续增长,但增长率低于企业平均规模的增长率,造成一些企业必须退出——这是一次"洗牌"。以美国 1906—1973 年的汽车轮胎业为例(见图4)。1906 年只有 10 家公司,1922 年这一数字激增到 275 家,而在大萧条开始之前这一数字下降到了 132 家(1928 年)。后来,公司数量逐渐下降,到样本结束时达到 30 家左右。从轮胎企业的相对于

---
① 《道德经》第四章
② 《道德经》第四章
③ 《道德经》第十四章

整个市场指数的股价来看,在企业数量大幅度增长之前,轮胎企业的相对价值急剧上升,在退出期出现轮胎企业相对价值更加陡峭的急剧下降。股价的表现先于企业数量的变量。

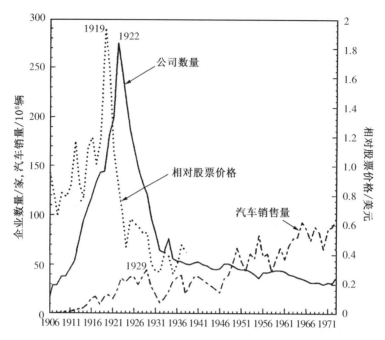

图 4　美国汽车轮胎业企业数量和相对股价,以及汽车销量

图片来源:Jovanovic B, MacDonald G, 1994. The life cycle of a competitive industry[J]. The Journal of Political Economy, 102(2): 322-347.

南怀瑾认为,中国古代的《易经》用十二辟卦来描述宇宙从产生到毁灭的过程。十二辟卦从乾卦起,顺次为姤、遁、否、观、剥、坤、复、临、泰、大壮和夬卦。古代《易经》的六十四卦均由阳和阴构成。阳是数0,代表"虚"或无形之物,阴是数1,代表"实"或有形之物。乾卦由六个0组成"000000",坤卦由六个1组成"111111"。六十四卦的第一卦是"乾"卦;第二卦是"夬"卦,其数是"000001";第三卦是"大有"卦,其数是"000010",第四卦是"大壮"卦;其数是"000011",……,最后一卦是"坤",其数是"111111"。可见,六十四卦的设计最初可能是用于结绳记事,1用阴爻"--"表示是一个结,0是阳爻"—"表示没有结。因此,六十四卦从乾、夬、大有、大壮……到坤分别对应0,1,2,…到63。也就是说,六十四卦是二进制的算术体系。十二辟卦对应的二进制数和十进制数如下表1所示。如果事物是按照十二辟卦的顺序发展的,其走势图如图5所示。我们看到,这个图与图3和图4是很相似的。

表 1　《易经》十二辟卦对应的二进制数和十进制数

乾	姤	遁	否	观	剥	坤	复	临	泰	大壮	夬
000000	100000	110000	111000	111100	111110	111111	011111	001111	000111	000011	000001
0	32	48	56	60	62	63	31	15	7	3	1

企业是多种产品的集合,不同的产品可能同时处于不同的产品生命周期,因此,判定企业所处的生命周期的哪个阶段很难。不同的文献对企业生命周期的描述不同。有些文献提出公司遵循一个包括诞生、成长及之后衰退三个阶段的生命周期(Ansoff, 1978; Gup,

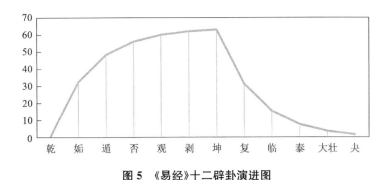

图5 《易经》十二辟卦演进图

1980)。根据古普(Gup,1980),企业在生命周期的早期阶段增长迅速,承担可观的风险,并在某一个成熟点达到收入和利润的最高点,随后开始下降,消沉以及最终的死亡随之而至。而戈特和克莱珀(Gort & Klepper,1982)提出五阶段模型:(1)创新首次产生的进入阶段;(2)生产者数量急剧增加的成长阶段;(3)生产商数量达到最大值的成熟阶段;(4)生产者数量开始下降的衰退阶段;(5)当净进入者数量基本为零的萧条阶段。理论上讲,企业可以从不同的阶段一步进入衰退阶段。

企业在生命周期的不同阶段,会有不同的特征。狄金森(Dickinson,2011)提出企业生命周期的现金流量识别模型,如表2所示,在很多方面,新创企业与衰退企业很相似。比如,每股收益、净经营资产收益率、毛利率都为负。因此,仅凭个别财务指标来确定企业的前景会发生错误。尽管在企业的获得能力方面,新创企业跟衰退企业一样都不好,但在销售增长率、市净率、研发支出水平方面,新创企业比其他阶段的企业要高得多。因此,我们中国要求企业IPO时前三年盈利是没有道理的,这个制度不利于提高中国经济的竞争力。另外,从时间序列来看企业的财务指标,可以很好地判断企业处于生命周期的哪个阶段。比如图6所示李宁公司2007—2012年间的销售增长率和股东权益增长率的变化趋势,尤其是从销售增长率的变化趋势可以看出,2007年李宁还处于成长阶段,2010年公司就达到了成熟期,2011年公司开始下滑,2012年公司处于衰退阶段。这说明李宁公司的产品已经好几年没有更新换代了。如果公司没有抓紧开发新产品,或者仿制新产品,公司就会陷入财务危机。

表2 处于不同生命周期的企业特征

财务指标	生命周期				
	起步	成长	成熟	下滑	衰退
每股收益	−0.19	0.71	0.98	0.30	−0.47
净经营资产收益率	−11.81%	9.37%	10.68%	7.23%	−31.45%
毛利率	−6.79%	5.63%	5.62%	3.65%	−20.15%
销售增长率	18.93%	16.54%	6.61%	2.03%	4.86%
市净率	2.27	1.99	1.80	1.68	1.84
研发费用/收入	10.03%	5.57%	4.42%	3.32%	1.18%
平均企业年龄/年	6.18	9.19	15.13	11.87	6.96

注:表中数据摘自 Dickinson V, 2011. Cash flow patterns as a proxy for firm life cycle[J]. The Accounting Review, 86(6):1969-1994.

实际上,创新可以打破企业生命周期的宿命。假如一个产品的生命周期按照十二辟卦的次序发展,每一个卦相当于一个阶段,那么我们可以选择从第二阶段、第三阶段或第四阶段开始开发新产品,而在第八阶段(复

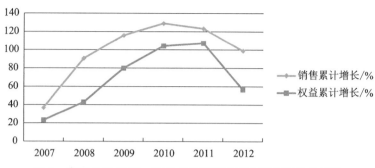

图6 李宁公司2007—2012年销售增长率和股东权益增长率

卦)之后结束衰退期产品的生产。这样,企业的资本平均收入[①]随时间的分布如图7所示。我们看到,除了单产品有明显的周期外,存在多种复合产品的企业资本平均收入随时间的分布没有显示出衰退的趋势。比如三种新产品开发的模式,我们看到从第二阶段起开发新产品的策略下收入随时间的分布是最稳健的。虽然从现金流来看,从第四阶段起开发新产品对企业的资金需求所产生的压力是最小的,但是在12年间企业的平均收入显现较为明显的上下波动现象。不仅如此,在开发新产品的当年,由于资本的投入没有产生相应的收入,使得那一年的总资产收益率会产生较大的降幅,这可能会对企业股票的市场表现或管理者的声誉产生不利的影响。而且在随后的几年里,企业的总资产收益率[②]都比处于成长阶段的单产品企业要低不少。因此,在用总资产收益率作为管理层绩效考核的企业里,管理层创新的意愿不大。据此,为了鼓励创新,企业董事会或股东会在给管理层进行业绩考核时应该考虑企业的创新投资水平。

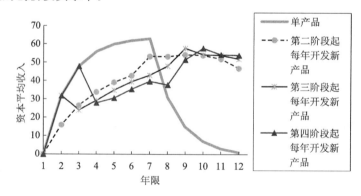

图7 产品生命周期、创新策略与企业生命周期

五、结论

企业是从无到有,从小到大,从成长到成熟再到衰落,最后破产清算还归于无的过程中任何一个时刻的"存在"。它就像一个泡沫,任何时候都是以一个独特的形体存在,但从其

---

① 企业当年的总收入/产品的种类数。为简化起见,这里假定每种产品的研发投入金额是一样的。我们还假定产品研发开始的那一年不产生销售收入。

② 由于新产品研发的投入会相应地增加企业的总资产,但新产品还没有产生收益,因此,开发新产品会拉低企业的总资产收益率。为简化起见,这里假定企业的总资产与产品(包含正在开发的产品)的种类成正比关系。

产生到最后破灭,总结起来就是"本无而生有,生已而复灭"①。企业从无到有的过程是创业,创业是创业者的思想在头脑里凝结形成"预组织"而后付诸行动去工商局注册,接着为新成立的企业融资直至企业能够依靠自己经营所产生的现金流量维持运转的过程。在这个过程中,离不开人的能动性——心的作用。释迦牟尼和老子都认为"心"是"空",但不是真空,是"非空"②,是"恍惚","其中有象""其中有物""其中有精"③。人心具有"乐见种种诸色相""不觉自心现而执取"和"取著于色虚妄习气"④的本性,因对"色"的执着而成爱成贪,迷于其中而不自觉。因此,企业的管理者和员工几乎都是追求自身利益最大化的。人心对"色"的追逐,使人的行为容易受到契约的影响。因此,任何一个所有权与控制权分离的企业都存在代理问题,安排薪酬激励是减轻代理问题的有效办法之一,但薪酬激励同样能够引发盈余管理等机会主义行为。企业的成长依赖于管理者和员工的行为,企业的生命周期同时也受产品生命周期的影响,创新是打破企业生命周期律的有效手段。

参考文献

(美)波特·埃里斯曼,2015.阿里传:这是阿里巴巴的世界[M].张光磊,吕靖纬,崔玉开,译.北京:中信出版集团.

吴晓波,等,2018.解密腾讯帝国[Z].杭州蓝狮文化创意股份有限公司.

Harris M, Aaron J, McDowell W, et al, 1970. Optimal CEO incentive contracts: a prospect theory explanation[J]. Journal of Business Strategies, 31(2): 336-356.

Aldrich H, Zimmer C, 1986. Entrepreneurship through social networks[M]//Seaton D L, Smilor R W. The Art and Science of Entrepreneurship. Ballinger, Cambridge, MA: 2-23.

Ansoff H I, 1978. Business strategy: selected readings[M]. NY: Penguin Books.

Bergstresser D, Philippon T, 2006. CEO incentives and earnings management[J]. Journal of Financial Economics, 80(3): 511-529.

Bird B, 1988. Implementing entrepreneurial ideas: the case for intention[J]. The Academy of Management Review, 13(3): 442-453.

Bull I, Winter F, 1991. Community differences in business births and business growths[J]. Journal of Business Venturing, 6(1): 29-43.

Castrogiovanni G J, 1991. Environmental munificence: a theoretical assessment[J]. The Academy of Management Review, 16(3): 542-565.

Cheng Q, Warfield T D, 2005. Equity incentives and earnings management[J]. The Accounting Review, 80(2): 441-476.

Dess G G, Beard D W, 1984. Dimensions of organizational task environments[J]. Administrative Science Quarterly, 29(1): 52-73.

Dickinson V, 2011. Cash flow patterns as a proxy for firm life cycle[J]. The Accounting Review, 86(6): 1969-1994.

Gartner W B, 1985. A conceptual framework for describing the phenomenon of new venture creation[J].

---

① 《楞伽经》
② 《楞伽经》
③ 《道德经》第二十一章
④ 《楞伽经》

Academy of Management Review, 10(4): 696-706.

Gort M, Klepper S, 1982. Time paths in the diffusion of product innovations[J]. The Economic Journal, 92(367): 630-653.

Gould A, Keeble D, 1984. New firms and rural industrialization in East Anglia[J]. Regional Studies, 18(3): 189-201.

Greenberger D B, Sexton D L, 1988. An interactive model for new venture creation[J]. Journal of Small Business Management, 26(3): 107-118.

Gup B, 1980. Guide to strategic planning[M]. NY: McGraw Hill Finance Guide Serie.

Heckerman D G, 1975. Motivating managers to make investment decisions[J]. Journal of Financial Economics, 2(3): 273-292.

Johannisson B, 1988. Business formation: a network approach[J]. Scandinavian Journal of Management, 4(3/4): 83-99.

Katz J, Gartner W B, 1988. Properties of emerging organizations[J]. Academy of Management Review, 13(3): 429-441.

Marrett C B, 1980. Influences on the rise of new organizations: the formation of women's medical societies[J]. Administrative Science Quarterly, 25(2): 185-199.[PubMed]

Mason C M, 1989. Explaining recent trends in new firm formation in the UK: Some evidence from south Hampshire[J]. Regional Studies, 23(4): 331-346.

Mazzarol T, Volery T, Doss N, et al, 1999. Factors influencing small business start-ups[J]. International Journal of Entrepreneurial Behavior & Research, 5(2): 48-63.

Pennings J M, 1982. Organizational birth frequencies: an empirical investigation[J]. Administrative Science Quarterly, 27(1): 120-144.

Romanelli E, 1989. Organization birth and population variety: a community perspective on origins[M]// Cummings L L, Staw B M. Research in organizational behavior, Vol. 11. Greenwich, CT: JAI Press: 211-246.

Shutt J, Whittington R, 1987. Fragmentation strategies and the rise of small units: cases from the north west[J]. Regional Studies, 21(1): 13-23.

Specht P H, 1993. Munificence and carrying capacity of the environment and organization formation[J]. Entreprencurship: Theory and Practice, 17(2): 77-86.

Thompson A A Jr, Strickland Ⅲ A J, 1999. Strategic management: concepts and cases[M]. 11th. Irwin McGraw Hill.

Van de Ven A H, Hudson R, Schroeder D M, 1984. Designing new business startups: Entrepreneurial, organizational, and ecological considerations[J]. Journal of Management, 10(1): 87-108.

Walker R, Greenstreet D, 1991. The effect of government incentives and assistance on location and job growth in manufacturing[J]. Regional Studies, 25(1): 13-30.

Walton J, 1977. Elites and economic development: comparative studies on the political economy of Latin America cities[M]. Austin, TX: University of Texas Press.

Watson K, Hogarth-Scott S, Wilson N, 1998. Small business start-ups: success factors and support implications[J]. International Journal of Entrepreneurial Behavior & Research, 4(3): 217-238.

Young R C, Francis J D, 1989. Who helps small manufacturing firms get started?[J]. Rural Development Perspectives, 6(1): 21-25.

不同视野下女性企业家的科学精神探究

陈 玲 胡 蝶*

摘要：科学精神，作为一种传统是人类理想和思想的传承，作为一种动力则是科学家在探索真理的道路上的支撑，作为一种方法论则可以教育大众如何探求真知。科学精神不仅是科学家所必须具备的素质，也是非专研科学的大众能够习得的精神。对于科学所产出的结果，原则上任何人都能够对其予以论证，同样科学精神也能在教习的过程中得以继承。在社会科学中，管理作为一门学问也在具体实践中践行着科学精神。女性企业家作为管理者，科学精神已经渗透于其管理活动和行为方式中，同时科学精神也作为一种准则规范着女性企业家的实践。从科学精神的定义出发，将形成价值观、行为方式、管理实践活动三种视野，不同的视野中女性企业家的科学精神具有不同的体现。对其科学精神的具体探究，不仅有利于对科学精神具体实践的理解走向一个深入的层次，也能在此基础上理解科学精神所具有的深刻内涵。

关键词：女性企业家；科学精神；科学精神的内涵

一、引言

梁启超曾指出："有系统之真智识，叫做科学。可以教人求得有系统之真智识的方法，叫做科学精神。"[①]科学的知识体系、体制建设都是人类的产物，科学的探究也是以人类为主体的活动，甚至科学精神的出现也是人类对自身创造活动的总结而形成的一种精神气质。因此，科学精神自始至终都打上了人类的印记。对精神内容的探讨，可以追溯至人类对于科学的定义，如何定义科学则影响着人类对科学内容的理解，无论是系统描述世界知识体系的科学，还是探索知识的社会活动，科学作为社会建制的一种产物，在与社会政治、经济、文化的动态交互中，不断分化出更多的特征和功能，由此科学精神的内容也在不断地扩展和增加。创新精神、探索精神、理性精神、批判精神、规范精神等每一项精神，都是在科学学习、研究、传播的过程中，科学内化成人们科学心态的最终结果。最终其内容的集聚都构成

---

* **作者简介**：陈玲（1972—），女，汉，福建莆田人，哲学博士，厦门大学哲学系教授、博士生导师，厦门大学校友总会秘书处副秘书长，福建省研究基地厦门大学马克思主义的规范与认知理论研究中心副主任，研究方向：科学哲学和科学思想史。胡蝶（1996—），女，贵州遵义人，厦门大学哲学系硕士研究生，研究方向：科学哲学和科学思想史。

项目来源：本文系国家社科基金一般项目《宋会要》科技思想的搜集、整理与当代价值研究（项目批准号：21BZX053）阶段性研究成果。

① 赵连昌. 论梁启超后期思想的文化保守主义倾向[M]. 上海：上海大学出版社，2010：173.

了波普尔所说的精神世界,这一世界便是人们思想内容的世界或客观意义上的观念世界①,在这一世界中科学家们自由探索着关于科学的自我意识。而现有关于科学精神的研究,多从科学精神与人文精神的关系、科学精神与科学发展观的关系等方面予以解读。对于不断学习管理科学的女性企业家来说,这一世界的建立也是在其具体的管理实践中不断形成的。在企业发展的路径探索、远景规划、危机处理、市场现状的分析等活动中,女性企业家践行着由科学家在其规范化探索中所形成的制度化精神,这些精神逐渐成为女性企业家的行为准则,规范着其管理活动,进一步辨别着伪科学管理的方法,从而导向着一种企业发展的真理道路,同时促进着整个企业发展的进步。本文拟从价值观、行为方式、管理实践活动三种不同视野对女性企业家的科学精神予以关照,进行一番深入探讨。

二、 价值观视野下女性企业家的科学精神

(一) 追求多元发展道路的真理精神

科学的发展并不是一个确定不变的过程,在探索的道路上存在着无数的未知,对这些未知的渴求便是科学发展的动力。在无数的科研对象中,如何透过复杂的现象去把握事物的本质所在以及如何探求其内在所具有的规律性,从而获得实在世界的客观知识是被科学家称为真理的问题。自古以来,哲学的目标就在于不断寻求真理,科学的崇高目标也是对真理的追求。歌德(Johann Wolfgang von Goethe)曾指出:在研究自然时,我们所要求的是无限的、永恒的真理。一个人如果在观察和处理题材时不抱着求实认真的态度,他就会被真理抛弃掉。事实上,对真理的追求有着坚实的历史基础,溯源古希腊,为了探求真理,哲学家们进行了无数的哲学思辨,在这一过程中他们为真理的诞生准备了必要的理论基础、思想方法和逻辑工具,并为后人种下了求真的种子②。对于管理科学来说,求真的本质首先在于对象的真实性,基于大的商业环境而将发展道路作为一个企业生存所需思虑和考量的对象,其是具有客观真实性的。在不断的考察中,女性企业家用自己敏锐的洞察能力为企业开辟着多元的发展道路。对于市场中所存在的多种具有导向性质的企业成功模式,女性企业家并不是一味盲从,而是善于从坚实的市场调研出发,将自己的主观认识与客观实际相结合,排除那些不科学的主观意愿影响,结合企业自身需求跳脱出固化的商业思维,而将企业发展的道路扩宽以形成自身强劲的竞争力。以敦煌网首席执行官王树彤为例,她大学毕业之后成为清华大学软件开发与研究中心的一名教师,但她并没有满足于这个在外人看来稳定、体面的职业,而是选择了微软这个IT行业的全球领军企业。在微软的日子里,她得到了比尔·盖茨(Bill Gates)的赏识与帮助,成为微软最年轻的中国区高管。而在微软的经历也使她的视野和思维方式发生了改变,认识到了东西方文化的差异与处事方式的不同,在这里学到的知识和经验有力地帮助她进入思科,来到卓越,最终具备实力与能力,创办了属于自己的电子商务网站——敦煌网。在企业的发展中,女性企业家们始终秉承着求真的科学精神,用实际的行动证明了不唯上、不唯书、只唯实的真理性。

(二) 运营企业的主体规范精神

作为一种社会建制,科学的发展并不是一开始就是规范的,而是在一种松散无组织的

---

① (英)波普尔(Popper K R). 客观知识:一个进化论的研究[M]. 舒炜光,等译. 上海:上海译文出版社,1987:5.
② 王滨. 科学精神启示录[M]. 上海:上海科学普及出版社,2005:25.

原始状态下,通过科学家的交流和合作而逐渐制度化发展的,其难以离开共同体之间对行为规则所达成的共识。这些规则、共识的传承便形成了往后科学家在科学探索研究时所需遵循的行为规范。在科学史上,美国著名科学社会学家默顿(Robert King Merton)就科学的规范发展提出了四项原则:普遍主义、公有性、无私利性和有组织的怀疑。这些原则是科学规范的一种理想状态,但又是不可缺失的,如若失去了判断科学家行为是非的标准,便会乱了科学家角色的"方寸",进而必定导致科学整体上的功能紊乱乃至消亡①。在现代社会中,科学的规范是在一种科学共同体与科学的社会系统(包括权威结构、智力结构、评价和奖励及知识产权制度等)的良性互动中展开的②。其所形成的规范精神构成了一道警戒线,不仅警醒着科学家,同时也在大众的认知中得到了认同。事实上,处于整个社会复杂系统运行之下的企业管理,同样也需要受到规范的制约。在女性企业家所具备的内在气质中,规范与其本质气质有着一致性或内在统一性。这是因为女性往往具有男性所难以具有的亲和性,这种亲和性的目的就在于遵守自然的规律,以达到与自然和谐相处的目的,因而任何有违规律的行为均被视作对自然的侵犯。该气质在商业领域的体现便在于对市场运营规范的遵守。这种规范精神的发扬,在格力电器股份有限公司的董事长董明珠身上得到了很好的体现。出于对消费者利益、行业健康发展的社会责任考量,董明珠直言:"格力会不断买同行产品检测,发现不合格的就举报,以此推动行业进步。"③2018年因发现某品牌存在商业广告造假,董明珠便在线上线下、销售内外甚至还有法庭内外对该品牌发起了抨击。面对自身品牌,董明珠也时常强调:企业规范运营的重要性在于履行好社会责任,禁止逾矩行为的发生。事实上,主体规范精神也能为分析企业的潜在问题提供视角与基点,从而形成一种"科学的透视"或"科学的眼力",以促进企业的良好发展④。

(三)规划发展远景中的求善精神

如何看待科学发展与道德的结合实质是价值观最直接的体现,对该问题的探讨是自古以来争论的焦点。苏格拉底(Socrates)就曾指出"美德即知识"⑤,毋庸置疑,该观点强调的是知识与道德的等同关系。实质上,知识作为科学活动的成果,其应该包括内容和价值取向两个方面,不能局限于对客观规律的正确认识而丢掉了以造福人类为目的的价值取向。有学者指出:"追求真理并非科学的全部价值所在,科学通过求真,可以达到求美,求善。"⑥在社会这个大环境中运行的科学,不可能脱离主体价值观的支配而在真空中发展,真善美已经和科学这一机体紧密结合在一起⑦。因此,科学精神应该在求真、求善、求美的层面上,将和谐统一当作自身的最高目标。事实上,企业的发展也是一个从求真走向求善、求美的过程,任何企业如若不把求善作为企业规划发展远景中的一部分,只顾于眼前的微小利益,其结果终究不会乐观。在对企业远景的规划上,女性企业家更注重企业形象的树立

---

① 马来平. 默顿科学规范再认识[J]. 自然辩证法研究, 2008, 24(4): 91-96.
② 蒋道平, 徐飞. 从哥白尼革命看科学精神的塑造:写在《天体运行论》发表470周年之际[J]. 科学学研究, 2013, 31(9): 1281-1286,1295.
③ 为推动社会进步 董明珠"霸气"喊话全行业:发现不合格依然举报[N].中国商报,2020-04-30.
④ 李醒民. 科学精神与人的价值[J]. 自然辩证法研究, 1998, 14(1): 57-58.
⑤ 洪涛. 逻各斯与空间:古代希腊政治哲学研究[M]. 上海:上海人民出版社, 1998: 229.
⑥ 彭炳忠. 论科学精神[J]. 自然辩证法研究, 1998, 14(10): 25-29.
⑦ 王滨. 科学精神启示录[M]. 上海:上海科学普及出版社, 2005: 340.

乃至企业的长远发展,求善作为其主要的价值观引领着女性企业家在商业上的布局与规划。以商界的传奇女性人物何巧女为例,何巧女在企业的发展理念上糅合了生意与生活,她用企业的模式做公益。除了每周固定做公益以外,她还将个人持有的7630万东方园林股票,以个人减持股票后的现金捐赠给巧女公益基金会,并根据项目的进展逐年拨付。此外,她还与比尔·盖茨共同出资成立了深圳国际公益学院以培养更多的公益人才。这一系列的举动不仅让公司的未来战略主题即"心系地球"收获了良好的口碑,而且也促进了公司效益的增长。爱因斯坦(Albert Einstein)曾指出:"如果要使自己一生的工作有益于人类,那么只懂应用科学本身是不够的,关心人的本身应当始终成为一切技术上奋斗的主要目标。"[①]在企业管理的道路上,女性企业家始终以求善作为求真的指导,在让企业获利的同时,也表达了对人的尊重与关怀。

三、行为方式视野下女性企业家的科学精神

(一) 实现产业闭环的创新性精神

创新是社会发展道路上必要的因素,也是科学发展的生命。创新作为一种在人与自然、人与人、自然与自然之间展开的由新技术构思到新技术物品生产的创新性社会活动价值系统[②],其致力于不断挑战知识、技术的高度,在超越前人智慧的基础上不断突破领域难题而获得新知识。回顾科学史的发展,可以说一部科学史就是在继承的基础上,自由发现、自由创新、不断前进的历史。正是在普鲁斯特(J. L. Proust)燃素说的基础之上,拉瓦锡(Antoine-Laurent de Lavoisier)通过自己的观察和实验提出了氧化说;也正是因为不惧权威的心态,相对论和量子力学的提出冲破了经典物理学的危机,而建立了现代物理学。在科学探究的过程中,创新作为引导甚至是一种动力,使得科学家不受终极真理束缚,在自由想象的基础上利用纯粹理性去生产对社会乃至世界来说都实用的知识和技术成果。事实上,企业经营的过程也是一个比智慧、比创新的过程。在越来越复杂的社会环境和商业环境面前,对创新精神的呼唤成为企业发展的绝对动力。如何在快速变化且资源有限的市场中博得企业发展的一席之地,如何使企业在激烈的竞争中脱颖而出,这些问题都是企业经营管理者所面临的重大问题。但在处理这些问题上女性企业家并未受到固定思维的束缚,而是在探索中促使自己解决问题的能力从前人的方案中解放出来,走向一种全新的思维。以影谱科技创始人姬晓晨为例,作为中国最大的智能影像生产企业的创始人,在开创智能影像产业发展路途之后,她并未像同行一样执着于某一单一领域的开拓,而是在无数的市场调研之下看到了新的发展机遇。于是她带领企业员工不断钻研新技术,在原有坚实的影视技术的基础上建立起了可整合所有视频类渠道、覆盖兼容各硬件终端与计算机芯片、贯穿所有可视化场景的智能影像变现闭环产业,同时也成为目前中国唯一一家掌握影像变现闭环的企业。凭着创新的精神,姬晓晨在实现企业价值的同时也为影视行业的发展开辟了一条新的路径。科学家布鲁诺(Giordano Bruno)曾指出:"智力绝不会在已经认识的真理上停止不前,而始终会不断前进,走向尚未被认识的真理。"在管理企业的道路上,创新精神始

---

① (德)阿尔伯特·爱因斯坦.要使科学造福于人类,而不成为祸害[N]. https://www.kekeshici.com/shicizhoubian/yanjiang/mingpian/63266.html,2019-05-30.

② 夏保华.论作为哲学范畴的"技术创新"[J].自然辩证法研究,2005,21(11):53-57.

终促使着女性企业家将不同领域的高度专业化的知识和技术进行整合,努力掌握现实和未来市场价值链的综合把握能力,从而不断推进企业的发展①。

(二) 寒冬发展环境中的实践探索精神

对古希腊自由探索的思想和精神传统的继承,是现代基础科学快速发展的根基。亚里士多德(Aristotle)就曾向人类揭示了科学产出的三种条件,即社会提供的闲暇、自由的学术探索以及对自然的惊异。由此可以看出,在科学产生过程中自由探索所起到的重要作用。以理性的眼光审视科学的发展,科学始终以求真作为自己的目标,这种对隐藏在表象之下的客观规律的追求,决定了科学家在科研活动中扮演着一种探索者的角色,他们不断地去发现某些反常或是问题,并提出自己的解决方案。科学哲学家费曼(Richard Phillips Feynman)指出:"科学是解决为什么的问题,真正的科学家永远保持着开放的头脑和对未知事物永无止境的探索精神。"②实质上,没有探索就没有科学,研究对象的变化发展、世界的无限性和复杂性等一系列因素都决定了科学探索这一道路注定是漫长而又曲折、复杂的。为了获得关于真理的知识,科学家们都经历着不断探索、不断追求、不断坚持这样一个艰难过程③。反观任何一个企业的发展,其成功也不是凭空出现和一蹴而就的,同科学家的探索活动一般,企业的成功需要在复杂的市场环境中不断探索与试错,即使在艰难的环境中也保持自己的实践探索精神。2018年中兴禁售事件暴发,国内半导体关联企业遭遇发展的寒冬环境,许多企业纷纷进行了转型,而至纯科技的女性企业家蒋渊却迎难而上,秉持着探索的精神,蒋渊坚持组建团队自主研发半导体高纯工艺系统,虽历经困难,但最终至纯科技还是成为独立掌握半导体技术的中国企业。此外,她还将探索领域深入到了湿法清洗设备的研发生产,并投入了大量的资金建立全资子公司至微半导体以开拓企业的发展道路。马克思(Karl Heinrich Marx)曾指出:"在科学道路上是没有平坦的大路可以走的,只有那些在崎岖小路上不畏劳苦的人,才有希望达到光辉的顶点。"④同样,企业发展也是条崎岖的蜿蜒小道,但女性企业家却利用探索精神为企业铺平了一条发展的康庄大道。

(三) 经营模式泛化下的批判性精神

科学的发展讲求规律的总结与运用,但其并不是一成不变使人墨守成规的教条主义,而是要求在已经建立的科学基础之上,对知识进行扩展性思考或者是站在对立面进行批判,从而树立起新的知识或理论。以波普尔(Karl Popper)的观念来看,科学发展的逻辑就在于对某些突出反常问题的解决以及对若干基本问题的思考与批判。实质上,批判并不是某种意义上的非建设性破坏,而是以新的角度去考察事物、为问题的解决谋求新的出路。科学史上,在汤姆森(Joseph John Thomson)、罗瑟福(Ernest Rutherford)、波尔(Niels Henrik David Bohr)、海森伯(Werner Karl Heisenberg)这样一种师生的继承批判过程中,量子理论取得了创新性的发展,这些发展有力地推动了20世纪的物理学革命。正如亚里士多德所说:"吾爱吾师,吾更爱真理。"因此,历史证明科学往往是在相互争论和促进中发展

---

① 崔伟奇,程倩春. 论科技创新文化发展的价值基础[J]. 自然辩证法研究,2018,34(12):51-57.
② 解世雄. 论费曼的科学文化观[J]. 自然辩证法研究,2006,22(6):97-100.
③ 秦元海. 论科学精神:兼析我国科学精神的缺失与培养[D]. 上海:复旦大学,2006:60.
④ 马克思恩格斯选集(第1卷)[M].北京:人民出版社,1972:667.

的,其发展不仅需要继承也需要一定的批判与突破①。在企业的经营中,由于某一新兴领域获得红利后,难免出现商业复制甚至达到严重泛化的现象,此时便需要企业家从象牙塔顶去观察市场的情况,去了解企业发展的真正需要。事实上,女性企业家往往在这一点上都带着一种批判性精神去审视真实的行业状况。以埃森哲战略大中华区总裁余进为例,当大数据成为行业热点,许多企业纷纷数字化转型,并在营销上注重加载数据而达到精准营销时,余进则以一种批判性的眼光指出:"在数字经济的新阶段,与消费者建立数字信任才是实现创新与增长的关键。企业应该学会更安静地与消费者相处,减少过度打扰。"②正是这种对立面的思维方式使得余进管理的企业一直稳居咨询企业的霸主地位。科学之所以能不断地有新兴知识的出现,就在于科学家们勇于更新观念,大胆批判、改革旧有的理论③。而由女性企业家所带领的企业之所以能够在领域内扎根不倒,也在于女性的企业家敢于不盲从、敢于从对立面思考企业的真实现状,以最适合的模式引导企业的发展。

四、管理实践活动视野下女性企业家的科学精神

管理活动的视野要明确地区分于行为方式的视野,相对于行为方式来说,管理活动更加注重于企业内部结构的调整与管理,而行为方式则是针对企业的外部发展战略来说的,二者在侧重的角度上是不相同的。管理实践活动涉及对企业内部价值的分析、管理机制的建立乃至对危机的处理等内容,从具体内容的分析中更能窥见女性企业家在实践活动中所彰显的科学精神。

(一)企业价值分析中的怀疑精神

科学的知识自古以来都是在对怀疑事物的辩论、检验中越来越明晰的。怀疑精神在科学研究中以一种问题意识的凸显来促进科学的发展。具体可以指向一种在科学研究中询问为什么的行为,其便是怀疑精神的体现。对于怀疑精神的观点,与逻辑实证主义强调科学精神注重在理性指导下的观察和实验不同,波普尔则认为怀疑精神应该被看作科学发展的核心,其主张只有在对前人的理论或是陈述抱以一种勇敢的怀疑以及在实践行动上去证实或证伪的过程中,科学才会得到动态的进步和发展。默顿也曾提出有组织的怀疑精神,并认为这种怀疑精神并不等同于简单的个人性的怀疑主义方式,相反它是一种不断发展的、有规范限定的认知警惕系统④。简单来说,怀疑精神不仅激发着科学家不断学习、认识以及实验,并且还形成了一项有组织的科学警惕系统以甄别错误的出现。怀疑精神在企业管理中的体现可集中于价值分析的层面上,价值分析是一项将企业内部各个经营单元看成独立的对象,以识别哪些单元是萎缩项目,哪些单元是成长版块,甚至分析该单元是否对企业价值结构具有贡献的行为⑤。在企业的内部管理中,女性企业家对某项单元的价值的质疑往往是在对企业的资源配置做合理分析,以此来为企业的长远发展谋划布局。小红书创

---

① 王滨.科学精神启示录[M].上海:上海科学普及出版社,2005:218.
② 马慧钰.文化创意与经济增长:数字经济时代的新关系构建[J].财讯,2019(25):103.
③ 秦元海.论科学精神:兼析我国科学精神的缺失与培养[D].上海:复旦大学,2006:63.
④ 吴秋兰.怀疑主义、科学怀疑精神与科学信任:论现代专家信任系统的建构基础[J].福建师范大学学报(哲学社会科学版),2005(2):48-53.
⑤ 张晓明.企业内部管理报告研究[D].北京:财政部财政科学研究所,2011:79.

始人瞿芳基于对企业内部单元的价值分析,在同行都专注于产业的电商发展时,她仍然怀疑当前社交软件大量将社区内容让位于电商行为的正确性。于是在小红书的重新布局规划中,她仍将软件的首页让位于社区内容,而将购买按钮放在第三页,同时也拒绝推送广告以打扰网络社区中的用户。小红书这一看似不获利的举动,实际上已让其成长为一家估值30亿美元的"独角兽"公司。在求实的基础上勇于怀疑,是企业在相同的商业模式中走出自己的一条道路的最佳力量。女性企业家们也用她们的实际行动践行着这一科学中的重要精神。

(二) 管理机制上协同努力精神的展现

科学的事业向来是人类集体的社会事业,是人类对各项真理的探索过程,同时也是自然知识体系的共同积累与总结。完全由科学家个人来推动科学发展的事业是不可能的。在科学建制化之后,相同领域的科学家聚集在一起形成了科学共同体,科学共同体在范式的指导下进行集体的探索,他们以探索自然和人类自身的奥秘为课题,在历史的进程中协同努力着。可以说这种集体智慧的科学实践使得在科学家内部逐渐形成了一种团结协作的科学精神[1]。科学知识的积累与突破过程,其实质就是在前人的基础之上进行不断创新的过程,该过程也侧面证明着科学家的思想并非完完全全都属于个人的思想,而是在综合前人智慧上的新发展。事实上,企业的管理也是一个协同努力的过程,在面对企业的发展难题、方向等上,企业管理者几乎是以前人的经验作为基础,而以今人的协作作为机制建立的动力的。相对于男性企业家来说,女性企业家往往在机制的建立乃至问题的解决上更加重视集体智慧和团结协作,她们将每个员工对于问题的认知以及解决方案都看作一种为企业机制建立添砖加瓦的行动。美国著名女性企业家、被誉为当今世界最成功女企业家的玫琳凯(Mary Kay Ash)在自己《玫琳凯谈人的管理》一书中多次强调在企业机制建立过程中倾听员工建议的重要性[2]。她认为一位有效率的领袖会在企业管理的构思中,让专业的下属人员参与。事实证明,正是玫琳凯对同事的信任以及对同事意见的寻求,她所发起的每项公司项目或是行动在初期都能得到大力的支持。因此,学会协作也成为玫琳凯管理企业中的黄金法则。事实证明,无论是哪一种活动,难以离开他人的支持与合作而独自取得成功,协作精神已经在企业的各个环节极大地影响着企业事业的成败,女性企业家对这一精神的合理运用均促使着她们在企业发展的道路上不断取得突破性成果。

(三) 企业危机处理中理性精神的彰显

科学精神代表着人类对科学本质的不懈理解和追求,理性则作为其中重要的一种精神彰显着科学的灵魂与人性的底蕴。追溯其形成,理性精神是在科学家对古希腊逻各斯原则、巴门尼德逻辑分析方法的整体继承下,在科学探索活动中逐渐将这种理性的思维方式内化成自身的思想意识,从而形成稳定个性品质的过程[3]。具体来说,科学的理性精神有两方面的内容:一是以理性为指导进行观察和实验;二是作为一种欲望的调节或控制器。两方面的内容共同规范着科学共同体的科研行为,以避免失范现象的产生。同时理性精神也作为一种促进剂,促使科学家在繁复的事物现象中利用数理的解释、逻辑的演绎分析甚至

---

[1] 王滨. 科学精神启示录[M]. 上海:上海科学普及出版社,2005:275.
[2] (美)玫琳凯·艾施(Mary Kay Ash)著. 玫琳凯谈人的管理[M].2版.王吉美,等译.北京:中信出版社,2009.
[3] 刘德华,施若谷. 论自然科学研究活动中的理性精神[J]. 自然辩证法研究,2000,16(12):15-18,63.

是实证的方法,去追寻着事物的内部联系、事物的规律性。无论科学家是否清晰明确地指出他们的研究活动遵循了理性,但利用这些思维方式进行思考的活动也就彰显了科学家的理性精神。在企业的管理活动中,科学家所秉承的理性精神则为企业家提供了思维方式甚至是行为范本,甚至在危机的处理中理性的思维方式和规范都对企业家产生了极大的效用。对于女性企业家来说,危机的处理是对其素质的挑战,也是对整个企业生存哲学的考验①。在无数的危机处理案例中,女性企业家对理性精神的贯彻都让企业成功推动和实施了危机的处理计划以及危机后对危机的再认识和评估。以"花点时间"的 CEO 朱月怡为例,面对疫情给企业带来的危机,她理性分析企业首先需要做的是止损。于是她首先停掉了情人节的鲜花广告投放,其次带领管理部人员细心寻找主营业务和外部变化中的交集,在发起"买花助农战疫"活动之后,企业顺利帮助 1 000 多个农户,将鲜花送到了超过 20 万用户的手上,这一举动也让公司业务重新开始运转。危机之后,她冷静分析了此次危机,同时告诫员工,危机面前最重要的是寻找自己能干什么,而不是等待。事实上,危机处理实践中女性企业家对危机的判断、涟漪效应的预估、消除策略的实施等都彰显着女性企业家的理性精神,理性精神作为女性企业家的助攻让她们在激烈的竞争中站稳了脚跟。

五、结语:兼谈女性企业家的优势素质

随着我国社会的发展,越来越多的女性参与到市场竞争中来,女性企业家这一群体不断发展壮大,为社会经济的发展发挥着难以取代的作用。面对这一现象,很多学者将研究视线转移到这一群体上,希望为女性企业家的成长与发展给予具有针对性和建设性的建议,从而帮助她们更好地发展。而关于女性企业家优势的研究,可以成为帮助她们认识自我、促进成长的一个切入点。基于此,文章在结语部分,简要探讨下女性企业家优势的彰显与培育。

肇始于 20 世纪 60 年代的女性学理论是美国女权运动的产物,西方女性学理论的发展大都与美国本土的妇女运动和妇女解放实践紧密相关,而国内关于女性学的研究始于 20 世纪 80 年代。女性学作为一门新兴的理论体系主要研究女性特质,两性比较,女性与政治、经济、文化等之间的关系等,要想对女性企业家优势有较为准确的了解,就脱离不开对女性性别特点与优势特质的研究。具体而言,从女性企业家的生理特点来讲,女性免疫系统比男性更为优越,这种有效抵御疾病和自我修复的能力,使得女性比男性更具有韧性和耐力,而且据统计,女性的平均寿命比男性长。同时,女性的脂肪厚度是男性的两倍,使得女性比男性更能抵抗饥饿和疲劳。此外,男女脑细胞的构造也有所不同,女性的大脑具有更多的神经细胞,其接收信息和传递信息的能力更为强大。现代心理学将气质定义为人典型的、稳定的心理特点,不少研究者表示,女性特有的气质秉性与素质特点(诸如耐心、细心、善解人意、善于沟通、交际等)能更好地帮助女性企业家应对经济环境中的困难和障碍②。

---

① 李继红.模拟培训的一个范例:企业家的"危机管理"应变能力[J].自然辩证法研究,2005,21(7):82-85.
② 西奥多西亚(Theodosia)认为女性与男性相比,更具灵活性,能更好地平衡家庭与事业的关系。(参见 Anthopoulou T R. Women in local agrofood production: between entrepreneurial initiatives and family strategies, a case study in greece[J]. Journal of Rural Studies, 2010: 1-10.福莲认为女性企业家比男性企业家更有韧性、更细心,拥有良好的沟通能力和亲和力,这使她们具有得天独厚的优势。[参见福莲.中国女性企业家为什么更容易成功[J].中国民营科技与经济,2004(4).]艾米·亨利发现女性固有的特质,如善于倾听、注重人际关系的培养和善解人意对于实现商业目标至关重要。[(美)艾米·亨利.女总裁告诉你:当代女性如何在商界成功[M].北京:新华出版社,2006:1.]

如此一来，要更好地发挥女性企业家的性别优势，使其展现出女性的素质特征与处理问题的能力，就需要明确其优势素质形成的影响因素，而借用社会学习理论与企业家人力资本理论进行归因分析具有可行性。社会学习理论认为性别角色是由学习和社会制约而不断形成的，行为习得除受遗传因素影响之外，更关键的是受后天生长环境的制约，进一步讲，女性企业家性别优势与素质能力的形成不仅依赖于父母，还受到家庭及邻里关系的制约（可总结为家庭网络关系），家庭网络关系因素与女性企业家的成长呈正相关；企业家人力资本理论认为企业家的人力资本是可以通过教育、培育等手段不断积累的，人力资本的再生产是种投资，而非消费。一般而言，女性企业家的人力资本投资主要是通过早期学校教育与在实际工作中所积累的经验和创业经历来实现的，因此，学校教育、工作经验、创业经历等人力资本积累因素与女性企业家优势素质的形成亦呈正相关关系。除此之外，我国女性企业家之所以能够迅速崛起，这与社会对女性的宽容与正视、社会经济快速发展、社会组织机构的改革等紧密相关。总之，女性企业家要想使自身的先天优势与后天能力培养得到更好的发挥，从而完善自我、走向成功，就需要重视父母培养、家庭支持与邻里关系的建设，并在工作与创业的过程中不断总结经验、吸取教训、锻炼能力，同时还要善于发现与应对外部环境的变化所带来的机遇与挑战。

回到文章主题上来，研究女性企业家科学精神的目的在于，对社会科学中的科学精神发展进行探讨。当前对科学精神的分析仅限于自然科学的领域，并且研究内容也稍显老旧。因此，对科学精神的研究也应随时代的发展而进入一个新的层次，本文从价值观、行为方式以及实践活动的层面对女性企业家所秉持的科学精神进行了剖析，该分析只是一个尝试性且浅薄的探讨。将来，随着科学与社会间互动关系的日益凸显，更确切地说，是随着科学社会化与社会科学化程度的逐渐加深，科学活动不再是一种纯粹追求确定性知识的个人活动，而是一种包含在复杂的、充满不确定性的社会网络之中的共同体活动，这一共同体活动在社会化进程中势必引领着先进文化的转变与发展，科学精神亦在更为广泛的文化价值层面得以展开，从而影响到人类社会的各个领域。就现实意义而言，我国目前科学精神的培养和传播环节都十分薄弱，因此有必要大力培养和弘扬追求真理、敢为真理献身的科学精神，以此形成学科学、爱科学、敬科学的良好社会氛围，营造出科学事业不断创新发展的条件，从而有力推动我国现代化科技强国的建设和中华民族伟大复兴的实现。

纵横家管理思想研究

余全介*

摘要：纵横家管理思想兴起于战国时期，较其他诸子思想为更晚。纵横家管理思想是以权变为根本要旨。战国时期特殊的历史环境是纵横家管理思想兴盛的时代背景，权衡应变是纵横家管理思想的精髓。与时俱进，工于权变，使得纵横家管理思想常能化解危机，走出困境。不过，纵横家管理思想在实际运用中，常有阴险诡诈的倾向，在一定程度上制约了其应用范围与社会影响。虽然中西权变管理思想不尽相同，但是纵横家管理思想在识别人心、熟谙世情、随机应变等方面实有长处，不可一概否定。

关键词：纵横家；权变；管理

纵横家是先秦诸子学派之一，以苏秦、张仪等策士为代表。纵横家管理思想在战国时期较为活跃，指导着策士们在诸侯之间游说经营，纵横捭阖，权衡利弊，辩论利害得失[①]。

一、时代巨变，应运而生

纵横家管理思想兴起于战国时期，较诸家思想为更晚。特殊的历史背景是纵横家管理思想出现并且走向兴盛的重要原因。

第一，历史巨变是纵横家管理思想出现的时代背景。历史进入战国时期，王纲解纽，无复统绪。春秋以来，周王权威已经逐渐衰微，浸至扫地无余，然而当时尚有霸主勉强维持局面。齐桓、晋文诸霸，持心虽有不正，然而皆能高举尊王守经的旗帜，避免春秋社会纲常的完全沦丧，陷入无序的纷争[②]。春秋时期尚有霸主维持天下秩序，阻止吞并侵略。然而，进至战国时期，以强凌弱，以众暴寡，蚕食鲸吞，愈演愈烈，直至嬴秦消灭诸国，一统天下。当

---

* **作者简介**：余全介（1977—），男，汉族，江西省九江市人，浙江海洋大学教授、博士，研究方向：中国传统文化。

① 后世考论纵横家思想，常常提到鬼谷子，以为源头。然而鬼谷其人，异常神秘。刘勰《风俗通义》以为鬼谷子其人出于六国时期，身份为纵横家。《隋书·经籍志》言鬼谷子乃周世隐士，《史记集解》引徐广之言，认为其人以地名自号，出于颍川阳城。"颍川阳城有鬼谷，盖是其人所居，因为号。"《史记索隐》却言鬼谷之地不一，难以确指，"鬼谷，地名也。扶风池阳、颍川阳城并有鬼谷墟，盖是其人所居，因为号"。又有乐壹注鬼谷子之书，以为苏秦从鬼谷子求学，乃为虚构之辞，"苏秦欲神秘其道，故假名鬼谷"。《鬼谷子》一书不见于《汉书·艺文志》，《隋书·经籍志》载有两种注本，一为皇甫谧注本，一为乐一注本。《旧唐书·经籍志》则载有三个版本：《鬼谷子》二卷，苏秦撰；又三卷，乐台撰；又三卷，尹知章注。《新唐书·艺文志》保持不变，至《宋史·艺文志》惟载一个版本，"《鬼谷子》三卷"。唐代柳宗元曾经根据早期目录著录之有无，辨定《鬼谷子》为伪书。今观《鬼谷子》一书，其言多有权变意蕴，可以充当纵横家思想研究的参证材料，然要正面讨论该派思学术，尚须以《战国策》所载纵横家活动为重。

② 清人顾栋高认为，孤弱无力如邾、莒两国，历春秋两百余年，危而不亡，多赖霸主维持，"中间仗桓、文之霸，扶持绵延二百余年"（《春秋大事表·卷三十六》）。

此情形,诸国所面临的最大任务是图生存,防欺凌。为了维护国家安全与利益,各诸侯既要使用军事战伐,亦需外交游说。诸国君主思贤若渴,急需良谋,擅长谋略权衡与游说结交的纵横家因此时运而出现。

第二,礼制解体是纵横家管理思想活跃的政治原因。西周礼乐文明多有政治之义,举凡封建、封爵、推选、任用诸礼皆为政治制度。战国时期,士人在国家之间流动更为方便,约束更少,这与此前的情形大有不同。根据《左传》《国语》等文献记载,春秋时期士人游走有诸多约束与不便。公子重耳以贵族公子之身,不得国君礼遇,即陷于绝粮困境。孔子以仁贤之资,不得礼待,即陷于断粮被攻之窘境。春秋时期诸贵族公子离开家国,常有无处为家、无处为臣之感。至于楚材晋用,则是国内动乱、政敌迫害的结果,是不正常的现象。战国时期,士人流动则显得更为容易。从政治制度的角度来讲,进至战国时期,无论是西方的秦国,还是东方六国,权力集中的趋势都越发明显,公族势力影响日益缩小。公族势力衰微,意味着许多官位不再由世袭贵族把握,政治资源得到释放,使得纵横家策士进用的空间增大。

第三,观念改变是纵横家管理思想盛行的社会原因。战国时期,任贤举能的观念已经深得人心,"亲亲""贵贵"的传统观念遭到冲击。思想观念的改变,使得大批出身寒微但是身怀才能的策士扬眉吐气,昂首阔步,获得任用晋升的机会。当时的策士,游历众国,任职多方,东边不亮西边亮,此方唱罢,彼方登台。汉代东方朔认为,纵横家张仪和苏秦在战国时期受到尊崇,是因为那时诸侯国的统治者大都不满足于现状。强者希望巩固自己的优势,并且希冀得到更多的领土。弱者欲摆脱险境,走出困境,为自己的政权谋求稳定优良的生存环境。可是,仅仅任用旧贵族,并不能达成目标。不惜重金,招揽策士,厚爵优待,得偿夙愿,是这个时期各诸侯国较为通行的变革模式。

第四,文化教育的普及是纵横家管理思想出现的文化原因。教育由官学向私学的演进,在春秋时期已经开始。进至战国时期,这种趋势更加明显,所以更多平民子弟有机会接触学术思想,砥砺修习。纵横家之游说活动,知识技能要求较高,既要懂历史、政治等诸种学问,论辩时能够顺手拈来,又要懂人心与社会,善于把握时机,还要懂修饰与包装,能以恰当得体的形象和方式,出现在特定的场合。苏秦游说秦王,以黑貂之裘装饰自己,失败之后,夜晚发太公阴符之书以揣摩简练,至今让人印象深刻。冯谖游说孟尝君,以固定的姿态弹铗唱歌,塑造个性形象,以出人意料的方式回答问题,不循常规,让人印象深刻,从而在众多门客当中脱颖而出。纵横家的学问,如果放到今天的学科体系,将会涵盖历史学、地理学、语言修辞学、政治学、经济学、军事学、逻辑学、民俗学、社会学、心理学、艺术、服饰与表演等诸学科。如此全面的知识技能的要求,只有在文化学术向社会扩散、教育学习机会向各阶层延伸的情况下才能实现。可以说,纵横家管理思想的出现是社会整体向前发展的结果。

二、权时权势,随机应变

孟子曾经讥讽纵横家思想,极为辛辣,"以顺为正者,妾妇之道也"[①]。孟子视纵横家管理思想为妾妇之道,以顺从概括纵横家所为。其实,纵横家管理思想重在利害,长于应变,

---

[①] (宋)朱熹.孟子集注(卷六)[M].滕文公章句下,北京:中华书局,1983:265.

可观之处甚多,不可简单弃绝。

司马迁在纵横家苏秦传末,以"权变"概括苏氏学术,"苏秦兄弟三人,皆游说诸侯以显名,其术长于权变"①。在张仪传末,太史公重申权变与纵横家紧密相连,"三晋多权变之士,夫言从衡强秦者大抵皆三晋之人也"②。班固在介绍纵横家蒯通的著作时,同样提到"权变"二字,"通论战国时说士权变,亦自序其说,凡八十一首,号曰《隽永》"③。《汉书·艺文志》在总结纵横家思想学术时,用到与权变相近的"权事制宜",纵横家盖出于行人之官,"其当权事制宜,受命而不受辞,此其所长也"④。《隋书·经籍志》换成"临事而制",纵横者,"受命出疆,临事而制"。可见,"权变"正是纵横家管理思想的根本特点。"权变"一词,与今天"随机应变"比较吻合。事实上,"权变"在现代汉语中常被解释为"随机应变"⑤。

纵横家管理思想的根本在于权变,权变就是权时而变,权势而变,随机应变。权变包括权与变两层意蕴。其中"权"原指秤锤,衡指秤杆,权衡乃称量之具。权衡后引申为动词,表示衡量考虑,是对事物、形势的考量,是变的原因。"变"是指变化、调整,指变动不居,灵活机动,是权的结果。"权变"一词包含了"权""变"两字的意蕴。"权变"有变义,有权义,犹如秤锤随事物重量而移动,变换位置。权变不是随意乱变,而是随机应变。变动所以发生,乃是基于轻重利弊的权衡。变动的目的在于趋利避害,渡过难关,占得优势。《汉书·艺文志》所言,按照字面解释,是说纵横家施展平生所学,根据事情实际形势的变化,采取合适的举措。只要达到最终的目的,并不一定要完全按照君主的言辞逐条落实;达到目的最重要,而不必拘泥于中间的方法与途径。只要于事无害,对君主的命令有所更改或者违背,都是机动灵活的表现,都是可以被接受的。《汉书·艺文志》对纵横家管理思想的总结,实际上与"权变"的含义非常吻合。

纵横家管理思想以权变为根本,这是区别其他诸家管理思想最重要的特质。纵横家的游说经营活动,首先需要对形势进行轻重权衡,长短较量,利害揆度。在权衡的基础上,再做出相应的调整与改变。事实上,纵横家管理思想所以能够活跃在风云诡谲的战国历史舞台,依仗的正是权变的特质。当时,各个国家、君主、贵族面对纷乱动荡的局面,急需一批能谋善断且善于游说经营的策士,为其决断利弊祸福,转危为安。社会纷繁动荡,使得祸福得失瞬间转变,难以把握;利弊长短,似是而非,难以看清。国君、贵族稍有不慎,或者损失惨重,或者错失时机。纵横家策士依靠广博的学识、精明的头脑,往往可以拿捏轻重,穿透迷雾,规避陷阱,获得优势,从而造福于雇主。翻检《战国策》一书,不难发现纵横家平日所为,皆在权变。

人生世上,求生存,谋发展,故而周遭人事利害分殊。利于生者有益,碍于生者有害。

---

① (汉)司马迁.史记(卷六十九)[M].苏秦列传(第九),北京:中华书局,2002:2241.
② (汉)司马迁.史记(卷七十)[M].张仪列传(第十),北京:中华书局,2002:2279.
③ (汉)班固.(唐)颜师古,注.前汉书(卷四十五)[M].蒯伍江息夫传十五,北京:中华书局,1998:723.
④ (汉)班固.(唐)颜师古,注.前汉书(卷三十)[M].艺文志(第十),北京:中华书局,1998:583.
⑤ "权变"一词根据利害关系进行变动的含义,与今天"随机应变"一词非常吻合。事实上,"权变"在《辞源》《辞海》等现代汉语中常被解释为"随机应变"。在理性、务实、灵活等意义上,纵横家权变管理思想与美国兴起的权变理论学派有相通之处。20世纪60年代末70年代初管理学权变理论在美国兴起,保罗·罗杰·劳伦斯(P. R. Lawance)和杰伊·威廉·洛希被称为现代权变学说的创始者。权变理论学派又被有的学者称为因地制宜理论或权变管理,主张没有什么一成不变、普遍适用的最好的管理理论和方法,皆须随机制宜地处理管理问题,于是形成一种管理取决于所处环境状况的理论学派。

然而,动荡时期,人事复杂,利害冲突。先为利者后为害,可谓变化莫测;此为利者彼为害,可谓彼此冲突;有小利而大失者,有小失而大利者,可谓大小不齐;有名为得而实为失者,有实利而名为害者,可谓名实相悖。战国时期,纵横家管理思想常有益于个人利害的权衡与应变,实现趋利避害。甘茂一度自己出资,为将士行赏,攻打宜阳。《战国策》载其事曰:"于是出私金以益公赏。明日鼓之,宜阳拔。"甘茂当时处境艰难,"内攻于樗里疾、公孙衍,而外与韩侈为怨"①。面对此种处境,甘茂一方面勉力作战,不遗余力;另一方面损己之财,犒赏将士。损私财以换取功劳,以轻博重,小失大得,先失后得,可谓权变。

对于个人而言,权变意味着收益增加。吕不韦资助公子异人,颇收其益,"子楚立,以不韦为相,号曰文信侯,食蓝田十二县"。吕氏活动极好地彰显了纵横家管理思想权变的特质。吕氏在资助公子异人之前,先有一番权衡。《战国策》载吕氏父子衡量赢利之言,曰:"耕田之利几倍?曰:十倍。珠玉之赢几倍?曰:百倍。立国家之主赢几倍?曰:无数。曰:今力田疾作不得暖衣余食,今建国立君,泽可以遗世。愿往事之。"当赵国不放公子异人回国,吕不韦又替赵国权衡得失,说服赵人,最终达到目的②。

当然在更多的时候,纵横家管理思想还是用于筹划国家形势,决断利害。苏秦、张仪等纵横家曾经游历诸国,廷说诸侯,取卿相之印,得封爵之赏,其作为正在于权衡利弊,巧于应变。苏秦游说楚威王,认为"从合则楚王,横成则秦帝",劝其莫释霸王之业,而有事人之名③。苏秦游说韩王,劝其宁为鸡口,莫为牛后。苏秦认为"天下之强弓劲弩皆自韩出",以为韩国交臂事情,乃是市怨买祸④。张仪以连横游说楚王,认为合纵乃是驱群羊以攻猛虎,不足成事。虽然秦、楚皆为强国,但是楚人若与秦人对立,乃危亡之术也。首先,秦人可以聚众弱以围攻楚国,社稷难以保全。其次,秦人攻打楚国占有地理优势,顺流而下,漕运方便。最后,秦人有形胜之利,而楚国则有道远之弊,救援艰难⑤。纵横家游说诸国,权衡利弊,多如此类。

三、权衡利弊,高效精准

纵横家管理思想长于权衡利弊,巧于应变,与其有条不紊、逐一分析、层层分解的理论方法有紧密关系。《战国策》载无名使臣为齐国献书赵王之事,极有技巧。他首先逐一分析大臣反对赵王接见自己的原因,或因为私欲,或因为识见,抑或另有所图⑥。使臣没有不加区别地一概指责,而是逐一分解,条分缕析,面面俱到。然后,使臣使用对比法、换位法以及假设法论证拥有齐国之重要。"齐先重王,故天下尽重王;无齐,天下必尽轻王也。秦之强以无齐之故重王,燕、魏自以无齐故重王。今王无齐独安得无重天下?"可见,无论秦、赵、韩、魏,有齐无齐,差距甚大,对比明显;秦、韩、魏有齐与赵有齐,结果迥然不同;若赵失齐,后果将不堪设想。这是纵横家管理思想的长处,权衡利弊,条分缕析,逐一分解。其分析阻

---

① 缪文远,缪伟,罗永莲,译注.战国策(卷四)[M].秦策二·甘茂攻宜阳,北京:中华书局,2012:117.
② 缪文远,缪伟,罗永莲,译注.战国策(卷七)[M].秦策五·濮阳人吕不韦贾于邯郸,北京:中华书局,2012:214.
③ 缪文远,缪伟,罗永莲,译注.战国策(卷十四)[M].楚策一·苏秦为赵合从,北京:中华书局,2012:404.
④ 缪文远,缪伟,罗永莲,译注.战国策(卷二十六)[M].韩策一·苏秦为楚合从说韩王曰,北京:中华书局,2012:814.
⑤ 缪文远,缪伟,罗永莲,译注.战国策(卷十四)[M].楚策一·张仪为秦破从连横,北京:中华书局,2012:408.
⑥ 缪文远,缪伟,罗永莲,译注.战国策(卷二十一)[M].赵策四·为齐献书赵王曰,北京:中华书局,2012:620.

止者之动机,分析接见自己之利益;其言有齐无齐,对比明显,利弊自见。

纵横家管理思想常将复杂的问题分解开来,逐一讨论,便于准确地权衡轻重得失,这是精细分析。而在另外一些场合,纵横家管理思想又通过架设坐标体系,将单个事实放到事实体系中进行综合考虑,从而进行正确考量。鲁仲连曾经指责孟尝君好士而不得士人尽忠,可见徒有其名,非真正好士者。鲁仲连认为雍门才是真正的好士者,"雍门养椒亦,阳得子养,饮食、衣裘与之同之,皆得其死"。鲁仲连之意在于贵族应与士人同甘共苦,荣辱与同,感化人心,得其死力,而孟尝君没有到达这种境界。对于鲁仲连的指责,孟尝君不以为然,"文不得是二人故也。使文得二人者,岂独不得尽?"他以为士人皆非古贤,故无有献其身者,并非自己养士有缺。孟尝君之意在于自己不与士人同甘共苦,衣食等同,主要因为士人不古不贤,并非自己养士有名无实。田文之言,看似天衣无缝,无瑕可疵。然而,鲁仲连通过架设参照体系,使得孟尝君养士有缺之真相无处可逃。"君之厩马百乘,无不被绣衣而食菽粟者,岂有麒麟、𫘦耳哉?后宫十妃,皆衣缟纻,食粱肉,岂有毛嫱、西施哉?色与马取于今之世,士何必待古哉?故曰:君之好士未也。"①孟尝君说士人不古,所以待之菲薄,为自己的行为进行辩护,但是鲁仲连将养士与养欲放到一起,组成参照体系,见出其言不当。按照孟尝君的逻辑,既然士人不古,可以不同衣食,那么犬马女色非古代绝品,自然也不该宠之过当,应有厚薄之异。然而事实情况却是,虽然犬马女色非古品名品,在孟尝君这里却依然享受高规格待遇。可见,孟尝君所谓以古待古、以今待今的观点在这个体系中,不攻自破。经此推导,可以得出两个结论:其一,孟尝君养士不如养欲,在士人与犬马女色方面实行不同的标准,一者按照品级,菲薄对待,一者无论优劣,一律宠幸。其二,孟尝君对士人的态度并非思贤若渴,广揽英才,与真正的好士者尚有不同。鲁仲连能够准确道明孟尝君养士之真相,与此种综合考量的方法有密切关系。

纵横家善权,有时候可以帮助国君走出误区,得到真相,避免犯错。当如耳、魏齐率领韩、魏联军进攻秦国时,秦昭王君臣对于形势有一个错误的估计。《战国策》载曰:

> 秦昭王谓左右曰:"今日韩、魏孰与始强?"对曰:"弗如也。"王曰:"今之如耳、魏齐孰与孟尝、芒卯之贤?"对曰:"弗如也。"王曰:"以孟尝、芒卯之贤,帅强韩、魏之兵以伐秦,犹无奈寡人何也,今以无能之如耳、魏齐帅弱韩、魏以攻秦,其无奈寡人何,亦明矣。"左右皆曰:"甚然。"

秦昭王君臣所犯之错误有三个。首先,战争实力之强弱是动态的较量,此一时彼一时。韩、魏两代将领有不同,秦国自身实力亦有盛衰变化。秦国当年对孟尝、芒卯占有优势,今天面对如耳、魏齐却未必有当年之胜算。其次,军战之实力是互相遏制的结果,一物降一物,不同事物之间的遏制,未必皆可以互相推导。当年能制服孟尝、芒卯者,如果放在今天,未必能够制服如耳、魏齐。最后,战争胜负取决于复杂的因素,涉及面极广,偶然性极大,不完全取决于将帅一时的表现。根据先前的、特定场合的优势推导今天的形势,极易出错。所以,秦昭王的这个估算是非常危险的。幸亏有中期做出更为合理的权算,才避免了可能的灾祸。中期言曰:

---

① 缪文远,缪伟,罗永莲,译注.战国策(卷十一)[M].齐策四·鲁仲连谓孟尝君曰,北京:中华书局,2012:315.

王之料天下过矣。昔者六晋之时,智氏最强,灭破范、中行,帅韩、魏以围赵襄子于晋阳,决晋水以灌晋阳,城不沉者三板耳。智伯出行水,韩康子御,魏桓子骖乘。……智氏分矣,身死、国亡,为天下笑。今秦之强,不能过智伯,韩、魏虽弱,尚贤在晋阳之下也。此乃方其用肘足时也,愿王之勿易也。①

中期之权衡,没有专注于双方将领能力之高下,而将战争视为对抗性较量,注意到复杂的影响因素,既看到韩、魏实力的增长,也考虑到秦国实力不如当年的智伯。两相比较,中期得出与秦昭王君臣截然相反的结论。可见,善权并不是一件容易的事情。知己不知彼,容易得出错误的判断;知彼不知己,也容易走向错误;知己知彼,却不能选择合理的参照体系,不能全面地考虑各种影响因素,同样容易导致错误的结论。事物之间,情形万千,有的极有参考价值,有的却不能随意类比,其中分寸,极难把握。纵横家却尤为精通这种复杂的权衡②。

权衡并不是一件容易的事情,它不是静态的比较,而是动态的考虑;它不是单维度的计算,而是复杂因素的综合考虑。楚国景鲤曾经展示了这种功夫。《战国策》载曰:

楚王使景鲤如秦。客谓秦王曰:"景鲤,楚王使所甚爱;王不如留之以市地。楚王听,则不用兵而得地;楚王不听,则杀景鲤,更不与不如景鲤留。是便计也。"秦王乃留景鲤。景鲤使人说秦王曰:"臣见王之权轻天下,而地不可得也。臣之来使也,闻齐、魏皆且割地以事秦。所以然者,以秦与楚为昆弟国。今大王留臣,是示天下无楚也,齐、魏有何重于孤国也?楚知秦之孤,不与地,而外结交诸侯以图,则社稷必危。不如出臣。"秦王乃出之。③

景鲤之权衡所以高明,在于他认识到天下并非只有秦楚关系。秦楚关系,乃是动荡复杂国际环境中的一维而已。得失利弊,不仅仅发生在单维度的线上,更在于国际环境的复杂空间④。秦国扣留景鲤,无论楚王出地与否,秦王固然皆能占得优势,但是秦楚关系有一个更大的国际空间,对秦国有影响者并不只是楚国,利害得失亦不完全系于一个楚国。秦人在此单维关系中所得,恰恰导致国际环境中的更大损失,得之一隅,却失去天下。

四、化解危机,与时偕行

对于纵横家而言,精于权变是走出困境、立于不败的重要依靠。张仪曾经奉事秦惠王。惠王死,秦武王立。武王身边的朝臣陷害张仪,曰:"仪事先王不忠。"更加糟糕的是,齐国也乘势攻排张仪,"言未已,齐让又至"。国内、国外的敌对势力胶合一起,张仪此时面对严峻的危机,若不善于权变,必将陷入困境。面对此种情形,张仪首先求得金蝉脱壳,离开是非

---

① 缪文远,缪伟,罗永莲,译注.战国策(卷六)[M].秦策四·秦昭王谓左右曰,北京:中华书局,2012:186.
② 权变理论学派主张从系统观点来考察问题,它强调在管理中要根据组织所处的内外部条件随机应变,确定各种变数的关系类型和结构类型,针对不同的具体条件寻求不同的最合适的管理模式、方案和方法。联系到中期的权衡,如果秦国先前条件为内部条件 A1,秦国当前条件为内部条件 A2,齐魏孟尝、芒卯为外部条件 B1,韩魏如耳、魏齐为外部条件 B2,那么 A1≠A2,B1≠B2,A1>B1,也不能推出 A2>B2.
③ 缪文远,缪伟,罗永莲,译注.战国策(卷六)[M].秦策四·楚王使景鲤如秦,北京:中华书局,2012:191.
④ 决策管理大师赫伯特·亚历山大·西蒙(Herbert Alexander Simon)主张管理就是决策,决策者应有全局观念,组织这个系统是社会这个大系统的一个组成部分,所以组织的目标不能违反社会目标。组织内的各个部门是组织的子系统,它们的目标也不能违反组织的总目标。联系到秦王拘留景鲤这个案例,秦国组织的目标需要在大系统中才能实现,不能因为达成局部的目标而损害大系统中目标的实现。

之地。为了能够顺利出关,张仪给秦武王算了一笔账,成功地用利益打动了他。其言曰:"齐王甚憎仪,仪之所在,必举兵而伐之。故仪愿乞不肖身而之梁,齐必举兵伐梁。齐、梁之兵连于城下,不能去,王以其间伐韩,入三川,出兵函谷,而无伐以临周,祭器必出,挟天子,案图籍,是王业也。"①张仪所料不错,当他来到梁国时,"齐果举兵伐之"。为了能够立足安稳,张仪又通过楚国出面,化解齐国对自己的怨恨,所用的手段仍然是权衡与计算。张仪让齐王相信,攻打梁国以惩处张仪其实失策,"果伐之,是王内自罢而伐与国,广邻敌以自临,而信仪于秦王也"。齐王觉得有理,停止对梁国的攻打行动。张仪能够离开秦国,站稳梁国,化解齐怨,与其高深的权变功夫是分不开的。他善于把握各国不同的利益以及它们之间那种复杂的关系,权衡轻重,加以利用,从而化解危机。

生当战国之世,不善权变,有时便是死路一条。这是因为严峻的、残酷的社会现实压缩了循规蹈矩、理想选择的空间,权变方可逃出困境,取得相对完善的结局。公元前247年,魏信陵君领军攻管。管本魏地,此时已在秦手中。守管的人是安陵人缩高的儿子,信陵君想通过缩高的关系,让他的儿子举城投降。此时,安陵君、缩高皆面临巨大的压力。从操守伦常的角度讲,安陵君不可能要求缩高劝子降魏,缩高也不可能帮助魏人攻打、降服管城,败坏儿子的功业。然而,信陵君却以十万之师侵凌城下。安陵君、缩高若要坚守为君、为臣、为父的操守,必将付出惨重代价。果然,"(缩高)乃之使者之舍,刎颈而死"②。由此可见,残酷的社会现实、严峻的政治形势与纵横家管理思想有多么紧密的联系。

各个国家是纵横家活动的依托,而君主、权贵则是游说的主要对象。面对战国时期特殊的社会政治环境,君主、权贵要保持自己国家、个体的利益与地位,必须做出合理的调整与改变。通过变动,改变不利的局面,获得新的生机。游说对象的此种渴求,是纵横家管理思想根本权变的重要引力。

懂得权变,才能进退自如,把握时机,操控局面,不陷被动。秦人欲齐、秦并称东西帝,齐人接受与否成为困境,"不听,是恨秦也;听之,是恨天下也"。面对这种困境,苏秦建议齐王听任秦人称帝,不加拒绝,然后自己掌控形势,顺时而动,得其利势。"不如听之以卒秦,勿庸称也以为天下。秦称之,天下听之,王亦称之,先后之事帝名,为无伤也;秦称之,而天下不听,王因勿称,其于以收天下。此大资也。"③懂得权变,可以让一个国家避免成为祸首,免于遭到沉重打击。当智伯向魏桓子索求领地时,桓子欲加拒绝。任章为其权衡轻重,做出让步,逃避了灾祸。魏桓子此时若不能权时而动,后果将不堪设想④。

诸国外交,利益争夺,互相倾轧,尔虞我诈,在所难免。国家外交,若不善于权衡应变,将会遭人愚弄,被人欺凌。得失利弊,权衡清楚,才懂得何去何从,如何抉择与调整。秦人在长平大破赵军,引兵西归,同时要求赵国割让六城作为议和条件。楼缓劝赵王听从秦人的要求,予以六城。尽管楼缓善于修饰言辞,掩护自己,虞卿却能将利弊得失权衡清楚,看破迷局。虞卿首先确认秦人西归不是出于"爱王而不攻",乃是"倦而归",力尽而止。既然秦人不是出于爱意,那么必然不会停止进攻,割地无益;既然秦人力尽而止,不得不尔,那么

---

① 缪文远,缪伟,罗永莲,译注.战国策(卷九)[M].齐策二·张仪事秦惠王,北京:中华书局,2012:268.
② 缪文远,缪伟,罗永莲,译注.战国策(卷二十五)[M].魏策四·魏攻管而不下,北京:中华书局,2012:779.
③ 缪文远,缪伟,罗永莲,译注.战国策(卷十一)[M].齐策四·苏秦自燕之齐,北京:中华书局,2012:332.
④ 缪文远,缪伟,罗永莲,译注.战国策(卷二十二)[M].魏策一·智伯索地于魏桓子,北京:中华书局,2012:663.

无须割地。换句话说,割地既不会产生效果,也不是非此不可。不能杜绝后患,所以没有意义;自弱国势,自毁长城,所以没有必要。在这种情况下,如果听从楼缓之言,割地给秦国,那么赵王就是在做一件愚蠢的事情。"秦以其力攻其所不能取,倦而归。王又以其力之所不能攻以资之,是助秦自攻也。来年秦复攻王,王无以救矣。"虞卿认为听从楼缓之言,乃是自尽之术,"今媾,楼缓又不能必秦之不复攻也,虽割何益? 来年复攻,又割其力之所不能取而媾也,此自尽之术也"。虞卿以为,迫不得已,赵国宁愿割地给关东国家,也不应该是秦国,所以不应听从楼缓之言,"我以六城收天下以攻罢秦,是我失之于天下而取偿于秦也,吾国尚利。孰与坐而割地自弱以强秦?"正是因为虞卿对利害得失权衡甚为清楚,才能识别楼缓的误导。"虞卿未反,秦之使者已在赵矣,楼缓闻之,逃去。"①

时势动荡,祸福难明,要在谨慎合理而已。只有善于权变,才能采取合理的行为,避免糊涂。公元前259年,秦乘长平战胜的威势,又在华阳打败魏军,并派宜阳令许绾诱劝魏王朝秦。魏王决定前往秦国,表示臣服。周䜣认为此举过当,不是合理的选择。在周氏看来,朝秦是最后、最下的选择,魏王尚未至此境地,不能举措失度。"今王之事秦,尚有可以易入朝者乎? 愿王之有以易之,而以入朝为后。"周䜣之所以反对朝秦,是因为代价太大,风险太大,最大的付出应该留给挽救最大的灾害。一国之主不可轻易抛出底牌,否则后事难继。当魏王以许绾之祝加以解释,周䜣将其头比作鼠首,以为价值毫不对等,不值得一提。"今秦不可知之国也,犹不测之渊也。而许绾之首,犹鼠首也。"周䜣为魏王列出一个不等式,清晰权衡了其间的轻重,使得抉择变得极为容易。其言曰:

> "且无梁孰与无河内急?"王曰:"梁急。""无梁孰与无身急?"王曰:"身急。"曰:"以三者,身上也,河内其下也。秦未索其下,而王效其上,可乎?"②

周䜣的思路是:在价值(value)上,河内不及梁国,梁国不及魏王之身;合理的应对机制(mechanism)是:以下等的代价阻止轻微的损失,以中等的代价阻止中度的损失,以上等的代价和付出挽救阻止重大损失;因此,应该采取的措施(measurement)是:当秦人威胁到河内时,魏王只需采取最普通的方式;当秦人威胁到梁国时,魏王采取非常的方式;只有当魏王生命、政权皆不可保时,魏王才可以不计一切代价和风险,前往虎狼之深渊。

无论作为主体的策士本身,还是作为游说对象的雇主国君,所以重视纵横家管理思想,最根本的原因在于他们都处于变化的时代。正是社会政治或急速、或细微却不可阻止的变动,使得为政必须明于权衡,善于调整,否则难以跟上动荡时代的步伐,被时代抛弃。

赵武灵王废除原先的服制,力主改革,"胡服骑射以教百姓",正是为了与时代的变革同步。肥义言赵武灵王"虑世事之变,权甲兵之用,念简襄之迹,计胡狄之利",其"虑""权""念""计",皆是权衡、考虑之意。赵王决定变革,不是突发奇想,不是溺于偏好,而是经过了审慎的权衡。所以面对朝臣的各种质疑,赵王皆有应对,不为改变。赵武灵王决意变革,不屈于世俗之言,不挠于守礼、因循之意,最大的动力来自他对时代变化的把握,对形势利弊的权衡③。时代已经不同,形势已经变化,再要固守习俗旧制,必定落后于时代,错过机遇。

---

① 缪文远,缪伟,罗永莲,译注.战国策(卷二十)[M].赵策三·秦攻赵于长平,北京:中华书局,2012:584.
② 缪文远,缪伟,罗永莲,译注.战国策(卷二十四)[M].魏策三·秦败魏于华,北京:中华书局,2012:743.
③ 缪文远,缪伟,罗永莲,译注.战国策(卷十九)[M].赵策二·武灵王平昼闲居,北京:中华书局,2012:548.

在赵武灵王看来,没有制度不可更改,没有礼俗不可变,"故兵不当于用,何兵之不可易?教不便于事,何俗之不可变?"一切皆依时势而定,以便利为目的,"信不弃功,知不遗时"①。也就是说,权变永远必要,不可或缺。

《战国策》载田单与赵奢论兵之事,亦可见出纵横家权变管理思想与时代变动的关系。赵惠文王三十年(前269年),相都平君田单对赵奢说,自己欣赏赵将军之带兵,但是帝王用兵不过三万,而赵奢用兵却远远超过此数。军队庞大,既不合古制,又使得供给困难、田畴荒芜。"用众者,使民不得耕作,粮食挽赁不可给也,此坐而自破之道也。"面对田单的质疑,赵奢从时代变化的角度,论述军制权变、士卒增广的必要性。其言曰:"古者四海之内分为万国,城虽大无过三百丈者,人虽众无过三千家者,而以集兵三万距,此奚难哉!今取古之为万国者分以为战国七,能具数十万之兵,旷日持久数岁,即君之齐已。齐以二十万之众攻荆,五年乃罢;赵以二十万之众攻中山,五年乃归。今者齐、韩相方而国围攻焉,岂有敢曰我其以三万救是者乎哉?今千丈之城、万家之邑相望也,而索以三万之众围千丈之城,不存其一角,而野战不足用也,君将以此何之?"②可见,权变之风与时代变化、形势改变皆有非常密切的联系。

五、 世俗险诈,画地自限

权变是纵横家管理思想的根本,言辞却是最重要的工具。纵横家对于措辞、表述与修饰等多所用心,对于如何通过言语触动、震撼对象并使其发生改变,特别讲求。他们善用排比、对比、比喻、夸张等修辞手段,善用典故、俗语、寓言等材料,增强表达的效果。这些都是有效达到管理目的的重要途径。

苏秦游说列国君臣,排比形胜利势,言辞整饬,极有气势。苏秦论事,罗列证据,反复枚举。比如其言功业必须成于战伐,竟然列举九事,尤其雄辩,"昔者神农伐补遂,黄帝伐涿鹿而擒蚩尤,尧伐驩兜,舜伐三苗,禹伐共工,汤伐有夏,文王伐崇,武王伐纣,齐桓任战而伯天下。由此观之,恶有不战者乎?"③排比之外,苏秦又多夸张。苏秦曾经游说楚国,三天之后才见到楚王,故而心有不满。待到与楚王见面,苏秦曰:"楚国之食贵于玉,薪贵于桂,谒者难得见如鬼,王难得见如天帝。今令臣食玉炊桂,因鬼见帝。"这是对楚王难见的夸诞,极有表达效果④。

言过其实,形成谬误,如果刻意为之,居中得利,则有嫌欺诈。纵横家管理思想善于权变,对于利害得失看得极为清楚,但是在游说经营过程中,纵横家们往往言利不言害,挂一以漏万,以利诱导对方,使其接受自己设定的结果,而不是进行合理的决策。庸芮骗秦宣太后,即是此类。《战国策》载曰:

> 秦宣太后爱魏丑夫。太后病将死,出令曰:"为我葬,必以魏子为殉。"魏子患之。庸芮为魏子说太后曰:"以死者为有知乎?"太后曰:"无知也。"曰:"若太后之神灵明知死者之无知矣,何为空以生所爱葬于无知之死人哉?若死者有知,先王积怒之日久矣,

---

① 破除迷执,破除教条,纵横家管理思想在这一点与权变管理学派有暗合之处。
② 缪文远,缪伟,罗永莲,译注.战国策(卷二十)[M].赵策三·赵惠文王三十年,北京:中华书局,2012:570.
③ 缪文远,缪伟,罗永莲,译注.战国策(卷三)[M].秦策一·苏秦始将连横说秦惠王上,北京:中华书局,2012:62.
④ 缪文远,缪伟,罗永莲,译注.战国策(卷十六)[M].楚策三·苏秦之楚,北京:中华书局,2012:442.

太后救过不赡,何暇乃私魏丑夫乎?"太后曰:"善。"乃止。①

按照逻辑推导,死后是否有知跟魏丑夫是否应该殉葬,或者说,死后是否有知跟殉葬有无意义,可以搭配成四个结果。然而,庸芮仅仅从中挑选了两个对魏丑夫有利的选项,欺骗秦宣太后。其中道理可以这样表述:如果人死之后没有知觉,那么,(1)魏丑夫不必殉葬,因为没有益处;(2)魏丑夫可以殉葬,因为没有坏处。如果人死之后,尚有知觉,那么,(3)魏丑夫不能殉葬,因为害怕秦宣王在地下为此事发怒;(4)魏丑夫应该殉葬,因为有知觉的宣太后在地下会感到寂寞,有此需要。庸芮站在魏丑夫的立场,从中选择(1)和(3),用以对付宣太后,使其放弃殉葬的要求。而对于选项(2)和(4),却始终不提,此即欺诈。

策士生当战国动乱之时,游历诸国,为求安稳利禄,必须衡量时势而行,不敢全本道德立场,不可率性而为。发言立行,必当处心积虑,巧于计算,避免遭受重大损失。申不害主张刑名治国,强调官吏居位与功绩互相考较,防止渎职与越权。然而,涉及自身利益,却又私相挠曲,不能一以贯之。申不害曾为其从兄向韩昭侯求官,韩昭侯不同意,申不害流露出不高兴的神情。韩昭侯曰:"非所谓学于子者也。听子之谒而废子之道乎?又亡其行子之术而废子之请乎?子尝教寡人循功劳,视次第,今有所求,此我将奚听乎?"当弟子韩昭侯以老师所教刑名之道加以反驳时,申不害又巧妙解脱,不说自己谋私不成,倍感失望,而说自己在检验韩昭侯的学习效果,倍感欣慰。"君真其人也!"②此亦狡诈掩饰之举。

事后掩饰,成功解脱,固是权诈;事前谋划,预留田地,实施奸谋,则更为阴险狡诈。楼缓欲背赵,担心被人发现,所以预先行诈,使赵王听不进正确的意见。《战国策》载其言曰:"王不闻公子牟夷之于宋乎?非肉不食。文张善宋,恶公子牟夷,寅然。今臣之于王非宋之于公子牟夷也,而恶臣者过文张。故臣死不复见于王矣。"③楼缓欲行背叛,却以忠直无辜、脆弱易攻的形象示人,以假乱真。为达到奸谋,防止败露,先为自己镀一层保护膜,堵住赵王获得正确意见的途径,预留作奸空间。

战国时期,诸国较量,强者基于实力,弱者基于巧变。巧变者,要么静候时机,利用时势,以小击大,以弱胜强;要么欺愚对方,误导对手,占得优势;要么甚至干脆行诈,轻诺寡信,互相推诿。秦人攻打宜阳,战事艰苦,不能速决,担心楚国乘机袭击。冯章建议以汉中之地许诺给楚人。《战国策》载其谋曰:"不拔宜阳,韩、楚乘吾弊,国必危矣。不如许楚汉中以欢之。楚欢而不进,韩必孤,无奈秦何矣。"④秦王果然派冯章出使,答应把汉中割给楚国,于是秦国攻下了宜阳。楚怀王随后要求冯章兑现诺言,割让汉中给楚国。冯章与秦王合谋,许其逃走,然后告诉楚王割地之事出于冯章,秦王无与焉。

与秦土君臣推诿略有不同,颜率欺骗齐人采取渐进间接的方式,而不是直接拒绝履行承诺。秦人发动军队攻打东周,欲抢夺九鼎。面对强敌,"周君患之"。颜率为此游说齐国,将九鼎许诺给齐王,"周之君臣内自尽计:与秦,不若归之大国。夫存危国,美名也;得九鼎,厚宝也。愿大王图之!"齐王大悦,派陈臣思带领五万军队前去救援东周,秦兵作罢,成功化解秦国之难。齐人随后要求兑现诺言,颜率没有直接拒绝履行诺言,而是采取了一种委婉

---

① 缪文远,缪伟,罗永莲,译注.战国策(卷四)[M].秦策二·秦宣太后爱魏丑夫,北京:中华书局,2012:130.
② 缪文远,缪伟,罗永莲,译注.战国策(卷二十六)[M].韩策一·申子请仕其从兄官,北京:中华书局,2012:813.
③ 缪文远,缪伟,罗永莲,译注.战国策(卷二十一)[M].赵策四·楼缓将使,北京:中华书局,201:636.
④ 缪文远,缪伟,罗永莲,译注.战国策(卷四)[M].秦策二·宜阳之役,冯章谓秦王曰,北京:中华书局,2012:116.

的、间接的方式。颜率说,东周君臣言而有信,既将九鼎许诺给齐人,决不反悔,但是问题在于九鼎非凡,迁移路径为难。当齐王表示愿意向梁、楚借道时,颜率又竭力劝阻,极言借道不妥。其言曰:

> 周赖大国之义,得君臣父子相保也,愿献九鼎。……梁之君臣欲得九鼎,谋之晖台之下,少海之上,其日久矣,鼎入梁,必不出。……楚之君臣欲得九鼎,谋之于叶庭之中,其日久矣。若入楚,鼎必不出。……夫鼎者,非效壶醢酱瓿耳,可怀挟提挈以至齐者,非效鸟集乌飞、兔兴马逝,漓然止于齐者。昔周之伐殷,得九鼎,凡一鼎而九万人挽之,九九八十一万人,士卒师徒械器被具,所以备者称此。今大王纵有其人,何途之从而出?臣窃为大王私忧之。①

颜率说,九鼎之大,运迁之难,周之君臣,早已知晓。然而,颜率求援之时,不言运输之难,秦患既解,却极言其难,竭力阻挠,此中自有欺诈性质。

纵横家策士熟知人际往来之理,深知:(1) 暗中出力,出其不意,易得先机;(2) 假借他力,不自操作,效果更佳;(3) 不表立场,假装公正,更易服人;(4) 手法间接,比诸直截了当,更易成功。因此,纵横家在谋事求利过程中,常常有处心积虑的、阴险诡诈的倾向,让人防不胜防,难以抵御。

甘茂为秦国攻下宜阳重地,韩国公仲为此仇恨甘茂。之后,甘茂因为特殊原因,力劝秦王将武遂归还了韩国。不久,秦王早已怀疑甘茂之举出于讨好韩人,缓解仇恨。此时,公仲派杜赫告诉秦王,自己愿意通过甘茂向秦王效劳,给秦王留下公仲与甘茂交好有私的印象,进一步加深秦王对甘茂的猜忌。秦王果真中计,甘茂果然受伤,"秦王大怒于甘茂"②。公仲对甘茂的仇恨很深,持续已久,但是一直隐忍,伺机而发。直到他找到合适的机会,才一举中的,伤到甘茂。这种隐藏仇恨、暗中使劲的手段,极有阴险特质,让人难以防范。

韩国公子韩阳在三川带兵服役,很想归国。贵族公子无心为国效劳,贪图安逸,难以措辞。这个时候,足强为其出面,游说韩桓惠王。足强没有直接说韩阳倦极思归,也没有说三川服役极为辛苦,而说三川已经归服,治理甚好,当地士民将欲拥立公子韩阳。韩王俱怕公子得众成势,"于是召诸公子役于三川者而归之"③。足强为韩阳游说,达成私欲,却掩饰真实目的,呈以假象,触动韩王忌讳,掩饰以误人,颇为阴险。

江尹想在楚王面前中伤昭奚恤,担心一个人力量不够,又担心楚王不相信自己所言。于是他想出招数,让昭奚恤多树一个敌人,而自己增加一个帮手,"江尹欲恶昭奚恤于楚王,而力不能,故为梁山阳君请封于楚"。昭奚恤在明处,江尹在暗处。江尹请封,树恩得助,昭奚恤则树敌失助。"江尹因得山阳君与之共恶昭奚恤。"④与此种处心积虑之人相处一朝,难矣哉!

齐魏马陵之战,"齐大胜魏,杀太子申,覆十万之军"。魏王以此为刻骨仇恨,奇耻大辱,

---

① 缪文远,缪伟,罗永莲,译注.战国策(卷一)[M].东周策·秦兴师临周求九鼎,北京:中华书局,2012:1.
② 缪文远,缪伟,罗永莲,译注.战国策(卷二十六)[M].韩策一·公仲以宜阳之故仇甘茂,北京:中华书局,2012:830.
③ 缪文远,缪伟,罗永莲,译注.战国策(卷二十八)[M].韩策三·韩阳役于三川而欲归,北京:中华书局,2012:892.
④ 缪文远,缪伟,罗永莲,译注.战国策(卷十四)[M].楚策一·江尹欲恶昭奚恤于楚王而力不能,北京:中华书局,2012:390.

欲拼死一战。惠施加以劝阻,建议使用阴谋报仇雪耻。其言曰:"臣闻之,王者得度而霸者知计。今王所以告臣者,疏于度而远于计。王固先属怨于赵而后与齐战。今战不胜,国无守战之备,王又欲悉起而攻齐,此非臣之所谓也。王若欲报齐乎,则不如因变服折节而朝齐,楚王必怒矣。王游人而合其斗,则楚必伐齐。以休楚而伐罢齐,则必为楚禽矣。是王以楚毁齐也。"①齐王听从惠施建议,"乃使人报于齐,愿臣畜而朝"。齐人接受魏人臣服,却激怒了楚王与赵王。"赵氏丑之。楚王怒,自将而伐齐,赵应之,大败齐于徐州。"魏人将刻骨仇恨掩盖起来,假意臣服,激怒邻国,借此报仇雪耻,亦是阴险之体现。

《汉书·艺文志》评议纵横家思想,以为权事制宜是其长处,然而,"邪人为之,则上诈谖而弃其信"②。这是说纵横家容易流于欺诈而不守诚信。班固在汉初纵横家蒯通传末,有一个评论,将蒯通视为利口覆家的小人,与栾书、竖牛等人同伍,"仲尼恶利口之覆邦家,蒯通一说而丧三俊,其得不亨者,幸也"③。这是说纵横家便辟利口,奸诈阴险。《隋书·经籍志》在评议纵横家思想时,将《汉书·艺文志》与《汉书·蒯通传》的评语综合起来,既说利口,又说险诈。"佞人为之,则便辟利口,倾危变诈,至于贼害忠信,覆邦乱家。"

六、深识人心,熟悉世情

纵横家人生观、价值观之庸俗,多遭后人诟病,然而也正是因为他们庸俗的人生取向以及游历事主权贵之门的经历,使得他们对于世道人心有更深刻的体认,有高超的把握能力。

甘茂任秦相期间,秦王宠幸公孙衍,甘茂很有压力。秦王有一次对公孙衍说,自己将要起用他担任秦相。不巧,此话被甘茂属吏听到。甘茂得知这个消息,马上进见秦王,祝贺新得贤相。秦王问其消息来源,甘茂诡称公孙衍告知。秦王之言,本为密语,不欲甘茂知晓。公孙衍竟然将此事告知甘茂,可见其人不堪重用。于是,"王怒于犀首之泄也,乃逐之"④。甘茂伪托公孙衍之言,固是诡诈,但也见出他对君主之心有精准的把握。战国时期,君王治国,必须任人,但又担心遭人蒙蔽,不肯放心让一人独揽大权。若使大臣互相牵制,互相督察,对于君主而言,较为理想。因此,君主常有隐秘不宣之事,大臣漏泄隐秘,则是大忌。甘茂陷害公孙衍,如愿以偿,见出他对于君主用心颇为了解。

甘茂不但熟知君主隐秘之心,而且对于君主之心易变亦有深刻认识。秦武王对甘茂说,若能攻下韩国三川之地,"以窥周室",则死而不朽,足见此事在他心中的地位。秦王既然如此表态,甘茂惟有以死效劳。但在出战之前,甘茂疑虑重重,反复陈说,直至秦王与之结盟。出行之前,甘茂先说宜阳是重地,攻占不易。甘茂之意在于战事艰苦,曲折必多,担心秦王生有他心。其次,甘茂引说张仪建巴蜀之功,不足褒奖,难得之处在于秦惠王。甘茂之意在于大臣建功需要君主扶持,希望秦王意识到君臣一心的重要性。再次,甘茂说乐羊建功,险象环生。甘茂之意在于大臣在外,非常危险,提醒君主彼此信任难能可贵。又次,甘茂又言自己处境艰险,易遭暗算,"今臣羁旅之臣也,樗里疾、公孙衍二人者,挟韩而议,王必听之。是王欺魏,而臣受公仲侈之怨也"。甘茂之意在于自己居外,讨伐宜阳,秦王尤其

---

① 缪文远,缪伟,罗永莲,译注.战国策(卷二十三)[M].魏策二·齐、魏战于马陵,北京:中华书局,2012:723.
② (汉)班固.前汉书(卷三十)[M].艺文志(第十),北京:中华书局,1998:583.
③ (汉)班固.前汉书(卷四十五)[M].蒯伍江息夫传(第十五),北京:中华书局,1998:729.
④ 缪文远,缪伟,罗永莲,译注.战国策(卷四)[M].秦策二·甘茂相秦,北京:中华书局,2012:124.

应当防止小人以谗言移易君主心意。最后，甘茂引用曾子之事，说明信人不易，再次提醒秦王不要轻信他言，怀疑自己①。甘茂出行之前，反复陈说，叮咛再三，见出他对君主之心易生变故知之尤深。甘茂的担忧，不无道理。宜阳之战，异常艰难，"五月而不能拔"。此时樗里疾、公孙衍不断劝秦王改变主意，"王将听之，召甘茂而告之"。幸好甘茂早有预防，以息壤之盟应对，才渡过难关，建立功业。

纵横家对于人心的观察，有时极有穿透力，接近人性之深层面目。齐、韩、魏三国曾经联手对抗秦国，攻入函谷关内。为了缓解危机，秦王考虑割让河东之地。楼缓认为此事较为棘手，所以自己不表态，而让秦王找公子池商量。公子池对于人心极有了解，其言曰：

> 讲亦悔，不讲亦悔。……王割河东而讲，三国虽去，王必曰："惜矣，三国且去，吾特以三城从之。"此讲之悔也。王不讲，三国入函谷，咸阳必危，王又曰："惜矣，吾爱三城而不讲。"此又不讲之悔也。②

从本质上讲，秦王易悔，乃是人心物欲难穷的体现。有生之属，人力为弱，既无利足，又无猛爪。惟其不能自存，难以自给，尤须储存待乏，以备后需，故而人欲至深，少有厌足。忧患来临，为求解脱，不惜代价；忧患已除，则恋恋不舍，时有付出，耿耿于怀。人心不足，故与人谋事极为不易。有所得，嫌其少；必有失，恶其多；永无止息，永无满足。楼缓所避，公子池所言，皆是此理，足见出纵横家对人心了解之深。

人欲难穷，是人心之一面，源于人力微弱。人欲不一，需求多元，则是人心之另一面。人类结群，构建社会，故而衣食安全之外，又有荣名、尊严、超越诸种需求。随其贫贱尊贵不同，欲求各有侧重，然而人欲不一，确然不疑。从本质上讲，人类需求之多元，人欲不一，源于人类结群而生。人类立足社会，不仅凭借膂力，人格卓越，彼此信赖，互相成就，皆为必须。因此，人生在世，既有利求，又有名诱，既有物欲，又有虚荣，既有近利，又有远求，可谓多元不一。纵横家对人心的深刻认识，同样包含这层内容。《战国策》载张仪之楚之事，即可见出纵横家有此洞察力。张仪在楚国处境贫困，他利用楚王喜欢佳丽的心理，说韩国美女如云，他愿意为楚王访求。南后、郑袖听说后，怕美女会夺走她们的宠爱，就用重金贿赂张仪。张仪当着楚王的面，盛赞她们是绝色美人，南后、郑袖和楚王皆大欢喜，张仪则笑纳千金，一出喜剧就此收场③。张仪以中原美女引诱楚王，因为人有色欲；张仪欺骗楚王，却能逃脱惩罚，因为人有荣名之欲；张仪虽然没有满足楚王生理之色欲，却迎合其虚荣之欲求。正是因为张仪对人心需求不一有深刻认识，故而能开能合，收纵自如④。

人心深藏，纵横家管理思想能够探得幽秘，与其独到的体察方法有关。人心虽不可触见，然而善于观察，却能从日常生活细节中，寻觅到蛛丝马迹。这叫见微知著，纵横家策士

---

① 缪文远,缪伟,罗永莲,译注.战国策(卷四)[M].秦策二·秦武王谓甘茂曰,北京：中华书局,2012：112.
② 缪文远,缪伟,罗永莲,译注.战国策(卷六)[M].秦策四·三国攻秦,北京：中华书局,2012：185.
③ 缪文远,缪伟,罗永莲,译注.战国策(卷十六)[M].楚策三·张仪之楚贫,北京：中华书局,2012：444.
④ 管理学经典理论中个体行为理论主要研究每个人的基本行为规律，从中找出如何激励人的积极性的基本原理。亚伯拉罕·哈洛德·马斯洛(Abraham Harold Maslow)的人类需求层次理论是其中的重要派别。需求层次认为人都潜藏着五种不同层次的需求(包括生理需求、安全需求、感情和归宿需求、地位和尊重需求以及自我实现需求)，这些需求在不同的时期表现出来的迫切程度是不同的。人的最迫切的需求才是激励人行动的主要原因和动力。人的需求是先从外部开始满足逐渐向内在的满足转化。依照马氏理论，张仪此处虽然没有满足楚王之生理需求，但是满足了他的地位和尊重需求。

特别精于此道,如薛公察齐王之心。"齐王夫人死,有七孺子皆近。薛公欲知王所欲立,乃献七珥,美其一,明日视美珥所在,劝王立为夫人。"①内心有所倾向偏颇,必然表征于外,善于察微,自可得其中情。或谓昭鱼识楚王之心,亦同此理②。

察微知著之外,纵横家管理思想又擅长以反躬自省探得人心。"人心不同,各如其面",是说差异。"人同其心,心同此理",是说趋同。欲得人心之真相,必须兼顾二者,察同存异,否则走向极端,不得人心本来之面貌。既然人心趋同,因此反躬内省,自可实现"他人有心,予忖度之"。这方面最有名的事例来自龙阳君讽魏王,《战国策》载曰:

> 魏王与龙阳君共船而钓,龙阳君得十余鱼而涕下。王曰:"有所不安乎?……"曰:"臣为王之所得鱼也。"王曰:"何谓也?"对曰:"臣之始得鱼也,臣甚喜,后得又益大,今臣直欲弃臣前之所得矣。今以臣凶恶,而得为王拂枕席。今臣爵至人君,走人于庭,辟人于途。四海之内美人亦甚多矣,闻臣之得幸于王也,必褰裳而趋王。臣亦犹曩臣之前所得鱼也,臣亦将弃矣,臣安能无涕出乎?"魏王曰:"误!有是心也,何不相告也?"于是布令于四境之内曰:"有敢言美人者族。"③

龙阳君以自己钓鱼之心境,探得魏王贪求近习之心境,极为高妙。从本质上讲,得小望大与得陇望蜀、见异思迁、喜新忘旧一样,皆是人欲难穷的体现。龙阳君由己及人,他人有心,我自度之,手法巧妙。

纵横家不但对于人心有深刻的认识,对于人世的道理也有深刻体认。孔子以中庸为至道,不偏不倚,融通三代,调谐功与德、内与外、个人与社会。纵横家虽然不追求崇高的社会政治理想,不追求提升人格修养,但是在长期游说经营过程中,他们接触到人事的盛衰变化,人情的变化无常,所以对于适可而止等道理也有深刻的体认。可以讲,在不过节度这一点上,纵横家管理思想与儒家管理思想竟可以殊途同归。"读万卷书,行万里路",读圣贤书,聆听教诲,固然可以修行大道,熟察世务,人事练达,有时候同样可以识得道理。

纵横家陈轸言"画蛇添足",即表达了此种适可而止的意思。《战国策》载曰:"为蛇足者,终亡其酒。今君相楚而攻魏,破军杀将得八城,不弱兵,欲攻齐。齐畏公甚,公以是为名居足矣。官之上非可重也。战无不胜,而不知止者,身且死,爵且后归,犹为蛇足也。"④陈轸为齐游说,固有立场,但是在昭阳个人的立场,陈轸所言不无道理,适可而止是最明智的选择。

为什么要适可而止呢?纵横家管理思想认为,首先因为人事无常,盛衰变化,见好就收,适可而止,方能善始善终,不至于因为过度而前功尽弃,自贻灾祸。蔡泽劝应侯分功,便是这种意思。"物盛则衰,天之常数也。进退盈缩,变化,圣人之常道也。昔者,齐桓公九合诸侯,一匡天下,至葵丘之会,有骄矜之色,畔者九国;吴王夫差无敌于天下,轻诸侯,凌齐、晋,遂以杀身亡国;夏育、太史启叱呼骇三军,然而身死于庸夫。此皆乘至盛不及道理

---

① 缪文远,缪伟,罗永莲,译注.战国策(卷十)[M].齐策三·齐王夫人死,北京:中华书局,2012:286.
② 缪文远,缪伟,罗永莲,译注.战国策(卷十七)[M].楚策四·楚王后死,北京:中华书局,2012:458.
③ 缪文远,缪伟,罗永莲,译注.战国策(卷二十五)[M].魏策四·魏王与龙阳君共船而钓,北京:中华书局,2012:802.
④ 缪文远,缪伟,罗永莲,译注.战国策(卷九)[M].齐策九·昭阳为楚伐魏,北京:中华书局,2012:273.

也。"①纵横家管理思想对于人事无常、盛衰不定有着很深的认识,因此他们一方面强调及时建功,把握时势,甚至急功近利,另一方面他们也强调时过境迁,见机识变,适可而止,不要过度执着。谭拾子劝孟尝君,即透露了此种世俗而深刻的道理。"事之必至者,死也;理之固然者,富贵则就之,贫贱则去之。此事之必至,理之固然者。请以市谕:市,朝则满,夕则虚,非朝爱市而夕憎之也。求存故往,亡故去。愿君勿怨。"②

适可而止,落实到人事,首先表现为保存实力,不要竭泽而渔,不要拼死一搏。淳于髡劝齐王表达即有此意,"韩子卢者,天下之疾犬也。东郭逡者,海内之狡兔也。韩子卢逐东郭逡,环山者三,腾山者五,兔极于前,犬废于后,犬兔俱罢,各死其处。田父见之,无劳倦之苦,而擅其功。今齐、魏久相持,以顿其兵,弊其众,臣恐强秦大楚承其后,有田父之功"③。不懂得适可而止,耗尽力量,必定遭人暗算,使第三方轻易获利。

适可而止,落实到人事,其次表现为克制自己,不要一意孤行,刚愎自用。鲁连劝孟尝君即有此意,"猿猕猴错木据水则不若鱼鳖;历险乘危则骐骥不如狐狸;曹沫奋三尺之剑,一军不能当,使曹沫释其三尺之剑,而操铫耨,与农夫居垄亩之中,则不若农夫。故物舍其所长,之其所短,尧亦有所不及矣。今使人而不能,则谓之不肖;教人而不能,则谓之拙。拙则罢之,不肖则弃之。使人有弃逐,不相与处,而来害相报者,岂用世立教之道哉?"④高大的宫殿需要各种材质,宏大的功业皆需各种人才,能够容纳异质成分方建立大功。追求一致,过于单调,所成有限。所以,不能过度追求纯粹,不能执着求同,要懂得宽厚容众,这也是一种世俗而深刻的道理。

参考文献

[1] 孙耀君.西方管理思想史[M].太原:山西人民出版社,1987.
[2] 吴照云.中国管理思想史[M].北京:经济管理出版社,2020.
[3] (美)斯蒂芬·P.罗宾斯,(美)玛丽·库尔特.管理学[M].9版.北京:中国人民大学出版社,2008.

---

① 缪文远,缪伟,罗永莲,译注.战国策(卷五)[M].秦策三·蔡泽见逐于赵,北京:中华书局,2012:171.
② 缪文远,缪伟,罗永莲,译注.战国策(卷十一)[M].齐策四·孟尝君逐于齐而复反,北京:中华书局,2012:317.
③ 缪文远,缪伟,罗永莲,译注.战国策(卷十)[M].齐策三·齐欲伐魏,北京:中华书局,2012:301.
④ 缪文远,缪伟,罗永莲,译注.战国策(卷十)[M].齐策三·孟尝君有舍人而弗悦,北京:中华书局,2012:295.

中国企业社会责任制度研究分析

——基于2000—2019年CSSCI来源文献的计量统计

李方芳　晁　罡*

摘要：近年来,企业社会责任的制度驱动因素日益受到学者的关注。企业社会责任在中国特殊制度环境下经历了被消极对待到成为中国政府、企业界和社会的共识的发展过程,其制度驱动因素发生着重要改变,但尚未有文献专门梳理近20年企业社会责任制度在中国的研究现状及进展。基于此,运用文献计量法对2000—2019年CSSCI来源收集的170篇企业社会责任制度文献进行分析,主要发现：(1)企业社会责任制度的研究呈现先升后降的趋势,发表期刊分散,被引频次差异大,而且采用定量实证研究方法且采用多种理论视角的论文最受学者关注,基本形成了以经济学为主的多学科视角研究态势,以理论方法作为主要研究方法。(2)研究热点包括：制度环境、制度压力、企业环境责任、合法性、信息披露等,20年里研究热点经历了消极应对、强制应对、主动应对和企业内化四个阶段,涉及企业社会责任在中国制度化的一系列过程。(3)五大研究主题：企业环境责任和上市公司社会责任报告制度,制度压力和合法性行动响应与组织同形,企业社会责任的本质和企业社会责任立法,非正式制度和正式制度,中国制度环境、国有企业和慈善捐赠。为此,提出应对理论进行纵深拓展,研究方法应更加多元,重视非正式制度层面的研究等建议。

关键词：企业社会责任；制度化；合法性；文献计量法；综述

一、引言：为什么从制度视角探讨企业社会责任在中国的演变？

近年来,企业社会责任的制度驱动因素日益受到学者的关注[1][2]。制度包含了为社会生

---

* **作者简介**：李方芳(1986—),女,汉族,广东省梅州市五华县人,华南理工大学工商管理学院讲师、博士研究生,研究方向：中国文化与管理、企业社会责任；晁罡(1968—),男,汉族,河南省商丘市睢县人,华南理工大学工商管理学院教授、博士生导师,博士学位,研究方向：中国文化与管理、企业社会责任。通讯作者：晁罡。
基金项目：国家自然科学基金面上项目"当代中国企业家的天下格局：概念提出、量表开发和效能验证"(72072061)；国家自然科学基金面上项目"企业家风：中华传统文化嵌入型企业的拟家庭化实践、积极心理资本与工作-家庭平衡关系研究"(71672062)；广州市哲学社会科学规划基金资助项目"粤港澳大湾区企业驱动型传统文化复兴的社会网络和发展机制研究"(2020GZYB19)。

[1] Campbell J L. Why would corporations behave in socially responsible ways? an institutional theory of corporate social responsibility[J]. Academy of Management Review, 2007, 32(3): 946-967.

[2] Marquis C, Glynn M A, Davis G F. Community isomorphism and corporate social action[J]. Academy of Management Review, 2007, 32(3): 925-945.

活提供稳定性和意义的规制性要素、规范性要素,以及构成认知框架的文化-认知要素[1]。新制度主义理论指出,组织的一些行为和现象可能是适应外部制度环境的产物[2][3][4][5]。研究表明,制度因素会影响企业社会责任行为实践及其发展扩散[6][7]。坎贝尔(Campbell)最早系统地分析了促使企业更愿意承担企业社会责任的制度环境,识别了国家管制、私有独立组织(如 NGO、社会运动组织、机构投资者、媒体)、制度化规则、行业自律体系等制度条件。西方企业社会责任的制度驱动因素研究涉及各个层面的内容:国家制度层次显性、自愿的和隐性、强制的企业社会责任及其制度变革[8][9],社区或场域层次的同形机制[10],组织层次应对制度压力的战略反应[11][12],企业社会责任不同层次的制度决定因素[13]等。

企业社会责任是嵌入在不同的制度中的,而且它本身就是一种制度安排[14]。西方社会的企业社会责任已经历了相对较快的制度变化,传统伦理动力不断普及,国家层面的制度相对弱化,至今它已经成为一个广为接受的概念[15][16]。但在 20 世纪 90 年代中期西方企业社会责任活动才开始传入中国,最初中国企业都只是被动、强迫地响应外部要求,随着中国企

---

[1] W.理查德·斯科特. 制度与组织[M]. 姚伟,王黎芳,译. 北京:中国人民大学出版社,2010:56.

[2] Meyer J W, Rowan B. Institutionalized organizations: formal structure as myth and ceremony[J]. American Journal of Sociology, 1977, 83(2): 340-363.

[3] DiMaggio P J, Powell W W. The iron cage revisited: institutional isomorphism and collective rationality in organizational fields[J]. American Sociological Review, 1983, 48(2): 147-160.

[4] Zucker L G. The role of institutionalization in cultural persistence[J]. American Sociological Review, 1977, 42(5): 726-743.

[5] Zucker L G. Organizations as institutions[J]. Research in the Sociology of Organizations. 1983, 2(5): 44-45.

[6] Aguinis H, Glavas A. What we know and don't know about corporate social responsibility[J]. Journal of Management, 2012, 38(4): 932-968.

[7] Matten D, Moon J. "implicit" and "explicit" CSR: a conceptual framework for a comparative understanding of corporate social responsibility[J]. Academy of Management Review, 2008, 33(2): 404-424.

[8] Hiss S. From implicit to explicit corporate social responsibility: institutional change as a fight for myths[J]. Business Ethics Quarterly, 2009, 19(3): 433-451.

[9] Jackson G, Apostolakou A. Corporate social responsibility in western Europe: an institutional mirror or substitute? [J]. Journal of Business Ethics, 2010, 94(3): 371-394.

[10] Hoffman A J. Linking organizational and field-level analyses[J]. Organization & Environment, 2001, 14(2): 133-156.

[11] Hess D, Warren D E. The meaning and meaningfulness of corporate social initiatives[J]. Business and Society Review, 2008, 113(2): 163-197.

[12] Pedersen E R G, Gwozdz W. From resistance to opportunity-seeking: strategic responses to institutional pressures for corporate social responsibility in the Nordic fashion industry[J]. Journal of Business Ethics, 2014, 119(2): 245-264.

[13] Jones M T. The institutional determinants of social responsibility[J]. Journal of Business Ethics. 1999, 20: 163-179.

[14] Bice S. Corporate social responsibility as institution: a social mechanisms framework[J]. Journal of Business Ethics, 2017, 143(1): 17-34.

[15] Kim R C, Moon J. Dynamics of corporate social responsibility in Asia: knowledge and norms[J]. Asian Business & Management, 2015, 14(5): 349-382.

[16] Bondy K, Moon J, Matten D. An institution of corporate social responsibility (CSR) in multi-national corporations (MNCs): form and implications[J]. Journal of Business Ethics, 2012, 111(2): 281-299.

业社会责任制度动力的不断增加[①]，如今履行企业社会责任已经逐渐发展成为中国政府、企业界和社会的共识[②]。在实践中，我国已形成较完善的企业社会责任法律体系，颁布了涵盖公司、雇员、消费者、股东、竞争者、生态环境等方面的相关法律法规，同时还有与国际接轨的跨国公司和非政府组织制订的各项"软法"；另外，中央政府也越来越重视和推广企业社会责任，公众和媒体关注度也在不断增加。但只有当社会行动者们都接受共同的"社会责任行为"概念时，其制度化才算完成[③]。中国作为新兴经济体，企业履行社会责任的外部制度环境不确定性大，制度驱动因素也在不断发生演变，其制度化扩散过程仍在进行，这些都为研究企业社会责任及其制度因素提供了全新的环境。

相对于实践的快速发展，我国企业社会责任制度的学术研究进展情况却不够清晰。目前相关的研究综述中，金(Kim)和穆恩(Moon)关注了亚洲企业社会责任的制度化问题，并从组织和规则两个维度来分析创造并驱动企业社会责任行为模式的外部力量；陈宏辉、张麟、向燕[④]基于制度、组织与个人三个分析层面对中国大陆学者发表的企业社会责任领域实证研究型文献进行回顾；朱海珅[⑤]梳理了1990年至2015年间国内企业社会责任立法的研究成果；蔡宁，沈奇泰松，吴结兵[⑥]从经济理性、社会契约与制度规范三个视角解析了企业慈善动机。但是以上综述仅把制度因素或制度动因作为其中一个研究层面或研究内容，尚未对中国企业社会责任制度的相关研究进行过全面而深入的梳理，从而也在一定程度上限制了其研究的进一步发展。中国的企业社会责任制度研究经过了20年的发展，涵盖了广泛的研究领域和学科知识体系，研究主题不断细化，有必要更深入、系统地梳理和整合企业社会责任制度在中国的研究现状和特征，分析不同发展阶段影响企业社会责任履行的制度要素的变化，厘清理论研究和实践演变的关系，更好地从制度根源去探寻中国情境下企业社会责任发展的原因，理解企业社会责任在中国的制度化过程。

基于以上分析，本文以2000—2019年共计20年的CSSCI来源的企业社会责任制度文献作为研究对象，对收集到的170篇论文，采用文献计量法，分析样本文献的年份分布、期刊来源、被引频次、学科视角和研究方法，并结合CiteSpace可视化软件对170篇中文文献的高频关键词进行共现分析，更科学地挖掘该领域的研究核心和热点，把握研究热点演变方向，揭示研究主题之间的内在联系，以期能刻画出该领域的清晰结构。

---

① Wang L, Juslin H. The impact of Chinese culture on corporate social responsibility: the harmony approach[J]. Journal of Business Ethics, 2009, 88(3): 433-451.

② Du X Q, Du Y J, Zeng Q, et al. Religious atmosphere, law enforcement, and corporate social responsibility: evidence from China[J]. Asia Pacific Journal of Management, 2016, 33(1): 229-265.

③ Muthuri J N, Gilbert V. An institutional analysis of corporate social responsibility in Kenya[J]. Journal of Business Ethics, 2011, 98(3): 467-483.

④ 陈宏辉，张麟，向燕. 企业社会责任领域的实证研究：中国大陆学者2000—2015年的探索[J]. 管理学报, 2016, 13(7): 1051-1059.

⑤ 朱海珅. 企业社会责任立法研究回顾与展望：基于1990—2015年相关文献的研究[J]. 法学杂志, 2018, 39(11): 92-106.

⑥ 蔡宁, 沈奇泰松, 吴结兵. 经济理性、社会契约与制度规范：企业慈善动机问题研究综述与扩展[J]. 浙江大学学报(人文社会科学版), 2009, 39(2): 64-73.

二、 研究设计

（一）研究方法

文献计量法包含数学统计原理和计算机分析手段①，可以有效地揭示学科领域的基本特征、研究热点、发展趋势和整体知识结构。本文对CSSCI数据库收录的企业社会责任制度文献进行计量分析，首先运用描述性统计法剖析企业社会责任制度研究文献的基本特征，包括年份、期刊来源、被引频次、学科视角、研究方法等，并简要评述该领域发展现状；其后采用CiteSpace软件进行关键词共现分析。CiteSpace是在科学计量学、数据和信息可视化背景下发展起来的，能用于呈现科学知识的结构、规律和分析情况②的一款可视化软件，本文在CiteSpace软件生成的关键词共现图谱及其跨时区视图、聚类视图基础上，展示和分析研究热点，凸显研究的发展趋势并划分研究领域的知识结构。

（二）期刊与论文选择

本研究对中文期刊进行搜索，运用了中国知网数据库，数据来源限定于CSSCI，不含扩展版。

本研究最初运用"企业社会责任"和"制度""法律""政策""标准""政府""制度压力"等词进行交叉检索，但得到的样本论文主题分散，分析结果不理想。经过分析对比，最终将检索词确定为"企业社会责任"和"制度"，或者是"社会责任"和"制度"，检索项为主题，搜索方式为模糊搜索，时间限定在2000年至2019年。在相关性原则的指导下，由研究团队多人同时阅读标题、摘要、关键词及文章内容，对不符合研究主题的文献进行人工剔除，最终筛选出企业社会责任制度研究的170篇样本论文。

三、 数据分析与结果

（一）描述性统计分析

1. 文献年份分布。如图1所示，2000年以来，企业社会责任制度的论文数量总体上先升后降，其中，它在2000至2014年间均保持了较快的增长，此后在波动中呈现下降趋势。这基本上符合金和穆恩指出的企业社会责任制度研究较不稳定的观点，但也可看出该领域研究一直备受学者们关注。以5年为单位对研究进行划分可得到不同时间段的年份分布表（如表1所示），其中，第一阶段的论文数

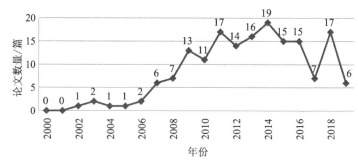

图1 中国企业社会责任制度论文年份分布图

资料来源：根据样本论文情况手工统计整理而得

---

① 涂智苹，宋铁波. 制度理论在经济组织管理研究中的应用综述：基于Web of Science (1996—2015)的文献计量[J]. 经济管理，2016, 38(10)：184-199.
② 李杰，陈超美. CiteSpace：科技文本挖掘及可视化[M]. 北京：首都经济贸易大学出版社，2016：3.

量最少,只有4篇文章,是该领域研究的起步期;从第二阶段开始,论文数量有了较大的提升,这一阶段的研究处于成长阶段;后3个阶段的企业社会责任制度论文总数占比达到97.65%,其中第三阶段的论文数量最多、占比最高,达到45.29%,说明这一阶段是研究的集中涌现期,可称为成熟期;第四阶段的论文量有所下降,但占比依然达到35.29%,可视为瓶颈期。

表1 不同时间段下企业社会责任制度论文年份分布表

阶段(1—4)	论文数	百分比
P1:2000—2004	4	2.35%
P2:2005—2009	29	17.06%
P3:2010—2014	77	45.29%
P4:2015—2019	60	35.29%

资料来源:根据样本论文情况手工统计整理获得

王(Wang)和焦斯林(Juslin)提出,在实务界2004年是企业社会责任在中国的分水岭,自此,参与企业社会责任活动已成为中国社会的共识。实际上,在2005年颁布的新修订的《中华人民共和国公司法》(简称"新《公司法》")明确指出公司应承担社会责任;2006年深交所颁布了《上市公司社会责任指引》之后,企业社会责任制度的论文数量才开始呈现较大的增长,与实际情况略有1至2年的滞后。另外,该研究的论文数在2009年、2011年和2014年三个节点前后存在明显增长,其中2009年相关研究达到小高峰,可以推测由于次贷危机、汶川地震、三聚氰胺等事件的相继发生和《关于中央企业履行社会责任的指导意见》的出台,企业社会责任制度问题在国家层面和社会各界得到更多的关注。2014年该研究论文数量到达顶峰,此前召开的中共十八届三中全会通过了《中共中央关于全面深化改革若干重大问题的决定》,将企业社会责任提升到国家战略层面。2014年后论文数量在波动中下降,2019年降至近10年的最低点。

2.期刊来源分析。据统计,170篇样本论文共发表在109种期刊中,其中发表论文数超过3篇的期刊有15种,占总期刊数的13.76%,但其论文数总和占总论文数的28.24%,其余71.76%的论文分散在94种期刊中,而且发表数量均不到2篇。

图2统计了部分发表论文数较高的期刊,其中《管理世界》《南开管理评论》《中国软科学》《经济管理》《科研管理》《管理学报》等综合影响因子高的期刊均刊载了一定数量的企业社会责任制度文章。综上分析,企业社会责任制度研究并没有集中、固定的阵营或发表期刊,法学、管理学、经济学、社会学等期刊都刊载了该领域的文章。

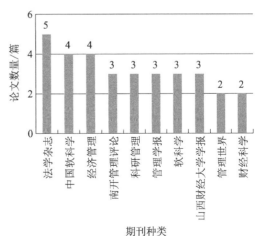

图2 "企业社会责任制度"研究论文来源期刊列表

资料来源:由来源于CSSCI数据库的样本论文手工统计整理而得

3. 论文被引频次统计。为进一步了解企业社会责任制度领域的重要文献的情况,基于知网获取的被引频次,本文对170篇论文的被引情况进行统计。据统计,样本论文被引频次最小值为0,最大值为587次,平均被引次数为25.46次,标准差为55.79次,论文被引频次差异大,被引频次大于50的共16篇(占9.4%)。

表2汇总了企业社会责任制度论文中被引频次排名前十的论文信息,反映了这一研究领域学者最关注的论文。排名第一的是毕茜、彭珏、左永彦[①]发表在《会计研究》的《环境信息披露制度、公司治理和环境信息披露》一文,被引频次高达587次,主要探讨了政府关于环境保护的法律法规是否发挥了作用的问题。排名第二的是周中胜,何德旭、李正[②]发表在《中国软科学》的《制度环境与企业社会责任履行:来自中国上市公司的经验证据》,研究了制度环境中的政府对经济的干预程度、法律环境的完善程度以及要素市场的发育程度等对我国企业社会责任履行情况的影响。排名第三的是贾兴平、刘益[③]发表在《南开管理评论》的《外部环境、内部资源与企业社会责任》,这篇文章从制度理论、产业力量、资源基础观等多种理论视角出发,分析了影响企业履行社会责任的外部制度环境和经济环境,以及企业内部资源所起到的调节作用。还有张建君[④]发表在《管理世界》的《竞争—承诺—服从:中国企业慈善捐款的动机》,这篇论文整合了战略视角和制度视角,构建起"竞争-承诺-服从"的解释性框架,全面考察了外部制度压力的正反动机(即承诺和服从),进而对中国在转型经济期间企业捐款的动机进行研究。

表2 被引频次排名前十的论文信息表

序号	论文标题	学者	期刊	年份	被引次数
1	环境信息披露制度、公司治理和环境信息披露	毕茜,彭珏,左永彦	会计研究	2012	587
2	制度环境与企业社会责任履行:来自中国上市公司的经验证据	周中胜,何德旭,李正	中国软科学	2012	287
3	外部环境、内部资源与企业社会责任	贾兴平,刘益	南开管理评论	2014	217
4	竞争—承诺—服从:中国企业慈善捐款的动机	张建君	管理世界	2013	151
5	制度压力如何影响企业社会责任:基于旅游企业的实证研究	李彬,谷慧敏,高伟	南开管理评论	2011	138
6	论公司捐赠中的社会责任——以现行法为基础的制度设计	孙鹏程,沈华勤	法学	2003	111
7	制度压力、组织应对策略与环境信息披露	肖华,李建发,张国清	厦门大学学报	2013	106
8	企业社会责任信息披露的制度动因及路径选择——基于"制度同形"的分析框架	杨汉明,吴丹红	中南财经政法大学学报	2015	104
9	商业干涉参与下的企业社会责任进路——制度变迁视角的考察	张荣刚	理论导刊	2011	90
10	中国国有企业社会责任研究	徐传谌,艾德洲	吉林大学社会科学学报	2010	76

资料来源:根据样本论文和CSSCI数据库引文数据手工整理而得。

---

① 毕茜,彭珏,左永彦. 环境信息披露制度、公司治理和环境信息披露[J]. 会计研究,2012(7):39-47.
② 周中胜,何德旭,李正. 制度环境与企业社会责任履行:来自中国上市公司的经验证据[J]. 中国软科学,2012(10):59-68.
③ 贾兴平,刘益. 外部环境、内部资源与企业社会责任[J]. 南开管理评论,2014,17(6):13-18.
④ 张建君. 竞争—承诺—服从:中国企业慈善捐款的动机[J]. 管理世界,2013(9):118-129.

此外,最早出现的高被引论文是发表于2003年的《论公司捐赠中的社会责任——以现行法为基础的制度设计》一文,属于法学学科视角的文章;高被引论文大部分集中出现在2011—2013年,且发文期刊都具有较高的影响因子。被引频次排名前十的论文还涉及制度压力对企业社会责任的影响[①][②]、公司捐赠的制度设计[③]、企业社会责任的制度变迁[④]等研究内容。这些文章主要运用了二手数据的定量研究方法,推动了企业社会责任制度的实证研究,而且学者们非常关注结合新制度理论等多种理论视角的论文。

4. 学科视角分类。根据学科视角对170篇论文进行分类后可以发现,经济学学科视角的论文总数最多,有106篇,占比62.35%,法学、管理学和社会学的论文数量分别为38篇、25篇、4篇,占比分别为22.35%、14.71%和2.35%(有几篇论文是采用多个学科视角的)。从横向上的多学科视角来看,早期发表的企业社会责任制度论文是从法学和管理学的视角进行研究的,探讨企业社会责任的法律设计和企业社会责任标准认证。之后的几个阶段都是以经济学视角的论文居多,法学视角次之,管理学视角排名第三。纵向来看,法学视角的研究在2009年达到顶峰后开始减少,其余视角的论文数量均呈现上升态势,尤其是经济学视角的论文在2010年之后发表数量增长迅速,并在后面两个阶段成为企业社会责任制度研究的主要学科视角。

表3 企业社会责任制度论文学科视角统计

学科视角	2000—2004	2005—2009	2010—2014	2015—2019	总数	占比
经济学	0	15	42	46	103	60.59%
法学	2	10	20	5	37	21.76%
管理学	2	4	10	7	23	13.53%
社会学	0	0	2	2	4	2.35%
管理学/经济学	0	0	2	0	2	1.18%
法学/经济学	0	0	1	0	1	0.59%
合计	4	29	77	60	170	100.00%

资料来源:根据样本论文和中图分类号信息整理归类而得

总体上,企业社会责任制度是一个多学科视角共同关注的研究领域,后期基本形成了以经济学为主,法学、管理学为辅的研究态势。

5. 研究方法分析。根据洛基特、穆恩和维瑟[⑤]的分类方法,本文将研究方法分为理论和实证两大类:理论方法可细分为强调"应该""应当"的规范方法和强调"为什么""怎么

---

① 李彬,谷慧敏,高伟. 制度压力如何影响企业社会责任:基于旅游企业的实证研究[J]. 南开管理评论,2011,14(6):67-75.
② 肖华,李建发,张国清. 制度压力、组织应对策略与环境信息披露[J]. 厦门大学学报(哲学社会科学版),2013(3):33-40.
③ 孙鹏程,沈华勤. 论公司捐赠中的社会责任:以现行法为基础的制度设计[J]. 法学,2003(4):84-93.
④ 张荣刚. 商业干涉参与下的企业社会责任进路:制度变迁视角的考察[J]. 理论导刊,2011(5):93-95.
⑤ Lockett A, Moon J, Visser W. Corporate social responsibility in management research: focus, nature, salience and sources of influence[J]. Journal of Management Studies,2006,43(1):115-136.

样"的非规范方法,非规范方法包括概念和范式的整合、框架构建、解释、演绎技巧的运用;实证方法可进一步划分为包括案例、文献综述等的定性方法和包括问卷、实验等的定量方法,本文主要基于数据来源和数据分析方法来划分定量方法类型。由于样本论文涉及多个学科,导致理论方法上的细分难度较大,所以本文并未对理论方法进行细分。

如图3所示,样本文献中有96篇理论类型的文献和74篇实证类型文献,分别占56.47%和43.53%。实证类型文献又包含了4篇定性方法文献和70篇定量方法文献,各占总样本的2.35%和41.18%,其中定性方法文献包括2篇综述文章和2篇案例文章。基于数据来源,定量方法可进一步细分为建模、二手数据和问卷调查方法,分别为9篇、37篇和24篇,各占总样本的5.29%、21.76%和14.12%。基于数据分析方法对70篇运用定量方法的文章进行细分,可发现运用回归分析的有48篇,结构方程模型的有8篇,简单的描述统计分析的有5篇。综上所述,在研究期间,理论方法是企业社会责任制度的主要研究方法,其次是定量实证方法,采用案例、综述等的定性实证方法数量最少,在定量实证方法文献中采用二手数据和回归分析的文章最多。

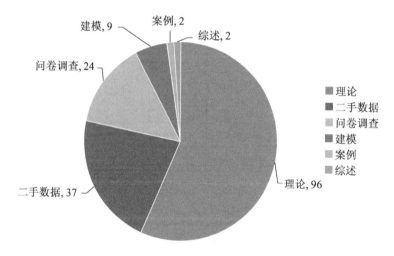

图3 企业社会责任制度论文的研究方法分布图
资料来源:根据样本论文情况手工归纳整理而得

图4列示了理论和实证两类研究方法在不同阶段的分布情况。在2002年至2006年,理论方法一枝独秀,但在之后各年,理论方法所占比重逐年下降,到2019年甚至降为0;实证方法自2007年出现后就一路攀升,到2014年它的使用比重首次超过理论方法,在此之后,成为企业社会责任制度研究的主流研究方法。

(二)研究热点分析

从以上分析可以看出企业社会责任制度研究呈现出期刊来源分散化、学科视角多元化等特点,要进一步分析研究主题的分布与演化难度较大。由于关键词能较集中地反映和概括文章的研究主题,所以本文利用CiteSpace软件对170篇中文文献的高频关键词进行共现分析,以期能更科学地挖掘该领域的研究核心和热点,把握研究领域演变方向,揭示研究主题之间的内在联系。

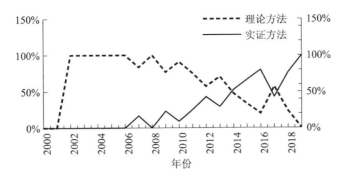

图 4　企业社会责任制度研究方法时序分布图
资料来源：根据样本论文情况手工归纳整理而得

图 5　2000—2019 年企业社会责任制度领域关键词共现图谱
资料来源：由 CiteSpace 软件分析生成

在 CiteSpace 软件界面，时间参数设置为 2000—2019 年，时间切片设为 1，G-index K＝25，选择关键词作为网络节点，得到企业社会责任制度研究关键词共现图谱（如图 5 所示，对同义关键词进行合并），图谱中节点越大，则频次越大。外圈的节点表明中介中心性大于 0.1，显示出该节点的核心地位。CiteSpace 统计得出 2002—2019 年的共现关键词一共有 273 个，大于等于 3 的高频关键词共 32 个，关键词的平均共现频次为 2.0 次，76.5％的关键词共现频次仅为 1 次，具体如表 4 所示。除去"企业社会责任""社会责任"或"公司社会责任"等常用主题词汇，共现频次最高的关键词是"制度环境"和"制度压力"，表明了学者更关注中国独特的制度环境约束下，尤其是在具体的制度压力影响下的企业社会责任问题，与此相关的高频关键词还包括"合法性"。另外，高频关键词还包括"企业环境责任"和"信息披露"，反映了企业社会责任制度领域突出的企业环境行为及其相关制度问题。除以上研究热点外，还有一些频次相对较高的关键词，如"政府规制""企业社会责任立法""中国国有企业"等，反映学者对中国特殊制度供给下细分领域的关注；而"正式制度""非正式制度""法律制度""社会责任标准"等则体现了学者对企业社会责任制度的不同层面或不同制度要素的关注。

表4　企业社会责任制度研究高频关键词

关键词	频次	中介中心性	关键词	频次	中介中心性
企业社会责任	85	0.82	环境信息披露	6	0.05
社会责任	20	0.31	上市公司	5	0.06
制度环境	17	0.21	制度安排	5	0.06
制度压力	14	0.22	正式制度	4	0.04
企业环境责任	12	0.19	企业法律责任	4	0.06
合法性	11	0.19	非正式制度	4	0.04
信息披露	9	0.1	慈善捐赠	4	0.05
政府规制	8	0.13	中国国有企业	4	0.04
公司社会责任	7	0.07	社会责任标准	3	0
制度理论	6	0.04	企业社会责任制度	3	0.04
企业社会责任立法	6	0.08	法律制度	3	0.03

资料来源：根据CiteSpace软件分析结果整理而得

关键词共现图谱的跨时区视图（如图6所示）可以用来分析研究热点在时间维度上的演变趋势和相互影响。结合图6和表4高频关键词的中介中心性信息可发现，具有重要影响的节点分别出现在2004年、2006年、2007年、2009年和2010年，为了更好地突显这些重要节点间的转化，本研究将按照以上划分的四个阶段来分析并总结研究热点演化情况。

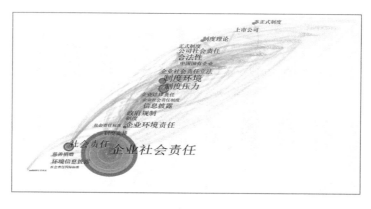

图6　2000—2019年企业社会责任制度领域跨时区关键词共现图谱
资料来源：由CiteSpace软件分析生成

消极应对阶段（2000—2004年）：这一阶段总的发文量只有4篇，研究进展较小，没有受到学者们的普遍关注，高频词有社会责任、环境信息披露、慈善捐赠、企业国际竞争能力等。结合具体文献可以发现，这一阶段的几篇文章主要探讨的是跨国公司的社会责任，而且在社会责任这一热点词出现前，学者主要研究的是企业国际竞争能力及社会责任国际标准、认证。基于此可判断在此期间，学者出于对供应链上中国企业经济利益的考虑，把关注焦点放在企业如何应对跨国企业的要求以及通过社会责任国际标准上，没有加强对企业社会责任的认识及进一步提出相应的制度安排。综上，这一阶段可称为消极应对阶段。

强制应对阶段(2005—2009年):在这一快速成长阶段,高频关键词(大于等于3)占到了总数的一半,且出现了企业社会责任、制度环境、制度压力和企业环境责任等具有高频次和高中介中心性的关键词,说明这一阶段研究热点集中且都具有很高的学术影响力,奠定了该领域的研究基础。学者们主要探讨影响企业社会责任履行的外部制度环境和制度压力,将落实企业社会责任的焦点放在企业外部,相对于第一阶段的消极应对有了明显的进步。此时也是我国企业社会责任法律制度不断完善的阶段,政府规制、企业社会责任立法等高频词反映了我国政府强制性制度供给的特性。制度强制力常会导致象征性而非真正的企业社会责任行为和政策,故将这一阶段称为企业强制应对阶段。

主动应对阶段(2010—2014年):高频关键词的数量相对于第二阶段有所下降,只出现了"合法性"这一高频次、高影响力词汇,但由于该时期论文数量直线上升,且第二阶段产生的研究热点在这一阶段得到延续,研究呈现多样化、成熟化态势。郭洪涛[①]曾指出中国企业总体上尚处于履行社会责任的被动阶段向主动阶段转变的过程。这一阶段的研究更重视从合法性和制度理论的视角来分析企业社会责任行为的选择和逻辑,重视企业的合法性地位,研究视角逐渐从单一地聚焦外部制度环境转变为注重组织与环境的双向互动。这一阶段可命名为企业主动应对阶段。

企业内化阶段(2015—2019年):最后一个阶段没有出现新的研究热点,高频关键词不突出且趋于分散,可判断这一阶段处于瓶颈期。但从这一阶段出现的文化价值观、企业家精神、内部伦理制度、制度感知、制度环境感知等关键词可看出,很多学者基于价值观念、意识形态、中国独有的文化传统等文化-认知性制度要素的角度来寻求制度合法性,以此来解决企业自发履行社会责任的难题。这是一种"最深层次"的合法性,即更加侧重伦理性的社会责任,与第二阶段强调政府规制、企业社会责任立法等硬性制度力量有明显的差别,反映了学者对法律规则作用、政府角色的反思及对企业社会责任制度驱动机制的深入探索,说明企业经过十多年的实践,已经渐渐将企业社会责任内化,故称为企业内化阶段。

总体上,2000年到2019年间中国学者对企业社会责任制度领域的研究经历了从被动响应到主动应对,从企业外部到企业自身,从自利性到自觉性的转变,涉及企业社会责任在中国制度化的一系列过程。西方的企业社会责任主要是由社会运动迫使企业按照社会大众的共同价值观所形成的道德准则以及由此上升为正式法律制度行事的结果[②],而我国企业社会责任研究主要是以正式法律制度为主要手段的外部约束,逐渐转变为企业的内生行为的过程。企业社会责任的工具性观点和规范性观点[③]在演化中逐渐得到统一。企业社会责任理论产生于西方,但作为一种思想在中国早已有之,且具有一定的社会基础。这符合王和焦斯林提出的观点,即培养美德/修善和成为一家卓越的企业是中国企业开展企业社会责任活动的主要原因。

(三)研究主题分析

本文利用CiteSpace聚类功能输出关键词共现图谱聚类视图(如图7所示),用以考察

---

① 郭洪涛.促进企业履行社会责任的制度建构:基于中国企业社会责任"阶段性"界定基础之上[J].华东经济管理,2011,25(3):20-24.
② 张秋.企业环境社会责任缺失的制度机理研究[J].自然辩证法研究,2010,26(2):78-82.
③ 陈宏辉,贾生华.企业社会责任观的演进与发展:基于综合性社会契约的理解[J].中国工业经济,2003(12):85-92.

企业社会责任制度研究主题的知识结构。据图7左侧的图谱信息显示,聚类视图的聚类模块值(Q值)为0.676 8,聚类平均轮廓值(S值)为0.668 4,分别大于0.3和0.5,表明聚类结构显著、结果合理。本文筛选掉2个规模较小的聚类,共得到11个聚类,各聚类内部紧密度高,分布较集中,最后基于对数似然比(LLR)来提取聚类标签词,表5汇总了各聚类的主要情况。对照各聚类的内部信息和关键词的来源文献可以发现,11个聚类可归纳为五个重要的主题领域。

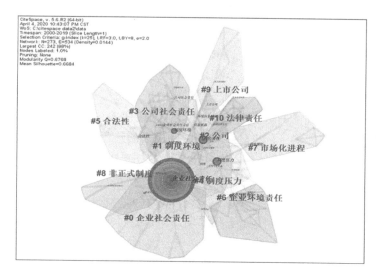

图7 2000—2019年企业社会责任制度领域关键词共现图谱聚类视图

资料来源:由CiteSpace软件分析生成

表5 聚类概况

聚类ID	聚类规模	聚类紧密度	均值(年份)	LLR排名前三的聚类标签词
#0	40	0.945	2011	企业社会责任(8.45)、制度设计(4.99)、商业干涉(4.99)
#1	29	0.761	2014	制度环境(10.28)、制度(9.62)、民营企业(9.62)
#2	25	0.734	2011	公司(9.52)、制度经济学(9.52)、企业(9.52)
#3	23	0.722	2011	公司社会责任(10.48)、企业社会责任行为(6.18)、国际间立法(4.89)
#4	22	0.709	2015	制度压力(28.28)、伦理领导(9.52)、企业绩效(9.52)
#5	21	0.848	2015	合法性(23.86)、合法性机制(9.62)、制度嵌入(4.78)
#6	19	0.946	2010	企业环境责任(24.72)、低碳经济(10.97)、制度保障(10.15)
#7	15	0.943	2012	市场化进程(9.82)、企业慈善(9.82)、政府监管(9.82)
#8	13	0.955	2010	非正式制度(21.14)、正式制度(11.32)、制度安排(6.72)
#9	12	0.931	2014	上市公司(25.21)、社会责任报告(9.93)、社会责任会计信息(9.93)
#10	10	0.964	2008	法律责任(17.61)、实施现状(5.79)、社会责任标准(5.79)

资料来源:根据CiteSpace软件分析结果整理而得

1. 领域一:企业环境责任和上市公司社会责任报告制度(聚类#6和#9)。这一领域的研究主要包括两个方面的内容：

（1）关注如何落实企业环境责任的问题。在低碳经济和循环经济背景下，企业对环境责任的履行变得至关重要。学者们普遍认为，制度缺位尤其是法律规制的不足会导致企业环境责任的缺失，指明企业环境责任的履行需要外力约束，并提出各种改进措施，如完善市场准入制度[1]等，为提升企业环境责任规范的约束性做出了贡献。但在这一主题下学者倾向于采用理论逻辑研究方法，且随着企业环境责任的法律规制的完善，这类研究内容主要还是基于问题分析提出各种不同的改进措施，没有拓宽理论视角和研究方法，研究没有得到深入推进。

（2）关注上市公司社会责任报告制度。这一聚类的平均年份是2014年，时间较近，且以实证研究方法居多。在具体研究内容上，由于我国实行的是自愿披露和强制披露并行的社会责任报告制度，冯丽艳、肖翔、赵天骄[2]着力于考察自愿披露和强制披露这两种制度因素相融合的特殊制度环境的调节作用，并证实其中的强制披露制度因素降低了上市公司对经济目标的关注，引导上市公司更多关注企业社会责任的发挥；而黄韬、乐清月[3]和毕茜、彭珏、左永彦则更侧重于研究企业社会责任环境信息披露制度的完善及其对于上市公司行为的影响，其中毕茜、彭珏、左永彦的研究基于重污染行业上市公司的数据验证了制度对企业环境信息披露行为的显著促进作用，从而为企业环境披露制度的作用提供了证据支持，受到很多学者的关注。刘媛媛、韩艳锦[4]指出我国正处于学术界深入探讨企业社会责任报告披露制度的上好研究窗口。这一主题下的研究成果非常多，但是近年来上市公司"暴雷"事件频发，企业在报告社会责任信息时问题不断，这与理论丰富成果不相符，今后的研究在推动企业不断健全披露制度、深挖背后的制度机理、提升企业社会责任报告内容质量，并推动上市公司积极履行社会责任上仍要加强。

2. 领域二：制度压力和合法性行动响应与组织同形（聚类♯4和♯5）。聚类♯4和♯5的平均年份最近，代表了企业社会责任制度研究的前沿和核心内容，主要探讨企业履行相关社会责任的制度动因和企业社会责任行为的合法性机制和同形机制，该领域以实证方法为主，常将制度压力作为企业社会责任的前置变量。

现有研究中最常见的就是利用制度三要素——规范、文化-认知、规制要素作为制度压力的主要来源，但是得到的实证研究结果不统一。李彬、谷慧敏、高伟以旅游企业作为研究对象，考察了制度压力对企业社会责任的影响，研究显示规范压力影响系数最大，认知压力次之，而规制压力则无显著影响，并且发现制度压力是通过影响企业建立政治关联进而影响企业承担社会责任的。该研究反映了在法律法规较不完善的中国情境下，规范压力可作为一种补充对企业社会责任行为产生影响，而且提出中国企业履行社会责任具有主动承担的倾向。晁罡、叶志科、王磊[5]全面、系统地探讨了社会责任取向的产生和发展机制，建构了包含外部制度压力、企业社会责任取向、内部伦理制度和企业社会资本等4个变量的框架模

---

[1] 高清. 论企业环境责任的建构[J]. 法学杂志, 2009, 30(7): 82-84.
[2] 冯丽艳, 肖翔, 赵天骄. 经济绩效对企业社会责任信息披露的影响[J]. 管理学报, 2016, 13(7): 1060-1069.
[3] 黄韬, 乐清月. 我国上市公司环境信息披露规则研究：企业社会责任法律化的视角[J]. 法律科学（西北政法大学学报）, 2017, 35(2): 120-132.
[4] 刘媛媛, 韩艳锦. 上市公司社会责任报告规制制度演进及合规分析[J]. 财经问题研究, 2016(4): 103-109.
[5] 晁罡, 叶志科, 王磊. 企业社会责任取向产生与发展的路径分析[J]. 科技进步与对策, 2016, 33(4): 91-96.

型。学者们进一步扩展了制度理论框架,形成多种理论视角,以更深入探讨企业社会责任的动力机制。如田虹、姜雨峰[1]结合制度理论、利益相关者理论和资源基础理论视角探讨企业社会责任履行形成机制的理论模型,该研究明确了三个前置因素的直接影响,而且发现强制压力、规范压力和模仿压力均对企业社会责任履行具有显著的正向影响。其实制度压力还包含了各种不同的来源,比如倪昌红[2]在研究中将政治信仰作为企业制度压力源,分析企业在"政治正确"制度压力下的社会责任报告策略。

与单纯强调外部制度压力对组织的影响不同,许多学者开始基于合法性、制度同形等新制度理论的核心概念对企业社会责任行为的逻辑和场域内企业的趋同现象进行系统研究。徐二明、奚艳燕[3]认为国内企业社会责任研究需要更多地从制度合法性解释企业社会责任的内在价值性。在理论分析方面,杨汉明、吴丹红[4]基于迪骄(DiMaggio)和鲍威尔(Powell)提出的"制度同形"机制分析我国企业社会责任信息披露存在的同形现象,构建了从制度环境到制度压力、企业执行行为、企业特征、社会责任信息披露意愿和质量的理论路径。郝云宏、唐茂林、王淑贤[5]认为制度理性是企业社会责任的逻辑起点,按"制度环境-制度压力-企业行为"逻辑,提出了企业社会责任行为的合法性机制模型。郭跃进、张迎迎、赵海艳[6]将企业社会责任纳入合法性约束框架,提出了"合法性压力-合法性观察者-企业行为"制度理性作用路径。在实证研究方面,尹珏林[7]识别、对比了合法性机制和效率机制2种逻辑下的企业社会责任动因机制,首先提出现阶段中国企业履责更为直接的动力仍然来源于竞争环境,并分析得出在中国情境下,合法性机制中社会规范同构力是影响社会责任行为的主要驱动力,即企业将履行社会责任视为获取合法性的手段;其次是政府制定的法律法规框架,法律的权威性和强制性存在一定的作用边界,而同行企业的表现并没有显著的直接影响。沈洪涛、苏亮德[8]考察了合法性压力和不确定性下的企业信息披露决策行为及制度化过程,数据结果显示企业环境信息披露存在同形性和模仿行为,且属于模仿其他企业平均水平的频率模仿,而不是模仿领先者。也有学者研究了促进企业社会责任演化和扩散的重要群体力量,如产业链、政府[9]、媒体报道[10]等,但关注点分散、不系统,研究不够深入。

总之,以上研究反映了在中国情境下规制压力并不一定是促使企业履行社会责任的最

---

[1] 田虹,姜雨峰. 企业社会责任履行的动力机制研究[J]. 审计与经济研究,2014,29(6):65-74.
[2] 倪昌红. 企业的政治氛围与社会责任报告策略:基于制度压力的视角[J]. 山西财经大学学报,2019,41(8):100-112.
[3] 徐二明,奚艳燕. 国内企业社会责任研究的现状与发展趋势[J]. 管理学家(学术版),2011,4(1):48-68.
[4] 杨汉明,吴丹红. 企业社会责任信息披露的制度动因及路径选择:基于"制度同形"的分析框架[J]. 中南财经政法大学学报,2015(1):55-62.
[5] 郝云宏,唐茂林,王淑贤. 企业社会责任的制度理性及行为逻辑:合法性视角[J]. 商业经济与管理,2012(7):74-81.
[6] 郭跃进,张迎迎,赵海艳. 合法性视域下企业社会责任促进策略研究[J]. 科技进步与对策,2013,30(16):61-65.
[7] 尹珏林. 中国企业履责动因机制实证研究[J]. 管理学报,2012,9(11):1679-1688.
[8] 沈洪涛,苏亮德. 企业信息披露中的模仿行为研究:基于制度理论的分析[J]. 南开管理评论,2012,15(3):82-90.
[9] 姚海琳,王昶,周登. 政府控制和市场化进程对企业社会责任的影响:来自中国沪市上市公司的经验证据[J]. 现代财经(天津财经大学学报),2012,32(8):58-69.
[10] 王翊,许晓卉. 媒体报道、制度环境与公司社会责任履行[J]. 财经问题研究,2018(12):129-136.

主要驱动力,而且中国企业普遍存在将履行社会责任作为获取合法性的工具倾向。今后研究应深入挖掘深层次的合法性机制的作用,加强公众对制度的全面理解,同时提升促进同形的群体力量的细化研究。

3. 领域三:企业社会责任的本质和企业社会责任立法(聚类♯10 和♯3)。该主题下的聚类♯10 平均年份为 2008 年,为最早的一批研究。为了提出有实际意义和有针对性的企业社会责任立法制度建议,更好地确定法律规定的边界,首要任务就是得厘清企业社会责任的本质。企业社会责任究竟是以自愿性质为主,还是以强制性质为主?学界对于"企业社会责任"的内涵尚未形成定论,法学学科的研究普遍认同企业社会责任的二分法,即将它划分为法律责任和道德责任,其中法律责任具有强制性,而道德责任更强调自觉性。法律责任是企业社会责任的基础[1],是最低限度的法律要求。基于此,学者的观点可以分为三个方面:第一种观点是强调企业社会责任的法律义务。这一观点在法学界较为普遍,如王玲[2]指出单纯的道德规范不能为企业提供明确的行为模式,应以法制伦理强化和落实企业社会责任。第二种观点将企业社会责任视作道德义务。甘培忠、雷驰[3]认为公司社会责任虽然肯定包含法定义务,但更多的和更有意义的是指分布于道德伦理层面的道德义务。第三种观点主张企业社会责任实质是法律责任和道德责任、自律和他律的统一。郑佳宁[4]提到企业社会责任兼具法律强制性、道德伦理性以及"软法"约束性。杨宇、黄俊、贾煜[5]通过实证研究证明食品企业履行社会责任主要是一种满足制度要求和管理者的自觉行为,这也从侧面印证了企业社会责任的实质。

以上不同的观点也导致学者对于企业社会责任立法性质和实施对策的意见不一,但通过法制建设而不仅仅是通过道德规范来落实企业的社会责任已是一个不争的事实[6]。企业社会责任立法的研究中较突出的一个内容就是对新《公司法》第 5 条的争论。朱海珅归纳得出企业社会责任立法研究的一个细分主题就是关于我国新《公司法》第 5 条是强制性还是倡导性条款、是"硬法"还是"软法"。沈贵明[7]指出《公司法》并不能承受主流观念中公司社会责任的宽泛内容,进而分析得出《公司法》对公司社会责任规范内容的边界和承担主体规范。可见,为更好地推动企业社会责任的落地,仍须兼顾其法律与道德基础。

在其他相关法规上,孙鹏程、沈华勤探讨了对公司捐赠行为的制度规制,认为它只能是一种劝导性规定,此外还有跨国法律[8],基于"国别化"和"差异性"建构的企业社会责任制度[9],以及国家、行业组织、企业自身和社会参与的企业社会责任整体制度安排[10]等。这些研

---

[1] Davis K. The case for and against business assumption of social responsibilities[J]. Academy of Management Journal,1973,16(2):312-322.
[2] 王玲. 法制伦理是强化和落实企业社会责任的重要途径:兼评新《公司法》第五条[J]. 求索,2006(2):84-86.
[3] 甘培忠,雷驰. 公司社会责任的制度起源与人文精神解构[J]. 北京大学学报(哲学社会科学版),2010,47(2):119-125.
[4] 郑佳宁. 劳工标准国际化下我国企业社会责任的履行[J]. 法学杂志,2013,34(9):61-67.
[5] 杨宇,黄俊,贾煜. 食品企业社会责任来源:激励、制度与承诺[J]. 软科学,2015,29(3):15-18.
[6] 冯果,辛易龙. 公用企业社会责任论纲:基于法学的维度[J]. 社会科学,2010(2):80-88.
[7] 沈贵明. 我国公司社会责任的立法规范问题[J]. 法学,2009(11):99-110.
[8] 毛竹青. 跨国法律中企业社会责任制度的演进[J]. 暨南学报(哲学社会科学版),2011,33(1):42-45,162.
[9] 沈四宝,程华儿. 经济全球化与我国企业社会责任制度的构建[J]. 法学杂志,2008,29(3):28-31.
[10] 杨力. 企业社会责任的制度化[J]. 法学研究,2014,36(5):131-158.

究涵盖了不同企业社会责任类型的制度构建、不同范畴的法律规范,也从不同国家、不同行业以及系统的层面来探讨企业社会责任法律制度。

4. 领域四:非正式制度和正式制度(聚类♯2和♯8)。这一主题探讨制度经济学视角下制度分析的不同层面——非正式制度和正式制度的作用。"制度"这个概念具有多层面性和复杂性[1],诺思[2]将制度分为正式制度/规则和非正式制度/约束两个层面,并首次提出了非正式约束这一概念。其中,正式制度或规则主要包括法律、规则程序、规范等,非正式制度或约束包括文化传统、习俗习惯、价值观念、宗教信仰等。包英群、张慧玉、眭文娟[3]研究发现新创企业通过正式制度(拥有人大或政协委员身份)和非正式制度(加入各级工商联和其他协会)嵌入建立的社会联系获取合法性,另外隐藏在正式和非正式制度嵌入背后的期待和规范对新创企业履行社会责任有推动作用。

后期企业社会责任制度的研究越来越重视非正式制度的作用。辛杰、吴创[4]认为外部正式制度只能部分解释企业履行社会责任的动因,企业社会责任的影响因素正在从正式制度向非正式制度研究过渡。在宏观层面的非正式制度上,唐亮、林钟高、郑军[5]分析了社会信任和媒体关注两种重要的非正式制度压力对企业履行社会责任的交互作用效果。在微观层面的非正式制度上,晁罡等[6]关注了企业伦理制度化与否,对企业履行社会责任的效果是否会产生差异的问题,研究结果显示企业伦理制度会对企业社会责任行为并进而对组织绩效均产生着显著影响。倪昌红[7]的研究关注了如何使企业的行为更加道德化的问题,检验了高管宗教信仰虔诚对企业社会责任行为的正向作用和正式制度感知的制度替代作用,提出当正式制度较弱时,非正式制度可以替代正式制度起到规范社会行为的作用。

在这一主题下,许多研究并没有提升到企业社会责任的正式制度或非正式制度层面来进行系统论述,导致细分主题下的研究没有延续性,而且现有研究对于非正式制度的范围并未做清晰界定,比如企业内部的文化、信念体系或企业家信仰是否属于企业社会责任的非正式制度驱动要素呢?有必要对这些问题进行系统阐述。

5. 领域五:中国制度环境、国有企业和慈善捐赠(聚类♯1和♯7)。这一主题领域的研究关注企业相同或不同的外部制度环境对企业履行社会责任的影响及其完善,同时关注了在中国特殊情境下,国有企业社会责任制度构建和灾后企业慈善捐赠问题,极具本土特色,企业社会责任制度领域仅有的两篇案例实证论文就集中于这一主题。

制度环境常被视作企业社会责任的制度动因中的一个制度因素,影响着企业运作及其

---

① Thornton P H. The rise of the corporation in a craft industry: conflict and conformity in institutional logics[J]. Academy of Management Journal, 2002, 45(1): 81-101.
② (美)道格拉斯·C. 诺思. 制度、制度变迁与经济绩效[M]. 杭行,译. 上海:格致出版社,2014.
③ 包英群,张慧玉,眭文娟. 新创企业的制度嵌入与企业社会责任前移[J]. 科研管理,2017,38(6):100-107.
④ 辛杰,吴创. 企业家文化价值观对企业社会责任的影响机制研究[J]. 中南财经政法大学学报,2015(1):105-115.
⑤ 唐亮,林钟高,郑军,等. 非正式制度压力下的企业社会责任抉择研究:来自中国上市公司的经验证据[J]. 中国软科学,2018(12):165-177.
⑥ 晁罡,申传泉,张树旺,等. 伦理制度、企业社会责任行为与组织绩效关系研究[J]. 中国人口·资源与环境,2013,23(9):143-148.
⑦ 倪昌红. 高管的宗教虔诚对企业社会责任行为的影响:基于制度观与计划行为理论整合的视角[J]. 山西财经大学学报,2016,38(11):92-102.

从中感受到的各种制度压力。组织对环境要求的反应是改变整个场域中的规则与行为的结构化过程,进而影响组织的合法性地位。我国的制度环境仍处在不断变化之中,许多学者的研究为完善我国制度环境提供了经验证据。周中胜、何德旭、李正验证了政府对经济干预程度越低、法律环境越完善以及要素市场越发达的地区,企业的社会责任履行状况越好。贾兴平、刘益用社会舆论压力来衡量制度环境,拓宽了制度环境的测量方法,证明了企业社会责任水平的高低受到舆论压力和市场环境竞争强度的影响。

制度环境可以作为重要的情境调节变量,即企业不得不考虑所在国或所在地的制度环境的法治程度、政府干预程度、竞争程度等差异的影响。我国学者普遍采用樊纲、王小鲁编制的市场化指数来作为衡量制度环境的指标,如许金花、李善民、张东[1];徐细雄、李摇琴[2]和陈承、王宗军、叶云[3]的实证研究。其中许金花、李善民、张东的研究结果显示制度环境是影响家族自愿性社会责任表现的关键宏观因素。除此之外,制度环境还可有多种丰富含义。高伟、王全景[4]关注了母国和东道国的双重制度环境,并发现东道国异质性特征和企业异质性会影响海外投资对企业社会责任的推动作用。靳小翠[5]运用制度分析方法,考察市场竞争和法律制度这两个制度背景在企业社会责任影响社会资本过程中的调节作用。郑琴琴、陆亚东[6]开发了外部制度不确定性的量表,并检验了它在社会道德风险认知对企业社会责任战略选择影响中的调节作用。

在中国制度环境下,人们对于国有企业履行社会责任有着更高的期待,学者主要关注当前外部环境和制度力量下国有企业社会责任活动和国有企业社会责任制度的建立与完善。齐丽云、苏爽[7]采用评价和案例研究两种方法研究了中国石油企业社会责任的纵向演进过程,分析得出其演进是外部制度影响与内部组织意义建构共同促进的过程,中国国有企业因其产权属性承受了更多的合法性压力和政策性压力。徐传谌、艾德洲[8]和吴照云、刘灵[9]基于不同层面或不同力量构建了国有企业社会责任制度模型。

2008年四川汶川地震发生后,企业慈善捐赠行为差异及其背后的动机引起了学者的研究兴趣。蔡宁、沈奇泰松、吴结兵在其企业慈善动机综述中,围绕制度规范、社会同构思路剖析企业慈善的制度动因。张建君[10]研究了四川地震后外资企业的捐款动机,分析指出强

---

[1] 许金花,李善民,张东.家族涉入、制度环境与企业自愿性社会责任:基于第十次全国私营企业调查的实证研究[J].经济管理,2018,40(5):37-53.

[2] 徐细雄,李摇琴.高管性别、制度环境与企业CSR决策[J].科研管理,2018,39(3):80-89.

[3] 陈承,王宗军,叶云.信号理论视角下企业社会责任信息披露对财务绩效的影响研究[J].管理学报,2019,16(3):408-417.

[4] 高伟,王全景.海外投资与企业社会责任:基于东道国异质性与企业异质性的实证检验[J].商业研究,2018(8):88-98.

[5] 靳小翠.企业社会责任会影响社会资本吗?:基于市场竞争和法律制度的调节作用研究[J].中国软科学,2018(2):129-139.

[6] 郑琴琴,陆亚东."随波逐流"还是"战略选择":企业社会责任的响应机制研究[J].南开管理评论,2018,21(4):169-181.

[7] 齐丽云,苏爽.中国石油的企业社会责任演进过程:基于组织意义建构和制度整合视角的案例研究[J].管理案例研究与评论,2018,11(6):565-576.

[8] 徐传谌,艾德洲.中国国有企业社会责任研究[J].吉林大学社会科学学报,2010,50(6):85-90.

[9] 吴照云,刘灵.我国国有企业社会责任的层级模型和制度共生[J].经济管理,2008,30(S1):25-32.

[10] 张建君.外企捐款的驱动因素:一个两阶段制度模型[J].管理世界,2011(7):98-112.

调"规范"作用的新制度主义影响其初期反应,而强调"强制"作用的老制度主义在企业后续反应中发挥更大作用。张建君验证了企业捐款不仅仅为了市场竞争,也可能基于管理者对企业社会责任的承诺或者对外部压力的服从,即企业的战略目标和外在的制度条件都会推动企业的社会参与。

四、结论与展望

(一)结论

本文以2000—2019年CSSCI来源收集的企业社会责任制度文献作为研究对象,采用文献计量法对其文献年份、期刊来源、被引频次、学科视角、研究方法、研究热点和研究主题进行分析。得到如下结论:

1. 从文献年份分布上看,企业社会责任制度的研究总体上呈现先升后降的趋势,可被划分为起步、成长、成熟和衰退四个时期。

2. 从期刊来源上看,企业社会责任制度研究发表期刊分散,没有集中、固定的阵营或发表期刊,并未呈现出清晰的期刊来源特征。

3. 从被引频次上看,企业社会责任制度研究被引频次差异大,采用定量实证研究方法且采用多种理论视角的论文最受学者关注。

4. 从学科视角上看,企业社会责任制度是一个多学科视角共同关注的研究领域,后期基本形成了以经济学为主,法学、管理学为辅的研究态势。

5. 从研究方法上看,2000—2019年期间,理论方法是企业社会责任制度的主要研究方法,其次是定量实证方法,采用案例、综述等的定性实证方法数量最少,在定量实证方法文献中采用二手数据和回归分析的文章最多,理论研究方法和实证研究方法呈现此消彼长的发展态势。

6. 从研究热点上看,企业责任制度研究的热点包括:企业社会责任、社会责任、制度环境、制度压力、企业环境责任、合法性、信息披露等。在2000—2019年期间,研究热点的演化经历了从被动响应到主动应对,从企业外部到企业自身,从自利性到自觉性的转变,涉及企业社会责任在中国制度化的一系列过程。

7. 从研究主题上看,研究热点主题领域包括企业环境责任和上市公司社会责任报告制度,制度驱动力和合法性行动响应与组织同形,企业社会责任的本质和企业社会责任立法,非正式制度和正式制度、中国制度环境、国有企业和慈善捐赠。

(二)展望

1. 对理论进行纵深拓展。经过以上的分析可以发现,企业社会责任制度研究关注了企业社会责任制度动因、立法和相关制度安排、不同制度层面及中国本土制度问题,研究空间得到拓展,研究理论得到深入阐述,但缺少在纵向上对企业社会责任制度化过程的研究和综述。另外,新制度理论在企业社会责任中的运用得到深入发展和完善,却没有与制度逻辑、组织场域、制度创业、制度环境复杂性等制度领域的热点、前沿理论相结合,间接导致研究的衰退。

2. 研究方法应更加多元。企业社会责任制度研究前期以理论方法为主,发展到后期理论方法几乎销声匿迹,以实证方法为主,而实证方法中定量方法又占很大比例,实证定性方法没有得到进一步运用。企业社会责任制度研究在实证研究崛起后由盛而衰,反映出理论突破或创新不够、研究方法单一的问题。在研究方法上,学者们不应一味迎合或照搬西方的研究范式,应在反思及改进中拥抱更多元的研究方法,尤其是近年来越发得到学者重视的案例研究方法,从场域层面、组织层面、个体层面揭示企业社会责任制度的演进路径或作用机制。

3. 重视非正式制度层面的研究。非正式制度系统在企业社会责任中扮演着重要的角色[1],当前企业社会责任制度的研究层面比较受限,企业社会责任制度需要的是长久的制度安排,而非正式制度具有稳定性和不可复制性,对组织行为的塑造和驱动效果更为深远,亟需得到学者的重视和深入拓展。区分亚洲的企业社会责任研究与西方的一个关键因素就是深层的道德规范或者是社会伦理[2],随着企业社会责任实践的合法化程度日益增加,提升企业社会责任在社会的共同认知基础,与中国传统文化底蕴相联结,将企业社会责任制度驱动因素的研究转向非正式制度,更贴合中国的实际情况,这也是未来中国企业社会责任发展的重要趋势。

---

[1] Du X Q, Du Y J, Zeng Q, et al. Religious atmosphere, law enforcement, and corporate social responsibility: evidence from China[J]. Asia Pacific Journal of Management, 2016, 33(1): 229-265.

[2] Kim R C, Moon J. Dynamics of corporate social responsibility in Asia: knowledge and norms[J]. Asian Business & Management, 2015, 14(5): 349-382.

管理思想史研究：领域、主题、对象与意义

吕 力[*]

摘要：管理思想史研究社会、企业管理实践中的管理思想、观念或思潮，探讨其来源、内容、意义、发展、作用。管理思想史的研究领域涉及管理学术发展史，也涉及管理实践发展史，在此二者的基础上研究学术与实践相互影响的过程以及效果。中国当代管理思想史则着重研究中国当代管理实践中的观念、思想或思潮，尤其是中国管理学术与中国管理实践相互影响的过程以及效果。任何无法实证或难以实证的、主流管理学无法做出判断的管理实践现象都可以被称为"德鲁克-陈春花现象"。要解决"管理理论与实践脱节"问题的第一步是深刻理解"德鲁克-陈春花现象"产生的原因。管理思想史能同时容纳"学术理论知识"和"实践知识"两种不同范式的体系，因而可以成为沟通"理论"与"实践"的最好桥梁。

关键词：管理思想史；德鲁克-陈春花现象；企业家管理思想解读

一、学术史和思想史：领域

葛兆光在思想史研究上的贡献是提出了"一般思想史"和"学术史"的区别[①]。葛兆光认为，学术史是由思想精英和经典文本构成的，所谓经典文本，就当前主流管理学者的看法，主要是发表在顶级期刊、核心刊物以及学术著作上的学术文章，而一般思想史则着重于从社会维度来看，指向那些对现实社会生活产生了重要影响的普遍思维意识。就管理学而言，管理思想史的研究就不能只是局限于顶级期刊（或泛指一切学术刊物）上的文章，而应该囊括对当时管理实践产生重要影响的思想、观念或思潮，探讨其来源、内容、意义、发展、作用，它涉及管理学术发展史，也涉及管理实践发展史，在二者的基础上研究学术与实践相互影响的过程以及效果。

学术史和思想史当然有很大的联系，因为许多学术思想确实对当时管理实践产生了重大影响，比如，泰勒的《科学管理原理》就对当时的管理实践产生了重大影响。但是，学术史和思想史也存在重大区别：精英和经典的思想未必在真实世界中发生作用，美国前任管理学会主席徐淑英就指出，当代许多管理学术研究成果并没有在实践中产生重大影响。章凯、罗文豪指出，很多当代管理领导理论，如谦卑式领导、辱虐式领导等越来越多的领导类

---

[*] 作者简介：吕力（1971—），男，湖北建始人，扬州大学商学院教授，扬州大学新工商文明与中国传统文化研究中心主任，博士生导师，研究方向：管理伦理、新工业文明时代的儒学发展、中国本土管理、管理研究方法论。

① 葛兆光. 一般知识、思想与信仰世界的历史[J]. 读书，1998(1)：102-112.

型研究基本对实践没有产生任何影响,学术圈之外的企业家和管理者基本没有听说过这些概念①。

二、学术史和思想史:主题与对象

学术史的研究对象是学术理论本身以及学术理论发展的内在脉络和发展历史。一般学术性文章的综述部分都可看作一个小型的学术史研究,因为它具备学术史的基本要素:阐述该学术问题的起源、各种不同的研究方法、研究结论以及对以上内容进行评述。在进行评述时,该理论由谁提出,其来源是怎样的,其应用效果如何,都是显而易见的,研究者只需要将焦点集中到该理论正确与否即可。

然而,思想史的研究并不总是如此:前文已提到思想史的研究领域要宽于学术史,思想史的领域不仅包括学术理论,还包括一般的和该学科相关的社会实践中的思想意识,这一部分思想意识很可能并没有显而易见的继承性,也不是由某一个学者提出的,因此其研究主题不仅包括该思想本身正确与否,其来源如何、理论是如何被社会接受的,又是如何在社会中被传播或被放弃的等都是思想史研究的主题。

正因为思想史的研究领域和主题相比学术史有很大的扩充,因此,在研究对象上也就有很大的扩充:"现象""事件"和"人物"是思想史研究的常见对象。需要强调的是,这里的"现象""事件"指的并不是泛指社会实践中的"现象"和"事件",而是"学术"或"思想"与"实践"结合领域中的"现象"与"事件"。例如,"关于真理标准的大讨论"就是中国当代思想史上的重大事件,因为它同时涉及"学术理论"与"社会实践"。在思想史研究中,"人物"同样也是一个经典对象,这里涉及学术人物的思想演变或其对社会的影响,与学术史主要关注"人物提出的理论的正确性"相比较,思想史更关注"人物提出的理论对社会实践的影响"。

三、中国当代管理思想史的两个研究对象

现代管理学的发展只有100多年的历史,管理思想史作为管理学的一个分支领域,其研究长期以来等同于空白,关于管理思想史的研究领域、主题、对象与方法,几乎没有相关的讨论。根据前文的探讨,本文认为,"德鲁克-陈春花现象"与"企业家思想解读"是突破管理思想史研究的两个很好对象。

(一)德鲁克-陈春花现象

应该说绝大部分学者非常推崇德鲁克的学说和体系,但通过搜索中国知网,对近十年来的相关文献进行检索,仅有5篇发表到管理学核心刊物。为什么会出现很多企业家、学者非常推崇德鲁克,然而以此为主题的学术论文非常少呢?大多数学术核心期刊20年以来未刊发一篇德鲁克的研究文章,是因为德鲁克的思想已经为学术界公认为正确无误而无须讨论吗?显然也不是,如果要搜索引证德鲁克理论的文章,很可能也基本上为零。

陈春花教授同时有两个身份。其一是管理学学者、教授。根据北京大学国家发展研究院官方网站(2021年):陈春花,北京大学王宽诚讲席教授、北京大学国家发展研究院BiMBA商学院院长,专注于中国企业成长研究,数字化时代组织管理创新研究。陈春花教

---

① 章凯,罗文豪.科学理论的使命与本质特征及其对管理理论发展的启示[J].管理学报,2015,12(7):939-947.

授的第二个身份是企业家。根据百度百科：陈春花曾任新希望六和股份有限公司联席董事长兼首席执行官。2015年、2016年、2017年、2018年获得《财富》"中国25位最具影响力商界女性领袖"称号。2016年、2019年获颁《财富》"中国最具影响力50位商业领袖"称号奖。

2020年，互联网上出现了一篇《反思陈春花现象：商业大师为什么没有专业判断力》的文章，尽管该文作者后来经确认系伪造，但该文确实广为传播。该文批判了陈春花教授的如下一些说法，例如"沿着旧地图，一定找不到新大陆；不去探险、探索，新大陆就离你很远""企业没有大小之说，只有快慢之分。如果你今天还在谈论自己企业的规模，那肯定是要被淘汰的""危险的现象是，很多企业还在沿用工业时代的逻辑，就是连续的、可预测的线性思维"等。

（二）企业家管理思想解读

2018年，在第9届"中国·实践·管理"论坛上，《管理学报》正式发布了"中国企业家管理思想解读"征稿启事；在2019年第9期，《管理学报》于"管理学在中国"栏目下专设"中国企业家管理思想"专栏。从2019年第9期至今，"中国企业家管理思想"专栏共刊发13篇论文，涉及格力、华为、小米、海尔等多家国内知名企业，在中国管理学者和本土企业家群体间引起热烈反响和好评。

（三）中国当代管理思想史研究的最好对象

以上两个事件是中国当代管理思想史研究的最好对象，其重要原因是主流管理学无法解释以上事件，理由如下：针对第一个事件，网文摘录的有关陈春花的说法，很难量化为可以实证的假设，例如"沿着旧地图，一定找不到新大陆；不去探险、探索，新大陆就离你很远"，这一判断究竟正确还是错误，是无法通过实证的方法来获得的，这一判断本身带有管理哲学的性质——如同德鲁克所说"管理不在于知而在于行"这一判断也是无法实证的。这也是本文将德鲁克现象与陈春花现象合并为"德鲁克-陈春花现象"的原因，推广而言，任何无法实证或难以实证的、主流管理学无法做出判断的管理实践现象都可以被称为"德鲁克-陈春花现象"。

针对第二个事件，与第一个事件类似，如果脱离开生动、具体的管理实践场景，在主流管理学研究范式下是无法对"企业家思想"进行解读的。换言之，如果坚持主流管理学范式，研究的仍然是某一"具体的实践"，就不是直接解读"企业家思想"，也与栏目的初衷"思想解读"相去甚远。

总之，无论是第一个案例中学术界的集体沉默，还是第二个事件中"思想"的缺失，背后有一个共同的原因，概言之：主流管理学范式不可能对以上事件或问题有所回应，主流管理学研究范式无法处理上述问题。而以上两个事件恰好是管理思想史研究的完美对象，因为管理思想史的研究领域不只是管理学术发展史，还包括管理实践发展史，尤其是学术与实践相互影响的过程以及效果。

四、通过管理思想史研究为破解"管理理论与实践脱节问题"找到突破口

"管理研究与实践脱节"是一个老生常谈的问题。在国内学术界，国家自然科学基金委管理学部原主任郭重庆院士在2008年指出，中国管理学术界对管理实践插不上嘴，陷入了

自娱自乐的尴尬处境①。2016年,总书记提出"将论文写在祖国大地上"的倡议,《管理世界》以专辑形式反映了管理学术界对理论研究与实践脱节的思考。以郭重庆院士"插不上嘴"的比喻来反观"陈春花现象",我们看到仍然是,学术界对德鲁克-陈春花现象"插不上嘴"。

当代全球管理学术界承认管理理论研究与实践脱节问题,并进行了相当程度的反思,其中最具说服力的观点是范德文(Van de Ven)和约翰逊(Johnson)在2006年提出的:理论与实践之间割裂的问题,是一个知识产生范式的问题,不同范式来自各自独立隔离的两个体系。管理学者创建的理论性学术知识,要么对实践者无用,要么实践者不感兴趣,而实践者则根据实际需要发展自己的实践性实务知识,也不会顾及学术理论上的建树。席酉民和张晓军也认为,管理实践本身的复杂性和整体性,以及管理实践与管理学研究遵循不同逻辑之间的悖论,使得管理理论与管理实践存在不可避免的巨大差距②。

如果认可以上结论,则"德鲁克-陈春花现象"的原因就非常明显,和前文笔者所提"主流管理学研究范式无法处理思想史问题"完全一致。换言之,它体现了主流管理学的一种"尴尬":既无法表示赞成,也无法表示反对。基于这种尴尬,思想史的对象便不能纳入主流研究的视野,哪怕主流学术注意到上述现象的存在,也只能生硬地将其排除在研究对象之外。我们甚至可以据此推断,要解决"管理理论与实践脱节"问题的第一步是深刻理解"德鲁克-陈春花现象"产生的原因,在此基础上才能找到解决问题的答案,其他的设想很可能是缘木求鱼。

本文认为,如果承认理论研究和实践研究的不可兼容性,那么解决"理论与实践脱节"唯一的方法是将它们纳入一个更大的"盒子"之中。学术由于其严格的范式规定,无法包含各种"非主流的""通俗的"各种观点以及实践中的做法,但是,思想却包括学术,因为学术也是一种思想,只不过它是一种以"主流的、学术界通用的"框架结构表达的思想。因此,学术史无法囊括思想史,但是,学术史却可以被包含在思想史之中——由此,思想史就是可以同时囊括学术理论知识和实践知识的盒子。

因为思想史可以同时囊括学术理论知识和实践知识,因此,通过思想史研究这个中介,就可以沟通学术理论知识和实践知识,而两类知识和观点如何相互影响,正好是管理思想史研究的重要领域。如果二者能在思想史研究领域达成沟通,则逻辑地看,"管理理论与实践脱节"的问题就可以得到解决,至少会得到缓解,而不跳出主流管理学研究范式,事实已经证明,只能使脱节问题更为严重。

由此,本文期待"企业家管理思想解读"栏目能通过思想史研究范式为解决"理论与实践脱节问题"提供一种全新的思路,并最终解决或缓解这一持续数十年困扰管理学术界与实务界的难题,推动管理学的发展。

参考文献

李平,杨政银,陈春花. 管理学术研究的"知行合一"之道:融合德鲁克与马奇的独特之路[J]. 外国经济与管理,2018,40(12):28-45.
田志龙. 如何解读中国企业家管理思想:几点思考与建议[J]. 管理学报,2018,15(8):1107-1109.

---

① 郭重庆. 中国管理学界的社会责任与历史使命[J]. 管理学报,2008,5(3):320-322.
② 席酉民,张晓军. 从实践者视角看管理研究的价值和范式[J]. 管理学报,2017,14(3):335-338.

席酉民,张晓军.从实践者视角看管理研究的价值和范式[J].管理学报,2017,14(3):335-338.

华生.反思陈春花现象:商业大师为什么没有专业判断力[EB/OL].(2020-06-04)[2020-12-13]. https://mp.weixin.qq.com/s/mlgGtu3p8-XFfb-hhUHkLw.

Van de Ven A H, Johnson P E. Knowledge for theory and practice[J]. Academy of Management Review, 2006, 31(4): 802-821.

晋商和合管理智慧及其现代应用
——兼议晋商和合兼爱的社会责任担当

张卫东[*]

摘要：晋商文化、晋商精神是宝贵财富，晋商文化中蕴藏着丰富多样的和合思想，如何充分挖掘晋商文化中的和合管理智慧，弘扬并践行晋商和合经营精神，是意义深远的。晋商文化中卓越的和合管理智慧体现为：和衷共济的商业精神、和合共达的组织管理、和合共生的运营生态、和合共处的行为规范、和合共立的生存智慧、和合兼爱的社会责任担当。晋商和合管理智慧的现代应用可从践行和合经营哲学、实施和合共达的组织制度、构建和合共生的社会责任体系、制定和合共处的行业规范与标准、构建和合共立的供应链责任体系和构建和合兼爱的公共慈善体系。

关键词：晋商；晋商文化；和合管理；企业社会责任

一、引言

党的十八大以来，习近平总书记对中华"和合"文化高度重视，将之视为中华传统文化的核心精髓。他说，"和衷共济、和合共生是中华民族的历史基因，也是东方文明的精髓"。

20世纪末，我国社会科学界一些学者开始了对"和合文化"寻根溯源式的基础理论研究，旨在揭示：和合是中华文化之精髓，宏扬和合文化具有重要的现实意义。1995年，张立文教授的专著《和合学》出版。1997年初，人民日报社、光明日报社、科技智囊杂志社、北京大学国情研究中心等新闻单位与学术机构启动了"中华和合文化弘扬工程"，对"和合文化"展开了系统的研究，掀起了和合文化研究的一次热潮。我国管理学界对我国传统的和合文化及和合功能在组织管理中的发挥与弘扬也多有研究。如成中英的"C理论"、曾仕强的"中国式管理"、齐善鸿的"道本管理"等。苏东水教授1986年发表了《试论现代管理学中的古为今用》，开始分析古代管理思想的现代价值。和谐理论是西安交通大学管理学院的席酉民教授于1987年提出的一种管理理论，他在1989年出版了《和谐理论》一书。2004年，梁志文在《中国公共卫生管理》发表了《和合管理新探》为题的论文，提出和合管理的主旨是群体同构应合，和合管理的主导是群体价值链优化，和合管理的主体是管理层协和。2005年黄

---

[*] **作者简介**：张卫东（1971—），男，汉族，山西定襄人，太原学院管理系教授，太原市民营经济发展研究会特聘专家，太原市社会科学院特约研究员，太原市龙城之星青年学科带头人，太原市教育改革与创新研究会会长。研究方向：市场营销、网络营销、和合管理等。

基金项目：本文系山西省哲学社会科学课题"晋商和合管理智慧及其现代应用"，课题编号：2020YJ215。

如金在《经济管理》杂志发表《构建和谐社会与管理创新》论文,提出"创立有中国特色的和合管理理论"的命题。2006年11月黄如金出版《和合管理》著作。显然,这些理论观点的提出,其积极作用是明显的。但管理不是空洞的理念,而是切实具体的实践,因此,形成行之有效的管理方略,则是摆在和合管理研究者面前现实而生动的命题。

晋商文化、晋商精神是宝贵财富,新时代的晋商如何充分挖掘晋商文化中的和合管理智慧,弘扬新晋商和合经营精神,并落实应用到转型发展的企业经营实践中都是我们要深入研究的课题。

二、晋商文化中丰富多样的和合思想

作为中华文化核心内容的和合文化在我国具有极其广泛的社会普及面和十分深入的社会渗透力。就对晋商文化的影响而言,和合思想备受广大晋商信仰、遵从与践行。从敬奉和合二仙到民居装饰,从匾额内容到厅堂命名,从为人处世到商号运营,和合文化元素都十分丰富。

(一) 晋商经营哲学中突出的和合思想

从哲学层面讲,和合是指在承认"不同"事物之矛盾、差异、不同的前提下,把彼此不同的事物统一于一个相互依存的和合体中,并在不同事物和合的过程中,汲取各个事物的优长而克其短,使之达到最佳组合,由此促进新事物的产生,推动事物的发展,所谓"和而不同"。和合文化有两个基本的要素:一是客观地承认不同,比如阴阳、天人、男女、父子、上下等等;二是把不同的事物有机地合为一体,如阴阳和合、天人合一、五教和合、五行和合等等。太原傅山先生对此通俗解释为,"天,一也。阴阳,二。阴有阴理,阳有阳理,阴不欲无阳,阳不欲无阴,分而之人者,阳之人始不欲有阴,阴之人始不欲有阳,而各有其理……欲独据而有者,天之毗也,理之毗也。毗阴者嫉阳,毗阳者嫉阴,皆不知分诸天而同诸天也。"[①]意思是说,天是由阴阳统一构成的,想以阴独据或想以阳独据,都是对"天"和"理"的伤害,损害阴的对阳也不利,反之亦然。只有阴阳和合才能构成完整而统一的天。位处长城以内、以农耕文化为主的晋人,因循与倡导和合文化也更为显著。

明末清初盛极一时的晋商,对和合之道感悟深刻,对和合义化也备加推崇。例如,祁县乔家宅院主人乔致庸,将其宅第正堂命名为"在中堂",将儒教"中庸"之说巧妙地嵌入其中。乔家宅院百寿照壁的两旁,有晚清重臣左宗棠所题的一副砖雕对联:"损人欲以复天理,蓄道德而能文章。"横额为"履和"。此联意在标榜乔家尊奉并施行、实践儒家"克己复礼""礼之用,和为贵"的和合思想,注重个人修养,提倡道德文章的社会功用。再如,中道意即遇事合于中庸之道。皇城村相府当年称为中道庄,陈廷敬的祖父陈昌言,称中道庄主,院庄主人宣扬、倡导,甚或提示警诫自己或家人行为举止必行中庸之道,言论行为力求保持适度和得体。榆次车辆常家庄园九世常万达,曾将其院落命名为"世和堂",而他为子孙后代修建的并排十座二进院,也分别取名为"谦和堂""体和堂""雍和堂"等等。

除厅堂匾额多选"和合"思想题材外,还有不少商号直接以"和合"命名。康熙年间,山西代州城内大南街有"和合义",代州人落户包头博托河,也建有"和合堂"等商号。清代,山

---

① 《傅山全书·圣人为恶篇》

西商人在张家口也开有"和合兴""和合稳""和合公""和合德"等商号。清道光年间,农民李善勤、张德仁二人合伙在河北井陉创建食品店,取"和气生财,合作必能成功之意",立商号"双合成"。

(二) 晋商生活愿景中强烈的和合追求

在山西晋商大院群落里,精心构思、匠心独用的雕梁画栋中蕴含了丰富多彩的文化元素,体现了中国传统的道德文化和审美情趣。石雕、砖雕、木雕、刺绣、绘画、剪纸、物器等艺术作品,都承载了丰富的中国传统文化。在砖雕石刻中,最常见的是以砖、石、瓦材料,以意、形、音的方式,或明示或暗寓吉祥和人生哲理的愿景追求。双狮护(当地方言"护"音同"福")门、五福捧寿、喜上梅(眉)梢、麒麟送子、五子登科、岁寒三友、一琴二白(取材琴与白菜,寓指一清二白)、猫蝶(耄耋之谐音)闹春、五福(蝙蝠)临门(寿、富、康宁、攸好德、考终命)、三星高照(福、禄、寿)、渔樵耕读等等,不乏居室主人的情趣与价值追求。

和合二仙的雕刻,在晋商大院的石雕、砖雕、木雕中也屡见不鲜。史书载:宋朝时"杭城以腊月祀万回哥哥,其像蓬头笑面,身着绿衣,左手擎鼓,右手执棒,云是'和合之神'。祀之可使人在万里外亦能回来,故曰万回"。和合之神后来逐步分为二神,一持荷花,一捧圆盒,称"和合二仙",寓指和合同心、生意吉顺之意。尊迎敬奉"万回"之神,将和合二仙雕刻于门庭,这对当时常年经商在外的山西商人而言有着特殊的寓意,极好地契合了晋商的愿景与祈愿。

祁县渠家大院雕刻将数字一至九巧妙地融入各种雕刻之中,诸如一蔓千枝(多子多福)、和合二仙、三星高照、四狮护栏(事事如意)、五福捧寿、鹿鹤同春、七巧回文、八仙过海、八骏九狮等,将大院装点得情趣盎然、祥瑞喜庆。山西大院的八仙雕刻通常采用的是暗八仙手法,将民间传说的八仙所执宝葫芦、铁拐杖之类的神器嵌入长栏、门饰,祈求八位仙人暗中保佑。

乔家大院的木雕作品中也有天官赐福、日升月恒、麒麟送子、招财进宝、福禄寿三星及和合二仙等题材。

以鹿鹤为主题的六合文化在山西宅院雕刻中也非常多见。鹿鹤即"六合"之谐音,六合含义深广,或指东西南北天地,也指一年十二月或十二时辰的交替变化,民间有"六合通,万事成"的俗语。灵石王家高家崖的"寅宾"府门,门洞大踏石上镶嵌着精美的汉白玉石雕图"鹿鹤同春",隐喻着"六合通顺""六六大顺"。祁县渠家大院一处砖雕照壁,也雕有鹿、鹤、梧桐、松树四样,谐音为"六合通顺"。乔家大院照壁上也雕刻有梧桐和松树,六对鹿双双合在一起,喻意"六合通顺"。

三、晋商文化中卓越的和合管理智慧

我国管理学界对我国传统的和合文化及和合功能在组织管理中的发挥与弘扬也多有研究,不少企业致力于和合文化在企业文化建设、人力资源管理、海外市场拓展、项目管理等方面较系统的思考与实践。纵观晋商源起、兴盛的经营历史,晋商的经营管理蕴含着显著的和合管理智慧。明代山西蒲州商人王文显说:"善商者,处财货之场,而修高明之行。"[①]这

---

① (明)李梦阳《空同集·明故王文显墓志铭》,四库影印本

里说的高明,理应是指智慧。具体体现为,晋商有着和合性极强的商业精神,有着和合性极强的经营生态,有着和合性极强的制度安排,有着和合性极强的运营机制,有着和合性极强的商人组织形式。

(一) 晋商和衷共济的商业精神

晋商文化是中华优秀传统文化的重要组成部分,晋商精神是山西重要的文化资源,习近平总书记视察山西时多次提到要注重挖掘晋商文化、弘扬晋商精神。2017年6月习近平总书记视察山西时讲道:山西自古就有重商文化传统,形成了诚实守信、开拓进取、和衷共济、务实经营、经世济民的晋商精神;历史上山西是"一带一路"大商圈的重要组成部分,晋商纵横欧亚九千里,称雄商界五百年,彰显的就是开放精神,要求山西弘扬晋商的开放精神,努力打造内陆地区对外开放新高地。2020年5月,习近平总书记视察山西时再次讲道:历史上山西人不畏艰辛"走西口",打通了中原腹地与蒙古草原的经济和文化通道,出现了纵横欧亚九千里、称雄商界五百年的晋商,创造了山西票号掌全国金融命脉的传奇。要继承晋商精神,融入共建"一带一路",健全对外开放体制机制,构建内陆对外开放新高地。

"和合"是中国人的价值追求和行为方式。晋商受其浸淫,在商号运营中推崇和衷共济的和合哲学。晋商的"和衷共济",是同行间的相互合作,危难时刻的彼此扶助①。和合关系的建立体现在老板与掌柜、伙计之间,商号与顾客、政府、竞争者、合作伙伴之间。例如,流传于世的清代晋商《贸易须知辑要》明确要求:"生意人无大小,上至王侯,下至乞丐,都要圆活、谦恭、平和";商号内部,"掌柜、大伙计不可自抬身价、目中无人,对下属即使有不妥之处,亦以理而剖之,则上下欢心,无不服你"。平遥蔚丰厚票号经理李宏龄著有《同舟忠告》一书,在此书中李宏龄明确要求:"区区商号如一叶扁舟,沉浮于惊涛骇浪之中,稍有不慎倾覆随之……必须同心以共济。"

(二) 晋商和合共达的组织管理

《礼记·中庸》认为:"中也者,天下之大本也。"孔子认为:凡事叩其两端而中便是正道。"用中"就是要均衡"两端"的矛盾,兼顾各方利益的不同,以和合共赢的理念来化解不同利益主体目标的差异与利益的冲突。晋商能够"执两用中"辩证地看待矛盾的对立面,面对不同利益主体之间的冲突,创造性地形成一个兼顾各方利益的组织管理模式。

例如,明清晋商率先采用联号制和股份制,有效地实现了资本所有权与经营权的分离,总结出一套有效实现两权分离的经理(掌柜)负责制。根据遗存史料,晋商商号普遍实施这种两权分离的治理结构,这一治理结构最大的特点就是权责利划分明确,有效地处理好财东、掌柜和伙计、学徒等管理层次的关系。

"执中行权"是和合管理的重要保证,执"中"辅以行"权"才是完整的中庸之道。"行权"即要具体问题具体分析,因时因事变通权变以合于中。《礼记·中庸》说:"君子之中庸也,君子而时中。"管理者既要有权变的意识与胆略,也要有"行权"的艺术。在经理聘用之前,财东要对其进行严格考察,一旦选中,便以重礼招聘,委以全权,并始终恪守用人不疑、疑人不用之道。由于财东对经理的充分信任,故而经理经营业务也十分卖力。财东并不干预商号日常的经营管理活动,逢到账期,经理向财东汇报商号盈亏业绩,如业务大有起色,财东

---

① 李响.晋商管理哲学与现代科技管理[D].北京:北京交通大学,2011:9.

则给予加股、加薪奖励,如不称职则减股减薪,甚至辞退不用。这一制度较好地处理了资本所有者与经营者之间的和合关系,财东既不干涉商号日常经营活动,给掌柜以至上的自主权,可以使掌柜能够拥有充分的决策与运营自主权,同时,也要根据业绩优劣及时予以奖惩。

"中"是手段,"和"是目的,晋商和合管理的结果是皆大欢喜、和合共赢。"致和"既是拟定组织目标的原则,也是衡量组织管理有效性的标准。无论朋合营利,还是合伙经营或者股份制,晋商创造性地发明了劳资并重、资本股与人力股共同参与分配的经营模式,实施了长短期相结合的激励机制,使员工个人目标利益与商号发展紧密联系。这对于建设现代企业文化和完善现代企业制度具有积极的借鉴意义,现代企业在实现企业利润的同时应最大限度地实现股东与员工的利益,同时还要承担相应的社会责任,实现企业、股东、员工与社会的协同发展。

(三) 晋商和合共生的运营生态

适者生存、物竞天择、优胜劣汰、天无绝人之路,人是被逼出来的。明清之际,艰难恶劣的自然生存环境造就了山西人勤奋勇进、吃苦耐劳与坚韧不拔的精神品格,也激发了晋人背井离乡谋生计的道路,也成就了雄踞徽商、浙商、粤商等十大商帮之首、辉煌几百年的晋商。乾隆《太谷县志》卷三有证:"阳邑(太谷)民多而田少,竭丰年之谷,不足供两月。故耕种之外,咸善谋生,跋涉数千里率以为常。土俗殷富,实由此焉。"由晋商主导的"万里茶路",南自福建闽北武夷山起,北至恰克图,翻山越岭、闯沙漠、过草原,船队、车队、马帮、驼队辗转交换,绵延5 150公里,万里茶路之遥远与艰辛难以想象,其辉煌成就之后无不映射出晋商困境求存、奋力图强的和生精神。

(四) 晋商和合共立的生存智慧

晋商在个人修身、与人相处、商业经营等各个方面都秉持"和合"的精神。例如,晋商在处理人际关系上,体现着与人为善、仁厚待人、和合与共的处世哲学;在商业运营上,做生意很少打官司,讲求"和为贵""和气生财"。

1. 晋商六缘和合的集群运营智慧

作为中国明清十大商帮之首的晋商,以亲缘、地缘、业缘、神缘等为无形的凝聚纽带,以商会和会馆作为有形具体的交流聚会、商谈议事的场所,形成共同的价值理念和文化氛围。一方面实现帮内和谐共事氛围,另一方面同帮外同行实现和谐相交的环境,既结成"同心以共济"的运营生态,又实现"朋合赢利"的目的。

晋商和合运营生态系统是以利缘、地缘、神缘、业缘、亲缘、物缘等为纽带形成的。第一,通过朋合营利、合伙经营或股份制的形式形成较为紧密的"利缘性商人群体"。第二,晋商成为一个地方性商帮,就是以地缘、血缘甚至神缘(都信奉敬仰关羽)等关系为纽带形成的松散的商人群体。晋商为了巩固已经获得的市场和实现对某些行业的垄断,先后在国内各主要城市建立了团结同乡商人的会馆。第三,形成亲缘性商人群体。晋商各商号商人之间常常有儿女亲家关系、师徒关系、义兄弟关系等亲缘关系,这无疑是商号间缔结稳定合作关系的一种战略性考虑。第四,以联号制的形式形成业缘性群体组织。联号制就是由一个大商号统管一些小商号,类似于连锁经营形式,从而在商业经营活动中发挥企业的群体作用。第五,形成产业生态链商人群体(也称物缘)。如养蚕植桑带动缫丝织绸,棉花种植带动纺线织布、丝绸棉布的生产,又带动蓝靛的种植与运销;商业的发达带动钱庄、票号、镖局、当铺的发展。省内经商发展到省际经商,省际经商又发展到供给与销售都脱离本省的全国经营甚至国际贸易(山西省内既不产茶,对茶的需求也不大,但茶商却是晋商大军中的一支劲旅)。

2. 晋商重情重义的人本管理智慧

对于企业家而言,和合智慧就是要具备一种正确处理好企业内部各系统之间关系,树立和衷共济、同舟共济、内求团结、外求发展、开拓创新、追求卓越的精神。"仁者,人也","仁"是儒家文化的核心,晋商在经营过程中,始终把做人放在第一位,把做人与做事有机统一起来,为人宽厚仁慈,力戒为富不仁。例如,大盛魁在蒙古做生意时,想方设法满足牧民要求,不仅深入帐篷、送货上门,而且要求员工懂蒙语、会针灸,并针对牧民牲畜多银钱少的实际,发展春季赊货、秋后用羊算账等灵活的经营方式。

3. 晋商慎待相与的和合管理智慧

中国传统的和合文化不仅仅是一种方法论,更是一种生存哲学。和合经营的本意就是要求同存异、融突包容。按照和合学理论,和合是一种"和而不同"的"道并行而不相悖"的精神。"独木难成林,独店难成市",企业若想实现健康长远的发展,必须与供应商、合作者、中间商、顾客、营销公众,甚至包括竞争者,形成一个分工协作、相互依存、既竞争博弈又协同发展的命运共同体。

繁盛于明末清初的晋商,面对有着业务往来的合作伙伴,坚守"慎待相与"的理念,一般不随便建立相与关系,但一旦建立起来,则同舟共济、兴衰与共。祁县乔家的复字号下属商号,一旦停业时,则要把欠外的全部归还,外欠的则能收多少收多少。这一做法奠定了乔家复字号在同业中的地位,许多商号都以与复字号建立业务关系为荣。

总之,明清之际,晋商队伍发展壮大并树起"晋商"这个驰名海内外的区域性品牌,一个重要的原因就在于形成一个成龙配套、相互协作、合作竞争、良性运行的和合运营生态系统。

(五)晋商和合共处的行为规范

"仁、义、礼、智、信"是传统儒家文化中规范人行为的重要内容,也贯穿于晋商文化兴起与发展的始终,也体现在晋商经营活动的方方面面。晋商将儒家的"礼"体现贯彻在日常的礼仪礼节、行为规范与制度规矩等各个方面。

在几百年的发展历史中,晋商建立有严明的商铺店号规矩,对东家、掌柜、伙计、学徒等的行为有着细致明确的规范。建立了学徒制、身股制、掌柜负责制、联号制等经营管理制度,做到了分工明确、权责清晰、约束有力、激励有效。

在晋商文化发展过程中,遵循着辈分等级有序的礼节规范。例如,礼制思想影响下的晋商庭院设计,一般都会有一条中轴线,厅堂、尊长住房等均排列在主轴线上,而附属房屋则位居次轴,对外的房间与下房则放在前面,社交与日常生活起居用房分置前后,主院与侧院的排列、布设也十分讲究,也不可以逾越等级规矩,都需要严格遵循等级顺序。

不仅如此,晋商会馆还发挥着创立行规、订立行业标准、维护行业利益、规范行业秩序的作用。例如,道光年间,平遥颜料会馆公立标准行秤四杆,规范了整个京城的颜料市场。

四、晋商文化中突出的和合兼爱社会责任意识

墨子的兼爱思想认为：爱不分区域大小，都应具有天下胸怀，并且人们之间应做到"投我以桃，报之以李"的互动性，互利之爱是"兼爱"中不可缺失的一部分①。社会责任意识就是这种兼爱思想的体现。社会责任是作为社会一分子的社会主体所应承担的对社会的担当与任务。晋商能取得商业经营的巨大成功，具有较强的社会责任感也是重要条件之一。早在明清时期，晋商就已经在经营实践中体现出了较显著的作为社会成员应担当的社会责任。在晋商的发展历程中，体现出众多与国家命运与共、舍利取义回报社会的强烈社会责任感。

（一）晋商爱国济民的社会担当

在战争、灾荒频乱的年代，晋商能为国家社会主动贡献自己的一分力量，是其承担社会责任突出的表现。乾隆二十四年（1759年）山西盐商和丝绸商等先后捐助白银近20万两用于伊犁屯田；在清政府内忧外患、国库空虚时，晋商也能不断为政府垫付银两开支，以应困局。

再如，清雍正年间，青海叛乱，朝廷调集九省大军平定，但因补给线过长，军粮供应发生困难，山西一个叫范毓宾的商人毁家纾难、主动请命，几乎变卖了所有家产，凑足一百四十四万两白银，买粮补运。再如，清末，众多晋商积极参加山西人民争回矿权的运动。祁县富商渠本翘及各票号纷纷解囊捐资，集资150万两白银，从英商手中赎回了山西煤矿开采权。1919年，山西商界先后成立了"山西商人自强会""太原商界抗日救国会""山西商界抗日救国会"，掀起抵制洋货运动，倡导使用国货。

同治十三年（1874年），陕甘总督左季高决计发兵征讨平息新疆之乱，粮草不足，向山西商人乔致庸筹借，人们大都担心朝廷赖账，乔致庸毅然接下了为朝廷筹措粮草的重任，亲自运送粮草同大帅出征。

嘉庆初中期，我国一些内地省份陆续出现粮荒，晋商急国家所难，远赴俄罗斯购买粮食输入内地，晋商既为国库增创税银收入，又及时地解决了人民的粮食问题。

（二）晋商兼济大众的爱心善行

穷则独善其身，达则兼济天下。晋商秉持儒家经邦济民的思想，在市场日渐扩大、业绩不断增长、事业不断壮大的同时，乐善好施，能够回报社会，在地方公共事务中也发挥着积极的作用，为乡里铺路修桥，投资义学，赈济灾民，扶贫济弱，造福乡里，周济邻里，关心孤老，头约治疫，建堤设渡，筹建义仓，修建书院，资助刊印书文等义举不胜枚举。

例如，祁县乔家大院历代主人皆能乐善好施，热心公益事业。根据《祁县志》记载：1877年（光绪三年）山西大旱，寸草不生，赤地千里，饿死百姓近百万，乔致庸在祁县出巨资赈灾，设立粥棚以救济灾民。乔致庸之子乔景俨执掌乔家产业时，在祁县慷慨捐资兴修水利，资助祁县中学堂，经常向穷苦乡邻施舍医药。

遍布各地的晋商会馆的功能主要有"报神恩、联乡情、崇义举"三个方面。报神恩即祭祖、酬神。联乡情即联络乡谊感情。晋商分布于全国各地，异地他乡人生地陌，常有思亲怀

---

① 陈倩.人类命运共同体视域下墨子兼爱思想研究[D].哈尔滨：黑龙江大学，2020：26-27.

旧之情。共聚于会馆,吃吃家乡饭,喝点家乡酒,乡情乡音乡曲乡韵,减少思乡之情,密切同乡关系。几乎所有晋商会馆里都建有戏楼。崇义举即以办理善事为荣,晋商在外经商人数众多,当时交通落后,通信不便,有的晋商甚至终生异域、客死他乡。晋商会馆还为同乡购置冢地、扶危解难、济贫救困、开办义学、筹建同乡疗养院、发放旅费于无力回乡的亲友等善事义举,这些善举使晋商同乡感到会馆的温暖。

例如,光绪三年(1877年)山西大旱,重灾之中,有的地方甚至出现了人吃人的现象。各县的地方志中对此多有记载。祁县商人乔致庸率先开仓放粮,县里其他富商群起效仿,结果祁县死亡、逃亡人数为各县最少[①]。

光绪三年(1877年),北方大旱,靠牛马骆驼远涉国外开展国际贸易的榆次常氏,牛马骆驼在路途中因饿致死,生意一落千丈。但常家依然胸怀社会,慷慨捐资、捐粮赈灾,灾年过后还借种子给乡邻。为此,常家用心良苦,大兴土木修建院落。众乡邻只要来常家帮忙,即使是搬一块砖也可吃一顿饭。十里八乡的人们纷纷来常家"帮忙"。天旱三年,常家的院落也慢腾腾地建了整整三年,乡邻凭借着这份"工作",度过了三年灾荒。常家体恤乡邻、扶危济贫却不愿担施舍之名,为此,巡抚曾国荃赠匾"好行其德"。

(三)晋商投资公益的利众义举

道光十七年(1837年),榆次常氏因捐助榆次书院,知县赠匾"崇文尚义";光绪三十三年(1907年),因再次捐资榆次学堂,并将家藏《二十四史》《二十二子集》《昭明文选》《朱子全书》等书籍捐赠给县立凤鸣高等小学堂,山西巡抚赠匾"士诵清风"。晋商常家在咸丰至光绪年间,先后投资创办私塾17所。祁县渠本翘,还在家乡创办了山西第一所女子学校。介休富商冀氏曾捐银万两修贡院。1921年,榆次富商宋继宗创办了山西省较早的纺织实业学校。清代山西有义学385所,在晋商活跃的河东地区就有189所。全省设立义学达5年以上的州县有31个,河东即有17个,超过半数[②]。可见当时晋商在兴资助学方面的贡献。

明清年间,公共设施建设一般是涉及人们日常生活的水利河堤、道路桥梁、庙宇宗祠等公共建筑。地方公共建设本属地方政府事务,但要支付巨额的建设费用,经常是各地方政府无力承担的,而晋商经济富庶,自然承担起这一重任,一方面造福百姓,另一方面也可留名后世。道光三十年(1850年)至咸丰六年(1856年),平遥县筑城开渠,县城内各家商号均踊跃捐资,而且数目巨大。祁县乔家出资修永河渠,灌溉田地千余亩。祁县北梁村人李顺廷,曾出资四万银元,从南山麓填沟修渠,引水源入村,使丘陵旱地变为可灌溉水地,并惠及北梁村。祁县孙家河富商孙淑伦在其村中挖掘了两眼百米深的水井,解决了村民的吃水问题。

(四)晋商乐善好施的慈行善举

持有仁爱之心谓之慈,广行济困之举谓之善,慈善是仁德与善行的统一。晋南万荣县晋商李家,以土布起家,艰苦创业终富甲一方,以慈善世家闻名于世。李家自起家到生意鼎盛百余年,三代十位当家都能不吝家财,广做善事,善行善举伴随着李家兴盛的全过程。李家在多次赈灾活动中,赈灾救荒、施衣舍饭,使大量灾民渡过难关,承担了应有的社会责任,维护了社会稳定。

---

① 刘建生.晋商研究[M].太原:山西人民出版社,2002:440.
② 张捷夫.山西历史札记[M].太原:书海出版社,2001:218.

1928至1929年,晋南连年大旱,入冬又遇奇寒,灾情严重。李氏兄弟倾力赈灾,先后赈济河东十七县灾区每县银圆1 000,给河东旱灾救济总会捐款银圆10 000,还在原籍薛店村家庙、阎景村祖师庙、运城池神庙设粥场舍饭。村民全部造册登记,自带碗筷,一日三餐不限量,吃饱为止。直至次年秋收后,灾情缓解,粥场方才解散。河东各县纷纷请求政府表彰,阎锡山为李家颁发"博施济众"牌匾以做褒彰,同时又上书国民政府予以褒荣。时万泉县县长亦颁发"乐善好施"牌匾进行奖励。

万荣万泉书院坍塌,晋商李敬修带头捐助五百金。县官为他竖起功德碑,并赠予"急公好义"匾额,上司奎中垂、刘学使也赠了"乐善好义"以示表彰。李敬修又出资在本村修建一所学堂,使寒家子弟全部得以上学读书。亲戚朋友中因贫穷而无法读书的,李敬修也慷慨解囊资助他们上学费用。他在各村修庙施银更是举不胜举,方圆数百里享有"善人"之称。

李氏家族女辈也多仁爱慈善。李敬修之妻王氏,在其丈夫李敬修去世后,跟随儿子李道行居住太原,遇到残疾孤独者无不量情抚恤,凡贫而无力丧葬婚嫁者都会给以资助救济,从天津、北京购回各种丸散膏药施舍济世,即使上门施行手术,也从不收取分文。

五、晋商和合管理智慧的现代应用

南京大学陈传明教授认为,研究传统文化对现代管理的启示,重点要分析现代人行为中体现的文化传统,重点分析融入我们血液中的那部分文化传统,重点研究传统文化传承至今的鲜活部分,而不是通过在历史文献中寻找有现代意义的思想去培训并影响现代人的行为。笔者赞成这一观点和认识,研究当代成功企业家、优秀企业家——新晋商经营行为所体现出来的鲜活的传统文化的优秀元素,挖掘并弘扬,其作用更为契合当代企业经营实际和情境,其意义也更为深远。为此,探析新晋商经营实践中所体现的和合经营理念与思想,以求抛砖引玉,促进和合经营智慧使之得以弘扬。

(一) 践行和衷共济的和合经营哲学

倡导践行和合经营哲学体现在企业经营的方方面面。近年来,许多企业把"和合"一词设计为企业商号或品牌名称,不少企业把和合经营哲学奉为经营宗旨,反映出和合管理智慧已深入人心并为广大企业所推崇接受。例如,中共上海市各地在沪企业(商会)联合会委员会发布了《关于2018年度异地商会党建工作考核情况的通报》,有8家商会被评为优秀异地商会,上海长治商会名列其中。"和合、包容、创新、奉献"八个字是上海长治商会所倡导的经营理念,"助学、助商、助健康"是其办会宗旨。2018年12月30日,河北省山东商会成立十周年庆典在石家庄隆重举行,其主题即"大道儒商 和合发展"。中国国际茶文化研究会会长周国富认为,发展山西药茶要做到"六元和合",即"茶相适、水相合、器相宜、泡相和、境相融、人相通"。

(二) 实施和合共达的组织管理制度

晋商顶身股、合伙制、合股制、联号制、人本管理等组织管理制度中都蕴含着丰富的和合管理智慧,这些和合管理制度,或可说是当时晋商得以兴盛的"基因密码"。例如,晋商顶身股制度不仅具有西方激励理论"双因素理论"的特点,同时也凝聚了现代人力资本管理精髓,对现代企业建立有效的激励机制、发挥企业人力资本的效能、激励人力资本投资、实现企业与员工共赢具有重要作用。为此,当代企业可深入挖掘晋商组织管理制度中所蕴含的管理智慧,通过制度创新、制度设计,有效提高组织管理效能与效益。

以华为、阿里巴巴、碧桂园、旭辉地产、海尔、韩都衣舍、爱尔眼科为代表的著名企业纷纷导入"利益共享"为核心的合伙人制度,越来越多的中小型企业也纷纷导入合伙人管理模式,培养核心人才,与公司形成利益、事业、命运共同体,便是实施和合共达的组织管理制度的有益尝试。

(三)构建和合共生的社会责任体系

晋商作为我国明清时期国内最活跃、势力最大的商帮,分析其兴盛的内在原因,主要是有意识或潜意识地构建了一个良性运行的和合运营生态系统。在晋商的和合管理智慧中,诚信合作、以人为本、以义制利无疑是其履行企业社会责任的核心要义。和合管理的任务是形成协调一致的和合目标,不必刻意追求统一。人们的思想便是同而不和,统一人们的目标便是和而不同。这一观点所体现的就是一种和合管理哲学。当代企业在发展壮大的同时,应弘扬晋商精神,积极履行经济责任、法律责任、环境责任和扶贫及公益慈善等责任,注重企业与经济、社会、环境的协调发展,自觉将企业目标与国家、社会、地方经济发展融合在一起,创造社会财富,推动经济发展,践行绿色发展理念、自觉节能降耗减排,关心善待员工、构建和谐企业,奉献公益慈善、担当社会责任,在新时代发展理念引领下,优化企业社会责任内涵及实践路径,构建促使企业实现高质量可持续发展重要支撑的社会责任体系。

在经济责任方面,民营经济对山西经济发展的贡献概括为"五五七八九",即贡献了50%多的税收,近50%的地区生产总值,70%以上的技术创新成果,80%以上的城镇劳动就业和90%以上的企业数量,在稳定增长、促进创新、增加就业、改善民生等方面发挥了重要作用,已成为山西省拉动经济增长、创造社会效益的重要力量。

(四)制定和合共处的行业规范与标准

传统经济活动中,维系垄断的方法是掌握一大批"know how"的专利,给通行的渠道设置一些别人无法拆解的障碍。但是,在21世纪网络经济时代,除了共融与共享,没有人可以垄断。显然,没有和合的胸怀和和合的意识,共融与共享便无法开展。具有和合智慧的企业家,面对企业系统内或系统间的竞争与冲突,往往会致力于导向融突而和合,使企业生态系统中各企业从竞争走向竞合,从竞合走向和合,实现动态的和荣、和富。中国人民大学张立文教授认为:儒商精神的内涵之一是"和合精神",商业合作应当和而不同,不同而和,追求商道与天道、人道的和谐。

没有规矩难以成方圆,无论是个人、企业、地区还是国家、世界层面的命运共同体构建与治理,都需要制定相应的规则、协议或道德主张,只有在这些规则和协议的规范约束下,才能确保命运共同体有序运行,实现预期目标。这就需要各个和合主体,心存敬畏心与规矩意识,遵守约定的游戏规则、诚信合作、求同存异、顾全大局,以命运共同体利益为导向,以实现和合共赢的目标。

如同明清晋商牵头制定行业规范一样,一批新晋商也积极参与行业标准制定,规范行业秩序,引领行业趋势,推动行业发展。例如,沁新集团参与国家及山西省的行业标准制定,主持制定的一项国家标准、二项行业标准,参与制定的一项国家标准均获批并正式发布实施。长治高科华烨集团检测中心通过国家认可委员会认证,成为国家半导体照明技术标准工作组成员单位,是制定相关国家标准成员单位之一。

(五) 构建和合共立的供应链责任体系

张继焦、侯达认为：从晋商的角度来看，明清时期中国的市场体系并非如施坚雅所言机械地分成九个区域，各个区域之间相对分隔，它们之间只有比较脆弱的联系；其实，那个时候在晋商的不断努力经营下，中国国内已经建立起了一个跨区域的全国性市场体系。从明朝(1368年)到清朝末(1912年)，晋商在全国建立起来的市场体系经历了由"点"到"线"再到"面"的发展过程。在这个发展过程中，晋商逐渐建立起了一个以山西为核心，以"点"（会馆与票号）分布全国九个大区域，以"线"（晋商商路）连接全国九个大区域的全国市场体系。这一全国性市场体系的建立，正是晋商能够屹立于明清商界五百年而不倒的重要原因[①]。明清晋商实现全国性市场体系的建立，显性技术层面的原因是遍及全国的会馆、票号、商路网络的布局，其隐性的秘诀则是特定历史条件下和合管理智慧的践行。

因此，站在企业生产经营生态系统良性发展与运行的角度考虑问题、把利害相关者视为企业生存发展命运共同体的态度与观念，就是一种典型的和合经营哲学和和合经营精神。加强诚信建设、构建供应链责任体系是实现合作共赢的重要途径。新晋商应通过资源共享、技术支持、项目对接等方式与供应链企业建立和合共赢、合作发展、共同成长的机制，带动供应链上的每一个企业得到持续改进和提升。

(六) 构建和合兼爱的公益慈善体系

墨子"兼爱"思想是中国传统文化思想的重要组成部分，"兼爱"思想是墨家学派的思想精华，"兼爱"思想体现了一种平等之爱、公利之爱、互利之爱以及整体之爱，并通过广义维度的"非攻"等思想来实施"兼爱"[②]。这对当代社会的发展有积极的启示意义。墨子兼爱思想的精华部分应该传承和发扬，在企业微观层面构建人类命运共同体时应该借鉴兼爱思想，体现兼爱思想的时代价值。

山西省民营企业家，积极参与省工商联牵头组织实施的"千企帮千村——精准到户"扶贫行动，在产业扶贫、就业帮扶、技能帮扶等方面积极承担社会责任，做出了积极的贡献。民营企业积极参与"千企帮千村"产业扶贫项目观摩、光彩事业"中阳行""太行行"活动，观摩产业扶贫典型。民营企业慈善捐赠的重点领域是扶贫济困和捐资助教，比如大运九州集团2016年捐资1.2亿元建设了大运幼儿园、大运小学、大运初中。振东健康产业集团专设扶贫办，设立了"扶贫济困日""冬助日""敬老日"及仁爱天使基金，连续十几年开展各类公益捐赠。显然，这是一种典型的美美与共、和合共处的命运共同体意识。

新晋商要注重和合企业文化建设，把社会责任看得重一些，回报社会，反哺大众，树立起良好的富有爱心的企业形象。

---

① 张继焦，侯达. 晋商及其所建立的全国市场体系：超越施坚雅的"区域市场观"[J]. 青海民族研究，2021，32(1)：35-40.
② 陈倩. 人类命运共同体视域下墨子兼爱思想研究[D]. 哈尔滨：黑龙江大学，2020：26-27.

企业社会责任的三螺旋理论
——基于整体观的儒家社会责任思想

孙怀平　张　丹*

摘要： 企业社会责任是企业价值组成部分。具有整体性特征的儒家社会责任思想对当代企业社会责任建设具有较大的启示。基于"修身齐家治国平天下"的递进、整体性主体责任观,构建了现代企业具有"自身建设责任""经济发展责任"以及"社会进步责任"的递进、整体社会责任伦理观,三者之间相互作用,相互影响,共同促进,以螺旋上升方式促进社会发展和进步,进而对现代企业社会责任建设提出相关建议。

关键词： 社会责任；儒家社会责任；企业社会责任；三螺旋理论

一、引言

在1721年世界第一家工厂出现后300年时间内,企业所创造的财富和文明要远远超过此前人类创造的财富总和[①]。从1865年曾国藩、李鸿章等创办中国第一家近代工业企业——江南制造总局算起,我国创办企业历史只有150多年。目前,企业在我国社会经济发展中扮演着重要的角色。2019年,国内企业法人单位21 091 270个,从业人员达到77 471万人,同时,创造了近100万亿元人民币的国内生产总值[②]。企业为社会提供了大量的工作机会,维持社会稳定,促进社会进步。企业所创造的巨大财富促进了经济发展,提高国民生活水平和质量,提升了国民幸福感。事物总有正反两面。企业在造福人类的同时,也给人类带来了消极影响。在降低成本的驱使下,忽略员工的身心健康;在追逐利润目的的驱使下,向周边的环境排放污染物质,对居民健康造成不良影响。有的企业非法经营,恶意逃税,给国家造成巨大损失等[③][④]。企业社会责任缺失已成为社会关注话题,有的已经成为公共安全问题,除了外部社会加强监控以外,企业树立自身的社会责任意识成为解决这些问题的

---

* **作者简介：** 孙怀平(1970—),男,汉族,江苏句容人,南京农业大学公共管理学院副教授、硕士生导师,博士,研究方向：人力资源管理、组织行为与文化；张丹(1997—),女,汉族,江苏丹阳人,南京农业大学公共管理学院硕士研究生,研究方向：公共部门人力资源管理。

① （美）乔舒亚·B. 弗里曼(Joshua B. Freeman). 巨兽：工厂与现代世界的形成[M].李珂,译.北京：社会科学文献出版社,2020：10.

② 国家统计局,生态环境部. 中国环境统计年鉴：2020[M].北京：中国统计出版社,2021.

③ Wagner T, Bicen P, Hall Z R. The dark side of retailing: towards a scale of corporate social irresponsibility[J]. International Journal of Retail & Distribution Management, 2008, 36(2): 124-142.

④ 万寿义,刘非非. 企业社会责任缺失的动因及经济后果研究[J]. 会计之友,2015(11): 15-25.

关键。

中国传统文化中蕴涵了丰富的伦理和社会责任思想。中国企业处于深受儒家思想影响的文化背景中。在当下国际和国内环境中,中国企业需要充分整合利用传统文化中的思想资源。虽然传统文化中没有清晰的企业社会责任的思想和理论,但作为一种理念逻辑原则,"在伦理意义上真实存在的东西并不是个别人而是人类,其表现形式是个人在国家中的有机结合"①。这样就使得作为儒家伦理中的个人与当下社会中的企业法人具有同等的地位。在西方文明面临分析困境的时期,中国企业可利用本土文化的整体性优势,借鉴传统文化中的社会责任思想,承担起企业社会责任。这既是企业在国内发扬传统文化的职责,也是参与国际竞争光大民族文化的使命。

二、社会责任思想梳理

(一) 传统文化中的社会责任思想

传统文献中没有出现与现代意义上"社会责任"概念内涵完全一致的词汇,但出现了"社会"与"责任"的用语。这些词汇传统使用和现在使用的差异并不否定共性存在,共同的义素是同一个词古今使用合法性的体现。这些共同的义素是沟通古今思想的桥梁,也是文化延续和传承的条件。

"社会"这个词由"社"和"会"两个字组成。在《国语·鲁语上》中,"社"的意思是土地神,后引申为祭祀土神的日子或地方。到了周代,以二十五家为"社",进而引申为一种基层行政单位。现代意义上指某种从事共同活动的集体组织或某些机构②。在《仪礼·士虞礼》中,"会"的本意是指盖子,进而引申出盟誓、聚会、相遇、符合之意。在《史记·货殖列传》中,"会"又引申出一个地区的政治、经济中心以及主要城市含义。由此,"社"和"会"结合在传统使用中具有群体性的祭祀、集会活动之意。群众性的祭祀和集会活动通常遵循一定的规范。初民祭祀的都是自己的土地神,区域和时间上的差异使得祭祀对象和集会目的的相关规定也不一样,从而使得不同祭祀和集会具有不同的活动规范。"俗始甚野不知为学,乃择子弟之秀者聚而教之,乡民为社会为立科条,旌别善恶,使有劝有耻。"③从"社会"这个词的传统使用中可以看出,其具有以下基本的内涵:(1)群体性参与的活动;(2)存在多个群体,每个群体都有自己的祭祀对象和集会目的;(3)每个群体都有自己遵循的习俗、传统、制度和价值观。

"责任"这个词由"责"和"任"两个字构成。《说文解字》中,"责,求也。"④本义是索取,引申为责备、指责和责任之意,如"若尔三王,是有负子之责于天,以旦代土发之身"⑤。《礼记·明堂位》中,"任"本义指担任,也可以指任命、责任等意。《周礼注疏》中词义则较为明确,指胜任之意。"上地家七人,可任也者家三人;中地家六人,可任也者二家五人;下地家五人,可任也者家二人。""责"和"任"结合而成"责任"则为索取对某事的胜任之意。索取是

---

① (德)文德尔班. 哲学史教程-上卷[M]. 罗达仁,译.北京:商务印书馆,1987:172.
② 李学勤. 字源[M]. 天津:天津古籍出版社,2012.
③ (明)邱濬《大学衍义补》
④ (汉)许慎,(清)段玉裁,注. 说文解字注[M]. 上海:上海古籍出版社,1981:1124.
⑤ 《尚书·金縢》

一种主动性的行为,进而又引申为行为主体对来自对他人的承诺、职业要求以及道德规范和法律法规等方面,由于工作失误而自愿承担不利后果之意。"各官既有地方责任,兼复素怀忠义,当兹委任,务竭心力以袪患安民。"①从"责任"之词的传统使用中可以看出,其具有以下基本内涵:(1) 行为主体具有明确的目标;(2) 行为主体出于自愿主动从事相关的活动;(3) 行为主体了解行为可能的结果且对结果负责。

"社会责任"由"社会"和"责任"两个词构成。儒家思想文献中有"社会"和"责任"两个词的使用,但没有"社会责任"这个词。根据语义学相关理论,词的意义客观地包含在一个连贯的语言系统即语境中。"社会"和"责任"构成具有一定内涵的"社会责任",除了"社会"和"责任"词性范畴具有相似性外,就词义而言,还具有逻辑上的一致性。从上述"社会"和"责任"所具有的基本含义,按照传统思路,我们可以作以下理解:"社会责任"是社会主体参与社会活动中需要承担的一种义务和责任。主体参与的活动具有明确的目的,且主体是出于自愿,没有外界强制力量的影响。主体实施相关的行为活动过程中,自觉遵守群体的历史、文化传统以及规范制度,且能意识到违背这些规定带来的后果。因此,"社会责任"的传统理解主要包括以下几个因素:参与主体、活动目标、遵守规范以及承担后果。

社会责任及其承担者总是处于一定的环境中。儒家思想在传统社会中具有主导地位。儒家思想产生、发展于农耕社会。农耕文明中社会经济活动的主体是男性群体,女性虽然也参与一些生产性活动,但从根本而言,这些活动是服务于男性的。个人就成为古代社会经济活动的主要参与者。在不需要他人的合作或者很少参与的情况下,个体通常能独立完成某项经济活动。即使是群体性的生产性活动,个体也具有当下经济活动中参与者所无法具有的独立性。"丰絜者,谓其春、夏、秋三时农之要节,为政不害于民,得使尽力耕耘,自事生产,故百姓和而年岁丰也。"②儒家看到了个体在社会经济活动中的主体性地位,进而构建了基于个体的伦理价值观。只要社会经济活动的主要参与者和创造者行为符合伦理规范,基于血缘关系的宗法制度以及君臣之礼就可以得到维护,社会就会处于良性的运行和循环之中,君王统治则稳定,统治阶级的利益就得到保障。这样,"修身齐家治国平天下"就成为儒家社会责任思想的高度概括。《礼记·大学》中指出:"古之欲明明德于天下者,先治其国;欲治其国者,先齐其家;欲齐其家者,先修其身……身修而后家齐,家齐而后国治,国治而后天下平。"对君主而言,国与家具有相同内涵。该文以国家治理和天下均平的社会理想状态为终极目标,采用演绎的论证方法,从宏观层面的国家太平推演到个人自身修养,较为完整地显示了以个人为中心的社会责任思想。"修身"是提升个体自身素质。高素质有利于个体参与社会经济活动,能促进生产效率提高,对其他参与者遵循社会规范具有积极影响。这样"修身"就使得个体具有社会责任的含义。不管是诸侯的"家"还是普通百姓的"家",这里的"齐家"是指治理好自己所在的、以血缘和姻缘关系为基础的群体。个体和家融为一体,"家"以家族的形式参与社会经济活动,具有清晰的目标,承担相应的社会责任。"治国"就是国家得到有效治理,君民各司其职。君王为国家稳定和发展承担责任,臣民则以个人和家族形式为国家进步做贡献,承担社会责任。

---

① 《王阳明集》
② 《春秋左传正义》

（二）现代企业社会责任思想

现代意义上的企业社会责任思想来源于西方。1924年，英国学者谢尔顿（Oliver Sheldon）在 The Philosophy of Management 提出，企业在获取利润的同时，应该对行业内外相关群体利益有所关注。企业经营者在实现所有者的经济利益同时，还应该满足产业内外各类人群的需要，企业应该为其对于其他实体、环境和社会所造成的影响负责。他同时还指出，相比于企业利益，社区利益更重要。企业经营的核心是要服务整个社区，为大社区谋求相关利益[1]。卡罗尔提出了企业社会责任包含四个维度的金字塔模型，即经济责任、法律责任、道德（伦理）责任和自愿（慈善）责任。经济责任处于最底层，是企业最根本的责任，指对生产、获利以及满足消费者需求承担的责任；法律责任在经济责任的上面，指企业在履行经济责任时不能超出法律所规定的范围；第三层为道德（伦理）责任，指企业在履行其他责任时须符合相关的社会准则、规范以及正确的价值观；处于顶层的是自愿（慈善）责任，要求企业应该为整个社会的可持续发展做出贡献[2]。

20世纪80年代以后，随着利益相关者理论的提出和影响的迅速扩大，企业社会责任思想逐渐与其融合，从而使得与企业生产经营活动相关者的利益成为学者的研究对象，企业社会责任的研究也从宏观和微观两个层面展开。图尔班等认为，企业有很多的利益相关者，对诸如员工、社会、自然生态等相关权益，企业应当予以重视和保护，只关注股东的权益对企业发展十分不利。企业的捐赠行为可以提高企业社会形象，进而可以帮助企业吸引更多的优秀人才[3]。

进入21世纪后，随着世界经济一体化的深化发展，营商环境发生了巨大变化。具有不同文化背景的企业在生产经营和合作交流中，对其承担的义务和责任有不同的理解。因此，马特等认为企业社会责任的内容应该按地域来区分。企业社会责任的内容在不同地域是不一样的。欧美地区的企业社会责任表现为企业将自身商业价值和社会期望相结合，企业自愿履行实现社会期望的责任，进而成为企业的一项战略目标，这是隐形的企业社会责任。在一些亚洲地区，如中国，企业社会责任是为了应对制度环境、法律法规等，其通常由行为准则、决策习惯等组成，这是显性的企业社会责任[4]。

企业已经成为我国社会经济活动的主体。企业对其社会责任的履行直接影响到我国的经济发展、社会进步和人民生活质量的提高。基于传统文化背景影响，国内学者对企业社会责任进行了有益的探索。郑海东在利益相关者理论基础上构建了企业社会责任的三维模型，认为企业社会责任分为对内部人的责任、对外部商业伙伴的责任和对社会公众的责任。对内部人的责任包括对股东、管理者和员工三类利益相关者的责任；对外部商业伙伴的责任包括四类利益相关者，即对债权人、供应商、分销商和消费者的责任；对社会公众

---

[1] Sheldon O. The Philosophy of Management [M]. London: Sir I. Pitman Ltd., 1923: 115-118.
[2] Carroll A B. A three-dimensional conceptual model of corporate performance [J]. Academy of Management Review, 1979, 4(4): 497-505.
[3] Turban D B, Greening D W. Corporate social performance and organizational attractiveness to prospective employees [J]. Academy of Management Journal, 1997, 40(3): 658-672.
[4] Matten D, Moon J. "implicit" and "explicit" CSR: a conceptual framework for a comparative understanding of corporate social responsibility [J]. Academy of Management Review, 2008, 33(2): 404-424.

的责任涉及对政府、环境和社区三类利益相关者的责任①。

王和焦斯林把企业社会责任与中国古代儒家思想相结合,认为企业社会责任就是企业和谐地开展经营,以和谐的方式对待整个社会,包括保护环境、关爱社会等相关内容②。孙文红等认为,我国企业社会责任分为两种:基本社会责任和其他社会责任。前者主要是通过法律法规或行政指令明文规定的责任,通常指国家对企业提出的一些硬性要求,包括对内部职工、消费者、生态环境等的社会责任;后者主要是企业在社会公益活动、慈善事业建设等方面承担的责任,这一类的责任是非硬性的,主要取决于企业自身的社会责任意识和道德意识③。陈莞等从利益相关者理论出发,将企业社会责任分为货币层、人力层和社会层三个维度。货币层社会责任是指对股东和债权人两类利益相关者的责任;人力层社会责任则专指企业对内部员工的责任;社会层社会责任是指对政府、供应商以及顾客三类利益相关者的责任④。

上述相关研究显示,现代意义上的企业社会责任首先突出了企业的主体性地位。企业不仅是社会经济的认识主体,还是社会经济活动中的存在性主体。双重主体性意味着企业必须在明确的目标指导下主动参与到社会经济活动中,并且承担与其行为相关的责任。这些责任从根本上而言,就是充分考虑利益相关者的利益。地域文化的差异使得企业对利益相关者承担的责任也不一样,使得民族文化成为影响企业社会责任的一个重要因素。因此,中国企业的社会责任中儒家思想的影响就难以避免。

(三) 中西社会责任思想的会通

从参与社会经济活动的主体而言,儒家思想中的社会责任与现代企业社会责任内涵具有高度一致性。现代社会中,作为个体意义上的主体参与的社会经济活动已经消失,取而代之的是作为法人的组织参与社会经济活动。如果就单纯性的经济性活动而言,作为法人的企业几乎承担了全部的内容。这与我国传统农业社会中,作为主体的个人(农民或者商人)扮演了相同的角色。两者所承担的社会责任主要体现在三个方面。

1. "修身"社会责任思想的会通——自身建设责任

不管是儒家思想中的个人,还是现代企业,都需要通过提升自身修养进而具备承担社会责任的条件。儒家思想中的"修身"指个人在道德上的修养和人格上的完善,是对社会成员为人方面的规定。不管是孔子强调的"自天子以至于庶人,壹是皆以修身为本。其本乱,而末治者否矣"⑤,还是孟子的"君子之守,修其身而天下平"⑥,都肯定修身在个体的人格完善和自我实现方面的价值。换个角度看,"修身"目的就是更好地承担个人的社会责任。因此,修身既是承担社会责任的基础,也是个体社会责任的表现。现代企业社会责任包括多个层面,就企业"修身"而言,主要是企业文化的建设。其中:提升员工道德标准、促进员工

---

① 郑海东. 企业社会责任行为表现:测量维度、影响因素及对企业绩效的影响[D].杭州:浙江大学,2007.
② Wang L, Juslin H. The impact of Chinese culture on corporate social responsibility: the harmony approach[J]. Journal of Business Ethics, 2009, 88(3): 433-451.
③ 孙文红,陈凯琳. 公共治理视域下企业社会责任体系的构建[J].中国党政干部论坛,2016(2):85-87.
④ 陈莞,孙瑞云,桂海兰. 创业板上市企业社会责任履行对创新绩效的影响[J].科技进步与对策,2017,34(19):28-35.
⑤ 《礼记·大学》
⑥ 《孟子·尽心下》

遵守法律和共同规则、制定员工安全计划、推进就业机会均等以及反对歧视和薪酬不公平等都是企业文化建设的重要内容。从员工角度而言，企业文化主要从两个方面对企业自身形象和声誉产生影响。企业文化不仅对员工生产行为产生直接影响，还通过员工组织公民行为对企业的社会形象和商业声誉产生影响。造就高素质员工以及树立良好企业形象和声誉就成为企业"修身"的重要内容，也是企业自身所承担的社会责任。

2. "齐家"社会责任思想的会通——财富创造责任

儒家思想中"齐家"是指管理家庭、治理家族，使其成员能够团结一致，向好趋善，家族兴盛。"齐家"思想的核心是通过教化完成社会秩序的建构：代际间"父为子纲"、同辈之间"兄友弟恭""长幼有序"以及"男女有别"的情感遏制。"齐家"明确了每个个体在家庭和家族中的身份和地位，及其相对应的言行举止方式。因此，维护家族团结和睦，营造和谐稳定的家族氛围，明确家族成员为人处世准则，劝导家族成员自觉祛恶向善，所谓"家和则衣食自足"[1]就成为儒家思想中个体所承担的社会责任[2][3]。

现代企业的"齐家"社会责任思想主要指企业是市场经济的积极参与者和规则的维护者。就企业自身而言，需要自觉遵守市场经济的规则。企业通过提供合格的产品和服务满足消费者的需求，提高国民的生活质量和生活水平，促进社会经济发展。因此，产品和服务质量就成为其"齐家"责任的核心内容。同时，企业通过各种形式和方法，阻止其他企业不合格产品和服务进入市场，维护自身的权益和利益，是有效维护市场秩序的重要手段。因此，企业的"齐家"社会责任体现为企业通过维护市场秩序有效运行，以商业活动方式，在实现企业自身利益的同时，促进社会福利水平的提升。

3. "治国"社会责任思想的会通——社会进步责任

儒家思想中，社会和谐与稳定是统治阶级利益得以实现和保障的前提，是国家根本利益所在，这是"治国"核心思想。所谓"利莫大于治，害莫大于乱"[4]就是"治国"重要性的集中体现。民不聊生、饿殍遍野使老百姓失去了生活的基础。农民起义以及社会失序是导致社会不稳定的直接原因。从个体作为责任主体的角度而言，这里涉及两类个体集团。从统治阶级而言，维护社会和谐稳定和发展的责任是"以富乐民为功，以贫苦民为罪"[5]。从被统治阶级而言，则是"仰足以事父母，俯足以畜妻子，乐岁终身饱，凶年免于死亡"[6]。

"治国"责任的核心是社会稳定和发展。现代企业作为社会经济活动主体是"治国"责任的主要承担者。现代企业是经济活动的主体。现代企业通过参与市场经济活动，为消费者提供丰富的产品和服务，满足各类群体的生存和发展需求，还通过提供大量的就业岗位，为员工提供工作机会。两类不同主体之间的合作（雇主和雇员）促进了社会稳定和经济发展。现代企业通过各类捐赠和慈善活动，不仅帮助了很多个体摆脱了困境，还助推了其他组织和地方经济的发展。企业缴纳的税收是国家财政收入的主要来源。国家通过大量的基础设施、文化教育、医疗卫生等方面投资，改善了人们的生活水平，提升了人民的生活质

---

[1] （明）朱朝瑛《读诗略记》
[2] 张铂婧."齐家"思想与古代基层治理[J]. 法制与社会，2021(6)：170-172.
[3] 刘建伟，张继泽."修齐治平"思想中蕴含的底线思维及现代启示[J]. 天中学刊，2020，35(4)：1-7.
[4] 《管子·正世》
[5] 《新书·大政上》
[6] 《孟子·梁惠王上》

量,为社会的和谐稳定和文明进步做出了巨大贡献。

儒家思想中"修身""齐家""治国""平天下"的社会责任观,虽就其原意而言,所对应的主体分别为"士""大夫""诸侯"和"天子",但这只是一种品位(职业)上的区别。从社会责任视角而言,具有高度一致性。不管是哪个阶层的人,自身修养责任、对所在群体规范的维护作用以及对社会进步的责任都一样。现代社会中,企业是社会经济活动的主体和主角。企业自身建设责任、经济发展责任以及社会进步责任构成了其社会责任体系。不管是儒家思想的个人社会责任还是现代企业社会责任,根本目的都是维持社会的和谐稳定,促进社会进步和发展,提升人民的生活水平和质量。

三、企业社会责任的三螺旋理论构建

20世纪90年代,亨利·埃茨科威兹(Henry Etzkowitz)和罗伊特·雷德斯多夫(Loet Leydesdorff)提出了三螺旋理论(Triple Helix Model),并把该理论用于分析知识经济时代中政府、大学、产业之间的新型互动关系。他们认为政府、大学、产业是知识经济社会中内部创新制度环境的三大要素,彼此根据市场要求联结起来,形成了三种力量交叉旋转上升的相互作用、交叉影响的三螺旋关系。三螺旋理论强调大学、政府和产业三者之间良性互动的合作关系,突出三者共同利益是给社会创造最优的价值。三者之间既作为一个整体,又作为独立要素对社会经济发挥作用。大学、政府和产业三方都可以成为动态体系中的管理者、组织协调者和参与者,三者在运行过程中除保持各自应有的作用和特征,还可以部分表现出另外两个的某些能力,三者相互作用,彼此重叠,螺旋上升[1]。

三螺旋理论强调了作为三个主体之间的独立性,彼此各自对社会经济发展产生影响。同时,在为社会创造最优价值的目标中,三者之间具有一致性。在动态的相互作用过程中,彼此促进,共同提升,在时间中丰富和完善自身。儒家思想社会责任观与当代企业社会责任观从三个方面实现会通。自身建设责任、经济发展责任和社会进步作用三者之间通过共同目标联结起来。三种责任之间彼此交融,既作为一个整体对社会经济发展承担责任,又在各自领域内促进自身素质提升和社会进步。三种责任之间相互作用,彼此重叠,随着时代进步,呈现出螺旋上升的趋势。

(一)作为整体性的社会责任

"修身齐家治国平天下"就其本质而言,是一个完整的责任体系。所谓的责任肯定是主体的责任,因此,责任体系就是参与社会经济活动的主体体系。主体之间所具有的向下包含关系构成了主体系统。传统社会中,由下而上地参与社会经济活动的主体依次为:个体、家族和国家。这样就形成了一个从微观到宏观的责任主体系统,通过"修身"→"齐家"→"治国"→"平天下"责任递进过程,在彼此的相互作用和影响中,实现共同进步。参与现代社会活动的主体主要是各种组织,其中,企业是参与经济活动的最重要主体。以个人身份参与的社会经济活动不管是在规模上还是在水平上都非常有限。由此而形成的主体体系依次为:企业、产业和国家。现代企业通过向社会提供特定的产品和服务,在满足消费者需求的同时,促进产业发展和社会进步。同类企业或者关联性企业之间形成某个产业,其在

---

[1] 刘方. 大国创新条件下的治理模式举证[J]. 改革,2016(2):43-55.

国民经济和社会发展中扮演重要角色，作为主体的产业责任则通过企业规范体现，从而使得企业自身建设责任、经济发展责任以及促进社会进步责任之间形成了一个整体。

(二) 社会责任间的相互作用

"修身""齐家""治国"和"平天下"之间既表现出一种层次上的递进关系，彼此之间又相互作用。"修身"是实现个人道德责任的基础，"齐家""治国"和"平天下"则是个人道德修养外王阶段，这反过来又促进了"修身"水平提升，形成了一种积极的正向反馈。"治国"和"平天下"目标的实现是"齐家"目标延伸的结果，是高阶段目标对低阶段目标的承认和强化。这样在"修身""齐家""治国"和"平天下"之间就形成了积极循环，通过不断提升社会主体责任感来促进社会进步和发展。

企业自身建设责任是经济发展责任和社会进步责任的基础。企业要搞好自身建设，一方面可以向社会提供高质量的产品和服务；另一方面，通过培养优秀员工，向社会输送高素质的公民。前者是企业经济发展责任的重要内容。但任何企业都处于一定市场环境中，因此，维护其稳定和有序是其开展生产活动的基础。后者是其社会进步责任的内容之一。经济发展责任得到较好履行意味着企业创造了良好的市场环境。每个企业既可以在市场中找到自己的位置，又可以获取合适的利润，在为社会创造经济价值的同时，促进自身的建设和发展。社会进步责任既包括经济发展，也包括文明水平的提高。国家经济发展可以为企业提供更多的市场机会，这些机会通常以利润的形式为企业自身建设和发展壮大提供资金，进而促进市场扩大，形成一种良性循环。没有企业可以在缺乏活力的市场经济中长期存续和发展。社会文明水平的提高可以为企业提供更多高素质的员工，员工是企业最重要的资源，是企业发展和创新的动力。任何一个国民经济体系都是由不同产业组成。高水平的社会文明是一些高端产业发展的前提和基础，尤其是与科学技术相关的文明水平。"采菊东篱下，悠然见南山"的自然生态环境，"老吾老以及人之老，幼吾幼以及人之幼"的社会人文环境等则是产业发展和企业自身建设的基础。

(三) 社会责任间的促进提高

从上述分析可以看出，企业自身建设责任、经济发展责任以及社会进步责任构成了现代企业社会责任体系。这是中国古代以个体为主体的社会责任在现代以企业为主体的社会责任的自然延伸。三类责任既有相互独立性，又在相互作用中促进提高。因此，可以看作是三类实体(实在)之间的关系。

第一，三类实体之间都具有共同的目标。企业自身建设看似为了自身利润目标，实际上，任何企业活动都必须符合国家和社会发展目标。正如亚当·斯密所说，"利我"与"个人幸福"客观上可以促进"利他"与"整体幸福"。通过降低社会福利水平来获取企业自身利益行为通常是法律不允许的，且难以长期存在。企业自身建设目标只有和经济建设目标以及社会进步目标一致，企业的生产经营活动才能持续；同样，经济发展目标也不能以牺牲其他目标为代价，诸如环境目标、人民生命安全目标等。社会文明和进步是国家和谐稳定和发展的重要保证。这样，企业三种社会责任就在国家和谐稳定和社会文明发展的目标上达成一致。

第二，三类实体遵循各自活动规律。企业自身建设是企业存在和发展的基础。企业自身建设关注的是企业内在修养。企业通过建立和完善各类管理制度，确保企业资源得到充分的利用。通过制定科学合理的人力资源政策使得员工的潜能得到充分发挥。企业自身建设通常以国家法律制度、社会文化、风俗习惯以及科学技术等为依据,在确保企业正常运行的同时,塑造符合社会规范的公民和员工。企业所承担的经济发展责任则主要以其为社会所提供的产品和服务以及对市场规则的维护体现出来。优秀的企业通过向社会提供优质、创新的产品,在满足消费者需求的同时,为市场制定行业标准。企业经济责任以市场为纽带,把相关企业联结起来,形成产业群体。这样就形成了以产品为核心,以市场规范为条件,以满足消费者需求为目标的活动规律。企业社会进步责任是企业作为社会性存在的体现。企业是通过整合各种资源创造价值的主体。人力资源的大量使用促进了社会就业提升。所谓"仓廪实而知礼节",大量物质财富的生产促进国民素质提高。企业履行社会进步责任遵循以国家战略目标为导向、以社会公平正义为原则,对企业相关资源实施配置。

第三,三类实体相互促进提升。企业社会责任三个组成部分,在共同目标指导下,依据市场要求联结起来,形成了三种交叉旋转上升的相互作用、交叉影响的螺旋关系。三者之间呈现出良性互动的合作关系,三方在不同的活动中扮演的角色不一样。三者在运行过程中除保持各自应有的作用和特征外,还可以部分表现出另外两个的某些内容,三者相互作用、彼此重叠、螺旋上升。

四、企业社会责任三螺旋理论的当代启示

企业社会责任三螺旋理论以企业所承担三类社会责任为基础,三者之间通过相互影响和作用而呈现出螺旋上升趋势。现代企业社会责任理论关注的是企业对利益相关者承担的责任。但就实际情况而言,不仅很多利益相关者不明确,存在于两者之间的很多利益也不明确。我们看不到欧美企业生产并不意味着这些企业对我们的影响不存在,无限无法察觉到的影响可能才是真正的影响。三螺旋理论把企业自身建设责任、经济发展责任以及社会进步责任既看成相互独立,又作为一个整体。把企业作为一个系统,把产业作为一个系统以及把整个国家和社会作为一个系统,既考虑到"在",又顾及"无",避免了现代企业社会责任理论的局限性,对现代企业社会责任研究具有一定的启示价值。

(一)通过研究和实践发掘传统文化中思想资源

不同的思维方式是中西文化之间一个重要的差异。整体性思维是儒家思想的重要特征。"物无孤立之理,非同异、屈伸、终始以发明之,则虽物非物也;事有始卒乃成,非同异、有无相感,则不见其成。"[①]现代企业以功能模块方式管理。在外部环境较为稳定以及企业结构较为简单的阶段,尤其是在现代科学技术的帮助下,这种管理模式取得了不凡的成绩。整体性既包括事物之间确定的联系,也包括不确定的联系。随着外部环境变化,确定性联系隐藏起来变为不确定性,不确定联系会显现出来成为确定性内容。科学技术、社会文化环境的变化使得模块管理的缺陷日益显露,如相关数据显示,企业经营活动中产生问题70%是由于沟通引起,功能模块沟通是企业沟通的主要内容。整体性思维则可以避免功能模块管理的局限。

比较研究是发掘传统文化中思想资源的重要形式。西方思想产生背景、运作规律以及

---

① (宋)张载《正蒙〈动物篇〉》

主体认知等方面都不同于东方文化。只有从两者比较中,才能发现两者的差异。目前,西方模式占据企业管理研究的主要内容。在企业社会责任研究上也不例外,采用分析的方法把其分为几个相互独立的部分,只看到各个部分的作用,忽视了作为整体的企业社会责任对企业行为方式的影响。通过比较研究,可以发现传统文化中所包含的整体性思想所具有的优势和特点,把各个部分通过意义脉络有机联系为一个整体,避免了企业对责任承担厚此薄彼的不足。

实践探索也是发掘传统文化思想的重要途径。实践产生思想,思想又指导和创新实践。儒家思想的整体性既具有清晰性特点,又具有模糊性特征。企业对社会责任的承担原则和界限通常具有清晰性的特点,也就是在一些大是大非问题上具有坚定不移的执行意志。诸如确保产品质量、维护社会自然和社会环境等方面。管理实践中的模糊性则主要体现在对相关价值观念社会界定的模糊性上,诸如对"跌倒老人员工该不该扶"这类的组织公民行为。企业可以结合该员工在日常工作中的表现给予那些受到诬陷的员工行为以组织内奖励,从而把秉承传统文化和承担社会责任有机结合起来。

(二) 基于企业社会责任系统性的全局性思维

企业社会责任的系统性不同于整体性。整体性突出了各组成部分作为一个整体发挥作用。系统性既包括各个组成部分作为一个整体发挥作用,还包括组成系统的各个要素之间的相互作用以及要素之间的层次性。企业社会责任三个组成部分也是企业社会责任系统的三个要素。三者之间相互作用和影响,作为一个整体体现企业社会责任;同时,三者之间具有层次性特征。全局观是企业承担社会责任的基本态度。

企业自身建设是内在需要,是其获得利润和竞争力的直接动力。但企业生产经营活动具有外部性特点。企业在考虑自身利益的同时,需要考虑其他社会主体的利益诉求。要把其他社会主体作为企业存在和发展的背景环境,是企业自身不可或缺的组成部分。从实质上而言,就是企业需要重新界定自己的界限:把其他主体作为企业组成部分。这样的全局观必然会促使企业采取行为前充分考虑其他主体的利益得失。

企业社会责任最终满足的是公民的需求。作为主体的公民需求具有多样性特点。物质性需求只是其最基础性的需求。安全性需求、社会交往需求、尊重需求以及自我实现需求等都是其组成部分,尤其是一些高层次需求。企业作为物质产品和精神产品的供给主体,需要充分考虑到主体需求的多样性和层次性。单一产品和服务的供给是对主体其他需求的歧视,是其社会责任的缺失。因此,基于对主体需求了解的产品和服务不断创新就构成了企业社会责任全局观的内容。

(三) 遵循企业社会责任时代性特点

企业社会责任是企业对外部环境变化的反映,是企业行为主体性的体现。传统儒家社会责任观反映的是当时的主体对社会环境的适应。当代社会中,企业高度参与社会经济活动,与外部环境相互作用,融为一体。21世纪以后,世界进入乌卡时代(VUCA,即volatile、uncertain、complex、ambiguous),科学技术信息的不断进步导致了易变性,价值观的开放和多元化导致了不确定性,互联网+时代的不断创新导致了复杂性,传统思维习惯导致了模糊性。企业社会责任作为其适应环境的调适机制,世界环境快速变化使得企业社会责任需要做出相应的调整。传统的工业社会中,企业社会责任主要表现在产品和服务质量的生产上，以此满足人们基本的物质和文化需求。这是企业社会责任对人类生存性需要的满足。后工业社会或者现代信息社会中，企业社会责任则主要体现为满足人类的高层次的精神性需求，人类自身的发展、社会的公平和正义以及个人基本权利的保障等成为其主要内容。因此，产品和服务只是企业履行其新时代社会责任的介质。企业为每个合法公民提供平等的就业机会、享有公平的薪酬收入、个人价值得到充分实现以及青山绿水的自然环境等则成为企业社会责任的主要内容。企业只有紧随时代的变化，才能更好地适应社会自然环境变化，才能准确识别自己所承担的社会责任，不断提升自身。

企业社会责任三个组成部分也在适应环境的过程中，相互作用，共同提升。外部环境变化首先表现在人们价值观和思维方式的改变。这从两个方面对企业产生影响：企业员工价值观的改变以及为了适应环境企业自身的价值观和经营理念的改变。反映在企业社会责任上，其经济发展责任和社会进步作用也会做出相应的调整。调整后的价值观又进一步对员工既有的价值观起到强化作用，从而使得员工的行为更符合企业所承担的社会责任要求。企业社会责任三个组成部分在外部环境作用下，既呈现出动态变化的特点，又显示出相互作用、相互促进、共同提升的趋势，从而推动企业社会责任随着环境变化不断进步和发展，呈现出动态适应的趋势。没有固定不变的社会责任，只有主动承担时代需要的社会责任的企业才能可持续发展。

水式管理的价值原理
与企业经营伦理层面因果观察

程少川*

摘要：水式管理作为一种理念,包含对"利物""生存""应变""攻坚"等价值的追求,是需要企业领导者与企业组织的共同修炼以达至的一种管理提升。面向未来的这种提升不属于实证主义科学研究的诠释范围,而属于容纳变化的道德和价值辩证逻辑的诠释范围。《周易》元亨利贞价值判断方法论,组成了中国哲学道德认知的形式辩证逻辑体系,能够清晰地鉴别道德价值实践所处的不同层面以及相应层面的结果。通过观察企业经营超越恶性循环的"德性"修炼实践路径,为水式管理思想的发展,提出基于中国哲学"明德"的实践探索方向。

关键词：水式管理；中国哲学；元亨利贞；价值形式辩证逻辑

一、引言

现代企业的生存环境急剧变化,使得企业的领导者时时处于危机感和对于"活法"的探索中,其中一种探索是以水为主题的隐喻性思维所引发的组织管理发展构想。老子在《道德经》中提出的"上善若水"是中国人耳熟能详的一句成语。水有很多令人仰视和向往的美好特质。如"水善利万物而不争,处众人之所恶,故几于道""天下莫柔弱于水,而攻坚强者莫之能胜",等等。一方面中国企业家来自道德文化遗传的血脉,存有希望学习"水德"利于万物的情怀;另一方面水为人们所看重的特质,是它的柔性、韧性、可塑性和它对于克服种种困难的特殊功能。水式管理的概念的提出,作为比喻形式的表达大致是基于这样一种现实与文化背景的组合。至于如何定义"水式管理",目前可能还没有真正到达成熟的时机。不过作为一种理念,"利物""生存""应变""攻坚"的功能何以能够达成,非常值得我们从学理上去了解和从实践上去体认。

老子在《道德经》中充满了以水之柔弱的比喻,以此来说明柔弱之于生存的价值。木心先生在《文学回忆录：1989—1994》中对《道德经》有这样的感受:"读《道德经》,我都为古人难受,他们遍体鳞伤,然后微笑着劝道：可要小心,不要再吃亏。"①老子的思想一方面可能为后人提供生存智慧策略的帮助;另一方面老子在讲"水德"的时候是在讲谦退,讲保持柔弱

---

* **作者简介**：程少川(1965—),男,汉族,安徽桐城人,西安交通大学管理学院副教授,博士,研究方向：价值哲学、决策学、管理学方法论等。

① 木心,讲述；陈丹青,笔录. 文学回忆录：1989—1994[M]. 桂林：广西师范大学出版社,2013：167.

对于生活下去的意义。而他自己在实践上是选择遁世无闷的。

企业发展的去向似乎与老子的选择不尽相同。企业要生存发展,要壮大也要图长久,这与老子的抉择建议似乎是有矛盾的。企业生存的关键在于对环境的应对、变化与适应能力。基业长青的组织能够存在,是一种超乎于自然存在的人类创造,不仅需要我们发挥人的创造性思维,更需要我们认识这样的组织何以能产生和存在。

隐喻思维是东方整体性思维十分显著的一种特质,水是老子道德原理隐喻的载体。道德原理或许在老子的时代比较难以表达,也许因为老子当年是不得已留下了《道德经》五千言,还没有来得及细谈其中的道理。"百姓日用而不知"是他对社会认知状况的一个总体判断。这种状况延续到今天,借助东西方哲学与科学的融合,我们也许应该追问其中的为什么,以及什么是合理的实践路径的问题。

二、来自《周易》的自然道德辩证法原理略述

(一)《周易》作为中华哲学来源的地位

组织问题不仅仅是面向现实的认识问题,它更重要的是面向未来的建设问题。它的实质性研究方法不属于实证逻辑下的线性推理,而属于辩证逻辑的价值抉择和道德抉择领域。

水式管理的理论来源应与影响中华文化深远的《道德经》有关。我们需要对此理论背景做一下梳理,以明了它内在的逻辑。在谈组织问题之前先议论自然道德,是因为自然道德原理作为中华文明的哲学高地,只有在这个高度才足以俯瞰组织这一复杂现象中的兴衰荣辱,揭示其成败的逻辑缘由。"道德"二字的地位在《道德经》中又在"仁义礼智信"之上,是中华文明的核心概念,是中华哲学体系的原理性概括。

《周易》在中国古代的文史经典中被奉为诸经之首,可以说有十分充足的理由。其一是因为所处时代为诸经之长;其二是中国古代的学术进展几乎都是在《周易》的理论框架下发生的。《周易》的发明首先是用来算卦的,这也许是来自经验逻辑基因的西方哲学家一开始接触它时就没有把它放在眼里的原因之一。其实无论东西方远古时代的人,没有很多的办法去了解自然,卜卦几乎曾是他们唯一可以与未知的自然进行沟通的工具。尽管如此,它背后所存在的方法论和哲学原理,却令今人很难不为之叹服。老子的道德认知以水为喻,水是《周易》"坎"卦所代表的内涵,其中包含有坑坎与险难的含义。现代企业的生存环境,用坎卦来比方也是很贴切的。

我们的重点不是《周易》的卦象,而是《周易》如何判断各种情形下的状况与路径选择,关心它作为中华哲学源头的方法论。它在2500年之前,就已经提出了西方自康德及其以后的所有西方哲学家群体经过两百多年至今都没有破解的哲学问题的解决路径。《周易》不仅提供了万事万物之所以如此发生的辩证法诠释范畴,而且提供了"解释正确的道德为什么是正确的"之辩证逻辑解释体系。虽然没有西方的经验逻辑传统,中国人很早就认识了"仁义礼智信"的意义,于是有了中华文明在世界范围两千年中的文化领先。被中华儒家文化奉为圣人的孔子,有读《周易》而至"韦编三绝"的成语故事,我们不难推知《周易》对孔子思想影响之深远。就此而言,崇尚"水德"的老子思想和崇尚仁和礼的孔子思想,都来自共同的中国哲学根源。

(二)"德"的定义与推理体系简介

过去我们讲"水德"的时候,很少有人追问"德"字的含义,其内涵的广大已经包含了中华文明的全部内容。老子关于"上德不德是以有德"的说法,直接指向了"无为"的终极选择。而做企业是不能全然无为的。这个问题在老子之后的中国文化史上延续存在了2 000余年,试图解决它的哲人不少。明朝末年憨山德清禅师对"德"有一个可以贯通所有东西方哲学体系的定义:"德,乃成物之功也。"[①]可以解释为"德"是指万事万物得以成就的条件和推动力的总称。这个"德"的概念是与价值相通而又高于价值的一个概念,不仅用于解释历史的事实何以如此发生,也可用于指向未来的价值如何得以实现。它涵盖了实用主义、实证主义的内涵,也可以包含人类发展的无尽理想,并且在它的源头有着十分具体的辩证逻辑实践路径。

水式管理或水样组织是企业家们希望成就的对象,它能够借以成就的原理和条件是什么呢? 我们的探讨可以从老子的思想来源和他思想背景中存在的哲学原理入手。老子崇尚"水德"的思想关联于《周易》坎水之卦,应该可以算是从《周易》流出的一个思想分支。中国文化最早的甲骨象形文字,都与占卜相关,也可以说与中国文化源流中的"决策"相关,它们并不是一种单纯的知识记载。

中国象形文字构建有一种普遍联系的先天关联意义,《周易》的"易"包含了变易、简易、不易三个层面的含义。它一方面接纳"变易"为最基本的现象,用极简约的阴阳符号概括了一切变化的循环往复,并且又有着面向变化的价值关系的识别和判断法则,将"变易"和"不易"用"简易"的组合方式表达出来,令人由衷地感慨。《周易》中作为判断工具的逻辑机能,存在于《周易》彖辞之中,是一组周文王用来判断一切事物的方法论范畴"元亨利贞",它们贯穿于易卦的所有判断之中。这四个字作为价值判断的方法论而言本身也是多义的。虽然历史上有很多学者对这四个字的含义进行过研究,但是未就其价值判断和推理的逻辑机能进行过探讨。研究经过对这四个判据范畴的现代组词分析,从逻辑判断机能的视角暂选了一组中性定义模式[②]:

元:事物的关联关系范畴(与整体性、初始性、先天性相关)

亨:事物的可行性条件关系范畴(包括存在和发生的可行性)

利:事物关系的适当性范畴(与和谐性、适切性相关)

贞:事物的可持续性范畴(与时间相关)

这四个字出现在代表天地的乾坤两卦的开端,代表天地本具的自然完美的德性,具有广大包容、无不可行、无不适当以及永续无尽的天然美德。它们也是人类所发现的一切自然规律拥有的特性。所以这四个字又常常被称为"天地四德"。

"天地四德"的哲学构建是如此之巧妙,既包含了事物发生、发展、衰落、灭亡的周期规律,又包含了伴随时间的关系的变化空间,既容纳了事物因果规律演化的各种可能途径,也为人类的"自由"指出了可以选择的参与变化之途径。这四个范畴相互关联且互为因果,构成了事物解析性与整体性辩证逻辑表达的一种古老范式。"元亨利贞"四德之间的互相转

---

① (明)憨山德清.老子道德经解[Z].石家庄:河北禅学研究所,2005:153.
② 程少川.价值形式辩证逻辑原理及其管理学意义研究[J].天津大学学报(社会科学版),2020,22(5):458-464.

换,是一种系统关系变化的解析性表达。在实践理性表达方面,它们的动态关系蕴含着中国太极阴阳图的内在运行机制。就事物价值的认知和判断而言,无有一事的价值判断能够例外。它们构成了中国古代先民认知世界的一组具有完备涵盖性的形式辩证逻辑体系,相对西方经验逻辑下的科学哲学,具有更为系统的因果解释力和洞察力。

作为实践理性认知的核心要点,笔者稍微强调一下《周易》德学的逻辑要点:

作为"成物之功"的价值关系表达形式,"元亨利贞"是每一件事物价值关系必具的四个方面的状态,是价值判断不可或缺的。它们相互联系和相互转化,而它们的组合状态,构成了"德"的不同层面,基于不同水平的"关系特征"状态,就会产生不同水平的"成物之功"。

三、 水式管理的辩证法合理发生路径及其原理

(一) 作为现象的东方水式管理的实践与探索

具有"水德"的组织,是管理实践的一种梦想。无论什么类型的组织形式,都必须依据条件而形成。水虽然有种种的美德,它却是无情之物,而人类是有情感和价值观的。要让人所构成的组织具有水的德性,归根结底是要解决人的问题。以此实现各种价值,这是人类有可能进行的创造。

"上善若水"基本上可看作一种人格修养理想的隐喻,具体能够做到它,需要付出很多出自自觉的努力。陈春花教授在她的《水样组织:动态环境下保持领先的组织形态研究》一文中已经觉察到"难点在于人性"[①]。而改变人性似乎是世界上最难的事情之一,如果不是这样,水式管理或水样组织应该是早已普遍存在的事情了。那么根据成物之功的辩证法原理,我们构建的组织是不是能够在某种程度上达到或者接近水的特质呢?从四德的辩证法抉择空间来看,确实存在一些管理者可以理性抉择的空间。

事实上在现代成功运营的企业组织模式中,被誉为"经营之神"的稻盛和夫所致力的阿米巴经营模式[②],已经非常贴近于水式管理的思想。目前这种模式在很多不同行业的应用都取得了相当不俗的业绩。而稻盛和夫经营的京瓷、KDDI等企业在经历全球经济危机、金融风暴等恶劣环境条件时都保持了较高的活力,取得了连续50年企业利润不低于10%的惊人业绩。他用他的思想挽救濒临破产的日本航空公司,仅用一年就成为全球利润水平最高的航空公司。阿米巴经营模式构建的出发点之一,就是增强企业对环境需求的适应能力。阿米巴是一种单细胞原虫,因为单体很小且复制力强,作为群体具有十分强的环境适应力。稻盛和夫受此启发细分组织功能模块,将功能模块划至最小,然后用内部交易规则将独立的组织单元连接起来,通过透明化经营流程,对成本和效率进行持续优化,形成适应性强大而全无累赘的组织形态。

水式管理最大的问题是单体的能力、自由度往往与组织的目标难以自然达成和谐。这是水德无为和人欲有为之间存在的矛盾。很多企业随着事业成功和组织壮大,机制的僵化往往不可避免地呈现出来,随之而来危机成为一种共性的瓶颈。一些先进企业的领导都不断设计新的机制去打破旧有的格局,顺应新的变化,这也是水德的一种发挥。但关键作用

---

① 陈春花. 水样组织:动态环境下保持领先的组织形态研究[J]. 华南理工大学学报(社会科学版),2014,16(5):10-15.
② (日)稻盛和夫. 阿米巴经营[M]. 陈忠,译. 北京:中国大百科全书出版社,2009.

的核心在于领导者本身具备洞察力、危机感和抉择力。这些能力是王阳明所说的"良知"的能力,在《周易》中属于火的德性,它是理智的层面。组织问题的难点在于:怎样让领导的理智成为组织整体的德性?怎样能够获得可持续性?

对于创造适应性强大的组织形态的问题,经过东方文化熏陶的企业家和学者们另有文化打造和人格修炼的视角。稻盛和夫的企业哲学归结为一个问题:"做人何为正确?"①他用"敬天爱人"和六项精进作为企业员工的修心原则,保持企业的活力和组织细胞层面的生命力。南开大学齐善鸿教授的《道本管理论:中西方管理哲学融和的视角》,则把人生修炼引入企业咨询,构架企业整体的正向循环生态。他提出企业的第一属性是人性而非经济性,将人的发展指标纳入企业评价中,提出了精神制导论、管理主体论、自我管理论、管理服务论、价值理性论、文化软实力论和系统和谐论等相应的管理修炼操作模块②。曾仕强先生则以修己安人为宗旨,以礼义为途径,指向"合情、合理、合法"的中道管理。

东方经营模式的文化特征与西方企业确乎是不同的。20世纪80年代企业文化的提出是几位美国教授因为惊讶于日本的迅速崛起,经过对日本企业的经营考察而得出的结果。其中文化层面的思想精髓,源头都出自中国传统文化精神。对日本企业模式产生深远影响的日本企业"经营之父"松下幸之助,在奉献人类的立场上建立企业行为的合理性,创造了不同于西方的劳资关系,从而化解发展中断的种种关系危机;被誉为"经营之神"的稻盛和夫,以"做人何为正确?"作为企业运作和进化的核心问题,创造了道术合一的企业成长模式。他们的管理思想是把东方道德理念与企业运营技法进行完美结合的典范。站在自然道德辩证逻辑立场,我们可以从《周易》的价值判断原理来识别他们之所以成功的理论解释。

(二) 经营道德层面的判断原理

老子的《道德经》在马王堆出土的版本里名为《德道经》,《德经》在前,《道经》在后,这在一定程度上反映了那个时代人们对于"德"的重视程度。在《德经》的开始,老子有这样一段概括性的论述③:

> 上德不德,是以有德,下德不失德,是以无德。上德无为,而无不为,下德为之而无以为;上仁为之,而无以为;上义为之,而有以为;上礼为之,而莫之应,则攘臂而仍之。故失道而后德,失德而后仁,失仁而后义,失义而后礼。夫礼者,忠信之薄也,而乱之首也。……是以大丈夫处其厚不处其薄,处其实不处其华,故去彼取此。

对于老子的《德经》开篇论述我们不难提出的问题是,老子对于"德"的判断何以有这样一个排序?其中层次分类的推理基础是什么?如果追溯老子思想的来源,采用《周易》价值判断的辩证逻辑体系进行观察,我们不仅可以对老子《德经》中的上述问题一目了然,而且对于历史上各位哲学家的相关研究见解,也不难给予定位。

从"成物之功"的基本观察出发,我们借助《周易》概括一切事物价值特征的"元亨利贞"基本范畴,对于老子"德"的判断做一个列表观察。

---

① (日)稻盛和夫. 六项精进[M].曹岫云,译.北京:中信出版社,2011.
② 齐善鸿,曹振杰. 道本管理论:中西方管理哲学融和的视角[J]. 管理学报,2009,6(10):1279-1284.
③ 老子.德道经[M].熊春锦,校注. 北京:中央编译出版社,2006.

表1

《道德经》道德判断的层面划分	德之判据	元	亨	利	贞
道可道,非常道	道	不可表述的动态的整体性存在			
上德不德,是以有德	德	人与自然的整体关系	无限制、纯任自然的通达与可行性	无特殊关系与目的的自然和谐	具有完备的自然可持续性
上仁为之,而无以为	仁	以人为主体的关系	无条件限制之可行性	无条件的关怀、爱护	人的范围之无条件可持续
上义为之,而有以为	义	以人为主体的关系	有条件限制之可行性	有条件约束的良性关系	有条件约束的可持续性
上礼为之,而莫之应	礼	以人为主体的关系	有条件限制的发生形式	有条件的良性关系表象	内涵与表象可能分离

如果我们从"元亨利贞"的"成物之功"来看,《周易》的价值判断原理对于价值层面有着非常明确的排序原则,这个排序的衡量尺度:首先是在"元"层面,整体性范围的大小(德与仁之别);其次是"亨"的层面,条件的约束性(仁与义之别);最后到了"贞"的层面,可持续性和表象与内在的一致性(义与礼之别)。在最上层德的层面,它与道的层面互为体用,是具有理想主义特性的完美层面,这个层面具足了平等和博爱的性质,对应着水的全部美好德性的隐喻。因为这个性质,人们对这个层面的价值付出也是不讲条件的,所以相应来讲有最高水平的"成物之功"。这里有一个著名的案例:"二战"后松下幸之助先生在参与修复战乱摧毁的庙宇时,看到了人们完全无条件付出的热情,因而反思企业经营过程中公司-员工关系的困难成因,从此改变企业经营以利润为出发点,转而为"利益人",创造了日本不同于西方的劳资关系,开拓了日本经济持续进化的发展空间。

"仁"的层面范围缩减到了人伦关系范围,这个层面是孔子所守护的价值层面。孔子时代对于"仁"和"德"的概念边界没有进行过定义和区分,所以在儒学典籍中,仁的概念曾令孔门的学子们揣测不已。这个层面以家庭的人伦关系为基本模型,《德道经》"上仁"对人的关爱也是无条件的。围绕仁,以孝道为中心,儒家文化主导形成了以家族宗法为中心的中国社会形态。"仁"这个层面仅次于"德",只是范围相对缩小了。仁的概念边界和成立条件历史上界定不清楚,也导致了后来文化发展中出现的"异化"问题。鲁迅在《狂人日记》中甚至曾以"吃人"指责这一儒家文化主题下产生的近代结果。

到了"义"的层面出现了可行性的约束,开始要讲条件了。这是交易的层面,讲究的是适宜性、限制性与条件性。义的层面实质是仁的层面得以成立的基础。因为无条件关怀的可行性已经无法满足,才退而求其次开始讲条件。这是"失仁而后义"的含义。孔子求仁,是追慕王道;孟子尚义,对应的时代是霸道的时代。人们通过义气结交而增强实力谋取生存空间。义的层面也是康德第一道德命令所处的层面,20世纪80年代以前西方经营模式都在这个层面以下经营。人力成本理念转变为人力资源理念,是美国从日本学习了东方经营模式以后发生的事情,实际是出自松下幸之助的洞见和实践理性。日本"经营之神"稻盛和夫以"做人何为正确?"为核心议题,把义这个层面与上面不同层面进行了更完美的结合,打通了仁、义、礼的内在关系,实现了道与术进一步的结合,创造了经营界的奇迹。

礼的层面关系到人的行为表象,特别为孔子所重视。孔子认为"礼"是"仁"的实践,是一种实践理性。但是这个层面的形式存在表里不一的情况,追求实德的老子而直言它是"乱之首也"。这里的分歧,是孔子走有为路线和老子走无为路线的分歧。如果要做事情,形式自然是不可缺的。

值得关注的是,这些不同的层面反映了不同"成物之功"的系统水平。越向上,越具有开放的发展空间和更小的阻力、更大的人类热情和更强的可持续性。这也是水式管理追求的实质性内涵。如果把老子的思想进行整体的认识,关于水德的追求,也正是老子说"居其厚而不居其薄,居其实而不居其华"的义之所指。

四、企业修炼的必要与基本方向浅谈

水式管理的企业组织很难被某位领导者仅仅通过制度创造出来,因为它的形成涉及企业整体的修炼。组织修炼是指组织在"元亨利贞"四个方面进行整体价值水平的提升,包含了组织对于道德仁义礼智信的总体融合。而制度仅仅能够得力于"义"的层面。水德对于组织而言,是持续渐进磨合而有的一种组织核心能力。企业的这种修炼在一个仁义没有成为大众习惯的环境不会自发地产生,而是需要通过激发人的善心,通过出自真诚的心灵引导而产生的。这也许是企业领导者在企业生命形态的发展中最具有价值的一种责任。这种责任的担当的确需要领导者本身具有对于德性认知和实践层面的高度。所以要创造美好的组织,实现真善美的经营,企业领导者自身的修为层面是第一决定因素。

关于企业修炼,是目前企业界很多领导都在关心和致力探索的问题。如何认识企业的经营之道,如何驾驭企业经营之术,这是两个被关注的核心问题。

企业经营的道,首先是企业的战略出发点,它属于四德之"元"的范畴,孔子称之为"善之长也",意思是它是后面所有"成物之功"发生的总体决定因素。这个出发点所处层面的高度,对于企业、企业家的最终结果有着决定性的影响。

过去的工商业者在中国社会地位低下,长期处于谋求生存的社会边缘,难以在较高层面承担社会责任,即便出现过儒商群体,但是相关群体对于社会责任的担当,由于历史环境的影响也是十分有限的。这些工商业者长期经营所处的道德层面,比较好的是处在"义"的层面,能够做到公平、诚信、合情、合法就算是"有义"。但是这个层面条件约束性比较强,经营环境充满变化与压力,"义"的底线在环境的压力下往往被向下突破。中国的商界自古崇尚义气,供奉关圣帝君,但是当笔者在课堂上问大家能不能接受义圣关公的结局时,几乎没有人在关公的结局上表示"可以满意"的。出发点的"价值基因"决定了最后的结局。对于历史的回顾和对于文化现象的因果观察,可以启发我们对于所行事业出发点的深思。

观察价值形式辩证逻辑原理下的一些命题,或许可以帮助管理者得到经营思路上的启发[①]:

1. 没有无因之果;
2. 因果关系以价值形式辩证逻辑的链条相互连接;

---

① 程少川. 中国哲学的实践理性基因与管理学未来[J]. 中国文化与管理,2020(2):57-65.

3. 因果链如同河流,人们不可能两次踏入同一条河流;

4. 价值范畴是人类选择的自由发生在其中的范畴,人们遭遇的差异不是产生于是否违背了自然规律,人们遭遇的差异产生于价值选择;

5. 价值关系是时间与关系空间的具体结合,永远具有特殊性;

6. 价值产生于从来不曾间断的因果链条,每一种价值只属于独一无二的因果链条,每一因果链条连接着更大的因果链;

7. 在价值抉择的实践理性层面不承认时间和空间独立存在的假设,对于具体价值的实现而言,时空结合的"时机"是最终决定因素;

8. 关系源头的价值特征(关系基因)将影响结果的价值特征,缺损的因不会产生完美的果。

从价值逻辑及其命题系统的理性观察,或许可以推出经营结局的优化途径,根本在于道德理性实践层面的提升。在"义"的层面的不足,需要到"仁"及以上的层面去寻找弥补。

"元"是出发点,对应东方生发之气,代表春天和创始,也对应"仁"的文化内涵。孔子说"仁者善之长也"。这是说对于人的无条件的尊重与关爱,是仁这个层面的首要原则。现实中这正是人们能够同心同德战胜一切困难的力量源泉。这要求领导者发自内心地真切认识自身的领导价值和责任,并落实到实际的行动中去。这也是企业领导者最有难度的修行。在毛泽东时代,毛泽东主席对自己有手不触钱的戒律,因为对私心的警觉,他拥有了不畏浮云遮望眼的洞察力和全国民众的无条件拥戴。新中国很多发展奇迹是在十分艰苦的环境下创造的,完全靠的是全国工农无条件的真诚付出。松下幸之助从众人无私出力修建庙宇的现象得到启发,知道了经营出发点的重要性,在最困难的条件下坚持不解雇任何员工,从而改变了日本整个工业界的劳资关系,为日本工业的持续进化和迅速超越奠定了基础。稻盛和夫是王阳明心学的实践者,在经营中首先问自己的是在从事的工作中有没有私心,如果是为了私利就坚决地放弃。他因而在企业内部交易系统的构建中能够成功地克服重重的疑难,发挥企业整体的进化活力。任正非在他创造的庞大企业帝国中只拥有极少的股份,为"人多力量大"的同创共享留足了空间。从价值层面的出发点来看,就是这些领导者不同程度地放弃了在"义"的层面下理所当然并唾手可得的局部利益,而选择了"仁"作为自己的价值核心。道德实践理性层面上升到"仁"以上,使他们的成功不同凡响,而且具有持续的生命力。

在仁之上还有德的层面。这个层面是仁在范围上的完全展开。不仅仅人需要关爱,乃至于对一草一木等所有生命,都应有同样的尊重和接纳,这是人类精神生命在现实全局中的升华。庄子的《齐物论》比较深刻地反映了中华民族在德之层面的认知理性和实践理性。只是面对时代与环境的堕落,庄子与老子一样采取了遁世的态度。而另外一种具有出世与入世并行无碍之精神的文化,来自从印度传入中国的大乘佛教。中华文明能够接纳并吸收这种文化的原因,是因为中华民族在道德理性层面的深厚智慧基因。大乘行者对外以救度一切众生为己任,对内则以破除我执和无明为实务,发起为所有众生担待一切苦难的决心。他们的心灵世界中没有自私,因而也没有敌对,这个层面真正到了"水德"的层面。

西方基督教的教义与中国道德认知也具有相通性。教义说"爱是恒久忍耐,又有慈悲。爱是不嫉妒,爱是不自夸不张狂,不做害羞的事,不求自己的益处,不轻易发怒,不计算人的恶，不喜欢不义，只喜欢真理。凡事包容，凡事相信，凡事盼望，凡事忍耐。爱是永无止息"。东西方圣者指向的是共同的人类价值，这也是建设"人类命运共同体"之所以可能的东西方文化的共性基础。西方哲学体系之所以无法解释正确的道德抉择为正确的原因，是他们没有找到对应于道德的价值哲学范畴，这与哲学基因的特点不无关系。

德的层面之上还有道的层面。在文化表达上是认知理性和实践理性合一的极致，是道德的认知和实践结果达到至善的层面。这个层面的理想表达和实践路径，在中国儒家经典《大学》之开篇是首先被提出来的。"大学之道在明明德，在亲民，在止于至善。"本文从"成物之功"的道德价值认知层面可以得到这样一个解读："完美人格的教育实践途径，在于明确掌握道德价值判断的基本方法，在于把道德价值判断落实于生活的切身实践，在于把道德认知和实践推进于完美的极致。"它不是一种纯粹的理想，是有原理可认识、有方法可借助、有阶梯可攀登、有事实可印证的东方实践性理性表达。回到水式管理的主题，水式管理的真正精髓在于组织"明德"的修炼，是组织道德实践理性的整体提升，在这个方面的知行合一是组织生命和管理实践最深远的价值所在。

五、总结

本文从水式管理的讨论入手，探讨了企业组织形态进化的空间和内在道德原理。从《周易》价值判断的方法论立场，解释了成功的经营之所以成功的内在道德价值原因。东西方的圣者们本质上具有人类共通的价值指向，这些价值指向是承担现代社会责任的企业家们应有的发展方向，也是获得基业长青之推动力的无穷价值来源。中华文化道德认识体系，是世界文化史上唯一具有价值关系的形式辩证逻辑内涵，并且实践理性层级区分明确的哲学体系。憨山大师"德，乃成物之功也"的定义，与《周易》天地四德所构成的方法论，是我们在现代管理理论丛林中识别正确价值方向的有效指南。在这个哲学体系中，事实与价值从来不是孤立的，道德也不仅仅是形而上的抽象概念，而是与我们每一步的生活和管理抉择所要达到的真善美息息相关的智慧。贯通了这一层道理，或许"君子好德，胜好好色"不难在从事经营的部分觉悟者中形成气候，这样水式管理的理念也将不再是难以企及的实践目标了。

儒家管理思想中的灵性人假设研究
——内涵、价值以及范式影响

巩见刚　王海龙*

摘要：深入理解儒家管理思想为代表的传统管理思想是当前国内管理学界面临的一大任务。基于儒家经典,利用理论思辨的研究法,本研究对儒家管理思想所持有的人性假设及其影响等进行了研究。研究认为儒家持有的实际上是一种"灵性人"假设,包含了辩证思维、天人合一境界等多种内涵。儒家将管理者之灵性觉醒与组织的有效管理联系在一起,认为其能够有效解决管理所必需的根本目的、道德判断、知行分离等问题。而这样一种对于灵性的认识重视使得儒家管理学相比较于西方管理学形成了重视求"道"、重视经学、重视象思维与直觉思维等特点。

关键词：灵性；儒家；管理；范式；实践

一、引言

近年来,儒家为代表的传统管理思想越来越受到管理学界的关注。有学者认为,要想消除学术与实践之间的脱节,本土管理学研究应该"接着传统文化讲"[1],应该做到"优秀文化与现代管理的有机融合"[2]。这得到了管理学界的广泛响应。但是这样做有一个前提：学界应该对传统儒家文化及其管理思想有一个比较准确和深刻的理解,否则就很难做到接着传统文化讲本土管理学。然而种种迹象表明,管理学界对于传统文化和管理思想的理解还有待加强,甚至还存在种种误解。因此,深入研究、理解传统管理思想仍将是本土管理学界当前的一个重要任务。目前而言,相关研究已经说明了儒家为代表的传统管理思想代表了一个不同于西方现代管理学的范式类型[3]。为此,学术界需要进一步研究的一个问题就是为什么相比较于西方管理学,传统中国会形成独具特色的管理学范式。对于这个问题的回答是很有必要的,有助于本土管理学进一步理解传统管理思想之内在特点以及内在逻辑,对与本土管理学之未来发展也是大有裨益的。本研究将在已有研究之基础上开展进一步

---

* 作者简介：巩见刚(1978—),男,汉族,山东淄博人,大连理工大学人文与社会科学学部副教授、博士,研究方向：技术创新和管理哲学；王海龙(1974—),男,汉族,内蒙古赤峰人,大连理工大学人文与社会科学学部教授、博士。研究方向：技术创新。

① 郭重庆. 中国管理学界的社会责任与历史使命[J]. 管理学报, 2008, 5(3)：320-322.
② 齐善鸿,李宽,孙继哲. 传统文化与现代管理融合探究[J]. 管理学报, 2018, 15(5)：633-642.
③ 巩见刚,卫玉涛,高旭艳. 传统文化的管理学属性、范式特点及其对本土管理学之价值研究[J]. 中国文化与管理, 2020(1)：130-145.

的研究。具体来说,我们将研究传统儒家管理思想背后的人性假设,并由此出发对传统儒家管理学说内在之逻辑进行深入分析。

为什么要对传统儒家持有的人性假设进行研究?首先儒家文化是传统文化的主体,理解了儒家对于人性的看法,也就在很大程度上理解了传统文化内涵的主旨思想。其次,人性假设是理解相关管理思想和文化的最佳切入点之一。麦格雷戈认为不同管理理论和思想背后都有着对于人性的不同理解和认识。这种认识在根本上影响了研究者对于管理的理解以及相关理论的建构。因此要想深入理解儒家为代表的传统管理思想,探讨其对人性的认识实际上是一个很好的切入点。研究结果显示,儒家管理思想背后隐含了一种灵性人假说。此种认识从根本上影响了其对于管理的理解,也从根本上造就了儒家与众不同的管理学范式。该研究对于国内管理学界重新理解、认识儒家管理思想及其背后独特的管理学范式有着重要的理论意义。

二、人性灵——传统儒家管理思想对于人性的本质认识

对于儒家管理思想背后的人性假设,虽然来自管理学界的研究不算多见,但是来自哲学文化领域的研究却很多。总体来说这不是一个新鲜的话题。然而相关研究虽然数量不少,似乎还没有穷尽儒家对于人性的认识。儒家对于人性的认识实际上是复杂且多面的。已有研究更多地局限于伦理维度上,主要从"性善"还是"性恶"的角度展开讨论。不少研究者受孟子之影响认为人性本善,另外一些学者则偏向于从性恶的角度讨论人性。还有一些学者认为人性非善、非恶,乃是性朴[①]。"性善""性恶"乃至"性朴"虽各有道理,但均不足以概括儒家对于人性的多面向理解。因此本研究希望在已有研究之外进一步探索儒家的人性观。

《尚书·泰誓上》认为:"惟天地万物父母,惟人万物之灵"。周敦颐《太极图说》也强调:"乾道成男,坤道成女。二气交感,化生万物。万物生生而变化无穷焉。惟人也得其秀而最灵。"王夫之则认为:"如均一'心'字,有以虚灵知觉而言者,'心之官则思'之类是也。"[②]可见儒家在讨论人性时,除性"善"、性"恶"外还多用一"灵"字[③]。本研究认为相比较于"性善""性恶"乃至"性朴","性灵"一词可能更加准确地概括了儒家对于人性的理解,也更能反映儒家管理思想体系的内涵与架构。

何谓灵性?灵性在现代汉语中有着多方面的内涵。第一种内涵指向人所具有的智慧,是人独有的一种对事物的感受和理解能力,体现了人的天赋的智慧和聪明才智。第二种内涵专门指向动物,指其经受过训练、驯养后所具有的令人惊奇的认知能力。第三种内涵涉及宗教,指的是人在宗教信仰上体现出来的悟性。第四种内涵涉及人的灵魂,指向各种灵异现象。本文所指称的主要是第一种含义上的灵性,与其他含义没有太大的关系[④],指的是

[①] 周炽成. 儒家性朴论思想史发微:从先秦到西汉[J]. 文史哲,2017(6):50-65.
[②] (清)王夫之《姜斋诗话》卷二
[③] 人性是"真""善""美"的集合体。单单一个"善"字不能完全概括人性。而"灵性"一词则比较好地囊括了这三个方面,更准确地反映了儒家的人性观。
[④] 第二种定义是指向动物的,本质上只是一种本能或者训练后的应激反应。这显然与本研究讨论的灵性无关。最后两种定义指向宗教和神灵,肯定也不是传统儒家管理思想所能够接受的。因为儒家不语"怪力乱神"。

人类一种先天就有的类特性倾向①,对内表现为人所具有的一种独特的生命觉醒状态,对外表现为一种明智且有效的认识、处理世间种种事务(包括安顿自我身心)的能力。而且这种能力不是体现为以概念和逻辑推理为基础的科学认知,而是一种融直觉、推理、判断等在内的综合性能力。它既凸显人的主体自觉意识、个性情感以及自由精神,又强调与宇宙万物的和谐相处、天人合一。

之所以认为儒家管理思想凸显了人性的"灵性"一面,乃是因为其很早就认识到人有潜在的把握形上之"道"的能力。孔子强调"志于道,据于德,依于仁,游于艺"②。"志于道",一方面说明儒家将"道"作为追求的目标;另一方面也说明在其看来人有潜力突破感官局限而体悟形而上的"道"。孟子认为:"尽其心者,知其性也。知其性,则知天矣。存其心,养其性,所以事天也。"③这实际上也是认为人心本质上与形上之道相贯通,能够通过后天努力而把握之。

宋明儒学在这一点上继承了先秦儒家并做了进一步的阐述。朱熹认为:"自精粗而言,则人得其气之正且通者,物得其气之偏且塞者。惟人得其正,故是理通而无所塞;物得其偏,故是理塞而无所知。"④禽兽、动物得浑浊、偏塞之气,导致天命之性被遮蔽住了,因此"物之间有知者,不过只通得一路,如乌之知孝,獭之知祭,犬但能守御,牛但能耕而已"。而人则得阴阳二气之清明,五行之灵秀,因此本质上"理通而无所塞"。陆王心学虽在具体方法上不同于程朱理学,但也同样认为人心本质上通于形而上的道。王阳明所谓"宇宙便是吾心,吾心即是宇宙""心即道,道即天,知心则知道、知天"即说明了这一点。

为什么能把握形上之道就意味着人有灵性呢?不同于西方社会体用二元的观点,儒家坚持体用一源的观点,认为体在用中,用不离体。即"道"并不是一孤悬在外、类似逻各斯那样的实体,而是只能存在、体现于万事万物的运动变化中。因此对"道"的把握与体悟也就必然体现为对万事万物的全面认识与有效应对。这种认识和应对并不止步于对事物的客观化认识和宰制,而是体现为一种人与自我、人与他人、人与世界的和谐相处。朱熹指出:"明德者,人之所得乎天,而虚灵不昧,以具众理而应万事者也。"⑤王阳明也认为"虚灵不昧,众理具而万事出"。这都从根本上说明儒家学说内涵了人的灵性一面。

当然灵性一说似乎与现实中人的行为不太相符。现实生活中有些人确实不怎么有灵性,有些甚至还很愚蠢。但儒家认为这并不足以否定人之灵性存在,只是说明其受到遮蔽而已。去除遮蔽需要修身工夫。只要工夫到了,人的灵性最终还是能够觉醒的。正如朱熹所指出的:"至于用力之久,而一旦豁然贯通焉,则众物之表里精粗无不到,而吾心之全体大用无不明矣。"⑥

总之,儒家关于"灵性"的论述是源远流长的,反映了传统文化对于人性的一种理解。概括来说,儒家意义上的灵性有"体""用"两个层面的内涵,前者体现为对作为宇宙万有本

---

① 朱新卓.教育的本体性功能:提升人的灵性[J].教育研究,2008,29(9):23-27.
② 《论语·述而》
③ 《孟子·尽心上》
④ 《朱子语类·性理一》
⑤ 《大学章句集注》
⑥ 《大学章句集注》

源的形上之道的体悟和把握,后者则体现为对包括自我在内的万事万物的有效应对。本质上则体现了生命觉醒后的一种丰富、微妙的精神状态①。具体来说则有以下几个方面的表现。

首先,人可以突破各种固执偏见,形成整体上认识、灵活应对事物的辩证思维能力②。每个人都渴望自己能全面认识、把握事物,然而受制于知识背景、人生经验等,很多人往往不自觉地形成看待问题的习惯性方式或者观点。由此也就形成了各种各样的固执和偏见,不能从整体上把握事物,更谈不上创新事物。

儒家认为不同于形而下的"器",形而上的"道"是生成宇宙万有的总根源,反映了宇宙万有整体上发展、变化的规律。因此对于"道"的把握虽然依赖于对具体事物的认识,但本质上又超越之而代表了一种对于整体的把握和贯通。这意味着人的视域不断扩大和延伸,不断突破已有的各种偏见和思维定式,对事物正反两面形成更加全面的理解和把握。如此一来,人在处理具体问题时就会从自身实际情况出发,不拘一格,进入一种圆融无碍、灵活而又不乏创造的思维状态。这种思维是人之灵性觉醒的一种重要表现。而儒家经典在此方面也有着很多的论述:孔子强调"无适也,无莫也,义之与比"③;《中庸》强调"执其两端,用其中于民"。这些表述一方面强调人不要陷入某种思维定式或者固执偏见;另一方面也说明对"道"的体悟自然指向一种圆融无碍、创造性的辩证思维。因此突破各种固执偏见,形成整体上认识、灵活应对事物的辩证思维能力是灵性觉醒的一个重要表现,而其发用于现实就体现为打破既有的陈规旧俗,创造新的规则④。

其次,达成生命价值和意义的超越。儒家认为,人之所以高于动物乃是因为二者在生命价值、意义的追求上有着根本的差别。动物无论如何都不会对自己的存在加以反思,更不会追求自我生命的价值和意义,而人则能够超越世俗而不断反问、追求自我存在的终极意义。当然,人生长于尘世,习惯于运用眼、耳、鼻、舌、身来认识世界,往往耽于物质享受而成为名利的奴隶,如此一来也就不再追问人生价值、意义究竟为何,导致整个生命失去本应有的灵性光彩。

但儒家认为人之本性并非如此。虽然现实可能是耽于物质享受,但人毕竟能够经由努力而把握形而上的"道"。此时人与天地万物间的种种间隔没有了。人会跳出小我之控制,认识到先前种种的荒谬和虚无。最终,人会认识到人生终极意义不在于物质的获取,而在于协助天地、化育万物。也就是说灵性觉醒必然体现为对生命价值的追求和意义的超越⑤。孔子的"修己安人"、孟子的"杀身成仁,舍生取义"以及宋儒的"为天地立心,为生民立命,为往圣继绝学,为万世开太平"都说明了这一点。

再次,人能够成就道德情感意义上的"善"。人性善还是性恶是一个几千年来争论不休

---

① 朱新卓. 人性灵:教育的人性论:解读涂又光教育思想之人性论[J]. 高等教育研究,2006,27(2):30-41.
② (英)达纳·佐哈等在《灵商》一书中认为,"灵商"体现了一种统一思维,倾向于发现不同事物之间的联系并形成一个整体,允许人类去进行创造,去改动规则和变更情景。这从另外一个角度说明灵性意味着一种全面认识、把握事物并突破现状有所创造的能力。
③ 《论语·里仁》
④ 王祥. 灵商:人的终极智慧[J]. 江汉论坛,2013(11):41-44.
⑤ 达纳·佐哈认为,对生命意义的反思、超越和执着是人有灵商的一个重要表现。

的问题。实际上人之善、恶是派生的,灵性才是原本的①。善还是恶,取决于人之灵性的觉醒与否。种种的"恶"实际上只是人自身灵性被遮蔽时的表现。此时,人容易为外在的名利牵引而走不出日益膨胀的小我,由此必然在行为上呈现出种种的"恶"。在儒家看来"天以元亨利贞赋予人,谓之命;人禀受于天之理,则为仁义礼智之性",又说"天地生物之心,在天为元,在人为仁"。因此对形上之道的把握就是先天诸德不断确立的过程。此时人会走出小我,能够自觉站在他者之立场、设身处地体会他人内心之情感波动,从而"超越自我和他人之间的隔阂"②。如此也就使得人心重新回归本有的不忍与灵敏。而这种情感上的不忍与敏感实际意味着人对"善"的追求。因此成就道德情感意义上的"善"也是人之灵性的一个重要表现。

最后,人能够获得一种自由、和乐的生命状态。人活着以追求自由和幸福为目的,但又往往处于各种枷锁之中。之所以如此,本质是因为自家灵性被遮蔽,为各种偏见和名利控制而难以挣脱。人往往只看到"有"的价值,却看不到"无"的妙用;只看到"进"的好处,却看不到"退"的意义。如此一来,人必然陷于焦躁、痛苦之中难以自拔。而人生本质上并非如此。人本质上是有灵性的,能够把握形而上的"道"。这不仅意味着人生境界的提升,也意味着突破了外在名利以及种种固执偏见,从而不仅看到"有"的价值,也看到了"无"的妙用,不仅看到了"进"的好处,也意识到"退"的意义。如此一来,人就能够以平常心面对人生的荣辱得失,自然会获得一种本属于己的自由与和乐。所谓"君子坦荡荡,小人长戚戚""乐以忘忧,不知老之将至云尔"等都说明人能通过努力而进入一种自由而又和乐的生命状态。这种状态也体现了人的灵性一面。

以上讨论了儒家灵性人假设之具体内涵。总体来说,儒家在"性善""性恶"之外还凸显了人之灵性一面。灵性觉醒即意味着人对于形上之"道"的体悟,它散而化为辩证思维、天人合一的境界、自由和乐的状态等,实际上涵盖了人在认知、情感、意志诸方面的能力。因此灵性实际上也就是人性中"真""善""美"等的统一。

需要说明的是,道家和佛家作为传统文化的重要组成部分也强调人的灵性一面。道家虽不同于儒家,但也以求道悟道、解放人的心灵为根本旨趣(某种程度上说道家更重视并追求人的灵性觉醒)。道家也相信人能达到一种天人合一的境界,在认识事物时能够"以道观之"③,即摆脱各种习俗和偏见的束缚,能够全面、整体地看待事物,从而达到一种"逍遥"的状态。《庄子·德充符》也指出:"故不足以滑和,不可入于灵府。"而所谓"灵府者,精神之宅,所谓心也"。可见人有灵性也是道家的观点。佛家认为人人都有般若,人人都有佛性。这实际上是人有灵性的另一种表达。在禅宗看来,人无论高低贵贱,不论东西南北,都能够经由修行而成佛,都能够体悟"色不异空,空不异色",都能够自觉觉他、普渡众生。这实际上也是对人之灵性一面进行了肯定。可见人性灵是贯穿传统文化的一个共同点。所谓的传统文化或者管理思想,无论是儒家还是道家、禅宗,本质上也都是以觉悟人心、唤醒被遮蔽的灵性为根本宗旨。

---

① 朱新卓. 人性灵:教育的人性论:解读涂又光教育思想之人性论[J]. 高等教育研究,2006,27(2):30-41.
② (英)达纳·佐哈,(英)伊恩·马歇尔. 灵商:人的终极智力[M]. 王毅,兆平,译. 上海:上海人民出版社,2001:4.
③ 杨国荣. 以人观之、以道观之与以类观之:以先秦为中心看中国文化的认知取向[J]. 中国社会科学,2014(3):64-79.

传统儒家对于人之灵性的体察具有浓厚的东方色彩,在西方世界中是不多见的。受启蒙运动以及文艺复兴的影响,近代西方社会对于人性的认识更偏重于理性一面。理性被认为是人性的本质,也是现代性的本质所在。"理性人"遂成为西方管理学、西方经济学等学科赖以建立的一个基础,对整个西方人文社会科学的发展造成了重大的影响。当然,后来西方社会对人性的认识也在不断加深,也认识到人的理性是有限的,在理性之外人还有着社会性的一面等。后现代主义以及后现代管理学甚至强调了人的情感、意志等方面的重要性[1]。但是灵性作为一个概念始终没有得到西方学术界的足够关注,更没有成为其主流观点。

当然,西方少数学者也认识到了人之灵性的存在与意义。例如当代西方著名管理哲学家达纳·佐哈突破了近代西方对于理性的固执和强调,率先认识到人之灵性一面及其所具有的重大价值,在其重要的管理学著作《灵商——人的终极智力》一书中,达纳·佐哈指出在智商和情商之外人还具有灵商。灵商是人类的终极智力,它允许人类进行创造,突破各种界限去玩"无限的游戏",驱使人们提出和解决有价值、有意义的问题等[2]。具体来说,灵商主要表现为灵活变通的能力、高度的自我意识、发现不同事物之间的联系(形成整体)、被想象和价值激励的生命本质等。达纳·佐哈所谓的灵商实际是对人之灵性的一个测度。借助现代脑科学研究成果,达纳·佐哈还证明了灵性在生理学意义上的真实存在性,而且其对于灵性的相关研究及其在此基础上创立的量子管理学在西方社会产生了不小的影响,对于西方管理学的旧有范式已经形成很大的冲击。而通读其相关著作和观点,可以发现达纳·佐哈对于人之灵性的理解本质上与儒家是相通的[3]。这说明儒家对于人之灵性的认识并非妄言,而是有其非常深刻、超前的一面。

三、儒家视角下的灵性觉醒与有效管理

前面提及,传统儒家及其管理思想之核心宗旨乃是教化人心、唤醒人之被遮蔽的灵性。之所以如此,乃是因为其认识到了君子(也就是传统社会的各级管理者)之灵性觉醒与国家、社会各种组织有效治理之间的密切联系。这主要体现在以下几个方面:

首先,灵性觉醒有助于管理者以及组织在根本上树立管理国家、社会组织时的正确目的。受实证主义的影响,现代管理学关注的是管理者的工具理性思维[4],强调的是如何帮助其完成目标。而对于目标,特别是根本目标应该为何,则缺乏必要的考虑。儒家则认为管理绝不能是一种没有任何目的指向的纯技术行为,更不能是围绕自我利益最大化而展开的一系列逐利行为。对其来说,管理之首要任务就是确立自己的根本目的,否则,一切行动就缺乏根本的指向。而对于"道"的体悟,则使得儒家一再强调君子要"修己以安人""修己以

---

① 胡国栋.管理理论丛林分化的逻辑脉络及其整合的理论路径[J].云南财经大学学报,2013,29(4):21-29;高良谋,胡国栋.情感与计算:组织中的逻辑悖论及其耦合机制[J].中国工业经济,2013(8):96-108.
② (英)达纳·佐哈,(英)伊恩·马歇尔.灵商:人的终极智力[M].王毅,兆平,译.上海:上海人民出版社,2001:4.
③ 达纳·佐哈本人也不否认这一点,她在多种场合强调了自己对于人性的理解以及建立在这种理解之上的量子管理学与中国传统管理思想本质上是相通的。
④ 巩见刚,卫玉涛,高旭艳.传统文化的管理学属性、范式特点及其对本土管理学之价值研究[J].中国文化与管理,2020(1):130—145;胡国栋.科学哲学视角下管理学的学科属性、理论拓展与范式整合[J].管理学报,2016,13(9):1274-1285.

安百姓"。这里"修己"是手段,"安人""安百姓"则是根本目的。而这在《中庸》中则进一步演化为"成己、成物"。

儒家认为"天地之大德曰生"。天道生生不息,无私地承载、化育包括人在内的万物。"道"的终极本源性决定了人需要效仿天道,对于国家以及各类组织的管理也应该围绕着"成己、成物"这一根本目标而展开,否则所谓的管理就是悖逆天道,不可能长久。而荀子则通过"君者舟也,民者水也;水能载舟亦能覆舟"对其中的逻辑做了详细的阐述。也就是说,"成己、成物"看似不关注利益,实则能够从根本上凝聚人心,减少组织内外的冲突和内耗,自然给组织带来各种好处。

在儒家看来,管理首先意味着"成己、成物"这样一根本目的的确立。而此目的实则体现了一种崇高的人生理想,属于灵性的范畴。其确立本质上也只能依赖于管理者灵性的觉醒。灵性的觉醒意味着一种天人合一的精神境界。儒家认为只有达到此种境界,人才会真正摆脱名利的牵引,才会从根本上体会到"民胞物与""万物一体"的真实性。如此一来,其人生最根本的追求自然也就转变为协助天地化育万物,使万物各得其所之同时也使自我身心在嚣闹的尘世间有所安顿。也就是说,按照儒家之内在逻辑,灵性的觉醒必然伴随着"成己、成物"这样一根本目的的确立。

《大学》认为:有"格物、致知",方有"诚意、正心";有"诚意、正心",方有"修身、齐家、治国、平天下"。这样一个逻辑,说明了"格物、致知、诚意、正心"是"治国、平天下"之基础与前提。而"格物、致知""诚意、正心"分别指向的是对形上天道的体悟以及道德境界的完善,代表了人之固有灵性的觉醒过程。因此《大学》实际上内涵如下之逻辑:正是灵性的觉醒使得作为管理者的君子自觉朝着"治国、平天下"的目标不断努力。而在"修己以安人"的表述中也可以观察到这一逻辑。"修己"作为手段实际指向灵性的觉醒,因为"修身则道立"。正是这种觉醒使得君子朝着"安人"的目的不断努力。这些都说明在儒家的逻辑里,灵性觉醒与"成己、成物"的根本目的密切相关。

其次,灵性觉醒有助于管理者具体情景下的道德判断。管理的本质就是有效应对各种复杂的事务,而"事"本质上都是和人纠缠在一起的,离开人也就无所谓事的存在。因此管理的本质就是应对人,而人有着自己的自由意志,而且这种意志本质上不是外在压力可以压制的。这意味着管理者必须根据实际情况妥善处理自身与他者的伦理关系。管理者不能随意侵犯、伤害他人的合理权益与情感,必须以理服人、以情动人,否则,组织必定是冲突不断、一盘散沙。如此一来,管理者的道德判断力就显得非常重要了[①]。因此,儒家对于管理者的道德判断力极为重视,在其看来管理者有了内在的"仁",方有外在的"义"。儒家语境下的管理者教育实际上就是一个不断培养其道德判断力的过程。

而管理者道德判断力的提升本质上是其灵性觉醒的一种表现,是体悟、把握"道"的自然结果。儒家很早就认识到了悟道与明德之间的密切关系,指出"德者,得也。行道而有得于心者也",在其看来人对道的体悟和把握意味着"天人合一"的境界,意味着人心摆脱物欲的控制,先天所具有的"仁、义、礼、智、信"被重新发明。此时人心恢复固有的敏感与不忍,就会对具体情境下的是非对错有比较准确的判断,从而解决管理所必需的道德正当性。灵

---

① 胡俊,胡怀雯.管理伦理视域下管理者的道德情感[J].江西社会科学,2015,35(3):213-217.

性不觉醒,就不会有"天人合一"的境界,自然会麻木不仁,任由"私欲"主导而是非不分,也就谈不上什么道德判断力。

再次,灵性觉醒有利于管理者对问题的创造性解决。组织因为做事而成立。管理事务本身往往是错综复杂的,其有效处理需要理论的指导,但更需要理论联系实际,综合多种不同甚至彼此矛盾的观点,提出一个有创造性的行动方案。而在儒家看来,创造性的行动方案本身就是人心通于天道、灵性觉醒的一个表现或结果。因为创造性要求君子摆脱片面、静止看问题的机械主义思维,建立一种反映事物复杂情况的辩证思维,即能够整体、全面地看待事物及其彼此间的联系,否则做事很容易走极端,不但做不到从实际出发,也很难将彼此对立的矛盾和观点统一起来,自然也就谈不上创造性。而反映事物复杂情况的辩证思维本身是求道、悟道后的结果。荀子指出:"圣人知心术之患,见蔽塞之祸,故无欲无恶,无始无终,无近无远,无博无浅,无古无今,兼陈万物而中县衡焉。是故众异不得相蔽以乱其伦也。何谓衡?曰:道。故心不可以不知道,心不知道,则不可道而可非道。"①此处荀子实际上将辩证思维与人的悟道和灵性觉醒联系在一起。悟道而灵性觉醒后,人类开始突破先前形成的、对于事物的各种片面认识,对于事物之整体、本质也就有了更加全面的认识和理解。如此一来,处理事情时自然会从实际情况出发,进而提出创造性的解决方案。孔子的"执其两端用其中于民"也体现了这一点。"执其两端"代表了对事物整体的有效把握,意味着人摆脱了非此即彼的思维方式和片面的视角,是人之灵性觉醒的一种表现。而这种觉醒体现在处事中则是一切从实际出发,多方考虑、突破常规的灵活权变与创造性举动。所以创造性的行动方案本身就是人之灵性觉醒的一个表现。

最后,灵性觉醒有助于管理者"知行合一",避免管理中常见的"知行分离"问题。"知行合一"对于现实的管理来说是非常重要的②。之所以如此,乃是因为"知"和"行"虽紧密相关,但二者之间又常常存在一种距离。无"知"必定会无"行",但是有"知"也不一定有"行"。对于管理实践来说,"知"固然重要,但是实际的"行"更加重要,因为只有实实在在的"行"才会对现实产生影响并将目标转换为现实。但是由"知"到"行"的转变恰恰是一个很困难的事情。很多管理者常常清楚地知道自己应该去做什么,但是在行动上却又不能做到。由此导致"知行分离"成为一个现实管理实践亟须解决的问题。儒家也意识到了此问题的重要性,一直强调不能将知、行分作两截。

对于知行不一的原因,儒家也有着深入的探讨。儒家意识到,"知"向"行"的转化要经过动机和意志的中介。例如《大学》中"诚意""正心"中介了"致知"与"修身、齐家"之间的关系,即中介了"知"与"行"的关系。所知只有转化为强烈的动机和意志后才会有情感上自觉的行动,否则就必然会有"知"与"行"的分离。而如何才能有强烈的动机和意志呢?儒家认为人之所以知行不一,根本原因还是因为内心有过多的私欲。私欲控制下的个体虽然知道应该去做某事,但是欲望的存在又使他患得患失。如此一来行的意念也就不"诚"了,缺乏行动的勇气,最终也就造成知与行的分离。王阳明指出:"此已被私欲隔断,不是知行的本体了。"③因此去除人内心不合理的私欲也就成了克服"知行分离"的根本途径。对于儒家来

---

① 《荀子·解蔽》
② 汪潇,李平,毕智慧.商学院的未来之路:知行合一[J].外国经济与管理,2019,41(5):141-152.
③ 《传习录·徐爱引言》

说,去除私欲依赖于人的不断学习、反思并把握形而上的天道,真的明白人生于天地之间的使命和价值,体悟自身与他人以及万事万物的一体性。果能如此,人在处理和他者关系时就不会再仅仅将其当作利用和征服的对象。人的善念会恢复,会发自内心地去关心他人、爱护他人。如此一来,人的意念就真诚了,也就不会再有所谓的"知行分离"之问题。这一逻辑在《大学》中有着清楚的表达:欲正其心者,先诚其意。欲诚其意者,先致其知。致知在格物。物格而后知至,知至而后意诚。《大学》实际上将动机、意念的强弱与"格物、致知"联系起来,认为后者是前者的根本所在。而儒家所谓的格物、致知并不是现代科学意义上的认知,而是指向对形上之"道"的把握,即是对宇宙和人生等根本问题的穷通。而这实际上代表了人之灵性的觉醒和回归。从这个意义上讲,儒家实际上将意志、动机层面的"诚"看作人之灵性觉醒的一个标志。而有了灵性的觉醒,管理实践中那些"知行分离"的问题自然也就会得到有效的解决。

总之,儒家经典著作中的种种论述展示了其对灵性之现实管理价值的认识与思考。在其看来,"万物皆备于我"。应对纷繁复杂的管理实践,从根本上来说不依赖于向外寻求各种概念、理论或者方法(因为概念和理论方法本质上是死板的、缺乏变化的,而现实世界是不断变动的和发展的),而是依赖于管理者灵性的觉醒。有了这种觉醒,自然就有管理者精神境界的提升以及对相关事务的准确道德价值判断和"度"的把握,从而也就解决了管理实践最核心和本质的几个问题(体现为"应该做什么""具体怎么做"以及"知行合一"等),否则纷繁复杂的管理实践问题就很难得到有效之解决。因此灵性觉醒也就成了儒家管理思想所追求的核心目的。

四、 灵性觉醒与儒家特色管理学范式之确立

以上讨论了儒家对于人之灵性及其管理价值的理解。而这种理解则从根本上塑造了儒家管理思想体系相对于现代管理学的种种独特之处,使之形成了独特的学术范式。范式(paradigm)一词是由美国著名科学哲学家托马斯·库恩在《科学革命的结构》一书中提出的。在其看来,范式就是凝聚一个科学共同体的东西。"一种范式是,也仅仅是一个科学共同体成员所共有的东西。"[①]具体来说,它代表了科学共同体共同接受的一组假说、理论、准则和方法的总和,这些东西在心理上形成科学家的共同信念。作为一个哲学概念,"范式"从根本上解释了相关学科的发展形态及其各种理论背后的深层次原因。例如西方管理学之所以表现出今日之学科形态,本质上源于西方管理学内部有着共同遵从的学术范式。这表现为其都秉持实证主义的哲学观念;重视人的纯粹理性,相信逻辑推理与数据分析在发现规律、建构理论中的作用;认为建构在实证主义范式基础上的知识和理论模型能够有效应对实践的挑战等[②]。正是因为这一范式的存在,西方管理学才发展出了一系列科学化的理论、概念、模型等,才最终形成了今日之学科形态。

相对于西方管理学,儒家管理学说也有着自己的学术范式,一个完全不同于西方管理

---

① (美)托马斯·库恩(Thomas S. Kuhn). 必要的张力:科学的传统和变革论文选[M].范岱年,纪树立,等译.北京:北京大学出版社,2004:288.

② 巩见刚,高旭艳,孙岩.本土管理学如何赓续中国传统文化:兼对已有思路的讨论[J].管理学报,2019,16(10):1447-1456.

学的独特范式。西方管理学重在求得各种理论，传统儒家则特别重视体道、悟道；西方管理学重视概念基础上的逻辑推理，儒家则重视不断的内省和反思；西方管理学形成了细密的分科体系，儒家则形成了独特的经学体系。而对于灵性的认识以及对灵性觉醒的追求则是导致儒家形成独特管理学范式的一个根本原因，也是导致儒家管理思想不同于后世西方管理学的一个根本原因。

首先，对灵性觉醒的追求使得儒家管理学以体悟形而上的道为核心，而非像西方管理学那样以概念和理论的建构为重点。求道是儒家文化和管理思想一个非常重要的特色[①]。儒家对管理者的培养本质上是一个不断引导其体道、悟道的过程。孔子一方面告诫学生要"志于道，据于德，依于仁，游于艺"[②]，另一方面又申明"君子不器"[③]。"志于道"说明了儒家将道作为君子、管理者学习的根本目的。"君子不器"则意味着作为管理者的君子不能以把握某一方面的具体知识或者技巧作为根本目的。这实际上是从另外一个方面强调了求道的至高无上性。

而儒家之所以如此重视求"道"，本质上是因为求"道"是灵性觉醒的必要途径（也可以说是唯一途径）。前面详细讨论了儒家情景下人之灵性觉醒对于有效管理的重要性。这也决定了儒家管理思想体系必然围绕着人之灵性觉醒而展开。而灵性不同于理性。后者可以通过现代意义上的科学教育，通过学习各种理论知识得到提升。灵性却不是通过此种渠道而觉醒的（此种方式在某种程度上甚至阻碍了灵性的觉醒）。灵性之觉醒只能依靠对作为宇宙、人生本源的"道"的体悟，只能依靠对诸多人生与宇宙根本问题不断追问和穷通。追问和穷通作为一种领悟而内化于心，方有民胞物与、万物一体的精神境界，方有正反兼顾、阴阳平衡的辩证思维等。否则，就很难有灵性的觉醒。如此一来，儒家就有了建立一套以"求道"为根本目的的管理学术体系的必要性。当然，悟道以及灵性的觉醒是很不容易的。然而儒家相信人人皆可做圣贤，人人皆可为尧舜。即儒家对天人关系以及人之先天灵性的体察使其对人灵性之觉醒有着足够的信心。因此，儒家最终构建了一个以求"道"为目的的管理学术体系。

而西方之所以不同于中国，根源于其对人性的认识迥异于后者。启蒙运动后的西方主流思想认为人的本质在于其所具有的理性，强调"我思故我在"，强调人的概念分析能力在认识和改变世界中的绝对重要性，因此培养、提升人的理性也就成了现代西方学术的重点所在。西方管理学诞生于20世纪初，受此种思想影响至深，因此非常重视概念和理论模型，强调工具理性层面的计划、组织、控制等职能。如此一来，自然也就形成了中西方管理学在根本范式上的重大不同。

其次，对灵性觉醒的重视使得儒家形成了独具特色的经学模式。"经"之本义是织布机上的纵线，引申为治理国家和社会各级组织时需要遵守的根本道理。经学体系开始于孔子时代，成熟于汉代。西汉时将《诗》《书》《礼》《易》《春秋》定为五经。其后历朝历代经过不断演化，最终形成了所谓的"四书五经"。按照今天的观点，无论是"四书五经"还是"六经"都

[①] 杨国荣. 以人观之、以道观之与以类观之：以先秦为中心看中国文化的认知取向[J]. 中国社会科学，2014(3)：64-79.

[②] 《论语·述而》

[③] 《论语·为政》

和管理没有直接的关系。现代管理学院不可能将之作为培养管理者的教材或者科目。但是它们在儒家管理思想中的地位却非常重要。其中原因还是儒家对于"道"的重视。"道"不同于一般性的理论知识。后者可通过对相关概念、模型的学习、理解、推理而充分掌握。而形上之"道"本质上属于非名言之域,概念和理论模型以及逻辑推理对于悟道来说作用有限,难以从根本上解决问题。经学体系之所以重要,本质上是因为其文字后面内涵了儒家对于自身所追求的"道"的理解,有助于人之灵性的觉醒。以"诗"为例。孔子认为培养管理者要经过一个"兴于诗,立于礼,成于乐"的过程,其中《诗经》很重要,能够兴发、陶冶人的道德性情,原因在于"《诗》三百篇,一言以蔽之,思无邪"①。王夫之也认为《诗经》之特点为"感悟道情,吟咏情性"。这些都说明《诗经》的艺术形式背后是古人对"道"的体悟和感受。学"诗"实际上有助于人之灵性的觉醒。关于这一点,现代学术界也已经有不少的研究。胡伟希认为《诗经》为代表的抒情诗"通过意境的实现,教人了解天地之美和宇宙之和谐,教人在物我交融、主客一体中领悟宇宙之奥秘——庄严神圣的道"②。王树人先生也指出:"从诗魂之象来看,在真正的诗人那里,特别是在大诗人那里,其代表作都是对其融会人生之情,甚至融会宇宙之情,作整体性的显示或把握。"③因此《诗经》本质上是以"诗"言"情"、以"诗"言"道",意在觉醒人那被遮蔽的灵性。同理,《春秋》具体的历史叙事背后是儒家极为鲜明的价值与是非判断,蕴含了儒家对一系列人生社会根本问题的思考。赵汀阳认为《春秋》为"历史叙事建立了普遍的标准,即人道必须符合天道"。所谓"春秋笔法""微言大义"之本质即在于以天道为准去鉴别什么是可变的秩序或什么是不可变的秩序④。因此学习《春秋》重点不只在历史事实,更在于理解、把握其背后的天道人伦,实现灵性之觉醒。

总之,儒家经学体系内涵了儒家对于形上之道的理解。虚心涵泳、悠游其中非常有助于人灵性之觉醒。故而儒家特别重视这个今天看来和管理无明显关系的经学体系。而西方管理学则继承了近代西方重视理性的学术传统。在其看来,人之所以不能解决管理问题,乃是因为自身对于管理规律、理论的认识和理解有限,只要理解了相关概念和理论,自然就能够有效应对现实的管理问题。因此西方管理学重在发展各种概念和理论模型。为达此目的,西方管理学不断分科细化,最终形成了今天我们看到的一个庞杂的、不断细化分科的学科体系。

再次,对灵性觉醒的强调使得儒家形成了独具特色的教学模式。受实证主义哲学的影响,西方管理学重视的是统一的、普遍化的概念以及理论模型。教师是知识的传授者,学生是知识的接收者。老师通过课堂教学、实验、案例等方式讲解、呈现、传授普遍化的概念和知识,而学生则主要通过听讲、做实验等方式理解、掌握之。这种教学模式是西方管理学培养管理者的基本方式,其特点就是统一性。儒家虽然也以培养管理者为要务,但在具体教学模式上却与之大不相同。

儒家强调老师在传授知识时根据学生的特点、面临的问题等因材施教,而不是给出一个统一的答案。例如颜渊来问仁,孔子的回答是"克己复礼为仁"。而司马牛来问仁时,孔

---

① 《论语·为政》
② 胡伟希.中国古代哲学散论[M].北京:北京大学出版社,2018:3.
③ 王树人,喻柏林.论"象"与"象思维"[J].中国社会科学,1998(4):38-48.
④ 赵汀阳:惠此中国:作为一个神性概念的中国[M].北京:中信出版集团,2016:6.

子的回答又变成了"仁者,其言也讱"。颜渊资质颇高,故孔子对其进行深层次的启发。司马牛善言谈,性子急躁,故孔子回答以"仁者,其言也讱"。再例如在回答"闻斯行诸"这一问题时,孔子对于子路的答案是"有父兄在,如之何其闻斯行之?"而对于冉求的答案却是"闻斯行诸"。而这样做的理由是"求也退,故进之;由也兼人,故退之"。这种有针对性的教育方式在儒家教育中是非常常见的,《论语》中也有大量的描述,但在西方管理学中却不多见。后者更倾向于给出统一的答案。

  语言是传播知识、思想的基本载体。东西方教育都很重视言说的作用。不同的是儒家言说的形式多种多样,并不像现代教育那样围绕统一的概念与理论分析而展开。师生日常对坐闲谈、即兴抒发乃至讽喻批评都被儒家借机当成启发学生的言教方式。例如《论语》中著名的"吾与点也"所展现的就是儒门师生围坐一起畅谈各自人生理想的一种教学形式。再例如面对滚滚河水不停流逝之时,孔子发出了"逝者如斯夫,不舍昼夜"的感叹。类似的例子在儒家经典中还有很多,体现了儒家独特的言教方式。而身教则体现为老师率先垂范,身体力行儒家的做人道理等。《论语》对于孔子的日常行为有大量极为详细的描写。如"厩焚。子退朝,曰:'伤人乎?'不问马""问人于他邦,再拜而送之"[①]等。这些作为档案资料不仅仅是记录了孔子具体的容貌形态,也展现了儒家一种传统而又特殊的教育方式:身教。这在重视统一概念和理论知识的西方管理学中更是少见的,但它却是儒家两千年来一直坚守和传承的。

  除此以外,儒家特别重视学生的反思。现代管理学教育中学生的任务是理解、把握相关概念以及理论模型。这种理解、把握代表了一种向外的知识寻求行为,其默认的是知识存在于人之外。儒家则更加重视向内的自我反省。它要求学生经常反省自己的内在意识和外在行为,辨别其中的是非曲直,开展自我批评以及自我修正。儒家这一传统可谓源远流长,贯穿整个儒学史。它实际上代表了一种知识的内求,其潜在的假设是,知识不在人外,就在人之心中。这在西方管理学教育中是很难见到的。

  以上讨论简要说明了儒家在管理者培养上确实形成了一种不同于西方管理学的、独特的教学模式。之所以如此,本质上还是因为其重视、追求的乃是人之灵性觉醒,而非仅仅是重视人的逻辑理性。灵性觉醒意味着对形上之"道"的体悟,意味着一种智慧的获得。而"道"和智慧不同于现代意义上的理论知识,后者无论如何复杂都是可以用语言、逻辑表达的,而前者本质上却是超越名言之域的,不易用语言文字和概念逻辑充分表达之。儒家实际也认识到这一点。《易传·系辞上》指出:"书不尽言,言不尽意。"因此儒家不得不在正常读经之外也像后来的禅宗那样"教外别传""直指人心"。于是最终形成了独具特色的、以启发教育为重要特征的教学模式。

  儒家认为道虽玄妙,却并不远人。因此悟"道"不能脱离自己的生活与面临的具体问题,否则很难有切身的体会,从而也就很难获得真知。针对性的说教好处有二:一方面将学生从与自己生活不太相关的遥远世界中拉回来;另一方面则会像禅宗的"棒喝"那样带给他们非常直接的心灵冲击和震撼,促使其关注自身的不足和面临的问题并对相关问题进行持续不断的思考,从而达到有所领悟的效果。以"仁者,其言也讱"为例。孔子暗含讽喻、劝诫

[①] 《论语·乡党》

且非常有针对性的回答恰似醍醐灌顶,一定会给平时自我感觉良好、喜欢夸夸其谈的司马牛带来不小的心理冲击和震撼。在帮他认识到自身问题的同时,实际上也是在启发、引导他进一步思考"什么是人""人应该如何活着"等重大且根本的问题。而这毫无疑问有利于司马牛灵性的觉醒。因此有针对性的启发式教育而非统一的概念和理论传授也就成了儒家教学的一个重要组成部分。

而师生对坐闲聊、品评人物等本质上也有助于彼此间思想碰撞,引导、启发彼此对一些根本且重要的问题进行持续且深入的思考。"吾与点也"一节中,孔门师生围坐在一起畅谈各自的人生理想,不知不觉中就形成了一种现代学术体系中少见的思想间的碰撞和启发。特别是曾点的回答和孔子的评论——"吾与点也"对子路等参与讨论者以及后人形成了某种深度启发,必将不断引导、启发他们对"什么是幸福""人应该追求什么"等根本问题进行更加深入的思考。而这种思考的另一端就是灵性的不断觉醒。因此这种对坐闲聊、品评人物作为一种言教也成了儒家教育模式的一个重要组成部分。

而儒家身教之用意则更是用心良苦——除了通过实际的行动确立老师的权威性,更重要的则是要为学生提供一个供其观察、学习和揣摩的榜样。特别是老师的一些超出常人的行动可以给学生带来种种思想上的冲击和震撼,促其深入思考老师如此行动背后的原因和道理,最终有利于其对形上之道的领悟与把握。以"问人不问马"为例。马在孔子时代属于比较贵重的财产。一般人遇到火灾肯定会首先关注马的受损情况。孔子却一反常态,问人而不问马。可以设想孔子这一反常举动会给当时在场的学生带来怎样的一种直接性的心灵冲击。学生必定会由此出发展开进一步的乃至众生的追问和反思,由此也就会逐步走出小我的控制,回复自己那被遮蔽已久的灵性。同样孔子在蔡绝粮、面临危险时仍能够"弦歌不辍",也为弟子展示了处于困境时君子该有的镇定和一日不能松懈的理想追求。它同样有助于孔门弟子反思、对照自己的不足,引导其持续思考一些深层次的问题,从而打开自己那被遮蔽已久的灵性。因此历代儒家在言传之外一直强调身教的重要性[①]。

而反思之所以重要乃是因为儒家认为,人之所以灵性被遮蔽,归根到底还是因为认识不足、私欲太多。因此灵性觉醒必然要求消除认知上的障碍以及过多的私欲。如何才能做到这一点呢?儒家认为最好的办法就是自我反省。作为一种自我批评,反省是向内的寻求,是对自我本有之良知和灵魂的不断拷问和解剖。儒家认为通过不断反省内求,人最终能够认识到自己的各种荒谬并摆脱名利的控制。如此一来,"明德"不再受到遮蔽,自然就有灵性的觉醒。因此,反省也就成了儒家士人学习修身的一种主要方式。

最后,对人之灵性的强调使得儒家管理学特别重视象思维、直觉等传统逻辑推理之外的思维方式。西方管理学以知识、理论的创造为核心任务,因此其特别重视概念定义、逻辑推理、归纳总结等传统理性思维方式。西方管理学对于管理者的培养很大程度上也是体现为这样一些思维方式的训练。而儒家管理学则与之不同,体现为其非常重视象思维、直觉这样一些传统理性思维方式外的思维方式。

---

① 包括维特根斯坦等在内的一些西方现代哲学家认为,技术窍门和实践智慧等作为一种隐性知识难以精确地用文字表达出来。因此观察、揣摩相关范例并以此为基础进行类推也就被认为是学习、把握相关技术窍门和实践智慧的一种有效途径。儒家虽没有在这一点上有过专门的论述,但其重视身教的做法无疑切合了后世西方相关学者的理论和观点,体现出一种现实的合理性。

所谓象思维是指在彻底开放而不破坏事物所呈现之自然整体性的前提下,对事物进行概括,探索事物整体规律的思维。"象思维"以"象"为中心,围绕着"象"而展开。何谓"象"?《易·系辞上》说:"圣人有以见天下赜,而拟诸其形容,象其物宜,是故谓之象。""象思维"在西方文化中不太受重视,对儒家来说却很重要。《易经》整体上所体现的就是一种象思维,其中的六十四卦以及其中的每一爻实际上都代表了一种"象的流动与转化"①。《论语》中的各种比喻,如"为政以德,譬如北辰,居其所而众星拱之",实际也是一种借象而言意的"象思维"。

"象思维"以外,儒家还特别强调直觉这样一种思维方式。直觉不同于理性,体现为人不经过一个严格逻辑推论而是依靠自己的阅历和本能直接做出判断、给出结论的现象。直觉在西方管理学中并不受重视,但是它却是儒家非常重视的一种思维方式,甚至可以说,儒家培养管理者就是在培养其直觉思维能力(当然儒家之意义上的直觉也不是西方知识论意义上的直觉,而是道德意义上的直觉判断)。孟子强调人要扩充自己的四端,即扩充自己的恻隐之心、羞恶之心、是非之心、辞让之心。而这四者本质上代表的都是一种直觉,体现为一种具体环境下对事物感性体验基础上的、当下直接的判断,其中并不存在环环相扣的、建立在概念基础上的逻辑推理过程。王阳明认为:"是非之心,不待虑而知,不待学而能,是故谓之良知。"②"不待虑而知,不待学而能"已经说明儒家所追求的"良知""仁"之发用实际是一种直觉,绝不是西方现代学术所重视的理性推理。而孔子在评价"三思而后行"的季文子时带有批评语气地指出:"再,斯可矣。"③在其看来,"三思而后行"体现了一种工具理性和利害算计。"再,斯可矣"则说明儒家重视的是源自内心良知、不计利害得失的对于具体事物的当下直觉。后世现代新儒家,如梁漱溟、熊十力、贺麟等已经认识到直觉之于儒家的意义,都明确指出过此乃儒家不同于西方学术的一个根本特点。

儒家为什么会重视这些逻辑推理外的非传统思维方式呢?根本原因还是其重视灵性觉醒之缘故。前面提及,形而上的"道"本身不容易用语言文字和概念逻辑充分表达,而象思维却能够在这方面有独特之处。它实际上避免了后世现象学所批判的现代学术过于强调概念推理所带来的对于事物本质的遮蔽,具有动态整体直观的原发创生性。即通过"象的流动和转化",个体可以通过直觉和联想进一步消解其中之意而回归"本原之象",体悟到宇宙整体之象或者形上之"道"的本质内涵。所以儒家才有"圣人立象以尽意,设卦以尽情伪,系辞焉以尽其言"④一说。也就是说儒家相信"象思维"有助于人之悟道、体道,有助于其灵性开发与觉醒。重视直觉思维则是因为人之灵性或者道德判断力发用于外部事物时往往体现为一种不证自明、刹那间生成的直觉。这种直觉作为一种道德判断将在很大程度上决定人们在具体情境下的情感状态与行为选择。例如人看到小孩掉到井里的那一刻会心生怵惕并不经利害计算去营救。这种心生怵惕就是一种灵性接触、发用于外物时的直觉表现。它不是逻辑推理、利害计算的结果,但作为一种道德判断却使人走出小我,做出符合道义人心的选择,从而使得组织管理在整体上达到一种中和的状态。因此儒家自然会将直觉

---

① 王树人,喻柏林.论"象"与"象思维"[J].中国社会科学,1998(4):38-48.
② 《大学·问》
③ 《论语·公冶长》
④ 《周易·系辞上》

这样一种传统理性思维方式外的思维方式放置到一个比较重要的位置上。

以上讨论说明，正是对于灵性的重视和独特理解使得儒家形成了独特的学术范式。灵性所具有的管理价值使得儒家重视对形上之道的体悟而不是重视研究现代科学意义上的理论或者规律。在这一基础上其进一步发展出：(1) 培养经世致用之领导者的经学体系；(2) 以因材施教教学、启发、反思为主要特征的教学模式；(3) 对象思维、直觉思维等非传统思维方式的重视。这些都是作为现代主流的西方管理学所没有的，体现了传统儒家对于管理世界的独特理解。

五、结语

本研究创新之处在于从新的角度体察了儒家内涵对于人性的认识。相对于先前众多以"性善""性恶"为内容的讨论，本研究认为性灵说更加符合儒家的本意，也能够更好地解释儒家管理思想整体的理论框架。它在本质上体现了人性中真、善、美三者的有机统一，也是知、仁、勇三"达德"在人身上的集中体现。而性善、性恶说更多的是关注人性中"善"或者"仁"的一维度，对于其他两个维度则缺乏足够的概括。因此，性灵一说实际上更加全面，也更加符合儒家对于人性的认识。

本研究另一创新之处在于总结了儒家管理学内涵的独特学术范式，并将其形成与儒家对人之灵性的重视联系起来。这为本土管理学理解、认识管理以及未来进一步的变革提供了新的哲学基础。本土管理学多年来努力变革以适应来自实践方面的挑战，但效果却是一言难尽。其进步主要体现在突破量化的实证主义研究范式，研究方式开始多元化，特别是突出了情景研究和质性研究的重要性[1]。这虽然也是一种进步，但实际上并没有跳出西方学术传统的求真导向，所重视的依旧是概念化及其基础上的逻辑推理，本质上仍是追求管理者理性能力的提升。儒家则体现了对于管理的另一种理解：体现为境界、道德、辩证思维的灵性对于纷繁复杂的管理实践来说具有根本意义的重要性。儒家两千多年的长盛不衰，特别是在当前管理实践中的广泛应用，也说明此种对于人之灵性的理解以及建立于其上的管理学范式实际上更加反映管理的本质，有其不可轻易否定的合理性。这对于本土管理学进一步的变革，特别是范式层面的创新具有重要的理论意义。

当前社会是人工智能和大数据飞速发展的时代。人工智能和大数据的进步使得很多管理者将注意力聚焦在相关技术的应用上。这个时代确实凸显了科技的力量，但实际上也进一步凸显了灵性的价值。因为原本耗费人力的各种逻辑运算、数据处理等现在可以统统交给人工智能来实现了。而人需要去做的就是那些人工智能无论如何都取代不了的事情。它们主要体现为道德意义上的是非判断、理想的树立、人生境界的超越以及情感的精微表达等。而这些实际上都属于灵性的范畴。这也就意味着新的商业环境实际上更加呼唤企业家和管理者灵性的一面。因此在这样一个时代里，儒家管理学的重要性不是被削弱了[2]，而是被进一步凸显

---

[1] Tsui A S. Contributing to global management knowledge：a case for high quality indigenous research[J]. Asia Pacific Journal of Management，2004，21(4)：491-513；韩巍. 管理学在中国：本土化学科建构几个关键问题的探讨[J]. 管理学报，2009，6(6)：711-717.

[2] 顾建平，吴寒宵，单庚芝. 呼唤企业家灵性资本：VUCA 时代危机管理的核心[J]. 清华管理评论，2020(6)：37-43.

了。管理者心性修炼将是这样一个时代里本土管理学的必然选择①。

参考文献

[1] 郭重庆. 中国管理学界的社会责任与历史使命[J]. 管理学报, 2008, 5(3): 320-322.
[2] 齐善鸿, 李宽, 孙继哲. 传统文化与现代管理融合探究[J]. 管理学报, 2018, 15(5): 633-642.
[3] 周炽成. 儒家性朴论思想史发微: 从先秦到西汉[J]. 文史哲, 2017(6): 50-65.
[4] 朱新卓. 教育的本体性功能: 提升人的灵性[J]. 教育研究, 2008, 29(9): 23-27.
[5] (英)达纳·佐哈, (英)伊恩·马歇尔. 灵商: 人的终极智力[M]. 王毅, 兆平, 译. 上海: 上海人民出版社, 2001.
[6] 胡国栋. 管理理论丛林分化的逻辑脉络及其整合的理论路径[J]. 云南财经大学学报, 2013, 29(4): 21-29.
[7] 巩见刚, 卫玉涛, 高旭艳. 传统文化的管理学属性、范式特点及其对本土管理学之价值研究[J]. 中国文化与管理, 2020(1): 130-145.
[8] 胡俊, 胡怀雯. 管理伦理视域下管理者的道德情感[J]. 江西社会科学, 2015, 35(3): 213-217.
[9] (美)托马斯·库恩(Thomas S. Kuhn)著. 必要的张力: 科学的传统和变革论文选[M]. 范岱年, 纪树立, 等译. 北京: 北京大学出版社, 2004.
[10] 王树人, 喻柏林. 论"象"与"象思维"[J]. 中国社会科学, 1998(4): 38-48.
[11] 赵汀阳. 惠此中国: 作为一个神性概念的中国[M]. 北京: 中信出版集团, 2016.
[12] Tsui A S. Contributing to global management knowledge: a case for high quality indigenous research[J]. Asia Pacific Journal of Management, 2004, 21(4): 491-513.
[13] 韩巍. 管理学在中国: 本土化学科建构几个关键问题的探讨[J]. 管理学报, 2009, 6(6): 711-717.

---

① 齐善鸿, 肖华. 管理的科学本源性回归: 自我与心性的管理[J]. 管理学报, 2013, 10(3): 326-335.

王阳明"万物一体"视域下的企业社会责任研究

黄金枝*

摘要：17世纪以来，在近300年的时间区间内，尽管企业社会责任的概念发源于西方——由于企业发展带来各种环境及社会问题日趋严重，始有企业社会责任的觉悟，但是企业社会责任没能成为各种环境及社会问题的解药。若将时间区间从300年上溯到500年，甚至到2500年，赫然发现东方智慧"万物一体"早已蕴含了丰富的企业社会责任理念和思想。而鲜有探讨其对企业社会责任的关联性及启示。"万物一体"是王阳明对宇宙的体悟证悟，揭示了宇宙的一体性。现有研究仅停留在对"万物一体"命题的阐释或以此为基础在不同领域的启示，其间俨然缺乏一个关于为何"万物一体"的更深层次的哲学追问，本研究予以弥补空缺，故而，能为包括企业社会责任在内提供源自中华传统文化自身的哲学底蕴支撑。站在"万物一体"层面审视企业社会责任存在的问题，进而给出改进路径。

关键词：企业社会责任；万物一体；"万物一体"的求证；利他

一、引言

"企业社会责任"（corporation social responsibility，CSR）这一概念，是由美国学者谢尔顿（Oliver Sheldon）于1924年在其所著的《管理的哲学》中提出的。当时曾一度被认为是企业对其自身经济行为后果所进行的自我道德约束，CSR的思想成为一股挑战传统企业理论、改变人们对公司性质和管理者受托责任的认识并影响公司立法的重要思潮，同时也动摇了自由资本主义经济理论的根基，即"利润最大化原则"[①]。1953年，霍华德·鲍文在《商人的社会责任》一书中将企业与社会的关系提升到理论高度，提出了"商人具有按照社会的目标和价值观去确定政策、做出决策和采取行动的义务"的商人社会责任思想。他分析了经济生活与精神生活、道德伦理之间的关系[②]。20世纪80年代，CSR开始在欧美发达国家逐

---

* **作者简介**：黄金枝(1963—)，女，汉族，山东日照市人，哈尔滨工程大学经济管理学院副教授，研究方向：中国哲学、管理哲学。

基金项目：本文为2020年度黑龙江省哲学社会科学研究规划资助项目："'天人合一'的数学语境诠释"（20ZXB014）、2020年度黑龙江省社会科学学术著作出版资助项目："科学语言对中华优秀传统文化根的解读"（2020033-C）阶段性研究成果。

① 章辉美，张坤. 企业社会责任理论的演化与发展趋势[J]. 学习与探索，2012(11)：54-58.
② 毕楠. 日本企业社会责任(CSR)理念的儒家思想基因及其传承[J]. 现代日本经济，2014(3)：80-87.

渐兴起。此后CSR运动得到了联合国的大力推进,并在全球推出了《联合国全球契约》计划。1997年经美国社会责任国际发起,并联合欧美跨国公司和其他国际组织,制定了适用于企业实施的社会责任标准SA8000,由此企业社会责任成为一个普遍意义上的"国际话语"。进入21世纪以来,越来越多的世界500强企业将社会责任内嵌于公司的日常经营管理活动之中,将其作为公司提升全球竞争力的有效工具[1]。然而一个世纪过去了,CSR非但不是企业履行社会责任的解药,而且尚存在许多落差和误解。一方面,CSR对有的企业来说还是一个比较模糊的概念,一直存在着企业是否应该履行CSR的争论;另一方面,尽管CSR理念具有道德伦理性,但其仅停留在道德伦理的外部性上,即使是许多500强企业将其内嵌于日常管理中,但其目的是将其作为企业提高竞争力的工具,而与CSR提出的初衷相去甚远。

按时间轴来看,17世纪以来,在近300年的时间区间内,尽管CSR的概念发源于西方——由于企业发展带来各种环境及社会问题日趋严重,始有CSR的觉悟,但是现实却是CSR没能成为各种环境及社会问题的解药。若将时间区间从300年上溯到500年甚至到2500年,赫然发现东方智慧"万物一体"早已蕴含了丰富的CSR理念和思想。现有研究已经注意到了"万物一体"命题的现代价值及意义,相关著述非常可观,但多聚焦于以下几个方面及态势:其一,对"万物一体"命题及其价值意义的阐释[2][3][4][5]以及"万物一体"对各个领域的启示,例如在生态文明建设[6]、教育[7]、"万物一体"对"人类命运共同体"构建提供伦理底蕴[8]等等,这些研究对于正确理解此命题的意涵产生了积极影响。"万物一体"是王阳明对宇宙的体悟证悟,而由于人们眼、耳、鼻、舌、身等器官感知范围内万物彼此分离,难能真正理解"万物一体"文字背后的意涵及圣人的境界,那么,如何从万物彼此分离的所谓现实上升至"万物一体"? 上述研究对为何"万物一体"缺乏深层次的哲学探究。其二,鲜有探讨"万物一体"对CSR的关联性及启示。CSR的研究的演进逐渐从"什么是CSR"以及"是否应该履行CSR"转向"如何实施CSR":研究焦点大多围绕经济绩效、环境管理和社会责任及其他们之间的关系等等[9],而缺少CSR哲学根源的探讨。

鉴于此,本研究以"万物一体"整体性为出发点,审视CSR并重新创设CSR,破除二元对立、万物分立及CSR外部性的预设。将CSR由外转到企业内,进而以优秀文化升高CSR的维度。本研究重点关注以下两个方面的研究问题:第一,给出为何"万物一体"的逻辑求证;第二,为CSR提供源自中华传统文化自身的哲学底蕴支撑。

二、CSR的特性及主要问题

(一) CSR的外在性

"道德伦理",通常人们会把道德与伦理这两个词等同起来,道德就是伦理,伦理就是道

---

[1] 徐耀强. 我国企业社会责任管理研究:基于企业道德建设视角[D].武汉:华中师范大学,2017:1-2.
[2] 李承贵. 王阳明"万物一体"义理构造及其意蕴[J]. 江淮论坛,2018(2):83-89.
[3] 干春松. 多重维度中的儒家仁爱思想[J]. 中国社会科学,2019(5):144-160.
[4] 白宗让. 儒学"慎独"与"万物一体"之互通[J]. 江汉学术,2018,37(6):113-122.
[5] 俞跃. 王阳明"万物一体"思想的社会意义[J]. 文化创新比较研究,2020,4(5):32-33.
[6] 李颂,曹孟勤. 从万物一体到人与自然和谐共生[J]. 哈尔滨工业大学学报(社会科学版),2020,22(5):129-135.
[7] 赵盛梅. 王阳明思想对当代大学生思想政治教育的启示[J]. 教育评论,2018(1):96-99.
[8] 刘海鸥. 人类命运共同体构建的儒家伦理底蕴[J]. 广州大学学报(社会科学版),2019,18(1):38-42.
[9] 唐贵瑶,袁硕,陈琳. 可持续性人力资源管理研究述评与展望[J]. 外国经济与管理,2017,39(2):102-113.

德,尽管中西方哲学家对它们进行了区分:伦理,是外在社会对人的行为的规范和要求,所以,通常指社会的秩序、制度、法制等等;而道德,则是指内在的规范,是个体的行为、态度和一种心理状态。本研究的焦点不在于对二者的区分,而在于 CSR 提出的初衷及其接续下来的 CSR 运动所传递的外在性。其体现在两个维度上:其一,企业发展在先,企业利润最大化原则引发社会问题日趋严重,始有 CSR 的觉悟,CSR 随着企业的发展而产生,CSR 依附于企业的产生而产生,这是时间维度上体现的外在性。其二,在内容上,CSR 如同企业付出的成本,企业由原来不承担的项目,转变为企业要对给社会造成的影响负责[①],额外增加了履行社会责任的支出。CSR 是外在社会对企业的行为的规范和要求,是嵌入式的,对企业来说 CSR 是外在的要求,所以 CSR 的"道德伦理"作为企业回应社会的举措,应该归入商业伦理之中。其不是内在的,而是属于外在性的规范和束缚。

(二) CSR 底层逻辑是以万物分立为背景

CSR 发源于西方,其文化底蕴自然是西方的。文化是 CSR 履行的"根脉"。文化逻辑决定了 CSR 的底层认知逻辑及其外在显化的形式。通过文献的梳理,显然,在以往的 CSR 研究中,这种揭示文化底蕴的研究是缺失的。

纵观西方科学的发展,可以说笛卡儿(1596—1650)、牛顿(1643—1727)和达尔文(1809—1882)这三位重量级的人物及其理论是西方科学大厦的根基。牛顿力学发展了笛卡儿认为物质宇宙是一架没有生命的机器观点(笛卡儿认为生命有机体的所有方面都可以通过将其还原为最小的组成要素,并通过研究这些要素相互作用的机制来加以理解),并成为西方文化的典型特点。即科学的目的就是支配和控制自然,强调科学知识可以用来"使我们成为自然的主人和占有者"。这是一场观念(或认知)危机,即对笛卡儿—牛顿的力学观的世界图景的墨守,已经使人类危险地走向毁灭。因而人们需要的是一种新的规范,一场在观念和价值观上的根本变革。这种从力学观旧规范到系统观新规范的转变,已经在物理学以及生物学、医学、心理学、经济学、政治学和生态学等所有领域里初见端倪[②]。达尔文通过《物种起源》阐述的生物通过自然选择而进化的假说,主要论述"各个物种的本能都是为了自己的利益……没有一种本能可以说是为了其他动物的利益而被产生的"。西方文化的典型特点是万物彼此分立且"适者生存,物竞天择"的利己"竞生",这种文化逻辑决定了 CSR 底层逻辑的万物分立,所以企业和 CSR 彼此分离分立的,CSR 对企业来说是后嵌入的外部性是必然的。

(三) CSR 的两场论战及 CSR 研究的不足

综观 CSR 的发展,各国学者对其的研究始终方兴未艾。CSR 的研究重点逐渐从"什么是 CSR""是否应该履行 CSR"转向"如何实施 CSR"。即 CSR 面临的主要问题归为回答"是否应该履行 CSR"以及"如何履行 CSR"两个问题。在实践层面,CSR 也开始被各大公司纳入日常管理框架。目前国际上通行的社会责任守则近半数都是由美国、英国、德国等国的成熟跨国公司制定的[③]。对于"是否需要 CSR",历史上有两场关于 CSR 的著名论战:一场

[①] 吴畏,石敬琳. 全球绿色经济治理的两个关键因素[J]. 管理学刊,2018,31(3):1-10.

[②] (美)弗里乔夫. 转折点:科学、社会和正在兴起的文化[M]. 卫飒英,李四南,译. 成都:四川科学技术出版社,1988:14.

[③] 马骥. 企业社会责任与跨国公司政治风险管控[J]. 外交评论(外交学院学报),2019,36(4):71-98.

是20世纪30年代发生在阿道夫·贝利与梅里克·多德之间的论战,他们争论的焦点是"公司的管理者究竟是谁的受托人";另一场是20世纪60年代发生在贝利与另一位CSR反对者亨利·曼恩之间的论战,争论焦点是"企业究竟首先是经济组织还是社会机构"[①]。CSR理论经历了简单的商人社会责任思想、开明的利己主义思想、企业社会绩效理论到CSR战略管理理论的演化过程,CSR已经成为现代企业理论研究的一个重要领域[②]。关于CSR尽管仍存争议,但是研究的焦点已经从企业是否应该履行社会责任,转变为关注CSR的内容和实施过程。这种开明的利己主义模式虽然试图将社会利益和企业经济利益联系起来,但CSR的研究仍然停留在是否应该履行以及如何履行的谱系中修修补补,一直没有超出这两个争论的范畴。目前,大多研究转而关注CSR如何实施,而少有涉及CSR的哲学根源的探究。要形成对CSR全面的认识,仅研究其如何落地(如何实施CSR)是不够的,这是CSR研究的缺陷与不足,还应该不断进行CSR底层认知的探究。底层认知逻辑是指最基础、最基本的思考方式。因为底层认知逻辑能够帮助我们理解很多看上去不相关的事物,故而不易被呈现出的现象迷惑。底层认知逻辑是最基本的规律和规则,意味着通过底层认知逻辑,能在不确定性中找到确定,能够找到事物发展的规律。

三、王阳明的"万物一体"

王阳明的"万物一体"论是其心学说的关键和基础,体现在"心即理""知行合一"的论旨层面,亦体现在"仁者以天地万物一体"的实践功夫层面。只有深刻地把握"万物一体"才能全面、正确、深刻地理解阳明心学体系的全部内涵。"万物一体"论揭示了宇宙为一体,蕴含了世界具有的一体性。王阳明"万物一体"论近年受到越来越多的关注,"万物一体"的境界是把万物看成息息相通的一个整体,这个整体就是无限扩充的自己,把宇宙每一部分都看作与自己有直接联系,甚至就是自己的一部分。"夫人者,天地之心;天地万物,本吾一体者也。""万物一体"既是心学的基本命题,又是王阳明对宇宙的体悟证悟。而由于人们眼、耳、鼻、舌、身、意等器官感知范围内万物彼此分离,难能真正理解"万物一体"文字背后的意涵及圣人的境界。现有研究只是对"万物一体"命题进行阐释或以此结论为基础的延伸应用,如何从万物彼此分离到"万物一体"? 其间俨然缺乏一个关于为何"万物一体"的更深层次的哲学追问和文化根脉的揭示。近年来,CSR越来越成为理论界和实践界所关注的热点之一,尽管CSR的观念发源于西方,但在中国传统文化中早已蕴含着丰富的CSR理念和思想(哲学底蕴和文化根脉)。以"万物一体"视域审视CSR,进而探讨CSR提供源自中国文化自身的哲学底蕴支撑。

(一)王阳明有关"万物一体"的论述

王阳明思想的可贵之处在于引导人们关注万事万物之间的联系,包括人类自身亦处在万事万物之中,并反复强调在实践中体悟这种联系。绝不能人为地割裂人与万事万物之间这种天然的联系,或者把人类自身放在不恰当的地位,凌驾于万事万物之上,更不能走极端之路,放弃对世界无限可能性的认知[③]。

---

① 马骥. 企业社会责任与跨国公司政治风险管控[J]. 外交评论(外交学院学报),2019,36(4):71-98.
② 章辉美,张坤. 企业社会责任理论的演化与发展趋势[J]. 学习与探索,2012(11):54-58.
③ 华建新. "万物一体"学说是阳明心学体系的重要组成部分[J]. 教育文化论坛,2019,11(4):40-47.

王阳明的弟子钱德洪曾说王阳明为"万物一体"的思想奔走一生,至死才停下脚步"①。"万物一体"贯穿于"心即理""知行合一""致良知"中。"仁者以天地万物为一体,使有一物失所,便是吾仁有未尽处。"②"万物一体"是王阳明晚年讲学的中心论题之一。在《答顾东桥书》等书信中,王阳明对这一论旨作了反复阐发:

> 夫圣人之心,以天地万物为一体,其视天下之人,无外内远近,凡有血气,皆其昆弟赤子之亲,莫不欲安全而教养之,以遂其万物一体之念……圣人有忧之,是以推其天地万物一体之仁以教天下,使之皆有以克其私、去其蔽,以复其心体之同然。③

> 若鄙人所谓致知格物者,致吾心之良知于事事物物也。吾心之良知,即所谓"天理"也。致吾心良知之"天理"于事事物物,则事事物物皆得其理矣。致吾心之良知者,致知也。事事物物皆得其理者,格物也。是合心与理而为一者也。④

王阳明在回答学生萧惠时讲到了"心""真己",此二者实乃"万物一体"本体的另一种表述。

> 这视听言动皆是汝心:汝心之视,发窍于目;汝心之听,发窍于耳;汝心之言,发窍于口;汝心之动,发窍于四肢。若无汝心,便无耳目口鼻。所谓汝心,亦不专是那一团血肉。若是那一团血肉,如今已死的人,那一团血肉还在,缘何不能视听言动?所谓汝心,却是那能视听言动的,这个便是性,便是天理。……这性之生理,发在目便会视,发在耳便会听,发在口便会言,发在四肢便会动,都只是那天理发生,以其主宰一身,故谓之心。这心之本体,原只是个天理,原无非礼。这个便是汝之真己,这个真己是躯壳的主宰。若无真己,便无躯壳,真是有之即生,无之即死。汝若真为那个躯壳的己,必须用着这个真己,便须常常保守这个真己的本体。戒慎不睹,恐惧不闻,惟恐亏损了他一些。才有一毫非礼萌动,便如刀割,如针刺,忍耐不过;必须去了刀,拔了针。这才是有为己之心,方能克己。汝今是认贼作子,缘何却说有为己之心而不能克己?⑤

王阳明这句话的意思是本末一贯的,有真己作主宰,躯壳便不只是躯壳,而是真己的具体显现,真己是本,躯壳是末;所有的事也是末,是心的末端。

> 耳、目、口、鼻、四肢,身也,非心安能视听言动?心欲视听言动,无耳、目、口、鼻、四肢亦不能,故无心则无身,无身则无心。但指其充塞处言之谓之身,指其主宰处言之谓之心,指心之发动处谓之意,指意之灵明处谓之知,指意之涉着处谓之物,只是一件。意未有悬空的,必着事物,故欲诚意则随意所在某事而格之,去其人欲而归于天理,则良知之在此事者无蔽而得致矣。此便是诚意的工夫⑥。

> 性无不善,故知无不良,良知即是未发之中,即是廓然大公,寂然不动之本体,人人之所同具者也。但不能不昏蔽于物欲,故须学以去其昏蔽,然于良知之本体,初不能有

---

① 王阳明.传习录[M].张靖杰,译注.南京:江苏文艺出版社,2015:112.
② 王阳明.传习录[M].张靖杰,译注.南京:江苏文艺出版社,2015:69.
③ 王阳明.传习录[M].张靖杰,译注.南京:江苏文艺出版社,2015:138.
④ 王阳明.传习录[M].张靖杰,译注.南京:江苏文艺出版社,2015:121.
⑤ 王阳明.传习录[M].张靖杰,译注.南京:江苏文艺出版社,2015:99.
⑥ 王阳明.传习录[M].张靖杰,译注.南京:江苏文艺出版社,2015:216.

加损于毫末也。知无不良,而中寂大公未能全者,是昏蔽之未尽去,而存之未纯耳。体即良知之体,用即良知之用,宁复有超然于体用之外者乎?①

其中良知、廓然大公、寂然不动是"万物一体"之本体。在《传习录》中强调:意之本体便是知。

> 身之主宰便是心,心之所发便是意,意之本体便是知,意之所在便是物。如意在于事亲,即事亲便是一物;意在于事君,即事君便是一物;意在于仁民爱物,即仁民爱物便是一物;意在于视听言动,视听言动便是一物。所以某说无心外之理,无心外之物。②

这里心→意→知(意之本体)→物(意之所在)的一贯顺序(其中这里的知是良知的意思),表明"心"与"物"是一体的,不存在心之外的事物。王阳明的"意之所在便是物"是指"意"的所在,即"意"的终端是"物"。

在"万物一体"的背景下才能有"心即理"这一命题的成立。

> 心外无物。如吾心发一念孝亲,即孝亲便是物。③

同理,CSR 也是一物,因为企业是由一群人组成的组织,加之企业是法人,作为法人的企业类比于人性,所以企业外无 CSR 这一物,CSR 与企业实为一体。

(二)"万物一体"是对宇宙真相的揭示

"万物一体"其实质是对宇宙真相的揭示,儒释道中都有论及,非王阳明独有,老子《道德经》:"是以圣人抱一为天下式。""昔之得一者:天得一以清,地得一以宁;神得一以灵,谷得一以盈;万物得一以生,侯王得一以为天下正,其致也。""道生一,一生二,二生三,三生万物。万物负阴而抱阳,冲气以为和。"都是在强调"万物一体"整体的"一"。同样,佛陀的《金刚经》:"若世界实有者,则是一合相。如来说一合相,即非一合相,是名一合相。"《楞严经》:"自心取自心,非幻成幻法,不取无非幻,非幻尚不生,幻法云何立,是名妙莲华,金刚王宝觉,如幻三摩提。"④这段经文的大概意思是:我们是用觉知心去观照六尘万法,其实,觉知心和六尘万法都是一个自心所现,本来这些都是一真法界的一部分,现在就变成了幻法,人们不知道这个是幻,落入二元对立的取相分别。而一旦你契入一真法界,整个打成一片,万物一体,包括你自己在内,没有一切的相、名分别,这是一种没有境界的智慧见地。以上是儒释道对宇宙真相不同表述的揭示。老子揭开了,孔子揭开了,佛陀揭开了,王阳明揭开了。圣人们如同信使般以不同方式揭开"万物一体"整体性宇宙真相以示后人。目前前沿科学也触及了宇宙的整体性真相。

中国传统文化实际上是基于整体直觉的认知法,从一开始没有把复杂事物分割成一个个单元,而是从整体上来认识万物及宇宙,如"天人合一""万物一体"等。近 300 年来,这种认知方法被牛顿力学创立而产生近代自然科学取代而逐渐被淡忘,却被当今西方量子力学科学家重新提起。前沿科学家也同圣人一样对于宇宙真相的探究归于整体性,将整体性作

---

① 王阳明.传习录[M].张靖杰,译注.南京:江苏文艺出版社,2015:159.
② 王阳明.传习录[M].张靖杰,译注.南京:江苏文艺出版社,2015:14.
③ 王阳明.传习录[M].张靖杰,译注.南京:江苏文艺出版社,2015:67.
④ 印广门清.楞严经讲记(中册)[Z],2019:734.

为研究问题的出发点。英国物理学家大卫·玻姆进行后现代科学和后现代世界的论述时阐明:"相对论和量子物理学尽管在许多方面存在分歧,但在完整的整体这方面却是一致的,它们的分歧在于,相对论要求严格的连续性、严格的决定性和严格的局限性,而量子力学要求的正相反——非连续性、非决定性和非局域性。物理学中两种最基本的理论却有着大径相庭、不可调和的概念,这是存在的问题之一。然而它们却同意宇宙是一个完整的整体。尽管其方式不同。因而我认为,我们可以把这个完整的整体作为理解新情况的出发点。"①

(三)"万物一体"的求证

"万物一体"是王阳明及圣人们以直觉的、体悟的方式认识世界,揭示宇宙的真相,其"万物一体"整体性的道理是亘古不变的,与之相比较,理性科学思维却存在片面性!"众所周知,科学理论在不断创新,从根本上看,这些创新都是以局部观察作为事实根据,设立一个假设,然后构建起一套理论,新理论的提出往往颠覆了人类的常识。当爱因斯坦的广义相对论'推翻'了牛顿经典力学时,我们不能说牛顿经典力学是错误的,只能说牛顿经典力学只是适用于一定范围内的真理,超出了适用的范围真理就会变成谬误。"②时代在变,社会在变,科技在变,理论在变,但是有一些基本的问题没有变,这些问题就被叫作终极问题或终极真理。"万物一体"智慧不是那些关于一时一地的理论,而是关于人类的永恒的真理。如贾利军所指的"终极真理"③④,与之相对应,科学理性思维类似于盲人摸象,而"万物一体"是终极真理,终极真理往往都是圣人的直觉智慧。而现代人崇尚理性思维,看不起直觉的智慧。"如果套用西方科学观点去分析,古代中国就一无所有了……中国的文化、哲学其实更重视直觉的智慧,因为有很多事物我们眼睛一看,耳朵一听,鼻子一闻就知道怎么回事了,不能把理性逻辑分析看成至高无上的。"⑤

诚然,直觉智慧不易靠语言描述,没有达到那个境界亦不易理解。尽管前沿科学也颠覆牛顿机械论的观点,承认世界是不可分割的整体。那么,如何理解这种整体性,对于大多数人来说是做不到的,王阳明心学的核心是致良知、心即理、知行合一,实质是在"万物一体"这个基本命题下实现的,良知相当于"万物一体"的另一种表达:心=理,知=行,且等式两端没有先后顺序。若不理解"万物一体",很难懂王阳明的心学,甚至他亲授的学生不乏困惑,这点从王阳明与其学生的对话及书信往来中可见一斑。鉴于此,很有必要给出一个求证的过程。用现代数学语言,用西方人和现代人能听得懂的方式求证万物是一体的。

借助线性几何空间系统这个方便工具,可以实现"万物一体"的求证目的。我们可以把构成宇宙的形形色色的万物看成一个"更高维"实在的一种投射,万物来源于 N 维($N\to\infty$)的宇宙空间。在某种意义上,这种"更高维"的实在把所有低维度的投射包容在自

---

① (美)大卫·雷·格里芬.后现代科学[M].马季方,译.北京:中央编译出版社,1995:91.
② 楼宇烈.中国文化的根本精神[M].北京:中华书局,2016:19.
③ 贾利军,徐韵.东方科研范式解读:基于易文化的视角[J].南京社会科学,2012(9):130-136.
④ 东方科研范式是人类文明中不同于西方文明的另外一种智慧,她努力从更高的角度——"道"的层面来整体认知世界,本文中的"科研范式"指代的是人类在认识宇宙万物过程中形成的对外部世界的系统探究方式及实践范式。她有别于现代西方文明在分科思想指导下形成的对应的学科、门类的科研范式。从这个意义上来说在人类尚未抵达所谓"终极真理"之前,每一种科研范式不过是摸象盲人中的一个而已。
⑤ 楼宇烈.中国文化的根本精神[M].北京:中华书局,2016:18-19.

身内。所以低维度的万物来源于"更高维",万物一体于"更高维"。这方面的证明可详见《"天人合一"的数学语境诠释》文章①。万物来源于 N 维($N→∞$)的宇宙空间。"更高维"乃至 N 维($N→∞$),是投射源,一切都是其投射的相。所以万物归一,万物一体于投射源。用图 1 的三维立体与二维平面之间投射的关系,亦可以阐释"万物一体"。

如图 1 平面 a,b,c 皆是比平面更高维的立方体的投射。这些在二维平面 a,b,c 彼此分离的投射,这种"更高维"立方体把所有二维度 a,b,c 投射包容在自身内,在更高的维度层次是"万物一体",即 a,b,c 是一体的(一体性不是体现在二维,而是体现在更高的维度)。

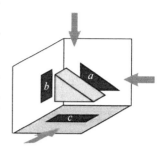

图 1 a,b,c 一体于立方体

平面"看"不到立方体,但立方体能"生"无穷个平面(立方体中含有无穷个平面),立方体是超越了二维平面性质的东西,立方体对平面来说无形无相,能生万法(无穷个平面)。

"万物一体"蕴含两层意思:一是表明万物的来龙去脉,归于投射源,在投射源层次上万物一体。第二层意思蕴含"当下"。即投射源与所有投射的相共存,共处当下,是另一个意义的万物一体,如图 1 中 a,b,c 与立方体共存,彼此照见。a,b,c 即是立方体;立方体亦是 a,b,c,是一个东西在不同维度、不同层次的表达而已,且这种表达是无间隙共存的,即投射源与投射的相一体,只不过是平面 a 由于自身的局限看不到立方体,同理,b 与 c 亦然。但二维升维到三维,三维立方体能照见其自身在平面的投射 a,b,c。即万物一体与万物分立是一体的,是不可分割的,故而,万物一体=万物分立,是一个问题的两种表达,不可偏颇任何一方,不可执着于任何一方。万物分立是万物一体的呈现,万物一体是万物分立的本源;二者是不可分割的一体,如同阴与阳的关系。孤阴不生,孤阳不长。

这个简单的几何图形,却揭示了三维到二维的投射关系,揭示了万事万物的来龙去脉,来自一个源头。"万物一体"实质上回答了"我是谁""从哪里来"的问题。我是投射源,我是无穷大,我是万物,我与万物为一。且你、我不分割,你=我。在"万物一体"下或在投射源,见诸相非相(投射的相不是相),我们看到的世界不是世界本身,而是自己。

(四)"万物一体"的维度与科学的维度

综上,"万物一体"的层级是老子、孔子、佛陀、王阳明等圣人的智慧,是 N 维($N→∞$)投射源、道、终极智慧。在"万物一体"的投射源下"居高临下"照见一切相。"万物一体"的维度是"朗朗乾坤"而观照"全局",这个全局是大而无外,小而无内,无所不包,所有维度及一切尽在其中。

科学思维是一个不断升维的进阶过程,从牛顿的三维升至爱因斯坦的四维(爱因斯坦突破了时间是常量的认知),进而升至量子力学的十一维度。科学思维与"万物一体"的自上贯下正相反,科学思维是自下而上。科学思维是从三维开始,一维一维地爬向高维,科学家们已经很艰辛地突破了三维认知。科学家的理论在三维世界是真理,科学实验在三维世界的实验或实践只能检验三维世界的真理。万物彼此分立的牛顿机械物理,在三维世界是

---

① 黄金枝."天人合一"的数学语境诠释[J].自然辩证法研究,2021,37(1):77-83.

真理。而当升至更高的维度,牛顿的机械物理学就不适用了,不能说牛顿的理论错误了,只能说其受到所在维度的限制(如图 2 所示)。

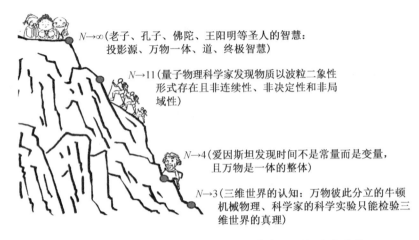

图 2 "万物一体"从高维照见一切;科学始于三维,爬向高维

"万物一体"智慧不是那些关于一时一地的理论,而是关于人类的永恒的真理。

科学理论一般都是以局部观察作为事实根据,设立一个假设,然后构建起一套理论,新理论的提出往往颠覆已有的理论,所以科学理论不断推陈出新。而从根本上看,又因为其以局部观察作为事实根据,所以相比于"万物一体"是不全面的,具有片面性。

四、"万物一体"对 CSR 的价值所在

以上讨论了 CSR 的提出、发展及存在的种种问题。而"万物一体"对于其认识、改进这些问题则有着重大的价值。"万物一体"本质上就是对宇宙、人生之更高维度 N 维($N \to \infty$)整体性的把握,实际上是探讨一切之本源,探讨"我是谁",以此智慧作为哲学底蕴或宏大的宇宙观为研究背景,能避免因底层认知所造成的盲人摸象的偏颇。

(一) CSR 的道德伦理与"万物一体"

在"万物一体"的视域下,企业和 CSR 本是一体的。不是企业外在的和后嵌入的,CSR 是企业本身的内在要求,故而亦不会出现是否应该履行 CSR 的争论,亦不会出现是否应该履行 CSR 的迷惑,只需要回答如何履行的问题,即在"万物一体"下只考虑如何实施即可。

西方的 CSR 道德伦理与"万物一体"不是一个层面的,而在"万物一体"的视域下,具有"万物一体"的认知,心物一元,一切都是由自己发出,所以伦理道德是必然的;但反之不成立。因为前述已经分析了 CSR 的道德伦理偏向于伦理,伦理是指外在社会对其要求与规范。

"万物一体"的本体就是个体道德力量的源头,因此,只要立此本体,便满足了道德力量的内在本体性和自主性。这样,道德行为不是外在的规范和束缚,而是个体自然自发自我满足的本性使然,这样的道德效果坚定而持久,是生命的跃动、德性的光辉。追求根源和基础的力量,最终达到"复其一体之本然"的效果①。"万物一体"是道德伦理的源头,由此出发

---

① 杨成亮,蒋颖."万物一体":阳明心学对高校道德教育的启示[J]. 现代教育科学,2018(2):55-59.

及在此视域下,道德是内在的。

(二)"万物一体"下CSR"利他"的必然呈现

"万物一体"下,跳出二元对立范式及理性思维的窠臼,没有内外之分,无你、我、他之别。所以不需要往外"做"、往外"找"、往外"学",只是铆钉回转到企业内,转到每一个企业员工的内在。"万物一体"是以整体性为出发点,始终契入"万物一体",站在"万物一体"层面,重新创设CSR,破除万物分立及CSR外部性的预设。将CSR由外到企业内,进而以优秀文化升高CSR维度。

契入"万物一体",奇妙的是,反而自然进入了无须寻找路径的路,"万物一体"即是CSR世界观亦是方法论。

万事万物是在源头相互连接的整体。一切来源于投射源,万事万物是投射源投射的相,万事万物的关系是投射源与投射的关系:如果我们站在更高的视角上,就可以把宇宙看作一个整体,我们世界里的事物也就会成为另外一个我们无法观察到的领域的投射[①]。世界中的一切都是一个位于更高或具有更深实相的事物的镜像,也可以说万事万物的关系是无法观察到的内隐和展示给我们的外显的关系。所以整个宇宙是你我一体,是无分别的共同体。在总投射源的境界,是一体的,你、我不分,我就是你,你就是我。从总投射源来看,因为别人也是自己,是自己的投射,别人是住在另外躯体里的自己,正如"外面没有别人,只有自己"。所谓的世界是由无数个我构成(如图1立方体与其投射的a,b,c之间的关系,对于立方体来说$a=b=c$,无分别),为别人就是为自己,我就是你,你就是我。所以"博爱"是自然而然的事情,因为爱别人是爱无数个自己。所以利他、付出的行为是为自己的行为,因为自己是总投射源,我们看到的一切事物,都是内在认知在这个世界间的投射,一切都是自己投射的呈现。在投射源处,共为一体,一切都是投射的相。所有的问题都是自己创造出来的,所有的呈现都是自己认知的投射。领悟到万物一体时,利他是与生俱来的。不用教你如何变得善良,不用教你去爱,不用教你如何去关怀,因为对自己善良、爱自己、关怀自己是一件非常自然的事情[②]。

在"万物一体"下,你、我、他不分,即你、我、他来自一个宇宙本源,是一体的。在万物一体下:他=我,推己及人,进而"利他"="利己"成立,以利他为出发点,一定会得到利己的结果,如法国哲学家让-保罗·萨特(1905—1980)言:"他人是我,是另一个我。是不是我的我,是我所不是的人。"亦是在说:在万物一体下,他=我。为别人做的任何事情,都是为自己做的。即"己所不欲勿施于人",同时,爱人如己。

(三)"万物一体"下CSR"利他"的实践路径

在"万物一体"宇宙观或世界观下,创造了看待世界的方法:我=你,利他=利己,且利他=最大的利己。因为在"万物一体"视域下超出二元对立,所以无我,舍我,对于"利他"="利己"命题与《中庸》所言极是,四个"必得"已经给出了答案。"德为圣人,尊为天子,富有四海之内。宗庙飨之,子孙保之。故大德,必得其位,必得其禄,必得其名,必得其寿。"亦如《道德经》第七章:"天地所以能长且久者,以其不自生,故能长生。是以圣人后其身而身先,

---

[①] (美)格雷格·布雷登(Gregg Braden).无量之网:一个让你看见奇迹、超越极限、心想事成的神秘境地[M].胡尧,译.北京:中国青年出版社,2020.

[②] 黄金枝.科学语境对《道德经》中"道"与"德"的阐释[J].中国文化与管理,2021(1):71-83.

外其身而身存。非以其无私邪？故能成其私。"

以"利他"为企业经营哲学，CSR属于企业，所以顺理成章地"利他"亦是CSR的实践路径。"利他"因其太简单，看似没有抓手，成为没有路径的路径，但大道至简，在"道"的层面，"但恐立说太高，用功太捷"，而难以置信。而中国古代那些有责任感的商贾把CSR作为企业的基因融入整体运转中，践行"利他"可佐证；同时现代稻盛和夫的企业和美国的安鼎公司践行"利他"可一再证实。因此相关担心和疑虑是不必要的。稻盛和夫企业案例在这里不再赘述。安鼎公司将商界当成试验"利他"智慧的"实验室"成功的例子。"利他"使该公司由欠账五万美元的小公司，经营成年收入一亿美元的大企业，并被巴菲特收购。安鼎公司的经营秘诀亦是"利他"，提倡每一个人都把其他人当作自己——自他交换，如同我们是同一个人一般，将他人当作自己责任的世界。"我"必须超越目前极其有限的自我。"因为你已经有意识地，把我的范围扩大，把所有的他们也包含在'我'的范围之内，基本上你只是在照顾一个更大的'我'罢了。"①

企业中任何人无论是领导层级还是员工，必须超越目前极其有限的自我。有且只有在"万物一体"下才能实现，每一个才能活成如同其他人都是自己一般，别人是住在别人身体内的自己。想象每个人都把其他人当作自己，当作自己责任的世界。把我的范围扩大，纳入所有员工以及围绕在你身旁的每一个人。不要有为了他人而工作的思想，而是仿佛没有他人一般，不分人我地工作②。

"万物一体"视域下CSR"利他"有三个步骤的路径：第一步骤，从自我中抽离，即把我们从专注于自我中抽离，开始关心他人，学习如何敏锐地观察其他人的需要与爱好。如此一来，你就能够给予他们最向往的事情。第二步骤，美丽的刺探。假装把你的心放进他人的身体之中，然后睁开眼睛，注视着自己。看一看你（他们）想从你（你）的身上获得什么。那是一种非常美丽的刺探，去探看他们的喜好以及他人生命中的重要事情，然后帮助他们取得心中向往的事情。第三步骤，"绳索特技"。前两个步骤是"我"观察"你"，"我"试图进入"你"的身体进行美丽的刺探。"我"与"你"是分开的。而第三个步骤是："我"与"你"通过绳索的环绕合二为一。想象每一个人，都把其他人当作自己，当作自己责任的世界！不要为了他人而工作，而是仿佛没有他人一样，不分你我地工作，这就是真正的快乐和满足③。

五、结语

站在"万物一体"层面对发源于西方的CSR提出及其历史演进存在的不足进行了研究，结果显示，尽管CSR颠覆企业利润最大化，西方将CSR觉醒到道德伦理层面，但其道德伦理层面立意还不够宏大和高远，仍属于外在性的。本研究认为，万物分立的底层认知导致CSR先天不足。这些不足不但造成"企业是否应该履行CSR"两场争论的发生，还使得企业自身经济行为带来的各种环境及社会等问题，非但没有得到有效改观且日趋严重。原因之

---

① （美）麦克尔·罗奇格西(Geshe Michel Roach). 当和尚遇到钻石：破译一位佛学博士如何叱咤商界的密码[M]. 项慧龄，译.北京：京华出版社，2005：212.

② （美）麦克尔·罗奇格西(Geshe Michel Roach). 当和尚遇到钻石：破译一位佛学博士如何叱咤商界的密码[M]. 项慧龄，译.北京：京华出版社，2005：204-205.

③ （美）麦克尔·罗奇格西(Geshe Michel Roach). 当和尚遇到钻石：破译一位佛学博士如何叱咤商界的密码[M]. 项慧龄，译.北京：京华出版社，2005：197-205.

一是"万物一体"宇宙观及理念的遗失。而"万物一体"理念则可以在诸多方面对CSR具有指导意义,更有助于其解决或者消除各种随之而来的社会问题。

本研究贡献体现在两个方面:一是利用三维立体对二维平面的投射关系印证了"万物一体"。不仅是以现代人,而且是以西方人能听得懂的语言诠释中华传统文化,逻辑求证不仅解开了为什么"万物一体"的疑惑,且实现了传统文化的"创造性转化和创新性发展"。二是跳出二元对立范式及理性思维的窠臼,重新创设CSR,打破万物分立及CSR外部性的预设。将CSR由外转到企业内,以优秀文化升维CSR,提出利他的实践路径,彰显了中华传统文化的现代价值之所在,这有利于学界更加客观地看待CSR及其理论,也为本土化框架下的CSR研究起到抛砖引玉的作用。

企业社会责任理念创新与新型企业智库有序发展
——基于政府、企业、社会关系变迁视角

刘西忠*

摘要：企业社会责任不但可以体现在企业法律责任、社会公益责任等层面，还可以体现在服务政府决策、发挥智库功能等方面，传统的企业社会责任理念需要创新。国家关于新型智库和社会智库发展的相关政策，为企业参与新型智库建设提供了良好契机，由企业捐助的高校智库、社会智库和企业内部组建的新型企业智库发展处在时代风口。创新企业社会责任理念、推动新型企业智库发展，需要处理好企业自身发展与企业履行社会责任、服务企业自身与服务党委政府决策、各自分别发力与形成整体合力、企业家个人意志推动与政策制度法律驱动、完善新型智库体系与推动智库产业健康有序发展等之间的关系。

关键词：企业社会责任；新型智库；企业智库

企业社会责任理念创新，就是将企业社会责任拓展到公共政策领域，促进国家治理体系和治理能力现代化进程。相对于传统的以服务企业自身发展为主的企业内部研究机构而言，新型企业智库主要职责是为公共政策服务。企业参与新型智库建设有多种形式，既可以通过采取捐赠资金、支持高校研究机构建设专业性的智库类研究机构，也可以通过推动内部研究机构转型，或者通过新建的方式，加强对产业、行业政策战略等具体领域和经济社会治理等更加宏观领域的研究，建设新型企业智库。

一、企业社会责任的概念分析与内涵拓展

（一）国外相关研究综述

经济学鼻祖亚当·斯密在其经典著作《国富论》中指出："企业的唯一任务是在法律许可的范围内，于经营中追求利润最大化。"直到今天，这一基本观点依然会得到经济学者的认同。尽管利润是企业存在和发展的根本动力，但与此同时，企业还需要承担一定的社会责任。企业社会责任（corporate social responsibility，简称CSR）的概念，1924年由美国学者谢尔顿提出，1953年《企业家的责任》一书的出版，使得企业社会责任逐步为世人所熟知。1971年，美国经济发展委员会（Committee for Economic Development，简称CED）发布《商

---

* 作者简介：刘西忠（1969—），男，汉族，山东曹县人，江苏省社科联研究室主任、江苏省智库研究与交流中心执行主任、副研究员，研究方向：党政干部管理、人才理论、区域发展、公共政策等。

事公司的社会责任》报告,用两个大类和三个同心圆来对 CSR 的概念加以外延和描述:最内层圆也是最基本的企业责任,即经济责任;中间的圆是指法律和道德责任,即要求企业起到配合社会价值的变化而运作的经济功能;最外层的圆是社会责任,要求企业积极投入改善社会环境。1979 年,阿基·B. 卡罗尔(Archie B. Carroll)提出企业社会责任金字塔模型,认为:CSR 中位于底层的是经济责任,企业要致力于减少成本、创造利润、带动社会经济发展;第二层是企业的法律责任,社会不仅按照利益驱动来约束企业,而且同时也期望企业遵纪守法;第三层是企业的伦理责任,包括道德标准、规范,其反映消费者、员工、股东和社区关心公平公正的期望,以及对利益相关者道德权利的尊重和保护等;最高层是慈善责任,即成为优秀企业公民的期望,包括开展行动或者项目来促进人类的福利发展。1997 年,"社会责任标准"SA8000(Social Accountability 8000 的英文简称)问世,其宗旨是确保供应商所供应的产品,皆符合社会责任标准的要求。SA8000 标准界定的企业社会责任,范畴包括消费者权益、劳工权益和环境保护三个主要内容,其中又以保护劳工权益最为突出。2003 年,迈瑞维柯(Van Marrowy)提出了企业社会责任的五层次模型:第一层次,依赖趋动(compliance driven),企业社会责任是一种社会义务,企业社会责任的花费仅仅被看作一种成本,企业的经济责任是重要的;第二层次,利益趋动(profit driven),企业社会责任是一种策略,用企业社会责任创造竞争优势,在企业社会责任上的花费是一种创造力和竞争力的投资,在未来可以带来利润;第三层次,爱心趋动(driven by caring),用企业社会责任去平衡利益、人类和地球之间的关系,企业从事社会福利,是为了利益相关人能够创造财富,企业的社会和环境责任胜过经济责任;第四层次,互动性(synergistic),从事企业社会责任的目的是从长远角度创造企业持续经营的能力,企业的社会和环境责任被企业用来创造竞争力,以便提高企业的经济责任;第五层次,整体性(holistic),企业社会责任作为一种企业文化,企业的社会和环境责任被企业策略性地用来创造企业文化,以便更进一步地提高企业的经济责任。

(二)国内相关研究综述

君虹认为,中国企业社会责任的演变经历了三个阶段,分别是以经济责任为中心的阶段(1978—1999 年)、以劳工关注为中心的阶段(2000—2005 年)、社会责任的整合阶段(2006 年至今)[1]。肖红军等依据改革开放 40 年来不同时期对企业本质认知的重大转变、企业社会责任实践内容与实现方式的显著变化,中国企业社会责任发展与演进可以划分为四个阶段,即缺位错位期(1978—1993 年)、分化探索期(1994—2006 年)、快速成长期(2007—2012 年)以及创新规范期(2013 年至今),这一发展与演进的过程反映出不同时期"政府—企业—社会"关系以及企业社会责任观与行为、推进方式和社会环境的更替变化,呈现出从低阶到高阶、从局部到整体、从学习到创新、从实践到管理、从回应到追求的演变规律与特征[2]。

国内学者对企业社会责任分类的研究,三分法较为普遍。陈志昂、陆伟提出企业社会责任三角模型,包括法规层、标准层、战略和道义层[3]。陈迅、韩亚琴把企业社会责任分为:

---

[1] 君虹. 中国企业社会责任的演变[J]. 红旗文稿,2012(5):29-30.
[2] 肖红军,阳镇. 中国企业社会责任 40 年:历史演进、逻辑演化与未来展望[J]. 经济学家,2018(11):22-31.
[3] 陈志昂,陆伟. 企业社会责任三角模型[J]. 经济与管理,2003,17(11):60-61.

基本CSR,包括对股东负责和善待员工;中级CSR,包括对消费者负责、服从政府领导、搞好与社区的关系和保护环境;高级CSR,包括积极慈善捐助和热心公益事业[①]。陈淑妮把企业社会责任分为个体责任、市场责任、公共责任[②]。姜启军、顾庆良把企业社会责任分为最低限度的责任需求(如对员工的诚信、保障员工的合法权益并创造良好的工作环境),超越最低限度的积极职责,对责任的最高目标的追求,把CSR作为企业自身追求(如对公共环境的责任)[③]。

(三) 企业社会责任的理念创新

综观国内外相关研究,大多把企业的公共责任和社会公益作为企业社会责任的最高追求。企业不但有商业和经济属性,而且有社会和公益属性。企业既有责任帮助相对比较弱势的社会群体,同时也有责任帮助需要听取多方面意见才可以科学决策的政府。企业社会责任金字塔的基础是产品与员工层面,然后往上是社区服务层面、自然环境保护层面,位于顶端的是服务国家政策与战略层面,即由企业社会责任的物质层面上升到精神层面和政治层面。其中,企业社会责任的基础层面是企业责任的自然延伸;企业社会责任的中级层面是由经济领域向社会领域延伸,通过关爱弱势群体、社会公益,传播社会正能量;企业社会责任的高级形态,是推动经济社会发展的制度设计和政策执行,将企业社会责任延伸到党委政府决策领域,为经济社会发展提供智力支持。新型企业智库,是企业的经济属性、社会属性和政府公益属性的融合。随着国家治理体系和治理能力现代化的推进,随着政府、市场和社会三者的关系的重构,随着中央对新型智库建设的高度重视和大力推进,迫切需要企业创新社会责任理念,在服务国家政策和战略等更高的层面上承担社会责任。

第一,创新企业社会责任理念是政府、市场和社会在更高层次上协调发展的需要。政府、市场和社会组成三螺旋结构,在政府的主导和推动下,通过相互作用推动整个经济社会的发展。新中国成立后30年,在经济发展水平普遍较低的情况下,主要是由政府和国有企业主导,基本上没有民营企业等市场主体和社会的发展空间;改革开放后,部分国有企业改制,以民营企业等为代表的市场主体迅速发展,政府与市场的分工逐渐明确,但社会的发展仍然处于相对缺位状态;进入新世纪之后特别是党的十八大以来,中央提出建设和谐社会,贯彻新发展理念,社会建设被提上重要议事日程,现代社会的政府、市场和社会三个维度的发展在更高的发展阶段趋于平衡。现代化社会的三维融合,政府将更多的管理职能交给社会组织,政府职能由更多的管理向推动社会主体参与的共同治理转变,向更多地提供公共服务、促进社会的自我治理转变。随着社会组织的发育与企业社会责任的培育,再加上党委政府对民生和社会领域的重视与支持,进一步提升社会维度在三螺旋结构中的重要性,社会良性发育的程度与国家治理现代化的程度在某种程度上呈现正相关关系。国家和政府的善治,就是在坚持党的领导的前提下,更多的治理主体,更多的社会自治,更多的政府服务。

第二,创新企业社会责任理念,是适应两个大局、推动产业行业健康发展的需要。全面把握世界百年未有之大变局和中华民族伟大复兴战略全局,需要制定更加精准的经济社

---

① 陈迅,韩亚琴.企业社会责任分级模型及其应用[J].中国工业经济,2005(9):99-105.
② 陈淑妮.企业社会责任与人力资源管理研究[M].北京:人民出版社,2007:1-3.
③ 姜启军,顾庆良.企业社会责任和企业战略选择[M].上海:上海人民出版社,2008:28-31.

政策和发展战略。富有含金量的政策和富有远见的战略的形成,使制定的经济政策和战略能够尽可能接地气,更富有竞争力,不但需要决策者、决策辅助者和新型智库深入调查研究,还需要能够迅速感受经济冷暖的经济细胞企业主体的更多参与,制定基于企业一线冷暖的产业政策。而参与的方式,一方面是通过来自企业的人大代表、政协委员参政议政;另一方面就是通过组建专业的研究机构深入研究,在此基础之上提出决策咨询建议。如果说在以外向型出口为主、国际市场渠道相对畅通的情况下,企业可以更加独善其身、生产好符合国际标准的产品、解决好自己的分内之事就可以,在西方国家普遍抵制中国发展、纷纷挑起贸易争端甚至是打贸易战的情形下,在构建以国内大循环为主体、国内国际双循环相互促进的新发展格局的过程中,中国要构建自主可控的产业体系,要解决卡脖子问题,要针对产业链发展过程中问题进行固链、补链、强链,迫切要求企业加强对整个行业、整个产业的研究,自觉地把企业的发展放在国内大循环和国内国际双循环中。这正是大河没水小河干,大河有水小河满。企业与产业和国家民族的利益紧紧地联系在一起,需要企业不断增强"链"的意识,不但要关注企业自身的发展,还要研究产业行业的发展。

第三,创新企业社会责任理念,是中国知识分子型企业家家国情怀的具体体现。儒家"修身、齐家、治国、平天下"的观念等中国传统智慧,促进中国知识分子具有浓厚的家国情怀。在中国,有一批知识分子型的企业家,把知识分子的家国情怀与企业的社会责任紧紧地联系在一些,将企业社会责任上升到更高的公益层面,发展到更加高级的形态。知识分子型企业家的家国情怀,体现在企业经营上,主要是遵守法律,做好产品,按章纳税,对顾客负责,对政府尽责,这是知识分子型企业家的良心;体现在一般的社会责任上,主要是大力发展社会公益,自觉增强环保意识,充分彰显知识分子型企业家的爱心;体现在更高的社会责任层面,就是推动企业向善,产业向善,行业向善,科技向善,社会向善,政府向善,从思想、政策和战略层面推动行业发展向善、社会发展向善、政府治理向善,充分体现知识分子型企业家的善心。一些知识分子型企业家投资智库,或者组建智库类研究机构,是企业社会责任的更高层面、更高境界。如果说,第二次世界大战结束后哈耶克曾经告诉退役的军官费雪"从政不如建智库,用思想打败思想"的话;那么,今天的有远见的企业家,在基本社会保障比较健全、政府对于困难弱势群体普遍实行兜底的情况下,通过捐助或自建智库的方式,积极参与新型智库和思想市场建设,或许能够在推动行业产业发展、推动国家治理现代化方面发挥更大作用。

二、中国特色新型智库视野下的新型企业智库

企业智库是中国特色新型智库的重要组成。2015年1月,中办、国办公开发布《关于加强中国特色新型智库建设的意见》(简称中办国办《意见》),强调指出,统筹推进党政部门、社科院、党校行政学院、高校、军队、科研院所和企业、社会智库协调发展,形成定位明晰、特色鲜明、规模适度、布局合理的中国特色新型智库体系,并且对建设高水平科技创新智库和企业智库做出专门部署。但从目前看,企业智库发展相对缓慢,在整个新型智库体系中所占的比重较低。根据南京大学中国智库研究与评价中心中国智库索引数据,共收入835家智库机构,其中企业智库只有6家。根据上海社科院智库研究中心课题组通过网络查询和走访调研情况,截至2019年年底,共收集到全国15个省份279家重点智库,其中地方党政智库38家,科研院

所智库53家,高校智库167家,社会智库14家,企业智库4家,媒体智库3家。

中办国办《意见》指出,"支持国有及国有控股企业兴办产学研用紧密结合的新型智库,重点面向行业产业,围绕国有企业改革、产业结构调整、产业发展规划、产业技术方向、产业政策制定、重大工程项目等开展决策咨询研究"。同时强调,落实公益捐赠制度,鼓励企业、社会组织、个人捐赠资助智库建设。2017年5月,民政部等九部门发布的《关于社会智库健康发展的若干意见》明确了社会智库的概念,强调拓宽社会智库筹资渠道,构建多元化、多渠道、多层次的社会智库资金保障体系;鼓励基金会等组织依法捐资兴办或资助社会智库;鼓励企事业单位、其他社会组织、个人捐赠资助社会智库建设,对符合条件的公益性捐赠,依法落实公益性捐赠税前扣除政策。

南京大学李刚认为,公共性才是智库的本质属性,企业智库之所以叫智库,而不是咨询公司,根本原因是企业智库具有的"公共性"和"外部性"。认为企业智库是企业创办的关联机构,可以是独立法人实体,也可以是非法人实体,公开自己的治理结构和研究员信息,从事和企业所在行业有关的公共政策研究咨询,并向社会无差别无偿提供研究成果和事实数据的研究机构[①]。王乐等认为,要明确新型企业智库的战略定位,促进企业智库建设从内部视角转向外部视角,充分认识企业智库的公共性、行业性、外部性和透明性特征,将新型企业智库的概念界定为:企业创办,面向现代企业制度、产业结构调整、产业发展规划、产业技术方向、产业政策制定、重大工程项目,产学研用紧密结合,不以营利为主要目的的研究咨询机构[②]。

因此,对新型企业智库的概念和内涵及其功能要有正确的认识。企业智库,并非以企业形式存在的智库,也并非是为企业服务的智库,而是指主要由企业组建经营的,在服务对象上能够超越企业自身,主要聚焦国家公共政策或者产业政策的智库。一方面,由于智库的公益属性,没有完全意义上的思想市场。智库的思想产品属性和为党委政府决策服务的宗旨,确定了智库不宜以企业的形态存在。另一方面,由于党委政府需求的多样性和制度化,提供决策咨询服务主体也呈现多元化,既有体制内智库,也有社会和企业智库。特别是由于企业参与智库建设的积极性增加,智库与企业的互动形式也更加多样,这有助于丰富决策咨询产品的供给形式,提高供给质量,形成更加符合形势发展需要的思想产品市场。既要肯定企业智库需要服务企业决策的内部视角,也要强调企业智库建设必须从国家层面完善决策咨询体系建设的外部视角;强调企业智库的功能在于积极发出智库声音、服务党和国家的科学民主决策;强调研究重点在于国企改革、产业经济和工程咨询。可以看出,企业智库研究内容和服务对象不能局限于企业自身,过于关注短期的、内部的发展规划,还要站在更高的行业角度进行研究,把企业和所在行业的发展联系在一起,调研行业发展情况,针对行业未来发展提供先进、科学、前瞻性、储备性建议,服务国家公共决策。

中办国办《意见》所指的企业智库,是指由大型企业发起成立、研究的部门,仍然聚焦到产业发展战略和政策层面的智库,大型企业,特别是具有一定垄断性的企业,可以充分利用行业数据和大数据,具有做智库的天然优势。比如,国家建立的行业大数据中心,电力、电信、石油等部门系统,能够依托系统大数据开展多方面的决策咨询研究。还有就是阿里、腾

---

① 李刚,王传奇. 企业智库:范畴、职能与发展策略[J]. 智库理论与实践,2018,3(5):1-7.
② 王乐,沈高锋,张敏. 新型企业智库概念、属性与转型路径研究[J]. 决策与信息,2020(1):18-25.

讯研究院，依托集团自身业务生成的数据，可以进行多方面的政策分析。通过某一个领域的大数据来为经济社会发展测试温度，来对经济社会发展的趋势进行预测或预警，具有比较重要的决策参考价值。

当前，在重大事件和重大公共政策方面，一些企业研究院表现抢眼，形成的研究成果往往具有更大的冲击力和更加广泛的影响力。有关部门要把企业社会科学研究纳入国家和地方社科和智库研究体系，在基于传统社科知识的智库研究与基于现代企业咨询方法的智库研究两个维度上同时发力，形成更加强大的发展合力，为经济社会和人类发展提供更加强大的智力支撑。部分大型企业成立的社会科学研究机构对新型智库发展人才形成倒逼机制，但完全按照市场机制无法培育出真正的政策咨询大家、大师。如果说企业智库能够培养造就一批政策研究大师，新型企业智库应当培养造就一批政策研究大家，真正的智库专家应当是思想家、战略家或者战略思想家[①]。

三、企业参与新型智库建设的主要形式与案例分析

哲学社会科学研究和智库建设，需要企业的参与。从目前看，企业参与哲学社会科学研究和新型智库建设主要有以下几种形式：

（一）大型国有企业组建或者联合组建实体研究机构

中国石油集团经济技术研究院是中国石油集团（CNPC）直属科研院所和主要从事发展战略研究的决策支持机构，2015年11月入选首批25家国家高端智库建设试点单位。2020年3月，为贯彻落实中央关于深入推进国家高端智库建设试点工作的意见，中国石油集团批准成立了中国石油集团国家高端智库研究中心，作为国家高端智库建设的具体实施平台，依托经研院，面向内外部智库研究力量，实施开放式管理，有效推进资源对接、创新协同、信息共享，催生高水平、特色化智库成果。智库研究中心围绕中国特色新型智库建设目标，立足"能源"和"企业"特色，根据国民经济、社会发展和改革创新的需要，围绕能源战略与能源安全、"一带一路"能源合作、国有企业改革发展、国有企业党的建设等研究领域，提供具有前瞻性、战略性和针对性的研究咨询服务。通过积极搭建开放式研究平台，建立了包括"两院"院士以及国内外知名专家学者、政府官员、企业家、媒体人等在内的研究团队，形成了符合智库特点的运行管理体系。

2016年5月，国资委主导的"中央企业智库联盟"成立，成员单位主要是中央企业的政策研究中心和智库，其职责定位是公益性、研究性、服务型和第三方性，加强中央企业智库之间的横向交流，服务国有企业改革发展需要，促进中央企业智库资源合作，共同开展涉及中央企业改革发展共性重大问题研究，协同研究产业经济、重组并购、科技创新、国际化经营等重大问题，搭建资源共享、信息共享、成果共享平台，发挥各企业在资源、资金、人才、技术、信息、渠道等方面的优势，形成研究合力。

从地方层面看，国有企业与地方合作建立专业研究机构的探索。常州市社会科学院盐文化研究中心成立于2019年11月，由常州市社科院委托中盐金坛公司负责建设与运行管理，是跨界合作推进哲学社会科学服务社会、服务现实的新探索。中心主要负责完成相关

---

① 刘西忠.新型智库质量提升与国家治理现代化[M].南京：江苏人民出版社，2021：6.

研究项目和课题,为当地的盐业经济、盐业文化、盐企改革发展等提供决策咨询参考。同时,也结合中盐企业改革、企业文化建设、管理提升、人才培育等方面的现实需求,不断推出高质量的研究成果,逐步把研究中心建设成为特色鲜明、优势突出、在国内外有影响的实践性应用性新型智库和现代盐业文明研究协同创新平台。

(二) 大型平台型企业投资创办具有智库性质的研究机构

近年来,大型企业建设研究院形成一股热潮。搞研究院的企业基本都是千亿级别的。一方面,企业到了这种规模,所面临的发展环境越来越复杂,单纯靠管理人员的经验或业务方面的专业知识已不能满足企业的决策需求;另一方面,企业到了这个规模,不仅关注经济效益,同时也关注社会效益,更加关注企业在政府、社会和公众的影响力,担负起更多的社会责任。因此,企业建立研究院总体而言有四个功能:建立企业"大脑";预警风险;战略护航;融入国家智库体系[①]。概括而言,企业研究机构的发展主要有两个维度:一方面是服务于企业自身发展;另一个维度是服务行业、产业和社会发展,履行企业的社会责任。只有偏重于后一个维度,才能纳入新型智库的范畴。

企业内部的研究机构,有两种属性:一是内部性,以服务于企业自身和内部为主的组织;二是外部性,以服务于企业社会为主。企业智库,虽然建立在企业内部,但其研究指向是外部的,是把公共政策研究作为主要内容的研究机构,更多的是履行社会责任,关注现实问题,研究公共政策,部分企业智库提出做一流智库的目标。企业智库,特别是行业的顶端企业、龙头企业,由于自身的规模巨大,在运行的过程中会产生大量的数据,为这些机构开展政策类的研究提供一手的资料,往往这类研究数据的支撑更有力,与社会现实的距离更接近,成果也更加接地气。

阿里研究院:成立于2007年4月,发轫于网商研究,生长于阿里巴巴生态,基于前瞻的理念与洞察,海量的数据,丰富的案例、复杂演化的生态,经10多年的不懈耕耘,已经在宏观经济、新消费与新零售、新金融、互联网与高科技、涉农、物流与供应链、互联网+制造业、生态系统与服务业、全球化与EWPT、创新创业、就业、财税、数据经济与前沿技术、数字经济新治理等领域取得丰硕的成果,近5年累计产出近百份报告,大量数据、观点被国家决策部门、国内外研究机构、研究学者引用。在美国宾夕法尼亚大学"智库研究项目"《全球智库报告2019》中,阿里研究院在"2019亚洲大国(中国、印度、日本、韩国)智库百强榜"中位列第68名,在榜上中国智库中排名第18位。

腾讯研究院:腾讯公司设立的社会科学研究机构,旨在依托腾讯公司多元的产品、丰富的案例和海量的数据,围绕产业发展的焦点问题,通过开放合作的研究平台,汇集各界智慧,共同推动互联网产业健康、有序地发展[②]。围绕互联网法律、公共政策、互联网经济、大数据等研究方向,与国内外研究机构、智库开展多元化的合作,不断推出面向互联网产业的数据和报告,为学术研究、产业发展和政策制定提供有力的研究支持。腾讯研究院坚守开放、包容、前瞻的研究视野,致力于成为现代科技与社会人文交叉汇聚的研究平台。主要研究方向和领域:一是产经研究,聚焦核心数字科技的产业化规模发展,对内提供智力支持,

---

① 阿里"达摩院""罗汉堂",360智库,企业中的智囊团有多厉害[EB/OL].(2019-07-18)[2021-01-23]. https://www.sohu.com/a/324048679_100272654.

② 独家深度解读.马化腾两会议案中的分享经济[EB/OL].(2016-03-05)[2020-12-30]. http://blog.sina.com.

对外贡献知识价值,打造"三纵一横"的产业研究系统。二是网络社会,推动人文社科研究与行业发展的交融,将"人的视角"引入到技术、行业发展语境中探索科技对人与社会的影响。三是法律研究,关注新科技、新文化给全球经济与社会治理带来的机遇与挑战,研究互联网相关领域前沿法律,以务实、开放与前瞻的态度共同推动网络治理研究的健康发展。

恒大研究院:恒大集团设立的科学研究机构,以"立足企业恒久发展,服务国家大局战略"为使命,追求成为国内顶级研究院,致力建成中国特色新型智库。研究院对内为集团领导决策提供研究咨询,为集团发展提供研究支持;对外建设成为杰出的经济金融市场专业研究领导者,建立与社会公众和公共政策沟通的桥梁,传递企业社会责任的品牌形象[1]。

美团研究院:美团点评设立的社会科学研究机构,旨在依托美团点评发展服务业的实践探索和海量的数据,围绕国民经济、产业经济、社会发展和改革开放中的前沿问题,构建开放合作的研究平台,深入开展学术研究、政策研究和专题研究,输出高质量研究成果,为我国改革和发展提供借鉴。美团研究院的发展愿景是成为中国一流企业智库[2]。

(三)企业捐助专项资金用于组建智库或基金会

中办国办《意见》指出,探索建立多元化、多渠道、多层次的投入体系,落实公益捐赠制度,鼓励企业、社会组织、个人捐赠资助智库建设。部分企业和企业家通过捐助资金的形式,推动新型智库建设。

中国人民大学重阳金融研究院(人大重阳)。这是上海重阳投资管理股份有限公司董事长裘国根先生向母校捐款2亿元的主要资助项目。研究院以"立足人大,放眼世界;把脉金融,观览全局;钻研学术,关注现实;建言国家,服务大众"为宗旨,依托中国人民大学财政金融学院丰富的学术资源,广泛吸纳全国乃至世界范围内有思想、有影响力的行业精英,对经济社会热点进行深度剖析,提出具有建设性、可操作性的政策建议。人大重阳连续多年被选入由美国宾夕法尼亚大学推出的、国际公认度最高的《全球智库报告》的"全球顶级智库150强"[3]。

2019年12月,雅居乐宣布向清华大学国家治理研究院捐资人民币3 000万元,推动国家级一流智库的建设与发展。捐赠资金将设立"清华大学国家治理研究院基金——雅居乐专项",主要用于支持研究院开展国家治理的理论及实践问题的课题及案例研究,以及社会调研,并将定期组织与国外高校、研究机构、智库开展国家治理理论和实践有关的项目合作或其他相关活动;同时还将作为奖学金用来培养国家治理和法学等相关领域人才[4]。

2020年4月初,在新冠疫情防控的关键时刻,清华大学万科公共卫生与健康学院成立,万科企业股资产管理中心将全部资产2亿股万科股票一次性捐赠给清华大学教育基金会,用于持续支持学院的建设和发展。学院发展的目标定位为:高层次公共卫生健康领域的领导者和骨干人才培养基地;支撑"健康中国"国家重大战略的、海内外最有影响力的智库;全球卫生治理和国际合作的先进典范。

江苏宏德文化出版基金会由一批有志于传承和弘扬中华传统文化的学者、出版家和企

---

[1] 李刚,王传奇.企业智库:范畴、职能与发展策略[J].智库理论与实践,2018,3(5):1-7.
[2] 据美团研究院官网(https://mri.meituan.com/institute)整理。
[3] 根据中国人民大学重阳研究院官网有关内容整理。
[4] 雅居乐向清华大学国家治理研究院捐3 000万 支持国家级智库建设[EB/OL].(2019-12-12)[2021-02-09]. http://www.chinanews.com/business/2019/12-12/9032013.shtml.

业家发起,于2009年8月经江苏省民政厅批准成立,现由江苏省文化和旅游厅主管,是中国大陆首家文化出版类非公募基金会。基金会秉承"弘道养德,博文笃行"宗旨,竭诚致力于中华珍稀历史文献的发掘、整理与出版,开展传统文化的学术研究与普及,资助相关专业人才队伍的培养,及以典籍为载体的非物质文化遗产的保护,等等。

(四) 以企业形式注册的智库或由企业咨询公司转型形成的智库

鉴于社会智库办法此前没有出台,出台后暂时没有具体的认定和注册办法,一些有志于公共政策研究的人士"迫不及待"地成立智库。比如,盘古智库,根据其官网介绍,总部位于北京,是由中外知名学者共同组成,植根于中国的公共政策研究机构。智库秉持"天地人和、经世致用"理念,以"客观、开放、包容"的态度,深耕于"一带一路"沿线国别研究与民间外交、区域产业与新经济、老龄社会、宏观经济与金融等领域,服务国家大政方针。根据有关信息查询,盘古智库的全称是盘古智库(北京)信息咨询有限公司,于2013年12月在北京市工商局海淀分局登记成立,公司经营范围包括经济贸易咨询、企业策划、承办展览展示活动等。还有一种情况,原来的咨询公司改名为智库。部分企业咨询公司,借着新型智库的东风,把服务对象由微观的企业层面转向相对宏观的政策层面,实现组织发展的战略转型,在不断地向新型智库靠近,成为实际意义上的智库。再有一种情况,仍然是营利性的咨询公司,蹭新型智库的热度,以智库的名义对外开展活动,成为当前智库发展的乱象之一。企业智库,也是为公共政策服务的,这是理解中国特色新型智库的重要前提和逻辑基础。目前,社会上出现智库的另类形态,本来就是咨询公司,却打着智库或者社会智库的旗号来运行。有关部门要出台认定和规范社会智库的具体办法,引导人们认清智库与咨询公司的区别,把以营利为目的、以企业等私人部门为主要服务对象的咨询公司排除在外,维持智库的公益性和纯洁性。

当然,无论是经济结构还是社会结构,都有从国有到民营再到社会化的一个过程,新型智库发展有个客观的过程,有自身的规律。新型智库发展的方向,既不是行政化,也不是市场化,目前智库发展以行政化机构为主,需要市场化力量的注入,但市场化不是新型智库发展的方向,更重要的是在适当的时候,实现新型智库发展的社会化。

四、关于创新企业社会责任理念、推动新型企业智库发展的思考与展望

(一) 加强自身治理,处理好企业自身发展与企业履行社会责任之间的关系

企业自身良好发展是前提,企业自身良好的经济效益是参与新型智库建设的基础。企业要善用智库,善于将智库的理念运用到企业的内部治理中,提高自身的治理水平,通过智库实现自身良好的发展。母体企业作为智库的投资方,要积极参与推动智库建设但不干预智库的具体运行,不把自己的意志和观念强加给智库。要处理好企业智库与企业母体之间的关系,推进企业智库的实体化、法人化。日本企业为何把内部的综合研究所变成独立法人实体,就是切断"脐带",让原本靠母公司提供资金的企业智库到市场上淬炼,实现凤凰涅槃,这样才形成了野村、三菱、大和等世界一流的企业智库。不走法人化和实体化之路,实现体制机制转换,我国企业智库注定永远无法摆脱"巨婴"的命运[①]。

---

① 李刚,王传奇.企业智库:范畴、职能与发展策略[J].智库理论与实践,2018,3(5):1-7.

(二)提升政治站位,处理好服务企业自身与服务党委政府决策之间的关系

企业智库不能局限于面向企业自身的研究,要提升政治站位,站在国家层面,着力提升为党和政府提供国企改革、产业经济、产业政策等方面的决策咨询能力。通过服务党委政府经济决策咨询,彰显企业智库的"公共性"和"外部性",这样的企业智库才是现代智库,企业智库尤其要避免利益陷阱,保证研究成果的客观性、中立性和科学性。否则如果只关心企业自身利益,那么这样的企业智库只是母公司的"内脑",缺乏"公共性"和"外部性",不能算是增进全社会公共福祉的现代智库[①]。

传统意义上的企业研究院,主要从事技术研发、企业发展战略研究,即使研究国家的产业发展、行业发展政策与战略,研究国家的宏观经济政策与重大发展战略,其出发点仍然是为企业自身发展服务。真正的企业智库,要内外兼修,以外为主,实现服务企业发展与服务公共政策之间的平衡,把以决策咨询为导向的公共政策和重大战略服务作为核心内容。在"2016香山全球智库"论坛上,阿里研究院院长高红冰接受《光明日报》记者专访,回答了"企业智库的使命是什么"等问题。"阿里研究院是在阿里巴巴电商业务飞速发展的背景下成立的。最初,我们分析解读交易平台数据,是为了深入了解线上线下交易模式的异同,掌握网商、消费者的行为方式和习惯,进而帮助企业适应新兴业态,完善网上交易规则。""如今,我们的研究范围已大大拓展,广泛涉猎消费研究、涉农研究、大数据与云计算、网络治理等领域,以企业智库的姿态,为国家经济和战略决策提供智力支撑。"针对在助力企业营利与承担社会责任之间,企业智库应当如何平衡,高红冰强调,企业智库要保证中立性,"互联网时代的商业形态和企业组织关系与传统模式大不相同。以阿里巴巴为例,我们的平台上拥有千万户卖家、几亿名消费者,如果我们只站在阿里的立场上做智库研究,就难以回答和解决全部问题","我们通过对外合作,重新建立新的研究组织,形成更具公共价值属性的研究成果,为政府公共政策、宏观政策的制定提供参考"[②]。

(三)加强联合协作,处理好各自分别发力与形成整体合力之间的关系

企业参与智库建设要有度,不同企业之间参与新型智库建设要加强合作,避免无序发展或者恶性竞争。企业发挥智库功能,需要加强与相关主体的合作,让专业的人做专业的事。大型国有行业型龙头企业,和具有信息和数据优势的大型互联网企业兴办智库是趋势,更多的企业发挥智库作用,是捐赠,或者与相关的研究机构共建。而组建企业联盟,加强沟通合作,是发挥企业智库功能的重要路径。要增强新型智库的内聚外联和开放性,增强新型智库组织形式的灵活性。相对于政府投资的官方智库,许多实力雄厚的企业,投资建立的带有一定公益性质、研究公共政策问题的研究机构,逐步形成潮流,成为新型智库建设的一支重要力量。一方面,要设立合理的接口,把这部分研究机构纳入新型智库体系当中;另一方面,要加强体制内智库与企业智库之间的联合与合作,推动智库界与企业界的融合。新型智库要向企业研究机构和咨询公司学习新理念新方法,推出智库产品的升级换代,为党委政府提供更加多样化的决策咨询产品。

(四)弘扬企业文化,处理好企业家个人意志推动与政策制度法律驱动之间的关系

强化社会责任,建设企业社会责任文化,是发挥企业智库功能的关键。加强企业文化

---

① 李刚,王传奇.企业智库:范畴、职能与发展策略[J].智库理论与实践,2018,3(5):1-7.
② 王琎,王斯敏.高红冰:企业智库要服务社会[N].光明日报,2016-06-08(16).

建设,完善相关制度,推动社会各界形成共识,是企业发挥智库功能的保障。企业发挥智库功能,需要有更大的格局,更高的眼光,强化企业社会政府责任。企业发挥智库作用,需要有更高的超越自我的境界,为整个行业整个产业的发展,为一个地方甚至国家的发展而努力。企业发挥智库作用,不能企图通过智库的声音,或者智库参与党委政府的决策咨询工作为自己谋利。企业参与智库建设,不是谋小我而是谋大我,不是谋今天而是谋未来,通过发挥智库作用,不断提高公共政策的质量,来获取整个行业产业的发展。企业参与智库建设的原则:超越自身的经济利益,更多考虑社会公益和国家利益。要推动企业内部研究机构的扩展与转型,由研究企业内部的发展问题转换到研究企业外部的政策问题,以企业为中心的研究转变为以政策和政府需求为中心的研究,以丰富中国特色新型智库的构成。

(五)推动智企互动,处理好完善新型智库体系与推动智库产业健康有序发展之间的关系

根据中办国办《意见》,智库的类型或主体共有八类,分别是党政部门、社科院、党校行政学院、高校、军队、科研院所和企业、社会智库。实现这八类智库的统筹推进、协调发展,需要补社会智库和企业智库等发展短板,建立社会和企业智库的认定、认证与评价机制,完善中国特色新型企业智库发展的体制机制。要通过发展一批企业智库和社会智库,通过对现有智库的体制机制改革,增强智库研究方向的专业化、智库专家队伍的职业化、智库思想产品的品牌化、智库服务决策和社会链条的延伸化,逐步建立由党委政府等需求部门、智库等供给部门共同构成的思想市场,推动新型智库向产业化的方向发展。要出台相关的优惠政策,引导社会力量兴办智库,加入中国特色新型智库建设的大潮,形成中国特色新型智库发展的鲶鱼效应。

新型智库,是现代咨询业的重要范畴。从某种意义上说,智库是一种事业,科技和哲学社会科学事业的重要组成部分;智库又是一种产业,是现代服务业的一种新型业态,"智库+"会形成一些新的产业。从宏观上讲,智库成为我国社会事业和智力产业发展的一个重要门类——智力服务业,成为我国经济社会发展的重要组成部分。随着新型智库的发展,在逐步建立智库学的基础上,有望形成一个新的以智力服务为鲜明特征的产业。从中观上讲,智库建设的理念,智力众筹的观念会逐步内化到社会民众内心,内化为机关事业运行的内在逻辑,成为一种追求卓越的社会文化。从微观上讲,会涌现出一批智库集群、智库园区、智力小镇,有些市场化取向比较鲜明的智库,能够形成相对稳定的顾客群体和业务关系,处于核心节点的智库能够对其他智库产生孵化和催化的作用,更重要的是随着智库建设的深入推进,智库全过程的参与决策过程,智库产品的链条不断拉长,形成一个较为稳健和固定的智库产业链条。但需要特别注意的是,在这一过程中,要遵循智库思想产品生产独特的发展规律,注重智库服务党委政府政策和战略的宗旨,注重发展的公益性原则,避免过度市场化导致企业智库发展的畸形。

第二篇

中国传统智慧与企业社会责任

道德资本与企业道德管理

王小锡*

摘要：资本是作为生产性资源投入生产过程并使价值增殖的物质要素和精神要素的统一体，故资本一定内含着精神资本，道德资本是精神资本中的基础性要素或核心要素。道德资本是指作为生产性资源的道德理念、道德规范、价值取向及其善行习俗、崇德行为等投入生产并促进价值增殖的能力与价值。作为精神资本的道德，它能促进资本的理性运作，它为帮助企业获取更多利润而存在于生产过程中，因此，企业道德建设和道德管理是企业经营不可替代的重要环节。

关键词：资本；道德资本；企业；道德管理

道德的经济作用（或功能）或者道德的经济价值的最突出最深刻的解释就是道德资本概念。道德资本是企业经营中的物质资本的"价值灵魂"和精神资本的"价值核心"[①]。不内含着道德资本的所谓资本，不是理性资本，更称不上优质资本。事实上，离开了精神资本，所谓的物质资本与货币资本只能是生产性资源而已。而且，离开了道德，资本很容易因无序扩张而成为"伪资本""恶资本"[②]，这样的资本是与资本一般或理性意义上的资本相悖的，这样的非理性扩张的资本往往会丧失其既获得利润又提升人的精神境界和综合素质的真正资本的价值。因此，资本是作为生产性资源投入生产过程并使价值增殖的物质要素和精神要素的统一体。

所以，企业经营的成败在很大程度上取决于道德资本，取决于企业对道德资本积累的多寡与优劣。换句话说，企业道德管理是企业道德资本发挥作用的关键。

一、道德资本及其"立足"依据

探究道德资本的内涵，需要厘清资本、道德资本以及道德与资本的逻辑关系。

（一）资本、道德资本

"资本"是经济学的一个核心范畴，撇开不同社会制度的本质的特殊规定性，资本的一

---

* 作者简介：王小锡(1951—)，男，汉族，江苏溧阳人，哲学博士，南京师范大学马克思主义研究院院长、二级教授、博士生导师，中央马克思主义理论研究和建设工程首席专家，研究方向：思想政治教育和伦理学研究。本文是作者的前期研究成果的综合性文章，供本次论坛交流。

① 2000年，我在《论道德资本》一文中对"道德资本"概念做了较为完整和系统的阐释，而后道德资本理论问题受到学界的关注，并引发了热烈的讨论。其间，笔者以九论道德资本系列论文论证了道德资本的存在理由和作用方式，同时，回应了学界同人的相关质疑。参见2000—2013年各卷《中国经济伦理学年鉴》。

② 所谓"伪资本""恶资本"，指的是资本的非理性获取或投入以及利润的非理性配置。真正的或理性的资本，指的是资本的理性获取或投入以及利润的理性配置，尤其是在资本增殖的过程中，与之相关的人将会实现综合素质的提升和获得感、幸福感的增强。

般属性是指能带来利润的、体现为实物和思想观念的价值。从另一角度讲,"资本是一种力,是一种能够投入生产并增进社会财富的能力"①。为此,资本不只是传统理论所认为的物化的或货币化的物质资本与货币资本,也可以是非物化的思想观念的精神资本,或称无形资本。事实上,离开了精神资本,所谓的物质资本与货币资本就不能成立,也毫无意义,因为,资本之为资本,需要作为具有主观意识的人去激活才能体现或实现,否则物质、货币只能是生产性资源而已。

作为精神资本,它包括思想、知识、文化、价值、道德等,这其中,道德是精神资本的基础的核心要素,离开了作为精神资本的道德,其他精神资本要素必不能发挥正常的促使企业增殖的作用,这也就必然影响物质资本与货币资本投入生产过程的效益。这在中外思想史上产生了诸多视角不同的与之相关的思想②。道德作为一种精神资本要素,具体包括道德理念、道德规范、价值取向及其善行习俗、崇德行为等等,它们在价值创造和增殖过程中具有不可替代的独特作用。"科学的伦理道德就其功能来说,它不仅要求人们不断地完善自身,而且要求人们珍惜和完善相互之间的生存关系,以理性生存样式不断创造和完善人类的生存条件和环境,推动社会的不断进步。这种功能应用到生产领域,必然会因人的素质尤其是道德水平的提高,而形成一种不断进取精神和人际和谐协作的合力,并因此促使有形资产最大限度地发挥作用和产生效益,促进劳动生产率的提高。"③企业也因道德的介入获得更多的效益和利润④。因此,道德资本是指作为生产性资源的道德理念、道德规范、价值取向及其善行习俗、崇德行为等投入生产并促进价值增殖的能力与价值。其实,道德资本还不单纯在企业经营活动中促进价值增殖,也能在企业经营活动中促进人的素质的全面

---

① 王小锡. 21 世纪经济全球化趋势下的伦理学使命[J]. 道德与文明,1999(3):22-23.
② 王小锡,华桂宏,郭建新,等. 道德资本论[M]. 北京:人民出版社,2005.
③ 王小锡. 21 世纪经济全球化趋势下的伦理学使命[J]. 道德与文明,1999(3):22-23.
④ 有人质疑,道德可以促进获利,是否主张道德物化。其实,道德物化即道德物质化是伪概念。就现今自然科学的基本理念来说,"物质"一词没有明确定义,而且,不同学科尤其是自然科学和社会科学可以有不同的指称和表述,但一般是指具有一定空间、质量不为零的东西。自然科学视角下的物质是由分子、原子、电子、离子等最基本的微粒构成;历史唯物主义认为,物质是标志客观实在的哲学范畴,它不依赖于人而存在,但它可以被人们的头脑所反映,客观实在性是其本质特性。这样一来,道德物化即作为精神现象的道德可以转变为物质是在科学上不可能的事情。事实上,所谓道德物质化之物质是由化学物质所组成的混合物,但道德作为精神现象永远不可能具有化学作用的功能。再说,物质总是以一定的物态存在着,而且客观世界物质千姿百态,大到星球宇宙,小到分子、原子、电子等微粒子,存在形态各异,就是归结为日常所知的它们的固态、液态和气态三种"物态",这都不可能由道德直接转变而来。就是作为物质存在的可入性的"场",与道德更是风马牛不相及。因此,道德物化不可能,道德作为物之物不存在。至于我们口常所说的包括道德精神在内的精神变物质,只是指精神"外化"(影响物质的形态和特征等)于物质之中,或指通过道德精神的指导或约束,使其"外化"为具有一定道德性的物质等。例如,紫砂茶杯(壶)由紫砂(泥)土做成,从紫砂(泥)土制成紫砂茶杯(壶)的全过程,其原料和成品之质料不可能有道德转变而来的成分,而紫砂茶杯(壶)的形状、特征和质量等在多大程度上符合人性需求和社会要求,以及它的实用性和耐用性如何,这往往在很大程度上取决于制造者关注用户需求和对用户负责的道德理念。同时,某一种紫砂茶杯(壶)在市场上获得多高的市场占有率,也往往取决于内含的道德精神或道德精神的外化程度。因此,道德的促进获利作用是指通过道德的引导或约束,能够帮助企业获得更多的利益或利润,绝不是指道德物质化。还有人认为,主张道德可以帮助获得更多利润会使道德陷入工具化的危险境地。其实,"道德工具化"是一个伪命题。道德工具化的说法是不能成立的。因为,如果把道德仅仅作为赚钱的工具,这时候的道德不是我们所指的符合时代要求的科学的趋善意义上的道德,而是趋恶意义上的道德,甚或是伪道德,是缺德。如果缺德而赚钱,那是特殊社会背景下的暂时的畸形经济现象。同时,如果把道德作为市场上的交易条件或手段,这说明道德或良心可以用来交换或买卖,那这样的所谓道德或良心还是我们所理解的道德吗? 稍有点常识的人应该不会这样去考虑问题。其实,研究和阐释道德的经济价值与陷入道德工具化的危险境地没有必然的逻辑联系。

提升和物质、货币资本的理性运作,进而促进社会理性精神的增强,最终实现经济效益与社会效益的双赢。

当然要指出的是,在生产过程中成为资本的道德,它一定是符合时代要求的或科学意义上的道德。

(二) 道德资本视域下的道德与资本之逻辑关系[①]

道德与资本是相辅相成的关系。资本的本性与道德力量不仅不相抵触,而且互为支撑,资本的科学运动需要道德,道德在经济建设中的存在理由和作用需要效益和利润验证;道德目的与资本目的在经济活动中相向而行,取向趋同,都是为了实现更多效益和利润,同时在不同路径上提升人的素质;道德价值与资本理性目标一致,且有着不可分割的逻辑关联,道德价值和资本理性在资本运动中实现统一。因此,道德是经济活动中的重要精神资本,道德也是资本。

1. 资本的本性与道德力量互为支撑

资本的本性是为了获取更多的利润,这并非就意味着与科学意义上道德相悖。就资本一般意义上来说,它是指投入生产过程并能带来更多利润的物质和精神条件,是一种能使价值增殖的能力。事实上,资本投入生产过程要获得最佳、更多利润,在不变资本一定的情况下要依靠劳动者的作用的发挥,即靠活劳动创造新的价值。而活劳动者不只是作为劳动主体的躯体而已,它必然包括劳动者的文化水平、技术能力、道德觉悟等等,其中作为资本精神要素的人的道德觉悟决定着资本的理性度、运行特质及其运行效果。所以说,道德与资本共存,资本需要道德,且道德价值因资本的顺畅运动而凸显。

事实上,在资本投入生产并发挥作用的过程中,道德起着引导、协调、监督的作用,离开了道德的特殊的作用力,"资本一般"意义上的资本就无法充分展示。这就是说,资本要成为资本或者说资本要是资本,一定离不开人的价值取向尤其是道德的作用,唯此才明确资本的理性投资目的和投资方向。假如资本投资没有明确的理性投资目的和投资方向,甚至投资违背理性、失去理性,这样的资本是"资本特殊"或"特殊资本",很可能是"伪资本""恶资本",与我们所主张的道德是相悖的,它迟早要失去"资本一般"的价值和意义。为什么在资本主义社会,资本从头到脚每个毛孔都滴着血和肮脏的东西? 不是因为资本的本性是为了获取更多的利润,而是资本的本性恶性扩张,在获利过程中不仅采取了残酷的剥削手段,而且资本家无偿占有的剩余价值又作为资本投入生产过程去更进一步压榨工人。所以,离开道德引导、协调、监督,资本的本性将很可能被非理性地利用,在这种情况下,资本就是不道德的代名词。

其实,资本的本性与道德力量不仅不相抵触,而且是互为支撑的。资本投入生产过程就是为了获取更多的利润,而要实现利润增加,资本要紧随生产过程不断地运动,即要有生产产品过程,要有销售行为过程,要有与利益相关者的利益分配和协调过程,等等。然而,这些获利的必经过程顺畅与否,与讲不讲道德之关系十分密切。例如,道德是产品设计和制造的灵魂,道德对产品设计和产品质量起着决定性作用。忽视德性甚或缺德的产品最终是没有人会购买的。人们对产品的认同,往往不是产品科技含量的多少,而是在多大程度

[①] 本节曾以题为《论道德与资本的逻辑关系》发表于《道德与文明》2019年第3期,本处有删节。

上渗透进对用户的责任心,即实用性、耐用性程度等。又如,对于企业来说,用户信任度的提高和信任感的持续往往取决于产品售后服务承诺的兑现程度。也因此可以说,产品的质量在一定意义上是一个"过程性"品质评价,尽管产品就其固定状态来说质量可以是上乘的,但是,如果售后服务承诺不到位,企业经营者(包括企业委托销售者)就丧失了信誉,这就会影响企业的社会信任度,影响产品的市场占有率,最终影响企业效益。这样,在产品销售速度减慢、资金流转速度趋缓的情况下,客观上减少了企业的收入,事实上也相对地降低了企业产品质量。再如,企业内外部利益相关者的利益是否公平合理,这将会直接影响资本运动的流畅和效益,只要利益相关者的关系链条或利益链条脱落,那么,资本运动的目的就会打折扣。所以,资本和资本运动中需要道德。而且资本的力量和资本的效益往往不决定于企业产品的科技含量,而是取决于对用户的责任心渗透到经济行为及其产品中的程度,也即取决于企业核心竞争力重要因素的产品的道德含量[①]。

有人认为,在物欲横流,毒奶粉、地沟油等常常登堂入室,不法商人常以非法手段获得不义巨财的社会,一切绝对、终极、超越性的东西几乎已在贪婪下化为乌有,人已沦为物的工具,此时,再鼓吹将道德变为资本与手段,只会使社会愈益沉沦于迷惘之中。然而,这里的问题是,这种赚钱不义的丑恶行为,难道是所谓的"鼓吹"道德造成的? 这不正说明缺德经营会给社会带来严重的恶果吗? 这不正说明要用道德来引导、调整、制约人们的赚钱行为吗? 难道将道德引入企业经营领域并获取更多利润或效益,就是将道德变为"工具"? 其实,"道德沦为赚钱的工具"是不合逻辑的提法,因为,已经沦为赚钱的工具的所谓"道德"还是我们所理解的道德吗? 这种所谓的"道德"是不法、缺德之徒的恶行的"遮羞布",是缺德行为。这正是需要我们用适应时代要求的道德去谴责、制约和引导的,也是我们提出道德资本理论的真正的目的之一[②]。

2. 道德目标与资本目的相向而行

资本的目的与资本的本性相一致,即是说,资本投入生产过程就是为了获得更多利润和效益,这是毋庸置疑也是不须回避的。事实上,资本存在的价值就是赚钱甚至赚更多的钱,其本身没有问题。问题倒是资本是在什么经济制度下的资本,资本的目的是什么,资本运动中的手段又是什么等。马克思揭露的资本主义条件下的资本,其从头到脚每个毛孔都滴着血和肮脏的东西,它是不道德的代名词。社会主义条件下的资本,是在公有制经济制度下坚持理性投资的资本,它可以在制度引导和约束下为正当获利而投资,为没有剥削和压迫的扩大再生产而投资。换句话说,在社会主义制度下,赚钱既是为了自身利益,也是为了社会利益,更是为经济社会未来发展的利益。而且,资本在实现更多利润和效益的过程中,内含着人的素质随着资本的科学运动也在不断地提高和发展,这是不争的客观事实。这样的资本目的是理性的、道德的。因此,资本在科学理性制度引导和约束下,它是社会主义的经济道德实体,即是说,这样的资本是道德的,或者说社会主义条件下的资本象征着道德。

当然,资本的本性决定了它最终要赚钱的目的,然而,在经济社会制度尚在改革完善过

---

① (荷)丹东尼·安德里森,勒内·蒂森.没有重量的财富:无形资产的评估与运行[M].王成,等译.南京:江苏人民出版社,2002:52-67.

② 我提出并论证的道德资本及其作用的观点,参见拙作:王小锡.道德资本论[M].南京:译林出版社,2016;王小锡.道德资本与经济伦理[M].北京:人民出版社,2009.

程中,在人们的思想道德觉悟还处在需要提升过程中,换句话说,资本在运动过程中还可能有脱轨的危险,这就需要道德觉悟的提升和必要道德手段的约束。这说明,良性资本运动的资本不仅需要道德引导,更需要道德的约束。所以理性资本与道德同在。这就是说,在社会主义条件下,不存在与道德无关的资本,也不存在与资本不融的道德。

其实,道德目的与资本目的是一致的,只是存在的形态和特点有区别而已。曾经有人批评我谈道德资本和道德与赚钱的逻辑关系,是亵渎了神圣的道德,并振振有词,说道德也可以是资本,也可以帮助赚钱,是荒谬的理论观点①。我始终认为,不要空谈道德觉悟或道德境界之类的道德词汇,因为,道德觉悟或道德境界不是空中楼阁,当你说某人或某个集体性主体有崇高道德觉悟或道德境界的时候,那依据是什么呢?总不能任凭某个人或某个集体性主体的代言人的口头表达,最终应该是在精神和物质效益上来说明某个人或某个集体性主体的道德觉悟或道德境界的高低,换句话说,没有良好的行为结果(成果)无法说明某个人或某个集体性主体的道德觉悟或道德境界的高低,即使由于某个人或某个集体性主体的精神境界的宣传或影响而产生了社会精神效益,即人们的思想道德觉悟和社会道德水平提高了,但最终还是要在行动和成效中展示某个人或某个集体性主体的道德觉悟或道德境界。总之,道德觉悟和道德境界与物质效益和最终要展示物质效益的精神效益是一致的,离开这一理念谈道德的神圣、道德的觉悟和境界都只能是空谈甚至是扯淡。

可以说,在经济领域,资本的目的和道德的目的不仅一致,而且是互为存在的。至于有人说,谈道德应用于生活、道德应用于经济,即道德成了"工具"是可怕的、危险的,其实,主张道德的现实作用的发挥并不是质疑者所理解的所谓"工具",说到底,这危言耸听的论调其实是不懂道德、不懂生活、不懂经济和经济学的不懂装懂的人似乎正确的废话。不要说道德应用于生活、道德应用于经济是价值理性和工具理性的统一,是客观现实,就是纯理论层面也不可能谈经济而忽视道德、谈道德而脱离经济,要是这样,那就是典型性的科盲。诺贝尔经济学奖获得者阿马蒂亚·森指出:"就经济学的本质而言,我们不难看出,经济学的伦理学根源和工程学根源都有其自身的合理成分。但是,在这里,我们想要说明的是,由'伦理相关的动机观'和'伦理相关的社会成就动机观'所提出的深层问题,应该在现代经济学中占有一席重要地位。"②进而他强调说:"经济学问题本身就可能是极为重要的伦理学问题。"③既然伦理学和经济学关系这么密切(客观也就是如此),那么,这两种学科一定是建立在现实的道德与经济的密切关系基础上的,故在理论和现实的研究上,提出并论证道德的经济作用、道德可以帮助获得更多利润是题中应有之义。如果经济学中只研究抽象的、虚幻的道德,那缺乏道德行动和道德评判的经济学还有说服力吗? 其实经济学只有更多、更明确地关注影响人类行为的伦理学思考,关注道德的实际影响和作用,才能变得更有说服力④。

至于有人质疑说,如果道德能帮助获得更多利润,那封建道德、资本主义道德或腐朽没落道德也能帮助赚钱? 这里的问题是,所有不顺应时代潮流甚或逆社会进程的道德是我们

---

① 我已经针对一些对我观点批判的观点,在《道德资本何以可能——对有关质疑的回应》(《哲学动态》2013年第3期)、《道德资本论》等文章和著作中做了回应和反批判。
② (印)阿马蒂亚·森(Amartya Sen).伦理学与经济学[M].王宇,王文玉,译.北京:商务印书馆,2000:12.
③ (印)阿马蒂亚·森(Amartya Sen).伦理学与经济学[M].王宇,王文玉,译.北京:商务印书馆,2000:16.
④ (印)阿马蒂亚·森(Amartya Sen).伦理学与经济学[M].王宇,王文玉,译.北京:商务印书馆,2000:15.

习惯理论思维中的道德吗?① 不知道持这种观点的人谈的是何种伦理学,那种把各种本质不同的道德观念混为一谈,并且把封建道德、资本主义道德或腐朽没落道德在现时代的负面作用作为否定符合社会发展进程的道德的具体的促进经济社会发展进步的理由,那是违背常识的理论纠缠。说实话,在现时代,资本的理性投资在本质上是排斥封建道德、资本主义道德或腐朽没落道德的,它需要适应时代的道德即科学道德的支撑,更需要科学道德作为精神资本去激活和引导资本的高效运动并获取更多利润和效益。

3. 道德价值与资本理性目标一致

资本的投资是自由的,然而,在哪里、向何项目投资,投资的目的是什么,实现资本目的的手段是什么等,这是投资者不得不考虑的问题,至少,赚钱是资本投资者的资本投向引导及基本目的。所以,资本投资是有"限制"的,随心所欲、没有章法并于效益不顾的投资不属于资本投资的基本理念。

当然,资本投向及其目的明确并不意味着资本是理性意义上的资本,诸如在"资本特殊"意义上的资本主义条件下的资本,尤其是作为可变资本的劳动者在受压迫受剥削状态下创造不属于自己的新的价值,被资本家无偿占有,并成为新的更大的异己力量,这样的资本正如马克思所说,资本从头到脚每个毛孔都滴着血和肮脏的东西。正因为这样的资本是在非理性状态下运动,所以,在赚钱的同时,伤害了资本尤其是可变资本本身,最终必然影响资本的生存理由和生存价值,即使会带来一定时段和一定程度的扩大再生产,但到头来一定是此起彼伏的经济危机或经济动荡,甚至是经济衰落。这当然是我们今天社会主义制度下不可能出现,也是不愿意看到的现象。

社会主义条件下尽管可以多种经济成分并存,但公有制是主体。这就决定了资本投资一定要符合社会主义制度理念和经济要求并不断趋于理性,这就一定内含道德的引导和协调,必要的时候需要道德来制约或纠正资本的非理性行为及其发展趋势。这就是说,资本需要道德,事实上,资本不能没有道德。就这一理念来看,道德是资本的不可或缺的精神要素,或者说道德是精神资本。资本唯有通过作为精神资本的道德的作用,才能实现资本运动的基本目的。

作为精神资本的道德,它不是为道德而道德,它其实也是为帮助获取更多利润而存在于生产过程中。而且,在生产过程中,道德本身也起着直接影响产品质量及其后来销售速度和市场占有率的重要因素。所以,在经济领域,道德的价值始终体现在资本目的的实现过程中,否则,道德就没有在经济活动中存在的理由。不过,经济活动如果忽视甚至排斥道德,那经济一定可能是非理性经济或畸形经济。进而言之,研究经济活动的经济学,如果不研究经济活动中客观存在的道德内涵,那经济学一定是不完善的经济学,换句话说,道德一定在经济活动中发挥着不可或缺的重要作用,经济学必须正视之。正如罗卫东所说:"作为对经济现象进行研究的经济学,它的最高境界无非是在理论上再现具体。它的逻辑体系只是现实世界的运行逻辑的影像,道德内生于经济活动这种客观的事实决定了关于某种道德观或基于某种道德的行为假定内生于经济学的事实。如果新古典经济学中的所有经济主

---

① 当然,严格意义上来说,"道德"是中性词,它可以是腐朽没落道德之道德,也可以指进步道德之道德,即是说,可以进行善恶评价的行为都是"道德的"行为。然而,我们的思维习惯或基本的思维定式认为,道德只能是善德即科学的道德、进步的道德。

体的选择不是基于个人利益'最大化''最优''完全竞争'等'道德'规则,而且经济学的演绎又是时刻在强化着这种选择标准的话,这个经济学体系如何可能存在。因此说经济学把道德作为外生变量和既定前提的说法是难以成立的。"①因此,道德价值一定体现在理性资本中,道德价值和理性资本或资本理性是一致的。说到底,道德也是资本。

有人认为,道德可以是资本就是让道德"待价而沽"。然而,道德可以是资本与道德"待价而沽"是一回事吗?这是很不严肃的偷换概念的做法。正如我以往在发表的著作和文章中表明的,也是本文所坚持的观点,即道德可以是资本是强调道德在资本运动中具有不可或缺、不可替代的作用,而与所谓道德"待价而沽",完全是两种不同的含义。难道强调资本中的精神要素之精神,都是"待价而沽"吗?资本没有了精神尤其是缺乏精神的引导、协调、约束,那资本还能是科学运动、理性运作的资本吗?不要妄断道德可以是资本就是"荒谬",就是对道德的"亵渎"。

二、 企业道德资本实践与评估指标

企业资本是指进入生产过程并可以带来利润或收益的货币、实物、债权、企业文化和企业精神等生产性资源。而作为企业文化和企业精神的无形资本或精神资本中体现为企业及其员工道德觉悟和德行、道德性制度、"物化德性"等生产性道德资源,即为道德资本。

作为生产性资源的道德资本与企业其他货币和实物等资本,除了有形和无形之区别以外,还有以下特点:一是货币和实物等资本在其投入生产过程并获得利润或收益时才能使得资本成其为资本,而道德作为企业及其员工道德觉悟和德行、道德性制度、"物化德性"等,只要生产活动启动,其资本作用及其特性就已生成。二是货币和实物等资本在生产过程中如遇到经营不景气或经济行为调整时可以撤出某一经济活动过程,而道德资本不存在撤出的问题,作为人的道德觉悟和德行、道德性制度、"物化德性"等,在企业经营过程中能对货币和实物等资本的投入起到指导、引导和约束的作用,就是在货币和实物等资本撤出时,道德资本还能起到督促理性撤资和理性再投资的作用。事实上,道德资本在企业经营过程中始终起着积极的促进作用。三是道德资本不能独立存在,它只有依附于实物资本才能发挥其精神资本作用,并由此促进道德性物质资本的形成。而实物资本可以独立存在,不过,实物资本的价值在很大程度上有赖于道德资本作用的发挥。四是道德资本需要在具体的行动中实现,正如西班牙学者西松所说:"开发道德资本的关键,在于充分利用人类自身在行动、习惯以及性格这三个操作层面上所具有的动力。在这些层面中,行动是最基本的构成要素,可以被视为道德资本的基础货币。这就意味着,除非付诸行动或者产生结果,否则人类的活动将不具有道德上的意义。"②还说:"道德资本主要依赖于行动,这意味着,首先,无论思想或者观念多么不可或缺,但它们本身都是不够的。领导力,或者个人或其所在组织的道德资本的增长,其本身并不是一种理论,而是一种艺术,一种实践。"③他还特别强

---

① 罗卫东.经济学归根结底是一门道德科学[J].浙江社会科学,2001(5).
② (西)阿莱霍·何塞·G.西松(Alejo José G. Sison).领导者的道德资本:为什么美德如此重要[M].于文轩,丁敏,译.北京:中央编译出版社,2005:62.
③ (西)阿莱霍·何塞·G.西松(Alejo José G. Sison).领导者的道德资本:为什么美德如此重要[M].于文轩,丁敏,译.北京:中央编译出版社,2005:84.

调,"道德资本由行动构成,这意味着,仅具有行动能力——或者仅能够依理智行事——是不够的。除此之外还需要真正地运用此种能力"[①]。

作为企业无形资本或精神资本的道德资本,尽管不可以量化,但可以依据企业道德行为及其道德现象进行评估。企业道德资本评估指标可以从以下四方面确认:一是企业道德理念,即企业对企业道德在思想观念上的认识和把握程度;二是企业道德制度,即企业道德转化为包括利益相关者在内的所有有关企业关心和尊重人的制度、清洁生产制度、诚信销售和服务制度,等等;三是企业主体道德觉悟,即企业领导、员工及企业外合作者的体现为忠诚、关爱、诚信等的道德觉悟;四是企业生产经营的道德诉求,即企业在生产经营过程中面向用户的道德责任、道德要求和道德目的。

根据以上对道德资本的确认原则,结合我国企业实际道德建设状况,可以把道德资本分解为以下 8 种类型(一级指标):一是企业道德理念与道德原则,即体现为企业在生产、经营、管理等过程中应有的道德境界和道德要求,以及道德境界和道德要求渗透其企业生产、经营、管理等过程的具体的道德指导、道德管理观念;二是道德性制度,即体现为企业人性关怀、和谐共治的规则;三是道德环境,即体现为企业员工在工作、生活中的被尊重、被关注的家庭式的和谐人际关系环境和道德文化浓厚的物化道德环境;四是道德忠诚,即体现为企业领导和员工、企业合作者对企业的向心度和奉献精神;五是产品道德含量,即体现为企业产品在设计和生产过程中对用户的生产、生活、心理、生理等人性和道德需求的认识程度和贯彻程度;六是道德性销售,即企业产品在销售过程中对用户的责任承诺的兑现主动性和兑现程度;七是社会道德责任,即企业对包括国家、社会、同行、员工、顾客等在内的利益相关者所应该履行的义务;八是道德领导与领导道德,即企业领导者自身的道德素质以及对员工及其家属的生、老、病、死的人性化的管理,等等。

在这 8 类企业道德资本评估的一级指标中,道德理念和道德原则是贯通其他 7 项指标的核心内容,由于有道德理念和道德原则的贯通,因此,各项一级指标之间也均存在着或多或少的联系和程度不一的关联度。尤其要指出的是,企业道德资本是综合性理念,它不以某项突出指标为依据来评估道德资本。事实上,一个企业的道德资本雄厚,它必定意味着企业道德在各方面都建设得比较有成效,而且在企业生产、经营和职工生活等方面取得了比较明显的成效。

企业道德资本评估的 8 类一级指标中,又可分解成 100 项具应用和操作性的二级指标(设置正好 100 项二级指标是便于掌握和统计)。根据 100 项二级指标中内容的有或无、好或差、高或低、强或弱、多或少等给予每项指标 0~10 分不等的分数,满分 1 000 分。按百分制得分=实得总分÷10。

企业道德资本评估指标如下表:

一级指标	二级指标	得分
一、道德理念与道德原则	1. 企业发展宗旨	
	2. 社会责任意识和目标	

[①] (西)阿莱霍·何塞·G.西松(Alejo José G. Sison).领导者的道德资本:为什么美德如此重要[M].于文轩,丁敏,译.北京:中央编译出版社,2005:85.

续 表

一级指标	二级指标	得分
一、道德理念与道德原则	3. 企业训条	
	4. 企业诚信经营等价值观	
	5. 企业内部以人为本的管理理念	
	6. 企业职业道德规范及对职工品德养成要求	
	7. 企业资产统计分析中的道德理念	
	8. 企业产品设计、制造中的道德理念	
	9. 经营(服务)道德规范	
	10. 领导工作报告或工作安排中的道德建设内容	
	11. 利益分配的公正、公开	
	12. 公正、公平地对待利益相关者	
	13. 尊重、维护知识产权	
	14. 职工有尊严地工作、生活和交往	
	15. 企业领导的决策道德理念	
二、道德性制度	1. 职工培训制度	
	2. 健康体检制度	
	3. 节日加班加薪制度	
	4. 产假制度	
	5. 企业领导定期或不定期跟班作业制度	
	6. 企业财务公开制度	
	7. 企业经营业绩报告制度	
	8. 民主生活制度	
	9. 奖惩制度	
	10. 公开企业收益和职工收益制度	
	11. 同工同酬制度	
	12. 不用童工、保护女工制度	
	13. 企业职工晋级公示制度	
	14. 企业与员工签订劳动合同制度	
	15. 清洁生产制度	
三、道德环境	1. 宣传企业良好精神的网络、报纸、黑板报等阵地	
	2. 企业内外宣传标语或内容高尚的雕塑等	
	3. 企业人际关系的和谐度	
	4. 职工的安全保障度	
	5. 职工的工作环境舒适度	
	6. 职工的生活环境舒适度	
	7. 环境卫生与身体锻炼设施和环境	
	8. 生产、生活等事故的快速反应机制	
	9. 尊重职工人格、维护员工尊严的氛围	
	10. 职工对企业大家庭的认同度	

续 表

一级指标	二级指标	得分
四、道德忠诚	1. 职工跳槽的数量或频率	
	2. 企业经济不景气时职工的共渡难关意识	
	3. 领导存在工作责任问题时职工正面提意见的积极性	
	4. 职工工作出现差错时对被罚的认同度	
	5. 职工关注企业发展前景	
	6. 职工关注企业领导的思想道德素质	
	7. 职工的主人翁意识	
	8. 拒绝商业贿赂	
	9. 职工参加集体活动的积极性	
	10. 职工加班加点的积极性	
五、产品道德含量	1. 产品设计前进行顾客需求调查	
	2. 产品的人性化、环保性设计	
	3. 产品制造环节及其质量的检验	
	4. 产品综合质量检验	
	5. 产品款式的更新	
	6. 产品的安全性	
	7. 产品的耐用性	
	8. 产品的美观性	
	9. 产品的环保性、节约性包装	
	10. 产品中的次品处理方式	
六、道德性销售	1. 产品销售承诺	
	2. 人性化的产品使用说明书	
	3. 产品质量保证书	
	4. 产品保修时间的规定适当与否	
	5. 售后人性化服务	
	6. 企业问题产品的召回制度	
	7. 产品质量问题包退或包换	
	8. 对顾客的销售服务满意度的监测	
	9. 了解消费者对产品的意见或偏好	
	10. 产品广告的真实、科学、信誉度	
七、社会道德责任	1. 关注产品的社会评价	
	2. 对顾客投诉的反映和处理机制	
	3. 产品的质量信息公开	
	4. 不做假账	
	5. 重视保护生态环境	
	6. 参与慈善公益活动	

续　表

一级指标	二级指标	得分
七、社会道德责任	7. 对利益相关企业的诚信度	
	8. 按章纳税	
	9. 经营遵纪守法,维护国家和社会利益	
	10. 对竞争对手是打压暗算还是坚持友好合作	
八、道德领导与领导道德	1. 领导管理职责和管理承诺	
	2. 领导准时上下班	
	3. 经常调研或检查生产、销售等情况	
	4. 关注生产或工作安全	
	5. 领导和职工一起劳动	
	6. 发挥工会组织的作用	
	7. 职工犯错误以教育为主	
	8. 关心残疾(生病)职工	
	9. 企业解雇员工的理由	
	10. 领导问候生病职工、祝贺职工生日等	
	11. 购买劳动和医疗等保险	
	12. 向家属通报职工工作、生活、学习等情况	
	13. 关心职工家属的生活、困难等情况	
	14. 企业领导团结、民主、有亲和力	
	15. 领导定期或不定期召开征求职工意见的座谈会	
	16. 不歧视女工或残疾工	
	17. 公正、公平考核员工	
	18. 了解社会责任管理体系 SA8000 等国际规则	
	19. 成立道德委员会或设置道德协调员	
	20. 每年进行企业道德资本评估	

道德资本评估(百分制)得分:

需要指出的是,企业类型多样,涉及的具体企业又是千差万别,因此,道德资本实践和评估指标会有差别。生产性企业大致可以按照以上道德资本实践和评估指标来规划企业道德建设、评估本企业的道德资本存量情况,但诸如商品经营、饮食、旅游、宾馆等服务型企业,在道德资本实践和评估的8项一级指标的范围内,其二级指标的具体内容、表征及其提法会有所不同,不过,其宗旨是一致的。例如,"产品设计",生产性企业主要通过产品设计让产品渗透进道德要素,服务性行业则主要通过服务项目设计让服务项目充分体现道德性,他们共同的目的是让使用者或消费者实现最佳的使用效果。再如,"道德环境",有的大企业的空间范围之大,像个企业社会或企业城,道德环境从软件到硬件如何展示,本身就是一项系统工程。而有的服务性企业小到只有一个服务平台或一栋办公楼或一间办公室,其环境道德设计就应因地制宜,要是只有一栋办公楼或一间办公室,那道德硬环境和道德软环境的设计就比较简洁一些,诸如进取的文化氛围、舒适的工作环境、和谐的人际关系、齐全的安全保障等。又如,"产品道德含量",以上表中内容的一些概念内涵和表征形式,生产性企业和服务性企业大不一样,有的企业无法照搬或通用。产品道德含量在商品经营企业,应该表现在进货、销货、服务的严格检验制度和服务行为优化,真正实现最好性价比、最好服务和最好使用效果等;在饮食行业,应该表现在保证食品质量的前提下,对消费者的健康、口福的享受乃至生活质量的提升负责等;在旅游行业,应该是表现在设计旅游产品过程中对游客的高度负责,设计出最科学、最经济、最有理性意味并能让游客满意的旅游路线等;在宾馆行业,应该表现在通过设计和服务,让人有宾至如归的家的感受等。特别要指出的是,新兴的互联网商业企业,其道德资本实践和评估指标尤其是道德资本实践和评估二级指标,在坚持道德资本一级实践和评估指标基本理念的基础上,在保留以上直接可操作的二级指标的同时,要有以诚信为核心的适应这特殊企业的新的内容和表征的设计。

同样,道德资本实践和评估指标中的二级指标,其内容和表征表达方式上也会因企业经营的内容、特点、方式等不同而不同。例如,"清洁生产",在生产性企业可以主要表达为绿色生产等,在服务性企业尤其是商业互联网服务企业可以主要表达为最诚信、最好性价比服务等。还有,他们共同的内容和表征表达应该是在理念上趋善避恶、境界高尚等。再如,"产品的安全性",这在不同的企业所设计或生产的产品有不同的安全要求。用来买卖的劳动产品,要注意运输和使用的方便和安全;而旅游产品则主要是游客在旅游过程中的生命财产安全;至于饮食行业,那食品安全则是首要安全内容。又如,"企业问题产品的召回制度",这对于生产性企业来说具有很强的针对性,而对于旅游行业,那就应该重在赔偿和旅游产品的设计应用总结和改进上面,当然,也不排除直接赔偿旅游产品等。

为此,以生产性企业(一般来说,现代生产性企业活动包括生产、销售、服务等全过程,因此,在一定意义上生产性企业内含服务性企业)为主所设计的道德资本实践和评估一级指标,在基本理念上和范围上适用于所有企业,在道德资本实践和评估二级指标上,只是在内容和表征表达方式上因企业不同而不同。要强调的是,不管什么企业,尽管其道德资本实践和评估指标的内容和表征表达方式上因企业不同而不同,但其道德资本实践和评估的主旨理念是一致的。

需要说明的是,设计道德资本实践和评估指标,其愿景一是主张对现代企业资产(资本)尤其是企业无形资产(无形资本)理念要有完整和完善的把握,其中,切不可忽视对企业道德资产(道德资本)的认识、培育和应用;二是为企业增加道德资本存量提供可操作性的指标,或条例,或行动方案;三是启迪企业能够在企业发展进程中充分树立道德资本意识,并以此促进企业不断取得新的更好的业绩。

三、企业道德管理

企业道德管理是指企业在经营和发展过程中以道德资本指标为依据的和谐发展式管理。我国企业道德管理已经逐步成为企业管理的重要理念及手段,但是,一些企业的道德管理还适应不了快速发展的经济建设要求,与现代企业制度的完善也不相符合,需要有道德资本理念指导下的积极的应对策略。

企业道德管理是企业管理系统或管理文化的一个部分,在企业的发展进程中,道德管理总是发挥着独特的不可替代的作用,它是企业不可或缺的管理手段。道德管理不仅能调动企业上下的劳动积极性,而且能解决和弥补企业管理中的问题和缺陷,甚至能提升企业管理系统的科学性和有效性。

(一) 企业道德管理存在的问题和原因①

我国企业道德管理尽管已越来越被各类企业认识和重视,但是,道德管理的理念和手段还明显地落后于企业乃至经济的发展要求。

1. 道德管理与企业经营的关系含糊不清

为数不少的企业对在经济运行中有没有道德内涵是含糊不清的,总认为经济活动就是投入、产出、效益等等,与道德和道德管理无关。在理念上认识不到经济活动一定有道德内涵以及道德管理在一定意义上是企业管理的根本,更不懂得如何践行道德管理。这其中主要原因是,企业文化和精神文明建设没有完整、完善的规划,导致企业文化建设的理念偏颇,有的甚至基本上忽视了企业文化建设,以至于一些企业缺乏基本的道德认知水平,难以把企业道德和道德管理作为企业生产性资源来充分利用。更有甚者,因为道德与企业发展的逻辑关系认识不清,所以,在企业出现"苏丹红""有色馒头""毒奶粉""问题胶囊"等缺德赚钱行为并把自己逐步推向不归路的过程中还全然不知。

2. 诚信缺失,增加企业经营风险

一些企业企图利用社会主义市场经济发展进程中需要不断完善诚信机制的漏洞或"短板"缺德赚钱。其实,这样的企业害人又害己。其主要原因是,企业管理者不懂得企业管理尤其是道德管理的一个重要理念应该是在企业内部和外部建造诚信机制和诚信体系,导致缺乏一套诚信监督和约束等管理体系,一旦诚信链出了问题,就会出现诚信的连锁问题,再加上信用风险没有被充分认识和预防,许多企业是遇到企业生存危险甚至即将倒闭或已经倒闭才能醒悟过来,往往是后悔莫及。

3. 雇佣关系明显,缺乏人格尊重和利益平等

"企业内部存在着复杂的效率与公平的关系,除非企业能够保障公平对待员工,否则就会出现人心涣散的局面。就形成内部凝聚力的目标来说,除非企业做到公平,否则就难以达到。"②而一些企业在管理过程中,认为员工就是为钱而来,坚持干多少活给多少钱,有时甚至克扣员工应得的各种经济利益,至于精神、心理等方面的要求和问题基本不予考虑,以至于出现员工频繁跳槽,矛盾不断激化,甚至跳楼自杀现象也时有发生。这主要原因是企业领导者唯利是图,把人当作生产机器来管理,其置员工的人格尊严和正当利益要求于不顾,缺乏道德管理理念和完美企业发展的境界,这严重伤害了员工的尊严,挫伤了员工的积极性。甚至有的企业领导自身就是缺德经营者,那这样的企业的道德管理是无从谈起的。

4. 企业管理者缺乏道德领导理念

如上所说,一些企业的管理者没有把道德管理作为重要的领导方略,因此,往往对员工关怀不够,以至于员工的收入和福利等很不合理,更有甚者,缺乏对员工的人格尊重,严重挫伤了员工的积极性,甚至也损害了企业的社会声誉,在一定程度上也会影响企业的经济效益。同时,不懂得道德是生产性资源,也不懂得道德是可以渗透到企业生产各个环节、方

---

① 王小锡. 经济伦理学:经济与道德关系之哲学分析[M]. 北京:人民出版社,2015:302-304.
② 陈少峰. 企业文化与企业伦理[M]. 上海:复旦大学出版社,2009:56.

方方面面的工作内容中去,以至于企业其他资产发生作用过程中不能产生应有的效益。这些企业的管理者没有能认真研究当代企业管理和领导理念、缺乏道德领导的理念和手段是导致上述问题的主要原因。至少,管理者道德意识薄弱,削弱甚或丧失了道德领导能力。管理者缺乏道德和道德管理意识,也就没有感召力,其自身也必然不具有道德分析力、道德组织力,更不会懂得道德在经济运作过程中的渗透机制。这样就必然形成企业发展"短板",并产生"短板效应"。

(二) 企业道德管理策略

企业道德管理是企业发展的重要环节和内容,它将会产生独特的不可替代的作用。在对照企业道德资本实践与评估指标逐条落实的同时,重点要抓好以下道德管理手段。

1. 关注和重视人的生存和发展

人的生活、生产积极性来自自身所处工作环境的安全存在感、成就感、幸福感等的感受。打造一个有尊严感、归属感的企业,是留住员工并充分发挥其生活、生产积极性的重要条件。一个人人把企业当成家的企业,可想而知,这样的企业是不缺乏活力和积极性的。大凡经营不善、效益不好的企业,往往仅仅把人当作完成工作任务的雇员,更有甚者,把员工当成获取利润的工具。员工在没有尊严、没有安全感、没有成就感的企业工作,也就只能是被动应付,甚至时刻想着有可能就跳槽。为此,企业要坚持以人为本,要充分尊重员工,维护员工的尊严,保障员工的民主权利,落实好员工的参与权、知情权、监督权,尤其要关注员工的发展权,让员工在看到人生希望的前提下,最大地发挥劳动积极性。

2. 实现利益相关者的利益最佳协调

任何企业都有诸如员工、投资者、顾客、合作企业等内外部的利益相关者,并且,企业的发展需要利益相关者的合作与互助。而利益相关者的行为动机和目的就是获取各种利益①,要使合作成功,效益不断提升,企业管理者就必须平衡和协调各种利益关系和利益链,让利益能够合理、均衡②和公平地获得,唯此才能充分调动企业员工的积极性。收益不明,利益分配不公,这是不道德的管理方法,最终将会影响甚至葬送企业的发展前途。因此,企业要定期不定期地公开企业发展状况和效益,并要尽可能地关照到利益相关者的应得的利益,唯此才能实现最好的合作和双赢或多赢。

3. 不断改善良好的工作环境

企业工作环境既体现在对员工的身体和身心健康的尊重,也体现在对本企业自身文化品位和文化发展的重视。大凡发展态势良好的企业,其企业文化建设比较完善,而且尤其重视最能体现企业文化水准的企业环境建设。这是企业道德管理重要理念和目标。一个不重视环境建设的企业,也将不会考虑到企业其他道德责任和道德要求,也容易忽视对人性要求的关注,有的企业发展活力缺乏,发展前景黯淡,其主要原因是企业环境建设意识淡薄。当然,企业环境建设包括硬环境建设和软环境建设,诸如企业生产和安全设施配备,生活环境的实用、舒适和美化等是硬环境建设内容,以及人性化的管理制度、合理的分配制度等是软环境建设内容,说到底,环境建设就是道德环境建设。为此,企业环境建设应该列入企业发展规划和目标,并在物质和精神层面展开协调一致的建设工作。

---

① 这里的"利益",既有私利,也有公利;既有物质之利,也有精神之利;既有长远之利,也有近期之利;等等。
② 这里的"均衡"不是指平均主义,而是指按一定的公正原则分配利益,坚持多劳(奉献)多得原则等。

4. 团队协同一致的管理

不管企业是诸如国有、民营还是个体经营性质,企业的道德性管理应该是协同一致的管理,这是企业不断获取发展动力的源泉。这里的一个很重要的管理理念是,企业团队协同一致就意味着管理是全员管理,即管理过程中充分汲取和集中全企业员工的意见,并成为企业管理和发展的决策依据和发展举措。国内外一些个体老板经营的企业很成功,其中一个共同的管理理念是,员工是企业的一个不可分割的元素,是各类员工组成企业发展的共同体,赢得员工的认同、关注和支持,企业发展将凸显比老板一人说了算巨大的优越性。任何企业,如果忽视甚至不尊重企业员工的意见和建议,就是不尊重员工及其基本利益,最终将影响员工的积极性,损害企业的整体利益。一些企业经营效益不好甚至最终走向倒闭,其中不乏企业老板独断专行所造成的恶果。因此,按照系统论、伦理关系论和道德管理论等理论和方法组建好成网络结构的协调一致的企业员工团队,是增强企业发展力的根本性举措。

5. 以身作则,言传身教

企业管理是由企业主或企业领导集体来操作的,管理者自身的素质尤其是道德素质及其形象是企业管理成败的关键。一个企业,可能它的资金、技术、产品和销售等都可以是有优势甚至在业界处于领先地位的,但是,如果管理者自身素质不好,不能以身作则,那上梁不正下梁歪,这将影响、带坏整个企业的风气,也必将使得企业效益受损,也很有可能因为企业管理者的素质的缺陷而导致企业倒闭。这样的例子已经不在少数。反之,企业管理者,哪怕是个体企业主,只要严格自己的一言一行,为企业员工做出榜样,企业员工从中就能看到希望,就能尽可能发挥自己的劳动能量。近代日本企业家松下幸之助,是私企松下公司总裁,他十分注重自己的榜样作用。例如,在一天早上上班时,松下因客观原因迟到5分钟,而后他在一次企业员工集会上向大家作了检讨,他的诸如此类以身作则的行为赢得了员工的尊重和学习。松下公司在激烈的商业竞争中总能赢得商机,与松下的以身作则的管理品格是分不开的。为此,企业领导尤其是个体企业主,应该以自己点点滴滴的模范作用影响和改善企业的道德风尚,并以此促进企业的稳步发展。

6. 坚持企业战略决策的道德性

企业经营都会而且必然会有企业发展的战略决策和战术决策,而这战略决策和战术决策需要有科学的价值取向来引导,否则,企业一旦决策偏向甚或失误,那将给企业带来不可逆转的损失。不道德的战略决策所造成的危害要比一般业务经营战略决策的失误和危害要严重得多,"首先,战略决策构成了战术决策的价值前提,一个不道德的战略决策往往会引起一系列不道德战术决策;相反,不道德的战术决策不大会引起其他不道德的战术决策,并且一般也不会引起不道德的战略决策。其次,由于战略决策一般是由高层人员作出的,不道德的战略决策等于向员工表明,不道德的工商活动是允许的,这会导致员工的大量不道德行为的出现"[①],最终将损害企业的发展速度和效益。为此,有抱负的企业,一定要在企业发展战略决策和战术决策的制定过程中,以科学的价值观为引导,充分体现企业发展战略决策和战术决策的道德性。

---

① 徐大建. 企业伦理学[M]. 2版. 北京:北京大学出版社,2009:246.

7. 道德教育和道德建设成为企业经营常态

企业管理的道德性并不是自然形成的,它需要通过道德教育和道德建设来不断地实践和检验。一是"一切人性,都是后天现实社会关系的产物,因此,人既不是天生就是利己的,也不是天生就是利他的,人利己的道德行为和利他的道德行为一样,都是后天社会关系、包括后天的道德关系的反映"①,因此,企业员工需要通过道德教育和引导,在利己和利他问题上做出正确的辩证的选择,为提升企业道德水平实现根本性的转变。二是企业要让全体员工真正弄清楚企业道德是什么,企业道德与企业发展的关系是什么,企业管理者和企业员工的道德境界与企业产品的质量和企业效益的逻辑关联如何把握,企业道德水准与企业的业务往来的冷和热有何联系等问题,只有通过经常不断地道德教育和道德建设,才能比较好地解决以上问题,让企业员工与企业经营发展融为一体。三是道德教育和道德建设要成为企业日常工作的计划和考量内容,成为产品设计和生产的精神文化内容,更应该形成企业运营过程不可或缺的精神支柱。当然,企业还需要结合本企业内涵和社会背景等,凝练符合本企业特点的道德精神和道德行为规范。四是企业应该全面规划道德环境建设,并以此不断推进企业道德氛围的改善,让企业员工在强烈的道德氛围中不断增进身心健康,快乐地参与企业劳动和生活,幸福地实现企业发展之梦。

8. 建立企业道德委员会②

为防止企业道德管理的"短板"形成,以完善的道德管理机制促进现代企业管理制度的变革和发展,企业需要建立道德委员会。企业道德委员会应该承担以下主要任务:一是帮助企业不断研讨和完善本企业德性的内涵和表征,弄清楚如何不断改变和提升企业形象尤其是道德形象,如何将本企业与生产经营相一致的独特的道德精神渗透在生产经营的各个环节,即如何将生产经营道德理念转化成行动方案和操作手段。二是帮助企业处理和协调企业内部各类经济问题和道德矛盾,以情感人,以理服人,将矛盾和危机化解到最小甚至消失,并以此培育浓郁的道德情感。同时要研究企业外部利益相关者的利益诉求和道德情感,处理和协调各种不和谐因素,化解利益相关者可能或已经出现的疑虑甚或怨气,促进合作理念的增强,努力实现双赢或多赢。三是研究本企业软环境和硬环境建设的内容和举措,营造良好的道德环境。首先要明确企业经营宗旨、价值取向、道德责任和道德制度等,并展开全方位的宣传和教育,形成强烈的舆论氛围。同时,从员工生产生活环境到企业内部制度建设等,要有处处体现尊重人、关心人的措施,让员工时刻接受道德呵护和道德熏陶,并产生更多更好的道德满足感和利益获得感。

---

① 夏伟东.变幻世界中的道德建设[M].郑州:河南人民出版社,2003:122.
② 王小锡.道德资本研究[M].南京:译林出版社,2014:286-287.

建构当代儒家责任伦理学

涂可国*

摘要： 推动中国哲学的现代转换，一项重要的学术使命是致力于儒家道德哲学的创造性转化与创新性发展，而这离不开儒家责任伦理学的当代建构。传统儒家对责任伦理不懈阐发与建树取得的成果，是当代更好创建与西方责任伦理学相接榫的、具有现代性伦理学形态的逻辑前提。建构较为系统的儒家责任伦理学无疑要承担很大的风险、面临诸多的困难，但也具有很大的可能性，并且具有重要的意义，从学术价值来说，它能够弥补现有儒家义学不足，拓展责任学空间，推动当代伦理学的发展，推动当代儒学重构和发展；从现实意义来说，不但能够积极推进新时代中国社会的责任伦理建设，而且可以为当前中国社会构建责任体系、建立责任制度、培植责任人格、建构责任心学、培育责任意识和塑造责任伦理提供精神资源。合理建构当代儒家责任伦理学，必须注重合理阐释、反向格义和返本开新。

关键词： 当代；儒家；责任；伦理学

儒家伦理学固然如同许多人所张扬的那样属于一种独特的德性伦理学，但是，它同样包含着极为丰富的德行伦理与责任伦理内容，故而也属于特定的责任伦理学类型。推动中国哲学的现代转换，一项重要的学术使命是致力于儒家道德哲学的创造性转化与创新性发展，而这丝毫离不开儒家责任伦理学的当代建构——要知道，儒家哲学是中国古代哲学的主干，儒家伦理是儒家道德哲学的核心，而儒家道德哲学和政治哲学是儒家哲学的两大主流。笔者深知建构儒家责任伦理学面临许多重大的困难与挑战，但也相信这既是可能的也是具有重要意义的学术事业，而要完成这一志业，就必得遵循行之有效的方法与路径。

一、传统儒家对责任伦理学的建树

只有不忘本来，才能开辟未来。传统儒家对责任伦理的不懈阐发，是当代建构儒家责任伦理学的出发点，是更好创建与西方责任伦理学相接榫的、具有现代性的伦理学形态的逻辑前提。那么，古典儒家到底在责任伦理思想领域存在哪些建树呢？概括起来，主要体现在：以天人关系、人己关系为主线，立足于血缘亲情，以"仁"为核心，着力揭示了责任伦理的基本内涵，建构了生态责任伦理、个人责任伦理、社群责任伦理、家庭责任伦理、国家责任

---

* 作者简介：涂可国(1961—)，男，汉族，湖北黄冈市麻城市人，山东社会科学院国际儒学研究院院长、二级研究员，研究方向：儒学、中国哲学和中国文化。

基金项目：本文系国家社会科学基金项目"中西伦理学比较视域中的儒家责任伦理思想研究"(项目编号：14BZX046)的阶段性成果，泰山学者工程专项经费资助。

伦理和天下责任伦理等基本伦理形态,深入阐述了责任伦理的天命机制、人性机制、心性机制、理欲机制、知行机制、文化机制和规范机制,广泛探究了社会主体的责任伦理。

(一) 着力揭示了责任伦理的基本内涵

就责任伦理的基本内涵而言,儒家至少为我们展现出四大建树:一是赋予"义"以多样化的意涵。儒家言传的"义"不仅指适宜之"义"、正义之"义",也指从公之"义"、道义之"义",同时还指义务之"义"(责任之"义")。二是建构了义务伦理学说。儒家有关义务伦理的论说精彩深邃、独到独特,它既指明了义务伦理的内涵与实质、道德规范表达形式,还揭示了义务伦理的基本特点和地位作用。三是赋予"义"以责任伦理意蕴。儒家建构了宜→仁→义→礼→利的五元义理结构,以此揭示了"义"是由发自人内在仁心和遵循外在社会礼法的适宜行为,是由个人自身的仁爱道德情感和社会礼仪规范共同作用而产生出来的道德义务和伦理责任。四是阐发了责任伦理的深层结构。儒家在特定语境中赋予了"责""任"和"责任"诸范畴以丰富的内涵,诠释了"己责""己任"和"人责"的主体自我责任伦理结构,论述了由"责己"与"责人"所构成的责任伦理主体指向结构,尤其是围绕责任伦理的内容指向结构,历代儒家创造性地建构了"责善"说、"责过"说和"责志"说,从而极大地丰富了人类的责任伦理学。

(二) 深刻阐明了责任伦理的多种类型

责任、义务和责任伦理、义务伦理,在中西方伦理学上由于采取的标准不一样,存在不同的分类。责任可以分为义务性责任和报应性责任,这里侧重于按照责任施予的对象,把责任和责任伦理分为人对自然的责任、人对人的责任、人对社会的责任和人对国家的责任;而人对人的责任又分成对自己的责任和对他人的责任,人对社会的责任分成人对社群的责任、对家庭的责任和对天下的责任。在儒家伦理学史上,儒家长期而深刻地阐明了责任伦理的众多类型和形态,某种意义上建构了责任伦理形态学。

1. 自然与人的责任伦理思想

儒家关于自然与人的责任伦理思想的建树主要体现在以下层面。

一是生态责任伦理。儒家的生态责任伦理思想呈现出丰富性、多样性,涉及生态伦理责任的根据、内涵、意义、特点等众多方面。儒家虽然总体上强调天人合一,却并不否定天人相分,而把两者辩证结合起来。儒家建构了天人相分的生态责任伦理根据、天人合一的生态责任伦理前提、仁民爱物的生态责任伦理情感、取予有度的生态责任伦理行为和天人相参的生态责任伦理。

二是为己为人责任伦理。儒家关于个体自我对自己的责任和对他人的责任的构想丰富多样、历史悠久,它极为广泛地展现了儒家的人生哲学和道德哲学的深刻内涵。儒家的为己为人责任伦理体现了独特而厚实的为己之学与为人之学。儒家不仅阐述了由仁者自爱、克己由己、自知之明、自我反省、自尊自强、正己正人、修身为本和反身而诚八个方面构成的为己之学,还提出了包括爱人利人、成人之美、与人为善、修己安人、修己敬人、立人达人和不必为己等丰富内涵的为人之学。

三是正人正己责任伦理。儒家视域中的"正"既表达优秀人格特质又用来评价社会关系、社会行为和社会现象(如制度)的良好特性。儒家固然创发了正气、正德、正政、正家、正意、正风、正性、正法和正道等范畴理念,但更重要的是把"正"纳入身心关系、人己关系、义利关系、公私关系和名实关系的思维框架之中,阐发了正身与正心、正己与正人、正义与正利、正私与正公、正名与正实等责任伦理的概念范式,由此从主导方面创构了正论的五元结构,从而丰富了中国正论思想。

四是诚信守义责任伦理。儒家诚信责任伦理思想赋予诚信以诚实不欺、言行一致、诚信合一和守仁行义等丰富内涵。在中国伦理思想史上,以孔子、孟子和荀子等为代表的先秦儒家逐渐摆脱"诚信"作为鬼神膜拜的宗教色彩而赋予它以道德人文主义意蕴,儒家诚信责任伦理被作为具有求真务实价值意蕴的"常道""常理"深刻地烙印于民族心灵之中,成为古今中国社会的立身之方、交友之道和为政之纲。

五是见义勇为责任伦理。儒家大致从不惧、敢为和中道三个方面对勇的含义作了深刻阐释,认识到勇并不纯粹是善德,它必须具备有仁、有义、合礼、好学和知耻等善良意志和道德品性。儒家在伦理思想体系中阐述了"勇德""勇气"和"勇力",并对勇作了明确的等级和类型区分,提出了小人之勇与君子之勇,野蛮之勇与义理之勇,大勇与小勇,狗彘之勇、贾盗之勇、小人之勇和士君子之勇等众多类型。

2. 社会责任伦理思想

儒家从三大方面建构了异常丰硕的社会责任伦理思想。

第一是社群责任伦理。"群"的问题是儒学关照的重要话题之一,先秦孔孟荀开了儒家群学的先河。围绕"群己之辩",就如何建立良好的社会秩序,儒家提出了个体对群体七个方面的责任伦理论,即人而能群——群体责任伦理的基础论,人不能无群——群体责任伦理的价值论,群居和一——群体责任伦理的动力论,明分使群——群体责任伦理的内容论,得众济众——群体责任伦理的途径论,去私立公——群体责任伦理的导向和群己权界——群体责任伦理的限定。

第二是家庭责任伦理。儒家家庭责任伦理思想大体呈现为六个层面——把"齐家"纳入"三纲领"和"八条目"的责任框架之中,通过创建各种类型的道德规范确立家庭责任伦理,以"家"为明言范畴呈现家庭责任伦理的丰富意蕴,围绕家庭内外社会关系提出了一系列责任、义务、使命,阐明了家庭责任伦理的重要意义并对齐家责任伦理做了独到的阐发。"齐家"和"孝悌"是儒家家庭责任伦理思想的标志性理念,如果说"齐家"代表家人对整个家庭所应承担的责任、义务,那么"孝悌"象征着家庭成员彼此之间互负义务。

第三是天下责任伦理。如分说,那么儒家所言的"天下"属于与身、家、国三种相并列的狭义范畴,如总说,那么儒家所言的"天下"是包含天(自然)、身(人)、家、国四者在内的广义范畴,它是国的扩大和延伸,由此儒家阐发的"天下责任观"可以分成广义的和狭义的两种。儒家阐发的狭义天下责任观主要分为六大经典形态:道冠天下的天下责任观、王济天下的天下责任观、兼利天下的天下责任观、"民胞物与"的天下责任观、以天下为己任的天下责任观和匹夫有责的天下责任观。

3. 国家责任伦理思想

儒家国家责任思想博大精深,但其重点和核心主要包括治国责任思想和安邦责任思想两个方面。儒家国家责任伦理思想的贡献主要体现为如下四点:

其一是围绕治国责任,展现了以礼治国的鲜明特色,并呈现在和安修文、依仁治国、明其政刑、分而治之、富国强国和以儒治国六个方面。

其二是建构了五大层面的为邦责任,即有道则谷——价值取向层面的为邦责任,有道危言危行——实践行为层面的为邦责任,善人为邦——道德品性层面的为邦责任,在邦无怨——人生态度层面的为邦责任,以及有道则现——政治选择层面的为邦责任。

其三是阐发了不同形态的德治责任思想,主要呈现为仁治、义治、礼治和孝治,儒家不仅从普遍性高度强调以德治国,还从仁、义、礼和孝核心道德理念维度更为具体地阐发了独特而深刻的治道思想。

其四是探究了王道政治的理念,既包括用非暴力手段去争取和巩固政权,也包括依据核心道德规范去治理国家,还包括以民为本的治国之道。作为体现儒家王道政治的治国安邦责任思想,主要包括为王的责任、为政的责任和为民的责任三大内容。

(三)深入阐述了责任伦理的复杂机制

儒家关于责任伦理的机制的思想最为宏富,涉及责任伦理的确立、运行、践履和评价的理据、基础、条件等十分广泛的议题,是一座挖掘不尽的无穷宝藏。儒家责任伦理机制思想大致从天命、人性、心性、理欲、知行、文化和规范七个方面做了广泛的论述,由此形成了儒家的天命责任伦理论、人性责任伦理论、心性责任伦理论、理欲责任伦理论、知行责任伦理论、文化责任伦理论和规范责任伦理论。

其一,天命责任伦理论。儒家天命责任伦理论大致阐发了两个层面的问题:一是有关责任伦理与天命之间的相互影响、相互作用的学说,特别是关于天命是如何为道德责任的形成、发展、履行和实现提供根据、条件、途径、方法、工夫等;二是天命责任伦理的思想,主要是关于天命责任伦理的基本内容。儒家天命责任伦理思想是儒家责任伦理学的重要组成部分,它从属于儒家的道德本体论。

其二,人性责任伦理论。儒家往往把人性论作为构建纲常伦理和责任伦理的逻辑起点和思想前提,为此历代儒家无不阐发了自己的人性主张。在儒家话语体系中,一般把"性"同"天""气""才""欲""智""善""恶""德"等概念相连接,由此构成了"天性""气性""才性""欲性""智性""善性""恶性""德性"等范畴,用以解释人性的各种内容、形式、功能和特点。在儒家看来,这些不同人性形态都呈现出某种道德责任的色彩和意涵,为责任伦理的形成和发展提供动力、源泉和基础。

其三,心性责任伦理论。西方伦理学虽也注重分析心性、本能、情感、欲望、感觉、理智、直觉、良心等精神要素如何为道德伦理和义务责任奠基,但是相比之下,儒家的心学更为发达,更为注重为责任与义务寻找人心根源。儒家所揭示的"心"具有驱动、调控、导向、维系等多种功能,它能够使人对自己承担的责任的类型、方向、性质、后果、价值等做出正确选择。历代儒家阐述的"良知""良心""善心""仁心""道心"等概念范式,为责任伦理提供了深厚的根基,特别其创立的"四心"说和"良知"说更是为人的责任伦理奠定了坚实的心理基石。

其四,理欲责任伦理论。自先秦起儒家就展开了理欲之辩,创建了温和的欲而不贪重理轻欲理欲责任观、存理灭欲的极端重理轻欲理欲责任观和启蒙的重理轻欲理欲责任观。从思想逻辑来说,儒家的理欲责任机制思想,一方面阐明了理欲与责任伦理的双向互动关系,试图说明理欲如何为责任伦理的发生发展提供基础、条件、途径;另一方面阐发了对待理欲本身的态度所生发出来的应当责任要求的观点,它从属于理欲的直接责任思想系统。

其五,知行责任伦理论。知行观是儒学重要的组成部分,它可分成知论、行论和知行论。围绕责任伦理的知行机制,儒家不仅阐述了知行与责任伦理的互动,重点思索知行能够为道德责任提供什么,还揭示了知行的应当性责任,指明了根据知行人应当做什么和如何做。儒家重知尚智,阐发了包括知论和智论在内的认识论、知识论和智慧论,其中包括大量道德知识论和道德认识论。儒家言说的知与智,与责任伦理息息相关,它们为人认责、履责、问责等提供智力支持和精神智慧。儒家伦理学既是一种德性伦理学,也是一种以行为为中心的德行伦理学和责任伦理学。儒家所揭示的"行""为"和"行为"范畴的义理,鲜明地体现了责任伦理所包含的做事、不做事、应做事等本质规定性,充分体现了高度的实践理性智慧。儒家行为责任伦理体现为三大层面:一是行为责任伦理的基本规定;二是行为责任的内容指向;三是行为的责任伦理要求。

其六,文化责任伦理论。儒家或是借助于"事""任"等范畴与"文"相连,或是通过实质内容,而表达了某种文化责任伦理思想观念。儒家创建的文化责任伦理思想主要体现为四个层面:一是文化责任的本质。儒家视域中的文化责任要义主要表现为对人自身的修饰、改造,化成天下和创造大自然所没有的特质。二是文化责任的根据。在儒家那里,道统决定文统,而文统又决定文化责任,形成了道统→文统→文化责任的逻辑框架。三是文化责任的功能。儒家认为文化责任具有文化传播和人格塑造作用。四是文化责任的内容。儒家言说的文化责任内容上主要包括文化教化、文化统一、文化学习、文化传承和文化创新五个方面。

其七,规范责任伦理论。儒家建构了"仁—义—礼"三元一体核心伦理结构,假如说"仁"象征着儒家德性伦理的话,那么"礼"象征着儒家规范伦理。儒家伦理固然是一种德性伦理类型,可这种德性伦理是与规范伦理融为一体的,而且儒家言说的德性本身也体现了义务规范的要求;儒家伦理是一种规范伦理,但如此规范伦理是用来规定责任伦理的,假如说西方伦理学有行为义务论和规则义务论之分的话,那么儒家伦理集二者于一身,展现了规范义务论的鲜明民族特色。由儒家道德规范确立的责任伦理大体可分为狭义的规范责任伦理、纲常责任伦理和礼规责任伦理三大层面。由儒家礼学文化所衍生出来的中国古代礼规、礼节、礼教、礼俗、礼仪、礼制等,固然在一定意义上会导致轻权利重义务的偏颇,但是它从总体上使传统中国人的行为有所遵循,有助于培植中国人向上向善的责任心[①]和义务感。

(四)广泛探究了社会主体的责任伦理

人本来可分为个体、群体和类,因而从主体角度看,责任如果细分应当有个体责任、群体责任和人类责任之别。然而,除了西方当代责任伦理学家如约纳斯自觉地反思过全人类责任外,古今中外思想家一般采用整体性的"人"加以替代,而着力于阐释个体责任和群体责任。儒家尽管和西方责任思想一样,没有太关注到群体对个体、群体对群体之间的责任与义务——并非绝对没有,譬如"协和万邦"的义务观念,但它不像西方责任伦理学那样只是偏重于普遍化地思考个体主体的责任,而是从多个层面阐述了差异化的社会主体的责任

[①] 唐凯麟.简明马克思主义伦理学[M].武汉:湖北人民出版社,1983:215-221.据笔者的理解,责任心是指主体(含个体和群体)对自己、他人、家庭、集体、国家和社会等客体认责、负责、尽责、担责的认识、情感、信念和态度。它既是一个人的基本素养、德性人格,也是决定个人生存、家庭和睦、国家繁荣和社会安定的精神保障,还是影响事业成败、行动效率的主观条件。

承担,从而建构了三种既相对区别又相互融通的社会主体层面的责任伦理,即角色责任伦理(含身份责任伦理)、职业责任伦理和人格责任伦理。

第一,社会角色责任伦理。儒家不仅阐发了角色责任伦理,还建构了名分责任伦理和位分责任伦理。它传承发展了《周易》关于"位"的思想,提出了"位分"和"位责"主张,阐释了当位、正位、立位等观念。儒家分别从"名"和"分"两个维度把握"名分"问题,注重名位、名号、地位、身份等,反映了传统中国整体性的、具有内在人伦秩序的"伦常社会"特质,助成了中国"以名定责"的责任伦理传统。儒家鲜明地提出了"君君,臣臣,父父,子子"[1]"父子有亲,君臣有义,夫妇有别,长幼有序,朋友有信"[2]和"农农、士士、工工、商商一也"[3]等一系列角色责任定位。儒家伦理既是一种德性伦理又是一种角色伦理,无论是安乐哲有见于个体在传统社会关系体系中的角色定位、责任规定所创构的儒家角色伦理学,抑或是其他学者彰显的儒家德性伦理学,彼此不是非此即彼的关系而是可以兼容并蓄的。

第二,社会职业责任伦理。儒家文献中,《论语》既无"职"字也无"业"字,有的是对为政者、士、农、工、商等具体职业的特性、义务、责任和作用等方面的论说。《孟子》之后的儒家典籍开始使用"职"和"业"概念,尤其是《荀子》在儒学史上第一次使用了"职业"范畴。孟荀之后,历代儒家既运用诸如"职""业""事"和"行"等明言范畴阐释职业责任,也采用君、臣、士大夫、公侯、士、农、工、商等具体主体概念诠释职业责任。儒家不但探讨了普遍性的职业责任,尤其关注职业的责任伦理问题。儒家分别从合说和分说两个层面阐发了社会职业责任伦理。前者主要体现在三方面:一是职业责任的内容;二是遵守职责的意义;三是职业的一般责任要求。后者是指儒家对许多职业的特性、要求和责任有过涉及,而最为重要的是阐述了君、臣、王、士、农、工、商尤其是君、臣、王、士四种职业的责任伦理。

第三,理想人格责任伦理。儒家不仅阐述了各种理想人格的德性伦理,还指明了不同类型的理想人格应当做什么、不应当做什么以及怎么做等责任伦理。儒家的理想人格学说,无疑包含着丰富多彩的德性伦理要义,却也容纳了多种多样的德行伦理义理。儒家所构想的大丈夫、成人、仁者、君子、贤人、圣人等不同层次、不同类型的人格形态,虽然被赋予了许多伦理崇高德性——仁爱精神、中庸准则、经世情怀、献身品格等,但也蕴含着"有以任重""急亲贤之为务""见利思义,见危授命""责任求贤"[4]等丰富的道德责任特质。

二、当代建构儒家责任伦理学面临的挑战与可能性

对儒家责任伦理思想进行研究,以致建构较为系统的儒家责任伦理学,无疑要承担很大的风险、面临诸多的困难。要知道,儒家责任伦理思想总体上属于前现代形态,自身具有一定的局限性。胡道玖指出中国传统责任观存在四大问题,即把社会责任片面理解为"单向度"的个体对社会所承担的责任、人与人之间责任的非公共性、传统责任的虚化性和个体"独立人格"缺失导致责任消解[5]。虽然他揭露的这些"病症"并不是直接针对儒家责任伦理

---

[1] 《论语·颜渊》
[2] 《孟子·滕文公上》
[3] 《荀子·王制》
[4] (宋)程颢,程颐.二程集·河南程氏遗书(卷第十一)[M].王孝鱼,点校.北京:中华书局,1992:126.
[5] 胡道玖.以责任看发展:多元视阈的"责任发展观"研究[M].上海:上海交通大学出版社,2014:218-220.

思想的,虽然如此诊断不乏对中国传统伦理思想的个人偏见,可是这对于我们认识儒家责任伦理思想包裹的短处不无裨益。

第一是缺乏责任伦理理论的自觉建构。儒家从未明确建立过义务伦理和责任道德学说,从孔孟荀的原始儒家到清末时期的儒家,一般连现代意义上的"义务"和"责任"概念也没有提及过,只有上述的某些现代新儒家因受外来义务责任学说的影响才萌生了责任观念和责任思想,这使得儒家责任伦理学建构不能不面临一定的合法性危机的挑战。

第二是较为忽视人的欲望对于责任的动力作用。儒家阐释了以欲从理、以理导欲、循理节欲、理欲统一等责任观,但儒家尤其是孟荀和宋明理学家一般忽视了追求欲望的满足是人天赋的权利,而且他们更多关注到欲性与责任的冲突性与消极性,忽视了二者之间的一致性、统一性。儒家所说的"欲"大多指人的自然欲望,但儒家也看到了诸如欲仁、欲善、欲义等之类的道德欲望,这些道德欲望为人的道德责任提供了精神动力和先在前提,然而儒家较为忽视人的爱欲、色欲、食欲等本能欲望正面上既是人的基本权利也是人的道德责任(保存生命是人重要的责任)赖以生成的动因。

第三是较少关注社会对人的责任承担。本来,道德责任的主体不仅是个人,也包括诸如家庭、社区、单位、国家乃至联合国之类的国际组织,也就是说各类各级群体同样负有对个体的责任承担。然而,令人遗憾的是,忽视组织、单位、国家等群体照顾、关怀个体的责任,竟然成为中外伦理学的"惯例"或"通病"。即使在所谓法制化、契约化较为发达的西方现代社会,其责任伦理学照样缺乏对群体如何履行对个体的责任的观照。传统儒家责任伦理思想尽管阐发了为西方伦理学所未有的、丰富的群体责任思想,但更多的依旧是从个体责任向度要求"君子矜而不争,群而不党"①"明分使群"②。总起来看,儒家责任伦理思想主要站在个体主体性维度凸显个人承担对他人、社会、群体的责任和义务,而较为忽视社会对个人的责任担当——如何从道德角度关心个人的生存、享受和发展。

除上述儒家责任伦理理论自身存在某些缺陷之外,当代可资借鉴的儒家责任伦理研究成果较为匮乏也给建构儒家责任伦理学带来了极大困难。在国内外现今为数不多的儒家责任伦理研究成果中,直接以"责任伦理"命名的论著仅有寥寥十几篇文章,这使得对儒家责任伦理思想展开探讨缺乏更多可靠的资料借鉴,需要艰难地开拓前行。

不过,当今建构儒家责任伦理学也具有很大的可能性。一则如上所述在先秦儒学、两汉经学、魏晋玄学、宋明理学、清代朴学、现代新儒学等儒学不同形态及其代表性人物道德哲学思想中蕴藏着许多丰富的可以加以提炼概括的责任伦理思想。二则儒家提出了不少诸如"士不可以不弘毅,任重而道远。仁以为己任,不亦重乎?死而后已,不亦远乎?"③"天将降大任于斯人"④"保天下者,匹夫之贱,与有责焉耳矣"⑤等相关责任命题可供利用。三则儒家阐述了许多独特的责任伦理论说,例如"责己"说、"己任"说、"责过"说等,为儒家责任伦理进一步的深化研究奠定了一定的理论基础。四则西方责任伦理学在当代有着长足的

---

① 《论语·卫灵公》
② 《荀子·富国》
③ 《论语·泰伯》
④ 《孟子·告子下》
⑤ 张京华.日知录校释[M].长沙:岳麓书社,2011:558.

发展,为构建儒家责任伦理学提供了可资借鉴的概念、范式和方法。五则实现中国社会责任体系建设不断勃兴,具有汲取儒家责任思想精华的强劲需求。

三、建构儒家责任伦理学的学理必要性

加强儒家责任伦理思想研究,乃至建构较为系统的儒家责任伦理学,具有如下重要学术价值。

(一) 弥补现有儒家义学不足

"义学"概念中国历史上古已有之,在许多古文献中出现过。它有时指讲求经义之学,如《后汉书·儒林传下》云杨仁:"其有通明经术者,显之右署,或贡之朝,由是义学大兴。"[①]有时指佛教教义的学说,如般若学、法相学等。有时指旧时各地用公款或私资举办的免费学校(蒙学),如《新唐书·王潮传》曰:"乃作四门义学,还流亡,定赋敛,遣吏劝农,人皆安之。"清王韬《征设乡义学序》说:"义学者,即以补官学之所不及。"由此"义学"有时也称为"义塾",作为教育实体,它最早由范仲淹于北宋创立,而武训办义学的故事一直以来被传为美谈。

与之不同,笔者所理解的儒家义学,是指儒家关于义的学说、学问和观念体系,它既包括儒家之义的本质内涵、逻辑结构、类型形态等义理,也包括儒家之义的思想源起、发展演变、价值地位等思想层面,叫儒家的义论、义说、义观亦无不可。它固然要汲取狭义上的、公益性的"义学"养分,但也要侧重于关于"义"的学理诠释和学术建构。

虽然儒家义学无法与当前时兴的儒家仁学、礼学等相提并论,但同样值得我们高度重视。实际上,儒家的义学思想极为丰硕,它既阐释了义的各种类型,如道义、仁义、礼义、情义、公义、正义等,探讨了义的众多存在形态,如义德、义气、义理、义勇、义信等,还揭示了义的深层结构,如"仁—义—礼"三元结构、"仁—义—礼—智"四元结构、"仁—义—礼—智—信"五元结构和"宜—仁—义—礼—智—利"六元结构,同时诠释了义的深层次问题,如它就有关义德、义品、义行、义质等的养成与践履的方法与路径阐明了"集义""敬义""持义"与"取义"等。

如果说20世纪以来国内学界对儒家之"义"的研究主要侧重于义利观的话,那么进入21世纪则转向正义论,郭齐勇、颜炳罡、黄玉顺等人致力于吸纳罗尔斯正义论,依此去挖掘儒家之"义"的精义,力图建构儒家正义论乃至中国正义论。在笔者看来,儒家之"义"不仅包括适宜之"义"、正义之"义"、从公之"义"、道义之"义",也具有义务和责任的意涵。通过对儒家之"义"的责任伦理学解读,实现儒家义学研究的模式转换,可以从特定角度丰富完善儒家义学思想。

(二) 拓展责任学空间

早在20世纪80年代末,于光远就提出了建立责任学的构想。责任与义务是伦理学、政治学、法学、社会学、心理学、文化学、管理学等探究的对象,目前已经有责任伦理学、责任动力学[②]、责任发展观[③]、责任医学和社会责任学、领导责任学等许多学科之类的提法。顾名思

---

① (南朝宋)范晔.后汉书·儒林列传下·杨仁(卷六十九下)[M].郑州:中州古籍出版社,1996:743.
② 责任动力学是由国内学者所创建的由理性责任范式、责任矩阵原理构成的一门新兴的管理学学科概念,它通过对约束力、驱动力进行属性再分析,构建成责任(约束—驱动)矩阵,建立责任数学分析模型与原理。
③ 胡道玖.以责任看发展:多元视阈的"责任发展观"研究[M].上海:上海交通大学出版社,2014.

义,责任学即是从普遍性高度研究责任的本质、类型、形态、特点、运行、主体、条件、机制、实践、评价等重大问题的学科,它由道德责任学、法律责任学、政治责任学、经济责任学、文化责任学、历史责任学、社会(狭义的)责任学和责任伦理学、责任动力学、责任心理学、责任社会学、责任政治学、责任法律学、责任管理学、责任制度学、责任发展学等构成。

作为从属于中国伦理学史的学科,儒家责任伦理学以其独特的思想资源能够为责任学的发展提供良好的历史镜鉴,尤其是研究儒家责任伦理学有助于建构责任心学。儒家用"良知""良心""本心""善心""四心"等相关概念分析责任与义务,实质性地阐述了心志决定责任、善心是评价义务行为合理性的标准,提出了基于人的"良心"和恻怛之仁心等而使人肩负起恤民救民、利他利人、安邦定国等责任理念,这些深刻地启发我们,应该也能建立起当代中国的责任心学。从理论上围绕责任、义务与人的知、情、意的关系进行思考,西方责任伦理思想从古希腊时起就不绝如缕,但是它却缺乏儒家责任伦理心学机制思想这样的规模和深度。通过挖掘包括儒家责任伦理思想在内的中国传统责任学资源,不仅能够发展出专题性的、富有中华民族特色的责任心学,也将从总体上为建构中国乃至世界责任学提供可资借鉴的传统道德学资源。

(三)推动当代伦理学的发展

笔者认为,建构起较为系统的儒家责任伦理学,至少可以从以下层面推动当代伦理学的发展。

其一,发展伦理形态学。西方伦理学早在20世纪初就流行规范伦理、规则伦理、义务伦理、元伦理等概念,自从韦伯提出信念伦理与责任伦理之后,诸如意图伦理、良知伦理、责任伦理等时兴起来,而随着德性伦理学的复兴,德性伦理、德行伦理、角色伦理等概念日益受到追捧。在西方伦理学引进的大背景下,这些不同形态的伦理概念受到国内学界的广泛关注,特别是许多人致力于探讨信念伦理、德性伦理与责任伦理等命题,据此建构了中国特色的责任伦理学、角色伦理学和德性伦理学。20世纪80年代儒学界不少人从儒家伦理角度探寻"亚洲四小龙"(中国香港、台湾地区以及新加坡和韩国)经济腾飞的秘密,但主要局限于为了回应韦伯的关于新教伦理、儒家伦理与资本主义精神关系思想的挑战,且缺乏伦理形态的分梳,导致对儒教文化圈经济快速发展秘诀解释的说服力不够。在西方伦理学界,有人提出了"伦理类型学"的设想。作为独具民族特色的儒家责任伦理,它贯通在事前的义务性责任与事后的报应性责任、心性伦理与规范伦理、德性伦理与德行伦理之中,加强对其研究,必将为国际伦理形态理论尤其是责任伦理类型学提供独特的中国伦理智慧。

其二,完善儒家伦理学。儒家伦理学是历史上的中国伦理学的主体类型,和整个中国伦理学一样具有合法性。从形态来说,儒家伦理学兼具德性伦理学与德行伦理学,而儒家责任伦理构成了儒家德行伦理系统的有机组成部分,儒家责任伦理思想不失为儒家道德哲学的重要主题形态之一。因而,深入挖掘和阐发儒家责任伦理,不仅可以丰富儒家伦理学的内容,而且能够弥补过去一些中国伦理学史教科书在此一方面的缺欠。

其三,丰富当代世界伦理学的内容。目前,儒家德性伦理学已经得到西方伦理学界的重视,国内外学者对之进行了较为深入的探究。安乐哲虽然大力倡导儒家角色伦理学,但他没太注意到它与儒家责任伦理学的关联性。假如我们借助于探讨儒家责任伦理的内涵、类型、主体、根据、基础、条件、特征、发展、地位和价值等问题,并在致力于对儒家经典责任伦理原本义理进行合理诠释的基础上,借用西方道德责任理论的概念、范式、方法发掘儒家的责任伦理思想,定然会为世界伦理学的创新发展提供可资借鉴的中国式的伦理概念范式和话语体系。

(四) 推动当代儒学重构和发展

迄今为止,学术界相继提出了心性儒学、政治儒学、制度儒学、生活儒学、文化儒学(含艺术儒学)、进步儒学、社会儒学、生命儒学、道德儒学、人类儒学、观念儒学、情感儒学、心灵儒学、自由儒学等多种多样的儒学形态。十几年来,笔者一直在学界大力倡导社会儒学、道德儒学、文化儒学、人类儒学和生命儒学,出版了《多元一体的社会儒学》①。笔者认为儒家责任伦理学某种意义上可以称为责任儒学而从属于伦理儒学或道德儒学,它是实现儒学创造性转化与创新性发展的重要方向之一,也是当代儒学学科体系、学术体系和话语体系的有机构成。它同其他儒学形态一样各有存在的合理性,根据"多元一体"的致思理路,在"理一分殊"的理念下,彼此可以共生共进、殊途同归,从差异化方面丰富发展当代儒学。作为道德儒学的重要内容,儒家责任伦理思想不仅可以通过与其他思想之间的吸收、涵化、融会而逐渐整合为一体化的体系,给当代儒学输送新鲜血液,而且借助于它所彰显的责任之道、义务担当、权责一致、家国情怀、道义精神等,而使儒学成为当代人"精神家园"的重要成分。

四、 建构当代儒家责任伦理学的现实意义

深入挖掘与创构儒家责任伦理思想,不但能够积极推进新时代中国社会的责任伦理建设,而且可以为当前中国社会构建责任体系、建立责任制度、培植责任人格、建构责任心学、培育责任意识和塑造责任伦理提供精神资源。

(一) 构建社会责任体系

社会责任从内容来说是由责任主体、责任客体、责任目标、责任绩效、责任实现、责任反馈、责任变迁(更替)、责任追究等众多要素构成的有机体系;从类型来说,它可分为广义的社会责任和狭义的社会责任两种。狭义社会责任是指与个人责任相对应的,由社会所赋予、由社会主体所承担的生态责任(自然责任)、经济责任、政治责任、法律责任和道德责任等,而广义的社会责任则是个人责任和狭义社会责任的统一体。

社会责任体系建设已经引起了主流意识形态领域的高度重视。党的十七大报告指出要加强社会公德、职业道德、家庭美德、个人品德建设,发挥道德模范榜样作用,引导人们自觉履行法定义务、社会责任、家庭责任。党的十八大报告强调要推进公民道德建设工程,弘扬真善美、贬斥假恶丑,引导人们自觉履行法定义务、社会责任、家庭责任,营造劳动光荣、创造伟大的社会氛围,培育知荣辱、讲正气、作奉献、促和谐的良好风尚。党的十九大报告要求推进诚信建设和志愿服务制度化,强化社会责任意识、规则意识、奉献意识;文艺工作者要倡导讲品位、讲格调、讲责任,抵制低俗、庸俗、媚俗。2019年10月,中共中央、国务院印发的《新时代公民道德建设实施纲要》多达11处提及"责任",它强调培育正确的道德判断和道德责任,增强社会责任感,倡导忠诚、责任、亲情、学习、公益的理念,着力增强人们的法治意识、公共意识、规则意识、责任意识,倡导讲品位、讲格调、讲责任等。

---

① 涂可国.中华优秀传统文化大家谈·第一辑:多元一体的社会儒学[M].济南:济南出版社,2020.

党的十八大以来,习近平反复强调"责任""担当",他的每篇讲话、文章几乎都体现了责任担当意识,提出了"责任重于泰山""有权必有责""失职必追究""领导干部要敢作为、勇担当""担当起该担当的责任""强化改革责任担当""守土有责,守土负责,守土尽责""不负重托,不辱使命""我将无我,不负人民""有权必有责、用权受监督、失职要问责、违法要追究""执好纪、问好责、把好关"等一系列深刻的责任思想。

当代中国已经进入了社会责任体系全面建设的新时代,应当与经济社会的转型发展相适应,加速推进社会责任体系建设由自发向自觉、由身份向契约、由分散向整体的战略性转变。为此理应考虑从儒家的责任伦理思想中寻找有益的营养,以服务于提高社会主体的责任自觉意识,实施社会责任体系建设工程,既建立完善个人责任体系和企业社会责任体系,同时大力加强政府社会责任体系建设。

(二)建立责任制度

儒家把事前责任与事后责任相融合,既指明了个体的责任后果,即使凸显动机论伦理学的孟子也看到了"人必自侮,然后人侮之;家必自毁,而后人毁之;国必自伐,而后人伐之"①。的后果自负现象,也揭示了实施仁政制度能够称王的良好效应:"七十者衣帛食肉,黎民不饥不寒,然而不王者,未之有也。"②儒家的责任伦理思想可为构建当今的问责制提供启迪,正如顾红亮所言,从理论上辨析,问责制确立的背后是对责任观念的确证和对责任伦理的认可,问责制度直接追究的是职位责任,而背后则是对领导干部责任人格的拷问③。

1. 道德责任制度。由礼所表征的儒家责任伦理思想,启示我们要促进道德责任的规范化、制度化,根据不同领域、不同主体、不同职业、不同行业建立道德责任制度,构建合理的道德责任承诺制度、奖惩制度、追究制度、评价制度等,创建良好的道德责任规范体系,把硬约束与软约束结合起来。

2. 问责追责制度。儒家揭示了责任的责备、谴责、惩罚、追究、督促和批评等意涵,提出了"责过""改过"等理念。我们应该吸收这些注重事后问责的思想观念,建立完善各种问责制,打造责任型政府,确立每个人的权利和责任边界,推动形成责任和权力、权利相匹配。加强有效监督,对越权或不尽责的行为进行惩罚。强化责任追究,严格追究失职者、渎职者的责任,促使其承担自身失责所造成的过错,构建由定责、践责、考责、问责、追责等构成的责任链条。

3. 责任宽容制度。我们诚然要求有错必纠、有过必责,但是人非圣贤,孰能无过,更何况即便是圣贤,也有犯错的时候,因此儒家历来主张"躬自厚而薄责于人",宽容人的过失,重责己轻责人。这启示我们应当建立完善良好的容错纠错机制,对一些不是故意而是出自真心但工作中出错、犯错的人给予包容、宽容,给那些愿干事、敢干事、能干事、干成事的人撑腰鼓劲,让他们放手闯、大胆干。

(三)培植责任人格

人格是个人性格、特征、态度或习惯的统一,代表着人的尊严、价值和品格。每个社会主体既是各种权利的享受者,也是各种责任和义务的担当者。郭金鸿对道德人格及道德责

---

① 《孟子·离娄上》
② 《孟子·梁惠王上》
③ 顾红亮.儒家责任伦理的现代诠释与启发[J].河北学刊,2015,35(3):24-29.

任人格做了较为深入的研究,既揭示了道德责任人格的本质——"所谓道德责任人格就是指在长期道德实践中所形成的稳定的负责任的道德品格,表现为具有强烈的责任意识、责任情感,以及积极主动的道德行为"[①],也阐明了道德责任人格具有外在社会功能和内在个体功能[②]。在笔者看来,所谓道德责任人格,简而言之,就是具有深厚的道德责任观念,强烈的道德使命感、责任感,在实践中积极履行自己分内的道德责任,对于行为因失误和不作为所造成的不良后果敢于承担道德责任的人格。

当代中国责任人格的培植与建设:一是要培养责任主体,包括教育和培养责任公民、责任市民、责任干部、责任商人(责商)等;二是要培养责任社会组织,包括形塑责任政府、责任企业、责任社区、责任机关、责任学校等;三是要培养责任国家,使我们的国家真正成为名副其实的"负责任的大国"。作为齐国儒学与鲁国儒学交汇之地的山东省济南市十多年来大力开展"责任市民"的评选活动,很好地强化了市民的责任意识。谭焱心以"信—行—效—优"四循环模式,力主推进"责商"管理实践,建构了"1+N"的责商管理模型[③]。

儒家社会主体责任伦理思想,对于塑造领导干部道德责任人格尤其具有借鉴价值。历代儒家阐释了各种政治角色主体如"大人"与"小人"、"官"与"民"、"国人"与"野人"等的责任担当,它们对于在位的官员来说,意味着要努力确立、挺立敢于担当的责任人格,提高履责能力,锻造勇于担责、善于履责、敢于负责的责任胸怀。换句话说,领导干部建立健康的责任人格,要认识到自身担负起的社会责任,具有强烈的担当感。是否具有担当精神,是否能够忠诚履责、尽心尽责、勇于担责,是检验每一位领导干部是否真正体现了先进性的重要标尺。我们应当也可以从儒家的责任伦理思想中汲取道德智慧和政治智慧,着力培育一大批担当型的干部,促使他们工作前主动担责、揽责,工作中履职尽责,工作后遇到挫折、过失之时不推卸责任,敢于负责、勇于担责,并积极思过、改过,真正做到守土有责、守土尽责、守土负责。

(四) 培育责任意识

1. 树立伦理义务意识。对于每一个社会成员来说,社会赋予他一定的权利,就要承担与之相应的义务,道德权利与道德义务应当相适应。在现实生活中,少数人的权利感强了,责任感和义务感却淡了,在权利和责任之间出现了较为严重的倾斜,一些人只顾追求名利,拼命捞取位子、票子、房子等社会资本;有的成天无所事事、尸位素餐、不思进取,"不求有功,但求无过",缺乏强烈的事业心和远大抱负;责任"责人",权利归己,忘记了社会角色所应承担的道德责任和道德义务。借鉴儒家阐发的"己责""己任"等责任伦理观念,对于抑制无责任、无义务意识的现象,当不无助益作用。

2. 树立敢于承担道德责任的意识。吸收儒家责任伦理思想精华,从总体上有助于引导人们树立勇于担责的意识,鼓励每个人树立责任心,强化人的道德责任心。社会成员应当像儒家阐明的那样注重挖掘自己的仁心、良心、本心、善心、恻隐之心,为具备强烈的责任感和义务感提供心性基础,促使人面对自己的不作为、乱作为或渎职、失职行为导致的严重后果,感到自责,感到羞耻,感到良心不安,借以唤醒自我的道德自律心与责任心;引导众人重视存养、扩充自身的善心、仁心和良心等内在的道德心智和情感本体,把责任、义务真正内

---

① 郭金鸿.道德责任论[M].北京:人民出版社,2008:298-299.
② 郭金鸿.道德责任论[M].北京:人民出版社,2008:299-302.
③ 谭焱心.中国责商管理模式[M].北京:新华出版社,2010.

化于心、外化于行,以为能够恪尽职守、建功立业提供精神动力。与此同时,借助于发掘儒家的"责过""责己""思过""改过"等思想,有助于强化人们树立敢于承担道德责任的意识,促使那些由于严重的失误和不作为而造成严重后果的人,不仅承担法律的、政治的、经济的责任,也承担道德责任,支持社会对之进行道德谴责。

3. 有助于培养人的忧患意识。忧患意识与责任担当密切相关,一个人只有有了责任感和使命感,才会产生忧虑感;反过来,也正是当他有了忧患意识,才会形成强烈的责任心。徐复观不仅指明了忧患意识是生成先秦儒家人文主义的源头,标志着中国传统文化由原始宗教向人文主义的转化①,还指出"把一切问题的责任交给神,此时不会发生忧患意识……只有自己担当起问题的责任时,才有忧患意识"②。儒家伦理思想阐发了大量诸如"心忧天下""君子忧道""君子有终身之忧"③等忧患意识,诠解了包括对个人道德践行的忧虑和对天下之治的忧虑两方面内容,自古以来它成为范仲淹、顾炎武等广大有识之士具有强烈责任愿望、努力践行个人责任的强大精神动力。

(五)遏制权利过度膨胀

权利不仅仅是指政治法律权利,也指道德权利;而道德权利并不等于道德个人的私利,而是道德义务与道德责任得以产生和履行的前提;反过来,道德权利的行使也必须以道德义务和道德责任的践履为前提。当今权利盛行的时代,不管是现实生活中的一些人还是学术上的某些自由主义儒家,往往只讲道德化的自由、个性、公正、正当、私利等——权利优先、权利本位,而较为忽视人应尽的道德义务和道德责任。儒家诚然对权利重视不够——并非没有,如孔子讲"因民之所利而利之"④,对自由的言说不如西方思想多——并非没有,如儒家虽然强调道德自由、自在、自觉、自为,但是也凸显道德上的互负义务,但是其责任伦理思想对于抑制现代性造成的权利过分膨胀、消解极端个人主义和防止"道德绑架"具有后现代性的调剂作用。

1993年9月4日,世界宗教会议通过了《全球伦理宣言》,它从世界各大文化和宗教的道德准则中提炼出全人类都应当遵循的基本要求和道德戒律,其中的"你们愿意人怎样待你们,你们也要怎样待人""己所不欲,勿施于人"基本原则,"不可杀人""不可偷盗""不可撒谎""不可奸淫"四条古训以及珍重生命、正直公平、言行诚实和相敬互爱四项"不可取消的规则",都是人类应当履行的基本的积极道德责任或消极道德责任。1997年国际行动理事会起草了《世界人类责任宣言》。1998年,针对一些人将责任依附于权利的境况,陈来撰文指出:"人的权利被突出地个性化和理想化了,作为权利对应的义务(责任)却被淡化了。于是便有了所谓现代人的权利要求膨胀,有了人类中心主义和利己主义的恶性扩张。"⑤韩国学者李承焕也指出个体在某些不合适的情形之下如果依然顽固地坚持权利,或许会有导向"做错事的权利"或"严重麻木不仁的权利"的危险⑥。人类未来的合理选择,应当是把德性伦理与责任伦理、责任道德与责任政治有机协调起来,达至道德义务与道德权利的双方平衡。

---

① 刘越,刘鸿鹤.儒家人文主义的源头:徐复观论"忧患意识"[J].社会科学辑刊,2014(6):41-45.
② 徐复观.中国人性论史:先秦篇[M].上海:上海三联书店,2001:20.
③ 《孟子·离娄下》
④ 《论语·尧曰》
⑤ 陈来.谁之责任? 何种伦理?:从儒家伦理看世界伦理宣言[J].读书,1998(10):8-12.
⑥ 李承焕.自由主义权利与儒家的德性[J].王楷,译.江汉论坛,2013(6):38-43.

五、建构儒家责任伦理学的基本方略

建构当代儒家责任伦理学,可供选择的研究思路主要有:其一是在对义务伦理与责任伦理进行概念界定的前提下,依次探讨儒家责任伦理的内涵、类型、地位、价值、特征、主体、根据、基础、条件、机制和发展等;其二是运用道德哲学的分析框架,依据活动—目的—手段—结果的思维逻辑,从"只当如此做,不当如彼做"等道德行为维度,探讨儒家责任伦理所包含的道德合理性、道德自律、意志自由、道德责任感等论题;其三是从个人和社会的双向互动角度,阐释儒家责任伦理凸显的为己责任和为他责任,互负义务论,责任伦理与意图伦理、道德义务与道德权利的统一等问题;其四是立足于道德哲学的高度,既注重儒家大传统又注重小传统,对儒家责任伦理思想的内涵、特质、根据、基础、机制、地位、价值和实现方式深入挖掘和系统化建构;其五是借助于比较伦理学的视野,分析儒家责任伦理思想与西方道德责任论、中国传统非儒家责任伦理的同一性和差异性,以揭示其基本特质。

为更好地建构儒家责任伦理学,还应当遵循以下方法。

(一) 合理阐释

首先要注意儒家责任论的概念分梳。历代儒家提出了与义务和责任相近的众多范畴,如"责""任""事""分""职""职分""当"等,它们包含着丰富的责任伦理意蕴。要按照责任内涵、责任主体、责任对象、责任手段、责任标准、责任实践等逻辑结构,对这些范畴加以创造性诠释,深入挖掘它们的责任伦理内涵。

其次要建立儒家责任伦理学范畴体系。儒家责任伦理学要具有合理性、正当性、完整性,就必须形成由核心范畴、基本范畴和外围范畴组成的范畴体系。为此,要在吸收西方责任伦理学主要范畴的基础上,对儒家文献中使用的责任伦理概念进行梳理、提炼、归类出抽象程度较高、最为重要、最为核心的系列性概念,并加以合理性联结。根据笔者的初步整理,这两大范畴系列可供考虑和选择:一是定责、践责、考责、问责、追责、担责、逃责、诺责、任责、权责、谴责、文责、忧责、卸责、言责、纠责、尽责、苛责、薄责、斥责、官责、民责、归责、怪责、公责、负责、笃责、督责、职责、专责、己责、人责等;二是责任、责过、责善、责志、责怨、责伐、责罚、责怪、责备、责究、责难、责斥、责罪、责厉、责问、责戒、责辨、责徙、责守、责求、责上、责下、责偿、责欠、责官、责躬、责望、责言、责负、责取、责功、责令、责己、责人等。

最后要着力儒家责任伦理的义理阐释。应当根据儒家责任伦理思想的内涵、特质、根据、基础、机制、地位、价值和实现方式,对儒家提出的"躬自厚而薄责于人""仁以为己任""凡人须以圣贤为己任"[①]"责任之重,有不容己;欲为己任,又立处未充"[②]等论说所包含的义理进行解读。笔者这里特别想强调的是,对儒家责任义理的阐释必须把汉学和宋学、经典之学和义理之学结合起来,坚持历史与逻辑相统一的原则,二者绝不可偏废,同时注意命题实质意义的澄清。譬如对孔子说的"古之学者为己,今之学者为人"[③],既要注意"为人"与"为己"的合理释读,也要把它放到整个儒学历史大尺度上阐明它不过是孔子在特定语境中

---

① (宋)黎靖德.朱子语类(卷第八)[M].王星贤,点校.北京:中华书局,1994:133.
② (清)黄宗羲.明儒学案[M].沈芝盈,点校,明儒学案·卷三十三·泰州学案二.北京:中华书局,1985:755-756.
③ 《论语·宪问》

倡导的为人处世之道,包括极力推崇它的荀子、朱熹等也并没有否定儒家在另外一种意义上提倡"为人之学"。

(二) 反向格义

建构儒家责任伦理学最为重要的当然是要深入挖掘和阐发传统儒家的责任义务思想,讲清楚它的历史渊源、基本义理、主要内容、鲜明特色、独特标志、突出优势、社会基础和重要意义。但是也应当采用"反向格义"的方法,大胆借用西方道德责任理论的概念、范式、方法对儒家责任伦理思想进行诠释。一些激进文化本位主义者基于所谓的文化主体性对"反向格义"表示怀疑,认为不能用建立在学科分化基础上的西方责任伦理学去套由儒家经史子集所承载的儒家责任思想,不然就会有削足适履之嫌。笔者十分认同陈来强调的应该倡导"我注六经"、回归元典的经学致思模式,对儒家哲学进行"内在的理解"与"客观的呈现"[①],但是也认为西方责任伦理学毕竟注重概念辨析、逻辑推理、观点创新和学理建构,相对较为成熟,如果采用"反向格义"的路数阐释儒家责任伦理,加上运用"六经注我"的解释学方法,就既能使传统儒家责任伦理思想得到新的诠释、新的架构,从而焕发出新的活力、新的生命力,还能够在西方文化仍为强势文化的全球背景下实现与西方责任伦理学以至整个哲学社会科学之间的对话、交流与融通,为世界伦理学的良性发展提供中国解决方案。

(三) 返本开新

所谓"返本",是指反对"游谈无根",主张回到儒学的大本大源,回归儒家原典或文本中去寻找儒家责任伦理思想观念的真实义理,客观地理解与诠释儒家关于"责""任""义""当""罪""罚"等相关概念的内涵,搞清楚儒家的"责人""责己""己任""己责"等思想范式的真理逻辑,认真梳理不同责任、义务概念、范畴和命题之间的关系,还原儒家责任伦理的本来面貌,借以实现对体现儒家责任伦理思想的经典文本原初意义的准确把握。所谓"开新",是指儒家责任伦理思想的推陈出新。由于传统儒家责任伦理思想较为零散,也缺乏理性自觉的主体性建构,尚不具备现代学术与学科意涵上的系统责任伦理学,基于此,为构建较为完善的儒家责任伦理学,致力于"视域融合",站在儒家经典当代意义生成的角度,不仅对历史上的儒家责任义务思想进行有机整合,还紧密结合国内外实际赋予它新的时代内涵、时代生命,更要"接着讲",在扬弃的基础上注重创造性转化与创新性发展,创造出一种既与儒家传统责任思想相对接又具有新时代特点的儒家责任伦理思想新内容与新形态。

---

① 陈来."中国哲学"学科的建设与发展的几个基本问题[J].天津社会科学,2004(1):17-19.

儒家责任观与当代新儒商的责任担当

黎红雷*

摘要：儒家的责任观，从"独善其身"到"兼善天下"，体现为当代新儒商对自己、对企业、对员工、对顾客、对社会大众、对自然环境的责任担当。严于律己，是对自己的责任担当；德以治企，是对企业的责任担当；仁以爱人，是对员工的责任担当；信以立世，是对顾客的责任担当；博施于民，是对社会大众的责任担当；万物一体，是对自然环境的责任担当。当代新儒商的责任担当，对儒家责任观的创造性转化和创新性发展，做出了积极的探索，提供了有益的启示。

关键词：儒家；责任观；当代新儒商；责任担当

儒家的责任观，集中体现在孟子的这句话上："穷则独善其身，达则兼济天下。"[①]孟子主张，士人要崇尚道德，喜爱礼义，失意时不失掉礼义，得志时不背离正道。失意时不失掉礼义，所以能够保持自己的操守；得志时不背离正道，所以不会使百姓失望。失意时，能独自修养自己的身心；得志时，便使天下的人都得到好处。孟子这里说的，原本是"士人"即读书人的品质，但也可以理解为对一切仁人志士的要求。对于当代新儒商来说，从"独善其身"到"兼济天下"，则包括了对自己、对企业、对员工、对顾客、对社会大众、对自然环境的责任担当。

一、严以律己：对自己的责任担当

儒家十分重视"正己正人""修己安人"。孔子指出："苟正其身矣，于从政乎何有？不能正其身，如正人何？"[②]在孔子看来，领导者自身行为正当，就是不下命令，事情也行得通；领导者自身行为不正当，虽然三令五申，下面的人也不会服从。1985年，现代美国管理学家德鲁克为其专著《有效的管理者》一书再版作序时指出："一般的管理学著作谈的都是如何管理别人，本书的目标则是如何有效地管理自己。一个有能力管好别人的人不一定是一个好的管理者，而只有那些有能力管好自己的人才能成为好的管理者。事实上，人们不可能指望那些不能有效地管理自己的管理者去管好他们的组织和机构。从很大意义上说，管理是树立榜样。那些不知道怎样使自己的工作更有效的管理者树立了错误的榜样。"[③]德鲁克在

---

* **作者简介**：黎红雷（1952—），男，汉族，海南琼海人，中山大学哲学系教授、博士生导师，中山大学哲学博士，美国夏威夷大学比较管理哲学博士后，研究方向：企业儒学、管理哲学等。

① 《孟子·尽心上》
② 《论语·子路》
③ Drucker P F. The Effective Executive[M]. New York：Haper & Row，1985.

这里所说的"管理自己"与"领导别人"的关系,用儒家的语言来说,就是"正己"与"正人"的关系。只有"正己"方能"正人",也就是只有管理好自己才能领导好别人——古今中外的领导智慧在这一点上达到高度的统一。

当代新儒商践行儒学"修己安人"的理念,十分强调企业领导者的以身作则。在他们看来,以身作则,不是劝导他人的重要途径,而是唯一途径。这里"唯一途径"的话说得固然重了点,但是以身作则确实是树立企业文化的根本基础。企业做什么事,就怕含含糊糊,制度定了却不严格执行,最害人。一个企业立下规矩是要求其全体成员遵守的,而全体成员遵守的关键是这一企业的领导者要带头遵守。领导者既是一个组织中发号施令的人,也是这个组织中的排头兵——所有的成员都向领导看齐。在军队里,领导应该身先士卒;在企业里,管理者更应该如此。一个领导的执行力是下属执行力的上限。一个公司风气正不正,最关键的还是第一把手自己为人正不正。假如领导人有一个办大企业的目标,那么就得要求自己把事做正。

据儒家经典《礼记·哀公问》记载:有一次鲁哀公问孔子:"敢问何谓为政?"孔子的回答是:"政者正也。君为正,则百姓从政矣。君之所为,百姓之所从也;君所不为,百姓何从?"在孔子看来,"政"是一个象形字,就像一个人拿着正确的规矩去规范别人,如果掌握规矩的人本人都不"正",又怎么能够要求别人"正"呢?因此,严于律己是自我管理和领导别人的关键。儒家强调修身立仁,"非礼勿视,非礼勿听,非礼勿言,非礼勿动"①,要求领导者克制自己的欲望,培育充分的道德自觉,按照社会规范和伦理准则来约束和要求自己,从而发挥良好的榜样激励和价值导向作用。现代西方管理理论也把"自我克制""品德超人"作为领导者的特性和品质之一。当代伦理领导理论更进一步主张,合乎伦理道德的管理者,应采取影响组织道德观与行为的、合乎伦理道德的策略,亦即伦理领导在个人生活和职业活动中均表现出道德行为。作为道德型的管理者和领导者,当代新儒商通过可见的行为把自己塑造成角色楷模,设置明确的道德标准,并采取奖惩策略确保这些标准得以执行。在这样的企业里,任何一项制度在发布后都会被坚决地执行。这些制度在实施的过程中,上下都非常重视,任何一个员工都会遵守。任何人如果违反条例规定,都会自觉地去执行惩罚条例。正是这样的执行力,才使得企业的各项制度具有相当的威力,保证了各项工作都能顺利进行。就此而言,当代新儒商严于律己,无私无畏,由自我管理而具备了个人的魅力,因而也就获得了对下属的感召力,组织就有了凝聚力,企业就有了勇于进取、敢于拼搏的强大的战斗力。

二、德以治企:对企业的责任担当

"德治"是儒家治国之道的基本原则。孔子指出:"道之以政,齐之以刑,民免而无耻;道之以德,齐之以礼,有耻且格。"②其中的"道"是"引导""领导"的意思,"政"指政令,"刑"指"刑罚","德"指"德教","礼"指"礼法"。至于其中的"格"字,有多种解读,综合起来,可理解为"自我改正而真心归服"。如此,孔子原话的大意是:用政令来引导他们,用刑罚来规范他们,民众只是企求免于犯罪,内心却没有羞耻感;用德教来引导他们,用礼法来规范他们,则

---

① 《论语·颜渊》
② 《论语·为政》

民众不但有羞耻感,并且能够自我改正而真心归服。当然,儒家也并不是主张完全可以不要刑律,不要政法,只不过他们看到"教之以政,齐之以刑,则民有遁心"。为了更好地维护社会的稳定,扩大统治的基础,他们把道德教化放在国家管理的首位。显然,在儒家看来,道德比起刑法来说,更容易获得民心,从而更容易取得有效和持久的管理效果。正如孟子所言:"以力服人者,非心服也,力不赡也;以德服人者,中心悦而诚服也,如七十子之服于孔子也。"① 恃仗实力来使人服从的,人家不会心悦诚服,只是因为他本身的实力不够的缘故;依靠道德来使人服从的,人家才会心悦诚服,就好像七十多位大弟子信服孔子一样。儒家"德治"所致力的,就是这种使人"心服"的功夫。

当代新儒商践行儒学"道之以德,齐之以礼"的理念,德启善根,教化员工。他们致力于塑造新时期的工商业文明,创立独特的经营和管理机制,把社会、他人、自身利益融为一体,创造了以中华传统优秀文化为底蕴的崭新管理模式,使中国特色的社会主义核心价值观和世界级企业的管理制度融为一体,确立了中西合璧的普适性企业文化。在他们看来,中国文化的内涵就是一个"德"字。"德"是做人应有的规矩、做人最基本的属性,丢掉了这个根本,人在处理事情、处理人与社会与自然的关系的时候,无论做官、经商,还是做学问,就会出现大麻烦。以"德"为根本,每个人都会严格要求自己。

孔子指出:"君子之德风,小人之德草。草上之风必偃。"② 在儒家看来,领导者的职责就是以身作则,教化民众。管理就是教化,管理者就是教化者,管理的过程就是教化的过程。领导者受到教化就能爱护民众,民众受到教化就能发动起来,努力实现组织的目标。为此,当代新儒商提出"三为一德"的理念。第一是"为人之君",就是要有君子般的风度和君王般的责任。须知领导是一种责任,而绝不是一种简单的荣誉和待遇。企业领导者必须对企业负责,对员工负责,对社会负责,切实承担起"一家之长"的职责。第二是"为人之亲",就是要像对待亲人那样对待自己的下属。管理者对待每一位下级,都要有"如保赤子"般的感情。企业领导者对自己的员工要有亲情般的关爱,遇事替他们想一想,为他们排忧解难。这里关键是一个"诚"字。只有以亲情般的诚心对待你的下级,对待你周围的人,你的工作才会做好。第三是"为人之师",就是为人师表,率先垂范。企业文化建设,干部的以身作则很重要。你要求大家做到的,自己先要做到;要求别人不做的,自己首先不要做。在这个基础上,如果大家能够从你身上学点东西,这个境界就更高了。所以,管理干部就要加强自身的修为与学习,以便对员工进行教化。"为人之君""为人之亲""为人之师",这三句话构成了一个"德"字。在当代新儒商看来,"德"是一个领导者、一个合格的管理者的基本素质和风范。以德平天下人心,大家就会无怨无悔地跟着你走。

三、仁以爱人:对员工的责任担当

"仁爱"是儒家思想的核心。据《论语·颜渊》记载:"樊迟问仁。子曰:'爱人。'""仁爱"从哪里开始?儒家的回答是家庭的伦理纲常。孔子说:"孝悌也者,其为人之本欤?"③ 孝敬父母,友爱兄弟,是做人的根本,也是仁爱之心的起点。孟子则将儒家的仁爱之心推而广

---

① 《孟子·公孙丑上》
② 《论语·颜渊》
③ 《论语·学而》

之,扩展到整个社会大众,指出:"老吾老以及人之老,幼吾幼以及人之幼。"①甚至扩展到天下万物:"亲亲而仁民,仁民而爱物。"②从根本上说,儒家追求的是"天下一家"的理想。据《论语·颜渊》记载:孔子的弟子司马牛忧愁地说自己没有兄弟。子夏安慰他说:君子和人交往态度恭谨而合乎礼节,那么"四海之内,皆兄弟也"。沿着这一思路,北宋儒者张载提出"民胞物与"的著名命题。在他看来,天地是人类万物共同的父母,人类和万物共同禀受天地而生。所以我和天下的民众都是相互依存的血脉同胞,和天下的万物都是亲密无间的友好伙伴。在这里,已经没有所谓"家人"和"外人"、"熟人"和"陌生人",乃至"人类"与"万物"的区别。这是孔子仁爱思想的最高张扬,也是儒家家庭观的最终目标。

当代新儒商践行儒学"仁者爱人"的理念,关爱员工,服务大众。他们提出"建设幸福企业"的概念,即把企业当作"家"来爱护和经营,把所有的员工当作"家人",把社会大众当作"亲人"。第一是"人文关怀",在企业内部倡导"家"的氛围,像关爱自己的兄弟姐妹一样关爱企业的员工以至他们的父母、子女、家庭。第二是"人文教育",组织员工学习中华文化经典,教会员工懂得爱和感恩,以典范精神鼓舞人、带动人。第三是"绿色环保",秉持"4G"理念:绿色设计、绿色采购、绿色销售、绿色制造,在经营生产中践行绿色低碳,注重生态环境的保护。第四是"健康促进",开展各种主题的健康讲座,提升员工的健康意识;建立员工健康档案,让员工享受健康护理和中医养生理念。第五是"慈善公益",关爱社会上的弱势群体,与贫困地区政府协作,建设幸福校园与幸福乡村。第六是"志工拓展",鼓励员工加入志愿工作者队伍,透过内求、利他的志工精神,让所有志工有心灵上的成长。第七是"人文记录",持续记录爱的足迹,多角度记录幸福企业创建中的成长历程。第八是"敦伦尽分",倡导"人人都是君亲师"的理念,各负其责,各尽其力等。他们清醒地认识到,企业的价值在于员工的幸福和客户的感动。现代社会发展的一个重要推动力量来源于企业,企业已经成为社会的中坚力量,我们要创造一个和谐美好的幸福社会,建设幸福企业大家庭,就是一个很好的途径。

中国人是世界上最重视家庭的族群,儒家学派是世界上最重视家庭的思想学派。中国人的家庭,不仅是生儿育女的地方,而且是生产消费的组织,更是学习教育的场所。《周易·序卦》上说:"有男女然后有夫妇,有夫妇然后有父子,有父子然后有君臣,有君臣然后有上下,有上下,然后礼义有所措。"在儒家看来,家庭组织是所有社会组织的基础,家庭关系是所有社会关系的前提,家庭制度是所有文明制度的起点。受此影响,当代新儒商把公司当作"家",把员工当作"家人",自己则当好一位尽职尽责的"大家长",率领"家人"一起建设"幸福大家庭"。在他们看来,企业是"家",董事长是"大家长",董事长像父母一样关心公司高管,爱护每一位员工。管理层也会学习效仿,这就是上行下效,兄友弟恭。管理层关怀员工,员工之间也会相互关爱,像兄弟姐妹一样,彼此关心,彼此爱护,彼此协助。这样的"家",其成员并没有血缘关系,却获得了血缘家庭所具有的亲密感,实际上是一种"拟家庭化组织",是对儒家家庭观和仁爱思想的现代弘扬。

---

① 《孟子·梁惠王上》
② 《孟子·尽心章句》

四、信以立世：对顾客的责任担当

"诚信"是儒家的道德范畴。所谓"诚"，就是真实无妄、诚实不欺的意思；所谓"信"，就是心口合一、言行一致的意思。儒家创始人孔子十分重视"信"德，指出："人而无信，不知其可也。"[①]孔子的孙子子思则十分重视"诚"德，指出："诚者，物之终始，不诚无物，是故君子诚之为贵。"[②]在子思所著的《中庸》一文中，"诚"与"信"开始相提并论："在下位不获乎上，民不可得而治矣。获乎上有道，不信乎朋友，不获乎上矣；信乎朋友有道，不顺乎亲，不信乎朋友矣；顺乎亲有道，反诸身不诚，不顺乎亲矣；诚身有道，不明乎善，不诚乎身矣。"孟子沿着子思的思路，进一步明确将"诚"与"信"联系起来，说道："彼以爱兄之道来，故诚信而喜之。"[③]荀子也把"诚"与"信"结合起来，说道："诈伪生塞，诚信生神，夸诞生惑。"[④]从此，"诚信"作为一个表达"内诚于心而外信于人"的重要道德范畴，成为人们的立身之本、交往之道、治国之要和事业之基。

当代新儒商践行儒学"内诚于心，外信于人"的理念，内外兼修，塑造品牌。他们基于儒家的诚信思想，提出"人品、企品、产品，三品合一"，以员工高品行的人品，形成高品位的企品，生产出高品质的产品。这样的品牌观念，追求的是消费者百分百的安心，体现的是企业对消费者的承诺与责任，赢得的是消费者对品牌的信赖与赞誉，是一种更为高超的品牌营销学。企业要经营，要生存，要营利，经营之道是什么？《论语》里面有一句话叫"修己以安人"，表面上看好像和经营没什么关系，但事实上，这是最根本的经营之道。"修己"，有两个主体，一个是企业家自身，一个是全体员工。每一个人都要"修己"，修身心、尽本分；然后是"安人"，让人心安定。"安人"主要有两个对象群体，一个是员工，一个是顾客。如果把自己修炼好，同时把顾客、员工安顿好，企业还会不成功？还会没有利润吗？

儒家经典《周易·乾·文言》指出："君子进德修业。忠信，所以进德也。修辞立其诚，所以居业也。"讲求忠贞守信，就能增进道德；检点言辞行为、树立诚信威望，就能成就事业。《荀子·王霸》针对当时社会各个阶层而提出诚实守信的具体要求，其中提道：商人老老实实，没有欺骗行为，那么商人安业，财货通畅，国家的各种需求就能得到供应；工匠忠诚信实，就不会粗制滥造，那么器械用具就做得轻巧灵便，而资材也不会缺乏了。《孔子家语·相鲁》曾有"鬻牛马者不储价，贾羊豚者不加饰"之语，意思就是说，从事商业经营活动的人员不要违反职业道德而乱涨价和卖假货。《孟子·滕文公上》说："虽使五尺之童适市，莫之或欺。"这种"童叟无欺"的要求，成为传统商道诚实经营的思想渊源。当代新儒商发扬传统的诚信精神和职业道德，在"内诚于心"方面，将传统美德"仁义礼智信"转化为现代企业和企业员工的行为准则。"仁"就是宽容待人，关爱友善；"义"就是处事公平，维护正义；"礼"就是尊重他人，谦逊礼让；"智"就是崇尚智慧，不断学习；"信"就是诚实守信，赢得信誉。在"外信于人"方面，当代新儒商认识到：品牌的含义，就是定位品牌在消费者心目中的感觉；品牌的口碑，就是消费者对品牌的信赖与赞誉；品牌的追求，就在于消费者百分百的安心。

---

① 《论语·为政》
② 《礼记·中庸》
③ 《孟子·万章上》
④ 《荀子·不苟》

为了让消费者安心,就要真心帮助顾客解决问题,诚心站在顾客角度思考,贴心为顾客提供服务,全心关怀顾客幸福,以专业知识说服消费者,以至诚服务感动消费者,以儒家文化感染消费者,从而以自己的真诚赢得顾客。

五、博施于民:对社会大众的责任担当

"博施于民"是儒家心目中的圣人行为。据《论语·雍也》篇记载:子贡曰:"如有博施于民而能济众,何如?可谓仁乎?"子曰:"何事于仁,必也圣乎!尧舜其犹病诸!夫仁者,己欲立而立人,己欲达而达人。能近取譬,可谓仁之方也已。""仁"是孔子思想的核心范畴,子贡是孔子弟子中的佼佼者,也是儒商的鼻祖。子贡所理解的仁人的行为是"博施于民而能济众",就是广泛地给人民以好处,又能够帮助大众生活得很好。而在孔子看来,"博施于民而能济众"属于圣人的行为,而仁人只要能够做到:自己要站得住同时也要帮助别人站得住,自己要过得好同时也要帮助别人过得好,那就可以了。

必须指出的是,尽管孔子在这里就"圣人"与"仁者"的区别对子贡提出了善意的纠正,从而使得普普通通的凡夫俗子都可以接受并践行"仁"的思想,但并不是从根本上否定"博施于民而能济众"这一超凡入圣的行为境界。恰恰相反,在《礼记·礼运》篇中,孔子提出:"大道之行也,天下为公。选贤与能,讲信修睦。故人不独亲其亲,不独子其子,使老有所终,壮有所用,幼有所长,矜、寡、孤、独、废疾者皆有所养,男有分,女有归。货恶其弃于地也,不必藏于己;力恶其不出于身也,不必为己。是故谋闭而不兴,盗窃乱贼而不作,故外户而不闭。是谓大同。"在这里,所谓"不必为己"已经超越了上述"己欲立而立人,己欲达而达人"的"仁者"行为而达到"圣人"的境界;至于"不独亲其亲,不独子其子,使老有所终,壮有所用,幼有所长,矜、寡、孤、独、废疾者皆有所养",也可以理解为"博施于民而能济众"的具体措施。

事实上,儒商鼻祖子贡所提出的这种"博施于民而能济众"的观念,已经成为中国古代商人"责任观"的思想基因,而发挥着积极的影响。汉代历史学家司马迁创作了历史上第一篇商人传记——《货殖列传》,其中专门讨论了财富与道德的关系,指出:"故曰:'仓廪实而知礼节,衣食足而知荣辱。'礼生于有而废于无。故君子富,好行其德;小人富,以适其力。"君子富有了,喜欢行仁德之事,小民富有了,就把力量用在适当的地方。他为此所举的例子,一个是陶朱公范蠡:"十九年之中三致千金,再分散与贫交疏昆弟,此所谓富好行其德者也。"另一个就是子贡:"夫使孔子名布扬于天下者,子贡先后之也。此所谓得势而益彰者乎?"一个在经商致富之后回报亲人和社会,另一个在经商致富的同时支持孔子的文化教育事业,这可以说是中国古代商人"履行社会责任"的最早典型,也可以说是"博施于民而能济众"的具体体现。

受儒家思想和儒商先贤的熏陶和影响,当代新儒商自觉承担起对社会大众的责任担当。儒家主张"仁者爱人",非常强调一个人对他人的关爱与付出。其中,儒家十分关注社会弱势群体的命运,把他们的安危视为国家治理是否成功的重要标志。这些,都可以说是儒家公益慈善思想的明确表述,成为影响中国企业家公益慈善行为的"决定性的因素"。儒家是劝孝劝善,当然更深的一个层面是包括治国、社会伦理、言行举止、道德约束,等等,但是最核心的东西还是孝善,劝人们行孝、行善。这些思想在中华民族传承了两千年,经过祖

祖辈辈的口口相传,对于当代中国企业家投入慈善公益事业,带来了直接的影响。由此我们可以看到,无论是平时的扶老爱幼、扶弱解困、扶贫攻坚、慈善捐助,还是特殊时期的抗洪、抗震、抗灾、抗疫的斗争中,当代新儒商都是义不容辞、率先垂范,慷慨解囊,无私奉献。

儒家十分强调对于民众的教育,主张"建国君民,教学为先"①,把教育民众作为治国者的首要职责。据《孟子·滕文公上》描述,在尧的时代,天下还不太平,尧便提拔舜来全面治理;大禹疏通河道,百姓才能耕种收获;后稷教人民种植五谷,人民才能养育。但人们吃饱、穿暖、安居而没有教育,便同禽兽差不多。圣人又忧虑这件事,便任命契担任司徒,把伦理道德教给人民——父子讲亲爱,君臣讲礼义,夫妇讲内外之别,长幼讲尊卑次序,朋友讲真诚守信。这就是所谓"教以人伦"。

当代新儒商积极投入中华优秀传统文化的弘扬工程,将中华优秀传统文化的普及教育,作为公益慈善活动的重要内容。在他们看来,"最究竟的慈善,莫过于拯救心灵";深信"心改变,一切都将改变"。为此,他们建立国学公益教育机构,积极推动中华优秀传统文化对人心的改变,将中华优秀传统文化进社区、进机关、进企业、进校园,甚至还进"高墙"(监狱和戒毒所),从而使各个阶层的社会大众通过对优秀传统文化的长期学习,从关注自我到关注他人,从自私自利到富有公心,从问题者到受益者又逐步成为志愿者,积极参与为社会服务的各种公益活动。通过社会大众的共学,使得越来越多的人达成共识,从而更好地提升了共建共治共享的社会治理效率。通过"文以化人",构建幸福家庭、幸福企业、幸福校园、幸福社区、幸福社会、幸福人生。

六、万物一体:对自然环境的责任担当

儒家主张"天人合一"。朱熹说:"天即人,人即天。人之始生,得于天也;既生此人,则天又在人矣。"②"天"离不开"人","人"也离不开"天"。用现代的话来说,人类是天地自然中的一个物种,人类的生命起源于自然,而自然的道理又要靠人类来彰显。由此,人类对自然就承担了与生俱来的"天赋职责"。

一方面,儒家主张在天地万物中人类最为尊贵:"水火有气而无生,草木有生而无知,禽兽有知而无义。人有气有生有知亦且有义,故最为天下贵也。"③人类是万物的灵长,是天地自然在地球上所造就的最珍贵的物种,所结出的最美丽的花朵。因此人类天然地具有驾驭万物的权威和能力。"天地合而万物生,阴阳接而变化起,性伪合而天下治。天能生物,不能辨物也;地能载人,不能治人也;宇中万物、生人之属,待圣人然后分也。"④如果说天地自然的功能在于化生万物,那么人类作为天地自然化生的最高物种,其"天赋职责"则在于治理包括人类自身的天地万物。

另一方面,儒家看到了人类与万物之间密不可分的内在关系。张载指出:"民,吾同胞;物,吾与也。"⑤孟子指出:"君子之于物也,爱之而弗仁;于民也,仁之而弗亲。亲亲而仁民,

---

① 《礼记·学记》
② 《朱子语类》
③ 《荀子·王制》
④ 《荀子·礼论》
⑤ (宋)张载《张子正蒙·西铭》

仁民而爱物。"①在孟子看来,君子对于亲人、民众、万物的仁爱,尽管有差等次序,但其内在的情感却是一致的,亲爱亲人而仁爱百姓,仁爱百姓而爱惜万物。明儒王阳明进一步发挥了孟子的思想,指出:"大人者,以天地万物为一体者也。"②在王阳明看来,无论是自己的同类还是飞禽走兽,是花草树木还是砖瓦石板,都是人类仁爱之心关注顾惜的对象。这就表明,在儒家那里,人类之所以贵为万物之灵,是因为他自觉意识到并愿意承担起关爱万物的职责。

由此,儒家在人类利用万物的问题上形成了"取物而不尽物"的思想。据《论语·述而》记载,"子钓而不纲,弋不射宿"。孔子钓鱼而不用大网捕鱼,射鸟但不射晚上栖息在巢中的鸟,正体现了儒家对生物资源和自然资源有限度地利用而不是破坏性地开发的原则。如果人类对于养育自己的生物资源和自然资源,做到既取之有时而又用之有度,既发展生产而又厉行节约,那么就能够真正做到"取之不尽而用之不竭",足可以满足人类生存与发展的需要。"取物而不尽物",体现了儒家兼顾人类需要与保护自然的责任观。

受此影响,当代新儒商积极探索"天地人和"的企业可持续发展之道。在他们看来,没有天地万物则没有人类,没有人类则没有企业员工,没有企业员工何来股东?可以这样比喻:天地万物是企业的大父母,全体员工是创始股东的小父母。因此,如果企业的原始所有者拿出企业所有股权的一半以上来回馈天地万物,同时,拿出剩余的一半以上来回馈企业的全体员工,则天下大同矣!因此,他们提出"天地人和的股权改革"。具体是这样操作的:51%企业股权由创始股东捐出成立公益基金,以促进社会大众、天地万物的和谐共生,实现天人合一、大同理想的生活,随着企业的发展,社会越来越和谐。剩余之49%的51%,即约25%由创始股东捐出成立全员绩效分红股份,让全体员工分享企业的成长。最后剩余的约24%(49%的49%)为企业原始股东持有。其中属于"天"的股份收入所建立的公益基金,除了社会公益、员工福利之外,主要用来发展有机农业,让全体员工免费吃上放心的有机粮食和有机蔬菜,保障了员工的身体健康,提高了企业的劳动生产率,既保护了自然环境,又促进了企业的发展,形成了多赢的局面。

总的来看,当代新儒商对自己、对企业、对员工、对顾客、对社会大众、对自然环境的责任担当,对儒家责任观的创造性转化和创新性发展,做出了积极的探索,提供了有益的启示。

---

① 《孟子·尽心上》
② (明)王阳明《大学问》

儒家义利观新诠
——兼谈企业的社会责任

孔令宏*

摘要：儒家传统的义利观，总体上来看是重义轻利，并有把二者对立起来的倾向。联系现代社会的情况，我们对儒家传统的义利观给出了新的诠释，即先利后义、利中见义、利而不污、义利两行、义利双成。这样的义利观对我们探索现代企业的社会责任的启发是多方面的。首先，在基础层次，要妥善地处理好法律、道德与求利这三者的关系。就法律与求利的关系而言，要坚持守法求利、以法护利、以法正利的原则。就道德与法律的关系而言，要坚持以法律护伦理、以伦理提升法律的原则。就道德与求利的关系而言，应该强化自律，坚持以道德规范人心，以道德规范求利行为，把商业道德作为企业文化建设的核心内容。其次，企业应该在经营活动中落实自己应该承担的社会责任，包括经济责任、自然环境责任和社会环境责任。

关键词：儒家；义；利；道德；法律；企业的社会责任

一、儒家的义利观

儒学对伦理道德是比较强调的，甚至可以说是伦理本位的立场。其中义与利的关系是根本性的。谈到这一点，有人认为儒学只谈义不言利。这种观点看似有理，但仔细分析起来，却是一种误解。孔子确实说过"君子喻于义，小人喻于利"[①]，而且"子罕言利"[②]。但是，孔子也说过"不义而富且贵，于我如浮云"[③]，"义以生利，利以平民"[④]，主张"见利思义"[⑤]，反对见利忘义。孔子对经商的子贡是持肯定态度的。他提及过"货殖"[⑥]，说过"执鞭之士，吾亦为之"[⑦]的话，表明他并不反对通过商业活动谋求正当的利益。

孟子一方面将义、利等同于善、恶，把义、利与伦理道德直接联系起来，说："鸡鸣而起，

---

* **作者简介**：孔令宏(1969—)，男，云南弥勒人，浙江大学哲学系教授、博士生导师、哲学博士，浙江大学道教文化研究中心主任、浙江大学东西方文化与管理研究中心执行主任。主要研究方向：中国哲学、道教。

① (宋)朱熹.论语集注[M].济南：齐鲁书社，1992：35.
② (宋)朱熹.论语集注[M].济南：齐鲁书社，1992：83.
③ (宋)朱熹.论语集注[M].济南：齐鲁书社，1992：66.
④ 左传[M].杜预，集解.上海：上海古籍出版社，2015：391.
⑤ (宋)朱熹.论语集注[M].济南：齐鲁书社，1992：142.
⑥ (宋)朱熹.论语集注[M].济南：齐鲁书社，1992：108.
⑦ (宋)朱熹.论语集注[M].济南：齐鲁书社，1992：64.

孳孳为善者,舜之徒也。鸡鸣而起,孳孳为利者,跖之徒也。欲知舜与跖之分,无他,利与善之间也。"①这就把为义与为利作为道德人格的判分标准。在孟子看来,一味求利者,就是如盗跖一样的强盗、小人,专心求义者,才能成为圣人。孟子还把这一观点运用到他所提倡的"仁政"中。在梁惠王问及能否"利吾国"时,说:"王,何必曰利?亦有仁义而已矣。"②这表明他对利的忽视。他强调:"君臣、父子、兄弟去利,怀仁义以相接也;然而不王者,未之有也"③。相反,如"终去仁义,怀利以相接;然而不亡者,未之有也"④。如果要在"去义"与"去利"这两者之间进行选择,那么,只能选择后者。仅就此而言,孟子重义轻利的思想倾向何其昭然!但是,另一方面,孟子有"为民制产"之说,联系他所说的"上下交征利,而国危矣"⑤来看,孟子所反对的是损公肥私的一己之私利,并没有笼统地反对利。这表明孟子并未完全抹杀利的存在。后来,荀子发展了孔子、孟子的思想,《荀子·正名》说:"正利而为谓之事。正义而为谓之行。"⑥"事",指农、工、商等等事业,"行"指德行。利与义、事与行并言,这就清楚地说明,荀子并不反对利,而是要求利合于义。

一般认为,董仲舒是只讲义不讲利的代表。确实,《春秋繁露·玉英》说过:"凡人之性,莫不善义,然而不能义者,利败之也。"⑦仅就这一句话来说,似乎董仲舒是反对利的。但他也说过,义与利分别起到"养心""养体"的作用,这就承认了利的存在。人们往往根据董仲舒的名言"正其谊(义)不谋其利,明其道不计其功"⑧之说而认为他反对求利。但仔细分析下来,即便就董仲舒这句名言而论,也含有这样的潜台词:"未有义正而不利者,亦未有道明而无功者。"⑨也就是说,只要合于义,必能谋到利;只要合于道,必能成就功。

义与利之间的抉择首先发生于人的心中,取决于人心理活动中的价值选择。求利的活动缘于人的欲望的驱使。对此的阐发,孟子认为,"好色,人之所欲……富,人之所欲……贵,人之所欲"⑩,"欲贵者,人之同心也"⑪,肯定了人们追求"富贵"的欲望。但富贵的获得,必须以"其道得之",不应该"不以其道得之"⑫。他认识到,即使"极天下之欲,不足以解忧"⑬。所以,应该"欲而不贪"⑭,对欲望进行节制。在这个基础上,他提出了"养心莫善于寡欲"⑮的观点。荀子认为,"饥而欲食,寒而欲暖,劳而欲息"⑯,"好荣恶辱,好利恶害,是君子

---

① (宋)朱熹.孟子集注[M].济南:齐鲁书社,1992:196.
② (宋)朱熹.孟子集注[M].济南:齐鲁书社,1992:1.
③ (宋)朱熹.孟子集注[M].济南:齐鲁书社,1992:175.
④ (宋)朱熹.孟子集注[M].济南:齐鲁书社,1992:174.
⑤ (宋)朱熹.孟子集注(第1篇)[M].梁惠王章句上.济南:齐鲁书社,1992:1.
⑥ 荀子(第22篇)[M].方达,评注.正名.北京:商务印书馆,2016:391.
⑦ 春秋繁露(第4篇)[M].曾振宇,注说.玉英.开封:河南大学出版社,2009:147.
⑧ 汉书(下册卷56)[M].陈焕良,曾宪礼,标点.董仲舒传.长沙:岳麓书社,2007:966.《春秋繁露》中为"正其道不谋其利,修其理不急其功"。(春秋繁露(第32篇)[M].曾振宇,注说.对胶西王越大夫不得为仁.郑州:河南大学出版社,2009:252.)
⑨ 蔡仁厚.新儒家的精神方向[M].台北:台湾学生书局,1982.
⑩ (宋)朱熹.孟子集注[M].济南:齐鲁书社,1992:127.
⑪ (宋)朱熹.孟子集注[M].济南:齐鲁书社,1992:169.
⑫ (宋)朱熹.论语集注[M].济南:齐鲁书社,1992:31.
⑬ (宋)朱熹.孟子集注[M].济南:齐鲁书社,1992:128.
⑭ (宋)朱熹.论语集注[M].济南:齐鲁书社,1992:200.
⑮ (宋)朱熹.孟子集注[M].济南:齐鲁书社,1992:220.
⑯ 荀子(第4篇)[M].方达,评注.荣辱.北京:商务印书馆,2016:52.

小人之所同也"①。为此,应该"养人之欲,给人之求"②,使人们的欲望得到有限度的满足。董仲舒肯定人的欲望与仁一样,为人所具有③,认为人生"不得无欲",但又"不得过节"④。就义而言,如果要真正左右人的思想并最终影响到人的行动的选择,就必须落实到人的心中,形成道德的自律意识。但如果仅仅靠自律,则对修养高的少数人或许是有效的,但对绝大多数人而言,自律的效果微乎其微,往往是利战胜义而不是相反,所以义即道德必须转化为社会或某一职业阶层共同遵循的伦理规范,违背了它就要受到舆论的谴责。这两个方面联系起来,就是道德既要有自律的性质,也要有他律的性质。

  借鉴于道家天道自然的观念形态和"理"的范畴,《礼记·乐记》说:"人生而静,天之性也;感于物而动,性之欲也。物至知知,然后好恶形焉。好恶无节于内,知诱于外,不能反躬,天理灭矣。夫物之感人无穷,而人之好恶无节,则是物至而人化物也。人化物也者,灭天理而穷人欲者也。"⑤这就把道德的自律与他律两方面综合起来,用"天理"这一概念体现出来了。但《乐记》没有从形而上的层次对此进行严密的理论论证。以朱熹为代表的宋代理学家用"理"这一本体论的范畴来表达这一理论发展的需求,并把义与公、利与私联系起来,把儒家的义利观深入到了理、欲的层次。朱熹对义、利均从天理的角度作了定义。他认为"义者,天理之所宜"⑥,这是从本体论哲学的高度对义的强势肯定。那什么是天理呢?朱熹从三个层次来进行理解。在形而上的层次,他说:"所谓天理,复是何物?仁、义、礼、智岂不是天理?君臣、父子、兄弟、夫妇、朋友岂不是天理?"⑦在伦理道德的层次,他把天理与善联系在一起。天理本无所谓善恶,但若从形而下的角度来看,它只能是善:"性即天理,未有不善者也。"⑧善恶的处理必须落实到心。从这个角度,朱熹认为,天理还是"心之本然":"盖天理者,此心之本然,循之则其心公且正。"⑨在朱熹看来,"心之本然"是指"心"未有思虑之萌和遇物而感时的未发状态。此时,心中浑然"天理",而无一丝人欲之杂。"盖此心本自如此广大,但为物欲隔塞,故其广大有亏;本自高明,但为物欲系累,故于高明有蔽。"⑩心为物欲隔塞、系累,其本然状态不复存在,也不再有虚通畅达、广大、高明的功能。本心即天理。"人人得其本心以制万事,无一不合宜者,夫何难而不济?"⑪与天理的内涵相应,朱熹把义的理解从形而上的原理落实到形而下的实用层次,说:"义者,心之制,事之宜也。"⑫也就是说,义就是在心的制约作用下应对事物的合宜性。

---

① 荀子(第4篇)[M].方达,评注.荣辱.北京:商务印书馆,2016:50.
② 荀子(第19篇)[M].方达,评注.礼论.北京:商务印书馆,2016:331.
③ 春秋繁露[M].曾振宇,注说.开封:河南大学出版社,2009:266.
④ 春秋繁露[M].曾振宇,注说.开封:河南大学出版社,2009:203.
⑤ 乐记(第1篇)[M].吉联抗,脚注;阴法鲁,校订.乐本篇.北京:人民音乐出版社,1958:6-7.
⑥ (宋)朱熹.论语集注(第4篇)[M].里仁.济南:齐鲁书社,1992:35.
⑦ 朱熹集(第5册卷59)[M].郭齐,尹波,点校.答吴斗南.成都:四川教育出版社,1996:3045.
⑧ (宋)朱熹.孟子集注(第11篇)[M].告子章句上.济南:齐鲁书社,1992:156.
⑨ 朱熹集(第2册卷13)[M].郭齐,尹波,点校.延和奏劄二.成都:四川教育出版社,1996:514.
⑩ (宋)黎靖德.朱子语类(第1册12)[M].杨绳其,周娴君,点校.学六.长沙:岳麓书社,1997:181.
⑪ 朱熹集(第7册卷75)[M].郭齐,尹波,点校.送张仲隆序.成都:四川教育出版社,1996:3936.
⑫ (宋)朱熹.孟子集注(第1篇)[M].梁惠王章句上.济南:齐鲁书社,1992:1.

朱熹认为,利即"人欲之私"①。什么是人欲呢?他认为,人欲是为"嗜欲所迷"②:"不为物欲所昏,则浑然天理矣。"③人欲就是被物质欲望所蒙蔽或迷惑而产生的恶念,是过分的欲望。与伦理道德联系起来考虑,朱熹认为,人欲是"恶底心":"众人物欲昏蔽,便是恶底心;及其复也,然后本然之善心可见。"④"恶底心"意味着心有不好之处。所以,朱熹进而认为,人欲还是心的毛病。"人欲者,此心之疾疢,循之则其心私且邪……私而邪者劳而日拙,其效至于治乱安危有大相绝者,而其端特在夫一念之间。"⑤人欲就是心有毛病,偏离了心的本然状态,虽也在工作,但事倍功半,没有生机,没有活力,甚至会造成危乱的恶果。相反,"公而正"的心"逸而日休"⑥,充满生机和活力,虽然工作却不会疲惫,而且能够取得事半功倍的治、安的结果。朱熹认为,利"生于物我之相形"⑦,是物我相计较以后产生的。"才有欲顺适底意思,即是利。"⑧从心理动机来说,利就是对顺畅舒适的追求。这是面临物质利益时人的选择和价值判断,这涉及人与自然的关系,也涉及作为价值判断标准的义,即天理。

至于天理与人欲的关系,朱熹等理学家明确主张"存天理灭人欲",事实上还是在重义轻利的传统下把义与利对立起来了。

二、 儒家义利观新诠

正统儒家的义利观虽然并没有完全否定利,但对求利毕竟还是持贬抑的态度。所以,即使在儒家阵营内也不是没有反对的声音。如陈亮与朱熹曾经反复进行义利王霸之辩。陈亮认为义利不应该对立,可以双行,主张"功到成时,便是有德。事到济处,便是有理"⑨。与陈亮同时的叶适也反对崇义非利的片面观点,认为"后世儒者,行仲舒之论,既无功利,则道义者乃无用之虚语尔"⑩。清代的颜元也把计功谋利视为是正当的,说:"世有耕种而不谋收获者乎?世有荷网持钩而不计得鱼者乎?抑将恭而不望其不侮,宽而不计其得众乎?"⑪他主张:"以义为利,圣贤平正道理也。""义中之利,君子所贵也。"⑫为此,他把董仲舒的"正其谊(义)不谋其利,明其道不计其功"改为"正其谊(义)以谋其利,明其道而计其功"⑬。所以,总体看来,在义与利的价值取向上,儒家更重视义,但并不因此而泯灭利。儒学并不是不谈利,而是主张获得利益的动机要纯正、手段要正当,即必须符合道德规范。就求利的手段而言,这已经在民间形成了俗语:"君子爱财,取之有道。"儒家还倡导在商业中诚实待人,

---

① (宋)朱熹.孟子集注(第1篇)[M].梁惠王章句上.济南:齐鲁书社,1992:2.
② (宋)黎靖德.朱子语类(第1册卷8)[M].杨绳其,周娴君,点校.学二.长沙:岳麓书社,1997:121.
③ (宋)黎靖德.朱子语类(第1册卷13)[M].杨绳其,周娴君,点校.学七.长沙:岳麓书社,1997:200.
④ (宋)黎靖德.朱子语类(第3册卷71)[M].杨绳其,周娴君,点校.易七·复.长沙:岳麓书社,1997:1613.
⑤ 朱熹集(第2册卷13)[M].郭齐,尹波,点校.延和奏劄二.成都:四川教育出版社,1996:514.
⑥ 朱熹集(第2册卷13)[M].郭齐,尹波,点校.延和奏劄二.成都:四川教育出版社,1996:514.
⑦ (宋)黎靖德.朱子语类(第1册卷13)[M].杨绳其,周娴君,点校.学七.长沙:岳麓书社,1997:203.
⑧ (宋)黎靖德.朱子语类(第1册卷13)[M].杨绳其,周娴君,点校.学七.长沙:岳麓书社,1997:203.
⑨ 宋元学案[M].缪天绶,选注.上海:商务印书馆,1928:340.
⑩ (宋)叶适《习学记言》景印文渊阁四库全书(第849册)卷23.
⑪ (清)钟錂.颜习斋先生言行录(第14篇)[M].教及门.北京:中华书局,1985:43.
⑫ (清)颜元.颜习斋先生四书正误(卷1)[M].续修四库全书(第166册).上海:上海古籍出版社,1996:5.
⑬ (清)颜元.颜习斋先生四书正误(卷1)[M].续修四库全书(第166册).上海:上海古籍出版社,1996:5.

如荀子所说:"商贾敦悫无诈,则商旅安,货通财,而国求给矣。"①这些思想,无论对古对今,还是对中国和任何国家,都是适用的。这是人类社会健全发展的基本原则。被称为"日本企业之父"的涩泽荣一就是根据这一点提出了"道德与经济合一"的思想(即"论语加算盘")。他把《论语·里仁》所说的"富与贵,是人之所欲也;不以其道得之,不处也"②作为经商办企业的原则,主张致富要讲信义道德。松下集团1970年创办的松下商学院通过开设《大学》《论语》《孝经》等商业道德课程而确立了"经商之道在于德"的教育方针:"明德",竭尽全力身体力行实践商业道德;"亲民",至诚无欺保持良好的人际关系;"至善",为实现尽善尽美的目标而努力。总之,上述思想可概括为"见利思义""义利双行"③。一部分人主张,儒家思想对于东亚经济的繁荣发展是起了推动作用的。这就内含有儒家思想推动了东亚商业发展的意思。新儒家也主张,"义以导利(利的善化)","利以合义(义的落实)",企业可以凭据儒家思想做到"义利双成"④。这就说明,儒家思想对现代社会仍然具有莫大的价值。

但是,我们要看到,儒家的伦理观并不是没有缺陷的。儒家强调义的价值引导性,故而往往不自觉地把义的产生归功于圣人,把义视为先验的东西而灌输给人,忽视了义的实践性,即义在个体人格中长成的过程。人的生存和发展离不开求利,因而义应在利中得到完善、丰富和验证。我们认为,儒家义利观在今天的运用应该相对地划分为四个阶段或层次:

首先,先利后义。《论衡·治期篇》指出:"'仓廪实,民知礼节;衣食足,民知荣辱。'让生于有余,争起于不足。"⑤义的规范、制约作用必须有其得以发生的条件。人只有在基本的生存需要能够得到满足的前提下才有可能遵循和追求道义。"富而教之",重视人文化成也是儒家的一贯思想。

其次,利中见义。在商业活动超越了生存的需要之后,人们从事它的目的就主要是获得社会的承认。获得社会的承认,就意味着必须符合社会公众的评价标准,符合社会公众的价值观念、思想主流、道德规范、情感品位等。这样,在求利经商获得中自然就发现了义,知道了遵循义的重要。

再次,利而不污,义利两行。有一种观点认为,在现代条件下,道德不应该干预市场经济,市场经济有其自身的规律。这是一种值得商榷的观点。市场经济的内核,确实是以最少的成本获得最大的收益。但市场经济的运作,最基本的规律就是等价交换的价值规律。由价值规律引申出来,它的原则就是公开、公平、公正。这就体现了伦理道德的涵蕴。何况,市场经济的运作必然落实到每一个参与市场交换的人员,市场经济的运作必须由这些具体的个人来操作。这些具体的个人同样不能没有道德。此外,市场经济是在文化环境中运作的,脱离文化环境而能独立运作的市场经济是不存在的。在文化理念上,市场经济是以效率性、工具理性和技术性为基础的。如果一个社会纯粹地实行这些理念,则这个社会必定过分机械、严苛、冷酷甚至残忍,这是与人的本性不相符合的。单纯的市场经济是不可能作为社会运行的唯一机制的。因为市场经济具有目标选择的盲目性、利益获取眼光的短

---

① 荀子(第11篇)[M].方达,评注.王霸.北京:商务印书馆,2016:206.
② (宋)朱熹.论语集注(第4篇)[M].里仁.济南:齐鲁书社,1992:31.
③ 李锦全.李锦全文集(卷1)[M].中国传统价值观的现代思考.广州:中山大学出版社,2018:95.
④ 蔡仁厚.中国哲学的反省与新生[M].台北:正中书局,1994:123-126.
⑤ (东汉)王充.论衡(卷17)[M].治期第五十三.上海:上海人民出版社,1974:274.

视性(即以短期利益为主,忽视中长期利益)、利益获取的自私性(市场经济的主体都是一个个具体的企业和个人,他们首先想到的是本企业、个人自己的利益,对社会公共工程不感兴趣,忽视社会公共利益)。即便在西方发达国家,对市场不干预的政策早在1929年的经济大萧条时期就被抛弃,代之以政府对市场运行进行积极干预的凯恩斯主义。也就是说,市场经济是覆盖全社会的基础力量,但这并不否定它应该在一定程度上与宏观调控相结合,从而促进整个社会的健全的可持续发展。为此,只能实施"效率优先,兼顾公平"的原则。总之,市场经济的文化理念和社会宏观调控的需要都决定了需要伦理道德作为润滑、调节市场经济运作的补充规范。这就说明,义与利都有存在的价值和必要。所以,义利必须两行。唯利无义,去义存利,就是"拔一毛而利天下,不为也"[①],"一切向钱看"。就社会的健全发展而言,应该把义、利辩证地结合起来。既有义又有利,才全面。当义利发生矛盾时,"义"为上,"利"为下。但只是讲义也不够,一个人只靠思想不能当饭吃,只讲道德、理想不讲物质利益,这种"左"倾的观点和做法在我们国家过去的教训已经够深刻了。取得利要靠诚实的劳动,非法得利的情况必须通过依法治国、依法行政来有效地消除。不道德的得利也要通过体制的完善和社会监督机制来予以消除。"己所不欲,勿施于人"是儒家处理人我关系的两条基本原则之一。《礼记·大学》说:"货悖而入者,亦悖而出。"[②]用不正当的手段得来的财物,也会被别人用不正当的手段拿去。在这方面,徽商运用儒家思想为我们树立了榜样。他们认为:"狡诈求生财者,自塞其源也","以义为利,不以利为利"[③],自当广开财源。义利两行是客观的现象。知道了义的重要,并不等于就能付诸行动。知而不行,知行脱节是常见的现象。但是,知道了遵循义的重要,毕竟可以在很大程度上阻抑不义的行为发生的可能性。

最后,义利双成,这包含义以导利、利以义制、利而合义三个方面的含义。义决定着人们能否有效地追逐利益。商业活动作为社会生活的一个重要组成部分,必然会受到各种社会准则、习俗和道德义务的制约。"己欲立而立人,己欲达而达人"[④]是儒家处理人我关系的两条基本原则之一。这条原则的意义在于,遵循义或许会在一两次商业活动中丧失短期利益,但从长远来说,必定能获得更大的利益,更为重要的是,遵循义有利于形成大型企业组织,从而增强企业的竞争力。徽商以诚实取信于人,且多行义举,在其家乡及其聚集的侨居地实现余缺互济的道义经济,所以他们的发展很快。

义表征着人的思想道德素质,也是人的精神境界高低的表现。社会上职业、受教育程度、人生经历等不同的人,他们的思想道德素质和境界也有高低不同的区别。对他们的义的要求必须适应这种差别,并与他们求利的实际情况结合起来。此外,义的实施需要有与之配套的社会环境。对得利而先富起来的人,要创造环境使他们越富越爱国,积极资助、支持教育、文化等社会福利和公益事业,不可为富不仁。总之,义、利对不同的人,不同的地区有不同的要求,要以义统利,发展和促进利的增长。

---

① (宋)朱熹.孟子集注(第13篇)[M].尽心章句上.济南:齐鲁书社,1992:196.
② (宋)朱熹.四书集注[M].长沙:岳麓书社,1987:17.
③ 王文治,等.中国历代商业文选[M].黟县三志·舒君遵刚传(节选).北京:中国商业出版社,1992:430-431.
④ (宋)朱熹.论语集注(第6篇)[M].雍也.济南:齐鲁书社,1992:59.

三、从儒家义利观看企业的社会责任

企业社会责任是指企业在创造利润,对股东和员工承担法律、经济责任的同时,还要承担对消费者、社区和环境的责任。这就是说,企业不能把追逐利润作为唯一的目标,还应该关注人的价值,对消费者、社会、环境应该做出力所能及的贡献。

儒家义利观对我们当代探索企业的社会责任的启发是多方面的。首先,在基础层次,要妥善地处理好法律、道德与求利这三者的关系。

就法律与求利的关系而言,要坚持守法求利、以法护利、以法正利的原则。对于当前市场经济中存在的坑、蒙、拐、骗和假、冒、伪、劣等问题,有人认为,不完全是道德问题,大部分可以纳入法制的轨道,即所谓道德的法律化。确实,市场经济的规范运作必须以法律为准绳。法律必须适应市场经济的运作需要,与之相吻合、配套。法制是最基本的要素。但实际上,我们现在固然也有立法方面的问题,如法律不健全、既有的法律与变化了的实际情况不相符等问题,但总的看来,最重要的是没有依法行政的问题,表现为有法不依、执法不严、违法不究、以情代法、徇私枉法、以权压法等等。这与执法者个人的道德修养应该说也是有关的。这就说明,法律毕竟不能完全代替道德。

儒家思想是比较重视法律的,以至于有"阳儒阴法"之说。但是,从内容上说,儒家最重视的是刑法,而不是民法、商法。这当然主要是受古代自然经济等环境因素的制约所致。现代应该纠正这一缺陷。

儒家强调每一个人都具有与生俱来的相同本性,这可引申出法律面前人人平等的思想涵蕴。"内圣"强调个人的内心自觉,"外王"强调维持社会正常的良性秩序,儒家重视观念的改变和教育,这些都对我们今天的法制建设有启发意义,有利于法制的推行。儒家把道德、法律施行的重点放在每一个人的内心自觉。这一观念直到今天仍然有巨大的价值。我们可以利用它,启发公民和企业把法律作为保障自己权利的工具去自觉地享有、使用与遵守。把法由外在规范转化为内在价值取向是可能的。这是因为,现代社会联系的广泛性固然为个体提供了更多的选择并得以建立起自主性,但另一方面,现代社会分工的细密性又使个体对他人(别的企业)与社会更加具有依赖性。正是这种更加不可摆脱的依赖性使个体更加需要法律作为最基本的游戏规则和规范来调节个体之间的行为,更加需要容纳他人、其他企业与社会,更加需要培植起人性、人道主义精神、群体意识、社会意识和义务感。

利用儒家思想来推行法制建设的目的,是要靠法律来保护公民的合法权益,用法律来惩罚那些违法的求利活动、求利者,用法律来威慑、阻抑违法的商业行为的发生或将其恶果降低至较小程度,使所有商业行为均做到守法求利。

就道德与法律的关系而言,要坚持以法律护伦理、以伦理提升法律的原则。儒家对道德的高度重视启发我们,要从最普遍的公民的实际出发,着眼于最低层次的生存活动,以生存理性来解决问题,着眼于最低层次的人心秩序、行为秩序、公共秩序,即法制和人权。法律既然是最低层次的社会规范,也就意味着它是最强有力的、强制性的规范,是覆盖全社会的普遍适用的规范,是任何一个社会公民、任何一个社会组织都必须遵循的基本规范。这同时意味着,法律可以对比它高一个层次的、立于它之上的道德规范起到基础性的保护作用。

道德作为比法律高一层次的社会行为规范,要自觉地与法律相吻合,并把法律的精神实质进行升华,使它能够在法律的强制性约束作用所不能、所不宜起作用的地方发挥规范、引导作用,使它转化为社会公共道德和职业道德的具体规范;同时,使得对社会公共秩序的维持和守护由外在强制为主转化为以自觉遵循为主、舆论监督为辅。

就道德与求利的关系而言,应该强化道德的自律功能,坚持以道德规范人心,把伦理评价和道德监督渗透到企业求利行为的事前、事中、事后的全过程,企业应该把商业道德规范具体落实到各项规章制度中去,把商业道德作为企业文化建设的核心内容,形成风清气正的企业文化氛围,鼓励员工自觉遵守商业道德规范。企业的管理者,尤其是企业负责人,还应该在道德的基础上提升文化涵养,提高精神境界。

儒家义利观对我们当代探索企业的社会责任的启发,还应该考虑企业的经济责任、自然环境责任和社会环境责任。

企业的经济责任即企业通过符合法律、商业道德规范的商业活动追逐正当、合理的利润,为股东和员工负责。"在商言商",追逐利润,这是企业建立的初衷,也是企业得以存在和发展的前提。从企业社会责任的角度来看,无非就是强调产品要货真价实,经营活动要遵守法律,遵守商业道德,因为这二者都具有社会性,如果违背了,就会给企业造成消极、负面的社会后果。

企业的自然环境责任即企业对资源和自然环境的可持续发展负有责任。儒家的核心观念是"天人合一",强调珍惜资源,农业等活动应该遵循春生、夏长、秋收、冬藏的自然规律。这其实也是"义"的部分内容。现代企业落实自然环境责任表现在:对环保问题未雨绸缪,在项目的可行性研究阶段即应该考虑到环境污染的防治,积极推进环保技术的开发与普及,主动革新技术,采用绿色技术,减少生产活动各个环节对环境可能造成的污染,降低能耗,节约资源,降低企业生产成本,使产品价格更具竞争力。企业应该切实贯彻循环经济的理念,与其他相关企业集成配套,与社区共同建设环保设施,保护社区及其他公民的利益。除了设计、生产阶段要贯彻绿色经济理念,在销售阶段也要使用可降解材料制作包装,简化包装,回收包装,防止包装废弃物造成环境污染。

企业的社会环境责任,古代主要表现在修路架桥、救济贫病、救灾、劝善、助学等方面。现代企业的表现比这要丰富得多,主要是:其一,企业参与社会治理的责任,即企业要遵守国家的法律法规,照章纳税,接受政府的监督和管理。其二,企业对股东的责任,即企业应该遵守相关规定,向股东提供真实、可靠的经营、投资信息,对股东的资金安全和收益负责,尽力给股东以丰厚的投资回报。其三,企业对员工的责任,即企业必须在工作时间内,在工作场地保护职工的生命、健康,确保员工的待遇,关注员工的地位和满足感,促成员工与企业同步成长。其四,企业对消费者的责任,即消费者向企业购买产品和服务,企业才能获得利润。所以,提供物美价廉、安全、舒适、耐用的商品和服务,满足消费者的物质和精神需求,企业才能得以生存。为此,企业对消费者的责任表现在,企业必须按照相关规范和标准生产产品和提供服务,对产品和服务的质量承担责任,自觉接受政府和公众的监督,履行承诺,不得欺诈消费者和谋取暴利。其五,企业对社区的责任,即企业应该对社会环境的变化做出及时反应,积极参与社区活动,尽可能为社区提供就业机会,为社区的公益事业提供慈善捐助。这可以产生广告效应,提升企业的社会形象和消费者的认可程度,提高市场占有率。其六，企业的社会公益和慈善责任，即企业的利润来源于社会，所以，通过适当的方式把利润中的一部分回报给社会是企业应尽的义务。企业应该尽可能做大做强，积极扩大企业吸纳就业的能力，尽可能参与医疗卫生、教育和文化等方面的公益慈善事业。大中型企业应该积极参与贫困地区的资源开发，适当帮助落后地区发展医疗卫生、教育和社会保障事业。这既可扩展企业的生产和经营，获得新的增长点，又可缓解贫困地区资金的不足，消除当地劳动力和资源的闲置，帮助当地脱贫致富，从全社会来说，可以缓解贫富差距，消除社会不安定的隐患。

中国哲学的认知与悟道
——以朱子格物致知为中心

朱人求*

摘要：在朱子的思想世界里，格物致知并非西方意义上的知识论，而是一种工夫论，是为学的起点、为道的起点、成圣的起点，是朱子理学的"第一义"。"格物"指理而言，是零碎地单个地去求理；"致知"则是指心而言，是从整体上对理的认知。格物致知就是合内外之道，即外在之"理"与内在之"心"合二为一。格物致知所展现的认识论本质上是一种工夫认识论，它以工夫为认识的起点，以悟道为归宿，所获得的知识是指导工夫实践的知识，与西方哲学中的真理认识论有着本质的区别。

关键词：格物致知；工夫认识论；豁然贯通；悟道；合内外之道

中国哲学的认知传统与中国哲学的悟道之旅总是紧密地结合在一起，朱子的格物致知理论最能体现中国哲学的认知与悟道的统一。朱子集宋代儒学之大成，格物致知乃朱子思想之基础与核心。有学者认为，朱子的格物致知论有似于西方的知识论传统[①]。其实，在朱子的思想世界里，格物致知并非西方意义上的知识论，而是一种通向"悟道"的工夫论，是为学的起点、为道的起点、成圣的起点，也是朱子理学建构的起点，朱子理学的"第一义"。通过格物所得到的道理朱子称之为"实理"，它不是悬空的，而是落实在具体事物之中的道理，是确定、切己、实行之理。格物致知最终所达到的事物之表里精粗、吾心之全体大用的认知，本身就是一种彻悟性的认知，即达到对最高天理的心领神会——进入悟道的境界。格物致知工夫所展现的认识论本质上是一种工夫认识论[②]，它以工夫为认识的起点，以悟道为归宿，所获得的知识是指导工夫实践的知识，重视知行合一，以行为目的，指向行为的是非善恶，与西方哲学中的真理认识论有着本质的区别。

---

* 作者简介：朱人求，厦门大学哲学系教授，厦门大学人文学院副院长、国学院副院长，中华朱子学会副会长，朱子学会秘书长，主要从事朱子学与中国哲学研究。

① 如牟宗三，其《心体与性体》认为，朱子格物致知说不仅将形而下之物对象化，而且把形而上的实体依对象化加以处置，这是一种泛认知主义。冯先生在晚期《中国哲学史新编》指出，尽管朱子的格物说在性质上属于道德修养论，但是"格物致知补传"将原本不同的知识和境界扭合在一起，在理论上难以成立。乐爱国《朱子格物致知论研究》也认为格物致知为知识论。随其朱子学研究的不断深入，在很多场合，乐老师公然放弃了这一观点，认同格物致知是工夫论而非知识论。

② 朱子格物致知工夫所展现的认识论既包括山川草木之知，也包括道德认知。在本质上，朱子更重视道德认知，因而，在本质上，朱子的格物致知是一种兼顾真善而以求善为目标的工夫认识论。

一、格物致知是《大学》第一义

何为"第一义"?"第一义"最早源于佛学,指佛学的最高真理。"第一义者,圣智自觉所得,非言说妄想觉境界。"①"一切诸法皆是虚假,随其灭处,是名为实,是名实相,是名法界,名毕竟智,名第一义谛,名第一义空。"②"理极莫过,名为第一。深有所以,目此为义。"③慧远云:"第一义者,亦名真谛。"④相对于俗谛之有、差别、可说、相对性而言,"第一义谛"亦名"第一义空",它是平等的、不可言说的、绝对的。在佛老的思想世界里,"第一义"皆不可说⑤。在朱子看来,"格物致知是《大学》第一义,修己治人之道无不从此而出"⑥。把"格物致知"视为"第一义",它可知可说亦可行,既是起点又是终点,这是朱子对"第一义"的儒学解答,也是朱子对"格物致知"学说的创新与发展。

格物致知⑦是为学的起点,是为道的起点,也是成圣的起点。朱子一生尤致力于《大学》,自称平生精力皆在此书,因为《大学》是进入圣贤的门户,而格物致知又是《大学》最初用功的地方。"为学之初,在乎格物。恪。"⑧"《大学》是圣门最初用功处,格物又是《大学》最初用功处。"⑨格物不仅是《大学》八条目的起点,也是学者开始学习开始进入圣贤大道的起点。格物致知乃《大学》之精神旨趣,是"第一义",儒家的修己治人之道都从这里生发出来。朱子认为,读书应从《大学》开始,首先立定一个规模,打下坚实的基础;再读《论语》,立定为人为学的根本;再读《孟子》,观其发展与超越;然后才读《中庸》,去体会古人精神的微妙之处。《四书》是六经的浓缩精华版,六经的精神都体现在这里,而《大学》则是六经之浓缩精华⑩。

为学的目的在于成圣。"人多教践履,皆是自立标置去教人。自有一般资质好底人,便不须穷理、格物、致知。此圣人作今大学,便要使人齐入于圣人之域。榦。"⑪圣人创作《大学》的目的就是要所有人都能超凡入圣,一起进入圣人的境域,其中最为关键的地方就在于"格物"二字。简言之,格物致知是成圣的重要关口。怪不得朱子反复宣称,格物致知是凡圣关,是梦觉关。"《大学》物格、知至处,便是凡圣之关。物未格,知未至,如何杀也是凡人。

---

① (宋)释正受.楞伽经集注(卷二)[M].上海:上海古籍出版社,1993:36.
② 涅槃经[M].林世田,等点校.昙无谶,译.北京:宗教文化出版社,2001:765.
③ 胜鬘经·胜鬘宝窟[M].尹邦志,释读.上海:上海古籍出版社,2015:131.
④ (隋)慧远.二谛义两门分别.大乘义章(卷一)[M].大正藏(44册).
⑤ "第一义者名无众生,无众生义者名不可说,不可说义者即十二因缘义,十二因缘义者即是法义,法义者即是如来。"[大方等大集经(卷二)[M].(北凉)昙无谶,译.上海:上海古籍出版社,1997:22上栏.]"道可道,非常道。"(朱谦之.老子校释[M].北京:中华书局,2000:3.)
⑥ 朱文公文集(卷五八)[M].答宋深之(五)//朱子全书(第23册).上海:上海古籍出版社;合肥:安徽教育出版社,2002:2773。
⑦ 关于格物致知,陈来先生有一个精当的界定。他指出,在朱熹看来,所谓"格物"包含三个要点,第一是"即物",第二是"穷理",第三是"至极"。(陈来.朱子哲学研究[M].上海:华东师范大学出版社,2000:285.)朱熹所说的"致知"只是主体通过考究物理,在主观上得到的知识扩充结果。……仅就"致知"的本身意义来说,指扩充、充广知识。……知至指致知的终极境界而言。(陈来.朱子哲学研究[M].上海:华东师范大学出版社,2000:288-290.)
⑧ (宋)黎靖德.朱子语类(卷十五)[M]//王星贤,点校.朱子全书(第14册).北京:中华书局,1986:473.
⑨ 朱文公文集(卷五八)[M].答宋深之(三)//朱子全书(第23册).上海:上海古籍出版社;合肥:安徽教育出版社,2002:2772.
⑩ 朱子云:"《大学》是为学纲目。先通《大学》,立定纲领,其他经皆杂说在里许。"[(宋)黎靖德.朱子语类(卷十四)[M]//王星贤,点校.朱子全书(第14册).北京:中华书局,1986:422.]
⑪ (宋)黎靖德.朱子语类(卷十四)[M]//王星贤,点校.朱子全书(第14册).北京:中华书局,1986:423.

须是物格、知至,方能循循不已,而入于圣贤之域,纵有敏钝迟速之不同,头势也都自向那边去了。今物未格,知未至,虽是要过那边去,头势只在这边。如门之有限,犹未过得在。伯羽。"①"格物是梦觉关。格得来是觉,格不得只是梦。诚意是善恶关。诚得来是善,诚不得只是恶。过得此二关,上面工夫却一节易如一节了。到得平天下处,尚有些工夫。只为天下阔,须着如此点检。夔孙。"②格得来就是觉悟,格不来就如做梦一般。做到了"物格"和"知至"就是圣人,做不到就是凡夫俗子。在这里,朱子有一个非常精彩的比喻,他说,八条目好比一个个竹节,一旦打通一个就是圣人境界,而最最基础的关口就是"格物"。

在朱子的思想世界里,为学、为道与成圣三位一体。有学生问朱子:"如果格物工夫未到得贯通,是否有害?"朱子果断地回答说:"这是甚说话!而今学者所以学,便须是到圣贤地位,不到不肯休,方是。但用工做向前去,但见前路茫茫地白,莫问程途,少间自能到。卓。"③"致知、格物,便是'志于道'。义刚。"④"凡人有志于学,皆志于道也。偶。"⑤"物格、知至,则自然理会得这个道理,触处皆是这个道理,无不理会得。生亦是这一个道理,死亦是这一个道理。恪。"⑥所谓格物致知,既是为学亦是为道。学即学道,学以成圣,为学、格物致知皆为成圣的工夫。"道者,事物当然之理。"⑦格物致知就是即物穷理,穷尽事物所以然之理与所当然之则,穷到极处即为知至,即为致知,进入悟道的境域,成就圣人人格。

格物致知是朱子理学的出发点。朱子认为:"《大学》是为学纲目。先通《大学》,立定纲领,其他经皆杂说在里许。"⑧古人做学问有自己特定的程序和次序,其中《大学》是做学问的纲领,精通《大学》,其他各经都在这里。朱子以"格物致知"为《大学》"第一义",而"格物是学者始入道处"⑨。朱子指出:"人多把这道理作一个悬空底物。《大学》不说穷理,只说个格物,便是要人就事物上理会,如此方见得实体。所谓实体,非就事物上见不得。且如作舟以行水,作车以行陆。今试以众人之力共推一舟于陆,必不能行,方见得舟果不能以行陆也,此之谓实体。德明。"⑩道理不是悬空的事物,只有通过格物才能穷理。格物必须落实在具体的事物上,格物穷理要在具体事物之中验证,如作舟以行水,作车以行陆。道理的真伪必须通过具体事物来证实或证伪,如果我们共推一车行于陆地,则必不能行。通过格物所得到的道理是"实理",它不是悬空的,而是落实在具体事物之中的道理,是确定、切记、实行之理。究竟什么是"实理",在不同的理论前提下,朱子有不同认识。第一,在理气论的前提下,朱子之"实理"是离不开气的"实理"。"性即气,气即性,它这且是羁说;性便是理,气便是气,是未分别说。其实理无气,亦无所附。夔孙。"⑪也就是说,有了"气",理才真正得以落

---

① (宋)黎靖德.朱子语类(卷十五)[M]//王星贤,点校.朱子全书(第14册).北京:中华书局,1986:480.
② (宋)黎靖德.朱子语类(卷十五)[M]//王星贤,点校.朱子全书(第14册).北京:中华书局,1986:480-481.
③ (宋)黎靖德.朱子语类(卷十五)[M]//王星贤,点校.朱子全书(第14册).北京:中华书局,1986:468-469.
④ (宋)黎靖德.朱子语类(卷十五)[M]//王星贤,点校.朱子全书(第14册).北京:中华书局,1986:475.
⑤ (宋)黎靖德.朱子语类(卷二十六)[M]//王星贤,点校.朱子全书(第14册).北京:中华书局,1986:934.
⑥ (宋)黎靖德.朱子语类(卷二十六)[M]//王星贤,点校.朱子全书(第14册).北京:中华书局,1986:952.
⑦ (宋)朱熹.四书章句集注·论语集注(卷二)[M].北京:中华书局,1983:71.
⑧ (宋)黎靖德.朱子语类(卷十四)[M]//王星贤,点校.朱子全书(第14册).北京:中华书局,1986:422.
⑨ (宋)黎靖德.朱子语类(卷第十五)[M]//王星贤,点校.朱子全书(第14册).北京:中华书局,1986:286.
⑩ (宋)黎靖德.朱子语类(卷十五)[M]//王星贤,点校.朱子全书(第14册).北京:中华书局,1986:469.
⑪ (宋)黎靖德.朱子语类(卷四)[M]//王星贤,点校.朱子全书(第14册).北京:中华书局,1986:201.

实。第二,在"性即理"的前提下,朱子认为性就是实理。"性是实理,仁义礼智皆具。德明。"①理无可捉摸,因而"格物,不说穷理,却言格物。盖言理,则无可捉摸,物有时而离;言物,则理自在,自是离不得。释氏只说见性,下梢寻得一个空洞无稽底性,亦由他说,于事上更动不得。贺孙。"②所以实理必须落实在具体的人性上,落实在仁义礼智等具体的德性之中。第三,在诚学中,诚就是实理,忠信是实理。"诚,实理也,亦诚悫也。砥。"③又说:"忠即是实理。忠则一理,恕则万殊。时举。"④"忠信,实理也。道夫。"⑤第四,实理乃确定之理。"实理与实见不同。……盖有那实理,人须是实见得。见得怎地确定,便有实见得。便有实见得,又都闲了。"⑥唯有见得确定才是实见。第五,实理为切己之理。"且穷实理,令有切己工夫。若只泛穷天下万物之理,不务切己,即是遗书所谓'游骑无所归'矣。德明。"⑦第六,实理是可"实行"之理。"致知所以求为真知。真知,是要彻骨都见得透。道夫。"⑧"真知"为能力行之知,能体验能践履之知。"知而未能行,乃未得之于己,此所谓知者亦非真知也。真知则未有不能行者。"⑨

朱子理学以"理"为标识。理是万物的本体,既是宇宙秩序的最高准则,也是现实秩序的最高准则。格物即穷理,穷得"实理",它既是本体之理,也是性即理,其内容包括仁义礼智。格物就是格"心",是成圣的工夫,格物致知的完成也是圣人境界的实现。可见,格物致知的结果既可以获得外在事物之知,获得物之理,有认识论的意义;然而,在本质上,格物致知是为了成圣,是成圣的工夫,格物致知更多获得的是性之理,是德性之知,它的完成也是圣人境界的完成。概而言之,格物致知是连接朱子哲学本体论、知识论、心性论、工夫论和境界论的关节点。

正是在此意义上,作为第一义的"格物致知"便成为《大学》最重要、最吃紧处,成为《大学》的着力点,成为朱子思想体系的核心和宗旨,成为朱子学问之"第一义"。先生问:"大学看得如何?"曰:"大纲只是明明德,而着力在格物上。"⑩"此一书之间,要紧只在'格物'两字,认得这里看,则许多说自是闲了。初看须用这本子,认得要害处,本子自无可用。某说十句在里面,看得了,只做一句说了方好。某或问中已说多了,却不说到这般处。贺孙。"⑪因此,四库馆臣认为,"朱子之学,大旨主于格物穷理。"⑫或许,在更为严格的意义上,我们应该这样说:朱子之学,大旨主于格物致知。

关于为学之"第一义",不同的思想家有不同的答案。张载曰:"圣人之意莫先乎要识造

---

① (宋)黎靖德.朱子语类(卷五)[M]//王星贤,点校.朱子全书(第14册).北京:中华书局,1986:216.
② (宋)黎靖德.朱子语类(卷十五)[M]//王星贤,点校.朱子全书(第14册).北京:中华书局,1986:469.
③ (宋)黎靖德.朱子语类(卷六)[M]//王星贤,点校.朱子全书(第14册).北京:中华书局,1986:240.
④ (宋)黎靖德.朱子语类(卷二十七)[M]//王星贤,点校.朱子全书(第15册)北京:中华书局,1986:996.
⑤ (宋)黎靖德.朱子语类(卷二十六)[M]//王星贤,点校.朱子全书(第14册).北京:中华书局,1986:722.
⑥ (宋)黎靖德.朱子语类(卷九十七)[M]//王星贤,点校.朱子全书(第17册).北京:中华书局,1986:3287.
⑦ (宋)黎靖德.朱子语类(卷十八)[M]//王星贤,点校.朱子全书(第14册).北京:中华书局,1986:608.
⑧ (宋)黎靖德.朱子语类(卷十五)[M]//王星贤,点校.朱子全书(第14册).北京:中华书局,1986:462.
⑨ 朱文公文集(卷七二)[M].杂学辨//朱子全书(第24册).上海:上海古籍出版社;合肥:安徽教育出版社,2002:3483.
⑩ (宋)黎靖德.朱子语类(卷十八)[M]//王星贤,点校.朱子全书(第14册).北京:中华书局,1986:633.
⑪ (宋)黎靖德.朱子语类(卷十四)[M]//王星贤,点校.朱子全书(第14册).北京:中华书局,1986:425-426.
⑫ (清)永瑢,等.四库全书总目提要[M].近思录(提要).北京:中华书局,1965:780.

化,既识造化,然后其理可穷。"①程颢称:"学者须先识仁。"②程颐认为,"君子之学,必先明诸心,知所养(一作往),然后力行以求至,所谓自明而诚也"③。朱子则视"格物致知"为"第一义"。《大学》是初学入德之门,是为学为道的起点,格物致知则为《大学》之起点与精神,这是一个门槛较低的为学、求道之路径,普通士人皆可由此登堂入室,一窥圣贤之学之奥妙。相对于张载、程颢、程颐,朱子把"格物致知"作为"第一义",这既是一种学术创新,也是一种学术下移。正是由于朱子的学问从格物致知开始,普通士子以至于圣贤皆可由此为学、进德、入道,因而,朱子思想接受面更加广泛,朱子学也能得到更多的拥护和支持,对民众教化更具有普遍意义。

二、格致工夫与悟道

一直以来,人们对朱子的格物致知论误解较多。诸多哲学史教科书里多把它视为认识论范畴,殊不知,在朱子思想世界中,格物致知本质上是一种工夫论④。朱子认为,《大学》八条目中,格物、致知、诚意、正心、修身都是"明明德"的工夫。"修身以上,明明德之事也。齐家以下,新民之事也。"⑤"如今说格物,只晨起开目时,便有四件在这里,不用外寻,仁义礼智是也。如才方开门时,便有四人在门里。偶。"⑥子渊说:"格物,先从身上格去。如仁义礼智,发而为恻隐、羞恶、辞逊、是非,须从身上体察,常常守得在这里,始得。"曰:"人之所以为人,只是这四件,须自认取意思是如何。贺孙。"⑦"明明德"是《大学》三纲领的第一条,意思是发明和弘扬内心光明的道德,其具体内容就是仁义礼智,也就是朱子所说的先天至善的人性。他还说,格物致知就是"明善"的工夫。今天我们讲格物致知,就好像每天早上我们睁开双眼,就有四件东西在我身心之中,完全用不着到外面去寻找,它们就是仁义礼智。就好像刚开门的时候,便有四个人在门里边。格物就是彰显自己内心的仁义礼智等道德,内心光明照彻,一片澄明,没有一丝一毫的昏昧。要言之,格物就是要穷尽到事物的尽头,懂得事物的是与非、对与错,然后付诸行动。格物就是要在自己身上体验出一个是与非来,曾子的"日三省吾身"就是指格物⑧。既然格物只是要自己身上体验出一个是非,格物之"物"又当作何理解?朱子之"物",乃指"事物","自一念之微,以至事事物物"皆为"物"之范畴。朱子云:"圣人只说'格物'二字,便是要人就事物上理会。且自一念之微,以至事事物物,若

---

① (宋)张载.张载集[M].章锡琛,点校.横渠易说(系辞上).北京:中华书局,1978:206.
② (宋)程颢,程颐.二程集(遗书卷第二上)[M].王孝鱼,点校.北京:中华书局,2004:16.
③ (宋)程颢,程颐.二程集(文集卷第八)[M].北京:中华书局,2004:577.
④ 工夫论是宋明理学的核心架构,通过工夫修炼成就道德,成就圣人人格与境界。山井涌指出,"宋学之本质性特质"就是"修养之学",理气哲学构成其理论基础。(山井涌.明清思想史的研究[M].东京:东京大学出版会,1980:18.)中纯夫认为,所谓工夫,就是当"本来性"(理想、圣人、天地之性)与"现实性"(现实、凡夫、气质之性)同时被觉察,而后方才出现之物。(参见杨儒宾,祝平次.儒学的气论与工夫论[M].台北:台湾大学出版中心,2005:304.)工夫论就是对儒家修养之学的理论概括,通过工夫修炼,儒者经由下学而上达、经由现实性而走向本来性,实现悟道成圣的终极目标。
⑤ 朱子全书(第6册)[M].大学章句//上海:上海古籍出版社;合肥:安徽教育出版社,2002:17.
⑥ (宋)黎靖德.朱子语类(卷十五)[M]//王星贤,点校.朱子全书(第14册).北京:中华书局,1986:464.
⑦ (宋)黎靖德.朱子语类(卷十五)[M]//王星贤,点校.朱子全书(第14册).北京:中华书局,1986:464.
⑧ 朱子云:"'格物'二字最好。物,谓事物也。须穷极事物之理到尽处,便有一个是,一个非,是底便行,非底便不行。凡自家身心上,皆须体验得一个是非。若讲论文字,应接事物,各各体验,渐渐推广,地步自然宽阔。如曾子三省,只管如此体验去。德明。"[(宋)黎靖德.朱子语类(卷十五)[M]//王星贤,点校.朱子全书(第14册).北京:中华书局,1986:463.]

静若动,凡居处饮食言语,无不是事,无不各有个天理人欲。须是逐一验过,虽在静处坐,亦须验个敬、肆。敬便是天理,肆便是人欲。德明。"①然而,就自家身心上体验出"是与非""敬与肆""天理与人欲"而言,朱子的格物之"物"主要指"人伦日用之事",其致知之"知"主要指对生命意义的领悟和儒家价值的认同,格物致知乃在于确证内心固有仁义礼智等道德原则,寻找生命存在的社会意义与精神境界,以达到"心与理一"的最高觉悟和最高境界——道的境界、圣人境界。

格物与致知是一个工夫②。在《朱子语类》中,朱子与弟子反复讨论格物致知工夫的辩证统一,如一个硬币的一体两面。"致知、格物,只是一个。道夫。"③"格物,是逐物格将去;致知,则是推得渐广。赐。"④"格物,是物物上穷其至理;致知,是吾心无所不知。格物,是零细说;致知,是全体说。时举。"⑤"致知,是自我而言;格物,是就物而言。若不格物,何缘得知。而今人也有推极其知者,却只泛泛然竭其心思,都不就事物上穷究。义刚。"⑥"格物,以理言也;致知,以心言也。恪。"⑦"格物,只是就事上理会;知至,便是此心透彻。广。"⑧"格物,便是下手处;知至,是知得也。德明。"⑨朱子认为"格物""致知"不能截然分为两段。相对而言,"格物"是就外物而言,"致知"是对自我而言,但二者是一个整体,是一个过程的两个方面。如果没有格物,我们怎么能获得知识? 致知必须经过格物才能实现。"格物致知"是一体贯通。格物,就是在事物上穷其至理;致知就是我的内心无所不知。就物而言,谓之"格物";就我而言,谓之"致知"。具体而言,即"格物";总体而言,就是"致知"。格物,是零碎地说;致知,是全体地说。以理而言,叫格物;以心而言,是致知。格物,只是就事上理会;知至,便是此心透彻。格物是下手处,知至即获得了真知。通过"格物"而"致知",这就是朱子所说的"致知在格物"。朱子的"格物致知"一体贯通说是对《大学》"致知在格物"的继承与发展。"古之欲明明德于天下者,先治其国;欲治其国者,先齐其家;欲齐其家者,先修其身;欲修其身者,先正其心;欲正其心者,先诚其意;欲诚其意者,先致其知,致知在格物。"⑩与诚意、正心、修身、齐家、治国、平天下的先后顺序不同,致知与格物没有用先后来阐释,"致知在格物"。"在"即此在,就在当下,在场,因而,致知与格物二者是二而一的关系。"格物、致知,彼我相对而言耳,格物所以致知。……所以大学说'致知在格物',又不说'欲致其知者在格其物'。盖致知便在格物中,非格之外别有致处也。又曰:'格物之理,所以致我之知。'偶。"⑪《大学》说"致知在格物"包含两层意思:一方面,致知就在格物之中,非"格"

---

① (宋)黎靖德.朱子语类(卷十五)[M]//王星贤,点校.朱子全书(第14册).北京:中华书局,1986:467.
② 陈来先生也认为,"格物""致知"二者不可分割。他说:"致知作为格物的目的与结果,并不是一种与格物并行、独立的以主体自身为认识对象的认识方法或修养方法。……一方面格物以致知为目的,另一方面致知是在格物过程中自然实现的。"(陈来.朱子哲学研究[M].上海:华东师范大学出版社,2000:288-289.)
③ (宋)黎靖德.朱子语类(卷十五)[M]//王星贤,点校.朱子全书(第14册).北京:中华书局,1986:471.
④ (宋)黎靖德.朱子语类(卷十五)[M]//王星贤,点校.朱子全书(第14册).北京:中华书局,1986:471.
⑤ (宋)黎靖德.朱子语类(卷十五)[M]//王星贤,点校.朱子全书(第14册).北京:中华书局,1986:471.
⑥ (宋)黎靖德.朱子语类(卷十五)[M]//王星贤,点校.朱子全书(第14册).北京:中华书局,1986:473.
⑦ (宋)黎靖德.朱子语类(卷十五)[M]//王星贤,点校.朱子全书(第14册).北京:中华书局,1986:473.
⑧ (宋)黎靖德.朱子语类(卷十五)[M]//王星贤,点校.朱子全书(第14册).北京:中华书局,1986:478.
⑨ (宋)黎靖德.朱子语类(卷十五)[M]//王星贤,点校.朱子全书(第14册).北京:中华书局,1986:478.
⑩ 四书章句集注(卷一)[M]//朱子全书(第6册).上海:上海古籍出版社;合肥:安徽教育出版社,2002:17.
⑪ (宋)黎靖德.朱子语类(卷十八)[M]//王星贤,点校.朱子全书(第14册).北京:中华书局,1986:607.

之外还有一个"推致"的地方;另一方面,格物之理,就是推致我心中的知识,格物所以致知。于这一物上穷得一分之理,即我之知亦知得一分;于物之理穷二分,即我之知亦知得二分。朱子甚至宣称,一旦格物"格"到"里"的层次和"精"的层次,实质上已经到了"知至",也就是到了"致知"的境地①。因此,格物致知工夫是表里精粗的贯通,主观与客观的统一,分析与综合的融通,起点与终点的融合。

那么,怎样才能格物致知呢?首先,朱子指出:"格物须是到处求。博学之,审问之,慎思之,明辨之,皆格物之谓也。若只求诸己,亦恐见有错处,不可执一。伊川说得甚详:或读书,或处事,或看古人行事,或求诸己,或即人事。复曰:于人事上推测,自有至当处。浩。"②朱子认为,格物致知无所不在,我们在生活中随时格物,随处格物。格物致知首先要读书,读书是格物致知的最重要的一件事情。一书不读就少了一书的道理,一物不格就少了一物的道理。"格物致知"的目的就是通过博览群书,品评古今人物,通过应接事物,运用天下万物所体现的天理,来印证吾心所固有的伦理,即"合内外之理"。尽管万物的道理是一致的,但是,要穷尽天下的道理并非穷得一个道理就能达到。格物致知需要循序渐进,今日格一物,明日格一物,一旦豁然贯通,就能领悟到最高的天理。其次,朱子十分推崇"静坐"③。他教导弟子郭德元半日读书,半日静坐,这样坚持一两年,一定能取得很大的进步。"半日静坐,半日读书。如此一二年,何患不进。偶。"④"穷理以虚心静虑为本。淳。"⑤静坐与穷理相互补益,静坐能够平心静气,这也是穷理的前提。再次,自我反省就是格物。朱子之学是为己之学,即完善自己道德的学问,格物致知必须从我做起,从自身修养做起,自我反省就是格物。"格物,须是从切己处理会去。待自家者已定迭,然后渐渐推去,这便是能格物。道夫。"⑥最后,只有在"人伦日用"上痛下工夫,在处事接物中磨炼,方能实现格物致知之功,进入圣贤之域。正是在此意义上,"日本学界一般以为所谓理学所谓的'工夫',乃是以达到'圣人'为目的而从事'意识性修为'"⑦。

格物致知作为一种入门的工夫法门,经由工夫的修炼,最终达到悟道的境界、圣人的境界。朱子认为,《大学》"格物致知"有经无传,于是仿照古人的意思写了一段"格物致知补传":"所谓致知在格物者,言欲致吾之知,在即物而穷其理也。盖人心之灵,莫不有知;而天下之物,莫不有理;惟于理有未穷,故其知有不尽也。是以大学始教,必使学者即凡天下之物,莫不因其已知之理而益穷之,以求至乎其极。至于用力之久,而一旦豁然贯通焉,则众

---

① 朱人求.朱子"全体大用"观及其发展演变[J].哲学研究,2015(11):39-48.
② (宋)黎靖德.朱子语类(卷十八)[M]//王星贤,点校.朱子全书(第14册).北京:中华书局,1986:634.
③ 静坐是宋明理学家十分重视的一项身心修炼的工夫。关于静坐,朱子有大量的书信和语录,其中关于"静坐"的语录有101条,其他著作中有42条,他指示弟子"跏趺静坐,目视鼻端,注心脐腹之下,久自温暖,即渐见功效矣"[答黄子耕.晦庵先生朱文公文集(三)(卷五十一)[M]//朱子全书(第22册).上海:上海古籍出版社;合肥:安徽教育出版社,2002:2381.]。还有专门的《调息箴》,资料之丰富,在宋明理学家中尤为突出。当然,朱子反对一味地"静坐","如此今若无事,固是只得静坐,若特地将静坐做一件工夫,则却是释子坐禅矣。"[晦庵先生朱文公文集(三)(卷五十一)[M].答张元德//朱子全书(第23册).上海:上海古籍出版社;合肥:安徽教育出版社,2002:2988.]
④ (宋)黎靖德.朱子语类(卷一百一十六)[M]//王星贤,点校.朱子全书(第18册).北京:中华书局,1986:3674.
⑤ (宋)黎靖德.朱子语类(卷九)[M]//王星贤,点校.朱子全书(第14册).北京:中华书局,1986:306.
⑥ (宋)黎靖德.朱子语类(卷十五)[M]//王星贤,点校.朱子全书(第14册).北京:中华书局,1986:463.
⑦ 藤井伦明.日本研究理学工夫论之概况[M]//杨儒宾,祝平次.儒学的气论与工夫论[M].台北:台湾大学出版中心,2005:306.

物之表里精粗无不到,而吾心之全体大用无不明矣。"①这是朱子对格物致知的集中阐释,也是其晚年定论。朱子认为,格物的核心就是穷理,即穷尽事物的道理并认识到极致,对事物无所不知。致就是扩充、推广到极致,知就是识。扩充我的知识,就要做到知无不尽。这就是说,探求自然、社会与人生的奥秘,不可只停留在表面,要达到它的极处,即达到事物本质的认知。持久努力,一旦豁然贯通,则事物的表里精粗、内心的全体大用都能彻底认知,获得一种彻悟性的知识,达到对最高天理的心领神会,也就是悟道的境界。这就叫作"物格",叫作"知至"。既然工夫修炼的终极目标就是悟道,那么我们如何经过今日格一物,明日格一物,然后达到"豁然贯通",实现悟道呢?悟道何以可能?经由格物致知而悟道的境界又是一种怎样的境界呢?

三、心与理一:认知与悟道的境界

朱子的格物致知通过接触事物、穷尽事物之理而"豁然贯通",从而达到"众物之表里精粗无不到,而吾心之全体大用无不明",实现"心与理一"的悟道境界。这里就有一个疑问:内在之"心"与外在之"理"之间如何能够贯通?也就是说,"豁然贯通"何以可能?或者说,悟道何以可能?"豁然贯通",实现"心与理一"的悟道境界必须满足以下几个条件:"心"能贯通,"理"能贯通,"心"与"理"能够贯通或者"心"与"理"本来贯通。在朱子的思想世界里,上述条件皆可满足。

第一,心有全知。朱子认为:"心者,人之神明,所以具众理而应万事者也。"②"若夫知,则心之神明,妙众理而宰万物者也,人莫不有。而或不能使其表里洞然,无所不尽,则隐微之间,真妄错杂,虽欲勉强以诚之,亦不可得而诚矣。"③"知"是"心之神明",人人具有。心有全知全能,具有所有的道理而能主宰万物,能应接万事。为什么有人不能全知全能?主要是因为真妄错杂,缺乏内心的真诚。有时候朱子也把心不能全知归因于气禀的偏差。"人心莫不有知。所以不知者,但气禀有偏,故知之有不能尽。子蒙。"④

第二,理一分殊。"天地之间,理一而已。"⑤理只有一个终极的天理,这样悟道才有可能。天地之间的"一理"落实在万事万物之中,万事万物又各自分享了这个"理"。朱子云:"伊川说得好,曰:'理一分殊。'合天地万物而言,只是一个理;及在人,则又各自有一个理。夔孙。"⑥《中庸或问》说:"天下之理未尝不一,而语其分则未尝不殊。"⑦"理一分殊"与"格物"密切联系在一起。"傅问:'而今格物,不知可以就吾心之发见理会得否?'曰:'公依旧是要安排,而今只且就事物上格去。如读书,便就文字上格;听人说话,便就说话上格;接物,便就接物上格。精粗大小,都要格它。久后会通,粗底便是精,小底便是人,这便是理之一本处。'夔孙。"⑧也就是说,"格物"只是就具体事物上去穷究万物之"理",其会通就是"理一"。

---

① 四书章句集注(卷一)[M]//朱子全书(第6册).上海:上海古籍出版社;合肥:安徽教育出版社,2002:20.
② 四书章句集注(卷十三)[M]//朱子全书(第6册).上海:上海古籍出版社;合肥:安徽教育出版社,2002:425.
③ 大学或问(上)[M]//朱子全书(第6册).上海:上海古籍出版社;合肥:安徽教育出版社,2002:511.
④ (宋)黎靖德.朱子语类(卷十四)[M]//王星贤,点校.朱子全书(第14册).北京:中华书局,1986:437.
⑤ 西铭解[M]//朱子全书(第13册).上海:上海古籍出版社;合肥:安徽教育出版社,2002:145.
⑥ (宋)黎靖德.朱子语类(卷一)[M]//王星贤,点校.朱子全书(第14册).北京:中华书局,1986:114.
⑦ 中庸或问(下)[M]//朱子全书(第6册).上海:上海古籍出版社;合肥:安徽教育出版社,2002:595.
⑧ (宋)黎靖德.朱子语类(卷十五)[M]//王星贤,点校.朱子全书(第14册).北京:中华书局,1986:66.

第三,心能全知。心有全知,总天地之间只有一个理,这是具备豁然贯通的前提。只有心能全知,才能与天下万物之理无所不知,豁然贯通才真正得以实现。"以其理之同,故以一人之心,而于天下万物之理无不能知。"① 问:致知在格物。曰:知者,吾自有此知。此心虚明广大,无所不知,要当极其至耳。今学者岂无一斑半点,只是为利欲所昏,不曾致其知。大雅。"② 所谓致知,即扩充自己的知识,把内心之知推至极致,完成悟道的突破。

第四,心与理一,心与理本来贯通。在朱子的思想世界里,心与理本来就是贯通的。理在心中,理与心一,如果没有心,理便没有着落处。问:"心是知觉,性是理。心与理如何得贯通为一?"曰:"不须去着实通,本来贯通。""如何本来贯通?"曰:"理无心,则无着处。节。"③ "心与理一,不是理在前面为一物,理便在心之中,心包蓄不住,随事而发。"④ 理在心中,随事而发。那么,理与心谁是最高的主宰? 问:"天地之心,天地之理。理是道理,心是主宰底意否?"曰:"心固是主宰底意,然所谓主宰者,即是理也,不是心外别有个理,理外别有个心。夔孙。义刚同。"⑤ 在这里,朱子仍然坚持了他的理本论的立场,尽管"心"有主宰的意义,但在心与理的关系上,理才是主宰的根源。问:"或问云:'心虽主乎一身,而其体之虚灵,足以管乎天下之理;理虽散在万物,而其用之微妙,实不外乎一人之心。'不知用是心之用否?"曰:"理必有用,何必又说是心之用! 夫心之体具乎是理,而理则无所不该,而无一物不在,然其用实不外乎人心。盖理虽在物,而用实在心也。"又云:"理遍在天地万物之间,而心则管之;心既管之,则其用实不外乎此心矣。然则理之体在物,而其用在心也。"次早,先生云:"此是以身为主,以物为客,故如此说。要之,理在物与在吾身,只一般。焘。"⑥

既然"心""理"皆能贯通,"心"与理本来贯通,为什么在现实中我们无法贯通、无法悟道呢? 朱子的解答是,由于气禀昏愚或人欲之私,故人不能格至其理(穷理),心不能推致其知(尽心),心与理被割裂为两截,无法贯通为一。问:"心之为物,众理具足,所发之善固出于心,至所发不善,皆气禀物欲之私,亦出于心否?"曰:"固非心之本体,然亦是出于心也。"又问:"此所谓人心否?"曰:"是。木之。"⑦ 郭叔云问:"为学之初,在乎格物。物物有理,第恐气禀昏愚,不能格至其理。"曰:"人个个有知,不成都无知,但不能推而致之耳。格物理至彻底处。恪。"⑧ "心与理一"还具有明辨儒释之别的意义。"吾以心与理为一,彼以心与理为二,亦非固欲如此,乃是其所见处不同。彼见得心空而无理,此见得心虽空而万物咸备也。虽说心与理一而不察乎气禀、物欲之私,亦是见得不真,故有此病,此大学所以贵格物也。"⑨ 在朱子看来,佛家仅把心视为知觉,其中空虚无理;而儒家见得"心具众理""心与理一",因此能依理修养,从而避免佛家的空疏之弊,这也是《大学》重视"格物"的原因。

那么,如何到达"心与理一",完成儒家悟道之旅? 在朱子看来,我们至少可以从穷理和

---

① 大学或问(下)[M]//朱子全书(第6册).上海:上海古籍出版社;合肥:安徽教育出版社,2002:527.
② (宋)黎靖德.朱子语类(卷十五)[M]//王星贤,点校.朱子全书(第14册).北京:中华书局,1986:474.
③ (宋)黎靖德.朱子语类(卷五)[M]//王星贤,点校.朱子全书(第14册).北京:中华书局,1986:219.
④ (宋)黎靖德.朱子语类(卷五)[M]//王星贤,点校.朱子全书(第14册).北京:中华书局,1986:219.
⑤ (宋)黎靖德.朱子语类(卷一)[M]//王星贤,点校.朱子全书(第14册).北京:中华书局,1986:117.
⑥ (宋)黎靖德.朱子语类(卷十八)[M]//王星贤,点校.朱子全书(第14册).北京:中华书局,1986:628.
⑦ (宋)黎靖德.朱子语类(卷五)[M]//王星贤,点校.朱子全书(第14册).北京:中华书局,1986:220.
⑧ (宋)黎靖德.朱子语类(卷十五)[M]//王星贤,点校.朱子全书(第14册).北京:中华书局,1986:473.
⑨ 朱文公文集(四)(卷五十六)[M].答郑子上第十五//朱子全书(第23册).上海:上海古籍出版社;合肥:安徽教育出版社,2002:2689.

尽心两个层面入手，从而实现合内外之道，实现"心与理一"的悟道之境。

悟道只需穷理。万物各具其理，万理归于一理。万物之理由"不尽"到"尽"，当然与总天地万物之理一与客观世界的万事万物的分殊之理有密切的关联。格物致知便是即物穷理，穷尽事物之理即可贯通。朱子认为理内在于心而为心之"全体"，但也散在万物，万物各有其理，故应内外兼修，诚心正意，"今日格一物，明日格一物""及其真积力久而豁然贯通焉"①。一旦豁然贯通，则内与外、天与人、心与理皆合而为一。"穷理格物，如读经看史，应接事物，理会个是处，皆是格物。只是常教此心存，莫教他闲没勾当处。公且道如今不去学问时，此心顿放那处？贺孙。"②格物致知需要循序渐进，今日格一物，明日格一物，今日明日积累既多，即可豁然贯通。"上而无极、太极，下而至于一草、一木、一昆虫之微，亦各有理。一书不读，则阙了一书道理；一事不穷，则阙了一事道理；一物不格，则阙了一物道理。须着逐一件与他理会过。道夫。"③"今日明日积累既多，则胸中自然贯通。如此，则心即理，理即心，动容周旋，无不中理矣。先生所谓'众理之精粗无不到'者，诣其极而无余之谓也；'吾心之光明照察无不周'者，全体大用无不明，随所诣而无不尽之谓。书之所谓睿，董子之所谓明，伊川之所谓说虎者之真知，皆是。此谓格物，此谓知之至也。泳。"④

尽心亦可悟道。朱子认为，天下之理一而分殊，心具众理，心包万理。故"学问之道"没有其他途径，只需找回失落的"本心"。"盖人只有个心，天下之理皆聚于此。……孟子只说，学问之道，求其放心而已矣。雉。"⑤既然"心具众理"，我们"穷尽""心之全体"就能穷理致知。朱子认为，"尽心"就是"知至"。"心者，人之神明，所以具众理而应万事者也。性则心之所具之理，而天又理之所从以出者也。人有是心，莫非全体，然不穷理，则有所蔽而无以尽乎此心之量。故能极其心之全体而无不尽者，必其能穷夫理而无不知者也。既知其理，则其所从出。亦不外是矣。以大学之序言之，知性则物格之谓，尽心则知至之谓也。"⑥在《孟子·尽心上》中朱子直接把"尽心"理解为"知至"，即"致知"的完成。其实，"致知乃本心之知。盖卿。"⑦"格物"的目的也在于"明此心"，"格物所以明此心"⑧。一切只需向内寻求，心即理，"明此心"即是"明此理"，朱子认为，"心固是主宰底意，然所谓主宰者，即是理也，不是心外别有个理，理外别有个心。夔孙。义刚同"⑨。经由"尽心"的工夫，就可以实现致知，实现"心与理一"，完成悟道之旅。朱子指出，人之所以为学，唯有尽心与穷理两条途径。人之一心，具众理而应万事。存心为穷理之本，穷理则可致尽心之功。"人之所以为学，心与理而已矣。心虽主乎一身，而其体之虚灵，足以管乎天下之理；理虽散在万物，而其用之微妙，实不外乎一人之心，初不可以内外精粗而论也。……是以圣人设教，使人默识此心之灵而存之，于端庄静一之中以为穷理之本；使人知有众理之妙而穷之，于学问思辨之际

---

① 大学或问（下）[M]//朱子全书（第6册）.上海：上海古籍出版社；合肥：安徽教育出版社，2002：528.
② （宋）黎靖德.朱子语类（卷十五）[M]//王星贤，点校.朱子全书（第14册）.北京：中华书局，1986：463.
③ （宋）黎靖德.朱子语类（卷十五）[M]//王星贤，点校.朱子全书（第14册）.北京：中华书局，1986：477.
④ （宋）黎靖德.朱子语类（卷十八）[M]//王星贤，点校.朱子全书（第14册）.北京：中华书局，1986：618.
⑤ （宋）黎靖德.朱子语类（卷二十）[M]//王星贤，点校.朱子全书（第14册）.北京：中华书局，1986：669.
⑥ 四书章句集注（卷十三）[M]//朱子全书（第6册）.上海：上海古籍出版社；合肥：安徽教育出版社，2002：425.
⑦ （宋）黎靖德.朱子语类（卷十五）[M]//王星贤，点校.朱子全书（第14册）.北京：中华书局，1986：462.
⑧ （宋）黎靖德.朱子语类（卷一百一十八）[M]//王星贤，点校.朱子全书（第18册）.北京：中华书局，1986：3737.
⑨ （宋）黎靖德.朱子语类（卷一）[M]//王星贤，点校.朱子全书（14册）.北京：中华书局，1986：117.

以致尽心之功。"①尽心与穷理相互补益，相互促进，二者不可偏废。朱子反对不接触事物仅从心上求理的倾向，认为，"枯槁其心，全与物不接，却使此理自见，万无是事"②。穷尽其心，不与物接而"理自见"，在朱子看来是绝无可能之事。

豁然贯通意味着格物致知就是合内外之道。"格物，以理言也；致知，以心言也。恪。"③"格物，只是就事上理会；知至，便是此心透彻。广。"④"大凡道理皆是我自有之物，非从外得。所谓知者，便只是知得我的道理，非是以我之知去知彼道理也。道理本自有，用知方发得出来。僩。"⑤"格物"指理而言，是就事上去理会道理，是零碎地单个地去求理；"致知"则是指心而言，是内在的，是从整体上对理的认知，是此心透彻。合内外之道意味着外在之"理"与内在之"心"合二为一，"事上理会"与"此心透彻"毫无间隔。"格物致知，彼我相对而言耳。格物所以致知，于这一物上穷得一分之理，即我之知亦知得一分。于物之理穷二分，即我之知亦知得二分。于物之理穷得愈多，则我之知愈广。其实只是一理，才明彼，即晓此。所以《大学》说致知在格物。又不说欲致其知者在格其物，盖致知便在格物中，非格之外别有致处也。又曰：格物之理，所以致我之知。僩。"⑥"物格后，他内外自然合。盖天下之事，皆谓之物，而物之所在，莫不有理。且如草木禽兽，虽是至微至贱，亦皆有理。道夫。"⑦理在物之中，又在心中，格物致知就是通过外在的格物来彰显内心固有的天理。我们在物上穷得一分道理，内心的道理也就彰显一分；穷得愈多，内心也就知得愈广；穷得十分，也就知得十分，内心就一片光明澄澈，这就是"知至"，就是"致知"。到了物格之后，自然就知至了，自然就能合内外之道。

格物致知的最后，就是悟道，到达圣人境界，也就是"心与理一"的境界。在朱子看来，"心与理一"的境界就是圣人"从心所欲不逾矩"的自由境界。或曰："从心所欲不逾矩何也？"曰："此圣人大而化之，心与理一浑然无私欲之间而然也。自耳顺及此十年之间，无所用力而从容自到，如春融冻释，盖有莫知其所以然而然者。此圣人之德之至，而圣人之道所以为终也。"⑧舜之心纯然天理，没有一丝一毫的私欲，其行为自然而然，无须任何勉强和努力，完全达到"心与理一"的境界。"或问：大舜之善与人同，何也？曰：……惟舜之心无一毫有我之私，是以能公天下之善以为善，而不知其孰为在己、孰为在人，所谓善与人同也。……又以见其心与理一，安而行之，非有利勉之意也。此二句本一事，特交互言之，以见圣人之心表里无间如此耳。"⑨"心与理一"还是仁者的境界，当然也是圣人的境界。孔子曾说"仁者不忧"⑩，方子录云："仁者，理即是心，心即是理。有一事来，便有一理以应之，所以无忧。"恪录一作："仁者，心与理一，心纯是这道理，看甚么事来自有这道理在，处置他自

---

① 大学或问（下）[M]//朱子全书（第6册）.上海：上海古籍出版社；合肥：安徽教育出版社，2002：528.
② （宋）黎靖德.朱子语类（卷一百二十一）[M]//王星贤，点校.朱子全书（第18册）.北京：中华书局，1986：3838.
③ （宋）黎靖德.朱子语类（卷十五）[M]//王星贤，点校.朱子全书（第14册）.北京：中华书局，1986：473.
④ （宋）黎靖德.朱子语类（卷十五）[M]//王星贤，点校.朱子全书（第14册）.北京：中华书局，1986：478.
⑤ （宋）黎靖德.朱子语类（卷十七）[M]//王星贤，点校.朱子全书（第14册）.北京：中华书局，1986：584.
⑥ （宋）黎靖德.朱子语类（卷十八）[M]//王星贤，点校.朱子全书（第14册）.北京：中华书局，1986：607.
⑦ （宋）黎靖德.朱子语类（卷十五）[M]//王星贤，点校.朱子全书（第14册）.北京：中华书局，1986：477.
⑧ 论语或问（卷二）[M]//朱子全书（第6册）.上海：上海古籍出版社；合肥：安徽教育出版社，2002：643.
⑨ 孟子或问（卷三）[M]//朱子全书（第6册）.上海：上海古籍出版社；合肥：安徽教育出版社，2002：939.
⑩ 四书章句集注（卷五）[M]//朱子全书（第6册）.上海：上海古籍出版社；合肥：安徽教育出版社，2002：147.

不烦恼。恪。"① 如果说"心与理一"对常人而言只有在心之本体的意义上才能成立，那么对圣人而言，"心与理一"则获得了完满的现实性，即圣人的一举一动都出于理，自然而然，不假强制，从容中道。在朱子看来，人之所以会有所忧虑，乃是因为在突然遇到事情的情况下，心中没有理来应对，这本质上是因为人气禀所偏而产生的私欲使心丧失了本然的状态。而圣人则是心中无丝毫私欲杂念的仁者，即由心所发出的一切思虑都自然合理，因此凡遇事之时都能以理应之，故"圣人不忧"。

四、结语：工夫认识论与真理认识论

《大学》格物致知所展现的认识论是一种工夫认识论②。何谓工夫认识论？就是基于工夫实践而获得的系统化理论化的认识理论，工夫认识论的起点为工夫，获得的知识是指导工夫实践的知识，重视知行合一，以行为目的，指向行为的是非善恶，其终极目标为悟道。中国哲学中的工夫认识论兼具实践品格、理论品格和技艺品格，与西方哲学中的真理认识论有着本质的区别，是一种全新的全面的新型认识论。

首先，工夫认识论以工夫为起点，是一种基于工夫的认识论；真理认识论以本体为起点，是一种基于本体的认识论。工夫构成了中国哲学的核心，经由工夫论，我们可以认识事物，追寻本体，完成悟道，实现最高的境界。朱子指出，"格物是学者始入道处"③。经由格物致知，我们可以达到"道"的境界。西方的ontology(本体论)或古典形而上学体系，属于基于本体的认识论。它先有一个本体的概念，然后用来认知外部的世界，并形成自己的知识论系统。

其次，工夫认识论的知识从属于工夫论系统，以服务工夫为目的，是指导工夫的知识，工夫才是第一位的。判别工夫知识论的标准也就是好与坏、是与非、有效与无效。在工夫认识论中，知识的目的是指导工夫实践，知与行要求一致。"致知、格物，固是合下工夫，到后亦离这意思不得。学者要紧在求其放心。若收拾得此心存在，已自看得七八分了。如此，则本领处是非善恶，已自分晓。贺孙。"④所谓"格物就是明是非、知善恶"，格物致知所达到的认知是"真知"，"真知"必能行。真理认识论从属于本体论系统，本体是第一位的，它是静态的，外在的。对本体的认识，对外在世界的认识构成了真理认识论的全部内涵，真理是客观的真理，纯粹的理念的真理。判别真理的标准是实践，是主观与客观的统一。在这里，人们为知识而知识，知与行是割裂的。

最后，工夫认识论以求"善"为皈依，真理认识论以求"真"为目的。工夫认识论以指导人们的工夫实践为目的。在中国哲学世界中，道德实践是工夫实践的主体，工夫认识论获

---

① (宋)黎靖德.朱子语类(卷三十七)[M]//王星贤,点校.朱子全书(第15册).北京：中华书局,1986：1372.

② 倪培民认为，从西方哲学的视角来看，中国哲学似乎拙于认识论。这是因为西方哲学的核心关注是真理认知，而中国哲学传统则更关注知"道"。从后者的角度来看，认识论需要突破其真理认知的狭隘框架，形成一个包括技能之知、默会之知、熟识之知、程序之知等知识种类的广义的知识——"功夫之知"，或生活的艺术——的学问。功夫认知要求体身化，即身体的参与和把所知变为身体的内容，它还要求知道"不知"甚至"弃知"的价值。功夫认知需要对语言的语用功能有足够的认识。功夫认知要求功夫主体的全面修炼，即人的内在转化和面向万物的扩展，而不仅仅是理智的培养和资讯的获得。参见倪培民.知"道"：中国哲学中的功夫认识论[J].文史哲,2019(4)：94-113.

③ (宋)黎靖德.朱子语类(卷十五)[M]//王星贤,点校.朱子全书(第14册).北京：中华书局,1986：466.

④ (宋)黎靖德.朱子语类(卷十五)[M]//王星贤,点校.朱子全书(第14册).北京：中华书局,1986：473.

得的知识更多指的是道德知识,它基于日常生活世界并落实于日常生活世界。因而,工夫认识论本质上是一种道德知识论,它以求"善"为目的。子渊说:"格物,先从身上格去。如仁义礼智,发而为恻隐、羞恶、辞逊、是非,须从身上体察,常常守得在这里,始得。"曰:"人之所以为人,只是这四件,须自认取意思是如何。贺孙。"[1]而真理认识论以求"真"为目的,要求获得客观的真理,是主观和客观的符合,是人们对客观事物及其规律的正确反映。

总之,《大学》以"格物致知"为"第一义"所展现出来的认识论,本质上属于工夫认识论。在工夫认识论中,工夫是第一位的。人们通过工夫实践获得知识,知识以促进工夫为目的,工夫与知识相互促进,相互提高,从而完成个体工夫修炼,提升生活质量和技能,完成境界的提升和悟道的实现。工夫知识论所获得的知识,本质上是一种实践智慧,它关乎是非善恶,是一种比"知识"更高的道德智慧。

---

[1] (宋)黎靖德.朱子语类(卷十五)[M]//王星贤,点校.朱子全书(第14册).北京:中华书局,1986:464.

"内圣外王"与"哲人王":中西政治传播观念差异的发生学考察

谢清果　王皓然*

摘要：讨论华夏的政治传播问题面临两方面的挑战:一方面它需要摆脱政治传播研究的现有范式框架,依据中国传统历史语境对"政治""传播"和"政治传播"重新赋能;另一方面它须对西方政治传播理论谱系有所回应,借此确定自身在传播学体系中的合理位置。本文试对"内圣外王"与"哲人王"两个分属中国和古希腊的传统政治哲学思想加以发生学考察,剖析它们的形成背景、论述方式,并借以讨论两者对政治中的传播的不同认识方式与行动逻辑及其在各自政治模式中功能角色的不同想象。从而彰显中国"内圣外王"旨趣,即将政治寓于个体化的道德行动中,通过道德知识的传播建构其理想的政治场域,它既带有朴素的部落道德秩序传统,又受到先秦思想家们的创造性转化,进而衍生为独特的中国古代政治传播观念及其现象。

关键词：内圣外王;哲人王;政治传播;发生学

在中共中央第三十次集体学习中,习近平总书记发表了有关加强和改进国际传播工作的重要讲话,明确提出要"加快构建中国话语和中国叙事体系,用中国理论阐释中国实践,用中国实践升华中国理论,打造融通中外的新概念、新范畴、新表述,更加充分、更加鲜明地展现中国故事及其背后的思想力量和精神力量"的具体要求。该讲话将把握与阐释中国实践以形成更具本土代表性的新理论和思维范式放到实现国际政治传播能力提升的优先位置上,也对如何更好地解读和阐释中国特色的政治文明生态提出了新要求。

其实在各古老文明发展相对独立的早期历史中,传统中国社会也已形成了逻辑完备、特色鲜明的政治实践模式,它有着与现代政治学理念完全不同的价值取向与行动模式,如美国汉学家史华慈就曾用"深层结构"概念勾勒这种差异性。所谓"深层结构",首先指处于中国的政治生态最顶点的"神圣的位置(sacred space)",由于这个位置本身被想象为某种超越性的力量,中国的政治结构本身很大程度需仰仗这个神圣位置上的个体的道德品质来改

---

* 作者简介:谢清果(1975—),男,汉族,福建莆田人,厦门大学新闻传播学院副院长、教授、博士生导师,华夏传播研究会会长,厦门大学传播研究所所长,福建省社会科学研究基地中华文化传播研究中心主任,研究方向:华夏传播研究;王皓然,厦门大学新闻传播学院博士研究生,《中华文化与传播研究》编委、华夏传播研究会理事,研究方向:华夏媒介解释学。

基金项目:本文系国家社科基金一般项目"华夏文明传播的观念基础、理论体系与当代实践研究"(19BXW056)的阶段性研究成果。

变整个社会的结构属性①。借"深层结构"问题,史华慈以一种非常巧妙的方式展开了对中国传统政治中那套基于特殊价值模式而展开的特殊实践模式的思考。它涵盖政—教、王—圣,或者说中国古代传统中政治权威和精神—伦理权威间的关系,直接指向中国古代最高的政治权力来源及其合理性问题,无论在周代还是秦汉及其后的政治秩序及其理想原则中都具有中心性②。相较于依附国家机器开展的独立政治实践,"深层结构"问题更侧重价值活动层面,也更融汇于传统文化生活的各个层面,最后以某种"集体无意识"③的形式呈现出来,因此,它不仅存在于官方的儒家意识形态中,而是儒、墨、法诸多思想家们的共有特质④。

史华慈问题的另一面指出了中国传统政治实践模式的非普遍性。从"政治"的词源来看,最早的古希腊人只将它用于代称雅典特殊的公民政治参与活动,因此由它衍生出的"政治学"将围绕国家社群展开的公共性活动视为主要考察对象。从"深层结构"引发的中国传统政治模式思考则涉及以个体为单位的价值活动以及由此构成的稳定政治结构。它们本质上接续着不同的外延与内涵,很难被直接比较。

如伊尼斯⑤所说:"在政治的组织和实施中,传播占有关键的一席。在历代各国和西方文明中,传播也占关键一席。"不同的政治文明也意味着实现该模式的政治传播组织模式的差别。而"深层结构"所指代的这套不仅通过科层体系还通过价值理念传递实现政治赋能的行为模式,恰恰证明了传播活动对塑造华夏政治文明之独特性的重要意义。正由于政治传播系统与官僚科层制互相耦合、嵌套,相互强化,才形成了秦代以来政治生态中的超稳定结构⑥。这也使得当我们希望借助"深层结构"探讨本土化的"政治"理念时,必须要对当中的政治传播观念与结构作出回应。

本文希望通过对"政治"在不同语境下的理念差异及其产生基础,为中国传统政治独特实践何以可能寻找一个有传播学色彩的答案。在当下加强国际政治传播工作的具体要求中,认识"深层结构"所引申出的这种政治与政治传播的理念范式差异,将有助于我们深化对自身,进而是对中西方之间政治哲学、政治价值取向等话语分歧的理解,在中西政治观念交流中更好地理解、阐释自身亦能为国际政治传播工作展开提供指导意义。

一、政治传播话语能够解释中国古代政治实践吗?

研究中国古代政治传播问题的初衷是挖掘传统政治实践与观念的现代价值,借此探索具有世界价值的本土理论并延展政治传播研究的深度和广度⑦。源于这一初衷,中国古代的政治传播研究被要求以本土语境和历史实践来阐释其独特的传统政治模式、观念或制度。客观来看,中国古代政治实践的特殊性决定了"政治传播"的形式特殊性,因此它很难被直接地置入现代语境中加以比较分析。要回答"什么是中国古代的政治传播",首先离不

---

① 许纪霖,宋宏.史华慈论中国[M].北京:新星出版社,2006:25.
② 任锋.如何理解"史华慈问题"?[J].读书,2010(6):18-24.
③ 赵瑞广.为什么要重视"史华慈问题"[J].读书,2013(3):7-12.
④ 许纪霖,宋宏.史华慈论中国[M].北京:新星出版社,2006:26-27.
⑤ (加)哈罗德·伊尼斯.帝国与传播[M].何道宽,译.北京:中国人民大学出版社,2003:3.
⑥ 潘祥辉.官僚科层制与秦汉帝国的政治传播[J].社会科学论坛,2010(21):148-157.
⑦ 白文刚."中国古代政治传播研究"专题主持词[M]//谢清果,钟海连.中华文化与传播研究(第二辑).北京:九州出版社,2017:5.

开对"什么是中国古代的政治"的先行反思。

所以,本文认为的研究对象与其说是一个"政治传播"问题,更确切说是基于对"政治"的不同理解而阐发出的传播问题。区别在于政治传播的定义有两种不同取向:它要么是从政治学角度把政治传播视为一种政治现象与政治行为,要么是从传播学角度把政治传播理解为传播在政治过程中所扮演的角色①。基于政治学和传播学的基本定义,政治传播把自己想象为"政治共同体的政治信息的扩散、接受、认同、内化等有机系统的运行过程"②,其实,政治学与传播学的基本命题中就早已决定了政治传播的边界。如果说政治学是一门围绕西方近现代政治实践发展起来的学科,传播学就可算作现代政治学的一次命题作文:发端于两次世界大战间的传播起初就被设想为解决政治学问题的延伸手段。如何利用"传播"解决对应的政治问题,不仅仅是传播的母题,也形塑了传播学的基本问题框架。由于现代政治学和传播学对"政治"和"传播"的界定是明确的,这使得作为命题的政治传播在研究对象的外延与内涵上相对固定。

但作为问题的"政治传播",或许应该有比传播学乃至政治学更广义的讨论空间。从当代政治学的一般定义看,政治的本质是"对社会价值的权威分配"③,再具体些则体现为"一群在观点和利益方面本来很不一致的人们做出集体决策的过程。这个决策一般被认为对这个群体具有约束力并作为公共政策加以实施"④。作为一项活动的政治核心目的是通过集中决策来实现资源分配。可以想见,从早期社会中履行着相似的分配职能的诸多实践活动中,有一部分依赖集体参与和威权指导的活动逐渐专门化、规范化,并逐渐形成我们称之为"政治"的那类活动模式。比如,"政治"的古希腊词源最早当追溯到西摩尼德斯到荷马史诗的篇章中提到的"城邦"(πολιε)这一概念。对于当时还大都生活在"埃特诺斯(ethne)"的部族式社会⑤的希腊人来说,它指的就是一种用以取代传统模式的新社会组织形式。因此政治学(πολιτεια)一词的词源就直接来自"城邦"。有趣的是,雅典人习惯用"πολιε"和"αστυ"两种不同的表达来分别指代政治意义上的城邦与文化意义上的城邦,且两者都特指雅典所独有的文化或政治生活样貌⑥。换言之,在它成为一门被广泛认可并讨论的学问前,"政治"一词最先就是雅典人用以描述他们日常生活中那类特殊实践活动的指代物,是再纯粹不过的"地方性知识"。

与古希腊从"城邦"中产生出"政治"这一概念相类似,每一种不同政治文明对"政治"观念的基本表达,都来自已有的一套维系其社会稳定运行的行动模式。既然中国的历史实践中不存在这样一类"政治"活动,传统语境也自然不会存在对等的概念。事实上,我们如今所谈论的"政治"一词是近代以来西学东渐的产物,在更早以前,"政"与"治"往往是被分别

---

① 荆学民,施惠玲.政治与传播的视界融合:政治传播研究五个基本理论问题辨析[J].现代传播(中国传媒大学学报),2009,31(4):18-22.
② 荆学民,苏颖.中国政治传播研究的学术路径与现实维度[J].中国社会科学,2014(2):79-95.
③ (美)伊斯顿.政治体系:政治学状况研究[M].马清槐,译.北京:商务印书馆,1993.
④ (英)戴维·米勒,韦农·波格丹诺.布莱克维尔政治学百科全书(修订版)[M].邓正来,译.北京:中国政法大学出版社,2002:629-631.
⑤ (英)克里斯托弗·罗,(英)马尔科姆·斯科菲尔德.剑桥希腊罗马政治思想史[M].晏绍祥,译.北京:商务印书馆,2016:35.
⑥ 张小勇.政治的词源学:从西方古典语言语源学来看[J].思想与文化,2018(1):189-203.

使用并分别表意的。尽管此刻我们将两者都放在"政治"话题下一同讨论,也不能把它们简单看作同一命题,而是分别代表着两种不同的文明路径及相异的认识论与方法论。它要求我们基于不同社会历史背景回到两种政治思想产生的早期情境中,通过把握"政治"概念产生的目的论和方法论来理解传播在这两种政治当中所具有的结构性作用。

我们说,任何一种政治模式都是社会信息传播手段与组织能力发展到特定阶段的产物①,想要探讨政治传播的观念路径差异,必须先从不同文明对"政治"这一概念的阐释差异入手,继而通过它们不同的历史语境、实践模式来理解这种差异性的成因。不同于现代政治学的一元语境,在古希腊和古中国的政治文明发展进程中,曾诞生过许多不同流派的政治思想,而从根本上,它们对"政治"的基本理解就是彼此不同的。本文仅尝试以儒家思想的核心价值——"内圣外王"来提炼中国传统政治理念的部分特质,它同时也表现为传统政治传播实践的独特想象力和风格。而为凸显这种风格,本文相应地选择了柏拉图《理想国》中的"哲人王"思想展开对话比较。普遍性总寓于特殊性当中,尽管"内圣外王"与"哲人王"代表的仅仅是中西两种政治文明模式中诞生的某一类思潮,却恰恰是它们的个性使得这种比较更具显著价值。通过发生学分析,我们可以透过二者对"政治"与"政治传播"不同的认识和阐释,追寻这种认识差异是为何又以怎样的方式发生于各自文明的政治实践中。由此,我们能够更加切近中西政治传播观念差异的本质性要素,也就更易于为史华慈的"深层结构"问题找到合适答案。

二、中西"政治"理念比较与传播意识的差异

中西方对"政治"一词不同的表述和使用方式,是由两者在早期社会政治模式转型过程中的不同取向所决定的。从本体论上,古希腊与先秦时期的中国分别将政治理解为维系正义或履行教化的活动形式。进而在方法论上,又分别围绕"内圣外王"和"哲人王"理念形成实现各自的政治行动逻辑,导致它们对传播以怎样的身份作用在政治结构当中也有着大相径庭的理解。

(一)"正义"之"政"与"哲人王":作为科层结构的政治

如前文所述,"政治"一词在早期是用以指代城邦权力活动的专有名词,多数情况下都是一个实然概念。但随着柏拉图《理想国》的诞生,希腊对于政治之应然性的探讨也便开始了。柏拉图认为人就是天生的政治动物,参与到政治活动中不单是个人选择和权力,更是无可逃避的宿命。于是他尝试在苏格拉底对正义、知识以及善的探讨基础上,树立起能够评判希腊不同城邦政治生态的统一标准,最终对"什么是最好的政体"大胆给出自己的回答设想②。柏拉图的理想国虽然是一座"用语言建立的城邦"③,却现实地将"政治"从一项具体事物上升为价值性辩题。

在《理想国》中,评判一个政体优劣的核心价值依据就是"正义"。柏拉图说:"我们建立这个国家的目标并不是为了某一阶级单独突出的幸福,而是为了全体公民的最大幸福;因

---

① 陈谦.中国古代政治传播思想研究:以监察、谏议与教化为中心[M].北京:中国社会科学出版社,2009;白文刚.符命神话与中国古代王朝的天命建构:基于政治传播视角的考察[J].青海社会科学,2014(1):12-15.
② 黄洋.西方政治学的前史:公元前5世纪希腊的政治思想[J].历史研究,2020(1):174-190.
③ Burnet I. Platonis opera, volume IV[M]. Oxford Classical Texts, Oxford: Oxford University Press, 1902.

为,我们认为在一个这样的城邦最有可能找到正义,而在一个建立得最糟的城邦里最有可能找不到正义。"①不同于在苏格拉底之前的希腊人将"正义"理解为一个人所为及其所应得,柏拉图不认同惩恶扬善的朴素正义观,视通过"恶"的行动所伸张的正义同样为不义②。因为在普遍联系的社会共同体中总充满着善恶与利益的相互冲突,每一个个体在实际交往中都因其利害事实构成为彼此的"正义"无以相互分享的价值孤岛。那么一个理想政体的意义,就应当是把"保证每人的个人幸福"转变为"保护社会所承认的某种利益","正义"由此不再是对个人而言,而是对不同利益纠葛予以评判并维护普遍利益的一般准则。发端于柏拉图并最终奠定了整个欧洲近代政治学理念基础的一般正义论,始终面向的是"社会的基本结构",并作为"社会主要制度分配基本权利和义务、决定由社会合作所产生的利益之划分的方式"③被运用在广泛的西方政治文明实践中。柏拉图对所谓"理想政体"的论辩,实际就是将"正义"作为目的而将"政治"作为其方法。对同时存在着多元政治生态的雅典城邦而言,"正义"成了可通约的最高价值准则,一切制度的合理性基础。

在苏格拉底看来,正义之所以为正义,表现为对国家整体和个人要求的一致性,也就是个人与国家所应履行的正义是一致的。只不过在国家之中会因为规模而表现得清晰深刻,在个人身上时则显得细微难辨。在《理想国》中,柏拉图④正是借由苏格拉底之口指出最能够展示并代表这种正义的一类人。他说:"除非哲学家成为我们这些国家的国王,或者我目前称为国王和统治者的那些人物,能严肃认真地追求智慧,使政治权力与聪明才智合二为一。"因为"哲人王"拥有实现正义所最需的知识与美德:前者保障了统治者是"最完善的护卫者",后者则保证统治的权力能够为"不爱权力的人掌权"。出类拔萃的统治者不仅要知道如何将这个国家管理到最好,更重要的是能够保障统治本身只为维系正义所用。目睹所谓民主传统不断滑向堕落与民粹深渊的柏拉图,已不再相信制度本身能够具有绝对正义性,甚至产生出"没有一种政体会完全稳固"的超前意识⑤。因此他认为的政治解药是"王与王的美德",是以他者的道德建构正义秩序。

柏拉图所冀望的政治文明在现代西方政治学看来或许恰恰是反文明的。我们印象中,雅典的地位几乎等同于民主政治传统的历史名片,而回顾雅典漫长的政治发展史却会发现,它始终是直接民主和僭主政治交替往复的斗争史,寡头统治在雅典政治光谱中存续的时间并不比民主政治要短,执政成果也并不比直接民主时代逊色。反倒是一人一票的民粹统治才直接导致苏格拉底的死。在柏拉图眼里,伯里克利和科林斯(雅典独裁者)的区别,或许也仅限于高水平的执政者掌握最高权力之后是选择通过"集权"还是"放权"来实现正义的统治。换言之,直接民主制度是雅典政治生态的一种阶段性表现而远非其实质,乃至于当不同学者去回顾苏格拉底、柏拉图的政治理想时,可能会分别得出他们支持民主制和认为他们反对民主制两种截然相反的结论⑥。苏格拉底和柏拉图等人甚至从未对寡头政治

---

① (古希腊)柏拉图.理想国[M].郭斌和、张竹明,等译.北京:商务印书馆,1986:133.
② 廖申白.西方正义概念:嬗变中的综合[J].哲学研究,2002(11):60-67.
③ (美)约翰·罗尔斯(John Rawls).正义论[M].修订版.何怀宏,何包钢,廖申白,译.北京:中国社会科学出版社,2009.
④ (古希腊)柏拉图.理想国[M].郭斌和、张竹明,等译.北京:商务印书馆,1986:133.
⑤ (古希腊)柏拉图.柏拉图全集(第三卷)[M].王晓朝,译.北京:人民出版社,2003.
⑥ 朱清华,方朝晖.理想国家的宣言:《理想国》[M].昆明:云南人民出版社,2002:11-12.

表达过明确反对态度,伯内特(John Burnet)甚至认为,导致苏格拉底之死的真正原因,恰恰因他是"伯里克利民主政治不可救药的反对者"①。

在《政治家篇》中,柏拉图认为有多少种不同类型的政体就有多少种不同类型的性格,也就能有多少种灵魂。政治制度不具有必然性和同一性,而真正能够拯救雅典、拯救希腊文明所面临衰落境况的,不是运行怎样的一套民主制度,而是基于新道德的新政治信念,是摆脱政—教之间的暧昧关系,是建立在希腊哲学先贤智慧基础之上的哲学主义信仰。以"法治"所代表的制度政治不过是位居第二等的政治,它"并不能完美地判定什么对所有人而言是最高贵、最正义的",也就不能实现政治所期待的最好的情况。法律所给出的是一套可以处理信息并给予相应结果的行动框架,但人与人之间的差异、行为之间的差异以及人事无规则地不断变化都不允许存在任何普遍而简单的规则②。《理想国》所试图建构的则全然不同,他在《第七封信》③中则认为:"只有正确的哲学才能为我们分辨什么东西对社会和个人是正义的。除非真正的哲学家获得政治权力,或者出于某种神迹,政治家成了真正的哲学家,否则人类就不会有好日子过。"关于如何建立一个以哲学家为王的完美政体,柏拉图提出的是一套秩序井然的分工系统,在这个社会中生产者、军人、决策者三个阶层各司其职,而哲学家在其中履行掌握权力的决策者职能,使得"正确的哲学"能够成为"分辨的工具"。

作为一种理想化的政治共同体,《理想国》向外追求每个个体明确的责权边界,向内则希望克服这种个体性边界,能够让一元且高尚的价值在涉及整体利益的实践中替代个人作统一判断。换句话说,它意味着古希腊时期朴素的"蜂群思维"式的政治愿景,就像一只工蜂既能够独立思考,这种思考又必然基于蜂后和种群才得以实现一样。《理想国》在认可政治实践是一种个体化行为的同时也明确了实践活动中的指导价值必须具有整体性,而维系这种价值整体性的根本方式就是建立以哲人王中心节点的网络关系。或许当我们试图总结西方政治文明的特点时,往往最先想到的就是崇尚个人主义和多元主义。但从柏拉图到罗尔斯的政治思想家们,都以"正义"而非"自由"为政治的终极追求。现任匈牙利总理欧尔班④在"巴尔瓦尼奥斯夏季自由大学和学生夏令营"所做的演讲中就曾如是表态:"自由主义的社会组织基于这一理念,即只要不损害他人的自由,就有权利做任何事情。……但是事实上,匈牙利的经历证明,相互自由并不是根据抽象的正义原则来决定的,而是由强者来决定的。"即使当代西方政治生态中,抽象正义原则依旧是可以评判包括自由主义思潮在内一切方法论的最高价值,甚至自由本身也应当由正义所保障而非相反。而只要强调抽象正义,必然需要通过传播来实现政治群体价值统一。对于资产阶级的政治哲学来说,它意味着需要公民社会或公共领域等主体间的交往机制来实现群体合意,而"哲人王"的理念则主张建立由一元主体为轴心的社会网络。《理想国》用由"哲人王"构成的信息判断中枢替代了以"法治"为蓝本的信息预处理框架,它的存在能使城邦的每一个活动者不再是单独的实践个体,而是经由哲人进行正义价值的道德判断并最终构成紧密协作又人人分处不同节点

---

① Burnet J. Greek philosophy: thales to Plato[M]. London: Macmillan, 1914.
② (古希腊)柏拉图.柏拉图全集(第三卷)[M].王晓朝,译.北京:人民出版社,2003:294b-294c.
③ (古希腊)柏拉图.柏拉图全集(第四卷)[M].王晓朝,译.北京:人民出版社,2003:715.
④ Prime minister Viktor Orbán's speech at the 25th Bálványos summer free university and student camp[EB/OL]. (2020-03-20)[2020-10-30]. http://www.kormany.hu/en/the_prime_minister_viktor_orban_s_speech_at_the_25th_balvanyos_summer_free_university_and_student-camp.

的密切传播网络。两者尽管传播活动的构成形式有所不同,"传播"之于"政治"的功能角色却是如一的。

(二)"教化"之"政"与"内圣外王":作为道德传播活动的政治

和许多现代学术概念一样,汉语中的"政治"是经日文转译的舶来品。多数情况下,先秦文本中都将"政"与"治"两字分开使用:"政"指国家的权力、制度、秩序和法令;"治"则主要指管理人民和教化人民,也指实现安定的状态等。偶有连用的情况表意也各不相同,比如《尚书·毕命》有"道洽政治,泽润生民",意为国家在治理下处于安定的状态;《周礼·地官·遂人》说"掌其政治禁令","政""治""禁""令"则是分别表意,各指代一部分政府职能范畴,两者表意的重点都在"政"字上。"政"的释义则相对集中,《论语·颜渊》中有:"季康子问政于孔子,孔子对曰:'政者,正也。子帅以正,孰敢不正?'"而《管子·法法》说:"政者,正也。正也者,所以正定万物之命也。"可见以"正"来解释"政"是法家和儒家都认可的一般性答案,《说文解字》里段玉裁也用了"政者,正也。从攴从正"的阐述。"攴"的本意应当是敲打或戒尺,也有人将之释义为"文",所以是"政字从正从文,谓有以防民,使必出于正也"①。两说恰好对应了法家和儒家对实现"正"的政治理想的两种不同路径主张。

正因为"政"与"正"直接相关,把"正"作为先秦政治的目的论共识的政治活动主体、对象及行动准则是明确的。清代墨学大家王念孙认为:"凡《墨子》书言'正天下''正诸侯'者,非训为长、即训为君,皆非征伐之谓。"既说明了"正"作为一种行动的主体是谁,又能解释它行动逻辑的出发点在哪里。所谓"政",就是由处于政治活动中心的特定人群(长、君)所开展的训示活动,通过不同路径实现对政治活动对象的规范性引导以"使其趋向适宜的轨道和目标"②。如果说《理想国》的政治理念是以"正义"为目的,以"政治"为方法,那么与之相对的,先秦关于"政"的阐释不约而同指向"正"这一目标,用《左传·隐公十一年》中的"政以治民"和《左传·桓公二年》所用的"政以正民"来概括此理念再贴切不过。由是它的核心含义从一开始就与古希腊文明中作为公共事业的"政治"概念的原初含义大相径庭。从它所理解的为政模式来说,由于人民不具有"政治上独立的个性",不能"自觉其为一政治的存在",必然以"正人治民"为精髓、以"君临天下""整齐万民"为旨归,甚至可以从中国政治思想史总结出"无政道可言"却又有着鲜明"治道"风格③。

类似城邦欣欣向容替代了传统部族,在中国传统模式转型的过程中对"政"的意识也逐渐萌芽。三代以降,"禹传子,家天下"的历史事实标志着原始氏族部落的政治传统开始走向瓦解,逐步形成疆域辽阔的统一王国,过去由长老巫师主导的部族政治也过渡为不再被共享的世袭权力。由于政治合法性并不是与生俱来的,新的统治者阶级需要为其威权合法性寻找一套有力修辞,这便离不开广泛的政治传播活动④。商人的办法是垄断对巫的解释权,通过神秘化的巫术仪式来赋予其掌握"天命"的合法性基础。商君就是王国最大的巫师,而他权力直接关联于他通过占卜来昭示天命的解释权威。周的统治者取代商以后,在继承天命观念的同时则试图将它发展为更高级的一面,它将巫觋文化中神秘的天命观转

---

① (清)严复.严复集(第五册)[M].北京:中华书局,1986:1247.
② 储昭华,幸玉芳.中国传统"政治"概念的形成及其演变趋势[J].哲学分析,2018,9(2):68-78.
③ 牟宗三.政道与治道[M].桂林:广西师范大学出版社,2006:19.
④ 白文刚.从中国古代实践看制约政治传播效果的政治因素[J].青海社会科学,2015(4):8-12.

化为理性化表达。周的统治基础不再倚赖于神秘巫术所阐释的天命,而是建构起一套有关"德"的概念体系,在保有权力来源于天命的神秘性的同时又将它以道德伦理的方式固定下来。

与巫术一样,朴素的道德风俗是维系氏族社会统治并使秩序得以日常化的基本要素①。在马克思和恩格斯看来,封建国家之于氏族社会的胜利,代表着淳朴道德高峰的氏族政治正是被国家机器与阶级统治的非道德政治所击败,但在中国的历史实践中这种崇尚"天命"和"德命"的道德统治并没直接消失,而是被新的统治群体转化利用。加上氏族组织和农村公社在中国历史发展格局中始终保持着惊人稳定性,这套以伦常道德为依据的统治逻辑也就自然成为中国传统政治文化中的重要特质②。"德命"阐发出中国观念与比喻结合的独特政治认知图式,它在中国传统的政治文化中不断凸显其思维功能。除了将权力合法性用更加理性的手段解释为上天的授权,更是把这种权力的统治过程视若人的生命般加以人格化,国家有道、有德,才能长久存在。如此,"德命"既简单明了又深刻揭示了政治文化的实质,使人们以形象化的"有德有命"的图式构建政治活动的意义、方式与标准,理解复杂的政治现象,判断统治者的政治行为,发挥着文化性的强大的"喻"的功能,成为中国社会政治活动的认知图式,起到政治合法性与有效性的文化心理基础作用③。

这种模式下的政治参与都呈现为主张"以德配天""敬德保民"或"修德配命"的个体化道德活动,比起强调政治结构合理性的"哲人王",它偏重于政治参与主体自身的价值。以《管子》为例,《幼官》篇中用"畜之以道,养之以德。畜之以道则民和,养之以德则民合"来阐述实现政治目标的基本方法。《兵法》篇也说:"畜之以道则民和,养之以德则民合。和合故能谐,谐故能辑,谐辑以悉,莫之能伤。"此处的"道"和"德"是为修辞上的对言,意涵相同,两者都需要通过主体自身的畜养来实现④。被人格化和生命化的统治活动因而被与统治者本身的生命历程关联起来,政权就像自然万物一样有其周期与生命力,必须遵从于同样的行动准则,因而道是天地秩序奉行的最高理念,德则是与之相对应的万物应有之本性,统治者需用自身的"德"来契合"道",以实现"会请命于天,地知气和,则生物从"⑤的和合境界。先秦政治哲学关于"什么是理想政治"的逻辑链条中,往往一端指向昭昭天命,另一端则直接联系到统治者个人德性修养,注重通过言行修养建构稳定的形象增强社会之于政治中枢的凝聚力⑥。在陈来⑦看来,这种对"道之以政""为政以德"基本行动宗旨的强调,是儒家思想对于"政以治民"的古代朴素政治观念的一次改造,它由"天理合一""天德合一"等关于政治与天命的本体关系思考,进一步发展为了对于政治的直接思考,由此构成以伦理共同体为基础的政治共同体。这种通过个人的道德实践来实现政治追求的方法论即是"内圣外王"。和"哲人王"把道德水平作为政治家能够从事好的政治活动的前提条件不同,对"德"的追求在它这里兼作为方法和目的,个人的道德实践与国家的政治实践是同构的;与现代政治学

---

① (德)马克思,(德)恩格斯.马克思恩格斯选集(第四卷)[M].北京:人民出版社,1997:93-94.
② 郑敬高.从三个层面看中国传统政治文化的特质[J].政治学研究,1989(4):48-53.
③ 景怀斌,张善若."德命"与"牧领"的治理向度:与福柯理论的对话[J].开放时代,2021(2):103-119.
④ 张立文.管子道德和合新释[J].社会科学战线,2010(2):6-18.
⑤ 《管子·幼官》
⑥ 陈谦.中国古代政治传播思想研究:以监察、谏议与教化为中心[M].北京:中国社会科学出版社,2009:36-37.
⑦ 陈来.论"道德的政治":儒家政治哲学的特质[J].天津社会科学,2010,1(1):23-27.

将政治作为区别于道德的独立行为体系也不同，它认为统治者在生活的方方面面实现"养德"的个人行为，就是在蓄养一个政权的政治生命，表现为"内圣外王"的统一行动逻辑。

"内圣外王"一说最早出自《庄子·天下篇》的"是故内圣外王之道，暗而不明，郁而不发，天下之人各为其所欲焉以自为方"一句。依梁涛[①]的考据，虽然《庄子》被视为道家代表性经典，但《庄子·天下篇》大概率实作于庄子后学黄老派之手。相比庄子本人"寂然无声，漠然不动，引之不来，推之不往"的价值取向，黄老派后学们表现出更强的政治参与积极性，在思想主张上他们充分地融合名家与法家的设问与儒家精神价值，发展为对治世问题的一套独立思考。钱基博[②]先生则认为，"'圣'之为言'通'也，所以适己性也，故曰'内'。'王'之为言'往'也，所以与物化也，故曰'外'。'内圣外王'，盖庄生造此语以阐'道'之量，而持以为扬榷诸家之衡准者，惟引庄生之言足以明之"。故"内圣外王"不仅是用来表述《庄子》一家之政治理念的专门概念，更是一套专门用于比较和衡量诸子思想主张的概念工具。

"内圣外王"的表述作为政治方法论具有高度普适性，因此这种表述在《庄子》中一笔带过后，又能够取得儒生的认同，并得以在历代儒学家的完善下发展为系统性学说，占据中国传统政治思想中重要位置。最终，"内圣外王"被发展为中国古代道德政治的行动逻辑和实践模式的一种整体性概括。"内圣"，是道德主体内在心性的完满自足，是理想人格有诸内的方面。而当它被作为一种外部性力量来加以界定和衡量时，就被视为儒家人格理想的另一极——"外王"。"外王"不应当被解释成君王政治权威的树立和政治权力的施行，因为这里的"外王"是仅相对内圣而言的，是在人格理想实现的基础上，自发地将个体的道德理想付诸社会生活和国家政治的具体实践中，继而实现治国平天下的圣王理想[③]。可以说，当我们把"内圣外王"当作一个政治观念时，它是运用儒学话语在一个法家命题上使用道家概念表述的产物，进而形成了能够反映深层结构关系并具有概括性和代表性的原生政治理念。

对伦理共同体和行动本位的强调，使得围绕"内圣外王"所产生的观念与实践，对传播之于政治活动的价值作用有着截然不同于西方的思考。黄星民、谢清果等人主张将《论语·颜渊》篇中对"君子之德风，小人之德草，草上之风，必偃"的论述总结为"风草论"的中国古代传播思想，它体现在弱化传播受众主体意识、关注长期效果以及主体间的传播效应等方面特征[④]。作为一种"政教贯通""君师合一"的本土化传播观念[⑤]，它弱化政治传播活动受众的结构性地位，更偏重考量传者与受者之间的道德秩序，将"伦理权力化"[⑥]，将强硬的权力关系转化为伦理顺从，以对道德的自觉来认同现有的统治秩序，而这种统治秩序本身就是一种信息传播秩序。因此，这种"社会生活传播结构，主要依靠道德规范、行为习惯来

---

① 梁涛.《庄子·天下》篇"内圣外王"本意发微[J].哲学研究,2013(12):32-39,124.
② 钱基博.读《庄子·天下篇》疏记[M]//张丰乾.庄子天下篇注疏四种.北京:华夏出版社,2009.
③ 朱岚.儒家内圣外王之学论要[J].齐鲁学刊,1997(4):79-84.
④ 谢清果,陈昱成."风草论":建构中国本土化传播理论的尝试[J].现代传播(中国传媒大学学报),2015,37(9):59-64.
⑤ 杨小玲."风草"传播模式说及其政教合一传播思想:《论语》传播学再解读[J].中南民族大学学报(人文社会科学版),2014,34(5):163-166.
⑥ 陈力丹.论孔子的传播思想:读吴予敏《无形的网络:从传播学角度看中国传统文化》[J].新闻与传播研究,1995,2(1):2-9.

维护那些不成文、不证自明的传播秩序,使信息的社会矢量达到整合"。很明显,它并不强调通过传播活动串联整个政治系统的日常运行,和具体的传播活动与信息效果也并无直接关联,当"内圣外王"作为一种政治传播观念时,它首先设想了一个先在的道德传播场域,进而思考在这个场域中如何通过内向的传播活动构建起由他律性道德为核心的社会秩序。

三、从"内圣外王"看传统政治传播中的行动逻辑和文化现象

和《理想国》的正义论一样,"内圣外王"体现出了对社会政治实践传统的部分沿袭,它对传统氏族政治中对"天命"的神秘主义信仰和基于道德风俗的秩序建构进行创造性转化,由此形成一套以道德活动为中心的政治行动模式。在这个行动模式中,过往被我们认为是政治的或非政治的成分往往是一体的,并通过共同的道德场域和个体化传播行动形成与古希腊大相径庭的"政治"生活。它以不同的方式理解传播,以不同的方式实践传播,最终构成诸多独具中国面貌的历史观念和文化现象。

(一)讲政治的传播:知识的政治、道德的政治与传播的政治

《庄子》原篇中并没有直接阐明什么才是"内圣外王之道",而只是给出"配神明,醇天地,育万物,和天下,泽及百姓"的基本要求。这既是对"圣"的要求,也是对"王"的要求,因为"圣有所生,王有所成,皆原于一"①,"王"与"圣"本来就是天然统一的。特别是在往日官学一体的时代中,道德的知识与治国的知识在很大程度上就是同一种知识,他们都由兼作氏族首领和知识领袖的王来相继传承。在这里"首领、贵族们的个体'内圣'本是与其能否成功地维系氏族团体的生存秩序的'外王',相紧密联系在一起的"②。作为一种理想的政治生态,《庄子》所讲求的"内圣外王"并非凭空创见,而是实然地存在于更早的部族社会中。在那里,"王"是唯一掌握并运用知识的人,所谓知识同时杂糅了对伦理和自然的理解,原始人类的认识水平也难于区别两者。所以在这样一个世界中,道德、伦理与礼乐、自然是全然一体的,两者的叙述完全一致并形成物与理的统一,这也决定了"关于道德的叙述必须诉诸一个超越于这个现实世界的本体"③,拥有伦理和自然知识的人往往被包装出神话主义色彩。比如被尧选为继承人的舜一方面拥有亲孝的崇高道德觉悟,另一方面还是名气象和地理专家,所以当"尧使舜入山林川泽,暴风雷云,舜行不迷"④时,这种超乎常人的能力就被认为是基于道德伦理和自然知识共同显现出来的"圣王"的征兆。

春秋之后,连绵战乱和周王室的衰微直接导致"天子失官,学在四夷","王"在知识上的绝对控制力走向终结,亦带来《天下篇》所说"天下之治方术者多矣"的知识混乱局面。诸子百家都拥有创造和定义各自知识的权力,但又无非是自己片面障目的一部分,这引发庄子"暗而不明,郁而不发"的感叹⑤。"王"不再拥有于民而言绝对的知识传播力,不再拥有绝对的知识道德权威,"圣"就不再能得到彰显,墨子说"三代圣王既没,则天下失义"⑥,"圣"无以

---

① 《庄子·天下篇》
② 李泽厚.中国古代思想史论[M].天津:天津社会科学出版社,2003:252.
③ 汪晖.现代中国思想的兴起:上卷,第一部:理与物[M].3版.北京:生活·读书·新知三联书店,2015.
④ 《史记·五帝本纪》
⑤ 陈仁仁.《庄子·天下篇》"内圣外王"思想的提出及其认识论意义[J].湖南大学学报(社会科学版),2011,25(1):115-119.
⑥ 《墨子·明鬼下》

彰显则"道"就无人伸张,故而远离治世的理想。因此,先哲们关于治世思想的追求无一例外诉诸寻"道",出于它们已经适应的政治习惯最后又不约而同落实到寻求那个能彰显"道"的人身上。一如《荀子·正论》中说"圣人,备道全美者也",对圣的追求,始终是寻找一个能像原始氏族社会的首领那般拥有绝对知识和道德的理想主体。

"内圣"是中国传统道德政治逻辑之上构建的完美的道德和自然知识主体。"外王"则是传统政治理念当中对于这种完美主体所具的历史形象的概括。在先秦哲学家们看来,"内圣"和"外王"是天然统一的,但这种统一同时又必须建立在对传播的天然想象之上。潘祥辉[1]认为,在中国文化传统中这种王化的圣人,"发端于上古的巫圣,因'闻声知情'而具有了克里斯玛,成为沟通天地人神的灵媒","外王"就体现为"传播之王",作为一个全知全能的传播者,圣人因其特有的知识禀赋得以履行着在人群中沟通天地与他者的特有传播角色,而由知识(无论它是道德的还是自然的)所赋予的超人传播能力,塑造了对"圣"的整体想象并由之构成对实现"王道"可能性的认识。先秦思想家们对于王道理想的认识,首先基于对道德政治的普遍共识,它是由伦理价值与主体间的交往关系所构成的道德连续体。因而"政"就是"正",就是追求用高的道德知识来统一政治参与者们的行动理念,为此就需要有一个在道德、知识和传播能力上都臻至完美的行为主体来领导。在孟子看来,应该是"以德行仁者王"[2],在达到"德"的要求成为"圣"时,"王"是"天与之"[3]的自然结果。绝对的道德知识直接代表无限的传播能力,也意味着"内圣"与"外王"的天然统一,理学的进一步发展更是明确将知识作为成圣的具体现实路径,同时成圣也是为学的最终目标,把知识、道德与政治三者贯彻进统一行动。

因此,尽管"内圣外王"和"哲人王"都强调以高质量主体作为整个政治实践活动的主导者,但两者的基本实践却不同。白璧德曾将孔子与亚里士多德并举,他认为孔子之教能够提供民主领袖所最需要的品质。儒家"以身作则"的精神可以塑造出"公正的人"而不仅仅是"抽象的公正原则"(justice in the abstract),这也是儒家对现代民主的贡献所在[4]。从具体实现路径上来看,"哲人王"所勾勒的政治实践是整体性的,它将城邦作为政治实践的基本单位,进而通过系统化、网络化的传播形成由哲学家来主导的整个城邦系统内的价值判断和传递;"内圣外王"则把政治活动作为一种个体行动置入和知识、道德共通的传播场中,这种模式下,政治传播、知识传播和道德的传播被整合为统一行动,传播也不再基于对控制论系统的想象,而是基于具有道德共同体性质的知识场域。

(二)重传播的政治:作为传播实践的"素王"与"道统"观

以"内圣外王"为内核的政治理念,展示了一种以道德知识为主体,以圣人之于常人的影响教化为其实现的理想政治模式。这种对"政治"的理解可能不同于古希腊政治哲学着重的对于传统政治的结构性想象,或者说政治中"法治"的一面,而更注重寓于行动之中的政治效果,或"人治"的那一面。《孟子·离娄上》说:"徒善不足以为政,徒法不能以自行。"认同政治是道德和法制两种要素的共同结果。而《荀子·君道》则更深入地论述:"有乱君

---

[1] 潘祥辉.传播之王:中国圣人的一项传播考古学研究[J].国际新闻界,2016,38(9):20-45.
[2] 《孟子·公孙丑上》
[3] 《孟子·万章上》
[4] 余英时.现代儒学论[M].上海:上海人民出版社,1997:249.

无乱国,有治人无治法,羿之法非亡也,而羿不世中,禹之法犹存,而夏不世王,故法不能独立,类不能自行,得其人则存,失其人则亡,法者治之端也,君子者法之原也。"法的存在使得政治作为一种实践类型得以存在,但作为基石的法并不能实现政治的最高理想形态,只有由道德"内圣"实现的"外王"才是实现质变的途径。中国的先秦政治哲学智慧将"内圣"与"外王"贯穿于统一的行动中,前者偏向于个体化的行动,后者则是由前者引发的系统性影响。这种行动本位并寓于行动当中的政治本身是强调其传播性的,甚至很多时候,它直接作为一种传播而存在。

比如董仲舒的"素王"观即是这种寓传播于道德行动的观念典型。所谓"素王",大多专指孔子,因他"专行教道,以成素王"①。董仲舒则说:"孔子作《春秋》,先正王而系万事,见素王之文焉。"②自汉儒之后这一说法广泛流行开来,并逐渐演变为他是"为后世受命之君,制明王之法"。孔子不是实际的王却得以履行"王道",因为个体的道德不是自觉的,一切道德行为都根源并受命于"天"③。董仲舒把上天的受命归结为"任德远刑"的政治理想,能够推动践行该理想的道德传播者就是"行天德者",就可以"谓之圣人"④,进而通过神化控制超凡通天的人格,通过"至圣先师"的绝对道德权威为背书,回归到为汉代政治统治服务的基本要求上⑤。

这就等于变相承认了王的身份界定不在于实际地位,而只是一个道德行为判断,不作为实际执政者同样具有行使"王道"的可能。身为"素王"的孔子虽处在实际的政治统治之外,却可以通过"作《春秋》"的传播活动间接参与其中,说明这种政治实践虽然是个人化的,但又是非限定性的,并不只为掌握国家权力的最高统治者专有,在经过道德知识训练之后,每一个知识精英都具备成为道德秩序传播者进而施行王道的资格。尤其在唐、宋时期,面对本土和外来宗教对政治传统的冲击,它又演化出韩愈和理学家们对"道统"问题的关注。

朱熹认为:"盖自上古圣神继天立极,而道统之传有自来矣。"⑥所谓道统,就是自古以来所传承的政治理想,由于儒家的政治思想陷入陵夷,高尚的知识分子都具有传承和维护过去的道德秩序的责任,"道统"由此变成自觉的政治使命。朱熹评价二程著书立说的行为时说:"尚幸此书之不泯,故程夫子兄弟者出,得有所考,以续夫千载不传之绪。"而对自己同样是"熹自蚤岁即尝受读而窃疑之,沉潜反复,盖亦有年,一旦恍然似有以得其要领者,然后乃敢会众说而折其中,既为定著章句一篇,以俟后之君子。"道统的解释者将自己视为道统的传承者,并把积极传播儒家学说思想作为自己的政治使命。在这个过程中,道统内部的所有个体都获得了历史主体的地位,而个体力图重建道统的行为也具有了整顿身心道德秩序和政治伦理秩序的双重意义⑦。宋代理学的发展,使得士人能够围绕着道统意识建立起能够在"横向和纵向上立体流动的精神交往网络"⑧,使得道统观强调的历史责任意识被践行

---

① 《淮南子·主术训》
② 《汉书·董仲舒传》
③ 干春松.从天道普遍性来建构大一统秩序的政治原则:董仲舒"天"观念疏解[J].哲学动态,2021(1):74-83.
④ 《春秋繁露·威德所生》
⑤ 葛志毅.玄圣素王考[J].求是学刊,1992,19(1):94-100,88.
⑥ 《中庸章句序》
⑦ 单虹泽."回向三代"与"道统重建":论儒家的历史意识及其生成逻辑[J].国际儒学论丛,2020(1):85-98.
⑧ 赵云泽,刘珍.宋明理学的传播观念研究[J].兰州大学学报(社会科学版),2020,48(1):158-165.

到日常化的政治传播活动当中。

基于"内圣外王"的传播观念,"素王"说和"道统"说不同角度、不同程度地发展了这种将道德和知识活动作为政治参与方式的政治方法论,而且具有更加明确的传播动机,由此可参见,在一套完全不同的政治思考模式下,同样能够产生出具有高度逻辑严密性和可实践性的中国传统政治传播观念。

四、结论

华夏传播研究面临的一个重要挑战,来自同一学术概念在不同语境下意义的不可通约性。就如本文谈到"政治"概念时,不得不从希腊与华夏文明的观念源流出发讨论两者在"政治"概念中的认识路径差异,再以发生学的思维探讨这种认识差异产生的原因,进而才能把握本土的政治传播的想象力。正因为古希腊思想像参照系一样为我们确立了我们在政治传播思想中所处的位置,我们才有突破其外缘的可能。需强调的是,本文中所说的"内圣外王",是仅针对先秦诸子政治理念中的某部分特点及其在后续文化中的衍生现象所作的概括,事实上,"内圣外王"在以儒家思想为核心的中国传统文化中具有更加全局性的丰富内涵。而"哲人王"则是从古希腊政治哲学中挑选出来的具有典型特征的概念,不是因为它具有绝对代表性,反而是因为它最特别,在相互比较中才最能凸显双方在思维方式、论证逻辑上的差别。所以本文进行比较的两者非全然对等的关系,比较目的是凸显彼此之差异而非对东西方政治传播观念进行全局性梳理。

本文的首要用意倒不在于生造用以阐释华夏传播研究或中国传播观念研究中的政治传播问题的新理论,而更希望通过对命题本身的批判来延展政治传播研究的设问链条:在我们试图探讨东西方政治传播观念的差异时,问题首先要从"什么是政治"开始,通过反思文化实践差异所造成的概念与概念间的实际差别,才能更加全面地就传播观念差异问题产生有效探讨。

政治作为一种社会性的价值分配实践,并非独立于其他社会活动而存在,只有当它被置入具体的文化语境中时它才能具有完整的意义。不同的文明实践意味着对"政治"不同的理解范式,政治传播活动的外延内涵也不尽相同:比如本土学者尝试将盲媒、谏言、歌谣、圣王、符命又或是士人的社会生活[1]作为政治传播的研究对象,而它们的传播意义,都只有在中国独特的政治实践中才能被回答。相应地,传播在不同政治语境中所发挥的功能角色也不尽相同,马克斯·韦伯[2]认为,中国古代建立起了与现代科层体系截然不同的一套官僚制度,这种差别特别体现在交往方式和身份关系上。"天命"观主导下的对外政治交往,实际形成了不同于现代国际政治交往准则的宗藩体系和朝贡制度。这些都可在中国独特的政治模式及其传播观念中寻找到成因。

放眼当下,西方对华政治传播工作中的很大一部分并非一般政治渠道,也不断通过教育、环保等不同场域来实现。因此我们同样亟须一个更加泛化、视野更广阔的政治传播视

---

[1] 白文刚,赵洁.政治传播的历史向度:中国古代政治传播研究的回眸与省思[J].国际新闻界,2021,43(1):85-103;潘祥辉.瞽矇传诵:先秦"盲媒"的传播考古学研究[J].西北师大学报(社会科学版),2019,56(2):14-23;赵云泽,董翊宸.宋代士人阶层重组与言论清明格局的形成[J].新闻大学,2019(5):30-45.

[2] (德)马克斯·韦伯.经济与社会(上册)[M].阎克文,译.上海:上海人民出版社,2010:55-72.

野,并将更多本土化的传播实践融入其中。在我们寻求加强国际传播能力,试图构建一个多维、多元的世界政治生态的过程中,需要一个同样多维、多元的政治传播思想体系来助力。

  经过概念比较和发生学考察,我们不难发觉中国传统政治传播观念这种首先表现在"政治"观念上的特殊性上,尤其是所具有的高度历史意识。这种历史意识不断通过把"时间经验通过回忆转化为生活实践导向的精神"[①],并反映为中国古代知识分子信而好古的整体风貌。这种好古,就是对部落神话时代崇高道德秩序模式的推崇,并在思想上热衷于尝试重建过去的道德政治场域,而在该场域里,个体的道德知识活动是全部关系建构的基础,全部政治活动也都以道德知识传播的面貌来展开。或许正由于"内圣外王"思想推崇的部落时代还不存在完整的科层体制和国家机器,在其思想中也忽略了对国家机器传播功能的关注,呈现为略显浪漫的对"部落道德"的信仰。但就和柏拉图崇尚的理想国设想了一个"蜂群模式"的理想传播系统一样,它们只是构成东西方两种政治文明的起点,而远非终点。

---

① (德)约恩·吕森.历史思考的新途径[M].綦甲福,来炯,译.上海:上海人民出版社,2005:63.

"儒贾同道"的儒商文化和近代儒商企业文化叙论

徐国利 *

摘要：宋明新儒学通过对儒学及儒贾与士商关系的新阐释，建构起新的儒商观，为传统儒商文化的建立提供了理论指导和思想基础。明清儒商确立了"儒贾同道"的儒商价值观与儒商文化，以之经商事贾。中国近代民族企业家传承和弘扬儒商文化，将之作为个人精神修养和企业文化建设的思想指导，形成了中国近代儒商企业文化。儒商文化价值观将儒家的价值理性与商业性的工具理性相统一。这不仅被明清儒商和近代企业发展证明是行之有效的，也被近代东亚资本主义发展史所证明。要建构有中国特色的当代企业文化，就必须大力继承明清儒商和近代儒商的优良思想传统，弘扬"儒贾同道"和义利合一的价值观。

关键词：儒贾同道；明清儒商；近代儒商；商人精神；企业文化

中国传统商业文化重视儒商精神和文化的培育，以朱熹和王阳明为代表的宋明新儒学通过对儒学及其儒贾与士商关系的新阐释，建构起新的儒商观，为传统儒商文化的建立提供了理论指导和思想基础。明清儒商在此基础上，结合自身的生活实践和商业经营，构建起"儒贾同道"的儒商价值观与儒商文化，强调商人必须具备儒家文化，要以儒家价值观为指导经商事贾。中国近代民族企业家在学习西方商业文化的同时，又积极传承和弘扬儒商文化，将之作为个人精神修养和企业文化建设的思想指导，形成了中国近代儒商企业文化。儒商文化价值观将儒家的价值理性与商业性的工具理性相统一，即义利合一的商业价值观。这不仅被明清儒商和近代企业发展证明是行之有效的，也被近代东亚资本主义发展史所证明。建构中国特色的企业家精神和企业文化是当代中国企业文化建设的重要任务和时代使命，中国传统儒商和近代儒商文化及其价值观正可以为当代中国企业家精神和企业义化建设提供重要的思想资源。

一、宋明理学的儒贾关系新论

春秋战国时期儒家思想成为显学和商品经济的繁荣发展，使中国儒商和儒商文化开始形成。但是，春秋战国时期儒家并没有对儒商关系作专门论述，儒商文化也没有形成系统

---

* 作者简介：徐国利（1966—），男，汉族，安徽祁门人，上海财经大学人文学院历史系系主任、教授、博士生导师，上海财经大学国际儒商高等研究院研究员，研究方向：中国文化思想史、史学理论及史学史、儒学与儒商文化等。
基金项目：中国孔子基金会、上海财经大学国际儒商高等研究院合作项目"中国现代儒商评价体系"（2018110020）。

化的理论。中国古代儒商和儒商文化的新发展要到宋代以后,特别是明清时期①。宋元明清商品经济获得长足发展,商业繁荣,商人的社会地位有了很大提升;同时,大量儒生因治生问题被迫弃儒经商,因此,原有的重儒轻商和儒尊贾贱的职业观已经不能适应社会发展需要。这促使宋明理学家对儒贾和士商关系及其职业伦理作出新的阐释,以为新出现的儒贾(士商)观提供理论支持。宋明理学对儒商关系的新阐释使明清儒贾观实现转型,推动了传统儒商文化的发展。

宋代商品经济的繁荣使民众大量经商,儒生亦开始普遍经商,"宋代商业已经相当发达,士商之间的界限有时已不能划分得太严格。因此,新儒家也不得不有条件地承认'经营衣食'的合法性了。……早在南宋时代,新儒家的伦理已避不开商人问题的困扰了"②。程朱理学的集大成者朱熹对儒商关系作了新解释,不仅肯定商人经商的正当性,还承认儒士经商的合法性。他强调国家须以重农为本,只有这样才能使社会达到理想的道德之境,"契勘生民之本,足食为先。是以国家务农重谷,使凡州县守卒皆以劝农为职……盖欲吾民衣食足而知荣辱,仓廪实而知礼节,以共趋于富庶仁寿之域,德至渥也"③。同时,又承认只要去除私欲而符合天理,包括经商在内的谋利行为是合理的,"夫营为谋虑,非皆不善也。便谓之私欲者,盖只一毫发不从天理上自然发出,便是私欲"④。他主张维护商人的正当利益,任提举浙东常平茶盐公事时,"凡丁钱、和买、役法、榷酤之政,有不便于民者,悉厘而革之"⑤。他不反对子孙从事工商业,说:"士其业者,必至于登名;农其业者,必至于积粟;工其业者,必至于作巧;商其业者,必至于盈资。若是则于身不弃,于人无愧,祖父不失其贻谋。"⑥有学生问贫穷不能学的子弟能否经商,他以心学家陆九渊亦开药肆为例作了肯定的答复,说:"止经营衣食,亦无甚害。陆家亦作铺买卖。"⑦朱熹的外家祝氏是新安名族,宋代有两人中进士。祝氏善于经商,他称赞其贾而好儒,"外家新安祝氏,世以资力顺善闻于州乡。其邸肆生业,几有郡城之半,因号'半州祝家'"⑧。他本人开书肆做生意。在他眼中,"四民"只是职业的不同,并无道德高下之分。

当然,朱熹并非平等看待"四民"的社会地位和主张儒贾平等。朱子学倡导"人伦日用"的世俗化儒学,旨在建立以儒家伦理为本位的理想社会。那通过什么途径才能实现此目标呢?他认为只有读书穷理才可以,"为学之道莫先于穷理,穷理之要必在于读书"⑨。可见,儒士才是建立儒家理想社会最重要的职业和阶层。他对士和商职业职责的规定是:"士其业者,必至于登名"和"商其业者,必至于盈资",即是说,士求名,商求利。朱子学对商业和商人的新认识是宋代商人地位提升和儒生经商治生的理论反映。由于程朱理学是明清的官方意识形态,故对明清新儒商观和儒商文化的建立产生了重要影响。

---

① 徐国利.中国古代儒商发展历程和传统儒商文化新探[J].齐鲁学刊,2020(2):5-13.
② 余英时.中国近世宗教伦理与商人精神[M].合肥:安徽教育出版社,2001:173.
③ (宋)朱熹.晦庵先生朱文公文集(卷100)[M].劝农文,四部丛刊集部·初编集部.
④ (宋)朱熹.晦庵先生朱文公文集(卷32)[M].问张敬夫,四部丛刊集部·初编集部:1.
⑤ (元)脱脱.宋史(卷4290)[M].朱熹,北京:中华书局,1977:12756.
⑥ (宋)朱熹.不自弃文[M]//(清)石成金.传家宝全集.北京:北京师范大学出版社,1992:353.
⑦ (宋)朱熹.朱子语类(卷113)[M].训门人一,长沙:岳麓书社,1997:2479.
⑧ (宋)朱熹.晦庵先生朱文公文集(卷98)[M].外大父祝公遗事,四部丛刊集部·初编集部:26.
⑨ (宋)朱熹.晦庵先生朱文公文集(卷14)[M].行宫便殿奏札二,四部丛刊集部·初编集部:12.

阳明心学是宋明儒学世俗化的进一步发展。明中叶以后,商品经济快速发展,商人群体不断壮大,许多士人弃儒经商。面对这种新的社会形势,王阳明对儒贾(士商)关系的认识比朱熹更为解放,为明清儒商和儒商文化的确立提供了理论指导和精神支持。

首先,王阳明从"体用一原"的角度说明儒贾关系,即商人治生亦是儒者之事,是儒者实现道德理想和人生价值的途径和手段。他主张"体用一原",即良知本体通过发用流行所做之事体现,良知存在事功之中,必须即事求取和实现良知,因此必须追求道德修养与追求事功的合一。他说:"故致知必在于格物。物者,事也,凡意之所发必有其事,意所在之事谓之物。格者,正也,正其不正以归于正之谓也。"①又说:"良知不由见闻而有,而见闻莫非良知之用,故良知不滞于见闻,而亦不离于见闻。……盖日用之间,见闻酬酢,虽千头万绪,莫非良知之发用流行,除却见闻酬酢,亦无良知可致矣。故只是一事。"②在他看来,不能空谈天理和性命,而应在日用见闻酬酢中来致良知,以实现儒家的理想人格,这就克服了程朱理学将致知与事功相对立的观点。它对商人的伦理意义是,经商以治生持家即是他们实现儒家伦理理想的手段和途径。所以,王阳明与弟子讨论如何处理读书治学与经商治生的关系时,提出了"学何贰于治生?"的思想。他说:"但言学者治生上,仅有工夫则可。若以治生为首务,使学者汲汲营利,断不可也。且天下首务,孰有急于讲学耶?虽治生亦是讲学中事,但不可以之为首务,徒启营利之心。果能于此处调停得心体无累,虽终日做买卖,不害其为圣为贤。何妨于学?学何贰于治生?"③王阳明说的汲汲营利以治生当然是经商。在他看来,学者应以治学为首务,但也可以经商治生,因为经商治生里存在"良知",因此经商与治学并不是对立的,如果经商时不动营利之心,而是致良知,那么虽为商贾,亦"不害其为圣为贤"。他甚至说:"良知只在声色货利上用功,能致得良知,精精明明,毫发无蔽,则声色货利之交,无非天则流行矣。"④可见,只要追求声色货利的经商求富能"致得良知",同样能实现儒家的道德理想目标。显然,王阳明的话是针对明代大批士人经商的社会现象所发,意在说明经商只要尽心修身和以"致良知"为目标,那么与读书业儒致仕没有本质区别。这种思想为人们从事被传统轻贱的商业提供合理的伦理依据。

其次,提出"四民异业而同道"的重要命题,其"商儒同道"的思想充分肯定商人及其职业的伦理价值。明嘉靖四年(1525年),王阳明在为苏州商人方麟所写《节庵方公墓表》说:"苏之昆山有节庵方翁麟者,始为士,业举子,已而弃去,从其妻家朱氏居。朱故业商,其友曰:'子乃去士而从商乎?'翁笑曰:'子乌知士之不为商,而商之不为士乎?'遂经商,后弃商为士,以儒业授二子皆成进士。"王阳明据此阐发了"四民异业而同道"的思想,说:"古者四民异业而同道,其尽心焉,一也。士以修治,农以具养,工以利器,商以通货,各就其资之所近、力之所及者而业焉,以求尽其心。其归要在于有益于生人之道,则一而已。士农以其尽心于修治具养者,而利器通货,犹其士与农也;工商以其尽心于利器通货者,而修治具养,犹其工与商也。故曰:四民异业而同道。……自王道熄而学术乖,人失其心,交骛于利,以相

---

① (明)王守仁.吴光,等编校.王阳明全集(卷26)[M].续编一·大学问.上海:上海古籍出版社,1992:927.
② (明)王守仁.吴光,等编校.王阳明全集(卷20)[M].传习录(中).上海:上海古籍出版社,1992:71.
③ (明)王守仁.吴光,等编校.王阳明全集(卷32)[M].补录·传习录拾遗.上海:上海古籍出版社,1992:1171.
④ (明)王守仁.吴光,等编校.王阳明全集(卷1)[M].王阳明.传习录(下).上海:上海古籍出版社,1992:122.

驱轶,于是始有歆士而卑农,荣宦游而耻工贾。夷考其实,射时罔利有甚焉,特异其名耳。"①他提出士农工商"其归要在于有益于生人之道,则一而已",并以托古方式论证了"古者四民异业而同道,其尽心焉,一也"的新命题,把被视为贱业的工商业者提升到与士农同"道"的高度,认为他们之间是平等的。在他看来,农工商只要与士人一样尽心(致良知),便同样能够达到道德的自我完善和人生伦理目标的超越;同时,既然经商为工也能尽心(致良知),那么就不存在职业的高低贵贱,故"四民异业而同道"。社会上出现"交骛于利,以相驱轶,于是始有歆士而卑农,荣宦游而耻工贾"的现象,完全是因"王道熄而学术乖,人失其心"所造成的。王阳明虽然说"四民异业而同道",然而他是在给亦商亦儒的方麟树碑立传,可见其根本意图是说明为商、为士者只要"尽心"(致良知),那么,两者在不同职业和生活领域同样可以实现儒家的道德超越,他为商人所做的伦理正名昭然若揭！王阳明对四民观的新解读,特别是其"儒贾同道"论产生了广泛的社会影响。这种新儒贾(士商)观和儒商文化观固然是适应16—17世纪明代社会商品经济迅猛发展、逐末营利逐渐成为社会风气形成的,然而,反过来对扭转重农轻商和重儒轻商的陈腐传统观念起了助推的作用。

总之,以朱子学和阳明心学为主体的宋明新儒学对儒家思想及其儒贾(士商)关系所作的新解释,既为商人地位的提升提供了文化价值观的支撑,也提出了商人之为真正商人的标准,即必须以儒家思想作为商业指导思想。易言之,只有成为有儒家思想的商人即儒商,那么经商在职业伦理上才是正当的。这种思想对明清儒商文化及其价值观的建构产生了直接影响和积极作用。

二、明清儒商"儒贾同道"的价值观

明清社会重商观念得到很大发展,出现大量贾服儒行、儒贾事道相通的商业言行,形成了新的儒商文化价值观。许多商贾认为,只要能遵循儒家道德规范,即"贾服儒行",那么贾与儒即是事道相通的。质言之,商贾与儒士在职业上便无贵贱之分,他们的社会地位也无高低之别了,即"贾不负儒"了！可见,明清商人已经确立"贾服儒行""贾不负儒"和"儒贾同道"的文化价值观。

明中叶徽州休宁《汪氏统宗谱》说:"古者四民不分,故傅岩鱼盐中,良弼师保寓焉。贾何后于士哉！世远制殊,不特士贾分也,然士而贾其行,贾哉而修好其行,安知贾之不为士也。故业儒服贾各随其矩,而事道亦相为通,人之自律其身亦何艰于业哉？"此文接着叙述了汪远的行谊,说:"公贾而儒行者也,其裕父之志,启诸子以儒,精勤心思在焉。又让所丰于昆季,而自居其瘠者,诸细行不悉数。儒者所谓躬行率先宜乎。"②为何说"业儒服贾各随其矩,而事道亦相为通"呢？因为,儒与贾之"事道"都应当遵循儒家伦理之道。由于汪远"贾而儒行",能以儒家伦理之道行贾,故而虽为商贾,却与儒者没有职业上的贵贱和地位高下之分了。明清商人的"儒行"还表现在以儒家思想治家立业,这从明清儒商的族规家训可以看出。如山西榆次富商的《常家家训》说:"能知勤俭,享人生千万福;能节欲,荣贤科名成大儒;能孝亲,尔子穷惧照样行;能教子,后代兴隆全在此;能足受,合家欢乐无嗟怨。"祁县

---

① (明)王守仁.吴光,等编校.王阳明全集(卷25)[M].外集七·节庵方公墓表.上海:上海古籍出版社,1992:941-942.
② 张海鹏,王廷元.明清徽商资料选编[M].合肥:黄山书社,1985:439.

富商渠氏的《渠氏家训》说:"善人则亲近之,恶人则远避之,不可口是心非,须要隐恶扬善,此训以格人非,捐资以成人美,做事须循天理,出言要顺人心。"①

"儒行"是指经商事贾要以儒家思想为指导,对商人来说,关键是要正确处理义利关系。儒家特别重视义利之辨,主流价值观是重义轻利,强调以"义"为本,"利"从属于"义",因为,"义"是人之为人的本质特征,"利"只是人生活的物质基础。"义"是仁、性善、天理或良知等人性的体现,具体说就是要遵守儒家所说各种伦理道德规范。"贾服儒行"从根本上说便是要求商人重义轻利、以义制利和以义取利。"贾服儒行"的价值观为大量明清商人所奉行。如,歙县人黄长寿,"少业儒,以独子当户,父老,去之贾。以儒术饬贾事,远近慕悦,不数年赀大起。……嘉靖庚寅,秦地旱蝗,边陲饥馑,流离载道。翁旅寓榆林,输粟五百石助赈。副都御史萧公奏闻,赐爵四品,授绥德卫指挥佥事,旌异之。翁云:'缘阿堵而我爵,非初心也。'谢弗受。翁虽游于贾人,实贾服而儒行,尝挟资流览未尝置。性喜吟咏,所交皆海内名公,如徐正卿、叶司徒等,相与往来赓和,积诗成帙,题曰《江湖览胜》并《壬辰集》,前太史景公赐为之引,梓成藏为家宝。"②黄长寿"以儒术饬贾事",急公好义,被朝廷赐爵授绥德卫指挥佥事,他却婉言谢绝。在人们看来,他"实贾服而儒行",故无异于儒士。再如,嘉靖年间歙商黄玑芳,"少读朱子小学,至温公训刘无城以诚;读《尚书》至'有忍乃济',即有颖悟,谓诚与忍乃二字符也,当佩之终身。平生自无妄话,与人交悃愊忠信。商游清源,清源齐鲁之墟,犹有周公遗风,俗好儒备礼。然其俗又宽缓阔达,而足智好议论,公一以诚御之。故足智好议论者服其诚,而好儒备礼者亦钦其德。若公者,商名儒行,非耶?"③他谨守儒家道德,奉诚与忍为经商之道,为众望所孚,被誉为"商名儒行"。明末晋商杨义,"其先业盐淮南,至义,以儒术显登崇祯元年进士,知汝阴县,政最,擢御史,巡盐两浙、长芦,督学南直隶,所至风节凛然,累官工部尚书"④。清人李清栋原为廪生,"父立功,以商致富于汴,及清栋入学至汴,遣从名师游数年,乃返里,所为文乡名宿极称之"⑤。

正是由于"贾服儒行""儒贾事道相通",遂使明清商人产生了"贾何负于儒",甚至是"良贾何负宏儒"的思想。明中叶歙商程澧少孤,后被迫远游经商,贾业有成,为乡里楷模。他回忆自己的人生历程后感叹道:"澧故非薄为儒,亲在,儒无及矣。藉能贾名而儒行,贾何负于儒!"⑥明末歙商吴肖甫,父善经商,肖甫为贾,"间划一筹,巧出若翁上",他说:"岂必儒冠说书乃称儒耶!"⑦可见,行贾只要遵守儒道同样是"儒"者。明代大学者汪道昆更是喊出"良贾何负宏儒",说:"大江以南,新都以文物著,其俗不儒则贾,相代若践更。要之良贾何负宏儒,则其躬行彰彰矣。"⑧在他看来,良贾在道德行为上"躬行彰彰",有什么比宏儒差呢?与"贾何负于儒"相比,"良贾何负宏儒"所体现的新儒贾观更具思想解放意义。

---

① 张正明.明清晋商商业资料选编(上)[M].太原:山西经济出版社,2016:163.
② 歙县.潭渡黄氏族谱(卷9)[M].望云翁传//张海鹏,王廷元.明清徽商资料选编.合肥:黄山书社,1985:449.
③ 歙县.竦塘黄氏宗谱(卷6)[M].黄公玑芳传//张海鹏,王廷元.明清徽商资料选编.合肥:黄山书社,1985:441.
④ 同治.两淮盐法志(卷43)[M].人物//张正明.明清晋商商业资料选编(上).太原:山西经济出版社,2016:245.
⑤ 民国.闻喜县志(卷17)[M].独行//张正明.明清晋商商业资料选编(上).太原:山西经济出版社,2016:248.
⑥ (明)汪道昆.太函集(卷52)[M].明故明威将军新安卫指挥佥事衡山程季公墓志铭.合肥:黄山书社,2004:1102.
⑦ 吴吉祐纂.丰南志(卷6)[M].艺文志下·行状·光裕公行状.1981年抄稿本影印:240.
⑧ (明)汪道昆.太函集(卷55)[M].诰赠奉直大夫户部员外郎程公暨赠宜人闵氏合葬墓志铭.合肥:黄山书社,2004:1146.

有些明清商人甚至认为商贾功名可与科举功名相埒,经商失败被视为"功名未遂"。歙商胡廷仕,外出行贾,久未归。其子胡士畿徒步至山东和直隶遍寻不见,沿途号泣,"遇旧仆,引与父相见。父以功名未遂,坚不欲归,乡人感士畿之孝,群相敦劝和资助,其父姑允之"①。有的商人为追求经商"功名",有不成功便成仁的精神。休商朱模立志经商时,击楫渡江中流誓言:"昔先人冀我以儒显,不得志于儒。所不大得志于贾者,吾何以见先人地下,吾不复归。"②这位商人想法的背后同样是视商贾为功名。有些商人甚至将商贾的功成名就视为可匹勋阀乃至君王的事业!商人汪新说:"郡中贤豪起布衣,佐国家之急,致身乎金紫,等于勋阀。"③在他看来,郡中成功的商人能够佐国家之急和致身金紫者,位等勋阀。明中叶歙商许秩则说:"丈夫非锐意经史,即寄情江湖间,各就所志,期无忝所生而已。若其积学力行,善事吾父母,各将适中土,相厥土宜,收奇赢以给若。"他离家事贾20年,致息数倍。归家两月,又准备行装。有人劝他在家颐养天年,他不以为然:"男子生而桑弧蓬矢以射四方,明远志也。吾虽贾人,岂无端木所至国君分庭抗礼之哉?"④明末商人程廷周,"立志干蛊,贾居江西武宁乡镇,素手建立",其兄和弟相继助之,"遂致殷裕,为建昌当,为南昌盐,创业垂统,和乐一堂"。⑤时人将其商贾之业视为"创业垂统",气概非凡。明清商人将商贾的功名视为可与儒士功名相埒,甚至视为等同勋阀,可比素封,能创业垂统,实是对"贾服儒行"和"儒贾事道相通"的更高理解和诠释。在他们看来,商贾之业也能和儒士一样实现儒家治国平天下的理想追求,同时也反映出传统儒商的家国情怀和宏大志向。

总之,明清儒商宣扬"儒贾同道"和"贾服儒行",除了旨在证明商人与儒士在职业和社会地位上是平等的,也是在理论上和实践上要求商贾必须要以儒家伦理及其核心价值观为指导来经商事贾。这标志着明清商人已经建构起以儒家思想为指导的儒商文化。这种儒商文化被中国近代民族企业家加以传承和发展。

三、 中国近代企业的儒商文化

中国近代企业家大多成长于中国传统社会,许多人有浓厚的儒家文化修养,意识到儒家文化的重要价值。许多民族企业家传承古代儒商文化的优良传统,在个人精神修养和企业的经营管理中自觉以儒家思想和儒商文化作为核心价值观和重要的指导思想,形成了兼融中西和富有浓郁儒商文化色彩的企业文化。

企业家是企业的领导者和组织者,因此,企业文化建设的首要之事是企业家修养和精神的培育。中国近代民族企业家绝大多数成长于中国传统社会,或是受传统文化的熏陶,因此十分重视以儒家思想和儒商文化来培育和提升个人修养和企业文化。清末民初大实业家张謇便明言"言商仍向儒"⑥。近代著名教育家、中华书局创始人陆费逵曾著有《实业家之修养》指出,在竞争激烈和迅速发展的近代经济中,实业家要取得成功必须具备良好修养。那么,实业家需要具备什么样的修养呢?他说:"以余所见,勤俭也,正直也,和易也,安

---

① 民国.歙县志(卷8)[M].人物志·孝友.
② (明)李维桢.大泌山房集(卷69)[M].朱次公家传.济南:齐鲁书社,1997(影印本).
③ 休宁西门汪氏宗谱(卷6)[M].挥金新公墓志铭//张海鹏,王廷元.明清徽商资料选编.合肥:黄山书社,1985:76.
④ 歙县.许氏世谱(第5册)[M].平山许公行状//张海鹏,王廷元.明清徽商资料选编.合肥:黄山书社,1985:216.
⑤ (明)曹嗣轩.休宁名族志(卷1)[M].程廷周.合肥:黄山书社,2007:155.
⑥ 李明勋,尤世玮.张謇全集(第7卷)[M].上海:上海辞书出版社,2012:191.

分也,进取也,常识也,技术也,经验也,节嗜欲也,培精力也,殆无一可以或缺。人苟能是十者,虽天资稍逊,未有不成功者也。十者缺一,虽天才卓绝,而能成功者鲜矣。有志实业者,曷以是而反诸躬乎!"①该书1914年由中华书局出版,至1929年便出了8版,影响很大。而细看这些内容,大部分与儒家文化及其价值观相符合。该书对近代企业家修养的期许和产生如此大的社会影响,正说明中国近代民族企业家把具有儒商文化的个人修养和企业文化建设作为企业经营发展的核心要素。这种风气至20世纪30年代仍未改变,世人仍以儒商形象要求商人。1931年,著名学者唐文治便说:"余昔年掌商政时,常提倡'商业道德',以为必商人而有儒者之诣,乃可以树立风声,而战胜于商界。"②

正是由于有大批民族企业家自觉践行儒家价值观并大力弘扬儒商文化优良传统,从而得以形成了中国近代儒商文化。它主要包括七个方面的内容:

(1) 传承和发展儒家仁道精神。许多企业家既接受了西方近代工商业思想,又恪守儒家信条与道德规范。中国近代慈善事业的创立者经元善说:"三十岁前,从大学之道起,至无有乎尔,经注均能默诵。故终身立志行事,愿学圣贤,不敢背儒门宗旨。"③近代最大民营企业集团创始人之一的荣德生说,要想取得商业成功就必须弘扬儒家仁道,"古之圣贤,其言行不外《大学》之'明德',《中庸》之'明诚',正心修身,终至国治而天下平。吾辈办事业,亦犹是也,必先正心诚意,实事求是,庶几有成"④。他极为重视对企业职工进行传统道德教育,亲自主持、手订纲目和聘请专家撰写出《人道须知》,印行数万册,在员工中广为散发。该书分孝悌、忠信、礼仪、廉耻、家庭、生活、自治、处世八卷,倡导孝悌、忠信、礼仪、廉耻。天津东亚毛纺公司的"厂训"说:"己所不欲,勿施于人;己所欲得,必先予人。"⑤这彰显了儒家仁道精神。

(2) 秉承义利合一的经营之道。近代儒商企业家在坚持儒家以义制利和以义取利原则的前提下,强调利的重要性,主张义利并重,建构起"义利合一"的近代商业伦理观。张謇对义利观作了新阐释,说:"两利上也;利己而不利人,次之。若害大多数人而图少数人之利,必不可。"⑥棉纺织业巨头穆藕初主张因义生利,兼顾公义和私利,批评一些商人重私利而不讲公利,说:"每有微利可图,则群起拾掇,奸伪贪诈,恬不为怪,人方精益求精,而我乃得过且过,甚且冒牌戳影,视同固常,徒见目前之小利,而不顾信用之丧失。"⑦火柴大王刘鸿生反对片面追求个人利益,倡导"与人便利,于己得利",声称:"你要发大财一定要让你的同行、你的跑街和经销人发小财。有饭大家吃,不可一个人独吞。最愚蠢的人,就是想一个人发财,叫别人都倒楣。"⑧可见,近代儒商义利并重和合一的商业伦理观,是中西商业伦理观有机融合的产物。

---

① 陆费逵.陆费逵谈教育[M].沈阳:辽宁人民出版社,2015:127.
② 唐文治.卢君锦堂墓碑铭[M]//邓国光.唐文治文集(第5册).上海:上海古籍出版社,2018:3012.
③ 经元善.五䜘斋记[M]//虞和平.经元善集.武汉:华中师范大学出版社,2011:203.
④ 荣德生.乐农自订行年纪事[M].上海:上海古籍出版社,2001:150.
⑤ 蓝寿荣.中国金融文化:金融企业文化研究[M].太原:山西人民出版社,1993:27.
⑥ 张謇.为南通保坍事声告全国及南通父老书[M]//李明勋,尤世玮.张謇全集(第4卷).上海:上海辞书出版社,2012:374.
⑦ 穆藕初.中国实业进行滞缓之原因[M].合肥:安徽文艺出版社,2013:205.
⑧ 刘念智.实业家刘鸿生传略:回忆我的父亲[M].北京:文史资料出版社,1982:67.

（3）以诚信为本，做忠信之商。许多近代企业家视诚信为经营道德准则，主张做事待人要诚实守信，反对弄虚作假。经元善对"诚"高度重视，说："学问之道，入手是一个诚字，欲寻诚字门径，当从不妄语始。诚求诚应，诚之至，金石能开；不应不开，诚未笃也。诚者，真实无妄之谓也。"[1] 荣德生特别强调商人的忠信，说，"与商人言忠信，似乎高远，而理实浅近"，"劝用国货，抵制外货，此忠之存心也，意必有信用也"[2]。他将使用国货和抵制外货作为近代商人忠信的内容，反映了近代民族主义色彩。穆藕初将"重信用"列为企业家精神的首要条目，认为要防止中国近代棉纺织业衰败就要重拾固有商业道德，说："我华商向重信用，第自革政以来，商业道德，日就沦丧，其殆受恶政治之影响使然耶？抑社会多数自行堕落致此耶？……苟不及早觉悟，革除此项积弊，棉花业一败涂地之日不远矣。"[3] 显然，"重信用"包括了近代意义的契约精神，与依法经商的法治观念是不谋而合的。

（4）弘扬自强不息和勇于创新的精神。自强不息和勇于创新是易学的思想精华，同样是现代企业的生命和精神所在。中国近代民族企业发展十分艰难，外有西方企业的竞争和排挤，内有封建官府和官僚企业的压迫和吞并。然而，许多民族企业家没有被困境吓倒，而是发扬儒家自强不息和开拓创新的精神，使近代民族工商业在困境中求生存和发展。荣氏兄弟就特别重视吸收西方近代企业的先进技术和经营管理模式。荣宗敬在总结企业兴办经验时说，"茂、福、申新各厂得力于：造厂力求其快，设备力求其新，开工力求其足，扩展力求其多，因之无月不添新机，无时不在运转；人弃我取，将旧变新"[4]。银行家陈光甫对改革与创新作了精辟阐述："能有创造之精神，仍完全在于改革，更在于继续不断的改革。故有创办之精神不足为奇，仍须有勇猛改革的精神，创办而改革，改革而成功，成功再改革，改革又成功，俾创办改革成功三事循环不断，周而复始，一直向上进展，此即所谓自强不息也。"[5] 他在银行事业上的自强不息就是通过不断改革和创新实现的。

（5）恪守勤俭守成的美德。勤俭是儒家倡导的创业和守业的美德，被近代儒商发扬光大，视之为企业致富后守业的保障。著名实业家聂云台提倡廉俭的生活，说："盖礼教与俭约者，中国文化之美粹也。"[6] 荣德生认为社会进步后亦要勤俭知足，否则必会争端，"所以吾国将来工业发达，生产大增以后，必须保持知足，提倡古训，人人勤俭，衣食自足；地上生产，地下启发，生活物质，无虞匮乏"[7]。他家财万贯，却常年穿着布衣、布袜和布鞋，一生不沾烟酒，一张白纸也舍不得浪费。卢作孚声称中国人有两种美德可以战胜世界上任何民族，即勤和俭。他在公司倡导和开展勤俭运动，说，"大胆生产之谓勤，小心享用之谓俭"，目的就是去除职工骄奢淫逸的旧习，"逐渐减少以至于无，而能够俭以养廉"[8]。可见，近代儒商不仅视敬业和勤俭为传统美德，还将其与近代实业兴办成功与否相联系，赋予了两者近代的

---

[1] 经元善.姚江折柳序[M]//虞和平.经元善集.武汉：华中师范大学出版社，2011：230.
[2] 荣德生.人道须知[M]//荣德生文集.上海：上海古籍出版社，2002：367，368.
[3] 穆藕初.振兴棉业刍议[M]//穆家修，柳和城.穆藕初文集.上海：上海古籍出版社，2011：48.
[4] 李国伟.荣家经营纺织和制粉企业六十年[M]//文史资料研究委员会.工商史料(1).北京：文史资料出版社，1980：6.
[5] 陈光甫.1932年9月28日总经理处会议谈话[M]//傅国涌，周振新.金融的原理：陈光甫言论集.北京：新世界出版社，2016：115.
[6] 弘化社.廉俭救国说[M].上海：佛学书局，1934：8.
[7] 荣德生.乐农自订行年纪事续编[M]//荣德生文集.上海：上海古籍出版社，2002：222.
[8] 李金铮，邓泓.民生公司的人事管理[M]//周永林，凌耀伦.卢作孚追思录.重庆：重庆出版社，2001：364.

思想特色。

（6）有强烈的社会责任感，热心公益慈善事业。许多近代企业家大力兴办社会公益慈善事业，将回馈社会作为义不容辞的责任。张謇认为实业和教育的近代化同等重要，"然则图存救亡，舍教育无由，而非广兴实业，何所取资以为挹注。是尤士大夫所当兢兢者矣"①。他在南通大力普及和推广新式教育，使南通成为中国近代教育最发达的城市之一，在中国近代史上产生了广泛和深远的影响。陈光甫将"服务社会"确立为上海商业储蓄银行的营业宗旨，称，"这四个字，实在是本行生活的要素，第二的生命，无论政局如何变化，环境如何恶劣，思想如何更换方向，……然而'服务社会'这四个大字的精神及应用方面，却始终如一，丝毫不改"②。民族化学工业之父范旭东被毛泽东称为"四大民族资本家"之一，先后创办和筹建久大精盐公司、久大精盐厂、永利碱厂、永裕盐业公司、黄海化学工业研究社等企业。他把"我们在行动上宁愿牺牲个人，顾全团体；我们在精神上以能服务社会为最大的光荣"③列入公司职工必须共同遵守的四大信条之中。近代民族企业家以参与公益事业、回馈社会民众作为更大的追求，使其企业经营具有崇高使命感，展现了近代儒商高尚的精神境界。

（7）有浓厚的家国情怀，走实业救国之路。近代中国面临的最大危机是民族存亡问题，因此，许多企业家将"实业救国"作为终极目标。他们舍个人和企业之小利，求民族和国家之大利，是对传统儒商家国情怀的升华。荣氏将救国救民视为兴办实业的目的，荣宗敬回顾三十年企业人生时说："余不敢谓于社会、国家有所裨益，惟力之所能为者，任何艰苦困难在所弗辞，亦聊尽国民一分子之义务而已。"④穆藕初深刻阐发了如何正确认识为国家民族谋福利与个人谋福利的关系，说："工厂对于国家的贫富强弱、民族的兴衰存亡，关系如此密切，因此我要郑重地大声疾呼，办工厂的目的应该是为国家民族谋福利，而不是仅仅为私人获取利润。办工厂的人应该把握住国家至上民族至上的观念，而把私人的利益搁在后面，因为皮之不存，毛将焉附。"⑤刘鸿生被中国工商界前辈胡厥文誉为"爱国心长，义无反顾"⑥。他创办鸿生火柴厂时面对着日本等列强企业的排挤和打击，感受到国家与企业是休戚与共的，只有申明国家民族大义，才能换来企业之利，故提出"完全国货"的宣传口号。

为了更好地在企业经营管理中践行儒商文化，许多企业还将传统文化和理念写入或融入行训、厂训和示训。这些规章是中国近代企业经营管理企业的重要规章制度，最能体现其企业文化。许多企业的这类规章有浓厚的传统文化内涵和思想。不少企业家将体现儒家仁道的思想写入"行训""厂训"，使之成为企业精神和经营原则。如，天津华新纱厂要求企业员工"尚勤、尚实、尚公、尚廉、各秉血忱，拔除旧习，坚忍持久"⑦。天津国货售品所提出

---

① 李明勋，尤世玮.张謇日记[M].上海：上海辞书出版社，2017：566.
② 陈光甫.资本主义的一条新出路[M]//何品，宣刚.陈光甫日记言论集.上海：上海远东出版社，2015：183.
③ 傅国涌.大商人：影响中国的近代实业家们[M].修订版.厦门：鹭江出版社，2016：257.
④ 荣宗敬.总经理自述[M]//江苏无锡文史资料委员会.无锡文史资料（第28辑）.1993：16.
⑤ 穆藕初.科学管理[M]//穆家修，柳和城.穆藕初文集（增订本）.上海：上海古籍出版社，2011：419.
⑥ 刘念智.实业家刘鸿生传略：回忆我的父亲[M].北京：文史资料出版社，1982：1.
⑦ 周小鹃.周学熙传记汇编[M].兰州：甘肃文化出版社，1997：341.

"爱人、惜物、忠事、守章、耐久"的所训①。开国产印铁制罐业先河的上海康元制罐厂以"勤、俭、诚、勇、洁"为厂训②。这些企业的训示从不同角度对儒家思想和儒商文化仁道观作了近代诠释,以指导和规范企业经营管理者和员工的言行。

总之,中国近代民族企业家充分认识到儒家思想和儒商文化在企业经营管理中的重要作用,将其价值观融入近代企业文化建设,使这些企业经营取得成功,成为中国近现代史上著名的企业,为中国近现代经济发展做出了重要贡献。

四、余论

综上所述,明清商人和近代企业家都把儒家思想及其价值观作为商业文化和企业文化建设的指导思想。在他们看来,"儒贾同道",可以"贾服儒行",故此他们将儒家价值观和商业价值观相统一,从而建构起价值理性和工具理性相统一的儒商文化,这有别于片面强调工具理性的西方功利主义商业文化。这种以义为本、义利并重与合一的儒商价值观不仅被明清儒商史和近代企业发展史证明是行之有效的,也被近代东亚资本主义发展史所证明。日本是东亚最早成功实现近代化的国家,被誉为"儒家资本主义的代表"的涩泽荣一是"日本近代资本主义之父"和"日本实业之父"③。他将儒家价值观与近代商业观有机融合,以之作为日本近代资本主义发展的指导方针,其经典之作《论语与算盘》对此作了深刻而生动的阐述。书名中的"论语"指称儒家文化,"算盘"喻指近代企业经营之道,两者结合实现了儒家价值理性与商业工具理性的有机统一。他说,"算盘要靠《论语》来拨动;同时,《论语》也要靠算盘才能从事真正的致富活动","只有依据仁义道德和正确的道理去致富,其富才能持续下去。因此,我认为,缩小《论语》与算盘间的距离,是今天最紧要的任务"。他进而提出"士魂商才"的企业文化论,说,"如果偏于士魂而没有商才,经济上也就会招致自灭。因此,有士魂,还必须有商才",而"只有《论语》才是培养士魂的根基"④。不仅如此,二十世纪六七十年代以来东亚儒家资本主义的发展和大批海外华人儒商企业家经营成功的事例更有力地证明了这一真理! 因此,要建设富有中国特色的当代企业文化和塑造中国企业家精神,就必须大力继承明清儒商和近代企业家的儒商精神传统,弘扬"儒贾同道"和义利合一的儒商文化价值观。

---

① 马寿颐,等.宋则久与天津国货售品所[M]//天津市政协文史资料委员会.天津文史资料选集(第16辑).天津:天津人民出版社,1981:106.
② 陈真,姚洛.中国近代工业史资料:第一辑.民族资本创办和经营的工业[M].北京:生活·读书·新知三联书店,1957:615.
③ 邓鹏.一本书读懂日本商业史[M].杭州:浙江人民出版社,2013:20.
④ (日)涩泽荣一.论语与算盘[M].王中江,译.南昌:江西人民出版社,2007:1-3.

原始儒家义利之辨的历史内涵与现代企业责任

吴先伍*

摘要：虽然在中国有重义轻利的传统，但这是对于原始儒家义利观的一种引申和误读，并不符合原始儒家的本来面目。人们受到重义轻利传统的影响，过度关注企业的营利行为，而忽视了企业的责任承担，从而对企业家办企业存在着一种片面认识。孔子讲"君子喻于义，小人喻于利"实际上就告诉人们，在社会上存在着社会分工合作，不同的人具有不同的追求，这是社会和谐的基础，因此，企业追求利益本身就是符合社会分工需要的。虽然追求利益具有合理性，但是儒家又强调"见利思义"，在追求利益的时候也要考虑义。虽然利与义之间存在公私之别，但是二者并不是必然对立的，而是相互统一的，二者相反相成；企业的私利与公义也是统一的，对于私利的满足构成推行公义的基础，而公义的追求也会反哺私利。因此对于一个企业来说，在义利问题上的正确做法应该是"克己复礼"，就是在义利问题上达到一种中庸状态，使义利之间相互为界，彼此约束，彼此成就，从而既能满足利益追求，又能承担社会责任。

关键词：原始儒家；义利之辨；企业；盈利需求；社会责任

在现代社会中，企业已经成了社会生活中不可或缺的一分子，成了推动社会发展的重要引擎，在发展社会生产、促进经济发展、提高人民生活水平、推动科学创新、提升综合国力等方面都发挥着至关重要的作用。然而由于受到中国历史上重义轻利的义利观的影响，虽然企业家在人们心目中的形象已经有了很大转变，企业家已经摆脱了传统的重利轻义的负面形象，成功的企业家甚至成了人们仰望的对象，但是值得注意的是，企业家仍然只是被当作财富的象征而被顶礼膜拜，人们所仰望的并不是企业家的创新创业事迹、奋斗精神和社会贡献，而是其所代表的利益，无关乎他们所承担的社会责任。这也就是说，虽然中国的历史已经在斗转星移中经历了从古代到现代的转变，然而，企业家的形象在人们心目当中并未产生根本性的改变，企业家仍然被当作一个逐利的群体，而企业家办企业仍然不过是为了逐利而已，而这与勇于担当的当代主流价值之间显然存在较大差距。在这样一种狭隘的理解当中，人们实际上一方面误解了原始儒家义利之辨的历史内涵；另一方面，也忽视了企

---

* **作者简介**：吴先伍（1971—），男，安徽枞阳人，南京师范大学公共管理学院教授、博士生导师，研究方向：先秦哲学、中西比较哲学、伦理学。

基金项目：本文系江苏省社会科学重点项目"原始儒家责任伦理研究"（19ZXA002）的阶段性成果。

业创造财富、追求利益（利）与社会责任承担（义）的关系问题。因此，为了正确地认识现代企业营利（利）与其承担社会责任（义）之间的关系，我们有必要重新去深入地解读原始儒家义利之辨的历史内涵，从而帮助我们化解义利之间的对立冲突，从而正确地认识企业营利（利）与承担社会责任（义）之间并不必然对立。

一、"君子喻于义，小人喻于利"：社会分工与企业的营利责任

由于长期受到性善情恶的学术思想和禁欲主义的政治宣传的影响，人们对儒家的义利观形成了一种误判，将义利尖锐对立起来，认为儒家重义轻利，只讲道德修养，不讲物质利益，就像董仲舒所说的那样"正其宜而不谋其利，明其道而不计其功"，从而导致中国人乐于谈论仁义道德而羞于谈利，即使内心中对于物质利益有无限热爱，但是表面上也得是无意于此。在这样一种心理作用之下，过去中国人都是只顾埋头读书，"两耳不闻窗外事，一心只读圣贤书"，致力于提升个人的内在道德修为，缺少创办实业的兴趣，人们也无意甚至是不屑成为一个实业家、企业家。因而，在近现代中国，兴办企业的进程是非常缓慢的，只是在改革开放之后，企业发展才进入了一个快车道，逐渐形成燎原之势。

当然，人们对于儒家重义轻利的误判实际上不仅仅是自身的误读和统治者的误导，也由于儒家经典本身所记录孔子的言行就容易给人们留下重义轻利的印象。像孔子就说"君子喻于义，小人喻于利"①，"君子谋道不谋食，……忧道不忧贫"②，就容易导致人们认为儒家是重义轻利的。颜回是孔子最器重的弟子，在颜回去世的时候，孔子才一改自己往日的平和气象，痛哭流涕，并且嘴里念念不休，"噫！天丧予！天丧予！"③认为这是上天不让自己的学问得以延传。孔子如此重视颜回，并不是因为颜回在创造物质财富或者说生利方面表现出了特别的才能，恰恰相反，颜回经常处于物质利益极度匮乏的状态——"屡空"，过着穷困潦倒的艰苦生活，但是他却安贫乐道，不以为苦，始终坚守自己求道之心，"一箪食，一瓢饮，在陋巷，人不堪其忧，回也不改其乐"④。由此可见，孔子对于颜回的欣赏，并不是欣赏其所拥有的丰富物质利益或创造物质利益的能力，而是其不顾物质利益，始终致力于仁义之道的精神。"子罕言利，与命与仁"⑤，孔子直接讨论义利关系的言论并不多。孟子则与孔子不同，《孟子》第一篇《梁惠王章句上》第一章就是孟子与梁惠王有关义利关系的直接交锋，面对梁惠王"叟！不远千里而来，亦将有以利吾国乎？"的质问，孟子直接回怼以"王！何必曰利？亦有仁义而已矣"，从而为孟子的思想定下了一个基调：孟子是着重讲仁义而非讲利益的。由于统治者的利用发挥和后世学者对此也未加深入解读，就简单化地认为儒家是义利对立的、重义轻利的。

如果儒家伦理真的就像人们惯常所认为的那样，是义利对立、重义轻利的，那么，儒家伦理就与现代企业追求之间是尖锐对立的，儒家伦理就失去了对现代企业责任建构的指导和借鉴意义。不过情况并非如此，在儒家那里，尤其是孔孟这些原始儒家那里，义与利之间

---

① 《论语·里仁》
② 《论语·卫灵公》
③ 《论语·先进》
④ 《论语·雍也》
⑤ 《论语·子罕》

虽然有对立,但是也有统一。根据《论语·子路》记载,孔子到卫国去,看到卫国人口众多,就很高兴,冉有就问孔子那现在该怎么呢?孔子就告诉他"富之",也就是让国家变得富强起来,让人民过上富裕的生活。在此之后,则需更进一步,对人民进行道德教化,提高人民的道德水平,让人民过上道德的生活。从这一章中我们可以看出,孔子不但没有将义与利对立起来,反而将利(富)建立在义(教)的基础之上,这与管子的"仓廪实而知礼节,衣食足而知荣辱"具有高度的一致性。虽然从表面上看,孟子在与梁惠王有关义利的辩论之中高度重视仁义,而对利益有所抑压,但是我们通读《孟子》就会发现,孟子高度重视发展生产,重视人们物质利益需求的满足,告诫统治者:"五亩之宅,树之以桑,五十者可以衣帛矣。鸡豚狗彘之畜,无失其时,七十者可以食肉矣。百亩之田,勿夺其时,数口之家可以无饥矣。"孟子对统治者过度役使百姓,耽误农业生产的行为提出严厉批评,劝诫统治者要"不违农时",让黎民百姓安居乐业,过上丰衣足食的生活。

既然儒家并不反对利益的生产和人民利益需求的满足,那么孔子为什么会说"君子喻于义,小人喻于利",孟子为什么说"王!何必曰利?亦有仁义而已矣"呢?我们对于这些话到底应该如何理解呢?

在过去,人们对于"君子喻于义,小人喻于利"这句话主要是作一种价值的判断,认为孔子是以"喻于义"和"喻于利"作为道德高尚的君子与道德卑下的小人的分水岭。然而问题在于:"君子"和"小人"在中国古代是否单纯只有一种含义?是否就是根据道德水平对人群做出的一种区分,还是根据现实的社会身份地位对人群所作出的一种区分?如果君子与小人不是针对道德水平,而是针对身份地位,那么,"君子喻于义,小人喻于利"就不是价值的判断,而是对于事实的客观描述。《群经平议》中说,"古书言君子小人大都以位言,汉世师说如此。后儒专以人品言君子小人,非古义矣。"按照汉代经师的观点,在先秦时代,君子、小人的称呼不仅是针对人的道德品行,更是针对人的身份地位而言的。实际上这样一种观点,我们在《论语》当中也能得到佐证。像《论语·子路》当中有"樊迟请学稼"章,孔子对于樊须的评价是"小人哉,樊须也",显然孔子不会因为樊须想去学种庄稼、种菜就说他道德水平低下,而是据此认为樊须骨子里还是个农民,只适合做个地位卑微的"小人"。至于君子与小人分别是就何种身份地位而言的,《论语集释》引用《雕菰楼文集》指出:"卿大夫,君子也。庶人,小人也。"①《论语·里仁》中说:"君子怀德,小人怀土。君子怀刑,小人怀惠。"这里的德与惠就与前引所讲的义与利高度相近。皇侃认为,这里的"君子"与"小人"也是就身份地位而言的,"君子者,人君也;小人者,民下也"②。虽然二者在君子与小人具体身份地位的认识上存在着一定差异,但是他们都将君子、小人与特定的身份地位联系在一起。

至于君子与小人到底是就何种身份而言,我们不做考证,只是简单地将其看作地位高高在上的统治者与地位卑下的被统治者,或者说"治人者"与"治于人者"。统治者掌握着丰富的生产资料,已经达到了"仓廪实""衣食足"的生活无忧的富庶状态,这时他们已经超越了为温饱而操劳的生活状态,开始注重自身的道德形象,因此要懂礼节、知荣辱。同时,统治者也是黎民百姓的楷模,其所作所为本身也会成为被统治者效法模仿的榜样,这也就是

---

① 程树德.论语集释[M].北京:中华书局,1990:267.
② 皇侃.论语义疏[M].北京:中华书局,2013:88.

孔子所说的"君子之德风，小人之德草，草上之风，必偃"①，因此，如果统治者进行道德修养，提升自身的道德形象，那么就会对黎民百姓产生道德影响，黎民百姓也就会遵守人伦规范，从而有利于统治者进行统治。在先秦时期，生产力还非常落后，生产水平低下，对于地位卑微的被统治者而言，他们远没有达到丰衣足食，常常处于饥寒交迫之中，对于他们来说，面临的最主要问题就是温饱问题，就是衣食住行的问题，而这些问题的解决不是依靠道德修养就能解决的，需要依靠发展生产，需要依靠实实在在的物质利益。因此，地位卑下的被统治者，物质利益必然是他们关注的重点，他们更加关注如何发展生产，如何获得更多的物质财富，如何能够最大限度地满足自身的物质利益需求。

虽然后来孟子与梁惠王的对话带有明显的价值倾向，但他所表达的也是同样的思想观点：梁惠王作为国君，作为一个统治者，虽然他更应该注重自身的道德修养，施行仁政，但是这并不妨碍作为被统治者的"小人"关心物质生产，关心物质利益需求的满足。这也就是陈来所说的，"孟子所阐明的儒家先义后利的价值观，就对象而言，主要指向政治精英和文化精英，指向官员，而不是针对民众。尤其是义利之辨所引申的公私之辨，主要针对的是承担公共事务责任的官员。对于民众，儒家始终强调'因民之所利而利之'，肯定民众利欲需求的合理性。孟子的仁政王政思想正是以此为基础，来满足民众的利欲需求的。所以在孟子思想中强调义利之辨和重视民欲民利是没有对立的"②。当然，孔子和孟子教育自己的学生要重视仁义道德，而不要以从事农业生产、手工业生产为务，而这其中的重要原因则在于：他们开展教育活动，是为国家培养统治人才，而不是为国家培养手工业者和农民，作为统治者的首要任务就是提升道德修养，为施行仁政做准备。

虽然在原始儒家那里，人们在身份地位上存在着等级的区分，事务也存在着大人之事与小人之事等高低贵贱的差别，但是如果我们撇开这些，从社会分工的角度来分析原始儒家的这样一种义利观，我们就会发现这里面所体现的是一种分工合作的思想。这也就是说，对于每个不同的社会群体来说，他们在社会上所承担的义务和责任或者说社会功能是不一样的，君子所承担的主要是治国理政、道德教化的功能，而"小人"所承担的则是发展生产、创造物质财富的功能，这样每个群体、每个人都承担起了自己的社会职责，社会才会发展良好，人们才能过上富裕的生活，社会才会变得和谐有序。这也就是孔子所说的"君君，臣臣，父父，子子"，也就是每个人都要扮演好自己的社会角色，而其中最为关键的因素则在于承担起自己的社会职责，否则，社会就会走向混乱，国家就会走向衰亡。因此，齐景公在听到孔子的论述之后，表示高度赞许这一观点，"善哉！信如君不君，臣不臣，父不父，子不子，虽有粟，吾得而食诸？"③

从社会分工的角度来说，在现代社会里，企业无疑承担着发展社会生产、创造物质财富的重要责任，如果一个企业不能创造大量的物质财富，不能带来利益，那么，这个企业也就失去了存在的必要和生存的空间。因此，企业不能羞于言利，不能因为所谓的社会责任而放弃利益追求，企业必须追求效益，提升盈利空间。如果企业放弃了盈利追求，不能为社会创造物质利益，那么这个企业实际上也就放弃了自己的社会职责，也就没有承担起自己应

---

① 《论语·颜渊》

② 陈来.孟子辨义利思想的现代价值："大家对话：义与利"之一[J].博览群书，2020(8)：36-40.

③ 《论语·颜渊》

尽的社会责任。

二、"见利思义"：义利的公私向度与企业的社会责任

在现代社会中，讲到利益人们就会想到自私自利，一个赚取利益的人总是被看作渔民之利的人，而这里存在的一个重大误区，就在于人们把义利尖锐地对立起来，认为为了道德就必须彻底地抛弃利益追求。我们在上一部分主要从社会分工的角度谈了不同的人对于义利所关注的方面有所不同，二者之间并行不悖，并不存在根本的对立。中国人之所以将义利尖锐对立起来，之所以将求利看作对道德的伤害，就在于人们把义利的对立看作公私的对立，认为求义的人都是大公无私的人，而求利的都是自私自利的人，这从我们日常生活中所使用的公义、私利这些概念中就可以看出端倪。基于对于义利关系的这样一种认识，人们总是认为追求盈利的企业为了利益必然会损公肥私、损人利己，从而忽视了企业的公义特质，忽视了企业对于社会所担负的责任。为了解决人们在此问题上的疑惑和误解，我们有必要重新回归原始儒家对义利的原初理解。

将义利之辨与公私之辨直接关联起来的主要是宋明理学。宋明理学不仅将义利等同于公私，而且将义与利、公与私尖锐地对立起来，要求重义轻利、存公灭私。程颐说："义与利，只是个公与私也。才出义，便以利言也。只那计较，便是为有利害；若无利害，何用计较？利害者，天下之常情也；人皆知趋利避害，圣人则更不论利害，惟看义当为不当为，便是命在其中也。"①正是因为义利和公私密切相关，所以，人们要坚决地抛弃求利之心，"不独财利之利，凡有利心便不可。"②二程兄弟作为宋明理学发展中的两个关键人物，其思想对于朱熹、陆王及其后整个儒学思想乃至中国思想的发展都起到了决定性的影响，从而使得羞于言利、耻于言利成了国人的一种思想倾向，只要谁谈利、盈利，人们就会将其认定为自私自利之人。不过这样一种认识，既是对宋明理学的误解，更是对原始儒家义利观的误解。

实际上对于儒家来说，义、利都是高度复杂的，义与利有的时候反而是高度统一的，我们并不能简单地将二者加以对立，用义来否定利，义利有时是相互依赖的，无利也就无义可言，有时义也能带来利益。

要想讲清楚义利之间的关系，我们首先要对义利做个说明。在中国古代，义与利并不是截然分开的，像《墨子·经上》中说"义，利也"，《大学》中说"国不以利为利，以义为利也"，《易传》中说"义者，利之和也"，都是以利规定义，可见义与利之间具有密切的关系，义与利并不是天然对立的。对于现代中国人来说，我们一讲到利的时候，就会想到个人的私利，这一方面与西方个人主义的传入有关，一方面与中国古代的义利传统有关。实际上，在中国古代，对于利的理解并非如此简单，而是要复杂得多。利有时是一个中性的概念，就像充足的养分有利于植物的生长，这本身就是一个事实判断，而非价值判断。即使是具有价值倾向性的利也是多方面的，既可以是个人的利益，即一己之私利，也可以是大多数人的利益，即所谓的公利。在公利与私利之间，有时候二者是统一的，就像人们分工协作就是公私皆利；有时候二者又是对立的，像个人只享受权利而不承担义务就有利于个人而不符合公共利益，个人只承担义务而不享受权利则有利于公共利益而伤害个人利益。由于在古代，人

---

① 程颢,程颐.二程集[M].北京:中华书局,2004:176.
② 程颢,程颐.二程集[M].北京:中华书局,2004:173.

们错误地理解了公私之间的关系,以为讲私人利益就一定会伤害公共利益,从而将公私尖锐地对立起来,因此影响了人们对于义利关系的看法。过去人们只是简单地将"利"理解为私利,忽视了义利之中所蕴含的复杂的公私关系。义的繁体字为"義",从我从羊,而羊在古代代表着美善,是明辨是非善恶、公正无私的象征。这也就是说,义是无我的,义是为他者服务的,因此,一个心怀大义的人必定是时时处处为他人利益着想、不考虑自我利益的公正无私的人,或者说,义代表的是天下之公利。正是因为利本身包含了公利与私利,而公利本身就是义,因此,我们不能抛开利来讲义,而是要做到义利统一。

在现实生活中,我们将道德仅仅看作一种品质,实际上品质是要在行动当中体现出来的,我们就是要对别人伸出援助之手,对于别人进行慷慨地施予,帮助别人摆脱困境,这实际上也就是为别人谋幸福,为别人谋利益。这也就是说,道德并不是与利益截然割裂的,义实际上是包含着利的,义就是"天下之公利",道德就是实现他人的利益,就是实现社会公共利益。在儒家那里,施行仁政德治的君主,之所以会被看作道德高尚,就是因为他们为黎民百姓谋利益,帮助黎民百姓过上幸福的生活。譬如,在《孟子·梁惠王下》中讲到齐宣王好乐、好田猎,齐宣王觉得自己这些私人性的爱好必然会影响他施行仁政德治,阻碍他成为仁义之君。不过在孟子看来,如果齐宣王将这些仅仅限制在自己身上,从而为了自身的爱好而让黎民百姓的利益受损,那么,他就必然会引起黎民百姓的反感乃至反对;如果齐宣王能够将个人的爱好变成黎民百姓的爱好,在满足自己爱好的同时也能满足黎民百姓的爱好,从而保证自己与黎民百姓利益上的一致性,那么,黎民百姓不仅不反对齐宣王满足自身的爱好,也会因此而将齐宣王看作一个仁义之君,并衷心地拥戴齐宣王。因此,对于儒家来说,并没有所谓的抽象的公利,公利一定要体现在一个个具体的黎民百姓的利益之中,只有黎民百姓都满足了自身利益的需求,国家才能繁荣富强,长治久安,才能无敌于天下;反过来,如果统治者一味强调抽象的公共利益,而忽视黎民百姓的个人利益,那么,就会民怨沸腾,人心背离,国家就会走向衰亡,所谓的公共利益也就无法得到实现。因此,像周文王建造高台,实际上是出于个人利益的行为,却需要役使黎民百姓,但是因为他满足了黎民百姓的利益,结果受到黎民百姓的拥戴,将其称为"灵台";商纣王由于无视黎民百姓的利益,对于黎民百姓无所不为,无恶不作,因此,他在建造高台的时候,就受到黎民百姓的诅咒,希望他早日灭亡,也正是因为他失去了黎民百姓的拥护,他成了亡国之君,身死国灭。

既然道德与利益相关,它涉及的是天下之公利,那么,它就需要一定利益的支撑。如果一个人虽然具有仁心善性,但是他又没有能力(其中就包含经济能力)为别人提供帮助,那么,我们就很难说他是一个道德高尚的人。我们在现实生活中经常见到两种人:一种人缺少经济能力的支撑,对于别人的帮助只停留在思想上和语言上,我们一般不会将这种人看作道德高尚的人;一种人自己虽然自己没有经济能力帮助别人,但是他拿别人的财物来慷自己之慨,用别人的财物来资助那些需要帮助的人。对于第二种人我们很难对其进行道德与否的判断,而这种人在现实中往往又抱得道德之美名。在儒家看来,这第二种人实际上并不是道德高尚的人,因为他缺乏赈济他人的经济能力,他的财富无法支撑他完成救助他人的行为。在《论语·公冶长》中有这样一则记载:"子曰:'孰谓微生高直?或乞醯焉,乞诸其邻而与之。'"微生高信守承诺,热心助人,被时人当作道德楷模,然而孔子对他的评价却并不高。在这段话中,孔子对微生高有所批评,而其批评的核心则在于:微生高自身缺乏帮助别人的能力——自己家没有醯,结果他拿邻居家的醯来帮助他人。由此可见,孔子高度重视人们进行道德行为的能力支撑。孔子展开教育活动,实际上也是在培养这种道德能力。因此,我们从《论语》中可以看出,孔子并不是将学生培养成只会高谈阔论的腐儒,而是培养能够治国理政,为黎民百姓带来切实利益的政治人才。

前面我们主要讨论的是在儒家那里义不能脱离利而存在,义对于利具有依赖性,因此,为了义就必须求利。实际上,对于儒家来说,义不仅对利具有依赖性,利构成了义中不可缺少的一个重要内容,而且义本身也是有利的,义也会带来利。古代的大多数统治者,就像明清之际的启蒙思想家所说的那样"以天下私一人",把国家看作自己的一家一姓之私产,开宗立国是为子孙谋福利,是为子孙创造基业,因此,国家的繁荣昌盛是符合统治者的利益需求的。按照孟子的说法,"诸侯之宝三:土地,人民,政事"①。一个诸侯国强盛的标志不是金银珠宝这些物质的财富,而是广袤的土地、众多的人口和国家的仁政德治。在先秦时期,很多统治者都是通过发动战争的方式来攻城略地,抢夺人口。在孟子看来,这种方式虽然能够在短时间内取得一定的成效,但绝非国家的长治久安之计。因为通过这种霸道的方式所实现的国家强大是建立在剥夺人民的基础之上的;在战争中,黎民百姓抛家舍业、妻离子散,必然会对发动战争心生怨恨;同时,"无恒产者则无恒心",这些都决定了他们必然会想方设法逃离到一个实行仁政德治的国家,必然会导致人口骤降。相反,如果一个统治者重视黎民百姓的利益,实行仁政德治,注重减轻黎民百姓的负担,为黎民百姓谋福利;那么,黎民百姓就会像水之就下、兽之走塘一样前来归附,"尊贤使能,俊杰在位,则天下之士皆悦,而愿立于其朝矣;市,廛而不征,法而不廛,则天下之商皆悦,而愿藏于其市矣;关,讥而不征,则天下之旅皆悦,而愿出于其路矣;耕者,助而不税,则天下之农皆悦,而愿耕于其野矣;廛,无夫里之布,则天下之民皆悦,而愿为之氓矣。信能行此五者,则邻国之民仰之若父母矣"②,从而导致人口快速增长。这就是注重仁义、推行仁政所带来的巨大利益,统治者在实现黎民百姓利益的同时也实现了自身的利益,获得了人民的衷心拥护,实现了国家的繁荣昌盛,长治久安,"善政,得民财;善教,得民心"③。因此,对于统治者来说,如果他能重视义的话,关注黎民百姓的公利,那么,他们的个人私利也会因此而得到满足,因此,义在利人的同时也会利己。

从对原始儒家有关公义与私利的分析中我们可以看出,义利不是相互割裂甚至是相互对立的,义与利、公与私之间,既有对立,更有统一:没有私利也就是无所谓公义,而公义又会反过来反哺私利,因此,对于现代企业而言,发展生产、赢得利益不仅不是一种自私自利的行为,反而是承担社会责任的前提。总而言之,企业要大力发展生产,创造物质财富,赢得物质利益,从而提升自己服务社会、承担社会责任的能力,为促进社会发展,提高人民生活水平做出自己应有的贡献。同时,我们也要相信,一个为社会、为人民做出巨大贡献的企业,一定也会获得社会、人民的大力支持,从而在收获社会效益的同时,也能获得更大的自身效益。

---

① 《孟子·尽心下》
② 《孟子·公孙丑上》
③ 《孟子·尽心上》

三、"克己复礼":义利之辨和企业的责任与营利的责任节度

义与利之间不是简单的对立关系,我们不能简单地将二者对立起来,用一方来排斥另一方,否则就会成为道德空想主义或功利主义,要么成为"平时袖手谈心性,临危一死报君王"的"迂远而阔于事情"的百无一用的腐儒,对内不能利己,对外不能利人;要么成为损人利己、损公肥私的极端的自私自利者。对于一个企业来说同样如此。如果它单纯地承担社会责任而不注重自身的利益需求,那么,它就会失去承担社会责任的能力,将会在生存竞争中逃脱不了被淘汰的命运,不仅无法为工人们提供就业的机会,为社会提供产品,为国家提供税收,甚至会变成社会的一个沉重负担,需要国家来为其化解债务危机,为其安置失业人员,为其处理破产后的一切事宜,从而浪费国家大量的人力物力。如果一个企业唯利是图,只想着企业自身的利益需求,为了营利而不择手段,那么,就会破坏人们的生存环境,就会不顾工人的健康和福利,就会偷税漏税,就会作奸犯科,无所不用其极,这就必然会对整个社会造成巨大的伤害。当然,这种危害社会的行为最终也会反噬自身,害人害己。因此,对于企业来说,要正确地处理好承担社会责任和追求企业盈利之间的平衡关系,从而使得二者相互协调,推动企业健康发展。为了恰当地处理义利关系问题,我们有必要回顾儒家的"克己复礼"思想,从中获得一些有益的启示。

"克己复礼"中最核心的问题就是"礼"。对于儒家而言,"礼"就是治国理政的法宝,国家治理中要"道之以德,齐之以礼"[①];"礼"是君臣交往的法则,"君使臣以礼,臣事君以忠"[②];"礼"是为人处世的行为准则,"非礼勿视,非礼勿听,非礼勿言,非礼勿动"[③];"礼"是人们在现实世界中得以存身立足的根本之所在,人是"立于礼"的,反过来则是"人无礼不立"。因此,儒家特别强调"礼"的重要性,孔子的一个宏愿,就是在礼崩乐坏的现实社会里去恢复周礼,从而让人们的视听言动都符合礼仪规范的要求。因此,"礼"作为一个规范系统,对于人们的言行举止具有约束作用,这也就是孔子所说的"约之以礼""齐之以礼"。"礼"与人类的情欲密切相关。在我们讲到情欲的时候,中国人一般比较习惯于将其看作恶的,这也就是人们普遍所持的性善情恶的观念,实际上不必如此。在儒家那里,情欲是多元的,既可以是恶的,也可以是善的,也可以是中性的。像孔子说"富与贵是人之所欲也"[④],孟子说"鱼,我所欲也,熊掌亦我所欲也"[⑤],这里的"欲"都出自自然天性,是中性的,没有善恶之分。像孔子说"枨也欲,焉得刚"[⑥]?像荀子说"人生而有欲,欲而不得,则不能无求,求而无度量分界,则不能不争;争则乱,乱则穷"[⑦],这里所讲的情欲就是恶的。像孔子说"夫仁者,己欲立而立人,己欲达而达人"[⑧],孟子说"义亦我所欲也,……所欲有甚于生者"[⑨],这里所讲的情欲都是

---

① 《论语·为政》
② 《论语·八佾》
③ 《论语·颜渊》
④ 《论语·里仁》
⑤ 《孟子·告子上》
⑥ 《论语·公冶长》
⑦ 《荀子·礼论》
⑧ 《论语·雍也》
⑨ 《孟子·告子上》

善的。人的行为都是受到情感影响的,而情感的一个重要特点就是非理性,因此存在走作失度、过与不及的风险,这就容易导致罪恶的产生。"礼"的一个重要作用就是对于人的情感进行必要的约束,阻止情感及其影响下的行为走作失度,从而使人的情感得到必要的节制,达到中节合度的状态,"发乎情,止乎礼","礼之用,和为贵"①。所谓"和"就是情感的中节合度,情感的发用流行恰到好处,这也就是《中庸·一》所说的"喜怒哀乐之未发,谓之中;发而皆中节,谓之和"。总而言之,"礼"就是让人的情感发用流行,行为举止既无不过,亦无不及,达到一种中和或从容中道的中庸状态。

总而言之,"复礼"实际上就是让人的情感和行为接受"礼"的约束,从而使其符合礼仪规范的要求,达到一种中和的状态,避免过与不及,因此,"礼"所追求的就是"和",就是中节合度。如果我们带着对"礼"的这样一种理解来反观"克己",那么,就会由此而得出不同于前人的看法和认识。

过去当我们讲"克己"的时候,将其理解为"克尽人欲",这也就是宋儒所说的"克尽人欲,便是天理"。由于人欲是与肉体是联系在一起的,而肉体属于具体的个体,肉欲具有个体性、自私性,因而宋明儒者将人欲看作个体之私利;而"天理"则是廓然大公的,因而天理就是公义,因而理欲之辨与义利之辨又是统一的,"存天理,灭人欲"实际上是以义克利,就是"存其宜而不谋其利",所以,"克己复礼"最终变成了义利对立,用义来压制利,从而导致人们只讲道德,不讲物质利益。然而问题在于,这样一种义利观不符合人们的现实需求,绝大多数人都达不到孔子和颜回那样安贫乐道的人生境界,他们都还有利益的追求,注重物质需求的满足,"民之为道也,有恒产者有恒心,无恒产者无恒心"②。后来,邓小平说,"不重视物质利益,对少数先进分子可以,对广大群众不行,一段时间可以,长期不行"③,实际上就高度肯定了绝大多数人的物质需求、利益追求的合理性,所以后来中国走改革开放之路,发展市场,搞活经济,就是为了满足人民群众日益增长的物质文化需求,就是要为人民群众谋福利。既然人都是一个物质性的存在,人就必然有物质性的需求,就必然有利益需要,我们必须正视这些需要需求,必须尽可能地帮助人们满足利益需求,我们不能对此视而不见,甚至要求人们去压抑甚至是泯灭这些利益需求,这显然是违背人性的,是不人道的。因此,我们不能把"克己"理解为彻底地摒弃物质的欲望、利益的需求,而是指对物质欲望、利益需求要加以适当的限制,使其达到一种适度的状态。这个度在哪里呢? 就是礼义,对于利益需求的满足要符合礼义,这也就是《易传》中所说的,"义者,利之和也",在礼义的规范指导之下,利益的需求和满足达到一种中节合度的状态。什么是中节合度? 当然这是与时俱变的,我们无法为人们的行为举止制定出一个具体的规范来,但是总的来说,这也就是儒家所说的忠恕之道,"己欲立而立人,己欲达而达人"④,"己所不欲,勿施于人"⑤,我们在满足自我利益需求的同时,不仅不伤害他者的利益需求,也满足他者的利益需求,从而使自我与他者的利益达到一种完美的统一。

---

① 《论语·学而》
② 《孟子·滕文公上》
③ 邓小平.邓小平文选[M].2版.北京:人民出版社,1994:146.
④ 《论语·雍也》
⑤ 《论语·颜渊》

总而言之，儒家讲克己复礼，并不是要将理与欲、义与利尖锐对立起来，而是希望通过礼义为利益欲望设置一个合理的界限，从而使一己私利与天下之公利之间达到高度的一致，从而在利己的同时不仅不损人，而且要利人。

按照克己复礼所蕴含的义利节度问题，我们就可以看出，企业不是不要盈利，而是要充分地发挥自身的长处，争取自身利益的最大化，从而达到盈利最大化的要求。不过盈利最大化，并不是要让企业彻底地奔跑在逐利的道路上，从而为了利益而无所不为，而是要让社会责任成为企业逐利的界限。每个企业都是社会中的企业，都对社会的和谐发展承担着义不容辞的责任。如果一个企业只追逐利益，而放弃了其对社会责任的承担，那么，这个企业就会对他人、对社会造成巨大的伤害，那么，企业之私利与社会之公利之间就产生了剧烈的冲突，二者就变成了此消彼长的敌对关系，因此，为了社会公共利益就必须限制这种逐利企业的发展。如果企业在追逐自身利益的同时，又能自觉地承担社会责任，从而达到了企业之私利与社会之公利的有机统一，那么，这个企业就实现了与社会之间的利益双赢，这是一种理想企业追求盈利与承担责任的状态。实际上，对于很多人来说，企业应该成为一个慈善机构，为了承担社会责任而放弃盈利追求，这就是对于企业的一个过分要求，如果企业按照这一要求运营，那么，这个企业必然在一片赞誉声中走向衰亡。总而言之，企业追求盈利与承担责任必须是合度的，而这个度就在于义与利、追求盈利与承担责任的彼此限制、彼此协调。

企业的社会伦理责任及其边界

黄明理　耿立芹[*]

摘要：企业作为社会的细胞，必然具有其社会属性并由此承载着一定的社会责任。然而，不同制度下的企业，其社会伦理责任是有质的不同的，作为我国的企业，其社会伦理责任问题还没有从理论上到实践操作上得到很好的解决。当前，要厘清企业履行社会责任的性质与边界，明确企业履行社会责任与企业利润最大化追求之间如何保持合理的张力性的关系，以实现二者相辅相成，使企业在利他的过程中同时也实现了利己。

关键词：企业伦理责任；依据与意义；性质与边界

从一般意义上讲，无论是什么制度下的企业，它都是必须以营利为最终目标与目的，但这并不意味着这是其唯一的目的，因为企业是社会的细胞，它要涉及企业与自然环境、企业与国家、企业与社会、企业与企业、企业与顾客、企业内部各种复杂的关系，有关系就有利益矛盾和解决这些矛盾的道德要求与法律规则，因此，必然承载着一定的社会关系和由此表现出来的责任及其履行。本人在此着重讨论企业与社会的责任伦理关系，不同制度下的企业，其社会伦理责任是有质的不同的。作为我国的企业，其社会伦理责任问题无论从理论上还是实践操作上都没有得到很好的解决，严重影响了企业的发展和社会对企业的认同度。

一、企业是否应当承担社会责任的观点分歧

企业作为社会的细胞，必然具有其社会属性并由此而承载着一定的社会责任。企业生产经营的主要目标是利润最大化，但企业是在社会中存在和发展的，一刻也离不开社会所提供的物质条件、人才资源条件和环境条件等，因此，企业除了利润最大化外，从伦理责任方面看，企业作为社会的一部分，在处理内外关系时还会遇到以下各种问题：要不要对教育、卫生、社会福利等公益事业给予资助？在录用人员时是否自觉地帮助社会分担女性就业难的问题？在裁减富余人员时是否应在适当范围内考虑多保留一些就业岗位，分担一定的社会就业压力？排放有害物质时是仅仅维持在政府规定的低限度内，还是从考虑环境保护和居民生活的角度出发控制在更高的标准上？因为有时企业依法行事时，它的行动后果竟然是一种不应当被容忍的大恶，如，为了获得高利，宁愿自觉而主动地接受监管部门的罚款。对于那些虽有市场需求，国家也允许生产，但是可能导致不良消费习惯或影响人的身

---

[*] 作者简介：黄明理（1961—），男，汉族，江苏省南京市人，河海大学马克思主义学院二级教授、博士生导师、博士学位。研究方向：马克思主义基本原理和伦理学。耿立芹（1964—），女，汉族，江苏省南京市人，河海大学图书馆馆员。

心健康或社会风气的产品,企业是否仍然要生产? 如此等等。所有这些问题都与企业的社会责任密切相关,即企业是否要承担社会责任,它应当承担怎样具体的责任。这一问题的实质,就是企业只承担追求利润的使命,还是要承担一定的除此之外的责任,即可能有悖于利润最大化的动机的责任? 这些责任是否有其边界? 边界确定的标准是什么?

在这一问题上,存在两种不同的认识:一种认为,企业唯一的社会责任就是在追求利润最大化的过程中向社会提供物质产品和服务。如,美国经济学家弗里德曼认为:"(企业)仅存在一种而且是唯一的一种商业社会责任——只要它遵守职业规则,那么它的社会责任就是利用其资源,并且从事那些旨在增加其利润的活动。这也就是说,在没有诡计和欺诈的情况下,从事公开的、自由的竞争。"[①]按照这种认识,企业在遵纪守法的前提下,利润目标是为(或者不为)某一经济活动的唯一依据,无须主动考虑其他社会问题,企业没有"良心"可言,使企业行为符合社会要求的,是"看不见的手"和法律法规与国家产业政策等。这一观点的合理性在于,它把脉到了企业的职业道德要求不同于其他行业的突出点在于企业要参与市场竞争,通过价值规律获利便具有天然的合法性和合道义性,而且这是最高的道义原则,因为企业如果把利他作为原则,它就无法生存和发展,从而就无法为社会和广大消费者服务,这对企业是致命的耻辱。因此,这一论断抓住了企业的主要矛盾,也就是说,它抓住了工作重点,这样才能为企业的未来发展制定正确的战略与策略。不过,主要矛盾不是孤立存在的,它与其他非主要矛盾不仅共存,而且还想到转化。因此,上述论点完全否定企业的其他社会责任的观点是流于片面的一点论、单打一,最终企业的中心工作也难以顺利完成或者说会付出更大的成本。

另一种观点认为,企业的社会责任远不止于追求利润,企业还必须承担其他一些社会责任。安德鲁斯强调,企业承担的社会责任还应包括:(1)自愿捐助教育事业和其他慈善事业,尽管这会减少其利润;(2)选择一个属于自己的经营道德标准,这个标准要高于法律和习俗所要求的最低水平;(3)在具有各种机会的业务中,企业根据内含的社会价值进行选择;(4)为了经济报酬以外的理由(很显然仍与经济报酬有关)投资于企业内部生活质量的改善[②]。这种观点就是要求企业应同自然人一样,要有自己的伦理道德,富于同情心,不能一味地追求经济上的得失,要在减少外部不经济、增进社会福利等方面做出贡献。这一论点看到了其他社会责任的客观必然性和它对企业营利这一主要任务的制约与影响。但它并没有准确地指出企业承担这些社会责任的边界在哪里。因此,这种对社会责任的过分强调,有可能导致企业使命的主次颠倒,将企业变成了慈善机构或者另类政府,使企业在不能承受之重中陷入绝境。

二、企业自觉履行社会责任的依据与意义

随着社会的进步和企业文化的日益成熟,企业社会自觉责任论渐成为主流认知,其主要立论根据是:

首先,企业对社会的依赖和所需并非只是经济性的。企业要进行生产经营活动,离不

---

① (美)弗里德曼.弗里德曼文萃[M].高榕,等译.北京:北京经济学院出版社,1991:50.
② (美)K. P. 安德鲁斯.可以使优秀的公司有道德吗?[M]//哈佛管理论文集.北京:中国社会科学出版社,1985:413-414.

开一定的物质投入,但企业的投入不单是物质投入——即使是物质性投入也离不开自然资源这一社会的物质性基础,社会的人力资源、文化资源、安全保障、法律保障、良好的社会秩序,等等,都是企业生存和发展的重要条件。企业生产经营满足人类生活和社会需要的物质产品和服务,只是企业向社会贡献的经济方面。企业获得的社会其他方面的支持,也需要企业向社会做出一定的付出。企业承担一定的社会责任,正是更进一步体现了企业的社会价值和对社会投入的应有的回馈。在这个意义上,企业的生产经营本质上不是私事,而是公事。企业在追求自身利益的同时,也要重视社会利益,对社会负责。在美国,有人提出"公司公民"(corporate citizens)概念,认为公司要正确处理公司利益与社会利益之间的关系,寻求有效的途径使小我(公司)与大我(社会)达到完美的统一,正是体现了对企业的这一伦理要求。从法理上讲,企业作为法人,它与自然人一样既是权利主体,又是义务主体,没有无权利的义务,也没有无义务的权利。企业从社会获得了自身发展的权利,就必须履行其应尽的义务,否则,社会便无以为继,最终也就无法生存。

其次,从长远看,企业承担社会责任和追求利润最大化二者之间是一致的正向关系。尽管从全社会企业界的角度来看,企业承担社会责任意味着经济利益的部分丧失或让渡,但就某一企业或企业的某一具体行为来看,承担社会责任并不必然和利润减少相联系。符合社会公众利益的行为,承担一定的社会责任,一方面有可能给企业带来直接的经济利益(如软件公司免费向教育界提供软件,学生使用习惯,参加工作后就会主动购买),另一方面,也会为企业树立良好的形象,获得社会各界的认同与支持。良好的形象资本是企业文化资本的最重要的组成部分,它在现代企业生存发展中的作用越来越大,有了它就能为企业获取长期利润准备条件。

再次,企业主动承担社会责任为自身创造了更为广阔的生存空间。为了保护环境,保障生活质量,维持社会稳定和各项事业的健康发展,政府部门、社会团体、普通公众等都向企业提出了种种行为限制,有时还附有严厉的惩罚性措施。企业若不能符合要求,便会受到指责或惩罚,正常的生产经营活动会受到不同程度的影响。相反,企业若能主动适应要求,便可使决策和经营具有更大的灵活性和自主性。企业还可能因兼顾社会责任受到奖励,如投资于新型绿色食品业、节能业或者其他具有创新性的智能行业,就可以享受贷款和税收减免等优惠。从另一个角度来看,企业本身处于社会环境包围之中,要和周围的其他企业、事业单位及居民个人发生前向、后向、横向或交错的联系。在企业生存的环境内,如果各方面都能保持良好的关系,不只是社会受益,企业自身同样受益匪浅。比如,因居民厌恶企业而进行的掣肘和暗中破坏活动会减少到最低限度,社区居民会在自觉与不自觉中向外界称赞企业的良好品行,这相当于增加了企业的无形资产。

最后,人类文明的进步要求企业承担一定的社会责任。例如,早期的造纸厂可以随意地把污水排放到附近的田地和河流中,却不必担心受到任何谴责;后来,企业必须把污水净化达到一定的标准后方能排出。再如,在当今许多国家,企业解雇员工已经不是单纯考虑生产经营的需要,还必须和工会谈判,有时还需征得政府的批准。这说明,企业已不只是一味地追求利润最大化。承担一定的社会责任是社会进步的表现,也是企业走向文明的标志。

总之,企业只有正确处理自身利益与社会利益的关系,谋取最大利润与为社会服务的关系,在为社会服务的价值观指导下,最大利润原则才会更加具有善的价值。而企业对所应担的社会责任的自我确认,是为社会全面进步和人的全面发展服务的,这是企业生产经营的最高价值目标或最高价值体现,是企业文化体系的核心,也是企业精神的根本所在。

三、企业履行社会责任的性质与边界

要厘清企业履行社会责任的边界,首先必须把握这一责任的性质,一般意义上讲,这一责任是属于伦理性的责任,伦理责任的重要特点是柔性责任或者弹性责任,特别是它强调责任主体的自觉自愿而非外在强制或强迫,这正是企业社会伦理责任的高尚的道德价值所在,同样这也使得不同企业履行企业社会伦理责任的自觉性有高低之别。但企业社会伦理责任是复杂的,其中也不排除有些责任是底线性的责任,是刚性的必须,这也可以称之为消极伦理责任,它本身就具有法律意义上的必须性,是带有强制性的责任,如不因企业经营而污染环境或为谋取利益而损害消费者的精神健康等。不过,消极责任不是企业社会伦理责任的主要存在样态,积极的责任才是其主要方面。它主要包括:企业的投资方向应当有益于人民群众的身心健康——其底线是不能直接或间接地损害人民群众的身心健康;当企业的企业利益与国家利益发生不可两全的矛盾冲突时,要以国家利益为重;企业经营活动必须符合环保要求并尽力体现绿色生产方式的时代要求;企业在就业方面要创造性地为国家承担人口再生产的责任,如把性别比例制定任务作为指标的考量标准;等等。

但这里必须强调:第一,企业承担社会责任只是一种伦理要求,要突出企业的主动性,不能迫使企业承担它力所不及的社会责任,否则,就会严重阻碍企业的发展,最终损害社会的利益。第二,企业自身在生产经营过程中,要注意区别列入经营战略中的社会责任和来自企业外部不切实际的需要,避免因过度的社会责任负担而造成被动局面。第三,企业承担社会责任并不意味着企业办社会,企业的社会伦理责任是有限责任。企业承担社会责任是企业根据社会发展需要和自身能力主动做出的,而不是否定企业的经济性质,由企业把社会义务全部承担起来;企业办社会则是外部力量强制的、历史包袱形成的,它会严重阻碍乃至窒息了企业的发展。解决企业办社会包袱问题,恰恰是中国国有企业要改掉的弊病之一。

总之,要确定企业承担社会伦理责任的边界,首先要从理论上弄清楚企业社会道德责任的履行与企业利润最大化追求之间应当保持怎样合理的张力性的关系,即能够实现二者相辅相成。从动机上看,企业履行社会伦理责任是功利和超功利的统一,是利己与利他的统一,企业通过对社会付出经济成本,获得社会和民众的精神利益的回报,使企业获得精神资本。这就是说,企业在利他的过程中同时也实现了利己。

"荀子入秦":法家治理效果与管理方式的批判

余治平*

摘要:荀子置身于强秦的一次旅行所产生的心灵震撼,与昭王、应侯的坦诚对话,使儒家圣王之治的伟大理想第一次有机会直面由法家所主导的生动社会现实。荀子充分肯定秦国经济建设、国防建设和社会建设所取得的伟大成就,"秦四世有胜",但也揭发"秦之所短":无儒。秦国的外部风险则是六国势力集结而联手共同对付秦国。因而荀子建议秦王必须重用儒士,实行"王道",使"力术止"而"义术行",以达到"天下应之如雷霆"的治理效果并形成核心影响力。荀子最先从强秦的一派繁荣中看到了其灭亡的迹象,而"唱衰"秦国,矮化秦政。而随后不久强秦帝国的轰然倒塌,关于儒法孰优孰劣所呈现出来的历史实践,则更说明"荀子入秦"堪称中国历史上一个非常重要的文化事件。

关键词:荀子;秦国;儒家;法家;治理;管理

儒家是讲"善治"的[①],它是一种最完美、最理想、最值得期待而始终搅动心魂、激发我们不懈追寻的治理境界。治理好一邑、一郡、一国,皆是小治,并不难实现,区域范围小,一声喊到底,周期短,见效快,常常都可以立竿见影。治理好天下,则是大治,需要君王投入全部身心,德能皆具,政经武备、刑罚教化,各个领域的方方面面都要照顾到,都要处理好,往往具有一定的难度,一般帝王都做不到。而治理好世道,即人们所生活于其中的一个整全的世界系统,才是善治,这是儒家的最高追求,是王治、德治、政治、军治、法治、礼治等任何单一治理局面所无法比拟的,因而难度也最大,儒家只在纸上描绘出善治的期许和远景,而把

---

* **作者简介**:余治平(1965—),男,汉族,江苏洪泽人,上海交通大学哲学系长聘教授、博士生导师,中华孔子学会董仲舒研究委员会会长,研究方向:儒家思想与文化研究,中国哲学研究。

基金项目:本文为国家社科基金重大项目"董仲舒传世文献考辨与历代注疏研究"(19ZDA027)阶段性成果。

① 在"天人三策"之第一策的语境中,董仲舒把"善治"与"更化"联系在一起。"今汉继秦之后,如朽木粪墙矣,虽欲善治之,亡可奈何。法出而奸生,令下而诈起,如以汤止沸,抱薪救火,愈甚亡益也。"又,"故汉得天下以来,常欲善治而至今不可善治者,失之于当更化而不更化也。"然而,切不可以为,儒家的善治只有"更化"这一个面相,相反,善治的内容包括很多,"更化"只是其一而已。董仲舒"更化"命题只有放在秦灭汉兴之际风云骤变的历史场景下考量,才是有意义的。刘汉政权初建,百废待兴,文质道统选择、五行德运确立、周秦制度转型、朝仪礼法再造等都需要负责顶层设计的帝国君臣拿出改革的勇气和智慧。当此之时,"更化"是急务,作重点强调,尚能理解,无可厚非。但处于和平稳定氛围,则不可说"善治"唯有"更化",尊重治理规律,巩固社会秩序才是正道,一味"更化",折腾不休则未必能够导致"善治"。一个统治集团,如果其政策总处于不断更化之中,要么说明他们一直就没有找准正确的治理方向和发展道路,要么说明他们从来就没有做对过任何事情,而一直都在犯错、纠错。两种情况都是缺乏必要政治能力和基本素质的表现,因而都必将动摇和威胁政权的合法性。引文见(汉)班固.汉书(卷五十六)[M].董仲舒传.长沙:岳麓书社,1994:1096,1097.

它仅仅寄托于传说中的圣王。一邑、一郡、一国的小治,也可以实现善治的局面,但由天下大治,要想进入和达到一种善治的状态,则还有不小的距离。所以,仅有财富的积累、国力的增强并不是儒家知识分子所追求的终极目标。单有一维的经济发展而没有民众生活质量之提高,则更为儒家所不齿。

发生于战国末期"荀子入秦"的一次旅行,使儒家圣王之治的伟大精神理想第一次有机会直面由法家所主导和鼓噪的生动社会现实,荀子本人置身于战国七雄"第一大经济体"后所产生的心灵震撼,他与秦昭王、应侯范雎,甚至包括学生李斯等人的智慧碰撞,完全算得上是儒、法两派人物一次当面直击式的交锋与较量。荀子的所见所闻,所感所触,其所给予的正、负两方面评价和理性判断,以及随后不久强秦帝国的轰然倒塌,关于儒法孰优孰劣所呈现出来的实践证明,都足以称得上是中国历史上的一个非常重要的文化事件。《荀子》是先秦儒家庞大山体下的一座富矿,它的许多面向都是儒家非常难得的宝藏。不读《荀子》,就不可能了解真正的儒家。读过《荀子》,方才知道思孟心性之学何以单薄与脆弱。然而,很为遗憾的是,《荀子》的至关重要性,至今还没有为许多人所认识到。

一、 见证鼎盛,"观其风俗"

商鞅死后七十二年,荀子从齐国来到了秦国,秦昭王在位已经四十一年,距离秦国实施新法也已九十余年。这个时候,一个叫作范雎的魏国中大夫门客,跑到了秦国,用"远交近攻"的策略,即锁定韩、魏两国为兼并目标,致力于跟齐国友好相处,成功游说了秦昭王。昭王以范雎为客卿。范雎乘机提醒昭王,秦国的王权太弱,急需加强。秦昭王遂废宣太后,并将国内魏冉、泾阳君、高陵君、穰侯等贵族势力赶出函谷关外,拜范雎为相。秦昭王在位时间长达五十六年之久,秦国就是在秦昭王的手上,结束了周朝八百年的统治,奠定了赢得统一战争的基础。昭王文以范雎为相,武以白起为帅,其所表现出来的军事才能与政治成就并不逊色于后来的嬴政。他对周边国家鲸吞蚕食,发动"长平之战",大胜赵军,活埋四十余万降兵。攻陷东周王都洛邑,俘虏周赧王,迁九鼎于咸阳。公然消灭东周王室,说明秦在政治、军事、经济、心理上都已具备了迎战东方各国联合进攻的雄厚实力,一个新纪元即将开始。

荀子游秦,昭王离去世还有十五年,这段光景应该是秦国历史上发展最好、最辉煌的阶段,够得上所谓"鼎盛时代"。作为一位儒家著名游士的荀子,与强国之君臣昭王、范雎都进行过一番对话。荀子充分肯定秦国经济建设、国防建设和社会建设所取得的伟大成就,"秦四世有胜",表彰其功绩但也指出其不足,直面揭发"秦之所短"。按照荀子的建议,秦国要想成就霸业,则必须重用儒士,实行"王道",使得"力术止"而"义术行"[①],以达到"天下应之如雷霆"[②]的治理效果和核心影响力。但因为秦国上下当时正忙于兼并战争,准备攻韩侵赵,荀子的建议不可能被采纳,他在秦国也不可能得到重用,于是便选择离开而又回到了赵国。

《荀子》一书共有两处记载了荀子入秦的事迹与言论,分别在《强国》篇和《儒效》篇中。

---

① 杨柳桥.荀子诂译[M].强国.济南:齐鲁书社,2013:433.
② (清)王先谦.荀子集解[M].沈啸寰,王星贤,整理.儒效.北京:中华书局,2012:127.

另外,《议兵》篇中,也有荀子与李斯的一段对话,也涉及荀子对强秦政治路径的评价①,因为只记"李斯问孙卿子",而并没有明确说这是荀子入秦期间所进行的对话,是否为后人杜撰,或者,法家学派文本的有意无意串入,尚有存疑而不能确定,故这里不予单列分析,而只作征引之用,以辅助说明荀子的儒学观点。

《强国》篇中,应侯②问孙卿子③曰:"入秦何见?"孙卿子曰:

【1】其固塞险,形埶便,山林川谷美,天材之利多,是形胜也。

入境,【2】观其风俗,其百姓朴,其声乐不流污,其服不挑,甚畏有司而顺,古之民也。

【3】及都、邑官府,其百吏肃然,莫不恭俭、敦敬、忠信而不楛,古之吏也。

入其国,【4】观其士大夫,出於其门,入於公门;出於公门,归於其家,无有私事也;不比周,不朋党,偶然莫不明通而公也,古之士大夫也。

【5】观其朝廷,其朝闲,听决百事不留,恬然如无治者,古之朝也。

【A】故四世有胜,非幸也,数也。是所见也。【B】故曰:佚而治,约而详,不烦而功,治之至也,秦类之矣。

虽然,【C】则有其諰矣。【D】兼是数具者而尽有之,然而县之以王者之功名,则偶偶然其不及远矣!是何也?【E】则其殆无儒邪!

故曰:【F】粹而王,驳而霸,无一焉而亡。此亦秦之所短也。④

谈入秦的观感,荀子分别从自然地理条件、民众生活面貌、官吏基本素质、士大夫为政清廉、朝廷治理五个方面予以描述。【1】是因为秦国位居周土之西部,山林川谷险峻而秀美,物产丰饶,构成了秦人立国得天独厚的军事屏障和发展强大的资源优势。地缘政治的诸多要素,"塞险""形埶便",山林川谷之"形胜",秦国都已经具备。荀子对这些要素的发掘似乎可以成为追问秦国强大真正原因的"马后炮"式的解释,因为它根本就解释不了下面这个问题:同样的天然资源条件,此前几百年的秦国为什么没有强大起来、此后几百年的秦国为什么没有一直强大下去的问题。这就是"地缘政治论"不得不面对和承认的一个局限。

秦国变法的成果直接体现于普通民众身上的,则是【2】。荀子首先看到的是他们的日常"风俗"。称其"朴",也就是说,呈现本性,不奢华,极少甚至没有任何矫揉造作的成分。《老子·十九章》:"见素抱朴,少私寡欲。"董平说,"'朴'是木的本然状态",是"未经任何加工与文饰",而"比喻'道'之为原始的混沦大全"⑤。《孔子家语·王言》有曰:"民敦而俗

---

① (清)王先谦.荀子集解[M].沈啸寰,王星贤,整理.议兵.北京:中华书局,2012:275.
② 国相范雎,因封地在应国,故又称"应侯",林元凯云:"应国在襄阳城父县西南。"见(清)王先谦.荀子集解·强国[M].台北:艺文印书馆,2007:521.范雎何时被秦昭王封为应侯,司马迁则说"当是时,秦昭王四十一年也"。见(汉)司马迁.史记(卷七十九)[M].范雎蔡泽列传.长沙:岳麓书社,1988:598.
③ 荀子为什么又叫"孙卿子"或"孙卿"呢?(清)谢墉曰:"盖'荀'音同'孙',语遂移易。"(转引自杨柳桥《荀子诂译·儒效》)此解流于表面。而王先谦则疏曰:"汉宣帝名询,刘向编录,故以荀卿为孙卿也。"今本《荀子》乃得益于汉儒刘向的编辑和整理,故其避宣帝之讳,而改荀子之姓为孙。荀、孙音近,故可通。引文见(清)王先谦.荀子集[M].解儒效.北京:中华书局,2012:117.
④ (清)王先谦.荀子集解[M].沈啸寰,王星贤,整理.强国.北京:中华书局,2012:296、297.
⑤ 董平.老子研读(十九章)[M].北京:中华书局,2015:110.

朴。"①不尚奢靡,勤俭节约而不至于浪费,这才符合秦王的执政风格。

"其声乐不流污",王先谦注曰:"流,邪淫也。污,浊也。不流污,言清雅也。"儒家不欣赏郑声,《论语·卫灵公》中,孔子曰:"放郑声,远佞人。郑声淫,佞人殆。"刘宝楠《正义》曰:"《五经异义·鲁论》说,郑国之俗,有溱、洧之水,男女聚会,讴歌相感,故云'郑声淫'。"②郑声与男女之情爱有关。而钱穆则说:"声过于乐曰淫。乐之五音、十二律、长短高下皆当有节。郑声靡曼幻眇,失中正和平之气,使听者导欲增悲,沉溺而忘返,故曰淫。"③郑国之音声乐而不止,偏正不中,应当予以戒禁。而秦声多深沉哀婉,让人慷慨激昂,故其乐"清雅",不入污浊,体现出秦国国内一派团结、振奋、向上的精神气息。

秦人的服装看上去也很素净,被荀子所肯定和褒扬。"不挑",杨倞解曰"挑,偷也",似不通。然而,说"不为奇异之服"则正确。卢文弨曰:"挑与佻同。"④于是,"不佻"就是不轻佻,指秦国百姓所着的服装皆庄重、沉稳、得体而不轻佻,也不赶时髦。这就反映出秦国正处于上升期,其人民都在做事,而没有沉迷于轻歌曼舞的享乐之中。儒家对士人、庶民的服装是有严格要求的,必须有制,等级分明,不可紊乱。但法家在秦国未必提倡过服制,但其民众受政府行为影响,穿衣戴帽多不敢出格,故而"不挑"。

"甚畏有司而顺",是说秦国的民众都被治理、管教得服服帖帖,不敢越雷池一步。"有司",《尚书·周书·立政》曰"惟有司之牧夫",张道勤解其曰"主管机构"⑤,黄怀信则训为"主管官员"⑥。黎民百姓害怕政府官员,而不是反过来,让政府官员害怕黎民百姓,这是古今中国政治的一大通病。政府官员原本靠"吸食民脂民膏"而生存,理当对黎民百姓有敬畏心和感恩心,但历史中、现实中却常常有些人骑在民众头上拉屎撒尿,无恶不作,民众却只能忍气吞声。这是中国文化肌体上所害的一大毒瘤,很难医治,只能期待现代民主政治制度予以动刀切割。法家治秦,是要把黎民百姓培养成听话机器的,不要他们会思想、会判断,而只要他们能够按时按量地供应粮食、乐于上战场当炮灰就行。秦王和商鞅都致力于驯服民众、钳制民众,其理想就是要让他们成为一种对国家有用、对政府有益的耕战机器。至于民众个体的精神、灵魂、情绪和生理满足则都是无足轻重的,因为法家政客需要的是顺民,而不是臣民、市民和公民。荀子把秦国这样的"顺民"误当成"古之民",实属不该,因为他们显然不是儒家三代圣王治理结构下沐风踏歌、自由奔放、性情舒畅而又无拘无束的人民。

二、 吏治严明,行政高效

法家以吏治出名,秦国对政府官员的使用与管理是非常值得后世总结和反思的。【3】主要讲秦国政府官员——尤其指处于政策执行和落实层面的低级公务人员——的基本素质与精神面貌。从都城到县邑,从中央到地方,各级府衙里的官员和役使之差都显得规矩

---

① 王国轩,王秀梅.孔子家语[M].王言.北京:中华书局,2011:26.
② (清)刘宝楠.论语正义[M].高流水,点校.卫灵公.北京:中华书局,1990:624.
③ 钱穆.论语新解·卫灵公[M].北京:生活·读书·新知三联书店,2002:404,405.
④ (清)王先谦.荀子集解[M].沈啸寰,王星贤,整理.强国.北京:中华书局,2012:438.
⑤ 张道勤.书经直解[M].周书·立政.杭州:浙江文艺出版社,1997:185.
⑥ 黄怀信.尚书注训[M].周书·立政.济南:齐鲁书社,2002:345.

而严肃,基本上都很谦逊有礼,节约而不敢铺张浪费,厚道而诚恳,敬畏而有戒惕之心,对国家忠诚而又遵守信用。"楛",王先谦曰:"音苦,滥恶也。或曰:读为'王事靡盬'①之'盬'。盬,不坚固也。"前解指官吏不恶逆、不使坏;后解则是错解,应释为"停息、停止",指官吏勤劳奋发而不敢有丝毫的松懈,否则就会遭受严厉而残酷的惩罚。荀子以为,理想中的"古之吏"在秦国大小官吏身上得到了落实,而说这才是"合乎古道的官吏"②,其实是他的一种错觉。因为儒家传说中的上古圣王,他们治下的官吏所表现出来的高素质,完全出于自觉自愿,而一定不是来自任何外在力量的强制和权力胁迫。

考察一国之政的好坏得失,不妨首先看一看其作为社会主流的精英阶层当下正在做什么,这样就可以了解出一个大概的情况了。传统中国社会里,士大夫是士人与官吏的统称,尽管《周礼·考工记》曰:"坐而论道,谓之王公。作而行之,谓之士大夫。"③但"士大夫"又不只是具体做事的职能官吏,而且也还是历史文化的传承者和现实社会文化的创造者。他们始终充当着国家、民族的精英阶层。【4】是荀子入秦所看到的士大夫行状。"出於其门,入於公门"是从家里往外走出去。而"出於公门,归於其家"则是从外面赶回家里。往来出入很正常,但这里重要的则是,"无有私事",国家至上,帝王至上,秩序至上,包括士大夫阶层在内的所有臣民百姓都不允许有任何个体的权益要求,更没有个人隐私的保障,情感情绪之类的要求,都应当被排除在外,最好统统屏蔽掉。法家的意识形态管控始终致力于把秦国的士大夫统统"洗脑"成一个个执行公务的机器。没有自己的隐私,没有个人的私权,而只能够一心为公,以公为家。只行走在家庭和役所之间,两点一线有规律,下班就回家,在家吃饭,在家睡觉,而不敢在酒肆娱乐场合游荡、胡搞,更不敢出入私人会所、在外面包"二奶"。

"不比周,不朋党",原本是被孔子儒家所强调的一种君子之德。《论语·为政》曰:"君子周而不比,小人比而不周。"④君子都能够以公平公正之心对待天下众人,没有私心,没有成见,不会徇私护短;但小人则精于结党营私,拉帮结派,勾结成奸,善于经营小圈子,搞小集团利益。周而不比,在儒家还仅仅是一种柔性的道德要求,而到了法家那里则成为一种硬性的严令禁止,因为任何非公开的大小集会、串门、密谋、小山头主义行为都会被看作是对上级组织、对王室统治者的不忠,也会对现政权形成隐患和威胁。"倜然",杨倞解曰:"高远貌。"⑤但法家酷政,极为强调对王权的独尊和对上级的忠诚,所以一定让人"倜然"不起来。荀子眼里秦国士大夫的"倜然",应该是一种有高度的精明、有阴谋的深邃,而一定少了司马迁《报任安书》中所说"古者富贵而名摩灭,不可胜记,唯俶傥非常之人称焉"⑥的那份超

---

① 《诗·唐风·鸨羽》云:"王事靡盬,不能蓺黍稷。"参阅雒江生.诗经通诂[M].唐风·鸨羽.西安:三秦出版社,1998:300.《毛传》曰:"盬,不攻事也。"见(汉)毛亨,传;(汉)郑玄,笺;(唐)孔颖达,疏.诗正[M].义唐风·鸨羽(上册).北京:北京大学出版社,1999:396.但这里似乎应该解释成"止息,停止"。王先谦引《诗》却解为"不坚固",显然与《强国》之上下文义相违,故不从。
② 杨柳桥.荀子诂译[M].强国.济南:齐鲁书社,1985:439.
③ 周礼[M].陈戌国,点校.仪礼.长沙:岳麓书社,1989:116.
④ 孔曰:"忠信为周,阿党为比。"转引自(魏)何晏,(宋)邢昺.论语注疏·为政[M].重刊宋刻本.十三经注疏.清嘉庆二十年江西南昌府学刻本影印.台北:艺文印书馆,2007:18(上).
⑤ 杨柳桥.荀子诂译[M].强国.济南:齐鲁书社,1985:438.
⑥ "俶傥",即倜傥。参见(清)王先谦.汉书补注(前汉六十二)[M].司马迁传.清光绪廿六年虚受堂刊本影印.下册.北京:中华书局,1983:1240(上).

然脱俗和无拘无束。秦国的士大夫要想在体制内生存保命,就必须以牺牲和丧失自己的私人空间为代价,因为官方始终都有可能以国家的名义、以政府的名义、以集体组织的名义剥夺和践踏每个人的私产、私利、私权,乃至私欲、私心,而这恰恰又明显属于一种违背人性的逆天行为。历史上的邪恶政权都有把心交出去、把个人隐私交出去、取消私人生活、取消私人权利的荒唐要求。后来的太平天国竟然把教民分成"男营""女营",不让人过正常的夫妻生活,他们也是打着拜上帝教的"天父"、忠于"天王"的名义控制人性本能欲望的,实际上就是在作恶,在作一种不可饶恕的恶。强权逼迫之下,人们慑于淫威而往往敢怒不敢言。所以,秦国士大夫的"明通而公"一定不同于"古之士大夫",他们所服从和达到的"公"是有隐忍的,而不是自觉自愿和心悦诚服的。混同二者,如果不是荀子在范雎面前的客套话,就应该是荀子的粗心、误判和妄断,或者便是假冒荀子的文献伪出。

再看中央政府的行政效率,【5】是荀子对秦国"朝廷"的基本评价。"听决百事不留",这起码说明,早在秦国的中央政府机构设置里,就有了听讼决狱的部门及其工作人员,并且,其办事效率还挺高,不允许有任何停滞、积压的现象。秦政任于法,其政务、民事多以法为准绳,万事皆一断于法,所以,在当时,起诉、上诉的案件,需要裁断的案件肯定都是相当多的,而能够做到不停滞、不积压,没有一套高效运行的行政执行机制,没有强劲的动力支撑则是显然不可能的。而这种执行机制则是由法家君臣共同建构和完成的,其动力也恰恰来自体制化的、强迫性的政治压力,好在秦国的官吏都能够及时而有效地把政治压力转化成精神动力。"恬然如无治者"一句,则是荀子对秦国中央政府运行架构及其效用的总体认识和评价,说它就像"古之朝",就是上古圣王理想中的朝廷模式。"恬然",指安静、悠闲、不在意的样子。《淮南子·原道训》有曰:"大丈夫恬然无思,澹然无虑,以天为盖,以地为舆。"①这里所描述的无疑是一种道家的情怀和追求。荀子与《淮南子》对道家所持的理解和立场,几多相似。"无治",并非指不作为,啥事都不做,而是指不胡乱作为,不横加干预,不要长官意志,不要计划安排,不破坏事情本身的机理、秩序和法则,更不会无端折腾,几乎看不出任何官府有意操控或人为做作的痕迹,让天下治理沿着它自身的轨道运行,一切都那么自然而然,流畅无滞,而不显露出起伏和波动。

三、"四世有胜",何以"有其諰矣"?

接下来,则是荀子对秦国崛起和强盛的原因的总结与总体评价,字字珠玑,深值玩味。《强国》篇的【A】"故四世有胜,非幸也,数也"这句话,同时也出现在《议兵》篇里,荀子在与楚将临武君的对话中,同一句话两次提及,足见它的分量之重要②。【A】是指出了强秦的必然性。"四世有胜,非幸也",秦国能够取得今天这样的伟大成绩绝不是偶然的,首先应该是孝公、惠王、武王、昭王四代英主励精图治的结果。秦强,显然不是一日之功,有历史沉积的原因,也有治理道路选择的原因。"数也",两解:一是定数,指秦过之强大具有一定的内在必然性或规律性;一是术数③,指借助于特定路径和技巧而实现强秦的目标。按照法家的理念

---

① 淮南子[M].杨坚,点校.原道训.长沙:岳麓书社,1988:2.
② (清)王先谦.荀子集解[M].沈啸寰,王星贤,整理.议兵.北京:中华书局,2012:268.
③ 杨倞曰:"言秦亦非天幸,有术数然也。"见(清)王先谦.荀子集解·议兵[M].北京:中华书局,2012:268.杨柳桥也解作"术数",参阅杨柳桥.荀子诂译[M].强国.济南:齐鲁书社,1985:439.

治理秦国,崛起、富强、称霸只是一个时间问题。其实这也不仅仅针对秦国有效,对东方诸国都同样可以适用,只是后者大多不善于选择、弃术数而不采纳罢了,譬如魏国虽有公孙鞅却不用,则是魏惠王自己不识人才,最终酿成大错;鲁国、宋国原本就是儒家文化的腹地,法家在那里根本就没有市场空间。法家治理,助推独裁政府产生,形成威权结构而霸凌天下,举国动员的模式,很容易在短时间内奏效,富国强兵是必然的,但却不能长治久安,窒息的人民、禁锢的思想迟早都得反叛而生乱。而儒家统御天下则是放眼长远,教化立国,改造社会,改造人性,积攒几代人都不一定成功,根本就急不得,所以一般都不可能在短时间内产生明显的治理效果。

根据【B】的"故曰"二字,我们似乎还不能确定,这句话究竟是荀子对古籍文字的征引呢,还是他自己概括出的结论性判断呢?但无论是征引,还是自己判断,都可以说明至少到目前为止,荀子对秦政还是予以肯定和褒扬的。佚,通"逸",指安乐、安闲。约,即简洁明了。详,指周详、细致。不烦,即没有出现多而乱的情况。【B】之中同时出现了三对相反相成的概念,"佚"—"治","约"—"详","不烦"—"功",前项与后项之间,既相克、对立,又统一、互含,四代秦王果然都能把它们玩转得协调、有致、有序。"虽佚而治,虽约而详,虽不烦而有功"①,其实这就是历代儒家和道家所追求的治理效果,荀子称其为"治之至也",即国家治理、社会治理所能够企及的最高境界和最好典范。尽管荀子给予了秦国的发展和强大一个大大的点赞,但他并没有把秦政推到极致,毋宁只说到"秦类之矣"的份上,意指目前秦国所取得的伟大成就已经类似于这种顶峰境界了,这就为下文的批评埋下了伏笔。

荀子话锋一转,【C】秦政尽管有如此了不起的实效,但有其致命的弱点,荀子称"有其諰矣"。杨倞注曰,"諰,惧"②,指担心、害怕,有所忧虑。《睡虎地秦墓竹简·为吏之道》曰:"疾而毋諰,简而毋鄙。"③行动迅速而不害怕,手段简单而不卑鄙。眼前这个强大而一派欣欣向荣景象的秦国,荀子凭什么说它也会有自己担心、害怕和忧虑的致命弱点呢?答案在《荀子·议兵》篇中则可以发现:

> 秦四世有胜,諰諰然常恐天下之一合而轧己也④。

这是荀子对李斯"秦四世有胜,兵强海内,威行诸侯,非仁义为之也,以便从事而已"一句所做出的严正反驳和厉声斥责⑤。秦国虽然发展了经济,国富兵强,但是因为民众依然疲弱不

---

① (清)王先谦.荀子集解[M].沈啸寰,王星贤,整理.强国.北京:中华书局,2012:297.
② 杨柳桥.荀子诂译[M].强国.济南:齐鲁书社,1985:438.
③ 睡虎地秦墓竹简整理小组.睡虎地秦墓竹简[M].为吏之道.北京:文物出版社,1978:259.
④ (清)王先谦.荀子集解[M].沈啸寰,王星贤,整理.议兵.北京:中华书局,2012:275.
⑤ 荀子也及时反驳了李斯的"以便从事"之说。"非汝所知也!汝所谓'便'者,不便之便也;吾所谓'仁义'者,大便之便也。彼仁义者,所以修政者也。政修则民亲其上,乐其君,而轻为之死。故曰:'凡在于军,将率,末事也。'"卢文弨以为,军,当作"君"字。参见(清)王先谦.荀子集解·议兵[M].北京:中华书局,2012:275.法家的"以便从事"是不讲原则的,随机应变,只要方便把事情做成,怎么办都行,可以不择手段,可以实行"无底线"包抄,可以不顾伦理道德,可以违抗法禁律条。这就是法家可以做出反文明、反人类行径的不要命之处。荀子的批判还只从利己主义角度进行,似乎尚还没能击中要害。法家是以便于自己为"便",把国家或政府的充分自由凌驾于民众完全不自由的基础之上,而只强调便于己而根本不顾是否便于别人,儒家则以便于别人为便。法家的"便"皆以不便于别人,甚至侵占别人权益为前提条件,只要求别人服从、服务于自己的欲望需要,其付诸政治生活的"不便之便"一般都是以有组织、有计划、强制性的方式实现的,往往表现出一种极度的利己、自私,因而容易引起人们的深恶痛绝。任何一个人,或任何一个组织都不应该为了实现自己的自由,而以剥夺他者的自由为前提、为代价、为路径,否则就是不人道、非正当的。

堪,国家富,不算富,民众强,国才强。靠强制手段维护政权的稳定,根本不是什么长久之计。威权震慑、铁腕统治的背后往往都是危机四伏,当政者都如坐针毡,草木皆兵,唯恐滋生出一丁点的反叛力量而措手不及。这是秦国的内在危机,隐而不现,所以一般人是看不到的。而秦国的外部风险则在于,积怨已久的六国反秦势力集结起来,联手共同对付秦国,那则是秦国抗御不了的灾难。

实际上,单凭国家武力和政府财力,即便六国抱成一团,合纵连横,也不可能是秦国的对手。秦与六国的对抗和结仇,更多的是核心价值体系的博弈与较量。六国皆追求王道,唯有秦国遵循霸道。作为礼乐教化先行区域的中夏六国,军事、经济的实力虽然不强,但毕竟还是曾经的文明开化之邦,其发展的路径和手段显然是正当、可持续并符合人性规定的,因而就值得肯定,没有什么方向性的毛病,而可能只是速度慢了一点的问题。秦国胆敢与六国普适价值体系背道而驰,一意孤行,越走越远,失道寡助,不得人心必然导致覆亡败灭,被历史所唾弃,这才是它最害怕和恐惧的问题。所以,秦之君王"常恐天下之一合而轧己"①,诚惶诚恐、忧心忡忡而不得安身安心。能够治理好天下的圣君明主应该坦然轻松,悠闲自得,而一定不是秦人首领当前所表现出来的这一副心理状态②。

秦国目前的形势是喜忧各参,成就与缺点同在,危机与希望并存。【D】中"兼是数具者而尽有之",则说明秦国在上述的两个方面都表现得淋漓尽致,都快要到极限了。荀子或许是最先从强秦的一派繁荣中看到它的灭亡的智者,荀子可能最先"唱衰"秦国,矮化秦政。圣人看因,凡人看果,伟哉,荀子!

四、"殆无儒邪","无一焉而亡"

正因为秦政得失对开,所以荀子便觉得为李斯所沾沾自喜的"兵强海内,威行诸侯"③那么点成就,比起"王者之功名"来——当然是指上古圣王而非一般今王,则差得太远太远了。民积弱的"强国",仁道丧失殆尽的"厉害国",有什么值得炫耀的呢!"县",通"悬",王先谦解曰,"犹衡也,谓衡之以王者之功名则不及也"④,意指衡量、比较。而追究其相差太远的原因,荀子则旗帜鲜明地指出了【E】:"殆无儒邪。"这里的"殆"是谦称,主人面前不好意思直陈

---

① 轧,杨倞解曰:"践轹也。"《说文·车部》曰:"轧,辗也。"
② 其实这个时候的秦国无疑依然是非常强大的,其力量是东方六国中任何一个都难以比拟的。但它的这种强大与当年秦灭六国极度亢奋的大好形势则可形成鲜明反差,贾谊《过秦论》曰:"孝公既没,惠文、武、昭襄蒙故业,因遗策,南取汉中,西举巴蜀,东割膏腴之地,北收要害之郡。诸侯恐惧,会盟而谋弱秦。不爱珍器重宝肥饶之地,以致天下之士。合从缔交,相与为一。当此之时,齐有孟尝,赵有平原,楚有春申,魏有信陵,此四君者,皆明知而忠信,宽厚而爱人,尊贤而重士。约从离衡,并韩、魏、燕、楚、齐、赵、宋、卫、中山之众。於是六国之士,有甯越、徐尚、苏秦、杜赫之属为之谋,齐明、周勖、陈轸、邵滑、楼缓、翟景、苏厉、乐毅之徒通其意,吴起、孙膑、带佗、倪良、王廖、田忌、廉颇、赵奢之朋制其兵。尝以什倍之地,百万之师,叩关而攻秦。秦人开关而延敌,九国之师逡巡而不敢进。秦无亡矢遗镞之费,而天下诸侯已困矣。於是从散约败,争割地而赂秦。秦有余力而制其弊,追亡逐北,伏尸百万,流血漂橹,因利乘便,宰割天下,分裂山河。强国请服,弱国入朝。"大秦的声势,可谓高歌猛进,一泻千里。是六国害怕它,而不是它害怕六国。"及至秦王,续六世之余烈,振长策而御宇内,吞二周而亡诸侯,履至尊而制六合,执棰拊以鞭笞天下,威振四海。南取百越之地,以为桂林、象郡,百越之君俯首系颈,委命下吏。乃使蒙恬北筑长城而守藩篱,却匈奴七百余里,胡人不敢南下而牧马,士亦不敢弯弓而报怨。"四海归服,六国顿首,玉宇齐整,天下一时间竟被收入秦人之囊中。引文见(汉)司马迁.史记(卷六)[M].秦始皇本纪.北京:中华书局,2014:71,72.
③ (清)王先谦.荀子集解[M].沈啸寰,王星贤,整理.议兵.北京:中华书局,2012:275.
④ (清)王先谦.荀子集解[M].沈啸寰,王星贤,整理.强国.北京:中华书局,2012:297.

原因,只怕太过刺痛对方而已,并非荀子思考不成熟,或态度不确定。【E】是当前秦国的问题所在,弊病所在,当局者迷,作为执掌秦国大政的范雎是看不到的,而作为外来旁观者的荀子则看得非常清楚。对于君王治理天下而言,如何使用好儒家学说始终是一个不小挑战,任之则误国,弃之则亡国。历代帝王大多耍"两面派"手腕,阳儒阴法,外儒里法,或显儒隐法,其实就是努力在任儒和弃儒之间拿捏出一个合理有效的分寸,维持一种富有弹性的张力,而勿使其滑向任何偏激的一端。王莽新朝、赵宋政权之任于儒,国家或不期而死,或积贫积弱。嬴秦、蒙元主导意识形态皆明确不用儒,其最终灭亡也惨烈①。所以,真正聪明的统治者的做法往往是尊儒、崇儒,把儒术当作一面旗帜而招摇于世,笼络天下人心,而在实际操作层面上则"以便从事",儒、道、墨、法、阴阳五行等,哪家顺手就用哪家,而并不愚忠于儒家的旨意,甚至用尽法家酷治之术,无恶不作。

接下来的【F】一句,荀子则进一步分析秦政之失的具体原因。"粹",杨倞解曰"全用儒道",②杨柳桥解为"纯粹的"。粹,作为名词,指精华、国粹、粹要、粹语、粹学、粹藻;而作为形容词,则指美好、粹雅、粹善、粹温、粹质。这里的"粹",当指选择一种精要善良的道术来治理国家,而与后文的"驳"相对。《天工开物·粹精》有曰,"播精而择粹"③,也是强调簸取其精而择其粹要,不可饥不择食、信手拈来。"驳",一作"駮"④,范望《太玄》注:"駮,不纯也。"⑤杨柳桥按曰:"借作'驳'。"《说文·马部》:"驳,马色不纯也。从马,爻声。"⑥駮、驳,都指不纯、不净、庞杂、混搭。在荀子看来,治理天下国家,善于选择良好的道术,就能够实现王道主义;而庞杂、混搭的道术则容易成就霸道主义。不同于孟子只讲王道,荀子是既尊王道也崇霸道的。

在《荀子》一书中,"霸道"始终不是一个贬义的词汇。《大略》篇曰:"君人者,隆礼、尊贤而王,重法、爱民而霸,好利、多诈而危。"⑦在荀子,霸之有术,既要"重法",又要"爱民",霸道的结果也不是坏事,起码人民还是可以得到一些好处的,获得感比较强,而远不是孟子所想象得那样糟糕。《王霸》篇曰:"义立而王,信立而霸,权谋立而亡。三者,明主之所谨择也。"⑧圣明的君王应该在"义""信""权谋"之间做出正确的选择,而不是误选、差选,而贻害社稷国家。对照王道、霸道,秦国近百年来的政治道路和发展模式选择既不合王道,因为它不用儒术,只注重以力服人;也不合霸道,因为它国强民弱,依然国富民穷,百姓过得很辛苦。王道与霸道,秦国两边都不沾,所以荀子断定:"无一焉而亡。"依靠当政者对黎民百姓

---

① 元朝原本北方游牧民族起家,虽不用儒,但其仍开科举考试,所用教材—仍赵宋,皆以朱熹《四书集注》为标准答案。据史载,至元六年(1269年)七月,立国子学。十年(1273年),真金太子奉旨行科举。次年(1274年),省臣以定科举程序。至元二十一年(1284年),礼霍孙、留梦炎等请设科举,许衡议科举、罢免诗赋,重视经学,科举制度始定。元仁宗皇庆二年(1313年)定科举程序,下诏施行科举。至于考试内容,蒙古、色目人第一场经问五条,皆在《大学》《论语》《孟子》《中庸》内设问,用《朱氏章句集注》;汉人、南人第一场明经、经疑二问,出题范围也在《大学》《论语》《孟子》《中庸》内,并用《朱氏章句集注》。
② (清)王先谦.荀子集解[M].沈啸寰,王星贤,整理.强国.北京:中华书局,2012:297.
③ (明)宋应星.天工开物[M].粹精.上海:上海古籍出版社,2008:340.
④ (清)王先谦.荀子集解[M].沈啸寰,王星贤,整理.强国.北京:中华书局,2012:523.
⑤ 杨柳桥.荀子诂译[M].强国.济南:齐鲁书社,1985:438.
⑥ (清)桂馥.说文解字义证[M].马部.济南:齐鲁书社,1987:828(上).
⑦ (清)王先谦.荀子集解[M].沈啸寰,王星贤,整理.大略.北京:中华书局,2012:470.
⑧ (清)王先谦.荀子集解[M].沈啸寰,王星贤,整理.王霸.北京:中华书局,2012:199.

耍耍"权谋",玩弄权术,释放淫威,让人民胆战心惊而整天生活在极端恐惧之中;而国家、政府的所作所为则无不"好利",汲汲搜刮藏于民间的分毫财富,始终以所谓的"国家需要""集体利益"为追逐目标,榨干民众血汗,对百姓敲骨吸髓,以养肥庞大的特权阶层,而呈现出"多诈"的特点,则肯定让民众信不过,觉得靠不住。这些都是"秦之所短"的具体表现,不可不察! 而凡是"不以百姓为事"①的政权,都是要有现报的,因而最终都不会有好的下场。

五、"贵名白而天下治"

无儒而任于法、术、势,成为秦政的一大败笔。看来,还得让秦国的君王充分认识到儒术对于治国理政的重要性和必要性。

《荀子·儒效》篇记,秦昭王问孙卿子曰:"儒无益于人之国?"②孙卿子曰:

> 儒者法先王,隆礼义,谨乎臣子,而致③贵其上者也。人主用之,则埶④在本朝而宜;不用,则退编⑤百姓而悫,必为顺下矣。虽穷困冻馁,必不以邪道为贪;无置锥之地,而明于持社稷之大义;呜呼而莫之能应⑥,然而通乎财⑦万物、养百姓之经纪。埶在人上,则王公之材也;在人下,则社稷之臣、国君之宝也。虽隐于穷阎⑧陋屋,人莫不贵之,道诚存也。仲尼将为司寇,沈犹氏不敢朝饮其羊,公慎氏出其妻,慎溃氏逾⑨境而徙,鲁之粥⑩牛马者不豫贾⑪,必蚤⑫正以待之也。居于阙党,阙党之弟子罔不分,有亲者取多,孝弟以化之也。儒者在本朝,则美政;在下位,则美俗。儒之为人下如是矣⑬。

这里,荀子所说的每一句话似乎都有针对性,都是冲着法家的诸多缺陷有感而发的。所以,我们完全有必要把这段文字放在儒、法比较的语境里加以解读,便显得更有思想意义和学术价值。按照荀子的理解,不同于法家的"以便从事"⑭、不讲原则、只求效用,儒家治政

---

① (日)泷川资言.史记会注考证[M].商君列传(第6册).北京:新世界出版社,2009:2882.
② 秦昭王与荀子这段著名的对话,也被后来的刘向收录在《新序》一书中,文字则稍有出入。可参阅(汉)刘向.新序·杂事第五[M]//百子全书(第1册).长沙:岳麓书社,1993:501,502.
③ 杨倞解曰:致,极也。
④ 埶,杨倞解曰:权埶。而王先谦则不同意,并引王念孙:埶者,位也。例证则有:《礼记·礼运》"在埶者去",郑玄注曰:"埶,执位也。"《荀子》之《儒效》:"埶在人上。"《仲尼》:"埶不在人上,而羞为人下。"《正论》:"埶位至尊。"这些"埶"皆与"位"同义。王先谦按曰:"二义相成。埶,'势'本字。有埶必有位也。"引文参见(清)王先谦.荀子集解·儒效[M].北京:中华书局,2012:117.但这些例证仍然解释不了荀子在这里为什么不用"位"而用"埶"的疑问。
⑤ (唐)颜师古《汉书》注:"编,列次也。"转引自杨柳桥.荀子诂译·儒效[M].济南:齐鲁书社,1985:154.
⑥ 呜呼,杨倞作"叹辞也",不通。杨柳桥则作"呼唤",从之。
⑦ 财,杨柳桥解曰"体裁",见《荀子诂译·儒效》第一五六页,似乎不通。财,通"裁",指安排取舍,考虑判定,推测决断。《管子·地形》:"裁大者众之所比也。"《穀梁传·序》:"《公羊》辨而裁。"
⑧ 杨倞解曰:"阎,里门也。""穷阎,穷僻之处。"转引自(清)王先谦.荀子集解·儒效[M].北京:中华书局,2012:118.
⑨ 逾,杨柳桥作"踰",见杨柳桥.荀子诂译·儒效[M].济南:齐鲁书社,1985:153.
⑩ 粥,古同"鬻",指卖。《礼记·王制》有曰:"田里不粥,墓地不请。"
⑪ 杨倞解曰:"豫贾,定为高价也。"《孔子家语·相鲁篇》:"孔子之为政也……三月,则鬻牛马者不储贾。"
⑫ (清)俞樾称:"'蚤'字无义,疑'脩'字之误。'脩'字阙坏,止存右旁之'备',故误为'蚤'耳。"王先谦引《荀子》之《荣辱篇》"脩正治辨矣",《非十二子》"脩正者也",《富国》"必先脩正其在我者",皆以"脩正"二字连文,可以为证。(清)王先谦.荀子集解[M].儒效.北京:中华书局,2012:119.蚤正,章诗同则解作:"预先改正",因为"蚤",通"早"。见章诗同.荀子简注[M].儒效.上海:上海人民出版社,1974:62.
⑬ 章诗同.荀子简注[M].儒效.上海:上海人民出版社,1974:61-62.
⑭ (清)王先谦.荀子集解[M].沈啸寰,王星贤,整理.议兵.北京:中华书局,2012:275.

则始终是有规矩、有根据的,宁可取法于先王之道,而不轻易自以为是。儒家一向尊崇礼义道德,重视并维护人伦基本秩序,而不允许破坏社会生活的纲常规范。儒家也强调"为臣之道",要求臣下谨慎从事,善待人民,更应该极其敬重君上,毋宁始终是以君应该成其为君作为基本前提的。儒家"正名"学说应该是有力量的,它可以运动人群,可以指导实践,可以操控政治社会。"名不正则言不顺,言不顺则事不成。"①法家主张臣对君的绝对忠诚和无限忠心,即便君王有错、有过、有恶,臣下也必须无条件服从。但儒家则强调如果君王是独夫民贼,则可以直接予以推翻,至少在战国时期,孟、荀都有类似的正义主张。

君王任用臣下,臣下就会在本朝坚守岗位,忠于职责,事事都能够处理得妥当圆融。杨倞解曰:"儒者得权执在本朝,则事皆合宜也。"即便有权有势,也能够把握住分寸,对上、对下皆有节度,争取做到左右逢源,而不像法家上级对下级颐指气使,咄咄逼人。即便不被君王所任用,也还可以退居乡里,心甘情愿地成为"普通群众"中的一员,而不会产生失落感,丝毫也不丢弃诚实忠厚、温顺服从的品格。然而,与儒家臣道不同的是,自古以来的法家臣子似乎大多没有好下场,昨日还在堂前坐,今朝已是阶下囚,比比皆是,人生的命运动辄一落千丈,结局凄苦、悲惨者不计其数,深究原因则不难发现,主要则归之于其行事,其为人德行欠缺,不讲情义,极端残酷、冷漠而伤透人心。

法家可能身背一个穷怕了的命,因为身陷困顿、急于改变自身便不择手段,顾不上其他,而一心只想着尽快尽早摆脱眼前的危难现状,即使无耻而为、即便挑战伦常底线也在所不惜。而儒家则虽然一时穷困冻馁,甚至贫穷到吃了上顿无下顿、居处没有立锥之地的程度,也一定不会走上邪路,儒家要求"君子爱财,取之有道"②,"先义而后利者荣,先利而后义者辱"③,"见利思义"和"义然后取"④,"仁者以财发身,不仁者以身发财"⑤,不会贪图利益、成功而不顾道义原则和人性天条,而仍然会忠实守护基本伦常定律,不懈致力于社会秩序的巩固和完善。

"鸣呼而莫之能应"一句,按照清儒郝懿行的理解:"'鸣',俗字,《古止》作'乌'。鸣呼而莫之应,言儒虽困穷冻馁,若不以礼聘致,欲呼召之而必不能应也。此对秦昭王轻儒而言。"⑥荀子此言暗示秦王不识才俊,自己空怀一身的治国才能。良禽也释放出了择木而栖的信号,但在秦王却因为内心轻视、鄙夷儒家而不予以吸纳。尽管如此,作为儒者,也依然追求设计一份既能够赦免天地万物,又可以安养世间百姓的政治纲领,不敢有丝毫的懈怠。

作为儒者,其出仕为官,职位如果在别人之上,则会成为王公大臣;而如果在别人之下,则也会成为社稷之良臣、国君之宝瑞。他们虽然隐居在穷乡僻壤或简陋的住所,周围的人们却没有不尊敬他们,没有不以他们为珍贵的。之所以如此,就在于他们始终怀揣着一份对王道正义的忠实追求,不会因为外在环境的恶劣而有所减退或有所改变。

---

① 而正名,往往又是有代价的,甚至经常还是非常昂贵的代价。在儒家那里,为了纠正一个合法、正当的名分,可以千里追杀,可以人头落地,可以发动战争,可以血流成河。钱穆称:"君君臣臣、父父子子,必先正其名。"见钱穆.论语新解[M].子路.北京:九州出版社,2020:329.
② 增广贤文[M].朱用纯,修订.太原:书海出版社,2001:28.
③ (清)王先谦.荀子集解[M].沈啸寰,王星贤,整理.荣辱.北京:中华书局,2012:58.
④ 钱穆.论语新解[M].宪问.北京:九州出版社,2020:361,363.
⑤ 礼记[M].陈戍国,点校.大学.长沙:岳麓书社,2002:534.
⑥ (清)王先谦.荀子集解[M].沈啸寰,王星贤,整理.儒效.北京:中华书局,2012:117.

作为儒家的标杆式领袖,孔子担任鲁国的司寇一职,摄行相事,按照《孔子家语·相鲁》篇的记载,孔子掌政鲁国:

> 初,鲁之贩羊有沈氏者,常朝饮其羊以诈市人。有公慎氏者,妻淫不制。有慎溃氏,奢侈逾法。鲁之鬻六畜者,饰之以储价。
>
> 及孔子之为政也,则沈犹氏不敢朝饮其羊,公慎氏出其妻,慎溃氏越境而徙。三月,则鬻牛马者不储价,卖羊豚者不加饰。男女行者别其涂,道不拾遗。男尚种信,女尚贞顺。四方客至于邑者,不求有司……皆如归焉。①

这段记载意在描述孔子治鲁之政绩,包括《荀子·儒效》在内,《吕氏春秋·先识览·乐成》②、刘向的《新序·杂事一》《杂事五》③都有或多或少的类似文字,其中当然不乏美化孔子的渲染。《孔丛子·陈士义》则不断有"吾先君之相鲁,三月而后谤止""先君楚相鲁""及三年政成,化既行民"之类的讴歌和颂扬④。以及,后来《文选》卷五十九《齐故安陆昭王碑文》亦曰"邑居不闻夜吠之犬,牧人不睹晨饮之羊"⑤,似乎都充满着想象、夸张的成分。生意人不敢弄虚作假,皆能够诚实经营,遵守信用,可能都是儒家始终都以正道而对商贾之人进行规劝、教育的必然结果。

"罔不分",王先谦曰:"不"即"罦"字。刘台拱亦解曰:"罔罦分"⑥。而"罦,兔罟也","一曰麋鹿罟也"⑦。孔子闲居于他老家,老家的子弟们但凡田猎所获没有不被公平分配的,并且有父母双亲的人家还得多拿一点,这显然是孔子用儒家孝悌之道训导、教化他们的结果。法家注重一切事务之成效,奖励耕战,论功行赏,结果只能是多劳者多得,少劳者少得,那么,贫富分化则是必然的。强者越强,弱者越弱,应该是法家政治的逻辑归宿,所以,优胜劣汰、适者生存的"丛林法则"可能比较适合于法家。但儒家却在社会财富的分配过程中强调对弱势群体的关照,要求适度削损强者的势力,以维持天下整体秩序、王权政治的稳定和社会局面的安宁。法家注重对个体行为进行奖惩,设立利益驱动机制,有劳者有获,不劳者凭什么要有所获,这其实也是一种公正,但它却是微观循环中的"小公正"。而儒家所看中的则是整体的和谐,侧重于宏观性秩序的稳定,追求的是体系性的结构统一与完整,因而是一种"大公正"。法家要求个体无条件服从大局,集体利益至上,国家利益、政权稳定是最大的局。而儒家则在个体与集体之外,在国家利益、政权稳定之上,设置了一个更大的局,即世道系统,它强调上下、内外的和谐共处,政经体制的协调运行,社会共同体的可持续推演,人类自身文明的不断提高。小治者治国,善治者治世。把世道系统治理好,这才是最大的局。

---

① 王国轩,王秀梅.孔子家语[M].相鲁.北京:中华书局,2011:13.
② 《乐成》篇曰:"用三年,男子行乎途右,女子行乎途左,财物之遗者,民莫之举。"见吕氏春秋[M].杨坚,点校.先识览·乐成.长沙:岳麓书社,1989:132.
③ 《杂事一》《杂事五》所记载的文字,大致相同。"孔子(仲尼)将为鲁司寇,沈犹氏不敢朝饮其羊,公慎氏出其妻,慎溃氏逾境而徙(走),鲁之鬻马牛(牛马)不豫贾,布正以待之也。"分别见百子全书(第一册)[M].(汉)刘向.新序(卷一)杂事第一;(卷五)杂事第五.长沙:岳麓书社,1993:471,501.
④ 百子全书(第一册)[M].(汉)孔鲋.孔丛子·陈士义.长沙:岳麓书社,1993:270,271.
⑤ (南朝梁)萧统.文选(卷五十九)[M].齐故安陆昭王碑文.上海:上海古籍出版社,1986:480.
⑥ 《礼记·月令》:"田猎:罝、罦、罗、网、毕、翳,喂兽之药,毋出九门。"《尔雅》曰:"兔罟,谓之罦。"高诱曰:"麋鹿罟。网,其总名也。"
⑦ (清)王先谦.荀子集解[M].沈啸寰,王星贤,整理.儒效.北京:中华书局,2012:120.

而内中各个部分都必须无条件服务、服从于这个大局,才是最妥当的。

六、儒者为王,无思不服

荀子所说的"在本朝""在下位"都是儒之"为人下"者,而秦昭王所关心的当然还是"为人上"者应该如何行事,如何才能符合儒家的仁道主义要求。荀子回答曰:

> 其为人上也广大矣。志意定乎内,礼节修乎朝,法则度量正乎官,忠信爱利形乎下。行一不义,杀一无罪而得天下,不为也。此君①义信乎人矣,通于四海,则天下应之如讙。是何也? 则贵名白而天下治也。故近者歌讴而乐之,远者竭蹶②而趋之,四海之内若一家,通达之属莫不从服。夫是之谓人师。《诗》曰"自西自东,自南自北,无思不服",此之谓也③。

这里,荀子勾勒、描绘出了儒家理想圣王的全部要件,诸如能够修身养性,朝政有礼节章轨,法则制度昭明于百官之间,对臣民能够忠厚、诚信、爱怜而利益均沾。并且,还得具有不忍仁之心,关爱生命,把人当人。"行一不义,杀一无罪而得天下,不为也"一句,显然应该是针对强势政府和威权国家而言的,很能够击中要害。其实,这也是儒家衡量任何一个政治领袖功德过失的一个重要标准,无论如何,生命都是最珍贵的,能不杀,最好不杀;如果一定得杀,那也得尽量少杀。联想起孟子对梁惠王所说"不嗜杀人者能一之"④,爱惜生命、仁政而王应该是战国儒者面对天下兼并、杀伐无度、横尸遍野的时局而形成的一大基本共识。世事繁复,评判一个政权的好坏,最重要的一条就是看它手上有没有血债,杀人越多,越不得人心,杀人越少,口碑越好,至于国家富强、军事霸权、经济腾飞、财富积累等因素都得退居次要或次次要的地位。

作为理想圣王的为政效果,一国之君王有道有义而又能够见信于其所治之下的民众,其影响扩散到四海之内,天下之人都会欢呼着而纷纷响应他。"讙",杨倞解曰"喧也。言声齐应之也"⑤。圣王之威,在仁政而不在武力,以善德感化四海之内,绝不是用强权震慑,而让人恐惧。究其原因,则应该归结于圣王采纳一向具有高贵、雅致气质⑥的儒者方略——而不是那种草野起家、身份低微、即用即扔、违背人性的法家路线——进行国家治理,名声当然显著了,进而容易达到天下大治、氛围和洽的安定局面。

"近者歌讴而乐之,远者竭蹶而趋之"是在描述远近国家的民众对圣王的崇拜、向往,而趋之若鹜,犹怕赶不上趟。儒家的圣王具备把四海民众团结得就像一家人那样的号召力和

---

① (清)王念孙以为,"君"当为"若",字之误也。盖有(汉)刘向《新序·杂事》"若义信乎人矣"为证。转引自(清)王先谦.荀子集解[M].儒效.北京:中华书局,2012:120.备此说,供参考。
② 竭蹶,杨倞解曰"颠倒也",又,"远者颠倒趋之,如不及然"。
③ 章诗同.荀子简注[M].儒效.上海:上海人民出版社,1974:62,63.
④ (汉)赵岐注曰:"嗜,犹甘也。言诸侯有不甘乐杀人者,则能一之。"见重刊宋刻本《十三经注疏》影印,(汉)赵岐,(宋)孙奭.孟子注疏·梁惠王上[M].台北:艺文印书馆,2013:21(上).
⑤ 杨柳桥.荀子诂译·儒效[M].济南:齐鲁书社,1985:155.
⑥ 儒家为什么具有高贵、雅致的气质? 荀子也曾说过:"故君子无爵而贵,无禄而富,不言而信,不怒而威,穷处而荣,独居而乐,岂不至尊、至富、至重、至严之情举积此哉!"参见章诗同.荀子简注[M].儒效.上海:上海人民出版社,1974:66.儒家的尊贵来自它始终都能够站在道义的一边,而与威权势力、霸凌主义相抗争。孔子著《春秋》完成王道正义的"素王"之业,空手无剑,兵戈不执,但竟然可以使后世之乱臣贼子惧怕万分。这就是儒家之"贵"的力量。

感染力，可以让凡是交通方便的地方（杨倞曰"舟车所至、人力所通之处"）都愿意服从、归顺于他的领导，而不会有任何的例外。而这恰好就印证了《诗经·大雅·文王有声》对周武王的写照："自西自东，自南自北，无思不服。"武王作邑于镐京，成功之日演行辟雍大礼，四方来观者皆感化其德，心无不归服者①。心悦诚服，而不是强力折服，才是一种真正的王者无敌，而这又是法家所不可企及的治理效果。

"人师"一语，似有两解。杨倞曰："师，长也。言儒者之功如此，故可以为人之师长也。"杨柳桥则解为"人民的导师"②。中国传统的政教合一体制下，儒家的圣王不仅应该是政治领袖、军事统帅、社会总管，而且还必须是人民的精神导师，以解决他们的思想文化生活之需要。但郝懿行则指出："师者，众也。言合四海若一家，成为大众，谓众所归往也。"而王先谦则对郝说表示了怀疑，"夫是谓之人众，不词甚矣"。然而，"师长之义甚古。长，亦君也"③。王先谦征引了《荀子》之《王制篇》"上无君师"，《正论篇》"海内之民，莫不愿得以为君师"，《礼论篇》"尊先祖而隆君师"为根据，以为皆可以作"君长"解。如果按照郝懿行的训释，这些都还能通顺吗？！汉代之后中国的帝王，表面上还是尊儒、崇儒的，所以都非常乐意视君师为一体而圣王并称。

至于"夫其为人下也如彼，其为人上也如此，何谓其无益于人之国也"一句，则是荀子对儒者对于国家治理的作用和贡献的总结。在他看来，儒者位居别人之下是那个样子（"美政""美俗"），身处别人之上又是这个样子（"四海一家""无思不服"），怎么可以像您所说的"无益于人之国"呢！直逼得秦昭王无话可说，只能连声说"好"！不过，这当然是出于荀门儒家弟子单方面的文献记录罢了。秦政如果真的认可并接受荀子的治理建议，后来也不至于"仁义之不施"而暴毙了。在荀子看来，儒家与法家的分殊就在于"仁术"与"力术"的差别，所以他积极建议秦国当政者"力术止，义术行"④，及早摒弃暴政，而施行仁政，把人当人，别以国家的名义和政府的强权欺凌庶人黎民，秦国似乎还有药可救。

七、结束语

儒者如果官居朝廷，则能够推施仁德，而使国家、政府的每一次行为都具有一种可欣赏、有意境的美学性质，让天下治理变得更加愉悦；而如果没权没职，身处社会底层，也并不消极颓废，还能够找到自己的作用点和贡献空间，致力于潜沉下去，淳化世风民俗，改善社会习气，使之变得更加美好。法家主政，只把时间和精力放在抓经济效益提高、作战军功的创造、社会生产指标攀升等方面，硬件建设被突出到一个显著地位，而往往忽略或罔顾软性力量、世道人心、文明素质、可持续发展、人性限制与德性修炼等因素。法家为政如急火爆炒，见效甚快，但亡得也快，司马谈称其为"可以行一时之计，而不可长用也"⑤。儒家治理则属于慢火细工，不能在短时期内见效，得慢慢炖，慢慢煨，慢慢熬，结果却能维持长治久安。

---

① 雒江生.诗经通诂[M].大雅一·文王有声.西安：三秦出版社，1998：725.
② 杨柳桥.荀子诂译[M].儒效.济南：齐鲁书社，1985：157.
③ （清）王先谦.荀子集解[M].沈啸寰，王星贤，整理.儒效.北京：中华书局，2012：121.
④ （清）王先谦.荀子集解[M].沈啸寰，王星贤，整理.强国.北京：中华书局，2012：293.这或许是荀子当着宰相李斯的面把脉秦国政治现状之后所开出的一剂治疗药方。据杨倞称，刘向《新序》曰，李斯问孙卿曰："当今之时，为秦奈何？"孙卿曰："力术止，义术行，秦之谓也。"但却为今本所脱。
⑤ （汉）司马迁.史记（卷一百三十）[M].太史公自序.北京：中华书局，2014：942.

法家追求的目标比较单一化,国家利益绝对优先,财富积累迅速,生产效率提高最为重要,把人当成工具使唤;而儒家的理想则比较复杂,粘附性大,相关程度比较高。这是儒、法两家为政的一大显著不同,不可不察。

  然而,从孔子开始,到孟子,到荀子,儒家一直都在不遗余力地推销自己的天下治理方案,可惜都没有遇到识货的君王。司马迁称:"孔子明王道,干七十馀君,莫能用。"[①]孔子一辈子混得灰头土脸,主意虽好但就是没人欣赏。然而,为什么法家人物自商鞅开始,到李斯,其治理方略却都能够为秦王所接受和采纳呢?最根本的原因则是能够满足非常迫切的现实需要。"荀子入秦",置身第一强国,面对一统整齐的治理效果,荀子心灵所受到的震撼和冲击无疑是不小的,其所做的理性反思也是切中秦政的要害的。然而,儒家的政治理想从来就没有实现过,孔子不得志,抑郁而终,孟子、荀子也都没有施展过经邦济世的治理才能,甚至连一个合适的舞台都没有找到过。问题可能还出在儒家方案本身上,其设计只有理想性是远远不够的,还必须提高可操作性、现实可能性和有效性。当初商鞅是带着"帝道""王道""霸道"三套方案去见秦孝公的,孝公对前两个丝毫不感兴趣,因为它们压根就没有市场,不可能有效解决现实问题,光好听、好看却不中用,是不行的。所以,儒家跟法家从来就没有机会博弈,也没有能力进行较量,尽管其始终掌握着正确的政治方向和很高的道义标准。而这恰恰又是非常值得儒家自身检讨和反思的,把自己的仁道理念主动推销出去,而不是守株待兔,坐等君王赏识和接纳,应该也是儒之为儒的一种能力要求。

[①] (汉)司马迁.史记(卷十四)[M].十二诸侯年表第二.北京:中华书局,2014:145.

王阳明良知学的善治思想与实践

钟海连*

摘要： 王阳明基于其良知学，提出并阐述了致良知为治道之本、"明德亲民一体"为善治目标、化导人心复归至善心为治理之方的善治思想，达成了后人难以企及的治理事功。"致良知为治道之本"的命题，阐明了治理活动之正当性的判断标准是"良知"，而治理活动合目的性判断标准是"致良知"；"明德亲民一体"的善治目标揭示了治理的本质是道德实践，只有当治政者在个人道德修养上明明德，才能做到亲民；只有做到亲民，才是治政者明明德修养境界的体现，达成善治目标，明明德与亲民缺一不可。王阳明在实践其善治思想过程中采用兴办学校、创立社学、推行乡约、变化民风、转变习俗，从而导人心复归善性的措施，事实证明是行之有效的治理方法。王阳明良知学的善治思想彰显了独具的民本情怀，对丰富现代管理的社会责任内容提供了丰富的历史资源和深刻的思想启迪。

关键词： 良知；善治；明德亲民一体；化导人心

王阳明力倡良知学，除揭示个体生命学为圣贤的本然性和应然性，导"病狂丧心之人"[1]归入正途外，还在于兴王道息霸术，"欲以挽回先王之道"[2]。故其良知学有着清晰的治道价值取向，与治国理政的密切关系自不待言，正如王阳明所言，若人"有见于良知之学，以为必由此而后天下可得而治"[3]。因此，王阳明良知学一方面讲学为圣人的德性修养之道，一方面讲治国平天下的圣王治道，并把此两者有机地融合起来，提出并阐述了丰富的治道思想与智慧，在治政、平乱等治理实践中加以运用，产生影响深远的事功，对现代管理有着补偏救弊、另辟蹊径的价值和意义，同时也是中国管理哲学构建的重要理论资源。

一、致良知为治道之本

王阳明良知治道论最富特色和最具理论创造性的成果，是关于致良知为治道之本的观点及对此所作的理论建构，它系统地回答了治理行为的正当性与合目的性问题，在治理主体的道德实践境界与治理活动的效果之间建立起一体两面、相资为用的逻辑关系，使治理伦理有了良知学的哲学依据。

---

* 作者简介：钟海连（1968—），男，汉族，江西瑞金人，厦门大学人文学院兼职教授，中盐金坛盐化有限责任公司副总经理，《中国文化与管理》期刊副主编，哲学博士，编审，研究方向：中国管理哲学、儒道哲学比较、文化管理等。
① 《传习录·答顾东桥书》
② 《传习录·答顾东桥书》
③ 《传习录·答聂文蔚》

王阳明良知学由良知本体论与致良知工夫论两大体系构成,其中致良知工夫论是良知学向治身、治政、治国、治天下等治理领域拓展应用的理论基础。因此,要弄清楚其"致良知为治道之本"的主要观点是如何提出的,其思维逻辑是怎样展开的,还得先梳理一下王阳明关于良知与致良知的哲学理论框架。

　　"良知"一词,源自孟子。孟子说:"人之所不学而能者,其良能也;所不虑而知者,其良知也。"①孟子讲人的良知良能,包括了"恻隐之心、羞恶之心、辞让之心、是非之心"四个方面,即所谓"四端",而王阳明则结合《大学》的"格物致知"与《中庸》的"慎独",将"是非之心"单独提出作为"良知"的核心内容,认为"是非之心"涵盖了其他三个方面的心,故言"良知只是个是非之心,是非只是个好恶。只好恶就尽了是非,只是非就尽了万事万变"②。所谓好恶,就是基于道德的价值判断和价值选择,因此这个"知是非之心"就是人人与生俱有的道德辨别和判断能力,它是人心的本体,"是非之心,不虑而知,不学而能,所谓良知也。是乃天命之性,吾心之本体,自然灵昭明觉者也"③。圣人的"是非之心"没有被障蔽,完整无欠缺;普通人的"是非之心"则处于被障蔽的状态,"这良知人人皆有,圣人只是保全无些障蔽,众人自孩提之童,莫不完具此知,只是障蔽多"④。王阳明对自己从"百死千难中得来"⑤的"良知之悟"十分自信,认为它是儒家圣学的正宗,"近来信得'致良知'三字,真圣门正法眼藏"⑥。王阳明还从其"心即理也,天下又有心外之事、心外之理乎"⑦的角度提出,"良知"二字,涵盖了万事万物的至善之理,"只此良知无不具足"⑧,"良知之外更无知,致知之外更无学"⑨。根据王阳明上述思想观点,可顺其良知学的思维方式推导出,治道的至善之理,亦包含在主体的心之本体——良知中,只能向自身的良知中寻找治道的至善之理,而不能到具体的治理活动或治理客体中去外求,外求就是孟子批评的"义外","于事事物物上求至善,却是义外也。至善是心之本体"⑩。换言之,《大学》所言的治学修身的道德实践(明明德)与治政治国平天下的治道实践(亲民),其至善之理并无区别,皆内涵于心之本体的良知中。

　　王阳明于正德十四年(1519年)在江西体悟良知之学并大倡致良知之教后,常用为学为政无别的观点和思维逻辑教化他人。嘉靖三年(1524年)春间,王阳明丁忧致仕在家乡绍兴赋闲,日以讲学为务。当时,嘉靖二年(1523年)进士朱廷立(字子礼)担任诸暨宰,朱廷立到任后多次至绍兴向学问事功已名动朝野的王阳明问学问政。有趣的是,朱廷立第一次向阳明问政时,王阳明与他论学不论政;朱廷立第二次向王阳明问学时,王阳明则与他论政不论学;朱廷立第三次向王阳明请教为政与为学之要时,王阳明方指点他说明明德(为学)与亲民(为政)是一件事的两个方面,二者道理相通,不能分裂看待。在王阳明的启发下,朱廷立先退而省其身,"惩己之忿、窒己之欲、舍己之利、惕己之易、去己之蠹、明己之性",结果"三

---

① 《孟子·尽心上》
② 《传习录(下)·黄省曾录》
③ 《传习录(中)·答聂文蔚》
④ 《传习录(下)·陈九川录》
⑤ (明)钱德洪《阳明先生年谱·"正德十六年正月"条下》
⑥ (明)钱德洪《阳明先生年谱·"正德十六年正月"条下》
⑦ 《传习录(上)·徐爱录》
⑧ (明)钱德洪《阳明先生年谱·"正德十六年正月"条下》
⑨ 《王阳明全集(卷六)·与马子莘》
⑩ 《传习录(上)·徐爱录》

月而政举";后又退而修其职,"平民之所恶、从民之所好、顺民之所趋、警民之所忽、拯民之所患、复民之所同",结果"期年而化行"。朱廷立通过实践终于体悟出为学与为政是一体(良知)两面(为学、为政)、相资为用的关系,至善的治政目标,则是本于良知的道德实践之自然结果,"吾乃今知学所以为政,而政所以为学,皆不外乎良知焉。信乎,止至善其要也矣!"①门人汪景颜将去外地任地方长官,临行前向王阳明辞别。王阳明告诉他把为政与为学两件事结合起来修养自身德性境界,在当利害、经变故、遭屈辱时能做到不愤怒、不忧惶失措,这就是为学与为政之要:"居常无所见,惟当利害,经变故,遭屈辱,平时愤怒者到此能不愤怒,忧惶失措者到此能不忧惶失措,始是能有得力处,亦便是用力处。天下事虽万变,吾所以应之不出乎喜怒哀乐四者。此为学之要,而为政之要亦在其中矣。"②

  关于致良知,王阳明的经典表述是:"致吾心之良知于事事物物也。吾心之良知,即所谓天理也。致吾心良知之天理于事事物物,则事事物物皆得其理矣。致吾心之良知者,致知也。事事物物皆得其理者,格物也。是合心与理而为一者也。"③致良知,源自《大学》的"格物致知",本为"明明德"与"亲民"的工夫。王阳明认为宋儒朱熹将《大学》的"格物致知"解释为"推极吾之知识,欲其所知无不尽也。……穷至事物之理,欲其极处无不到也"④,是"支与虚与妄,其于至善也远矣"⑤。王阳明则将"格物致知"解为去除心中的恶念,将心归正,进而将心之本体的良知推至于事事物物中,使事事物物皆合于理。"'致知'云者,非若后儒所谓充广其知识之谓也,致吾心之良知焉耳。"⑥"格者,正也,正其不正以归于正之谓也。正其不正者,去恶之谓也。归于正者,为善之谓也,夫是之谓格。"⑦这其中的"事事物物",包括修身、理政、治国、平天下等各种社会实践,如能按良知(天理)去做好各种社会实践活动并达到至善的效果,就是在这些活动中"致"了心之本体的良知。

  王阳明"致良知"工夫论的"致"字有两重含义:一是去蔽,即清除蒙蔽在良知本体上的七情私欲的垢染,使良知心体复明,"七情有着,俱谓之欲,俱为良知之蔽。然才有着时,良知亦自会觉,觉即蔽去,复其体矣"⑧。去蔽的具体下手工夫是"正心",使心体廓然大公,"格物之功,只在身心上做"⑨;"于货、色、名、利等心,一切皆如不做劫盗之心一般,都消灭了,光光只是心之本体,……此便是'寂然不动',便是'未发之中',便是'廓然大公'"⑩。二是扩充,将心体之良知扩充完整,使良知得以充塞流行。"胜私复理,即心之良知更无障碍,得以充塞流行,便是致其知。"⑪"人心是天、渊。心之本体,无所不该,原是一个天,只为私欲障碍,则天之本体失了;心之理无穷尽,原是一个渊,只为私欲窒塞,则渊之本体失了。如今念

---

① 《王阳明全集(卷八)·书朱子礼卷》
② 《王阳明全集(卷四)·与王纯甫(一)》
③ 《传习录(中)·答顾东桥书》
④ (宋)朱熹《大学章句》
⑤ 《王阳明全集(卷二十六)·大学问》
⑥ 《王阳明全集(卷二十六)·大学问》
⑦ 《王阳明全集(卷二十六)·大学问》
⑧ 《传习录(下)·黄省曾录》
⑨ 《传习录(下)·黄以方录》
⑩ 《传习录(上)·陆澄录》
⑪ 《传习录(上)·徐爱录》

念致真知,将此障碍窒塞一齐去尽,则本体已复,便是天、渊了。"①显然,无论是去蔽还是扩充,都是指修心工夫,将心中的私欲清除干净,恢复心体本来如天、如渊一样的廓然大公、无任何障碍窒塞的状态,以这种良知充实的道德境界去从事为学、为政等各种社会活动,自然能将事情做到至善——即合道的程度,这也就是《中庸》所言的"率性之谓道",王阳明称之为"良知发用流行"。他说:"夫良知即是道,……若无物欲牵蔽,但循着良知发用流行将去,即无不是道。"②正因为"致良知"是包括为学、治政等人类一切社会活动在内的根本,故又称为"学问大头脑","故致良知是学问大头脑,是圣人教人第一义"③。在王阳明良知学的话语体系中,"学问"并不仅指研究学术问题,而是泛指人的一切"知行"活动,如事亲、治民、听讼、读书等,具有广泛的包容性。

值得指出的是,王阳明的良知治道论充满辩证思维,它在以致良知为治道之本的同时,又以治道实践为致良知的下手处。因此,在诸如举业、治政等各种社会实践活动中,均可切切实实地"致良知"。当有人问习举业是否会妨碍学为圣贤时,王阳明回答说:"但能立志坚定,随事尽道,不以得失动念,则虽勉习举业,亦自无妨圣贤之学"④;"谓举业与圣人之学相戾者,非也"⑤。《传习录》记载了这样一个故事:王阳明巡抚南赣时,有一属官,因久听其讲学,认为此学甚好,只是自己治政的公差杂务繁忙,没有时间专心治学。王阳明指点他说,"致良知"不能离了具体的事情凭空去做,簿书讼狱等繁难政事正是实地用功之处,这就是省察克治、事上磨炼的工夫。"我何尝教尔离了簿书讼狱悬空去讲学?尔既有官司之事,便从官司的事上为学,才是真格物。如问一词讼,不可因其应对无状,起个怒心;不可因他言语圆转,生个喜心;不可恶其嘱托,加意治之;不可因其请求,屈意从之;不可因自己事务烦冗,随意苟且断之;不可因旁人潜毁罗织,随人意思处之。这许多意思皆私,只尔自知,须精细省察克治,惟恐此心有一毫偏倚,杜人是非,这便是格物致知。簿书讼狱之间,无非实学。若离了事物为学,却是着空。"⑥王阳明认为,在簿书讼狱等治政实践中省察克治自己的私欲,便是格物致知。

如上所述,王阳明将良知定义为"是非之心",将"致良知"作为治道之本、"学问大头脑"或"为学本原"⑦。而以致良知为治道之本,就是在治理实践中随时随地根据自己的良知去修养自己的为政之德,持之以恒,自然能找到治理的具体方法(用力处),且不会随外在环境和条件的变化而改变治道之本——致良知。王阳明对他的弟子黄修易说:"依此良知忍耐做去,不管人非笑,不管人毁谤,不管人荣辱,任他功夫有进有退,我只是这致良知的主宰不息,久久自然有得力处,一切外事亦自能不动。"⑧

王阳明"致良知为治道之本"的命题,从现代管理哲学角度解读,有两个重要内涵:一是管理活动之正当性的判断标准是"良知";二是管理活动的合目的性判断标准是"致良知",

---

① 《传习录(下)·黄直录》
② 《传习录(中)·又答陆原静》
③ 《传习录(中)·答欧阳崇一》
④ 《王阳明全集(卷四)·寄闻人邦英邦正》
⑤ 《王阳明全集(卷四)·寄闻人邦英邦正(二)》
⑥ 《传习录(下)·陈九川录》
⑦ 《传习录(上)·陆澄问》
⑧ 《传习录(下)·修易录》

特别是管理过程中的决策行为,必须以"致良知"为价值衡量标准,符合此标准的决策和相应的管理活动才具有价值上的正当性和合目的性,反之则不具备。这也就是王阳明所说的"大抵学问功夫只要主意头脑是当"①。

现代管理学判断管理活动正当性和合目性的标准是效率、效益、公平等外在于人的所谓客观指标,如企业利润、产品市场份额、成本、资产负债率等,而作为管理活动主体的道德原则,因其为非客观因素而被排除在判断标准之外。王阳明良知学则提出其独特的观点:管理活动正当性与否的判断标准不在外而在内,这个内指的是"心",而此心之本体就是"良知",也叫"天理",人人皆先天具足对此普世标准——良知的完整体认能力;管理活动是否合目的性的判断依据是以人为本而不是以物或其他外化于人的依据为本。所以王阳明说:"良知之在人心,无间于圣愚,天下古今之所同也。世之君子,惟务致其良知,则自能公是非,同好恶,视人犹己,视国犹家,而以天地万物为一体,求天下无治不可得矣。"②王阳明认为,各种治理活动本质上就是致良知的道德实践活动,只要"实实落落依着他(良知)做去"③,则人人皆能把握和判断治理行为的正与不正、当与不当,并得到天下万民的认可,就如远古的圣君尧、舜、禹、三王,他们治理国家和天下也只是"致其良知而行之也"④,从这个角度说,"圣人之治天下,何其简且易哉"⑤。换言之,如果把握了治道之本,则治理过程本身就会就变得简单、简易而且功效最佳,这是一条可通行于天下的达道,"致是良知而行,则所谓'天下之达道'也"⑥。因此,在王阳明看来,以致良知为治道之本,此命题具有普世意义。

需要特别指出的是,王阳明所讲的作为判断管理活动正与不正、当与不当标准的"良知",是彻底去除了个体之私意、私欲的"心之本体",也就是"天理",它是一种"廓然大公"的境界,"此心无私欲之蔽,即是天理,不须外面添一分。以此纯乎天理之心,……发之交友、治民便是信与仁"⑦。王阳明良知学所指的治道之本——致良知,既有主体性(个体的道德实践),也有客观性(群体的道德实践),是融主体性和客观性于一体的"管"之"理"。成中英指出:"伦理是有关个人的管理与内在的管理,而管理则是有关群体的伦理与外在的管理。"⑧这段话正好是对"致良知"这一道德命题所具管理哲学内涵的最好解读。

二、"明德亲民一体"为善治目标

王阳明良知治道论将治理的目标分为两大层次:善治与圣治。善治是士人君子通过"致良知"工夫皆可达到的目标,而圣治则只有具备天体万物一体之仁修养境界的圣人才能达到。

"明明德、亲民、止于至善"的"三纲领","止于至善"的"善治"成为中国古代治道实践的目标追求。王阳明的善治思想,也是从《大学》引发出来的,他在《书赵孟立卷》中提出:"郡

---

① 《传习录(中)·答欧阳崇一》
② 《传习录(中)·答聂文蔚》
③ 《传习录(下)·陈九川录》
④ 《传习录(中)·答聂文蔚》
⑤ 《传习录(中)·答聂文蔚》
⑥ 《王阳明全集(卷八)·书朱守乾卷》
⑦ 《传习录(上)·徐爱录》
⑧ (美)成中英.易经管理哲学基础[M].南京:江苏人民出版社,2015:396.

县之职,以亲民也。亲民之学不明,而天下无善治矣。"①王阳明认为,评价郡县是否达到善治目标,主要看郡县令是否做到了"亲民"。而"亲民"并不仅仅指亲和百姓、为百姓办实事,王阳明认为,"亲民"就是治政者在为民"兴利去弊"的过程中"明明德"的治学修身的结果体现,两者之间是体与用的关系,"明明德"是体,"亲民"是用,"止于至善"是目标。王阳明说:"明德亲民一也。古之人明明德以亲其民,亲民所以明其明德也。是故明明德,体也;亲民,用也。而止于至善,其要也。"②

王阳明悟得良知之学和揭示致良知之教后,从"良知之外更无知,致知之外更无学"③的角度指出,明德亲民是"一体殊用"的关系,这个"一体"就是"良知",而明明德、亲民皆是致良知的工夫(殊用)。因此,从良知本体言,明明德和亲民是构成善治整体的两面,缺一则非善治本体。换言之,只有当治政者在个人道德修养上明明德,才能做到亲民;只有做到亲民,才是治政者明明德修养境界的体现,要达到善治境界,明明德与亲民缺一不可。

"明德"是什么?王阳明指出,"明德"是天赋予人的本性,是孝、悌、忠、信等人伦之理的源头,只要不为物欲所蔽,此先天之本性自然灵昭不昧,"明德者,天命之性,灵昭不昧,而万理之所从出也。人之于其父也,而莫不知孝焉;于其兄也,而莫不知弟焉;于凡事物之感,莫不有自然之明焉,是其灵昭之在人心,亘万古而无不同,无或昧者也,是故谓之明德。其或蔽焉,物欲也"④。但此"明德"不可自明,必须在父子、兄弟、君臣、夫妇、朋友等人伦关系中才能得到彰显,他在为绍兴太守南大吉写的《亲民堂记》中说:"德不可以徒明也。人之欲明其孝之德也,则必亲于其父,而后孝之德明矣;欲明其弟之德也,则必亲于其兄,而后弟之德明矣。君臣也,夫妇也,朋友也,皆然也。故明明德必在于亲民,而亲民乃所以明其明德也。故曰一也。"⑤

如何"亲民"?王阳明认为,亲民即仁民、安百姓,而修己便是"明明德","'亲民'犹孟子'亲亲仁民'之谓。亲之即仁之也。百姓不亲,舜使契为司徒,敬敷五教,所以亲之也。尧典'克明峻德'便是'明明德'。'以亲九族',至'平章协和',便是'亲民',便是'明明德于天下'。又如孔子言'修己以安百姓'。'修己'便是'明明德'。'安百姓'便是'亲民'"⑥。

在王阳明看来,治政者通过"亲民"来引导人复归并彰显其先天的"明德"本性,这才是善治的目标,故历代善治者无不是明明德亲民、以德化民的身体力行者,如东晋彭泽令陶渊明,就是王阳明仰慕的典范,"清风彭泽令,千载是知音"⑦。

那么,如何才能达至善治的目标?王阳明根据自己在"龙场悟道"中体悟到的"格物致知"的心学新思想——"圣人之道,吾性自足,向之求理于事物者,误也"⑧,"知至善,惟在于

---

① 《王阳明全集(卷二十八)·书赵孟立卷》
② 《王阳明全集(卷八)·书朱子礼卷》
③ 《王阳明全集(卷六)·与马子莘》
④ 《王阳明全集(卷七)·亲民堂记》
⑤ 《王阳明全集(卷七)·亲民堂记》
⑥ 《传习录上·徐爱录》
⑦ 《同治安福县志(卷二十八)》
⑧ (明)钱德洪《阳明先生年谱·"正德三年春"条下》

吾心"①,"至善者,心之本体"②,认为求善治之理不能向外在具体的事上求,而应当向内在自性、自心中体会。因此,王阳明在治政实践中采用"为政不事威刑,惟以开导人心为本"的心学治政方法,先从正人心入手,启发人心固有的至善之理,从而"挽世道归正途"。王阳明为什么特别强调引人心复归良知本体的治心之道呢? 因为心是身体的主宰,而良知就是心的本然状态,"心者,身之主也,而心之虚灵明觉,即所谓本然之良知也"③,这是从人心具备灵昭不昧的判断能力与决策能力角度而言的,就像人之于其父自然知孝、于其兄自然知悌一样,此种德性判断决策能力是天命所赋,只要没有物欲的障蔽,则亘万古而不昧,"天命之性,粹然至善。其灵昭不昧者,皆其至善之发见,是皆明德之本体,而所谓良知者也"④。治理行为只要依着良知实实落落去做,便是善治,"尔那一点良知,是尔自家底准则。尔意念著处,他是便知是,非便知非,更瞒他一些不得。尔只不要欺他,实实落落依着他做去,善便存,恶便去"⑤。

三、 化导人心复归善性为善治之方

正德五年(1510 年)三月,王阳明在江西庐陵县担任县令,第一次有了实践他的善治思想的机会。他在任仅仅七个月,便实现了"百务具理""百废具兴"⑥的可观政绩。他的具体做法是:从化导人心入手,首先治理庐陵的健讼陋习,改变民间风俗习气。王阳明上任不久,即发布《告谕庐陵父老子弟》,劝导庐陵父老子弟,不是性命攸关的大事,不要诉讼,诉讼的文字,要言简意赅,不能超过两行,每行不得超过三十个字,否则不予受理。如果故意违反,就要受到处罚。王阳明要求县中父老有谨慎忠厚知道礼法的,劝告家乡子弟,务必要平息诉讼,兴起礼让之风。"庐陵文献之地,而以健讼称,甚为吾民羞之。县令不明,不能听断,且气弱多疾。今与吾民约,自今非有迫于躯命,大不得已事,不得辄兴词。兴词但诉一事,不得牵连,不得过两行,每行不得过三十字。过是者不听,故违者有罚。县中父老谨厚知礼法者,其以吾言归告子弟,务在息争兴让。"⑦王阳明还亲自询访里役,考察各乡贫富奸良情况、讼争冤怨之实,并参考明朝国初旧制,命各乡慎选里正三老,由他们负责讼事,坐审讼案,委曲劝谕开导讼民,化争为和,"民胥悔胜气嚣讼,至有涕泣而归者"⑧。

王阳明认为,庐陵讼争之风之所以盛行,是因为人心的败坏,所以他十分注重用礼仪化民,行孝悌忠信来正人心,感化引导民心向善。当时庐陵发生严重的灾疫,疾病流行,乡民怕被传染,以至骨肉不顾,饥饿而死者比得病而死的还多,"无知之民,惑于渐染之说,至有骨肉不相顾疗者。汤药饘粥不继,多饥饿以死,乃归咎于疫"⑨。王阳明一方面派遣官医下乡治病,"贫弗能者,官给之药";一方面劝谕乡民兴行孝悌,守望相助,共渡难关,"宜出入相

---

① 《王阳明全集(卷三十二)·补录·大学古本傍释》
② 《传习录(下)·黄直录》
③ 《传习录(中)·答顾东桥书》
④ 《王阳明全集(卷七)·亲民堂记》
⑤ 《传习录(下)·陈九川录》
⑥ 《甘泉先生续编大全(卷十一)·阳明先生王公墓志铭》
⑦ 《王阳明全集(卷二十八)·告谕庐陵父老子弟(书一)》
⑧ (明)钱德洪《阳明先生年谱·"正德五年"条下》
⑨ 《王阳明全集(卷二十八)·告谕庐陵父老子弟(书二)》

友,守望相助,疾病相扶持"①。他以乡民之父母官的身份开导说,"中夜忧惶,思所以救疗之道,惟在诸父老劝告子弟,兴行孝弟。各念尔骨肉,毋忍背弃。洒扫尔室宇,具尔汤药,时尔饘粥。……有能兴行孝义者,县令当亲拜其庐"②。阳明治病赈济劝孝并举的办法很快取得实效,病民得救,疫灾消除,讼事渐息,民风大变。

正德十二至十三年(1517—1518年),王阳明担任南赣巡抚,后改任提督南赣汀漳等处军务,奉旨平定赣、闽、湘、粤四省寇乱。王阳明基于其良知学认为,四省寇乱之贼诛不胜诛,而民乱发生的根源在于"政教之不行,风俗之不美"③,私欲障蔽了良知,造成人心败坏,而这些私欲就是"心中贼"。那些"山中贼"就是因为人心为私欲蒙蔽,大义不明,不辨善恶,走上了叛乱作恶的迷途。破"心中贼"仅靠刀枪杀戮不能达到长治久安之效,在用"武道"征剿的同时,还需要用"文道"救赎人心,文武兼用,"破山中贼"与"破心中贼"并举,以文济武,大倡政教,消弭乱源,感化那些作乱的迷途者善心复萌,使他们"能久于其道"。王阳明在写给顾惟贤的书信中说,"故今三省连累之贼,非杀之为难,而处之为难;非处之为难,而处之者能久于其道之为难也"④。

正德十二年(1517年)九月,王阳明在出兵征横水、左溪前夕,先发布了《告谕浰头巢贼》,并派人携此告谕书往三浰传遍各寨。该告谕书言:"夫人情之所共耻者,莫过于身被为盗贼之名;人心之所共愤者,莫甚于身遭劫掠之苦。今使有人骂尔等为盗,尔必怫然而怒。尔等岂可心恶其名而身蹈其实?又使有人焚尔室庐,劫尔财货,掠尔妻女,尔必怀恨切骨,宁死必报。尔等以是加人,人其有不怨者乎?人同此心,尔宁独不知;乃必欲为此,其间想亦有不得已者,或是为官府所迫,或是为大户所侵,一时错起念头,误入其中,后遂不敢出。此等苦情,亦甚可悯。……我每为尔等思念及此,辄至于终夜不能安寝,亦无非欲为尔等寻一生路。……尔等好自思量,若能听吾言改行从善,吾即视尔为良民,抚尔如赤子,更不追咎尔等既往之罪。"⑤这份告谕书言实情说实理,无虚张声势的官腔,为作乱者指明了一条新生之路,一时感化了黄金巢、刘逊、温仲秀等乱民首领,先后率众向官军投诚,并表示愿意戴罪杀敌立功。

在巡抚南赣和提督南赣汀漳军务任上,王阳明一方面以"武道"征剿乱寇,一方面以"文治"化导人心,按孟子"善政,不如善教之得民也。善政民畏之,善教民爱之;善政得民财,善教得民心"⑥的仁政思想实施善治。他制订《南赣乡约》,从改变乡风民俗入手,重建讲信修睦的仁厚之俗,教导乡民成为善良之民,"故今特为乡约,以协和尔民,自今凡尔同约之民,皆宜孝尔父母,敬尔兄长,教训尔子孙,和顺尔乡里,死丧相助,患难相恤,善相劝勉,恶相告戒,息讼罢争,讲信修睦,务为良善之民,共成仁厚之俗"⑦。他还要求乡民要善待改过弃恶归善的"新民":"尔等父老子弟毋念新民之旧恶而不与其善,彼一念而善,即善人矣;毋自恃

---

① 《王阳明全集(卷二十八)·告谕庐陵父老子弟(书二)》
② 《王阳明全集(卷二十八)·告谕庐陵父老子弟(书二)》
③ 《王阳明全集(卷二十七)·与顾惟贤(书三)》
④ 《王阳明全集(卷二十七)·与顾惟贤(书三)》
⑤ 《王阳明全集(卷十六)·告谕浰头巢贼》
⑥ 《孟子·尽心上》
⑦ 《王阳明全集(卷十七)·南赣乡约》

为良民而不修其身,尔一念而恶,即恶人矣。人之善恶,由于一念之间,尔等慎思吾言,毋忽!"①为变化民风乡俗,王阳明要求所属各地官员大力兴举社学,以诗礼之教改变不良的习气,使礼让日新,风俗日美,"各官仍要不时劝励敦勉,令各教读务遵本院原定教条尽心训导,视童蒙如己子,以启迪为家事,不但训饬其子弟,亦复化喻其父兄;不但勤劳于诗礼章句之间,尤在致力于德行心术之本;务使礼让日新,风俗日美,庶不负有司作兴之意,与士民趋向之心"②。时人霍韬评价王阳明以文济武、化导人心的"善治"思想与实践,既传承了儒家圣贤周敦颐、张载的道统,同时又达到了古代贤相伊尹、吕尚的不朽事功,"硕人维儒,儒以用武;宪章濂洛,步趋伊吕"③。

嘉靖六年(1527年)九月,王阳明奉诏复起赴两广征思、田之乱。他仍采用"破心中贼"与"破山中贼"相结合的战略,提出攻心为上的用兵之道,反对专好征剿杀戮的穷兵黩武的做法。王阳明在《赴任谢恩遂陈肤见疏》中详陈招抚思、田两地乱民首领卢苏、王受的用兵大计。他首先分析了两广土夷叛乱的根源,指出因为地方"因循息弛,军政日坏,上无可任之将,下无可用之兵,……上嫉下愤,日深月积,劫之以势而威益亵,笼之以诈而术愈穷;由是谕之而益梗,抚之而益疑,遂至于有今日"④。王阳明认为当政者"且当反思其咎,姑务自责自励,修我军政,布我威德,抚我人民,使内治外攘而我有余力,则近悦远怀而彼将自服"⑤。鉴于此,王阳明决定采用招抚之策,"宜释此二酋者之罪,开其自新之路……则且姑务息兵罢饷,以休养疮痍之民,以绝觊觎之奸,以弭不测之变。迨于区处既定,德威既洽,蛮夷悦服之后,此二酋者遂能改恶自新"⑥。王阳明在后来所上的《奏报田州思恩平复疏》中还详细分析了招抚之十善、征剿之十恶,对实施招抚乱民作出了周密的部署。一场骚扰三年之久的广西民乱,王阳明仅用两个多月的时间就加以平定,不杀一兵,不戮一民,数万夷民全部遣返归田复农,阳明自己说"班师不待七旬,而顽夷即尔来格,不折一矢,不戮一卒,而全活数万生灵"⑦。

招抚卢苏、王受乱民后,王阳明参照巡抚南赣汀漳时的经验,立即着手兴建学校,委派教官至各地倡行乡约,推行文治教化,修民以德,教民以礼,改变民风习俗。王阳明在上疏中说,"田州新服,用夏变夷,宜有学校。……臣等议欲于附近府州县学教官之内,令提学官选委一员,暂领田州学事,听各学生徒之愿改田州府学及各处儒生之愿来田州附籍入学者,皆令寄名其间。所委教官,时至其地相与讲肄游息,或于民间兴起孝弟,或倡远近举行乡约,随事开引,渐为之兆"⑧。王阳明亲自到南宁府学、县学及书院中讲学,发良知之教,朝夕开导诸生,"近该本院久住南宁,与该府县学师生朝夕开道训告,颇觉渐有兴起向上之志"⑨。他还把自己最信任的学生季本派往南宁新创敷文书院,阐明正学,讲析义理,"今降揭阳县

---

① 《王阳明全集(卷十七)·南赣乡约》
② 《王阳明全集(卷十七)·颁行社学教条》
③ 《渭厓文集(卷七)下》
④ 《王阳明全集卷(十四)·赴任谢恩遂陈肤见疏》
⑤ 《王阳明全集卷(十四)·赴任谢恩遂陈肤见疏》
⑥ 《王阳明全集卷(十四)·赴任谢恩遂陈肤见疏》
⑦ 《王阳明全集卷(十四)·奏报田州思恩平复疏》
⑧ 《王阳明全集卷(十四)·处置平复地方以图久安疏》
⑨ 《王阳明全集卷(十八)·牌行南宁府延师设教》

主簿季本,久抱温故知新之学,素有成己成物之心,即今见在军门,相应委以师资之任。除行本官外,仰南宁府掌印官即便具礼率领府县学师生敦请本官前去新创敷文书院,阐明正学,讲析义理"①。王阳明在敷文书院与幕僚诸生聚讲良知之学,不议兵事,所属官员不解其意,王阳明解释说释兵讲学就是为表达自己招抚的诚意:"王新建督四省兵驻南宁,因创敷文书院,日聚幕僚诸生讲学,不议兵事。三司官莫测其意,谓公假此纵敌,密有指授也。或承间进言曰:'招降诚善策,脱有不济,当云何?'公敛容谢曰:'岭徼苦兵久矣,吾实招之,非诱致也。'"②王阳明兴举学校,创建敷文书院,就是要宣扬至仁,诞敷文德,引导夷民复悟本心,"宣扬至仁,诞敷文德。……决蔽启迷,云开日出。各悟本心,匪从外得。厥风之动,翕然无远。诸夷感慕,如草斯偃"③。

王阳明认为,民乱兴起的根本原因是人失其良知本心,而此又皆由于民众不明良知之学所引起,故治政者当以倡明良知学为本,"凡乱之起,由学不明。人失其心,肆恶纵情。遂相侵暴,荐成叛逆"④。"看得理学不明,人心陷溺,是以士习日偷,风教不振"⑤。他把季本推行乡约的呈文批委潮州府通判张继芳,督令各县务实推行,以变民风,"据揭阳县主簿季本呈为乡约事。足见爱人之诚心,亲民之实学,不卑小官,克勤细务,使为有司者,皆能以是实心修举,下民焉有不被其泽,风俗焉有不归于厚者乎!……访得潮州府通判张继芳持身端确,行事详审,仰该府掌印官将发去牌式,再行晓谕所属,就委张继芳遍历属县,督令各该县官勤加操演,务要不失本院立法初意"⑥。王阳明委派浦县丞陈逅前往灵山县学教化师生,去除旧习,养成学为圣贤的风气,"看得原任监察御史,今降合浦县丞陈逅,理学素明,志存及物,见在军门,相应差委。除行本官外,为此牌仰灵山县当该官吏,即便具礼敦请本官于该县学安歇,率领师生,朝夕考德问业,务去旧染卑污之习,以求圣贤身心之功"⑦。王阳明在征思、田期间,实践他致良知为本的治道思想,文治修德,武功息兵,取得了《大学》"止于至善"的善治之功,他的学生季本在总结其师的用兵治政之道时,认为"建敷文书院,日进诸生,与之从容讲学,以示诞敷文德之意,由是思、田之民仰慕德化,自缚来降"⑧,并推崇阳明由致良知而取得的治理政绩为"尧舜气象"的再现,"自吾夫子即固有之良知,……惟以其良知之学益致之于日用之间,细微曲折,罔有或遗,故不事求他,而学已入于圣域矣。是以易历中外,往辄有功,剪除奸凶于南赣,勘定祸乱于江西,……至于思、田之柔服,分明尧舜气象矣"⑨。

王阳明平复断藤峡、八寨之乱后,颁下《绥柔流贼》的行文,命各府县官员展开绥柔瑶民的治理方略,"盖用兵之法,伐谋为先;处夷之道,攻心为上。今各瑶征剿之后,有司即宜诚心抚恤,以安其心;若不服其心,而徒欲久留湖兵,多调狼卒,凭藉兵力以威劫把持,谓为可

---

① 《王阳明全集卷(十八)·牌行南宁府延师设教》
② (明)董传策《骆越漫笔》,转引自《嘉庆广西通志(卷一百二十七)》
③ (明)王守仁《南宁新建敷文书院碑》.引自钱林富、黄佐《嘉靖广西通志(卷二十六)》
④ (明)王守仁《南宁新建敷文书院碑》.引自钱林富、黄佐《嘉靖广西通志(卷二十六)》
⑤ 《王阳明全集(卷十八)·牌行灵山县延师设教》
⑥ 《王阳明全集(卷十八)·揭阳县主簿季本乡约呈》
⑦ 《王阳明全集(卷十八)·牌行灵山县延师设教》
⑧ 《季彭山先生文集(卷一)》建敷文书院修德息兵记.参见《嘉靖南宁府志(卷九)引文》
⑨ 《季彭山先生文集(卷一)》建敷文书院修德息兵记.参见《嘉靖南宁府志(卷九)引文》

久之计,则亦末矣"①。他还从"天地万物一体之仁"的角度,阐述了实行柔与抚的治道,顺情而使,因势利导,可获久安之功,"夫柔远人而抚戎狄,谓之柔与抚者,岂专恃兵甲之盛,威力之强而已乎?古之人能以天地万物为一体,故能通天下之志。凡举大事,必顺其情而使之,因其势而导之,乘其机而动之,及其时而兴之。是以为之但见其易,而成之不见其难,此天下之民所以阴受其庇,而莫知其功之所自也"②。

王阳明对"明德亲民一体"之善治思想作了理论总结。王阳明指出,明德亲民其实就是尽心之本体(良知),故善治者必然以引人心复归于良知本体为第一要务,这也是善治者必须努力追求的方向,"明德、亲民无他,惟在止于至善,尽于心之本体,谓之止于至善。至善者,心之本体;知至善,惟在于吾心,则求之有定向"③。此外,王阳明还指出,"止于至善"的治理目标与明德亲民之间的关系如同规矩与方圆、尺度与长短、权衡与轻重的关系,前者为后者不可移易的准则,"故止至善之于明德亲民也,犹之规矩之于方圆也,尺度之于长短也,权衡之于轻重也。方圆而不止于规矩,爽其度矣;长短而不止于尺度,乖其制矣;轻重而不止于权衡,失其准矣;明德亲民而不止于至善,亡其则矣"④。可见,王阳明提出的"止于至善"之治理境界,是一种明德亲民打成一片的状态,而释道二教的过失在于"不知明明德之在于亲民",五霸功利之徒的过失则在于"失之知谋权术,而无有乎仁爱恻怛之诚者,是不知亲民之所以明其明德",这皆是"不知止于至善之过也"⑤。王阳明的善治思想与实践彰显了独具的民本情怀,对丰富现代管理的社会责任思想提供了历史资源和思想启迪。

王阳明曾以《庄子·逍遥游》"至人无己,神人无功,圣人无名"的治理者德性修养之最高境界为参照目标,要求致良知者对于治理的事功,做到成天下事后不争功乃至忘功,"今日虽成此事功,亦不过一时良知之应迹,过眼便成浮云,已忘之矣。夫死天下事易,成天下事难;成天下事易,能不有其功难;不有其功易,能不忘其功难。此千古圣贤真血脉"⑥。这是王阳明孜孜于致良知的高尚追求。

---

① 《王阳明全集(卷十八)·绥柔流贼》
② 《王阳明全集(卷十八)·绥柔流贼》
③ 王阳明《大学古本傍释》
④ 《王阳明全集(卷七)·亲民堂记》
⑤ 《王阳明全集(卷七)·亲民堂记》
⑥ 《王畿集(卷三十)·读先师再报海日翁吉安起兵书序》

论王阳明"谪"而"不谪"与"龙场悟道"及其思想史意义

黄 诚*

摘要：学术界普遍对王阳明"谪龙场"这一重大历史性事件认识不足，然其"谪"之表象之外还隐含有"不谪"之深层次含义。阳明"谪龙场"而言，并非仅作平面化的定式认知，简单且想当然地以为其受"谪"龙场，而要深层剖析这一"谪龙场"事件隐含的政治用意并使之成为需要澄清的一大历史性问题。"龙场悟道"是王阳明心学思想创建之开端，学界对此研究颇多，然却众说纷纭、莫衷一是，且有认识误区。本文拟从边疆治理的政治向度与思想史的研究视域就王阳明的"谪"而"不谪"、"龙场悟道"两问题进行探究与再讨论，以期廓清王阳明"谪"龙场而非"谪"之深刻历史真相，"龙场悟道"之真实过程及其在中国思想史上之真实意义。

关键词：王阳明；边疆治理；龙场悟道；心学思想；价值意义

一、引言

王阳明（1472—1529），又名守仁，字伯安，姚江人，官宦世家。父王华，成化十七年（1481年）进士第一，官南京吏部尚书。守仁祖母夜梦神人自云中送儿下，故守仁初名云，五岁更名守仁。弘治五年（1492年）弱冠举乡试，次年弘治六年（1493年）会试落第，又于弘治九年（1496年）会试再次落第，在弘治十二年（1499年）第三次会试而登科进士。王阳明考中进士后，先在工部留用，于次年弘治十三年（1500年）即授刑部清吏司主事。后因发肺病告归故里，并在会稽山龙瑞宫阳明洞读书讲学，故别号阳明子，世称阳明先生。正德元年（1506年），补兵部主事；同年冬，为以言相救戴铣等官员而得罪了宦官刘瑾，故被廷杖后贬谪贵州龙场驿丞，并在贵州受谪期间勤于修炼、精进不息，实现了人生与思想之超越和升华，并引发了被誉为思想史上的一次惊雷的"龙场悟道"事件而具有深远的历史影响，从而开辟了王阳明思想形象新境界。宦官刘瑾遭诛后，正德五年（1510年）升任吉安庐陵知县，次年迁南京刑部主事，再任南京鸿胪寺卿。正德十一年（1516年），升任右佥都御史，巡抚南

---

* **作者简介**：黄诚（1973—），男，土家族，贵州铜仁人，哲学博士、历史学博士后，贵州大学历史与民族文化学院教授、东方思想与文化遗产研究中心研究员、中华传统文化与贵州地域文化研究中心研究员、江苏宏德文化出版基金会理事，研究方向：中国思想文化史、东方思想与文化遗产、佛教禅宗、儒释道三教关系以及地方珍稀佛（道）教文献搜集、整理与研究。

基金项目：本文系浙江省稽山王阳明研究院课题"阳明心学的当代价值"（课题编号：2019ZW0102）、2017年度贵州省理论创新课题招标项目"阳明心学与当代社会心态研究"（GZLLZB201712）阶段性研究成果之一。

安、赣州等地。相继平定过各地起义和宗室贵族宁王朱宸濠的谋反叛乱。后又累官至右副都御史、南京兵部尚书。嘉靖六年(1527年),复被派总督两广军事,因肺病加重而上疏乞归,终病逝于江西南安舟中,后谥文成。有门人辑《王文成公全书》三十八卷留世。本文着重讨论王阳明"谪"龙场和"龙场悟道"两大历史性重大事件,并以一管之见求教于各位阳明研究前辈硕学与同道先进匡正。

何以"谪而不谪"为题?因为学术界普遍对阳明"谪龙场"这一重大历史性事件认识不足,而人云亦云地简单以为是因王阳明得罪了明朝廷实权太监刘瑾而被谪龙场,对其"谪"之真相无有真正意义上之深思与探究。通观历史具体情况,笔者以为,事实上的"谪龙场"事件在"谪"的表象之外还孕育有"不谪"的深层次含义和历史、政治原因,同时也包括朝廷内部之权力角逐及与国家治理边疆策略等鲜见之其他深层次因素。故就王阳明"谪龙场"而言,并非仅作平面化的定式认知,简单且想当然地以为其受"谪"龙场。而要深层剖析这一"谪龙场"事件隐含的政治用意并使之成为需要澄清的一大历史性问题。

何以要再谈"龙场悟道"?学界论及龙场悟道颇多,因为龙场悟道的思想向度意境非常重要,是阳明心学创建之开端,并在思想史上具有重大影响,然学界对"龙场悟道"认识众说纷纭、莫衷一是且不准确,存在认识之误区,故亦成为本文再讨论的重要缘由。

基于上述两点因素,本文拟从边疆治理的政治向度与思想史的研究视域,而就王阳明的"谪"而"不谪"、"龙场悟道"两问题进行探究与再讨论,以期廓清王阳明"谪"龙场而非"谪"之深刻历史真相,"龙场悟道"之真实过程及其在中国思想史上之真实意义。

二、"谪"而"不谪":时变赋予时贤探索中国边疆治理之道

(一)阳明所处之时代与明王朝边疆之忧患

王阳明生于明宪宗成化八年(1472年),卒于明世宗嘉靖七年(1528年)十一月,且于嘉靖八年乙丑正月,丧发南昌。阳明所处时代有明王朝四帝:

其一,朱见深(1447—1487),初名朱见濡,即明宪宗(1464—1487年在位),年号成化(1465—1487年),明朝第八位皇帝,明英宗朱祁镇长子,母孝肃皇后周氏。成化二十三年(1487年)九月病逝,终年41岁。此时王阳明正处于童年和少年阶段。

其二,朱祐樘(1470—1505),即明孝宗(1487—1505年在位),年号弘治(1488—1505年),明朝第九位皇帝,明宪宗朱见深第三子,生母为孝穆纪太后。成化二十三年(1487年)九月即位。朱祐樘为人宽厚仁慈,躬行节俭,勤于政事。"弘治中兴"即可说明皇帝并非昏君。他也曾言:"朕在位久不能知,何称为人主!"[①]足以说明其乃心如明镜之仁君。而王阳明正是在弘治五年(1492年)举浙江乡试,弘治六年(1493年)初次会试落第,弘治九年(1496年)科考再次落第。可见,王阳明的科举之路并非一帆风顺,也是颇有曲折的人生历程。弘治十二年(1499年),他在28岁时考中进士并在弘治十三年(1500年)官至刑部云南清吏司主事[②]。弘治十八年(1505年)孝宗驾崩。可以说,王阳明是在弘治年间就开始培养起来的国之栋梁人才(后备干部)。

---

① 谷应泰《明史纪事本末(卷四二)·弘治君臣》
② 《年谱》云:"十有三年庚申,先生二十九岁,在京师。授刑部云南清吏司主事。"参见(明)王守仁.吴光,钱明,董平,等编校.王阳明全集(下)[M].上海:上海古籍出版社,2006:1225.

其三，朱厚照(1491—1521)，即明武宗(1505—1521 年在位)，明朝第十位皇帝，是明孝宗朱祐樘和张皇后的长子，在位期间年号正德(1506—1521 年)。此时为刘瑾专权时期，与此同时的王阳明同处一期，其宦海沉浮也最为精彩。而有了受廷杖且官谪龙场之事件发生。随之，就有阳明升迁庐陵知县等一系列事件发生，及至平宁王叛乱和巡抚南赣。正德十六年(1521 年)三月，明武宗朱厚照驾崩于豹房，年仅 31 岁，在位 16 年。

其四，朱厚熜(1507—1567)，即明世宗(1521—1566 年在位)，出生地湖广布政司安陆州（今湖北钟祥），明宪宗之孙，明孝宗之侄，兴献王朱祐杬之子，明武宗的堂弟，明朝第十一位皇帝，年号嘉靖(1522—1566 年)，后世称嘉靖帝。嘉靖六年(1527 年)，广西思、田二州叛乱，阳明又奉命于危难之际，最终平定叛乱，然却在归途中辞世。

为何要详细列举明四帝王之时段？乃在于观察四朝皇权格局与国家形势也。四位皇帝并非都是昏君，其中不乏有作为的一代明君。如明孝宗朱祐樘就一度创造了明代"弘治中兴"的繁荣发展局面。明武宗朱厚照在关键时局中亦能辨别忠奸而诛杀宠臣刘瑾而扭转乾坤，拨乱反正和重用贤臣，从而也就有了王阳明的一度升迁。当然，王阳明之仕途升迁与变换，不仅凭借他的自身努力，而且也与他的家庭背景与社会关系有密不可分之关联。

然而，从总体上来看，王阳明所处之时代乃是明王朝内忧外患之时代，外有瓦剌、鞑靼的边疆侵扰遗留之危机与"土木之变"影响之余波，内有朝廷宦官专权及朝内政治势力角逐，同时亦有诚服之西南土司也时常怀有反叛动摇异心之现实问题。故这一颇为复杂的政治格局和边患多事之秋的历史情境，亦可从明朝历年科举考试的试题策问中显示出来，如弘治十五年(1502 年)会试第三场策五道之问："兵资于刍粟，乃事之至急，不可一日缺者。凡边方用武之地，其蓄积岁有常数，内地之近于边者，其运输岁有常处。必常使余数年之积，而后可以为国也。今边报方至，师旅初兴，即闻有缺乏之请。……子诸生积学明经，通于古今之宜，其具实以对。毋隐言，毋泛论，朕将采而行之。"①表明边疆治理是朝廷关心的重大问题。且在王阳明考中进士后以工部观政受命往浚县督造威宁伯坟竣工复命之日，"值星变，达虏方犯边，朝廷下诏求直言。先生上言边务八策，言极剀切"②。亦从一侧面显示了朝廷处于的危机。可见，现实的边患问题，成为明朝廷头疼和关注的重要问题。故王阳明早年的上书条呈治边之策，乃是受到了朝廷认可了的③，故随后即能升迁刑部主事。《明史》亦云："还而朝议方急西北边，守仁条八事上之。寻授刑部主事。决囚江北，引疾归。起补兵部主事。"④尤见朝廷既重视对边关防务之要务，继而又重视王阳明这一特殊之人才。因上书朝议边务而升迁，这可是对王阳明上书建议的一种高度认可和肯定，也尤见王阳明对边务治理的独到视野与见解引起了朝廷的重视。

边疆之危机，尤其是明中央王朝遭遇"土木之变"的历史教训，不能不引起明代后世继任君王的重视与反省，这也是激发明代弘治中兴外在的压力或影响的重要外因之一。实际上，西南边疆之治理关系到北方之局势，因此，对西南土司的安抚与是否实现有效治理，也

---

① 仲光军.历代金殿殿试鼎甲朱卷(上)[M].石家庄:花山文艺出版社,1995:245.
② (明)冯梦龙.王阳明出身靖乱录[M].杭州:浙江古籍出版社,2015:14.
③ 有学者称："王阳明陈言边务的良谋善策，并没有得到皇帝的认可。……孝宗疏于武备，在军事上无所建树，所以王阳明的陈言边务并没有得到他的重视。"参见王晓昕,赵平略.王阳明与阳明文化[M].北京:中华书局,2011:43.事实上，倘若未引起朝廷重视，何以能快速迁升。倘若未引起朝廷重视，何以会贬谪贵州，由于水西安氏之安稳举措。
④ (清)张廷玉.明史(一七)[M].传[六](第十七册卷一九〇至卷二〇一传),北京:中华书局,1974:5160.

成为明朝廷边疆治理的头等大事而不可小觑。甚至在"谪"官中所委派的官员也是安排精明能干之人,诸如像王阳明这样的具有圣贤气质和气象的儒学知识分子一流人才,也才会被"谪"至贵州龙场,可以看成朝廷洞察地方的又一耳目。因此,如此的治理举措不仅有利于把控、掌握和了解这一区域的复杂政治局势与社会变动情况,而且也有利于其以中原正统之思想文化力量进入来教化当地苗、彝族等少数民族,从而能够更好地实现以文化之正向引力提升民族向心力,达至边疆蛮夷心向朝廷,而发挥文化的聚合力与向心力之目的。王阳明曾说:"吾于是盖有以信人性之善,天下无不可化之人也。"[1]王阳明在龙场的最大教化之法,乃是建立龙冈书院,积极传播儒学文化,在"化他一方"中起到了积极作用。事实证明王阳明"谪"贵州这一历史性事件,客观上对于稳定边疆地区发挥了积极作用并取得了切实的效果,不仅在龙场实现了思想的超越,教化了本土居民,同时亦为其仕途与功业建立奠定了坚实的基础。

(二)云贵政治格局与安氏水西域与宋氏水东治理态势

然而,真正地探寻王阳明谪龙场及其与贵州治理之关系,离不开明王朝对西南实施治理的历史整体情况。追根溯源,可以从云贵更早的历史来看,云南过去为滇国也。汉武帝时始置益州郡,蜀汉置云南郡,隋唐置昆州,后为南诏蒙氏所据,历郑、赵、杨三氏,至大理段氏。元初,置鄯阐万户府,后改置中庆路,封子忽哥为云南王镇之,仍录段氏子孙守其土。忽哥死后,其子嗣封梁王。明洪武十四年(1381年),明军大军至滇,梁王走死,遂置云南府,但依然采取的是土流并治的政治治理策略,究其原因:"盖滇省所属,多蛮夷杂处,即正印为流官,亦必以土司佐之。"[2]然久之,"土官复慢令玩法,无所忌惮;待其罪大恶极,然后兴兵征剿,致军民日困,地方日坏"[3],甚至诱发了"武定安铨之乱"[4]。可见,云南的政治势力也处于变幻之中。因此,对于云南的战略控制十分重要,且明太祖朱元璋亦别有洞见,他认为控制云南,必须经营贵州。这就是朝廷将云贵视为一整体之重要原因。

而贵州,则被称为罗施鬼国,乃汉代西南夷之牂牁,为武陵诸傍郡地也。元置八番、顺元诸军民宣慰使司,以羁縻之。贵州之重要地位在明初就引起中央王朝之重视,及至洪武五年(1372年)贵州宣慰霭翠与宋蒙古歹及普定府女总管适尔等先后来归,朱元璋准予其以原官世袭,主要还是因忙于北方格局稳定而无暇顾及西南,即所谓"帝方北伐中原,未遑经理南荒"[5]。霭翠与宋钦分别掌控水西与水东。宋钦死后,其妻刘淑贞随子宋诚入朝。霭翠死后,夫人奢香袭位。此间,马晔的"欲尽灭诸罗,代以流官,故以事挞香"[6]之事件,诱发了诸罗欲反之危机,而险些激为兵端。在刘淑贞的奔走下,奢香上京向朱元璋控诉马晔激变之状,并承诺"开偏桥、水东,以达乌蒙、乌撒及容山、草塘诸境,立龙场九驿"[7],而获得赞许。奢香死后,朝廷遣使祭奠,其子安的袭位并贡马谢恩。至正统七年(1442年),水西由安氏子孙安陇富控制,一时间颇为骄傲,安陇富死后由侄安观袭位,安观老后则由其子安贵荣袭

---

[1] 王阳明《象祠记》
[2] (清)张廷玉.明史(二七)[M].传[一六](第二七册卷三一三〇至卷三二二传).北京:中华书局,1974:8063.
[3] (清)张廷玉.明史(二七)[M].传[一六](第二七册卷三一三〇至卷三二二传).北京:中华书局,1974:8065.
[4] (清)张廷玉.明史(二七)[M].传[一六](第二七册卷三一三〇至卷三二二传).北京:中华书局,1974:8065.
[5] (清)张廷玉.明史(二七)[M].传[一六](第二七册卷三一三〇至卷三二二传).北京:中华书局,1974:8167.
[6] (清)张廷玉.明史(二七)[M].传[一六](第二七册卷三一三〇至卷三二二传).北京:中华书局,1974:8169.
[7] (清)张廷玉.明史(二七)[M].传[一六](第二七册卷三一三〇至卷三二二传).北京:中华书局,1974:8169.

位;与此同时,宋氏则由宋诚之子宋昂世袭,宋昂死后则由宋然继承。水西、水东在安贵荣与宋然共治时代,则整个地方治理情势较为复杂。据《明史》载:

> 初,安氏世居水西,管苗民四十八族,宋氏世居贵州城侧,管水东、贵竹等十长官司,皆设治所于城内,衙列左右。而安氏掌印,非有公事不得擅还水西。至是总兵官为之请,许其以时巡历所部,趣办贡赋,听暂还水西,以印授宣慰宋然代理。贵荣老,请以子佐袭,命赐贵荣父子锦绮。
>
> 先是,宋然贪淫,所管陈湖等十二马头科害苗民,致激变。而贵荣欲并然地,诱其众作乱。于是阿朵等聚众二万余,署立名号,攻陷寨堡,袭据然所居大羊肠,然仅以身免。贵荣遽以状上,冀令已按治。会阿朵党泄其情,官军进讨。贵荣惧,乃自率所部为助。及贼平,贵荣已死,坐追夺,然坐斩。然奏世受爵土,负国厚恩。但变起于荣,而身陷重辟,乞分释。因从末减,依土俗纳粟赎罪。都御史请以贵筑、平伐七长官司地设立府县,皆以流官抚理。巡抚覆奏以蛮民不顾,遂寝。宋氏亦遂衰,子孙守世官,衣租食税,听徵调而已①。

安氏与宋氏共同经营水西、水东与贵州,其中土官治理能否安稳和是否异心则关涉到明朝廷对于西南的整体控制,因为"贵州宣慰司地域辽阔,控扼咽喉要地,实力雄厚,兵力最强"②。因此,朝廷对安氏控制也是极为严厉的,即所谓"非有公事不得擅还水西"。安贵荣执掌水西之时,正是王阳明"谪"龙场之时③,并有生活与工作方面的交集。王阳明"谪"龙场之历史性事件,已经表明了朝廷企图从中央机构内部遴选优秀人才来参与边疆治理事务所具有的远见与卓识,并非简单地让阳明"谪"官贵州龙场之后所显示出的表面现象。

(三)王阳明的家庭背景与社会政治关系略述

众所周知,个体生命人生之境遇,当不离于时代之主题,且与家庭环境和社会背景亦有相当之关系。因此,要探寻王阳明"谪"而"不谪"之历史根源,依然离不开对其家庭背景以及与朝廷的政治社会关系等相关性问题的探究。而往往学者重视王阳明个人自身的奋斗历程而忽略了对其家庭背景与社会关系的深层次探讨,而恰恰这一问题对于王阳明谪贵州龙场以及后来的升迁是极具重要影响的。

首先来看其家世。关于王阳明之父王华的简要情况,《明史·列传第八十三·王守仁》则有记载:"父华,字德辉,成化十七年进士第一。授修撰。弘治中,累官学士,少詹事。华有器度,在讲幄最久,孝宗甚眷之。李广贵幸,华讲《大学衍义》,至唐李辅国与张后表里用事,指陈其切。帝命中官赐食劳焉。正德初,进礼部左侍郎。以守仁忤刘瑾,出为南京吏部尚书,坐事罢。旋以《会典》小误,降右侍郎。瑾败,乃复故。无何卒。华性孝,母岑年逾百岁卒。华已年七十余,犹寝苫蔬食,士论多之。"④从《明史》记载来看,王华身份是极为显赫的:一是拥有科考状元身份,学问道德一流;二是官至礼部左侍郎和南京吏部尚书,乃朝廷颇为重视信任之大员。可见,王阳明家庭背景颇具实力。王阳明如此显赫的家世,故其

---

① (清)张廷玉.明史(二七)[M].传[一六](第二七册卷三一三〇至卷三二二传).北京:中华书局,1974:8170.
② 《贵州通史》编委会.贵州通史简编[M].北京:当代中国出版社,2005:63.
③ 根据《明史》记载,水东宋氏所辖苗民,因安贵荣从中作祟而引发"苗变",官府介入引起安氏不安,有激变可能。此间,适逢阳明"谪"龙场,阳明与安氏有书信往来,有安定安氏之功用,显示了阳明在治理边务上的政治智慧。
④ (清)张廷玉.明史(一七)[M].传[六](第十七册卷一九〇至卷二〇一传).北京:中华书局,1974:5159.

"谪"龙场,并非真"谪"龙场,而可视为一种基层锻炼干部的方式,为其后来取得更高职务奠定了坚实的基础,而后来的事实也证明如是,即整个三年不到的基层锻炼时间,就做了江西庐陵县令,未到任期又一路飙升。不仅王阳明家庭背景有助于其成长,而且自身的一段科举升迁也颇有意味。《明史》载:"年十五,访客居庸、山海关。时阑出塞,纵观山川形胜。弱冠举乡试,学达进。顾益好言兵,且善射。登弘治十二年进士。使治前威宁伯王越葬,还而朝议方急西北边,守仁条八事上之。寻授刑部主事。决囚江北,引疾归。起补兵部主事。"①这是其上书得罪宦官刘瑾而"谪"龙场之前的一番人生与事业上的非凡经历。

王阳明之父王华在朝廷的地位,对于王阳明的人生发展与走向乃是有影响力的。虽然王阳明科举三次才中进士,但这一考试结果既表明了明代科举在形式上之严格和公平、公正,也说明了王阳明的学养成长充满了曲折,他的生命成长也是一个渐进过程,也有一转换历程,换言之,乃是逐步走向成熟和不断进行完善而至精当的。虽然不能仅仅以科举取第这一事件来作为评价人才的唯一之标准,然科举考试也是诸多人才选拔中最佳的一种方式。值得注意的是王阳明在第一次会试失败后,在朝中宰相李西涯就十分赞叹阳明之才情而给予安慰,即"戏呼为来科状元"②。若朝中无交情,一般举子何以会受到贵为宰相身份的李西涯之安慰与鼓励;若朝中无关系,何以在短短年余就官至刑部主事。因此,王阳明特殊的出生、特殊的家庭背景、特殊的科举传奇人生,决定了他定为一不平凡的人物且有不寻常的人生经历。因此,个人的学养与家庭环境让其拥有了非同寻常的人脉关系,故而使其在政治人生舞台上有了继续登台表演的重要场域或广阔空间。故其受"谪"至万山丛中的贵州龙场驿作驿丞,或许有更深一层的政治人生深意和命运考量。否则,就难以理解,他在受"谪"三年不到的时间,就在正德五年(1510年)又迁升任庐陵知县,继而又转升任南京刑部主事,紧接着又调任北京吏部主事,又升任文选司员外和考功司郎中,在北京三年不到的时间又辗转升任南京太仆寺少卿并驻扎滁州督马政,正德九年(1514年)又升任南京鸿胪寺卿,正德十年(1515年)又擢升都察院左佥都御史并巡抚南赣、汀、漳等处。王阳明一路飙升的时空线索与具体事实,亦进一步表明其家庭背景与个人才能,而且印证了其在九华山遭遇蔡蓬头时所受到的告诫性预言:"我看你一团官相,说甚神仙。"③可见,正是基于王阳明的这一层家境根底,才有了王阳明的官场之平步青云,这一家庭背景对其"谪"龙场也有着重要之影响和意义。然除了他显赫的家境之外,其个人出类拔萃的才学也是他能够问鼎仕途和一路跃升的重要前提条件。然而,为什么要"谪"龙场,而非"谪"其他诸如岭南等化外之地,且偏偏就是选择其"谪"贵州的龙场驿——让他做了龙场的驿丞呢?这乃是他生命中的特殊因缘,换言之,即他与云贵,特别是贵州有甚深之地缘因素。且之所以有如是安排,一因素乃是对边疆较为熟悉,由于王阳明有陈边关治理条陈之一系列活动与思考,有利于增强其对边疆的认识。其弘治十二年(1499年)曾有《陈言边务疏》云:"谨陈便宜八事以备采择:一曰蓄材以备急;二曰舍短以用长;三曰简师以省费;四曰屯田以足食;五曰行法以振威;六曰敷恩以激怒;七曰捐小以全大;八曰严守以乘弊。"④此为针对"皇上以彗星之变,警

---

① (清)张廷玉.明史(一七)[M].传[六](第十七册卷一九〇至卷二〇一传).北京:中华书局,1974:5159-5160.
② (明)冯梦龙.王阳明出身靖乱录[M].杭州:浙江古籍出版社,2015:13.
③ (明)冯梦龙.王阳明出身靖乱录[M].杭州:浙江古籍出版社,2015:15.
④ (明)王守仁.王明阳全集(上)[M].吴光,钱明,董平,等编校.上海:上海古籍出版社,2006:286.

戒修省,又以虏寇猖獗,命将出师"①形势下,系统阐述边境治理之策,这是其一。还有重要之一点是其在任刑部云南清吏司主事的重要经历,决定了他对于西南总体情况较为熟悉,而这一熟悉程度则有利于其在"谪"中能够自我安顿,发挥作用,且延伸至他对云南与贵州边疆之勾连关系有明确之认知,故而能行"内圣外王"之道。且官居高位的王华在朝廷决意"谪"的情势下,也必有不放心其子"谪"官至不熟悉之地,或许有朝廷运作而选择其"谪"至其所任刑部云南清吏司主事期间所辖区域范围或相关联区域,是故有其"谪"贵州之历史情况发生,而与贵州结下了缘分。因"滇、黔地区,自古以来即渊源深厚……在地理、民族上浑然一体,政治、经济、文化各方面关系密切""你中有我、我中有你,难以截然分开"②,故王阳明"谪"贵州整体上有利于他的生活安顿与事功建立。

(四)王阳明"谪而不谪"及其对边疆治理之探索

王阳明"谪"龙场之前因,乃在于上书而得罪了宦官刘瑾,《明史》载:"正德元年冬,刘瑾逮南京给事中御史戴铣等二十余人。守仁抗章救,瑾怒,廷杖四十,谪贵州龙场驿丞。"③从史料记载来看,乃是王阳明上书而引发刘瑾迁怒则被廷杖四十,此似有不可思议之地方。因王阳明时任刑部主事,也是朝廷有品之官员,官衔乃在六七品之间,宦官何以能轻而易举地进行廷杖似难以理解,故推而论之,想必是因为惹怒了皇帝并被刘瑾加以利用才会有如此之重刑。何以能惹怒皇帝?检阅王阳明上书朝廷之文本内容再作客观之分析与探讨,或许更能还原当时之真实情形。王阳明对于南京谏官戴铣因弹劾刘瑾而被押解北京堪问之举动,上书正德皇帝《乞宥言官去权奸以章圣德疏》云:

> 臣闻君仁则臣直。大舜之所以圣,以能隐恶而扬善也。臣迹者窃见陛下以南京户科给事中戴铣等上言时事,特敕锦衣卫差官校拿解赴京。臣不知所言之当理与否,意其间必有触冒忌讳,上干雷霆之怒者。但铣等职居谏司,以言为责,其言而善,自宜嘉纳施行;如其未善,亦宜包容隐覆,以开忠谠之路。乃今赫然下令,远事拘囚,在陛下之心,不过少示惩创,使其后日不敢轻率妄有论列,非果有意怒绝之也。下民无知,妄生疑惧,臣切惜之!今在廷之臣,莫不以此举为非宜,然而莫敢为陛下言者,岂其无忧国爱君之心哉?惧陛下复以罪铣等者罪之,则非惟无补于国事,而徒足以增陛下之过举耳。然则自是而后,虽有上关宗社危疑不制之事,陛下孰从而闻之?陛下聪敏超绝,苟念及此,宁不寒心!况今天时冻沍,万一差去官校督束过严,铣等在道或致失所,遂填沟壑,使陛下有杀谏臣之名,兴群臣纷纷之议,其时陛下必将追咎左右莫有言者,则既晚矣。伏愿陛下追收前旨,使铣等仍旧供职,扩大公开纳之仁,明改过不吝之勇,圣德昭布远迩,人民胥悦,岂不休哉!臣又惟君者,元首也;臣者,耳目手足也。陛下思耳目之不可使壅塞,手足之不可使痿痹,必将恻然而有所不忍。臣承乏下僚,僭言实罪。伏睹陛下明旨有"政事得失,许诸人直言无隐"之条,故敢昧死为陛下一言。伏惟俯垂宥

---

① (明)王守仁.王阳明全集(上)[M].吴光,钱明,董平,等编校.上海:上海古籍出版社,2006:285.
② 古永继.谢圣纶与《滇黔志略》[M]//(清)谢圣纶,辑;古永继,点校;杨庭硕,审定.滇黔志略点校.贵阳:贵州人民出版社,2008:1.清人谢圣纶以滇黔合志,即有将滇黔视为整体之观念,同时也显示了行政区划不同的两个地区在地域、风土或史事上具有某种难以分割之关系。
③ (清)张廷玉.明史(一七)[M].传[六](第十七册卷一九〇至卷二〇一传).北京:中华书局,1974:5160.

察，不胜干冒战栗之至！①

由王阳明疏之行文内容来看，王阳明对于正德皇帝的言辞乃是毕恭毕敬的口吻：一是以仁君、圣人作比，有将正德皇帝视为三代之圣贤大舜一般；二是询问以是否妥当之相商口气和圣旨有"政事得失，许诸人直言无隐"之由，而昧死为正德皇帝进言。王阳明如此谦卑之言辞，势必不会怎么惹怒正德皇帝的。上述疏文关键之点在于他评点了帝王之得失，如"惧陛下复以罪铣等者罪之，则非惟无补于国事，而徒足以增陛下之过举耳"，"使陛下有杀谏臣之名"之云云，显而易见有教训之意，则有违君臣之礼且有扫皇帝颜面和尊严之嫌，而加之刘瑾加油添醋，故其受杖刑也就在所难免了。王阳明因上书实为孟浪之举，既得罪了初理朝政的正德皇帝，也得罪了权奸刘瑾，"时武宗初政，奄瑾窃柄"②，故他不仅被锦衣卫羁押于狱中，并有《狱中诗十四首》③为证，而且被廷杖四十杖而死去活来，"既绝复苏"④。在狱中，王阳明是极度悲苦的，其《屋罅月》诗云："幽室不知年，夜长昼苦短。但见屋罅月，清光自亏满。佳人宴清夜，繁丝激哀管。朱阁出浮云，高歌正凄婉。宁知幽室妇，中夜独愁叹。良人事游侠，经岁去不返。来归在何时？年华忽将晚。萧条念宗祀，泪下长如霰。"⑤之后，他又"寻谪贵州龙场驿驿丞"⑥。"寻谪"一词，在解释上多有语焉不详；分而释之，"谪"为谪贬之意，不必作过多解释，关键乃在"寻"字上，似较难理解。考之意义，"寻"此处或作两解：一为"不久"解，作副词用；二为"分析、绎理、寻求"之义，作动词使。倘若为第二义的话，《年谱》用"寻谪"这一特殊表达方式，则似别有用意地在表明乃是"设法"而"谪"至贵州龙场，故这一历史情境似有进一步解读和想象的历史空间，或为正德皇帝派其作为监视地方而起到的耳目作用之远见卓识，抑或为朝廷有识之臣瞒天过海的政治策略。而且，在王阳明视界中的正德皇帝乃是"陛下聪敏超绝"之形象，而岂会轻易就听信刘瑾一己之言而能恶言恶语中伤。因此而有宦官刘瑾仍不满意于朝廷作出的这样一种"特殊"安排，是故有其派人追杀王阳明且有将其置之死地而后快的异常举动。故这一因果推设，乃是符合历史逻辑的过程。因此，时隔多年之后，王阳明还将"谪"贵州龙场视为皇帝之恩典的论说，即"蒙恩降贵州龙场驿丞"⑦。王阳明亦曾在《瘗旅文》中记载：

> 维正德四年秋三日，有吏目云自京来者，不知其名氏，携一子一仆将之任，过龙场，投宿土苗家。予从篱落间望见之，阴雨昏黑，欲就问讯北来事，不果。明早，遣人觇之，已行矣。薄午，有人自蜈蚣坡来，云："一老人死坡下，傍两人哭之哀。"予曰："此必吏目死矣，伤哉！"薄暮，复有人来云："坡下死者二人，傍一人坐叹。"询其状，其子又死矣。明日，复有人来云："见坡下积尸三焉。"则其仆又死矣。呜呼伤哉！……吾龙场驿丞余姚王守仁也。吾与尔皆中土之产，吾不知尔郡邑，尔乌乎来为兹山之鬼乎？古者重去其乡，游宦不逾千里，吾以窜逐而来此，宜也。尔亦何辜乎？闻尔官，吏目耳，俸不能五

---

① （明）王守仁.王明阳全集（上）[M].吴光，钱明，董平，等编校.上海：上海古籍出版社，2006：291.
② （明）王守仁.王明阳全集（下）[M].吴光，钱明，董平，等编校.上海：上海古籍出版社，2006：1227.
③ （明）王守仁.王明阳全集（上）[M].吴光，钱明，董平，等编校.上海：上海古籍出版社，2006：674-676.
④ （明）王守仁.王明阳全集（下）[M].吴光，钱明，董平，等编校.上海：上海古籍出版社，2006：1227.
⑤ （明）王守仁.王明阳全集（上）[M].吴光，钱明，董平，等编校.上海：上海古籍出版社，2006：676.
⑥ （明）王守仁.王明阳全集（下）[M].吴光，钱明，董平，等编校.上海：上海古籍出版社，2006：1227.
⑦ （明）王守仁.王明阳全集（上）[M].吴光，钱明，董平，等编校.上海：上海古籍出版社，2006：299.

斗,尔率妻子躬耕可有也,乌为乎以五斗而易尔七尺之躯?又不足,而益以尔子与仆乎?①

京城吏目流配远方,比之于王阳明寻谪龙场更为惨烈,命伤于流配途中。因此,吏目一家三口之死,不能不引发阳明心中之感念与悲叹于命运的不幸。从吏目之死,也可从一侧面反映出阳明受谪龙场,亦属于万幸了!

王阳明"谪"贵州龙场,虽是仅担任了贵州龙场驿之驿丞小官,但亦引起了土司贵州宣慰使安贵荣的不安与警觉,随之即在王阳明与土司安氏之间进行了政治上的多次较量与交锋。我们借助于王阳明《与安宣威》书信三封之文本内容,可以一探其正面交锋之真实究竟。首先,乃是安贵荣馈赠以物品来作投器之探,立刻受到阳明之婉拒。王阳明在谢绝复函中云:"使君不以为过,使廪人馈粟,庖人馈肉,园人代薪水之劳,亦宁不贵使君之义而谅其为情乎!自惟罪人,何可以辱守土之大夫,惧不敢当,辄以礼辞。"②其次,安贵荣示以"减少驿站"和"奏请升职参政"表达诉求之问来诘难或试探王阳明之态度时,王阳明的政治立场却十分明确:"凡朝廷制度,定自祖宗;后世守之,不敢以擅改。改在朝廷犹谓之变乱,况诸侯乎?纵朝廷不见罪,有司者将执法以绳之,使君必且无益。"③并认为:"使君为参政,已非设官之旧,今又干进不已,是无抵极也,众必不堪。夫宣慰守土之官,故得以世有其土地人民;若参政,则流官矣,东西南北,惟天子所使。"④王阳明以义正词严之态度对安氏之心思与诉求予以了强力回击,并对其以严正警示云"拂心违义而行,众所不与,鬼神所不嘉也"⑤,其目的就在于从心底打消安氏任何违背朝廷的非分之想,从而在思想上正面引导安氏土司集团与中央王朝保持高度一致。最后,王阳明因阿贾、阿札之变而主动致函安贵荣,而迫使安氏识迷途而知返,出兵讨激变之贼,对于稳定苗变局势起到了关键性作用。王阳明信函曰:"阿贾、阿札等畔宋氏,为地方患,传者谓使君使之。……使君诚久卧不出,安氏之祸必自斯言始矣。……朝廷下片纸于杨爱诸人,使各自为战,共分安氏之所有,盖朝令而夕无安氏矣。……今使君独传者三世,而群支莫敢争,以朝廷之命也。苟有可乘之衅,孰不欲起而代之乎?……绝难测之祸,补既往之愆,要将来之福。"⑥可见,王阳明对安氏晓之以理,动之以情,恩威并施,指点厉害,而成安氏诛心之函。王阳明对安氏施以攻心为上之策,即不用一兵一卒而屈人之心,既显示了王阳明杰出的思想智慧和运作手段,也体现了其对西南边疆政治军事形势有清醒和整体认知以及治理实践的长远思考,其"以土治土"、分化瓦解的地方治理思想十分明显,且利用地方势力之间的矛盾关系,有效平衡和制约诸家势力一家独大与发展,从而整体上有益于明中央有效实现对西南边疆局势的控制。

王阳明"谪"而"不谪",乃在于他非一"谪"而降职至官场底层后一蹶不振和失去未来之官场进阶,相反是又获得了他在官场底层磨砺前行的难得人生机会,如同王阳明自己所亲说的"事上磨炼"过程;同时他在贵州的万山丛中仍然能够起到对边疆贵州土司的稳定作

---

① 王阳明《瘗旅文》
② (明)王守仁.王阳明全集(上)[M].吴光,钱明,董平,等编校.上海:上海古籍出版社,2006:802.
③ (明)王守仁.王阳明全集(上)[M].吴光,钱明,董平,等编校.上海:上海古籍出版社,2006:803.
④ (明)王守仁.王阳明全集(上)[M].吴光,钱明,董平,等编校.上海:上海古籍出版社,2006:803.
⑤ (明)王守仁.王阳明全集(上)[M].吴光,钱明,董平,等编校.上海:上海古籍出版社,2006:803.
⑥ (明)王守仁.王阳明全集(上)[M].吴光,钱明,董平,等编校.上海:上海古籍出版社,2006:804-805.

用,他有如此不一般的人生经历,真不可谓不令人由衷赞叹。如果说王阳明之前的《陈言边务疏》是他在理论上积极探索思考边疆治理的思想智慧涌现的话,那么在贵州龙场他与安贵荣土司集团的博弈较量乃是其重要的治边思想的亲身实践;尤其是他与安宣慰书信之交流,则集中地展示了他安抚贵州水西土司人心独有的政治智慧与军事智慧,同时也开启了王阳明探索边疆与地方治理之路的新的历史篇章。

三、"龙场悟道":龙场之特殊地缘造就思想者之思想生命与思想行动

有学者在评论清代语言文字学家段玉裁时说:"论者谓玉裁学问深造,任玉屏时进益为多,如王文成学问功业,震耀一世,实得力于居龙场驿时也。"①此处,虽以王阳明为陪衬来言说段玉裁之学问根基乃在其"任玉屏时进益为多",但亦显示了学人一贯习以为常对王阳明成就之认知,即"得力于居龙场驿时也"。可见,龙场悟道,是王阳明思想生命的开端,构成了其事功不可或缺的重要一环,是重要的时缘、重要的地缘和重要的人缘,多因缘、多条件和合而成,造就了阳明辉煌和光明的人生历程。

王阳明"谪"龙场,而不"谪"他处,实际上有深刻的背景和因缘,前文有所论及。然可具体归因则有五:一是中央王朝对西南边疆的治理有深远之考虑;二是王阳明曾有客访北方居庸关、山海关之经历,对边关防务有亲身体验和一定认知;三是曾上书八条论西北边务,对于治理边疆具有独特见识;四是任刑部云南清吏司主事与云贵颇有因缘,而对云贵较为熟悉,有利于开展各项工作;五是学识与才干过人,既能教化当地民众,也有能力处理好地方复杂性问题。

历史地看,王阳明"谪"龙场与明中央王权对于西南边疆的控制也有因缘。明王朝建立之后,云南仍处于元梁王统治之下。洪武十四年(1381年)九月间,朱元璋就开始谋划以武力统一云南。是月(九月)二十六日,"征南将军傅友德兵至湖广,分遣都督胡海洋率兵五万由永宁奔向乌撒"②,十二月十一日,"傅友德等率大军由辰州、沅州进入贵州,连克普定、普安,留兵戍守,然后精兵曲靖"③。洪武十五年(1382年),"蓝玉、沐英进兵大理,灭段氏政权"④。至此,云南纳入明中央王朝控制范围。然而,朱元璋鉴于西南边疆之整体格局,认为"区画布置,尚烦计虑","霭翠辈不尽服之,虽有云南不能守也"⑤。可见,在朱元璋看来,控制云南的最重要的基础性条件,乃是妥善经营贵州。于是,明中央王朝"把战略重点转向贵州,使之成为巩固的后方"⑥。而总体上对西南掌控乃是施行安抚和宽松政策,如对仁智上京表明的朝廷立场则是"汝归善抚之,使各安其生,则汝可长享富贵"⑦。关于西南边疆赋税的处理态度,明王朝乃是"蛮方僻远,来纳租赋,是能遵声教矣。逋负之故,必由水旱之灾,

---

① (民国)刘显世,谷正伦,修;任可澄,杨恩元,纂.(民国)贵州通志(宦迹志十五)[M].右镇远府属.1948,贵阳书局铅印本:52.
② 《贵州通史》编委会.贵州通史简编[M].北京:当代中国出版社,2005:60.
③ 《贵州通史》编委会.贵州通史简编[M].北京:当代中国出版社,2005:60.
④ 《贵州通史》编委会.贵州通史简编[M].北京:当代中国出版社,2005:60.
⑤ (清)张廷玉.明史.二七[M].七传[一六](第二七册卷三一三至卷三二二传).北京:中华书局,1974:8168.
⑥ 《贵州通史》编委会.贵州通史简编[M].北京:当代中国出版社,2005:60.
⑦ (清)张廷玉.明史(二七)[M].传[一六](第二七册卷三一三至卷三二二传).北京:中华书局,1974:8168.

宜行蠲免。自今定其数以为常,从宽减焉"①,仍然是十分宽松的。且这一治理方式为后来明朝廷所沿用与继承,"明初御蛮之道,其后世之龟鉴也夫"②。王阳明所谪之地为龙场驿,与霭翠之妻子奢香有极大关联。洪武十七年(1384年),"奢香率所属来朝,并诉晔激变之状,且愿效力开西鄙,世世保境。帝悦,赐香锦绮、珠翠、如意冠、金环、袭衣,而召晔还,罪之。香遂开偏桥、水东,以达乌蒙、乌撒及容山、草塘诸境,立龙场九驿"③。龙场驿之设立,不仅进一步加强了明中央王朝对地方的控制,而且亦为王阳明"谪"龙场提供了前提条件。事实上,王阳明与黔地关系之密切在"谪"龙场的过程中就已经初见端倪。王阳明逃离刘瑾追杀,路遇早年在江西铁柱宫之高道,给其占得一明夷卦象。《易经·明夷卦第三十六》云:"明夷,利艰贞。……《象》曰:'明入地中,明夷。内文明而外柔顺,以蒙大难,文王以之。利艰贞,晦其明也。内难而能正其志,箕子以之。'……初九,明夷于飞,垂其翼……六二,明夷,夷于左股,用拯马壮,吉。……九三,明夷于南狩,得其大首,不可疾贞。《象》曰:'南狩之志,乃大得也。'……六四,入于左腹,获明夷之心,于出门庭。……六五,箕子之明夷,利贞。……上六,不明晦,初登于天,后入于地。"显示了未来人生之路艰难曲折,但最终成就成果。易经卦相之时、位,即预示了王阳明经历风雨必有吉相出现且人生功业亦主要成就在南方。

孟子云:"天将降大任于是人也,必先苦其心志,劳其筋骨,饿其体肤,空乏其身,行拂乱其所为,所以动心忍性,曾益其所不能。"④王阳明初至龙场,亦有如是之经历,且有其《初至龙场无所止结草庵居之》诗为证:

> 草庵不及肩,旅倦体方适。
> 开棘自成篱,土阶漫无级。
> 迎风亦萧疏,漏雨易补缉。
> 灵濑响朝湍,深林凝暮色。
> 群僚环聚讯,语庞意颇质。
> 鹿豕且同游,兹类犹人属。
> 污樽映瓦豆,尽醉不知夕。
> 缅怀黄唐化,略称茅茨迹。⑤

然而,求道与向道一直是沉潜在阳明思想深度的情愫,尤其是"谪"贵州龙场更是加剧了其内心的焦虑与渴求,其《溪水》诗则形象地表达了他的这一心境:"溪石何落落,溪水何冷冷。坐石弄溪水,欣然濯我缨。溪水清见底,照我白发生。年华若流水,一去无回停。悠悠百年内,吾道终何成!"⑥而且,王阳明在"谪"期间,悟道与体道似已成为其关注的最为重要的人生问题,他作有《春日花间偶集示门生》诗:"闲来聊与二三子,单夹初成行暮春。改课讲题非我事,研几悟道是何人?阶前细草雨还碧,檐下小桃晴更新。坐起咏歌俱实学,毫

---

① (清)张廷玉.明史(二七)[M].传[一六](第二七册卷三一三至卷三二二传).北京:中华书局,1974:8168.
② (清)张廷玉.明史(二七)[M].传[一六](第二七册卷三一三至卷三二二传).北京:中华书局,1974:8168.
③ (清)张廷玉.明史(二七)[M].传[一六](第二七册卷三一三至卷三二二传).北京:中华书局,1974:8169.
④ 《孟子·告子下》
⑤ (明)王守仁.王阳明全集(上)[M].上海:上海古籍出版社,2006:694-695.
⑥ (明)王守仁.王阳明全集(上)[M].上海:上海古籍出版社,2006:697.

厘须遣认教真。"①诗里显示了他时刻不忘的人生大事,即以体道与悟道的方式而超凡入圣。哪怕是遭遇千锤百炼之磨难,仍然是初心不改,即所谓"道自升沈宁有定,心存气节不无偏"②。

同时,王阳明与龙场之地相适宜,即隐藏山野之中故能逃避刘瑾迫害之祸,亦如王阳明在《瘗旅文》中言"吾以窜遂而来此,宜也"③,在《何陋轩记》曰"予处之旬月,安而乐之"④,且之后"龙场悟道"的事实也进一步证明王阳明与贵州之因缘甚深。据《年谱》:"居久,夷人亦日来亲狎。以所居湫湿,乃伐木构龙冈书院及寅宾堂、何陋轩、君子亭、玩易窝以居之。思州守遣人至驿侮先生,诸夷不平,共殴辱之。守大怒,言诸当道。毛宪副科令先生请谢,且谕以祸福。先生致书复之,守渐服。"⑤从中我们不难看出,王阳明在龙场安定久居下来,就受到了当地夷族民众的拥护与爱戴,而且与夷人在生活上更是打成了一片,不仅凸显了王阳明居险地的生存之道与生活智慧,也是他独特人格魅力的一大鲜活展示,亦为其能够在夷汉杂居的当地施以儒学教化民众奠定了坚实的群众基础。

可见,时变赋予时贤探索中国边疆治理之道。个人命运之荣辱与国家命运之安危相互交织,王阳明在极度焦虑中探求良知的道德价值来妥善地实现生命的安顿。而寻找生命的安顿过程,在本质上也是在寻找国家的安顿过程,恰恰就在历史命运与个人命运相交织的过程中,王阳明在这一历史困境中实现了自己的思想突破,超凡入圣而成为真正的时代圣贤。

总的来看,"谪"贵州龙场之事件,或许就是王阳明超凡转圣和实现人生价值的时与运。诚如他自己所说:"昔也行于朝,今也行于夷,顺应物而能当,虽守方而弗拘,非君子之时乎?"⑥"若观于通都焉,而予忘予之居夷也。"⑦由此也开启了他作为思想者的生命探索,从而导致了中国思想史上绝无仅有的历史性重大事件——"龙场悟道"的发生与登台出现,而使王阳明内在生命的超越性灵觉之性得以无限的升华,其内心涌现出的心学思想智慧也随之焕然一新并照耀古今。

四、阳明心学思想源头与"龙场悟道"之思想主题及其历史意义

思想史演进的内在脉络,是驱动王阳明思想者进行思想探索的强大力量。众所周知,思想不离于人生境遇,不离于历史时代,不离于政治局势,这些都是影响王阳明心学思想生成与创建的鲜活要素构境,因为在特殊的空间场,知识、思想、命运及其相互影响总是关联着的。时空关系性事件与思想积淀经验之构境,促使王阳明心学创建具有了不可或缺的思想性条件基础,尤其是王阳明参加"弘治十二年己未科"科举对其生命之影响乃是实证性的。故可以从科举事件这一侧面的现象来探析阳明心学形成的心态学源头,从而洞悉关系视野中阳明心学的历史内涵。

---

① (明)王守仁.王阳明全集(上)[M].上海:上海古籍出版社,2006:712-713.
② (明)王守仁.王阳明全集(上)[M].上海:上海古籍出版社,2006:712.
③ (明)王守仁.王阳明全集(上)[M].上海:上海古籍出版社,2006:952.
④ (明)王守仁.王阳明全集(上)[M].上海:上海古籍出版社,2006:890.
⑤ (明)王守仁.王阳明全集(下)[M].上海:上海古籍出版社,2006:1228.
⑥ (明)王守仁.王阳明全集(上)[M].上海:上海古籍出版社,2006:892.
⑦ (明)王守仁.王阳明全集(上)[M].上海:上海古籍出版社,2006:891.

(一) 阳明心学思想源头探析

王阳明心学的源头在哪里？我们似乎可以从科举与其思想关联作一粗浅探索。王阳明科举经历，从所见之资料显示有三次。而对于科举与心学之间的关系问题，学术界未有更多关注，而往往关注重视王阳明第一次科举失败后的他与众不同的个人感受与言辞，而以此来衬托出立志作圣贤的王阳明的"不动心"之高大人物形象和重要人格境界。故在王阳明科举失败后，皆从正面导向上强调他的言说"世以不得第为耻，吾以不得第动心为耻"①观点。事实上，王阳明面对第一次的失败，显示了他冷静平和的思想心态，作为非常之人而不为外境所迁的非凡定力。然而，按照心理学的观点来说，乃是一种维护自我尊严的解释性言辞，即"当个体的动机未能实现或行为不能符合社会规范时，为了减免焦虑的痛苦及维护个人的自尊，于是对自己的作为给予一种合理的解释，以掩饰自己的过失，并达到维护自尊的目的"。一般而言，明代科举每三年一次，故其第二次参与科举当在弘治九年丙辰科（1496年），即25岁时；其第三次科举是在弘治十二年己未科（1499年），即28岁时。值得一提的是他第三次科举，面对的会试题为："《论语》：欲罢不能。既竭吾才，如有所立卓尔，虽欲从之，末由也已。《礼记》：知所以修身，则知所以治人。知所以治人，则知所以治天下国家矣。《孟子》：恻隐之心，仁也。羞辱之心，义也。恭敬之心，礼也。是非之心，智也。"涉及的是立德修身与治国平天下两件大事。而皇帝之殿试策问曰："帝王致治之法，礼乐二者足以尽之乎？宋欧阳氏有言：三代而上，治出于一，而礼乐达于天下；三代而下，治出于二，而礼乐为虚名。当时道学大儒，称为古今不易之至论。今以其言考之，上下数千余年致治之迹具在，可举而论之乎？……朕祇承丕绪，夙夜拳拳欲弘礼乐之化，益隆先烈，而未悉其道。子诸生其援据经史，参酌古今，具陈之。朕将亲览焉！"会试之题与殿试策问，问题虽然看似不一，然却有着共同的主题，即是"内圣之道"，或更确切地说乃是"内虚外王"②之道，即重视内在的心性修养和治国安邦的价值取向。科考且入围殿试的王阳明面对朝廷这样的考题和皇帝的直接策问，既不可能不在思想上作出深刻的思考，亦不可能不在心灵上产生深远的影响，尤其是科举题目中《礼记》涉及的"知"，以及《孟子》涉及的"心"。无论是"心"，还是"知"，都是中国哲学和中国思想史上重大的范畴与命题，也是阳明不断思考的人生与思想主题，故这一因素来探寻，毋庸讳言可以称阳明心学的源头在《孟子》，亦在《礼记》。

事实上，孟子的心性思想对王阳明来说是有深刻影响的，尤其是孟子在《孟子·尽心上》所阐发的良知、良能思想观念，直接成为王阳明心学思想创发和建立的思想资源和理论来源。孟子云：

> 人之所不学而能者，其良能也；所不虑而知者，其良知也。孩提之童，无不知爱其亲者；及其长也，无不知敬其兄也。亲亲，仁也；敬长，义也。无他，达之天下也。③

---

① （明）王守仁.王阳明全集（下）[M].上海：上海古籍出版社，2006：1223.
② 内虚外王："内圣外王"出自《庄子·天下篇》云："是故内圣外王之道，暗而不明，郁而不发。天下之人，各为其所欲焉以自为方。悲夫！百家往而不反，必不合矣。后世之学者不幸，不见天地之纯，古人之大体，道术将为天下裂。"多成后世学者指称儒学的旨趣在"内圣外王"。然而，显而易见之一句"悲夫"则表明庄子对于"内圣外王"是持否定态度的。庄子以为，"人皆取实，己独取虚"。窃以为，以"内虚外王"更能体现儒学的思想旨趣。《庄子·人世间》云："回曰：'敢问心斋。'仲尼曰：'唯道集虚。虚者，心斋也。'"可见，仲尼是赞赏"止于心符"，即"心斋"的。
③ 参见方勇，译注.孟子·尽心上[M].北京：中华书局，2010：264.

孟子这段话的意思是说，人不经过学习就能做到一切，这是一种极为优秀的能力；人不经过思考就可以知晓一切物理事相，这是一种良知。孩童幼年时莫有不知道要爱自己的父母，而长大之后无不尊敬其兄长的。爱父母是仁爱，尊重兄长是道义，这是人之本性或天性，且流行于天下。孟子论良知与良能，乃是从人的行为表现等外在事相上入手，且着力于从仁、义二字的伦理精神上进行立说，虽有涉及良知和良能之概念范畴，但并未对良知良能展开系统的论述与阐发，故未能形成完整性、体系化的良知学说。孟子从仁、义上进行立说论良知良能，其理论基石不离于他的人性善恶论，其论证的逻辑起点或思想根底还在于其"四端心"的认知上。孟子云："恻隐之心，人皆有之；羞恶之心，人皆有之；恭敬之心，人皆有之；是非之心，人皆有之。恻隐之心，仁也；羞恶之心，义也；恭敬之心，礼也；是非之心，智也。仁义礼智，非由外铄我也，我固有之也，弗思耳矣。"①孟子论心，多从心之效用上着手，承认了用心的多重功用与价值意义，但未能从体用上言说，其就心之体用相即关系方面展开言说也不够。故与阳明良知学说的真义存在着较大之差异。但是，孟子良知、良能的思想资源却是王阳明良知学说的重要理论来源之一。

（二）"龙场悟道"之思想主题

心学之思与良知学的开创，其历史渊源实际上乃发轫在贵州的龙场，而直接与龙场悟道这一历史性事件紧密关联。然而，为何会引发龙场悟道？龙场悟道的思想主体是什么？龙场悟道，究竟悟了什么？这一系列问题值得做进一步探究。

首先，王阳明"学之三变"与"龙场悟道"事件之发生。龙场悟道并非单一之偶然性事件，而是思想的一连串线索的最终归结。王阳明在龙场悟道之前，他始终徘徊在儒释道三教之间。进行生命与人生的艰难探寻与抉择，乃是王阳明思想深处的闪光之点。关于王阳明对仙释的认知与践行，构成了"龙场悟道"最为关键性环节，王阳明心学思想体系的建立，离不开儒释道三家的思想智慧，他的可贵之处就在于他不迷信与沉迷于仙释之道，而是融会贯通式地加以理解、汲取与借鉴，吸取与吸纳内在的生命智慧，并在生命行动的过程中给予了哲学语境上的升华与扬弃，构成了王阳明悟道一系列的基础性条件和思想性元素。尤其是儒学的知识涵养为悟道提供了思想资源，奠定他悟道的思想基础。同时，佛教与道教的知识获取为其悟道提供了可以借鉴的经验智慧。因此，王阳明在游苑禅林与徘徊仙释之间，才能渐悟仙、释之非，而复归于儒门圣学，遂在龙场而悟道。故其有如是感叹："吾亦自幼笃志二氏，自谓既有所得，谓儒者为不足学。其后居夷三载，见得圣人之学若是其简易广大，始自叹悔错用了三十年气力。"②可见，王阳明一直在思想的道路上努力探索圣人之学的真谛。

其次，龙场悟道的思想主题与"悟个什么"。龙场悟道的思想主题就是圣贤之道。龙场悟道，简言之，那就是王阳明觉悟心中本具的"格物致知"之旨，即良知。那么，良知是什么？王阳明对良知的界定与言说颇多。他说"良知是造化的精灵"，"良知者，心之本体，即前所谓恒照者也""良知一也""良知即是未发之中，即是廓然大公""良知即道""良知即是天理"，皆可视为对良知形上本体在形下起用之无限性言说，因而言说的方式是多样的、多元的和全方位的，而这样的言说之差异性恰恰说明了本体的作用具有多向性、立体性和整体性的

---

① 参见方勇，译注.孟子·告子上[M].北京：中华书局，2010：218.
② 参见象山语录 阳明传习录[M].上海：上海古籍出版社，2000：205.

特征,且这样一种多元性、全方位的言语表述,切实地彰显了良知的全体大用与"道通为一"的全理性特质。事实上,良知即"儒门"之真智,乃本体之知,是天理人性的本然状态。良知是天命、德性(道德本体),是个体全部的生命意义、价值世界和终极追求。它在客观的宇宙世界中具有超越性,就是天道,是天命之性,是天地万法,是宇宙规律,是理性之源;而在人的生命内在性情世界中具有智慧性,就是人心至善,就是心性本体,它"寂然不动,感而遂通"①(《易经·系辞上》),是人性之本。诚如王阳明云:"天命之性,粹然至善。其灵昭不昧者,皆其至善之发见,是皆明德之本体,而所谓良知者也。"②而在阳明看来,良知就是天命所具的自然秉性,是善性的发窍处与开显之源,其至善至纯,并具有灵昭不昧的智慧德性,是人心具足的光明本性。因此,王阳明龙场悟道,就是要证悟良知本体,即是悟此人人具足的良知本体自性,这就是王阳明一直要探索的思想主题。

(三)"谪"而"不谪"与"龙场悟道"耦合交互性:历史社会价值及其思想史意义

王阳明的"谪"而"不谪"与"龙场悟道"的耦合性在于其相互关联,换言之,前者为后者提供了场域,是后者的重要构境,无有此构境,亦很难说阳明就可以实现其一直梦寐以求的圣域道境,即证悟良知本体。而后者构成了其"谪"而"不谪"的时代意义,即没有了后者,前者的"谪"似不可能石破天惊而充满时代价值。因此,"谪"与"悟"构成了王阳明人物思想形象的不可或缺的两大要素,故是交互性的、不二性的。所以,就此意义而言,两者存在耦合性与交互性。

其一,"谪"而"不谪"铸就阳明龙场悟道特殊的"地缘"因素。"谪而不谪"是政治向度对阳明谪之认知与探索,这一谪的一般性现象后却孕育着"龙场悟道"难得的天时机缘。因为,时变亦在人情里。正是这一"谪"的时运变化,才为王阳明能龙场悟道提供了"时缘"。而对于"龙场悟道"来说,王阳明悟道不是发生在浙江余姚、北京、安徽九华山、江西庐陵、江苏南京等生平到过之地,而偏偏发生在偏僻的边疆苗蛮外化之地贵州的龙场,也是一种特殊的"地缘"因素所致。关于地理环境与文化精神的关系,学术界论述颇多。日本学者福田和民曾说过:

> 凡天然之现象过于伟大,则恐怖之念起,而想象力易敏,道理性易缩,其遮人心之发达而妨文明之进步者,莫此为甚。若使反乎此,而天然之现象中和而不过于伟大,则人类不至为天然所压倒,自信力遂从而发达,不特不怖此天然,且爱此天然,不特不漠置此天然,且接近此天然,至为种种之试验,以制天然之势力,以达人间之利用焉。③

贵州龙场位处西南边缘,为中原视为蛮夷之地,与唐宋以来江南发达之经济文化不可同日而语。来自两京(北京、南京)畿地且出生于江浙经济富裕、文化丰厚省份的王阳明有这个心理优势,对于贵州山川自然会"不特不怖此天然",反而是"且爱此天然",并成就了"阳明先生遗爱处"④之文化遗产的留存于世。龙场这一天然处所,为阳明谪居于此提供了生存空间、生活空间和思想空间,亦促成了他放下万念而一心静心思悟他的生命学问。由

---

① 《易经·系辞上》
② (明)王守仁.王阳明全集(下)[M].上海:上海古籍出版社,2006:969.
③ (日)浮田和民,讲述.史学通论(四种合刊)[M].李浩生,等翻译.上海:华东师范大学出版社,2007:81.
④ 此摩崖石刻,刻于明万历己丑年季春,"阳明先生遗爱处"为贵州宣慰安国亨手书。石刻文字表明阳明爱此天然之地。

此,思想与地缘如是结合,助推了其心学之创生。故如梁启超在《地理与文明之关系》中所言:"有适宜之地理,然后文明之历史出焉。"①可见,地理环境也是王阳明思想产生飞跃的一大助缘。故阳明心学冲决了思想之罗网,遂诞生于黔中蛮荒之地。

其二,"龙场悟道"的价值意义。龙场悟道,王阳明以切身之体悟确证了良知的真实及其超越性价值,那就是以良知道德本体为终极意义的生命追求与文化创造,这也构成了阳明心学的本体意境与独特意义,使心学成为区别于孔孟以来并经程朱改塑的儒学的另一种新的儒学形态和类型且延续至今。王阳明在《朱子晚年定论序》中说:"洙泗之传,至孟子而息。千五百余年,濂溪、明道始复追寻其绪。自后辩析日详,然亦日就支离决裂,旋复湮晦。……其后谪官龙场,居夷处困,动心忍性之余,恍若有悟。体验探求,再更寒暑,证诸六经四子,沛然若决江河而放之海也。……及官留都,复取朱子之书而检求之,然后知其晚岁固已大悟旧说之非,痛悔极艾,至以为自诳诳人之罪不可胜赎。世之所传集注、或问之类,乃其中年未定之说,自咎以为旧本之误,思改正而未及。"②因此,可以说阳明心学与程朱理学(儒学的改塑形态)不曾有过的姿态在哲学史与思想史上实现了儒学的又一次转向与思想转型,使绵延千年的儒家思想文化在中国学术思想的历史进程中具有划时代的变革意义并成为思想文化发展史上一次极其重要的真正意义的"超越"与"突破"。与此同时,亦推动了贵州地域学术思想的发展与转折,也进一步证明王阳明"谪"而"不谪"。

五、余论

王阳明的"谪"龙场事件,实际上是与明王朝的边疆治理的大格局相互交织在一起的。在国家边患危难之际,有了王阳明"谪"龙场一系列历史事件的发生,王阳明表面上是受到了降谪,遭遇了人生的磨难,但何尝不是在千锤百炼王阳明,磨炼其心志,因在"事上磨炼",才能成就其不平凡的人生。因此,"龙场悟道"这一思想性事件,不仅促成了王阳明思想的重大转变,并使其进入了儒圣门正法眼藏的思想天地与圣贤境界,从而开启了良知心学修身、齐家、治国、平天下及其治理边疆的新路向。他以良知为价值真理,而把其万物一体、知行合一的全新的儒学思想理念贯穿于其教育树人与治国安邦的实践中,开启了一个时代的新变局,在思想史上具有革命性的意义。

具体而论,就边疆治理而言,阳明以一纸书信即安定水西局势,巡抚南赣、平宁王叛乱,安抚思田等,体现了其以良知心学安邦济民的政治抱负与历史担当,并且先后担任过与云南、贵州、四川有关的官职,亦较好地贯彻落实了明王朝治理边疆的整体政治方略。以云贵为例,事实上明中央一直是重视云贵边疆治理的。历史地看,明朝对西南边疆之治理由来已久,且治理方式是多元化和多措并举的。从文化方面来看,早在洪武年间,朱元璋在位时就逐步加强。实际上早在明洪武十五年(1382年),朱元璋重视儒学教育,令各土司"凡有子弟皆令入国学受业",目的在于"使知君臣父子之道,礼乐教化之事"③。明洪武二十一年(1388年),朱元璋即有以佛教来教化西南民众之举措。据《金陵梵刹志》云:"三月十四日,僧录司左善世弘道等于中右门钦奉圣旨:'凭僧录司行文各处僧司去,但有讨度牒的僧,二

---

① (日)浮田和民,讲述.史学通论(四种合刊)[M].李浩生,等翻译.上海:华东师范大学出版社,2007:19.
② (明)王守仁.王阳明全集(上)[M].上海:上海古籍出版社,2006:240.
③ 《贵州通史》编委会.贵州通史简编[M].北京:当代中国出版社,2005:60.

十以上的发去乌蛮、曲靖等处,每三十里造一座庵,自耕自食,化他一境的人。钦此。'"①显而易见,朱元璋的教化目的很明显,且在乌蛮、曲靖等处每三十里造一座庵的措施,客观而言也促进了贵州佛教的发展。文化教育与宗教教化皆纳入皇权政治视野的控制范围,而成为中央王朝以宗教文化来经营地方的重要之政治策略。从军事方面来看,加强军事控制,进行军事部署,"建立贵州都指挥使司以作云南后盾,设立卫所,驻扎重兵,保证'云南道路往来无碍'"②,同时置贵州卫和贵州前卫,在军事上配合政治有效进行管理。政治上,洪武五年(1372年)合并安氏水西与宋氏水东两土司而建贵州宣慰司,并以安氏为宣慰使,以宋氏为宣慰司同知,以达到相互牵制而实现中央王朝对其有效控制,此外有设立省的重要举措,等等。总之,"明代从政治、军事、经济、文化、思想各方面把土司纳入国家统一制度,成为中央王朝对少数民族地区进行统治的重要工具"③。因为这一时期,明王朝不仅要应对西南边疆诸多复杂治理问题,而且北方的瓦剌、鞑靼也是外部忧患。明王朝治理边疆必须一只眼睛盯住西南,一只眼睛盯住西北,因为西南与西北彼此相连、互为影响,即稳定西南可用兵西北而稳定西北则可加强西南控制,故明代的这一历史大格局情势,对于王阳明"谪"贵州龙场亦颇为重要和关键,且王阳明与西南边疆有甚深之因缘亦在情理之中④。与这一时局相关联,王阳明无论作为刑部云南清吏司主事,贵州龙场驿丞,还是刑部四川清吏司,都与西南有关,尤其是作为龙场驿丞,不仅做好本职工作,而且在安定水西和教化地方上发挥了重要作用。

就其良知学说而论,良知学说是生命行动的学问。阳明不是将心学作为束之高阁的学术知识,而是将其视为教化人心与治理社会的理论武器。故在其教示学人与安邦治国实践中,他皆能本于内在心性世界本有之良知,把心学之魂用之于事事物物,体现其万物一体、知行合一的思想理念。其一,龙场悟道之后,就建立了龙冈书院,倡导知行合一,即具有教育教化人心之作用。而他对教育的功能认识,正如其时隔多年之后在《添设和平县治疏》中所说:"兴起学校,以移风易俗……敷施政教而渐次化导之。"⑤这一教化人心之法,亦与洪武帝朱元璋在治理贵州边疆时主张的教化思想是一致的。可见,教化人心,实乃统治者国家治理之重要方法。王阳明在贵州龙场悟道,同时也施教一方,为贵州的地方文化建设和社会稳定做出了积极贡献。其二,在平定宁王叛乱的过程中,王阳明就展示了其心学的强大功能。其知行合一的逻辑起点乃是本于自己的内心良知。《龙溪先生全集》卷十三云:"我自用兵以来,致知格物之功,愈觉精透,……呼吸存亡,宗社安危所系,全体精神,只从一念入微处自照自察,一些著不得防检,一毫容不得放纵,勿助勿忘,触机神应,是乃良知妙用,以顺万物之自然,而无我与焉。夫人心本神,本自变动周流,本能开物成务。"⑥在王阳明看来遵循良知即是遵循天理,以良知为出发点和立足点,即是顺应了天道与符合了天道。故其对平定宁王叛乱事件之处理也是如此。

---

① (明)葛寅亮.金陵梵刹志(上)[M].何孝荣,点校.天津:天津人民出版社,2007:57.
② 《贵州通史》编委会.贵州通史简编[M].北京:当代中国出版社,2005:60.
③ 《贵州通史》编委会.贵州通史简编[M].北京:当代中国出版社,2005:62.
④ 王阳明受谪前曾任北京刑部云南清吏司,受谪又担任贵州龙场驿丞,受谪结束后,又升任南京刑部四川清吏司。一连串的线索表明,他与西南云贵川的确因缘甚深。
⑤ (明)王守仁.王明阳全集(上)[M].吴光,钱明,董平,等编校.上海:上海古籍出版社,2006:367.
⑥ 王畿《龙溪王先生全集》

总而言之，王阳明"谪"而不谪，且在"谪"龙场的实际过程中践行了明王朝边疆治理的具体政治实践，较好地处理了民族关系，稳定了贵州边疆区域社会，成为中国边疆治理中宝贵的历史经验。而在这一过程中，尤其是"龙场悟道"促使其思想得以超拔，成就了其思想家人物形象；而其良知心学不仅在中国思想史上产生了深远的影响，而且广泛地影响着东亚的思想世界。

儒家的义利观与现代企业的社会责任

耿加进[*]

摘要：在资本野蛮生长的当代社会，需要从儒家的义利思想中汲取智慧。儒家坚持义的优先地位，把义视为人之为人的本质属性。荀子指出，人类社会构建成功的一个根本原因就在于人之有义。就现代企业而言，应该把坚守道义作为企业的立身之本。在义与利的关系中，儒家主张义利统一、义能生利，反对见利忘义。在现代管理中，学者对企业社会责任与财务业绩的关系的研究显示，企业承担社会责任并不影响财务业绩，从相关利益者理论看，大多数研究支持两者呈正相关关系。从义的内涵看，义与特定的情境是密切相关的，离开了特定的情境，就无谓义。据此，企业家的行为是否属于义行，要从其与所处的特定情境的互动关系中来确认。企业家要有家国情怀，认同国家、民族利益，自觉地把企业的发展与国家、民族的利益统一起来。

关键词：儒家；义利观；社会责任；企业家

关于企业要不要承担社会责任的问题，虽然学界对此问题依然有不同的看法，但大多数学者还是持肯定的观点，认为企业应该承担社会责任。现在大企业的数量在不断增加，这些大企业对经济生活的影响越来越大，像苹果、华为这样的大公司召开一次产品发布会，都能引起全球的广泛关注。大企业领导人的活动也受到较多的关注，而过去一般是政治领袖、电影明星才会受到这样的关注。在中国，像任正非、马云、马化腾、董明珠等人，可以说是家喻户晓，他们在全球也都有一定的影响力。大企业财力雄厚，对经济与社会生活的影响是深刻的，甚至能够改变人们的生活方式，但这些大企业如果缺乏应有的社会责任感，则可能对社会造成巨大的破坏。对企业来说，追求利润是天经地义的，没有利润，企业将不复存在，但追求利润不能以牺牲道义为代价，利润不是企业的一切，企业还应该承担应有的社会责任。追求利润与承担社会责任的关系，用儒家的概念来说，就是义与利的关系。不管是做人，还是做企业，首先要把义与利的关系弄明白，这样才能做出正确的选择。儒家关于义、利及两者关系的思考对于现代企业决策依然具有重要的指导意义。

一、义以为上，坚守道义是企业的立身之本

儒家把做人放在第一位，先要做一个人，然后才是圣贤。很显然，儒家要做的这个"人"，不是生物学意义上的人，这种人不需要学，我们每个人都是生物性的存在。儒家要做

---

[*] 作者简介：耿加进（1973—），男，汉族，江苏金湖人，淮阴工学院马克思主义学院教授，哲学博士，研究方向：儒家管理哲学。

的人，也不完全是社会学意义上的人。人从一出生就被抛入社会，就具有了社会属性，并通过接受社会的教育和训练来适应社会，这个社会化的过程是其能够在世上生存的必要前提。如果我们只是为了生存而生存，那我们只是比那些动物更具有生存能力罢了。孟子说："人之所以异于禽兽者几希。"从生存的意义上，在这个世界上，人与动物并没有实质性的区别，动物靠身体获取生存资料，而人只不过获取生存资料的手段更丰富而已，因为人比动物更聪明。但孟子认为，人与动物的差别虽然只有"几希"的程度，但这点"几希"却是人与动物的本质性的区别，这个区别就是：人有良知，而动物没有。这个观点是儒家的共识。荀子明确指出，人与动物的根本区别就在于人有"义"，他说："人有气、有生、有知，亦且有义，故最为天下贵也。"①离开社会，人不能独自生存下来，"能群"是人类的生存智慧，而人类组成的群不同于动物群，在人类的群中，每个人都有属于自己的位，这就是荀子所谓的"分"，而每个人之所以能够各安其位，就在于人有"义"。从根本上说，正是因为有"义"，"群"才能演变为有力量的人类社会。因此，人之所以能够在世上立足，是因为有义，而人类社会之所以能够存在并发展，归根到底就是因为人有义。朱熹说："义利之说乃儒者第一义。"陆九渊也说："学无深浅，首在辨义利。"跟朱、陆同时代的张栻也曾说过："学者潜心孔孟，必得其门而入，愚以为莫先于义利之辨。"因此，做人首先要分清义利，能够在利与义之间做出正确的选择。

企业也一样，一旦有了生命，就有要遵循的道德准则。企业跟人不一样的是，人来到这个世界上只是一生物性、社会性的存在，开启人生之路是在其能明事理之后，而企业一来到这个世界上，就有了自己的使命，更确切地说，企业是带着使命来到这个世界的，因此，它不仅是一物质性的存在，还是一道德性的存在。企业有它的使命和愿景，有它的责任与担当，这就是企业的"义"。企业循"义"而行，才能得到社会的理解与支持，从而获得更多更好的发展空间。每个企业都有自己的使命，但不管其使命是什么，它们都是通过为社会提供其所需要的产品和服务，获得社会的认可而实现其存在的意义。

儒家以义为行事的准则，孔子说："君子义以为质。"又说："君子义以为上。"义是人之为人的本质特征，是做人的根本准则。义不是外在的客观规范，而是内在的道德自觉，服从这种道德自觉，就能把人引向"人之正路"。儒家所谓的修行，就是让先天本有的德道自觉不受外在诱惑的干扰而能够呈现出来，在孟子这里就是"求放心"，在王阳明则是"致良知"。对于商人来说，与利益直接打交道，能够做到不为利所惑而坚守道义原则则更为不易。

现代公司社会责任的概念是霍华德·R.鲍恩（Howard R. Bowen）在其划时代的著作《商人的社会责任》中提出来的。鲍恩认为，社会责任的主体是大公司，而公司管理者也即鲍恩所谓的商人是公司社会责任的实施者，公司的社会责任实际上也就是商人的社会责任，因此，鲍恩指出，商人具有按照社会的目标和价值观去确定政策、作出决策和采取行动的义务②。亚利桑那州立大学的管理学教授基思·戴维斯（Keith Davis）也认为，是商人而不是企业在做社会责任的决定，商人决定商业机构的目标和政策。在戴维斯与布卢姆斯特朗（Robert Blomstrom）合写的教科书《企业与环境》中，对公司社会责任概念做了如下界定：公司社会责任是指一个人要考虑他的决策和行为对整个社会的影响。当商人考虑那些

---

① 《荀子·王制》
② Bowen H R. Social Responsibilities of the Businessman[M]. New York: Harper Row, 1953:6.

受企业影响的人的需要和利益时,他们就是承担了社会责任。当我们说企业良知这个概念时,这个良知是商人为之创立的,并通过商人的行为表现出来。当然,一个有良知的企业所形成的特定文化,也会反过来影响商人的决策。

对于企业来说,承担社会责任就是行义,这是企业生存与发展的意义之所在。孔子说:"君子有勇而无义为乱,小人有勇而无义为盗。"朱熹注:"君子为乱,小人为盗,皆以位而言者也。"①这里的君子、小人都是以位而言。孔子认为,居上位的管理者虽然勇于决策,但不能以道义为准则,就会造成混乱,而居下位的人如果胆子很大却不讲信义,就会谋取私利。很显然,在孔子这里,"义"是根本原则,而"勇"只是在以义为指向时有其正面的意义,而对商人来说,"勇"应表现为勇于承担社会责任。令人尊敬的企业,总是把社会责任放在重要的位置上,特别是在义与利产生严重冲突时依然坚守道义原则。稻盛和夫说,建立以原理、原则为出发点的哲学并奉为行事准则,能够促使事业成功,但这不是一条轻松愉快的路。稻盛和夫在回顾京瓷公司的历史时说:"回顾京瓷的历史,绝不是依靠优秀的技术研发团队不断开发出跨时代的新产品而成长壮大起来的。它的成长依靠的是全体社员的齐心协力,遵循着人间正道,勤奋热情,一步一步坚定踏实地走到了现在。"②

现代大企业都会给公司确立一个用来凝聚人心的经营理念,这个经营理念一定是符合道义的,没有人敢公然地在公司章程中违反社会正义,但真正能把确立的正确的经营理念贯彻到底的并不多,京瓷公司的创始人稻盛和夫是其中一位。稻盛和夫给京瓷公司确立的经营理念是:"在追求全体员工物质精神两方面幸福的同时,为人类、为社会的进步发展做出贡献。"③遇到经济不景气,裁员以削减经费往往会成为公司的选择,而稻盛和夫执掌京瓷50多年,从未裁减过一个员工。1974年,因受石油危机的冲击,公司订单急剧下滑,到了7月份,订单只有1月份的十分之一,相应的产量也就缩减到原先的十分之一,这导致大量员工处于无事可做的状态。即使在如此困境下,稻盛和夫仍坚持不裁员,他认为减员与公司确立的以员工为本的经营理念不符。最终公司决定采取降薪、轮岗的办法与员工共渡难关。稻盛和夫的做法不仅让员工免受失业之苦,而且也为公司在经济复苏时的发展储备了人才。

曹德旺也是坚守道义原则的企业家典范。曹德旺在其自传《心若菩提》中讲过这样一件事。福耀集团曾在吉林省双辽市投资8 000余万元建了一个精选硅砂厂,以满足两条玻璃生产线的用砂需求。双辽当地硅砂的硅含量只有96%,铁和铝的含量偏高,通过采用德国全球最尖端的洗矿技术,砂可以达标,但环保问题始终无法彻底解决。先是选矿后溢出的废水氟超标,会污染环境。这个问题妥善处理后,又出现了一个新问题,选矿过程中发生的沉渣氟含量也很高。政府建议采用堆填的办法,但当地农民反对。经过两天的思考,曹德旺作出了关闭砂矿厂的决定,理由是沉渣中的氟不会因堆放时间长而淡化,长期堆积,积少成多,会成为一个祸害子孙的根源。下属提出,关闭砂矿将严重影响到企业的效益,而曹德旺的回答是:"没有环境要效益做什么,你就是一时赚到了效益,从长远讲,你始终是感到

---

① 《论语集注(卷九)》
② (日)稻盛和夫.活法(肆):开始你的明心之路[M].喻海翔,译,北京:东方出版社,2011:85.
③ (日)稻盛和夫.活法(叁):寻找你自己的人生王道[M].蔡越先,译,北京:东方出版社,2009:66.

不安的。试问还有什么可以比心安理得更有价值？"①正因为坚守义以为上的道德信念，曹德旺成了令人尊敬的企业家，福耀公司也成了令人尊敬的大企业。

二、义利统一，坚守道义能得长远之利

有些经济学家对公司承担社会责任持批判态度，弗里德曼（Milton Friedman）就是其中最有代表性和影响力的一位。弗里德曼在其名著《资本主义与自由》一书中明确批评说："有一种越来越被普遍接受的观点，认为公司的管理者和工会的领导人在满足他们股东或成员的利益之外还要承担社会责任。这种观点在根本上错误地认识了自由经济的特点和性质。在自由经济中，企业有且仅有一个社会责任——只要它处在游戏规则中，也就是处在开放、自由和没有欺诈的竞争中，那就是要使用资源并从事经营活动以增加利润。"②弗里德曼认为，公司只有在追逐更多利润的过程中才会增加整个社会利益，"任何企业直接的目标就是最大化它的回报"。显然，在弗里德曼看来，公司承担社会责任对公司获取利润会产生不利的影响。

公司对利润的要求，不仅是为了回报股东，也是公司生存和发展的必然要求。但如果公司把追求利润最大化放在首位，就有可能不顾及社会影响而滥用权力，他们会把底线放到法律的层面，而不会顾及责任和道德。据《华盛顿邮报》报道，2020年美国国内最大50家企业中有45家实现了盈利，但并没有影响这些公司以疫情为借口裁员，27家公司裁员达10万之众。这些公司中有我们比较熟悉的伯克希尔-哈撒韦、沃尔玛、微软等。公司管理层为了巩固自己的地位，不择手段地满足股东利益，而不顾及公司应该承担的社会责任。从短期来看这些公司是把利润最大化了，但这种伤及员工情感的行为必将影响到企业的凝聚力，长此以往，其所造成的恶劣影响必将让企业自食其果。

在儒家，义与利是辩证统一的。孔子说："义然后取，人不厌其取。"③朱熹说："义未尝不利。"④"惟仁义则不求利而未尝不利。""循天理则不求利而自无不利。"⑤义与利是相比较而存在的，"君子以利天下为义"，我之行义，即是利他。与义相对的不是利，而是自私自利。利是人之生存所必需，不管是居上位的君子，还是处下位的小人，其生存都离不开物质生活资料，不过获取物质生活资料的途径不同罢了。孔子曾说过"君子喻于义，小人喻于利"⑥的话，一般认为这里的义与利是对立的，君子可以晓之以义，而小人只能谈利。这是误解，这里的君子与小人指的是身份地位，而不是德行。君子指居上位的管理者，他们靠俸禄生活，而小人则指处下位的劳动者，他们靠劳力谋生。"君子喻于义"，不是说对君子只能谈义，而不能谈利，试想君子如果不知利，怎么去从政呢？《尚书》说："德惟善政，政在养民。"为政者不言利，怎么养民呢？孔子这里表达的是，在上位者有俸禄养着，应该想着怎么养民，而不能做与民争利的事。而"小人喻于利"，也不是说对小人不需要讲道理，而是说，处于社会底

---

① 曹德旺.心若菩提[M].北京：人民出版社，2017：291.
② Friedman M. Capitalism and Freedom[M]. Chicago：University of Chicago Press，2002：133.
③ 《论语·宪问》
④ 《朱子语类（卷五十一）》
⑤ 《孟子集注（卷一）》
⑥ 《论语·里仁》

层的老百姓生活很艰辛,他们的头等大事是穿衣吃饭问题,不要空谈道理,而要切实地解决他们当下最紧迫的问题。对小人当然也要晓之以义,但先要解决当下最首要的问题。孔子明确指出,为政要先富民,再教民。孟子提出,当制民之产,老百姓生活无忧后再教之以礼义。《孟子·梁惠王》:"是故明君制民之产,必使仰足以事父母,俯足以畜妻子,乐岁终身饱,凶年免于死亡,然后驱而之善,故民之从之也轻。"对于管理者来说,为政养民富民就是切实承担起社会责任,而养民富民也符合他们自己的利益。从根本上,物质财富都是老百姓创造的,老百姓经济富足,交税就多。从管理成本上说,民富则易治,民贫则难治。关于这点,古人有着清醒的认识,《管子·治国》:"民富则安乡重家,安乡重家则敬上畏罪,敬上畏罪则易治也。民贫则危乡轻家,危乡轻家则敢陵上犯禁,陵上犯禁则难治也。"

下面这段话出自《论语·颜渊》:

> 哀公问于有若曰:"年饥,用不足,如之何?"有若对曰:"盍彻乎?"曰:"二,吾犹不足,如之何其彻也?"对曰:"百姓足,君孰与不足? 百姓不足,君孰与足?"①

遇到荒年,鲁哀公用度不足,问有若怎么办,有若建议把税减掉一半。鲁哀公诧异地问,十取二已不能满足用度,十取一岂不是更不够? 有若说,财货皆出于民,百姓用足,君主自然用足;如果百姓用不足,君主也不会足。鲁哀公只看到眼前利益,而有若计虑长远,短期利益受损换来的是长远利益。荒年征重税是杀鸡取卵,老百姓活不下去就会流亡到别的国家,人口减少税赋自然也少了。相反,减税就能让老百姓活下去,这是税赋之本,而且减税也会让老百姓对政府有好感,有利于管理。减税后政府的用度暂时会更紧张,但从长远看得到的回报却是丰厚的。因此,义与利在短期内可能发生冲突,但从长远来看,不仅没有冲突,而且是统一的。耶鲁大学经济学教授沃利克(Henry C. Wallich)就曾说过,公司寻求的是持续生存,更应该关注长远利益,短期的利润最大化行为可能会损害长期生存,认同社会责任可以使公司被社会接纳,而这是公司持续经营所必需的。

默克公司是世界著名的医药公司。吉姆·柯林斯和杰里·波勒斯在其畅销书《基业长青:企业永续经营的准则》一书说:"默克公司在创立以后的大部分时间里,都同时显露崇高的理想和实际利益追求。"②作者的意思是,默克公司一直在义与利之间寻求平衡,不以利害义,也不想以义害利,而是试图两者兼得。默克公司曾因开发并向第三世界国家捐赠美迪善这种对付河盲症(医学上称之为"盘尾丝虫病盲症")的药物而获得善誉。非洲、中南美洲等贫穷的第三世界国家有上百万人感染了能够造成失明的河盲症,而这些人又是买不起药的人,研发这种药物需要巨大的投入,而这种投入绝对不会有很大的投资回报。为了收回成本,默克公司也联络过一些国际基金、国际组织、第三世界国家,希望有国家和组织为此买单,但都无功而返。面对救助生命还是保障利润的矛盾,乔治·默克二世说,公司所必须遵循的原则就是要牢记药品旨在治病救人,"我们要始终不忘药品旨在救人,不在求利,但利润会随之而来。如果我们记住这一点,就绝对不会没有利润;我们记得越清楚,利润就越大"③。最终默克公司决定向患者免费赠送药物,并直接参与分发工作,以确保药品确实送

---

① 《论语·颜渊》
② (美)吉姆·柯林斯,(美)杰里·波勒斯.基业长青:企业永续经营的准则[M].北京:中信出版社,2006:53.
③ (美)吉姆·柯林斯,(美)杰里·波勒斯.基业长青:企业永续经营的准则[M].北京:中信出版社,2006:53.

到上百万病患手中。截至2012年,默克公司在全球67个国家和地区拥有154个分支机构。这就是回报。

公司承担社会责任与财务业绩之间的关系是复杂的,很难予以量化,但学者们还是做了大量的实证研究,以图证明,公司承担社会责任并非无利可图,至少对公司是无害的,当然,最好能显示公司社会责任与财务业绩呈正相关关系。当然,这种研究是建立在公司有义务承担社会责任的前提之上的。基于这样的出发点,"公司社会责任与财务业绩之间应该有一种可以观察到的相互促进的正相关关系"①。格里芬和马洪在回顾过去相关研究时说,"绝大部分的研究发现了一种(公司社会责任与财务业绩的)正相关关系"②。

社会责任履行得越好的公司,其财务业绩也越好,这个观点得到了以弗里曼(Freeman)为代表的相关利益者理论的支持。根据相关利益者理论,公司的其他相关利益者和股东一样对公司有诉求,公司因此也就负有社会层面上的责任。公司的社会责任就在于满足多种相关利益者要求的程度。通常公司的一些对社会有积极影响的行动会提高经营的效率,如与员工的良好关系会增加员工的满意度,并因此而招聘到更好的员工,这些最终都会给公司带来更好的财务业绩③。康奈尔和夏皮罗把相关利益者对企业资源的索取权分为显性和隐性两种,前者如工资合同和产品保证,后者如为客户提供持续的服务和为员工提供工作保障等承诺。企业的价值不仅取决于显性索取权的成本,也取决于隐性索取权的成本。如果公司出现对社会不负责的行为,拥有隐性索取权的相关利益者可能会将这些隐性契约转换成对企业而言成本更高的显性契约。研究发现,有良好社会责任的公司隐性契约的成本比其他公司要低,因此,这类公司会有更好的财务业绩④。

三、 见利思义,企业家要有博大情怀

郝大维、安乐哲在《孔子哲学思微》一文中对"义"的内涵作了深刻的揭示,他们说:"'义'并非是西方传统意义上的原则的意思,而是随情境而定、与情境共生的。它包含有意义的行动,这种行动并不要求将先存的意义应用于某个行动或事态。这种有意义的行动是表现意义的,是'弘道'的。因此,'义'和实现自身的情境是内在地交织在一起的。"⑤这就深刻地指出了"义"与情境的关系,"义"的显现离不开特定的情境,它是在特定的情境下的选择。因为情境是多变的,"义"也会随之而变,意义是情境赋予的,离开了特定的情境,我们很难说某一行为是否合乎义。

正是基于这样的认识,孔子说:"君子之于天下也,无适也,无莫也,义之于比。"⑥杨伯峻先生是这么解释的:"君子对于天下的事情,没规定要怎么干,也没有规定不要怎样干,只要

---

① 沈洪涛,沈艺峰.公司社会责任思想起源与演变[M].上海:上海人民出版社,2007:119.
② 沈洪涛,沈艺峰.公司社会责任思想起源与演变[M].上海:上海人民出版社,2007:119.
③ Rowley T, Berman S. A Brand New Brand of Corporate Social Performance[J]. Business and Society, 2002, 39(4): 408.
④ McGuire J B, Sundgren A, Schneeweis T. Corporate Social Responsibility and Firm Financial Performance[J]. Academy of Management Journal, 1988, 31(4): 856.
⑤ 郝大维,安乐哲.孔子哲学思微[M].蒋弋为,李志林,译.南京:江苏人民出版社,2018:72.
⑥ 《论语·里仁》

怎样干合理恰当,便怎样干。"①行为的适当与否要根据具体的情境做出判断。由此可知,"义"不是先于行动而存在的、用于指导行动的道德规范,它是在与情境的互动中内生的道德力量。郝大维、安乐哲说:"实现'义'的行动并非按照严格的指导行事。至少在某种程度上可以说这样的行动是自发的、新创的。这意味着,'义'既是具体的决定或者行动的原因,又是它的结果。……'义'既非被决定者,又非决定者,而是在决定和情境的交互作用中实现自身,达到适宜。"②因此,义是人在特定的环境下做出的正确选择。孟子说:"义,人路也。"③"义,人之正路也。"④说义是路,并不是说,路是现成的,它规定着我们的行为。事实上,正如鲁迅先生所言,世上本没有路,路都是人走出来的。世上也本没有"义",义是我们对人在特定的情境下所做出的某种行为的一种指称,它是在行动中显现出来的。正是基于这样的认识,刘殿爵说:"'义'基本上是个行动的字。"⑤义是在行动中显现出来的,而这种行动不是出于规范的要求,而是本心的安排。孟子说:"羞恶之心,义之端也。"有些事情我们去做会感到羞愧,而有些事情我们不去做让我们感到羞愧。义就是要做到无愧于心。当然,义有大小程度的不同,有的时候为了一个崇高的事业需要我们做出很大的牺牲,或牺牲自我,或牺牲家庭,对企业家来说,有时候就需要牺牲企业的现实利益,而义的崇高性就是在程度不同的牺牲中显现出来的。为了彰显义的崇高性,孟子将之置于生死的考验之中:"生亦我所欲也,义亦我所欲也。二者不可得兼,舍生而取义者也。"⑥生命之于人是无比珍贵的,但在特定的情境下就可能需要我们做出牺牲生命的选择,这就是大义。

怎么做才是"义"呢？遵从本心的安排,做到无愧于心,就像曹德旺先生说的:"试问还有什么可以比心安理得更有价值?"企业追求利益是天经地义、无可厚非的,但这个利益应该与国家、民族的利益相一致,企业家创建企业不能只是为了获取一点利润,而应该有更高的追求,应该像曹德旺先生那样坚守三个信念:国家会因为有您而强大;社会会因为有您而进步;人民会因为有您而富足。在曹德旺做汽车玻璃之前,中国的汽车玻璃都依赖进口。抱着"不为别的,只为中国人做一片玻璃"的宗旨,曹德旺带领他的团队投入玻璃的制造中,这一干就是几十年,心无旁骛,终于成为汽车玻璃世界的王者,为中国制造赢得了世界声誉。曹德旺不是不知道地产、电商、金融等行业赚钱多、赚钱快,但他认为,制造业是国家实力的基础,大家都去赚容易赚的钱,制造业没有人做,国家在国际上就没有竞争力。这就是曹德旺坚守玻璃行业的逻辑,他是把企业与国家、民族利益统一在一起的。

事实上,我们在制造业上的落后已开始对部分中国企业产生困扰。我们在芯片上被人卡脖子,就是一个重大的教训。我们只是制造业大国,不是制造业强国,我们在高端产品制造方面与欧美、日本等先进国家、地区相比还有较大差距。高端制造业的落后与我们的大国地位是不相称的。美国人打压华为公司,清楚地说明,企业与国家的命运是紧密结合在一起的,没有哪个企业能超越国家而存在。特定的时代有特定的使命,现在对科技公司来

---

① 杨伯峻.论语译注[M].北京:中华书局,2009:36.
② 郝大维,安乐哲.孔子哲学思微[M].蒋弋为,李志林,译.南京:江苏人民出版社,2018:72.
③ 《孟子·告子上》
④ 《孟子·离娄上》
⑤ 刘殿爵.孔子的《论语》[M].香港:香港中文大学出版社,1983:23.
⑥ 《孟子·告子上》

说,当下最要紧的就是解决硬核科技落后被人卡脖子的问题,这不是哪一家公司的问题,而是关系到几乎所有高科技公司的核心利益。虽然这次针对的是华为,只要问题不从根本上解决,谁知道下一次又会对准谁呢?

科技创新本是科技企业的分内之事,但当民族遭遇此重大变故,此事已不是哪一个人一个企业的事,而是中国人的事。每个有能力之中国人都当为科技创新做出贡献。我们说,离开特定的情境无所谓义,在通常情况下,科技企业从事科技创新谈不上什么义,但在此特殊情况下,有能力者能服从国家需求积极推动科技创新,就属于"义"的范畴。王夫之说:"以一人之义,视一时之大义,而一人之义私矣;以一时之义,视古今之通义,而一时之义私矣。公者重,私者轻也,权衡之所自定也。"①在一定范围内,置公司利益于个人利益之上,一心为公司谋利益,就是义;而当公司的利益与民族、国家的利益相冲突时,只想着公司的利益,这就转变为利己之私了。因此,企业家要站在民族、国家的高度来思考问题,不能只看到企业的利益,更要看到民族、国家的利益,要善于把企业的利益与国家、民族的利益统一起来。当前,对于有担当的科技企业巨头们来说,最大的义,就是服从国家需求,投身科技创新,谋求国家富强和民族复兴。

2020年下半年,中国的互联网巨头企业入局社区团购引发热议。社区团购的套路不外乎是,先以低于成本的价格挤垮菜贩,再靠垄断提高价格牟取暴利,最终是要老百姓掏更多的钱。稻盛和夫说:"我们不应该让利益蒙蔽了我们的双眼,不可以完全屈服于'利',做出为求利润而不择手段的事。"②用资本的优势,以低于市场价甚至成本价的办法来占领市场的办法,正是稻盛和夫所谓的"为求利润而不择手段"。这种见利忘义的行为是卑劣的,不仅有损于企业的形象,也让企业家的声誉一落千丈。《人民日报》也为此发声:"别只惦记着几捆白菜、几斤水果的流量,科技创新的星辰大海、未来的无限可能性,其实更令人心潮澎湃。"社区团购这种商业模式已毫无创意,无非就是网购模式的简单复制,意在谋利。企业谋利无可厚非,但资本不择手段的逐利行为令人反感。资本不加控制,就会影响到社会和谐与稳定,为了追求利润的最大化,所有人都可能成为其所盘剥的对象,包括商品提供者、平台租用者、平台工作人员、送货员和消费者。德鲁克深刻地指出,利润最大化的危险在于,"它使营利性变成了企业追逐的唯一目的","它是在社会中使人们对于利润的性质形成误解并深刻仇视利润的一个主要原因,而这是工业社会中最危险的弊病之一"③。

路是自己走出来的,企业和企业家也一样。有什么样的信念,就会走出什么样的路,这也决定了企业家成为什么样的人和企业成为什么样的企业。企业家要赢得尊重,就要有大格局、大胸怀、见利思义、推己及人,有民胞物与、万物一体的境界,不把利润作为唯一的追求,而是主动承担起社会责任,自觉地把企业的命运与国家、民族的命运联系在一起,在为国家富强、民族复兴中谋求企业的发展,实现企业的价值。稻盛和夫说,企业家"要尽可能扩展及提升利他之心,亦即个人与家庭相比,取家庭;家庭与地方相比,取地方;地方与社会相比,取社会;再进一步扩大到国家、世界、地球,乃至于整个宇宙"④。

---

① 《读通鉴论(卷十四)》
② (日)稻盛和夫.活法(贰):超级"企业人"的活法[M].北京:东方出版社,2009:68.
③ (美)德鲁克.德鲁克管理思想精要[M].曹岫云,译.北京:机械工业出版社,2010:14-15.
④ (日)稻盛和夫.活法[M].修订版.李维安,王世权,刘金岩,译.北京:东方出版社,2009:169.

企业社会责任义利和合模型：
一个中国传统哲学视域中的框架

王 磊 晁 罡 张咏莲*

摘要： 本文针对目前企业社会责任研究和实践中存在的相关构念及相关理解未能充分体现企业社会责任的本质以及论事不论心的倾向等问题，提出了企业社会责任义利和合模型，论证了企业社会责任的本质在于义利和合，企业社会责任的切实履行和优化，就是企业在维护自身合理利益的同时，不断将社会环境提出的客观要求（即"义"的成分）转化到企业谋求利润（即"利"的成分）的过程中。在此基础上，进一步提出了企业社会责任发展水平定性框架和动态义利和合模式，描述并分析了企业社会责任发展从失和状态到义利相制，再到义利相生的过程。最后，对在企业社会责任的履行过程中，企业家的社会责任情怀及其意义进行了阐释。

关键词： 企业社会责任；企业发展战略；义利；和合。

一、缘起

（一）企业社会责任理论与实践中的问题

在企业出现的早期，人们将利润作为企业追求的核心目标；而近年来，随着多种企业丑闻事件的陆续发生，"利润悖论"的显现，人们发现利润至上主义常带来利润消减甚至戛然而止的严重后果，使企业难以为继。在相关问题的讨论中，企业社会责任成为重要的主题。然而，现阶段的企业社会责任理论和实践仍存在诸多待解决的问题，如果这些问题不能够得到很好的解决，那么，不仅在学术上对于企业社会责任的认识很难再深入下去，同时，在实践中也会遇到困难。因此，我们有必要聚焦这些问题并解决之。

问题一：研究与实践中使用的相关构念及相关的理解未能充分体现企业社会责任的本质。增进社会价值是任何组织均应承担的社会义务，企业也不例外。如果企业的运营不能

---

* 作者简介：王磊（1972—），男，汉族，湖南省长沙市人，华南师范大学政治与公共管理学院副教授、博士，研究方向：中国文化与管理；晁罡（1968—），男，汉族，河南省商丘市睢县人，华南理工大学工商管理学院教授、博士、博士生导师，研究方向：本土化管理和企业社会责任；张咏莲（1970—），女，汉族，广东省梅州市兴宁县人，华南理工大学工商管理学院讲师、硕士，研究方向：公司治理。

基金项目： 国家自然科学基金资助项目"企业家风：中华传统文化嵌入型企业的拟家庭化实践、积极心理资本与工作家庭-平衡关系研究"（71672062）；国家自然科学基金资助项目"当代中国企业家的天下格局：概念提出、量表开发和效能验证"（72072061）；广州市哲学社会科学规划基金资助项目"粤港澳大湾区企业驱动型传统文化复兴的社会网络和发展机制研究"（2020GZYB19）。晁罡为本文通讯作者。

增进社会价值,甚至给社会造成了负面影响或构成了负担,企业存在的必要性就成了疑问。这种义务构成了企业存在的意义及合理性,是企业的天然使命,对这种义务的履行即是企业社会责任。虽然在通常的讨论中,企业社会责任概念常具有道德、伦理、规范等色彩,更具体说,企业社会责任往往指向公共利益的实现,在实际的研究实践中,研究者或实践者却常明确地把企业的经济活动或(为股东)谋求利润作为理所当然的一种企业社会责任。在这方面,卡罗尔(Carroll)的观点在西方有着代表性,例如,经济责任是一种主要的社会责任;他还提出与经济责任相区分的法律、伦理和慈善等方面的社会责任[①]。把经济责任视为一种社会责任,这一点在中国社会的语境下稍令人费解,因为经济行为既然以谋求利润作为宗旨,首先是作为人的自我需要而引发,因此与其说是"责任",不如说是"利益",对于企业家或其经营的企业而言,首先是一种企业主体的私利。然而,这一点在西方文化传统中并不难理解,正如亚当·斯密认为:"他所盘算的也只是他自己的利益。在这场合,像在其他许多场合一样,他受着一只看不见的手的指导,去尽力达到一个并非他本意想要达到的目的。也并不因为事非出于本意,就对社会有害。他追求自己的利益,往往使他能比真正出于本意的情况下更有效地促进社会的利益。"[②]这种说法的依据是在个体利益竞争的机制下,社会资源得到最优的配置,从而使每个人从中受益。然而,越来越多的证据表明,如果缺少道义的制约和教化,这种由个人逐利而导致社会整体利益最大化的想法常常是虚幻的理想,实际情况远非如此。经济行为不能体现企业社会责任的本质,我们充其量说,在某些时候,经济行为为企业社会责任的实现提供了条件或动机。但是在另一些时候,当缺少制约的经济行为因其本身的不当准则损害了公共利益的时候,经济行为反而走向了企业社会责任的对立面。另外,企业的其他一些诸如法律、环保、慈善、伦理等方面的行动确实能实实在在地改善社会公益,至少表面上不会给其带来损失,然而,以上各种行为却必须以经济作为存在的前提。一方面,经济功能是企业基本功能,是企业存在的基础,离开经济谈企业行为无异于空中楼阁;另一方面,企业的这些行为,在良好的经济条件下方能实现其应有之目的。可以说,在企业社会责任的履行过程中,这些被人为划分的方面常常是交相呼应、互为因果的,因此要了解企业社会责任的本质就不能简单地分而识之,在这些地方,西方学术界一贯的分析思维传统存在割裂整体的弊端。

问题二:论事不论心的倾向。虽然企业社会责任的呼声与日俱增,而且,企业社会责任的必要性也已经得到公认,也引起了重视。但在企业为什么会履行社会责任的问题上,在这种重视背后的理据和基本假设问题上却有值得商榷的地方。从现阶段的情形来看,总的来说,关注企业社会责任的常见理由主要是两种:一为避凶。随着一系列企业丑闻事件的发生,人们开始重视企业社会责任与可持续发展之间的关系。以"三鹿事件"为例,因为忽视消费者利益,三鹿集团生产、销售含有三聚氰胺的问题奶粉而产生法律、信任等危机,进而导致破产重组。此种先例,使得许多企业采取被动防守的做法,以避免产生危机。二为趋吉。例如,树立诚信的形象越来越成为公司关注的焦点,企业积极寻找一种手段以宣传它们在对待内外各种利益相关者的诚信,如客户、供应商、伙伴、投资商等等。为此,一些有

---

① Carroll A B. Corporate social responsibility: Evolution of a definitional construct[J]. Business and Society, 1999, 38(3): 268-295.

② (英)亚当·斯密.国民财富的性质和原因的研究(上卷)[M].郭大力,王亚南,译.北京:商务印书馆,1972.

远见的公司致力于开发和提炼企业行为准则,向员工传达诚信指导,以及设立培训项目以确保社会责任行为在公司各层面得到重视[①]。此种做法,颇合主动进攻之道。然而,仔细推敲趋吉避凶之提法或做法,则此种对企业社会责任的定位是让人可疑的。在这里,企业社会责任被视为一种经营手段,而对其在企业目的当中的意义缺乏足够的讨论。而为了某种好处而做(无论这种好处是短期的利润还是长期的持续经营)与这种事本来就应该做(是企业就其本质来说当然之事)还是有很大区别的。这涉及企业社会责任是敷衍应付还是认真尽力,是被动而为还是主动精进。而且更重要的是,在目前的环境中,企业社会责任行为并不总是有利于企业发展的(至少在表象上看是如此),那么在此种情势下,还该不该坚持下去?不得不说,这种手段与目的的割裂,或者说,在相关事理当中,心性的缺失,长远来看最终的隐患是很大的。

(二)概述企业社会责任义利和合模型及其与当前问题的联系

现有的企业社会责任理论框架源于西方,体现了西方社会及其企业的文化、价值观和思维方式,其内容与具有独特文化传统和价值观的中国社会及其企业并不能完全对应,也不能很清晰地解释中国企业经营中的现象。事实上,中国传统哲学对于社会责任问题有丰富和深刻的理解,并且对于当代中国社会中的观念和行为仍存在深远的影响,因此,中国传统哲学中相关的思想有助于我们对企业社会责任有关现象之间的联系和更深层的内涵作进一步的提炼和挖掘。以下,将在借鉴中国传统哲学观点的基础上,参考国外相关论述,提出企业社会责任的框架:义利和合模型。

解决前述问题,即在企业社会责任是什么,怎样做以及为什么做方面存在分解、割裂,不能整体对待的现象,传统阴阳和合观和义利之辨的论述提供了较为清晰的答案。从和合这个词来说,张立文认为,和合是指诸多形相和无形相的相互冲突、融合,与在冲突、融合的动态变易过程中诸多形相和无形相结合为新结构方式、新事物、新生命的总和[②]。和合的要点即兼顾,然而,此种兼顾并非简单的相加或混合,而是通过一定的机制和过程,使人道融合于天道。这需要经历一个动态的"和"的过程。和合可作二字解,"和"指相对范畴之间相互协调、相互作用的过程,而"合"就是前一过程的结果。"和合"首先与"太和"观念紧密相关。所谓太和,源于《周易·乾·彖辞》:"乾道变化,各正性命,保合太和,乃利贞。"此太和有普遍和谐以促进万物发展之意。李平认为,阴与阳的平衡协调可以解释组织与管理领域的大量议题,他提出的阴阳平衡框架(Yin-Yang Balance)是阴阳和合观的当代形态。按照这一理论,亚里士多德的观点表现为相互作用的相对事物 A 和 $-A$,最终形成的结果要么是 A,要么是 $-A$;而黑格尔的观点则是 A 与 $-A$ 相互作用后形成一个新事物,此事物保留了 A 或 $-A$ 的部分特点,但同时又有别于原来的 A 或 $-A$;阴阳平衡框架则认为两事物的相互作用形成特定的关系,此时,并没有取消一方或双方共消,而是随着情境的变化,A 与 $-A$ 之间相互肯定或否定的关系达到相对稳定平衡[③]。综合张立文和李平两种观点,企

[①] Weber J A. Business ethics training: Insights from learning theory[J]. Journal of Business Ethics, 2007, 70(1): 61-85.

[②] 张立文.和合学:21世纪文化战略的构想[M].北京:中国人民大学出版社,2016:120.

[③] Li P P. Toward an integrative framework of indigenous research: The geocentric implications of Yin-Yang Balance[J]. Asia Pacific Journal of Management, 2012, 29(4): 849-872.

业社会责任义利和合模型强调阴阳相对范畴之间的互济与平衡,反对孤阴与孤阳,同时,阴阳和合与平衡的具体形态则由情境加以规定。

具体来说,对于前述问题一的解决,在于模型的主体:义利和合及其相互作用模式。对义利和合的理解,首先在于对义、利的概念有清晰的认识。事实上,企业社会责任的行为与取向的问题其实是对义与利的权衡问题,因此,义与利是构建企业社会责任理论框架的两个要素。而义利思想影响中国人几千年,对中国文化和价值观的塑造有不可估量的作用,即以中国文化最有代表性的儒家思想为例,义利之说乃儒者第一义。然而,在历史上有关义利之辨的争鸣中,"义"与"利"的概念常存在混淆之处,并常发生误解或误读。因此,在探讨相关问题之前,有必要对"义""利"的概念进行一番辨析,以作为后续讨论的基础。在中国传统哲学的论述中,"义"有丰富的内涵。查其本源,"义"通"宜",有适宜、恰当的意思,儒家经典《中庸》说,"义者,宜也"。可见,"义"的本意是指适宜得当的行为态度和行为方式。然而,在义利之辨的争论内容中,"义"有着另外的含义。一是主观义,孟子认为"义"源于仁心,即恻隐之心、羞恶之心、辞让之心和是非之心,此四端形成人们义之行为的内在潜力;二是客观义,即外显的道德伦理。据此,"义"可理解为良知和道德。而与"义"相对应的范畴"利",长期以来,人们的理解也存在着一些概念上的混淆。有人将"利"理解成与"害"相对之利,并且认为,"利"既包括了私利,也包括了公利。我们认为,这是不明确、不清晰的,在"义利之辨"的意义上,"利"很明确就是指谋取私利的行为或取向。企业社会责任发展水平,不仅表现在社会责任的范围和规模上,还表现在具有质性意义的义利作用模式上,对这些模式进行论述和说明,构成分析企业社会责任发展水平或制定企业社会责任发展战略的定性框架,同时,这些模式的内容对义利和合也做了更深入的阐释。最后,对问题二的解决,在于分析企业社会责任情怀在相关行动中的重要性。在这里,倡导企业社会责任行为与社会责任情怀的结合,以内在的魂与头脑指引外在的手段,以及以外在的策略促动内在目标的实现,达成体用一如。现分述如下。

二、企业社会责任的本质在于义利和合

纵观中国义利之辨的思想史,诚然出现过诸如"义以为先""义利并重""义在利中"等不同的主张,但都没有否认"利"的重要性。如孔子就曾说富贵是人之所欲及贫贱是人之所恶,承认逐利的合理性。其他法家、墨家、道家也有类似的言论。可见,论述者大都认为利是人生的正当要求,没有了利就没有了生存。事实上,要保障企业更好地履行其社会责任,或者说实现更大的社会公益,与"利"有关的举措不仅是必要的,而且本身就是企业内涵中应有之义。对于企业而言,利润不足如何生存?生存难以为继,又何谈能够承担社会责任和实现社会公益?

应该注意到,一些具有较高社会公义取向的企业、组织或慈善机构,常常处于入不敷出的境地,它们也在尝试向社会企业转化,提高内部管理能力和绩效水平,以保持自身的可持续发展潜力,以利于公益目的之实现。企业毕竟是以经济效益为重要目标的,从长远来看,企业要持续经营下去,必须有利润的存在。但是企业承担经济以外的社会责任是有成本的,这势必会影响到企业利润。短期内,企业资源是有限的,社会公义支出增加,必将减少用于获取利润的经营活动支出,因此利润和社会责任支出之间存在负相关关系。虽然从长

远看,承担社会责任有助于企业获得更多的利润,但是,如果不能够对企业支出进行合理分配,那么,企业很可能因为短期内的资金短缺造成债务不能按期偿还、缺少开发必要新产品和必要投资所需资金,以及由此带来的信用危机和盈利能力的丧失,使可持续发展受损[1]。

但是,承认人们逐利的天性有一定的合理性,并不代表可以完全摒弃"义"的准则。从历史上义利之辨的情势来看,总的来说,大家都认为义与利是统一的关系,所谓"统一"不是指简单地合并或加总,而是含有共生之意,"义"的介入方能有效防止无限制的逐利行为所带来的危害。这种危害,不仅使整个社会不得安宁,从而妨碍公利,到一定程度还将妨碍私利,走向"利不立"的悖论。企业是社会环境中的企业,再往远说,同时是自然环境中的企业,企业之树常青虽然离不开利润的维持或增长,但如果对社会和自然资源进行不加限制的无序开采,则无异于涸泽而渔、焚林而猎,使所处的环境生态受损,长期来看,企业本身的利益也终将受到损害,而"义"的引入能产生约束的效果,如此方能使众多企业"各得其宜",维持整体环境的良性发展,使每个企业从中持续受益。

至此,从义利和合及企业社会责任的角度来看,"唯利是图"是应该摒弃的,"唯公义论"同样是不可取的。企业社会责任的良好状态来自"利因义生""义因利显"。如果说在现实层面"唯利是图"者较为突出,那么在思想领域"唯公义论"似更明显。在中国和西方历史中,均出现过片面强调"义"的言论,如中国西汉时期班固将董仲舒的义利思想概括为"正其谊不谋其利,明其道不计其功"[2],朱熹提出"学者须是革尽人欲,复尽天理,方始是学"[3];在中世纪,天主教统治下的欧洲社会流传着"商人从来得不到神的欢心"这一断语,限制人们的谋利行为。这些观念要么过多抬高了"义"的作用,要么贬低"利"的作用,实际上是对义利关系的曲解,这对社会经济的发展是有阻碍作用的,因此也遭到了后世学者的批评。清代颜元将董仲舒的话改为"正其谊以谋其利,明其道而计其功"[4],欧洲宗教改革家加尔文鼓励人们追求财富,这些都对"唯公义论"的批评。

综上,企业社会责任的根本内涵在于义与利的和合,而企业社会责任的优化过程就是企业在维护自身合理利益的同时,不断将社会环境提出的客观要求(即"义"的成分)转化到企业谋求利润(即"利"的成分)的过程,此既是义之彰显的过程,也是利之升华的过程,或者,是一个人道不断与天道融合的过程。在这里,值得指出的,义利和合绝不能简单地视为义利并重。因为按照阴阳和合观,如果将义利平衡视为企业社会责任优化状态的表达,那么,这种平衡的达成,除了取决于义利多少之数量关系或义利先后之结构关系外,还取决于情境所展现的条件。因此,从动态的角度来考虑义利和合问题方能合理检视企业社会责任水平,以下对此进一步阐明。

三、企业社会责任发展水平定性框架:义利和合演化模式

总体来说,企业社会责任发展是一个受到企业自身发展水平的小环境和时代、文化、地

---

[1] O'Hare S L, Wood W C. Social responsibility and corporate profits: The expense preference approach[J]. Journal of Education for Business, 1994, 69(5): 278-282.
[2] (汉)班固.汉书(卷五十六第二十六)[M].董仲舒传.北京:中华书局,1962.
[3] (宋)朱熹.晦庵先生朱文公文集(卷八十一)[M].上海:上海古籍出版社,2002:3586.
[4] (清)颜元.颜元集[M].四书正误.北京:中华书局,1987:163.

域等时空大环境制约的过程。环境同时影响着义利相互作用的模式等质的表现和社会责任行为的规模等量的表现,尤其表现在义利相互作用的模式上,因此,以下将给出一个描述企业社会责任发展水平的质性框架。

（一）失和状态

在"义利和合"的范围之外,还存在两种极端类型的企业,它们处在失和状态:其一为杨朱型企业,亦可称为极端利己主义企业,因杨朱"拔一毛利天下而不为"而命名之,是缺失了"义"的企业;其二为慈善型企业,不以营利为主要目标,而以捐助他人为主要目标,是缺失了"利"的企业。在资本原始积累时期,资本充满野蛮特性,一些资本家为谋利常常不择手段,极端自利。此时,杨朱型企业数量较多。从表面原因看:一是当时并无清晰完善的法律对之进行约束;二是民众的权利意识亦不强。从深层原因看,杨朱型企业的主要症结在于没有看到良知与道德的作用,在商言商是其经营信条;或者将义当作一种负担,认为会增加其成本。由于杨朱型企业仅以利为依归,其利益与社会和国民利益常常是相背离的,因此注定难以为继。他们没有看到"义"之合宜之处和义以生利的作用;相反,慈善型企业则是看到了社会上的苦难,立志利他救世。但是,慈善型企业的工作重心不在经营上面,同样难以为继。慈善型组织的症结同样是将义、利割裂开来,他们尚未深入理解利以促义的作用。

杨朱型企业信奉"人不为己,天诛地灭",慈善型企业践行"毫不利己,专门利人",都属于企业的极端类型,它们在社会上虽然都有一定数量,但由于没有真正理解义利之间的相辅相成、相互依存的关系,存续的时间常常较短。特别是杨朱型企业,严重破坏了与其他利益相关者之间的关系,最后必成孤家寡人;即便从利己角度而言,由于它只看重短期利益,极端自私,最终必然无法实现自我利益,因此,它并不是真正的利己主义者。而慈善型企业不同于一般的慈善组织,后者可以因其广受社会认可的理念而不断获得捐赠,但前者作为企业,虽然同样可以有济世济民的理念,但能够持续经营仍为企业之本,如果将主要精力放在经营之外,在研发、生产、营销等方面落于人后,很难在激烈的市场竞争中获得优势。因此,一些慈善型企业或者着手将慈善事业剥离出来,使之成为一个独立核算的部门,或者使整个企业向社会企业转化,在保持慈善理念的同时,着力经营业务,以保持企业之可持续发展。因此,这两种企业应尽早步入"义利和合"的正轨。

（二）初级模式:义利相制

由于义利相分而难以为继,义和利均需要和合对方,以避免单向度的无节制发展,导致失衡,从而给企业带来危机。所谓"义利相制"之"制",并非仅仅是一种制约,更是提供了一种规制、规范或规则,引导、规制对方朝向健康之路发展。义利相制分为"以义制利"和"以利制义"两个方面,即以"义"规制"利",以避免"利"之单向度的无节制发展,以及以"利"规制"义",以避免"义"之单向度的无节制发展。

其中,杨朱型企业应过渡到"以义制利"阶段。此阶段对"义"不是自觉和主动遵循,而是以依从和他律为主,"义"被看作"建立在客观的或外部的必要性基础上",以及"等同于自我'必须做'或被外部力量、权威和制裁强迫去做"[①]。依从的动机是为了获得奖赏或免受惩罚,行为持续的时间与奖赏或惩罚存在的时间相等,义与利尚未融合,但已开始相互作用,

---

① （美）L.科尔伯格.道德发展心理学:道德阶段的本质与确证[M].郭本禹,何谨,黄小丹,译.上海:华东师范大学出版社,2004:175.

主要机制是通过奖惩手段促使企业在谋利过程中遵循体现"义"之意志的法律法规、政府或行业的制度规范以及舆论监督,其动力来自外部规制、规范和文化-认知压力(如图1)。

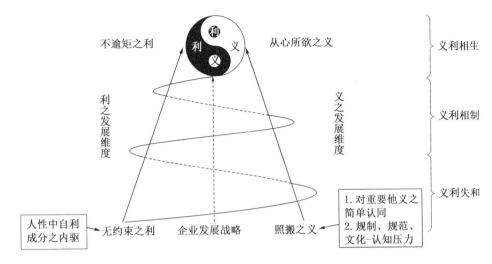

图 1　义利和合演化模式

"以义制利"是儒家的基本主张和底线,孔子认为富贵是人之所欲,贫贱是人之所恶,但求富贵、去贫贱必须符合道义的要求。由是观之,对于促成企业以义制利,建立健全外部的法律和制度,形成良好的社会舆论环境,是必要的条件。近来,一些人大代表议案通过立法来以法促德,正是基于此种考虑。由于企业能避免触碰"雷区",所以可持续发展能得到基本保证。但鉴于对"义"的遵循还不是自觉行为,仍面临发生重大危机的风险。

"以义制利"的动力来源于外部压力,这是一个社会尤其是其中的立法机构、政府行政管理部门和宣传机构等的职责所在。就企业而言,在以义制利的过程中处于被动状态,即对于义的秉持既非自觉自愿又非明其所以。然而,如通过"以义制利"的施行而促使企业自觉地实行"义"的原则,则势必需要一个转化的机制,其关键在于"以义制利"的内容和方式。

就"以义制利"的内容而言,问题在于以什么样的"义"去"制利"？倡导或者用行之有效的举措去促进企业之"义"的行为是管理者的当然职责,如果我们把君子理解成社会的管理者或文化的宣教者的话,那么,"君子喻于义"就恰好说明了这一点。此种职责重大,直接关系着企业施行"义"的广度和深度,因此对于"义"的内容就不得不考究。关注"义"的内容,关键在于考虑"情",或称为人之常情,此为人性所在,反映了人类的基本心理规律。这也是先秦儒家的宗旨,所谓"道始于情",儒家认为只有顾及了人们的性情,方能顺利倡导人道,并通过人道的实践,去逐渐体验并接近天道,儒家就是通过发挥人情、调解人情来达成其哲学理想。"推己及人"就是一个关注人情的范例,人们往往先爱护亲人,然后推广到爱护其他人,注意到此点而推行"义",这种"义"方才圆融贯通。基于此,我们认为,考虑并适当照顾到人之常情而制定出合理的"义"的内容,才能真正有效地"制利",并促成对"义"之遵行从被动向主动转化。在"以义制利"的方式方面,问题是何为"制"？"以义制利"是以"义"的规定制约获利行为的意思,然而,如果仅仅理解成用"义"去限制或防止不正当的获利行为,则失之片面。事实上,"义"还应该或者更应该去鼓励和倡导正当的获利行为。防止不正当行为,往往在"义"的"制利"过程中采取惩罚的方式,即在企业用不正当的手段获利时令其品尝不满意的后果,以防止此种获利手段的再次出现;而倡导正当行为,则宜采取强化的方式,即在企业用积极、正当的手段获利时,导致的结果令其满意,以促使此种获利手段更多出现。我们看到,现有的法律、行规和舆论仍以惩罚方式为主,并不利于企业自觉践行"义"的准则,这同样是由人性的特点决定的。惩罚的方式往往只能在短期内防止某种不当行为的出现,对于正当行为并不具有良好的促进作用,因为明确不能干某事与明确应该干某事并不是等价的。这姑且不论,但就人类的心理规律而言,强化的方式相较惩罚的方式更有利于导致正当行为。惩罚常导致对于"义"的表面服从,有时甚至在监管不利的情况下连这些表面的服从也不可得,更何况做到"心求通"和"口欲言"了。而强化的方式通过激励的过程,往往使企业在尝到滋味后心向往之、口必称之,为进一步深化打下良好的基础,此时,政府、行业或舆论再顺势引导、启发,对于鼓励正当获利行为则事半功倍,更有利于企业对于"义"的自觉接受,更有利于促成企业将"义"有机融入企业发展战略。如企业若能捐助社会,既可免去部分税金,又可宣传企业公民形象,这对企业就能起到正面强化作用。当然,惩罚在某些时候仍有其积极意义,这里只是强调仅有惩罚是不够的。

而对于慈善型企业来说,以利制义则是其应尽快进入的阶段。"利"是人的一种自然而然的需求,因此,对"以利制义"的探讨似乎显得多余,这也是人们之所以常常有意或无意忽略这一点的原因。然而,从现实的层面来考察,确实存在小部分企业,尤其是一些慈善型企业,仅仅关注和施行"义",未为自身发展留下足够的经济空间,这样的"义"虽能为人们津津乐道,短时内获得赞誉,但显然是不健康的,或者更准确说是不能持久的。从长远来看,缺少了"利"的支撑,则企业无法发展壮大,甚至难以为继,那么其秉持之"义"同样也会陷入困境,在这种情况下,不能说企业很好地履行了其社会责任。因为,义虽然是对人的道德要求,但如果脱离了人的基本生理、生活需要,脱离了对人的发展有益之"利",则"义"无异于空中楼阁,难以实现,也就是不"宜"了。因此,有必要以生活中必不可少之"利"规制之,使"义"符合人之常情、常理,使之成为"合宜"之"义"。

"利"不仅是人的基本需要,也是导向"义"的不可或缺的基础。对于普通民众而言,如果没有一些固定的产业,必然对当政者没有恒常的信心,这也是社会动荡、道德失范的重要原因。

因此,在现实的企业运作中,还应根据情况适度倡导"以利制义",这就要求企业在"义"行之前,作"利"的适度考量,为自己留下能够保证企业生存和发展基本空间,如此,"义"方为长久之道。所谓"穷则独善其身,达则兼济天下",正可为此作一注脚。同时,亦要求政府和社会舆论为企业谋利留下"合宜"之空间,方可为"义"之持续成长打下基础。

以企业税收为例,依法纳税是企业义之所在,不容否定的,这是从大的方面而言,然而就制定具体的"义"的条文和政策法规来说,就要考虑情之一面。如果税负过重,依法纳税过后是微薄的利润甚至无利,那么这样的具体内容更有可能带来表面的遵守,实际上却"阳奉阴违",鼓励了偷税漏税的行为。很明显,企业之常情在于"谋利",这一点在前面已经有所论述,因此,考虑到此"情"的自然存在,相关政策法规为谋利留下空间方为良性之道。同样的道理,如果一个企业在自己员工的利益尚未得到保障之前就着力从事其他社会公益活动,这同样有违企业之"情",舆论宣传当慎重待之。

(三)高级模式:义利相生

经历了"义利相制"阶段的企业,对"义"之奉行,在最初往往是处在机械照搬的层次,执着于具体的条文或形式,或迫于压力而受义的制约,因此并未把握义背后的普遍原则;或者,另一些照搬之义是在一些有吸引力、感染力或为同业所敬重的个人或团体感召下,这些个人和团体所奉行的"义举"潜移默化地为企业所认同接受(如图1)。但是,被认同的"义"虽然逐渐成为企业价值取向和行为方式的一部分,但还不够坚定,"义"之所宜之处还没有被透彻理解,因此如果出现更具有吸引力和感召力的个人或组织持有相反的观点,企业的观点也会发生改变。不论以何种方式接受并奉行"义",这种"义"只有在接受了实践中"义利相生"过程的洗礼,方能转化为合宜的社会责任精神而对企业发展有所助益,而照搬之义则可能造成画虎不成反类犬的结果,反而扭曲了真正的企业社会责任内涵。而经历了"以利制义"阶段的企业,一开始对于"利"也是迫于生存,不得已而为之,也只有经过"义利相生"的洗礼,方能自觉将"利"融入企业发展战略,成为其有机组成。

在"义利相生"阶段,一旦企业将"义"或"利"融入企业发展战略之中,"义"或"利"就成为企业的整体行为和总体战略,事实上,唯有这种整体发展战略中的"义"或"利"(而不是一时一地的义举或谋利之举)方为企业进入"义利相生"阶段的标志。此时,一方面"义"之战略对企业生利产生了积极的影响,步入了"义以生利"的轨道,摆脱了由人性中之自利成分所驱动的"无约束之利"性质,而形成了更高层次的"利";同时,在企业获利后,对"义"的内涵和规律有了进一步的体认,并开始有能力通过企业发展战略进一步深化"义"之实践,表现为"利以生义"。这一阶段义与利开始相互融合,并因为"义利相生",融合程度进一步得到巩固和深化。由于企业步入了"义利相生"的良性循环,所以可持续发展水平良好,此时,进入到自律阶段,"行动的指向不是强迫规定的,或基于外部压力,而是建设性的和有条件的"[①]。这种建设性和条件是以交换和互惠为特征的,表现为"自利利他"的双赢局面。

《易经》上说"生生之谓易",义利相生是企业社会责任内涵发生重大变化的阶段,也是进入企业社会责任至优状态的必由之路和主要机制。一方面,"义"以生利,不仅因循义而带来经营有序和增加助力,从而产生自利,贾谊云"有教,然后政治也。政治,然后民劝之。民劝之,然后国丰富也"[②],而且因其不损人而使利成为健康、安全之利。程颐说:"理者天下之至公,利者众人所同欲。苟公其心,不失其正理,则与众同利,无侵于人,人亦欲与之。若切于好利,蔽于自私,求自益以损于人,则人亦与之力争,故莫肯益之,而有击夺之者矣。"[③]

另一方面,"利"也是更高层次的义的基础和条件,"仓廪实而知礼节,衣食足而知荣辱"。如图1所示,"义"通过体现在企业发展战略中,而使"利"由无约束之利向不逾矩之利转化。作为回馈,"利"的获得,使"义"在企业发展战略中获得更大的助益和空间,使"义"向从心所欲之义转化,经过这种不断的、向上的良性循环,企业发展战略逐渐融合了"义""利"两方面的因素,向更高境界转化。

在实际的企业经营中,一些发展到一定阶段的企业已在探索"义利相生"的模式。如在笔者曾调研并参与的四川一家养兔企业"旭平公司"与农户、公益组织三方合作的案例中,公司积极引入外部公益组织资金,然后用这些资金购买公司种兔并无偿提供给农户,农户

[①] (美)L.科尔伯格.道德发展心理学:道德阶段的本质与确证[M].郭本禹,何谨,黄小丹,译.上海:华东师范大学出版社,2004:179-180.
[②] (汉)贾谊.新书[M].大政下.卢文弨,校.上海:上海古籍出版社,1989:67.
[③] (宋)程颢,(宋)程颐.二程集[M].王孝鱼,点校.北京:中华书局,1981:917.

再将养殖兔卖给旭平公司或其他收购者。在此过程中,旭平公司销售了自己的种兔,获得了公益组织提交的资金总额10%～20%的管理费,农户无偿获得了种兔,公益组织使自己的基金发挥了有效的用途。三方均有自身之利,但亦兼顾他方之利,事实上此即为一种道义担当,在此"义利相生"的模式中,三方均获得了良好发展。又如,某些企业设立义工之家,一方面体现企业社会责任,另一方面通过义工之家作为促销广告基地以提高销售额。借助此公益营销手段,增强了与顾客群体的沟通,在产生公益效应的同时,又对企业进行了宣传,使顾客群体对企业产生偏好,将来优先选择该企业产品或服务。

四、义利和合演化的内驱力:企业家的心性

前面对义利和合之阐述,无论义利相制还是义利相生,均从企业发展战略的角度,在组织层面上立论,恰切地说,描述了组织层面的企业社会责任行为相涉的概念和作用关系。在一般的企业社会责任相关的文献中,与此类似,均呈现着一种关于人,特别是企业家,在企业社会责任领域所能发挥的作用的失语。虽然在何为企业社会责任的主体这一问题上,企业本身和企业家均获得了注意,但在现实的研究与实践中,企业行为远比企业家的能动性更受重视。如果说,企业社会责任行为更多表现在组织层面上的话,那么,在组织行为角度所展开的义与利还未达到真正理想的平衡状态,或者说,义利并没有真正和合。而其和合的真实推动力,应该是企业家(作为一个社会人,或者说,作为传统哲学所描述的具有理想人格的君子)所具有的社会责任情怀。

在传统的中国社会,无论世俗层面的"天下兴亡,匹夫有责",还是经典层面的"齐家、治国、平天下",都反映出社会责任的内容,然而,在着手社会责任行动之前,却需要先修养心性。企业家的社会责任情怀,正是表现为大公至正之心、无私至诚之意,故而能够实现企业社会责任的根本目标,使企业社会责任行为发挥其真正的效用。在谈到道德的行为和手段时,王阳明说:"如何不讲求?只是有个头脑,……只为世间有一种人,懵懵懂懂的任意去做,全不解思惟省察,也只是个冥行妄作。"[1]如果说,企业家的理念和思想是企业的灵魂,那么,在企业社会责任行为中,企业家的心性和情怀反映了企业中的良知良能,是指引方向、动态监控自身行动以及维持行动意志的头脑,因此,唯有企业家具有了一种社会责任情怀,在企业社会责任行为中,方能"是非诚伪,到前便明。合得的便是,合不得的便非,如佛家所说心印相似。真是个试金石、指南针"[2]。

现实中具有这种企业社会责任情怀的中国企业家往往同时具有对传统中华儒释道学说的浓厚文化兴趣和深入信念,并将这些文化信念在实践中一以贯之地实践,这是他们的一个核心特点,此外,也正是这样一个特点,他们的企业社会责任情怀表现出来的主要特征往往暗合中华传统哲学所倡之准则。首先,企业家的社会责任情怀表现为去功利化。这类企业家所在企业表现出来的社会责任行为,没有掺入个人私利之目的,仅为安心之举,反映出他们的这样一种认识:企业社会责任行为不是为了获取利益或好业绩,而是本来就应这样做,这样做是对的。其次,企业家的社会责任情怀表现为对他人、社会和自然的亲近与包容。如东莞的泰威电子有限公司,董事长倡导成立了医院,因疗效显著,外人纷纷慕名而

---

[1] (明)王阳明.传习录(上)[M].徐爱录.北京:北京联合出版公司,2015:19.
[2] (明)王阳明.传习录(下)[M].陈九川录.北京:北京联合出版公司,2015:305.

来,该公司来者不拒,免费安排食宿和治疗。最后,企业家的社会责任情怀表现为坚守理想、宠辱不惊。不以物喜、不以己悲,居其位,则为其所当为,哪怕所做之事被人嘲笑为无用,也怡然自得。

虽然光有情怀是不够的,良好的企业社会责任状态还有待于良好的行为、手段和策略,但企业家的社会责任情怀可以以其诚意,为义利合一提供可能性,达到义利的真正和合。在这里,已无所谓义或利,有的只是天理。企业家的社会责任情怀是以良知的形式对天命进行表达,因此,企业家对社会责任情怀的坚持,往往能够"元亨利贞",上上大吉,达至最优的平衡和谐状态。从义利关系上看,从义利相制、相生再到合一,经过了模仿照搬、渐次平衡到融会贯通的演变。义利合一的关系,恰如道家的阴阳鱼图式,阴中有阳,阳中有阴,同时阴阳紧密相连,最后融会贯通(见图1),而其融通的推动力,正是一种社会责任情怀。但需要特别说明的是,"义利合一"并非恒定不变的"一",并非完全没有了义、利之间的分野。相反,二者的关系仍是变动不居的,仍处于动态平衡、不断会通的状态,它会应环境的变化而不断调整平衡的支点,只是"义利合一"将更加自由圆融,无论对于利的追逐,还是对义的践行,都达到了孔子所说"从心所欲不逾矩"的境界。

五、结语

至此,我们提出了一个以"义利和合"为核心的理论模型,尝试构建一个基于中国传统哲学观来理解企业社会责任的框架,并为解释相关现象和解决相关问题提供一个新的思路。值得在此强调一下的是,虽然"义"与"利"是构成企业社会责任分析的两大要素,但是,对于理解企业社会责任这个概念,把"义""利"割裂开而加以片面认识的做法是不可取的。对企业社会责任的理解需要根据"和合"的主旨,从"义"与利相互作用和相互融合的角度去审视、把握和界定其真正的内涵。

另一个要注意的是,虽然很明显,中国传统文化对于思考和探讨企业社会责任相关问题具有重要的价值,但是,也需要看到,"内在超越"无法独自成为企业社会责任状况不断改进的动力。"内在超越"观强调主体自身的克己复礼和修身养性,往往忽视环境对于主体发展的促进和制约作用。企业对于"义"的信奉与践行在开始阶段往往并不是凭空出现的,而是受到诸如法制、社会规范、舆论、宗教、榜样等因素的影响逐渐形成的。另外,企业履行其社会责任的好坏并不是完全取决于其自身的意愿和品质,企业所处的社会环境也是重要的影响因素。企业社会责任发展的阶段性除了关乎企业自身的内部成长机制,还需要外部的社会坏境为其提供成长的空间。"义利合一"或"天下为公"固然很美好,但在一定的社会时空下,企业也只能尽其所能达到该时空条件下的相对最佳点,而要渐进到更为理想的目标,尚有待于整个社会环境的完善和进步。因此,"外在超越"的机制也值得在今后的研究中进行探讨。

除此之外,本文提出的构想,需要今后实证数据的进一步支持。然而,也正因为如此,"义利和合"模型提示了今后的应用前景和研究方向。我们认为,对"义利和合"的观点较适合作为定性研究的理论框架,特别是对于案例研究,可用来对案例分析提供一个新的视角,也可以随着新案例的出现而对模型进行完善。由于篇幅所限,模型在很多方面都没有进一步展开,为今后的深入研究留下了探讨的空间,如义利相制、义利相生、义利合一等在运作时的微观机理等,都可以成为今后的研究生长点。此外,如何在质与量两方面对企业社会责任发展水平进行衡量,并在此基础上对企业的社会责任表现做出恰当的评价,也是今后应重点关注的问题。最后,基于对企业家社会责任情怀的分析,我们期待着今后在这一重要方向上的研究和实践。目前,对于企业家社会责任情怀的研究,主要应集中在以下几个问题上:(1)企业家社会责任情怀的内涵;(2)企业家社会责任情怀的表现特征和反映形式;(3)企业家社会责任情怀的作用及其机理;(4)影响企业家社会责任情怀形成的社会历史文化因素和个人因素;(5)基于企业家社会责任情怀的教育和培训如何开展。

参考文献

[1] Carroll A B. Corporate social responsibility:Evolution of a definitional construct[J]. Business and Society,1999,38(3):268-295.
[2] 亚当·斯密.国民财富的性质和原因的研究:下卷[M].郭大力,王亚南,译.北京:商务印书馆,1974.
[3] Weber J A. Business ethics training:Insights from learning theory[J]. Journal of Business Ethics,2007,70(1):61-85.
[4] 张立文.和合学:21世纪文化战略的构想[M].北京:中国人民大学出版社,2016.
[5] Li P P. Toward an integrative framework of indigenous research:The geocentric implications of Yin-Yang Balance[J]. Asia Pacific Journal of Management,2012,29(4):849-872.
[6] O'Hare S L,Wood W C. Social responsibility and corporate profits:The expense preference approach[J]. Journal of Education for Business,1994,69(5):278-282.
[7] 班固.汉书[M].颜师古,注.北京:中华书局,1962.
[8] 朱熹.晦庵先生朱文公文集:卷八十一[M].上海:上海古籍出版社,2002.
[9] 颜元.颜元集[M].北京:中华书局,1987.
[10] (美)L.科尔伯格.道德发展心理学:道德阶段的本质与确证[M].郭本禹,何谨,黄小丹,译.上海:华东师范大学出版社,2004.
[11] 贾谊.新书[M].卢文弨,校.上海:上海古籍出版社,1989.
[12] 程颢,程颐.二程集[M].王孝鱼,点校.北京:中华书局,1981.
[13] 王阳明.传习录[M].北京:北京联合出版公司,2015.

《弟子规》、商业伦理与资本主义精神：
一项批判性的研究

王 格*

摘要：近三十年来，《弟子规》在中国社会影响很大，参与到很多企业文化的建设中。这在一定程度上是对韦伯西方中心主义论述的实践性回应。但这一参与多少有些急功近利的表现。本文将展示《弟子规》的主旨是师长对弟子的单向规训，以服从乃至服侍上级为主要指导思想，其在企业伦理中的积极作用是有效建立起一种高效的运作模式。但由于这种过于简单化的伦理处理方式，它既违背了传统儒家思想中存在的多维度张力论述，也无法造就一种基于本土中国化的商业新精神，反而造成了对人性的漠视，忽视人的自我实现之价值以及情感交互的需求。中国新时代的商业精神必须扎根于充满张力的传统文化中寻求更为丰厚的文化精神资源。

关键词：《弟子规》；商业伦理；资本主义精神；儒家思想

一、引言

德国社会学家马克斯·韦伯（Max Weber，1864—1920）的名著《新教伦理与资本主义精神》问世一百多年，影响十分深远。虽然在历史上资本主义先于新教改革，但韦伯所使用的"资本主义精神"其实并不等同于社会上的资本主义经济社会，而是一种高度哲学化的人文概念，其核心要义是将获取资本的目的和方式理性化了[①]。或者可以说，韦伯做的这项宗教社会学研究路径和方式并非我们今天所熟悉的社会学或社会科学研究，而毋宁说是哲学的，它与稍晚一些风靡整个德国学术界的"精神史"（geistesgeschichte）也颇为相似，其思路来源可以追溯到19世纪德国古典哲学观念论传统的路径，即如黑格尔所认为，世界历史是世界精神的展开[②]。因为韦伯是用新教伦理在框定资本主义精神，新教伦理是资本主义精神的哲学内核，而就算资本主义的社会起步甚早，但资本主义在社会上全面的兴旺发展又是资本主义精神的展开。那么，在此意义上，究竟是新教伦理衍生出了资本主义精神，还是资本主义精神参与到了新教伦理，其实或许还可两说。或者如刘精明所说，韦伯思想中本

---

* **作者简介**：王格（1988—），男，汉族，湖北仙桃市人，上海财经大学人文学院哲学系副教授，哲学博士，研究方向：宋明理学、明清思想史、早期中西思想交流。本研究得到了浙江大学人文高等研究院的大力支持，谨此致谢。
① （德）马克斯·韦伯.新教伦理与资本主义精神[M].康乐，简惠美，译.桂林：广西师范大学出版社，2010：27-28.
② （德）黑格尔.历史哲学[M].王造时，译.上海：上海书店出版社，2006：1-40.

来存在两种资本主义：一种是理性化发展的资本主义；另一种是源于新教伦理的资本主义精神①。两者之间存在很大的张力，但韦伯又试图将它们合二为一，其背后难免出于西方（新教）中心论②，虽然在论述上韦伯十分克制地进行着价值中立的论述。

这样一种西方中心论的基调无论如何也掩盖不了，因此，韦伯这本书极大地刺激了新教以外文化传统的读者们，甚至从韦伯自己便开始反思为何其他传统里没有发达的原生资本主义——或者更准确地说是"资本主义精神"。到了20世纪后半叶，随着亚洲四小龙和中国市场经济的崛起，很多学者开始关注东亚儒学与本土原生的商业精神之关系。不少学者认为在东亚自身传统里也有产生和促进资本主义精神的因子，余英时等著名学者都参与其中③。相比之下，这些论述似乎更多带有后殖民时代下民族主义的影子，而事实上，民族主义也是现代资本主义精神的重要一环④。

20世纪90年代以来，伴随着的中国市场经济而繁荣起来的是中华民族文化精神的自觉觉醒，所谓"国学热""经学热"（"读经热"）随之而起。在一个缺乏基督宗教信仰的群体里，如何让企业从上到下打破以往铁饭碗的公有制计划经济思维，建立起新时代企业新的高效、理性的运作模式，以获取更大的市场利润，成为中国新时代一批民营企业家们思考和探索的一项重要议题。这时候，亚洲地区的华人企业家，尤其是纷纷来大陆投资的港商、台商便成为大陆新时代商人的学习榜样。在家族血缘上，港台乃至南洋的华人往往植根于闽粤为主的岭南文化。在闽、粤地区，传统的宗族社会和佛道及民间信仰都十分丰富，亚洲华人企业家自然地便可依此建立起自身的企业文化。比如，出生于广东的杨氏兄弟（杨钊、杨勋、杨洪）在香港所创立的旭日集团，即通过居士佛教的教义，成功地建立起吃苦耐劳的企业精神，由此而能够以"真维斯"等廉价品牌突围，以"物超所值"的产品打入全球纺织品制造业以及其他诸多行业领域⑤。而21世纪以来，更多内地企业选择《弟子规》，作为很多企业建设其企业文化精神的良方。

那么，《弟子规》的特殊性在哪里？《弟子规》为何能成为企业家们纷纷看重的文化建设读本？它所带来的弊端和问题在哪里？在当代企业责任和商业伦理的思考中，我们究竟应该如何看待这一文本？以下试图对此作一批判性研究。

二、《弟子规》的旨趣

《弟子规》源自李毓秀所作《训蒙文》，李毓秀是山西绛州（今新绛县）的秀才，生活在康熙年间⑥。后来，大约在乾隆年间，山西浮山县的贾存仁将其重新删定，改为《弟子规》⑦。此后几十年，该书影响都十分有限，大概主要在晋南一些地区流传。直到19世纪中叶清代晚

---

① 刘精明.两种资本主义：重温韦伯《新教伦理与资本主义精神》[J].清华社会学评论,2020(1)：201-226.
② 苏国勋.马克斯·韦伯：基于中国语境的再研究[J].社会,2007(5)：1-25.
③ 余英时.中国近世宗教伦理与商人精神[M].合肥：安徽教育出版社,2001.
④ （美）里亚·格林菲尔德.资本主义精神：民族主义与经济增长[M].张京生,刘新义,译.上海：上海人民出版社,2009：73.相关的争议,参见：董正华.资本主义精神：新教伦理、个人主义还是"民族主义"[J].世界历史,2007(1)：17-27.
⑤ 蒋蕾.杨勋和他的真维斯[J].中国纺织,2005(3)：44-49.
⑥ 王立刚.《弟子规》的历史溯源与传播过程[J].教育学术月刊,2017(5)：96-105.
⑦ 仝建平.贾存仁与《弟子规》成书[J].中国典籍与文化,2016(2)：91-98.

期,《弟子规》似乎开始具有了一定的全国性影响力,清末民国不少人提到此书①。如果《训蒙文》问世于18世纪初,那么,从问世到较为广泛的流传,前后时差长达150年左右,即便考虑到古代印刷文本流传的条件,也是极其反常的。出现这种情况,肯定是晚清社会出现了对《弟子规》内容的新需求。那么,《弟子规》究竟有哪些内容呢?

《弟子规》全文360句,三字一句,共1 080字。标题和开篇取自《论语·学而》第六章"弟子入则孝,出则悌,谨而信,泛爱众,而亲仁。行有余力,则以学文。"因此,《弟子规》可以分为8个部分:总序、入则孝、出则悌、谨、信、泛爱众、亲仁、余力学文。全文通篇是师长(师和长)对弟子(弟和子)的规训,这是与《三字经》不一样的地方,后者不仅内容涵盖丰富得多,而且对长幼皆有训诫,并非单向规训。我们可以理解,《训蒙文》本来就是蒙学读物,是用于旧式儿童教育的,要求儿童从小养成服从于社会规范和秩序的习惯,因为从师长角度,这样的世界才是理性和合理的。可是,从《训蒙文》到《弟子规》,从标题上仍然有一个转换。"训蒙"一词,蒙是童蒙的意思,是有自然生理年龄的绝对值约束,虽然也不是十分严格。但到了"弟子",则抛弃了"蒙"这一限定条件,一定程度上突破了生理年龄,变成了社会人的一种相对的管制。具体而言,至少会有以下情形:(一)A是B的师长,B是A的弟子;但与此同时,A还可能是C的弟子,因为C是A的师长;(二)A是B的师长,虽然A和B都是成年人,A不一定年长于B,A可能跟B是同龄人,甚至更年少。情形(一)是源自社会秩序结构层级可能是多重的,情形(二)是源自社会知识和权力结构并不等同于生理年龄结构。因此,即便我们今天无法得知《训蒙文》的原文,我们仍然可以得出结论:《弟子规》极大地扩展了《训蒙文》的适用范围。正因此,从晚清开始,《弟子规》的使用便不仅仅局限于蒙学读物,而往往会应用于社会下层,"它本来就不是专门写给儿童的"②,或者说,它是蒙学教育的扩展版。

具体而言,我们看"入则孝""出则悌"两节,基本上可以直接运用于一个社会群体中,即下级应当如何对待(乃至侍奉)上级。"入则孝"是子女对父母的侍奉,"出则悌"则除了"兄道友"一句笼统的表述外,其余全是弟对兄长的尊敬与侍奉。在传统主流儒家伦理中,有所谓"家国同构"而"忠孝一体",家庭中的父兄子弟可以推广到整个社会政治秩序③。

在"谨"这一部分,有一些日常行为习惯,保持衣着整洁、礼貌、克制、恭敬等,看起来是所有人的教导。但我们要注意,在实际社会中,往往是对地位较低的人比较苛责一些。也就是说,往往是地位较高的人拿这些话来训导地位较低的人,虽然他们也可以此自我规训(或者毋宁说是"自勉")。这两种使用方式是很不一样的,在比较严重的情形下,前者能成为对下层的一种压迫,而后者能成为上层的一种标榜。就算没有那么极端的时候,压迫和标榜也是存在的,它们能制造出不同阶层的不同心态。"信"这一部分亦是如此。所以这两部分也没有脱离"弟子规"之宗旨。

接下来在"泛爱众"这一部分,以"凡是人,皆须爱。天同覆,地同载"开头,似乎是一种

---

① 金滢坤.童蒙文化研究(第二卷)[M].北京:人民出版社,2017:153-164.
② 黄晓丹.《弟子规》的传统是场骗局?[N].新京报,2015-12-26.黄晓丹此文论述虽然并不严谨,其立论难以成立,却也敏锐地指出一些问题。
③ 偶尔也有一些例外,比如黄宗羲就明确表示反对,并给出了政治哲学的论证。参见王格.黄宗羲论"治法"与"治人"[J].哲学动态,2021(9):43-51.

跨越阶层的博爱。但往下很快便会发现，作者并没有博爱的意思，该部分主要谈的是社会群体中与人相处的一些宽厚原则。但《弟子规》里的这种宽厚精神，并不是如很多儒家传统典籍那样要求精英阶层、统治者"躬自厚而薄责于人"，而是几乎单方面地要求"弟子"忠厚不冒进，多与少取，等等。只有在该部分最后稍微谈到了对待婢仆既要公正，也要慈宽，要做到以理服人。这里显然也有些超出了对童蒙的训导。

最后在"亲仁"和"余力学文"两部分里，我们需要注意"亲仁"里对"仁者"的界定是"人多畏，言不讳，色不媚"，这一界定与《论语》等儒家经典中对"仁"的界定迥然不同，而更接近于群体中德高望重有话语权的人。"余力学文"则除了一般读书问学的训诫外，特意强调了"非圣书，屏勿视"，其理由则是"蔽聪明，坏心思"，这里暗藏了知识权力结构，知识权力的主导者决定"弟子"们可以读哪些书，不可以读哪些书。

《弟子规》的旨趣如此，而在晚清时代，传统士、农、工、商结构的"四民"社会的秩序遭受挑战，经济领域的商业活动开始在社会上发挥史无前例的影响①。那么，传统基于农业社会亲情血缘以及在此基础上建立的儒家士绅秩序的主导力量便受到了挑战，在传统农业民众和儒家士大夫看来，此时的社会难免"礼崩乐坏"，亟须寻求更强有力、更简单粗暴的规训，于是《弟子规》这样几乎权力上单向度的规训词便受到了重视。

三、《弟子规》与商业伦理

《弟子规》与商业社会伦理有何关系？

李毓秀主要生活在山西绛州，明清时期这里虽然文化经济不够发达和开放，但在此前的几十年，这里却成了早期来华天主教最重要的活动地区之一。1620年耶稣会士艾儒略（字思及，Giulio Aleni，1582—1649）就在绛州建立天主教堂，随后又有耶稣会士高一志（又名王丰肃，字则圣，1568—1640）长期主持当地天主教传教活动。高一志于1624年底抵达绛州，其间译介大量西学读本，学术成绩斐然，直到1640年去世并葬于绛州。因为资料甚少，目前为止，我们并没有发现李毓秀与天主教之间十分直接的关联，大概因为在李毓秀生活的年代，绛州天主教已经遭受挫折，李毓秀的弟子阎廷玠（1732年举人）则致力于儒门卫道，参与批判过天主教②。不过，高一志《童幼教育》一书曾经在绛州一带影响较大③。由于我们今天看不到李毓秀《训蒙文》，仅从《弟子规》文本来看，它与《童幼教育》在内容上有很多共通之处，但似乎很难看出确凿的西学痕迹。

尽管如此，《弟子规》仍然在晚清西风东渐的背景下开始风靡全国，这表明《弟子规》与现代商业社会存在一定的供需关系。商业社会的核心在于在很大程度上打破了血缘和熟人社会，一个企业内的员工主要是基于职业技能而集合起来构成的社群，而企业外的运营，也主要是由商品供应链和销售链决定。那么，在这样的社群和社群外交往中，原先作为稳定性基础的血缘家族伦理显然不够用了，需要扩展到全社会各色人等，建立起便于管理的尊卑有序的格局。于是，将传统社会中子弟对父兄的伦理，扩展成下级对上级的伦理，被雇佣者对雇主的伦理，这就似乎构成了一套良好有序的企业伦理，它极大地降低了管理成本。

---

① 马敏.商战：中国近代化思潮的一个侧面：晚清重商主义之再思[J].人文论丛，2000：155-170.
② 黄一农.明清天主教在山西绛州的发展及其反弹[J].近代史研究所集刊，1996(26)：3-39.
③ （意）高一志.童幼教育今注[M].（法）梅谦立，编注.谭杰，校勘.北京：商务印书馆，2017：30-45.

事实上,清末很多人对《弟子规》的使用便是如此,他们用《弟子规》对平民底层人进行训导,而不仅局限于教育儿童①。而在谈到《弟子规》的优点时,"便于讲解"和"切于实行"是最大的优点②,换用今天流行的话来说,《弟子规》如同规章条文一样,足够"简单粗暴",不需要费脑子便能实施开展。如果《弟子规》以如此简单粗暴的方式划定等级秩序,订立社群和人群交往之行为规范准则,那么伦理问题就出现了。

《弟子规》牵涉到商业伦理,包括企业内和企业外的伦理。就前者而言,我们要追问,员工对于企业来说,究竟是什么意义的存在?如果仅仅是《弟子规》模式的"弟子",那么,理论上机器人才是完美的员工,因为良好的机器人可以遵守《弟子规》中除了"亲仁"和"余力学文"以外对弟子的一切行为规范;而如果考虑到人工智能的话,后两部分内容也能几乎完美做到。那么,真实的自然人作为员工,会出现哪些问题?至少有自我实现和情感需求两方面:

第一,人会有作为主体人的自我价值实现的追求,任何作为自然人的员工,不会真正满足于仅仅执行机械重复的劳动,而是或多或少有实现自己创意的冲动。但出于以下几方面的原因,这些冲动的尝试在很多情况下会扰乱既定的运行:(1)员工的工作长期身处在某一局部,对整个企业运行没有足够的全局视角,会形成对结果的误判;(2)员工没有管理经验,虽然具有很好的想法,但没有良好的管理能力让其他人参与协同合作,不能正确地实施和执行;(3)任何创意本身都有一定的失败风险和变革成本。因此,创意是带有巨大风险的,它不利于企业的"理性"和平稳运行,如果企业没有足够的资本积蓄用来"挥霍",不加严格限制的创意本身甚至可能会将企业拖垮,陷入运营的困境。如果从企业平稳有效的"理性"运作角度来考虑,企业管理者应当么用《弟子规》规训员工,要么更多采用机器人和人工智能,在后一方面条件还不具备的情况下,前一方式不失为一种可行的方案和途径。

第二,人会有情感反馈的需求,即不仅付出情感,也需求情感。传统儒家虽然并无现代的平等价值理念,但在讲父慈子孝、兄友弟恭时,即便谈不上对等关系,也多少带有情感反馈,而君臣关系更是如此。传统儒家在规范"弟子"的行为处世时,对"父"与"师"不仅也有表率、责任和义务规范,还有相应的情感要求。因此,作为自然人的企业员工,长期服从于企业的"理性"运作,便会缺乏情感的滋润,进而感觉疲惫劳累,即时下流行的所谓"累觉不爱"。而机器人不存在这样的问题,人工智能的情感则是基于模仿人的情感场景,完全可以设计成伪付出型为主,不需要增入大量深层次的伪需求。我们再看《弟子规》时,便会发现其中的情感也是付出型,致力于让周边尤其在上位者收到良好的情感付出,而严重缺乏情感反馈。

如果依从《弟子规》建立起来的企业伦理,理性和高效会成为企业运行秩序的优势,但自我实现和情感需求的匮乏会造成长远的问题。而就商业社会里的企业外商业往来和交流而言,如果缺乏以上两方面的内容,则缺乏人性关怀,更不用说人性之光辉了。如此一来,对外的商业运营也会受到影响。因为人之为人,总会有人性的关怀,不同于机械的理性化运作。

---

① 黄晓丹.《弟子规》的传统是场骗局?[N].新京报,2015-12-26.
② 金滢坤.童蒙文化研究(第二卷)[M].北京:人民出版社,2017:150.

就此而言,《弟子规》的伦理过于单向化,无法真正做到"学以成人"[①];在这一意义上,哪怕仅仅作为儿童蒙书,也远远不如《三字经》、朱熹《小学》或者西洋舶来的《童幼教育》。那么,作为理性运作以追逐资本盈利的资本主义精神,《弟子规》的表现又如何呢?

四、《弟子规》与资本主义精神

我们在开头就提到,韦伯所谓"资本主义精神"是一种理性地追逐资本利益的精神,它是现代资本主义得以持续繁荣发展的精神动力。如此一来,韦伯所谓的"理性"其实不必是每个人经历反省的理性,更不必是康德意义上的"启蒙理性",即"要有勇气运用自己的理智"[②],它既不是康德哲学上的"理论理性"也不是"实践理性",而是一种植根于西方文化中的理性精神,带有新教色彩的世俗化意识形态。如果从康德式批判的角度来看,它在一切合理安排的背后,时常充满着盲目的激情,有时候其实是非理性的。可见,"资本主义精神"充满复杂的精神性内涵,它同时具有多维度的张力与平衡。

具体而言,当人们一门心思使用合理的手段追求利益的时候,固然也会考虑到道义等道德伦理问题,却是为利益(尤其是长远利益)服务的。因此,如果不考虑背后的新教精神,"资本主义精神"在世俗领域主要是一种功利主义后果论的伦理学,而非道义论的。可是传统儒家伦理主流并非如此,自《孟子》开篇提出"义利之辨"以来,儒家伦理都是道义(或存心)优先于利益功效的考量,即便注重所谓"事功"的陈亮等人,也只是将"事功"纳入一个比较重要的维度进行考量,批判以往主流儒家忽视事功利益而已[③]。根据当代学者的研究,儒家伦理学可能是兼具责任伦理的道义论(存心)伦理学[④],也可能是古典式美德伦理学[⑤],但绝不是功利主义(后果论)的伦理学。

以《弟子规》为基础建立企业文化,实质上会发生什么样的作用机制呢?首先,民族主义的精神会起到一定的凝聚作用,特别是在人们普遍呼唤回归传统的时代,《弟子规》可以像一面简单明了的旗帜,带给企业员工一定的文化认同感。其次,《弟子规》所训导的内容,主要是服从乃至顺从,替上级和同事着想,礼貌而恭敬,如此一来,一个企业的决策可以得到更高效地协作执行,就像调试良好的机械装置一样。

但是,这样的作用看起来会更像19世纪的异化劳动,它并不能带来韦伯意义上的"资本主义精神",后者会生发出每一个人自发的内在的工作动力,可以让个人满足于自我价值之实现,虽然资本主义精神本身会带来某些迷狂,这种自我价值的实现带有一定的虚幻性,但精神上的满足是存在的。企业需要花费一定的成本来满足员工作为人的自我实现,这些花费是需要投入精神和资金的,但不会带来直接的回报。

因此,如果要基于自身的人文精神传统建立起企业精神氛围,《弟子规》一定是过于简

---

① 李鑫,谭杰.先秦儒家"学以成人"思想及其当代意义[J].现代大学教育,2020(3):99-104.
② (德)康德.答复这个问题:"什么是启蒙运动?"[M]//历史理性批判文集.何兆武,译.北京:商务印书馆,1990:22-31.
③ 有关陈亮及事功学派对正统宋明理学的批评,可以参看:(美)田浩.功利主义儒家:陈亮对朱熹的挑战[M].姜长苏,译.南京:江苏人民出版社,2012.
④ 以李明辉为代表,参见李明辉.儒家视野下的政治思想[M].北京:北京大学出版社,2005:66-87.
⑤ 以黄勇为代表,参见黄勇.儒家伦理学与美德伦理学:与李明辉、安乐哲和萧阳商榷[J].社会科学,2020(10):131-141;黄勇."美德伦理学""德性伦理学"和"德行伦理学"与儒家伦理学[J].江海学刊,2020(6):20-29.

陋的,它所带来的只能是短时间内的稳定有效,而不能让一个企业可大、可久,一旦单向的服从发生撕裂,后果可想而知。

事实上,中国传统文化远非《弟子规》这般单一,无论是从"三人行必有我师"[①]到"弟子不必不如师,师不必贤于弟子"[②],还是从"事父母几谏"[③]的分寸尺度到"大义灭亲"的两难抉择,儒家伦理总是会在多重维度上权衡,持中庸之道。新时代中国的企业精神和商业精神,必须在错综交汇的张力中寻求,正如韦伯笔下的"新教伦理",不论如何都是在理想与现实、理性与热情之间游移的存在,因此才可以构成持续不断助推资本主义发展的资本主义精神。

五、结语

《弟子规》构成了一种便于管理的文化,它能以"教养"的行为修养模式训导了所有员工服从遵守一切有利于决策领导层的行为规范。如此一来,整个企业便成为一部理性的战车,所有员工就如零部件一样紧张有序地运行,严格遵守操控中心的指令,每一层的"弟子"均服从于上级指令优先权。在表面的效果上,这当然符合韦伯所谓资本主义精神,它能让企业高效地经营,以较低的成本获取较大的利润。

可是,这种管理文化没有持久性,由于《弟子规》极度缺乏内在精神的韧性,它很容易让参与其中的人失去精神的满足感,而持续不断地向上付出情感,终有一日会枯竭。它无法让一个企业成为能为全体员工负责任的企业,这种责任包含:(1)促进员工作为人的自由发展与实现;(2)满足一个社群中人的基本情感需求,尤其是交互情感。《弟子规》带来的速成效应就如同快餐一样缺乏丰富合理的营养搭配,最终不能满足长期健康的生存需求。

因此,今天的企业家如果要立足于本土,积极寻求传统文化中促进商业发展的思想资源,就应当不避繁难,在多重甚至相互矛盾的张力中寻求一以贯之的精神之道,如此方能建立起负责任的企业伦理和商业精神。

---

① 《论语·述而》
② 韩愈《师说》
③ 《论语·里仁》

《管子》尊贤思想实践分疏
——兼从管理哲学角度解读和反思

胡士颍*

摘要：《管子》有关尊贤用贤，形成较为系统完善的选贤、举贤、用贤、考核制度。尊贤主张和实践，与管仲辅佐齐桓公进行政治改革、争霸天下的需要直接相关，也是其管理思想背景和哲学认知体系所致。从管理哲学的角度，《管子》尚贤实践在当时具有先进性，但也反映出以贤为治模式的具体难题和普遍问题，其中"以民为本""以人为中心"问题值得深入考察和思考。

关键词：《管子》；尚贤思想；举贤制度；管理哲学

《管子》为托名管仲而实际汇诸众家的重要著作，成书时间颇有争议，大致可定为春秋末期[①]。罗根泽认为，《管子》"各家学说，保存最多，诠发甚精，诚战国秦汉学术之宝藏也。宝藏在前而不知用，不以太可惜哉！"[②]虽为相率而成，该书内容也确实和管仲生平事迹、治国方略有着紧密的关系，管仲治理国家的系列举措和功业给齐国和学者产生很大影响，《管子》即管子学派和稷下学人代守旧业、口耳相传、著于竹帛的"一家之学"。

《管子》思想核心是政治经济理论，哲学基础是精气论，政治思想以民本民生、社会文化、管理体制、国家制度为主，都是对齐国治国理政实践的总结和阐述。尊贤既是管仲相齐的治理实践，在《管子》中也是具有系统性的学说，构成中国古代国家和社会治理的重要原则——以贤为治，为建构中国古典管理学、管理哲学提供了丰富的传统思想资源。

一、《管子》尚贤思想

《管子》对尊贤用贤，有着十分系统的思想和实践主张，但少有集中论述，散见于各篇之中，如《法法》《宙合》《形势解》《中匡》《立政》《霸言》等，有些篇目章节也可以通过《国语·齐语》得到印证，说明《管子》尚贤在当时在内政外交的多种场合、多个政策中都得以推行，是理论紧密结合实践的重要举措。

尊贤是治国的必然选择。《管子》认为，富民国强，系于贤人，用贤是君王治国的重要事务。《五辅》中提出"论贤人，用有能，而民可使治"是"明王之务"。《幼官》言："尊贤授德，则

---

* 作者简介：胡士颍(1983—)，男，汉族，安徽阜阳人，哲学博士，中国社会科学院哲学研究所副研究馆员、中盐金坛与复旦管理学院博士后，研究方向：中国古代哲学、易学、佛学及数字人文等。

① 有学者根据新出土文献认为，《管子》的主体部分在春秋末期就已经形成。郭丽.简帛文献与《管子》研究[M].北京：方志出版社，2015：24.

② 罗根泽.管子探源[M].长沙：岳麓书社，2010：3-4.

帝","信赏审罚,爵材禄能,则强"。举用贤才,关乎国本,"古之圣王,所以取明名广誉,厚功大业,显于天下,不忘于后世,非得人者,未之尝闻。暴王之所以失国家,危社稷,覆宗庙,灭于天下,非失人者,未之尝闻"①。"闻贤而不举,殆。"②"举贤良,而后可以废慢法鄙贱之民。"③贤才能否使用,是国家文明程度的彰显,最大的礼,"远举贤人,慈爱百姓,……此为国之大礼也"④。基于明确且强烈的尊用贤才思想意识和现实需要,《管子》中提出了一系列举贤、用贤、选贤、试贤及考核制度,有些则是当时社会政治的直接记录。

什么是"贤"?《管子》中说,"言大人之行,不必以先常,义立之谓贤。"⑤"大失在身,虽有小善,不得为贤。"⑥"道术德行,出于贤人。"⑦这三句是其论贤标准的主要方向,根据这些标准授官任事,《君臣上》说:"论材量能谋德而举之,上之道也。"这里对贤的认定与划分实际并不明确,因为古代关于"贤"的认识经历较长历史时期,"通过字义的简要溯源可知,圣、贤二字最初没有德行的含义,主要指能力、财富方面过人,并未言及德性,故最初所谓的圣人、贤人均指能力超群的'能人',这应当是圣、贤的本义"⑧。考虑到"从春秋战国到秦朝,'贤'字由最初含义为力气大、财多、技能高超,逐渐引申出才能、德行的含义"⑨。《管子》对"贤"的概念与范围,有着较为显见的清晰化,除了兼具才能之意外,开始加入德行要求,在思想上是一种进步和突破,意味着当时在治理过程中有了更多的实践和经验。

贤人难得。"十年树木,百年树人"一语闻名于世,源自《管子》。其云:"一年之计,莫如树谷;十年之计,莫如树木;终身之计,莫如树人。一树一获者,谷也;一树十获者,木也;一树百获者,人也。我苟种之,如神用之,举事如神,唯王之门。"⑩原意为一年之计,不如种谷物;十年之计,不如种树木;终身之计,不如育人才。一种一获的,是五谷;一种十获的,是树木;一种百获的,是人才。若能培养人才,并神妙运用,处理事情就有神奇之效,这是王道的唯一门径。这里的树人,可解读为培养贤才,相比其他,《管子》认识到人才最为难得、宝贵、最值得重视、投入,当然,社会效益也最高、最好。

教化育贤。《管子》尚贤,将之推行到几乎整个社会,实行教化;将之深入到青少年培养之中,融入教育。《管子·七法》云:"变俗易教,不知化不可。"所谓"化",即"渐也,顺也,靡也,久也,服也,习也,谓之'化'",教化的落实,"乡置师以说道之"⑪,"人啬夫任教,教在百姓"⑫,任用专人对民众进行宣传教化,对提高社会文化水平和人才培养无疑具有积极作用。对于青少年,书中有著名教育文《弟子职》,论及关于学校、学习的基本原则,注重以学校为依托培养贤才,其曰:

---

① 《管子·五辅》
② 《管子·法法》
③ 《管子·中匡》
④ 《管子·中匡》
⑤ 《管子·宙合》
⑥ 《管子·形势解》
⑦ 《管子·君臣下》
⑧ 钟海连,黄永锋.贤文化经典选编释读[M].总序.北京:九州出版社,2020:2.
⑨ 钟海连,黄永锋.贤文化经典选编释读[M].总序.北京:九州出版社,2020:2.
⑩ 《管子·权修》
⑪ 《管子·权修》
⑫ 《管子·君臣上》

先生施教,弟子是则,温恭自虚,所受是极。见善从之,闻义则服。温柔孝悌,毋骄恃力。志毋虚邪,行必正直。游居有常,必就有德。颜色整齐,中心必式。夙兴夜寐,衣带必饰;朝益暮习,小心翼翼。一此不解,是谓学则。

　　从《弟子职》名称,可以看出,管子学派把学习作为青少年的职分,而所学在于自化自抚,勉力为之,"受业问学而不加务则不成","朝不勉力务进,夕无见功"①。《弟子职》对青少年的学习、礼仪、行为、心理等等,有着十分详备的要求,一定程度上说明齐国当时积极向上的尚贤育人氛围。

　　举用贤才,是管仲治齐的重大举措,也是一项重要的施政经验,还是当时在国与国之间推行的策略。齐桓公九次会盟诸侯,葵丘之会最为盛大,盟约中,第二条为"尊贤育才,以彰有德",第四条有言"士无世官,官事无摄,取士必得,无专杀大夫"②。一则可以说明,当时齐国文化中对于"人"的理解,尤其贤人在国家治理中的意义,有比较充分的认识,次则和当时各国尚贤的思想背景紧密相关,齐国重贤图治得以在春秋诸国中脱颖而出,在当时产生了广泛影响。

二、《管子》举贤制度

　　春秋时期,周王室已见衰微,诸侯争斗不止,相互间虎视眈眈,谋图霸业,齐国首先崛起。齐国之兴始于齐襄公,成于齐桓公,"齐国虽是大国,但春秋初内部斗争不断,齐桓公上台后任管仲为相,实行一系列改革,使齐国成为第一个大国霸主"③。齐国政治、经济、军事、外交实行一系列的改革,是《管子》尊贤举措的社会背景,进一步提炼成系统的尊贤理论、制度,因而"《管》书对人才的培养、选拔、使用、管理,以致人才的标准、层次、结构,都有议论,可以说形成了比较系统的人才理论"④。

　　行政管理方面,齐国实行"国"(都)、"野"(鄙)分治制度,将士、农、工、商分开,不使杂处,限制他们自由迁徙。其中,国(都)分成二十一个乡,工商之乡六,士乡十五,桓公亲率十一乡,大臣国子和高子各管五乡。国政分为三方面,"市立三乡,工立三族,泽立三虞,山立三衡",设立"三官之臣",统管商业、手工业、川泽、山林之事;对野(鄙),"三十家为邑,邑有司;十邑为卒,卒有卒帅;十卒为乡,乡有乡帅;三乡为县,县有县帅;十县为属,属有大夫。五属故立五大夫,各使治一属焉;立五正,各使听一属焉"⑤。每年正月,大夫将所属治理情况报告桓公。于是属管县、县管乡、乡管卒、卒管邑、邑管家,形成了层层相治、环环相扣的管理体系。和行政体系改革类似,军事管理方面,管仲将军政合一,设立较为严密的军事组织。规定五家为一轨,十轨为一里,十里为一连,十连为一乡,各设轨长、里长、连长、乡长一人。

　　经济方面,管仲大力发展农业、商业、手工业,实行井田制,设立市场,设置"工正""工师""铁官""三服官"等手工业管理机构。《管子》对农业科技人才的言论、经验、待遇、奖励

---

① 《管子·形势解》
② 《孟子·告子下》
③ 顾德融,朱顺龙.春秋史[M].上海:上海人民出版社,2001:71.
④ 高思栋.论《管子》人才思想的特色·管子与齐文化[M].北京:中国经济科学出版社,1990:218.
⑤ 《国语·齐语》

都较为重视,制定了十分具体的措施①,如《管子·山权数》。《管子·立政》要求设立管理手工业的官职传办人员,"论百工,审时势,辨功苦,上完利,监一五乡,以时钧修焉,使刻镂文采毋敢造于乡,工师之事也"。齐国实行四民分治,其中也包含技艺世代承传的技术教育因素,有时甚至认识到有些官办作坊反而不如民间工匠。

管理机构的设置,无疑需要大量能够统领一方、管理一域的各种人才,并对管理者加以考核。因而,政治管理是《管子》尊贤用才的直接需要,而如何使用贤才也是其治道思想和实践的组成部分,如选贤、用贤及考核制度。

"三选"制度。齐国建立较为广泛、直接的选贤制度,这一制度得到齐桓公的重视,并亲自推行:

> 正月之朝,乡长复事。君亲问焉,曰:"于子之乡,有居处好学、慈孝于父母、聪慧质仁、发闻于乡里者,有则以告。有而不以告,谓之蔽明,其罪五。"有司已于事而竣。桓公又问焉,曰:"于子之乡,有拳勇股肱之力秀出于众者,有则以告。有而不以告,谓之蔽贤,其罪五。"有司已于事而竣。桓公又问焉,曰:"于子之乡,有不慈孝于父母、不长悌于乡里、骄躁淫暴、不用上令者,有则以告。有而不以告,谓之下比,其罪五。"有司已于事而竣。是故乡长退而修德进贤,桓公亲见之,遂使役官。桓公令官长期而书伐,以告且选,选其官之贤者而复用之,曰:"有人居我官,有功休德,惟慎端悫以待时,使民以劝,绥谤言,足以补官之不善政。"桓公召而与之语,訾相其质,足以比成事,诚可立而授之。设之以国家之患而不疲,退问之其乡,以观其所能而无大厉,升以为上卿之赞。谓之三选。②

这段话较为完整地反映齐国"三选",是从君王以至乡里、每年一次的常规制度;其选人才包括"居处好学、慈孝于父母、聪慧质仁、发闻于乡里者""有拳勇股肱之力秀出于众者"和一些经过任事考核的官员;有较为严格、严密的考察方式,"訾相其质,足以比成事,诚可立而授之",乡、连、里、轨、伍、家递相督促,赏罚严明。春秋时期,国家统治阶层的核心由贵族构成,有着比较严密的世袭制度,大部分的也从贵族子弟中产生,但《管子》提出举贤不限于此,而是打破条条框框,唯贤是举,"列不让贤,贤不齿第择众"③。尽量扩大选拔人才的基础,如言"论贤不乡举,则士不及行"④。"凡孝悌忠信、贤良俊材,若在长家子弟臣妾属役宾客,则什伍以复于游宗,游宗以复于里尉。里尉以复于州长。州长以计于乡师。乡师以著于士师。"⑤

用贤人的总原则,是"使贤者食于能,斗士食于功"⑥。对于选取的贤才,首先要授予相应的官职、地位:"君之所慎者四:一曰大德不至仁,不可以授国柄;二曰见贤不能让,不可与尊位;三曰罚避亲贵,不可使主兵;四曰不好本事,不务地利,而轻赋敛,不可与都邑。此四

---

① 赵守正.管子经济思想研究[M].上海:上海古籍出版社,1989:14.
② 《齐语·管仲佐桓公为政》
③ 《管子·霸言》
④ 《管子·八观》
⑤ 《管子·立政》
⑥ 《管子·法法》

务者,安危之本也。"①"明主之择贤人也,言勇者试之以军,言智者试之以官。试于军而有功者则举之,试于官而事治者则用之。"②对于贤人的使用,需要根据具体情况,防止滥用无度,"有闻道而好为家者,一家之人也;有闻道而好为乡者,一乡之人也;有闻道而好为国者,一国之人也;有闻道而好为天下者,天下之人也;有闻道而好定万物者,天下之配也"③。此外,关于贤人的专业特长,在《管子》一书中也有所讨论,甚至划分了一些工种。当然也需要进行必要的考核,建立有明确的考核制度:

> 国子、高子退而修乡,乡退而修连,连退而修里,里退而修轨,轨退而修伍,伍退而修家。是故匹夫有善,可得而举也;匹夫有不善,可得而诛也。政既成,乡不越长,朝不越爵,罢士无伍,罢女无家。夫是,故民皆勉为善。与其为善于乡也,不如为善于里;与其为善于里也,不如为善于家。是故士莫敢言一朝之便,皆有终岁之计;莫敢以终岁之议,皆有终身之功。④

在"三选"的基础上,还实行"三月一复,六月一计,十二月一著。凡上贤不过等,使能不兼官,罚有罪不独及,赏有功不专与"⑤。"三年教人,四年选贤以为长,五年始兴车践乘。"⑥这些记载是当时齐国察能授官、爵才禄能政策实施的具体反映。

此外,和会盟设定尊贤条款类似,齐国还大肆跨国招贤。《管子》认为"海不辞水,故能成其大;山不辞土石,故能成其高;明主不厌人,故能成其众;士不厌学,故能成其圣"⑦。因而,把选贤的范围扩大到周边其他国家,"游士八千人,奉之以车马衣裘,多其资粮,财币足之,使出周游于四方,以号召收求天下之贤士"⑧。《国语·齐语》中也有类似记载,"为游士八千人,奉之以车马衣裘,多其资币,使周游于四方,以号召天下之贤士"。可见当时齐国招揽贤才的规模是空前的,学派纷杂的《管子》和稷下学宫即为印证。

三、《管子》论贤检讨

《管子》举贤思想甚早,制度较为完善,在春秋战国时期独树一帜,而齐国的兴衰实践也着实可供总结、反思。"尚贤"的产生源自社会管理,执行主体是国家组织,背后是对于人的认识,但不同学派的学说和立场不同,《管子》基于国家组织的理论无疑具有典型性,值得从理论与实践各方面反复检讨。

尊贤用贤的思想,和当时国家治理、社会管理的思想与政策的实际需要直接相关,而深层原因是社会经济发展、生产技术进步为社会治理打下良好的基础,同时提出了更高的要求。因而,《管子》"尚贤"凝聚了管理实践和思想意识,为现代管理哲学研究提供良好样本,其作用一则体现为具体的社会生产实践,可以从组织管理模式予以总结;其二是文化意识、

---

① 《管子·立政》
② 《管子·明法解》
③ 《管子·形势》
④ 《齐语·管仲佐桓公为政》
⑤ 《管子·立政》
⑥ 《管子·戒》
⑦ 《管子·形势解》
⑧ 《管子·小匡》

哲学思想的表现,可以透过纷繁的现象,反思人对自身的认识及与客观世界的关系。二者结合起来,便是考察和建构古代管理哲学的有效途径,"管理哲学是对于管理理论的反思,是对于管理实践的反思之反思"①。

《管子》尊贤、育贤、选贤、用贤是以国家组织为基础的社会治理,是一套自上而下、职分明确的行政管理理念,"君明,相信,五官肃,士廉,农愚,商工愿"②。牧民的主要对象是士、农、工、商"四民",牧民的主体是君臣官僚体系,为此《管子》认识到国家组织、社会治理的复杂性并提出包括经济、政治、文化等在内的系统性政策、对策,尤其阐述了君、臣之间的关系,确立维护组织良好运转的各种原则。《管子》用贤,首先服务于国家机器,服从社会治理需要,"计上之所以爱民者,为用之爱之也"③,通过层层管理可以"主画之,相守之;相画之,官守之;官画之,民役之"④,最终使得民众能够自愿顺从统治者的意志,"蹈白刃,受矢石,入水火,以听上令"⑤。这种组织的运转模式,基本可以划分为三种类型,君王是最主要的决策者,其他管理者主要是事务型的执行者,而民众主要是服从型的被统治对象。

管仲是一位非常有才干的政治家,认识到育人选才对于国家社会治理的重要性,"士修身功材,则贤良发"⑥。他本人在识人、用人、管人方面深有远见卓识,以晚年与齐桓公"病榻论相"即可见之。然而,《管子》的用贤模式下,贤人能够发挥的作用,主要是强化组织管理的掌控力、执行力,对最高领导核心、组织的根本权力和统治对象而言,拥有一定的掌控权,但现实、根本上还是依附者和从属者,组织运转、目的实现与贤人治理模式貌合神离一直是难以解决的难题。纵观中国历史,历朝历代、诸多学派都重视育贤选才,几乎任何国家和统治阶层都会将其作为国之大事,却鲜能处理得当,观乎齐桓公一生,以及众多国家兴衰之例,不禁令人深思。

这种尚贤举贤的政治治理模式,有着深刻的管理思想根源。正如很多学者所指出的,对于贤人的重视,一定程度上肯定了知识、技能和人才在社会生产中的作用和价值,《管子》任用贤人所服务的目的是"富国安民"⑦,认识到国家整体兴盛和国民基础之间的关系,很大程度上与当时的重民、民本思想思潮有紧密关系,如《管子·霸形》有言"齐国百姓,公之本也",比之于上古社会的神本思想、巫卜之术,无疑是很大的进步。

但这里的"民本",很难说是"以人民为本"之意,更与"以人为本"相差甚远。《管子》首篇《牧民》,即阐述治民思想,认为其要在于禁民为非,使民为正,立足防微杜渐,预防大的社会问题,指出礼、义、廉、耻是治理民众的四个重要方面,又称"国之四维",因为"礼不逾节,义不自进,廉不蔽恶,耻不从枉"⑧。但正如上文所述,《管子》的认知重点,在于看到民众对于国家治理的重要作用,是实现"争天下者,必先争人"⑨的基础。如果说民众是国治之本,

---

① 朱光磊.中国管理哲学的困境与出路[J].淮阴师范学院学报(哲学社会科学版),2012(3):307-311.
② 《管子·君臣上》
③ 《管子·法法》
④ 《管子·君臣上》
⑤ 《管子·法法》
⑥ 《管子·五辅》
⑦ 汉代刘向在《管子叙论》中说:"凡《管子》之书,务富国安民。"
⑧ 《管子·牧民》
⑨ 《管子·霸言》

那么用贤则是治国之本,贤人是落实和贯彻礼、义、廉、耻的主要推动者;现实情况是,所争之人,多为充实、巩固统治的基本盘,毕竟"民未尝可与虑始,而可与乐成功"[1]。"国犹是国也,民犹是民也。"[2]没有真正的以民为本,国家组织机构、统治集团、民众实际上仍然是出于生存和现实需要的乌合之众,唯有强权式贤人或卡里斯玛型领袖才能够暂时驾驭,而更漫长的历史将在混乱和灾难中度过。

从哲学认识论和人性论角度,可以对《管子》论贤更深地理解。礼、义、廉、耻四维作为建立国家治理体系和实现管理功能的政策方针,虽然书里没有专门论述这四个方面的关系,但整体来看,以礼治国是周代王室以至诸侯的通行方针,礼仪往往是规范和调节国民行为之普适性知识、工具;"礼之用,和为贵"[3],"义"对社会组织及成员具有高度的统一性,实现个体与群体的整合;"廉"的原则重在要求民众收敛行为,进一步巩固"义"的目的;"耻"则抓住了个体与社会心理,从男女之别及其社会影响出发,要求更加具体化和内在化,有利于增强对于前三个原则的遵从。因而,这四个方面构成了潜在的支撑关系,在此之外,《管子》以"法"进行节制。这种管理视角,已不同于一般治理思想、政策,而是深深把握了人性自身的特点和人与社会、外部环境之间的关系,从宏观到微观,从形式到内在,将国家意志渗透于个体意识、生活方式、心理性格等各个部分。

《管子》哲学为社会治理提供思想基础。它以"道"为最高概念,"道者,诚人之性也,非在人也,而圣王明君,善知而道之者也。是故治民有常道,而生财有常法。道也者,万物之要"[4]。"道"是人类进行生产生活的枢机、关要,不受人的意志所转移,并且被伟大的君主用来管理民众、指导生产,"事督乎法,法出乎权,权出乎道"[5]。《管子》思想深受老子一派的自然哲学和道论的影响。"道"在老子那里是遍在的、本根的,又是无形无色、恍惚幽冥的,《管子》继承并丰富了老子对道体的理解并进一步发挥,认为人可以通过修心守静来体道存道,"敬除其舍,精将自来……道满天下,普在民所"[6],"道不远而难极也,与人并处而难得也。虚其欲,神将入舍"[7]。外正其形,内修其心,意气安定,"形不正者,德不来;中不精者,心不治。正形饰德,万物毕得。翼然自来,神莫知其极。昭知天下,通于四极。是故曰:无以物乱官,毋以官乱心,此之谓内德。是故意气定,然后反正。气者身之充也,行者正之义也。充不美则心不得,行不正则民不服。是故圣人若天然,无私覆也;若地然,无私载也。私者,乱天下者也"[8]。意思是,形体不端正的人,因为德行没有养成;内里不专精的人,因为内心没有治好。端正形体,整饬德行,万物皆备。万事万物自然化成,神妙而无法穷知。便可明察天下,通达四方。所以说:不让外物扰乱五官,不让五官扰乱心智,这就叫内德。所以意气安定,然后形体端正。气能够充实身体,行为反映持正状态。充而未实则心不定,行而不正则民不服。所以,圣人像天一样,无私地包容万物;像地一样,无私地承载万物。私,

---

[1] 《管子·法法》
[2] 《管子·宙合》
[3] 《论语·学而篇》
[4] 《管子·君臣上》
[5] 《管子·心术》
[6] 《管子·内业》
[7] 《管子·心术上》
[8] 《管子·心术下》

便会扰乱天下。梳理《管子》对道、气、心、身、行等论述,其主旨和思路是以人法天,自然无私;以道充气,静心节欲,正形饰德,"人与天调,然后天地之美生"①。

从管理哲学的角度,《管子》尊贤便暴露出比较大的问题。可以说,《管子》建立了以形而上的道、天、气、精等为基础的具有较强解释力的自然哲学,并下延、统摄、通贯到人生、政治、管理、社会等各个方面,几乎提供了整套方案。然而,社会治理思维,也处处影响到对人本身的思考:

> 心之在体,君之位也;九窍之有职,官之分也。耳目视听者,视听之官也,心而无与于视听之事,则官得守其分矣。②

这句话主要是阐明心、九窍、耳目之间的联系,并借用了君主与官员之间的关系加以说明。心与九窍、君与臣之间的关系,在《管子》看来,心不能干扰九窍,君王不应干涉百官,因为各有位属、职分的不同。这一理解,基于人心本静观念,对人心的思考不同于孟子、荀子等人的道德角度,而是偏于自然性和功能性,甚至与其社会管理的目标是一致的,"民者服于威杀然后从,见利然后用,被治然后正,所得安然后静者也"③。事实上,从其"道—天、地—人"的认知上看,天道之常是恒久的,人具有效法天地的能动性,却也是被动的和消极的,因而,在天人关系中,人须顺应天地之道,相应地,在社会治理中,人也从属于君主和群体,"昔者圣王之治人也,不贵其人博学也,欲其人之和同以听令也"④。某种意义上,贤人一方面在《管子》中处于被尊敬和重用的位置,却总是工具性、手段性的,完成职责是重要使命,"治人如治水潦,养人如养六畜,用人如用草木"⑤。因而,在《管子》的管理哲学中,既没有根本形成"以民为中心"的民本管理思想,更离"以人为中心"的管理哲学相差较远。

四、余语

《管子》的尚贤思想和用贤制度,对儒家、法家都产生过深远影响,在思想互质中,互较优长,加深理解。

相比孔子所提倡的"仁",与稍后发展而出的"仁、义、礼、智"及类似的儒家学说体系不同,《管子》提出的礼、义、廉、耻主要针对的是社会组织关系及运转原则,缺乏推究人性内在问题以及人与客观世界关系、规律的系统化思考,因而比较于儒家确立的自内而外的以仁为内核的诚意、正心、修身、治国、平天下体系,《管子》所提出的人性本静观点与其心、身、道之关系,对人性认识则显得不够系统。这一认识也体现在"贤"的观念上,"贤"对《管子》而言,虽有德行的要求,并且具有广泛性,但主要体现于社会治理的才能;对儒家而言,"贤"则是个人品行的高度要求,首先体现于内在修养方面,对于贤的认识是由内而外的。

与韩非为代表的法家思想不同,《管子》虽然偏向于发挥国家组织、官僚体系的作用,重视贤人在组织运作中间的积极作用,却并未形成以君主为核心的专制组织理念,尤其明确以"法、术、势"为理念。后期法家强调国家组织的巨大效用,将《管子》所建立的治理体系、

---

① 《管子·五行》
② 《管子·心术上》
③ 《管子·正世》
④ 《管子·法禁》
⑤ 《管子·七法》

法令、制度推向极致,把所有个体纳入以君权为核心的国家机器之中,反而对贤人的作用十分警惕。

《管子》、儒家、法家的早期实践经验,表明个体和组织都是十分复杂的,个体与组织行为之间的关系是不断变化的动态过程,二者之间总是处于关系系统的建构过程之中。尤其值得思考的是,传统的治道是以国家、组织运转为目的,实际上每一个个体都是受各种利益驱使的行动单元,每一个行动背后都有客观环境的塑造,每一种来自客观环境和社会文化制度都对个体产生复杂多变的制约和刺激,个体归属于组织但又总游离其外,"贤"作为社会文化规训的产物,同时又反映个体的潜在性格。这无疑对"以民为本""以人为本"的现代管理哲学的深入研究和思想实践不断提出挑战。

儒家义利观的历史影响与对当代企业管理的借鉴意义

陆元祥*

摘要：儒家义利观，孔子是其奠基人，孟子、荀子有继承和发展，后儒有传承演进。儒家义利观的主要观点有"见利思义""以义取利""义以生利""去利怀义""以义为利""义利两有""重义轻利""先义后利""以义制利"和"不以利害义"，其主要特征是"义以为上"和"以义制利"。儒家义利观对社会管理产生了深远的历史影响，是作为管理者的君子的价值取向，儒家义利观在历史上对于统治者缓解社会矛盾，巩固社会秩序，恢复和发展经济发挥了积极作用。儒家义利观对于当今企业管理，在提供优良服务、发展生产开拓市场、建设过硬的干部队伍、建设完善分配制度和充分发挥职工主人翁精神诸多方面亦具有重要借鉴意义。

关键词：儒家义利观；历史影响；企业管理；借鉴意义

义利观是中国传统哲学价值论的核心。在义利观中，"义"主要指人们的道德规范和社会正义，"利"主要指人们的物质利益和功利。"义"相当于精神价值，"利"相当于物质价值，中国古代哲学家认为，处理好义利关系就充分体现了人的价值。义利问题是人生、人类社会所必须关注和解决的首要问题。程颢说："大凡出义则入利，出利则入义，天下之事，唯义利而已。"①先秦儒家义利观以义制利，孔子是其价值论的奠基人，孟子、荀子也重义利之辨，沿孔子的思路探讨义利观，对"以义制利"的义利观又有新的发展，后儒对孔孟荀义利观亦有传承演进。儒家义利观对后世社会管理产生了深远影响，对于当代企业管理也具有借鉴意义。

一、儒家义利观的主要观点

儒家义利观在本文主要指孔子、孟子和荀子的义利观。

（1）孔子义利观的主要观点有"见利思义""以义取利""义以生利"。

"见利思义"。子路向孔子请教怎样才能"成人"，即做一个德行美好的人，孔子说："见利思义，见危授命，久要不忘平生之言，亦可以成人矣。"②孔子把"见利思义"作为有德之人的基本条件，在财利可得时，德行高尚的人应考虑到它是否合乎道义，"见利思义"表明"义"

---

* **作者简介**：陆元祥（1955—），男，汉族，江苏如皋市人，中船澄西高级技工学校原副校长、高级讲师，历史学博士，研究方向：中国思想史。
① 《程氏遗书·卷二四·与延平李先生书》
② 《论语·宪问》

是决定"利"之取舍标准,富贵荣华动摇不了它,贫穷窘困动摇不了它,"义"乃是内心的定力。孔子强调"思",其"思"是自我内省而向善的修养方法,君子道德提升的功夫。财利前,君子不因所好而怦然心动,而一味放纵私欲穷加求取,而是通过"思"的功夫,用"义"节制,才能做到"内省而不疚"①,无所畏惧。孔子并不反对求利,他说:"富而可求也,虽执鞭之士,吾亦为之。"②财富可求,即使做个守门人也干。但是孔子又不是见利抓利,因为他深知,"放于利而行,多怨"③。人们每事都只为自己的财利而行,就会招来怨恨。"见利思义"可以使人成为君子,可以使人避祸。

"以义取利"。孔子说:"富与贵,是人之所欲也;不以其道得之,不处也。贫与贱是人之所恶也;不以其道得之,不去也。"④用不正当的方法取得富贵,摆脱贫贱,是道德高尚的人所不肯干的。孔子貌视不义之利,把"以义取利"作为做人的准则。孔子说,吃粗粮,喝冷水,弯起胳膊做枕头,这种生活自有乐趣,而"不义而富且贵,于我如浮云"⑤,那种不行正道而富贵的生活我才不稀罕呢。他坚持"以义取利",不义不取,崇尚"义以为上"⑥的价值观。

"义以生利"。《左传·成公二年》记载,孔子认为:"义以生利,利以平民,政之大节也。"正确的义利导向是管理国家的关键。"义以生利"思想在孔子之前就已经流行,《国语·周语》中有"夫义,所以生利也"。孔子吸收了前人的思想,并加以改造深化,不仅明确划分了君民的职责,"君子喻于义,人小喻于利",把义作为君子之往,利作为百姓之事,而且将义以生利、利以平民看作治国的关键。樊迟问种田,孔子批评他是小人,认为"上好义,则民莫敢不服"⑦,管理者致力于礼义之事,百姓就会拖儿带女来投奔,自然田禾茂盛,庄稼看长,生出利来,哪用自己种田?

(2)孟子义利观的主要观点有"去利怀义""以义为利"。

"去利怀义"。孟子见梁惠王,梁惠王问:"叟不远千里而来,亦将有利吾国乎?"孟子说:"王,何必曰利?亦有仁义而已矣。"⑧如果以利为号,下面就会犯上作乱,"不夺不厌"。孟子"去利"并非不要物质利益,齐宣王讲"寡人有疾,寡人好货",孟子却说:"王如好货,与百姓同之,于王何有?"⑨又认为必须重视人民的利益,提出了富民的仁政措施。孟子的"去利怀义"所反对的是以利为"号",以个人私利为先去损害社会整体利益,违背仁义道德原则。主张以义为怀,作为治国方略和处世准则。

"以义为利"。孟子说:"未有仁而遗其亲者也,未有义而后其君者也。"⑩仁义之人不会抛弃亲人,怠慢君主的。北宋程颐做了解释:"君子未尝不欲利……不遗其亲不后其君便是利。仁义未尝不利。"⑪孟子这一"以义为利"的思想在《礼记·大学》中得到进一步发挥。

① 《论语·颜渊》
② 《论语·述而》
③ 《论语·里仁》
④ 《论语·里仁》
⑤ 《论语·述而》
⑥ 《论语·阳货》
⑦ 《论语·子路》
⑧ 《孟子·梁惠王上》
⑨ 《孟子·梁惠王下》
⑩ 《孟子·梁惠王上》
⑪ 《语录》

《大学》认为上面讲仁德,下面就会讲忠义,强调管理者的表率作用,为官须忠于职守,不做与身份不相符的营利之事,"未有上好仁而下不好义也,未有好义其事不终者",不做聚敛之臣,"……'与其有聚敛之臣,宁有盗臣',此谓国不以利为利,以义为利也"。"以义为利"要求人们行仁行义,利便在其中,不要醉心于趋利,聚敛私财。

(3) 荀子义利观的主要观点有"义利两有""重义轻利""先义后利""以义制利""不以利害义"。

"义利两有"。"义与利者,人之所两有也,虽尧、舜不能去民之所欲利,然而能使其欲利不克其好义也。虽桀纣亦不能去民之好义,然而能使其好义不胜其欲利也"①,道义和利欲是社会的两种需要,并不因为有尧、舜这样的明君好义,老百姓就没有欲利,也并不因为有桀纣这样的暴君好利,老百姓就会去掉好义之心。利欲之心不避君子,人人有之。荀子不仅肯定义的价值也肯定利的价值,主张发展生产满足人们利益要求。

"重义轻利"。重义轻利为荀子所提出,但这一思想却为孔孟荀所共有。荀子继承了孔子"重义轻利"义利观,孔子并不排除利益的获取,但认为义高于利。荀子认为人生的价值在于义,而不在权和利。"尧、舜尚贤身辞让。许由、善卷,重义轻利,行显明。"②许由、善卷不接受帝位,都是以个人权、利服于遍施恩德之大义,是重义轻利的风范。公元前258年,秦军围赵,齐国高士鲁仲连挺身而出劝魏救赵,功勋赫赫而谢绝封赐,拒受千金,彰显了重义轻利价值观。

"先义后利"。明确提出先义后利的是荀子,但关于先义后利的思想,孟子已有表述:"苟为后义而先利,不夺不厌。"③荀子把先义后利看作关系国家存亡的治国原则。他认为,治国有立足于大处的,也有立足于小处的。"巨用之者,先义而后利","小用之者,先利而后义","国者,巨用之则大,小用之则小;綦大而王,綦小而亡"④。先礼义后利益,不顾亲疏,任人唯贤,这叫作立足于大处治国。国家,立足于大处治理就强大,立足于小处治理就弱小,大到顶点可以称王天下,小到极点就灭亡。荀子还以对待义利不同态度区分荣辱。他说:"先义而后利者荣,先利而后义者辱。"⑤

"以义制利"。孔孟都主张"以义制利"。孔子认为,要是不合道义,君子不会接受富贵,摆脱贫穷。孟子也说:"非其道,则一箪食不可受于人。"⑥荀子则更加明确提出"以义制利"⑦,他说,好义之心,欲利之心,人之两有,"义胜利者为治世,利克义者为乱世"⑧。上重义则义克利,上重利则利克义。因此天子、诸侯、大夫和士,就不去计较钱财得失,也不要参与为个人经营财货的活动,而应以义治国理民。荀子把能否"以义制利"看作区别君子和百姓的标志,"不能以义制利,不能以伪饰性,则兼以为民"⑨。

---

① 《荀子·大略》
② 《荀子·成相》
③ 《孟子·梁惠王上》
④ 《荀子·王霸》
⑤ 《荀子·荣辱》
⑥ 《孟子·滕文公下》
⑦ 《荀子·正论》
⑧ 《荀子·大略》
⑨ 《荀子·正论》

"不以利害义"。荀子认为,不以利害义,是坚持公正立场所必备的条件。"……分争于中,不以私害之,若是,则可谓公士矣。"① 处理问题时发生分歧,如果能不以私利而损害公义,则可称得上是一个公正之士了。不以利害义,可以避辱。鱼鳖水底钻洞,可算深了,鹰鸢山中树上垒窝,可算高了,但它们被捉了,一定是由于食物的引诱,故"君子苟能无以利害义,见耻辱亦无由至矣"②。如果一味争利而不讲义,就会因小失大,"争利如蚤甲而丧其掌"③,如同抓住爪甲而丧失手掌一样得不偿失。

从孔子、孟子到荀子,其义利观有一个承传发展,至荀子,儒家义利观的理论已趋系统化。总体来说,孔子、孟子和荀子义利观的共同特征是"义以为上"和"以义制利"。

孔子、孟子、荀子儒家义利观是以其人性论为理论根据的。孔子的"性相近,习相远"隐含着人性善恶思想,前者是说人为仁由己,先天本性相差不多,侧重倡扬性善的方面,后者用意在于,必须慎乎后天习染,只可习善去恶,不可习恶,侧重在扼制性恶的方面。后来孟子继承和发展了前者,建立了性善论,荀子则继承和发展了后者,建立了"明于性伪之分"的性恶论。孟子、荀子的义利观乃是以他们各自的人性论为理论根据的。汉代董仲舒讲性善情恶,显然受孟子性善论、荀子性恶论的影响,董仲舒说:"凡人之性莫不善义,然而不能义者,利败之也。"④ 因此须"损其欲而辍其情"⑤。在他看来,性善好义,情恶好利,从而将义和利对立起来,结论是"正其谊(义)不谋其利,明其道不计其功"⑥。宋代程朱也主张"以义制利",理论根据是两重人性论,认为人有天命之性和气质之性。朱熹还提出道心人心说,道心体现天命之性,为善,人心体现气质之性,为恶,所以必须"存天理,灭人欲"。程朱认为"不独财利之利,凡有利心,便不可"⑦。应当指出,孔孟荀儒家义利观有两个向度:"义"主要对管理者而言;"利"主要对老百姓而言。管理者已有等级俸禄,必须利民、惠民、富民,发展生产而不与民争利,而百姓则主要是求利、搞生产。但是程朱把"以义制利"对管理者的要求推及百姓,甚至主张寡妇不能改嫁,"饿死事极小,失节事极大"⑧,发展到天理与人欲、义和利势不两立,必欲革尽灭绝人欲而后快的田地,后来戴震斥其为"以理杀人"。宋明心学也主张"以义制利",要求"念慈之所有,讲切之所得,唯其义而已"⑨,反对"营营""汲汲"去图利。王守仁说:"此心无私欲之蔽,即是天理","去得人欲,便识天理"⑩。

二、儒家义利观对社会管理的历史影响

儒家义利观对后世的社会管理产生了深远的影响。
(一) 儒家义利观对社会管理者价值取向的影响
儒家义利观"义以为上"的价值取向是对君子,对社会管理者的要求。孔子说"君子喻

---

① 《荀子·不苟》
② 《荀子·法行》
③ 《荀子·大略》
④ (汉)董仲舒《春秋繁露·玉英》
⑤ (汉)董仲舒《春秋繁露·深察名号》
⑥ 《汉书·董仲舒传》
⑦ 《二程遗书(十六)》
⑧ 《二程遗书(二十二)》
⑨ 《陆九渊集·君子喻于义》
⑩ 《传习录:上》

于义,小人喻于利"①,意思是:君子晓得义,小人晓得利。这有两层含义:一是人格之分,人格有高下;二是社会职业之分,君子管理,小人生产,君子行义,小人生利。孔子将君子和小人对举,"君子怀德,小人怀土,君子怀刑,小人怀惠"②,其含义首先是君子小人各有所事,本来如此,其次是由于君子所从事所思虑的是怀德行义之事,百姓所从事所思虑的是得利受惠之事,才有人格尊卑高下之分,至于统治阶层中有人弃义趋利,那就不应该是合格的君子,不可为君子之事,也不够君子之格,而成为小人。可见,儒家义利观有两个向度:君子与小人,即管理者与老百姓。在管理者向度,主要是遵礼行义,在老百姓向度,主要是受君子行义管理而生利、得利。荀子说:"君子以德,小人以力。力者,德之役也。"③"君子"与"小人"之间的关系是管理者与被管理者的关系。荀子把社会职业分为四类:农、士、工、商。其中"士"是包括知识分子在内的社会管理阶层。怀德行义是儒家义利观"义以为上"价值取向对社会管理者的要求。

儒家义利观"以义为上"的价值取向在历史上对君子、对社会管理者产生了怎样的影响?以下试从明清大儒陆世仪的二三事管窥之。陆世仪是中国明末清初的思想家。明亡以后,他放弃仕途,专心著述,以惠后学。他关注现实,尽心为民谋利。顾炎武读其《思辨录》赞叹不已,称之为"当世真儒"。

怀德行义是儒家义利观对君子,对社会管理者"义以为上"价值取向的要求,君子如何怀德行义,这里介绍陆世仪日记二则,可窥其一斑。

> 初十日敬胜
> ……又阅春官,记思辨录一条,阅书经虞书与胤征,日来痔疾发,日间虽不觉倦,每夜坐及晨寤后,耳中响声不绝,精神甚倦,……
> 格致之学:读书亦勤,文思亦进。
> 诚意之学:敬胜七日,心志专一,怠胜三日。
> 修身之学:克治亦密。
> 齐家之学:
> 治平之学:平息登善家横逆之事④
> 二十日敬胜
> 会端士,不遇。至周臣斋晤谈。时饥凶日近。道旁冻饿死及弃小儿者累累,周臣哀之,收养一二已而,不胜收。戚然忧之,乃其谋一长策,欲易行而可久。予初欲今周臣施糠粞饼,己而久之肌者肠多细,糠饼裹肠或至误杀,惟谷气能养人,不如施米汤最善,周臣及日复元翙俱以为可。⑤

陆世仪与好友陈瑚、盛敬、江士韶四人相约居敬志学,共同进行心性道德修养,时人称

---

① 《论语·里仁》
② 《论语·里仁》
③ 《荀子·富国》
④ (清)陆世仪.志学录.陆桴亭先生遗书二十二种(第14册)[M].光绪二十六年(1900年)北京太仓唐受祺刻本:75-76.
⑤ (清)陆世仪.志学录.陆桴亭先生遗书二十二种(第14册)[M].光绪二十六年(1900年)北京太仓唐受祺刻本:87.

他们"太仓四君子",他们亦即是以陆世仪为代表的桴亭学派。从陆世仪的日记可以看到君子的"怀德行义",看到他将格物、致知、正心、诚意、修齐治平作为心性道德修养的工夫,看到他济世行善为百姓排忧解难的仁义情怀,虽身心疲惫,世事艰难,而怀德行义不止。

再介绍陆世仪与民治水事。陆世仪深研水利,是一位治水专家。顺治十四年(1657年),太湖水涨危及一方百姓之时,陆世仪上书官府,建议疏浚娄江开江泄水,遭拒。此后,他仍坚持联系同仁,发动太仓百姓,联系昆山、嘉定名士、缙绅和百姓共同疏浚、开渠,得到广泛响应和支持,于是"万丈大河,成于旬日"。这项工程多数官员都以为难成,竟然十日间完成。太仓令白登明致信陆世仪说"兄翁一纸之力,真贤于十万师"①。

康熙十年(1671年),因吴淞、娄江久塞,大中丞马祐以陆世仪为治水专家,请他为治理吴淞、娄江的实际负责人。陆世仪鉴于黄河治理之法,用"筑坝开挑"兼"淘河"之法,不同河段情况不一样,治理方法也有所不同,在近海口一段,借鉴"航船铁帚"之法,用长柄钉耙,乘决坝放水或潮落水之际"推荡淘竣",最终不负众望,完成疏导工程。后马祐将陆世仪聘到家中,一则为"公子师",再则"谘以江南利病",陆世仪"痛陈江南一切利弊",为百姓生活安稳而尽心竭力②。

以上也可以窥见儒家义利观"义以为上"的价值取向对君子、对社会管理者的影响。

儒家义利观"义以为上"的价值取向,吸引着历史上一代代仁人志士,不断提升自身道德修养,追求人生最高价值,涌现出一批可歌可泣的楷模,放出熠熠光彩,照亮后来者的人生之途。诸葛亮"鞠躬尽瘁"的壮美精神,范仲淹"先天下之忧而忧"的崇高境界,文天祥"留取丹心照汗青"的凛然正气,乃中华民族传统珍贵的精神财富。儒家义利观对士人道德提升,做官自律,为政理民也产生过一定的积极作用,如程朱做官是清官,为政敢直谏,颇有"达则兼济天下,穷则独善其身"的儒家风度。程颢当官,均税塞堤,贮米防饥,使富家储粟平价待卖,百姓喜欢他,皇帝召见,他总谈仁爱,不言功利。"二程"不做官时,讲学食贫,家无儋石。朱熹任官,救荒辅蝗,改良赋税,他发现宰相王淮的亲戚唐仲友违法,六次上报,王淮被迫取消对唐的任命。

(二)儒家义利观对社会经济管理的影响

儒家义利观对中国的经济管理也产生过较大影响。汉初,谋士陆贾以《新语》一书向刘邦献策,主张贤者以义相治。陆贾认为秦亡原因在于尚刑而仁义不施,提出"无为而治",实际上是仁义而治,要求统治者废严刑,行仁义,不要烦扰农民,让经济自然发展。刘邦认同陆贾的不能"以马上治天下"的观点。为政以宽,给农民一份土地,减轻田租,抑制兼并,文景时期继续"无为而治""与民休息",从而使社会经济得到恢复和发展。

宋神宗时,国内矛盾重重,宋神宗用王安石变法。王安石认为民不富则国不强,农民贫穷一因国家徭役繁重,国家又不兴修水利,二因贵族、官僚大地主、高利贷者竞相害民自利。王安石推行青苗、募役、农田水利等法,抑制兼并,减免徭役,多取于兼并豪强,以济贫弱。王安石变法缓和了阶级矛盾,国库钱粟充衍,富国效果显著。

明初,朱元璋为巩固政权之大义,告诫官员不得贪利扰民。采取了一系列利民措施,承认农民垦荒地归己所有,并免税三年或永不起科。推行军屯制度,军队既守城也耕作,朱元

---

① 南京大学中国思想家研究中心.陆世仪评传[M].南京:南京大学出版社,1996:33.
② 南京大学中国思想家研究中心.陆世仪评传[M].南京:南京大学出版社,1996:34.

璋曾夸耀：养兵百万，不费百姓一粒米；兴修水利，储粮备荒，严惩贪官污吏，朝臣郭桓等侵吞秋粮事发，官吏数百人被处死，下数万人，追赃数百万石，这些措施使明初农业生产得到恢复和发展。

明中期，农民流亡，社会动荡，身为主辅的张居正认为其根本原因在于豪强兼并，贪吏、豪强大肆侵夺民利，因此必须仁爱体恤下民，抑制豪强，就是要求"以义制利"。张居正颁行了两项经济政策：一是丈量土地，清丈出被豪强隐没的土地数百万顷；二是一条鞭法，将各种名目的税和劳役统一折银征收，使官吏、豪强不易从中盘剥农民。实施的结果，抑制了腐败政治，给农民带来了好处，社会经济有所恢复和发展。

清初，继续尊崇儒家，推行明代一条鞭法，并在此基础上实行"摊丁入亩"，实际上，取消了人头税，农民只纳一项地税，免除了繁重的徭役，时人云"贫民免敲扑"，虽有夸张，但农民负担确实有所减轻，清廷还采取了鼓励垦荒、兴修水利等利民措施，恢复和发展了农业生产。

（三）儒家利义观对社会政治制度管理的影响

儒家汉代独尊，与封建政治结合紧密，后经宋儒发展，更受统治者青睐。作为"官学"，儒家义利观被宋儒视作"儒者第一义"，宋儒的"理欲之辨"是孔孟荀"义利之辨"的继续。朱熹认为"人只有一个公私，天下只有一个邪正"①，须存天理之公，灭人欲之私以服从封建统治阶级的共同利益，直到清康熙皇帝还以朱注儒家经典为"集大成而继千年绝传之学"。

孔孟荀儒家义利观到荀子阶段已形成理论体系，虽荀子声誉不及孔孟，但是他为理想君主精心编制的义利之网都为一代代君主悄然操用。

荀子义利观展示了一个理想封建王国里各种社会关系、理想制度，为经为纬，纵横交错，恰似一口巨网。这里有"喻于义"的"君子"，有"喻于利"的"小人"，"君子"管理，"小人"生利；有尊卑贵贱的等级结构系统；有君臣父子"长幼有差"的伦理结构系统；有序官定次庞大的管理结构系统。这巨网相对稳固又相对变动：每个社会成员都被定位在"民载其事而各得其宜"的位置上，但一些"涂之人""属于礼义"积习成君子，则可"谲德定次"重新定位，给国家管理注入新的活力，而"不属于礼义"的王公大夫子弟则贬为庶人。一句话："礼者，贵贱有等，长幼有差，贫富轻重皆有称者也。"②在利益分配方面对管理者是"德必称位，位必称禄，禄必称用"，对于老百姓是"民必胜事，事必出利，利足以生民"③，这是一口为君主掌握、以利益分配为另一端的巨网，具有以义生利、制利功能，颇具操作性，适用于社会的管理和控制，能办义利大事，法力无边，历代君主谁没操用过？难怪乎谭嗣同要骂荀学"二千年来之学，荀学也，皆乡愿也"④。在他看来，荀子就像是诸媚君主的"乡愿"，谭嗣同志于"冲决网罗"，他看到中国被网着，骂荀学，自然有道理，不过荀子的时代，几百年的战争即将结束，封建帝国即将建立，他从"人何以能群？曰：分。分何以能行？曰：义"的"群—分"理论出发，编织义利之网，顺应了时代要求，对于社会和谐稳定是具有积极意义的。

总之，孔孟荀儒家义利观经后儒继承发挥成为历代统治者进行社会管理，调节阶级矛

---

① 《朱子语类·卷十三·学（七）》
② 《荀子·富国》
③ 《荀子·富国》
④ （清）谭嗣同《仁学：上》

盾、稳固政权的统治工具。对于当权的统治者也起到过一定的制约作用,尤其是在改朝换代的社会动荡时期,使得一些头脑清醒较有远见的统治者容易看到潜在的危机,从而能顺应时势,推行一些利民政策,"以义制利",调节全社会的义利关系,客观上起到了缓和矛盾、稳定政局、促进生产、发展经济的作用,孟子之"生于忧患而死于安乐",此之谓也。

三、儒家利义观对当代企业管理的借鉴意义

儒家义利观对社会管理已经产生了深远的历史影响,义利问题古代有之,今亦有之,将来还会有,因此,儒家义利观对当代企业管理必然也会具有一定的借鉴意义。

(一)"义以为上"的价值导向对于保证企业良好服务质量的借鉴意义

"义以为上"是儒家义利观的价值取向。儒家认为精神价值的"义"要高于物质价值的"利"。无论是做人,还是国家管理、企业管理都要坚持"义以为上"的价值导向。荀子认为,人为什么能组成有序的社会群体,就是因为有"义"。长期以来,"义以为上"的价值已经为人民所认同,成为中华民族的心理"积淀",义者荣,不义者耻,对于历史上的义士、志士仁人,人们有一种崇敬的感情,而对于无义无道、迫害忠良、暴敛其财、坑害百姓的奸臣贼子,人们都憎恨得很。无论是一个社会,还是一个企业,要安定繁荣,就必须有道德,有正义原则规范,就必须讲"义"。今天,一个企业如果以国家民族大义为重,坚持"义以为上"的价值导向引导和教育员工,努力生产质量优良的为社会和人民需要的产品,丰富人民生活,则一定会赢得广大人民的信任和支持。同时,这也有利于稳定社会秩序,形成良好的社会风气。

(二)"义利两有""义以生利"对于促进企业生产发展经济的借鉴意义

孔孟荀都肯定"义"和"利"的价值,主张以义引导利的生产。荀子进一步提出"义利两有"的观点,认为富国之道在裕民,须按礼义制度的规定节用,靠裕民政策使民宽裕。荀子强调了义在生利中的重要作用,由此可以启发我们,企业生产要上去,须当以义为先,反对唯利是图,要遵守法制法规,抵制市场经济中出现的负面效应的影响。

荀子还批评了墨子的"节用""非乐"说,如果让墨子治国,就会看到他愁眉苦脸地穿着粗布衣,吃着粗劣食物,忧愁地反对音乐。荀子认为,不美不饰不足以一民,不富不厚不足以管下,必须满足人民的利益要求,使民富厚,才能管理人民。因此,一定要以钟鼓音乐、华美服饰和芬芳五味分别满足人民悦耳、悦目和美食的需求。由此启发我们,今天的企业,要满足人们提高生活质量、丰富生活的需求,就要大力发展生产,要克服安于现状、不思进取的保守思想。笔者一次去市场买大蒜剥大蒜子。知道剥大蒜子比较费时间,希望直接买到大蒜子。正好见一卖大蒜的老板正剥着大蒜子,就去买了,卖大蒜的老板很会经营,他同时还在卖多样东西,但一有空闲,随时就剥起大蒜子,老板既提高了效率,又创造了新的价值,而对于顾客虽多花了点钱,然而也节省了时间,获得方便。可见企业须坚持开拓创新,根据国家与人民的需要开发新项目新产品,不断为企业注入活力。

(三)儒家义利观两个向度的思想对于企业管理者的自我提升和自律的借鉴意义

按儒家义利观,"义"主要是对管理者而言,"利"主要是对老百姓而言,老百姓主要是求利、搞生产。这是因为,管理者有俸禄,必须尽忠尽职,而不应与民争利;另外,作为管理者,还有一个"德风"问题,必须有好的道德风范,去影响下属和百姓。这一思想给了我们启示,一支具有高尚情操和良好的思想素质、勤政廉政、忠于职守的干部队伍,对于现代化企业具

有非常重要的意义。企业各级管理者应注重自我道德提升,自觉地"以义制利",勿忘那以权谋私、害人害己、"机关算尽太聪明,反误了卿卿性命"的惨痛教训。选拔任用干部,须任用能处理好义利关系的同志,不能让私心贪心重的人进入领导岗位。要健全监督机制,为防范以权谋私、侵害国家和人民利益做好制度上的保障。

(四) 企业的进步与发展需要充满活力的义利之网

荀子的义利之网,由几大"系统"纵横交错编织而成。这义利之网具有"义以生利""以义制利"的功能,荀子设计的理论形态的义利之网,为历代君主取其所需,去其所恶,利用来编织成各时代现实的义利之网,统治中国两千年。当然,荀子之"义"乃维护封建等级制度之准则,今天必须抛弃。但是可资借鉴的是,对于任何一个社会的管理而言,其社会组织都必须有自己的行为规范和准则。今天,我们的"义",就是建设中国特色社会主义,走共同富裕的道路。我们当胸怀大义,努力健全企业诸多运行机制,健全并自觉遵守法纪法规,扼制私欲恶性膨胀,发扬主人翁精神,编织起新的充满活力的义利之网。调控物质利益的分配,使之更为合宜,以大力发展生产,促进社会发展和繁荣。

宋代的"义利之辨"及其历史投影

——以朱子、陈亮为中心

和 溪*

摘要："义"最早出现在甲骨文中表示威仪和守护，后引申为适宜、合理的道德行为。"利"是会意字，本意是指用工具收割禾苗，是收获的意思，后泛指一切利益，包括物质利益、精神利益、政治利益等。所谓义利之辨，实际上就是构成社会秩序的理想信念和道德标准与人们追求实际利益的现实行为发生的矛盾以及由此引发的争论。朱子与陈亮"义利之别"，其根本在于是否能为了短期的实效而降低道德衡量标准，变通社会价值观。朱子在谈到义利的时候，对"利"进行了重新界定，他认为符合"义"的事情才是"利"，反之则不是真正的"利"。朱子非常重视动机的纯正，他认为社会的基本价值观应当是恒定的，不能为了解决燃眉之急去降低道德评价的标准，这样会动摇人们的道德标准与价值观，造成社会伦理秩序的混乱，是十分危险的事情。时至今日，宋代的"义利之辨"对当今中国的社会主义精神文明建设依然具有很强的启示意义。

关键词：义利之辨；义；利；黜利就义

"义"最早出现在甲骨文中，甲骨文的写法是"𦥑"，字形是人带羊冠手执戈形武器，繁体字的"义"写作"義"，《说文解字》中说"義，己之威仪也，从我从羊"①，表示威仪和守护，后引申为适宜、合理的道德行为。"利"是会意字，《说文解字》说："利，铦也，从刀，和然后利。"②它左边是"禾"，右边是"刀"，本意是指用工具收割禾苗，是收获的意思，后泛指一切利益，包括物质利益、精神利益、政治利益等。冯友兰先生说："义者宜也，即一个事物应有的样子。它是一种绝对的道德律。社会的每个成员必须做某些事情，这些事情本身就是目的，而不是达到其他目的的手段。如果一个人遵行某些道德，是为了不属于道德的其他考虑，即便他所做的客观上符合道德的要求，也仍然是不义。用孔子和后来的儒家常用的一个辩词来形容，这是图'利'。"③由此可见，所谓义利之辨，实际上就是构成社会秩序的理想信念和道德标准与人们追求实际利益的现实行为发生的矛盾以及由此引发的争论。

"义利之辨"是一个古老而又年轻的话题。它出现于春秋末期，贯穿中国历史的各个阶

---

* **作者简介：**和溪（1985—），女，汉族，河南许昌人，厦门大学人文学院副研究员、博士研究生，研究方向：朱子学。

基金项目：本文为福建省社科规划项目"朱子祭祀礼仪研究"的阶段性成果，项目编号：FJ2019C026。

① 许慎.说文解字[M].北京：中华书局，1963.
② 许慎.说文解字[M].北京：中华书局，1963.
③ 冯友兰.中国哲学简史[M].北京：世界图书出版公司，2013.

段,延续至今。公元前1066年牧野一役,周王朝始建,自此绵延国祚七百余年。在以宗法、井田制度为代表的各种礼仪制度的约束下,早期的西周王朝统治还比较稳定。然而随着王朝统治下各诸侯国的人口、经济、军事实力等差异不断扩大,周天子的权威却日渐衰落,以前依赖于天子来裁决的那些国与国、天子与诸侯之间的纷争,更多地诉诸战争。至东周,天子更加式微,而地方诸侯国实力增强,天子与诸侯国以及诸侯国之间的战争使整个王朝陷入混乱无序的状态。

孔子生于公元前551年,卒于公元前479年,他所生活的时代,正是国家从诸侯割据向全面战争的转变阶段。面对民风凋敝、礼制崩坏的社会现实,孔子怀着对理想社会秩序的迫切渴望对"义""利"两个字进行了改造和诠释。他首先提出"放于利而行,多怨"[1]"不义而富且贵,于我如浮云"[2]等思想,批判重利轻义的社会现象,将"义"的含义提升到道德层面与"利"相对应,并进一步提出"君子喻于义,小人喻于利"[3],将"义"与"利"定义为区分君子和小人的标准,随后提出"君子之于天下也,无适也,无莫也,义之与比"[4]"君子义为上"[5]"君子义以为质,礼以行之,孙以出之,信以成之。君子哉!"[6]"君子有九思:视思明,听思聪,色思温,貌思恭,言思忠,事思敬,疑思问,忿思难,见得思义"[7]。等要求作为君子的准则,将"重义轻利"变成一种社会规范,使之成为构成儒家传统价值观的核心内容,为历代儒家所继承。此后的千百年来,不同的人、不同的学派,通过对义利关系的回答,体现出不同的道德取向和社会价值观,并为此争论不休。

一、道、法、墨诸家的义利观

孔子"重义轻利"这一观点的提出,在当时社会并不为所有人所认同。代表社会不同阶层的道、法、墨诸家对"义"与"利"的关系均有阐述,形成了不同的义利观。

(一)"义利皆抛"的道家

以老子、庄子为代表的道家学派既不重视义,也不重视利。一方面,老子主张"绝仁弃义"[8],人要"处无为之事,行不言之教"[9]。他们认为仁义道德的出现,并不是社会进步的表现,而是破坏了自然之道,扰乱了社会秩序。"大道废,有仁义;智慧出,有大伪;六亲不和,有孝慈;国家昏乱,有忠臣。"[10]"失道而后德,失德而后仁,失仁而后义,失义而后礼。夫礼者,忠信之薄而乱之首。"[11]而另一方面,老子认为物质利益会让人失去理智和自我,最终导致倾家荡产,家破人亡。"五色令人目盲;五音令人耳聋;五味令人口爽;驰骋畋猎,令人心

---

[1] 程树德.论语集释[M].程俊英,蒋见元,点校.北京:中华书局,1990:253.
[2] 程树德.论语集释[M].程俊英,蒋见元,点校.北京:中华书局,1990:465.
[3] 程树德.论语集释[M].程俊英,蒋见元,点校.北京:中华书局,1990:267.
[4] 程树德.论语集释[M].程俊英,蒋见元,点校.北京:中华书局,1990:247.
[5] 程树德.论语集释[M].程俊英,蒋见元,点校.北京:中华书局,1990:1241.
[6] 程树德.论语集释[M].程俊英,蒋见元,点校.北京:中华书局,1990:1100.
[7] 程树德.论语集释[M].程俊英,蒋见元,点校.北京:中华书局,1990:1159.
[8] 王弼,注.老子道德经注校释[M].楼宇烈,校释.北京:中华书局,2008:45.
[9] 王弼,注.老子道德经注校释[M].楼宇烈,校释.北京:中华书局,2008:6.
[10] 王弼,注.老子道德经注校释[M].楼宇烈,校释.北京:中华书局,2008:43.
[11] 王弼,注.老子道德经注校释[M].楼宇烈,校释.北京:中华书局,2008:93.

发狂;难得之货,令人行妨。"①"君将盈嗜欲,长好恶,则性命之情病矣。"②因此老子认为,只有回归自然,放下一切仁义道德和物质利益,享受自然的宁静与平和,社会才能安定和谐,人们才"可以保身,可以全生,可以养亲,可以尽年"③,进而达到理想社会。

(二) "重利轻义"的法家

以商鞅、韩非子为代表的法家,把利益视为社会伦理的基础。他们认为自私自利是人的本性,人际交往包括夫妻、父子之间都是在互相计算利益,人与人之间的关系只有利益关系,根本就不存在仁义,仁义是社会的祸源。商鞅说"世所谓义者,暴之道也"④;韩非子更是视提倡仁义者为误国殃民的蠹虫"皆欲行货财,事富贵,为私善,立名誉,以取尊官厚俸;故奸私之臣聚众,而暴乱之徒愈胜,不亡何待!"⑤他们认为趋利避害是人的本性,人们追求利益所造成的矛盾与冲突不能通过道德来调节,只能以吏为师,以法为教。

(三) "义利同一"的墨家

墨子说"义,利也"⑥,他认为义就是利,利就是义。他这里讲的"利"其实是利人利国的公利,他说:"仁者之事,必务求兴天下之利,除天下之害,将以为法乎天下,利人乎即为,不利人乎即止。"⑦他认为人不能有私利,而应当"互利"和"兼爱"。"兼爱"是一种没有伦理等差的爱,"爱人若爱其身"⑧就是人人相爱,爱别人要像爱自己一样,爱别人的父母要像爱自己的父母一样,那么帮助别人也就像帮助自己一样,人人利人,大家就得以"互利",社会就自然美好了。

二、 历代儒家对于义利的解释

(一) 孟子"尚义黜利"

孔子提出了儒家重利轻义的义利观,他承认追求富贵是人的天性,但是在义利相对时应当取义而舍利,并以此为准则来辨别君子、小人,治理邦国。孟子继承了他的这一观点,并从动机说起,使义与利的对立鲜明起来。孟子对梁惠王说:"王何必曰利,亦有仁义而已矣。"⑨在动机上否定了对利的追逐。他认为如果大家都过分地重视利,"上下交征利而国危矣"⑩。相反如果从统治者至百姓都秉承"义"来行事,统治者重视百姓的生活,"五亩之宅,树之以桑,五十者可以衣帛矣。鸡豚狗彘之畜,无失其时,七十者可以食肉矣。百亩之田,勿夺其时,数口之家可以无饥矣。谨庠序之教,申之以孝悌之义,颁白者不负戴于道路矣。七十者衣帛食肉,黎民不饥不寒,然而不王者,未之有也"⑪。那么百姓富裕了,王权的统治就会稳固,"利"也就自然来了。

---

① 王弼,注.老子道德经注校释[M].楼宇烈,校释.北京:中华书局,2008:27-28.
② 刘武,王先谦.庄子集解[M].庄子集解内篇补正.北京:中华书局,2012:253.
③ 刘武,王先谦.庄子集解[M].庄子集解内篇补正.北京:中华书局,2012:41.
④ 蒋礼鸿.商君书锥指[M].北京:中华书局,2014:56.
⑤ 王先慎.韩非子集解[M].北京:中华书局,2013:112.
⑥ 吴毓江.墨子校注[M].楼宇烈,校释;孙启治,点校.北京:中华书局,2006:461.
⑦ 吴毓江.墨子校注[M].楼宇烈,校释;孙启治,点校.北京:中华书局,2006:373.
⑧ 吴毓江.墨子校注[M].楼宇烈,校释;孙启治,点校.北京:中华书局,2006:152.
⑨ 杨伯峻.孟子译注[M].北京:中华书局,2014:2.
⑩ 杨伯峻.孟子译注[M].北京:中华书局,2014:2.
⑪ 杨伯峻.孟子译注[M].北京:中华书局,2014:4.

(二) 荀子"以义制利"

荀子生活在战国晚期,他在对各家学说进行综合的基础上,承续了孔子和孟子的立场,又较二者有所不同。他认为"义与利者,人之所两有也"①,认为"利欲之心"是人本来就有的。因此他主张"以义制利"②,认为可以通过学习礼义,克制欲望成为君子,圣人。"我欲贱而贵,愚而智,贫而富,可乎?曰:其唯学乎!彼学者:行之,曰士也;敦慕焉,君子也;知之,圣人也。"③在强调"义"的动机的时候,也不排斥对"利"的追求。

(三) 董仲舒"明道义、弃功利"

西汉大儒董仲舒,向汉武帝提出"罢黜百家,独尊儒术",确立了儒家思想的正统地位。他在继承先秦儒家重义轻利的义利观的基础上,提出了著名的"正其谊不谋其利,明其道不计其功"④的义利主张,把"义"提升到了道的高度,他说"天之为人性命,使行仁义而羞可耻,非若鸟兽然,苟为生,苟为利而已"⑤。他认为人之所以为人,是因为人有"义"而不是只为"利"。他反对统治阶级与民争利,认为"世乱"都是由于统治者重利轻义的缘故。

从孔子到董仲舒,"义""利"二者的关系经过一代代儒家的反复诠释日渐明晰,"重义轻利"作为儒家核心的价值观得以确立。但是社会生活所涉及的内容庞杂而繁多,究竟哪些是"义"? 哪些是"利"? 施政治国过程中具体事件该如何取舍? 这些问题又形成了新一轮的"义利之辨",这一辩论在南宋时期达到高潮并延续至今。

三、朱子与陈亮的"义利之辨"

陈亮与朱子关于"义""利"的争论开始于宋孝宗淳熙十一年(1184年),基本结束于宋孝宗淳熙十三年(1186年),持续了三年之久,是南宋儒学界的一个重要事件,对当时乃至后世都产生了深远的影响。

(一) 朱子与陈亮"义利之辨"产生的背景

宋王朝的建立只是实现了有限的统一,自建国时起就始终面临着激烈的阶级矛盾和深重的民族危机。自真宗以后社会矛盾日趋激化,内忧外患进一步加深,到了仁宗时社会形势更加严峻,冗兵冗官,形成"纡朱满路,袭紫成林,州县之地不广于前,而官五倍于旧"⑥的吏治腐败现象。庆历年间朝廷入不敷出更是达到三百万缗以上。至神宗朝,改革的呼声越来越高,革弊图新,重建社会秩序成为当时的大趋势,同时也引发了李觏、王安石、司马光、"二程"等人对"义""利"关系新一轮的诠释。

李觏对以往儒家讳言利欲的行为提出了尖锐的批判,他指出:"人非利不生,曷为不可言?""欲者人之情,曷为不可言?"⑦他认为"治国之实必本于财用"⑧,治理国家的基础是经济,是物质财富。他反对把实际物质利益和道德原则,即"利"和"义"对立起来。王安石秉

---

① 梁启雄.荀子简释[M].北京:中华书局,1983:375.
② 梁启雄.荀子简释[M].北京:中华书局,1983:242.
③ 梁启雄.荀子简释[M].北京:中华书局,1983:84.
④ (汉)班固.汉书[M].(唐)颜师古,注.北京:中华书局,1962:2524.
⑤ (清)苏舆.春秋繁露义证[M].钟哲,点校.北京:中华书局,1992:61.
⑥ 《国朝诸臣奏议(卷一○一)·上仁宗论三冗三费》
⑦ 《李觏集(卷二十九)》
⑧ 《李觏集(卷十六)·富国策第一》

承李觏的功利主义思想，公开宣称："政事所以理财，理财乃所谓义也。"①高举"以义理财"②的大旗，"取天下之财，以供天下之费"③，以期通过财富的再分配做到"民不加赋而国用饶"④，从而解决国家的财政危机。

而司马光认为王安石的观点过于急功近利，不应当为了"富国"而牺牲百姓的利益，他信奉"百姓足，君孰与不足"的理论，认为理财的根本目标在"富民"。提倡统治者厉行节俭，做到养之有道，用之有节。"二程"（程颐、程颢）亦与王安石的观点不合，他们认为"义""利"是对立的，"大凡出义则入利，出利则入义"⑤，因此"凡有利心，便不可"⑥，应当"存天理，灭人欲"⑦。这里"天理"是指社会的普遍道德法则，而"人欲"是指与道德法则相冲突的感性欲望。他们认为统治者应当按照先秦儒家的要求，克尽己欲，恢复天理，减轻百姓的负担。

到了朱子和陈亮生活的时代，当时南宋已经建立了几十年，面对强大的外患，如何改变衰弱的国势，如何收复中原，成为当时知识分子所思考的重要问题。高宗建炎四年（1130年），朱子出生于南剑州尤溪，他自幼从父亲与老师那里继承了"二程"的理学学术思想，并将其发展完善，形成自己的学术体系。他秉承二程"存天理，灭人欲"的观点，认为君子应当"克己修身"，通过学习儒家经典，提高自身的道德修养，从而推己及人，重建理想的社会秩序。他大力发展文教，兴建学堂，希望通过教育的普及、伦理的规范来重新构建理想的社会秩序。与此同时在浙东地区形成了以陈亮、陈傅良、叶适为代表的"浙东学派"。他们对以朱子为代表的理学的思想持批判态度，主张学问应当经世致用，讲求实效，只重视道德修养是远远不够的，并且批评修习正心诚意的理学者"皆风痹不知痛痒之人也"⑧，认为他们"举一世安与君父之仇，而方低头拱手以谈性命，不知何者谓之性命乎"⑨。在这种观点分歧之下，论辩似乎是不可避免的。

（二）朱子与陈亮的"义利之辨"

朱子与陈亮的"义利之辩"起源于淳熙十一年（1184年）的春天，当时陈亮因为卷入官司而被关进牢房，近百日后方被放出。出狱后陈亮给朱子去了一封信说明事情的原委。朱子回信安慰他，并对他进行规劝。朱子在信中说：

> 老兄高明刚决，非吝于改过者，愿以愚言思之，绌去"义利双行、王霸并用"之说，而从事于惩忿窒欲、迁善改过之事，悻然以醇儒之道自律，则岂独免于人道之祸，而其所以培壅本根、澄源正本、为异时发挥事业之地者，益光大而高明矣。⑩

陈亮对朱子将他的观点归纳为"义利双行、王霸并用"并不认同，认为朱子误解了他的观点于是又写信解释：

---

① 《临川先生文集（卷七十三）·答曾公立书》
② （宋）李常《宋名臣奏议（卷一百一十三）·上神宗论青苗》
③ （宋）王安石《临川文集（卷三十九）·上仁宗皇帝言事书》
④ 《栾城集（卷三十五）·宋苏辙制置三司条例司论事状》
⑤ （宋）朱熹.朱子全书外编（卷二）[M].上海：华东师范大学出版社，2010：161.
⑥ （宋）朱熹.朱子全书外编（卷二）[M].上海：华东师范大学出版社，2010：222.
⑦ （宋）朱熹.朱子全书外编（卷二）[M].上海：华东师范大学出版社，2010：160.
⑧ （宋）陈亮.陈亮集[M].北京：中华书局，1974：8.
⑨ （宋）陈亮.陈亮集[M].北京：中华书局，1974：8.
⑩ （宋）朱熹.朱子全书（卷一十二）[M].上海：上海古籍出版社，2002：1581.

> 自孟、荀论义利王霸，汉唐诸儒未能深明其说。本朝伊洛诸公，辨析天理人欲，而王霸义利之说于是大明。然谓三代以道治天下，汉唐以智力把持天下，其说固已不能使人心服，而近世诸儒遂谓三代专以天理行，汉唐专以人欲行，其间有与天理暗合者，是以亦能长久。信斯言也，千五百年之间，天地亦是架漏过时，而人心亦是牵补度日，万物何以阜蕃而道何以常存乎？
>
> 故亮以为：汉唐之君，本领非不洪大开廓，故能以其国与天地并立。而人物赖以生息。惟其时有转移，故其间不无渗漏。……
>
> 谓之杂霸者，其道固本于王也。诸儒自处者曰义、曰王，汉唐做得成者曰利曰霸，一头自如此说，一头自如彼做，说得虽甚好，做得亦不恶。如此却是"义利双行、王霸并用"，如亮之说，却是直上直下，只有一个头颅做得成耳！①

朱子接到陈亮的回信，认为他抬高汉唐的这些观点极为错误，写信反驳说：

> 老兄视汉高帝唐太宗之所为而察其心，果出于义耶、出于利耶？出于邪耶、正耶？若高帝，则私意分数犹未甚炽，然已不可谓之无，太宗之心，则吾恐其无一念之不出于人欲也。直以其能假仁借义以行其私，而当时与之争者才能智术既出其下，又不知有仁义之可饬，是以彼善于此而成其功耳。若以其能建立国家、传世久远，便谓其得天理之正，此正是以成败论是非，但取其获禽之多，而不羞其诡遇之不出于正也。……②

朱子将尧舜三代树立成为一个理想社会的典范，他认为汉高祖、唐太宗从建国之初动机就不纯，若认为他们开创了基业，得到了天下，便是行了王道，那就是以成败论是非了。陈亮对他的这一观点自然是不能接受，于是写信辩解：

> 惟圣为能尽伦，自余于伦有不尽，而非尽欺人以为伦也，惟王为能尽制，自余于制有不尽，而非尽罔世以为制也。……亮非喜汉唐获禽之多也，正欲论当时御者之有罪耳。高祖太宗本君子之射也，惟御者之不纯乎正，故其射一出一入，而终归于禁暴戢乱、爱人利物而不可掩者，其本领宏大开廓故也。……③

朱子看后又写信争辩，并在信末尾批评陈亮，说出了自己真正的担忧：

> 来教云云，其说虽多，然其大概，不过推尊汉唐，以为与三代不异，贬抑三代，以为与汉唐不殊。而其所以为说者，则不过以为古今异宜，圣贤之事不可尽以为法，但有救时之志，除乱之功，则其所为虽不尽合义理，亦自不妨为一世英雄。……
>
> 以儒者之学不传，而尧舜禹汤文武以来转相授受之心不明于天下，故汉唐之君虽或不能无暗合之时，而其全体却只是在利欲上，此其所以尧舜三代自尧舜三代，汉祖唐宗自汉祖唐宗，终不能合而为一也。……
>
> 窃恐后生传闻，轻相染习，使义利之别不明，舜跖之途不判，眩流俗之观听，坏学者之心术，不唯老兄为有识者所议，而朋友亦且陷于收司连坐之法，此熹之所深忧而甚

---

① (宋)陈亮.陈亮集[M].北京：中华书局,1974：281.
② (宋)朱熹.朱子全书(卷一十二)[M].上海：上海古籍出版社,2002：1583.
③ (宋)陈亮.陈亮集[M].北京：中华书局,1974：286.

惧者。①

如此直至淳熙十三年(1186年)朱子最后回信给陈亮：

> 诲谕缕续,甚荷不鄙。但区区愚见,前书固已尽之矣。细读来谕,愈觉费力。……以往是非不足深较,如今日计,但当穷理修身,学取圣贤事业,使穷而有以独善其身,达则有以兼善天下,则庶几不枉为一世人耳!②

争辩才宣告结束,其间往返信件有十几封之多,其中所涉问题甚多,但最终双方坚持各自的立场,谁也没能说服谁。

细读他们的信件可以发现,朱子与陈亮在使用儒家的学说来治国,奉行儒家"重义轻利"的价值观上是没有意见分歧的。而对于究竟何为"义利",何为"王霸",应该用怎样的标准去界定它们,他们二人有着不同的理解。

四、朱子与陈亮的"义利之别"

关于朱子与陈亮的"义利之别",学术界一直多有论述。田浩先生在《朱熹的思维世界》中提道:"陈亮以他的历史研究与功利道德观,从两方面攻击朱熹的绝对价值观。"③一方面,"陈亮的历史研究是建立在历史主义的基础上的,认为时代不同,价值标准也相对随着时间和场合的变化而不同"④,另一方面,"陈亮的功利道德结合利益结果与义理。朱熹强调个人的道德与伦理原则是最重要的课题,陈亮却反其道而行,主张社会和国家成就已经有内在的道德价值"⑤。牟宗三先生在《道德判断与历史判断》一文中指出陈亮与朱子所争论问题的中心意义是"历史哲学中道德判断与历史判断如何能综合之问题"⑥。他认为朱子是理性主义,对历史是停留在道德判断上的,而陈亮则是想引入历史判断真实化历史。由于陈亮只是"英雄主义"⑦"直觉主义"⑧,没有以理性为本体,最终无法"点铁成金"⑨真实化历史。虽然"朱子之称三代,贬汉唐,一如孔子之称尧舜,俱为理想主义的"⑩。但是那是由于朱子所处时代的局限,即便如此"朱子义利之光之照察似已能意识及君主专制、家天下之大私,尊君卑臣之不合理与非礼"⑪。朱子所提出的"重王道,重礼乐,反专制,反刑罚,严理欲之辨,贬视五伯汉唐,其中致涵义皆有托古之微言,甚深之委屈,吾人固不应表面视之也"⑫。

笔者认为朱子与陈亮"义利之别",其根本在于是否能为了短期的实效而降低道德衡量标准,变通社会价值观。陈亮的观点被他的好友陈傅良归纳为"功到成处便是有德,事到济

---

① (宋)朱熹.朱子全书(卷一十二)[M].上海:上海古籍出版社,2002:1585.
② (宋)朱熹.朱子全书(卷一十二)[M].上海:上海古籍出版社,2002:1592.
③ 田浩.朱熹的思维世界[M].南京:江苏人民出版社,2011:198.
④ 田浩.朱熹的思维世界[M].南京:江苏人民出版社,2011:198.
⑤ 田浩.朱熹的思维世界[M].南京:江苏人民出版社,2011:198.
⑥ 牟宗三.牟宗三先生全集[M].台北:联经出版公司,2003:245.
⑦ 牟宗三.牟宗三先生全集[M].台北:联经出版公司,2003:273.
⑧ 牟宗三.牟宗三先生全集[M].台北:联经出版公司,2003:273.
⑨ 牟宗三.牟宗三先生全集[M].台北:联经出版公司,2003:275.
⑩ 牟宗三.牟宗三先生全集[M].台北:联经出版公司,2003:283.
⑪ 牟宗三.牟宗三先生全集[M].台北:联经出版公司,2003:283.
⑫ 牟宗三.牟宗三先生全集[M].台北:联经出版公司,2003:283.

处便是有理"①。这一归纳还是比较持中的。陈亮重视实效,希望通过对汉唐君主成就的褒扬,激励当时的统治者收复失地重振国家。他认为在当时的情况下,只要能够拿出办法解决朝廷所面对的现实问题,可以不计较动机纯与不纯,行为是否符合义。这种做法其实也就是我们现在所说的不论黑白,只计结果。而朱子在谈到义利的时候,对"利"进行了重新界定,他认为符合"义"的事情才是"利",反之则不是真正的"利"。朱子非常重视动机的纯正,他认为社会的基本价值观应当是恒定的,不能为了解决燃眉之急去降低道德评价的标准,这样会动摇人们的道德标准与价值观,造成社会伦理秩序的混乱,是十分危险的事情。

朱子之所以对陈亮的观点深怀忧虑、激烈辩驳,是由于朱子能够正视理性与德性,并以它们为本体,能深刻意识到本体动摇所带来的危险后果。正如牟宗三先生所说,这好比是"九转丹砂,点铁成金"②,朱子自是比陈亮多转了一步。朱子在谈到江西之学与浙东之学的弊端时曾说:"江西之学只是禅,浙学却专功利。禅学,后来学者摸索一上,无可摸索,自会转去。若功利,则学者习之,便可见效,此意甚可忧。"③当时浙东民风本就"计利害太甚"④,朱子更深层地担心则是这种风气蔓延开来"才如此,人必求功利而为之,非所以为训也。固是得道义则功利自至;然而有得道义而功利不至者,人将于功利之徇,而不顾道义矣",从而动摇人们的基本价值观和社会价值取向,使人们走向唯利是图,产生更加严重的社会问题。为此朱子还曾专程邀请陆九渊至白鹿洞书院讲"义利之别"以警醒读书人。陆九渊在讲义中清楚明白地讲道"人之所喻由其所习,所习由其所志。志乎义,则所习者必在于义;所习在义,斯喻于义矣。志乎利,则所习者必在于利;所习在利,斯喻于利矣。故学者之志不可不辨也"⑤。

五、"义利之辨"的历史投影

如今距宋代那次激烈的讨论已有800余年,朱子、陈亮诸人的观点早已封入浩瀚黄卷之中。但每每思及当下,朱子与陆九渊当日所言及的"惟官资崇卑、禄廪厚薄是计,岂能悉心力于国事民隐,以无负于任使之者哉!"⑥等担心,又似历历在目。

当年"计利太甚"的浙东人如今产生了令国人瞩目的"温州现象"。温州这一位于浙江省东南部的小城,在新中国成立初期,曾经因为地处偏远,资源匮乏,经济十分落后。改革开放之后,随着政策的宽松,由于当地人勤劳肯干、大胆灵活,成为中国民营经济的发源地。但是近几年频频占据媒体头条,却不是因为其经济的发达。"民营企业家外逃""民间借贷资金链断裂""水污染严重"……组成了媒体口中的"温州现象"。据媒体报道,温州的民间借贷利率最高达40%左右,大约有89%的家庭个人和59.67%的企业参与了民间借贷。真可谓是"以利交者,利穷则散"⑦,随着楼市泡沫的破裂,资金链断裂,放贷人跑路,百姓家庭资金损失……这一系列的问题像多米诺骨牌一样连锁出现。而温州的环境也因经济发展

---

① (宋)陈亮.陈亮集[M].北京:中华书局,1974:331.
② 牟宗三.牟宗三先生全集[M].台北:联经出版公司,2003:273.
③ (宋)朱熹.朱子全书(卷一十八)[M].上海:上海古籍出版社,2002:3873.
④ (宋)朱熹.朱子全书(卷一十二)[M].上海:上海古籍出版社,2002:3861.
⑤ 《陆九渊集(卷二十三)·白鹿洞讲义》
⑥ 《陆九渊集(卷二十三)·白鹿洞讲义》
⑦ 王通《中说·礼乐》

过快,工厂繁多,排污严重,一次次向人们亮起黄牌。

当人们对自然肆意妄为之时,大自然也开始了对人类疯狂的报复。2020 年伊始,新型冠状病毒肆虐,一系列自然灾难不期而至,人类的生存、认知和交往模式将发生重大改变。人与自然的关系问题再次摆在了人们的面前。面对人类突发公共性事件,在这个"临界境遇"之中,绝大部分人都能遵守规则,敬畏生命,但是仍然有很多人选择逃避,选择背弃规则。"临界境遇"指突发的一些重大事件,如大灾祸、死亡等,这些大事件对人类生存提出了挑战,促进人们深刻思考生存问题,对曾经习以为常的规则感到异常陌生,人们往往会"是其所非,非其所是"。通过"临界境遇",人类超越了曾经拥有的经验、认识和习惯,不断提高自己的生存智慧与技巧。"临界境遇"的本质就是选择。它需要人们改变以往的经验、认识和习惯,面对新的境遇做出新的选择,赋予存在以新的意义和新的可能。选择意味着生存,意味着对必然性和经验性的超越。正是在此意义上,雅斯贝尔斯认为:"这种选择是生存性选择,在做选择时,生存在选择自身。"人性的恶之花开放的一个重要表现形式,就是重"利"轻"义",践踏规则与生命。于是敬畏自然、敬畏规则、敬畏生命成为时代最值得期待的价值追求。

历史车轮在不断前行,王朝的兴衰成败如同车窗外不断变换的风景,转瞬即逝,只有前人的智慧亘古不变,指引着历史前进的方向。回味 800 多年前的那次讨论,陈亮"治乱世可从权"的实用主义看似并无不妥,而欲要矫枉,必当过正,朱子"黜利就义"的治世观或许更加虑之深远。2020 年新冠疫情,堪称一次没有硝烟的"世界大战",只不过战争的双方是人类与病毒。在全球抗疫的巨大战场上,有英雄、有逃兵、有智慧、有愚昧,有冷漠自私的资本运作,更有无私无畏的人道担当……人类灾难的真正意义并不在于展示人类的悲惨与放肆,而是在于激励人类跨越欲望与自我,敬畏自然和生命,战胜灾难,最终展现至纯至善的人性光辉。这一过程既是个体内在生命的觉醒,也是社会人文精神的彰显。时至今日,宋代的"义利之辨"对当今中国的社会主义精神文明建设依然具有很强的启示意义,前辈大儒们"重义轻利"诊断无疑是治愈时弊的一剂良药。

第三篇

管理案例与企业社会责任

中国养老产业新模式探索

——以九如城集团为例

苏 勇*

摘要： 中国是当今世界老年人数最多的国家，并且已经进入人口快速老龄化阶段。在现实生活中，中国的养老现状存在很多问题，成为长者之痛、子女之痛、行业之痛、企业之痛、社会之痛，亟须制订一套行之有效的解决方案。来自不同领域和行业的公司和市场化机构纷纷采取不同的路径切入和探索养老产业的市场化运营发展，其中，九如城集团成立近10年来，不断探索养老新模式，集"养老、医疗、健康、教育"四大领域，服务内容涵盖医疗康复、养老护理、健康管理、教育培训、管理输出等，已经成为医、康、养、教、研、旅相融合的康养服务综合运营商，其运营模式值得探讨和分析。

关键词： 养老；九如城；新模式；案例

一、中国老龄化现状

中国是当今世界老年人数最多的国家，并且已经进入人口快速老龄化阶段。老人高龄化、空巢化、失能化现象越来越普遍。2021年5月公布的第七次全国人口普查数据[①]显示，全国人口中60岁及以上人口占总人口的18.7%，其中65岁及以上人口占比13.5%，与2010年第六次全国人口普查相比，60岁及以上人口的比重上升5.44个百分点，65岁及以上人口的比重上升4.63个百分点，人口老龄化程度进一步加深（如图1）。预计2025年将突破3亿，2033年将突破4亿，2053年将达到4.87亿的峰值。

在现实生活中，中国的养老现状仍然存在很多问题，甚至成为社会的痛点，包括长者之痛、子女之痛、行业之痛、企业之痛、社会之痛，亟须制订一套行之有效的解决方案。其中，行业之痛主要体现在，公办养老机构一床难求，专业水平不足，服务差，政府投入成本巨大；民营机构力量单薄，小、散、弱，无法形成连锁经营，政策落地参差不齐，扶持不到位；保险型公司以保单为主业，房产企业以圈地卖房为主；社区居家服务等同于上门家政服务，人员不专业、无正规团队。而在企业之痛方面，养老机构盈利难是目前企业面临的主要困境。养老机构存在普遍亏损的状况，究其根本在于养老产业当前重资产、高投入、回报周期长的特

---

* **作者简介：** 苏勇（1955—），男，汉族，江苏常州市人，复旦大学东方管理研究院院长、教授、博士生导师、经济学博士，研究方向：企业管理与创新、东方管理、组织行为与人力资源。

① 相关数据来自国家统计局官方网站 http://www.stats.gov.cn/.

点。作为一个需要长期投入才有回报的产业,养老机构一开始投入大且空置率高,需要后期养老床位使用率提升带来回报。在资本圈涌入,养老产业迎来万亿级规模的同时,如何找到清晰的营利模式成了众多养老机构亟待解决的问题。

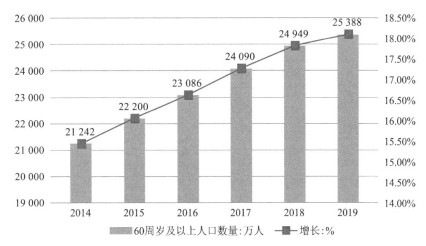

图 1　2014—2019 年中国 60 周岁及以上人口数量及增长情况

为积极应对人口老龄化,中共中央、国务院于 2019 年 11 月印发《国家积极应对人口老龄化中长期规划》,强调到 2022 年,中国积极应对人口老龄化的制度框架初步建立;到 2035 年,积极应对人口老龄化的制度安排更加科学有效;到 2050 年,与社会主义现代化强国相适应的应对人口老龄化制度安排成熟完备。相应地,规划从五个方面部署了应对人口老龄化的具体工作任务:一是要夯实社会财富储备;二是要改善劳动力有效供给;三是要打造高质量的为老服务和产品供给体系;四是强化应对人口老龄化的科技创新能力;五是构建养老、孝老、敬老的社会环境。党的十九届五中全会通过的《中共中央关于制定国民经济和社会发展第十四个五年规划和二〇三五年远景目标的建议》,提出"实施积极应对人口老龄化国家战略",这在历次党的全会文献中是第一次,是以习近平同志为核心的党中央总揽全局、审时度势做出的重大战略部署。

二、全球主要养老服务机构和模式

中国养老产业的巨大需求及供给缺口,让众多机构和企业看到这一市场未来的规模和发展潜力。因此,来自不同领域和行业的公司和市场化机构纷纷采取不同的路径切入和探索养老产业的市场化运营发展,并成为政府所鼓励的,在政府公共养老支持服务体系外的市场化补充手段:

(一) 蓝城集团

蓝城集团前身为 2010 年 9 月成立的绿城房产建设管理有限公司。蓝城集团以"美好生活综合服务商"为战略指引,致力于成为"中国首个基于 C2B 逻辑的地产服务移动互联平台",实现打造"中国第一生活服务品牌"的战略目标。为更多的人营造"好房子",向为更多人营造"好生活"转型,为全龄段用户提供全生命周期、全方位的综合服务。其间主营业务为房产代建、农业、颐养、医疗健康。

蓝城涵盖了"医疗健康＋养老＋教育＋农业"四大核心产品,且具有较强的资源优势(如图2)。

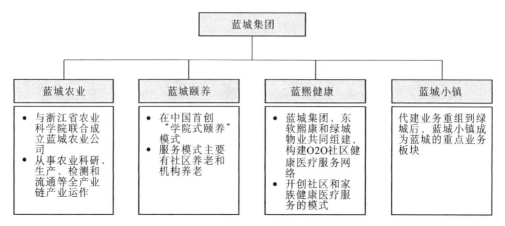

图 2　蓝城集团业务模块

2014年4月,蓝城房产建设管理集团有限公司与绿城房地产集团有限公司共同出资成立绿城养老服务集团(杭州)有限公司,注册资本5 000万元人民币,蓝城集团持股35%,绿城持股40%。下设绿城颐乐教育投资有限公司和杭州颐居投资管理有限公司,分别致力于机构养老服务及社区养老服务;与雅达国际(由IDG、红衫资本、云锋基金等投资的健康养老产业基金管理公司)合作开发乌镇雅园(如图3)。

蓝城颐养首创中国学院式养老模式,即以学院式的组织方式,围绕"颐、乐、学、为"四个核心要素,构成园区内老年人的日常生活形态,开展适合老年人身心健康的各类活动。旨在让长者

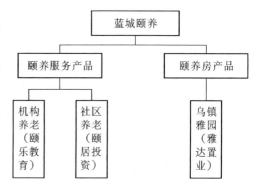

图 3　蓝城颐养业务构成

享受专业高效的医疗健康服务、舒适周到的居家生活服务、丰富多彩的交流活动服务、精致全面的文化教育服务,重新构建长者的晚年生活。蓝城养老板块的构架以养生养老项目开发、学院式养老社区运营、养老护理服务及运营三大块为主。在学院式养老社区的营造上,乌镇雅园打造了3.5万平方米的颐乐学院。居住者可以通过办理月卡或者年卡来上老年学校,享受社区服务等。

(二) 太保家园

从资产和负债两方面看,保险公司布局养老产业具备天然契合的内在逻辑。中国太保,作为国内领先的综合保险集团,正全力在这个细分市场中进行"中场加速"。其下属的太保养老产业投资公司,在全国重点城市打造"太保家园"系列高品质养老项目,并通过开发与养老社区入住及相关服务挂钩的保险产品,打造"专属保险产品＋高端养老社区＋优质专业服务"的新型业务模式。

太保投资养老产业的初心和出发点是助力寿险主业的发展,以积极构建"保险＋健

康+养老"新模式,打造太保寿险的第二增长曲线,即延长寿险产品服务的产业链,提高保险客户的忠诚度,主要有两方面:一个是客户的复购,就是不停地购买太保的保险产品;二是客户向朋友圈推荐太保的保险产品。客户的忠诚度和满意度不一样,太保希望通过为寿险客户提供增值服务,使保险业务能够持续增长。

太保家园产品有三个产品线:乐养社区、颐养社区、康养社区,分别针对不同年龄段和不同身体状态的长者(如图4)。

(三)泰康之家

2016年底,泰康人寿集团化改组为泰康保险集团股份有限公司。确立的新定位:为日益增长的中产人群及家庭提供全方位健康和财富的管理与服务。新愿景:坚持专业化,深耕寿险产业链,从摇篮到天堂,让保险更安心、更便捷、更实惠,让人们更健康、更长寿、更富足,让泰康成为人们幸福生活的一部分。新战略:致力于成为全球领先的保险金融服

图4 太保家园业务构成图示

务集团,提供保险、资管、医养的全方位服务,依托"活力养老、高端医疗、卓越理财、终极关怀"四位一体的商业模式,打造O2O大健康生态系统。泰康保险集团目前的核心业务板块包括保险(包括泰康人寿、泰康养老、泰康在线)、资管(泰康资产)、医养(包括泰康之家、泰康健康管理)。

"泰康之家"由成立于2009年的泰康保险集团旗下的健康产业投资运营子公司——泰康之家投资有限公司投资管理,是泰康保险集团三大核心业务之一,秉承"活力养老、高端医疗、卓越理财、终极关怀"四位一体的商业模式,坚持"市场化、专业化、规范化、国际化"理念,快速布局医养产业。泰康之家活力养老保险模式:充分利用泰康保险集团管理资产、客户优势,为活力老人提供不同养老模式服务,包括都市医养社区、度假特色社区、联盟养老社区等。

毫无疑问,泰康定位于高端养老,引进国际养老模式,可以获得高端人士的青睐。但是,他们仍然通过长线的保险资金,重资产投资模式,全新建设高端养老社区,整体来看,就是典型的养老(旅游)地产商业模式,显然可以通过地产的增值覆盖资金沉淀成本,这也是其他非险资企业望尘莫及的。

(四)美国太阳城

美国太阳城是全美最大的老年社区之一,是世界上著名的专供退休老人居住和疗养的社区。太阳城内部划分六大居住区,分别是"太阳城中心"(独栋别墅)、"国王之殿"(连体别墅)、"湖中之塔"(辅助照料式住宅和家庭护理机构)、"庭院"、"阿斯顿花园"(出租的独立居

住公寓)、"自由广场"(辅助照料式住宅和家庭护理机构)。各个居住区享受着共同的公共基础设施,包括医疗机构、银行、超市、娱乐设施、健身馆等等。还配备老年大学、进修班等文化配套设施,提供年长人士学习和交流的机会。

太阳城的主要收益来源有两个方面:(1)出售房产所获得的一次性收入,通过销售迅速收回开发成本;(2)出租房屋所带来的租金收益以及各类设施使用带来的租赁收益。这两项收益形成太阳城社区长期性收益。

从以上四个国内外养老模式看,总体来说,它们都与原有主业高度关联,侧重对原有主业的拓展与支撑,养老运营方面存在一定的短板或不足,使得养老单一功能化,缺乏体系化集成,特别是普惠性不足的缺点很是明显。

三、九如城集团及其养老模式

(一)九如城集团

九如城的创始人谈义良自1993年在江苏昆山开启创业历程,先后涉足建筑、环保、地产和养老行业,1998年成立江苏中大建设集团有限公司,2001年成立江苏中大地产集团有限公司,2012年成立九如城养老产业集团,集团发展至今(2021年)已有9年时间。

九如城是专业从事养老产业投资及运营的集团公司,"养老、医疗、健康、教育"四大领域融合,服务内容涵盖医疗康复、养老护理、健康管理、教育培训、管理输出等。截至2021年,集团已在2个直辖市、12个省份63个城市开设康复医院和连锁运营养老机构208家、社区中心860家,拥有员工逾8 000人,总床位数超50 000张,服务惠及百余万家庭,已经成为医、康、养、教、研、旅相融合的康养服务综合运营商①(如图5)。

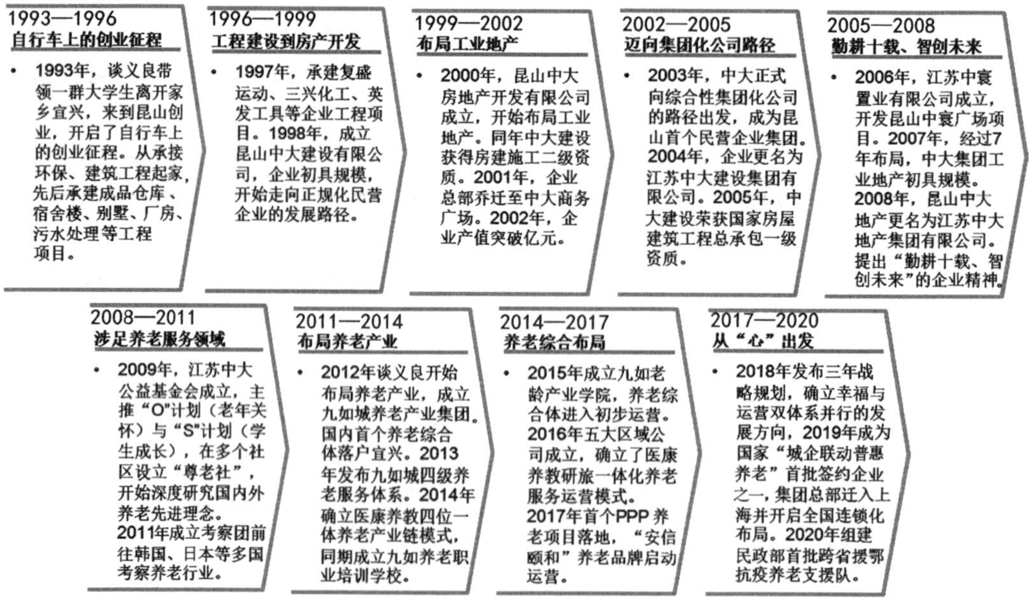

图5 从中大到九如城的发展路径示意图

---

① 相关资料来源于九如城集团网站 http://joru.xiweinet.com/default.aspx.

在这个过程中,集团先后面临了两次重要转型:

第一次转型:0 到 1——从传统地产开发建设企业向养老产业

在做养老产业之前,九如城前身(江苏中大建设集团有限公司)做了 15 年的商业地产,在 2002 年企业产值突破亿元。从 2008 年开始,以建立江苏中大公益基金为起点,主推"O"计划(老年关怀)与"S"计划(学生成长),开始涉足养老服务领域,并于 2012 年正式成立九如城养老产业集团。

从"中大"到"九如城"不仅仅是名字的改变,更是从"道"到"术"的全面转变。

一是模式的改变,从项目经理承包制到项目直营制。创业初期是项目经理承包制,是符合当时时代的一种模式,并且在那个年代有一定的优越性,引领了当时行业的发展,造就了一批人才的同时也成就了公司的成长。而后来实行的项目直营制模式同样是当下时代的产物,也是行业发展的必然趋势。

二是团队的转变,创业团队到专业化团队的转变、重资产公司向轻资产公司转变。从"中大"到"九如城",老一代的分公司经理已经逐步开始退休,新生代的专业经理开始承担起新阶段的重要责任。老一批的经理人一起创业,打造了良好的基础。而现在平均年龄 26 岁的项目团队,都是从专业院校毕业,有着良好的专业知识,代表了行业的时代进步。团队发生了变化,公司的性质也随之发生变化。"中大"之前是重资产兼并混合性的公司制度,而现在九如建设和九如城都要着力打造成轻资产公司,它预示改革的开始,是新时代的要求,也是为未来更大体量的集团打好基础。

三是业务领域的跨界转型,从地产建设向养老行业的转型。一方面是建设系统的转型,由项目承包制转向直营。同时房产正走向代建的形式,会向更加专业化的方向发展,也是企业战略转移的一个关键点。对于企业来说,前面十几年房地产建设承担着培育养老产业的重任,未来养老产业要能够反哺房地产建设,因此,需要充分利用现有的九如城战略布局并挖掘可用资源。

四是经营理念的转变,这是一个艰难的过程,冲破企业固有的制度、改变思维定式都很难。从房地产建设的经营理念及思维定式转变到养老产业,重要的一点是要有创新精神,创新的精神是需要有创新的、年轻的团队源源不断地进入。九如城转型的过程中也受到来自企业内部的压力。有部分高管因为不看好养老产业,认为这个行业肯定不赚钱而选择了离职,这非常考验人的坚守与信念。更为让谈义良感到压力的是,当初的转型是不是对的,守着好好的商业地产带来的丰厚的经济回报不做,转而去做看似富有爱心、社会责任感,实则要承受巨大的前期成本投入、资金回笼周期长、利润薄等现实压力。做公益,做养老产业,其经济效益和社会效益的边界点在哪里?

转型过程虽非一帆风顺,但坚守终于迎来开花结果。九如城"在进入养老行业十年的第一个季度,开始进入盈利状态"。2018 年,九如城养老产业营收同比增长 150%,2019 年同比增长 250%,进入行业头部企业行列。

第二次转型:1 到 N——从养老综合体 1.0 到 4.0

早在 2009 年,九如城就已经开启综合型养老事业版图,提出"养老综合体"概念,这在当时国内属于首创。养老综合体内配备六位一体模式,"医、康、养、教、研、旅",即融合了康复医院、健康管理、养老机构、教育培训、研究院、旅居度假全流程综合型养老服务。

1. 宜兴 1.0

2013年4月,九如城首个养老综合体项目——无锡九如城养老综合体在江苏省宜兴市开工建设。项目占地800亩,总建筑面积48万平方米,总投资额38亿元,提供2 500张养老及康复护理床位。项目集康复医院、VIP体检中心、养护院、颐养院、居家适老住区、研究中心及商业配套于一体,在国内首创于同一综合体内运营"十大中心",即康复中心、颐养中心、养护中心、护理中心、失智照料中心、体检中心、抗衰老中心、数据中心、研究中心、培训中心,将养老养生连为一体,践行主动积极养老的生活方式。覆盖独立生活区、协助生活区、专业护理区、老年失智照顾区和安宁关怀区等功能区,满足长者全生命周期的养老需求。

九如城以养老综合体为资源载体,系统化解决区域化内养老问题,将医养融合服务辐射到城市养老院,延伸到社区和家庭,解决90%的养老问题,全面践行"机构—社区—居家"的医养护融合,为家庭全服务打下坚实的基础。医养融合服务超越了单一提供养老服务的观念,不再是只提供日常生活照料、精神慰藉和文娱活动,还提供包括治疗、康复、护理等医疗服务。在这个过程中,通过整合医疗与养老方面的资源,医养融合社区服务在"医"与"养"的融合的基础上,提供全类型医养服务,满足长者的"养老"与"医疗"需求。

按照集团发展规划,1.0版本是一个完全综合性的养老服务体系:

一是强调通过"医康养教研旅"一体化,满足长者在生活方面的养老服务需求,侧重为进入老年阶段的人群提供生活方面的全方位照顾,长者精神层面的需求在当时考虑得相对较少,更多反映的是九如城养老服务产品从无到有、从局部片面到系统集成的过程。

二是充分体现了九如城将前期研究探索所形成的"乌托邦式"养老构想逐步实现的过程,一共用了6年的时间来消化这个"乌托邦",2009年开始讨论和研究,国内外开展考察,进行总结,包括谈义良自己也在看养老院,2010年设计,2012年开工,到2015年建成,再到2016年开始运营。由于前期经验不足,在规划设计及实施过程中难以做到轻车熟路,更多的是不断探索和试错的过程。例如,康复医院、养老院及养老公寓等各个模块的配比怎样最合适?床位数的设置应当是多少为最佳?这些都是在综合体真正运行后才逐步积累了一些比较成熟的经验。

三是自建自持,重资产运行。也即养老综合体主要由九如城投资建设和运营,这主要与当时的地产发展环境和地方政府要求密切相关。在这种模式下,企业可以充分实施其发展规划,但同时资金压力也偏大,模式的复制与推广受到一定的限制。同时,当时的养老综合体住宅的比重较大,主要是因为当时整个大环境都在做养老地产,因此,宜兴养老综合体1.0版本仍然包含了养老地产部分。但是,与其他企业名义做养老、实质做地产不同的是,九如城宜兴综合体实打实地在做养老服务体系与养老服务功能,地产则成为支撑与反哺养老事业的其他功能模块。

2. 徐州 2.0

累积经验后,九如城对于养老综合体的理念升级,九如城(云龙)康养中心于2016年成立,是徐州市云龙区公建、九如城运营的养老机构。项目占地面积24.8亩,建筑面积39 068平方米,总床位546张,其中养老床位446张、医疗康复床位100张,对外以康养中心(养老院)和康复医院运营,对内以九如城医养结合体运营。云龙康养中心是九如城展示给徐州长者、徐州社会、徐州政府的第一个项目。

2.0 的基本模式：首先要在管理架构上进行融合，九如城在医养体（含养老院和康复医院）只设一位院长，康复医院和养老院各设一位副院长，后勤主任直接由院长直管，负责整个医养融合体后勤工作。其次是融合健康管理、康复体系、养老体系，三体合一，相互支撑，协同共生，解决客户全面需求，最终要促进彼此发展、形成正能量循环。另外是制定全员医疗知识和技能培训、混合培训计划，一专多能。针对养老员工 50% 以上没有医学知识背景的实际情况，康养中心一到两周安排一个题目，由康复医院医师、护士进行医学知识讲座和技能培训。最后是保障联合查房、定期巡诊制度。对康养中心入住老人，康复医院医师每天巡诊一个区域，保证每周所有入住老人都能巡诊一遍，及时发现症状不典型的患病老人，以便及时就医。

根据管理团队的设计，以徐州为代表的养老综合体 2.0 版的特点是：

一是去地产化。主要是基于当时社会大环境对养老地产项目存在问题的反思，不少地产开发商打着做养老的幌子，实质是销售房产，养老服务配套很少或根本没有落地。九如城为了因应地方政府和大环境的要求，在以徐州为代表的 2.0 版本综合体建设中就尝试"去地产化"，重点聚焦养老服务体系的建立及运营。

二是产品线精练浓缩，更为聚焦。2.0 版本的综合体总体上更加小型化和紧密化，也就是康复医院和养老院集成在一起，变成"院中院"的管理模式，就是在综合体建筑内，既有康复医院，也有养老院，所有的行政后勤全部一体化，打通行政管理的相关环节，提升整个管理和运行的效率。

3. 佛山 3.0

按照谈义良的设想，综合体 3.0 与之前版本的差异主要在于数字化、服务化和家庭化这几个层面的加强。从 1.0、2.0 到 3.0 的一个基本思路升级到产品升级，出发点逐步从企业自身过渡到客户需求。1.0—2.0 的时候，主要是从企业自身出发，担心舆论认为企业是"挂羊头卖狗肉"，做的是当时名声不太好的"养老地产"，因此努力去地产化，向社会表明九如城是真正在做养老而没有做地产。后来建设实施过程中发现，九如城的客户还是喜欢有地产的综合体，因此在 3.0 版本中又实现了一定的回归。不少客户有房产购买能力，购买房产后期望在未来可以享受综合体的养老服务、医养服务及其他配套服务。

此外，3.0 版本还要着重把养老教育的成分提取出来，把教育贯穿在九如城标准化的服务过程里边。从人到硬件，从设计到人员的要求，到管理的结构，到所有的服务都将采用教育和学习的方式。

3.0 版本相对于 2.0 版的升级之处在于：

一是在经营理念上从以企业为出发点转变为以客户为出发点，针对客户需求完善产品内容与功能设置，如增加了地产的内容。当然，3.0 不是对 2.0 的完全替代，九如城将会根据不同区域的具体情况和需求，配置不同的产品来予以对接。

二是数字化、服务化与家庭化的增强，主要是围绕这些方面进一步丰富与完善综合体的功能、效率及服务品质。

三是教育功能的增强。九如城逐步意识到养老就是教育，也就是要通过教育功能转变长者及家属对生活质量、生命价值及幸福的认识。相对于以往版本的综合体侧重生活方面的照料与物质层面的养老服务,综合体 3.0 版本产品将更为重视长者及家属精神层面需求的满足与引导。

4. 幸福社区 4.0

九如城对幸福社区 4.0 的规划:首先是"医康养"为载体,医院、健康管理、养老,这是九如城最突出的核心能力。其次,要实现从养老到教育,从教育到学习,这里面的层次比较多。第一个层次从养老到教育,主要是指老年教育,要充分发挥老年人的价值,建设 20 年生命大学,这些老人原来是九如城的客户,现在将会转变为生命大学的同学。第二个层次从教育到学习,更多地涉及整个家庭的学习问题,因为幸福社区的载体就是幸福家庭。家庭可能不太适合采用教育的模式,像老师一样给家庭成员讲课并不一定能够被所有人接受,但大家一起共同学习是可以的。家庭学习包括了很多内容,如传统文化传承和家庭成员的成长等,可以建立家庭学习中心,帮助大家成为合格的父母、合格的子女、如何教育培育第三代等。此外,还可以建立相应的邻里(关系)促进中心。中国社会在历史上最稳定的结构是农村大家族,邻里乡亲相互支撑,即使家庭出现矛盾和争吵,隔壁邻居来劝和,也很容易解决问题。但是,随着现代化与城市化,这些情景已经很难看到了。通过学习中心与邻里中心,可以推动整个家庭生活场景更加地人性化,在一定程度上回归原来中国社会最纯真的人际关系氛围。

(二)"九如模式"分析

作为九如城集团创始人,谈义良一直热衷于中国传统文化思想与管理实践的探索,在创立和管理九如城集团之际,也一直将中国传统文化的"道、术"思想贯彻在日常管理之中,成为九如城集团运营管理的重要特色。

以孝为"道"——养老第一性原理。谈义良认为,从"道"的层面看,从事养老事业,首先体现的是中国传统文化中的"孝",这是谈义良一贯坚持的养老第一性原理,也正如九如城集团的使命——让天下子女尽孝有道,让阳光照进长者心田。

百善孝为先。孝道文化是中华民族五千年文明中的瑰宝,也是儒家思想的核心,它既有丰富的内涵,又有着长期的实践。养老人不仅要孝顺自己父母,更要孝敬天下父母。只有每一位养老人以自己的孝心、真心、爱心、细心、贴心对待每一位长者,才能更加精准地满足长者多层次、多样化的养老需求。随着时代和家庭结构的变化,孝的内涵和表现也都在发生着变化:从古代的子女对父母单向的"尽孝",转化为当今双向的,子女和长者要帮助对方实现他内心的愿望;从古代的以家庭为主的,转变为从家庭到社会的,边界也在扩大;从原来的被动,甚至与道德评判挂钩,转变为现在的主动的一种生活方式;从原来的更多的是一种口号,转变为现在的行动和影响力。

对于养老企业来说,需要倡导继承和弘扬孝道文化,并将传统孝道文化作为企业愿景、品牌建设等方面的组成部分,在服务中予以践行,同时加以创新,促进养老服务质量提升。九如人视养老的本质为孝道,他们致力于把孝道文化和孝道思想传播到社会的每一个角落,覆盖到每一位长者、每一位家属、每一位同事。九如城以孝、爱、家为核心,九如人个个为孝,与长者心连心,建立连接,听到长者的内心呼唤;九如院处处为家,从给长者一间房到提供一个家,从原有的生活照料到精神关爱,让每一位长者笑在脸上,眼中放光;以良知唤醒孝道,以能量创新产业,以生命唤醒生命,形成人人爱人的九如魂。

在这里,主要体现出了九如城集团企业文化的魅力。说到企业文化,我们必须要提及文化的概念。从理论层面上看,广义上说,文化是人类社会历史实践过程中所创造的物质财富与精神财富的总和;狭义上说,文化是社会的意识形态以及与之相适应的行为方式。企业文化则是一个企业在经营实践中,所创造和形成的具有本企业特色的精神理念,并通过管理者和员工,把这种理念物化在企业经营管理的制度、行为、物质及企业形象等各个方面,并产生切实的作用。

企业文化是企业的灵魂,是推动企业发展的不竭动力。它包含着非常丰富的内容,其核心是企业的精神和价值观。企业文化不是口号,也不是纸上谈兵、虚无缥缈的东西,而是一个从内到外多层次的概念。著名企业文化研究学者沙因(Schein)在1990年便提出了企业文化"三层论",认为企业文化从外到内的层次应该是:可以被观察到的表面特征;价值观;深入组织成员内心的一些基本假设。类似地,笔者曾在1996年系统地对中国的企业文化进行研究,并提出了"企业文化五层次论",认为企业文化从内到外体现为理念文化、制度文化、行为文化、物质文化以及形象文化(如图6)。

图 6 苏勇教授企业文化五层次论

九如城商业模式的探索是围绕美好社区或者是幸福社区展开的。从1.0开发的概念,4.0是运营的概念,九如城的养老就是运营,这个出发当时也是靠四级体系来支撑、运营,所以整个系统的设计跟理念的切入点就是运营本身。

九如城集团是以美好和幸福为核心和出发点,重点聚焦长者家庭,以从目前养老综合服务运营商,逐步过渡到"服务长者家庭的幸福生活解决方案提供商",未来提供类似超市的自选式、一站式养老服务解决方案为战略方案,充分利用普惠作为出发点以及营利核心点,最后构建幸福社区。

按照规划,幸福社区首先进入100个中心城市,500个区县,1 500～2 000个院际,近1万个社区,服务1 000万个家庭,拥有20万张床位,同时拥有10万仁爱员工,1万个合伙人(如图7)。其次的目标是做普惠性的养老企业,做到千亿规模,在国内肯定要做成第一品牌,国际要做成知名品牌。最终目标是可以在最大限度上满足本区域不同层次养老服务需求,实现全域普惠,满足不同年龄生命周期的养老服务需求,实现全龄普惠,满足长者及其子女与养老及家庭幸福相关的需求,实现全家普惠,满足"医康养教研旅"六位一体的全方位养老服务需求,最后满足不同境界的养老服务需求,即丰子恺的人生三境界——物质、精神、灵魂。

四、未来挑战

截至2021年,九如城集团采用区域化规模布局、连锁运营、合作共赢的方式,已将医疗与养老服务延伸到长三角、珠三角、沪宁沿线等重点城市。现阶段已投资成立的城市公司有:上海、南京、苏州、徐州、无锡、广东城市公司。已进入项目拓展的城市有:杭州、嘉兴、宁波、西安、常州、扬州、南通等。此外,海南、青岛、大连、深圳等也是九如城即将重点布局

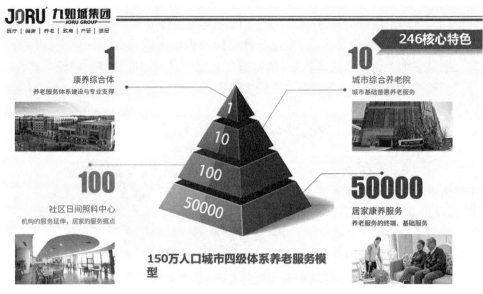

图 7 九如城四级养老体系图示

的"候鸟式养老"旅居城市。

九如城的迅速发展得到了政府和社会的高度认可,但也同时面临着巨大的挑战。这也是谈义良及其管理团队下一个阶段需要面对解决的阶段性目标:

1. 正如一些合作机构、投资方和政府机构等的质疑,九如城集团目前的投入,能否在中长期实现稳定且可持续的盈利?这不仅仅是九如城所设想的养老服务和社会目标可否实现的关键,也关系到未来集团能否说服投资方,利用融资实现自身健康发展。

2. 按照集团的规划,九如城的目标是通过平台化和一体化的养老服务平台打造,通过规模化实现普惠养老服务的广泛落地和持续运营,这一商业模式是否能够得到市场的认可?

3. 九如城的模式可否克服和解决目前中国养老产业的一些痼疾和困难:如年轻人不愿意从事养老行业和医护产业;如何处理好养老的社会属性与产业属性的关系,处理好它们的边界点,真正让老百姓"买得到""买得起""买得好""买得安"?

正如集团创始人谈义良董事长所说,做养老其实不外乎八个字——"以义为道,以良为本",做符合道义和良知的事。但道义和良知也必须要用商业规律和科学经营活动来实现,这也正是九如城集团深耕养老产业,实现商业和社会属性目标统一的必经之路。

参考文献

[1] 苏勇.管理伦理学[M].北京:机械工业出版社,2017.
[2] 黎永泰.企业文化管理初探[J].管理世界,2001(4):163-172.
[3] 苏东水.东方管理[M].太原:山西经济出版社,2003.
[4] (德)E. 海能.企业文化:理论和实践的展望[M].上海:知识出版社,1990.

任正非的企业家素质：基于孙子兵法将之"五德"的研究

陈德智*

摘要：本文从孙子兵法将之五德的视角，以卓越企业家任正非为样本，研究任正非的企业家素质；研究动机是探讨孙子兵法将之五德是否可以作为衡量一个优秀企业家的素质指标，研究的目的是根据孙子的将之五德构建企业家素质理论模型。研究数据来源于公开报道的信息；通过对数据进行逐次编码分析，归纳出"智、信、仁、勇、严"五个维度每一维度的构成指标，从而构建出基于孙子将之五德的优秀企业家素质模型。提出了新的知识，发展了企业家素质理论研究，对企业家的培养与选拔也具有重要参考价值。

关键词：孙子兵法；将之五德；任正非

一、引言

孙子曰："将者，智、信、仁、勇、严也。"在孙子对战争关键因素分析中，将在校之以计中位于第四位，在整篇孙子兵法中，涉及将领的有42处，足见孙子对将领的高度重视。由于将领涉及国家的安危、民众的生死，因此，将领必须具有"智、信、仁、勇、严"五个方面的素质。曹操曰：将宜五德备也。作为将领的素质，将之"五德"已被广泛认可和应用。孙子的论将之五德，也同样受到政治、经济管理学者与领导者的关注与讨论[1]，认为孙子论将之五德，可以作为企业家素质测量指标。但迄今为止，关于孙子论将之五德的研讨，还鲜有详细深入的案例研究。因此，本文以卓越企业家任正非为样本，从孙子兵法将之五德的视角，分析任正非的企业家素质，建立基于孙子兵法将之五德的企业家素质模型。

二、理论基础：将之五德

孙子曰："兵者，国之大事，死生之地，存亡之道，不可不察也。故经之以五事，校之以计，而索其情：一曰道，二曰天，三曰地，四曰将，五曰法。道者，令民与上同意，可与之死，可与之生，而不畏危也。天者，阴阳、寒暑、时制也。地者，远近、险易、广狭、死生也。将者，

---

* **作者简介**：陈德智(1961—)，男，辽宁人，管理学博士，上海交通大学安泰经济与管理学院教授、博士生导师，研究方向：孙子兵法商业战略。

[1] 陈炳富，杨兆力.《孙子兵法》与战略管理[J].南开经济研究,1993(1)：32-37;陈炳富.中国传统文化与现代企业家[J].经济纵横,1995(2)：58-60;潘承烈.《孙子兵法》对企业商战的启迪[J].滨州学院学报,2006,22(5)：8-20;Hou W C, Sheang L K, Hidajat B W. Sun Tzu: War & Management. Singapore: Addison-Wesley Publishers Ltd, 1991.

智、信、仁、勇、严也。法者，曲制、官道、主用也。凡此五者，将莫不闻，知之者胜，不知者不胜。故校之以计，而索其情。曰：主孰有道？将孰有能？天地孰得？法令孰行？兵众孰强？士卒孰练？赏罚孰明？吾以此知胜负矣。"①由于将领涉及国家的安危、民众的生死，因此，将领必须具有"智、信、仁、勇、严"五个方面的素质。曹操曰："将宜五德备也。"

（一）智

孙子曰："将者，智、信、仁、勇、严也。"智为首位。由于战争成本过高，因此，孙子认为，有智慧的将领应该深刻懂得这样的道理："役不再籍，粮不三载，取用于国，因粮于敌，……故智将务食于敌。食敌一钟，当吾二十钟，䓪秆一石，当吾二十石。"孙子认为，智将，必善用兵与善战也。孙子曰："是故百战百胜，非善之善者也；不战而屈人之兵，善之善者也。故上兵伐谋……故善用兵者，屈人之兵而非战也，拔人之城而非攻也，毁人之国而非久也，必以全争于天下。故兵不顿而利可全，此谋攻之法也。"杜牧曰："兵家者流，用智为先。盖智者，能机权、识变通也。"王晢曰："智者，先见而不惑，能谋虑，通权变也。"何氏曰："非智不可以料敌应机。"梅尧臣曰："智能发谋。""智"即知识、才能②。现代领导者的"智"应包括"多谋，善断，善于集智"。"智"，就是要具备广泛的知识，具有战略的头脑，科学的经营谋略③。

（二）信

王晢曰："信者，号令一也。"何氏曰："非信不可以训人率下。"张预曰："信不可欺。"梅尧臣曰："信能赏罚。""信"直接关系到领导者的信誉和威望，以及实施自己诺言的能力和诚意。所以领导者不宜轻易许诺，许诺了的事就应办到。信即功必赏，罪必罚④。"信"是诚信，恪守信用，互相信赖；"信"又是威信，令行禁止。进一步，"信"又可以理解为信念，反映了一名优秀组织者坚定的理想、执着的追求。"信"，坚定事业成功的信念，具有强烈的时代责任感和敬业精神。另外，"信"，还应体现在企业家应具有对消费者注重讲求信用和维护企业的良好信誉上，完善质量保证体系，提高产品质量和售后服务质量，力求产品的高度完善，向社会提供高质量的产品，最大限度地满足消费者的需求⑤。

（三）仁

王晢曰："仁者，惠抚恻隐，得人心也。"何氏曰："非仁不可以附众抚士。"包胥曰："不仁，则不能与三军共饥劳之殃。"梅尧臣曰："仁能附众。"领导者要使他所领导的群体有战斗力，不论是部队还是企业职工，都必须使领导者与被领导者团结友爱，以便心往一处想，劲往一

---

① （春秋）孙武.孙子兵法[M].周亨祥，译注.贵阳：贵州人民出版社，1992：1-2.
② 诸福伦.《孙子兵法》将才观对企业家的意义[J].人才开发，2002(3)：29-30；赵万明.《孙子兵法》"用将之道"的现代诠释[J].商场现代化，2009(31)：71-72.
③ 郭晓君.《孙子兵法》与现代领导者的素质[J].江西社会科学，1996(8)：93-94；周春.孙子论将帅素质[J].国际关系学院学报，2006，24(1)：73-75；邓建民.从《孙子兵法》谈企业家应具备的素质特征[J].化工质量，2000(2)：11-12；路舟.将者，智、信、仁、勇、严也：《孙子兵法》与经营管理漫谈之二[J].企业活力，1990(5)：26-27.
④ 潘承烈.《孙子兵法》对企业商战的启迪[J].滨州学院学报，2006，22(5)：8-20；（春秋）孙武.孙子兵法[M].周亨祥，译注.贵阳：贵州人民出版社，1992；诸福伦.《孙子兵法》将才观对企业家的意义[J].人才开发，2002(3)：29-30.
⑤ 邓建民.从《孙子兵法》谈企业家应具备的素质特征[J].化工质量，2000(2)：11-12；路舟.将者，智、信、仁、勇、严也：《孙子兵法》与经营管理漫谈之二[J].企业活力，1990(5)：26-27；姚振文.《孙子兵法》将帅素养理论对领导者的启示[J].中共南京市委党校学报，2008(4)：22-25.

处使。而这就要求领导者对部下予以关心、爱护和尊重。仁即爱员工,对部下仁慈①。"仁",说到底就是爱②。"仁",善于知人善任、任人唯贤,对员工关心、爱护。

(四)勇

杜牧曰:"勇者,决胜乘势,不逡巡也。"将帅首先必须是智勇双全才能带出一支攻无不克的队伍。商战在形式上不同于兵战,但企业领导人同样要勇,才能胜任。只是这个"勇"不同于将帅的勇,而体现在有勇于面对风险并敢于承担风险和敢于拍板的胆略和魄力。市场竞争充满着风险,而市场机遇则时时伴随着风险。只有有"勇"才能当机立断,抓住机遇。所以勇于判断,勇于决策,现在更为重要。但这里强调的"勇",不论兵战还是商战,都要以"智""谋"为基础,而不是盲目地蛮干。企业家面对一个又一个新的挑战,必须勇挑重担,敢冒风险、知难而进,做一个勇往直前的强者。勇敢精神是领导者必须具备的素质,体现在一种用于决断的魄力。"勇",就是要勇敢果断,开拓创新③。

(五)严

王晳曰:"严者,以威严肃众心也。"何氏曰:"非严不可以服强齐众。"梅尧臣曰:"严能立威。""严"是保证部队步调一致的必要条件。进行现代化管理的企业同样要求严字当头,严格要求。企业要向管理要效率,必须强调加强基础管理,而这正是要求严格管理的起点。要实行严格管理,就得落实到对人、对职工的严格要求。这既要通过培训提高人员素质,并要有相应的奖惩制度加以保证。但是更重要的还在于对领导人自身的严格要求,这是孙武对将帅素质的五个条件之一。领导人必须严以律己,只有在严格要求自己的前提下才能去严格要求别人,也只有这样才能树立自己的威信与形象。"严"是严于职守、严于律己、严格管理。

(六)五德之间的关系

曹操曰:"将宜五德备也。"贾林曰:"专任智则贼;偏施仁则懦;固守信则愚;恃勇力则暴;令过严则残。五者兼备,各适其用,则可为将帅。"王晳曰:"智者,先见而不惑,能谋虑,通权变也;信者,号令一也;仁者,惠抚恻隐,得人心也;勇者,徇义不惧,能果毅也;严者,以威严肃众心也。五者相须,阙一不可。故曹公曰,将宜五德备也。"梅尧臣曰:"智能发谋,信能赏罚,仁能附众,勇能果断,严能立威。"④

姚振文认为,"智"者不仅能"仁",而且也必有"勇","智"实为仁、勇的先决条件;"严"与"仁"相辅相成,"严"表现为一种外在的约束力,"仁"表现为一种内在的感召力,两者缺一不可⑤。将,宜五德皆备,不可失之一偏⑥。有智而无信就是欺诈之人,智勇双全而无仁就会失去人心,仁者无智就是愚笨,仁者无勇就是懦夫,仁而无严就会丧失权威,严而不仁就是苛

---

① (春秋)孙武.孙子兵法[M].周亨祥,译注.贵阳:贵州人民出版社,1992;诸福伦.《孙子兵法》将才观对企业家的意义[J].人才开发,2002(3):29-30.
② 姚振文.《孙子兵法》将帅素养理论对领导者的启示[J].中共南京市委党校学报,2008(4):22-25.
③ 邓建民.从《孙子兵法》谈企业家应具备的素质特征[J].化工质量,2000(2):11-12;路舟.将者,智、信、仁、勇、严也:《孙子兵法》与经营管理漫谈之二[J].企业活力,1990(5):26-27;诸福伦.《孙子兵法》将才观对企业家的意义[J].人才开发,2002(3):29-30.
④ (春秋)孙武;(三国)曹操,等注.十一家注孙子[M].杨丙安,校理.北京:中华书局,2012:9.
⑤ 姚振文.《孙子兵法》将帅素养理论对领导者的启示[J].中共南京市委党校学报,2008(4):22-25.
⑥ 晁爱武.《孙子兵法》与现代企业家素质[J].乡镇经济,2001,17(9):27-28.

暴,勇而无智就是鲁莽,勇而不仁就会四面楚歌,智有余而勇不足才有诸葛亮挥泪斩马谡①。智是为将的基础,仁与信是为将的道德,严与勇是为将的艺术②。

三、研究方法

(一) 样本选择与数据来源

1. 样本选择

本文的研究动机是探讨孙子的将之五德是否可以作为衡量一个优秀企业家的素质指标;研究的目的是根据孙子的将之五德构建企业家素质理论模型。因此,需要选择一位非常优秀的企业家作为案例进行研究。任正非1987年创建华为技术有限公司,任总裁至今。于2004年名列"未来国际企业家之星"榜首③;于2005年、2012年、2013年分别入选美国《时代周刊》"全球100名最具影响力人物榜"。《时代周刊》评价说:"任正非显示出惊人的企业家才能。"④任正非被中国媒体称为"优秀战略家""最神秘的企业家""理想型企业家""'教父式'企业家"等各种称谓,分别于2012、2013、2017年被评为中国最具影响力的50位商界领袖第1名。无疑,任正非是最为合适的研究对象。

2. 数据来源

所有数据都来自公开出版、媒体报道的资料,包括知网(https://www.cnki.net/)和百度等,以及有关任正非的专著和关于华为的书籍。

(二) 数据编码与分析过程

对收集的数据资料进行整理,做数据资料摘录,形成数据调查笔记或称田野札记,因数据资料丰富,所以在保证数据无遗漏的前提下,尽量做重点登录。针对数据札记进行文块式登录及初始编码,目的是精炼数据,便于分类编码。编码举例见表1所示。

"信""仁""勇""严"的编码雷同,略。

通过对数据进行逐次编码分析,归纳出"智、信、仁、勇、严"五个维度每一维度的构成指标,从而构建出基于孙子将之五德的优秀企业家素质模型。

四、案例背景

(一) 任正非简介

任正非,男,华为技术有限公司创始人、总裁。1944年10月出生于贵州省镇宁县,父亲任摩逊是中学教师,家中有兄妹6人。1963—1968年就读于重庆建筑工程学院(现已并入重庆大学)暖通专业。任正非在大学学习期间,学习勤奋,掌握了基础数理知识和工程技术知识。1968年大学毕业后应征入伍成为一名解放军工程兵。1974年为建设从法国引进成套设备的辽阳化纤总厂,任正非作为工程兵参加了这项工程建设,历任技术员、工程师、副所长。在引进技术的工程建设中,任正非向外国专家学习专业技术,积累了丰富的工程技术经验。从1968年入伍到1983年退役,15年的军旅生涯锻炼和形成了任正非坚强、果

---

① 肖敏.《孙子兵法》的"五德"与现代管理者的综合素质[J].理论导刊,2007(10):136-138.
② 陈炳富、杨兆力.《孙子兵法》与战略管理[J].南开经济研究,1993(1):32-37.
③ 《时代》百大人物任正非占一席[N].亚太经济时报,2005-04-15(A07).
④ 中国最神秘企业家任正非:用"毛式战术"治商[N].民营经济报,2005-04-15.

表 1　数据编码分析示例

初始数据	一级编码	二级编码	三级编码
任正非大学毕业,具有较为扎实的数理知识和工程技术知识,任正非在创办华为公司前,具有长达 20 年的工程技术工程师的工作,具有比较丰富的工程技术实践经验。但是,任正非对电子通信专业知识不是很深入和专业	具有丰富的工程技术实践经验 对电子通讯专业知识不够深入	专业知识	智
创办华为公司前,任正非作为工程兵参加了这项工程建设,历任技术员、工程师、副所长(团职)。具有比较丰富的管理和商业经验	比较丰富的管理和商业经验	管理经验	
任正非创办华为公司后,一直保持对行业技术发展的高度关注和敏锐的洞察,善于发现和捕捉技术和市场发展机会。技术出身的任正非敏锐地意识到通信技术的重要性,领悟到其中所孕育的广阔商机。华为的快速成长恰好赶上了中国经济大发展的高潮,非常具有战略眼光的任正非选择了正确的发展方向	对行业技术发展非常关注 善于捕捉技术与市场机会 具有战略眼光选择战略方向	战略智慧	
任正非认为:华为选择了通信行业,这个行业比较窄,市场规模没那么大,面对的又是世界级的竞争对手,我们没有别的选择,只有聚焦,只能集中配置资源朝着一个方向前进。具有战略管理智慧	集中配置资源具有战略智慧		
通过员工持股,使员工的发展和公司发展紧密结合,从而最大限度地发挥全体员工的聪明才智。通过轮值 CEO 制度,发挥集体智慧。善于发现和使用专业人才,延揽各种专业人才聚集公司,发挥人才的聪明才智	发挥全体员工集体智慧 善于发现并使用专业人才 发挥人才的聪明才智	发挥集体智慧	
任正非擅长"妥协"的管理艺术,任正非认为,"妥协"其实是非常务实的、通权达变的丛林智慧。任正非为了使华为适应环境变化,要求华为流程管理要灵活善变,并且要像蛇一样进行流程管理。任正非具有很高的权变智慧	具有权变智慧	管理智慧	
为了提高运营效率,任正非主张"让听到炮声的人来决策",就是要把决策权,根据授权规则授给一线团队,后方起保障作用。任正非善于授权	善于授权		

敢的性格。1983 年转业至深圳南海石油后勤服务基地工作。1987 年辞职,集资 21 000 元人民币在深圳筹建华为公司,于 1988 年成立深圳华为技术有限公司,任总裁至今。

(二) 战略管理智慧

1. 创建华为、进入通信设备行业

1987 年 10 月,任正非和几位朋友,以总计 2.1 万元人民币为资本,开始创业,于 1988 年正式注册成立深圳华为技术有限公司,任正非任董事长兼总经理。在创业初期的 2 年里(1988—1990 年),公司主要是代销香港的一种 HAX 交换机,向中国内地销售,依靠赚取差价而获利,并由此获得了创业的第一桶金。

20世纪80年代,中国的电话普及率还很低,原有的固定电话网设备正由传统的步进制、纵横进制向数字程控机转型。刚刚开放的中国,到处都在搞基本建设,无论是商人还是家庭,都非常渴望安装电话。而此时的中国还不能生产程控交换机。由于中国通信落后,程控交换机市场需求量非常大。技术出身的任正非敏锐地意识到通信技术的重要性,领悟到其中所孕育的广阔商机。于是,任正非果断地做出决策:自己研发程控交换机。

任正非把做代理挣来的几百万资金拿出来用于小型程控机的研发,第一款打着华为品牌的产品为BH01。由于华为的服务好,价格低,产品在市场上供不应求。1990年,华为开始进行自主知识产权的电路设计和软件开发,为了使产品型号有延续性,这次的型号叫BH03。1991年12月,华为开发出的BH03交换机通过了全部的基本功能测试,取得了正式入网许可证。1992年,华为产品大批进入市场,销售收入超过1亿元,员工超过100名,为进一步发展积累了经验。任正非决定将全部利润投入研制更高容量和更好性能的C&C08交换机,从此,华为从一家交换机代理商转型为通信设备开发制造供应商,进入通信设备行业。

任正非倾注所有资源、孤注一掷地进行交换机的研发,具有战略家的果敢与胆量。

2. 聪明的狐狸

许多公司垮下去,不是因为机会少,而是因为机会太多、选择太多。太多伪装成机会的陷阱,使许多公司步入误区而不能自拔。任正非有自知之明。他善于区分伪装成机会的陷阱和装扮成陷阱的机会[1]。深圳万科企业股份有限公司原董事长王石曾说:"任正非更像沙漠上一只狐狸,一只聪明的狐狸。"[2]有研究者认为:"华为的快速成长恰好赶上了中国经济大发展的高潮,非常具有战略眼光的任正非选择了正确的发展方向。"[3]

3. 专注一个方向

2016年,有记者问任正非:"华为成功的秘诀是什么?"任正非回答说:"28年来,华为只对准通信领域这个'城墙口'冲锋。我们坚持只做一件事,在一个方面做大。华为只有几十人的时候就对着一个'城墙口'进攻,几百人、几万人的时候也是对着这个'城墙口'进攻,现在十几万人还是对着这个'城墙口'冲锋。密集炮火,饱和攻击。每年1 000多亿元的'弹药量'炮轰这个'城墙口',研发600亿元,市场服务500亿~600亿元,最终在大数据传送上我们领先了世界。"[4]任正非说:"华为不片面追求企业规模,华为不会进入资本市场,绝对不上市。一旦进入资本市场,华为必然面临股东的压力,被迫要多元化。多元化必然会摧毁华为,华为要防止多元化。"[5]

4. 人人股份制

任正非说,华为崛起的秘密是"人人股份制"。在华为的股份中,任正非持有不到1.4%,其他股份由骨干员工持有。而且,华为的股份是"岗位股",如果你离职,即将股份兑付现金给你;离开公司后,不能再继续持有华为股份。华为股份只给那些现在还为华为效力的人[6]。迄

---

[1] 王育琨.任正非的别样视野[N].上海证券报,2007-11-23(C08).
[2] 邵振伟.低调狐狸任正非[J].装备制造,2009(S1):91-92.
[3] 李建珍.低调的"头狼":读《军人总裁任正非》[J].中国高新区,2009(8):114-116.
[4] 赵东辉,李斌,刘诗平,等.任正非:28年只对准一个城墙口冲锋[J].中国中小企业,2016(6):40-44.
[5] 任正非.多元化必然会摧毁华为[J].商周刊,2014(13):22-23.
[6] 王育琨.人单合一:中国地头上的创造[J].中外管理,2012(2):127.

今,已有50%的员工持有股权。有研究报道称,2008—2011年华为的股东权益回报率分别为21%、42%、40%、17%,如此高的分红员工当然愿意与企业共同渡过难关①。任正非说:"我的知识底蕴不够丰富,也不够聪明,但我容得了优秀的员工与我一起工作。真正聪明的是13万员工②,及客户的宽容与牵引,我只不过是通过利益分享的方式,将他们的聪明才智粘合起来。"③人人股份制度,把华为从任正非的华为,变成了全体华为人的华为④。

5. 轮值CEO制度

任正非说:"2004年,美国顾问公司帮助我们设计公司组织结构,认为我们还没有中枢机构,提出要建立EMT(Executive Management Team/经营管理团队),我不愿做主席,就开始了轮值主席制度,8位领导轮流执政,每人半年。这种轮值,平衡了公司各方面的矛盾。轮值的好处是,每个轮值者,在一段时间里,担负公司COO(首席运营官)职责,不仅要处理日常事务,而且要为高层会议准备文件,极大地锻炼了他们。同时,提高了轮值干部的全局意识。"任正非说:"授权一群聪明人做轮值CEO,让他们在一定的范围内,有权力在面对多变的局面时做出决策。""他们的决策是集体做出的,也避免了因个人过分偏执而带来的公司僵化;同时,可以规避意外风险带来公司运作的不确定性。"⑤"我们现在实行的是,在董事会领导下的轮值CEO制度,轮值CEO在轮值期间是公司最高行政长官,更多的是着眼公司战略和制度建设。这比将公司成功系于一人,败也是这一人的制度要好。每个轮值CEO在轮值期间奋力拉车,牵引公司前进。他走偏了,下一位轮值CEO会及时去纠正方向……"

6. 妥协的艺术

任正非认为,"妥协"其实是非常务实的、通权达变的丛林智慧。凡是人性丛林里的智者,都懂得恰当地接受别人的妥协,或向别人提出妥协,毕竟人要生存,靠的是理性而不是意气。"妥协"是双方或多方在某种条件下达成的共识,在解决问题上,它不是最好的办法,但在没有更好的办法出现之前,它却是最好的方法。"妥协"并不意味着放弃原则、一味地让步,明智的"妥协"是一种适当的交换,为了达到主要目标,可以在次要目标上做出适当的让步,这种"妥协"并不是完全放弃原则,而是一种让步的艺术,而掌握这种高超艺术,是管理者的必备素质。只有"妥协",才能够实现双赢或多赢,否则,必然是两败俱伤,因为,"妥协"能够消除冲突。任正非说:"只有'妥协'才会使坚定不移的正确方向减少对抗,才能达到你的正确目的。方向和原则是不可以'妥协'的,但是,实现目标过程中的一切都是可以妥协的,只要它有利于目标的实现,为什么不能'妥协'一下呢?当目标方向清晰了,如果此路不通,我们'妥协'一下,绕个弯,总比原地踏步更好,干吗要一头撞到南墙上?"⑥

7 要像蛇一样进行流程管理

在谈到华为的管理变革方向时,任正非说:"时代变化太快,流程管理可能变成僵化的。所以,必须要跟上时代的变化,很难找到一种普适的模式。"讲到这里,任正非舞动着手说:"华为需要实现流程的优化,就像一条蛇,蛇头不断随客户需求摆动,蛇身的每个关节也都

---

① 马才华,何云佳.员工持股计划研究:基于华为与中兴通讯股权激励模式的比较[J].财会通讯,2016(9):88-90.
② 2011年的员工人数。
③ 任正非.一江春水向东流[J].中国经济和信息化,2012(Z1):89-90.
④ 张建华.绕不过的"坎"与必须过的"桥"[J].商界评论,2012(3):61.
⑤ 任正非.轮值CEO让一群"聪明人"做决策[J].IT时代周刊,2012(9):15.
⑥ 任正非.管理的灰度[J].商界(评论),2010(4):48-50.

必须联动起来,不能有的关节向上,有的关节向下。蛇头转过去了,而后面跟不上,就会断了,要修复断节,成本会很高。流程优化就是使得各个方面的流程'混流'起来、连接的部位流畅起来。"①从1997年,华为先后邀请IBM等多家世界著名咨询公司,开展了多项管理变革,实行"先僵化、再固化、后优化"的管理流程再造。对此,华为解释为:僵化是让流程先跑起来,固化是在跑的过程中理解和学习流程,优化则是在理解的基础上持续优化。

8. 让听到炮声的人来决策

任正非说:"谁来呼唤炮火,应该让听得见炮声的人来决策。""而我们现在恰好相反。机关不了解前线,但拥有太多的权力与资源,为了控制运营风险,设置了许多流程控制点,而且不愿意授权;降低运行效率,增加运作成本,滋生了官僚主义及教条主义。2008年,公司提出将指挥所放到听得到炮响的地方去,已经有了变化,计划预算开始以地区部、产品线为基础,已经迈出可喜的一步。就是要把决策权,根据授权规则授给一线团队,后方起保障作用。这样我们的流程梳理和优化要倒过来做,就是以需求确定目的,以目的驱使保证,一切为前线着想,就会共同努力地控制有效流程点的设置。"②

9. 谈战略成功:华为没有秘密,就一个字,"傻"

任正非说:"华为的成功也没什么秘密!华为就是认准方向,朝着目标,傻干、傻付出、傻投入。华为选择了通信行业,这个行业比较窄,市场规模没那么大,面对的又是世界级的竞争对手,我们没有别的选择,只有聚焦,只能集中配置资源朝着一个方向前进。这就是华为人的傻干!"

中国人民大学教授彭剑锋说:"华为人的'傻'是一种超越一般'聪明'的有智慧的'傻',是一份难得的坚守、执着和付出。许多企业是自作'聪明',往往将客户当'傻瓜',骨子里认为客户是可以长期被愚弄的,最终被市场和客户抛弃!而华为则将自己当'傻子',不愚弄客户,坚信只要你真心为客户创造价值,客户最终会聪明地选择你,华为不是'真傻',是基于客户价值的最高生存智慧!是坚定目标与追求的'傻干';是坚守以客户为中心,以奋斗者为本的'傻付出';是基于战略和长远发展的'傻投入',最终企业和员工都得到'傻回报'。这就是华为的'四傻'。"③

(三)战略自信与互信

1. 战略自信

任正非说:"只有建立自信,才会更加开放与合作,才会有良好的人际关系。"④任正非自信心很强,他也号召员工要有自信心、保持自信心。任正非说:"员工不必为自己的弱点而有太多的忧虑,而是要大大地发挥自己的优点,使自己充满自信。……克服缺点所需要付出的努力,往往远远大于强化优点所需要付出的努力,只有建立自信,才会更加开放与合作,才会有良好的人际关系。"⑤自信,是华为人都有的心态。任正非出生在贫困山区的小村庄,如今已经把华为做到了行业的巨头。这过程中遇到的艰难险阻数不胜数,但是任正非

---

① 任正非.多元化必然会摧毁华为[J].商周刊,2014(13):22-23.
② 任正非.让听得见炮声的人来决策[J].中国企业家,2009(7):40-42.
③ 任正非.华为最高生存智慧只有一个字"傻"[EB/OL].(2015-12-28)[2020-11-11].http://finance.sina.com.cn/chanjing/gsnews/2015-12-28/doc-ifxmykrf2488092.shtml.
④ 任正非.任正非给党委成员的一封信[J].企业文化,2008(3):69-70.
⑤ 任正非.要快乐地度过充满困难的一生[J].中国企业家,2007(7):113.

都挺过来了,任正非有多自信,华为人就有多自信[①]。

任正非强调"战略自信",任正非在 2016 年时说:"华为这二十八年来的努力,使得今天能够厚积薄发。在大信息传送领域,我们有可能到达无人区。所以,我们要建立一种战略自信。我们相信,在这个大机会时代,我们一定能够抓住机会;我们相信,我们的队伍将来能承载着 2 000 亿美金销售收入的目标。相信我们在机会时代,一定能抓住机会。"[②]

2. 相互信任

任正非还非常注重员工互信的建立,他在给进入华为的新员工的信中写道:"您有幸进入了华为公司。我们也有幸获得了与您的合作。我们将在共同信任和相互理解的基础上,度过您在公司的岁月。这种理解和信任是我们愉快奋斗的桥梁和纽带。"[③]

1991 年,华中科技大学的研究生郭平到华为参观,他当时已经留校任教,但没想到被任正非的格局、率真和诚恳吸引,转而希望能到华为工作。任正非立刻把他留在深圳,并让他担任第二款自主研发项目的经理。郭平还带来了他的同学郑宝用。郑宝用当时毕业后也留校任教,并考上了清华大学的博士,他来到华为后,就再没回到清华。他们的到来使华为的技术水平和研发模式上了一个极大的台阶。华为因何能与工作稳定又自由的高校竞争?是因为任正非坚持用最尊敬和信任的态度对待研发人员[④]。而任正非主张让听到炮声的人来决策,更是任正非对下属的信任。

3. 共同信念

在华为,任何一个员工都学习和掌握《华为公司基本法》。华为基本法明确指出:"华为以产业报国和科教兴国为己任,以公司的发展为所在社区做出贡献。为伟大祖国的繁荣昌盛,为中华民族的振兴,为自己和家人的幸福而不懈努力。"华为把战略目标明确为:"在电子信息领域实现顾客的梦想,并依靠点点滴滴、锲而不舍的艰苦追求,使华为成为世界级的领先企业。"华为公司通过华为基本法,把理想信念灌输给每一位员工,把企业的目标与个人的抱负结合起来;以共同的理想为纽带,培养全员的核心价值观,形成"求实、拼搏、创新、奉献"的华为精神。在共同的理想信念、共同的奋斗目标、共同的价值观的牵引下,华为人同舟共济,团结奋斗。

4. 诚信

2016 年 2 月 23 日,有记者提问任正非:"华为对于像华为当年一样正走在起家路上的中小企业有什么方法论的建议?"任正非回答:"不要管理复杂化了。小公司只有一条,就是诚信,没有其他。就是你对待客户要宗教般的虔诚,就是把豆腐要好好磨,终有一天你会得到大家的认同的。中小企业还想有方法、商道、思想,我说没有,你不要想得太复杂了。你就盯着客户,就有希望。就是要诚信,品牌的根本核心就是诚信。你只要诚信,终有一天客户会理解你的。"此外,他曾强调:"华为走到今天,就是靠着对客户需求宗教般的信仰和敬畏,坚持把对客户的诚信做到极致。"

---

① 任正非最著名的 3 句话,最后一句成就华为的灵魂[EB/OL].(2017-03-14)[2020-11-28].https://www.sohu.com/a/128859709-412638.
② 任正非.论华为的机会、风险和战略自信[EB/OL].(2016-09-08)[2020-12-01].http://www.ikanchai.com/article/20160908/97919.shtml.
③ 任正非.华为总裁任正非致新员工书[J].公关世界,2013(7):48-49.
④ 孙睿.斯人如斯:任正非[J].传记文学,2017(4):36-43.

(四) 胸怀与仁爱

1. 把竞争对手当友商

任正非说:"我们把竞争对手称为友商,我们的友商是阿尔卡特、西门子、爱立信和摩托罗拉等。""宁愿放弃一些市场、一些利益,也要与友商合作,成为伙伴,共同创造良好的生存空间,共享价值链的利益。""这些年,我们一直跟国际同行在诸多领域携手合作,通过合作取得共赢、分享成功。"①

2. 关爱员工

任正非提倡员工把第一份工资寄给父母,鼓励员工过春节时给父母洗脚,爱护自己的弟妹,关心希望工程。这些点点滴滴的教诲,引导华为员工高度凝聚②。

任正非爱护员工,还体现在员工待遇上。例如,2012年,华为赚了154亿元,却大手笔拿出125亿元作为年终奖,15万华为员工人均年终奖金可达8.33万元!在华为的股份中,任正非只持股不到1.4%,其他股份都由员工持股会代表员工持有③。2016年6月《深圳商报》报道,华为2015年花在员工上的钱达1 377亿元,以17万员工计算,人均年收入超过80万元。职级22级、职位为地区部门销售副总裁的员工收入情况是,在2015年的工资税前达到99万元,税后分红307万元,奖金税后为46.5万元,补助税后46.6万元,上述4项目加起来,税后收入500万元④。华为是任正非创立的私人企业,但是,任正非并没有把利润都装进自己的口袋,而是把利润分享给全体员工。任正非实行的是把98.6%的股权分给员工,华为所挣的每一分钱都是大家的。有任正非这样的老板,哪个员工会不肯卖命?⑤

3. 宽以待人

李一男1993年硕士毕业加入华为公司,李一男专业知识扎实,产品研发能力非常强,很快成为华为最核心的技术专家;1995年晋升华为总工程师、中央研究部总裁,1998年晋升公司副总裁。然而,李一男却于2000年离开华为,到北京创立了港湾公司,还从华为挖走了100多名技术和销售人才,在同一产品市场上与华为竞争。迫于华为的竞争压力,李一男创办的港湾公司于2006年被华为收购,李一男重新回到华为工作⑥。对于"背叛"华为的李一男,任正非向李一男伸出了橄榄枝。"我代表华为与你们第二次握手了,真诚欢迎你们回来……"任正非对李一男说,"如果华为容不下你们,何以容天下,何以容得下其他小公司。"⑦任正非主张管理者要宽以待人。任正非认为:"不同性格、不同特长、不同偏好的人,能否凝聚在组织目标和愿景的旗帜下,靠的就是管理者的宽容。只有宽容,才会团结大多数人与你一起认知方向,只有妥协,才会使坚定不移的正确方向减少对抗,才能达到你的正确目的⑧。在创新上,我们要更多地宽容失败。"⑨

---

① 任正非.打天下要与对手做朋友[J].IT时代周刊,2005(14):10.
② 王育琨.任正非:华为最基本的使命就是活下去[J].中国经济周刊,2012(8):80.
③ 《楚天金报》.任正非:军人总裁缔造"狼性华为"[J].领导文萃,2014(6):61-64.
④ 陈姝.华为上千人年收入过500万?[N].深圳商报,2016-06-05(A01).
⑤ 魏雅华.任正非:用实力构筑未来[J].企业研究,2016(6):30-37.
⑥ 程东升.多面任正非[J].企业家观察,2011(2):34-35.
⑦ 任正非:狼图腾[J].经营者(财经人物版),2006(15):36-37.
⑧ 任正非:企业管理的妥协与宽容[J].上海国资,2013(6):69-70.
⑨ 任正非.我们需要怎样的创新[J].商界(评论),2012(10):68-70.

(五) 勇敢

1. 敢冒风险

任正非曾说:"处在民族通信工业生死存亡的关头。我们要竭尽全力,在公平竞争中自下而上发展,决不后退,十年之后,世界通信业三分天下,华为将占一分。"①中华英才网总裁张建国说:"任正非是一位有战略眼光的企业家,敢于投入,敢于冒险和创新。曾经有两三年时间,公司的资金跟不上,银行又提供不了贷款,任正非就以每年24%的利息借高利贷,用来研发产品。正是这样的研发投入,才为华为的交换机研发赢得先机②。华为在20多年的发展中,一直坚持研发投入占销售额的10%以上,研发投入是高风险的投资,一直坚持高强度的研发投入,足见任正非在创新上的风险意识。

2. 问责经营管理不善领导责任人: 任正非自罚100万

经营管理不善该如何问责,任正非的处理办法是,先从一把手罚起。2018年1月17日,华为CEO任正非签发的一份华为公司《对经营管理不善领导责任人的问责通报》的文件在网上流出。该通报称,近年,部分经营单位发生了经营质量事故和业务造假行为,公司管理层对此负有领导不力的管理责任,经董事会常务委员会讨论决定,对公司主要责任领导做出问责,并通报公司全体员工。其中,任正非被罚款100万元;郭平罚款50万元;徐直军罚款50万元;胡厚崑罚款50万元;李杰罚款50万元。这5人均是华为的核心高管。任正非是华为创始人兼CEO,郭平、徐直军和胡厚崑三人任均担任华为副董事长、轮值CEO,李杰则是华为常务董事、片区联席会议总裁,负责华为整个销售一线体系。

3. 长期坚持自我批判

2008年9月2日,任正非在核心网产品线表彰大会上讲话中说:"只有长期坚持自我批判的人,才有广阔的胸怀;只有长期坚持自我批判的公司,才有光明的未来。自我批判让我们走到了今天;我们还能向前走多远,取决于我们还能继续坚持自我批判多久。""自我批判,不是自卑,而是自信,只有强者才会自我批判,也只有自我批判才会成为强者。"2018年1月17日,任正非在华为市场大会上讲话说:"跌倒算什么,爬起来再战斗……伟大的时代是我们创造,伟大的事业是我们建立,伟大的错误是我们所犯,渺小的缺点人人都有……改正它,丢掉它,朝着方向大致正确,英勇前进,我们一定能到达珠穆朗玛。……担负时代命运的责任,已经落到了我们肩上。缺点与错误就是我们身上的渣子,去掉它,我们就能变成伟大的战士。勇担责任重担,向着光明,向着大致正确的方向前进,作为伟大公司的一员,光荣、自豪。永远不要忘记自我批判,就是要通过自我批判、自我迭代,在思想文化上升华,步步走高。我们的前途是光明的,我们的道路可能艰难困苦,我们信心百倍,走在改革的大道上,意气风发,斗志昂扬,勇立在时代潮头。"③

4. 敢于在战略机会点上,聚集力量,实施饱和攻击

2016年1月13日,任正非在市场工作大会上发表讲话说:"当前4K/2K/4G和企业政府对云服务的需求,使网络及数据中心出现了战略机会,这是重大的机会窗,我们要敢于在

---

① 《时代》百大人物,任正非占一席[N].亚太经济时报,2005-04-15(A07).
② 张建国,王颖.光膀子的任正非面试了我[J].英才,2007(5):109.
③ 华为问责经营管理不善领导责任人:任正非自罚100万[EB/OL].(2018-01-18)[2020-10-28].http://finance.sina.com.cn/roll/2018-1-18/doc-ifyquiex400826.shtml.

这个战略机会窗开启时期,聚集力量,密集投资,饱和攻击。扑上去,撕开它,纵深发展,横向扩张。我们的战略目的就是高水平地把管道平台做大做强。……终端要敢于5年内超越1 000亿美元的销售收入。"任正非在竞争和公司发展上,善于发现机会,决策果断。

5. 不拘一格选用人才

任正非说:"我们要对各级优秀干部循环赋能,要在责任结果的基础上,大力选拔干部,内生成长永远是我们主要的干部路线。我们要用开放的心胸,引进各种优秀人才,要敢于在他们能发挥作用的方面使用他们。我们要不拘一格地选拔使用一切优秀分子,不要问他从哪里来,不要问他有何种经历。我们对人才不要求全责备。"

(六)廉洁自律、严格管理

1. 严于律己

2013年1月14日,华为公司在深圳召开了"董事会自律宣言宣誓"大会,华为总裁任正非与华为其他十余位高管一起,面向华为全球的几百位中高级管理者做出了自律宣言:"我们必须廉洁正气、奋发图强、励精图治……我们绝不允许'上梁不正下梁歪',绝不允许'堡垒从内部攻破'。坚决履行承诺,接受公司监事会和全体员工的监督。"任正非说:"当我们的高层管理者中,有人以权谋私时,就说明我们公司的干部制度出现了严重问题,如果只是就事论事,而不从制度上找根源,那我们距离死亡就不远了。"①

任正非和华为普通员工一样,在华为食堂中排队打饭,领到餐后,任正非又一个人端着盘子去吃饭②。任正非到北京或上海等地出差,也常常是自己排队等候出租车,没有助理和专车。2016年4月19日,不知是谁拍的一张照片,在网上疯传,几乎刷爆了所有人的朋友圈,那几乎是一张平常得不能再平常的照片。那天,天色已晚,72岁的任正非一只手在打电话,另一只手拉着他的旅行箱,行走在两根栏杆之间长长的队列中,排队打车。地点在上海虹桥机场。这张照片,让任正非成为全民偶像③。

2. 严格要求下属

1997年,俄罗斯经济低迷,电信市场几乎冰冻,时任华为独联体地区总裁的李杰在当时被委任开拓俄罗斯市场,他说:"当时唯一可以做的就是等待。"到了1999年,一切还是没有转机。在当年的日内瓦世界电信大会上,任正非毫不留情地对李杰说:"如果有一天俄罗斯市场复苏了,而华为却被挡在门外,你就从这个楼上跳下去吧。"在任正非严厉督促下,李杰开始积极组织营销队伍,不放弃每一个拜访运营商的机会,终于闯出了柳暗花明的天地。2001年,华为与俄罗斯国家电信部门签署了上千万美元的GSM设备供应合同。2002年底,华为又取得了从圣彼得堡到莫斯科国家光传输干线(DWDM系统)的订单④。任正非强调,任何员工,都需奋斗。从高层管理者到基层员工,只有保持不懈怠的状态,华为才能活着走向明天。"我们还必须长期坚持艰苦奋斗,否则就会走向消亡。""不奋斗,华为就没有出路。"创业初期的"垫子文化",华为仍要坚持和传承⑤。

---

① 任正非带领华为高管发布廉洁自律宣言[EB/OL].(2013-01-15)[2020-10-23].http://finance.qq.com/a/20130115/000682.htm.
② 朱丹.关注任正非排队打饭的深层因素[J].小康,2016(10):71.
③ 魏雅华.任正非:用实力构筑未来[J].企业研究,2016(6):30-37.
④ 刘婷.任正非:不奋斗,就没有出路[N].中国计算机报,2006-10-23(C43).
⑤ 孙琎.任正非:"床垫文化"仍要坚持:华为海外扩张形势严峻[N].第一财经日报,2006-08-10(C04).

任正非要求领导带头,向下延伸,做到"三老四严":"做老实人,说老实话,做老实事;严格要求自己,严格自我训练,严肃认真的工作作风,严守与人合作的信用。"①

3. 大浪淘沙,公司不迁就任何人

任正非说:"'干部能上能下'要成为永恒的制度。我们'提倡能上能下',在实践的大浪淘沙中,要把确有作为的同志放在岗位上来,不管他的资历深浅。要把有希望的干部转入培训,以便能担负起更大的重任。坚定不移地淘汰不称职者。要把有强烈责任心、使命感,敢于负责,踏实努力,维护公司利益,善于团结同志的干部提上来。把得过且过,钻空子,不懂原则,不做实事的干部撤下去。""把不能承担责任、不敢承担责任的干部,调整到操作岗位上去;把能力不足的干部从管理岗位上换下来;要去除论资排辈,把责任心、能力、品德以及人际沟通能力、团队组织协调能力等作为选拔干部的导向。要保持公司长治久安,就是要保持正确的干部淘汰机制。不管你是高级干部还是创始人,都有可能被淘汰掉,包括我。公司不迁就任何人。"

4. 将末位淘汰融入日常绩效考核工作体系

任正非说:"已降职的干部一年之内不准提拔使用,更不能跨部门提拔使用。一年后,要严格考核。对于连续两年绩效不能达到公司要求的部门,不仅一把手要降职使用,全体下属干部和员工也要负连带责任。不合格干部,要实行末位淘汰,每个层级不合格干部的末位淘汰率要达到10%,对于未完成年度任务的部门或团队,干部的末位淘汰比例还可适当进一步提高。面向未来,要把清理不合格干部和员工末位淘汰工作融入绩效管理体系中。"②

5. 严抓产品质量

任正非说:"我们的目的是实现高质量。要用世界上最先进的生产装备、最先进的工具方法、最优秀的人,瞄准高质量前进!""这个时代的特征就是高质量,要永远围绕高质量,提升我们的能力。要瞄准高质量前进,敢于投资,要以胜利为中心,不以省钱为中心。所有业务目标是实现高质量,高质量的实现是需要投入高成本,我们一定要明白我们要的是胜利。我们的产品要做到免维护,免维护做不到就做到服务标准化。"③

有人认为,任正非用《华为公司基本法》来确保发展方向,用"规范的 HR 机制"和"严密的运营机制",来确保公司高效运转④。任正非坚持"从贤不从众,民主决策,权威管理"。任正非强调:"我们会越来越放开对正确问题民主讨论的环境,对不正确的东西我们会越管越严。只有对不正确的东西管严了,才能有步骤、有幅度地放开。"⑤

五、案例研究结果

(一) 智

任正非大学毕业,具有较为扎实的数理知识和工程技术知识,任正非在创办华为公司

---

① 刘洪儒.华为公司高速发展的经验(下):访华为公司专家组组长彭剑锋教授[J].中外管理,1998(8):13-15.
② 黄卫伟.任正非:干部能上能下一定要成为永恒的制度[J].中外企业文化,2015(8):19-21.
③ 质量君.任正非:我们的目的是实现高质量[J].中国纤检,2017(5):48-49.
④ 路平.任正非:以领导力服人[J].现代企业文化(上旬),2016(25):32-33.
⑤ http://www.eeworld.com.cn/xfdz/article_2017101574154.html.

前,具有长达20年的工程技术工程师的工作,具有比较丰富的工程技术实践经验和比较丰富的管理和商业经验。但是,任正非对电子通信专业知识不是很深入和专业。

任正非创办华为公司后,一直保持对行业技术发展的高度关注和敏锐的洞察,善于发现和捕捉技术和市场发展机会。技术出身的任正非敏锐地意识到通信技术的重要性,领悟到其中所孕育的广阔商机。华为的快速成长恰好赶上了中国经济大发展的高潮,非常具有战略眼光的任正非选择了正确的发展方向。

华为选择了通信行业,这个行业比较窄,市场规模没那么大,面对的又是世界级的竞争对手,没有别的选择,只有聚焦,只能集中配置资源朝着一个方向前进。任正非具有战略管理智慧。

华为通过员工持股,使员工的发展和公司发展紧密结合,从而最大限度地发挥全体员工的聪明才智。通过轮值CEO制度,发挥集体智慧。善于发现和使用专业人才,延揽各种专业人才聚集公司,发挥人才的聪明才智。

任正非擅长"妥协"的管理艺术,认为"妥协"其实是非常务实的、通权达变的丛林智慧。任正非为了使华为适应环境变化,要求华为流程管理要灵活善变,并且要像蛇一样进行流程管理。任正非具有很高的权变智慧。

为了提高运营效率,任正非主张"让听到炮声的人来决策",就是要把决策权,根据授权规则授给一线团队,后方起保障作用。表明任正非善于授权。

任正非在"智"的维度上的构成指标为:(1)专业知识;(2)管理经验;(3)发挥集体智慧;(4)管理智慧;(5)战略智慧。

(二)信

任正非主持制定了《华为公司基本法》,要求任何一个员工都学习和掌握《华为公司基本法》。通过《华为公司基本法》,把理想信念灌输给每一位员工,把企业目标与个人抱负结合起来;以共同理想为纽带,培养全员核心价值观,形成"求实、拼搏、创新、奉献"的华为精神。在共同理想信念、共同奋斗目标、共同价值观的牵引下,同舟共济,团结奋斗。

任正非还非常注重员工互信的建立,他在给进入华为的新员工的信中写道:"您有幸进入了华为公司。我们也有幸获得了与您的合作。我们将在共同信任和相互理解的基础上,度过您在公司的岁月。这种理解和信任是我们愉快奋斗的桥梁和纽带。"任正非坚持用最尊敬和信任的态度对待人才。任正非授权给一线团队做决策,都说明任正非与员工之间具有充分的信任。

任正非自信心很强,他也号召员工要有自信心、保持自信心。任正非出生在贫困山区的小村庄,如今已经把华为做到了行业的巨头。这过程中遇到的艰难险阻数不胜数,但是任正非都挺过来了,任正非是非常自信的总裁。任正非坚信自己对未来的大机会、机会窗的判断是正确的。任正非相信我们在大机会时代,一定能抓住机会、把握机会,具有非常强的"战略自信"。

任正非以诚信对待客户,坚持把对客户的诚信做到极致。

任正非在"信"的维度上的构成指标为:(1)共同信念;(2)相互信任;(3)战略自信;(4)诚信。

(三)仁

任正非爱护员工,还体现在员工待遇上。华为员工的工资水平一直都是中国企业中最高的水平。任正非实行的是把 98.6% 的股权分给员工,华为所挣的每一分钱都是大家的。任正非提倡员工把第一份工资寄给父母,鼓励员工过春节时给父母洗脚,爱护自己的弟妹,关心希望工程。

把竞争对手当友商。任正非说:"我们把竞争对手称为友商。""宁愿放弃一些市场、一些利益,也要与友商合作,成为伙伴,共同创造良好的生存空间,共享价值链的利益。""这些年,我们一直跟国际同行在诸多领域携手合作,通过合作取得共赢、分享成功。"

任正非主张管理者要宽以待人。任正非认为:"不同性格、不同特长、不同偏好的人,能否凝聚在组织目标和愿景的旗帜下,靠的就是管理者的宽容。只有宽容,才会团结大多数人与你一起认知方向。"对于"背叛"华为的李一男,任正非依然真诚地欢迎他回到华为并依然委以重任。任正非对李一男说:"如果华为容不下你们,何以容天下,何以容得下其他小公司。"

任正非在"仁"的维度上的构成指标为:(1) 爱护员工;(2) 宽容他人;(3) 胸怀广阔。

(四) 勇

任正非是一位有战略眼光的企业家,敢于投入,敢于冒险和创新。敢于在这个战略机会窗开启时期,聚集力量,密集投资。一直坚持研发投入占销售额的 10% 以上,研发投入是高风险的投资,一直坚持高强度的研发投入,足见任正非在创新上的风险意识。

经营管理不善该如何问责,任正非的处理办法是,先从一把手罚起。对公司主要责任领导作出问责,并通报公司全体员工。任正非自罚 100 万,其他高层管理者罚款 50 万元。

任正非长期坚持自我批判,并要求公司管理干部要坚持长期自我批评。永远不要忘记自我批判,我们就是要通过自我批判、自我迭代,在思想文化上升华,步步走高。

无论是面对竞争还是公司发展,选拔任用人才,任正非都在理性的前提下,果断决策。

任正非在"勇"的维度上的构成指标为:(1) 敢于冒险;(2) 敢于承担责任;(3) 敢于自我批判;(4) 决策果断。

(五) 严

任正非从生活小事到工作都非常严格地要求自己,他和华为普通员工一样,在华为食堂中排队打饭。任正非到北京或上海等地出差,也常常是自己排队等候出租车,没有助理和专车。在"董事会自律宣言宣誓"大会上,任正非率领华为高管,做出了庄严的自律宣言。当经营管理不善时,任正非首先从自我处罚开始问责。因此,任正非是非常严于律己的总裁。

任正非严抓产品和服务质量,用世界上最先进的生产装备、最先进的工具方法、最优秀的人,实现高质量。任正非用《华为公司基本法》来确保发展方向,用"规范的 HR 机制"和"严密的运营机制",来确保公司高效运转。

任正非严格要求下属,他强调,任何员工,都需奋斗。从高层管理者到基层员工,必须保持不懈怠的状态,必须长期坚持艰苦奋斗。任正非要求华为领导干部和员工要有四严:严格要求自己,严格自我训练,严肃认真的工作作风,严守与人合作的信用。

任正非一直坚持"干部能上能下"的制度,严格执行干部淘汰机制。无论是高级干部还是创始人,都有可能被淘汰掉。公司不迁就任何人。不合格干部,要实行末位淘汰,每个层级不合格干部的末位淘汰率要达到 10%。把清理不合格干部和员工末位淘汰工作融入绩效管理体系中。

任正非在"勇"的维度上的构成指标为:(1)严于律己;(2)严格管理;(3)严格要求下属。

六、结论

以孙子兵法将之五德的视角,对任正非的企业家素质进行归纳分析,可以得出基于孙子兵法将之五德的优秀企业家素质模型(见图1)。

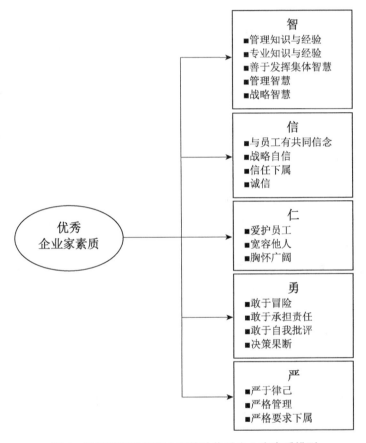

图1　基于孙子兵法将之五德的优秀企业家素质模型

本文所构建的基于孙子兵法的企业家素质模型在理论上是合理的,并具有实际可操作性;研究结果验证了以往文献关于孙子兵法与企业家素质的评论观点,发展了企业家素质理论研究,对企业家的培养与选拔具有重要价值。

顾炎武的社会管理思想

周可真*

摘要： 顾炎武的管理思想既属于社会学范畴，又属于管理学范畴，故名之曰"社会管理思想"，其内容主要包括六个方面：(1)"天下兴亡，匹夫有责"的社会管理理念；(2)"财足而化行"的社会管理目标；(3)"寓封建之意于士大夫"的社会建设思想；(4)"寓封建之意于郡县之中"的政府建设思想；(5)"立君为民"的执政理念；(6)"名""法""礼"兼采并用的综合治理思想。

关键词： 顾炎武；社会管理；社会建设；政府建设；社会治理

"人类与生俱来具有经济、社会和政治的需要，并寻求通过有组织的活动来满足这些需求。在个体寻求通过群体活动来满足这些需求的过程中，管理产生了。管理能够促进个体和群体实现目标。各种组织，如家庭、部落、国家、教会，在历史上都作为满足人们需求的手段而出现。人们建立组织以放大自己的专业才能，通过它来保护自己的安全，丰富自己的生活，以及满足其他多种需要。为了实现这些目的，那些有着共同目标、为了满足自己的需要而被吸引加入群体的个体组成了组织。这些组织必须得到有效管理。"①

当代美国著名管理思想史学家丹尼尔·雷恩(Daniel A. Wren)的这段论述，表达了现代管理学关于管理与组织的基本观点：管理是因组织而产生，组织必须得到有效管理，管理是为了达成组织中的人们的特殊目的(个体目标)和共同目的(群体目标)，对组织的有效管理能够促进这些目的的实现。据此，从管理和它所作用的对象的关系方面说，管理就是组织管理(对组织的管理)，而作为管理对象的组织就是人的社会——对于人来说，他们的组织和他们的社会根本就是一回事，本质上都是他们之间的合作——马克思主义创始人说"生产关系总合起来就构成为所谓社会关系，构成所谓社会，并且是构成为一个处于一定历史发展阶段上的社会，具有独立的特征的社会"②，而"社会关系的含义是指许多个人的合作，至于这种合作是在什么条件下、用什么方式和为了什么目的进行的，则是无关紧要的"③。美国管理学家、系统组织理论创始人巴纳德(Chester I. Barnard，1886—1961)说："组织是某种合作行为的集合"④，"当两个或两个以上的个人进行合作，即系统地协调彼此

---

* 作者简介：周可真(1958—)，男，汉族，江苏省宜兴市人，苏州大学政治与公共管理学院教授、博士生导师、哲学博士，苏州大学学术委员会副主任、哲学一级学科博士点带头人。研究方向：中国哲学和管理哲学。

① 丹尼尔·A.雷恩(Daniel A. Wren).管理思想史[M].5版.孙健敏，黄小勇，李原，译.北京：中国人民大学出版社，2009：13-14.
② 中共中央马克思恩格斯列宁斯大林著作编译局.马克思恩格斯全集：第九卷[M].北京：人民出版社，1961：487.
③ 马克思恩格斯选集(第1卷)[M].北京：人民出版社，1972：34.
④ (美)切斯特·巴纳德(Chester I. Barnard).组织与管理[M].曾琳，赵菁，译.北京：中国人民大学出版社，2009：9.

间的行为时,在我看来就形成了一个组织"①。只是相对来说,后者强调了组织意义上的人际合作是"一个稳定的系统"②。所以,就管理与其对象的关系而言,"社会管理(对社会的管理)"和"组织管理(对组织的管理)"具有同等意义,它们其实都是"管理"的同义语,只不过较诸"管理"一词它们在指称上明确了管理所作用的对象是社会、是组织而非其他事物而已。但是如今"社会管理"这个概念却被学者们使用得相当混乱,以至于它被看作"一个有丰富含义而论说不一的复杂概念",至今"国内学者对'社会管理'概念的界定并没有形成一致的看法"③。本文则是在最宽泛的意义上来使用"社会管理"概念,以至于把它当作同"管理"概念无甚实质区别的一个概念,而本文之所以使用"社会管理"概念而不是使用"管理"概念,则是为了表明本文所探讨的顾炎武(1613—1682)的管理思想是他对社会治乱问题的思考及成果,这种思想既属于社会学范畴,又属于管理学范畴④。

一、社会管理理念:"天下兴亡,匹夫有责"

顾炎武终生没有做过官,是一位地道的平民学者,但自从他 27 岁放弃科举,走上经世致用的实学道路以后,他始终热切关注国家和民族的前途与命运,并以自己的实际行动——政治的和学术的活动,为国家的昌盛、民族的复兴、苍生的得救,鞠躬尽瘁,死而后已。

顾炎武的学术生涯始于其 27 岁摒弃科举,着手写作《天下郡国利病书》,此后直到他逝世,他的实学活动在其人生历程的不同时期各有其不同的重点。

明清交替之际,顾炎武致力于救亡图存,学术上是偏重从军事角度探求富国强兵之道,其代表作是"乙酉四论"(《军制论》《形势论》《田功论》《钱法论》)、《天下郡国利病书》、《日知录》(八卷本)、《钱粮论》。

但是,随着南明诸政权的相继垮台和清朝政权的日益巩固,顾炎武的复国之梦渐渐地破灭了,在抗清失败、复国无望的情况下,他开始反思明亡原因和总结亡国教训。

在写作于康熙二年(1663 年)的《裴村记》和稍后所作的《郡县论》中,顾炎武曾将明亡原因归于宗法制度在明朝遭到严重破坏而导致王室宗族势力衰弱,以及君主集权制度在明朝空前强化而导致严重抑制和挫伤地方政府的积极性,因此提出了"寓封建之意于士大夫"的社会建设主张和"寓封建之意于郡县之中"的政府建设主张,其实质在于要求实行宗族组织与政府组织共管天下、中央政府与地方政府共治国家的"众治"。

康熙六年(1667 年),顾炎武又作《与友人论学书》,提出了"博学于文"和"行己有耻"的学术原则,这标志着其开始从社会制度深入社会意识层面来探求明灭亡原因,在他看来,明朝三百年之基业之所以会毁亡于一旦,是与明末学者"以无本之人,而讲空虚之学"有着必然的因果关系的,所以他试图通过倡导"修己治人之实学"来改造学术界的虚浮学风。嗣后,他又进一步将社会改革思路由转变学界风气扩展到转变天下人心风俗,在康熙十六年

---

① (美)切斯特·巴纳德(Chester I. Barnard).组织与管理[M].曾琳,赵菁,译.北京:中国人民大学出版社,2009:6.
② (美)切斯特·巴纳德(Chester I. Barnard).组织与管理[M].曾琳,赵菁,译.北京:中国人民大学出版社,2009:7-8.
③ 陈振明.什么是政府的社会管理职能[J].东南学术,2005(4).
④ 当代中国著名社会学家郑杭生曾发表如是观点:"由于中国学术的'经世致用'传统,中国社会思想史在某种程度上,就是中国社会管理思想史。也就是说社会学和社会管理学一样,都是一门求治去乱的学问。"[郑杭生.社会建设和社会管理研究与中国社会学使命[J].社会学研究,2011(4).]笔者深以为然。

(1677年)所写的《华阴王氏宗祠记》中提出:"有人伦,然后有风俗;有风俗,然后有政事;有政事,然后有国家。"这个观点表明了他对明亡原因的探讨又有了新的结论,即认为明朝亡国归根结底是由明朝社会伦理道德沦丧所造成的。正是基于这个思想,顾炎武在其临终绝笔而定的《日知录》中提出了被近人梁启超(1873—1929)概括为"天下兴亡,匹夫有责"的著名论断:

> 有亡国,有亡天下,亡国与亡天下奚辨?曰:易姓改号,谓之亡国;仁义充塞,而至于率兽食人,人将相食,谓之亡天下。……是故知保天下,然后知保其国。保国者,其君其臣肉食者谋之;保天下者,匹夫之贱,与有责焉耳矣。

这段话讲了两层意思:

第一,"亡国"与"亡天下"、"保国"与"保天下"的区别:"亡国"是指在国家中处于执政地位的统治者被新的统治者所取代,"亡天下"是指国民伦理道德沦丧以至于行如弱肉强食的禽兽;"保国"是指统治者维持和巩固其执政地位,"保天下"是指包括统治者在内的全体国民培养和保持其做人应有的德性。

第二,"保天下"与"保国"的联系和区别:统治者应该以身作则地努力培养和保持其做人应有的德性,以自己高尚的道德行为来引导和化育百姓,使百姓也都具有做人应有的德性,这样才能保住自己的执政地位而坐稳江山。怎样才能保住执政地位而坐稳江山,这是统治者自己的事,无关乎百姓,但培养和保持做人应有的德性却是事关每一个人,就是普通老百姓也不能置身事外。

顾炎武这段话的核心思想,一方面在于强调伦理道德是国家赖以存在的文化基础,即他在《日知录》卷十三"宋世风俗"条所说"国家之所以存亡者,在道德之浅深,不在乎强与弱;历数之所以长短者,在风俗之厚薄,不在乎富与贫",另一方面在于强调仁义德性是人之所以为人者,一个人如果丧失了其做人应有的德性,他就成了"无本之人",而如果一国之人普遍丧失了做人应有的德性,那就意味着"亡天下"了。

在中国正当遭受西方列强侵略而面临生死存亡的危急关头,梁启超将顾炎武的天下观概括成"天下兴亡,匹夫有责"八字口号①来号召中国人都承担起国家救亡责任,这对于近代中国民主爱国思潮的兴起和民主爱国运动的开展确实起到过巨大激励作用。新中国成立以后,"天下兴亡,匹夫有责"的口号也一直是我国思想政治教育中用以培养青少年的爱国思想和爱国情感、激发人民群众的爱国热情和爱国意志的重要励志手段之一。当今中国正面临周边国际形势紧张局面,捍卫国家主权,保卫国家领土和领海,是每个中国公民义不容辞的责任,故宣传顾炎武"天下兴亡,匹夫有责"的思想,更有非同寻常的现实意义。

但是据实说,"天下兴亡,匹夫有责"在顾炎武思想体系中并不只是一种爱国思想,它作为一种天下观具有比爱国远为丰富的思想内容。从源头上说,"天下"之说似乎是出自《诗经·小雅·北山》:"溥天之下,莫非王土;率土之滨,莫非王臣。""天下"应是"溥天之下"的略称,它原是指在理论上归周王统治的疆域,以今天的学术眼光来看,这应该是一个政治地理概念,其外延与今之"世界"概念相合,也就是说,在周代人心目中,全世界都应该归周王

---

① 梁启超先是在《论幼学》(1896年)中将顾炎武的那段话概括为:"天下兴亡,匹夫之贱,与有责焉已耳!"后又在《痛定罪言》(1915年)中进一步将它概括为"天下兴亡,匹夫有责"。

统治,尽管当时周王实际上只是统治着这个世界中的一个小小的部分。《周易》有"观乎人文,以化成天下"之说,这反映了春秋战国时代要求建立大一统国家的儒家学者欲以自己的文化来统一世界的王政诉求。孟子有云:"人有恒言,皆曰'天下国家'。天下之本在国,国之本在家,家之本在身。"①从政治地理学角度来解读孟子这段话,可以把他所讲的"天下"理解为兼指政治地理意义的中国和它的领土的复杂概念。按孟子的观点,中国(广义的"天下")的要素包括中国的领土(狭义的"天下")、政权组织("国")、家庭组织("家")和人("身")——按现代政治地理理论,国家则包括定居的国民、确定的领土、一定的政权组织和完整的主权四个必备要素。孟子的天下观是对他所理解的国家(中国)的四个要素之间相互关系的一种看法,按其思想内容及特点,它可以被概括为"天下以人为本"。这种"以人为本"的天下观也是儒家天下观的共性特征。

儒家"四书"之一《大学》基于孟子的天下观,提出了"修齐治平"之说,按宋儒朱熹(1130—1200)的看法,"《大学》之修身、齐家、治国、平天下,基本只是正心、诚意而已"②,据此可将《大学》天下观的个性特征概括为"以诚为本"。这种"以诚为本"的天下观是综合了孟子"以人为本"的天下观和"诚者,天之道;思诚者,人之道"的天人观,由"以人为本"的天下观逻辑地推定"修身"为"平天下"之本,又根据"思诚者,人之道"而推断"意诚"为"身修"之本,这是按孟子心性学的思路将天下归本于人心,以为平治天下的关键取决于统治者能否诚心待人,其心诚则必能感化天下,达到得人心而得天下之目的。

儒家"以人为本"的天下观本质上是一种主张以德治国和以德服人的王道政治观。明清之际大儒顾炎武的天下观,也是属于儒家的王道政治观,而又有其鲜明的时代特征和个性特征,其"天下兴亡,匹夫有责"的天下观是基于他对明朝亡国教训的总结。

和《大学》一样,顾炎武的天下观也是按孟子心性学的思路将天下归本于人心,认为"治乱之关必在人心风俗"③。他指摘明末士大夫为人无耻,其"为大臣而无所不取,无所不为"④,乃至于"无官不贿遗""无守不盗窃"⑤,其为学者则"不先言耻",乃至于"以无本之人,而讲空虚之学"⑥,"以明心见性之空言,代修己治人之实学"⑦,由此导致整个天下"悖礼犯义"而"仁义充塞",以至于出现"率兽食人,人将相食"的"亡天下"局面。在顾炎武看来,明朝亡国的教训正在于先"亡天下"而随后"亡国",而其所以"亡天下"的根本原因在于,明末士大夫先失其仁义德性而随后天下人普遍失其德性,故"(礼义廉耻)四者之中,耻尤为要……人之不廉而至于悖礼犯义,其原皆生于无耻也。故士大夫之无耻,是谓国耻"⑧。正是因为顾炎武深痛于明末士大夫之无耻,认为此乃招致明朝先亡天下而随后亡国的祸源,所以他不只是认为天下之本在人心,更认为人心之本在耻辱之心:"耻之于人大矣!不耻恶衣恶食,而耻匹夫匹妇之不被其泽,故曰:'万物皆备于我矣,反身而诚。'呜呼!士而不先言耻,则为

---

① 《孟子·离娄上》
② (宋)朱熹《四书集注·孟子序说》
③ 亭林文集(卷四)[M].与人书九.北京:中华书局,1983.
④ 《日知录(卷十三)·廉耻》
⑤ 《日知录(卷十三)·名教》
⑥ 《亭林文集(卷三)·与友人论学书》
⑦ 《日知录(卷七)·夫子之言性与天道》
⑧ 《日知录(卷十三)·廉耻》

无本之人。"①所以,顾炎武天下观的个性特征可被概括为"以耻为本"。

顾炎武"以耻为本"的天下观之独特之处在于:这种天下观有别于一般儒家王道政治观仅仅把天下同治国平天下的统治者联系起来,使天下系于君主一人,亦即视天下为君主一人之天下,而是把天下同天下之人都联系起来,使天下系于天下之人,亦即视天下为天下人之天下,如此把天下兴亡的责任落到天下每个人身上,即不但统治者有责,其他所有人也都有责,所谓"匹夫之贱,与有责焉"。这种"天下兴亡,匹夫有责"的天下观,突破了传统儒家"君主独治天下"的专制主义王道政治观,具有了近世"天下人共治天下"的民主治理观念,这也是顾炎武作为明清之际的一位伟大启蒙学者最具政治启蒙意义的一个观念。

二、社会管理目标:"财足而化行"的"天下治"

笔者曾撰文论述中国古典管理学的基本特征,指出其特征之一在于"以整体和谐为价值目标":

> 从"管理"一词的本义可以看出,中国固有的管理观念之特色在于:一方面强调"管"(包揽、统管),即把管理对象当作一个整体来加以统一管理,是为整体管理观或统一管理观;与之相应,另一方面则强调"理",即把管理对象各部分的关系理顺,使之在一定标准(规则)上达到整体的和谐,是为和谐管理观或协调管理观。这两个方面的观念是相互统一的,是为整体和谐管理观。其观念的核心则是"理"。经由"理"而达到的整体的和谐状态,便叫作"治"。与"治"相对的,则叫"乱",系指整体中各个部分之间的关系不和谐、不协调。管理就是为了息乱致治,这便是中国古典管理学所追求的价值目标。

> "治"是管理学术语,在哲学上则称作"和"。中国古典管理学以"治"为价值目标,是与中国古典哲学"以和为贵"的价值取向完全一致的。这种崇尚和谐统一的价值取向,始于两周之际,并在史伯"和实生物"②的命题上得到初步的反映,至战国时期,乃发展成为一种世界观,一种把"和"理解为宇宙原初状态的世界观,这种原初状态,道家(《庄子》)称之为"太一",儒家(《易传》)则称之为"太极",至宋明理学的奠基人张载,更明确称之为"太和",并提出了"气本之虚则湛,本无形,感而生,则聚而有象。有象斯有对,对必反其为;有反斯有仇,仇必和而解"③的宇宙发展观,这种以"太和"为宇宙的原初状态又以"和"为宇宙发展之大结局的发展观乃是一种宇宙整体观,张载及其他宋明理学家正是受这种宇宙整体观的支配而追求"天人合一"即人与自然的整体和谐的人生理想的。实现人与自然的整体和谐,是宋明理学家最高的人生理想,同时亦是其最高的管理目标。

> 中国古代的"天人合一"观念作为一种整体和谐管理观,本质上是一种治理观,根据这种观念,自然与人是一个整体,在这个整体中人处于能动地位,要实现其整体的和谐,全靠人的能动性的发挥,这种能动性的发挥即体现在人的自我修养上,其修养的目

---

① 《亭林文集(卷三)·与友人论学书》
② 《国语·郑语》
③ (宋)张载《正蒙·太和》

的不是实现人对自然的征服,从而使自然服从人的意志的支配,而是为了实现人的自我超越,即征服人自身,从而使之自觉服从自然之理的支配。为古代中国学者所共同使用的"道"概念就是标志自然之理的范畴;所谓修养,便是"修道"。"修道"所达到的最高境界乃是"体道"。"体道"之"体"为既知之亦且行之的意思。"体道"就是标志着作为修养者的人达到了对"道"的知行合一境界,亦即从心所欲不逾"道"的自觉自由境界。这个境界,正是"天人合一"之境,亦即人与自然的整体和谐状态。

中国古代的整体和谐观其实也是一种自然观,即把自然本质地理解为和谐的整体和与之相应地把整体的和谐本质地理解为其各部分的自然秩序的观念。中国古代管理学以整体和谐为价值目标,是反映了其崇尚和追求管理关系的自然秩序的。不仅如此,其以整体和谐为价值目标的管理思想,更内在地包含着一种管理效益观,这种效益观可以被概括为"和谐出效益",抑或也可用史伯所谓的"和实生物"来加以概括,其思想实质在于强调管理活动必须达到上应乎"天时"、下得于"地利"而且"人和"的"天人合一"的状态,才能产生既有利于人类又无害于天地的整体效益。显而易见,追求这样的整体效益,就是为了实现人类自身的持续而永久性的发展。①

顾炎武是以"天下治"②为社会管理目标,这也可以被纳入"以整体和谐为价值目标"的范畴,但是顾炎武的管理思想又有不同于宋明理学的价值诉求。宋明理学是以"存天理,灭人欲"作为达到"天人合一"的整体和谐为必要条件的,这个条件包含着对功利观念的拒斥。宋明理学中心学派的代表人物王守仁就曾声称"尚功利,崇邪说,是谓乱经"③,他并且指摘"尚功利"而"日求所以富强"是"霸术":"三代之衰,王道熄而霸术焻……霸者之徒,窃取先王之近似者,假之于外,以内济其私己之欲,天下靡然而宗之,圣人之道遂以芜塞,相仿相效,日求所以富强之说。"④顾炎武的管理学说恰恰就是属于王守仁所说的"富强之说"的范畴!我们看他的"乙酉四论",其中反映其农业经济管理思想的《田功论》,即是在求致"天下之大富"的功利价值目标引导下来探讨如何提高农业经济管理水平的,文中提出以出钱募人垦荒的办法来恢复边地农耕事业,也就是主张采取劝农之官私人承包经营方式来提高农经管理水平,从而达到提高农业生产效率而实现"天下之大富"的目的;再看其《郡县论》,他指摘"其专在上"的"郡县之失"导致"民贫国弱",并为"厚民生,强国势"而要求实行"寓封建之意于郡县之中"的行政改革方案,希望通过调整政府组织的权力结构来消除"郡县之弊",提高政府组织的行政效率,以达到"民富国强"的目的。笔者曾指出:"明清之际实学思潮的兴起,首先是与重利、重事功的价值观念直接相关的,而这种价值观念的兴起则是与当时商品经济较高程度的发展及与此相联系的市民阶层的出现密不可分的,盖经商者无有不计功利者也,而市民阶层普遍的'尚功利'则不能不影响学者们的思想";"从价值观层次上,明清之际实学思潮可以被理解为是其时市民阶层重利、重事功的观念对学术界影响、渗透的结果"。⑤《田功论》《郡县论》等论著表明,顾炎武作为明清之际实学思潮的主要代表人物之

---

① 周可真.略论中国古典管理学的基本特征[J].苏州大学学报,2005,26(2):5-8.
② 《亭林文集》卷二《郡县论一》:"有圣人起,寓封建之意于郡县之中,而天下治矣。"
③ (明)王守仁.王阳明全集[M].吴光,等编校.上海:上海古籍出版社,1992:255.
④ (明)王守仁.王阳明全集[M].吴光,等编校.上海:上海古籍出版社,1992:55-56.
⑤ 周可真.明清之际新仁学:顾炎武思想研究[M].北京:中国大百科全书出版社,2006:247-248.

一,其受市民价值观影响而形成的功利观念,事实上对其管理思维方式产生了深刻影响,实际上成为其思考管理问题的一个逻辑前提。

但是,在顾炎武的管理思想体系中,"民富国强"只是达成"天下治"的社会管理目标的一个必要条件。《日知录》有云:"欲使民兴孝兴弟,莫急于生财。以好仁之君,用不聚敛之臣,则财足而化行。人人亲其亲,长其长,而天下平矣。"①由此可以看出,"财足而化行"才是顾炎武所欲达成的"天下平"即"天下治"的充分条件。按其思想理路,"财足"是"天下治"的社会经济条件(属于物质条件),"化行"是"天下治"的社会道德条件(属于精神条件),同时"财足"又是"化行"的前提和基础。显然,顾炎武的这个思想理路是与孟子"有恒产者有恒心,无恒产者无恒心"②的"为民之道"和《管子》"仓廪实而知礼节"③的"牧民"之道相一致的。然而,顾炎武"财足而化行"的管理目标是与"天下兴亡,匹夫有责"的管理理念统一而不可分割,在这种思想联系中,"财足而化行"就不只是"肉食者"(君主大臣)所应该追求的"治人"境界,同时也是"匹夫"(平民百姓)所应该追求的"修己"境界了,在后一种意义上,"财足而化行"就意味着"富而仁"。在顾炎武看来,"富而仁"是每个人所当求致的人生境界,故"天下治"即意味着天下之人皆"富而仁"。

三、"寓封建之意于士大夫"的社会建设思想

顺治六年(1649年),顾炎武曾得读《象象谭》一书,此书是由一位自称为"太虚山人"的学者所写的,其人真实姓名无从得知。据顾炎武介绍,其书内容梗概如下:

> ……天子本也,亲王枝也,宗室叶也,故福先上,祸先下……祸及亲王,此及天子之渐也……昔太祖高皇帝时,二十四王并皆少壮,分封之国,往往连跨数十城,护卫军至一二万,而又有行边之命,都司卫所并受节制。以故有北平之事,乐安、南昌缘之以起,异日大臣无不以削弱王府为务……及至贼(引者案:指明末农民起义军)骑至城,而亲王之势与齐民无异。逆贼见藩封之大,所向辄陷,而国家无如之何也,则以为天子之都,亦将如是而已,是以直犯京师而不忌。④

当时这本书大概是顾炎武从别人那里借阅的,由于顾炎武认为书中所论颇有见地,所以读罢未休,还将此书原原本本地抄写了下来(并且一直珍藏至老)。正是受了其书思想的影响,顾炎武北游以后,遂有意识地开展经验观察与调查研究,以征其书思想之实。他在康熙二年(1663年)所写的《裴村记》中追忆道:

> 予尝历览山东、河北,自兵兴以来,州县之能不至于残破者,多得之豪家大姓之力,而不尽恃乎其长吏。及至河东,问贼李自成所以长驱而下三晋之故,慨而伤之。或言曰:"崇祯之末,辅臣李建泰者,曲沃人也。贼入西安,天子临朝而叹,建泰对言:'臣郡当贼冲,臣请率宗人乡里出财百万,为国家守河。'上大喜。命建泰督师,亲饯之正阳门楼,举累朝所传之御器,而酌之酒,因以赐之。未出京师,平阳太原相继陷,建泰不知所

---

① 《日知录(卷六)·未有上好仁而下不好义者也》
② 《孟子·滕文公上》
③ 《管子·牧民》
④ 亭林余集[M].书太虚山人象象谭后.北京:中华书局,1983.

为。师次真定,而贼已自居庸入矣。"

经过了数年的经验观察与调查研究之后,顾炎武确认,太虚山人关于明朝之所以灭亡是由于其亲王势力遭受严重削弱所致的观点是与他所获得的经验事实相符合的,因为他在游历中确实了解到了"自兵兴以来,州县之能不至于残破者,多得之豪家大姓之力"的情况,因此在《裴村记》中,他吸取了太虚山人的思想,并且提醒"后王"千万要记取这个历史教训——"欲藉士大夫之势以立其国者,其在重氏族哉!其在重氏族哉!"否则"一旦有变,人主无可仗之大臣,国人无可依之巨室,相率奔窜,以求苟免"①,国家必归于败亡。也正是出于"重氏族"的思想,顾炎武于作《裴村记》的当年,曾专程拜访明宗室朱存杠(即杨谦)于长安之青门,并破天荒地收其子烈及外甥王太和为门生,还为其父作《朱子斗诗序》——此文所表达的"繇国家(明朝)向日(对宗人)裁抑太过,无强宗大豪如南阳诸刘"而终于"召蛮裔之侮"的思想②,几乎完全是对《象象谭》思想的承袭。

顾炎武的上述思想触及了明朝政府组织与宗族组织对天下治乱的关系,其中包含着这样的认识:在天下大乱之际,这两种不同性质的组织在抗击农民军和清军,化解社会危机和国家危机方面显示出其功能与效率上存在巨大差异——政府组织(州县)远不如宗族组织(氏族)。顾炎武由此得出结论:

> 自治道愈下而国无强宗,无强宗,是以无立国,无立国,是以内溃外畔而卒至于亡。然则宗法之存,非所以扶人纪而张国势者乎?③

顾炎武在这里所表达的宗法立国的思想,在其初刻《日知录》八卷本(康熙九年,即1670年)中同样有所反映:"春秋时最重族姓,至七国时,则绝无一语及之者,正犹唐人最重谱牒,而五代以后,则荡然无存,人亦不复问此。百余年间,世变风移,可为长叹也已。"④这里所谓"唐人最重谱牒"与《裴村记》中所述"出至官道旁,读唐时碑,载其谱牒世系,登陇而望,十里之内邱墓相连,其名字官爵可考者尚数百人。盖近古氏族之盛,莫过于唐,而河中为唐近畿地"的情况是完全一致的;前者作为一个论断,很可能正是依据后者的经验事实得出的一个结论。

顾炎武宗法立国的思想反映出他对社会组织的动力结构有所反思,这种反思是基于一定的经验事实并通过对政府组织与宗族组织之间由其动力结构所决定的动力功能方面的差异比较来进行的。通过比较研究,他认为政府组织的动力功能明显弱于宗族组织的动力功能。基于这种认识,顾炎武开始进一步思考如何建构合理的社会组织结构的问题。在《裴村记》中,顾炎武意识到"封建之不可复",所以主张"寓其意于士大夫","藉士大夫之势以立其国",这也就是设想,在不改变"郡县"制社会根本性质的前提下,通过加强宗族组织的建设来改变原有社会组织结构,形成政府与宗族并存而互相协同的二元组织结构。这是顾炎武鉴于盛唐之后特别是明朝"治道愈下而国无强宗"的历史情况所提出的以变革"治道"而提升社会治理水平为目的的社会建设方案,其实质在于主张依靠政府组织和非政府

---

① 《亭林文集(卷五)·裴村记》
② 《亭林文集(卷二)·朱子斗诗序》
③ 《亭林文集(卷五)·裴村记》
④ 《日知录(初刻本)(卷一)·公姓》日知录集释(外七种)本.

组织(宗族组织)的相互协同作用来实现社会治理——这个主张到其临终绝笔才定稿的《日知录》中被发展为"天下之宗子各治其族,以辅人君之治"的"众治"思想:

> 人君之于天下,不能以独治也。独治之而刑繁矣,众治之而刑措矣。古之王者不忍以刑穷天下之民也,是故一家之中父兄治之,一族之间宗子治之。其有不善之萌,莫不自化于闺门之内。而犹有不帅教者,然后归之士师。然则人君之所治者约矣。……是故宗法立而刑清,天下之宗子各治其族,以辅人君之治,罔攸兼于庶狱,而民自不犯于有司,风俗之醇,科条之简,有自来矣。诗曰:'君之宗之。'吾是以知宗子之次于君道也。①

从《裴村记》可以看出,顾炎武之所以主张"重氏族",是因其看重宗族组织(氏族)在应对与抗击外敌来犯之事上具有比政府组织远为强大的"自卫"功能,他认为,唐朝天子都懂得这个道理,但此理却为后世君主们所不能明白——"……唐之天子,贵士族而厚门荫,盖知封建之不可复,而寓其意于士大夫,以自卫于一旦仓黄之际,固非后之人主所能知也"。然而,为什么宗族组织的"自卫"功能会强于政府组织呢?顾炎武在《裴村记》中并没有对此做出说明,但是在其后所作的《郡县论》中,他从人性角度给予了解答:

> 天下之人各怀其家,各私其子,其常情也。为天子为百姓之心,必不如其自为,此在三代以上已然矣。

在顾炎武看来,宗族组织的"自卫"功能之所以强于政府组织的原理就在于:它们的利益主体不同——政府组织的利益主体是天子、百姓,宗族组织的利益主体是家庭、家族,所以它们的组织目的也不同——政府组织是为了实现天子、百姓的利益,这种利益对于其组织中担任不同行政职务的官员来说是属于外在于他们身家利益的"公";宗族组织是为了实现家庭、家族的利益,这种利益对于其组织中的成员来说是属于内在于他们身家利益的"私"。也因此,它们具有不同的动力结构:政府组织的动力结构是基于行政官员的公心,宗族组织的动力结构是基于宗族成员的私心。而自从进入"天下为家"的社会以来,人之常情总是首先考虑自己的身家利益,即私心必胜于公心。故在遇到外来威胁时,包括行政官员在内的一切人都会按人之常情行事,这就决定了宗族组织的"自卫"功能必然强于政府组织。在《日知录》中,顾炎武更是明确指出了周代"封建"制社会就是根据"有私常情"的原理来构建的:

> 自天下为家,各亲其亲,各子其子,而人之有私,固情之所不能免矣。故先王弗为之禁。非惟弗禁,且从而恤之。建国亲侯,胙土命氏,画井分田,合天下之私以成天下之公,此所以为王政也。②

依顾炎武之见,周代"封建"制社会的组织结构是最合乎人之常情(人性)的,因为这种家国同构的社会组织在动力结构上以"寓公于私"的形式实现了"公"与"私"的统一,它使天下之人主观上各谋其身家利益的自私自利行为在客观上成为实现天子百姓利益的手段。在顾炎武看来,家国同构的周代宗法社会乃是实现"王政"(儒家传统政治理想中的最高善治境

---

① 《日知录(卷六)·爱百姓故刑罚中》
② 《日知录(卷三)·言私其豵》

界)的组织依据。不过他认为,再要回复到周代的那种"封建"制社会,这已经没有可能了;在"封建之不可复"的情况下,只能是"寓封建之意于士大夫",去努力建设政府与氏族并存的二元组织结构的社会了。

四、"寓封建之意于郡县之中"的政府建设思想

在《裴村记》中,顾炎武只是提到"封建之不可复",但没有说明其所以然之故。到了《郡县论》中,顾炎武才同时指出了"封建"与"郡县"之失:

> 封建之失,其专在下;郡县之失,其专在上。古之圣人,以公心待天下之人,胙之土而分之国;今之君人者,尽四海之内为我郡县犹不足也,人人而疑之,事事而制之,科条文簿日多于一日,而又设之监司,设之督抚,以为如此,守令不得以残害其民矣。不知有司之官,凛凛焉救过之不给,以得代为幸,而无肯为其民兴一日之利者,民乌得而不穷,国乌得而不弱?率此不变,虽千百年,而吾知其与乱同事,日甚一日者矣。①

显然,顾炎武在这里是从行政管理角度来论述"封建"与"郡县"之失的,所以他这里所讲的"封建"与"郡县"应该被理解为是就中国政府组织发展史上具有两种不同权力结构的政府组织体系而言,他所谓"封建之失,其专在下;郡县之失,其专在上",是指周代政府组织的权力结构存在地方权力过大而天子权力太小的缺陷,而秦朝以降政府组织的权力结构又存在君主权力过大而地方权力太小的缺陷。依顾炎武之见,"郡县之失"与"封建之失"本质上是一回事,其缺陷都是在于政府组织内部缺乏上下之间行政权力互相平衡的合理结构。"封建之所以变而为郡县"的原因和"封建之不可复"以及"郡县之敝而将复变"的缘由皆在于此。但是,顾炎武并未对"其专在下"的"封建之失"详加论述,而是把重点放在了揭露"其专在上"的"郡县之失"上,他认为这种行政权力高度集中于君主的政府组织如果再不加以变革和改造,在至高无上的君权重压之下的各级地方官员都不再有半点为民谋利的积极性,民穷国弱的面貌就非但永远无法得到改善,还将随时间的推移而朝着民更穷国更弱的方向发展。为此,顾炎武在《郡县论》中提出了"寓封建之意于郡县之中"的改革方案,其要点是:

"改知县为五品官,正其名曰县令",而"予之以生财治人之权"。县里大小行政事务全由县令负责支配和管理,不受中央干扰;中央的权力主要在于任命县令,并每隔三年对其进行一次考核,如考核及格,他可以连任;考核不及格,则罢其官,并视其情节轻重,或流之,或杀之。对于县令来说,他一旦正式任其职,则只能进而不能退,因其任职时,已规定其"不得迁又不得归,其身与县终",故退则无家可归,只能变为流人,因此唯有进路一条——尽其县令之职。只要其称职,他可以一直干下去,而且至老疾卸任时,还可传位于子弟,其本人则还另可获得该县之祭酒的荣誉职位而受禄终身。同时,县里赋税所入"悉委县令收之",其中一部分——"常宽然有余"——留作本县包括"一县之官之禄"在内的"一县之用"(即全县的行政开支),其余则"定为解京之类"(名曰"贡""赋"),作为"天子之财"上缴中央政府。

顾炎武认为,他这个改革方案的主要特点是充分利用了人的私心,"使县令得私其百里之地,则县之人民皆其子姓,县之土地皆其田畴,县之城郭皆其藩垣,县之仓廪皆其囷窌",这就使得县令不能不"为其私"而尽心尽职。自县令言之,其所以"效死"努力,固然"非为天

---

① 《亭林文集(卷一)·郡县论一》

子也,为其私也",但是从客观效果上来说,则"(县令)为其私,所以为天子也",这就叫作"用天下之私,以成一人之公"。顾炎武非常自信地说,该方案要是真能付诸实施的话,那么,"二千年以来之敝可以复振";他并且相信,"后之君苟欲厚民生,强国势,则必用吾言矣"。①

上述改革方案,到了《日知录》里,又有所调整和补充,其变动主要有以下两个方面:

第一,《郡县论》所强调的是增强县一级的自治权,而《日知录》则笼统地强调了加强郡县的自治权;《郡县论》论县令的自治权,仅提到"生财治人之权",而《日知录》论郡守县令的自治权,则提出了"四权"概念——"夫辟官、莅政、理财、治军,郡县之四权也"②,并指出:"天下之尤急者守令亲民之官,而今日之尤无权者莫过于守令。……是以言莅事,而事权不在于郡县;言兴利,而利权不在于郡县;言治兵,而兵权不在于郡县,尚何以复论其富国裕民之道哉!必也复四者之权一归于郡县,则守令必称其职,国可富,民可裕,而兵农各得其业矣。"③

第二,《日知录》提出了"以天下之权,寄天下之人"的权力分配原则,主张按照这个原则将天子所执掌的天下之大权分配到各级行政官员手中:"所谓天子者,执天下之大权者也。其执大权奈何?以天下之权,寄天下之人,而权乃归之天子。自公卿大夫至于百里之宰,一命之官,莫不分天子之权,以各治其事,而天子之权乃益尊。"④如此,"天下之治始于里胥,终于天子"⑤。《日知录》还特别强调了乡政权应该有一套完备的组织系统和法律制度,指出:"夫惟于一乡之中,官之备而法之详,然后天下之治若网之在纲,有条而不紊。"⑥

顾炎武的政府建设思想有三个显著特点:

其一,行政效率观念。顾炎武指摘"其专在上"的"郡县之失"导致"民贫国弱",说到底就是认为以"尽天下一切之权而收之在上"⑦为特点的集权式政府组织缺乏行政效率,因为在这种权力结构的政府组织中,郡守、知县一类的地方长官所受到的来自督抚、监司的权力制约太多,根本缺乏管理自主权,加上繁多的科条文簿的规定也使他们做事放不开手脚,如此事事受牵制,他们即便有心为民办事,也很难成其事,时间一长,其为民办事的心思就逐渐被消磨掉了。顾炎武是为了提高为民办事的行政效率而要求通过调整政府组织的权力结构来实现行政改革的。

其二,人性自为观念。"有私常情"的人性观是顾炎武管理思想的哲学基础,尽管他对这种人性观的系统阐述是较晚的事,到《郡县论》乃至《日知录》才臻于相对完备,但是作为其人生观基础的"人皆爱身恋财"的人生价值观早在明末就已经形成。他在崇祯十五年(1642年)典卖了其嗣祖父的遗田不久,曾给他的再从兄顾维写过一封私信,其中有这样一

---

① 《亭林文集(卷一)·郡县论》
② 《日知录(卷九)·守令》
③ 《日知录(卷九)·守令》
④ 《日知录(卷九)·守令》
⑤ 《日知录(卷八)·乡亭之职》
⑥ 《日知录(卷八)·乡亭之职》
⑦ 《日知录(卷九)·守令》

段话:"夫人生一世,所怀者六亲也,所爱者身也,所恋者田宅货财也,所与居者姻旧乡曲也。"①由于这封信是为了处理他同顾维的私人恩怨关系而写的,其性质有别于君子之交场合下的私人信函,所以他的这段话实是其作为一个平常之人的性情的自然流露,由此表露出来的他的人生观念虽非其当时人生观之全部内容,却无疑是其中最为本真也最为基本的内容。这种显示其自私自利真性情的"爱身""恋财"的人生价值观与当时市井小人的价值观是完全一致的,它无疑是实际地支配着其青壮年时期生活的主导观念,也是指导其当时自觉地开展人生活动的主导思想。显然,这种自私自利的人生观念已经包含"有私常情"的人性论思想萌芽,其"有私常情"论无非是在前者基础上将他个人的这种人生观念普遍化为一般人的人生观念。其《田功论》提出以劝农之官私人承包经营方式来提高了农业生产效率的农业经济管理思想,就表明了"有私常情"的哲学观念不仅事实上已经形成,而且实际地影响到了他的管理思维方式,他在《郡县论》《日知录》中对行政管理问题的思考就更是在这种哲学观念指导下所开展的自觉的管理思维过程了。

其三,权力均衡观念。以现代管理学术语来说,在权力结构上地方权力过大的行政组织属于分权式组织,君主权力过大的行政组织则属于集权式组织。顾炎武"寓封建之意于郡县之中"的改革方案,是基于他采取儒家"执两用中"的中庸思维方法对"封建"之"其专在下"和"郡县"之"其专在上"这样两种极端不平衡的权力结构之利弊得失的思考和权衡,执"封建""郡县"之两端而用其中,在他看来这种构建既克服了"其专在下"的"封建之失",又克服了"其专在上"的"郡县之失",从而达到了上下之间行政权力的互相平衡,实现了集权与分权的互相补充的理想政府组织。只不过在《郡县论》中顾炎武还仅是考虑到了中央政府与县级地方政府之间行政权力的平衡关系和相应的权力分配问题,在《日知录》中他则更加全面地考虑到了从天子到里胥各级行政长官之间的权力分配问题,但是其要求均权的总体思路是不变的,且其均权的目的始终是能够最大限度地调动政府组织中不同职位的行政管理者的积极性,使他们都能有职有权地充分发挥其行政管理的主观能动性,从而提高政府组织的整体行政效率,以达到改变"民贫国弱"而实现"富国裕民"的行政管理目标。

五、"立君为民"的执政理念

明清之际,商品经济空前活跃和繁荣,特别是江南苏(州)杭(州)一带,"其民赖以市场为生"②,而"三吴之以机杼致富者尤众"③,"商贾聚集之处"的"市镇"比其他地方更加隆盛,相应地,这里的市民阶层势力也更强于其他地方。顾炎武长期生活在这样的社会环境中,深受市民价值观的影响,而且曾加入当时"亦贾亦儒的社会潮流"④之中,一度"抱布为商贾"⑤,来往于大江南北之间(主要往来于淮阴与苏州之间)。对市民阶层发展工商业的要求,顾炎武不仅理解而且明确表示支持,其《田功论》就提出了"必疾耕,必通商"的主张。他还主张

---

① 蒋山佣残稿(卷一)[M].答再从兄书.北京:中华书局,1983.案:《淞南志》:"顾维,字仲隅,殉乙酉之难。"(转引自钱邦彦《顾亭林先生年谱》)顾炎武此书必作于明崇祯十五年(1642年)其典卖遗田之后、清顺治二年(1645年)顾维殉难之前,即顾炎武30~33岁之间。
② (明)陆楫《蒹葭堂杂著摘抄》
③ (明)张瀚《松窗梦语(卷四)》
④ 朱义禄.逝去的启蒙:明清之际启蒙学者的文化心态[M].郑州:河南人民出版社,1995.
⑤ 查永玲.万寿祺《秋江别思图》卷[J].文物,1991(10):84-87.

打破长期以来官府垄断盐业的局面,认为当时普遍存在于民间的私盐买卖根本"非国法之所能禁也"①,既然如此,国家就该明智地容许盐业私营,而不是愚蠢地去做那禁其所不能禁的事。顾炎武甚至主张把原本由政府经营的官田一律改为由私人经营的民田,他认为,如此改革的一大好处是,可以促进土地的自由流通,使富户特别是城市里的富户不但可以自由购买那些因家贫而无力再继续经营的民田,而且可以自由购买那些实际不再有人耕种而已经荒芜了的官田。顾炎武还说,这些富户虽然不能亲自种田,但凭借其财力优势,他们不但可以雇佣失去土地的平民去耕种,而且比一般小农更有能力应对天灾和进行农田水利建设②。顾炎武的这些思想和主张,都反映了市民阶层追逐私利的要求,特别是反映了市民阶层中因工商致富的富人进一步投资兴产的要求。

在顾炎武的经济思想中,无论是关于私盐自由买卖的主张,还是关于土地自由流通的主张,都明显体现出一种要求摆脱由于封建性经济政策对经济贸易所造成的政治束缚的自由精神。这种自由精神不仅带有经济意义上的反封建意识,而且更带有政治意义上的反封建意识,这种反封建意识是与明朝中叶以后新生的具有资本主义萌芽性质的商品生产方式相一致的。

顾炎武的反封建意识,不仅体现在他在一定程度上追求经济贸易的自由,而且体现在他在一定程度上追求国家政治的民主。他指摘有明"三百年来,当国大臣皆畏避而不敢言,至天子独断行之而已"③,这是明确反对君主独裁政治。他认为,君主独裁政治是没有可能治理好国家的,因为天下"万几之广,固无一人之所能操也"④。顾炎武主张"君臣分猷共治"⑤,即采取君臣分工合作的行政方式来管理国家。这种行政管理方式要求君臣特别是君主应该有"为民不分君臣"的政治观念,这种政治观念的核心是"立君为民"的执政理念和"天子一位""禄以代耕"的行政职业观:

> 为民而立之君,故班爵之意,天子与公侯伯子男一也,而非绝世之贵。代耕而赋之禄,故班禄之意,君卿大夫士与庶人在官一也,而非无事之食。是故知"天子一位"之义,则不敢肆于民上以自尊;知"禄以代耕"之义,则不敢厚取于民以自奉。⑥

顾炎武是要用这种具有近代民主意识的执政理念和具有近代"职业政治家"意识的行政职业观,来破除"君为绝世之贵"的传统封建等级伦理观念和与此相应的封建君主"肆于民上以自尊"的唯我独尊心理,并改变自古以来封建君主所一贯实行的"厚取于民以自奉"这种超经济的寄生性剥削。顾炎武希望从政者都能明白这样的道理:

政府(朝廷)是为国民服务的管理机构,君臣之间的区别仅仅是在于他们在这个管理机构中担任不同的职务,各有不同的职位并相应地承担不同的职责,但是,他们各自履行其职责的宗旨是相同的,都是为国民服务,而且他们为国民服务的行政管理工作不过是一种职业行为,这种职业行为是他们由此取得薪俸来养家活口的谋生手段,这跟农民以耕作为职

---

① 《日知录(卷十)·行盐》
② 《日知录(卷十)·苏松二府田赋之重;下郡国利病书(第八册)》
③ 《日知录(卷九)·宗室》
④ 《日知录(卷九)·守令》
⑤ 《亭林文集(卷一)·生员论上》
⑥ 《日知录(卷七)·周室班爵录》

业,通过从事这种职业活动来养家活口,本质上是同一个道理。所以,天子也不过是国家管理机构中的一个职位而已,为君者不过是在天子这个职位上从事其特定业务,履行其特定职责的一个行政长官罢了,他的行政活动也是为了取得薪俸来养家活口的职业活动,这和一个农民通过自己的耕作活动来养家活口并没有什么本质区别。

与倡导"立君为民"的执政理念紧密联系,顾炎武提倡"不耻恶衣恶食,而耻匹夫匹妇之不被其泽"①的廉耻观。这种廉耻观的政治内涵是在于强调,在政府中担任不同行政职务的官员(君臣)的共同职责是在于为国民造福,这种行政职责要求政府官员应该具备相应的职业道德,把努力造福于国民当作自己的职业本分,把坚持造福于国民当作履行自己职责的道德义务和职业操守,与此相应,政府官员乃至天下一切士人都应该有这样一种廉耻观和荣辱观:不以承受恶衣恶食的清贫生活为耻辱,而以尸位素餐而无为国民造福的真实本领和实际行动为耻辱;不以享用美衣美食的富贵生活为荣耀,而以恪尽职守地履行了为国民造福的道德义务为荣耀。

六、"名""法""礼"兼采并用的综合治理思想

顾炎武从市民阶层的思想情感出发,肯定人都是自私自利的,认为这是人之常情,但是他更认为,人们出于其自私自利本性的逐利行为,都应该受到"礼"的制约,而不得超越"礼"的限度。如果超越"礼"的限度去追逐私利,那就不是君子爱财、取之有道,而是小人贪财、取之无道,属于贪图"不义之财"的无耻行为了。顾炎武不仅不反对而且赞同和鼓励人们正当地追求私利,但是坚决反对置"礼义"于不顾而无耻贪婪地追逐私利,强调欲求富贵者应该坚持"行己有耻"的原则,将自己的逐利行为严格控制在"礼"所允许的范围之内。然而,在顾炎武看来,人们"行己有耻"的正当逐利行为并不是出于人的本能的自然行为,而是出于国家政治教化的社会行为,"朝廷有教化,则士人有廉耻;士人有廉耻,则天下有风俗"②。但是,顾炎武回顾明朝的历史指出,尽管"有明之初"的政治教化情况还算是不错的,那时的天下堪称"风俗淳厚",可是后来的政教却是每况愈下,社会的道德状况也因此越来越糟糕,人们无耻贪婪地追逐私利的情况变得日益严重,明朝末年已发展到"利之所在,则不爱其亲而爱他人"的地步,堪称是"廉耻道尽"了③。顾炎武总结明朝亡国的教训,告诫后世治国者,管理国家,当首抓廉政,并以"法""名""礼"兼采并用的综合治理方式来开展廉政建设。

顾炎武关于"名""法""礼"兼采并用的综合治理思想,既是一种廉政建设思想,也是一种社会管理思想,它有两个基本特点:一个特点是以培养人的羞耻心为廉政建设的目标。"耻维不张,国乃灭亡"是顾炎武廉政思想的根本观点,他认为,羞耻心是廉政的道德心理基础,离开这个心理基础,廉政就无从谈起;另一个特点是以"名""法""礼"兼采并用的综合治理方式来开展廉政建设。

首先,顾炎武主张"名教"。顾炎武回顾明朝的历史,指出明朝末年社会道德状况糟糕,人心风俗沦落到六亲不认、有奶便是娘的境地,顾炎武认为,这是由执政者的政教失误所导

---

① 《亭林文集(卷三)·与友人论学书》
② 《日知录(卷十三)·廉耻》
③ 《亭林文集(卷五)·华阴王氏宗祠记》

致的,国家不再坚持以"先王之所以为教,贤者之所以为俗"①的"礼义"来教化百姓,而是采用了为宋真宗赵恒(968—1022,宋太宗第三子,北宋第三位皇帝)所著《励学篇》所倡导的利诱方式,以"书中自有千钟粟""书中自有黄金屋""书中自有颜如玉""书中车马多如簇"的歪理,来教育和激励人们从小立志于追求荣华富贵的生活,为争取"千钟粟""黄金屋""颜如玉""车马多如簇"而勤奋学习,如此"以利为教"的结果是:自小为物质利益所刺激而奋发图富贵的士子们,一旦做了官,就利用自己的官职和权力来经营自己的生活,不择手段地追求"千钟粟""黄金屋""颜如玉""车马多如簇",以便使自己从小就有的享尽荣华富贵的梦想变成现实,这样就形成了"君臣上下怀利以相接,遂成风流,不可复制"的官场风气。正是政府官员人人怀利、事事图利、处处谋利的官场风气,最终酿成了"无官不赂遗""无守不盗窃"的黑暗腐败的政治局面。这种"贪政"对国家所造成的后果是灾难性的。顾炎武在1645年为祭崇祯自缢于煤山所作的《大行哀诗》中就提道,崇祯皇帝执政时,世风已然败坏,官场相当黑暗,结党营私现象普遍,卖官买官现象严重,当时正值国家内忧外患之际,可是朝中既无能臣,更缺良将,这使得崇祯皇帝眼看着国家破碎,政权沦亡,却是无可奈何,没有化解危局的能力和办法,最终只得自缢而死。

针对长期以来统治者"以利为教"所造成的人欲横流、唯利是图的民风和官风,顾炎武认为"后之为治者宜何术之操?曰:唯名可以胜之"②。这就是主张用"以名为教"来代替"以利为教"。如果说"以利为教"是劝人求"利"的话,那么,"以名为教"则是教人求"名"。顾炎武所讲的"名"是指"忠信廉洁"之类的道德名声。据顾炎武对现实生活的观察,人们追求道德名声的动机是因人而异的。一些深受儒家"三不朽"(立德、立功、立言)观念影响的"君子",他们追求"忠信廉洁"的名声,是为了自己死后能流芳百世的美名。但是现实生活中这类"君子"很少见,一般人之所以谋求自己出名,都是为了求得其私利的满足。

顾炎武的"名教"主张是针对一般人的心理状况提出来的,这是根据自私自利的人之常情,将利寓于名之中,把个人私利和道德名声捆绑在一起,使自私自利的人们为了自己的私利,不能不顾及自己的道德名誉,因为在"名教"条件下,自己的道德名誉受损就是意味着自己的私利受损;反之,如果能保持自己有一个好的道德名誉,就可以保证自己的私利不受损害,还能使自己的私利得到满足。

顾炎武的"名教"主张是基于"主观为私,客观为公"的伦理原则,其实质是看重人们的道德行为的客观效果,而不管他们到底是出于什么样的主观动机。"以名为教"的实质是教人"以名为利",也就是要让自私自利的芸芸众生,为了求得他们私利的满足,不得不首先设法为自己争得"忠信廉洁"的好名声。由于"忠信廉洁"之"名"反映着"国家"的利益和需要,所以人们对"名"的追求,无论其主观动机如何,其客观效果是能使"国家"的利益和需要在一定程度上得到满足。

与"名教"主张紧密相关的是,顾炎武力主改革隋唐以来的科举制度,反对以科举作为取士的唯一途径,指出:"古之取士,实异于今,先观名行之源,考其乡邑之誉,崇礼让以厉己,显节义以标信,以敦朴为先最,以雕虫为后科,故人崇劝让之风,士去轻浮之行。"③顾炎

---

① 《亭林文集(卷五)·华阴王氏宗祠记》
② 《日知录(卷十三)·名教》
③ 《日知录(卷十三)·名教》

武要求将汉代的"察举"制度与科举制度结合起来,以平时的道德操行作为取士的首要标准,以科举考试的成绩作为其次要标准。他希望通过推行这种新的选官制度,来达到改善民风和官风的目的。

首先,与新的选官制度相配套,顾炎武还主张采取"奖廉"办法来激励在职官员,使他们能安守清廉而不贪于他人的贿赂①。同时,顾炎武主张恢复汉代的"清议"。汉代的"清议"是政治领域中对人物的品评,被品评的人物包括官员的候选人和在职官员。顾炎武主张恢复汉代的"清议"的主要用意,是要利用民间舆论对在职官员的道德操行进行监督,他认为这既有利于改善官德,也有利于改善民风②。

其次,顾炎武主张"法治"。在顾炎武看来,名教并不适用于所有人,对于那些极端自私自利的人,名教就起不到作用,对这部分人只能依靠"法治"方式来治理。对于官场上的贪腐行为,顾炎武主张以严法惩治,认为"法不立,诛不必,而欲为吏者之毋贪,不可得也"③。对犯有贪赃罪的官员,一律不得赦免其罪,按照刑律该杀的则格杀勿论,罪不至死的也必加严惩,决不仁慈。

最后,顾炎武主张"礼教"。顾炎武认为,仅靠"名教"和"法治",还不能从根本上改变官风和民风的败坏局势。要使官风和民风有根本的好转,应该采取"以礼治心"的"礼教"方式,他说:"周公之所以为治,孔子之所以为教,舍礼其何以焉?"④又说:"弟少习举业,多用力于四经,而三礼未之考究。年过五十,乃知'不学礼无以立'之旨。"⑤顾炎武所谓"礼教",是要求统治者重视儒家"三礼"(《周礼》《仪礼》《礼记》),在国民中普及儒家所提倡的做人标准和行为规范,使人人懂得为人处事的基本规矩。在顾炎武看来,如果连为人处事的基本规矩都不懂,不知道自己该怎样待人接物,那就只能是胡作妄为了。

---

① 其具体做法是:对各个衙门中平时"能洁己爱民"的清官,到他们"以礼告老"还乡的时候,如果其家境困难,则酌情赐给他们五顷到十顷不等的田地作为其子孙世代相承的永业田,同时免除其租赋和国家摊派的各种劳役。[参见《日知录(卷十三)·名教》]
② 参见《日知录(卷十三)·清议《日知录(卷十九)·直言》
③ 《日知录(卷十三)·除贪》
④ 《亭林文集(卷二)·仪礼郑注句读序》
⑤ 《亭林文集(卷三)·答汪苕文书》

企业捐赠：伪善还是慈善？

曹剑波*

摘要：追求利润最大化是企业的责任，企业捐赠会增加企业的当期成本，难以得到直接补偿，对企业产生负面影响。然而，数据显示，我国慈善捐赠保持着持续增长的态势，而且企业捐赠是我国慈善捐赠的主要来源。企业热衷慈善捐赠的动机有五：利他动机、战略动机、管理层自利动机、政治动机和掩饰动机。企业慈善捐赠对社会和自身的发展都具有十分重要的意义。慈善捐赠作为企业履行社会责任的重要形式，涉及多方利益，需要企业高管以审慎的战略眼光去权衡慈善捐赠的行为和效果，确定慈善主题和合适的捐赠规模，并采取恰当的捐赠方式，以求实现企业与社会的双赢。

关键词：企业；慈善捐赠；社会责任；伪善

追求利润最大化是企业的经济责任，企业慈善捐赠则把一部分企业资源进行捐赠，这会增加企业的当期成本，难以得到直接补偿，对企业的利润会直接产生负面影响。然而，《中国慈善捐助报告》的数据显示，2009年我国捐赠总价值542亿元，而2019年捐赠总额达1 701.44亿元，年均增长超过13%，且保持着持续增长的态势。在2019年，企业捐赠款物931.47亿元，占捐赠总量的61.71%，企业捐赠是我国慈善捐赠的主要来源。调查表明，大约90%的中国企业都有不同程度的社会捐赠[1]。企业为何热衷慈善捐赠？企业捐赠的动机何在？企业慈善捐赠会产生哪些社会效果？企业如何进行合理的慈善捐赠？概括地说，如何避免企业慈善捐赠被误认为伪善，这是本文要回答的主要问题。

一、企业慈善捐赠的动机

企业尤其是民营企业热衷慈善捐赠的原因，参照他人的观点，概括地说有利他动机、战略动机、管理层自利动机、政治动机和掩饰动机等五大动机[2]。

（一）利他动机

这种观点认为，企业进行捐赠是单纯为社会着想、自愿承担社会责任，增进社会福祉，不求回报、无私奉献的行为，是"达则兼济天下"情怀的展现，体现了良好公民的利他行为。

---

* **作者简介**：曹剑波（1970—），男，湖南益阳人，厦门大学哲学系主任、教授、博士生导师，哲学博士，教育部新世纪人才，研究方向：当代西方知识论、道德哲学、宗教哲学等。

[1] 金鑫,雷光勇,王文忠.企业社会捐赠：政治资本还是代理成本？[J].财经研究,2014,40(5):122-132.

[2] Campbell D, Moore G, Metzger M. Corporate philanthropy in the UK. 1985—2000: some empirical findings[J]. Journal of Business Ethics, 2002, 39(1): 29-41.

修宗峰等人[①]从地区幸福感的视角入手,发现慈善捐赠与地区幸福感有显著的正相关性,验证企业捐赠具有利他的效果。许年行等人[②]发现早年遭受贫困经历的上市公司高管,在面对灾难事件时,更容易诱发利他情感,产生捐赠行为,并因此断言,企业捐赠是为了帮助他人,以此践行企业作为"社会公民"的应尽义务。曾建光等人[③]研究发现,有宗教信仰的企业高管,具有更强的社会责任意识,所在企业捐赠更多。姜付秀等人[④]发现,学者型CEO所在企业的慈善捐赠水平更高。在排除了学者型CEO慈善捐赠的经济动机、政治动机和私利动机后,他们认为,社会对学者道德角色的期待、学术职业的道德要求,以及长期的师德传承,塑造了学者型CEO高尚的道德观念和强烈的社会责任感,会实施更多利他倾向的捐赠行为。

(二) 战略动机

这种观点认为,企业参与捐赠与企业的经营目标一致。企业捐赠是为了提升企业的战略地位,改善竞争环境,树立品牌形象,提高声誉资本,获得员工、消费者等利益相关者的支持,并最终提升企业绩效。捐赠对企业来说,不仅仅是"爱心"的体现,更是一种获取"市场"的手段。胡珺等人[⑤]研究证明,慈善捐赠与企业在产品市场的竞争强度显著正相关。王分棉等人[⑥]研究发现,企业经营的多元化程度越高,外部利益相关者的重要性越强,对消费者越敏感,企业捐赠力越大。王宇光等人[⑦]研究发现,企业利用捐赠向外界传递公司现金流充裕、财务状况良好的信号,以此赢得投资者和债权人信赖,可提升其声誉资本。企业慈善捐赠是一种"名利双收"的手段和工具。胡珺等人[⑧]研究表明,当控股股东进行股权质押后,企业慈善捐赠的水平会显著增加,这种捐赠行为表现出明显的拉抬股价和寻租的动机。陈凌等人[⑨]研究私营企业的结果表明,家族所有权比例越大,保存社会情感财富(即传承意愿)的内在驱动力越强,参与慈善捐赠越积极。

(三) 政治动机

这种观点认为,企业捐赠是为了获取政府的好感和信任,获取更多的政府补助和投资机会,并应对利益相关者给企业施加的压力,获得良好的经营环境和政治氛围。已有实证

[①] 修宗峰,周泽将.地区幸福感、社会资本与企业公益性捐赠[J].管理科学,2016,29(2):146-160.
[②] 许年行,李哲.高管贫困经历与企业慈善捐赠[J].经济研究,2016,51(12):133-146.
[③] 曾建光,张英,杨勋.宗教信仰与高管层的个人社会责任基调:基于中国民营企业高管层个人捐赠行为的视角[J].管理世界,2016(4):97-110.
[④] 姜付秀,张晓亮,郑晓佳.学者型CEO更富有社会责任感吗:基于企业慈善捐赠的研究[J].经济理论与经济管理,2019(4):35-51.
[⑤] 胡珺,王红建,宋献中.企业慈善捐赠具有战略效应吗?:基于产品市场竞争的视角[J].审计与经济研究,2017,32(4):83-92.
[⑥] 王分棉,耿慧芳,周煊.企业多元化经营程度与慈善捐赠:基于利益相关者识别理论的视角[J].北京工商大学学报(社会科学版),2019,34(5):114-126.
[⑦] 王宇光,潘越,黄丽.企业慈善捐赠:公益付出还是另有所图:基于上市公司融资样本的实证研究[J].财贸研究,2016,27(1):133-141.
[⑧] 胡珺,彭远怀,宋献中,等.控股股东股权质押与策略性慈善捐赠:控制权转移风险的视角[J].中国工业经济,2020(2):174-192.
[⑨] 陈凌,陈华丽.家族涉入、社会情感财富与企业慈善捐赠行为:基于全国私营企业调查的实证研究[J].管理世界,2014(8):90-101.

研究表明,政治关系、官员变更、官员任期等政治因素,会影响企业的捐赠行为[①]。陈钊等人[②]发现,当民营企业家主观上有较强的参政意愿时,企业会有更多的捐赠。贾明等人[③]检验了政治关联的企业在抗震救灾中的捐赠行为,发现有政治关联的企业更倾向于进行捐赠,而且捐赠水平更高。薛爽等人[④]研究发现,民营企业为了维持或强化既有政治联系,捐赠力度会更大。张敏等人[⑤]发现,企业慈善捐赠越多,从政府手中获得的财政补贴也越多。王艺明等人[⑥]发现,企业捐赠有助于民营企业获得更多的外部融资,缓解民营企业的"融资难"问题。金鑫等人[⑦]研究发现,企业捐赠是企业的政治投资战略及获取资源的有效方式,非国有企业通过捐赠可以获取更多的政治资本。戴亦一等人[⑧]指出,地方官员发生更替后,企业尤其是民营企业进行捐赠的倾向和规模都会显著增加,希望通过捐赠来博得新履任官员的好感,使其支持企业未来的生存与发展。因此,企业捐赠是企业换取政治身份、谋求更高的政治地位以及社会声誉而付出的"政治献金"。

（四）管理层自利动机

这种观点认为,由于代理成本和信息不对称的存在,企业管理者以损害股东和其他利益相关者的权益为代价,有意通过捐赠来提升自身的社会形象和地位,谋取个人的私利。陈伟宏等人[⑨]发现,CEO 既有任期与企业捐赠呈倒"U"型关系,CEO 预期任期与企业捐赠成正相关。吴芳等人[⑩]基于社会情感财富的视角,发现家族涉入会正向影响企业捐赠。谢鹏等人[⑪]发现,企业高管团队薪酬越高,企业捐赠水平也越高。结果表明,企业捐赠不仅有助于提升企业绩效,而且有助于高管团队个人构建社会资本。利益的一致性会促使高管团队更加积极地捐赠。金鑫等人[⑫]研究发现,在国有企业中,企业捐赠更加突出地表现为代理问题的加重和代理成本的增加。

（五）掩饰动机

这种观点认为,企业捐赠是为了掩盖或者转移公众对企业不良行为或内在社会责任缺失的关注,降低对企业声誉和利益的损害程度,为企业不正当利益的来源"保驾护航"。

[①] 张敏,马黎珺,张雯.企业慈善捐赠的政企纽带效应:基于我国上市公司的经验证据[J].管理世界,2013(7):163-171;戴亦一,潘越,冯舒.中国企业的慈善捐赠是一种"政治献金"吗?:来自市委书记更替的证据[J].经济研究,2014,49(2):74-86.

[②] 陈钊,王旸,戴伟.中国的企业在尽怎样的社会责任:来自民营部门调查的证据[J].学术月刊,2016,48(3):37-47.

[③] 贾明,张喆.高管的政治关联影响公司慈善行为吗?[J].管理世界,2010(4):99-113.

[④] 薛爽,肖星.捐赠:民营企业强化政治关联的手段?[J].财经研究,2011,37(11):102-112.

[⑤] 张敏,马黎珺,张雯.企业慈善捐赠的政企纽带效应:基于我国上市公司的经验证据[J].管理世界,2013(7):163-171.

[⑥] 王艺明,刘一鸣.慈善捐赠、政治关联与私营企业融资行为[J].财政研究,2018(6):54-69.

[⑦] 金鑫,雷光勇,王文忠.企业社会捐赠:政治资本还是代理成本?[J].财经研究,2014,40(5):122-132.

[⑧] 戴亦一,潘越,冯舒.中国企业的慈善捐赠是一种"政治献金"吗?:来自市委书记更替的证据[J].经济研究,2014,49(2):74-86.

[⑨] 陈伟宏,钟熙,宋铁波.CEO任期、分析师关注度与企业慈善捐赠[J].当代财经,2018(9):70-79.

[⑩] 吴芳,张岩.家族涉入、非市场战略与企业绩效:基于社会情感财富的多维度视角[J].当代财经,2019(3):81-93.

[⑪] 谢鹏,刘春林.高管团队薪酬与企业慈善捐赠关系研究[J].南京社会科学,2016(9):31-38.

[⑫] 金鑫,雷光勇,王文忠.企业社会捐赠:政治资本还是代理成本?[J].财经研究,2014,40(5):122-132.

高勇强等人[①]研究发现,民营企业员工福利水平与慈善捐赠显著负相关。他们断言,我国民营企业利用慈善捐赠来掩盖或转移外界对员工薪酬福利水平低、企业环境影响大等内在社会责任缺失问题的关注,以及应对企业工会组织的可能压力。民营企业的慈善捐赠更多的是"工具性"的,是"绿领巾"而非"红领巾",是企业用来掩盖或者转移公众对自身其他不负责任行为关注的遮羞布。李晓玲等人[②]研究发现,企业违规与慈善捐赠水平显著正相关:在制度环境较好的地区,企业违规对企业捐赠的正向影响更大;相对于国有企业,非国有企业违规对企业捐赠的正向影响更大。他们断定,企业捐赠可能会被某些企业用作掩盖其违规行为、转移公众注意力、逃避违规查处的工具,而且非国有企业捐赠的工具性动机强于国有企业,良好的制度环境提高了企业违规的风险和成本,会诱发这种动机。戴亦一等人[③]研究发现,企业在面临诉讼风险后会显著增加慈善捐赠水平,慈善捐赠成了企业诉讼风险下的自我救赎行为。例如,早在2008年前,三鹿集团就接到产品质量的投诉,在汶川地震发生后,三鹿集团捐赠1 300万元,成为整个行业捐赠中最多的企业,并受到社会的广泛赞誉。到三聚氰胺事故发生,三鹿集团的负面信息才全面曝光。权健公司在雅安地震捐款超过1亿元,集团负责人也连续两年获"中华十大慈善家"称号,成为中国慈善界瞩目的焦点,然而后来却因涉嫌犯罪被公安机关立案调查。

企业捐赠通常是基于经济理性,出于"私心的善意"[④]。调查发现,有77.5%受访者认为,企业捐赠具有商业目的[⑤]。张晨等人[⑥]研究发现,各类企业的捐赠都有明显的私利性,而且民营企业捐赠的私利性强于国有企业,股权分散企业捐赠的私利性强于股权高度集中的企业。通过对抗灾赈灾捐赠的研究,潘越等人[⑦]发现,媒体对灾害宣传力度越大,所处行业竞争越激烈,产品与消费者接触越直接,灾害捐赠动机越强烈。傅超等人[⑧]研究发现,在市场化程度高、法制环境差、司法透明度低的制度环境下,我国上市公司面临的诉讼风险会显著提高捐赠水平,而且前期的败诉经历或异地诉讼风险会显著提高公司本期捐赠水平。他们断言,企业履行慈善捐赠的社会责任具有"声誉保险"的作用。企业捐赠经常与市场营销挂钩,大都寻求经济效益和广告效应。企业捐赠能够有效地为企业塑造"道德资本"、树立

---

① 高勇强,陈亚静,张云均."红领巾"还是"绿领巾":民营企业慈善捐赠动机研究[J].管理世界,2012(8):106-114.

② 李晓玲,侯啸天,葛长付.慈善捐赠是真善还是伪善:基于企业违规的视角[J].上海财经大学学报(哲学社会科学版),2017(4):66-78.

③ 戴亦一,彭镇,潘越.企业慈善捐赠:诉讼风险下的自我救赎[J].厦门大学学报(哲学社会科学版),2016(2):122-131.

④ 潘越,翁若宇,刘思义.私心的善意:基于台风中企业慈善捐赠行为的新证据[J].中国工业经济,2017(5):133-151.

⑤ 周延风,罗文恩,肖文建.企业社会责任行为与消费者响应:消费者个人特征和价格信号的调节[J].中国工业经济,2007(3):68.

⑥ 张晨,傅丽菡,郑宝红.上市公司慈善捐赠动机:利他还是利己:基于中国上市公司盈余管理的经验证据[J].审计与经济研究,2018(2):69-80.民企捐赠的私利动机强于国企,可能与民企面临的外部经营风险较大,其政治动机较为强烈有关;股权分散企业的捐赠私利性强于股权高度集中的企业,可能原因是前者利用捐赠掩饰应计盈余管理的动机强于后者。国有企业捐赠的积极性低于民营企业,原因在于:国有企业有政府的支持和背书,不需要进行较多的捐赠;国有企业的高管在捐赠方面的自由裁量权受到很大的限制。

⑦ 潘越,翁若宇,刘思义.私心的善意:基于台风中企业慈善捐赠行为的新证据[J].中国工业经济,2017(5):133-151.

⑧ 傅超,吉利.诉讼风险与公司慈善捐赠:基于"声誉保险"视角的解释[J].南开管理评论,2017(2):108-121.

品牌资产和改善战略环境,最终弥补捐赠支出的损失,提高企业绩效。由于实现企业的经济利益是企业捐赠的关键目标,企业捐赠是企业经营和发展的一种策略,是一种"寓利于义"的工具性行为[①],是一种"精明的利己主义"或"明智的投资",因此,"大多数经济学家普遍接受的观点是,企业捐赠行为本质上是企业实施的能使企业与社会互利的战略性投资行为,捐赠存在利己的经济动机"[②]。

由于企业捐赠通常存在利己动机,是一种精明的利己主义,有人因此会认为任何企业捐赠都是企业伪善。企业伪善(corporate hypocrisy)指企业在履行社会责任时,宣传社会责任理念却采取与这个理念不一致的"说一套,做一套"的行为。企业伪善可分为对内部成员"言行不一"的内部伪善和对外部利益相关者"言行不一"的外部伪善两种。在企业捐赠上,基于掩盖动机的捐赠,是一种企业伪善,基于其他利己动机的捐赠,则不是企业伪善。对此,我们可以借用孔子的观点来说明。《吕氏春秋·察微篇》记载:"鲁国之法,鲁人为臣妾于诸侯,有能赎之者,取金于府。子贡赎鲁人于诸侯,来而让不取其金。孔子曰:'赐失之矣。夫圣人之举事,可以移风易俗,而教导可施于百姓,非独适己之行也。今鲁国富者寡而贫者多,取其金则无损于行,不取其金,则不复赎人矣。'子路拯溺者,其人拜之以牛,子路受之。孔子曰:'鲁人必拯溺者矣。'"孔子的学生子贡赎回一个鲁国人。按鲁国法律,子贡可以报销赎金,却不报销。孔子批评子贡,认为报销赎金并不会损害子贡行为的价值,且可以教化百姓,移风易俗,鼓励鲁国人替沦为奴隶的本国同胞赎身。子路救起一名落水者,那人感谢他,送了一头牛,子路收下了。孔子表扬子路的行为,并认为因此鲁国人一定会勇于救落水的人了。由这二则故事可以得知,做好事收回报,不但不可耻,反而能更好地调动社会行善的积极性。基于利他动机的企业捐赠,境界最高,最值得提倡;基于战略动机的企业捐赠,因其能增进社会的福祉,也值得鼓励;基于掩饰动机的企业捐赠,因其欺骗的性质,则是一种伪善。

由于企业捐赠动机有多种,因此监管机构和投资者都应该关注和重视企业捐赠背后的动机,警惕企业管理层掩饰不良行为或内在社会责任缺失的"伪善伪捐"。为此,监管机构要完善相关的法律法规,对企业社会责任报告的内容和方式提出细致的要求,使捐赠从表外披露挪到表内披露,并披露捐赠资金的来源、投向、具体时间点等。通过提高信息透明性,建立"捐赠不到位"黑名单,约束企业"伪善伪捐"。此外,投资者要通过实地调研、关注媒体报道和通过财务报表的分析等多种途径,了解企业经营的真实状况,权衡投资风险和收益,避免被企业"伪善伪捐"一时的光鲜外衣蒙蔽。

二、企业慈善捐赠的效用

企业慈善捐赠是企业承担社会责任的重要组成部分,是企业获取战略性资源的重要手段,对社会和自身的发展都具有十分重要的意义。

(一)慈善捐赠是企业社会责任的重要组成部分

企业社会责任(corporate social responsibility)是社会期望企业履行的责任。企业不仅

---

① 眭文娟,张慧玉,车璐.寓利于义?企业慈善捐赠工具性的实证解析[J].中国软科学,2016(3):107-129.
② 卢现祥,李晓敏.企业捐赠、社会责任与经济动机:基于"5.12地震"后世界500强公司捐赠情况的实证研究[J].经济纵横,2010(1):69-74.

要创造利润,对自己的股东负责,还要承担对其他利益相关者如债权人、员工、客户、消费者、供应商、社区等的责任。社会不仅要求企业承担经济增长的责任,而且期望企业能够遵守法制、重视伦理、践行公益。正如美国佐治亚大学教授卡罗尔(Archie B. Caroll)[①]认为,完整的企业社会责任从低到高包括:(1)企业要为股东创造利润的经济责任;(2)企业的经营活动必须符合法律规范的法律责任;(3)企业的经营决策要符合社会公正与正义的伦理责任;(4)企业要向社区中的教育、文化等组织提供力所能及的捐助的慈善责任。其权重数依次为4、3、2、1。谋取利润最大化的经济责任是企业社会责任的基石,为承担其他责任积累物质基础。遵纪守法是对企业责任的底线要求,是有强制力保证践履的底线责任。践行道德是企业责任的道德要求,是企业满足各利益相关者的正当诉求,是有道德强制力的责任,如果不履行就会受到指责。作为履行社会责任的一种重要表现形式,企业慈善捐赠是指企业将其有权处分的资产(包括资金、实物、服务等)自愿和无偿地赠送给没有直接利益关系的个人或组织,用于与企业生产经营活动没有直接关系的公益事业。助学助弱、扶贫济困、抗震赈灾、赞助公益的慈善捐赠责任是企业的应有之义,是企业向社会奉献爱心的高尚行为,是企业履行社会责任的最高境界,是自愿的行为,没有任何强制性,如果履行会受到褒扬。

公益慈善是社会治理的重要内容。慈善捐赠是真金白银的投入,是企业履行社会责任的重要组成部分。在推进国家治理体系和治理能力现代化方面,公益慈善在优化社会资源配置、调节贫富差距、促进社会公平、缓和社会矛盾、解决赈灾扶贫助学社会压力、维护社会稳定等方面都发挥着积极的作用,并为国家治理战略目标服务。2017年召开的党的十九大报告提出中国要加快"完善社会救助、社会福利、慈善事业、优抚安置等制度"。2019年召开的党的十九届四中全会更是明确提出要"重视发挥第三次分配作用,发展慈善等社会公益事业"。

(二) 企业捐赠是企业获取战略性资源的重要手段

企业捐赠虽然并不能立刻为企业换取有形的、明确的价值回报,但是却可以为企业积累声誉、信任、政治关系等无形的战略性资源,并创造出有利于企业的竞争环境。这是因为,企业捐赠有助于改善和提升企业的声誉形象,增加企业品牌资产,吸引和凝聚优秀的求职者,形成人才竞争优势;有助于提升企业品牌认知,增加消费者的购买意愿;有助于建立和维持与政府的良好关系,获取政府资源,提升自身社会关系资本,改善企业经营环境;有助于提高员工的忠诚度,激励员工的士气,提高生产效率,吸引并留住员工;有助于提高社会的关注度,树立品牌形象,积累道德资本,增强声誉保险;有助于向利益相关者传递良好的社会责任感,并表现企业自身雄厚的经济实力,进而在利益相关者心目中留下良好的印象,从而提高获取重要资源的可能性,巩固企业资源基础或减轻资源约束,最终实现社会公益和企业价值双赢的战略性捐赠目的。薛永基等人[②]研究发现,企业捐赠行为对企业品牌

---

① Carroll A B. A three-dimensional conceptualmodel of corporate performance[J]. Academy of Management Review, 1979, 4(4): 497-505.

② 薛永基,杨志坚,李健.慈善捐赠行为对企业品牌资产的影响:企业声誉与风险感知的中介效应[J].北京理工大学学报(社会科学版),2012,14(4):58-66.

资产中的感知质量和品牌形象有显著性影响。阮刚铭等人[①]研究发现,企业捐赠可提升企业的社会资本,提高企业融资能力,降低企业融资约束。卢正文[②]研究表明,企业捐赠所具有的鲜明的道德属性,会激发员工的工作满意度和工作投入,能有效改善员工的工作绩效。欧绍华等人[③]研究发现,企业捐赠和绩效呈显著正相关。恰当理性的企业捐赠决策能够为企业的产品和服务带来良好的口碑,提高企业在顾客群体中的认知度和接受度,提升员工对企业的认同感与忠诚度,从而提升员工的生产效率,提高购买意愿,增加财务绩效。企业战略捐赠之所以能达到名利双收的效果,取决于通过企业捐赠会提升企业社会的声誉从而获得消费者的认同,通过企业捐赠会获得重要的资源从而改善竞争环境、增加竞争力,通过企业捐赠会树立企业负责任的形象,从而降低企业的道德风险。

企业捐赠本身就具有正面、积极的广告宣传效果,可以迅速提升企业的社会声誉,提高企业品牌的知名度,引导现实的和潜在的消费者对于企业产品的认同感。调查显示,超过84%的消费者认为,企业捐赠会为企业的产品建立积极的形象;54%的消费者表示愿意为支持他们所赞成的事业的产品多付钱[④]。随着人们对企业社会责任与公益慈善事业认识的不断深入,消费者选购商品的意愿会越来越受企业声誉的影响。热心慈善事业的企业的商品,在质量相差无几的情况下,可能成为消费者的首选。2008年汶川大地震,王老吉捐款1亿元,成为国内单笔最高捐款的企业。"加多宝"这个当时为大多数人所不知的企业,瞬间红遍大江南北,它生产的王老吉遭到全国网民的集体追捧。网友不断发帖"让王老吉从超市消失,有一罐买一罐""要喝就喝王老吉"。王老吉凉茶,俨然成为一种爱心和时尚的代言人。报道显示,国人原本兴趣不大的王老吉,因其慷慨捐赠赢得了普遍好感,提高了企业的知名度,扩大了消费需求。2008年,王老吉销量突破100亿元,是2007年的2倍。

企业慈善捐赠能改善企业的竞争环境,增加企业的竞争力,提升企业的战略地位。农夫山泉与养生堂举办的一系列公益活动就是战略慈善捐赠获得成功的典范。其捐赠如下:1998年向中华慈善总会捐赠160万元用于抗洪救灾;2001年赞助100万元支持北京申奥;2002年发起阳光工程,捐赠价值505万元的体育器材给395所学校,用于帮助贫困地区的学校改善体育设施;2003年捐出1 000万元赞助"中国载人航天工程",并向国家卫生部捐赠价值500万元的产品抗击"非典";2005年向贫困地区及农村地区小学生捐赠价值500万元的儿童维生素;2006年筹集500多万元,与宋庆龄基金会一起,成立"饮水思源"助学基金,帮助水源地的贫困孩子,感恩水源地人民为保护水源做出的巨大贡献;2006年8月重庆等地遭遇异常高温大旱,第一时间送水10 000箱到灾区,9月浙江温州苍南县遭受台风"桑美"正面袭击损失惨重,捐赠价值10万元物资;2007年向杭州市西湖区"春风行动"捐款30万元,在太湖蓝藻事件,捐献10 000箱水用于援助贫困家庭的生活饮用水;2008年1月向因雪灾滞留广州火车站的旅客捐赠10万瓶天然水,2008年5月汶川大地震,捐赠2 533万元的物资及资金;2009年6月向四川青川县竹园镇中学捐赠价值约80万元的学校教育设施;等等。这一系列的公益慈善提升了农夫山泉和养生堂在消费者心目中的良好形

---

① 阮刚铭,魏宇方舟,官峰.慈善捐赠、社会资本与融资约束[J].会计与经济研究,2019,33(3):79-91.
② 卢正文.企业慈善捐赠、员工反应与收入增长的实证研究[J].管理学报,2017,14(2):298-305.
③ 欧绍华,刘小菊.企业慈善捐赠对绩效的影响研究[J].经济经纬,2017,34(1):118-123.
④ 杨团,葛道顺.公司与社会公益Ⅱ[M].北京:社会科学文献出版社,2003:216.

象,并给企业带来了滚滚财源,使其在残酷的商战中立于不败之地。

企业捐赠有助于树立企业负责任和勇于担当的社会形象,提高企业的社会信任水平,降低企业的道德风险,减少经营中的不确定性。作为一种事前防御和事后救火的策略,企业慈善捐赠具有声誉保险性质,能够分散公众对企业不当行为或负面消息的关注,降低或减少对企业声誉的负面评价。企业在经营过程中,难免破坏与利益相关者关系的可能。例如,生产过程中导致的环境污染、减产裁员的负面影响,都可能引发声讨、抵制甚至处罚,从而给企业带来损失。企业捐赠可以为企业的不良行为提供声誉保险,更好地挽回企业形象和社会声誉,减弱声讨和抵制,减弱或免除处罚,从而提高企业的抗风险能力。这是因为,在日常经营中,通过持续、有效的捐赠,企业能较好地维系和增强与客户、消费者、供应商、社区和政府等利益相关者的关系。当出现伤害利益相关者事件时,利益相关者基于企业捐赠累积的声誉资本,通常会对企业的伤害动机做出良性评价,从而减轻处罚的力度。换言之,基于企业长期一贯的慈善行为,利益相关者更倾向于相信企业的伤害是无意的,是由非主观恶意的动机,是由不知情或疏忽造成的,从而减小甚至免除对企业的处罚。薛琼等人[1]研究发现,企业捐赠会降低企业风险。市场化程度越好、公司治理水平越高、企业先前绩效越好、利益相关者满足程度越高,会显著增强企业捐赠与企业风险的负相关关系,有效地降低企业风险。以声誉保险为目标的企业捐赠,虽然不能直接给企业带来经济收益,但是可以降低减少收入、损失财产甚至停业破产的可能性。例如,1992年美国洛杉矶中南部发生暴乱,恶意破坏的行为给当地商业造成了巨大的损失,当地麦当劳的全部特许经营店都幸免于难。原因在于,麦当劳公司积极发展与社区的关系,并为当地创造了大量就业机会,为公司赢得了非常好的声誉,暴乱参与者拒绝破坏麦当劳的店铺。

三、企业慈善捐赠的策略

随着政府和舆论对企业社会责任期望的增高,企业要从营销战略和品牌形象的角度来重视慈善捐赠,避免因"小气"而面临声誉的损失和道德的指责。企业捐赠作为企业履行社会责任的重要形式,涉及公司利益、受益人利益、股东利益、债权人利益等,需要企业高管精心设计,需要企业高管以审慎的战略眼光去权衡捐赠的行为和效果,不仅要根据企业自身的品牌影响力,确定慈善主题和合适的捐赠规模,而且还要采取恰当的捐赠方式,以期赢得利益相关者的理解与支持,弥补捐赠支出带来的利益损失,以求实现绩效增长。因此,企业捐赠要实现企业的利益性与社会的公益性的统一,要实现企业与社会的双赢。相反,如果企业高管不能审时度势地制订捐赠计划,可能使慈善捐赠成为企业难以承担的负担,甚至有可能像万科和盛大公司在汶川地震时陷入"捐款门"事件那样,而遭"逼捐",它们的慈善行为在利益相关者眼中反而成了"伪善",并最终损害企业的品牌形象和长远利益。

企业捐赠要根据企业可用资源和总体战略目标选择慈善主题。企业捐赠计划要融入企业战略和企业文化中,选择与企业经营业务相关的慈善主题,突出企业的社会公益理念。例如,以婴幼儿产品为主的强生公司把慈善活动主题集中在儿童健康与安全方面,以生产化学用品的杜邦公司把慈善捐赠投入公益环保方面,都取得了较好的宣传品牌形象的效果。

---

[1] 薛琼,肖海林.企业慈善捐赠降低企业风险了吗?[J].财经问题研究,2015(6):113-121.

企业捐赠的规模要适当。慈善捐赠对企业绩效的影响不是单纯的正向提升或损害的线性关系，而是复杂的曲线关系。在某些情况下，会提升企业绩效，在另一些情况下则会损害企业绩效。郭国庆等人[1]的研究发现，与捐赠水平中等的企业相比，高慈善捐赠和低慈善捐赠的企业绩效更好，慈善捐赠与企业绩效之间呈U型关系。当企业慈善捐赠规模小于理想临界点（企业营业收入的1.296%）时，企业品牌资产越高，慈善捐赠对企业绩效的消极作用越大。慈善捐赠规模是衡量企业履行慈善责任的核心指标。它由慈善捐赠率、慈善公益捐赠数和慈善捐赠兑现率来衡量。其中慈善捐赠率指企业年度用于慈善公益事业的捐赠总额占企业净收益的百分比；慈善公益捐赠数指企业年度参与慈善公益项目的个数或参与领域的个数；慈善捐赠兑现率指企业年度实际慈善捐赠的数额占企业年度承诺捐赠数额的比例[2]。作为社会责任的企业捐赠，允许企业将捐赠作为一个有利于企业的长期投资，但同时要注意避免企业尚未很好地履行基本的企业社会责任（如遵守法律、安全生产、质量控制、保护环境）时，盲目追求一些高层次的社会责任（如慈善捐助）以提高企业形象，也不可以捐赠不切实际的数额，随意地慷股东之慨，损害股东的利益，打击股东投资的积极性。企业慈善捐赠有一个前提，就是在企业所能承受的能力限度之内，与企业的可持续发展相联系，而不应成为企业生存发展的负担。企业在作出慈善捐赠的决定时，应该综合考量企业的资产规模、经营业绩、社会地位等方面，权衡股东和社会利益，要审慎权衡捐赠的规模，不仅要避免使捐赠成为企业难以承担的负担，而且要避免利益相关者将企业的"慈善"误以为是"伪善"。为此，企业应该根据自身的品牌效应制定慈善捐赠规模，使捐赠行为利于绩效的增长。企业捐赠数额的合理性必须在企业恪尽社会责任与顾及企业股东权益之间寻找平衡点。西方发达国家规定，除非经股东会决议授权，捐赠不应该超过公司股本与盈余的1%[3]。

企业慈善捐赠要采取适当的捐赠行为模式。企业捐赠有三种基本的模式[4]：（1）直接捐赠财物。直接捐赠财物是最简单也是最重要的企业慈善捐赠方式。直接捐赠可以减少在捐赠过程的资金和物资的传送环节，避免捐赠过程中的寻租行为。直接捐赠财物还能加强与受捐者的互动和沟通，能够更为直接、顺畅地获取反馈信息，对财物的流向进行直接监督，了解捐赠的财物是否被合理地使用，有没有解决受捐者的实际问题，从而更好地满足受捐者的现实需求。然而，直接捐赠由于需要企业高管与受捐者进行直接交流和沟通，需要花费大量的时间和精力来甄选受捐者和捐赠项目，同时，由于企业高管在慈善捐赠方面不是专家，既有可能出现甄选失误，也有可能出现捐赠不及时，或者因后期跟踪和监督缺乏导致捐赠的财物被误用或乱用的情况发生。（2）捐赠时间或服务。捐赠时间是企业员工或企业家通过做义工的方式为社会提供服务。捐赠服务是企业为受助人提供相关的生存技能、就业技能的专业培训。由于企业员工和企业家可能并不擅长所捐赠时间从事的服务，或者

---

[1] 郭国庆,陈凤超,顾雷雷.慈善捐赠、品牌资产与企业绩效的关系：来自中国上市公司的数据[J].中国科技论坛,2018(3)：100-107.

[2] 汪大海,张建伟.在华跨国公司企业社会责任评价体系构建：基于慈善公益的视角[J].北京工业大学学报（社会科学版）,2012(6)：19.

[3] Eisenberg M A. Corporation and Other Business Organizations: Cases and Materials[M]. 8th ed. New York: Foundation Press, 2000: 141-145.

[4] 赵曙明,白晓明,赵宜萱,等.中国企业家慈善捐赠行为模式及现状研究[J].南京社会科学,2015(1)：54-61.

从事的服务是低技术含量的服务,捐赠时间这种企业捐赠不管有无企业家参加,都会因创造的价值不高而被人看作作秀。如果捐赠的是专业培训,其培训受助人的技能与企业员工的技能相同,则有可能被看作为企业培训潜在的员工,如果与企业员工的技能不同,因企业并不擅长这种技能培训,会被看作"狗咬耗子",是一种作秀。(3)捐赠股权。捐赠股权是近年来企业慈善捐赠的一种重要尝试。捐赠股权不会对企业的偿债能力和现金流造成影响,有利于股权的增值保值,既可以为其他上市企业作表率,同时又可减少因捐赠对其他股权所有者信心的影响。股权捐赠把企业与基金会捆绑了起来,减小了"作秀"嫌疑,优化了企业慈善捐赠的环境,因此慈善的形象容易得到认可。然而,股权捐赠可能导致捐赠者对基金会的操控,股权捐赠可能会被看作企业为了保护资产、逃避税收的策略性手段。由于企业的财富水平、发展阶段和发展状况不尽相同,因此企业捐赠要选择合适的捐赠模式。

企业慈善捐赠要坚持对公众有益的公益性原则,受助的主体必须是公众或弱势群体,而且必须给受助者带来实际的益处。借志愿服务的名义开展活动,借机推销产品,给受助者带来的益处少,给企业带来的直接益处多的捐赠,有可能被认为是"伪善"。虽然战略性慈善是企业慈善捐赠的动力,但是如果企业捐赠的功利性太强,借慈善捐赠之名直接谋取自身的利益,这种慈善其实就是假慈善,既无益于企业社会责任的履行,又难以赢得公众的信任,对企业声誉和公众利益都是一种伤害。

企业慈善捐赠要想获得利益相关者的支持,必须增强企业经营的透明度,及时向利益相关者披露企业经营情况,维系好与利益相关者的关系。企业慈善捐赠要想获得战略捐赠的目标,还必须考虑企业的营销能力以及企业所在地区的市场化程度,因为顾雷雷等人[①]通过实证检验发现,企业捐赠水平对企业绩效的促进作用与企业营销能力、企业所在地区的市场化程度成正向关系。

此外,在作出灾后慈善捐赠决策时,企业高管还要将媒体关注等公众预期和舆论压力的因素考虑进来,在赈灾慈善捐赠中,尽量做到响应迅速,避免因响应迟缓遭受大众的质疑,让民众误以为是在"跟风",甚至遭受舆论的"逼捐"。赈灾慈善捐赠,还要响应行为得当。企业高管应当根据自身企业的特点、灾害危害的程度、政府与社会的期望等因素,在赈灾的形式、方式与连续性等方面,做出恰当的响应。

综上所述,作为履行社会责任的企业慈善捐赠,虽然会直接增加企业的成本,却是一种名利双收的行为。由于企业热衷慈善捐赠的动机多样,为了避免被误认为是作秀、是伪善,企业高管在决定企业慈善捐赠时,要以审慎的战略眼光去权衡企业慈善捐赠,确定慈善主题和捐赠规模,并甄选捐赠方式,以求实现企业与社会的双赢。

---

① 顾雷雷,欧阳文静.慈善捐赠、营销能力和企业绩效[J].南开管理评论,2017,20(2):94-107.

儒商社会责任意识探究

——基于徽州楹联的考察

戴 黍 李 粤*

摘要：近代以来徽商成就卓著，徽州楹联折射或反映了其作为典型儒商的社会责任意识。本文以传世楹联为基础，辅以县志、书札等文献，试图"发现"或"重构"儒商的社会责任意识，并将其归纳为四个方面：一是基于道德自律并带有营商特质的行业责任意识，体现为"义利双全"的商道追求；二是基于区域认同和宗族情感的地缘责任意识，体现为"笃于乡谊"的互济观念；三是基于照顾贫弱与提升公益的救助责任意识，体现为"厚德深仁"的慈善志愿；四是基于勤俭孝悌与耕读并重的传承责任意识，体现为"传家教子"的代际理想。

关键词：儒商；社会责任；徽州；楹联；代际理想

明清时期，出身于徽州地区的商人群体极为活跃，因为他们历来崇尚儒家文化，乐于"以儒术饰贾事"①，所以一直被视作儒商的典型。在今天看来，儒商的成就，绝不止于所赚取的巨额财富或是世代累积的"生意经"，还更多地体现在各类公益义举、社会参与、文化传承以及相应的道德实践与价值关怀之中。而这些道德实践与价值关怀，所强调的也不是对财富的"获取"，而是更着重于财富的"运用"。笔者在调研过程中发现，上述道德实践或价值关怀，时常由徽州古建筑中的楹联②加以描绘、抒发或强调：一方面，这可能是徽商有别于普通商人的重要标准；另一方面，其内容与现今热议的"社会责任"密切相关，倘能由此入手，探讨徽州商业传统是如何得以延续并保有其区域性或行业性特质或许也是一种进路。正是基于这样的考虑，本文试图不再单纯依赖县志、书信、著作等惯用文献，而是主要借助散布于古徽州区域及各地徽商会馆的楹联来"发现"或"重构"儒商的社会责任意识，为诠释儒商传统提供一个或有助益的视角③。综合所集取的素材，本文将儒商社会责任意识归纳为四个方面：一是基于道德自律并带有营商特质的行业责任意识，体现为"义利双全"的商

---

* **作者简介**：戴黍（1973—），男，汉族，安徽芜湖人，岭南师范学院教授、华南师范大学博士生导师，研究方向：中国哲学；李粤（1972—），男，汉族，广东廉江人，岭南师范学院讲师，研究方向：中国哲学。

① 《谭渡黄氏族谱（卷九）》

② 徽州楹联大多简洁典雅、主旨鲜明，注重以对偶的形式表达特定的思想内涵或志趣，兼具文学意味和哲学底蕴，所涉广及社会生活的各个方面，对于理解"亦商亦儒"的徽商的思想世界具有独特的研究价值。

③ 当然，本文所论的"社会责任"与工商管理学科的"企业社会责任（corporate social responsibility，简称 CSR）"多有不同。后者的行动主体是作为法人的企业，是指企业在创造利润、对股东和员工承担法律责任的同时，还要承担对消费者、社区和环境的责任（往往随附了功利考量与外在压力）；前者的行动主体是作为自然人的儒商，主要指其在商业经营、社会交往、乡里互助、家族传承中所自觉秉持或担负的带有义务性的内驱型责任。

道追求;二是基于区域认同和宗族情感的地缘责任意识,体现为"笃于乡谊"的互济观念;三是基于照顾贫弱与提升公益的救助责任意识,体现为"厚德深仁"的慈善志愿;四是基于勤俭孝悌与耕读并重的传承责任意识,体现为"传家教子"的代际理想。

一、行业责任意识:"义利双全"的商道追求

商家逐利,自古皆然,从来无可厚非。但引人注意的是,徽州楹联常以"义"为主题或线索,同时又不避讳以"利"入联。这种将"义"置于价值序列或话语体系的优先地位又明确赋予"利"以正当性的做法,或可视作以儒家的眼光或标准来衡量营商之事,也在很大程度上勾勒出了儒商的特质。

徽州商铺常用的联语有:

> 义能为我利,德足润吾身。
> 财以宽和聚,人凭道义高。
> 我德如春,仁言利博。

"义"在儒家语境中不像"仁"那么居于核心或显要,也不像后者那样被历代学者"层累地"赋予了形而上的思辨意味。和"仁"所吸纳的复杂注解相比,"义"并不那么难以捉摸,常常更加具体,并且在较为形而下的价值选择和行动方案层面表现活跃。儒家将其解释为应当、适宜、合适的行为方式,包括道德规范与道德要求[①]。

徽州商人通过楹联强调"义",实际上是先要表明一种态度:本店以义为先,恪守道德规范。但他们并不讳言"利",而是旗帜鲜明地宣称"以义为利",体现了"财自道生,利缘义取"的经营理念,同时也是承担行业责任的前提。

将"义"与"利"并称或深入"义利之辨"的讨论之中,始于儒家以及与儒家有莫大关联的墨家[②],主要是寻求"君子"立身行事的正当性以及合乎礼仪的程度。孔子以"君子喻于义,小人喻于利"的论断开启了儒家用义利之别来区分人群与事体的先河。汉儒董仲舒则从"天之生人"的需求角度,溯源了"义"与"利"滋养、安顿"心"与"体"的功能和使命[③],将"义利之辨"的焦点从社会化期待(偏重身份或道德境界的高低)转移到自然化、个体化需求的满足方式(偏重于人自身可感知的需求层次的差异),而且比较有效地缓和了"义"与"利"之间隐含的"君子"与"小人"的认知冲突,将二者都视为合理,可以并存。

除了力倡"以义为利"的经营理念,徽商还十分强调"以义制利",在行商过程中取舍有道,极为注重诚信口碑和商誉品牌的培养与塑造。例如:

> 欲把名声充宇内,先把膏泽布人间。

这是歙县一家油坊的传世之联。字面上,"广布膏泽"说明了自身的产品性质和经营取向;在隐喻层面,该联语所望着力表达的是:以施惠社群为先,方可广获美誉。换言之,不是只

[①] 例如《孟子·离娄上》:"义,人之正路也。"《程氏遗书》卷九:"义者宜也,权量轻重之极。"
[②] 参见《论语·里仁》:"君子喻于义,小人喻于利。"又见《论语·卫灵公》:"君子义以为质。"以及《墨子·兼爱下》:"兼相爱,交相利。"至于法家、兵家、道家等,因为对"义"的兴趣不大,所以也就不太参与这一类的争论。
[③] 见董仲舒《春秋繁露·身之养莫重于义》:"天之生人也,使人生义与利。利以养其体,义以养其心。心不得义不能乐,体不得利不能安。"

顾眼前收益,而是以利他的、施予性的"义"为先,以得名、获利为后,才能持续发展。与此类似,"铢两能均,陈平宰肉;方寸不失,韩子鼓刀"(肉店),"依样葫芦,尽堪模仿;本来面目,不差毫厘"(印刷坊),等等,不胜枚举。一语双关之际,非常形象地描绘出本行业的标准,以及所追求的价值。实际上,这里的价值也就是"义"之所在。而要达到这样的"义",必然容不得半点瑕疵或疏漏,绝不允许以放松标准的方式来牟利。

徽商之所以能跻身瞬息万变、风云诡谲的商海,稳健通达,声名远播,在很大程度上是因为在经商活动中能够自觉"以义制利",讲求诚信,不赚昧心钱。胡庆余堂的名字取自对联"向阳门第春常在,积善人家庆有余",门楼上至今还保留着创始人胡雪岩所立"是乃仁术"四个大字,出自《孟子·梁惠王上》"医者,是乃仁术也",表达了胡雪岩创办药店济世救人的初衷。传统建筑的匾额一般都朝外挂,但胡庆余堂有一块匾额却是朝内,面向坐堂经理悬挂,上书"戒欺"二字和胡雪岩手书的一篇短文,告诫药店的员工:

> 凡百贸易均着不得欺字,药业关系性命,尤为万不可欺。余存心济世,誓不以劣品弋取厚利,惟愿诸君心余之心,采办务真,修制务精,不至欺予以欺世人,是则造福冥冥,谓诸君之善为余谋也可,谓诸君之善自为谋也亦可。

据史料所载,许多徽商都能像胡雪岩这样面对义利之间的矛盾时,以诚信为本,不赚昧心钱。诚如歙县商人吴南坡所坚持的"人宁贸诈,吾宁贸信,终不以五尺童子而饰价为欺","宁奉法而折阅,不饰智以求赢"①。

再举一则古徽州商铺常用的儒家式理趣盎然的对联:

> 取与无伤廉惠,行藏自合中庸。

廉惠、中庸都是儒家关注的焦点。该联由此生发、蕴涵的意味,恰好可以结合营商事体诠释司马迁《史记·货殖列传》的一句话:"廉者,有分辨,不苟取;归富者始若俭于取,终则厚于藏。"同时,也向经商者发出警告,务必取舍适当,行廉商义贾之道,才能义利双全。

清代歙县商人舒遵刚对于义利关系作出如下阐释:"钱,泉也,如流泉然。有源斯有流,今之以狡诈求生财者,自塞其源也……圣人言,以义为利,又言见义不为无勇。则因义而用财,岂徒不竭其流而已,抑且有以裕其源,即所谓大道也。"②在舒遵刚看来,钱财总有其来源,用狡诈的手段谋财,就等于自己塞住财富的来源,是"自竭其流"。而因义而用财,才能开辟财源,收到谋大利、发大财之效。舒遵刚在实践中也以身作则身体力行,于"义中取利",在徽州商人中产生了广泛的影响。正因为徽商注重胸怀良知和善心,强调货真价实,所以结果往往是"不言利而利自饶"。如徽州休宁商人张洲"持心不苟,俭约起家,扶资游禹航,以忠诚立质,长厚摄心,以礼接人,以义应事,故人乐与之游,而业日隆隆起也"③。还有清代黟县商人凌晋,"生平敦厚诚一,能敬承先志,虽经营阛阓中而仁义气蔼如。与市人贸易,黠贩或蒙混其数以多取之,不屑教也;或讹于少与,觉则必如其数以偿焉。然生计于是益殖"④。

---

① 《古歙岩镇镇东磡头吴氏族谱·吴南坡公行状》
② 《黟县三志(卷十五)·舒君遵刚传》
③ 《新安休宁名族志(卷一)》
④ 《沙溪集略(卷四)·文行》

徽商主动运用儒家"义"的观念自律，行商不唯商，求利不唯利，宁可失利不愿失义，恪守本分，非义之财不取，表现了一种"义"字当先、"以义制利"、"义利双全"的商道追求。他们以仁爱之心待人，坚持行业操守，在儒家式的道德自觉和自律中担当起了对他人和社会的责任。

二、地缘责任意识："笃于乡谊"的互济观念

受相对封闭的地理环境及民风学风的影响，徽州一直保有浓厚的乡土宗族渊源。康熙《徽州府志》记载："新安各姓，聚族而居，绝无杂姓搀入者。其风最为近古。"徽州常有这样的族规：族人"业无所就，令习治生理财"。对"族中子弟不能读书，又无田可耕，势不得不从事商贾者"，则要求"族众或提挈之，或从亲友处推荐之，令有恒业，可以糊口"①。经商之初，徽商一般以家族近亲为骨干，亲帮亲，邻帮邻，极重乡谊；同时，族中那些"凡官有余禄"或"商有余资"者，都担负着支助同族子弟的义务。换言之，这种"笃于乡谊"的互助互济观念及行为，在很大程度上构成了徽商群体内约定俗成的地缘责任，并直接促成了长江中下游"无徽不成镇"的现象。徽州流传着这样一首歌谣：

　　有生意，就停留；
　　没生意，去苏州。
　　转来转去到上海，
　　求亲求友寻路头。
　　同乡多顾爱，答应肯收留。

这段歌谣唱出了清末民初徽商的乡谊，形象地再现和反映了当时相帮互助的传统。各种形式的抱团联合，使得徽商逐渐建立起由家人、族人和乡人结成的"圈子"并形成在盐、木、茶、丝等行业的垄断。事业初成的徽商群体热衷于在长江和运河沿岸的各重要城镇创建会馆，并完全由徽商资助财力人力确保运转②。婺源商人朱文煊，"同乡建安徽会馆，输银一千二百两，兼董其事"③。歙人许承尧在《歙事闲谭》中也说："吾徽人笃于乡谊，又重经商，商人足迹所至，会馆义庄遍行各省。"

徽州会馆广布全国④，各地会馆所撰楹联大多出自徽籍饱学之士，所以本文也将其归入广义的徽州楹联之列，其中不乏精彩典雅之作，并且充溢着乡谊与故土观念。北京歙县会馆有副楹联是这样的：

　　九万程中，三千道上，藉此馆粲场茵，用萃东南之美；

---

① 《茗洲吴氏家典（卷一）》
② 具体而言，会馆主要有以下几种功能：其一，为在外地的徽商提供联络乡谊、切磋经营之道、沟通商业信息、交流商业经验的场所；其二，代表商家与官府交涉商税事务，维护权益；其三，提供便利，如徽商会馆大多有专供同乡行商寓居和存货的房舍，有的还设有专供徽商船只装卸货物的码头；其四，扶持本乡商人，办理各种公益事业，如设有义冢、殡舍、归梓局、善堂等公益设施和机构，以增强商会对内的向心力和对外的竞争力。
③ 《光绪婺源县志（卷三四）·人物·义行》
④ 据陈联在《商人会馆新论——以徽州商人会馆为例》[徽学.2000(1)：212-219]中的统计，明清时期徽人在全国各地所建的会馆及其他公共设施至今见于记载者至少有140余处，而且分布广泛，大至苏州、杭州、嘉兴、广州等大都市，小至武穴镇、河口镇、姜湖、黄康等小镇，均有徽商会馆。

卅六峰下,廿四桥边,移来绶花带草,咸依日月之光。

此联直述远离家乡的歙商及旅居在京的歙籍人士在社会上的影响和地位,并指出这种影响和地位源自"东南之美"和"日月之光",将自豪寓于谦逊之中:为现今成就自豪、为乡土自豪,同时将成就归于共同的努力,归于家乡、前辈的支持,表明了"功成不必在我"的儒家式的谦逊。"九万程""三千道"说的是由徽州到京城的商路历程,"馆粲场茵"描绘了会馆所处的繁华境况,"卅六峰"指代黄山,"廿四桥"则指代歙县富绅的重要聚集地扬州。该联以眼前的京城荣光,映照家乡的风物人文,二者相互启发,相得益彰。这种旨在借景抒情以汇聚乡谊、人气的楹联,还有清代北京歙县会馆的"清樽夜话黄山树,彩笔朝题紫陌花"、杭州安徽会馆的"宾馆喜相逢,同上吴城观落日;乡关查何处,却寻衡岳望归云"、武汉太平会馆的"碧潭秀现,黄岳灵杨,圣代即今多雨露;庚亮楼高,伯牙台古,故园无此号湖山",等等。

又如甘肃兰州的歙县会馆联:

君不见黄龙西走,朱雀南飞,白茫茫一片冰山,好凭供奉清歌,横吹铁笛;
我所思莼菜秋风,杏花春雨,绿冉冉千年旧梦,欲借杜陵广厦,满把金樽。

上联描写的是白雪皑皑的塞北风情,下联则描绘了家乡的秋风春雨、江南新绿;前者雄奇苍劲,后者清丽明艳,视觉反差显著,意象转换丰富,志趣真切宏远,确实能够起到"敦亲睦之谊,叙桑梓之乐,虽异地宛若同乡"的效果①。对于有着重儒情结的徽商来说,这样的联语在唤起和加强地理和文化认同、沟通同籍商谊、慰藉思乡之情方面,作用是不可低估的。

除了恒念故园、不忘乡谊,徽商之间的互济互助观念历来浓重深远,而且在各地会馆的联语中得到明确表达和反复强调。如绩溪旅休宁的梁安会馆正厅有副对联:"百里鄣云萦旅梦,一潭长水印乡心",将"旅梦"与"乡心"对列,前者游动不居,后者则终生不变,道出了"同此心""共圆梦"的相互扶持的理据。该会馆客厅又有一联为:

同乡皆兄弟,对榻休主宾。

该联意在以会馆为范围,直接摒弃主宾的尊卑差序,视同乡为兄弟,以平等相交。正因为身在异地他乡,所以会馆致力于拉近人们的空间距离和心理距离,为互济互助牢筑基础。该联表明了会馆承担地缘责任的一种恳切态度,同时也可视为向所有来往于会馆的徽商的一种默示约定。

徽商非常重视行业联盟与垄断,比如明清之际木材生意就以徽州人居多,一些地方甚至出现了由徽籍人士兴建的行业性的木商会馆。某徽州木商会馆(佚名)的楹联曾广为流传:

桑梓同敬恭,伐木歌诗求我友;
波涛仗忠信,涉川占卦利同人。

上联的"桑梓同敬恭"语出《诗·小雅·小弁》"维桑与梓,必恭敬止",字面上的直白意思可理解为:既然同是故乡人,就应共怀家园情。"桑梓"指代故乡,本身也是树木名称,契合了兼具地域与行业属性的木商身份。"伐木"也源自《诗·小雅》的篇名,指的是宴请亲朋

---

① 《浮山会馆金妆神像碑记》

故旧的一种乐歌,用在这里的意思正是要邀集聚会志趣相投的朋友,共叙同乡同行之谊("歌诗求我友")。下联所说的是,长途贩运木材,在波涛险滩间穿行,所依赖仰仗的恰是众人齐心的忠诚与信用。"同人"用的是《周易》的卦名,爻辞曰:"同人于野,亨,利涉大川。"所描绘的意象是:众人协和相聚,可致通达,有利于渡过江河——"涉川占卦利同人"指明了会馆以忠信为宗旨,在遇到险阻时就能汇集众志,和衷共济,为同乡同行开新局、创佳绩。

由此可见,徽商已经超越血脉同一的宗族观念的界限,扩大为更具包容和吸纳能力的地域性的乡土观念。从历代累积的各式楹联中可以看出,徽商早已达成共识:对同族者必尽亲亲之谊,对同乡者必念桑梓之情,不仅对宗族内部进行保障救济,还往往邀集同乡兴建会馆等设施,大力促进互济互助。于此,作为一种地方性的同乡群体利益整合组织,会馆实际上就是乡谊纽带的连接者和地缘责任的主要承载者。

三、救助责任意识:"厚德深仁"的慈善志愿

作为儒商的典型,徽商一方面在日常生活中不断提高自身修养,强调道德自觉与自律,另一方面积极为家族、社会、百姓排忧解困,在公益保障、灾难救助的过程中,徽商向来都慷慨解囊,倾力而为。诚如徽商研究专家所说:"中国历史上,还没有哪一个商帮像徽州商帮那样对社会公益事业如此关心,并且蔚成风气,代代相传。"[①]

这种风气的养成,显然不是一朝一夕之功,而是源自对"善""德""仁"等理念或价值的深切认同与践行。例如,古徽州营商人家常用的一副楹联是:

乐与人善即只字片语皆为良药,
悯济困穷虽分文升合亦是福田。

在为善的因由和方法上,徽商有自己的理解与尝试。首先,他们认为善要发自内心("乐与人善"及"悯济困穷"),这也是儒家学者所激赏的[②];其次,可从小事做起("只字片语"或"分文升合");进而,则能积少成多、产生惠人济贫的长久效用。

另一常用的联语说得更为直接:

克己最严,须从难处去克;
为善以恒,勿以小而不为。

应当看到,在没有宗教强制、没有统一神灵信仰支撑的背景下,徽商将善作为一种自我修养和道德自觉,或许有其隐约、潜在的功利性考量,但他们所主张的善心与善行之实践,确实在公序良俗的建设中发挥了"德惠里仁"等极为重要的作用。这里所说的"为善以恒",指的是平日所言、所思、所行都勿离"善",而是要将其内化,务求恒久常驻于心。

当然,徽商也并不回避"善"的功利性价值。例如,黟县宏村承志堂的一副对联是:

善为玉宝一生用,心作良田百世耕。

如果追问究竟什么是"善",恐怕饱学硕儒们都很难回答。但该联所用的比喻很简明易懂且贴近古徽州的农商生计:做善事就像积蓄珠宝,可以终生受用;怀善心犹如坐拥良田,能够

---

① 张海鹏,王廷元.徽商研究[M].合肥:安徽人民出版社,1995:431.
② 《论衡·定贤》:"有善心,则有善言,以言而察行,有善言,则有善行矣""故心善,无不善也;心不善,无能善。"

世代耕作。这副对联的书写者特意将"玉宝"的"玉"字多写了一点,据说是暗示后代,如果想要更多财富,就须做更多善事。对那些成就卓著的徽商来说,于此更加重视,所谓"积德胜遗金"①。

古徽州商家老宅的一副楹联的上联是:

> 念头凛凛,常思厚德深仁,留百代奠安根本②。

显然,这位户主希望表明的心迹是,以"厚德深仁"为己任,常存敬畏诚恳之念,并将之作为流传百代的根本。为善的志愿和行为在此得以提升,进至"求德之厚""存仁之深"的儒家精神的境界,并且体现了带有普适性的社会担当与责任意识。

上列联语所述"厚德深仁"在史载的徽商义举中更是得以反复彰显和强化。"于小处行善"之外,徽商期盼的是"博施于民而能济众"③,特别是在国家面临各种灾害、民众陷入困顿和危难的时候,徽商常常率先挺身而出,为民分忧,为国解难,竭诚捐赈,表现出强烈的慈善志愿,切实履行了徽州楹联所倡的救助社会之精神与责任。在现实生活中,徽商积德行善的例子举不胜举。这从历代徽州府志、各县志中可以看出。这些府志和县志记载着徽商乐善好施、恤贫济困的事例,从兴建私塾、书院到建祠堂义田,从赈灾赈饷到济贫恤孤等,将徽商的厚德深仁体现得淋漓尽致。

例如,旅扬州的歙县盐商汪应庚在乾隆三年(1738年)岁旱大饥之际,"首捐万金备赈之后,自公厂煮赈。期竣,复独立展赈一月,约用米三万石有奇,其赖以全活者共九百六十五万三千余口。其博济众者,未有如斯之甚者也"④。另一歙县盐商鲍漱芳,在清嘉庆十年(1805年)夏洪泽湖涨决、灾民嗷嗷待食之时,"集议公捐米六万石助赈";淮黄大水之时,鲍漱芳又"倡议仍设厂赈济,并力请公捐四万石展赈两月,所存活者不下数十万人"⑤。另外,乾隆年间荆州遭遇水灾,歙县籍两淮盐业总商江春上呈奏折写道:"商等世业淮盐,荆州为行销淮盐纲地,今年堤塍被水冲漫,仰圣恩赈恤,频施发币修筑,灾民固已得所。第商等转运所资,情关休戚,情愿捐银一百万两,稍助工赈之需。"⑥对因饥荒或疫病而死的灾民,徽商也积极善后,甚至远比政府更为负责、更加得力。婺源商人金荣生侨居金陵,在道光十一年(1831年)的水灾中,不仅"散给衣食"与灾民,而且建义济堂,以"掩骸瘗暴"⑦;歙县王立本目睹"嘉庆十八年(1813年)大水,白骨暴露"之惨状,恻然不忍,"捐赀千金,邀同志集千金,董其事,筑土掩埋,不惮劳苦"⑧。

颇为可贵的是,有些徽商所拥资产并不算多,但仍然尽心竭力救灾纾难,视他人之困如己身之责。如婺源梅溪的吴永钥,自幼贫苦,是雇工出身,"往后汉镇业贾,值水灾,钥雇舟

---

① 见古徽州楹联"守身如执玉,积德胜遗金"。
② 下联是"世事纷纷,只可提纲挈领,存十分大用精神"。
③ 如歙县赤岭商人苏源,"尝往来浮梁、乐平,于南村岭上建凉亭,施茶于三星菴,行人便之。又于邑之西武岭建如心亭,修亭至花桥路三十里,于陶岭归路修石桥,计十八洞"(参见嘉庆《黟县志》卷七《人物·尚义》)。
④ 《汪氏家乘·光禄寺少卿汪公事实》
⑤ 《民国歙县志(卷九)》
⑥ 《两淮盐法志(卷一四五)·捐输门》(光绪朝刊印)
⑦ 《光绪婺源县志(卷三四)》
⑧ 《嘉庆黟县续志(卷七)》

救援,全活甚众"①;又休宁由溪人程锁,在淮海经商时"值年荒歉,焚贷者券不问",自己仅剩一匹老驴,"售得千钱,怀归奉母,乡人催债纷至,乃卖田宅,脱簪珥还之"②。不得不说,这些徽商也称得上是"厚德深仁"的典范。

与之相应,徽商会馆一般都设有义冢、殡舍、归梓局、善堂等设施,旨在为同乡商人客死无归者,处理善后;有的还专门建立了济养院、育婴堂等各类慈善机构,给年老幼弱者提供养护,或给失业者救济、给病者赠医送药,等等;有的更是附设了义学、书院,让身处异地的徽籍贫寒子弟有机会读书识字。这些救助义举,在现代看来,完全可以视作徽商在社会保障和慈善事业领域中做出的尝试和打下的基础。据载,婺源商人曾不惜斥资创建各种公益和慈善组织,当时的情势是:

> 婺邑社会,有以一邑为范围者,有以一乡一村为范围者。紫阳学社目的在辅助官治,文庙灯会目的在庄严祀事,劝学所目的在普及教育,自治研究所目的在讨论公益,物产分会目的在宏奖实业,统计分会目的在调查庶物,不缠足会目的在改良闺范,皆以一邑为范围者也。城乡之集善局,以慈善为目的,水龙会、水筹会以拯火灾为目的。各乡文会以观摩文艺为目的,青苗会以保护农林为目的,桥会、路会以便行人、备水患为目的,皆以一乡一村为范围者也。③

徽州知府刘汝骥对此不无自豪地指出:"婺事之有秩序者,以城乡集善局为最。发起人捐资提倡,赞助人协力维持。手续几经,规模乃具,其助育婴、种牛痘、收字纸、救火灾、施棺木,种种慈善之举,皆能按序实行。"④

作为地方长官,刘汝骥未必认识不到公共服务应由政府提供,但在政府力有不逮的前提下,"发起人捐资提倡,赞助人协力维持"就成了推进公益的首选方案。徽商的慈善之举,不仅给受救助者带来及时的关爱和帮助,也反过来赢得了口碑和信任,商业竞争力顺势得到提升,从而创造出更加充沛、多元的社会价值。

四、传承责任意识:"传家教子"的代际理想

乾隆《歙县志》说:"家多故旧,自六朝唐宋以来,千百年世系比比皆是。重宗谊,修世好,村落家构祖祠,岁时合族以祭。"⑤这种状况可远溯至宋代,理学大师朱熹撰修《家礼》"正名分,别尊卑,敬宗睦族之道,亲亲长长之义",以尊祖、敬宗、睦族为宗旨,用来规范宗族活动的内容、程序和具体细节,并根据理学纲常制定宗规家法,约束族众。其后,徽州各地都"一遵文公家礼"⑥。徽州人把宗祠建设看作族内头等大事,同时对记载着血缘关系传承的宗谱,也极为重视。尤其是明清以降,徽州宗族的族谱出现不断续修的特点,每个宗族成员都竭力出资,大力襄助。有些大族一次修谱,开支往往达数百两银子,甚至上千两、数千两。

---

① 《光绪婺源县志(卷三五)·人物·义行》
② (明)汪道昆《太函集(卷六一)》
③ (清)刘汝骥《陶甓公牍(卷一二)·法制·休宁民情之习惯·从团体上观察民情》
④ (清)刘汝骥《陶甓公牍(卷一二)·法制·婺源绅士办事之习惯·属诸事者》
⑤ 《乾隆绩溪县志序》
⑥ 《新安黄氏会通宗谱·集成会通铺叙》

徽商支持力度最大。如徽商吴永钥,"尤笃根本,修祀厅、葺宗谱,所费不下五百金"①;清代歙县盐商郑鉴元,"修洪桥、郑氏宗祠,又尝修族谱,举亲族中婚葬之不克举者。建亲乐堂于宅后,子孙以时奉祀"②。

在这样的笃根本、明统绪的大环境下,有远见的徽商常常有意识地担负起传承之责,力图实现"传家教子"中的代际理想,以此冀望并激励子孙后代,希望他们能学习始祖懿德,谋福于后代,使代代福祉绵长。从徽州楹联中,可以概括出"孝悌—勤俭—耕读"的线索来加以阐释。

徽商运用各种形式教化子孙着力于"孝行孝道"。西递村胡氏家祠敬爱堂中的一副楹联是:

> 万恶淫为首,百善孝为先。

敬爱堂寓意深远,既提示后人须敬老爱幼,又要求族人互敬互爱,和睦相处。敬爱堂厅堂抱柱楹联是:

> 家庭内具大经纶,乔乔皇皇秀朴力田孝弟;
> 心性中备真学问,浑浑噩噩事功道德文章。

又有:

> 天经地义,惟伦叙伦明,肫肫慈孝友恭,纯心安止;
> 帝典王谟,以钦终钦始,秩秩修齐平治,大道率由。

"孝"是儒家伦理思想的核心内容之一,朱熹曾著《孝经刊误》以宣传"孝、悌、忠、信"的封建道德规范,来达到"明人伦"的目的。而且"孝"可以营造兄弟之间"自然敦友爱",叔侄之间"不必结冤仇"③的谦让有礼的家族氛围。

"孝"除了要求对父母尽心奉养并顺从外,还要使"五宗安之,秉德不回"④。于是,为了有效维持族人的基本生存及宗族社会秩序的稳定,徽商通过宗祠凝聚人心,进而设置族田、义屋、义冢等途径展开内部救济,这样的事例在徽州的方志、谱牒中俯拾可得。与此相应,表达追根溯源、教化后人的楹联还有很多,且大多悬挂在祠堂里。如冯村冯氏宗祠叙伦堂联:

> 叙穆叙昭,祖有德,宗有功,具见诒谋远大;
> 伦常伦纪,孙可贤,子可孝,即能继述绵长。

该联旨在确定祖宗功德与子孙孝贤,将前者的谋划之功与后者的继承联系起来,以期伦常有序,持续绵长。虽然宗教力量在徽州一般并不固定,也难称强大,但徽商还是普遍相信因果报应,认为善有善报,恶有恶报。而这种报应,远报在来生,近报在儿孙,即"好儿孙是从阴德来"⑤,"积实阴德"才能"培贤子孙"。这种阴德包括"德修于己"⑥"安行仁义"⑦等等。

---

① 《光绪婺源县志(卷三五)·人物·义行》
② 《民国歙县志(卷九)·人物行·义行》
③ 见古徽州楹联"兄弟自然敦友爱,叔侄不必结冤仇"。
④ 《周书·谥法》:"慈惠爱亲为孝,协时肇享为孝;五宗安之曰孝,秉德不回曰孝。"
⑤ 见古徽州楹联"大富贵必须勤苦得,好儿孙是从阴德来"。
⑥ 见古徽州楹联"德修于己,吉庆有余"。
⑦ 见古徽州楹联"安行仁义,福重子孙"。

所以，今生今世做好事、积善积德，主动迎取来世的命运，就成了徽商追求的目标和对子孙的告诫，也是他们言传身教的实际内容。如黟县江联燦，"商于楚，业稍裕，归乡轻财仗义，见善必为"，其子江元壎"有父风"①；歙县吴元贯，"尝贩茶至京师，见乡人无告者辄解囊济之。殁后财尽"，其子吴荣运"弃儒就贾，家稍裕，好善如其父"②。婺源商人洪德税，"性仁厚，急人之患，即倾赀不惜。……子益善承父志，鸠工董役，凡历三岁，费逾二千金，无吝色。贫称贷不责偿，父遗券百余纸悉焚之，人称是父是子云"③。可见上代人善，可率下代人善，可致百代人善，"几百年人家无非积善"遂成为徽商跨越时空的家族责任和代际理想。

朱熹将"一粥一饭，当思来之不易；半丝半缕，恒念物力维艰"当作"齐家"的训言，影响深远。对绝大多数徽商而言，他们基本上是以勤俭持家的，并以此教育子孙。这在许多现存的古徽州楹联中便可窥见一二。例如，"道德一经，首重在俭"④。徽商对节俭有自己独特的认识，他们认为对于衣食不浪费，就是惜福。在他们看来，节俭是成就各种德性的重要基础，不俭无以修身、养德。从"须把勤来补拙，莫将懒去学愚""勤俭旧家风，须戒骄奢修懿德"⑤等徽州古楹联中可以看出，徽商对勤俭家风的培育显然十分用心，时刻要求子孙理解祖先勤俭创业之艰辛，敦行世家风气。

不但如此，徽商还把勤俭载于家法，用以规范族众。《华阳邵氏宗谱》载："财者难聚而易散……吾宗子弟当崇俭。"另据《徽州府志》记载："家居也，为俭啬而务畜积。贫者日再食，富者三食，食唯稠粥。客至不为黍，家不畜乘马，不畜鹅鹜……女人犹称能俭，居乡者数月不占鱼肉，日挫针治缝纫绽……徽俗能蓄积，不至厄漏者，盖亦由内德矣。"⑥

作为理学大师朱熹的故乡，徽州素享"程朱阙里"的美誉，极重读书，以至有"十户之村，不废诵读"⑦的说法。徽商一致认为"天地间诗书最贵"⑧，当然这里所指的主要是儒家圣贤之书。试举两副徽州人家常用的专讲"传家"的楹联为例：

传家礼教惇三物，华国文章本六经。

传家无别业，解会状榜眼探花；教子有遗经，诗书易礼记春秋。

于此，徽商训诫族内子弟的方式很耐人寻味。家族传统的核心脉络并不是作为"主业"的经商、做生意，而是儒家礼教、典籍与科举。这样看来，徽商人家对子孙后代所寄予的希望，首选并不是把家族商业做大、把生意做强，而是把书读好。所谓"读圣贤书明体达用，行仁义事致远经方"。直到今天，我们仍然能够在徽州发现如下的对联：

善贻谋于后嗣，学礼学诗；凛遗绪于前人，克勤克俭。

几百年人家无非积善，第一等好事只是读书。

欲高门第须为善，要好儿孙必读书。

---

① 《同治黟县志（卷七）·人物·尚义》
② 《道光徽州府志（卷一二）·人物志·孝友》
③ 《道光徽州府志（卷一五）·人物志·孝友》
④ 选自古徽州楹联"道德一经，首重在俭；损益二字，莫大于谦。"
⑤ 选自古徽州楹联"勤俭旧家风，须戒骄奢修懿德；文明新世界，宜贻经史养英才。"
⑥ 《康熙徽州府志（卷二）·风俗》
⑦ （明）赵汸《商山书院学田记》
⑧ 选自古徽州楹联"天地间诗书最贵，家庭内和睦为先。"

绵世泽,莫如积德;振家声,还是读书。

或许也正是因为许多徽州子弟自幼念诵、记述着这些联语的内容,并据此读书、交友、居家、处世、经商、求仕,所以明清时期徽州才精英辈出,既有豪商大贾、达官显贵,又有硕学鸿儒、艺术巨擘。当然,官,大多是儒官;商,大多是儒商。都脱不开"儒"的熏染陶冶。徽商之所以如此看重读书,并着力培养族中子弟"读书入仕,光宗耀祖",大致是缘于他们对宗族福祚绵长所肩负的责任:怎样才能更好地安身立命?怎样才能巩固与扩大已取得的成就?怎样才能抵御来自各方的可能危机?——放眼长远,儒家经典所蕴含的道德仁义、处世智慧以及科场先机,无疑是内可修身、外可成事,上合先祖志趣、下启子孙前程的最为稳妥的占优选择。古徽州民众这样评估儒家经典的价值:"本之书求质,本之诗求恒,本之礼求宜,本之易求功。"①《诗》《书》《礼》《易》各有偏重,人们可以基于它们分别探索或获取安定长久、事物本质、应对礼数、运行功效等方面的根本与源头。于是,读书的用处就在于:

读书贵能用,明德莫如兹。
书作良田,何必嫌无厚产;仁为安宅,由来自有亨衢。
继先祖一脉真传,克勤克俭;教子孙两行正路,惟读惟耕。

古徽州深嵌在宗法制的传统农村里,"耕读传家"是包括徽商在内的人们根深蒂固的对未来世代的生活想象,正所谓"一等人忠臣孝子,两件事读书耕田"。即便从功利层面看,"读可荣身,耕可致富"也足以成为人们所追求和向往的生活状态,并世代相袭。徽州的始迁祖大多是避乱迁徙而来的中原世族,在饱经离乱、颠沛之苦以后,他们虽在徽州落地生根,但仍然沿袭了中原的耕读传统,并将耕读文化引为根本、纳入魂魄。亦如徽州民居常用对联所述的那样:

书可读,田可耕,山中宰相;仰不愧,俯不怍,世上神仙。
传家无别法非耕即读,裕后有良图惟俭与勤。

在浓厚的耕读文化的影响和熏陶下,贾而好儒的徽商十分注重对文化教育的积累和投入,勤耕诚笃、诗书传家蔚然成风。当然,即便古徽州耕读文化传统深厚,但是价值观念还是发生了一些变化,重商的倾向也日渐浓厚。这主要是因为在徽州地少人多的生存危机下,许多人不得不"以贾代耕",正如顾炎武在《天下郡国利病书·江南二十》所述:"(徽州)田少而值昂,又生齿日益,庐舍坟墓不毛之地日多。山峭水激,滨河被冲啮者,即废为沙碛,不复成田,以故中家而下,皆无田可业,徽人多商贾,盖其势然也。"再加上其他的一些有利条件,徽州出贾风习逐渐发展并达于极盛。如歙县到明中叶已是"业贾者十家而七"②;祁门县"服田者十三,贾十七";休宁县则"大都以货殖为恒产"③;有些乡村甚至达到了"贾者十九"④的程度。在这种大环境下,徽商对经商的态度和认识也发生了一定的变化。徽商后人、收藏家胡积堂所建的笃敬堂里,相传为胡氏后人所书的一副楹联是:

---

① 见古徽州楹联"无益言勿听,无益事勿为,无益文勿观,无益人勿友;本之书求质,本之诗求恒,本之礼求宜,本之易求功"。(题于黟县南湖书院院舍)
② (明)汪道昆《太函集(卷一六)》
③ 《万历·祁门县志(卷四)·风俗》
④ 《歙县·竦塘黄氏宗谱(卷五)》

读书好营商好效好便好，创业难守成难知难不难。

在此联中，胡氏后人对徽商所称的"第一等好事"即"读书"做了巧妙矫正，把"效益"放在首位，要求读书也好，经商也好，都需要注重实效。通过这种"效好便好"的方式，巧妙地将经商与读书摆在了相同的社会地位。这也可以看作徽商"传家教子"的代际理想在情境变迁中责任意识的与时俱进。

晚清洋务派企业家的社会责任

——以郑观应为例

邵 建*

摘要：清政府在第二次鸦片战争惨败，并被迫签订了一系列更加丧权辱国的不平等条约后，开始了一场以学习西方先进科学技术为手段，以"自强""求富""制内""御侮"为主旨的洋务运动。洋务运动的兴起，催生了大量的新式企业、新式学堂，为近代中国产业体系、科学体系、教育体系等方面的转型发展，为中国走向近代化打下了很好的基础，作出了重要的贡献。在此过程中，相当数量的洋务企业家、实业家在晚清商业领域甚至政治舞台上崭露头角，他们勇于担当，克服万难，参与兴办了大量的军用和民用工业，让中国实现了近代工业从无到有并落地生根的壮举。在这个艰难的过程中，以郑观应为代表的、为数众多的洋务派企业家以实业报国的具体行动，展现了自己的家国情怀和责任担当。

关键词：洋务派企业家；社会责任；郑观应

第二次鸦片战争后，轰轰烈烈的洋务运动拉开序幕，洋务派开始登上历史舞台。洋务派认为，只有师夷长技以制夷，以西方之坚船利炮对抗西方之坚船利炮才是出路。再后来他们发现，光靠造船造枪炮，还远远不够，所以又提出了不但要"求强"，同时还要"求富"。19世纪70年代直至中日甲午战争之前，洋务运动进入了大发展的历史时期。这一时段与以"求强"为主、进行仅仅创办以适应战争和军事需要的军工企业和军事学堂的尝试与探索的整个60年代相比，洋务派逐渐认识到兴办近代军工企业所需的巨大资金投入在时局艰难的形势之下根本无法筹措，长此以往难以为继，而终于将目光聚焦到兴办民用企业以"求富"的方针上来，以上海轮船招商公局①为代表的洋务派民用企业的相继创立标志着洋务运动的转型之路逐渐拉开了帷幕。洋务企业的大量兴办，为中国走向工业近代化打下了基础，作出了重要的贡献；在此过程中，相当数量的洋务企业家、实业家在晚清商业领域甚至政治舞台上崭露头角，他们所兴办的企业，让中国实现了近代工业从无到有并落地生根的壮举。在这个艰难的过程中，以郑观应为代表的，为数众多的洋务派企业家以实业报国的具体行动，展现了自己的家国情怀和责任担当。

郑观应（1842—1921），本名官应，字正翔，号陶斋，祖籍广东香山县（今中山市），是近代

---

* 作者简介：邵建（1975—），汉族，江苏常州人，上海社会科学院党政办公室主任、研究员，研究方向：中国近代史、上海城市史。
① 官督商办后改为轮船招商局。

中国洋务派、民族资产阶级的著名代表人物之一，也是中国近代最早具有完整维新思想体系的理论家，其主要著作《盛世危言》对中国思想界产生过很大影响，深得孙中山、毛泽东等历史伟人的推崇。作为晚清宣扬维新变法的重要人物，郑观应对整个晚清的经济社会发展提出了非常全面的变革措施，比如他的"商战"思想及实践，放在今天也是非常值得学习的商业竞争案例。他所提出的变革设想，被时人盛赞为"良药之方"和"金针之度"，许多设想在后来都成为现实。不仅如此，在参与创办洋务派企业和高层管理的过程中，他以高度的责任心和使命感，虽身兼多职，却从未有所怠慢，或大刀阔斧进行改革试验，或建言献策于各级官僚，对洋务派企业的发展和中国工业近代化做出了积极的贡献，体现一个企业家为国家前途和民族命运而奋斗的责任担当。综合来看，从郑观应身上所体现出的企业家社会责任，归纳起来大概有以下几点：

一、在国家命运前途与个人得失有冲突的时候，以国家需要为重、个人得失为轻

1877年2月，太古轮船公司与郑观应续订了5年的总买办雇佣合同。太古轮船公司对郑观应非常器重，无论是待遇还是职权方面，都表现出了极大的诚意。太古给郑观应带来了丰厚的收入，甚至在洋务派向郑观应伸出橄榄枝的时候，太古经理冷士为了挽留郑观应，还向他许诺为太古服务20年之后给予"半薪养老"的待遇。

在郑观应与太古轮船公司的第二个雇佣合同期间，洋务派开始向他频频招手，先是请他襄办堤工赈务，后又请他兼任总办机器织布局和上海电报分局，最后干脆力邀他加入轮船招商局离开太古①。洋务派的这种积极态度，主要源于对他商业能力和实践经验的欣赏。洋务企业的创设、管理与运行，除了资金和技术方面的匮乏外，管理人才的缺乏也是普遍现象。对于洋务派来说，拥有丰富外国企业管理经验的郑观应，是他们急缺的人才，所以李鸿章、盛宣怀等人在相当长的一段时间内一直在鼓动他加入洋务派企业。但是，真正舍弃太古这个非常保险的饭碗，专为洋务派企业服务，郑观应还是有所顾虑的。这种顾虑在他真正到了人生道路选择和个人利益攸关的关键时刻，其内心斗争还是相当激烈的。比如，他对是否能够适应官场的游戏规则，是有很大顾虑的。洋务派企业有官方的背景，无论官办或者是官督商办，都无法回避来自政府方面的影响力，连企业的重要领导职位都必须由官方予以委任。即便是像轮船招商局这样的知名的官督商办企业，它当时的企业掌门人、当年上海滩上赫赫有名的洋行大买办唐廷枢和徐润也摆脱不了官方代表的影响。在某种程度上，商人重利，讲究的是"在商言商"，一切都按照市场规矩办，重要目的之一就是维护广大股东的利益。在洋务企业的运作过程中，因为有了官方的背景和控制，"在商言商"这种市场规矩往往会受到破坏，商人无法最大限度地独立地从商业角度出发考虑全体股东的利益和企业发展的大政方针。此外，由于希望得到官方在资金和政策上的支持，所以又往往受到官方的控制，必须在很多方面对官方利益作出妥协和让步。这种情况郑观应自然了解，对官场的颠顶与险恶他此前在参与创办上海机器织布局的过程中便深刻领教到了。多年之后，他在《覆陈君可良、唐君翘卿、谭君幹臣论商务书》中这样评价官督商办制度：

---

① 按照当时的行规，一人只能在一个轮船公司任职，而不得在其他轮船公司兼职。

> 盖官督商办者,既有委员监督,而用人之权操自督办,股东不能过问。督办而贤也,拔茅连茹以其汇征,股东自然受赐;而无如其多是官场中人,官气难除,且于商务卒皆瞆瞆,所委用者又不问其材之能否胜任,大抵瞻徇情面,非其亲戚即其私人,甚至挂名局内,乾领修金不知凡几,结党营私毫无顾忌,而局务遂日归腐败矣。①

郑观应的内心对官办企业的不认同非常明显,1912年的一封写给盛宣怀的信中,他更是直言应将招商局整个交给商人包办:

> 居中人员上下其手,皆以舞弊为习惯,断难如愿。为今之计只可将全局租与商人包办数年,庶几借其间接之手而清局中之弊,窦一俟期满再收回自办,此不二之善法也。②

又如,离开太古对自己的事业前程到底会有什么样的影响。太古轮船公司总买办对于郑观应来说是一个很安稳的有固定丰厚收入的职位,如果不出意外的话,相信5年合同期满之后应该还会续订雇佣合同,直到如很多洋行的大买办一样做到退休之年。受到洋务派官僚的器重到政府企业中高就,是一种无上荣光和光宗耀祖的事情,但是真正到了必须舍弃太古而就招商局的时候,这些因素却不得不考虑进去了。太古的工作和收入是稳定可靠的,虽平淡却并无大风险,且可坐收高额薪俸。抛却轮船招商局(简称"轮局")所能够带来的收入降低的可能性不说,就是入了轮局之后,前途几何也未可知。就当时的情况来看,郑观应的确受到了李鸿章、盛宣怀等人的高度信任和赏识,但是一旦专事招商局,那么就意味着他与这些官僚的关系发生了根本的变化,由此前的局外人,变成了局中人,变成了纯粹的下级企业管理人员,还必须面对更多的官僚,并与他们发生直接的工作关系。俗话说"花无百日红,人无千日好",在这种情况下,一旦有所闪失,后果是自己无法控制的。郑观应本人曾将这种担心毫无讳言地直接告诉了极力拉他入伙的唐廷枢,担心:"将来招商局日有起色,北洋大臣不是李傅相,遽易他人,误听排挤者逸言,不何是非,不念昔日办事者之劳,任意黜陟,调剂私人,我辈只知办公,不知避嫌,平日既不钻营,安有奥援为之助力?"③

再如,让郑观应纠结的还有如何处理与太古的关系问题。太古对郑观应不薄,这点他非常清楚,离开太古,心中有所愧疚,这也是人之常情。更难得的是,旗昌洋行并入轮船招商局后,形成了轮船招商局、太古和怡和三家公司竞争的局面,此次郑观应离开太古并不是去别的企业,而是去太古的竞争对手轮船招商局,昔日的东家变成了今后的对手,情面上总归有些不自然,也是人之常情。特别是,一旦面临同行竞争的关键性问题,那么他与太古的关系就相当难处理,势必会有很多不可预知的风险。

尽管对于离开太古、加入招商局有如此多的顾虑和不确定性,但是出于国家需要、清政府兴办洋务的需要等多方面的考虑,郑观应还是毅然决然地加入了招商局。1882年3月,郑观应与太古轮船公司合同期满,出任上海轮船招商局帮办,正式结束买办生涯,开启了他此后作为洋务企业家的职业生涯。此后,作为李鸿章、盛宣怀得力助手的郑观应,参与创办了众多贸易、金融、航运、工矿企业,在洋务派企业上海机器织布局、上海电报局、轮船招商局、汉阳铁厂和商办粤汉铁路公司等担任高级职务。

---

① 夏东元.郑观应集:下册[M].上海:上海人民出版社,1988:621.
② 陈可扬、郑观应、庄得之致盛宣怀函[A].盛档,1912-04-17,索取号092027-1.
③ 夏东元.郑观应集:下册[M].上海:上海人民出版社,1988:780.

除此之外，更能体现他的报国情怀和担当的，则是他在中法战争爆发后，受到彭玉麟奏调赴粤后所做的刺探军情、购买军火等一系列军务努力。1884年年初，时任粤防大臣的彭玉麟向朝廷力荐郑观应"明干有为，熟谙洋务"①，拟启用他远赴南洋，联络各国策划"合纵抗暴（法国）"事宜。3月10日，郑观应远赴广州，进入彭玉麟军中，并很快担任了湘军营务处总办。6月中旬，郑观应受彭玉麟委派，前往南洋开展了历时两个月的了解敌情和"合纵抗暴"活动，尽管"合纵抗暴"根本就是不切实际的空想，但大大增加了他对南洋各地实情的了解，并将南洋的经历写成《南游日记》。其间，张之洞、彭玉麟以及广东巡抚倪文蔚还札委郑观应奔赴香港，开展租船、购买军械、办理支援台湾事宜。由南洋返回广州以后，郑观应又马不停蹄地张罗援助台湾抗法的工作，到年末彭玉麟又委派他到海南岛考察军务。自海南返回广州后，又即刻奉张之洞命令，准备赴汕头、厦门、福州等处考察军务形势，以便更好地援助台湾。郑观应自3月初抵达广东以后，便立刻投身公务，奔波劳碌，一刻不得停歇，诚如他所说的"事有百端之急，人无一日之安"②。郑观应所从事的都是极有难度的协调、考察等工作，事多杂乱，但他凭借此前在商场历练出来的协调能力，高效而有序地开展了各项工作，并在工作的过程中不断地思考各种难题，写了很多关于边防、抗法、洋务等方面的意见和建议呈交李鸿章、彭玉麟、张之洞、张树声、盛宣怀、王之春等官员，足见郑观应报效国家的拳拳之心。

二、将自己的"商战"思想付诸实践，在挽回航运、电报等利权方面作出了积极贡献

1882年秋，郑观应协助盛宣怀与英国大东、丹麦大北两家公司进行电报线缆铺设谈判取得了很好的结果，说服了大北公司对在厦门的上岸电线、大东公司在上海吴淞的电线进行拆除，并设于趸船之上，为挽回中国在电报方面的利权作出非常积极的贡献。

郑观应离开太古到轮船招商局担任帮办后，先后三次主导轮船招商局与怡和、太古轮船公司签订齐价合同，为巩固和发展该局在国内航线的地位与事业发挥了非常积极的作用。特别是1883年3月，在轮船招商局面临连年亏损，不得已与外国轮船公司降价竞争的被动局面下，协助总办唐廷枢主导与怡和、太古进行第二次齐价合同议定谈判，成功签订了于招商局有利的为期六年的齐价合同谈判，使招商局股票价格由每股40两涨至160两。在呈报李鸿章的禀文中，郑观应对此进行了如实报告，同时还提出了如何挽回利权的建议：

> 查本局连年亏耗，与外人跌价挣揽客货。营口、汕头等处，往来货多，尚无码头、栈房；通商口岸日增，船不敷用，我国利权恐为外人所得。昨与唐道面商太古、怡和订立合同。三家轮船由沪返天津、烟台、长江等处，水脚按船多少摊分，本局得占多数，彼此毋需跌价，是以局股票价大涨，然水脚画一，商家办货亦有定数可计，于市场无碍。窃思局事以招徕商货、察核利弊为本，而欲期久大之业，要在朝廷仿照日本定章，鼓励商情，挽回利权。不独往来中国各口，凡南洋各埠华侨最多之处，须逐渐布置，亦派船往来，冀与外人争胜，如欧洲之咸北公司，方为特色。③

---

① 夏东元.郑观应集：下册[M].上海：上海人民出版社，1988：1014.
② 夏东元.郑观应年谱长编[M].上海：上海交通大学出版社，2009：183.
③ 禀北洋通商大臣李傅相为招商局与怡和、太古订立合同[M]//夏东元.郑观应集：下册[M].上海：上海人民出版社，1988：790-791.

三、积极宣扬通过维新变法实现救国图强,出版传世之作《盛世危言》,从而真正成为近代中国最早具有完整维新思想体系的理论家和揭开民主与科学序幕的启蒙思想家

1894年春,沉寂多年的郑观应将隐居澳门写作而成的《盛世危言》(五卷本)出版。该书的出版标志着郑观应维新变法思想体系的最终形成,也使他由一个洋务政论者一跃而成为晚清维新思想家。尽管《盛世危言》是在《易言》的基础之上完成的,但《盛世危言》相比于《易言》明显更具系统性和思想深刻性,两本著作的层次已经不能同日而语。此后,郑观应又根据局势以及个人理解问题的变化多次对该书进行调整,整个理论和思想体系更加完善。其中,最具代表性的版本是十四卷本和八卷本。十四卷本各卷为:《富国》四卷、《开源》三卷、《强兵》四卷、《节流》三卷。八卷本各卷为:《通论》、《礼政》、《吏政》、《户政》两卷、《兵政》两卷、《工政》。

《盛世危言》是体现郑观应成熟而完整维新体系的代表作,贯穿着"富强救国"的理念,对政治、经济、军事、外交、文化诸方面的改革提出了切实可行的方案。该书之所以被看作郑观应的代表作,还在于其中所体现的维新变法思想及体系,确实是他经过多年的实践与学习得来的最为成熟的思考和观点。特别是此间正值中国经历中日甲午战争、百日维新、义和团运动以及庚子事变和《辛丑条约》签订,中国所面临的困难前所未有,瓜分之祸迫在眉睫,无论是此前的洋务运动还是昙花一现的维新变法活动所作的救亡图存的努力,最终都归于失败。被朝廷上下广为传颂的"同光中兴"早已在日本海军的炮声中烟消云散,当时的晚清政府统治的根基已经大为松动,民族危机空前严重,无论是在知识界,还是在政界,救亡图存的意识进一步增强,却鲜有能够为挽救民族危亡提出系统的、可操作的维新变法思想体系的理论家。这种情况下,《盛世危言》的出版,可谓填补了当时中国思想界和知识界出现的暂时的真空地带,等于给甲午战败以后沮丧、迷茫的晚清末世和不知所措的民众开出了一帖良药、指明了一个方向。因此,该书一出,朝野震动,各界人士纷纷争阅,求书者络绎不绝,以致一印再印仍不敷需求,甚至科场考试也常以书中所谈时务为题目。孙家鼐、邓华熙等将该书数次推荐给光绪皇帝,深得光绪赞赏,诏命分发大臣阅读。更难能可贵的是,该书不仅在当时的思想界产生巨大影响,而且泽被后世,孙中山、毛泽东等都曾受此书很大影响,该书为这两位历史伟人走向革命道路发挥了积极的作用。足见张之洞评价该书,"论时务之书虽多,究不及此书之统筹全局择精语详""上而以此辅世,可谓良药之方;下而以此储才,可作金钊之度"[①],绝非溢美之词。

总之,尽管郑观应是一个买办出身的洋务派企业家,尽管从根本上来说他只是一个商人,但长期以来他都怀揣一颗拳拳爱国之心,时刻都在思考国家和民族救亡图存的重大问题。他在不断地学习和实践的过程中,不断丰富和完善自己的维新变法思想体系,将之化为改革国家的真知灼见和实际行动,并且通过出版呼吁广大民众认识维新变法对于救亡图存的重要性,通过不断地上书朝廷官员努力把自己的维新变法思想传达到尽可能多的当权

---

① 夏东元.郑观应年谱长编[M].上海:上海交通大学出版社,2009:520.

者手中,寄希望于推动当权者尽快实行变革,挽救民族于危亡,在他身上所体现出来的家国情怀和对国家民族的责任担当永远值得我们铭记和学习。

参考文献

[1] 夏东元.郑观应集:上册[M].上海:上海人民出版社,1982.
[2] 夏东元.郑观应集:下册[M].上海:上海人民出版社,1988.
[3] 夏东元.郑观应年谱长编[M].上海:上海交通大学出版社,2009.
[4] 易惠莉.郑观应评传[M].南京:南京大学出版社,2011.

唐文治《蓄艾编》中的早期政治思想

朱光磊*

摘要：唐文治的《蓄艾编》是有待于清廷新政之作，为其早期政治思想之代表。唐文治在立宪上，主张确定部门权限、实现议员选举、编撰立宪法典。在此基础上，唐文治对外务部、度支部、民政部、学部、陆军部、法部、大理院、农工商部、邮传部提出改革意见，并向中国各省，尤其是东三省给出治理措施。唐文治所论整理各部与整理各省，基本上涉及清政府国家治理与地方治理的各个方面，指出旧日陈弊，提出改良建议。可惜当局没有采用唐文治的建议，由前者之失终于酿成四川保路运动，以此导火索而引发的辛亥革命直接导致了清室的覆亡；由后者之失则造成东三省之沦陷，以及此后日军侵华战争的全面爆发。

关键词：唐文治；蓄艾编；政治思想

唐文治早年从政，中年之后从教。从政使其具有洞察中国高层政治运作的实际经验，而从教则促使其对于中国政治学进行系统性思考。只是在唐文治从教的思想历程中，其在经学、性理学、文章学上的贡献较为突出，而在政治学上的成绩则世人知之甚少。这正如唐文治弟子崔龙所言："当世言经学者，必曰我夫子太仓先生；言文章者，又必曰我夫子太仓先生；若性理学，更灵光巍巍，极东极西，我夫子太仓先生一人而已。呜呼！人第知先生经学、文章为当世魁。理学之纯粹，根乎天性，式乎人伦，知者已尠。若先生之政治学，体用兼赅，应世悉当，更知者寥寥矣。"①唐文治在政治学上的声望虽然不及经学、性理学、文章学，但其政治学理论却是唐文治学术思想中不可或缺的组成部分。唐文治政治学之建构，可谓在西方政治学影响下的儒学外王之学的自我衍生，在其学术思想中具有十分重要的地位。

《蓄艾编》乃唐文治有待于清廷新政之作，故文中处处针对清廷各部门之弊端，痛陈时政，提出改良方案，是其早期政治思想之代表。然而，"《蓄艾编》二卷，上之庆邸，闻者皆莫之省"②。唐文治满腔热血，化作烟云。虽然唐文治的建议并未被采纳，但从其具体的改良方案中，仍旧可以捕捉到唐文治的政治理想。

一、立宪之法

清末新政，清政府预备立宪，但多有空论而不实行。唐文治针对时弊，提出预备立宪的

---

* 作者简介：朱光磊(1983—)，男，江苏苏州人，苏州大学政治与公共管理学院哲学系教授，博士生导师，研究方向：中国哲学、中国管理哲学。
① 崔龙.唐蔚芝先生政治学[M].上海：大东书局，1938：1(序目).
② 唐文治.唐文治文集[M].邓国光，辑释；陈国明，等辑校.上海：上海古籍出版社，2018：3681.

三项主张。

其一,定名称、清权限。清末立宪之议,多仿照英国之制度,即将原来清廷之部门改换名称而为立宪之部门,比如:"中国军机处即内阁也,旧内阁即枢密院也,玉牒馆即定皇室典范之所也,议设之资政院即上议院也,都察院即下议院也。"①这样的措施其实是徒改虚名,仍延旧习,并非是真正的改革。唐文治认为,改革更为关键的是立即依照立宪的精神重新界定各部门之权限,从而名实相符,真正发挥立宪的作用。

其二,各省、府、厅、州、县实行选举议员制。议员是人民的代表,可以沟通人民与政府之间的关系。唐文治言:"盖各省议会为宪政之要质,国家所以维系人民之具也。何言之?盖'民为邦本',古之明训。民与君隔,而不能与闻国政,此否塞之渐也。各省设立议会,所以使人民知有与闻政治之权,而即以自尽其义务。"②唐文治还参照各国制度,认为在中国不满百万人口的府县,议员人数为三十名。

其三,编纂法典。立宪政治,臣民都需要以法典为办事依据。"惟法典未定,臣民无所适从。"③唐文治认为法典需要由议院颁布,但中国立宪改革初始,议院尚未完备,可以先让清廷的法制局改为中央法制局,编纂由内阁发布之各种律令,审查各部新订之各种法律,审查各省发布之各种章程,条陈关于各种法律之意见④。如此,立宪过程中就有法律可以依循。等到议院规模完备后,对于这些初创时期的法律可以进行修改完善。

唐文治的三项主张,抓住了立宪工作中部门设置、人员生成、法律保障三个要害。虽然清廷并未真正落实唐文治的主张,但就此主张本身而言,仍旧可以看出唐文治高瞻远瞩的政治远见。

二、整理各部

唐文治在《蓄艾编》中具体论述了清廷诸部门需要整理的各类工作。固然此书之背景在于清末新政之立宪政治,故部门之名多用清廷旧称,但所涉及之内容则具有国家治理之普遍意义。

唐文治论整理外务部,提出了三条外交建议。其一,据理力争。唐文治十分赞赏曾纪泽的观点,所谓外交之法,"可许者开口即许;不可许者,始终不移"⑤。唐文治认为,"势有强弱,而理无强弱。外人虽强,不能不诎于公理"⑥。故在外交事务上,外交官不应畏势退让,而应该据理力争。其二,培养人才。涉外事务缺乏人才,应尽快设立储才馆。"储才馆不必尽求非常之才也,以求过渡人才为第一要义。过渡人才为何?但得心术纯正,办事悫恳有条理,而又于公法条约稍知研究者,是即所谓人才已。"⑦出使事务,更应该选取德才兼备之士,"应以品端学粹、通知法律政治,而又能通西文者为上选;心地朴诚,办事认真者为次选;

---

① 唐文治.唐文治文集[M].邓国光,辑释;陈国明,等辑校.上海:上海古籍出版社,2018:460.
② 唐文治.唐文治文集[M].邓国光,辑释;陈国明,等辑校.上海:上海古籍出版社,2018:461-462.
③ 唐文治.唐文治文集[M].邓国光,辑释;陈国明,等辑校.上海:上海古籍出版社,2018:462.
④ 唐文治.唐文治文集[M].邓国光,辑释;陈国明,等辑校.上海:上海古籍出版社,2018:462.
⑤ 唐文治.唐文治文集[M].邓国光,辑释;陈国明,等辑校.上海:上海古籍出版社,2018:463.
⑥ 唐文治.唐文治文集[M].邓国光,辑释;陈国明,等辑校.上海:上海古籍出版社,2018:463.
⑦ 唐文治.唐文治文集[M].邓国光,辑释;陈国明,等辑校.上海:上海古籍出版社,2018:463.

其素无品行者,即使能习西文,亦不得与保荐之列"①。其三,案情公开。以往洋务密于国人,而不密于洋人。最后导致谣言遍布,政府丧失公信力。唐文治建议除了密约要件之外,其余皆刊登于外交报章。

唐文治论整理度支部②,提出了六条财政建议。其一,裁退书吏。书吏是官府雇佣的文职办事员,协助官员分管事务。他们虽然地位不高,但父子师徒相传,层层相因,谙熟于官场操作,结成关系网络,造成各类弊端。度支部"恐外省款项之无从查考也,恐本部司官成例之不熟也"③,难以裁退书吏。唐文治提议将原来施行的造册管理改为清单管理,并对捐例进行简化,则书吏皆可裁退。其二,预算合理。唐文治认为要改革原来"量出以为入"的旧法,重新设定预算之法。"每年孟冬之时,度支部应会同税务大臣、农工商部、邮传部各堂官集议豫算,来年入款若干、出款若干,先期并电达各省督抚豫算各该省来年入款若干、出款若干,核定其盈余或不敷之数。每年定十一月初间奏于朝廷,达之各部,行之各省,督抚颁之各地方官。其不敷之款,应由各省议会提出集议,由国民分担义务,设法以弥补之。"④其三,筹款有度。唐文治以为官府筹款之法,屡有搜刮罗掘之弊,而无有弊端之法,则为公债票、印花税,以及选举议员所需之公民捐。此三项所筹之经费,应该优先弥补部库之不足,待部库充裕,再支持地方之用。其四,开设银行。唐文治认为银行是国家血脉恃以流通之所在,不仅要设中央银行,而且还要鼓励各省开办地方官办银行、商家银行,同时在全国推行纸币。其五,币制一律。唐文治指出"币制本原在于信用"⑤,提议度支部统一全国龙圆、小银圆、铜子的换算,以及中国银圆与外国银圆的换算。其六,培养人才。当时中外贸易欲行加税免厘的新政。所谓加税免厘,即是提高进口关税,免去内地流转的厘金,促进货物的内地流通。此法初衷不错,但当时海关税务司由洋人担任,而内地征收厘金者为中国人,由于中国缺乏税务方面的专门人才,故加税免厘的政策在客观上容易导致洋人获益、国人吃亏的后果。由此,唐文治建议成立税务学堂,设速成科,一至二年毕业。中国有了这些专门的税务人才,加税免厘的实施方能真正达到理想的效果。

唐文治论整理民政部,提出了四条民政建议。其一,清查户口。"夫民数不清,则核计民食、民用两者,均无所措手。故今日民政部所司,以清户口为第一义。"⑥清户口之法,需要先划定区域,继而厘清各自区域中原驻民、迁居民以及往来过客。其二,新旧分籍。天下人口按照年龄⑦分为国民籍与新民籍两类。对于新民,无论男女,在教育、兵役、结婚、育子等方面都有相应规定与奖惩措施。其三,报章管理。报章新闻具有开导民风之用。官报除外交密件外,其余一概开诚布公,并允许发表评论。私报则需收押金,倘有泄密、传谣之事,则封闭报纸、没收押金为惩。其四,修道通渠。京城与省会城市,人口众多,交通繁忙,需要做好城市基础建设,将道路开通、沟渠疏通,并设下水道,排除污水。

---

① 唐文治.唐文治文集[M].邓国光,辑释;陈国明,等辑校.上海:上海古籍出版社,2018:466.
② 度支部源出于户部,为清代掌管财政事务的机构。
③ 唐文治.唐文治文集[M].邓国光,辑释;陈国明,等辑校.上海:上海古籍出版社,2018:467.
④ 唐文治.唐文治文集[M].邓国光,辑释;陈国明,等辑校.上海:上海古籍出版社,2018:468-469.
⑤ 唐文治.唐文治文集[M].邓国光,辑释;陈国明,等辑校.上海:上海古籍出版社,2018:471.
⑥ 唐文治.唐文治文集[M].邓国光,辑释;陈国明,等辑校.上海:上海古籍出版社,2018:473.
⑦ 《蓄艾编》作于1907年,唐文治以七岁以上入国民籍、七岁以下入新民籍。其实,即以1901年为界,1901年前出生者入旧民籍,1901年及其之后出生者入新民籍。以七岁为界之依据在于新民七岁需入蒙学。

唐文治论整理学部，提出了两条教育建议。其一，设立学制。"定蒙学堂为一等，小学堂为一等，中学堂为一等，大学堂为一等，此外别设高等专门学堂……七岁入蒙学堂，十岁入小学堂，十三岁入中学堂，十七岁入大学堂，二十岁入陆师、水师学堂，二十五岁毕业。蒙、小学由县立，中学由府立，由中学直升京师大学。"[①]其二，颁定课程。蒙学读《孝经》《四书》，旁及史地，聪颖者可兼读《左传》；小学读《五经》，聪颖者兼读算学；中学半日学文科，半日学洋文，兼习算学，聪颖者可学科学；大学专习某部经书，或者专习某门科学；陆师、水师学堂也应设置与其特殊人才培养模式一致的课程方案。此外，唐文治认为学校教育除了国文、武备为必修外，还要增加国际交涉、法律政治、农工商业、声光化电等通识性的知识，这样才能培养出既有专门之学，又有通识素养的国家栋梁。

唐文治论整理陆军部，提出了两条治军建议。其一，提倡军学。"夫军学之大要有三：一曰道，二曰法，三曰术。道者治心之务，如《易》之《师卦》，《诗》之《车攻》《吉日》，以及古圣贤治兵格言，下逮戚南塘之《愚愚稿》、曾文正《杂着》之属皆是也。法者法制，如《司马法》《纪效新书》，及近今西人之《临阵管见》《陆操新义》等书皆是也。术者智术，如《孙吴兵法》，古今史传所记攻战之迹，胡文忠之《读史兵略》，及近今西国各战史皆是也。学兵者宜先学道，次学法，次论术。"[②]其中，熟悉地形特征，针对西国战法在战术上尤为重要。其二，申儆治军。军中一方面提倡孝悌忠信；另一方面设置裁判、检察机构，整饬法度。如此，可令军士怀德畏威，减少老兵与新兵之间的矛盾；同时，国家对于兵士以及兵士家属的优待政策，亦需广为传布，让老百姓皆知尊重兵士，兵士亦会由百姓的尊重而自重自爱。

唐文治论整理法部、大理院，提出了五条法治建议。其一，分清权限。清末司法改革，改刑部为法部，改大理寺为大理院，然而法部与大理院权限不清，屡有争端。唐文治认为，法部专任司法行政，如设定权限、法官变动、监狱用刑等，而大理院专掌司法审判，具有独立的地位。唐文治的建议实质上是将司法与行政分立，是中国法治走向现代性的体现。其二，维护主权。整顿中国固有律例，使之与东西各国律例接轨，由此中国可以废弃"治外法权"，中国主权可以行于本国全境。其三，新法教民。由反对者认为国民程度不足，不能改革制度。唐文治以为："知用旧法而求人民之进步，虽至百年亦且无望。"[③]近来中国人民知识渐开，民权思想日渐发达，正好订立新法，开导民众趋于文明。其四，储备人才。方法有三：一则选曹掾。令旧制中的曹掾入诉讼研究所学习，并由大理院考验合格，转职为新制中的下级裁判官。二则选学生。一方面，录用留日所学政法之学生；另一方面推广法律学堂，培养法律人才。三则储译才。法律学堂招考粗通外国语言文字之学生，通过专业学习与实习历练，为将来国家收回法权做好预备工作。其五，筹款有道。设置讼费规格，推广各省。所收费用包含印纸费、承发吏规费、杂费。额度合理，简而易行，如此操办，则"官吏无从中饱，小民所省尤多"[④]。

唐文治论整理农工商部，提出了七条经济建议。其一，实业调查。农工商部所办均为实业，不能以文告空言，故任何经济政策，都需要去各省实地调查，才能减少政策的流弊。

---

① 唐文治.唐文治文集[M].邓国光,辑释;陈国明,等辑校.上海：上海古籍出版社,2018：478-479.
② 唐文治.唐文治文集[M].邓国光,辑释;陈国明,等辑校.上海：上海古籍出版社,2018：481-482.
③ 唐文治.唐文治文集[M].邓国光,辑释;陈国明,等辑校.上海：上海古籍出版社,2018：487.
④ 唐文治.唐文治文集[M].邓国光,辑释;陈国明,等辑校.上海：上海古籍出版社,2018：489.

其二,设立银行。兴办实业模范银行,作为官办银行的补充,可以更有效地促进民间资金流转,提高经济效益。其三,整顿农业。考察山川土壤,兴修水利,开垦荒田,因地制宜进行农业生产。同时,设立农学研究会,开发农业新品种;设立农业调查会,通过互通有无来平准物价。其四,鼓励开矿。简化开矿手续条例,鼓励华人兴办矿业。同时设立提炼公司,提炼化分,挽回利权。其五,统一度量。各国度量衡不一,这在中西交流上造成很大困难。唐文治主张需要派遣精通洋文与算学者,出洋考察,归来后确立中西以及西方各国度量衡之换算关系。其六,兴办工业。扩充各地工业场所,吸收游民从事生产。其七,优待侨民。侨民本有爱国情感,可用招商之法,礼貌有加,维系其与祖国之联系。

唐文治论整理邮传部,提出了两条交通建议。其一,整顿轮局。设立邮政学堂,培养专业人才。清除买办之弊,添置航海轮船,设立外埠银行,进行海外贸易。其二,兴修铁路。一则督办粤汉铁路,需调和粤、湘、鄂人士意见。二则督办四川铁路,其费用多由民间抽捐而集,需防外商对小股民出资转购,积少成多,掌控路权,同时公布财务张目,尽早勘路开工,由此保证政府信用、杜绝洋人觊觎。三则货物繁盛之区,路轨一律使用宽轨,虽然造价较贵,但日后获利亦多。

三、整理各省

整理各部是就中央的顶层设计而言,而整理各省则是就地方治理而言。唐文治论地方治理,分为整理东三省与整理各省两个部分,盖东三省三遭兵乱①,其情势与其余各省不同,故单列耳。

唐文治论整理东三省,提出去三弊,行七法。所谓"去三弊":一为除冗滥,辞去官场中庸劣无能之辈。二为戒铺张,做事惟务实际,不尚空文,况且在卧薪尝胆之时,更需常备不虞之计。三为祛意见,为政者需要听取各方建议,避免自以为是,刚愎自用。所谓"行七法":一为交涉之事必可争②,外交上事无大小,都宜据理力争。二为练兵宜仿各国征兵之法,东三省各地按户抽丁,构成常备兵,分屯要地,三年后退为后备兵,要地另征新兵。如此,民气日强,而地方益固。三为盗匪宜因剿为抚,对其利而用之,渐归善良之地。四为联合农工商部,速设实业银行,并于各处广设分行,促使当地商贸发展。五为兴办实业,必须广招外埠及东南各省商人。六为开垦荒地,并建市集。开荒需要有规划,由奉天③至蒙古东四旗,成为一绝大开垦场地,并依照地质特点,用于耕作、牧场、林场等用途。同时,再划分若干区,区内再设置若干市集。七为开矿宜先占矿地,分配精研矿学之士勘察东三省之矿场,若是官地则先行圈定,若是私地则先购其地。如此,则可抵制洋商私买矿场,即使日后中外合办,中方以地作股,亦能倍取其值④。

唐文治论整理其余各省,主要有六端。其一,处置教案之法。基督教在中国传教,与当地官民发生冲突,最后导致外交上落人口实,经济遭受损失。唐文治认为,地方官员对于洋

---

① "东三省生命涂炭尽矣!一蹶躓于甲午,再蹶躓于庚子,三蹶躓于日俄之役。"参看:唐文治.唐文治文集(第二册)[M].邓国光,辑释;陈国明,等辑校.上海:上海古籍出版社,2018:501-502.
② 原文标题为"交涉之事不可争",然考其文意,则非不可争,乃必可争也,故依文意更之。
③ 即今沈阳。
④ 唐文治.唐文治文集(第二册)[M].邓国光,辑释;陈国明,等辑校.上海:上海古籍出版社,2018:502-508.

教士的态度,不能一味地讨好或者一味地傲慢,而是需要将交际与交涉分为两事。"交际之礼宜可从优,交涉之事则丝毫不容假借。故地方官与教士平时年节庆吊,不妨杯酒往还,以联络其情意。倘遇交涉,则宜一秉至公至允之法处之,但论其事之有理无理,不问其人之是教非教。久之彼且感我之诚、惮我之执法,敛手而自服。"①唐文治的处理方法,其实是反对失去理性地讨好与傲慢,继而采用合乎理性的情感交流,以及秉持公理的是非判断。其二,治贫之法。唐文治认为州县亏空,于官于民皆有损失。而亏空之由,则为提款之太多,钱价之太落,平余之归公。针对这些问题,唐文治认为需要地方掌管行政的最高官员核查收入款项,量入为出,预算财政支出。其三,治隔之法。官员与百姓,上下相隔,信息不通。究其原因,主要是家丁、书差、地保、圩长这些非正式的、私人性质的佐治人员在中间舞弊,鱼肉乡民。唐文治认为,新政改革既然已经设置了正式的佐治人员,确立了这些职务相应的权责,那么非正式的、私人性质的佐治人员就应该辞退,上下相隔的弊病也可以得到诊治。其四,课吏有法。地方领导需要执掌地方的教化,倘若自辟幕僚需要为专门之才。各省可设立法政学堂,培训具有实际法务经验的地方官吏。其五,察吏有方。原来文牍处理,来回数月,"往往事未办及,官已数移,前任所为,后来易辄"②。唐文治提出要让各省严立文书期限,如期覆结,并以此为考核依据,进行功过赏罚。其五,自治可行。唐文治主张立宪的地方自治,"当先立议会以为预备"③,而且要强制执行,反对缓行。一旦缓行,就会一拖再拖,永无实行之期。

此外,唐文治还在《蒭艾编·总结》中单独列出一段,提醒国人需要警惕日本,其言:

> 某国于朝鲜用强硬手段,而于中国用柔软手段,非薄于朝鲜而厚于中国也。彼于朝鲜布置未定,于东三省各项势力范围尚未占稳,故不能遽用强硬之策。一俟与某国订定条约,如法国协约之例,两三年后,朝鲜布置定妥,且由东三省以入我内蒙古,其势如疾风之扫箨,一面掷我之背,一面改用强硬手段以干预我之政权,斯时而曰无及,则真无及矣。④

唐文治所论整理各部与整理各省,基本上涉及清政府国家治理与地方治理的各个方面,指出旧日陈弊,提出改良建议。唐文治殷切地希望当局能够真正实施这些建议,其言:

> 今日之势犹可及也,惟愿当局者如上所言立宪之法以定立国之基,整理各部各省之法以分理立国之业,无昼无夜,悉力以图,俾天下之耳目焕然一新,天下之心思勃然一振,如是则三数年内可望保存,十数年后可期大治矣。⑤

唐文治为国为民,一片精诚,《蒭艾编》诸议,真可谓殚精竭虑、一字一血。在督办四川铁路以及警惕日本等事上,唐文治已深刻意识到问题之严重,可惜当局没有采用唐文治的建议,由前者之失终于酿成四川保路运动,以此导火索而引发的辛亥革命直接导致了清室的覆亡;由后者之失则造成东三省之沦陷,以及此后日军侵华战争的全面爆发。

---

① 唐文治.唐文治文集[M].邓国光,辑释;陈国明,等辑校.上海:上海古籍出版社,2018:510.
② 唐文治.唐文治文集[M].邓国光,辑释;陈国明,等辑校.上海:上海古籍出版社,2018:514.
③ 唐文治.唐文治文集[M].邓国光,辑释;陈国明,等辑校.上海:上海古籍出版社,2018:515.
④ 唐文治.唐文治文集[M].邓国光,辑释;陈国明,等辑校.上海:上海古籍出版社,2018:517.
⑤ 唐文治.唐文治文集[M].邓国光,辑释;陈国明,等辑校.上海:上海古籍出版社,2018:517.

ESG信息披露对企业可持续发展的影响研究

——以高新技术企业"海康威视"为例

谢佩洪　邹佳吟[*]

摘要：随着第四次工业革命的到来，传统经济模式正逐渐被高新技术产业取代。高新技术企业对促进国家经济高质量发展起着极为关键的作用，因而备受重视。ESG信息披露可在推动企业自身科学发展的同时，促进我国资本市场健康有序发展，对建设创新型国家、提升综合国力具有重要意义。本文首先理清了ESG理念起源、指标体系与信息披露；其次探讨ESG信息披露对企业可持续发展的影响机理。最后，选取我国高新技术企业中的海康威视为研究对象，分析归纳实施ESG信息披露对其自身及整个社会可持续发展的影响，并基于此提出相关建议。

关键词：ESG；信息披露；高新技术企业；可持续发展

一、引言

随着第四次工业革命和ABCD(artificial intelligence, block chain, cloud, big data，是人工智能、区块链、云计算、大数据的简称)时代的到来，世界经济领域发生了一系列深刻变革，传统经济模式正逐渐被高新技术产业取代。高新技术企业，作为国民经济的战略性先驱，对促进国家经济高质量发展起着极为关键的作用。要实现传统产业转型升级、经济结构合理优化、逐步缩小我国与发达国家差距，就必须对高新技术企业的可持续发展给予高度重视。受新冠疫情的影响，全国碳排放量在短暂的下降后出现急剧反弹、气候变暖加剧，2021年全国两会正式将"碳达峰、碳中和"写入政府工作报告。杭州海康威视数字技术股份有限公司(简称"海康威视")从2018年开始积极发布ESG报告，目的就是减少与外部投资机构之间的信息不对称，降低企业未及时进行ESG信息披露而带来的经营风险，从而获得竞争优势和可持续发展。

总体来看，近年来我国高新技术企业发展已取得一定成绩，正逐渐由不规范发展转向

---

[*] **作者简介**：谢佩洪(1980—)，男，汉族，河南正阳人，上海对外经贸大学南泰品牌发展研究院执行院长，工商管理学院教授、博士，上海市曙光学者，加拿大西安大略大学毅伟商学院高级研究学者，研究方向：企业社会责任与国际化战略；邹佳吟(1999—)，女，江西南昌人，上海对外经贸大学工商管理学院硕士研究生，研究方向：企业社会责任。

基金项目：国家社会科学基金项目：中国企业国际化过程中非市场战略与市场战略的动态互动及其整合研究(17BGL024)阶段性成果。

健康、可持续发展。高新技术企业的数量持续增长,规模不断扩大,更为重要的是创新意识逐渐增强,科技投入比重迅速增加,新产品开发能力显著增强,盈利水平不断提高。效益的逐渐提高促进了高新技术企业在国民经济中地位的不断提升,高新技术企业经济实力呈现出不断增强的态势。然而,不可否认的是,我国高新技术企业仍存在许多不容忽视的问题。除了创新能力不强、生产效率仍有待提升等技术方面的弱点外,许多高新技术企业决策层只满足于眼前利益,一味追求高新技术的产业化,而忽视了兼顾多方利益对企业长期发展的重要性。ESG信息披露是解决这类问题的一种极为有效的方式,能为利益相关者提供更多、更全面、更有价值的信息,帮助他们更加深入地了解公司管理层对双方重点关注和共同利益事项的态度和处理方法,减少信息不对称的影响。

ESG是对环境(environmental)、社会责任(social responsibility)和公司治理(corporate governance)的简称,它强调企业在运营和投资过程中,在追求传统财务回报的同时,需要肩负起环境、社会和公司治理的责任,从而实现企业的可持续发展。企业在进行ESG信息披露的过程中,可以形成一定的战略分析框架,这有助于企业平衡其能够利用的所有资源从而实现持续获利;同时,ESG信息披露还有助于企业发现新机遇,及时改善经营管理模式,提高营利能力。有效的ESG信息披露不仅使企业在为社会和环境做出更大贡献的同时实现自身的可持续发展,还可以促进我国资本市场健康有序发展,对深化供给侧改革、构建国内国际双循环新发展格局、促进经济高质量发展、提升综合国力、建设创新型国家具有十分重要的意义。

二、ESG理念起源、指标体系与信息披露

(一) ESG理念起源

国际经济社会的进步使人们在投资过程中关注的重点开始发生变化,投资者和员工权益受损、大型公司商业伦理道德缺失、环境污染等问题开始受到更多重视,这些问题也让包括联合国在内的许多国际组织意识到需要有新的投资理念。ESG由环境、社会和公司治理三部分构成,融入了企业的社会责任履行意识与可持续性发展理念。ESG提倡企业在生产经营过程中,在追求经济效益的同时不能忽视环境保护问题。企业应主动采取相关环保措施,例如:制定相关政策以减少不可再生资源的利用;对员工进行有关环境问题的相关知识培训;采取合理的激励措施促进企业形成环保的良好氛围等。公司在追求自身利益最大化的同时,需要保持对其他重要利益相关者的关注,承担对他们应尽的社会责任。公司治理层面强调公司在运营和管理过程中形成平衡所有者和经营者关系的制度安排。

2004年,联合国全球契约组织在《在乎者即赢家》报告中首次提出ESG的概念。2006年,在联合国的支持下,责任投资原则组织成立并发布六项责任投资原则,推动投资者在投资决策中纳入对ESG因素的考量,自此ESG逐渐在商业活动中得到广泛实践。联合国不仅提出了ESG概念,对ESG信息披露也起到了实质性的推进作用。近几年,联合国先后发布针对资产管理者的《负责任投资原则》(Principles for Responsible Investment,PRI)与针对保险承保人的《可持续保险原则》(Principles for Sustainable Insurance,PSI)以及针对银行的《负责任银行原则》(Principles for Responsible Banking,PRB)等一系列原则,为ESG理念在金融业渗透提供了规范化框架和方向指引,同时也是落实联合国2030年可持续发展目标(SDGs)和《巴黎气候协定》的重要标杆。

（二）ESG 评价指标体系

ESG 评价指标体系是一种关注环境、社会责任、公司治理的新型企业评价体系（如表1所示），主要涉及信息披露、评估评级和投资指引三个方面。ESG 融入了企业的社会责任履行意识与可持续性发展理念。ESG 提倡管理者从事长期的社会责任活动，明确企业社会责任意识，把环境保护放在企业经营过程中的重要位置。此外，ESG 也倡议机构投资者树立责任投资意识，ESG 对社会责任投资的形成以及绿色金融体系的构建发挥着重要作用。

表1　ESG 评价指标体系

环境（environmental）	社会（social responsibility）	公司治理（corporate governance）
企业对气候的影响	员工健康与安全	股权结构
企业对自然资源（特别是水资源）的保护	管理培训和人才培养	会计政策
废物污染	产品质量安全责任	高管薪酬体系
环境治理与环境政策	隐私数据保护	道德行为准则
绿色技术和绿色产品	公司税收贡献	反不公平竞争
环保投入	精准扶贫与产业扶贫	风险管理与信息披露
绿色办公	乡村振兴	信息披露
员工环保意识	性别及性平衡政策	董事会独立性
能源消费	人权政策及违反情况	董事会多样性
发掘可再生能源可能性	反歧视与反强迫劳动	内控合规管理
建造更环保建筑可能性	供应链责任	公平的劳动实践
生物多样性	社区建设和贡献	反贪污受贿政策
……	……	……

资料来源：根据相关资料梳理整合

（三）ESG 信息披露的国内外现状

纵观 ESG 信息披露制度发展过程，相关制度建立后，各国政府和监管机构最先开展行动，交易所等平台机构紧随其后，专业服务机构跟进提供相应支持，企业相继开展信息披露行动，形成了多部门、多主体合作推进的发展态势。目前，国际上 ESG 信息披露执行体系较为典型的国家和地区为美国、欧盟和我国香港地区。欧盟是最早也是最具代表的 ESG 投融资的重要代表，欧盟委员会在近年来陆续出台了很多与 ESG 相关的法律法规，为欧盟的资本市场开展 ESG 活动提供了较为完善的制度保障。美国、欧盟和我国香港地区 ESG 信息披露政策对比，如表2所示。

表2　美国、欧盟和我国香港地区 ESG 信息披露政策

	美国	欧盟	我国香港地区
披露形式	强制	强制＋自愿	强制
披露目的	加大对上市公司环境和责任问题的监管，发挥其作为全世界最大的经济体对全球可持续发展的引领示范作用	通过 ESG 信息披露降低因疏忽环境、社会等要素而给投资者带来的投资风险	为资本市场提供真实、客观、有效、可比较的企业 ESG 信息，给投资机构提供参考借鉴[①]

---

① 李文，房雅.社投盟：全球 ESG 政策法规研究：欧盟篇[EB/OL].(2020-05-07)[2020-11-13].https://finance.sina.com.cn/esg/cg/2020-05-07/doc-iirczymk0315433.shtml.

续　表

	美国	欧盟	我国香港地区
披露政策	所有上市公司必须披露环境问题对公司财务状况的影响	强制要求污染严重企业披露，其他企业自愿披露	上市公司按照《环境、社会及管制报告指引》进行ESG信息披露，部分指标不披露就解释
实现作用/意义	商业化到可持续发展化的转变	加速了ESG投资在欧洲资本市场的成熟	实现企业价值增长方式的转变其长期可持续发展
现有不足	自我约束力有待加强，披露报告中的外部鉴证包含数据信息较少，报告数据的范围和质量也还有待提升	成员国缺乏相关监管条例；披露标准不一；第三方鉴证缺失	披露信息第三方鉴证严重缺失；大部分公司无ESG管理策略和架构，信息披露缺乏灵活性

资料来源：社投盟《2020全球ESG政策法规研究》和冯佳林等文章①

基于美国、欧盟和我国香港地区的信息披露现状的比较，我国大陆地区ESG信息披露存在"无规范标准、无明确指引、无完善政策体系、无监管服务部门"的显著问题。首先，尽管在证监会2018年修订的《上市公司治理准则》中确立了ESG信息披露的基本框架，但缺乏规范的ESG信息披露标准。证监会没有发布统一、明确、可供企业参考的信息披露标准，没有规范的指标体系，同时也缺乏严格的约束机制，导致不同企业间的披露水平差距大、形式多样化。目前ESG信息披露以定性描述为主，对定量数据的展示较少，因此存在量化指标和动态数据不足以及方法论不够完善等问题。其次，缺乏统一的信息披露指引，企业往往会"择优披露"，重点披露对本企业有利的正面信息，规避不利信息，致使ESG信息披露缺乏客观性，与要求履行的ESG指标还有差距。最后，我国目前尚无完善的ESG政策支持体系以及缺乏信息披露的监管和服务部门，这也在一定程度上限制了ESG信息披露的发展。

除此之外，基于国际主流ESG信息披露指标体系及我国ESG信息披露发展现状，针对高新技术企业需要进一步构建国际合规的ESG评价指标体系。合规，简而言之就是要符合法律、法规、政策及相关规则。企业合规是企业能够持续发展的基石，是企业业务连续性的基础。企业合规制度有利于塑造优良企业文化，有利于形成良好的品牌形象和社会形象，有利于企业履行好企业社会责任，进而形成核心竞争力，最终实现可持续发展。高新技术企业因在我国国民经济中具有特殊地位，肩负着建设创新型国家和提升综合国力的重任，因而其ESG评价指标体系的构建，不仅要体现一般企业的发展要求，更要体现我国高新技术企业的特点，这需要高新技术企业在符合外部国际主流信息披露标准的同时，结合自身发展实际进行全方位的统筹规划。

三、ESG信息披露对企业可持续发展的影响机理

在实业界和学术界，相对于ESG来说，CSR是更耳熟能详的。企业社会责任（corporate social responsibility，简称CSR），是指企业在创造利润，对股东承担法律责任之外，还要承担对员工、消费者、社区、政府和环境等的责任。相比于CSR，ESG对经济业务的要求进一步具体化，融入了环境、社会和公司治理这三个关键因素，在某种意义上是CSR的升级版。ESG主要面向资本市场参与方和监管者，尤其是机构投资者，其侧重点在于环境、

---

① 冯佳林，李花倩，孙忠娟.国内外ESG信息披露标准比较及其对中国的启示[J].当代经理人，2020(3)：57-64.

社会、公司治理方面的制度安排是否能为投资者创造价值,而 CSR 侧重兼顾重要利益相关者的诉求,主要关注投资对象是否具有社会责任意识(如表 3 所示)。

表 3　ESG 报告与 CSR 报告的区别

	ESG 报告	CSR 报告
受众群体	主要面向资本市场参与方,尤其是机构投资者	兼顾各利益相关方
报告框架	遵循相关 ESG 报告要求,同时参考 CRI 标准等框架	一般遵循 GRI 标准等框架,从经济、社会和环境维度来披露
报告内容	对特定内容有要求,如雇佣、供应链、碳排放等,对量化披露的要求更高	根据框架写作,内容(定性、定量)弹性空间较大
发布时间	与财务报告同步或在财务报告后的一段时间内	无明确规定,企业自行确定
发布形式	与财务报告同时发布,或直接上传到公司网页,一般还要同时提交到交易所	单独发布或品牌活动结合
侧重点	环境、社会、治理方面的制度安排是否能为投资者创造价值,侧重于关注资本市场和监管者的诉求	投资对象是否具有社会责任意识,侧重于关注所有利益相关者的诉求

资料来源:据港交所、上交所、深交所板块规范资料整理

　　ESG 理念受到的重视正日益倍增,建立和完善 ESG 信息披露制度,是推动资本市场由"利益化"向"可持续发展化"转变的重要举措,有利于深化供给侧改革、促进经济高质量发展,对国内国际双循环格局的构建也有着关键意义。首先,ESG 信息披露有利于企业获得利益相关者的支持。在国家大力宣传保护环境并追求可持续发展的社会氛围之下,消费者更愿意购买 ESG 表现更好的企业产品;投资者会对投资风险做出更乐观的预估;政府部门也可能更认可 ESG 绩效良好的公司。其次,高质量的企业 ESG 信息披露有利于更好地满足社会各界对不对称信息的需求,从而降低企业的融资成本。最后,企业的环境保护活动和企业社会责任履行行为等可以产生跨期投资效应,企业自觉地践行 ESG 理念并公布 ESG 信息能够引起积极的市场反馈,积累更多的社会责任资本和声誉资本,促进其长期竞争力的提高,并可持续地提升企业的良好形象,使公司赚取超额收入,有利于促进公司价值的提升[①]。

　　要实现长期获利和可持续发展,高新技术企业不应以牺牲环境为代价,而要着眼于实现生态、社会和经济的协调平衡。企业可持续发展的实现离不开重要利益相关者的支持,因此企业应当切实满足重要利益相关者的诉求,利用合理的 ESG 信息披露为他们提供多维度信息,不断提升企业可持续发展的核心能力,使公司更好地平衡技术和市场,提升内部管理能力,保持员工队伍稳定以及股东回报等不同领域的发展,也可以帮助投资者、债权人、政府机构、社会公众和媒体等利益相关者及时了解企业的经营状况。ESG 信息披露可以减少信息不对称,与企业相关的各种信息都会影响投资者信心与决策,可获取的信息越多,准确性越高,投资人才能对风险和收益进行更加充分的预估,从而进行正确的风险把控。这使社会各界全面有效地识别企业在环境、社会和公司治理方面的贡献与成效,向市场释放关于企业未来发展前景和持续良好经营发展的信号,从而赢得利益相关者的支持和口碑,为企业价值的提升和可持续发展打下基石。

---

① 贺铃岚.基于企业生命周期的 ESG 与企业价值的相关性研究[D].合肥:合肥工业大学,2020.

四、海康威视 ESG 信息披露的案例分析

(一) 公司发展概况

在视频监控领域广为流传着这样一句话,"世界安防看中国,中国安防看浙江,浙江安防看海康"。海康威视(Hikvision)成立于 2001 年 11 月,全称杭州海康威视数字技术股份有限公司,于 2010 年 5 月在我国 A 股上市,目前在 A 股中小企业板上市公司中,总市值达 5 635.09 亿元,排名第一。2020 年,海康威视收入达到 635.03 亿元,利润达到 33.86 亿元。2011 年,视频监控产品市场占有率首次位居全球第一,并蝉联至今,俨然成为安防行业的翘楚。2003 年,海康威视开始尝试拓展海外市场,已在美国、俄罗斯、迪拜、意大利、新加坡、荷兰等海外市场成立 14 家子公司,境外收入始终保持在 20% 以上的增长率。

海康威视凭借其卓越的制造水平和先进的管理理念,在营收规模和市场占有率方面均遥遥领先于同行企业,在视频监控企业中连续九年蝉联全球第一。以视频监控产品为核心,海康威视在做好监控视频与图像识别等传统业务的基础上,积极延伸产业链,扩展到智能家居、汽车电子、智能存储等创新行业;整合上下游资源,并向着前沿技术不断发力,诸如人工智能、机器学习,为世界安全防护、大智慧和数据支持发展服务效力。此外,在智能物联网和大数据服务领域,海康威视也保持着行业龙头水平。在"互联网+"飞速发展的时代背景下,海康威视将全面巩固数字安防全球领先地位,以智能物联网产品为核心,力争打造全球最具规模、最高水平的安防产品高端制造中心以及安防电子和软件智能产业基地。

(二) ESG 信息披露的动因

2018 年,海康威视首次进行 ESG 信息披露,在此之前均只参照《深圳证券交易所上市公司社会责任指引》、海康威视《社会责任管理手册》等相关文件进行年度 CSR 报告。为探究 2018 年海康威视采取 ESG 信息披露的动因,我们对海康威视 2017 年度社会责任报告和年度报告,以及 2018 年 ESG 报告进行分析。2017 年,海康威视销售收入为 419.05 亿,增长 31.22%;实现归属上市公司的净利润 94.11 亿,增长 26.77%。经过几年摸索,基于互联网应用的萤石创新业务突破 10 亿元销售,第一次实现了盈利。

近年来取得的一系列成就促使海康威视开始更加充分地意识到,在追求商业成功的同时,企业兼顾环境、社会与治理方面的战略规划和落地建设,将公司业务与社会责任相融合,努力实现公司与社会、人与自然和谐的重要性。进行 ESG 信息披露,体现了海康威视努力让更多人感受到科技力量为社会及环境提供的支持,以及助力可持续生态系统建设的决心。从外部环境来看,人工智能、物联网、云计算、大数据等新技术在 2017 年呈爆发式发展,"智慧生活"的理念开始流行,高新技术企业的发展开始受到更多的关注与重视。海康威视进行 ESG 信息披露主要有以下四个动因:为了降低经营风险,筹集发展资金;为了提高企业的信用品质;ESG 表现影响融资成本;为了提高财务绩效。开诚布公其致力于安全和可持续发展的理念,既可以使海康威视从众多高新技术企业竞争者当中脱颖而出,也是海康威视在用以身作则的方式,呼吁其他高新技术企业共同行动,为人们的日常生活提供更精细化的社区管理、更便捷的公共服务、更全面的安全保障、更现代化的产业发展、更可持续的生态文明。

(三) ESG 信息披露的具体方案

在 2018 年的首份 ESG 报告中,海康威视以全球报告倡议组织 GRI 于 2016 年发布的

GRI Standards 以及《深圳证券交易所上市公司社会责任指引》为编制依据,全面阐释了其在环境、社会责任及公司治理方面的表现及管理政策。2018 年的 ESG 报告内容分别为利益相关方关注的事宜,以及公司如何实现经济、环境及社会的可持续发展,而 2019 年和 2020 年的 ESG 报告则具有更强的归纳总结性。尽管海康威视的 ESG 信息披露只进行了短短三年,但海康威视一直在努力提升其 ESG 报告的合理性,可见其对 ESG 信息披露的高度重视。下面分别从环境、社会和公司治理三个方面重点讨论海康威视的 ESG 信息披露。

1. 环境

运营过程中,海康威视不仅重视节能减排工作的落实,多方位实现创新绿色产品理念,提高资源综合利用效率,也擅长发挥自身高新技术企业在技术方面的优势,努力在自有产品上进行清洁技术改革。同时,海康威视鼓励各附属企业积极开展环境改善项目,通过工艺优化和源头控制等措施,降低能耗、水耗及其他各种资源消耗,加大资源循环利用率,降低企业经营活动对环境造成的影响。以能源管理方面进行的信息披露为例,如表 4 所示。

表 4 海康威视在能源管理方面的信息披露(2018—2020)

年份	能源管理方面信息披露主要内容
2018	1. 在设定公司级"万元产值能耗"目标基础上,细化各单位能源目标 2. 通过在节能方面的不懈努力,超额完成 2018 年能源目标,公司级万元产值能耗较 2017 年降低了 3.8%
2019	1. 成立含多领域专业力量的节能降耗小组,在照明系统节能、空调系统节能两方面全力推进和优化园区的专项节能项目取得了显著成效 2. 2019 年 8 月至 12 月的同比月度人均用电量降幅约 9.58%
2020	将年度能源节约与生态环境保护工作目标拆解至各生产基地,通过技术手段对在用设备进行参数调整和线路改造,取得了 2020 年桐庐二期、重庆基地能源增长率均小于 5% 的明显节能降耗效果

海康威视不仅坚持采取并不断创新节约能源的有效措施,也为提升员工环保意识做出巨大努力。三年的 ESG 报告中均涉及发布节能降耗倡议,优化设备运行参数,设置节能降耗管理员等管理方式,表明海康威视致力于在全公司营造节能减排氛围和长期绿色安全的和谐环境,真正推动公司可持续发展。

2. 社会

(1)员工。维护员工各项基本权益被海康威视视作第一要务。长期以来,海康威视始终严格遵守员工权益保障方面的各项国家法律、法规和地方政策,努力为员工提供平等的就业机会、有竞争力的薪酬和福利,鼓励员工参与公司管理,与员工共享发展成果。公司也在逐步完善以业务发展战略为引领的培训体系,全面支持人才培养和发展。在其 ESG 信息披露中,通过具体的数据,海康威视充分展示了对员工培训的重视,海康威视近年来员工培训情况如表 5 所示。

表 5 海康威视员工培训情况

年份	员工培训总投入/万元	培训时数/小时	人均受时数/小时
2018	2 178.71	3 463 235	13.5
2019	1 671.90	2 084 974	51.6
2020	621.97	1 879 212	44.0

为进一步满足公司国际化的战略发展需求,海康威视还开发并上线了以岗位体系为基础且符合公司全球人才战略要求的学习管理系统(learning management system,以下简称"LMS"),公司 LMS 账号在 2018 年就已实现全员覆盖(不含初级员工),系统中有通用类课程 143 门,业务类课程 1 586 门,考试试卷 605 份,学习交流社区 24 个。海康威视在安全生产方面也开展了十分全面的安全生产隐患排查和治理工作,2018 至 2020 年,公司在岗人员安全教育覆盖率、特种作业人员持证上岗率、职业危害因素检测率均达到 100%,全年未有因工死亡事故发生。

(2)客户。海康威视践行"成就客户、价值为本、诚信务实、追求卓越"的核心价值观。海康威视注重保护客户隐私、认真聆听客户建议,紧密围绕客户需求为客户提供优质服务并努力优化营销服务体系,同时也致力于发展技术驱动便捷服务。因具有智能应用场景化、碎片化的特点,视频行业具有开放融合的发展趋势。2018 年,在中国国际社会公共安全产品博览会上,海康威视正式发布了 Hikvision AI Cloud 能力开放平台,如表 6 所示。

表 6 Hikvision AI Cloud 能力开放平台应用情况(2018—2020)

年份	应用情况
2018	提出以"开放、平等、创新、共赢"为理念,面向合作伙伴,汇聚全球产品类合作伙伴和服务类合作伙伴,共同推动人工智能与物联网的深度融合,为公安、交通、司法、教育、能源、金融、地产等各行各业用户创造丰厚价值
2019	将 AI 平台应用于智慧物流领域。结合 AI、智能物联网、IOT 物联网、云计算等技术,将传统运营管理模式向数字化、智能化转变,提升园区管理与客户服务的智能化水平,助力整体物流运作效率提升
2020	上线客户联络中心业务平台(SCC Smart Call Center),集成 AI 智能应用(语音、文字机器人、自助服务等)与全媒体接入模式(热线、在线、邮件、短信、新媒体、移动端等)实现"多租户"管理方式

海康威视关注社会公益事业,鼓励并组织员工参与社会活动,更发挥海康威视的专长,以创新科技和专业经验为依托,助力智能生态与和谐社会体系的构建。作为重要技术和产品提供商,海康威视始终聚焦于治安、交通、生产等与社会经济和人民生活紧密相关的领域,努力以信息化手段打造智能高效便捷的生活,结合自身优势和发展生态合作,让人们充分享受到科技进步带来的美好生活。在 ESG 信息披露中,海康威视重点强调了其对"智慧城市"建设的努力与贡献。例如在备受社会关注的食品安全领域,海康威视通过深入的市场调研分析,利用其专属的"萤石云互联网+"视频技术。通过配置在后厨的防尘防水摄像头,顾客可以通过互联网随时随地查看后厨的实时操作画面,监管部门也可以查看辖区内的视频,大大提升了食品安全的管理和监督效率。

2020 年的 ESG 报告在社会层面的重点在于海康威视为抗击疫情做出的努力。从年初新冠疫情暴发后,海康威视积极以创新科技和专业经验为依托,科技战疫,凭借多年产品和算法的经验积累,积极响应各地客户需求,快速研发衍生出了多种产品形态的热成像测温设备。面对疫情,海康威视力争以自身的技术储备和优秀的产品研发能力,快速开发高性价比的产品助力疫情控制,以公司能力范围内最大的"善意"解决社会的燃眉之急。海康威视表明了其未来将继续凭借核心元器件自主供应能力,巩固产品端技术优势,服务于更多的应用场景,用科技的力量保障大众的健康与安全的坚定信念。

3. 公司治理

在公司治理方面,自 2018 年首次 ESG 信息披露以来,海康威视的 ESG 报告内容始终聚焦强调创新与合规两个方面。

(1)创新投入。研发创新方面,海康威视董事会始终强调底层技术积累,高度重视系统设计能力,持续升级产品与解决方案并加大研发投入,致力于智能技术的开发和应用。从 2018 至 2020 年的 ESG 信息披露中我们可以充分认识到海康威视对创新的重视及做出的巨大努力,海康威视近年来研发投入情况如表 7 及图 1 所示。

表 7 海康威视研发投入情况(2018—2020)

年份	研发投入/亿元	占营业总收入比重/%	同比增长/%
2018	44.83	8.99	40.36
2019	54.84	9.51	22.33
2020	63.79	10.04	16.32

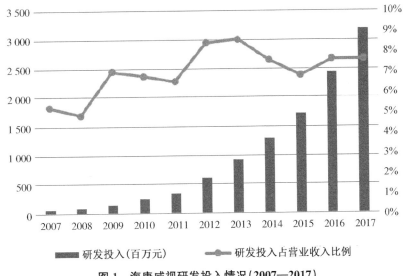

图 1 海康威视研发投入情况(2007—2017)

在生产运营过程中,海康威视也积极推动自动化生产,实现智能制造,例如仓储物流与生产环节的智能化升级改造。2019 年,海康威视自动化工时占总工时比例为 21.6%,较 2018 年增长 4.9%。2020 年,为解决物联网行业发展过程中遇到的硬件产品类型繁多、产品运行环境多样、产品运维管理方式不一的重大挑战,满足智能物联网可持续发展需求,海康威视提出嵌入式设备开放平台(海康合浦),简称 HEOP(Hikvision embedded open platform),支持算法或组件的容器化独立部署和灵活调度。通过统一的智能感知联网平台,提供各类智能物联设备的统一接入、联网和运维支持能力,使大规模智能物联网的构建成为可能,合作伙伴可以基于 HEOP 快速地进行智能物联网设备智能应用功能的迭代开发,与海康威视携手为客户持续创造价值。

在创新研发智能制造的同时,海康威视不仅通过完善的管控体系不断提升自身产品质量,同时积极推动行业发展,参与国家、行业及地方标准的制定,2018年共参与编制国家标准17项、行业标准44项以及地方标准15项。除此之外,海康威视坚守网络安全底线,发布《海康威视网络安全白皮书》,旨在与业界共同分享公司在网络安全方面的探索与实践,助力行业提升网络安全防范能力。

(2)合规管理。海康威视在满足ESG信息披露基本要求的基础上,还将合规理念融入环境、社会、公司治理三个层面。在其首次发布的2018年ESG报告中,首席合规官致辞当中充分表达了海康威视始终不渝地坚持合法合规的经营理念,并以此作为拓展全球业务的基石的决心及所做的一系列努力。关于监控产品涉及人权问题的媒体报道,海康威视认真倾听外部声音,同时认真审视自身的产品和业务,并已委托一家专门负责此类事务的美国律师事务所审查公司的运营和相关交易状况,以期改善公司的筛选标准,更好地保护人权,确保政策符合人权合规规定。

海康威视在其ESG报告中还探讨人权治理问题,阐明了海康威视将把《联合国工商业与人权框架指导原则》纳入其业务流程和政策,除了人权和社会责任合规,数据安全和隐私也是海康威视合规管理的重点部分。海康威视清醒地认识到视频技术的敏感性,希望通过与专家的共同努力,与业内伙伴一起传递科技的善意,坚守技术造福人类的初心。在建立基础合规体系的基础上,海康威视不忘打基础、练内功,随时了解行业变化,及时研究应对方案,以便更快适应趋势规律,确保企业可持续发展。经过不断发展优化,海康威视2020年ESG报告中其合规组织架构如图2所示。

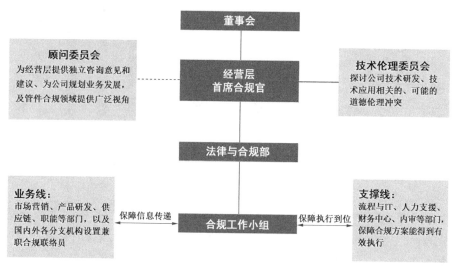

图2 海康威视合规组织架构图(2020)

(四)ESG信息披露的效果

下面通过海康威视案例具体分析ESG信息披露对高新技术企业产生的效果,具体从以下五个方面进行论述。

1. 对企业自身价值的影响

企业进行ESG信息披露可以积累社会责任资本和声誉资本,获得更高的经济收益效应和社会效应,促进企业销售额的增加,同时降低了由于政策管制、负面事件等带来的成本和损失,进而促进企业价值的提升。企业价值的衡量可采用相对价值法,应用最广泛的衡量指标是托宾Q值,通过将资产的市场价值与其重置成本进行比较而得出的托宾Q值,其值越大,企业的相对价值就越高。根据公式1-1,计算得海康威视2018到2020年的企业价值,结果如表8所示。

$$企业价值 = (总市值 + 负债账面价值)/总资产账面价值 \qquad (1-1)$$

表8 海康威视企业价值变化(2018—2020)

年份	总市值/亿元	负债账面价值/亿元	总资产账面价值/亿元	企业价值
2018	2 211.84	252.20	634.84	3.881 4
2019	2 919.38	298.85	753.58	4.270 6
2020	4 457.74	342.22	887.02	5.411 3

自2018年进行ESG信息披露以来,海康威视企业价值不断增加,增长速率也不断加大,2019年增长率为10.03%,2020年为26.71%。由此反映出海康威视的长期竞争力在逐渐提高,进行ESG信息披露有利于实现可持续发展。

2. 对投资者的影响

海康威视2018至2020年的年度ESG报告中与吸引投资活动有关的内容,如表9所示。

表9 海康威视吸引投资情况(2018—2020)

年份	基本每股收益/元	日常接待机构投资者数量	日常接待机构投资者数量同比增长/%	吸收投资收到现金/万元	吸收投资收到现金同比增长/%
2018	1.240	3 373	14.6	9 751	5.89
2019	1.343	4 299	21.53	12 353	26.68
2020	1.445	/	/	17 389	40.77

2018年首次进行ESG信息披露以来,除2020年受到疫情的影响许多投资者关系活动不便进行,海康威视日常接待机构投资者数量增加趋势显著。由基本每股收益、日常接待机构投资者数量、吸收投资收到的现金呈现出的积极变化趋势可见,进行ESG信息披露可以通过拉近企业与投资者的距离,缩小企业内外部对于信息获取差距的方式,使长期合作的投资者在更加信任公司后加大投资力度,同时也为企业吸引更多新的投资者做出了一定贡献。ESG信息披露的进行也促使企业更加合理的利用投资,凭借自身的妥善经营用高额的分红回馈给投资者,最终实现企业与投资者双赢的局面。

3. 对客户的影响

作为高新技术企业,海康威视在保证传统视频监控业务相关技术的同时,一直不断开发新技术、创造新产品以适应当今深度学习、智能物联网、大数据等领域的发展。ESG信息披露是帮助客户快速了解并接受新技术和新产品的很好方式。以2019年海康威视推出并持续打造的AI开放平台为例,对于这一全新的开放平台,海康威视在其2019年ESG信息披露中介绍了其关于实现模型上线应用的数据标注、模型训练、模型部署、应用设计方面的相关信息,也公布了该开放平台目前上线的通用功能及功能的使用状况。在2020年的

ESG 信息披露当中,海康威视更进一步公开了 AI 开放平台有关的具体项目——海康威视与蒋庄煤矿联合,其中详细介绍了 AI 全视化智能安控系统项目建设重要试点活动及工作,大大增加了客户对海康威视技术的信心。

近两年的 ESG 信息披露相关内容,使行业用户对 AI 开放平台在业务效率提升、管理距离拉近和安全隐患防范等多方面做出的贡献有了更加清晰全面的认识,在帮助现有用户深入理解 AI 开放平台的功能从而更好地使用 AI 开放平台的同时,也吸引了更多新用户的注意。针对新技术和产品,ESG 信息披露使得消费者能够获得更多与产品有关的资讯,做出更加合理的消费决策。消费者在增加了对企业产品的了解之后,也可以根据自身需求对企业进行反馈,使得企业的技术和产品与消费者需求更加契合。

4. 对政府的影响

海康威视在 2018 年的首次 ESG 信息披露的首席合规官致辞当中,重点表明了其在技术管制、公平竞争和反商业贿赂等方面认真履行企业合规义务的决心,而这些方面正是政府工作的核心内容。采取进行 ESG 信息披露的措施,反映了海康威视对政府工作的大力支持。自全球兴起新一轮全球化、市场化浪潮,全世界人民生活水平大幅提高,但这也大大增加了市场失灵和监管缺失等各类风险。

面对日益严峻的气候变化、环境污染等问题,降低技术快速变革可能带来的安全隐患、伦理冲突及社会矛盾等问题,如果政府强行介入,通过行政干预来管制企业行为、防范风险积累,可能扭曲市场运行机制,扼杀企业创新能力和积极性。通过 ESG 信息披露引导投资合理化,是市场自发的解决"市场失效"现象的一种更有效的纠错机制。政府管控仅限于要求企业对 ESG 相关要素做强制性的信息披露,避免了"有形之手"对市场运作的直接干预,因此实现了在政府干预最小化的前提下,激励企业承担更多的社会责任,在不影响效率的前提下,促进企业及整个社会的可持续发展。

5. 对社会的影响

历年来海康威视的 ESG 信息披露中均强调了其对服务社会、投身公益的高度重视以及发挥其高新技术企业特有优势,构建智慧生活体系的积极态度。这对其他高新技术企业对发展方向与重点起了一个很好的引领示范作用。高新技术企业在国民经济中有着极为特殊的地位,因而在高新技术企业的运营当中,不能仅仅局限于实现企业自身的发展和利润最大化,还应该努力推动传统产业转型升级、经济结构合理化,促进整个社会形成科技创新良好氛围,而 ESG 信息披露就能起到很好的助力作用。

五、结论与建议

(一) 研究结论

本文以高新技术企业海康威视为研究对象,对其 2018 年至 2020 年间 ESG 信息披露及其效果进行归纳分析,最终得出结论:

(1) 长期来看,合理的 ESG 信息披露对高新技术企业自身的可持续发展将产生一定的积极作用。ESG 信息披露有利于促进高新技术企业在新技术和市场、内部管理能力、员工队伍稳定等不同领域的平衡协调,也为高新技术企业重要利益相关者提供了更多维度的信息,使他们更加全面地了解企业可持续发展的核心能力。

(2) 投资者所获得的 ESG 信息会对其投资行为产生一定影响。高新技术企业进行 ESG 信息披露可以更好地满足投资者对新技术及新产品相关信息的需求,投资者基于这些信息可以对风险和收益进行更加充分的预估,从而进行正确的风险把控,减少其要求的风险报酬,从而使企业的融资成本大大降低。

(3) ESG 信息披露机制是"十四五"规划中的"经济发展取得新成效、生态文明建设实现新进步"这两大目标实现的关键一步,对深化供给侧改革、促进经济高质量发展、构建国内国际双循环格局有着重要意义。政府和企业应同心协力,推动资本市场由"利益化"向"可持续发展化"转变,早日落实 ESG 信息披露的制度化及合理化。

(二) 政策建议

1. 对企业的建议

虽然短时间内,进行 ESG 信息披露会造成企业工作量加大、成本上升,但长期来看,该披露可以促进企业更好地完善内控机制、减少资源浪费、树立良好形象,使企业赢得社会认可,实现可持续发展。特别地,为减少信息不对称对 ESG 信息披露效果的影响,企业在根据自身发展情况建立 ESG 指标时,不应仅停留在描述企业政策措施层面,而应对绩效表现作出更加严格的量化规定。此外,针对近期特殊情况,企业需要完善其对于缓解疫情方面举措的披露,也应该进一步加强对气候变化议题方面披露以响应国家"碳达峰""碳中和"政策。

2. 对投资者的建议

投资者在进行投资决策时,除了关注企业的经营绩效,也应重视企业的 ESG 表现,因为 ESG 表现良好的企业往往具有更高的企业价值,能给投资者带来更好的长期投资收益。投资者获得更多收益的同时,也会倒逼企业进行 ESG 信息披露并改进 ESG 表现,最终实现企业、投资者乃至整个社会的可持续发展。

3. 对政府的建议

目前,全球共有三十多个国家和地区的交易机构已经提出 ESG 信息披露的要求,但是大多以鼓励型为主。我国也尚未出台强制进行 ESG 信息披露的相关政策,但是,为响应我国高质量发展要求的提出和新发展理念的贯彻,各级政府有必要加强引导,大力开展与 ESG 理念相关的活动,宣传 ESG 信息披露的先进意义、普及相关政策常识,增进企业对 ESG 信息披露的了解,帮助企业构建适合自身发展的合规 ESG 信息披露制度。此外,对积极响应号召及在 ESG 信息披露方面表现优秀的企业,政府应给予一定的政策优惠和奖励,增加企业进行 ESG 信息披露的积极性。要实现 ESG 信息披露制度的贯彻落实,政府在加强监管力度的同时要充分发挥市场机制作用,出台强制性 ESG 信息披露政策时应在遵守循序渐进的原则基础上,给予企业充足的过渡准备期,减少制度成本对企业发展的影响,使企业真正受惠于 ESG 信息披露,从而推动全社会的可持续发展。

参考文献

[1] 贺铃岚.基于企业生命周期的 ESG 与企业价值的相关性研究[D].合肥:合肥工业大学,2020.
[2] 张琳,赵海涛.企业环境、社会和公司治理(ESG)表现影响企业价值吗?:基于 A 股上市公司的实证研究[J].武汉金融,2019(10):36-43.
[3] 冯佳林,李花倩,孙忠娟.国内外 ESG 信息披露标准比较及其对中国的启示[J].当代经理人,2020(3):

57-64.

[4] 刘璐,吁文涛.企业 ESG 评价和传统信用评级体系比较研究[J].新金融,2021(4):59-64.

[5] 尹可心.ESG 的源起和现状研究[J].当代经理人,2021(1):31-35.

[6] 李文,顾欣科,周冰星.国际 ESG 信息披露制度发展下的全球实践及中国展望[J].可持续发展经济导刊,2021(S1):41-45.

[7] 许洪贵.基于科学发展的高新技术企业绩效评价及应用研究[D].北京:北京交通大学,2011.

[8] 刘旦珩.政府促进高新技术企业可持续发展研究:以江苏省靖江市为例[D].南京:南京大学,2018.

[9] Khan B. ESG 报告鉴证:确保数据可靠性的必要环节[J].董事会,2020(5):50-53.

[10] 谢安,Routh H J,顾玲.港交所上市公司 ESG 报告与启示[J].董事会,2019(11):42-49.

[11] 吴斌.碳中和进化之路:从"情怀"到"投资"投资者如何抓住 ESG"钱袋子"?[J].21 世纪经济报道,2021(5).

[12] 蔡卡尔.国内 ESG 投资迎来重要发展机遇[N].中国证券报,2021-04-26(J03).

"尚贤管理"蕴含的企业责任意识探究

林鋆生*

摘要："尚贤管理"是一种以贤文化为核心思想的现代企业管理模式。该管理模式的内核是敬慎之心，该管理模式的宗旨是以人为本、反求诸己，该管理模式的手段是反复践行"学习—实践—反思"这一系统行为，该管理模式的目标是教化人、培养人、成就人，最终实现企业与自然、企业与社会、企业与企业、企业与员工之间和而不同之局面。中盐金坛盐化有限责任公司所践行的"尚贤管理"体现了该企业具有很好的企业责任意识。概而述之，可以分为社会格局意识、环境保护意识、知识求真意识和员工主体意识。

关键词：尚贤管理；企业责任；企业文化

一、引言

经过不断的探索实践，中国本土管理研究逐渐形成一些具有代表性的理论，主要包括 C 理论、东方管理学、和谐管理、道本管理、M 理论[①]（2014 年）。刘祖云教授认为除上述五种代表性理论外，还有"和合管理"[②]。这些管理模式各有特点，并且都是针对中国管理的具体实践而提出的。在上述管理模式外，中盐金坛盐化有限责任公司（简称"中盐金坛公司"）经过长期的实践，逐渐提炼出了一种新的管理模式：尚贤管理。该公司总经理管国兴先生在《尚贤管理：儒商精神现代实践的一种模式》一文中对"尚贤管理"做了描述："尚贤管理以教化人、培养人、成就人为目标，在管理中以人为本，反求诸己，培育道德资本，为企业员工打造安身立命之所，实现成贤合道。尚贤管理以润物细无声的方式教化、感化、同化企业员工，顺企业慧物之性，顺员工止于至善之性，达到心理合一、知行合一、理事合一，在顺性中建立事功，通向无为而治。"[③]该公司副总经理钟海连先生在《贤文化组织与"尚贤"治理建构：基于理念与实证的研究》一文中认为："'尚贤管理'强调，企业不仅要自己发展，同时也要带动周边区域经济的发展，增加对周边经济需求的关注，为社区和社会谋福祉。""'尚贤管理'作为一种传承华夏圣贤文化的企业治理模式，在企业价值观和管理思维方式的转变中贯穿了华夏文明的人文精神，……'尚贤管理'根植于企业生产经营的实践，从积淀深厚

---

* 作者简介：林鋆生（1987—），男，汉族，福建省宁德市人，中盐金坛盐化有限责任公司博士后流动站讲师，哲学博士，研究方向：周易管理、道家哲学。

① 陈春花，乐国林，曹洲涛.中国领先企业管理思想研究[M].北京：机械工业出版社，2014.
② 刘祖云，王太文."中国式管理"的认知进路：一个文献学的考察[J].中国文化与管理，2020(2)：66-77.
③ 管国兴.传统文化与管理哲学研究论集[M].北京：九州出版社，2020：163.

的传统文化中汲取养分,融合了对生命意义、自然与人之关系、企业长久之道等诸多问题的思考,凝聚着对生命、天地的敬畏之心和对社会责任的担当精神。"①

综合管国兴和钟海连两位企业管理者对"尚贤管理"的论述,以及对他们的采访,笔者试着在他们基础上对"尚贤管理"进行如下界定:"尚贤管理"是一种以贤文化②为核心思想的现代企业管理模式。该管理模式的内核是敬慎之心,该管理模式的宗旨是以人为本、反求诸己,该管理模式的手段是反复践行"学习—实践—反思"这一系统行为,该管理模式的目标是教化人、培养人、成就人,最终实现企业与自然、企业与社会、企业与企业、企业与员工之间和而不同之局面(如下图)。

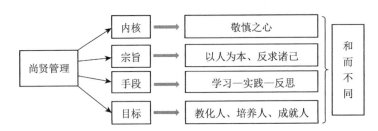

从中盐金坛盐化有限责任公司的管理实践中,我们可以看到"尚贤管理"蕴含着深厚的企业责任意识,笔者认为主要包括四个方面:社会格局意识、环境保护意识、知识求真意识和员工主体意识。社会格局意识和环境保护意识更多表现为一种由外而内的要求,属于客观责任伦理;知识求真意识和员工主体意识更多表现为一种由内而外的要求,属于主观责任伦理③。

二、社会格局意识

"尚贤管理"将"贤"④作为核心内容,体现了中盐金坛盐化有限责任公司的管理团队对自我在社会中所扮演角色的一种体认。任何一个事物在社会中都有自己所处的一个位置,此即这一事物之先天格局。这一事物对自我所处的位置以及大环境进行审视,并形成一个清晰的自我认知,从而更好地去开拓广度、挖掘深度,这可以说是一种后天的格局意识。企业的社会格局意识表现为企业对自我有一个清晰的认知和定位。一个企业首先明确了自我定位,如此才能明确自我与他者的关系,从而进一步明确自我所应承担的责任。责任的一个重要前提就是彼此之间的界限。企业需要明确自己在社会中所处的位置以及所扮演

---

① 钟海连.传统文化与圣贤思想传播研究论集[M].北京:九州出版社,2020:229-330.
② 这里的"贤文化"包含以下几个方面的内涵:敬天、尊道、明本、顺性、尚贤、慧物、贵和、致远。需要说明的是,"贤文化"中包含的"尚贤"与"尚贤管理"中的"尚贤"内涵有所差异。前者的"贤"主要指贤德,后者"贤"主要指贤文化。也就是说后者包含前者。
③ 美国学者库珀(Terry L. Cooper)认为责任伦理包括主观责任伦理和客观责任伦理。"客观责任伦理"指的是由外在于责任主体的社会、组织或他人,通过法律的、道德舆论的形式所施加的,要求责任主体务必承担的责任;"主观责任伦理"指责任人行动的责任情感,而这种情感又源于对道德的自觉认知和对良知的认同[(美)特里·库珀.行政伦理学:实现行政责任的途径[M].北京:中国人民大学出版社,2001:63-81]。
④ 对于"贤"概念的具体内涵及字义的发展演变,可参阅由钟海连先生执笔的"圣贤文化传承与华夏文明创新研究"丛书的总序。

的角色。《周易》所谓"天尊地卑,乾坤定矣。卑高以陈,贵贱位矣"①说的就是位置的重要性。位置的概念意味着一种空间,空间的存在是不同事物之间产生关联的重要前提。权利和责任都是在空间中展开的。企业需要明确属于自我的空间,同时尊重其他企业的生存空间,这样才有利于形成一种良性循环的合作共赢关系。所以可以说一个企业拥有怎样的社会格局意识,便意味着该企业对责任所持有的态度。钟海连先生认为"尚贤管理"凝聚着对生命、天地的敬畏之心和对社会责任的担当精神。企业在发展的同时还要为员工谋福利,促进企业与社会、自然和谐发展②。该公司很早就提出了"对社会尽责,对客户企业尽责"的经营理念,以及"为两咸企业服务,与两咸企业共同成长"的服务理念。该公司意识到自己是这个社会的一个有机组成部分,社会环境会直接影响公司的生存发展状态。这可以看作该公司对自我社会角色的基本定位。"尚贤管理"以"贤文化"为思想内核,其中一个重要内涵便是"慧物":

> 水无私心,利万物而不争,谦下而容众,攻坚而无不胜,此为上善。企业亦如是,无私则容,容乃公,公则无争,无争则无所不利。……贤者慧物,见利思义,重义而兼利,责任为先,福国利民。③

从引文中可以看到该公司十分重视"公"的概念,并利用"水"这一意象来表达。"上善若水,水利万物而不争"④,水能够谦和处下,"容民畜众"⑤,利益万物却又不与万物相争。"尚贤管理"同样认为企业当有这一份公心,不可只是妄图私利。如果一个企业把自我和社会对立起来,没有清晰的社会格局意识,对自我在这个社会中所扮演的角色模糊不清,那么这个企业将成为无本之木、无源之水,注定会为社会所淘汰。这种"公心"便是企业社会格局意识的重要体现。"格局"这个概念至少可以作两种理解:第一,格局是一个动宾结构,"格"在这里是一个动词,有"正""求索"之意,即要格企业所处之局;第二,将之理解为名词,即表示这个企业有着高屋建瓴的大气势、大胸怀。无论从哪个角度去理解,都要求企业管理者有"慧物"之公心。管国兴先生认为:"尚贤管理所指的道德智慧,包含三个方面:一是无私;二是和而不同;三是慧物。若达此三境界,则近者亲而远者悦,企业的生命力将长盛不衰。企业倡导尚贤管理,是应对道德危机的顺势而为。"⑥引言中所说的三境界便可说是一种大气势、大胸怀。这是该企业领导班子在进行高层设计时确定下来的基本方向,无论对管理层还是普通员工都有着重要的行为导向作用,鲜明地表达了该企业对自我社会角色的一种定位。

企业通常需要考虑两个重要因素:资源和市场。但是该公司的这种格局思维使得他们不是单纯地从以上两方面出发考虑问题,他们在考虑资源和市场的同时,更是将二者纳入文化价值观的范畴中进行审视。例如该公司为了缓解长三角地区季节性用气不均的问题,于是积极与中石油、中石化、德国 SOCON 公司等企业合作,使得当地居民的天然气使用问

---

① (魏)王弼;(晋)韩康伯,注;(唐)孔颖达,疏.宋本周易注疏[M].于天宝,点校.北京:中华书局,2018:378.
② 钟海连.传统文化与圣贤思想传播研究论集[M].北京:九州出版社,2020:227.
③ 钟海连,黄永锋.贤文化经典选编释读[M].北京:九州出版社,2020:2.
④ 老子道德经河上公章句[M].王卡,点校.北京:中华书局,1993:28.
⑤ (魏)王弼;(晋)韩康伯,注;(唐)孔颖达,疏.宋本周易注疏[M].于天宝,点校.北京:中华书局,2018:80.
⑥ 管国兴.传统文化与管理哲学研究论集[M].北京:九州出版社,2020:169.

题得以缓解。与此同时,该公司还利用盐穴储存天然气和石油,为国家能源储备问题提供了方案。又如该公司在思考如何解决管道铺设问题时,并非只是单纯地从自己立场出发。该公司从全局出发,把自我与所要接洽的村庄以及金坛整座城市看作一个有机整体。这个有机整体的各个部分是相互联系的利益共同体,因此不可切割来看待,这就是该公司总经理管国兴先生常常提到的大局观。在这种思维的引导下,该公司与致和村建立起一种长期合作关系,而不仅仅只是局限于铺设管道的单线条合作。在该公司的帮助下,致和村建成了致和文化书院,书院中有致和讲堂,该公司会定期派人员到讲堂中进行文化宣讲,为村民带去新的活力。同时还积极帮助致和村引进数字技术,使得致和村成为新时代乡村建设的一个典范。2021年4月,由中盐公司、江苏宏德文化出版基金会、华东政法大学马克思主义学院以及南京大学管理学院联合主办的"基层治理创新与新时代文明实践中心建设"学术研讨会便是在致和文化书院召开。这些行为共同建构了该公司的大格局。这种格局意识一方面体现了企业在履行自我的社会责任,为相关者带去了实实在在的利益,与此同时也提升了自身的品牌价值,提高了公司效益,使得责任的履行转化为效益的提升,若《道德经》所谓"后其身而身先,外其身而身存"[①]。

三、 环境保护意识

对于当下企业而言,环境保护已经成为基本共识。但落实到实践层面,各个企业表现各异。因此提及环境保护意识时,最重要的还是要落实到具体层面,否则便如王阳明所言"知而不行,只是未知"[②]。我们的传统中一直包含天人相合以及天人相分两个传统,先秦以来,天人相合乃是我们的主流思想。宋代张载提出的"天人合一"是这种思潮的一个重要总结。但是到了现代,随着科技的发展,人类似乎忘却了自我乃是这个宇宙中的微小存在。人应当主宰自然的思想变得随处可见,由此造成人和自然逐渐分离。一方面科技发展日新月异,另一方面生态环境日渐恶劣。卡逊在《寂静的春天》中描述了环境受到破坏后的画面,发人深省。中盐金坛盐化有限责任公司作为盐企,与自然的联系程度要高于其他类型的企业。因此,该公司便会着重思考企业与环境、资源的关系,从而以"尚贤管理"所强调的"敬慎之心"来指导各方面的工作。

"尚贤管理"的思想内核是该公司总结出来的"贤文化","贤文化"纲要的第一条便是"敬天":

> 世间万物乃天生之,地养之。故人当用仁心助天生物,助地养形。如此,则天地间万物得以畅茂,资用富足,瑞应常现,天下和乐,此为企业者不可不审且详也。盐盆资源为天赐珍物,金盐人深察于资源有限,不敢以私心恣意取利,故怀敬畏感恩之心,构循环发展模式,珍惜资源,爱护万物,保一方碧水蓝天,以不失天地之心,顺四时生,助五行成。[③]

"尚贤管理"的理论基础乃是基于"天"这个概念。这与春秋战国以来我们文化的发展

[①] 老子道德经河上公章句[M].王卡,点校.北京:中华书局,1993:26.
[②] 吴光,钱明,董平.王阳明全集[M].上海:上海古籍出版社,2011.
[③] 钟海连,黄永锋.贤文化经典选编释读[M].北京:九州出版社,2020:1.

特征是相一致的。"天"这一概念在《易传》和《道德经》中被塑造成极其重要的概念。"天"成了"道"的载体,既抽象又具体,成了建构我们文化体系的核心概念之一。《中庸》言"天命之谓性,率性之谓道,修道之谓教"①,可知这"人性""物性"皆是由"天命"而来,"天"成了万事万物之所以可能的原因。"尚贤管理"找到"天"这一概念作为基本点,可以说正好找到了文化中的活水源头。这与稻盛和夫遵循的治企原则——敬天爱人——有着异曲同工之妙。事实上二者本就同源,即儒家文化。中盐金坛公司提出"敬天"这条纲要又有其特殊的背景,即该公司乃是一个盐业公司。作为一个盐业公司,其生存状态与自然盐盆是息息相关的。盐盆作为不可再生资源,开发多少便减少多少。因此,对这些资源采取怎样的态度便至关重要。笔者以为对待这些资源的态度实际上就是对待生命、对待他人乃至对待自我的态度。该公司认为:"盐盆资源为天赐珍物,金盐人深察于资源有限,不敢以私心恣意取利,故怀敬畏感恩之心,构循环发展模式,珍惜资源,爱护万物,保一方碧水蓝天,以不失天地之心,顺四时生,助五行成。"这里有四层意思,并且这四层意思是相互衔接的有机整体。首先,是该公司对资源的深刻认知,认识到"盐盆资源为天赐珍物,金盐人深察于资源有限";其次,在此基础上形成对待资源的态度,即"不敢以私心恣意取利,故怀敬畏感恩之心";再次,有了认知和态度之后,就要落实到实际操作层面,即"构循环发展模式,珍惜资源";最后,该公司没有只是停留在盐盆本身,而是由盐盆又上升到更高层面,即"爱护万物,保一方碧水蓝天,以不失天地之心,顺四时生,助五行成"。这样就形成了"认知—态度—实践—守心"②的逻辑链条。通过这一逻辑链条,我们可以看到"认知"的重要性。当该公司以"敬天"作为指导思想时,便意味着该公司对资源和环境的重视。我们甚至可以认为,"尚贤管理"模式自然而然内蕴着环境保护意识。管国兴先生说道:"管理者能做些什么来保护环境和生态呢?这需要观察和研究,需要实地考察,向自然学习。……当周围的很多东西在消失的时候,要多一双观察的眼睛,为自然做些弥补,为自然多做一点事情。"他还说道:"保护环境,为人类的文明做贡献,这是生命的价值所在。"③这样保护环境便与个体生命价值、企业文化精神以及人类文明进程产生了密切联系。

四、知识求真意识

一个企业的立身之本首先就是自己的业务素质。对待知识的态度将在很大程度上决定该企业的整体业务素质水平。这是一个企业的应有之责,是管理者从企业存在的角度思考后的必然选择。对于一个盐业公司来说,如何开采盐盆、如何进一步制盐、如何销售,以及如何与其他企业合作等问题都是切切实实的技术问题。因此,就需要切实掌握技术,并在实践中不断打磨员工的技术,提高专业性。中盐金坛公司总经理管国兴先生特别强调要建设学习型团队。2021年6月,管国兴先生在厦门大学进行了题为《〈周易〉剥卦、复卦的哲学解读》的讲座,他认为每个人都是现实生活中的个体,因此,首先要讲究"业",这里的"业"

---

① (宋)朱熹.四书章句集注[M].北京:中华书局,1983:17.
② 这里的"心"包括两个层面:第一是个体之心,即个体通过实践不断增强自我的实践能力,由提高实践能力进一步提高内在修养;第二是天地之心,此即《周易》复卦所谓"复见天地之心",指的是从个体之心的修炼中,达到更高境界,与天地相合,"从心所欲而不逾矩"也。此时"人心"便是"天心","天心"便是"人心",二者不一不异,相互映照。
③ 管国兴.传统文化与管理哲学研究论集[M].北京:九州出版社,2020:176.

可以理解为"专业",也可理解为"事业"。无论从哪个角度进行理解,管国兴先生意在传达一个人当有求真意识,要在世间有所作为,对自己的专业切磋琢磨,"终日乾乾"[①],学以为君子。"尚贤管理"的手段是踏实反复地践行"学习—实践—反思"这一系统行为。"学习"这一行为可以说是践行"尚贤管理"的一个重要起点,同时也是终点。事实上"尚贤管理"就是围绕"学习"而展开的。并且"实践"和"反思"也是不同形式的"学习",也就是说"学习"是贯穿"尚贤管理"始终的。例如该公司的员工培训包括:新员工入职培训、贤文化专题培训、知行班日常培训等多种形式。这些形式多样的学习培训贯穿于员工的工作、生活之中。当然,企业的知识求真意识,以及在这种意识引导下而形成的"学"的习惯,事实上意味着要投入更多的时间成本和经济成本。但从另一个角度观之,时间成本和经济成本恰恰说明了"学"的重要性,这进一步说明了"尚贤管理"所体现的知识求真意识是很有针对性的,可以说是从个体和企业的长远发展角度出发来考虑问题的。

"贤文化"纲要中包含"尊道"和"明本",皆可谓知识求真意识的重要体现。

企业运行,必有其道,尊道而行方能长久。……故治企之大者,在尊道贵德,因循相习,自然天成,无为而治,臻于化境。

员工为企业之本,本立则企业固;科技为兴盐之方,方举则企业强。人文科技,二者不偏。若此必会通中西,融贯古今,明本达用,人成则事成,事成则业兴。[②]

这里的"道"和"本",从现实的层面而言可以认为是事物发展的规律。企业要做到"尊道",就要明道、体道、尊道而行。因此就需要不断地学习、探索和实践,也即引文所谓"因循相习",要基于科技来振兴企业。从公司的角度而言,这里的"道"和"本"主要有几个方面:首先是尊企业运行之道;其次是企业立足之本;再次是举科技兴盐之方。无论哪一方面,都需要有求真意识。这种求真意识体现了企业对自我责任的一种担当。同时这种担当精神又能够促进企业获得更好的经济效益。这就是《周易·文言》所谓"利者义之和也"[③]。事实上"利"和"义"是并行不悖、相得益彰的[④]。同理,也可以说责任和效益是不矛盾的。"尚贤管理"便很好地体现了这一点。虽然现实中会遇到各种问题,但如果能依据这样的指导思想,并将之灵活应用,其结果便不会有太大偏差。该公司的效益逐年提升就是最好的证明[⑤]。

当然"尚贤管理"所体现的知识求真意识,不仅仅只是停留在知识的层面,更重要的是要透过知识,去觉察企业的本质、生命的意义。彼得·德鲁克对知识有一种观点:"知识是一种容易过时的商品。"[⑥]这其实与庄子对知识的态度是较为一致的。庄子言:"吾生也有

---

① (魏)王弼;(晋)韩康伯,注;(唐)孔颖达,疏.宋本周易注疏[M].于天宝,点校.北京:中华书局,2018:23.
② 钟海连,黄永锋.贤文化经典选编释读[M].北京:九州出版社,2020:1.
③ (魏)王弼;(晋)韩康伯,注;(唐)孔颖达,疏.宋本周易注疏[M].于天宝,点校.北京:中华书局,2018:18.
④ 《周易》乾之四德,即"元、亨、利、贞",《文言》解释道:"利者,义之和。"我们可以看出这里的"义利"关系并非当前人们所认为的那样是一种对立关系。当我们对这一对概念进行溯源时,我们或许能够以一种更为合理的视角来重新审视这组概念,从而树立更为合理的价值观,并更好地引导自我在现实生活中做出健康、平衡的行为选择。
⑤ 当然需要注意的是,中盐金坛盐化有限责任公司有其自身的特质,于是在实践"尚贤管理"模式时,其产生的效果较佳。其他企业是否也会有相似的结果则难以确定。但可以明确的是,"尚贤管理"所指示出来的方向是没有问题的,关键则在于不同企业要根据自身特质进行适当的调整。
⑥ (美)约瑟夫·马恰列洛.卓有成效的领导者:德鲁克52周教练指南[M].北京:机械工业出版社,2016.

涯,而知也无涯。"①这告诉我们对待知识时,首先要有求真意识,其次还要超越知识本身(这是一种更高层面的求真意识),实现转识成智,将知识转化为生命智慧。因此,对于知识的求真意识要进一步内化,从而形成一种具有自身特征的企业价值观。这种价值观能够反哺每一个员工。这就是文化的魅力,就像父母用心养育孩子一样,不仅要用心,还要方法得当,理念适宜。当孩子健康成人后,便会以另一种形式将爱与温暖反馈给他的父母。一个公司对于自身文化的建构也是这样的过程,半点着急不得,非耐下心、沉住气不可。当一个企业将实践中总结出来的知识和经验升华为企业文化时,这将十分有利于员工和企业在目标和切身利益等方面保持一致。一个成功企业需要处理的一个重要课题便是在实践中提炼出一种适合自我发展的价值观,并且这种价值观能够为员工所认同。中盐金坛公司就是不断通过实践而总结出来具有自身特质的"贤文化",并通过"尚贤管理",将之落实到生产生活、工作学习之中。

五、员工主体意识

"尚贤管理"的宗旨是"以人为本,反求诸己",其目标是"教化人、培养人、成就人"。无论是宗旨还是目标都指向"人",因此可以说"尚贤管理"是一种以"人"为最重要参考因素的管理模式。这种以人为本的宗旨直接体现了该企业对员工的负责态度。管国兴先生认为:"尚贤管理作为一种管理模式,还有更高的追求。推行尚贤管理,主要在两方面着力:一是价值观的转变,一是思维方式的转换。实践尚贤管理,应该以人为本。要做到以人为本,首先应该成就人,只有成就了人,才能成就企业。"②彼得·德鲁克认为在新世纪,人人都应当是自我的管理者。在《21世纪的管理挑战》一书的最后一章,他专门论述了"自我管理"这一概念,并提供了践行这一概念的路径。海尔集团提出并践行"人单合一"的理念。这些都是对个体主体意识的强调。可以说,这是万物互联时代的一个显著特点,即个性不断得到彰显,并且这种结果会影响市场需求及资源分配。因此可以说,这是一个需要人人进行自我管理的时代。儒家经典《大学》提出了"八条目",即格物、致知、诚意、正心、修身、齐家、治国、平天下,并把"修身"作为根本,即经文所谓"自天子以至于庶人,一是皆以修身为本"③。这里的"修身"便可以说是"自我管理"。此亦若《中庸》所谓"莫见乎隐,莫显乎微,故君子慎其独也"。引文中的"修身"与"慎独"有着极为深厚的内涵,我们更多会从道德层面进行解读,但这两个概念的内涵显然不只是限制在道德层面。从"自我管理"的角度去理解这两个概念,反而能够更好地展现这些概念的弹性,同时也给主体更多的行动空间。这对于主体理解和践行"修身""慎独"是更为有利的,尤其是在当前这种日渐重视人的主体性的社会背景中。此处的"修身"(亦可称为"进德",即形成一种价值观)与上文的"修业"是紧密相关的。不管是中国传统智慧还是现代的管理学家、企业家的观点,都十分重视培养个体的主动性和积极性。我们可以说员工的主体意识已经成为企业文化的重要组成部分,并深刻影响着一个企业的长远发展。中盐金坛公司从员工一进入公司,便十分注重培养员工的主动性和归属感。这里的员工个体和公司整体是一个有机统一体,而非对立矛盾的。这都体现

---

① (晋)郭象,注;(唐)成玄英,疏.庄子注疏[M].曹础基,黄兰发,整理.北京:中华书局,2011:63.
② 管国兴.传统文化与管理哲学研究论集[M].北京:九州出版社,2020:167.
③ (宋)朱熹.四书章句集注[M].北京:中华书局,1983:4.

了"尚贤管理"的最终目标,即成就人。

"贤文化"纲要中的"贵和""尚贤"皆是以个体的自我发展为重要前提。"和"的一个重要前提便是差异。只有在差异存在的前提下才有所谓"和",否则便是"同"。因此,可以说"和"的概念中天然包含了尊重个体的差异性。中盐金坛公司在培养人才时,便十分注重这种差异性,不同的人根据不同个性被安排到合适的岗位上。在尊重员工差异性的基础上达到"和"的状态。这种"和"的状态在本质上就是由相同的企业价值观所引起的。正如德鲁克所说:"价值观是且应当是最终的检验标准。"①

管国兴先生认为:"尚贤管理不仅关注价值创造,更关注人的培养,追求实现企业经营者和企业员工在企业命运共同体中成贤合道。"这意味着公司把"人"作为最根本的资源。对员工的培养既是企业的责任,又是企业的权力。因为企业的利润归根到底是每一位员工努力的结果。著名的霍桑实验有一个主要结论,即员工的心理状态能够直接影响员工的工作效率,从而进一步影响企业的经济效益。员工的心理状态与如何对员工进行培养有着直接的关系。"尚贤管理"的一个重要课题就是让员工养成自觉意识,努力成为企业的主人翁,而非消极应对自己的岗位。一方面员工与员工之间努力形成一种彼此联系互助的局面;另一方面员工自身形成一种良性的身心平衡系统,从而实现安身立命。就像电信公司MCI的工作模式那样,员工来工作时,没有明确的任务。员工根据自己的特点为自己定一个岗位和工作任务,然后在工作中完成自己的岗位角色并试着实现增值。员工掌握着主动权并按照自己的节奏向前发展。这家公司的做法显然是值得借鉴的。当然需要注意的是这里需要一个必要的前提,即员工首先需要是一个具有独立意识和不断学习能力的个体,他能够主动地对自我进行定位,并找到与之相对应的角色。培养员工的这种能力正是"尚贤管理"所努力的方向。

由以上论述,我们看到一种真正的和谐秩序应该是由内而外的。企业对员工的控制应该建立在员工的自我约束控制的基础上,那么员工的个人追求就会与企业的目标保持一致,这才是一种具有强大动力的控制,因为这种动力来自员工自身,来自他们对生活的积极态度和对自我梦想的追求。这样管理②与创造性就成了并行不悖的有机整体。因此,在当前这样的时代背景下,可以说"真正的控制,只能是来自员工个人的,这种控制才能够达成管理的绩效。"③正如钟海连先生在题为《文化管理的哲学思考》的讲座中说道:"领导的作用在于,塑造工作环境,鼓励个人发挥能力并提供支持,使员工对公司的整体成就感到骄傲。"

六、结语

企业的责任意识可以说逐渐从一种外在意识转变为一种内在意识。虽然国家相关法律规定不同的企业需要承担不同的社会责任、环境责任,但事实上从长远角度观之,企业责任并不与企业效益相冲突。相反,一个企业越是能够很好地履行其责任,该企业就越能够获得社会以及员工的认可,使得员工能够形成一种认同感和归属感,从而与企业一起共渡难关。"尚贤管理"蕴含着深厚的企业责任意识,归根到底体现在对"人"的重视上。在"教

---

① (美)彼得·德鲁克(Peter F. Drucker).21世纪的管理挑战[M].朱雁斌,译.北京:机械工业出版社,2006.
② 这里主要指传统管理,传统管理更多要求的是机制、确定、集中。
③ 陈春花.企业文化塑造[M].北京:机械工业出版社,2016.

化人、培养人、成就人"的过程中,自然而然既履行了社会责任,又履行了对员工的职责。在"尚贤管理"模式下,个体很好地发挥其主动性,从而促进公司的健康发展,同时也实现自我成长,并从公司的发展中获得福利。如此,个人的成长与公司成长实现一致化,公司的效益与社会效益实现一致化。从责任的角度而言,也可以说企业的责任意识落实到了每个员工身上。由此企业对员工的责任意识转化成了员工对企业的责任意识,使得个体与企业实现了一种价值共生。这种建立在彰显个体价值基础上的共生价值乃是克服困难、解决问题的最好动力,也是企业和个人能够不断成长的根本动力。管国兴先生说:"当代企业应该立足于天地大道,把企业的生产经营与资源、环境、人才的协调发展圆融地结合为一体,在谋划工作、思考企业发展时,将人与自然协调发展、企业与天地和谐共存作为价值追求,通过尚贤管理使企业和员工的行为合于天地大道,由此实现企业的生生不息,长生久视。"[①]情怀与效益、冲突与合作、责任与权利由此被统一到一种阴阳和合的大格局之中。此当是企业应不断努力的方向。

---

① 管国兴.传统文化与管理哲学研究论集[M].北京:九州出版社,2020:168.

新时代背景下中国杰出企业家社会责任担当

——以"好孩子"集团及其创始人宋郑还为例

赵海龙*

摘要:作为全球领先的儿童用品公司及中国最大的母婴产品品牌商、分销和零售平台,"好孩子"国际控股有限公司于1989年由宋郑还在江苏昆山创立。32年来,"好孩子"已经成为全球最大的婴儿车供应商,产品销往70余个国家和地区,遍布欧洲、北美、中南美、中东、东南亚、独联体国家。成绩的取得是宋郑还作为中国杰出企业家社会责任担当的体现,是他带领全体员工乘势而为、因势利导,不断自我颠覆、自我否定,求创新、立品牌、建平台的结果。

关键词:"好孩子";宋郑还;社会责任;价值观;品牌观;平台观

"好孩子"国际控股有限公司(简称"好孩子"集团),是全球领先的儿童用品公司及中国最大的母婴产品品牌商、分销和零售平台,于1989年由宋郑还在昆山创立,专业从事儿童及母婴产品的研发、制造及全渠道分销和零售。是全球最大的婴儿车供应商,产品销往70余个国家和地区,遍布欧洲、北美、中南美、中东、东南亚、独联体国家。

"好孩子"集团拥有齐全的产品线,包括婴儿推车、儿童汽车安全座、襁褓座、学步车、电动车、自行车、扭扭车、三轮车、滑板车、餐椅、秋千、童床、安全门、游戏中心等耐用品,以及哺育用品、洗护用品、卫浴用品、湿巾尿布、口腔护理、安抚玩具、婴童服饰等消费品,产品适用对象涵盖新生婴儿到14岁儿童,能够全程帮助妈妈,满足孩子从护理到衣着、从居家到出行、从游戏到睡眠等的一切所需。2020年年报显示:全年实现销售收入83.05亿港元,相比2019年,集团毛利率稳步提高,经营溢利由2019年相应期间的约3.899亿港元增长了10.3%至约4.30亿港元,纯利由2019年相应期间的约2.026亿港元增长了27.3%至约2.579亿港元。成绩的取得是宋郑还在新时代背景下企业家社会责任担当的体现,是他带领全体员工以高度的企业责任,乘势而为、因势利导,不断自我颠覆、自我否定,求创新、立品牌、建平台的结果。

一、"好孩子"集团遵循的企业社会责任

达沃斯论坛对企业社会责任(CSR)提出过定义,在公司层面,要遵守法律、共同规则以

---

* **作者简介**:赵海龙(1979—),男,朝鲜族,吉林省长春市人,复旦大学东方管理研究院院长助理、高级研究主管、民族学博士。研究方向:东方管理、企业家精神。

及国际标准,防范腐败贿赂;对个人方面,主要包括员工安全计划、就业机会均等、反对歧视、薪酬不公等。世界经济论坛对企业社会责任的定义主要体现在两个方面:一是对环境的责任,主要包括维护环境质量、使用清洁能源、共同应对气候变化和保护生物多样性等;二是对社会发展的贡献,主要是向贫困社区提供要素产品和服务,如水、能源、医药、教育和信息技术等,这些贡献可能成为企业核心战略和企业社会投资、社会服务及慈善的一部分。

复旦大学东方管理研究院院长苏勇教授提出,衡量企业行为有三条杠杆:法律杠杆、道德责任杠杆以及信念杠杆。法律杠杆是底线,必须严格遵守;道德责任杠杆要高于法律,主要是行为引导;信念杠杆则是最高标准,要努力追求。作为一个有责任的企业,要做到以下几点:一是发展好企业,促进经济发展,为社会提供优质产品和服务,高度重视消费者和客户利益,关注所有利益相关者;二是要善待员工,注重对新生代员工的管理,开发员工潜能,为员工创造价值;三是为顾客、为社会、为未来持续创造价值;四是在"走出去",也就是在国际化道路上要担当责任,坚守道德底线,促进当地经济发展,做有责任的企业。

宋郑还及其"好孩子"集团正是遵循了以上针对富有社会责任的企业的标准,不断创新、颠覆自我,为社会发展、为员工成长做出了贡献,具体体现在"好孩子"集团的价值观、品牌观、平台观上。

二、 坚持第一理念的价值观

2019年9月26日,复旦大学东方管理研究院院长苏勇教授所主持的大型访谈录节目曾与宋郑还有过深入的交流,在和他长达近3个小时的对话中,宋郑还提到一件往事:1988年,他把自己设计的一件产品申请了专利,卖出后得到了4万元钱。他做出了一个出人意料的举动:用这笔钱修了厂门。当时许多人不理解,因为这么一大笔钱完全可以先把欠的教师的工资还了。苏勇教授在和他对话中也提出了疑惑,他的回复是:"我认为,厂区的环境直接影响着职工的精神状态,花巨资改善工厂环境,使工人每天走进工厂,能产生一种归属感,具有一种激情,进而产生强烈的工作热情。因此我觉得这4万元钱花得值,做得蛮有意义的,因为我要把大家的希望点燃起来。"[①]这种行为对于企业家来说就是在履行着应有的助推企业发展、促进员工成长的社会责任;反过来,企业也得到了社会的认可,员工工作的积极性和主动性也被充分调动起来。

从此,宋郑还带领着"好孩子"集团走入了成功之门。不久,宋郑还又研究出了第二件专利产品。"第一次卖了4万元,这次能卖8万就不错了。"宋郑还心想。可在一次博览会上,几家企业争着买他的专利,价格飙升至14万元,宋郑还一看这态势,对买家摆摆手说:"这个专利我不卖了。"手握着这个专利产品,宋郑还对员工们说:"我们要做世界上没有的东西,做最好的东西。"

从此,"我是第一,因为我可以是第一"的口号在"好孩子"集团叫响。就是这种第一理念的价值观引领着宋郑还带领"好孩子"集团从昆山走向全国、走向全球。

企业价值观是指企业及其员工的价值取向,是指企业在追求经营成功过程中所推崇的基本信念和奉行的目标,是企业决策者对企业性质、目标、经营方式的取向所做出的选择,

---

① 苏勇.改变世界(五):中国杰出企业家管理思想精粹[M].北京:企业管理出版社,2020:70.

是为员工所接受的共同观念。不管社会如何变化,产品会过时,市场会变化,新技术会不断涌现,管理时尚也在瞬息万变,但是在优秀的公司中,企业价值观不会变,它代表着企业存在的理由。

第一理念在"好孩子"集团不仅仅是个口号,更是行动,宋郑还将这种理念体现在技术驱动的产品研发、制定标准的行业引领等两个方面,让这种理念落地、生根,具体如下:

1. 坚持技术驱动和市场导向的产品研发机制

作为一家以生产儿童用车为主的制造型企业,技术,毋庸置疑是企业得以持续、健康发展的关键,是否在技术领域中领先竞争对手,是否坚持原创自主研发,将直接决定了企业的发展和未来。宋郑还深谙此道,他曾经说过,"'好孩子'在创立初期就设定了这样一个目标:要做世界上没有的产品,要做世界上最好的产品,要做一个世界级品牌。为此,我们坚持了 30 年原创自主研发"。

2019 年 11 月 18 日,工信部产业函〔2019〕336 号发布通过复核的国家级工业设计中心通告名单,好孩子儿童用品有限公司科学育儿用品工业设计中心再次榜上有名。截至 2020 年 12 月 31 日,"好孩子"集团累计已持有 10 600 项专利和 2 362 项商标,超过全球行业内前五家竞争对手的总和。在国际工业设计领域获得了超过 30 个红点奖。

在"好孩子"集团国际化发展道路上,宋郑还也一贯坚持着创新,不断自我否定、自我颠覆。众所周知,欧美国家标准中,规定儿童安全座椅实验撞击时速为 50 公里。"好孩子"决定,研发时速 80 公里撞击下依然可靠的儿童安全座椅。为此,"好孩子"研发团队进行了成千上万次的实验。"有一次,我们让两辆装有安全座椅的汽车以时速 94.7 公里的车速对撞。车上安装了 130 多个传感器,我们 75 名工程师采集了 12 TB 的数据,进行了 3 600 多个数据分析,耗资 110 多万。"类似这样的实验在"好孩子"集团比比皆是。正是这种执着追求,在经过了数万次实验后,这款高速儿童安全座椅终于研发成功,光是实验的总耗资就超过了 5 亿元,产品广受好评,引发了业内震动。

根据"好孩子"国际(01086)公布的数据,截至 2018 年 12 月 31 日,在中国、北美和欧洲市场上,每 1.6 辆婴儿车,就有一辆来自"好孩子"。"好孩子"在中国市场的占有率连续 25 年位居第一;在北美市场的占有率按销量连续 19 年位居第一;在欧洲市场的占有率连续 12 年位居第一。

一个产品从灵感到设计,再落地变成产品,过程非常不易。"好孩子"是靠什么机制来保证产品创新,并实现市场效益的?通俗地说,好点子从哪里来?宋郑还讲过这样一个故事:"有一次,我在荷兰的阿姆斯特丹商场里遇见一对推着婴儿车的夫妇,这时小孩子突然哭起来,他们觉得小孩子哭会妨碍别人,很不礼貌,于是那位妈妈就将婴儿车向台阶边上轻轻地撞击一下,车子轻轻摇晃起来,孩子就不哭了。这一情景引起了我的注意,也使我突发灵感:为什么不能将婴儿车改造成具有摇篮功能的车呢?"于是,宋郑还回国后马上发动科研人员开始研制,在原先设想的基础上又大胆创新,使这个车具有直线和弧线两种摇法,并将其分别取名为"妈妈摇""爸爸摇"。这个车研制成功后,与加拿大在美国的上市公司 COSCO 合作,1997 年开始打入美国市场,并分别申请了国际 PCT 的发明和外观专利。1998 年,在美国达拉斯婴幼儿用品博览会上,大方、气派、新颖、时尚的"好孩子"婴儿车一展成功。仅用 3 年的时间,"好孩子"就一举拿下了美国市场的婴儿车销售冠军。1999 年,"好孩子"婴儿车的市场占有率达到了34%，目前上升至40%。美国的《财富》杂志报道说，美国市场每三辆婴儿车中，就有一辆"好孩子"车。

在宋郑还看来，产品研发一定要以市场为导向，以客户需求和体验为导向，以此来拉动公司内部各个部门，特别是促进研发人员不断把产品实现迭代创新，实现价值链的端到端的运作。在"好孩子"集团的组织运作中，商务策划、商品企划工作都是由品牌经营团队来负责，实现研、产、销一条龙，对质量的追求，产品迭代的不断创新，成为"好孩子"的核心竞争力[①]。

2. 坚持高标准，追求高质量，引领行业发展

"好孩子"集团至今还有一个独特的做法，虽然集团已经拥有了全世界最先进的测试中心，其检测品类项目和水准得到了欧盟、美国的认可，但还是坚持用人工负重来测试童车的性能，而不是完全用机器来测试。在宋郑还看来，这种看似"笨"方法有其独特的作用，可以实现再先进的设备也模拟不出来的用户使用情况和体验标准。

作为主要生产童车的制造型企业，宋郑还深知产品质量的重要性，他从一开始就有一个观念，要对大家宝贝的孩子们负责，对社会负责，一定要严把质量关。为了让新产品的质量是最好的，在产品出厂前，在设计当中，"好孩子"集团就用技术指标去控制，他们企业内部使用的标准比最严格的欧盟标准还要高。比如，儿童推车推把的强度检测，国际是800次，欧标是10 000次，"好孩子"是15 000次，是国标的18.75倍，欧标的1.5倍；儿童可接触材料的总铅含量，国际最严格标准是要小于100 ppm，"好孩子"的控制标准是小于20 ppm。

就是在这种高标准的要求下，"好孩子"赢得了世界市场的良好商誉，自1996年第一辆婴儿车销到美国市场，市场占有率成为美国第一，后来又成为欧洲第一，从没有出现过一次恶性回收事件，甚至连消费者投诉赔偿的法律事故都没有，经受住了欧美市场的严苛的考验。由此，2016年6月，"好孩子"集团成为国际ISO标准化委员会的秘书处成员，带领着全球的专家制定儿童乘用车的标准，在标准领域中有很强的话语权，以此也影响到世界行业发展。集团在全球标准领域的主导能力再上新高度，主导制定的全球第一个婴儿车国际标准ISO31110颁布，填补了部分国家和地区婴儿车标准的空白。其中，中国第一部航空用儿童安全座椅标准已经完成起草，截至2020年底，累计主导、参与全球标准制定222项。

三、从OPM到OBM，坚持不断创新的品牌观

品牌(brand)是一种识别标志、一种精神象征、一种价值理念，是品质优异的核心体现。培育和创造品牌的过程也是不断创新的过程，自身有了创新的力量，才能在激烈的竞争中立于不败之地，继而巩固原有品牌资产，多层次、多角度、多领域地参与竞争。

在2020年5月10日中国品牌日上，中国品牌建设促进会、国务院国资委新闻中心、新华网单位等主办的2020中国品牌价值评价信息发布，"好孩子"儿童用品有限公司以品牌价值145.35亿元、品牌强度918，成为母婴用品行业唯一上榜企业。

当天，"好孩子"集团创始人、董事局主席宋郑还在接受采访时说："品牌意味着用户的

---

① 苏勇.改变世界(五)：中国杰出企业家管理思想精粹[M].北京：企业管理出版社，2020：72.

信任,意味着市场竞争力,它是市场的一种优势,一种商誉。"但品牌建设并不是一夜之间成功的。"好孩子"是从非常细微的地方,一步一步积累,一步一步做,才从中国产品做到了全球名牌。他说:"品牌的终极形态是成为消费者共同创立、分享的资产。社群经济是品牌发展的新赛道,粉丝经济是品牌发展的新境界。"品牌的核心用户群在变化,消费者需求、习惯一直在迭代,品牌必须随之变化,才能成为时代的品牌。数字化的时代,品牌商必须有数字化的能力去洞察消费者的需求、去经营线上线下的融合。

在"好孩子"品牌发展过程中,冲出国门,成为世界品牌的道路是一波三折的。在访谈过程中,宋郑还给我们介绍了当时"好孩子"品牌走向世界的艰辛过程,从最开始被国际市场不认可,采取和国外品牌(美国第二大婴儿用品制造公司COSCO)合作的OPM①,打入美国市场,至此,开创颠覆性产品并扶持其他品牌,自此成了"好孩子"开拓市场的"套路"。2002年,"好孩子"进军欧洲市场。2006年,"好孩子"婴儿车销量中、美、欧市场占有率第一,行业隐形冠军成了"好孩子"的代名词。

2014年,"好孩子"转身成为一家自营品牌的公司,走上了全球化的发展道路。从产业链和经营方式上讲,"好孩子"从OPM变成了OBM②。"好孩子"上市之后有了钱,便开始进行大规模并购,并购那些我们自主经营需要的资源,比如品牌设计能力、品牌经营能力、优质的管理能力以及工厂设施等。其实并购不是难题,难就难在资源的整合。如何把购买来的资源和资产纳入"好孩子"的战略平台和组织当中来,产生协同效应而不是内耗效应,非常非常困难。可见的问题都不是问题,这是刻在宋郑还骨子里的。"人要靠十根指头和二十四根肋骨活着。就是要靠自己的一身骨骼在社会上立足,以正确的价值观站稳脚跟,做一个正直的人;十根手指就是要靠干。我们从小就明白,要对社会有贡献,做一个对社会有用的人。"这是宋郑还的母亲自小教育他的理念,他做到了。

新一个30年,"好孩子"的目标是:在国际上,做儿童用品多品牌、全品类、全渠道经营的领导者;在中国,做育儿生态圈的组织者。希望通过从经营品牌到经营用户的思维转变,从经营产业链到经营平台的模式转变,从经营资源到经营能力的动能转变,从创造物理价值到创造社会价值的价值转变,为上游供应商提供消费需求,为中游品牌商提供协同平台,为下游渠道商提供商业模式实践,从而让育儿家庭的生活更轻松、更美好。

四、顺势而为,坚持分享共赢的平台观

当前,时代的变化正在加剧,我们对世界的认识越来越复杂,未来越来越不可预测。互联网正在解构一切商业生态,我们不知道竞争对手是谁,谁也无法依靠经验往前走,按照老地图已经再也找不到新大陆。新时代是新起点、新挑战,传统企业中的独角兽很可能沦为平庸甚至消亡,但企业面对的问题永远是市场、竞争和消费者。

企业有了良好的价值观,有了成熟的品牌观,还需要有符合市场和消费者需求的实施策略,将价值观与品牌观真正落地"兑现",否则都是纸上谈兵。宋郑还及其"好孩子"集团

---

① OPM,是"好孩子"自己独创的合作模式,自主产品制造,即从市场调研到产品开发、制造都是"好孩子"的,品牌和销售通路用对方的。

② OBM,亦作原创品牌设计,所指的是生产商自行建立自有品牌,并以此品牌行销市场的一种做法。由设计、采购、生产到贩售都由一家公司独立完成。

结合时代的变化,特别是互联网成为社会大众一种生活方式的大背景下,找到了一条适合"好孩子"的发展之路。

宋郑还认为,品牌价值依托于消费者的信任,品牌为消费者提供价值,如育儿的安全、便利、品质生活,消费者是品牌的养育者。数字化的推进,正在加强品牌与消费者的互相作用和价值,消费者正在主动参与产品的研发创新和营销,消费者可以成为开发商,也可以是消费商,如 CYBEX by KK 系列的设计者 Karolina Kurkova,她本是 CYBEX 的产品消费者,在"好孩子"的平台上,成为一名成功的育儿产品设计师。"品牌的终极形态是成为消费者共同创立、分享的资产。社群经济是品牌发展的新赛道,粉丝经济是品牌发展的新境界。"品牌的核心用户群在变化,消费者需求、习惯一直在迭代,品牌必须随之变化,才能成为时代的品牌。通过消费数据洞察消费者需求,满足个性化需求,引领潮流时尚,锤炼品牌基因——安全环保科技时尚,"好孩子"愿为孩子的安全、生活品质品位、时尚美感付出很多成本,并以此追求企业的可持续性发展。

2012年,"好孩子"提出 BOOM 战略(品牌 B+线上 O+线下 O+M 会员=爆发)。为了实施这个战略,2015年,"好孩子"创立"妈妈好平台",以建立会员优势的护城河。那一年,新零售的概念还未诞生。宋郑还说,在当今时代,他感到幸运,因为全世界没有一个地区有能像如今中国一样这么好的商业环境。这个环境里面正在发生着颠覆、重构、变革……

"这个时代是一个创新和创业、变革和颠覆的时代,就看我们怎么去真正意义上调整思维。比如'好孩子'原来是产品思维,现在是服务思维,还可以创造物理价值以外的社会价值。未来服务业会是最重要的增长空间。"宋郑还说道。

而这个环境里真正有能力的企业只有两种:"一种是互联网企业,他们是互联网时代的原住民,他们的机会不限于仅仅做互联网,而是能够实现线上线下对接融合;另外一种企业是已经在传统行业里面胜出了的企业。他们积累了丰富的行业经验,现在有意识拥抱互联网、拥抱新技术、拥抱消费者,然后进行非常有效的变革。他们变成新的物种了,以前是在地上爬,现在是在天上飞了。"

相比市面上出现的社区店、智慧门店、中心旗舰店等概念形态,宋郑还更推崇云店。他认为,一个店再大也容纳不了多少 SKU 和服务项目,背后给以支撑的是真正的大数据,这就需要整合并纳入网络。不过他同时也强调,母婴零售门店的形态内容等都可以不一样,只要能够满足消费者的体验和感受。

"对于一个母婴企业来说,只做零售是没有关系的。但互联网下半场以数据为王,在这个大协作时代里企业各自有各自的角色,但是企业和企业之间要有互动和合作,要参与社会大协作,形成用户所需要的价值链,否则就会被市场和社会淘汰。"

五、总结

创造价值的企业,才能成为一个基业长青的企业。站在下一个30年的起点上,"好孩子"有一个梦,全力打造全球育儿生态圈。宋郑还说:"希望未来育儿家庭遇到任何问题,都可以在这个生态圈里找到解决方案。它将是一个自我更新、生生不息的全价值链体系,商品、服务、社交、教育、医疗、体育、娱乐等都将融为一体,为上游供应商提供消费需求,为中游品牌商提供协同平台,为下游渠道商提供商业模式,为消费者提供生活方式。"

在宋郑还看来,解决的社会问题越大,企业的社会价值就越大,"'好孩子'有机会成为一家具有更大社会价值的企业",途径就是做"全球育儿生态圈",凡是跟育儿相关的,无论是硬件产品,还是软性的服务,或者是医疗、教育、保险等有关问题,找到"好孩子"都能给你一套合适的解决方案。

"关心孩子、服务家庭、回报社会","好孩子"三十年如一日,以"改善儿童生存环境,提高儿童生活品质"为使命,通过持续创新,不遗余力地为天下父母提供安全易用、充满爱心的优质育儿产品,为孩子们营造健康、快乐的成长环境。

宋郑还先生满怀对用户和员工的爱心、对产品及其质量的信心、对合作伙伴的热心,带领"好孩子",带领中国品牌走向世界,发出中国品牌的声音,这正是中国杰出企业家应有的社会责任担当。

参考文献

[1] 苏勇.改变世界(五):中国杰出企业家管理思想精粹[M].北京:企业管理出版社,2020.
[2] 陈春花.价值共生:数字化时代的组织管理[M].北京:人民邮电出版社,2021.
[3] 蒋先平,谭宏.管理学:理论、案例与技能[M].北京:北京师范大学出版社,2011.

后　　记

在当今的经济全球化社会,企业之间的竞争更加激烈,关注企业的社会责任伦理成了现代企业发展的迫切问题。习近平总书记指出:"只有富有爱心的财富才是真正有意义的财富,只有积极承担社会责任的企业才是最有竞争力和生命力的企业。"企业是经济和社会属性的统一体。企业应社会的需要而存在,社会又为其发展提供了生存空间;企业来自社会,也必将还原于社会,企业与社会是一种共存共荣的关系。正是在这个意义上,我们说企业本质上是社会性的组织,企业在追求自身利益的同时,必须重视社会利益,承担起对社会负有的责任。企业承担社会责任,既是企业社会属性的要求,也是企业自身伦理道德的要求。以伦理道德为主要内容的企业文化的形成和发展,是一个企业成熟的标志,是企业道德建设的重要组成部分,直接影响着企业发展的目标顺利实现,影响着社会主义市场经济的完善和发展。本书通过对中国企业社会责任分析,中西文化背景下的企业社会责任、企业履行社会责任面临的问题与实施路径等问题的深度研究,重点探讨了如何在新时代从中国优秀传统文化中寻找新的道德资源,中国传统智慧中的责任文化对于企业家社会责任的内在价值和现实意义,从而构建起适合中国国情的企业社会责任。

2021年8月7—9日,原定由南京大学与伊犁师范大学在伊犁主办的第四届"中国传统智慧与现代管理"学术论坛,后因南京、伊犁先后突发疫情,论坛无法如期举行。论坛组委会根据疫情发展情况,决定本次论坛形式由会议研讨改为书面交流,并从参会论文中遴选46篇结集公开出版。本书编辑委员会主任为杨忠、王跃堂,副主任为府建明、管国兴、郑称德,主编为曾向东、钟海连。在书稿形成过程中,朱光磊、孙怀平、刘波、李远本、刘晓民等均付出了辛勤劳动;同时也得到了全国高校、研究机构、参会学者的大力支持,在此我们致以衷心的感谢和崇高的敬礼!本书在选稿和编辑过程中难免存在某些不足之处,我们期待并敬请读者批评指正!

编　者
2021年11月于南京大学安中楼